给水排水工程快速设计手册

3

建筑给水排水工程

主　　编　刘文镔

主　　审　葛淦洪

编写人员　赵文田　葛淦洪　孙玉林

　　　　　刘文镔　杨世兴　刘洪令

中国建筑工业出版社

图书在版编目（CIP）数据

建筑给水排水工程/刘文镔主编．-北京：中国建筑工业出版社，1998（给水排水工程快速设计手册；3）
ISBN 7-112-03522-8

Ⅰ.建…　Ⅱ.刘…　Ⅲ.①房屋建筑设备-给水系统-技术手册②房屋建筑设备-排水系统-技术手册　Ⅳ.TU821-62

中国版本图书馆CIP数据核字(98)第01831号

本手册是《给水排水工程快速设计手册》一套5册中的一册。为满足当今快节奏设计工作的需求，本书以简明、实用、内容新颖为原则。主要介绍了建筑给水排水工程设计程序、建筑给水、生活热水及饮用水、建筑消防给水、建筑排水及卫生设备、特殊建筑给水排水、建筑中水、建筑小区给水排水、计算机辅助设计（CAD）等建筑给水排水工程中常用的设计资料、数据、公式、计算方法、有关图表及工程实例。内容全面系统，列有许多新技术、新工艺、新设备和新产品等，均可快速、简捷地查询和应用。

本手册可供建筑给水排水工程，工业与民用建筑、消防、城市规划等专业技术人员、管理人员、高等学校有关专业师生以及建筑施工人员参考和使用。

*　*　*

责任编辑　俞辉群
责任设计　庞　玮
责任校对　臧红心

给水排水工程快速设计手册
3
建筑给水排水工程
主编　刘文镔
*
中国建筑工业出版社出版、发行（北京西郊百万庄）
新 华 书 店 经 销
华冠曙光印务有限公司印刷
*
开本：787×1092毫米　1/16　印张：40　字数：1018千字
1998年6月第一版　2005年9月第五次印刷
印数：9,001—10,000册　定价：**57.00**元
ISBN 7-112-03522-8
TU·2743（8747）

前　言

《给水排水工程快速设计手册》是一套实用的工具书，共分5册，分别为：1. 给水工程；2. 排水工程；3. 建筑给水排水工程；4. 给水排水设备；5. 水力计算表。

《建筑给水排水工程》是这套手册中的一本，向读者提供了快速检索并查用建筑给水排水工程设计所需的资料、数据、计算方法、设计实例，工程方案等，为从事建筑给水排水工程的技术人员在工程设计时参考使用。

本书从实用、简捷出发，着重介绍了经过长期使用行之有效的工艺和设备，并力求多介绍一些新技术、新工艺和新产品等。计算数据力求准确，图、表并举便于查用及提出在工程设计中应注意的问题，并附有大量实例供读者参考。书中引用的数据以我国现行的设计规范为依据，可直接采用。书中专列一章计算机辅助设计（CAD），介绍了软硬件配置、建筑给水排水CAD实例、设计计算和CAD使用要点及技巧等。

为便于设计使用。本书列有焊接钢管、无缝钢管、常用管件、阀门、水箱、水泵、水表、过滤器、高频电子水除垢仪、橡胶隔震垫、可曲挠橡胶接头等的规格、尺寸及安装资料等。

本书在取材和内容上，定有不足及错误之处，衷心希望读者批评指正，以期今后改进。

目　　录

第1章 总　论

1.1 建筑给水排水工程设计程序和深度

1.1.1 设计程序

根据工程项目设计任务书及上级领导部门批准的文件进行设计。

工程设计一般程序见表1.1-1。

一般设计程序　　表1.1-1

工程性质	设计阶段
一般工程项目	1. 初步设计 2. 施工图设计
大型和重要的工程项目	1. 方案设计 2. 初步设计 3. 施工图设计
小型和技术要求简单的工程项目	1. 方案设计 2. 施工图设计

1.1.2 设计内容和深度

根据设计任务书、建筑专业提供的工程项目设计总说明、建筑总平面图、单体建筑各层平面图以及建设单位提供的本工程有关水的资料、市政给排水管网资料进行设计。各设计阶段的主要内容及深度见表1.1-2。

建筑给水排水工程各设计阶段的主要内容及深度　　表1.1-2

序号	设计阶段	主要内容及深度
1	方案设计	1. 根据建筑性质、土建设计方案及设备的布置进行给排水设计方案的比较和确定 2. 提给建筑专业设备用房（如：水泵房、贮水池、水箱、锅炉房、中水处理设施用房、游泳池水处理设备用房、管道井等）的位置、面积及对层高的要求 3. 编写给水排水方案设计说明 （1）给水排水设计内容范围 （2）确定的给水水源及雨污水排除的去向 （3）估算的总用水量、最大小时用水量、估算的贮水池、水箱的容积 （4）室内外消防用水量（消火栓系统、自动喷水灭火系统、水幕系统等） （5）室外生活、生产、消防给水系统的组合情况、室内给排水、消防系统的大致分区情况 （6）排水体制和方向、估算雨水、污水的排水量 （7）中水、废水处理设施及流程 （8）需要特殊说明的问题

续表

序　号	设计阶段	主 要 内 容 及 深 度
2	初步设计	1. 根据已批准的方案设计文件或设计任务书进行初步设计 2. 初步设计内容包括：设计说明、设计图纸、主要设备及材料表和工程概（预）算书等4部分。工程概（预）算一般由经济专业协助完成 3. 深度应满足审批要求 （1）符合审定的方案 （2）符合建筑设计功能要求 （3）能据以准备主要设备和材料 （4）能满足编制工程概算 （5）能据以进行施工图设计 （6）能据以进行施工准备 4. 设计说明 （1）设计依据 1）上级单位批准的方案设计文件 2）本工程设计所用的有关规范、规定 3）建设单位提供的有关资料 （2）设计范围 根据工程性质及设计任务书要求，说明本专业设计的内容如包括生活给水、生活热水、污废水、雨水、中水、消防给水（消火栓、自动喷洒、水幕）系统等，当有其它单位共同设计时（如气体消防）应写明分工内容、范围和界限 （3）室外给水 ·水源：市政给水管网供水（一路或两路）、说明给水干管位置，方向，接管点管径、标高、能提供的水量和水压（最高及最低水压），当自建水源时，说明水源的水质、水温、水文及供水能力、取水方式和净化工艺等 ·用水量：说明或用表格列出生活、生产、消防等用水标准，设计计算的平均时、最大时、最高日用水量及总用水量 ·给水系统：说明生活、生产、消防系统给水的划分和组合情况、当水量、水压不足时，所采取的措施，并说明调节设施的容量、位置及高度。如系扩建工程，应对现有的给水系统加以简介 （4）室外排水 ·污水、雨水的排放量 ·排水系统的划分情况，雨污水分流制，还是合流制排放 ·有害有毒污水的处理及排放条件 ·雨、污水系统排入市政干管的井号及标高，见室外给排水总平面图 （5）室内给水排水 ·给水、热水、中水系统的给水方式，分区给水划分的情况、污废水系统排水方式及中水处理流程 ·消火栓、喷洒、水幕等给水方式和系统划分的情况，设置喷洒头的部位、危险等级 ·贮水池、水箱的容积、减压阀型号等安放的位置、层数及标高 （6）各种管材的选用、隔振、防噪声、保温、防腐的要求及技术措施 （7）需提请在设计审批时解决或确定的主要问题 5. 设计图纸 对于重要的和大型的民用建筑应绘制以下图纸 （1）室外给水排水总平面图 ·标出各种管线相对建筑物的位置、管径、标高以及与市政给排水干管相接管井的坐标和控制标高 ·绘出化粪池、隔油井、降温池及各种阀门井、洒水井、检查井、消火栓、消防水泵接合器等的位置 ·在图面右上角画上指北针 （2）主要层（如地下室、首层、标准层）给排水消防平面图 （3）贮水池水泵房、卫生间管井、水箱间等大样图 （4）室内给水排水系统图（冷水、热水、中水、雨水、污废水等） （5）消防系统图（消火栓、喷洒、水幕等） （6）中水处理装置平面图、流程图

续表

序　号	设计阶段	主 要 内 容 及 深 度
2	初步设计	6. 主要设备及材料表 （1）各种主要设备，如：生活上水泵、变频泵、消防（消火栓、喷洒、水幕等）水泵、气压罐、稳压泵、热水循环泵、排水泵、液位阀、减压阀、缓闭止回阀、闸阀、湿式报警阀、消防水泵接合器、室内外消火栓（卫生洁具——当需要由本专业提供时）生活热水加热器、淋浴热水器、开水器、消毒器、室外化粪池、隔油池、降温池、阀门井、洒水井、消火栓井、检查井等的型号、规格和数量 （2）各种管材的选用，如：镀锌钢管、无缝钢管、焊接钢管、铜管、UPVC 塑料管、给水铸铁管、排水铸铁管、钢筋混凝土管等 7. 工程概算书 包括室内给水排水和室外给水排水两部分应分别编制 8. 计算书 各类用水量计算；有关的水力计算及热力计算；设备选型及构筑物尺寸计算等 （注：各种计算书均存入本院图档室，供内部查用）
3	施工图设计	1. 根据已批准的初步设计文件进行编制施工图设计 2. 设计内容以图纸为主，应包括：封面、图纸目录、总说明（或首页）、图纸和工程概算书等 3. 设计深度应满足： （1）施工和安装要求 （2）编制施工图预算 （3）安排材料、设备订货和非标准设备的制作 （4）工程竣工验收 4. 总说明 设计施工总说明一般编写在施工图的首页上，也可单独打印成册。有特殊需要加注的，可分别写在有关的图纸上 设计施工总说明包括以下内容： （1）图纸目录（也可单独绘制） 先列新绘制图纸，后列选用的标准图及重复利用图 （2）图例 把本工程所用规范上的给排水图例均画上 （3）设计施工总说明 1）设计概况：本工程的建筑性质、建筑面积、层数、高度及本专业的设计内容和范围 2）生活给水系统 ·用水量：本工程的最高日用水量、最大小时用水量 ·水源：市政给水管网供水，还是自建水源，概况如何 ·贮水设施：贮水池、中间水箱、屋顶水箱设置的位置及容积 ·系统设计：说明生活给水系统的给水方式和分区供水的情况 3）生活热水及饮用水 ·最高日、最大时生活热水用水量 ·热源和制备热水方式：是锅炉房直供生活热水，还是汽—水交换；水—水交换供应热水 ·系统设计：生活热水供应方式和分区供应情况 ·饮用水量、饮用水供水方式和制备方式，主要设备如电开水器、煤气开水炉、蒸汽间接加热开水炉 4）中水系统 ·最高日中水用水量及最大小时中水用水量 ·系统设计：中水系统供水方式和分区供水情况 ·中水处理流程 5）污废水系统 ·排水体制和方式 ·生活污水直接排入化粪池、然后进入市政污水管网 ·生活废水进入中水处理站调节池，多余的废水进入市政污水管网 ·厨房污水经隔油处理后再排除 ·地下室排水用污水泵提升后再排除

续表

<table>
<tr><th>序号</th><th>设计阶段</th><th>主要内容及深度</th></tr>
<tr><td>3</td><td>施工图设计</td><td>
·高层污废水系统，底层单独排出
6）雨水系统
·排水体制和方式
·屋面雨水口设置原则
·采用内排水还是外排水系统
7）消防给水系统
·室内外消火栓的消防用水量、自动喷水灭火设备、水幕等消防用水量及火灾延续时间
·室外生活、生产、消防给水管网组合情况
·室外消火栓是地上式还是地下式，其间距大小的要求
·室内消火栓、自动喷洒、水幕等系统分区供水情况
·地下贮水池，屋顶水箱贮存消防水量容积以及确保任何楼层火灾时均能满足消防水量及水压的措施，如稳压泵、气压罐等。
·室内消火栓选用的型号、水龙带、水枪的技术要求，防超压的措施如减压阀、减压孔板等
·自动喷水灭火设备设计的危险等级，喷洒头应设置的部位及动作温度
·消防水泵及消防水泵接合器选用情况及安放的位置
8）设备和管道安装
·说明对各类设备、管材阀门等技术要求
·各种管材、闸阀、止回阀、排水管附件、卫生洁具等的选用情况
·各种管道敷设及吊支架固定要求
·管道穿墙、穿楼板、穿水池壁、穿伸缩缝预留洞或预埋套管的技术要求
·管道防腐、保温的做法
·各种管道的试压要求
9）图注尺寸和标高
·除管长、标高以米计外，其余均以毫米计
·图中所注标高：室内管道均指管中心，室外重力流管道指管内底标高
10）本工程按《采暖与卫生工程施工及验收规范》(GBJ242—82）要求进行施工和验收
5. 施工图纸
在施工图设计阶段应详细绘制以下图纸：
1）室外给水排水总平面图及管道纵断面图
·绘出建筑物轮廓、位置、坐标，标明建筑物名称及±0.000的绝对标高
·绘出道路、围墙、绿化及有关构筑物位置画上给水排水管道、消火栓、水泵接合器、水表井、洒水栓、闸门井、检查井、跌落井、化粪池、隔油池、降温池、雨水口等有关设施的位置、编号，坐标（或平面关系尺寸)、管径、管段长度和标高
·在图右上角绘上指北针
·较复杂的给水管网，应绘制给水节点图，标明节点结构、闸门井型号尺寸、编号，管径、管长及控制点管道标高
·简单的排水管网，可直接将标高注在总平面图上，也可把排水管道高程表列在平面图上
排水管道高程表
<table>
<tr><th rowspan="2">井号</th><th rowspan="2">管段</th><th rowspan="2">管径（mm）</th><th rowspan="2">井距（m）</th><th colspan="2">地面标高（m）</th><th colspan="2">管内底标高（m）</th><th rowspan="2">备注</th></tr>
<tr><th>管段起点处</th><th>管段终点处</th><th>管段起点处</th><th>管段终点处</th></tr>
<tr><td></td><td></td><td></td><td></td><td></td><td></td><td></td><td></td><td></td></tr>
<tr><td></td><td></td><td></td><td></td><td></td><td></td><td></td><td></td><td></td></tr>
</table>
·复杂的排水管网应绘制管道纵断面图
比例：纵向1∶100（或1∶500、1∶200)，横向1∶500（或与总平面图选用的比例一致）
标明设计地面标高、管内底标高、管径、坡度、检查井井号、间距、并标出交叉管线的管径、位置和标高
</td></tr>
</table>

续表

序 号	设计阶段	主 要 内 容 及 深 度
3	施工图设计	2）室内给水排水消防平面图 ·首先绘出与给排水消防有关的各层建筑平面的轴线编号、轴线间尺寸，各房间的名称、用水点位置，在首层平面图的右上角画上指北针 ·绘出各种管道平面布置，注明管径、标高、定位尺寸、立管位置、消火栓位置及编号 ·标出底层给水排水进出口管道的管径、标高及其与轴线的控制尺寸 ·注明卫生器具、消火栓、水表、主要闸门、止回阀、放风阀、泄水阀、雨水斗、报警阀、水流指示器、喷水头及其它给排水设施的平面位置和定位尺寸 3）大样图 给排水设备及管道较多且较复杂的部位如水泵房、热交换间、开水间、水箱间、给水水池、中水水池、污废水集水池、卫生间及管道井、游泳池水处理间、淋浴间、中水处理站等应绘制大样图（即局部放大平面图） ·绘出设备基础外框、管道平面位置、管径、标出机组编号、阀门及管件位置 ·绘出卫生设备与建筑墙柱的关系尺寸，管道平面位置、管径及立管编号 ·各种水池防水套管的安装位置、标高及防水技术要求 ·标明设备及管道的标高 4）系统图 生活给水、热水、热回水、中水、污废水、雨水、消防给水（消火栓、自动喷洒、水幕）等，均应画系统图及立管图 ·标注各楼层及屋面标高 ·注明立管编号及干管、支管管径 ·注明管道的控制标高及进出口管道标高及编号 ·绘出闸门、截止阀、止回阀、放风阀、泄水阀、水表、报警阀、水力警铃、水流指示器等配件的示意位置及安装标高 ·标明排水清扫口、检查口的位置、标高、污水通气帽距屋面的高度 ·当各层卫生设备、用水点及排水点接管相同时，在系统图上可只绘一个代表性楼层的接管图，其它各层注明均同该层即可 5）局部设施 当建筑物内有提升、调节或小型局部给排水处理设施时，应绘出其平面、剖面及详图，或注明引用的详图、标准图图号 6）详图 凡管道附件、设备、仪表及特殊配件需要加工又无标准图可利用时，应绘制详图

1.1.3 各设计阶段说明书举例

1.1.3.1 方案设计说明书

【例 1.1-1】 南方某综合办公楼，建筑面积 30000m²，地下 2 层，地上 22 层。

本建筑考虑设置生活给水、热水、消火栓给水、自动喷洒给水、生活污水、雨水等给水排水系统。

一、生活给水、热水

1. 用水量估算：本工程最高日用水量为 350m³/d，最大小时用水量为 55m³/h。

2. 水源：由市政给水管网供水。

3. 给水方式：地下室至地上 2 层由市政给水管网直接供水，三层以上由水泵及屋顶水箱联合供水。

4. 公寓式办公的生活热水由电热水器供应。

5. 在办公楼各层均设电开水器供应饮用水。

二、消火栓给水系统

1. 消防用水量：室外 30L/s，室内 40L/s，火灾延续时间 2h。

2. 消火栓系统：由给水加压泵、屋顶水箱、水泵接合器及管网组成，管网为水平及垂直布置成环，在每层适当位置设室内消火栓。

3. 给水方式：本工程分两个压力区供水，低区地下 2 层至 11 层；高区 12 层至 22 层。采用一组给水加压泵（2 台，1 用 1 备，互为备用）供水、压力分区通过减压阀实现，以节省建筑面积和投资。

4. 贮水装置：在地下一层设水泵房及生活消防水池，水池有效容积约为 $600m^3$（消防贮水 $396m^3$），在屋顶水箱间设压力罐及管道泵，屋顶水箱容积约为 $50m^3$（消防贮水 $18m^3$）。

三、自动喷水灭火系统

1. 自动喷水灭火设备用水量：30L/s，火灾延续时间 1h。

2. 喷洒系统：由喷洒给水加压泵（2 台、1 用 1 备）、湿式报警阀、水流指示器、水泵接合器及管网组成。

3. 危险等级：按中危险级设计。喷水头设于地下车库、裙房商场、厨房、餐厅、办公室、会议室、走道等处。

4. 压力分区：地下 2 层～11 层为低区喷洒，12 层～22 层为高层喷洒。

四、排水系统

1. 排水体制：采用分流制系统，污、雨水分系统排出。生活污水经化粪池后，排入市政污水干管，雨水直接排入市政雨水干管。

2. 生活污水：分高层、低层两个系统排水，高层污水系统设专用透气管。

3. 厨房污水单独排除，并经隔油池后，再进入污水管网。

4. 地下室排水，用污水泵提升后再排除。

5. 雨水系统：采用内排水系统。

1.1.3.2 初步设计说明书

【例 1.1-2】 南方某综合楼，建筑面积 $35000m^2$，地下 2 层地上 30 层。

一、设计依据

1. 建筑给水排水设计规范 GBJ15—88

2. 高层民用建筑设计防火规范 GB50045—95

3. 自动喷水灭火系统设计规范 GBJ84—85

4. 汽车库设计防火规范 GBJ67—84

5. 室外给水设计规范 GBJ13—86

6. 室外排水设计规范 GBJ14—87

7. 游泳池给水排水设计规范 CECS14：89

8. 建筑中水设计规范 CECS30：90

9. 建设单位提供的有关设计资料

二、设计内容

1. 给水系统

2. 热水系统

3. 排水系统

4. 雨水系统

5. 中水系统

6. 饮用水系统

7. 消防系统

(1) 消火栓给水系统

(2) 自动喷水灭火系统

三、用水量

1. 生活用水量

(1) 生活用水量表，见表 1.1-3。

(2) 中水用水量平衡表，见表 1.1-4。

生活用水量表 **表 1.1-3**

项目	用水量标准 (L/d.P)		人数 P	最高日用水量 (m^3/d)		用水小时数 (h)	平均时用水量 (m^3/h)		时变化系数 K	最大时用水量 (m^3/h)	
	给水	中水		给水	中水		给水	中水		给水	中水
办公楼	15	35	1680	25.2	58.8	8	3.15	7.35	2.0	6.30	14.7
单身公寓	170	80	460	78.2	36.8	24	3.26	1.53	2.5	8.15	3.83
商场餐饮娱乐等	15	5	2280	34.2	11.4	12	2.85	0.95	2.0	5.7	1.9
冷却塔补水	冷却循环水量的2%			150		12				12.5	
游泳池补水	泳池容积的10%			30		4	7.5		1.0	7.5	
合计				317.6	107		16.76	9.80		40.15	20.43

中水水量平衡表 **表 1.1-4**

项目	最高日用水量 (m^3/d)	最高时用水量 (m^3/h)	回收（洗浴水）			中水使用（冲厕水）		
			占总水量百分比 (%)	最高日用水量 (m^3/d)	最大时用水量 (m^3/h)	占总水量百分比 (%)	最高日用水量 (m^3/d)	最大时用水量 (m^3/h)
办公	84.0	21.0	30	25.2	6.3	70	58.8	14.7
单身公寓	115.0	11.98	68	78.2	8.15	32	36.8	3.83
中水站自用							7.8	1.0
合计	244.6	40.5		103.4	14.5		103.4	19.5

本工程：最高日用水量 350m^3/d；最大小时用水量 45m^3/h；最高日用中水量 110m^3/d；最大小时中水量 20m^3/h；按 16h 运转。

（本工程未预见用水量按日用水量的 10%计算）。

2. 消防用水量

室外消火栓：30L/s

室内消火栓；40L/s

火灾延续时间：3h

自动喷水灭火设备：30L/s

火灾延续时间：1h

四、给水系统

1. 由××大道和东侧小区路分别引入进水管，管径均为 *DN*200。

2. 在地下一层设有 750m^3 的生活消防贮水池。

其中：生活调节及贮备水量 65m^3，其余为室内外消火栓及自动喷水灭设备贮备水量 685m^3，火灾时的补水量 191m^3/h。

3. 地下室及 1～3 层由市政给水管网直接供水。

4. 在屋顶 109.6m 处设有 65m^3 屋顶水箱，同水泵联合供 4～30 层生活用水，并在 24 层、14 层设有定比式减压阀

五、热水系统

单身公寓卫生间设煤气热水器供应淋浴用热水。

六、排水系统

1. 生活污水分为粪便污水和洗浴污水两个系统。

2. 粪便污水直接排入室外化粪池，然后进入城市污水管网。

3. 洗浴污水进入地下一层的中水处理站内的污水调节池，作为中水的水源。多余的洗浴污水直接排入城市污水管网。

4. 厨房污水须经隔油处理后再排除。

5. 地下室排水经潜水泵提升后再排除。

七、雨水系统

1. 屋顶按不大于 200m^2/个设置雨水口。

2. 雨水采用内排水系统。

八、中水系统

1. 处理流程

洗浴水→格栅网→调节池预曝气→毛发聚集器→生化处理→沉淀池→过滤→消毒→中水池→回用

2. 在 103.5m 标高处设有中水箱，洗浴水经中水站处理后由水泵提升入此中水箱供全楼冲厕用。在 6 层、14 层、23 层设有减压阀。

3. 中水处理站单独设计。

九、饮用水系统

各层均设有电开水器供应饮用水。

十、消防系统

1. 消火栓给水系统

(1) 按消火栓栓口的静水压力不大于 0.8MPa (80mH_2O)，采用分区供水系统，消火栓栓口的出水压力大于 0.5MPa 时，消火栓处设减压孔板。

(2) 15～30层为高区供水系统，其余为低区供水系统。

(3) 屋顶109.6m处设有65m^{3}的屋顶水箱，内存18m^{3}消防贮备用水，供全楼消防初期用水。

(4) 各层均设有单口单阀带小灭火喉的消火栓。消火栓口径为*DN*65，水带长度25m，水枪口径为ϕ19，小灭火喉为ϕ25。

(5) 消火栓箱内设水泵启动按钮。

(6) 屋顶设试验用消火栓。

(7) 在屋顶设有一套稳压装置，以确保火灾初期最不利消火栓及喷头的消防水量及水压。

(8) 在地下1层水泵房内设有消火栓给水泵2台（1用1备）。

(9) 低区设有消防水泵接合器3个，每个流量15L/s。

2. 自动喷水灭火系统

(1) 7～30层为高区喷洒系统，其余为低区喷洒系统。

(2) 裙房商场、餐厅、厨房、办公楼及公寓走道、地下车库等均设自动喷水灭火设备。除厨房喷头动作温度为93℃，其余用房喷头动作温度为68℃。

本建筑地下室、夹层以及地上各层均按中危险级设计。

(3) 按800个左右喷水头设湿式报警阀1个。

(4) 在地下1层水泵房，设有喷洒泵2台（1用1备）。

(5) 喷洒系统消防水泵接合器2个，每个流量10～15L/s。

(6) 在自动扶梯及中庭开敞处，设加密闭式喷水头。喷头间距2.0m。

3. 消防电梯井底设排水泵排水，排水量按10L/s设计。

十一、气体灭火

变配电室、控制室、柴油发电机房、小油库等处设气体消防灭火、由专业厂商供货、设计及安装。

十二、主要设备材料

1. 主要设备明细表见表1.1-5。

主要设备明细表 **表1.1-5**

序号	设备名称	型号规格	单位	数量	服务部门	安装部位	备注
1	生活消防贮水池	钢筋混凝土水池750m^3	座	1	本工程生活消防用水	地下一层	分成两格
2	屋顶生活消防给水水箱	钢筋混凝土水箱65m^3	座	1	4～30层生活用水 −3～30层消防用水	屋顶水箱间	水位控制与给水加压泵联动
3	屋顶中水箱	钢筋混凝土水箱15m^3	座	1	−1～30层便器用水	屋顶水箱间	水位控制与中水加压泵联动
4	给水加压泵	DA1-100×8 Q=10～20L/s H=155.2～113.6m N=17kW	台	2	4～30层生活用水	地下一层	1用1备
5	中水加压泵	DA1-80×10 Q=7−11L/s H=128～88m N=17kW	台	2	−1～30层	地下一层	1用1备

续表

序号	设备名称	型号规格	单位	数量	服务部门	安装部位	备注
6	消火栓泵	DA1-150×5 Q=40L/s H=144.5m N=90kW	台	2	−3～30层消防用水	地下一层	1用1备
7	喷洒水泵	DA1-125×8 Q=30L/s H=160m N=75kW	台	2	−3～30层喷洒用水	地下一层	1用1备
8	稳压装置	SD1000-6 设计压力范围 0.18～0.33MPa 配套水泵 50DL−4 N=4kW	台	2	本工程消防系统	屋顶水箱间	
9	排水泵	50QW40-15 N=4kW	台	3	消防电梯井排水	地下三层	2用1备
	排水泵	50QW27-15 N=2.2kW	台	12	地下室排水	地下三层	9用3备
10	中水装置	N=15kW一体化处理装置	套	1	本工程中水处理	地下二层	
11	游泳池处理设备	N=10kW	套	1	泳池循环水处理	裙房	
12	湿式报警阀	ZSS系列 *DN*150	套	4	本工程喷洒系统	地下一层	
13	消火栓	SN65 SN50	个	195 1	本工程消火栓系统	−3～30层 屋顶	
14	闭式喷头	68℃ 93℃	个	3500 32	−3～30层 厨房	−3～30层	
15	卫生洁具	大便器、洗手盆、浴盆	套	266	客房	客房卫生间	
16	卫生洁具	大便器 洗手盆 小便斗	个	147 84 84	公共场所	公共卫生间	
17	电开水器	N=3.0kW	个	31	客房层	开水间	

2. 管材

(1) 室内给水管、中水管 $\phi\leqslant$100mm 采用镀锌钢管，丝扣连接，$\phi>$100mm 采用焊接钢管，法兰连接。水泵出水管采用加厚镀锌钢管。

(2) 消水栓给水管采用焊接钢管、自动喷洒系统采用镀锌钢管，丝扣连接。

(3) 室内排水管采用 UPVC 排水塑料管，粘接接口。

(4) 室外给水管采用给水铸铁管，石棉水泥捻口。

(5) 室外排水管采用钢筋混凝土管，水泥砂浆接口。

1.1.3.3 施工图设计说明书

【例 1.1-3】 南方某办公楼设计施工总说明

一、设计概况

本工程总建筑面积为 92000m²，地下 3 层，地上 42 层的办公楼。

本专业设计内容有生活给水系统、污水系统、雨水排水系统、消火栓给水及自动喷水灭火系统。

气体消防不在本设计范围内。

二、生活给水系统

1. 用水量：

本工程最高日用水量 1000m³/d，最大小时用水量 135m³/h。

2. 水源：

市政给水两路供水，一路由××路上 *DN*800 给水管；另一路由××路上 *DN*400 给水管上分别引入 *DN*200 给水管，供应本大厦。

3. 储水设施：

地下贮水池容积为 650m³，贮有生活用水及室内消火栓 3h 的用水量及自动喷水灭火系统 1h 的用水量，室外的喷水池，贮有室外消防用水量并确保在任何情况下，不得小于 324m³ 的消防贮量，18 层和 32 层（设备避难层）水箱均为 262m³，46 层水箱为 220m³。

4. 系统设计：

地下 1～3 层至地上 5 层由市政给水管网直接供水，Ⅰ区 9～15 层由 18 层水箱供水。Ⅱ区 16～29 层由 32 层水箱供水，Ⅲ区 30～42 层由塔楼 46 层水箱供水。

三、污水系统

1. 生活污水直接排入室外化粪池，然后进入城市下水道；

2. 厨房、餐厅等污水经隔油处理后再排除；

3. 地下室排水用污水泵提升后再排除。

四、雨水系统

1. 办公、裙房等屋顶分别按 200m²/个设置雨水斗。

2. 雨水采用内排水系统。

五、消防给水系统

1. 用水量：

室外消火栓消防用水量：30L/s

室内消火栓消防用水量：40L/s

火灾延续时间：3h

自动喷水灭火设备用水量：30L/s

火灾延续时间：1h

2. 系统设计：

(1) 室外生活给水管网与消防给水管网合用，并成环状。

(2) 室外设地上式消火栓，其间距不大于 120m。

(3) 室内消火栓给水系统：

1) 本工程消火栓分为Ⅰ～Ⅳ区共 4 个系统：

—3～11 层为Ⅰ区系统由 18 层水箱供水

12～25 层为Ⅱ区系统由 32 层水箱供水

26～39 层为Ⅲ区系统由 46 层水箱供水

40～46层为Ⅳ区系统由46层水箱、水泵及压力罐供水

2）在消火栓栓口的出水压力大于0.5MPa时，消火栓处设减压孔板。

3)在地下一层水池内贮有3h的室内消火栓的消防用水量和自动喷水灭火系统1h的用水量，火灾时并有2根进水管向水池补水。

18层和32层水箱内均贮有不小于45min的消火栓用水和自动喷水灭火设备的用水，上区火灾时，下区水箱可向上区水箱转输消防用水。

在46层水箱间内设有管道泵、小气压罐及生活消防水泵以确保火灾时40层以上消防用水量及水压。

4）在地下层消防器材室存放PQ8型空气泡沫枪和空气泡沫液贮罐。

5）本工程各层均设单口单阀带小灭火喉的消火栓。消火栓口径为*DN*65，水龙带长度为25m，水枪口径为ϕ19，小灭火喉为ϕ25，屋顶设有试验用消火栓。

消火栓箱为700×1000×320（mm），箱底距地面1.0m。

6）在地下一层、18层、32层、46层水泵房内均设有5台生活消防共用水泵（最高流量水泵工作状态为4用1备）。每台水泵的工作流量为20～25L/s。水泵的开停和开泵台数是根据上一区水箱不同的水位来控制的。在正常情况下，上一区水箱水位下降到第一控制点时，第一台水泵起动，在没有转输流量的正常情况下水箱出流仅为生活用水，出流量不大，水箱水位将保持稳定或缓慢回升；在峰值用水和有转输流量的情况下，水箱水位将继续下降，当下降到第二控制点时，说明单台水泵工作已不能满足用水和转输流量要求，这时第二台水泵自动投入运行，两台水泵并联工作；当水箱出水量继续增大（出现消防用水、用水量或转输流量增大）水箱水位将继续下降，到第三控制点时，第三台水泵自动投入运行…，反之，则逐台自动停泵；当上一区水箱水位达到最高水位时，所有水泵停止工作。水泵操作运行采用机械程序控制器，水泵按顺序轮流运转，先停先开。所有水泵还可就地控制和消防中心控制开停。

7）设SQB型*DN*100墙壁式消防水泵接合器3个，每个流量：15L/s，安装于距首层室外地面700mm处外墙上。

(4) 自动喷水灭火系统：

1）本工程喷洒系统分为Ⅰ～Ⅳ区共4个系统：

－3～11层为Ⅰ区系统由18层水箱供水

12～25层为Ⅱ区系统由32层水箱供水

26～39层为Ⅲ区系统由46层水箱供水

40～46层为Ⅳ区系统由46层水箱、水泵及压力罐供水

2)办公室、大堂、休息厅、多功能厅、咖啡厅、会议室、展览室、空调机房、大于5.00m^2的卫生间、餐厅、厨房、走道、地下车库等设有自动喷水灭火设备。除地下一层按严重危险级布置喷水头外，其余均按中危险级设计。以上用房的闭式喷水头动作温度为68℃，厨房闭式喷头动作温度为93℃。

3）喷洒管道标高除注明者外，原则上贴梁安装，如遇矛盾，待二次装修时，可按实际情况调整管道标高和喷头位置。

喷头安装如下图所示：

喷洒系统泄水截门，均距地2.0m。

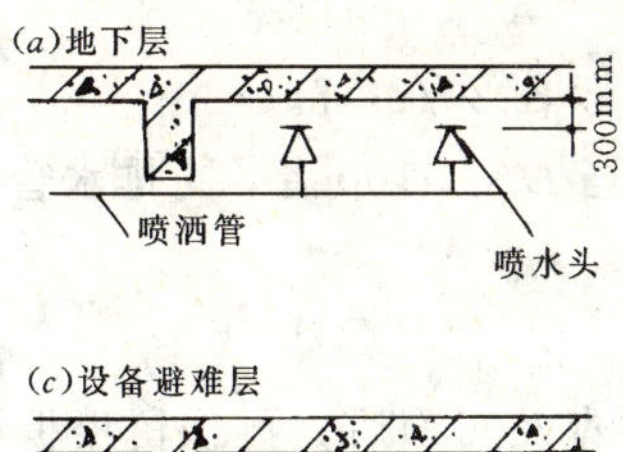

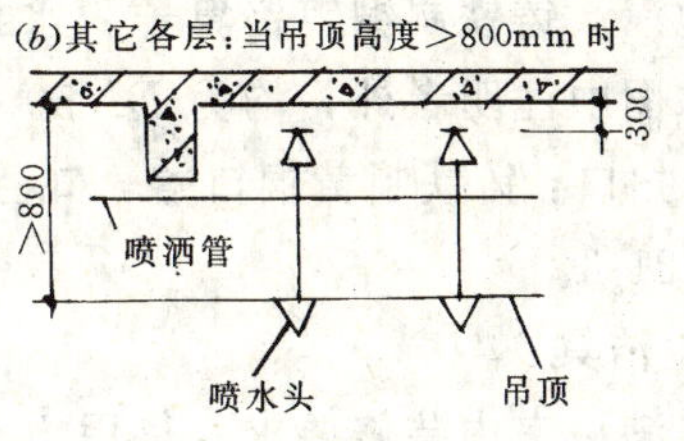

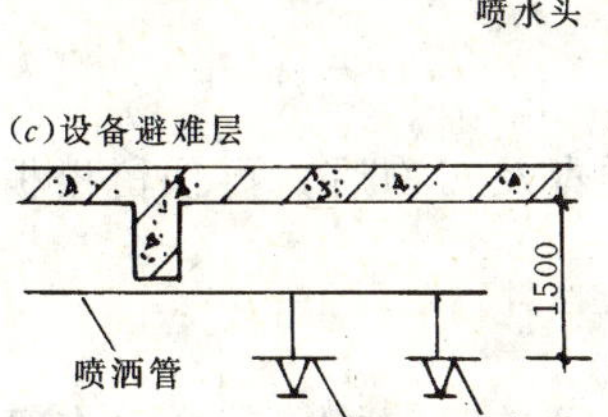

图 1 喷头安装图

4）喷洒系统设 SQB 型 *DN*100 墙壁式消防水泵接合器 2 个，每个流量：15L/s，安装于距首层室外地面 700mm 处外墙上。

5）在地下防火卷帘处及地上洞口处设加密闭式喷水头，间距为 2.0m。

(5) 消防电梯井底设排水泵排水，排水量按 10L/s 设计。

六、设备和管道安装

1. 各类设备、管材、阀门等到货后，应检查并确认符合制造厂的技术规定和本设计的技术要求方可进行安装。

2. 管材：

(1) 室外给水管采用给水铸铁管，石棉水泥捻口。

(2) 室内给水管管径≤ϕ100mm 采用镀锌钢管，螺纹连接；管径≥ϕ125mm 采用焊接钢管，法兰连接。

(3) 由各水泵向上区水箱送水的输水管均采用镀锌无缝钢管，法兰连接。

(4) 消防管采用焊接钢管，喷洒管采用镀锌钢管或镀锌无缝钢管。

(5) 消火栓给水系统、自动喷水灭火系统、生活消防给水泵接至水箱的管道，采用加厚镀锌钢管或加厚焊接钢管。

(6) 室外排水管采用钢筋混凝土管，水泥砂浆接口。

(7) 室内采用柔性接口的排水铸铁管，并且 1 层以下采用高强度排水铸铁管，管径小于 50mm 者为镀锌钢管、螺纹连接。

(8) 地下室与污水泵连接处为浸热沥青焊接钢管。

(9) 雨水管为无缝钢管，内外浸沥青两遍。

3. 阀门和止回阀：

(11) 阀门：*DN*≤50mm 者为铜截止阀，*DN*>50mm 者为闸阀。

阀门公称压力：水泵吸水管为 0.6MPa；水泵出水口为 1.6MPa。

(2) 止回阀：水泵出口处采用缓闭式消声止回阀。

(3) 压力排水管闸门 *PN*=1.0MPa。

(4) 阀门安装前应逐个做强度和严密性试验。

(5) 自动排气阀均为 *DN*20、*PN*=1.0MPa，排气阀下设 *DN*20 截止阀一个。

4. 排水管附件：

(1) 地漏：铸铁制铜镀铬箅子，水封≮50mm。

口径除图中注明者外，均为 *DN*50。安装详国标 S220/21-7。

(2) 清扫口：铸铁制黄铜口盖，口径 *DN*100，当 *DN*<100 者，同排水管管径。安装详国标 S220/21-3。

5. 卫生洁具：

选型应满足室内装修要求，待甲方订货，有样本及实物后，再预留楼板洞。器具安装参照国标 S342。

6. 管道敷设：

(1) 除地下车库、设备房、设备层和楼梯间内管道明装外，其余均在管井、吊顶、墙体内暗装。

(2) 排水横管应尽量抬高在梁底上方的方格空间内和贴梁敷设。

(3) 排水管坡度，除图中注明者外，均按下列坡度敷设：

*DN*50 $i=0.035$；*DN*75 $i=0.025$；

*DN*100 $i=0.02$；*DN*150 $i=0.01$；*DN*200 $i=0.008$；

(4) 雨水管 $i=0.01$。

(5) 通气支管以 0.01 的上升坡度与通气立管连接

通气管出口高出屋面 0.5m，上人屋面为≥2.0m

安装详国标 S220/21-17（甲型）。

(6) 包在管井和吊顶内的立管检查口和阀门处，均应设检修门，尺寸和做法详建筑设计。

7. 吊、支架：

室内所有给水、排水、消防立管均应用卡箍固定在墙、柱上，卡箍间距不大于 3m，水平管道设吊架，吊架间距；给水管不大于 3m，排水管不大于 2m，一般每根直管设一个吊架。立管在地下室转为水平管时，立管底部应设吊架。排水立管在垂直方向转弯时采用乙字管，排水立管与水平管相接处，采用 2 个 45 度弯头。

8. 所有管道穿墙、穿楼板处之预留洞或预埋套管必须在混凝土浇筑前进行仔细检查、核对，防止遗漏出错。

9. 保温：

设于吊顶内的管道用 20mm 厚聚胺脂软泡沫塑料保温，外包两道玻璃丝布再刷二道防火漆。

10. 管道试压：

(1) 消火栓给水系统、自动喷水灭火系统、生活消防给水泵接至水箱的管道试验压力为 1.8MPa，其它给水系统试验压力为 1.2MPa，10min 内压降不超过 0.05MPa 为合格。

(2) 排水管做闭水试验，注水高度以本层楼高为准，30min 内不渗不漏为合格。雨水管闭水试验注水到上部雨水斗。

11. 防腐：

(1) 室内镀锌钢管外刷银粉漆两遍；焊接钢管刷红丹防锈漆两遍，银粉漆两遍。

(2) 埋地铸铁管外涂冷底子油一遍，热沥青两遍。

(3) 核心筒及地下三层电梯井预埋管，均做石油沥青防腐。

(4) 管道穿地下室外墙处及水池壁时均做防水套管，做法详国标 S312Ⅳ型。

七、图注尺寸

除标高以米计外，其余均以毫米计。

图中所注标高，室内所有管道指管中心，室外指管内底标高。

八、本工程按《采暖与卫生工程施工及验收规范》(GBJ242—82) 进行施工和验收。

1.2 收集设计资料及各专业互提资料

1.2.1 收集设计资料内容

收集设计资料内容见表 1.2-1。

收集设计资料内容　　表 1.2-1

序号	资料	内容
1	有关文件	工程建设项目委托文件和主管机关审批文件有关协议书
2	自然资料	1. 工程建设项目所在的海拔高度 2. 当地降雨量和暴雨强度公式 3. 最大冻土深度 4. 最高及最低地下水位情况 5. 风向玫瑰图和主导风向 6. 地震烈度 7. 夏季气压、气温（月平均和极端最高、最低） 8. 相对湿度（月平均最冷、最热）
3	给水现状	1. 市政给水水源是地面水还是地下水，有几个水源，给水保证率如何 2. 建筑物附近给水管网现状和规划图，管网是环状还是枝状 3. 能否从环网中不同管段（或不同方向）引入两路供水 4. 供水接管点位置、管径、管材和埋深（市政给水管道平面图和纵断面图） 5. 接管点处最高供水压力和最低供水压力 6. 建筑红线附近市政消火栓的位置和型号（地上或地下式） 7. 给水水质全分析资料，能否满足生活饮用水标准、水的总硬度、暂时硬度和永久硬度、水的 pH 值 8. 给水水温：冬季、夏季和年平均 9. 水价：生活用水和工业用水水价 10. 自备水源的给水水质、水量和水压情况、给水运行情况等 11. 当地自来水公司对建筑给水设计有否特殊要求和规定（国家规范之外）
4	污水现状	1. 建筑红线附近市政排水系统体制、雨污水分流、还是合流制 2. 本工程项目污水是否经市污水处理厂处理后排走，属几级处理 3. 建筑红线附近排水管网分布情况 4. 市政排水管网允许本工程排水接入排水井的井号坐标、管径、埋深标高、坡度、管中充满度、管材等（市政排水管道平面图和纵断面图） 5. 若污水需工程项目自行处理，则处理后排入附近河流、湖泊等水体的最高和最低水位 6. 市政部门对建筑排水设计有否特殊要求和规定（指除国家规范、规定之外的要求）等
5	雨水现状	1. 建筑红线附近市政雨水管网分布情况 2. 市政雨水管网允许本工程雨水接入雨水井的井号、位置（坐标）、管径及标高（市政雨水管道平面图和纵断图） 3. 雨水排入水体（河流、湖泊等）的最高水位及最低水位

续表

序号	资 料	内 容
6	热源现状	1. 有否城市热网可供利用，热力厂供热情况如何 2. 建筑红线附近热网分布情况，是环状还是枝状 3. 允许本工程接管点的位置（坐标）、管径、管材、埋深标高、管沟构造（市政热力管道平面图和纵断面图） 4. 市政热水供应情况 冬季：供水水温、回水水温、供水水压和供回水压力差 夏季：供水水温、回水水温、供水水压和供回水压力差、热水供应的保证率如何 热水水费 热力公司对建筑热力管网设计有否特殊要求（即国家规范之外的地区性要求） 5. 若需自备锅炉制备热水、蒸汽时、制后供应情况如何(如自备贮量有何要求)?煤、电、气、油等燃料的保证率如何 6. 当地太阳能利用情况，工程项目所处纬度，年日照时间等情况
7	中水	1. 当地对建筑中水设计有否要求 2. 工程项目附近有否区域中水可供利用 3. 中水接管点位置、管径、水质、水压情况 4. 中水处理站位置（室内地下室，室外单独建造）
8	消防	1. 最近一个消防站距离设计项目的大致距离 2. 消防队的装备情况（如配备的普通消防车、云梯车等）消防车满载时最大重量，云梯车的升高高度等 3. 市政用的室外消火栓形式 4. 除国家规范之外，当地主管部门对建筑消防设计有何规定和要求
9	其它	1. 当地市场对给排水设备的供应情况（如水泵、水处理设备、水加热设备、开水器、洗衣房设备、卫生洁具、消防器材、喷水池设备、冷却塔等）和当地习惯性使用设备情况 2. 当地对上述内容的有关规定、地区性标准和通用图等

1.2.2 各专业互提资料内容

各专业互提资料内容见表1.2-2。

各专业互提资料内容 表1.2-2

序号	专 业	内 容
1	水→总图、建筑	1. 给水排水地上或地下建筑物、构筑物（如室外贮水池、管道、管沟、排水沟、检查井、雨水井、水表井、闸门井、洒水井、消火栓井、隔油池、降温池、化粪池等）的平面位置，尺寸及标高 2. 给水排水处理建筑物、构筑物（如深度水处理站、中水处理站、医院污水处理站等）的平面位置、尺寸及标高 3. 室外给水排水管道平面图及纵断面图（包括管径、长度、坡度、标高、埋深等） 4. 给水排水设备用房（如水泵房、热水锅炉房、洗衣房、中水处理间、泳池处理间、深度水处理间、开水间、热交换间、维修间、工具库、地下贮水池、中间水箱、屋顶水箱、技术夹层等）的位置、所需面积尺寸及标高、设备高度及房间净高、安装设备的门、通道、吊装孔的位置及尺寸 5. 室内管井、管廊、管沟的位置及尺寸 6. 室内集水井、检查井、水封井、撇油井（隔油具）、排水沟的位置、尺寸及标高 7. 给水排水设备基础的平面位置、尺寸、以及设备的震动、噪声、要求建筑专业所采取的隔声、隔音措施 8. 各种管道在吊顶内（结构板下或梁下）所占空间的最小高度及标高 9. 消火栓的位置、尺寸及标高 10. 喷洒系统报警装置安放的位置及面积，在吊顶上自动喷水头及吊顶检查孔的建议位置 11. 气体消防器材间的位置及面积

续表

序号	专业	内容
2	水→结构	1. 各种水池、水箱的容积（面积×池高） 2. 各种水泵基础的位置及重量 3. 各种水处理设备基础的位置及重量 4. 冷却塔、热交换器的位置及重量 5. 地下室集水井的位置及面积尺寸 6. 管道井、管廊、管沟的位置及留洞尺寸 7. 消火栓位置及暗装留洞尺寸及标高 8. 起重设备（单轨吊车、吊钩）的位置及起吊重量 9. 架空管道的位置、管径、标高以及吊架、支架的位置及标高 10. 管道穿水池壁、穿墙、穿梁、穿楼板、穿屋顶板的位置、留洞尺寸（或预埋套管管径）及标高
3	水→暖通空调、动力	1. 各种水泵房、水处理间、气体消防间的送风量、排风量或所需每小时的换气次数及采暖要求 2. 各卫生间、开水间、厨房等每小时的换气次数及采暖要求 3. 共用管井、管沟等互相协调工作 4. 冷却水系统互相协调工作 5. 商定膨胀水箱的补水位置、管径及标高 6. 商定冷冻、空调机房的用水点及排水地漏位置 7. 热水设备的每日最大小时用热量及设备位置、接管管径、标高等 8. 蒸汽设备的小时用汽量、压力及设备位置、接管管径标高等 9. 煤气设备（如开水炉、热水器等）小时用气量、压力及设备位置、接管管径、标高等
4	水→电气、弱电	1. 各种水泵（给水上水泵、热水循环泵、消防泵、喷洒泵、水幕泵、管道泵、排水泵、中水泵、稳压泵等）的位置，电量及自控要求 2. 各种水池、水箱水位的自控要求（最高水位、最低水位、报警水位、生活用水水位、消防用水水位） 3. 各种用电设备（如电加热器、电开水炉、用电仪表、电动阀等）的用电量、电压及自控要求 4. 各种水处理设备（如深度水处理设备、中水处理设备等）所需电量及自控要求 5. 水幕系统的水电磁阀、喷洒系统的信号阀、水流指示器、压力开关的位置及自控要求 6. 消火栓的位置及自控要求

1.3 建筑给水排水管材的选用及保温

1.3.1 管材的选用

建筑给水排水管材的选用及管道连接方式见表 1.3-1，表 1.3-2。

室内管材的选用及管道连接方式　　表 1.3-1

序号	管名	敷设方式	管径（mm）	管材	连接方式
1	生活给水管 生产给水管 中水给水管	明装或暗设	$DN\leqslant100$	镀锌钢管 涂塑钢管 给水塑料管 铜管 铝塑复合管	螺纹连接 螺纹连接 密封圈连接、胶粘连接 银焊、铜焊、锡焊 焊接连接
			$DN>100$	镀锌无缝钢管 给水塑料管	法兰连接 弹性密封圈连接
		埋地	$DN<75$	镀锌钢管 给水塑料管	螺纹连接 密封圈连接、胶粘连接
			$DN\geqslant75$	给水铸铁管 给水塑料管	石棉水泥接口 密封圈连接、胶粘连接

续表

序号	管 名	敷设方式	管径（mm）	管 材	连接方式
2	生活热水管 热水循环管	明装或暗设	$DN\leqslant100$	镀锌钢管 铜管	螺纹连接 焊接连接(铜、锡、银焊)
			$DN>100$	镀锌无缝钢管	法兰连接
3	饮用水管	明装或暗设	$DN\leqslant100$	不锈钢管 铜管 镀锌钢管	焊接连接 焊接连接 螺纹连接
4	消火栓给水管	明装或暗设	$DN\leqslant65$	焊接钢管 镀锌钢管	螺纹连接
			$DN\geqslant80$	焊接钢管 镀锌钢管	法兰及焊接连接 螺纹连接
		埋地或地沟	$DN\leqslant100$	镀锌钢管	螺纹连接
			$DN\geqslant125$	无缝钢管 给水铸铁管	法兰连接及焊接连接 石棉水泥接口
5	自动喷洒管 (干式或湿式)	明装或暗设	$DN\leqslant100$	镀锌钢管	螺纹连接
			$DN\geqslant125$	镀锌无缝钢管	法兰连接
6	生活污、废水管 生产废水管	明装或暗设	$D<50$	镀锌钢管 UPVC 排水塑料管	螺纹连接 承插粘接
			$D\geqslant50$	排水铸铁管 UPVC 排水塑料管	水泥砂浆或石棉水泥接口 螺纹，承插粘接
		埋地	$D50\sim150$	排水铸铁管 UPVC 排水塑料管	水泥砂浆或石棉水泥接口 承插粘接
7	雨水管	明装或暗设	$D\geqslant100$	焊接钢管 无缝钢管 UPVC 排水塑料管	焊接或法兰连接 焊接或法兰连接 承插粘接
		埋地	$D\geqslant100$	高压排水铸铁管 给水铸铁管 UPVC 排水塑料管	石棉水泥接口 石棉水泥接口 承插粘接
8	生活水泵、消 防水泵出水管	明装	$DN\geqslant100$	镀锌无缝钢管 加厚镀锌钢管	法兰连接 法兰连接
9	污水泵排水管	明装	$D\geqslant50$	焊接钢管	螺纹、法兰或焊接连接
10	高压蒸汽管 凝结回水管 (工作压力 <0.8MPa)	明装或暗设	$DN\leqslant32$ $DN\geqslant40$	无缝钢管 无缝钢管	螺纹连接 焊接或法兰连接
11	软化水管	明装	$DN\geqslant15$	给水塑料管	胶粘连接
12	输送腐蚀性液体 投药管及盐水管	明装	$DN\geqslant15$	给水塑料管	胶粘连接

室外管材的选用及管道连接方式　　表 1.3-2

管　名	管　材	管道连接方式
小区给水管	$DN\leqslant 65$mm 镀锌钢管 钢管	丝扣连接 焊接连接
	$DN\geqslant 75$mm 普通给水铸铁管 当工作压力 $P\geqslant 1.0$MPa 时： 采用高压给水铸铁管	1. 石棉水泥接口 2. 水泥接口 3. 橡胶圈接口 4. 青铅接口
	硬聚氯乙烯管 外径 63～315mm 外径＜160mm	橡胶圈接口 粘接接口
	ABS 钢塑管	粘接接口
小区排水管	$DN<150$mm 排水铸铁管	1. 水泥砂浆接口 2. 石棉水泥接口
	$DN\geqslant 150$mm 钢筋混凝土管 混凝土管	刚性接口：1. 水泥砂浆接口 2. 钢丝网水泥砂浆抹带 半刚性接口：预制钢筋混凝土套环，石棉水泥接口 柔性接口：沥青麻布接口
	耐酸排水管：缸瓦管	耐腐蚀接口：沥青胶泥、沥青砂接口

1.3.2 管道的保温

建筑给水排水管道的保温做法见表 1.3-3。

管道的保温做法　　表 1.3-3

序号	类　别	保温材料	保温做法
1	防结露的给水管，排水管等做绝缘保温	自熄聚氨脂软管套 $DN\leqslant 100$mm，$\delta=10$mm 厚 $DN\geqslant 125$mm，$\delta=15$mm 厚	外缠玻璃丝布带，再刷二道防火漆
2	环境温度＜4℃的场所给水管、中水管、明装排水管等做防冻保温	LMGF 复合管壳 内层硅酸铝、外层憎水岩棉管壳 $DN\leqslant 200$，$\delta=70$ $DN\geqslant 250$，$\delta=90$	外缠玻璃丝布带，再刷乳胶漆二道
3	管道井及吊顶内的生活热水管及热水循环管做隔热保温	自熄聚氨脂软管套 $DN\leqslant 40$，$\delta=20$ $DN\geqslant 50$，$\delta=30$	外缠玻璃丝布带，再刷二道防火漆

续表

序　号	类　别	保　温　材　料	保　温　做　法
4	高压蒸汽管及凝结水管做隔热保温	LMGF复合管壳 内层硅酸铝，外层憎水岩棉管壳 $DN20\sim32$，$\delta=55$ $DN40\sim200$，$\delta=70$	外缠玻璃丝布带，再刷乳胶漆二道

注：1. 管道保温前应先清除管道表面的铁锈，再刷二道防锈漆。

2. 在固定支架及法兰、阀门等部位，宜采用可折卸式保温结构。

3. 保温材料技术数据：

(1) 自熄聚氨脂软管套

密度：30kg/m³

导热系数：0.022kcal/（h·℃）

吸水率：0.03，闭孔率：90%

(2) 憎水岩棉管壳

密度：137kg/m³（100～150kg/m³）

导热系数：≤0.045W/（m·K）

憎水率：98.5%

(3) LMGF复合管壳

内层硅酸铝耐火纤维板

密度：110kg/m³

导热系数≤0.032W/（m·K）

外层憎水岩棉管壳

技术数据同（2），各层保温厚度如下：

外层	内层	总厚度
25mm	30mm	55mm
30mm	40mm	70mm
40mm	50mm	90mm

第2章 建 筑 给 水

2.1 建筑给水设计图式

建筑给水设计图式见图 2.1-1。

建筑给水设计图式说明：

1. 建筑物内部的给水系统，宜利用室外给水管网的水压直接供水。如室外给水管网中的水压昼夜周期性不足时，应设置水箱；如水压经常不足时，则应设置升压或升压及水量调节装置（可采用变频调速给水设备、气压给水设备、水泵—水箱联合给水方式等）。

2. 生活给水系统与消防给水系统宜分开设置，但可共用水箱和贮水池。

3. 生活给水系统中，卫生器具配水点处的静水压不得大于产品的允许工作压力。

4. 高层建筑生活给水系统的竖向分区，应根据使用要求、材料设备性能、维修管理、建筑物层数等条件结合利用室外给水管网的水压合理确定。分区最低卫生器具配水点处的静水压，住宅、旅馆、医院宜为 0.30～0.35MPa；办公楼宜为 0.35～0.45MPa。

5. 建筑物内的给水系统，当卫生器具给水配件处的静水压超过规定压力时，宜采用减压阀、节流阀、节流塞、调压孔板等减压限流措施。

6. 对水量进行计量的建筑物，应在引入管上装设水表；建筑物的某部分或个别设备须要计量时，应在其配水管上装设水表；住宅建筑应装设分户水表，分户水表或分户水表的数字显示宜在户门外集中设置。

2.2 用 水 定 额

2.2.1 居住区生活用水定额

居住区生活用水定额，一般可采用表 2.2-1 的规定。当居住区实际生活用水量与表中规定有较大出入时，其用水定额经设计审批部门批准，可按当地生活用水量统计资料适当增减。

居住区生活用水定额及小时变化系数 表 2.2-1

卫生器具设置标准	设有大便器、洗涤盆、无沐浴设备			设有大便器、洗涤盆和沐浴设备			设有大便器、洗涤盆、沐浴设备和集中热水供应		
用水情况／分区	最高日 L/(人·d)	平均日 L/(人·d)	时变化系数	最高日 L/(人·d)	平均日 L/(人·d)	时变化系数	最高日 L/(人·d)	平均日 L/(人·d)	时变化系数
一	85～120	55～90	2.5～2.2	130～170	90～125	2.3～2.1	170～230	130～170	2.0～1.8
二	90～125	60～95	2.5～2.2	140～180	100～140	2.3～2.1	180～240	140～180	2.0～1.8
三	95～130	65～100	2.5～2.2	140～180	110～150	2.3～2.1	185～245	145～185	2.0～1.8

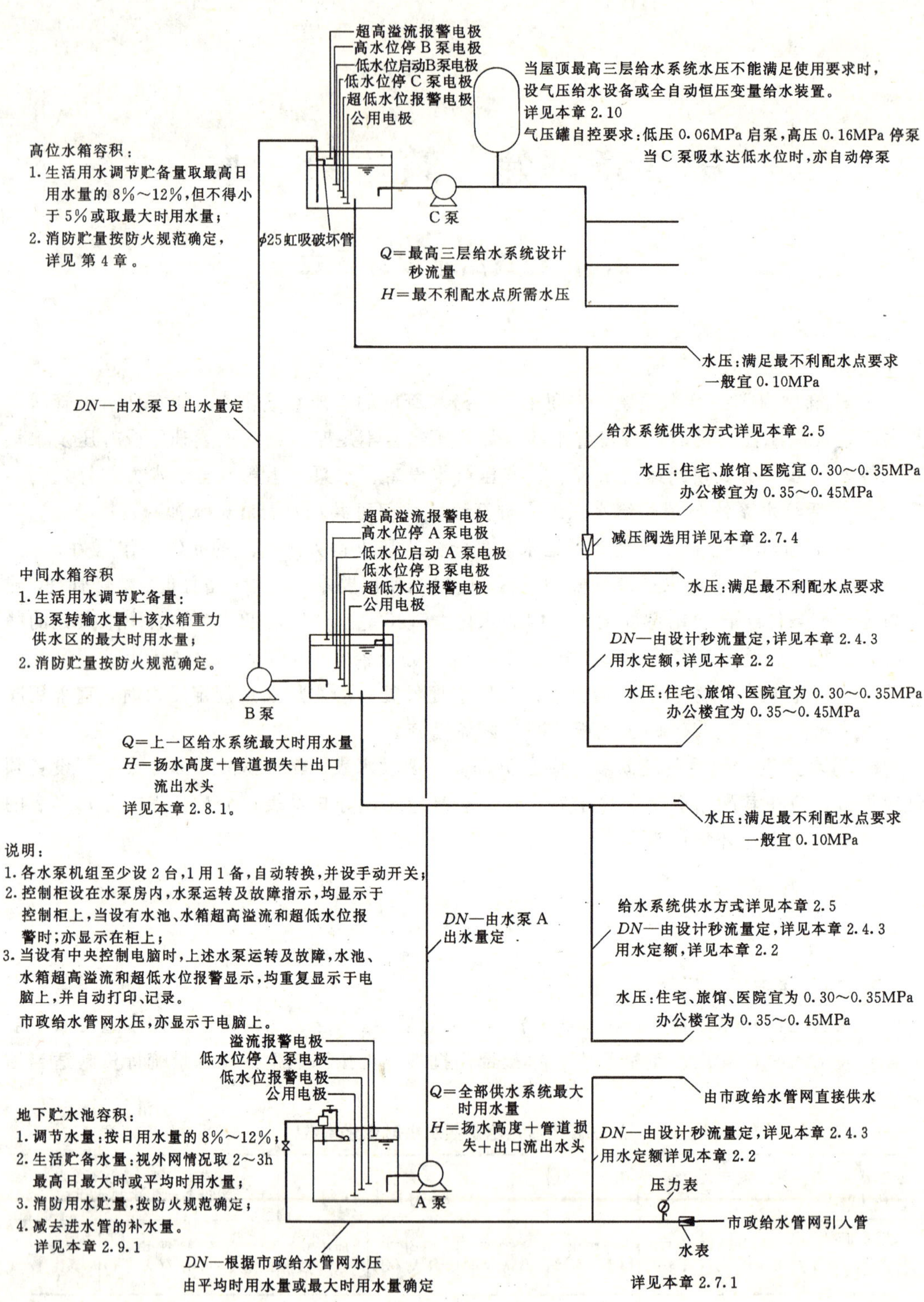

图2.1-1　建筑给水设计图式

续表

卫生器具设置标准	设有大便器、洗涤盆、无沐浴设备			设有大便器、洗涤盆和沐浴设备			设有大便器、洗涤盆、沐浴设备和集中热水供应		
用水情况 / 分区	最高日 L/(人·d)	平均日 L/(人·d)	时变化系数	最高日 L/(人·d)	平均日 L/(人·d)	时变化系数	最高日 L/(人·d)	平均日 L/(人·d)	时变化系数
四	95～130	65～100	2.5～2.2	150～190	120～160	2.3～2.1	190～250	150～190	2.0～1.8
五	85～120	55～90	2.5～2.2	140～180	100～140	2.3～2.1	180～240	140～180	2.0～1.8

注：1. 生活用水定额应根据所在分区、卫生器具完善程度及生活习惯等影响用水定额的因素确定，其中卫生器具完善程度为首要因素。

2. 表 2.2-1 所列用水定额已包括居住区内小型公共建筑用水量和正常漏水量，但未包括全市性公共建筑用水、浇洒道路用水、大面积绿化用水、工业企业建筑生产及生活用水、消防用水等。

3. 分区范围

第一分区包括：黑龙江、吉林全部、内蒙古和辽宁的大部分，河北、山西、陕西的偏北的一小部分，宁夏偏东的一部分。

第二分区包括：北京、天津的全部、河北、山东、山西、陕西的大部分，甘肃、宁夏、辽宁的南部，河南北部，青海偏东和江苏、安徽偏北的一小部分。

第三分区包括：上海、浙江的全部，江西、安徽、江苏的大部分，福建北部，湖南、湖北的东部，河南南部。

第四分区包括：广东、台湾的全部，广西的大部分，福建、云南的南部。

第五分区包括：贵州的全部，四川、云南的大部分，湖南、湖北的西部，陕西和甘肃在秦岭以南的地区，广西偏北的一小部分。

其他地区生活用水定额，可根据当地气候和人民生活习惯等具体情况，参照相似地区的用水定额确定。

4. 表 2.2-1 中的时变化系数，按每日用水时间 24h 计。

2.2.2 住宅生活用水定额

住宅生活用水定额及小时变化系数，应根据住宅类别、建筑标准、卫生器具完善程度和地区条件，按表 2.2-2 确定。

住 宅 生 活 用 水 定 额 **表 2.2-2**

住宅类别和卫生器具设置标准			每人每日生活用水定额（最高日）（L）	小时变化系数
普通住宅	一类	有大便器、洗涤盆、无沐浴设备	85～150	3.0～2.5
	二类	有大便器、洗涤盆和沐浴设备	130～220	2.8～2.3
	三类	有大便器、洗涤盆、沐浴设备和热水供应	170～300	2.5～2.0
高级住宅和别墅			300～400	2.3～1.8

注：1. 当地对住宅生活用水定额有具体规定时，可按当地规定执行。

2. 住宅生活用水定额只是住宅自身用水量，如底层为商店等应另计，但包括了正常漏水量和生活热水用水量和饮水量。

2.2.3 公共建筑生活用水定额

公共建筑生活用水定额，应根据卫生器具完善程度和地区条件，按表 2.2-3 确定。

公共建筑生活用水定额 **表 2.2-3**

序号	建筑物名称	单 位	最高日生活用水定额	时变化系数	使用时间（h）	说 明
1	集体宿舍 有盥洗室 有盥洗室和浴室	 L/（人·d） L/（人·d）	 50～100 100～200	 2.5 2.5	 24 24	不包括食堂、洗衣房用水 高标准集体宿舍（如在房间内设有卫生间）可参照旅馆采用
2	旅馆、招待所 有集中盥洗室 有盥洗室和浴室 设有浴盆的客房	 L/（床·d） L/（床·d） L/（床·d）	 50～100 100～200 200～300	 2.5～2.0 2.0 2.0	 24 24 24	包括客房服务员生活用水，不包括其他服务人员生活用水量 不包括食堂、洗衣房、空调、采暖等用水 若客房标准不一时，各类客房用水量应分别计算然后叠加

续表

序号	建筑物名称	单　位	最高日生活用水定额	时变化系　数	使用时间(h)	说　明
3	宾馆 客房	L/(床·d)	400～500	2.0	24	包括客房服务员生活用水，不包括其它服务人员生活用水量 不包括餐厅、厨房、洗衣房、空调、采暖、水景、绿化等用水，宾馆指各类高级旅馆、饭店、酒家、度假村等，客房内均有卫生间
4	医院、疗养院、休养所 有集中盥洗室 有盥洗室和浴室 设有浴盆的病房	 L/(病床·d) L/(病床·d) L/(病床·d)	 50～100 100～200 250～400	 2.5～2.0 2.5～2.0 2.0	 24 24 24	指病房生活用水　不包括食堂、洗衣房、空调、采暖、医疗、药剂和蒸馏水制备、门诊等用水，陪住人员应按人数折算成病床数
5	门诊部、诊疗所	L/(病人·次)	15～25	2.5	实际工作时间	不包括住院病人用水
6	公共浴室 有淋浴器 设有浴池、淋浴器、浴盆和理发室	 L/(顾客·次) L/(顾客·次)	 100～150 80～170	 2.0～1.5 2.0～1.5	 12 12	淋浴器用水与设置方式有关，单间最大，隔断其次，通间最小 单管热水供应比双管热水供应用水量小，女浴室用水比男浴室多 应按浴室中设置的浴盆，淋浴器和浴池的数量及服务人数确定浴室用水定额或各类沐浴用水量分别计算然后叠加
7	理发室	L/(顾客·次)	10～25	2.0～1.5	12	包括洗毛巾用水 用水定额与用水设备、热水供应方式、理发设备及男女顾客比例有关
8	洗衣房	L/(公斤干衣)	40～80	1.5～1.0	实际工作时间	职工生活用水应另行计算
9	餐饮业 营业餐厅 工业企业、机关、学校食堂	 L/(顾客·次) L/(顾客·次)	 15～20 10～15	 2.0～1.5 2.5～2.0	 12 12	不包括冷冻机冷却用水 中餐比西餐用水量大、洗碗机比人工洗餐具用水量大
10	幼儿园、托儿所 有住宿 无住宿	 L/(儿童·d) L/(儿童·d)	 50～100 25～50	 2.5～2.0 2.5～2.0	 24 10	定额值为生活用水综合指标 淋浴方式和次数是决定用水定额的主要因素
11	商场	L/(顾客·次)	1～3	2.5～2.0	10～12	
12	菜市场	L/(m^2·次)	2～3	2.5～2.0	8～10	只包括地面冲洗用水，不包括肉食、水产化冻用水和工作人员生活用水
13	办公楼	L/(人·班)	30～60	2.5～2.0	8～10	不包括食堂、洗衣房、空调、采暖等用水，不包括住宿人员用水
14	中小学校(无住宿)	L/(学生·d)	30～50	2.5～2.0	10	中小学校包括无住宿的中专、中技和职业中学，有住宿的可参照高等学校，晚上开班时用水量应另行计算，不包括食堂、洗衣房、校办工厂、校园绿化和教职工宿舍用水

续表

序号	建筑物名称	单 位	最高日生活用水定额	时变化系数	使用时间(h)	说 明
15	高等院校(有住宿)	L/(学生·d)	100～200	2.0～1.5	24	定额值为生活用水综合指标 不包括试验室、校办工厂、游泳池、教职工宿舍用水
16	电影院	L/(观众·场)	3～8	2.5～2.0	3	不包括空调用水、地面用水冲式清扫系统时用水量应另行计算
17	剧院	L/(观众·场)	10～20	2.5～2.0	6	不包括空调用水
18	体育场 运动员淋浴 观众	 L/(人·次) L/(人·场)	 50 3	 2.0 2.0	 6 6	不包括空调、场地浇洒用水 运动员人数按大型活动计算，体育场有住宿时，用水量另行计算
19	游泳池 游泳池补充水 运动员淋浴 观众	 每日占水池容积 L/(人·场) L/(人·场)	 10%～15% 60 3	 2.0 2.0	 6 6	补充水量与游泳池类别、水处理方式有关

注：生活用水定额包括生活用热水用水定额和饮水定额。

2.2.4 工业企业建筑生活用水定额

工业企业建筑生活用水定额见表2.2-4。

工业企业建筑生活用水定额 表2.2-4

级别	车间卫生特征			生活用水（除淋浴用水外）			淋浴用水		
	有毒物质	粉 尘	其 它	用水定额(L/(人·班))	时变化系数	使用时间(h)	用水定额(L/(人·班))	时变化系数	使用时间(h)
1级	极易经皮肤吸收引起中毒的剧毒物质（如有机磷、三硝基甲苯、四乙基铅等）		处理传染性材料，动物原料（如皮毛等）	25～35	3.0～2.5	8	60	1	1
2级	易经皮肤吸收或有恶臭的物质，（如丙烯晴、吡啶苯酚等）	严重污染全身或对皮肤有刺激的粉尘（如炭黑，玻璃棉等）	高温作业、井下作业	25～35	3.0～2.5	8	60	1	1
3级	其它毒物	一般粉尘（如棉尘）	重作业	25～35	3.0～2.5	8	40	1	1
4级	不接触有毒物质或粉尘，不污染或轻度污染身体（如仪表、金属冷加工、机械加工等）			25～35	3.0～2.5	8	40	1	1

注：虽易经皮肤吸收，但易挥发的有毒物质（如苯等）可按3级确定。

工业企业建筑卫生器具设置数量和使用人数见表2.2-5。

工业企业建筑卫生器具设置数量和使用人数 表2.2-5

车间卫生特征级别	每个卫生器具使用人数				
	淋浴器	盥洗水龙头	大便器蹲位	小 便 器	净 身 器
1 2 3 4	3～4 5～8 9～12 13～24	20～30 20～30 31～40 31～40	男厕所100人以下，每25人设一蹲位；100人以上每增50人，增设一个蹲位。女厕所100人以下，每20人设一蹲位；100人以上每增35人，增设一个蹲位	男厕所每一个大便器，同时设小便器一个（或0.4m长小便槽）	女工人数100～200人设一具，200人以上每增200人增设一具

2.2.5 汽车冲洗用水定额

1. 有洗车台的汽车库内汽车冲洗用水定额，应根据道路路面等级和沾污程度、按表2.2-6确定。

汽车冲洗用水定额 表2.2-6

汽车种类	冲洗用水定额[L/（辆·d）]	冲洗时间(min)	冲洗次数	
			同时冲洗数	每日冲洗数
小轿车、吉普车、小面包车	250～400	10	按洗车台数量	≤25辆车时，按全部汽车每日冲洗一次，>25辆时，按全部汽车的70%～90%计算
大轿车、公共汽车、大卡车、载重汽车	400～600	10		
大型载重车、矿山载重车	600～800	10		

注：冬季汽车起动所需热水量另计。

2. 无洗车台的汽车库，洗车采用冲洗水枪进行冲洗时，冲洗水量按冲洗水枪要求确定。无手动冲洗水枪装置时，可仅考虑汽车擦洗用水。

3. 汽车库地面冲洗用水定额按2～3L/m² 确定。

4. 汽车库总用水量为汽车冲洗或擦洗用水，地面冲洗用水和汽车库工作人员生活用水三者之和。

2.2.6 浇洒道路和绿化用水定额

浇洒道路和绿化用水定额见表2.2-7。

浇洒道路和绿化用水定额 表2.2-7

项目	用水定额[L/（m²·次）]	浇洒次数(次/d)	项目	用水定额[L/（m²·次）]	浇洒次数(次/d)
浇洒道路和场地用水	1.0～1.5	2～3	绿化用水	1.5～2.0	1～2

2.2.7 冷却塔补水量

按冷却水系统循环水量的2%～5%。

2.2.8 冷冻水补水量

按冷冻水系统水容量的3%～5%。

2.2.9 未预见水量

一般按最高日用水量的10%～15%

2.2.10 生产用水定额

生产用水定额、水压及用水条件按工艺要求确定。

2.2.11 消防用水量

消防用水量按现行的有关消防规范的规定确定，见第4章。

2.2.12 旅馆和医院生活综合用水量

旅馆和医院生活综合用水量见表2.2-8。

2.2.13 民用建筑用水量估算值

民用建筑用水量估算值见表2.2-9。

2.2.14 卫生器具的一次和一小时用水量

卫生器具的一次和一小时用水量见表2.2-10。

旅馆和医院生活综合用水量 **表 2.2-8**

序号	建筑物名称	单 位	生活用水量标准（最高日）（L）	小时变化系数	备 注
1	旅馆 低标准社会旅馆 中等标准社会旅馆（三星级） 高标准旅游旅馆（四、五星级）	 每一床位每日 每一床位每日 每一床位每日	 90～120 300～400 1000～1200	 2.5～2.0 2.0 2.0～1.5	不包括空调冷冻设备补充水和设备用水
2	医院、疗养院、休养所 100 病床以下 100～500 病床 500 病床以上	 每一病床每日 每一病床每日 每一病床每日	 500～800 1000～1500 1500～2000	 2.0 2.0～1.5 1.8～1.5	不包括空调冷冻设备补充水及水疗、泥疗设备等用水

民用建筑用水量估算值 **表 2.2-9**

序号	建 筑 物	单 位	最高日生活用水量（L）	使用时间（h）	时变化系数	备 注
1	办公 普通 高级	 每人每班 每人每班	 50～80 100～120	 8～12 8～12	 2.5 2.0	普通办公以总面积计按 7～10m²/人 以有效面积计 4～5m²/人 高级办公以总面积计按 10～14m²/人 以有效面积计 5～7m²/人
2	集体宿舍 普通 高档	 每人每日 每人每日	 80～120 200～300	 16～24 16～24	 2.5 2.5	 有盥洗室、洗衣机按 6～7m²/人 有盥洗室、浴室、洗衣机按 8～10m²/人
3	普通旅馆、招待所 一般 中档	 每床每日 每床每日	 100～200 300～400	 16～24 16～24	 2.5 2.0	 有集中盥洗室、浴室 10～15m²/床 客房有卫生间、浴盆 15～20m²/床
4	宾馆 中档 高档	 每床每日 每床每日	 800～1000 1200～1500	 16～24 16～24	 2.0 2.0	为综合用水指标，包括员工 100～200L/（人·d）用水
5	住宅、公寓	每人每日	200～300	20～24	2.5～2.0	住宅按每户 3～4 人计 公寓每套按 1～3 人计
6	高等院校	每人每日	150～200	20～24	2.5～2.0	为综合生活用水
7	医院、疗养院 100 床以下 500 床以下 500 床以上	 每床每日 每床每日 每床每日	 500～800 1000～1500 1500～2000	 16～24 16～24 16～24	 2.0 2.0～1.5 1.8～1.5	为综合生活用水指标 但未包括空调和制备蒸馏水的冷却用水，水疗、泥疗设备等用水
8	门诊部、诊疗所	每人每次	15～25		2.5	有化验设备者
9	商场、展销厅 顾客 职工	 每人每次 每人每日	 3～5 100～200	 8～12 10～12	 2.0 2.0	顾客：职工≈10：1 5～7m²/人（以总面积计） 2～3m²/人（以使用面积计）

续表

序号	建筑物	单位	最高日生活用水量（L）	使用时间（h）	时变化系数	备注
10	餐厅类					一般餐厅与厨房面积之比为1∶1～1.5 中餐、西餐、小餐厅、快餐同时使用系数为0.5 酒吧、咖啡、茶座，同时使用系数为0.3
	西餐厅					
	中餐厅	每座每次	15～20	6		0.5～1次/座、时；每座按1.8～1.4m² 计
	小餐厅	每座每次	15～20	6		0.5～1次/座、时；每座按1.8～1.5m² 计
	快餐	每座每次	15～20	6		0.5次/座、时；每座按3.3m² 计
	酒吧、咖啡、茶座	每座每次	10	12		1次/座、时；每座按1.3m² 计
	宴会厅	每座每次	5	12～16		1～2次/座、时；每座按1.2～1.4m² 计
	（多功能厅）	每座每次	20	6		2人次/座·d，每座按1.6m² 计
11	洗衣房	每kg干衣	40～80		1.5～1.0	（1）餐厅为0.45～0.6kg/餐位，以一天三餐，每天更换4次计 （2）客房以每房两床，客房率70%计平均交干衣1kg（人·d） （3）员工服装：台前1/3，楼面1/3，台后1/3 每天洗1/3员工服装，其中湿洗按90% 每人次1kg。员工定额：1.6～1.8人/房 （4）宾馆综合指标： 湿洗干衣3.2～4.0kg/（床·d）

卫生器具的一次和一小时用水量　　表2.2-10

序号	卫生器具名称	一次用水量（L/次）	一小时用水量（L/h）	
			住宅	公用和公共建筑
1	污水盆（池）	15～25		45～360
2	洗涤盆（池）		180	60～300
3	洗脸盆、盥洗槽水龙头	3～5	30	50～150
4	洗手盆			15～25
5	浴盆：带淋浴器	150	300	300
	无淋浴器	125	250	250
6	淋浴器	70～150	140～200	210～540
7	大便器：高水箱	9～14	27～42	27～168
	低水箱	9～16	27～48	27～256
	自闭式冲洗阀	6～12	18～36	18～144
8	大便槽（每蹲位）	9～12		
9	小便器：手动冲洗阀	2～6		20～120
	自闭式冲洗阀	2～6		20～120
	自动冲洗水箱	15～30		150～600
10	小便槽（每m长）			
	多孔冲洗管			180
	自动冲洗水箱	3.8		180
11	化验盆：单联化验水龙头			40～60
	双联化验水龙头			60～80
	三联化验水龙头			80～120
12	净身器	10～15		120～180
13	洒水栓：ϕ15	60～720		60～720
	ϕ20	120～1440		120～1440
	ϕ25	210～2520		210～2520

2.2.15 卫生器具给水额定流量

卫生器具给水额定流量见表2.2-11。

卫生器具给水额定流量 **表2.2-11**

序号	给水配件名称	额定流量 (L/s)	当量	支管管径 (mm)	配水点前所需流出水头 (MPa)
1	污水盆（池）水龙头	0.20	1.0	15	0.020
2	住宅厨房洗涤盆（池）水龙头	0.20 (0.14)	1.0 (0.7)	15	0.015
3	食堂厨房洗涤盆（池）水龙头 普通水龙头	0.32 (0.24) 0.44	1.6 (1.2) 2.2	15 20	0.020 0.040
4	住宅集中给水龙头	0.30	1.5	20	0.020
5	洗手盆水龙头	0.15 (0.10)	0.75 (0.5)	15	0.020
6	洗脸盆水龙头、盥洗槽水龙头	0.20 (0.16)	1.0 (0.8)	15	0.015
7	浴盆水龙头	0.30 (0.20) 0.30 (0.20)	1.5 (1.0) 1.5 (1.0)	15 20	0.020 0.015
8	淋浴器	0.15 (0.10)	0.75 (0.5)	15	0.025～0.040
9	大便器 冲洗水箱浮球阀 自闭式冲洗阀	 0.10 1.20	 0.5 6.0	 15 25	 0.020 按产品要求
10	大便槽冲洗水箱进水阀	0.10	0.5	15	0.020
11	小便器 手动冲洗阀 自闭式冲洗阀 自动冲洗水箱进水阀	 0.05 0.10 0.10	 0.25 0.5 0.5	 15 15 15	 0.015 按产品要求 0.020
12	小便槽多孔冲洗管（每m长）	0.05	0.25	15～20	0.015
13	实验室化验龙头（鹅颈） 单联 双联 三联	 0.07 0.15 0.20	 0.35 0.75 1.0	 15 15 15	 0.020 0.020 0.020
14	净身器冲洗水龙头	0.10 (0.07)	0.5 (0.35)	15	0.030
15	饮水器喷嘴	0.05	0.25	15	0.020
16	洒水栓	0.40 0.70	2.0 3.5	20 25	按使用要求 按使用要求
17	室内洒水龙头	0.20	1.0	15	按使用要求
18	家用洗衣机给水龙头	0.24	1.2	15	0.020

注：(1) 表中括弧内的数值系在有热水供应时，单独计算冷水或热水管道管径时采用；
(2) 淋浴器所需流出水头按控制出流的启闭阀件前计算；
(3) 充气水龙头和充气淋浴器的给水额定流量按同类配件额定流量乘0.7采用；
(4) 卫生器具给水配件所需流出水头有特殊要求时，其数值应按产品要求确定；
(5) 浴盆上附设淋浴器时，额定流量和当量按浴盆水龙头计算，不再重复计算浴盆上附设淋浴器的额定流量和当量。

2.3 设计流量计算

2.3.1 建筑物最高日生活用水量

建筑物最高日生活用水量按式2.3-1计算。

$$Q_d = \frac{mq_d}{1000} \quad (m^3/d) \tag{2.3-1}$$

式中 Q_d——最高日生活用水量；

m——设计单位数（人、床、病床、m^2等）；

q_d——单位用水定额（L/（人·d）、L/（床·d）、L/（病床·d）、L/（m^2·d））见表2.2-2、2.2-3、2.2-6和2.2-7。

2.3.2 最大小时生活用水量

最大小时生活用水量按式2.3-2计算。

$$Q_h = K_h \frac{Q_d}{T} \tag{2.3-2}$$

式中 Q_h——最大小时生活用水量（m^3/h）；

Q_d——最高日（或最大班）生活用水量（m^3/d）；

T——每日（或最大班）使用时间（h/d）；

K_h——时变化系数，按表2.2-2、表2.2-3采用。

2.3.3 计算实例

【例】 南方某综合大厦（宾馆、办公、商场、酒楼、住宅楼）总建筑面积6.8万m^2，总高99.9m。

【解】 用水量见表2.3-1。

南方某综合大厦用水量表 **表2.3-1**

序号	用水部位名称	用水标准（L/（人·d））	使用人数（人）	用水时间（h）	时变化系数（K）	日用水量（m^3/d）	平均时用水量（m^3/h）	最大时用水量（m^3/h）
1	宾馆部分 客 房 职 工	 500 100	 662 300	 24 24	 2.0 2.5	 331.00 30.00	 13.80 1.25	 27.60 3.13
2	商 场 顾客 职工	 8 100	 700 80	 8 8	 2.0 2.0	 5.60 8.00	 0.70 1.00	 1.40 2.00
3	展销厅 顾客 职工	 8 100	 800 80	 8 8	 2.0 2.0	 6.40 8.00	 0.80 1.00	 1.60 2.00
4	酒 楼 客用 职工	 25L/（人·餐） 15L/（人·餐）	 2630人次 1500人次	 12 12	 2.0 2.0	 65.75 22.50	 5.48 1.88	 10.96 3.76
5	办 公	50L/（人·班）	1500	10	2.0	75.00	7.50	15.00

续表

序号	用水部位名称	用水标准(L/(人·d))	使用人数(人)	用水时间(h)	时变化系数(K)	日用水量(m^3/d)	平均时用水量(m^3/h)	最大时用水量(m^3/h)
6	冲洗车辆	400L/(次·辆)	100 辆	4	1.0	40.00	10.00	10.00
7	绿化	2L/(m^2·次)	4000m^2	4	1.0	8.00	2.00	2.00
8	洗衣房	60L/(kg·干衣)	1000g/d	12	1.5	60.00	5.00	7.50
9	空调补水	2%循环水量	1200m^3/h	18	1.0	432.00	24.00	24.00
10	住宅	200	836	24	2.5	167.20	6.97	17.42
11	累计					1260.00	81.00	128.00

本工程最高日用水量取 1300m^3/d。

最大小时用水量取 130m^3/h。

2.3.4 生活给水设计秒流量

1. 住宅、集体宿舍、旅馆、宾馆、医院、幼儿园、办公楼、学校等建筑的生活给水设计秒流量，按式(2.3-3)计算。

$$Q_g = 0.2\alpha\sqrt{N_g} + KN_g \tag{2.3-3}$$

式中 Q_g——计算管段的生活给水设计秒流量(L/s)；

N_g——计算管段的卫生器具给水当量总数，根据卫生器具种类和数量按表 2.2-11 计算确定；

α、K——根据建筑物用途而定的系数按表 2.3-2 采用。

注：

(1) 如计算值小于该管段上一个最大卫生器具给水额定流量时，应采用一个最大的卫生器具给水额定流量作为设计秒流量；

(2) 如计算值大于该管段上按卫生器具给水额定流量累加所得流量值时，应按卫生器具给水额定流量累加所得流量值采用；

(3) 综合楼建筑的 α 值和 K 值应按加权平均法计算；

(4) 当已知计算管段卫生器具当量总数和建筑类别时，可由表 2.3-3 查得该管段的生活给水设计秒流量值。

(5) 当装设大便器有自闭式冲洗阀时，已知计算管段卫生器具当量总数时，可由表 2.3-4 查得该管段的生活给水设计秒流量值，其设计秒流量，按下式(2.3-4)计算：

$$Q_g = 0.2\sqrt{N_g} + 1.2 \tag{2.3-4}$$

式中 Q_g——计算管段的生活给水设计秒流量(L/s)；

N_g——计算管段的卫生器具给水当量总数，根据卫生器具种类和数量，按表 2.2-11 计算确定；

1.2——大便器自闭式冲洗阀的额定流量值。

根据建筑物用途而定的系数值　　**表 2.3-2**

建筑物名称			α 值	K 值
普通住宅	一类	有大便器、洗涤盆、无沐浴设备	1.05	0.0050
	二类	有大便器、洗涤盆和沐浴设备	1.02	0.0045
	三类	有大便器、洗涤盆、沐浴设备和热水供应	1.1	0.0050
高级住宅和别墅			1.1	0.0050
幼儿园、托儿所			1.2	0
门诊部、诊疗所			1.4	
办公楼、商场			1.5	
学校			1.8	
医院、疗养院、休养所			2.0	
集体宿舍、旅馆、招待所、宾馆			2.5	
部队营房			3.0	

生活给水设计秒流量　　**表 2.3-3**

当量数 N_g	给水设计秒流量 q_g									
	普通住宅									
	1 类	2 类	3 类 / 高级住宅别墅	幼儿园托儿所	门诊部诊疗所	办公楼商场	学校	医院疗养院休养所	集体宿舍招待所旅馆宾馆	部队营房
	α=1.05 K=0.0050	α=1.02 K=0.0045	α=1.10 K=0.0050	α=1.2	α=1.4	α=1.5	α=1.8	α=2.0	α=2.5	α=3.0
1	0.20	0.20	0.20	0.20	0.20	0.20	0.20	0.20	0.20	0.20
2	0.31	0.30	0.32	0.34	0.40	0.40	0.40	0.40	0.40	0.40
3	0.38	0.37	0.40	0.42	0.48	0.52	0.60	0.60	0.60	0.60
4	0.44	0.43	0.46	0.48	0.56	0.60	0.72	0.80	0.80	0.80
5	0.49	0.48	0.52	0.54	0.63	0.67	0.80	0.89	1.00	1.00
6	0.54	0.53	0.57	0.59	0.69	0.73	0.88	0.98	1.20	1.20
7	0.59	0.57	0.62	0.63	0.74	0.79	0.95	1.06	1.32	1.40
8	0.63	0.61	0.66	0.68	0.79	0.85	1.02	1.13	1.41	1.60
9	0.68	0.65	0.71	0.72	0.84	0.90	1.08	1.20	1.50	1.80
10	0.71	0.69	0.75	0.76	0.89	0.95	1.14	1.26	1.58	1.90
11	0.75	0.73	0.78	0.80	0.93	0.99	1.19	1.33	1.66	1.99
12	0.79	0.76	0.82	0.83	0.97	1.04	1.25	1.39	1.73	2.08
13	0.82	0.79	0.86	0.87	1.01	1.08	1.30	1.44	1.80	2.16
14	0.86	0.83	0.89	0.90	1.05	1.12	1.35	1.50	1.87	2.24
15	0.89	0.86	0.93	0.93	1.08	1.16	1.39	1.55	1.94	2.32
16	0.92	0.89	0.96	0.96	1.12	1.20	1.44	1.60	2.00	2.40
17	0.95	0.92	0.99	0.99	1.15	1.24	1.48	1.65	2.06	2.47
18	0.98	0.95	1.02	1.02	1.19	1.27	1.53	1.70	2.12	2.55
19	1.01	0.97	1.05	1.05	1.22	1.31	1.57	1.74	2.18	2.62
20	1.04	1.00	1.08	1.07	1.25	1.34	1.61	1.79	2.24	2.68
21	1.07	1.03	1.11	1.10	1.28	1.37	1.65	1.83	2.29	2.75
22	1.09	1.06	1.14	1.13	1.31	1.41	1.69	1.88	2.35	2.81
23	1.12	1.08	1.17	1.15	1.34	1.44	1.73	1.92	2.40	2.88
24	1.15	1.11	1.20	1.18	1.37	1.47	1.76	1.96	2.45	2.94
25	1.18	1.13	1.23	1.20	1.40	1.50	1.80	2.00	2.50	3.00
26	1.20	1.16	1.25	1.22	1.43	1.53	1.84	2.04	2.55	3.06
27	1.23	1.18	1.28	1.25	1.45	1.56	1.87	2.08	2.60	3.12
28	1.25	1.21	1.30	1.27	1.48	1.59	1.90	2.12	2.65	3.17
29	1.28	1.23	1.33	1.29	1.51	1.62	1.94	2.15	2.69	3.23
30	1.30	1.25	1.35	1.31	1.53	1.64	1.97	2.19	2.74	3.29

续表

当量数 N_g	给水设计秒流量 q_g									
	普通住宅 1类 $\alpha=1.05$ $K=0.0050$	普通住宅 2类 $\alpha=1.02$ $K=0.0045$	普通住宅 3类 / 高级住宅别墅 $\alpha=1.10$ $K=0.0050$	幼儿园托儿所 $\alpha=1.2$	门诊部诊疗所 $\alpha=1.4$	办公楼商场 $\alpha=1.5$	学校 $\alpha=1.8$	医院疗养院休养所 $\alpha=2.0$	集体宿舍招待所旅馆宾馆 $\alpha=2.5$	部队营房 $\alpha=3.0$
31	1.32	1.28	1.38	1.34	1.56	1.67	2.00	2.23	2.78	3.34
32	1.35	1.30	1.40	1.36	1.58	1.70	2.04	2.26	2.83	3.39
33	1.37	1.32	1.43	1.38	1.61	1.72	2.07	2.30	2.87	3.45
34	1.39	1.34	1.45	1.40	1.63	1.75	2.10	2.33	2.92	3.50
35	1.42	1.36	1.48	1.42	1.66	1.77	2.13	2.37	2.96	3.55
36	1.44	1.39	1.50	1.44	1.68	1.80	2.16	2.40	3.00	3.60
37	1.46	1.41	1.52	1.46	1.70	1.82	2.19	2.43	3.04	3.65
38	1.48	1.43	1.55	1.48	1.73	1.85	2.22	2.47	3.08	3.70
39	1.51	1.45	1.57	1.50	1.75	1.87	2.25	2.50	3.12	3.75
40	1.53	1.47	1.59	1.52	1.77	1.90	2.28	2.53	3.16	3.79
41	1.55	1.49	1.61	1.54	1.79	1.92	2.31	2.56	3.20	3.84
42	1.57	1.51	1.64	1.56	1.81	1.94	2.33	2.59	3.24	3.89
43	1.59	1.53	1.66	1.57	1.84	1.97	2.36	2.62	3.28	3.93
44	1.61	1.55	1.68	1.59	1.86	1.99	2.39	2.65	3.32	3.98
45	1.63	1.57	1.70	1.61	1.88	2.01	2.41	2.68	3.35	4.02
46	1.65	1.59	1.72	1.63	1.90	2.03	2.44	2.71	3.39	4.07
47	1.67	1.61	1.74	1.65	1.92	2.06	2.47	2.74	3.43	4.11
48	1.69	1.63	1.76	1.66	1.94	2.08	2.49	2.77	3.46	4.16
49	1.72	1.65	1.79	1.68	1.96	2.10	2.52	2.80	3.50	4.20
50	1.73	1.67	1.81	1.70	1.98	2.12	2.55	2.83	3.54	4.24
52	1.77	1.71	1.85	1.73	2.02	2.16	2.60	2.88	3.61	4.33
54	1.81	1.74	1.89	1.76	2.06	2.20	2.65	2.94	3.67	4.41
56	1.85	1.78	1.93	1.80	2.10	2.24	2.69	2.99	3.74	4.49
58	1.89	1.81	1.97	1.83	2.13	2.28	2.74	3.05	3.81	4.57
60	1.93	1.85	2.00	1.86	2.17	2.32	2.79	3.10	3.87	4.67
62	1.96	1.89	2.04	1.89	2.20	2.36	2.83	3.15	3.94	4.72
64	2.00	1.92	2.08	1.92	2.24	2.40	2.88	3.20	4.00	4.80
66	2.04	1.95	2.12	1.95	2.27	2.44	2.92	3.25	4.06	4.87
68	2.07	1.99	2.15	1.98	2.31	2.47	2.97	3.30	4.12	4.95
70	2.11	2.02	2.19	2.01	2.34	2.51	3.01	3.35	4.18	5.02
72	2.14	2.05	2.23	2.04	2.38	2.55	3.05	3.39	4.24	5.09
74	2.18	2.09	2.26	2.06	2.41	2.58	3.10	3.44	4.30	5.16
76	2.21	2.12	2.30	2.09	2.44	2.62	3.14	3.49	4.36	5.23
78	2.24	2.15	2.33	2.12	2.47	2.65	3.18	3.53	4.42	5.30
80	2.28	2.18	2.37	2.15	2.50	2.68	3.22	3.58	4.47	5.37
82	2.31	2.22	2.40	2.17	2.54	2.72	3.26	3.62	4.53	5.43
84	2.34	2.25	2.44	2.20	2.57	2.75	3.30	3.67	4.58	5.50
86	2.38	2.28	2.47	2.23	2.60	2.78	3.34	3.71	4.64	5.56
88	2.41	2.31	2.50	2.25	2.63	2.81	3.38	3.75	4.69	5.63
90	2.44	2.34	2.54	2.28	2.66	2.85	3.42	3.79	4.74	5.69
92	2.47	2.37	2.57	2.30	2.69	2.88	3.45	3.84	4.80	5.75
94	2.51	2.40	2.60	2.33	2.71	2.91	3.49	3.88	4.85	5.82
96	2.54	2.43	2.64	2.35	2.74	2.94	3.53	3.92	4.90	5.88
98	2.57	2.46	2.67	2.38	2.77	2.97	3.56	3.96	4.95	5.94
100	2.60	2.49	2.70	2.40	2.80	3.00	3.60	4.00	5.00	6.00

续表

当量数 N_g	给水设计秒流量 q_g									
	普通住宅		普通住宅 3类 / 高级住宅别墅	幼儿园 托儿所	门诊部 诊疗所	办公楼 商场	学校	医院 疗养院 休养所	集体宿舍 招待所 旅馆宾馆	部队 营房
	1 类	2 类	3类 高级住宅别墅							
	$\alpha=1.05$ $K=0.0050$	$\alpha=1.02$ $K=0.0045$	$\alpha=1.10$ $K=0.0050$	$\alpha=1.2$	$\alpha=1.4$	$\alpha=1.5$	$\alpha=1.8$	$\alpha=2.0$	$\alpha=2.5$	$\alpha=3.0$
105	2.68	2.56	2.78	2.46	2.87	3.07	3.69	4.10	5.12	6.15
110	2.75	2.63	2.86	2.52	2.94	3.15	3.78	4.20	5.24	6.29
115	2.83	2.71	2.93	2.57	3.00	3.22	3.86	4.29	5.36	6.43
120	2.90	2.77	3.01	2.63	3.07	3.29	3.94	4.38	5.48	6.57
125	2.97	2.84	3.08	2.68	3.13	3.35	4.02	4.47	5.59	6.71
130	3.04	2.91	3.16	2.74	3.19	3.42	4.10	4.56	5.70	6.84
135	3.11	2.98	3.23	2.79	3.25	3.49	4.18	4.65	5.81	6.97
140	3.18	3.04	3.30	2.84	3.31	3.55	4.26	4.73	5.92	7.10
145	3.25	3.11	3.37	2.89	3.37	3.61	4.33	4.82	6.02	7.22
150	3.32	3.17	3.44	2.94	3.43	3.67	4.41	4.90	6.12	7.35
155	3.39	3.24	3.51	2.99	3.49	3.73	4.48	4.98	6.22	7.47
160	3.46	3.30	3.58	3.04	3.54	3.79	4.55	5.06	6.32	7.59
165	3.52	3.36	3.65	3.08	3.60	3.85	4.62	5.14	6.42	7.71
170	3.59	3.42	3.72	3.13	3.65	3.91	4.69	5.22	6.52	7.82
175	3.65	3.49	3.79	3.17	3.70	3.97	4.76	5.29	6.61	7.94
180	3.72	3.55	3.85	3.22	3.75	4.02	4.83	5.37	6.71	8.05
185	3.78	3.61	3.92	3.26	3.81	4.08	4.90	5.44	6.80	8.16
190	3.84	3.67	3.98	3.31	3.86	4.14	4.96	5.51	6.89	8.27
195	3.91	3.73	4.05	3.35	3.91	4.19	5.03	5.59	6.98	8.38
200	3.97	3.78	4.11	3.39	3.96	4.24	5.09	5.66	7.07	8.49
205	4.03	3.84	4.17	3.44	4.01	4.30	5.15	5.73	7.16	8.59
210	4.09	3.90	4.24	3.48	4.06	4.35	5.22	5.80	7.25	8.69
215	4.15	3.96	4.30	3.52	4.11	4.40	5.28	5.87	7.33	8.80
220	4.21	4.02	4.36	3.56	4.15	4.45	5.34	5.93	7.42	8.90
225	4.28	4.07	4.43	3.60	4.20	4.50	5.40	6.00	7.50	9.00
230	4.33	4.13	4.49	3.64	4.25	4.55	5.46	6.07	7.58	9.10
235	4.39	4.18	4.55	3.68	4.29	4.60	5.52	6.13	7.66	9.20
240	4.45	4.24	4.61	3.72	4.34	4.65	5.58	6.20	7.75	9.30
245	4.51	4.30	4.67	3.76	4.38	4.70	5.63	6.26	7.83	9.39
250	4.57	4.35	4.73	3.79	4.43	4.74	5.69	6.32	7.91	9.49
255	4.63	4.41	4.79	3.83	4.47	4.79	5.75	6.39	7.98	9.58
260	4.69	4.46	4.85	3.87	4.51	4.84	5.80	6.45	8.06	9.67
265	4.74	4.51	4.91	3.91	4.56	4.88	5.86	6.51	8.14	9.71
270	4.80	4.57	4.96	3.94	4.60	4.93	5.92	6.57	8.22	9.86
275	4.86	4.62	5.02	3.98	4.64	4.97	5.97	6.63	8.29	9.95
280	4.91	4.67	5.08	4.02	4.69	5.02	6.02	6.69	8.37	10.04
285	4.97	4.73	5.14	4.05	4.73	5.06	6.08	6.75	8.44	10.13
290	5.03	4.78	5.20	4.09	4.77	5.11	0.13	6.81	8.51	10.22
295	5.08	4.83	5.25	4.12	4.81	5.15	6.18	6.87	8.59	10.31
300	5.14	4.88	5.31	4.16	4.85	5.20	6.24	6.93	8.66	10.39
305	5.19	4.94	5.37	4.19	4.89	5.24	6.29	6.99	8.73	10.48
310	5.25	4.99	5.42	4.23	4.93	5.28	6.34	7.04	8.80	10.56
315	5.30	5.04	5.48	4.26	4.97	5.32	6.39	7.10	8.87	10.65
320	5.36	5.09	5.54	4.29	5.01	5.37	6.44	7.16	8.94	10.73
325	5.41	5.14	5.59	4.33	5.05	5.41	6.49	7.21	9.01	10.82

续表

当量数 N_g	给水设计秒流量 q_g									
	普通住宅 1类	普通住宅 2类	普通住宅 3类 / 高级住宅别墅	幼儿园 托儿所	门诊部 诊疗所	办公楼 商场	学校	医院 疗养院 休养所	集体宿舍 招待所 旅馆宾馆	部队 营房
	$\alpha=1.05$ $K=0.0050$	$\alpha=1.02$ $K=0.0045$	$\alpha=1.10$ $K=0.0050$	$\alpha=1.2$	$\alpha=1.4$	$\alpha=1.5$	$\alpha=1.8$	$\alpha=2.0$	$\alpha=2.5$	$\alpha=3.0$
330	5.46	5.19	5.65	4.36	5.09	5.45	6.54	7.27	9.08	10.90
335	5.52	5.24	5.70	4.39	5.12	5.49	6.59	7.32	9.15	10.98
340	5.57	5.29	5.76	4.43	5.16	5.53	6.64	7.38	9.22	11.06
345	5.63	5.34	5.81	4.46	5.20	5.57	6.69	7.43	9.29	11.14
350	5.68	5.39	5.87	4.49	5.24	5.61	6.73	7.48	9.35	11.22
355	5.73	5.44	5.92	4.52	5.28	5.65	6.78	7.54	9.42	11.30
360	5.78	5.49	5.97	4.55	9.31	5.69	6.83	7.59	9.49	11.38
365	5.84	5.54	6.03	4.59	5.35	5.73	6.88	7.64	9.55	11.46
370	5.89	5.59	6.08	4.62	5.39	5.77	6.92	7.69	9.62	11.54
375	5.94	5.64	6.14	4.65	5.42	5.81	6.97	7.75	9.68	11.62
380	5.99	5.69	6.19	4.68	5.46	5.85	7.02	7.80	9.75	11.70
385	6.05	5.74	6.24	4.71	5.49	5.89	7.06	7.85	9.81	11.77
390	6.10	5.78	6.29	4.74	5.53	5.92	7.11	7.90	9.87	11.85
395	6.15	5.83	6.35	4.77	5.56	5.96	7.15	7.95	9.94	11.92
400	6.20	5.88	6.40	4.80	5.60	6.00	7.20	8.00	10.00	12.00
405	6.25	5.93	6.45	4.83	5.63	6.04	7.24	8.05	10.06	12.07
410	6.30	5.98	6.50	4.86	5.67	6.07	7.29	8.10	10.12	12.15
415	6.35	6.02	6.56	4.89	5.70	6.11	7.33	8.15	10.19	12.22
420	6.40	6.07	6.61	4.92	5.74	6.15	7.38	8.20	10.25	12.30
425	6.45	6.12	6.66	4.95	5.77	6.18	7.42	8.25	10.31	12.37
430	6.50	6.17	6.71	4.98	5.81	6.22	7.47	8.29	10.37	12.44
435	6.55	6.21	6.76	5.01	5.84	6.26	7.51	8.34	10.43	12.51
440	6.60	6.26	6.81	5.03	5.87	6.29	7.55	8.39	10.49	12.59
445	6.65	6.31	6.87	5.06	5.91	6.33	7.59	8.44	10.55	12.65
450	6.70	6.35	6.92	5.09	5.94	6.36	7.64	8.49	10.61	12.73
455	6.75	6.40	6.97	5.12	5.97	6.40	7.68	8.53	10.67	12.80
460	6.80	6.45	7.02	5.15	6.01	6.43	7.72	8.58	10.72	12.87
465	6.85	6.49	7.07	5.18	6.04	6.47	7.76	8.63	10.78	12.94
470	6.90	6.54	7.12	5.20	6.07	6.50	7.80	8.67	10.84	13.01
475	6.95	6.58	7.17	5.23	6.10	6.54	7.85	8.72	10.90	13.08
480	7.00	6.63	7.22	5.26	6.13	6.57	7.89	8.76	10.95	13.15
485	7.05	6.68	7.27	5.29	6.17	6.61	7.93	8.81	11.01	13.21
490	7.10	6.72	7.32	5.31	6.20	6.64	7.97	8.85	11.07	13.28
495	7.15	6.77	7.37	5.34	6.23	6.67	8.01	8.90	11.12	13.35
500	7.20	6.81	7.42	5.37	6.26	6.71	8.05	8.94	11.18	13.42
550	7.67	7.26	7.91	5.63	6.57	7.04	8.44	9.38	11.73	14.07
600	8.14	7.70	8.39	5.88	6.86	7.35	8.82	9.80	12.25	14.70
650	8.60	8.13	8.86	6.12	7.14	7.65	9.18	10.20	12.75	15.30
700	9.06	8.55	9.32	6.35	7.41	7.94	9.52	10.58	13.23	15.87
750	9.50	8.96	9.77	6.57	7.67	8.22	9.86	10.95	13.69	16.43
800	9.94	9.37	10.22	6.79	7.92	8.49	10.18	11.31	14.14	16.97
850	10.37	9.77	10.66	7.00	8.16	8.75	10.50	11.66	14.58	17.49
900	10.80	10.17	11.10	7.20	8.40	9.00	10.80	12.00	15.00	18.00
950	11.22	10.56	11.53	7.40	8.63	9.25	11.10	12.33	15.41	18.49
1000	11.64	10.95	11.96	7.59	8.85	9.49	11.38	12.65	15.81	18.97

续表

当量数 N_g	给水设计秒流量 q_g									
	普通住宅									
	1 类	2 类	3类 / 高级住宅别墅	幼儿园托儿所	门诊部诊疗所	办公楼商场	学校	医院疗养院休养所	集体宿舍招待所旅馆宾馆	部队营房
	$\alpha=1.05$ $K=0.0050$	$\alpha=1.02$ $K=0.0045$	$\alpha=1.10$ $K=0.0050$	$\alpha=1.2$	$\alpha=1.4$	$\alpha=1.5$	$\alpha=1.8$	$\alpha=2.0$	$\alpha=2.5$	$\alpha=3.0$
1050	12.05	11.34	12.38	7.78	9.07	9.72	11.67	12.96	16.20	19.44
1100	12.46	11.72	12.80	7.96	9.29	9.95	11.94	13.27	16.58	19.90
1150	12.87	12.00	13.21	8.14	9.50	10.17	12.21	13.56	16.96	20.35
1200	13.27	12.47	13.62	8.31	9.70	10.39	12.47	13.86	17.32	20.78
1250	13.67	12.84	14.03	8.49	9.90	10.61	12.73	14.14	17.68	21.21
1300	14.07	13.21	14.43	8.65	10.10	10.82	12.98	14.42	18.03	21.63
1350	14.74	13.57	14.83	8.82	10.29	11.02	13.23	14.70	18.37	22.05
1400	14.86	13.93	15.23	8.98	10.48	11.22	13.47	14.97	18.71	22.45
1450	15.25	14.29	15.63	9.14	10.66	11.42	13.71	15.28	19.04	22.80
1500	15.63	14.65	16.02	9.30	10.84	11.62	13.94	15.49	19.36	23.24
1550	16.02	15.01	16.41	9.45	11.02	11.81	14.17	15.75	19.69	23.62
1600	16.40	15.36	16.80	9.60	11.20	12.00	14.40	16.00	20.00	24.00
1650	16.78	15.71	17.19	9.75	11.37	12.19	14.62	16.25	20.31	24.37
1700	17.16	16.06	17.57	9.90	11.54	12.37	14.84	16.49	20.62	24.74
1750	17.55	16.41	17.95	10.04	11.71	12.55	15.06	16.73	20.92	25.10
1800	17.91	16.75	18.33	10.18	11.88	12.73	15.27	16.97	21.21	25.46
1850	18.28	17.10	18.71	10.32	12.04	12.90	15.48	17.20	21.51	25.81
1900	18.65	17.44	19.09	10.46	12.20	13.08	15.69	17.44	21.79	26.15
1950	19.02	17.78	19.46	10.60	12.36	13.25	15.90	17.66	22.08	26.50
2000	19.39	18.12	19.84	10.73	12.52	17.42	16.10	17.89	22.36	26.83

有自闭式冲洗阀时生活给水设计秒流量计算（L/s） **表 2.3-4**

N_g	Q_g	N_g	Q_g	N_g	Q_g	N_g	Q_g	N_g	Q_g	N_g	Q_g
6	1.69	120	3.39	234	4.26	348	4.93	462	5.50	1080	7.77
12	1.89	126	3.44	240	4.30	354	4.96	468	5.53	1128	7.92
18	2.05	132	3.50	246	4.34	360	4.99	474	5.55	1176	8.06
24	2.18	138	3.55	252	4.37	366	5.03	480	5.58	1224	8.20
30	2.30	144	3.60	258	4.41	372	5.06	486	5.61	1272	8.33
36	2.40	150	3.65	264	4.45	378	5.09	492	5.64	1320	8.47
42	2.50	156	3.70	270	4.49	384	5.12	498	5.66	1368	8.60
48	2.59	162	3.75	276	4.52	390	5.15	504	5.69	1416	8.73
54	2.67	168	3.79	282	4.56	396	5.18	552	5.90	1464	8.85
60	2.75	174	3.84	288	4.59	402	5.21	600	6.10	1512	8.98
66	2.82	180	3.88	294	4.63	408	5.24	648	6.29	1560	9.10
72	2.90	186	3.93	300	4.66	414	5.27	696	6.48	1608	9.22
78	2.97	192	3.97	306	4.70	420	5.30	744	6.66	1656	9.34
84	3.03	198	4.01	312	4.73	426	5.33	792	6.83	1704	9.46
90	3.10	204	4.06	318	4.77	432	5.36	840	7.00	1752	9.57
96	3.16	210	4.10	324	4.80	438	5.39	888	7.16	1800	9.69
102	3.22	216	4.14	330	4.83	444	5.41	936	7.32	1848	9.80
108	3.28	222	4.18	336	4.87	450	5.44	984	7.47	1896	9.91
114	3.34	228	4.22	342	4.90	456	5.47	1032	7.62	1944	10.02
										1992	10.13

2. 工业企业生活间、公共浴室、洗衣房、公共食堂、实验室、影剧院、体育场等建筑的生活给水设计秒流量按式（2.3-5）计算

$$q_g = \Sigma q_0 n_0 b \tag{2.3-5}$$

式中 q_g——计算管段的给水设计秒流量（L/s）；

q_0——同类型的一个卫生器具给水额定流量（L/s）；

n_0——同类型卫生器具数；

b——卫生器具的同时给水百分数，按表 2.3-5，2.3-6，2.3-7，2.3-8 采用。

注：如计算值小于该管段上一个最大卫生器具给水额定流量时，应采用一个最大的卫生器具给水额定流量作为设计秒流量。

工业企业生活间、公共浴室、洗衣房卫生器具同时给水百分数　　表 2.3-5

卫生器具名称	同时给水百分数（%）		
	工业企业生活间	公共浴室	洗衣房
洗涤盆（池）	如无工艺要求时，采用 33	15	25～40
洗手盆	50	20	—
洗脸盆、盥洗槽水龙头	60～100	60～100	60
浴盆	—	50	—
淋浴器	100	100	100
大便器冲洗水箱	30	20	30
大便器自闭式冲洗阀	5	3	4
大便槽自动冲洗水箱	100	—	—
小便器手动冲洗阀	50	—	—
小便器自动冲洗水箱	100	—	—
小便槽多孔冲洗管	100	—	—
净身器	100	—	—
饮水器	30～60	30	30

公共饮食业卫生器具和设备同时给水百分数　　表 2.3-6

卫生器具和设备名称	同时给水百分数（%）	卫生器具和设备名称	同时给水百分数（%）
污水盆（池）、洗涤盆（池）	50	小便器	50
洗手盆	60	煮锅	60
洗脸盆	60	生产性洗涤机	40
淋浴器	100	器皿洗涤机	90
大便器冲洗水箱	60	开水器	90

实验室卫生器具同时给水百分数　　表 2.3-7

卫生器具名称	同时给水百分数（%）		卫生器具名称	同时给水百分数（%）	
	科学研究实验室	生产实验室		科学研究实验室	生产实验室
单联化验龙头	20	30	双联或三联化验龙头	30	50

影剧院、体育场、游泳池卫生器具同时给水百分数　　表 2.3-8

卫生器具名称	同时给水百分数（%）		卫生器具名称	同时给水百分数（%）	
	电影院、剧院	体育场、游泳池		电影院、剧院	体育场、游泳池
洗手盆	50	70	小便器手动冲洗阀	50	70
洗脸盆	50	80	小便器自动冲洗水箱	100	100
淋浴器	100	100	小便槽多孔冲洗管	100	100
大便器冲洗水箱	50	70	小卖部的污水盆（池）	50	50
大便器自闭式冲洗阀	10	15	饮水器	30	30
大便槽自动冲洗水箱	100	100			

2.4 给水管道计算

2.4.1 给水管道水力计算的目的及要求

1. 管道水力计算目的及要求

管道水力计算目的及要求见表 2.4-1。

管道水力计算目的及要求 表 2.4-1

计 算 目 的	计 算 要 求
1. 确定给水管网各管段的管径 2. 求得通过设计秒流量时造成的水头损失 3. 复核室外给水管网水压是否满足使用要求 4. 选定加压装置所需扬程 5. 确定高位水箱设置高度	1. 根据建筑物类别正确选用生活给水设计秒流量公式，计算生活给水设计秒流量 2. 充分利用室外给水管网所能保证的水压 3. 满足建筑物内部给水管网中最不利配水点（水龙头、消火栓或其它用水设备）的水压要求 4. 根据设计秒流量及符合规定的水流速度来确定给水管径 5. 根据已确定的管径，计算出相应的水头损失值，复核室外给水管网能保证的水压经水头损失后能否满足最不利配水点水压的要求，再对管径作相应的适当调整

2. 室内给水管网所需要的水压

室内给水管网所需要的水压按式 2.4-1 计算。

$$H = H_1 + H_2 + H_3 + H_4 + H_5 \tag{2.4-1}$$

式中 H——建筑给水引入管前所需水压（mH_2O）；

H_1——最不利配水点与引入管的标高差（mH_2O）；

H_2——管网内沿程和局部水头损失之和（mH_2O）；

H_3——水表的水部损失（mH_2O）；

H_4——最不利配水点所需流出水头（mH_2O）；

H_5——富裕水头，一般取 1～3（mH_2O）。

3. 给水管道的流速

给水管道的流速见表 2.4-2。

给 水 管 道 流 速 表 2.4-2

管 道 类 别		流速（m/s）	管 道 类 别		流速（m/s）
生活或生产给水管道	干 管	1.2～2.0	消防给水管道	消火栓系统	≤2.5
	支 管	0.8～1.0		喷洒系统	≤5.0

2.4.2 给水管道的水头损失

管道的水头损失包括沿程和局部水头损失两部分。

1. 沿程水头损失

沿程水头损失按式 2.4-2 计算。

$$h = iL \tag{2.4-2}$$

式中 h——管道沿程水头损失（mH_2O）；

i——管道单位长度的水头损失（mmH_2O/m）；

L——管道长度（m）。

2. 单位长度水头损失

钢管、铸铁管的单位长度水头损失按式 2.4-3 和式 2.4-4 计算。

当 $v<1.2$m/s 时

$$i = 0.000912 \frac{v^2}{d_j^{1.3}}\left(1 + \frac{0.867}{v}\right)^{0.3} \tag{2.4-3}$$

当 $v \geqslant 1.2$m/s 时

$$i = 0.00107 \frac{v^2}{d_j^{1.3}} \tag{2.4-4}$$

式中 i——管道单位长度的水头损失 mmH_2O/m；

v——管道内的平均水流速度（m/s）；

d_j——管道计算内径（m）。

单位长度管道的水头损失，可由水力计算表查出。见表 2.4-3；表 2.4-4。

3. 局部水头损失

局部水头损失可按给水管网沿程水头损失的百分数采用，见表 2.4-5。

2.4.3 给水管道管径的确定

给水管的管径，应根据设计秒流量、室外给水管网能保证的水压和最不利处的配水点或消火栓所需的水压计算确定。

为简化计算，生活给水管道有以下三种方法可供直接查用确定管径。

1. 快速查图法

给水流量与管径快速计算见图 2.4-1。

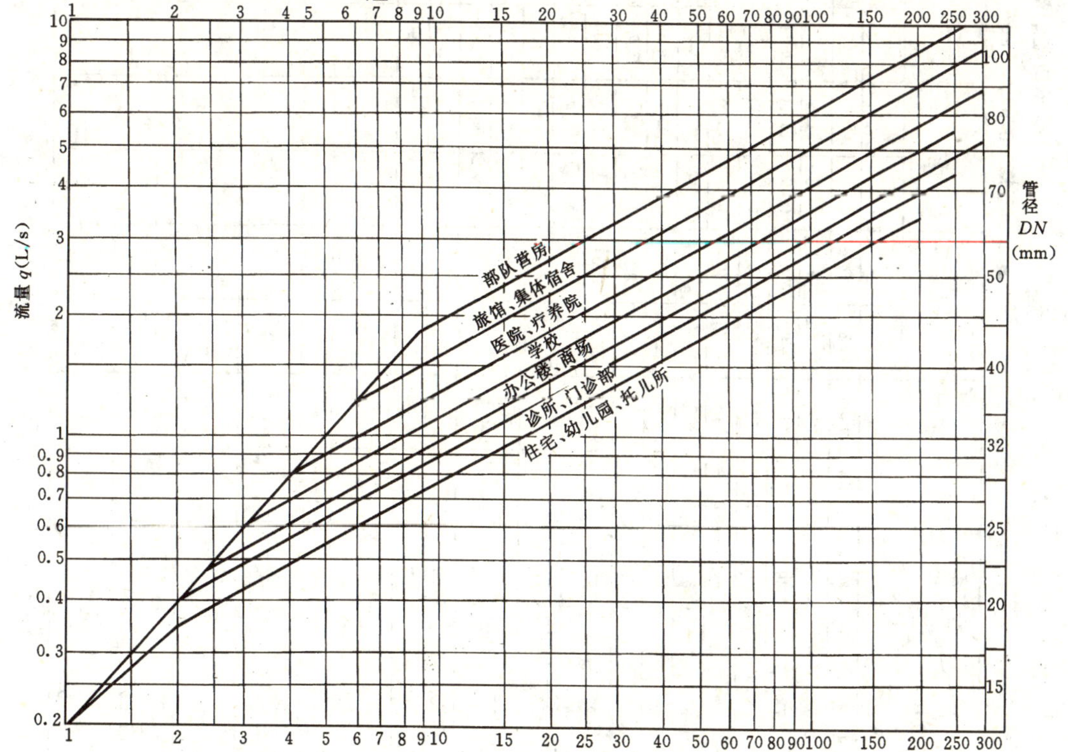

图 2.4-1 给水流量与管径快速计算

表 2.4-3

小口径钢管水力计算表

u—流速（m/s）；　i——每米长水头损失（mm/m）

流量	公称直径 (mm)	15		20		25		32		40		50		70		80		100	
m³/h	L/s	v	i	v	i	v	i	v	i	v	i	v	i	v	i	v	i	v	i
0.36	0.10	0.58	98.5	0.31	20.8														
0.54	0.15	0.88	208	0.46	43	0.28	12.7												
0.72	0.20	1.17	354	0.62	72.7	0.38	21.3	0.21	5.22										
1.08	0.30	1.76	793	0.93	153	0.56	44.2	0.32	10.7	0.24	5.42								
1.44	0.40	2.34	1409	1.24	263	0.75	74.8	0.42	17.9	0.32	8.98								
1.80	0.50	2.93	2202	1.55	411	0.94	113	0.53	26.7	0.40	13.4	0.23	3.74						
2.16	0.60			1.86	591	1.13	159	0.63	37.3	0.48	18.4	0.28	5.16						
2.52	0.70			2.17	805	1.32	214	0.74	49.5	0.56	24.6	0.33	6.83	0.20	1.99				
2.88	0.80			2.48	1051	1.51	279	0.84	63.2	0.64	31.4	0.38	8.52	0.23	2.53				
3.24	0.90					1.69	354	0.95	78.7	0.72	39.0	0.42	10.7	0.25	3.11				
3.60	1.00					1.88	437	1.05	95.7	0.80	47.3	0.47	12.9	0.28	3.76	0.20	1.64		
4.32	1.20					2.26	629	1.27	135	0.95	66.3	0.56	18.0	0.34	5.18	0.24	2.27		
5.04	1.40					2.64	856	1.48	184	1.11	88.4	0.66	23.7	0.40	6.83	0.28	2.97		
5.76	1.60							1.69	240	1.27	114	0.75	30.4	0.45	8.70	0.32	3.76		
6.48	1.80							1.90	304	1.43	144	0.85	37.8	0.51	10.7	0.36	4.66	0.21	1.21
7.20	2.00							2.11	375	1.59	178	0.94	46.0	0.57	13.0	0.40	5.62	0.23	1.47
9.00	2.50							2.64	587	1.99	278	1.18	69.6	0.71	19.6	0.50	8.41	0.29	2.16
10.80	3.00									2.39	400	1.41	99.8	0.85	27.4	0.60	11.7	0.35	2.98
12.60	3.50									2.78	545	1.65	136	0.99	36.5	0.70	15.5	0.40	3.93
14.40	4.00											1.88	177	1.13	46.8	0.81	19.8	0.46	5.01
16.20	4.50											2.12	224	1.28	58.6	0.91	24.6	0.52	6.20
18.00	5.00											2.35	277	1.42	72.3	1.01	30.0	0.58	7.49
19.80	5.50											2.59	335	1.56	87.5	1.11	35.8	0.63	8.92
21.60	6.00													1.70	104	1.21	42.1	0.69	10.5
25.20	7.00													1.99	142	1.41	57.3	0.81	13.9
28.80	8.00													2.27	185	1.61	74.8	0.92	17.8

注：生活及生产给水流速不宜大于 2.0m/s；消防给水不宜大于 2.5m/s。表中横粗线位置为经济流速。

给水铸铁管水力计算表 表 2.4-4

流量	公称直径 (mm)	75		100		125		150		200		250		300		350		400	
m^3/h	L/s	v	i	v	i	v	i	v	i	v	i	v	i	v	i	v	i	v	i
18.0	5	1.16	43.0	0.65	10.0	0.41	3.31	0.29	1.35										
21.6	6	1.39	61.5	0.78	14.0	0.50	4.60	0.34	1.87										
25.2	7	1.63	83.7	0.91	18.6	0.58	6.09	0.40	2.46	0.23	0.61								
28.8	8	1.86	109	1.04	23.9	0.66	7.75	0.46	3.14	0.26	0.77								
32.4	9	2.09	138	1.17	29.9	0.75	9.63	0.52	3.91	0.29	0.94								
36.0	10	2.33	171	1.30	36.5	0.83	11.7	0.57	4.69	0.32	1.13	0.20	0.38						
43.2	12	2.79	246	1.56	52.6	0.99	16.4	0.69	6.55	0.39	1.58	0.25	0.53						
50.4	14			1.82	71.6	1.16	21.9	0.80	8.71	0.45	2.08	0.29	0.70						
57.6	16			2.08	93.5	1.32	28.4	0.92	11.1	0.51	2.64	0.35	0.89	0.23	0.36				
64.8	18			2.34	118	1.49	35.9	1.03	13.9	0.58	3.28	0.37	1.09	0.26	0.44				
72.0	20			2.60	146	1.66	44.3	1.15	16.9	0.64	3.97	0.41	1.32	0.28	0.53				
90.0	25					2.07	69.2	1.43	26.1	0.80	5.98	0.51	1.97	0.35	0.79	0.26	0.38		
108	30					2.48	99.6	1.72	37.7	0.96	8.40	0.62	2.75	0.42	1.10	0.31	0.52	0.24	0.27
126	35					2.90	136	2.01	51.3	1.12	11.2	0.72	3.64	0.50	1.45	0.36	0.68	0.28	0.36
144	40							2.29	66.9	1.29	14.4	0.82	4.63	0.57	1.85	0.42	0.87	0.32	0.45
162	45							2.58	84.7	1.45	18.3	0.92	5.79	0.64	2.29	0.47	1.07	0.36	0.56
180	50							2.87	105	1.61	22.6	1.03	7.05	0.71	2.77	0.52	1.30	0.40	0.67
216	60									1.93	32.5	1.23	9.91	0.85	3.88	0.62	1.81	0.48	0.93
252	70									2.25	44.2	1.44	13.5	0.99	5.17	0.73	2.39	0.56	1.23
288	80									2.57	57.8	1.64	17.6	1.13	6.63	0.83	3.06	0.64	1.58
324	90									2.89	73.1	1.85	22.3	1.27	8.30	0.94	3.80	0.72	1.95
360	100											2.05	27.5	1.41	10.2	1.04	4.62	0.80	2.37
432	120											2.46	39.6	1.70	14.8	1.25	6.52	0.95	3.32
504	140											2.88	53.9	1.98	20.1	1.46	8.88	1.11	4.43
576	160													2.26	26.2	1.66	11.6	1.27	5.71
648	180													2.55	33.2	1.87	14.7	1.43	7.23
720	200													2.83	41.0	2.08	18.1	1.59	8.93

局部水头损失占管网沿程水头损失的百分数　表 2.4-5

给水管道类别	百分数（%）
生活给水管网	25～30
生产给水管网；生活、消防共用管网；喷洒给水管网；生活、生产、消防共用管网	20
生产、消防共用给水管网	15
消火栓给水管网	10

注：水表和止回阀等需单独计算局部水头损失。

快速查图法给水设计计算例题

【例】　一幢二单元6层住宅、每单元住12户，每户均设洗脸盆、浴盆、坐式大便器、厨房洗涤盆各一个，设计考虑每个单元一个入口。室外给水管网水压为0.3MPa。

试求每个单元的给水立管及入口管径。

【解】　(1) 计算每户给水当量数

洗脸盆（有塞）0.8
浴盆　1.0
坐式大便器（冲洗水箱）　0.5
厨房洗涤盆　0.7
} 3.0

(2) 计算立管管径（下行上给）

查快速计算表：

层	当量	选用管径
6层	3.0	$DN20$
5层	6.0	$DN25$
4层	9.0	$DN25$
3层	12.0	$DN32$
2层	15.0	$DN32$
1层	18.0	$DN32$

(3) 每个单元给水入口管径

当量：3.0×6=18（一根立管）

每个单元口户

则当量总数 $N=18\times 2=36$

查快速计算图：

当 $N=36$ 时　管径 $DN40$　流量：1.5L/s。

2. 快速查表法

(1) 室内给水立管水力计算见表 2.4-6 至表 2.4-37。

一类住宅单侧厨房2件（洗涤盆、拖布池）见表 2.4-6；

一类住宅双侧厨房，每侧2件（洗涤盆、拖布池）见表 2.4-7；

一类住宅单侧厨房3件（洗涤盆、拖布池、洗衣机）见表 2.4-8；

一类住宅双侧厨房，每侧3件（洗涤盆、拖布池、洗衣机）见表 2.4-9；

一类住宅单侧卫生间 2 件（洗脸盆、大便器）见表 2.4-10；
一类住宅双侧卫生间，每侧 2 件（洗脸盆大便器）见表 2.4-11；
一类住宅单侧卫生间 3 件（洗脸盆、大便器、洗衣机）见表 2.4-12；
一类住宅双侧卫生间，每侧 3 件（洗脸盆、大便器、洗衣机）见表 2.4-13；
二类住宅单侧厨房 2 件（洗涤盆、拖布池）见表 2.4-14；
二类住宅双侧厨房，每侧 2 件（洗涤盆、拖布池）见表 2.4-15；
二类住宅单侧厨房 3 件（洗涤盆、拖布池、洗衣机）见表 2.4-16；
二类住宅双侧厨房，每侧 3 件（洗涤盆、拖布池、洗衣机）见表 2.4-17；
二类住宅单侧卫生间 3 件（洗脸盆、大便器、淋浴器）见表 2.4-18；
二类住宅双侧卫生间，每侧 3 件（洗脸盆、大便器、淋浴器）见表 2.4-19；
二类住宅单侧卫生间 4 件（洗脸盆、大便器、淋浴器、洗衣机）见表 2.4-20；
二类住宅双侧卫生间，每侧 4 件（洗脸盆、大便器、淋浴器、洗衣机）见表 2.4-21；
二类住宅单侧卫生间 3 件（洗脸盆、大便器、浴盆）见表 2.4-22；
二类住宅双侧卫生间，每侧 3 件（洗脸盆、大便器、浴盆）见表 2.4-23；
三类住宅、公寓单侧厨房 2 件（洗涤盆、拖布池）见表 2.4-24；
三类住宅、公寓双侧厨房，每侧 2 件（洗涤盆、拖布池）见表 2.4-25；
三类住宅、公寓单侧厨房 3 件（洗涤盆、拖布池、洗衣机）见表 2.4-26；
三类住宅、公寓双侧厨房，每侧 3 件（洗涤盆、拖布池、洗衣机）见表 2.4-27；
三类住宅、公寓单侧卫生间 3 件（洗脸盆、大便器、浴盆）见表 2.4-28；
三类住宅、公寓双侧卫生间，每侧 3 件（洗脸盆、大便器、浴盆）见表 2.4-29；
三类住宅、公寓单侧卫生间 4 件（洗脸盆、大便器、浴盆、洗衣机）见表 2.4-30；
三类住宅、公寓双侧卫生间，每侧 4 件（洗脸盆、大便器、浴盆、洗衣机）见表 2.4-31；
旅馆单侧卫生间 3 件（洗脸盆、大便器、浴盆）见表 2.4 32；
旅馆双侧卫生间，每侧 3 件（洗脸盆、大便器、浴盆）见表 2.4-33；
旅馆单侧卫生间 4 件（洗脸盆、大便器、浴盆、淋浴器）见表 2.4-34；
旅馆双侧卫生间，每侧 4 件（洗脸盆、大便器、浴盆、淋浴器）见表 2.4-35；
旅馆单侧卫生间 4 件（洗脸盆、大便器、浴盆、净身盆）见表 2.4-36；
旅馆双侧卫生间，每侧 4 件（洗脸盆、大便器、浴盆、净身盆）见表 2.4-37。
(2) 给水管道水力计算见表 2.4-38 至表 2.4-43：
幼儿园、托儿所给水管道水力计算见表 2.4-38；
门诊部、诊疗所给水管道水力计算见表 2.4-39；
办公楼、商场给水管道水力计算见表 2.4-40；
学校给水管道水力计算见表 2.4-41；
医院、疗养院、休养所给水管道水力计算见表 2.4-42；
集体宿舍、招待所、旅馆给水管道水力计算见表 2.4-43。

室内给水立管水力计算 **表 2.4-6**

一类住宅 单侧厨房 2件

计算公式 $Q=\alpha 0.2\sqrt{N}+KN$

建筑物类别系数 $\alpha=1.05$ $K=0.0050$

管段编号	卫生器具名称及当量数				当量总数 ΣN	流量 Q (L/s)	管径 DN (mm)	流速 v (m/s)	单位阻力 i (mm/m)	管段长 l (m)	管段阻力 il (mm)	备注
	拖布池 $N=1.0$	洗涤盆 $N=1.0$										
支管	1.0	1.0			2.0	0.31	20					
1～2F	1.0	1.0			2.0	0.31	20	0.96	163			
2～3F	1.0×2	1.0×2			4.0	0.44	25	0.83	90			
3～4F	1.0×3	1.0×3			6.0	0.54	25	1.02	131			
4～5F	1.0×4	1.0×4			8.0	0.63	25	1.18	175			
5～6F	1.0×5	1.0×5			10.0	0.71	32	0.75	51			
6～7F	1.0×6	1.0×6			12.0	0.79	32	0.83	62			
7～8F	1.0×7	1.0×7			14.0	0.86	32	0.91	72			
8～9F	1.0×8	1.0×8			16.0	0.92	32	0.97	82			
9～10F	1.0×9	1.0×9			18.0	0.98	32	1.03	92			
10～11F	1.0×10	1.0×10			20.0	1.04	32	1.10	103			
11～12F	1.0×11	1.0×11			22.0	1.09	32	1.15	112			
12～13F	1.0×12	1.0×12			24.0	1.15	32	1.21	124			
13～14F	1.0×13	1.0×13			26.0	1.20	32	1.27	135			
14～水箱	1.0×14	1.0×14			28.0	1.25	32	1.32	147			

室内给水管网水力计算

表 2.4-7

一类住宅 双侧厨房 2件/侧

计算公式 $Q=\alpha 0.2\sqrt{N}+KN$

建筑物类别系数 $\alpha=1.05$ $K=0.0050$

管段编号	卫生器具名称及当量数				当量总数 ΣN	流量 Q (L/s)	管径 DN (mm)	流速 v (m/s)	单位阻力 i (mm/m)	管段长 l (m)	管段阻力 il (mm)	备注
	拖布池 $N=1.0$	洗涤盆 $N=1.0$										
每侧支管	1.0	1.0			2.0	0.31	20					
1～2F	1.0×2	1.0×2			4.0	0.44	25	0.83	90			
2～3F	1.0×2×2	1.0×2×2			8.0	0.63	25	1.18	175			
3～4F	1.0×2×3	1.0×2×3			12.0	0.79	32	0.83	62			
4～5F	1.0×2×4	1.0×2×4			16.0	0.92	32	0.97	82			
5～6F	1.0×2×5	1.0×2×5			20.0	1.04	32	1.10	103			
6～7F	1.0×2×6	1.0×2×6			24.0	1.15	32	1.21	124			
7～8F	1.0×2×7	1.0×2×7			28.0	1.25	32	1.32	147			
8～9F	1.0×2×8	1.0×2×8			32.0	1.35	32	1.42	171			
9～10F	1.0×2×9	1.0×2×9			36.0	1.44	40	1.14	93			
10～11F	1.0×2×10	1.0×2×10			40.0	1.53	40	1.21	105			
11～12F	1.0×2×11	1.0×2×11			44.0	1.61	40	1.28	115			
12～13F	1.0×2×12	1.0×2×12			48.0	1.69	40	1.34	127			
13～14F	1.0×2×13	1.0×2×13			52.0	1.77	40	1.41	139			
14～水箱	1.0×2×14	1.0×2×14			56.0	1.85	40	1.47	152			

室内给水立管水力计算 **表 2.4-8**

一类住宅　单侧厨房　3件

计算公式　$Q=\alpha 0.2\sqrt{N}+KN$

建筑物类别系数 $\alpha=1.05$　$K=0.0050$

管段编号	卫生器具名称及当量数				当量总数 ΣN	流量 Q (L/s)	管径 DN (mm)	流速 v (m/s)	单位阻力 i (mm/m)	管段长 l (m)	管段阻力 il (mm)	备注
	拖布池 $N=1.0$	洗涤盆 $N=1.0$	洗衣机 $N=1.2$									
支管	1.0	1.0	1.2		3.2	0.39	20					
1～2F	1.0	1.0	1.2		3.2	0.39	25	0.73	72			
2～3F	1.0×2	1.0×2	1.2×2		6.4	0.56	25	1.06	140			
3～4F	1.0×3	1.0×3	1.2×3		9.6	0.70	32	0.74	50			
4～5F	1.0×4	1.0×4	1.2×4		12.8	0.81	32	0.85	65			
5～6F	1.0×5	1.0×5	1.2×5		16.0	0.92	32	0.97	82			
6～7F	1.0×6	1.0×6	1.2×6		19.2	1.02	32	1.07	99			
7～8F	1.0×7	1.0×7	1.2×7		22.4	1.10	32	1.16	114			
8～9F	1.0×8	1.0×8	1.2×8		25.6	1.19	32	1.26	133			
9～10F	1.0×9	1.0×9	1.2×9		28.8	1.27	32	1.34	152			
10～11F	1.0×10	1.0×10	1.2×10		32.0	1.35	32	1.42	171			
11～12F	1.0×11	1.0×11	1.2×11		35.2	1.42	40	1.13	91			
12～13F	1.0×12	1.0×12	1.2×12		38.4	1.49	40	1.18	100			
13～14F	1.0×13	1.0×13	1.2×13		41.6	1.56	40	1.24	108			
14～水箱	1.0×14	1.0×14	1.2×14		44.8	1.63	40	1.29	118			

室内给水立管水力计算 **表 2.4-9**

一类住宅　双侧厨房　3件/侧

计算公式　$Q=\alpha 0.2\sqrt{N}+KN$

建筑物类别系数 $\alpha=1.05$　　$K=0.0050$

管段编号	卫生器具名称及当量数				当量总数 ΣN	流量 Q (L/s)	管径 DN (mm)	流速 v (m/s)	单位阻力 i (mm/m)	管段长 l (m)	管段阻力 il (mm)	备注
	拖布池 N=1.0	洗涤盆 N=1.0	洗衣机 N=1.2									
每侧支管	1.0	1.0	1.2		3.2	0.39	20					
1～2F	1.0×2	1.0×2	1.2×2		6.4	0.56	25	1.06	140			
2～3F	1.0×2×2	1.0×2×2	1.2×2×2		12.8	0.81	32	0.85	65			
3～4F	1.0×2×3	1.0×2×3	1.2×2×3		19.2	1.02	32	1.07	99			
4～5F	1.0×2×4	1.0×2×4	1.2×2×4		25.6	1.19	32	1.26	133			
5～6F	1.0×2×5	1.0×2×5	1.2×2×5		32.0	1.35	32	1.42	171			
6～7F	1.0×2×6	1.0×2×6	1.2×2×6		38.4	1.49	40	1.18	100			
7～8F	1.0×2×7	1.0×2×7	1.2×2×7		44.8	1.63	40	1.29	118			
8～9F	1.0×2×8	1.0×2×8	1.2×2×8		51.2	1.75	40	1.39	136			
9～10F	1.0×2×9	1.0×2×9	1.2×2×9		57.6	1.88	40	1.49	157			
10～11F	1.0×2×10	1.0×2×10	1.2×2×10		64.0	2.00	50	0.94	46			
11～12F	1.0×2×11	1.0×2×11	1.2×2×11		70.4	2.12	50	1.00	51			
12～13F	1.0×2×12	1.0×2×12	1.2×2×12		76.8	2.22	50	1.05	56			
13～14F	1.0×2×13	1.0×2×13	1.2×2×13		83.2	2.33	50	1.10	61			
14～水箱	1.0×2×14	1.0×2×14	1.2×2×14		89.6	2.43	50	1.15	66			

室内给水立管水力计算

表 2.4-10

一类住宅 单侧卫生间 2件

计算公式 $Q=\alpha 0.2\sqrt{N}+KN$

建筑物类别系数 $\alpha=1.05$ $K=0.0050$

管段编号	卫生器具名称及当量数				当量总数 ΣN	流量 Q (L/s)	管径 DN (mm)	流速 v (m/s)	单位阻力 i (mm/m)	管段长 l (m)	管段阻力 il (mm)	备注
	洗脸盆 $N=1.0$	大便器 $N=0.5$										
支管	1.0	0.5			1.5	0.26	20					
1～2F	1.0	0.5			1.5	0.26	20	0.81	118			
2～3F	1.0×2	0.5×2			3.0	0.38	20	1.18	239			
3～4F	1.0×3	0.5×3			4.5	0.47	25	0.89	101			
4～5F	1.0×4	0.5×4			6.0	0.54	25	1.02	131			
5～6F	1.0×5	0.5×5			7.5	0.61	25	1.15	164			
6～7F	1.0×6	0.5×6			9.0	0.68	25	1.28	202			
7～8F	1.0×7	0.5×7			10.5	0.73	32	0.77	54			
8～9F	1.0×8	0.5×8			12.0	0.79	32	0.83	62			
9～10F	1.0×9	0.5×9			13.5	0.84	32	0.89	69			
10～11F	1.0×10	0.5×10			15.0	0.89	32	0.94	77			
11～12F	1.0×11	0.5×11			16.5	0.94	32	0.99	85			
12～13F	1.0×12	0.5×12			18.0	0.98	32	1.03	92			
13～14F	1.0×13	0.5×13			19.5	1.03	32	1.09	101			
14～水箱	1.0×14	0.5×14			21.0	1.07	32	1.13	109			

室内给水立管水力计算 表 2.4-11

一类住宅 双侧卫生间 2件/侧

计算公式 $Q=\alpha 0.2\sqrt{N}+KN$

建筑物类别系数 $\alpha=1.05$ $K=0.0050$

管段编号	卫生器具名称及当量数				当量总数 ΣN	流量 Q (L/s)	管径 DN (mm)	流速 v (m/s)	单位阻力 i (mm/m)	管段长 l (m)	管段阻力 il (mm)	备注
	洗脸盆 $N=1.0$	大便器 $N=0.5$										
每侧支管	1.0	0.5			1.5	0.26	20					
1～2F	1.0×2	0.5×2			3.0	0.38	20	1.18	239			
2～3F	1.0×2×2	0.5×2×2			6.0	0.54	25	1.02	131			
3～4F	1.0×2×3	0.5×2×3			9.0	0.68	25	1.28	202			
4～5F	1.0×2×4	0.5×2×4			12.0	0.79	32	0.83	62			
5～6F	1.0×2×5	0.5×2×5			15.0	0.89	32	0.94	77			
6～7F	1.0×2×6	0.5×2×6			18.0	0.98	32	1.03	92			
7～8F	1.0×2×7	0.5×2×7			21.0	1.07	32	1.13	109			
8～9F	1.0×2×8	0.5×2×8			24.0	1.15	32	1.21	124			
9～10F	1.0×2×9	0.5×2×9			27.0	1.23	32	1.30	142			
10～11F	1.0×2×10	0.5×2×10			30.0	1.30	32	1.37	159			
11～12F	1.0×2×11	0.5×2×11			33.0	1.37	40	1.09	85			
12～13F	1.0×2×12	0.5×2×12			36.0	1.44	40	1.14	93			
13～14F	1.0×2×13	0.5×2×13			39.0	1.51	40	1.20	102			
14～水箱	1.0×2×14	0.5×2×14			42.0	1.57	40	1.25	110			

室内给水立管水力计算 表 2.4-12

一类住宅 单侧卫生间 3件

计算公式 $Q=\alpha 0.2\sqrt{N}+KN$

建筑物类别系数 $\alpha=1.05$ $K=0.0050$

管段编号	卫生器具名称及当量数				当量总数 ΣN	流量 Q (L/s)	管径 DN (mm)	流速 v (m/s)	单位阻力 i (mm/m)	管段长 l (m)	管段阻力 il (mm)	备注
	洗脸盆 $N=1.0$	大便器 $N=0.5$	洗衣机 $N=1.2$									
支管	1.0	0.5	1.2		2.7	0.36	20					
1～2F	1.0	0.5	1.2		2.7	0.36	20	1.12	216			
2～3F	1.0×2	0.5×2	1.2×2		5.4	0.51	25	0.96	117			
3～4F	1.0×3	0.5×3	1.2×3		8.1	0.64	25	1.20	180			
4～5F	1.0×4	0.5×4	1.2×4		10.8	0.74	32	0.78	55			
5～6F	1.0×5	0.5×5	1.2×5		13.5	0.84	32	0.89	69			
6～7F	1.0×6	0.5×6	1.2×6		16.2	0.93	32	0.98	84			
7～8F	1.0×7	0.5×7	1.2×7		18.9	1.01	32	1.06	98			
8～9F	1.0×8	0.5×8	1.2×8		21.6	1.08	32	1.14	110			
9～10F	1.0×9	0.5×9	1.2×9		24.3	1.16	32	1.22	126			
10～11F	1.0×10	0.5×10	1.2×10		27.0	1.23	32	1.30	142			
11～12F	1.0×11	0.5×11	1.2×11		29.7	1.29	32	1.36	157			
12～13F	1.0×12	0.5×12	1.2×12		32.4	1.36	40	1.08	84			
13～14F	1.0×13	0.5×13	1.2×13		35.1	1.42	40	1.13	91			
14～水箱	1.0×14	0.5×14	1.2×14		37.8	1.48	40	1.18	98			

表 2.4-13

室内给水立管水力计算

一类住宅　双侧卫生间　3件/侧

计算公式　$Q=\alpha 0.2\sqrt{N}+KN$

建筑物类别系数 $\alpha=1.05$　$K=0.0050$

管段编号	卫生器具名称及当量数				当量总数 ΣN	流量 Q (L/s)	管径 DN (mm)	流速 v (m/s)	单位阻力 i (mm/m)	管段长 l (m)	管段阻力 il (mm)	备注
	洗脸盆 $N=1.0$	大便器 $N=0.5$	洗衣机 $N=1.2$									
每侧支管	1.0	0.5	1.2		2.7	0.36	20					
1～2F	1.0×2	0.5×2	1.2×2		5.4	0.51	25	0.96	117			
2～3F	1.0×2×2	0.5×2×2	1.2×2×2		10.8	0.74	32	0.78	55			
3～4F	1.0×2×3	0.5×2×3	1.2×2×3		16.2	0.93	32	0.98	84			
4～5F	1.0×2×4	0.5×2×4	1.2×2×4		21.6	1.08	32	1.14	110			
5～6F	1.0×2×5	0.5×2×5	1.2×2×5		27.0	1.23	32	1.30	142			
6～7F	1.0×2×6	0.5×2×6	1.2×2×6		32.4	1.36	40	1.08	84			
7～8F	1.0×2×7	0.5×2×7	1.2×2×7		37.8	1.48	40	1.18	98			
8～9F	1.0×2×8	0.5×2×8	1.2×2×8		43.2	1.59	40	1.26	113			
9～10F	1.0×2×9	0.5×2×9	1.2×2×9		48.6	1.71	40	1.36	130			
10～11F	1.0×2×10	0.5×2×10	1.2×2×10		54.0	1.81	40	1.44	146			
11～12F	1.0×2×11	0.5×2×11	1.2×2×11		59.4	1.92	40	1.53	164			
12～13F	1.0×2×12	0.5×2×12	1.2×2×12		64.8	2.02	50	0.95	47			
13～14F	1.0×2×13	0.5×2×13	1.2×2×13		70.2	2.11	50	1.00	51			
14～水箱	1.0×2×14	0.5×2×14	1.2×2×14		75.6	2.20	50	1.04	55			

室内给水立管水力计算

表 2.4-14

二类住宅 单侧厨房 2件

计算公式 $Q=\alpha 0.2\sqrt{N}+KN$

建筑物类别系数 $\alpha=1.02$ $K=0.0045$

管段编号	卫生器具名称及当量数				当量总数 ΣN	流量 Q (L/s)	管径 DN (mm)	流速 v (m/s)	单位阻力 i (mm/m)	管段长 l (m)	管段阻力 il (mm)	备注
	拖布池 $N=1.0$	洗涤盆 $N=1.0$										
支管	1.0	1.0			2.0	0.30	20					洗涤盆按普通水龙头计
1～2F	1.0	1.0			2.0	0.30	20	0.93	153			
2～3F	1.0×2	1.0×2			4.0	0.43	25	0.81	86			
3～4F	1.0×3	1.0×3			6.0	0.53	25	1.00	126			
4～5F	1.0×4	1.0×4			8.0	0.61	25	1.15	164			
5～6F	1.0×5	1.0×5			10.0	0.69	25	1.30	208			
6～7F	1.0×6	1.0×6			12.0	0.76	32	0.80	58			
7～8F	1.0×7	1.0×7			14.0	0.83	32	0.88	68			
8～9F	1.0×8	1.0×8			16.0	0.89	32	0.94	77			
9～10F	1.0×9	1.0×9			18.0	0.95	32	1.00	87			
10～11F	1.0×10	1.0×10			20.0	1.00	32	1.05	96			
11～12F	1.0×11	1.0×11			22.0	1.06	32	1.12	107			
12～13F	1.0×12	1.0×12			24.0	1.11	32	1.17	116			
13～14F	1.0×13	1.0×13			26.0	1.16	32	1.22	126			
14～水箱	1.0×14	1.0×14			28.0	1.21	32	1.28	137			

室内给水立管水力计算 **表 2.4-15**

二类住宅　双侧厨房　2件/侧

计算公式　$Q=\alpha 0.2\sqrt{N}+KN$

建筑物类别系数 $\alpha=1.02$　$K=0.0045$

管段编号	卫生器具名称及当量数				当量总数 ΣN	流量 Q (L/s)	管径 DN (mm)	流速 v (m/s)	单位阻力 i (mm/m)	管段长 l (m)	管段阻力 il (mm)	备注
	拖布池 $N=1.0$	洗涤盆 $N=1.0$										
每侧支管	1.0	1.0			2.0	0.30	20					洗涤盆按普通水龙头计
1～2F	1.0×2	1.0×2			4.0	0.43	25	0.81	86			
2～3F	1.0×2×2	1.0×2×2			8.0	0.61	25	1.15	164			
3～4F	1.0×2×3	1.0×2×3			12.0	0.76	32	0.80	58			
4～5F	1.0×2×4	1.0×2×4			16.0	0.89	32	0.94	77			
5～6F	1.0×2×5	1.0×2×5			20.0	1.00	32	1.05	96			
6～7F	1.0×2×6	1.0×2×6			24.0	1.11	32	1.17	116			
7～8F	1.0×2×7	1.0×2×7			28.0	1.21	32	1.28	137			
8～9F	1.0×2×8	1.0×2×8			32.0	1.30	32	1.37	159			
9～10F	1.0×2×9	1.0×2×9			36.0	1.39	40	1.10	87			
10～11F	1.0×2×10	1.0×2×10			40.0	1.47	40	1.17	97			
11～12F	1.0×2×11	1.0×2×11			44.0	1.55	40	1.23	107			
12～13F	1.0×2×12	1.0×2×12			48.0	1.63	40	1.29	118			
13～14F	1.0×2×13	1.0×2×13			52.0	1.71	40	1.36	130			
14～水箱	1.0×2×14	1.0×2×14			56.0	1.78	40	1.41	141			

室内给水立管水力计算

表 2.4-16

二类住宅　单侧厨房　3 件

计算公式 $Q=\alpha 0.2\sqrt{N}+KN$

建筑物类别系数 $\alpha=1.02$　$K=0.0045$

管段编号	卫生器具名称及当量数				当量总数 ΣN	流量 Q (L/s)	管径 DN (mm)	流速 v (m/s)	单位阻力 i (mm/m)	管段长 l (m)	管段阻力 il (mm)	备注
	拖布池 $N=1.0$	洗涤盆 $N=1.0$	洗衣机 $N=1.2$									
支管	1.0	1.0	1.2		3.2	0.38	20					洗涤盆按普通水龙头计
1～2F	1.0	1.0	1.2		3.2	0.38	20	1.18	239			
2～3F	1.0×2	1.0×2	1.2×2		6.4	0.54	25	1.02	131			
3～4F	1.0×3	1.0×3	1.2×3		9.6	0.68	25	1.28	202			
4～5F	1.0×4	1.0×4	1.2×4		12.8	0.79	32	0.83	62			
5～6F	1.0×5	1.0×5	1.2×5		16.0	0.89	32	0.94	77			
6～7F	1.0×6	1.0×6	1.2×6		19.2	0.98	32	1.03	92			
7～8F	1.0×7	1.0×7	1.2×7		22.4	1.07	32	1.13	109			
8～9F	1.0×8	1.0×8	1.2×8		25.6	1.15	32	1.21	124			
9～10F	1.0×9	1.0×9	1.2×9		28.8	1.22	32	1.29	140			
10～11F	1.0×10	1.0×10	1.2×10		32.0	1.30	32	1.37	159			
11～12F	1.0×11	1.0×11	1.2×11		35.2	1.37	40	1.09	85			
12～13F	1.0×12	1.0×12	1.2×12		38.4	1.44	40	1.14	93			
13～14F	1.0×13	1.0×13	1.2×13		41.6	1.50	40	1.19	101			
14～水箱	1.0×14	1.0×14	1.2×14		44.8	1.57	40	1.25	110			

室内给水立管水力计算

表 2.4-17

二类住宅　双侧厨房　3 件/侧

计算公式　$Q=\alpha 0.2\sqrt{N}+KN$

建筑物类别系数 $\alpha=1.02$　$K=0.0045$

管段编号	卫生器具名称及当量数				当量总数 ΣN	流量 Q (L/s)	管径 DN (mm)	流速 v (m/s)	单位阻力 i (mm/m)	管段长 l (m)	管段阻力 il (mm)	备注
	拖布池 $N=1.0$	洗涤盆 $N=1.0$	洗衣机 $N=1.2$									
每侧支管	1.0	1.0	1.2		3.2	0.38	20					洗涤盆按普通水龙头计
1～2F	1.0×2	1.0×2	1.2×2		6.4	0.54	25	1.02	131			
2～3F	1.0×2×2	1.0×2×2	1.2×2×2		12.8	0.79	32	0.83	62			
3～4F	1.0×2×3	1.0×2×3	1.2×2×3		19.2	0.98	32	1.03	92			
4～5F	1.0×2×4	1.0×2×4	1.2×2×4		25.6	1.15	32	1.21	124			
5～6F	1.0×2×5	1.0×2×5	1.2×2×5		32.0	1.30	32	1.37	159			
6～7F	1.0×2×6	1.0×2×6	1.2×2×6		38.4	1.44	40	1.14	93			
7～8F	1.0×2×7	1.0×2×7	1.2×2×7		44.8	1.57	40	1.25	110			
8～9F	1.0×2×8	1.0×2×8	1.2×2×8		51.2	1.69	40	1.34	127			
9～10F	1.0×2×9	1.0×2×9	1.2×2×9		57.6	1.81	40	1.44	146			
10～11F	1.0×2×10	1.0×2×10	1.2×2×10		64.0	1.92	40	1.53	164			
11～12F	1.0×2×11	1.0×2×11	1.2×2×11		70.4	2.03	50	0.96	47			
12～13F	1.0×2×12	1.0×2×12	1.2×2×12		76.8	2.13	50	1.01	52			
13～14F	1.0×2×13	1.0×2×13	1.2×2×13		83.2	2.23	50	1.05	56			
14～水箱	1.0×2×14	1.0×2×14	1.2×2×14		89.6	2.33	50	1.10	61			

表 2.4-18

室内给水立管水力计算

二类住宅　单侧卫生间　3件

计算公式　$Q=\alpha 0.2\sqrt{N}+KN$

建筑物类别系数 $\alpha=1.02$　$K=0.0045$

管段编号	卫生器具名称及当量数				当量总数 ΣN	流量 Q (L/s)	管径 DN (mm)	流速 v (m/s)	单位阻力 i (mm/m)	管段长 l (m)	管段阻力 il (mm)	备注
	洗脸盆 $N=1.0$	大便器 $N=0.5$	淋浴器 $N=0.75$									
支管	1.0	0.5	0.75		2.25	0.32	20					洗脸盆按普通水龙头计
1～2F	1.0	0.5	0.75		2.25	0.32	20	0.99	173			
2～3F	1.0×2	0.5×2	0.75×2		4.50	0.45	25	0.85	93			
3～4F	1.0×3	0.5×3	0.75×3		6.75	0.56	25	1.06	140			
4～5F	1.0×4	0.5×4	0.75×4		9.00	0.65	25	1.22	185			
5～6F	1.0×5	0.5×5	0.75×5		11.25	0.73	32	0.77	54			
6～7F	1.0×6	0.5×6	0.75×6		13.50	0.81	32	0.85	65			
7～8F	1.0×7	0.5×7	0.75×7		15.75	0.88	32	0.93	76			
8～9F	1.0×8	0.5×8	0.75×8		18.00	0.95	32	1.00	87			
9～10F	1.0×9	0.5×9	0.75×9		20.25	1.01	32	1.06	98			
10～11F	1.0×10	0.5×10	0.75×10		22.5	1.07	32	1.13	109			
11～12F	1.0×11	0.5×11	0.75×11		24.75	1.13	32	1.19	120			
12～13F	1.0×12	0.5×12	0.75×12		27.00	1.18	32	1.25	131			
13～14F	1.0×13	0.5×13	0.75×13		29.25	1.23	32	1.30	142			
14～水箱	1.0×14	0.5×14	0.75×14		31.50	1.29	32	1.36	157			

室内给水立管水力计算 **表 2.4-19**

二类住宅 双侧卫生间 3 件/侧

计算公式 $Q=\alpha 0.2\sqrt{N}+KN$

建筑物类别系数 $\alpha=1.02$ $K=0.0045$

管段编号	卫生器具名称及当量数				当量总数 ΣN	流量 Q (L/s)	管径 DN (mm)	流速 v (m/s)	单位阻力 i (mm/m)	管段长 l (m)	管段阻力 il (mm)	备注
	洗脸盆 $N=1.0$	大便器 $N=0.5$	淋浴器 $N=0.75$									
每侧支管	1.0	0.5	0.75		2.25	0.32	20					洗脸盆按普通水龙头计
1～2F	1.0×2	0.5×2	0.75×2		4.50	0.45	25	0.85	93			
2～3F	1.0×2×2	0.5×2×2	0.75×2×2		9.00	0.65	25	1.22	185			
3～4F	1.0×2×3	0.5×2×3	0.75×2×3		13.50	0.81	32	0.85	65			
4～5F	1.0×2×4	0.5×2×4	0.75×2×4		18.00	0.95	32	1.00	87			
5～6F	1.0×2×5	0.5×2×5	0.75×2×5		22.50	1.07	32	1.13	109			
6～7F	1.0×2×6	0.5×2×6	0.75×2×6		27.00	1.18	32	1.25	131			
7～8F	1.0×2×7	0.5×2×7	0.75×2×7		31.50	1.29	32	1.36	157			
8～9F	1.0×2×8	0.5×2×8	0.75×2×8		36.00	1.39	40	1.10	87			
9～10F	1.0×2×9	0.5×2×9	0.75×2×9		40.50	1.48	40	1.17	98			
10～11F	1.0×2×10	0.5×2×10	0.75×2×10		45.00	1.57	40	1.25	110			
11～12F	1.0×2×11	0.5×2×11	0.75×2×11		49.50	1.66	40	1.32	123			
12～13F	1.0×2×12	0.5×2×12	0.75×2×12		54.00	1.74	40	1.38	135			
13～14F	1.0×2×13	0.5×2×13	0.75×2×13		58.50	1.82	40	1.45	147			
14～水箱	1.0×2×14	0.5×2×14	0.75×2×14		63.00	1.90	40	1.51	161			

室内给水立管水力计算

表 2.4-20

二类住宅 单侧卫生间 4件

计算公式 $Q=\alpha 0.2\sqrt{N}+KN$

建筑物类别系数 $\alpha=1.02$ $K=0.0045$

管段编号	卫生器具名称及当量数				当量总数 ΣN	流量 Q (L/s)	管径 DN (mm)	流速 v (m/s)	单位阻力 i (mm/m)	管段长 l (m)	管段阻力 il (mm)	备注
	洗脸盆 $N=1.0$	大便器 $N=0.5$	淋浴器 $N=0.75$	洗衣机 $N=1.2$								
支管	1.0	0.5	0.75	1.2	3.45	0.39	20					洗脸盆按普通水龙头计
1～2F	1.0	0.5	0.75	1.2	3.45	0.39	25	0.73	72			
2～3F	1.0×2	0.5×2	0.75×2	1.2×2	6.90	0.57	25	1.08	145			
3～4F	1.0×3	0.5×3	0.75×3	1.2×3	10.35	0.70	32	0.74	50			
4～5F	1.0×4	0.5×4	0.75×4	1.2×4	13.80	0.82	32	0.86	66			
5～6F	1.0×5	0.5×5	0.75×5	1.2×5	17.25	0.92	32	0.97	82			
6～7F	1.0×6	0.5×6	0.75×6	1.2×6	20.70	1.02	32	1.07	99			
7～8F	1.0×7	0.5×7	0.75×7	1.2×7	24.15	1.11	32	1.17	116			
8～9F	1.0×8	0.5×8	0.75×8	1.2×8	27.60	1.20	32	1.27	135			
9～10F	1.0×9	0.5×9	0.75×9	1.2×9	31.05	1.28	32	1.35	154			
10～11F	1.0×10	0.5×10	0.75×10	1.2×10	34.50	1.35	32	1.42	171			
11～12F	1.0×11	0.5×11	0.75×11	1.2×11	37.95	1.43	40	1.13	92			
12～13F	1.0×12	0.5×12	0.75×12	1.2×12	41.40	1.50	40	1.19	101			
13～14F	1.0×13	0.5×13	0.75×13	1.2×13	44.85	1.57	40	1.25	110			
14～水箱	1.0×14	0.5×14	0.75×14	1.2×14	48.30	1.64	40	1.30	120			

室内给水立管水力计算 表 2.4-21

二类住宅 双侧卫生间 4件/侧

计算公式 $Q=\alpha 0.2\sqrt{N}+KN$

建筑物类别系数 $\alpha=1.02$ $K=0.0045$

管段编号	卫生器具名称及当量数				当量总数 ΣN	流量 Q (L/s)	管径 DN (mm)	流速 v (m/s)	单位阻力 i (mm/m)	管段长 l (m)	管段阻力 il (mm)	备注
	洗脸盆 $N=1.0$	大便器 $N=0.5$	淋浴器 $N=0.75$	洗衣机 $N=1.2$								
每侧支管	1.0	0.5	0.75	1.2	3.45	0.39	20					洗脸盆按普通水龙头计
1～2F	1.0×2	0.5×2	0.75×2	1.2×2	6.90	0.57	25	1.08	145			
2～3F	1.0×2×2	0.5×2×2	0.75×2×2	1.2×2×2	13.80	0.82	32	0.86	66			
3～4F	1.0×2×3	0.5×2×3	0.75×2×3	1.2×2×3	20.70	1.02	32	1.07	99			
4～5F	1.0×2×4	0.5×2×4	0.75×2×4	1.2×2×4	27.60	1.20	32	1.27	135			
5～6F	1.0×2×5	0.5×2×5	0.75×2×5	1.2×2×5	34.50	1.35	32	1.42	171			
6～7F	1.0×2×6	0.5×2×6	0.75×2×6	1.2×2×6	41.40	1.50	40	1.19	101			
7～8F	1.0×2×7	0.5×2×7	0.75×2×7	1.2×2×7	48.30	1.64	40	1.30	120			
8～9F	1.0×2×8	0.5×2×8	0.75×2×8	1.2×2×8	55.20	1.76	40	1.40	138			
9～10F	1.0×2×9	0.5×2×9	0.75×2×9	1.2×2×9	62.10	1.89	40	1.50	159			
10～11F	1.0×2×10	0.5×2×10	0.75×2×10	1.2×2×10	69.00	2.01	50	0.95	46			
11～12F	1.0×2×11	0.5×2×11	0.75×2×11	1.2×2×11	75.90	2.12	50	1.00	51			
12～13F	1.0×2×12	0.5×2×12	0.75×2×12	1.2×2×12	82.80	2.23	50	1.05	56			
13～14F	1.0×2×13	0.5×2×13	0.75×2×13	1.2×2×13	89.70	2.34	50	1.10	62			
14～水箱	1.0×2×14	0.5×2×14	0.75×2×14	1.2×2×14	96.60	2.44	50	1.15	67			

表 2.4-22

室内给水立管水力计算

二类住宅　单侧卫生间　3件

计算公式 $Q=\alpha 0.2\sqrt{N}+KN$
建筑物类别系数 $\alpha=1.02$　$K=0.0045$

管段编号	卫生器具名称及当量数				当量总数 ΣN	流量 Q (L/s)	管径 DN (mm)	流速 v (m/s)	单位阻力 i (mm/m)	管段长 l (m)	管段阻力 il (mm)	备注
	洗脸盆 $N=1.0$	大便器 $N=0.5$	浴盆 $N=1.5$									
支管	1.0	0.5	1.5		3.0	0.37	20					洗脸盆按普通水龙头计
1～2F	1.0	0.5	1.5		3.0	0.37	20	1.15	228			
2～3F	1.0×2	0.5×2	1.5×2		6.0	0.53	25	1.00	126			
3～4F	1.0×3	0.5×3	1.5×3		9.0	0.65	25	1.22	185			
4～5F	1.0×4	0.5×4	1.5×4		12.0	0.76	32	0.80	58			
5～6F	1.0×5	0.5×5	1.5×5		15.0	0.86	32	0.91	72			
6～7F	1.0×6	0.5×6	1.5×6		18.0	0.95	32	1.00	87			
7～8F	1.0×7	0.5×7	1.5×7		21.0	1.03	32	1.09	101			
8～9F	1.0×8	0.5×8	1.5×8		24.0	1.11	32	1.17	116			
9～10F	1.0×9	0.5×9	1.5×9		27.0	1.18	32	1.25	131			
10～11F	1.0×10	0.5×10	1.5×10		30.0	1.25	32	1.32	147			
11～12F	1.0×11	0.5×11	1.5×11		33.0	1.32	32	1.39	164			
12～13F	1.0×12	0.5×12	1.5×12		36.0	1.39	40	1.10	87			
13～14F	1.0×13	0.5×13	1.5×13		39.0	1.45	40	1.15	94			
14～水箱	1.0×14	0.5×14	1.5×14		42.0	1.51	40	1.20	102			

表 2.4-23

室内给水立管水力计算

二类住宅 双侧卫生间 3 件/侧

计算公式 $Q=\alpha 0.2\sqrt{N}+KN$

建筑物类别系数 $\alpha=1.02$ $K=0.0045$

管段编号	卫生器具名称及当量数				当量总数 ΣN	流量 Q (L/s)	管径 DN (mm)	流速 v (m/s)	单位阻力 i (mm/m)	管段长 l (m)	管段阻力 il (mm)	备注
	洗脸盆 $N=1.0$	大便器 $N=0.5$	浴盆 $N=1.5$									
每侧支管	1.0	0.5	1.5		3.0	0.37	20					洗脸盆按普通水龙头计
1～2F	1.0×2	0.5×2	1.5×2		6.0	0.53	25	1.00	126			
2～3F	1.0×2×2	0.5×2×2	1.5×2×2		12.0	0.76	32	0.80	58			
3～4F	1.0×2×3	0.5×2×3	1.5×2×3		18.0	0.95	32	1.00	87			
4～5F	1.0×2×4	0.5×2×4	1.5×2×4		24.0	1.11	32	1.17	116			
5～6F	1.0×2×5	0.5×2×5	1.5×2×5		30.0	1.25	32	1.32	147			
6～7F	1.0×2×6	0.5×2×6	1.5×2×6		36.0	1.39	40	1.10	87			
7～8F	1.0×2×7	0.5×2×7	1.5×2×7		42.0	1.51	40	1.20	102			
8～9F	1.0×2×8	0.5×2×8	1.5×2×8		48.0	1.63	40	1.29	118			
9～10F	1.0×2×9	0.5×2×9	1.5×2×9		54.0	1.74	40	1.38	135			
10～11F	1.0×2×10	0.5×2×10	1.5×2×10		60.0	1.85	40	1.47	152			
11～12F	1.0×2×11	0.5×2×11	1.5×2×11		66.0	1.95	40	1.55	169			
12～13F	1.0×2×12	0.5×2×12	1.5×2×12		72.0	2.05	50	0.97	48			
13～14F	1.0×2×13	0.5×2×13	1.5×2×13		78.0	2.15	50	1.02	53			
14～水箱	1.0×2×14	0.5×2×14	1.5×2×14		84.0	2.25	50	1.06	57			

室内给水立管水力计算 表 2.4-24

三类住宅、高级住宅和别墅 单侧厨房 2件

计算公式 $Q=\alpha 0.2\sqrt{N}+KN$

建筑物类别系数 $\alpha=1.1$ $K=0.0050$

管段编号	卫生器具名称及当量数				当量总数 ΣN	流量 Q (L/s)	管径 DN (mm)	流速 v (m/s)	单位阻力 i (mm/m)	管段长 l (m)	管段阻力 il (mm)	备注
	拖布池 $N=1.0$	洗涤盆 $N=1.0$										
支管	1.0	1.0			2.0	0.32	20					
1～2F	1.0	1.0			2.0	0.32	20	0.99	173			
2～3F	1.0×2	1.0×2			4.0	0.46	25	0.87	97			
3～4F	1.0×3	1.0×3			6.0	0.57	25	1.08	145			
4～5F	1.0×4	1.0×4			8.0	0.66	25	1.24	191			
5～6F	1.0×5	1.0×5			10.0	0.75	32	0.79	56			
6～7F	1.0×6	1.0×6			12.0	0.82	32	0.86	66			
7～8F	1.0×7	1.0×7			14.0	0.89	32	0.94	77			
8～9F	1.0×8	1.0×8			16.0	0.96	32	1.01	89			
9～10F	1.0×9	1.0×9			18.0	1.02	32	1.07	99			
10～11F	1.0×10	1.0×10			20.0	1.08	32	1.14	110			
11～12F	1.0×11	1.0×11			22.0	1.14	32	1.20	122			
12～13F	1.0×12	1.0×12			24.0	1.20	32	1.27	135			
13～14F	1.0×13	1.0×13			26.0	1.25	32	1.32	147			
14～水箱	1.0×14	1.0×14			28.0	1.30	32	1.37	159			

室内给水立管水力计算 表 2.4-25

三类住宅、高级住宅和别墅 双侧厨房 2件/侧

计算公式 $Q=\alpha 0.2\sqrt{N}+KN$

建筑物类别系数 $\alpha=1.1$ $K=0.0050$

管段编号	卫生器具名称及当量数				当量总数 ΣN	流量 Q (L/s)	管径 DN (mm)	流速 v (m/s)	单位阻力 i (mm/m)	管段长 l (m)	管段阻力 il (mm)	备注
	拖布池 $N=1.0$	洗涤盆 $N=1.0$										
每侧支管	1.0	1.0			2.0	0.32	20					
1～2F	1.0×2	1.0×2			4.0	0.46	25	0.87	97			
2～3F	1.0×2×2	1.0×2×2			8.0	0.66	25	1.24	191			
3～4F	1.0×2×3	1.0×2×3			12.0	0.82	32	0.86	66			
4～5F	1.0×2×4	1.0×2×4			16.0	0.96	32	1.01	89			
5～6F	1.0×2×5	1.0×2×5			20.0	1.08	32	1.14	110			
6～7F	1.0×2×6	1.0×2×6			24.0	1.20	32	1.27	135			
7～8F	1.0×2×7	1.0×2×7			28.0	1.30	32	1.37	159			
8～9F	1.0×2×8	1.0×2×8			32.0	1.40	40	1.11	88			
9～10F	1.0×2×9	1.0×2×9			36.0	1.50	40	1.19	101			
10～11F	1.0×2×10	1.0×2×10			40.0	1.59	40	1.26	113			
11～12F	1.0×2×11	1.0×2×11			44.0	1.68	40	1.33	126			
12～13F	1.0×2×12	1.0×2×12			48.0	1.76	40	1.40	138			
13～14F	1.0×2×13	1.0×2×13			52.0	1.85	40	1.47	152			
14～水箱	1.0×2×14	1.0×2×14			56.0	1.93	40	1.53	166			

室内给水立管水力计算 表 2.4-26

三类住宅、高级住宅和别墅 单侧厨房 3件

计算公式 $Q=\alpha 0.2\sqrt{N}+KN$

建筑物类别系数 $\alpha=1.1$ $K=0.0050$

管段编号	卫生器具名称及当量数				当量总数 ΣN	流量 Q (L/s)	管径 DN (mm)	流速 v (m/s)	单位阻力 i (mm/m)	管段长 l (m)	管段阻力 il (mm)	备注
	拖布池 $N=1.0$	洗涤盆 $N=1.0$	洗衣机 $N=1.2$									
支管	1.0	1.0	1.2		3.2	0.41	25					
1～2F	1.0	1.0	1.2		3.2	0.41	25	0.77	78			
2～3F	1.0×2	1.0×2	1.2×2		6.4	0.59	25	1.11	154			
3～4F	1.0×3	1.0×3	1.2×3		9.6	0.73	32	0.77	54			
4～5F	1.0×4	1.0×4	1.2×4		12.8	0.85	32	0.90	71			
5～6F	1.0×5	1.0×5	1.2×5		16.0	0.96	32	1.01	89			
6～7F	1.0×6	1.0×6	1.2×6		19.2	1.06	32	1.12	107			
7～8F	1.0×7	1.0×7	1.2×7		22.4	1.15	32	1.21	124			
8～9F	1.0×8	1.0×8	1.2×8		25.6	1.24	32	1.31	145			
9～10F	1.0×9	1.0×9	1.2×9		28.8	1.32	32	1.39	164			
10～11F	1.0×10	1.0×10	1.2×10		32.0	1.40	40	1.11	88			
11～12F	1.0×11	1.0×11	1.2×11		35.2	1.48	40	1.17	98			
12～13F	1.0×12	1.0×12	1.2×12		38.4	1.56	40	1.24	108			
13～14F	1.0×13	1.0×13	1.2×13		41.6	1.63	40	1.29	118			
14～水箱	1.0×14	1.0×14	1.2×14		44.8	1.70	40	1.35	129			

表 2.4-27

室内给水立管水力计算

三类住宅、高级住宅和别墅　双侧厨房　3 件/侧

计算公式　$Q=\alpha 0.2\sqrt{N}+KN$

建筑物类别系数 $\alpha=1.1$　$K=0.0050$

管段编号	卫生器具名称及当量数				当量总数 ΣN	流量 Q (L/s)	管径 DN (mm)	流速 v (m/s)	单位阻力 i (mm/m)	管段长 l (m)	管段阻力 il (mm)	备注
	拖布池 $N=1.0$	洗涤盆 $N=1.0$	洗衣机 $N=1.2$									
每侧支管	1.0	1.0	1.2		3.2	0.41	25					
1～2F	1.0×2	1.0×2	1.2×2		6.4	0.59	25	1.11	154			
2～3F	1.0×2×2	1.0×2×2	1.2×2×2		12.8	0.85	32	0.90	71			
3～4F	1.0×2×3	1.0×2×3	1.2×2×3		19.2	1.06	32	1.12	10[illegible]			
4～5F	1.0×2×4	1.0×2×4	1.2×2×4		25.6	1.24	32	1.31	145			
5～6F	1.0×2×5	1.0×2×5	1.2×2×5		32.0	1.40	40	1.11	88			
6～7F	1.0×2×6	1.0×2×6	1.2×2×6		38.4	1.56	40	1.24	103			
7～8F	1.0×2×7	1.0×2×7	1.2×2×7		44.8	1.70	40	1.35	129			
8～9F	1.0×2×8	1.0×2×8	1.2×2×8		51.2	1.83	40	1.45	149			
9～10F	1.0×2×9	1.0×2×9	1.2×2×9		57.6	1.96	40	1.56	171			
10～11F	1.0×2×10	1.0×2×10	1.2×2×10		64.0	2.08	50	0.98	49			
11～12F	1.0×2×11	1.0×2×11	1.2×2×11		70.4	2.20	50	1.04	55			
12～13F	1.0×2×12	1.0×2×12	1.2×2×12		76.8	2.31	50	1.09	60			
13～14F	1.0×2×13	1.0×2×13	1.2×2×13		83.2	2.42	50	1.14	66			
14～水箱	1.0×2×14	1.0×2×14	1.2×2×14		89.6	2.53	50	1.19	71			

表 2.4-28

室内给水立管水力计算

三类住宅、高级住宅和别墅　单侧卫生间　3件

计算公式　$Q=\alpha 0.2\sqrt{N}+KN$

建筑物类别系数 $\alpha=1.1$　　$K=0.0050$

管段编号	卫生器具名称及当量数				当量总数 ΣN	流量 Q (L/s)	管径 DN (mm)	流速 v (m/s)	单位阻力 i (mm/m)	管段长 l (m)	管段阻力 il (mm)	备注
	洗脸盆 $N=0.8$	大便器 $N=0.5$	浴盆 $N=1.0$									
支管	0.8	0.5	1.0		2.3	0.34	20					
1～2F	0.8	0.5	1.0		2.3	0.34	20	1.06	194			
2～3F	0.8×2	0.5×2	1.0×2		4.6	0.50	25	0.94	113			
3～4F	0.8×3	0.5×3	1.0×3		6.9	0.62	25	1.17	169			
4～5F	0.8×4	0.5×4	1.0×4		9.2	0.72	32	0.76	52			
5～6F	0.8×5	0.5×5	1.0×5		11.5	0.80	32	0.84	63			
6～7F	0.8×6	0.5×6	1.0×6		13.8	0.88	32	0.93	76			
7～8F	0.8×7	0.5×7	1.0×7		16.1	0.96	32	1.01	89			
8～9F	0.8×8	0.5×8	1.0×8		18.4	1.03	32	1.09	101			
9～10F	0.8×9	0.5×9	1.0×9		20.7	1.10	32	1.16	114			
10～11F	0.8×10	0.5×10	1.0×10		23.0	1.17	32	1.23	128			
11～12F	0.8×11	0.5×11	1.0×11		25.3	1.24	32	1.31	145			
12～13F	0.8×12	0.5×12	1.0×12		27.6	1.29	32	1.36	157			
13～14F	0.8×13	0.5×13	1.0×13		29.9	1.35	32	1.42	171			
14～水箱	0.8×14	0.5×14	1.0×14		32.2	1.41	40	1.12	90			

室内给水立管水力计算 **表 2.4-29**

三类住宅、高级住宅和别墅 双侧卫生间 3件/侧

计算公式 $Q=\alpha 0.2\sqrt{N}+KN$

建筑物类别系数 $\alpha=1.1$ $K=0.0050$

管段编号	卫生器具名称及当量数				当量总数 ΣN	流量 Q (L/s)	管径 DN (mm)	流速 v (m/s)	单位阻力 i (mm/m)	管段长 l (m)	管段阻力 il (mm)	备注
	洗脸盆 N=0.8	大便器 N=0.5	浴盆 N=1.0									
每侧支管	0.8	0.5	1.0		2.3	0.34	20					
1～2F	0.8×2	0.5×2	1.0×2		4.6	0.50	25	0.94	113			
2～3F	0.8×2×2	0.5×2×2	1.0×2×2		9.2	0.72	32	0.76	52			
3～4F	0.8×2×3	0.5×2×3	1.0×2×3		13.8	0.88	32	0.93	76			
4～5F	0.8×2×4	0.5×2×4	1.0×2×4		18.4	1.03	32	1.09	101			
5～6F	0.8×2×5	0.5×2×5	1.0×2×5		23.0	1.17	32	1.23	123			
6～7F	0.8×2×6	0.5×2×6	1.0×2×6		27.6	1.29	32	1.36	157			
7～8F	0.8×2×7	0.5×2×7	1.0×2×7		32.2	1.41	40	1.12	90			
8～9F	0.8×2×8	0.5×2×8	1.0×2×8		36.8	1.52	40	1.21	103			
9～10F	0.8×2×9	0.5×2×9	1.0×2×9		41.4	1.62	40	1.29	117			
10～11F	0.8×2×10	0.5×2×10	1.0×2×10		46.0	1.72	40	1.37	132			
11～12F	0.8×2×11	0.5×2×11	1.0×2×11		50.6	1.82	40	1.45	147			
12～13F	0.8×2×12	0.5×2×12	1.0×2×12		55.2	1.91	40	1.52	163			
13～14F	0.8×2×13	0.5×2×13	1.0×2×13		59.8	2.00	50	0.94	46			
14～水箱	0.8×2×14	0.5×2×14	1.0×2×14		64.4	2.09	50	0.99	50			

室内给水立管水力计算 **表 2.4-30**

三类住宅、高级住宅和别墅 单侧卫生间 4件

计算公式 $Q=\alpha 0.2\sqrt{N}+KN$

建筑物类别系数 $\alpha=1.1$ $K=0.0050$

管段编号	卫生器具名称及当量数				当量总数 ΣN	流量 Q (L/s)	管径 DN (mm)	流速 v (m/s)	单位阻力 i (mm/m)	管段长 l (m)	管段阻力 il (mm)	备注
	洗脸盆 $N=0.8$	大便器 $N=0.5$	浴盆 $N=1.0$	洗衣机 $N=1.2$								
支管	0.8	0.5	1.0	1.2	3.5	0.43	25					
1～2F	0.8	0.5	1.0	1.2	3.5	0.43	25	0.81	86			
2～3F	0.8×2	0.5×2	1.0×2	1.2×2	7.0	0.62	25	1.17	169			
3～4F	0.8×3	0.5×3	1.0×3	1.2×3	10.5	0.77	32	0.81	59			
4～5F	0.8×4	0.5×4	1.0×4	1.2×4	14.0	0.89	32	0.94	77			
5～6F	0.8×5	0.5×5	1.0×5	1.2×5	17.5	1.01	32	1.06	98			
6～7F	0.8×6	0.5×6	1.0×6	1.2×6	21.0	1.11	32	1.17	116			
7～8F	0.8×7	0.5×7	1.0×7	1.2×7	24.5	1.22	32	1.29	140			
8～9F	0.8×8	0.5×8	1.0×8	1.2×8	28.0	1.30	32	1.37	159			
9～10F	0.8×9	0.5×9	1.0×9	1.2×9	31.5	1.39	40	1.10	87			
10～11F	0.8×10	0.5×10	1.0×10	1.2×10	35.0	1.48	40	1.17	98			
11～12F	0.8×11	0.5×11	1.0×11	1.2×11	38.5	1.56	40	1.24	108			
12～13F	0.8×12	0.5×12	1.0×12	1.2×12	42.0	1.64	40	1.30	120			
13～14F	0.8×13	0.5×13	1.0×13	1.2×13	45.5	1.71	40	1.36	130			
14～水箱	0.8×14	0.5×14	1.0×14	1.2×14	49.0	1.79	40	1.42	142			

室内给水立管水力计算 **表 2.4-31**

三类住宅、高级住宅和别墅　双侧卫生间　4件/侧

计算公式　$Q=\alpha 0.2\sqrt{N}+KN$

建筑物类别系数 $\alpha=1.1$　　$K=0.0050$

管段编号	卫生器具名称及当量数				当量总数 ΣN	流量 Q (L/s)	管径 DN (mm)	流速 v (m/s)	单位阻力 i (mm/m)	管段长 l (m)	管段阻力 il (mm)	备注
	洗脸盆 $N=0.8$	大便器 $N=0.5$	浴盆 $N=1.0$	洗衣机 $N=1.2$								
每侧支管	0.8	0.5	1.0	1.2	3.5	0.43	25					
1～2F	0.8×2	0.5×2	1.0×2	1.2×2	7.0	0.62	25	1.17	169			
2～3F	0.8×2×2	0.5×2×2	1.0×2×2	1.2×2×2	14.0	0.89	32	0.94	77			
3～4F	0.8×2×3	0.5×2×3	1.0×2×3	1.2×2×3	21.0	1.11	32	1.17	116			
4～5F	0.8×2×4	0.5×2×4	1.0×2×4	1.2×2×4	28.0	1.30	32	1.37	159			
5～6F	0.8×2×5	0.5×2×5	1.0×2×5	1.2×2×5	35.0	1.48	40	1.17	98			
6～7F	0.8×2×6	0.5×2×6	1.0×2×6	1.2×2×6	42.0	1.64	40	1.30	120			
7～8F	0.8×2×7	0.5×2×7	1.0×2×7	1.2×2×7	49.0	1.79	40	1.42	142			
8～9F	0.8×2×8	0.5×2×8	1.0×2×8	1.2×2×8	56.0	1.93	40	1.53	166			
9～10F	0.8×2×9	0.5×2×9	1.0×2×9	1.2×2×9	63.0	2.06	50	0.97	49			
10～11F	0.8×2×10	0.5×2×10	1.0×2×10	1.2×2×10	70.0	2.19	50	1.04	54			
11～12F	0.8×2×11	0.5×2×11	1.0×2×11	1.2×2×11	77.0	2.32	50	1.09	61			
12～13F	0.8×2×12	0.5×2×12	1.0×2×12	1.2×2×12	84.0	2.44	50	1.15	67			
13～14F	0.8×2×13	0.5×2×13	1.0×2×13	1.2×2×13	91.0	2.56	50	1.20	73			
14～水箱	0.8×2×14	0.5×2×14	1.0×2×14	1.2×2×14	98.0	2.67	50	1.26	79			

室内给水立管水力计算 表 2.4-32

旅馆 单侧卫生间 3件

计算公式 $Q=\alpha 0.2\sqrt{N}+KN$

建筑物类别系数 $\alpha=2.5$ $K=0$

管段编号	卫生器具名称及当量数				当量总数 ΣN	流量 Q (L/s)	管径 DN (mm)	流速 v (m/s)	单位阻力 i (mm/m)	管段长 l (m)	管段阻力 il (mm)	备注
	洗脸盆 $N=0.8$	大便器 $N=0.5$	浴盆 $N=1.0$									
支管	0.8	0.5	1.0		2.3	0.46	20					说明：根据规范如计算值大于该管段上按卫生器具给水额定流量累加所得流量值时，应按卫生器具给水额定流量累加所得的流量值采用
1～2F	0.8	0.5	1.0		2.3	0.46	25	0.87	97			
2～3F	0.8×2	0.5×2	1.0×2		4.6	0.92	32	0.97	82			
3～4F	0.8×3	0.5×3	1.0×3		6.9	1.31	40	1.04	78			
4～5F	0.8×4	0.5×4	1.0×4		9.2	1.52	40	1.21	103			
5～6F	0.8×5	0.5×5	1.0×5		11.5	1.70	40	1.35	129			
6～7F	0.8×6	0.5×6	1.0×6		13.8	1.86	40	1.48	154			
7～8F	0.8×7	0.5×7	1.0×7		16.1	2.01	50	0.95	46			
8～9F	0.8×8	0.5×8	1.0×8		18.4	2.14	50	1.01	52			
9～10F	0.8×9	0.5×9	1.0×9		20.7	2.27	50	1.07	58			
10～11F	0.8×10	0.5×10	1.0×10		23.0	2.40	50	1.13	65			
11～12F	0.8×11	0.5×11	1.0×11		25.3	2.51	50	1.18	70			
12～13F	0.8×12	0.5×12	1.0×12		27.6	2.63	50	1.24	77			
13～14F	0.8×13	0.5×13	1.0×13		29.9	2.73	50	1.29	83			
14～水箱	0.8×14	0.5×14	1.0×14		32.2	2.84	50	1.34	89			

室内给水立管水力计算 表 2.4-33

旅馆 双侧卫生间 3件/侧

计算公式 $Q=\alpha 0.2\sqrt{N}+KN$

建筑物类别系数 $\alpha=2.5$ $K=0$

管段编号	卫生器具名称及当量数				当量总数 ΣN	流量 Q (L/s)	管径 DN (mm)	流速 v (m/s)	单位阻力 i (mm/m)	管段长 l (m)	管段阻力 il (mm)	备注
	洗脸盆 N=0.8	大便器 N=0.5	浴盆 N=1.0									
每侧支管	0.8	0.5	1.0		2.3	0.46	20					说明同表 2.4-32
1~2F	0.8×2	0.5×2	1.0×2		4.6	0.92	32	0.97	82			
2~3F	0.8×2×2	0.5×2×2	1.0×2×2		9.2	1.52	40	1.21	103			
3~4F	0.8×2×3	0.5×2×3	1.0×2×3		13.8	1.86	40	1.48	154			
4~5F	0.8×2×4	0.5×2×4	1.0×2×4		18.4	2.14	50	1.01	52			
5~6F	0.8×2×5	0.5×2×5	1.0×2×5		23.0	2.40	50	1.13	65			
6~7F	0.8×2×6	0.5×2×6	1.0×2×6		27.6	2.63	50	1.24	77			
7~8F	0.8×2×7	0.5×2×7	1.0×2×7		32.2	2.84	50	1.34	89			
8~9F	0.8×2×8	0.5×2×8	1.0×2×8		36.8	3.03	50	1.43	102			
9~10F	0.8×2×9	0.5×2×9	1.0×2×9		41.4	3.22	50	1.52	115			
10~11F	0.8×2×10	0.5×2×10	1.0×2×10		46.0	3.39	70	0.96	34			
11~12F	0.8×2×11	0.5×2×11	1.0×2×11		50.6	3.56	70	1.01	38			
12~13F	0.8×2×12	0.5×2×12	1.0×2×12		55.2	3.71	70	1.05	41			
13~14F	0.8×2×13	0.5×2×13	1.0×2×13		59.8	3.87	70	1.10	44			
14~水箱	0.8×2×14	0.5×2×14	1.0×2×14		64.4	4.01	70	1.13	47			

表 2.4-34

室内给水立管水力计算

旅馆 单侧卫生间 4件

计算公式 $Q=\alpha 0.2\sqrt{N}+KN$

建筑物类别系数 $\alpha=2.5$ $K=0$

管段编号	卫生器具名称及当量数				当量总数 ΣN	流量 Q (L/s)	管径 DN (mm)	流速 v (m/s)	单位阻力 i (mm/m)	管段长 l (m)	管段阻力 il (mm)	备注
	洗脸盆 $N=0.8$	大便器 $N=0.5$	浴盆 $N=1.0$	淋浴器 $N=0.5$								
支管	0.8	0.5	1.0	0.5	2.8	0.56						说明见表 2.4-32
1～2F	0.8	0.5	1.0	0.5	2.8	0.56	25	1.06	140			
2～3F	0.8×2	0.5×2	1.0×2	0.5×2	5.6	1.12	32	1.18	118			
3～4F	0.8×3	0.5×3	1.0×3	0.5×3	8.4	1.45	40	1.15	94			
4～5F	0.8×4	0.5×4	1.0×4	0.5×4	11.2	1.67	40	1.33	124			
5～6F	0.8×5	0.5×5	1.0×5	0.5×5	14.0	1.87	40	1.49	156			
6～7F	0.8×6	0.5×6	1.0×6	0.5×6	16.8	2.05	50	0.97	48			
7～8F	0.8×7	0.5×7	1.0×7	0.5×7	19.6	2.21	50	1.04	55			
8～9F	0.8×8	0.5×8	1.0×8	0.5×8	22.4	2.37	50	1.12	63			
9～10F	0.8×9	0.5×9	1.0×9	0.5×9	25.2	2.51	50	1.18	70			
10～11F	0.8×10	0.5×10	1.0×10	0.5×10	28.0	2.65	50	1.25	78			
11～12F	0.8×11	0.5×11	1.0×11	0.5×11	30.8	2.77	50	1.31	85			
12～13F	0.8×12	0.5×12	1.0×12	0.5×12	33.6	2.90	50	1.37	93			
13～14F	0.8×13	0.5×13	1.0×13	0.5×13	36.4	3.02	50	1.42	101			
14～水箱	0.8×14	0.5×14	1.0×14	0.5×14	39.2	3.13	50	1.48	109			

室内给水立管水力计算

表 2.4-35

旅馆　双侧卫生间　4件/侧

计算公式　$Q=\alpha 0.2\sqrt{N}+KN$

建筑物类别系数 $\alpha=2.5$　$K=0$

管段编号	卫生器具名称及当量数				当量总数 ΣN	流量 Q (L/s)	管径 DN (mm)	流速 v (m/s)	单位阻力 i (mm/m)	管段长 l (m)	管段阻力 il (mm)	备注
	洗脸盆 N=0.8	大便器 N=0.5	浴盆 N=1.0	淋浴器 N=0.5								
每侧支管	0.8	0.5	1.0	0.5	2.8	0.56						说明见表 2.4-32
1～2F	0.8×2	0.5×2	1.0×2	0.5×2	5.6	1.12	32	1.18	118			
2～3F	0.8×2×2	0.5×2×2	1.0×2×2	0.5×2×2	11.2	1.67	40	1.33	124			
3～4F	0.8×2×3	0.5×2×3	1.0×2×3	0.5×2×3	16.8	2.05	50	0.97	48			
4～5F	0.8×2×4	0.5×2×4	1.0×2×4	0.5×2×4	22.4	2.37	50	1.12	63			
5～6F	0.8×2×5	0.5×2×5	1.0×2×5	0.5×2×5	28.0	2.65	50	1.25	78			
6～7F	0.8×2×6	0.5×2×6	1.0×2×6	0.5×2×6	33.6	2.90	50	1.37	93			
7～8F	0.8×2×7	0.5×2×7	1.0×2×7	0.5×2×7	39.2	3.13	50	1.48	109			
8～9F	0.8×2×8	0.5×2×8	1.0×2×8	0.5×2×8	44.8	3.35	50	1.58	125			
9～10F	0.8×2×9	0.5×2×9	1.0×2×9	0.5×2×9	50.4	3.55	50	1.67	140			
10～11F	0.8×2×10	0.5×2×10	1.0×2×10	0.5×2×10	56.0	3.74	70	1.06	41			
11～12F	0.8×2×11	0.5×2×11	1.0×2×11	0.5×2×11	61.6	3.93	70	1.12	45			
12～13F	0.8×2×12	0.5×2×12	1.0×2×12	0.5×2×12	67.2	4.10	70	1.16	49			
13～14F	0.8×2×13	0.5×2×13	1.0×2×13	0.5×2×13	72.8	4.27	70	1.21	53			
14～水箱	0.8×2×14	0.5×2×14	1.0×2×14	0.5×2×14	78.4	4.43	70	1.26	57			

表 2.4-36

室内给水立管水力计算

旅馆　单侧卫生间　4件

计算公式　$Q=\alpha 0.2\sqrt{N}+KN$

建筑物类别系数 $\alpha=2.5$　$K=0$

管段编号	卫生器具名称及当量数				当量总数 ΣN	流量 Q (L/s)	管径 DN (mm)	流速 v (m/s)	单位阻力 i (mm/m)	管段长 l (m)	管段阻力 il (mm)	备注
	洗脸盆 $N=0.8$	大便器 $N=0.5$	浴盆 $N=1.0$	净身盆 $N=0.35$								
支管	0.8	0.5	1.0	0.35	2.65	0.53						说明见表2.4-32
1～2F	0.8	0.5	1.0	0.35	2.65	0.53	25	1.00	126			
2～3F	0.8×2	0.5×2	1.0×2	0.35×2	5.3	1.06	32	1.12	107			
3～4F	0.8×3	0.5×3	1.0×3	0.35×3	7.95	1.41	40	1.12	90			
4～5F	0.8×4	0.5×4	1.0×4	0.35×4	10.6	1.63	40	1.29	118			
5～6F	0.8×5	0.5×5	1.0×5	0.35×5	13.25	1.82	40	1.45	147			
6～7F	0.8×6	0.5×6	1.0×6	0.35×6	15.9	1.99	40	1.58	176			
7～8F	0.8×7	0.5×7	1.0×7	0.35×7	18.55	2.15	50	1.02	53			
8～9F	0.8×8	0.5×8	1.0×8	0.35×8	21.2	2.30	50	1.08	60			
9～10F	0.8×9	0.5×9	1.0×9	0.35×9	23.85	2.44	50	1.15	67			
10～11F	0.8×10	0.5×10	1.0×10	0.35×10	26.5	2.58	50	1.21	74			
11～12F	0.8×11	0.5×11	1.0×11	0.35×11	29.15	2.70	50	1.27	81			
12～13F	0.8×12	0.5×12	1.0×12	0.35×12	31.8	2.82	50	1.33	88			
13～14F	0.8×13	0.5×13	1.0×13	0.35×13	34.45	2.94	50	1.39	96			
14～水箱	0.8×14	0.5×14	1.0×14	0.35×14	37.1	3.04	50	1.43	103			

室内给水立管水力计算

表 2.4-37

旅馆 双侧卫生间 4件/侧

计算公式 $Q=\alpha 0.2\sqrt{N}+KN$

建筑物类别系数 $\alpha=2.5$ $K=0$

管段编号	卫生器具名称及当量数				当量总数 ΣN	流量 Q (L/s)	管径 DN (mm)	流速 v (m/s)	单位阻力 i (mm/m)	管段长 l (m)	管段阻力 il (mm)	备注
	洗脸盆 $N=0.8$	大便器 $N=0.5$	浴盆 $N=1.0$	净身盆 $N=0.35$								
支管	0.8	0.5	1.0	0.35	2.65	0.53						说明见表 2.4-32
1～2F	0.8×2	0.5×2	1.0×2	0.35×2	5.3	1.06	32	1.12	107			
2～3F	0.8×2×2	0.5×2×2	1.0×2×2	0.35×2×2	10.6	1.63	40	1.29	118			
3～4F	0.8×2×3	0.5×2×3	1.0×2×3	0.35×2×3	15.9	1.99	40	1.58	176			
4～5F	0.8×2×4	0.5×2×4	1.0×2×4	0.35×2×4	21.2	2.30	50	1.08	60			
5～6F	0.8×2×5	0.5×2×5	1.0×2×5	0.35×2×5	26.5	2.58	50	1.21	74			
6～7F	0.8×2×6	0.5×2×6	1.0×2×6	0.35×2×6	31.8	2.82	50	1.33	88			
7～8F	0.8×2×7	0.5×2×7	1.0×2×7	0.35×2×7	37.1	3.04	50	1.43	103			
8～9F	0.8×2×8	0.5×2×8	1.0×2×8	0.35×2×8	42.4	3.26	50	1.53	118			
9～10F	0.8×2×9	0.5×2×9	1.0×2×9	0.35×2×9	47.7	3.45	50	1.63	132			
10～11F	0.8×2×10	0.2×2×10	1.0×2×10	0.35×2×10	53.0	3.64	50	1.71	147			
11～12F	0.8×2×11	0.2×2×11	1.0×2×11	0.35×2×11	58.3	3.82	50	1.80	162			
12～13F	0.8×2×12	0.2×2×12	1.0×2×12	0.35×2×12	63.6	3.99	70	1.13	47			
13～14F	0.8×2×13	0.2×2×13	1.0×2×13	0.35×2×13	68.9	4.15	70	1.18	50			
14～水箱	0.8×2×14	0.2×2×14	1.0×2×14	0.35×2×14	74.2	4.31	70	1.22	54			

幼儿园、托儿所给水管道水力计算 $\alpha=1.2$，$K=0$ $\left(\begin{matrix} v\text{—m/s} \\ i\text{—mm/m} \end{matrix}\right)$ 表 2.4-38

N_g	DN (mm)		15		20		25		32		40		50		70	
	q_g		v	i	v	i	v	i	v	i	v	i	v	i	v	i
	m^3/h	L/s														
0.5	0.36	0.10	0.58	98.5	0.31	20.8										
1	0.72	0.20	1.17	354	0.62	72.7	0.38	21.3								
2	1.22	0.34	1.99	1022	1.06	194	0.64	55.7								
3	1.51	0.42			1.30	291	0.79	82.2	0.44	19.6						
4	1.73	0.48			1.49	380	0.90	105	0.51	24.9						
5	1.94	0.54			1.68	480	1.02	131	0.57	30.8						
6	2.12	0.59			1.83	572	1.11	154	0.62	36.2	0.47	17.9				
7	2.27	0.63			1.96	653	1.18	175	0.66	40.8	0.50	20.3				
8	2.45	0.68			2.11	761	1.28	202	0.72	46.9	0.54	23.4				
9	2.59	0.72			2.23	853	1.36	227	0.76	52.2	0.58	26.1				
10	2.74	0.76					1.43	253	0.80	57.6	0.61	28.9	0.36	7.86		
12	2.99	0.83					1.56	301	0.88	67.7	0.66	33.6	0.39	9.19		
14	3.24	0.90					1.69	354	0.95	78.7	0.72	39.0	0.42	10.7	0.25	3.11
16	3.46	0.96					1.81	403	1.01	88.7	0.77	43.9	0.45	12.0	0.27	3.49

续表

N_g	DN (mm)		25		32		40		50		70		80		100	
	q_g		v	i	v	i	v	i	v	i	v	i	v	i	v	i
	m^3/h	L/s														
18	3.67	1.02	1.92	455	1.07	99.4	0.82	49.1	0.48	13.4	0.29	3.89				
20	3.85	1.07	2.02	500	1.13	109	0.85	53.6	0.50	14.6	0.30	4.23				
25	4.32	1.20	2.26	629	1.27	135	0.95	66.3	0.56	18.0	0.34	5.18				
30	4.72	1.31	2.47	750	1.38	161	1.04	78.0	0.62	21.1	0.37	6.07				
35	5.11	1.42			1.50	189	1.13	90.8	0.67	24.4	0.40	7.01				
40	5.47	1.52			1.60	217	1.21	103	0.72	27.7	0.43	7.92				
45	5.80	1.61			1.70	243	1.28	115	0.76	30.8	0.45	8.80				
50	6.12	1.70			1.79	271	1.35	129	0.80	34.0	0.48	9.69	0.34	4.19		
55	6.41	1.78			1.88	297	1.41	141	0.84	37.0	0.51	10.5	0.36	4.56		
60	6.70	1.86			1.96	325	1.48	154	0.87	40.1	0.52	11.4	0.37	4.94		
65	6.98	1.94			2.05	353	1.54	167	0.91	43.4	0.55	12.3	0.39	5.32		
70	7.24	2.01			2.12	379	1.60	180	0.95	46.4	0.57	13.1	0.40	5.67		
75	7.49	2.08			2.19	406	1.65	192	0.98	49.4	0.59	14.0	0.42	6.03	0.24	1.56
80	7.74	2.15			2.27	434	1.71	206	1.02	52.6	0.61	14.9	0.43	6.40	0.25	1.65
85	7.99	2.22			2.34	453	1.77	220	1.05	55.8	0.63	15.8	0.44	6.77	0.25	1.75

门诊部、诊疗所给水管道水力计算 $\alpha=1.4$，$K=0$ $\left(\begin{matrix} v\text{—m/s} \\ i\text{—mm/m} \end{matrix}\right)$ 表 2.4-39

N_g	DN (mm)		15		20		25		32		40		50		70	
	q_g															
	m³/h	L/s	v	i	v	i	v	i	v	i	v	i	v	i	v	i
0.5	0.36	0.10	0.58	98.5	0.31	20.8										
1	0.72	0.20	1.17	354	0.62	72.7	0.38	21.3								
2	1.44	0.40	2.34	1409	1.24	263	0.75	74.8	0.42	17.9						
3	1.73	0.48			1.49	380	0.90	105	0.51	24.9	0.38	12.5				
4	2.02	0.56			1.74	516	1.06	140	0.59	32.9	0.45	16.4				
5	2.27	0.63			1.96	653	1.18	175	0.66	40.8	0.50	20.3				
6	2.48	0.69			2.14	783	1.30	208	0.73	48.2	0.55	24.0				
7	2.66	0.74					1.39	240	0.78	54.9	0.59	27.6				
8	2.84	0.79					1.49	272	0.83	61.8	0.63	30.8	0.37	8.36		
9	3.02	0.84					1.58	309	0.89	69.2	0.67	34.4	0.40	9.41		
10	3.20	0.89					1.67	346	0.94	77.1	0.71	38.2	0.42	10.5		
12	3.49	0.97					1.83	411	1.02	90.4	0.78	44.8	0.46	12.2		
14	3.78	1.05					1.98	481	1.11	105	0.84	51.8	0.49	14.1	0.30	4.09
16	4.03	1.12					2.11	548	1.18	118	0.89	58.4	0.53	15.8	0.32	4.59

续表

N_g	DN (mm)		25		32		40		50		70		80		100	
	q_g		v	i	v	i	v	i	v	i	v	i	v	i	v	i
	m^3/h	L/s														
18	4.28	1.19	2.24	619	1.26	133	0.94	65.3	0.56	17.7	0.34	5.11				
20	4.50	1.25			1.32	147	0.99	71.6	0.59	19.4	0.35	5.57				
25	5.04	1.40			1.48	184	1.11	88.4	0.66	23.7	0.40	6.83				
30	5.51	1.53			1.61	220	1.21	105	0.72	28.0	0.43	8.02				
35	5.98	1.66			1.75	259	1.32	123	0.78	32.6	0.47	9.29	0.33	4.01		
40	6.37	1.77			1.87	294	1.41	139	0.83	36.7	0.50	10.4	0.35	4.51		
45	6.77	1.88			1.98	332	1.49	157	0.88	41.0	0.53	11.7	0.38	5.03		
50	7.13	1.98			2.09	368	1.57	174	0.93	45.1	0.56	12.8	0.40	5.52		
55	7.49	2.08			2.19	406	1.65	192	0.98	49.4	0.59	14.0	0.42	6.03		
60	7.81	2.17					1.73	210	1.03	53.5	0.61	15.1	0.43	6.50		
65	8.14	2.26					1.80	228	1.06	57.7	0.64	16.3	0.45	7.00		
70	8.42	2.34					1.86	244	1.10	61.6	0.66	17.4	0.47	7.45		
75	8.75	2.43					1.93	263	1.15	66.0	0.69	18.6	0.49	7.98		
80	9.00	2.50					1.99	278	1.18	69.6	0.71	19.6	0.50	8.41	0.29	2.16
85	9.32	2.59					2.06	299	1.22	74.4	0.74	20.9	0.52	8.97	0.30	2.30

表 2.4-40

办公楼、商场给水管道水力计算 $\alpha=1.5$，$K=0$ (v—m/s，i—mm/m)

N_g	DN (mm)		15		20		25		32		40		50		70	
	q_g		v	i	v	i	v	i	v	i	v	i	v	i	v	i
	m^3/h	L/s														
0.5	0.36	0.10	0.58	98.5	0.31	20.8										
1	0.72	0.20	1.17	354	0.62	72.7	0.38	21.3								
2	1.44	0.40	2.34	1409	1.24	263	0.75	74.8	0.42	17.9						
3	1.87	0.52			1.61	445	0.98	122	0.55	28.7	0.42	14.4				
4	2.16	0.60			1.86	591	1.13	159	0.63	37.3	0.48	18.4				
5	2.41	0.67			2.08	738	1.26	197	0.70	45.7	0.54	22.7				
6	2.63	0.73					1.37	233	0.77	53.5	0.58	26.8	0.34	7.35		
7	2.84	0.79					1.49	272	0.83	61.8	0.63	30.8	0.37	8.36		
8	3.06	0.85					1.60	316	0.90	70.7	0.68	35.1	0.40	9.63		
9	3.24	0.90					1.69	354	0.95	78.7	0.72	39.0	0.42	10.7		
10	3.42	0.95					1.79	394	1.00	86.9	0.76	43.1	0.45	11.8		
12	3.74	1.04					1.96	472	1.10	103	0.83	50.9	0.49	13.9	0.30	4.02
14	4.03	1.12					2.11	548	1.18	118	0.89	58.4	0.53	15.8	0.32	4.59
16	4.32	1.20					2.26	629	1.27	135	0.95	66.3	0.56	18.0	0.34	5.18

续表

N_g	DN (mm)		32		40		50		70		80		100		125	
	q_g		v	i	v	i	v	i	v	i	v	i	v	i	v	i
	m^3/h	L/s														
18	4.57	1.27	1.34	152	1.01	73.7	0.60	20.0	0.36	5.74						
20	4.82	1.34	1.41	169	1.06	81.4	0.63	22.0	0.38	6.33	0.27	2.75				
25	5.40	1.50	1.58	211	1.19	101	0.71	27.0	0.42	7.72	0.30	3.36				
30	5.90	1.64	1.73	253	1.30	120	0.77	31.8	0.47	9.09	0.33	3.93				
35	6.37	1.77	1.87	294	1.41	139	0.83	36.7	0.50	10.4	0.35	4.51				
40	6.84	1.90	2.00	339	1.51	161	0.89	41.8	0.54	11.9	0.38	5.13				
45	7.24	2.01	2.12	379	1.60	180	0.95	46.4	0.57	13.1	0.40	5.67	0.23	1.48		
50	7.63	2.12			1.69	200	1.00	51.2	0.60	14.5	0.42	6.24	0.24	1.61		
55	7.99	2.22			1.77	220	1.05	55.8	0.63	15.8	0.44	6.77	0.25	1.75		
60	8.35	2.32			1.85	240	1.09	60.6	0.66	17.1	0.46	7.33	0.27	1.90		
65	8.71	2.42			1.93	260	1.14	65.5	0.69	18.5	0.48	7.91	0.28	2.03		
70	9.04	2.51			2.00	280	1.18	70.1	0.71	19.7	0.50	8.47	0.29	2.18		
75	9.36	2.60			2.07	301	1.22	74.9	0.74	21.0	0.52	9.03	0.30	2.31	0.20	0.83
80	9.65	2.68			2.13	320	1.26	79.6	0.76	22.3	0.54	9.53	0.31	2.45	0.20	0.87
85	9.97	2.77			2.21	342	1.31	85.1	0.78	23.7	0.55	10.1	0.32	2.59	0.21	0.92

续表

N_g	DN (mm)		40		50		70		80		100		125		150	
	q_g		v	i	v	i	v	i	v	i	v	i	v	i	v	i
	m^3/h	L/s														
90	10.3	2.85	2.27	362	1.35	90.1	0.81	24.9	0.57	10.7	0.33	2.72	0.22	0.97		
95	10.5	2.93	2.33	382	1.38	95.2	0.83	26.2	0.59	11.2	0.34	2.86	0.22	1.01		
100	10.8	3.00	2.39	400	1.41	99.8	0.85	27.4	0.60	11.7	0.35	2.98	0.23	1.06		
110	11.3	3.15			1.49	111	0.90	30.0	0.63	12.8	0.37	3.27	0.24	1.16		
120	11.8	3.29			1.55	120	0.94	32.5	0.66	13.8	0.38	3.52	0.25	1.25		
130	12.3	3.42			1.61	130	0.97	34.9	0.68	14.9	0.39	3.78	0.26	1.34		
140	12.8	3.55			1.67	140	1.01	37.5	0.71	15.9	0.41	4.04	0.27	1.43		
160	13.6	3.79			1.79	159	1.08	42.3	0.76	17.9	0.44	4.55	0.29	1.60		
180	14.5	4.02			1.89	179	1.14	47.2	0.81	20.0	0.46	5.05	0.30	1.78		
200	15.3	4.24			2.00	200	1.20	52.1	0.86	22.1	0.49	5.56	0.32	1.96		
220	16.0	4.45			2.10	220	1.27	57.3	0.90	24.1	0.52	6.07	0.34	2.14		
240	16.7	4.65			2.19	240	1.32	62.6	0.94	26.2	0.54	6.58	0.35	2.31		
260	17.4	4.84			2.28	259	1.37	67.8	0.98	28.2	0.56	7.07	0.36	2.48		
280	18.1	5.02			2.36	279	1.43	72.9	1.01	30.2	0.58	7.55	0.38	2.65	0.27	1.13
300	18.7	5.20					1.47	78.2	1.05	32.2	0.60	8.04	0.39	2.82	0.28	1.20

学校给水管道水力计算　$\alpha=1.8$，$K=0$ $\left(\begin{matrix} v\text{—m/s} \\ i\text{—mm/m} \end{matrix}\right)$　　表 2.4-41

N_g	DN (mm)		15		20		25		32		40		50		70	
	q_g		v	i	v	i	v	i	v	i	v	i	v	i	v	i
	m³/h	L/s														
0.5	0.36	0.10	0.58	98.5	0.31	20.8										
1	0.72	0.20	1.17	354	0.62	72.7	0.38	21.3								
2	1.44	0.40	2.34	1409	1.24	263	0.75	74.8	0.42	17.9	0.32	8.93				
3	2.16	0.60			1.86	591	1.13	159	0.63	37.3	0.48	18.4				
4	2.59	0.72			2.23	853	1.36	227	0.76	52.2	0.58	26.1	0.34	7.18		
5	2.88	0.80					1.51	279	0.84	63.2	0.64	31.4	0.38	8.52		
6	3.17	0.88					1.65	339	0.93	75.5	0.70	37.4	0.41	10.3		
7	3.42	0.95					1.79	394	1.00	86.9	0.76	43.1	0.45	11.8		
8	3.67	1.02					1.92	455	1.07	99.4	0.82	49.1	0.48	13.4		
9	3.89	1.08					2.03	509	1.14	110	0.86	54.5	0.51	14.8	0.31	4.30
10	4.10	1.14					2.15	568	1.20	122	0.90	60.3	0.54	16.3	0.33	4.74
12	4.50	1.25							1.32	147	0.99	71.5	0.59	19.4	0.35	5.57
14	4.86	1.35							1.42	171	1.07	82.5	0.64	22.3	0.38	6.41
16	5.18	1.44							1.52	194	1.14	93.2	0.68	25.1	0.41	7.18

续表

N_g	DN (mm)		32		40		50		70		80		100		125	
	q_g															
	m^3/h	L/s	v	i	v	i	v	i	v	i	v	i	v	i	v	i
18	5.51	1.53	1.61	220	1.21	105	0.72	28.0	0.43	8.02						
20	5.80	1.61	1.70	243	1.28	115	0.76	30.8	0.45	8.80	0.32	3.80				
25	6.48	1.80	1.90	304	1.43	144	0.85	37.8	0.51	10.7	0.36	4.66				
30	7.09	1.97	2.08	364	1.57	173	0.93	44.7	0.56	12.6	0.39	5.47				
35	7.67	2.13	2.24	426	1.69	202	1.01	51.7	0.61	14.6	0.43	6.29				
40	8.21	2.28			1.81	232	1.07	58.7	0.64	16.5	0.46	7.11				
45	8.68	2.41			1.92	258	1.14	65.0	0.68	18.3	0.48	7.85				
50	9.18	2.55			2.03	290	1.20	72.3	0.73	20.3	0.51	8.72	0.30	2.24		
55	9.61	2.67			2.13	318	1.26	79.0	0.76	22.1	0.53	9.47	0.31	2.43		
60	10.0	2.79			2.22	347	1.32	86.3	0.79	24.0	0.56	10.2	0.32	2.62		
65	10.4	2.90					1.37	93.2	0.82	25.7	0.58	11.0	0.33	2.81	0.22	1.00
70	10.8	3.01					1.42	101	0.85	27.6	0.60	11.8	0.35	3.00	0.23	1.07
75	11.2	3.12					1.47	108	0.89	29.5	0.62	12.6	0.36	3.21	0.23	1.13
80	11.6	3.22					1.52	115	0.92	31.3	0.64	13.3	0.37	3.40	0.24	1.20
85	12.0	3.32					1.56	122	0.94	33.1	0.66	14.1	0.38	3.58	0.25	1.27

续表

N_g	DN (mm)		50		70		80		100		125		150	
	q_g		v	i	v	i	v	i	v	i	v	i	v	i
	m^3/h	L/s												
90	12.3	3.42	1.61	130	0.97	34.9	0.68	14.9	0.39	3.78	0.26	1.34		
95	12.6	3.51	1.65	137	0.99	36.7	0.70	15.6	0.40	3.95	0.26	1.41		
100	13.0	3.60	1.69	144	1.02	38.4	0.72	16.3	0.42	4.14	0.27	1.46		
110	13.6	3.78	1.78	158	1.07	42.1	0.76	17.8	0.44	4.52	0.29	1.60		
120	14.2	3.94	1.86	172	1.12	45.5	0.80	19.3	0.45	4.87	0.30	1.72		
130	14.8	4.10	1.93	186	1.16	49.0	0.83	20.7	0.47	5.22	0.31	1.84		
140	15.3	4.26	2.00	201	1.21	52.6	0.86	22.2	0.49	5.61	0.32	1.97		
160	16.4	4.55	2.15	230	1.29	59.9	0.92	25.2	0.53	6.32	0.35	2.23		
180	17.4	4.83	2.28	258	1.37	67.5	0.98	28.1	0.56	7.04	0.36	2.47		
200	18.3	5.09			1.45	74.9	1.03	31.0	0.59	7.74	0.38	2.71		
220	19.2	5.34			1.51	82.5	1.08	33.9	0.61	8.46	0.40	2.95		
240	20.1	5.58			1.58	90.1	1.13	36.8	0.65	9.17	0.42	3.20	0.30	1.36
260	20.9	5.80			1.64	97.3	1.17	39.5	0.67	9.84	0.44	3.43	0.31	1.45
280	21.7	6.02			1.71	105	1.21	42.4	0.69	10.6	0.45	3.67	0.32	1.55
300	22.5	6.24			1.77	113	1.26	45.5	0.72	11.2	0.47	3.92	0.33	1.66

表 2.4-42

医院、疗养院、休养所给水管道水力计算 $\alpha=2.0$，$K=0$ (v—m/s，i—mm/m)

N_g	DN (mm)		15		20		25		32		40		50		70	
	q_g		v	i	v	i	v	i	v	i	v	i	v	i	v	i
	m^3/h	L/s														
0.5	0.36	0.10	0.58	98.5	0.31	20.8										
1	0.72	0.20	1.17	354	0.62	72.7	0.38	21.3								
2	1.44	0.40	2.34	1409	1.24	263	0.75	74.8	0.42	17.9	0.32	8.98				
3	2.16	0.60			1.86	591	1.13	159	0.63	37.3	0.48	18.4				
4	2.88	0.80			2.48	1051	1.51	279	0.84	63.2	0.64	31.4	0.38	8.52		
5	3.20	0.89					1.67	346	0.94	77.1	0.71	38.2	0.42	10.5		
6	3.53	0.98					1.84	420	1.03	92.2	0.78	45.6	0.46	12.5		
7	3.82	1.06					2.00	490	1.12	107	0.85	52.7	0.50	14.3	0.30	4.16
8	4.07	1.13					2.13	558	1.19	120	0.89	59.3	0.53	16.1	0.32	4.66
9	4.32	1.20					2.26	629	1.27	135	0.95	66.3	0.56	18.0	0.34	5.18
10	4.54	1.26							1.33	149	1.00	72.7	0.59	19.7	0.35	5.65
12	5.00	1.39							1.47	181	1.10	87.2	0.66	23.4	0.40	6.75
14	5.40	1.50							1.58	211	1.19	101	0.71	27.0	0.42	7.72
16	5.76	1.60							1.69	240	1.27	114	0.75	30.4	0.45	8.70

续表

N_g	DN (mm)		32		40		50		70		80		100		125	
	q_g		v	i	v	i	v	i	v	i	v	i	v	i	v	i
	m^3/h	L/s														
18	6.12	1.70	1.79	271	1.35	129	0.80	34.0	0.48	9.69	0.34	4.19				
20	6.44	1.79	1.89	301	1.42	142	0.84	37.4	0.51	10.6	0.36	4.61				
25	7.20	2.00	2.11	375	1.59	178	0.94	46.0	0.57	13.0	0.40	5.62	0.23	1.47		
30	7.88	2.19			1.74	214	1.04	54.4	0.62	15.4	0.44	6.61	0.25	1.71		
35	8.53	2.37			1.89	250	1.12	63.0	0.67	17.8	0.47	7.62	0.28	1.96		
40	9.11	2.53			2.01	235	1.19	71.2	0.72	20.0	0.51	8.60	0.29	2.21		
45	9.65	2.68			2.13	320	1.26	79.6	0.76	22.3	0.54	9.53	0.31	2.45		
50	10.2	2.83					1.34	88.8	0.80	24.6	0.57	10.5	0.32	2.68		
55	10.7	2.97					1.40	97.8	0.84	26.9	0.59	11.5	0.34	2.93		
60	11.2	3.10					1.46	107	0.88	29.1	0.62	12.4	0.36	3.17		
65	11.6	3.23					1.52	116	0.92	31.4	0.65	13.4	0.37	3.41		
70	12.1	3.35					1.58	125	0.95	33.6	0.67	14.3	0.39	3.64	0.26	1.29
75	12.5	3.47					1.64	134	0.98	35.9	0.69	15.3	0.40	3.87	0.26	1.38
80	12.9	3.58					1.68	142	1.01	38.0	0.72	16.1	0.42	4.10	0.27	1.45
85	13.3	3.69					1.74	151	1.05	40.2	0.74	17.1	0.43	4.32	0.28	1.53

续表

N_g	DN (mm)		50		70		80		100		125		150	
	q_g		v	i	v	i	v	i	v	i	v	i	v	i
	m^3/h	L/s												
90	13.6	3.79	1.79	159	1.08	42.3	0.76	17.9	0.44	4.55	0.29	1.60		
95	14.0	3.90	1.84	169	1.11	44.6	0.79	18.9	0.45	4.77	0.29	1.69		
100	14.4	4.00	1.88	177	1.13	46.8	0.81	19.8	0.46	5.01	0.30	1.76		
110	15.1	4.20	1.98	196	1.19	51.2	0.85	21.7	0.48	5.46	0.32	1.92		
120	15.8	4.38	2.06	213	1.24	55.5	0.89	23.4	0.51	5.89	0.33	2.07		
130	16.4	4.56	2.15	231	1.29	60.2	0.92	25.3	0.53	6.34	0.35	2.23		
140	17.2	4.78	2.25	253	1.35	66.1	0.97	27.6	0.55	6.90	0.36	2.43		
160	18.2	5.06			1.44	74.0	1.02	30.7	0.59	7.66	0.38	2.68		
180	19.3	5.37			1.52	83.5	1.08	34.2	0.62	8.55	0.41	2.99		
200	20.4	5.66			1.61	92.7	1.14	37.8	0.66	9.40	0.43	3.28	0.30	1.39
220	21.3	5.93			1.68	102	1.20	41.2	0.68	10.2	0.45	3.57	0.32	1.51
240	22.3	6.20			1.76	111	1.25	44.9	0.72	11.1	0.47	3.87	0.33	1.64
260	23.2	6.45			1.83	120	1.30	48.7	0.75	12.0	0.49	4.16	0.34	1.76
280	24.1	6.69			1.90	130	1.35	52.3	0.77	12.8	0.50	4.44	0.35	1.88
300	24.9	6.93			1.97	139	1.40	56.1	0.80	13.6	0.52	4.73	0.37	2.00

集体宿舍、招待所、旅馆给水管道水力计算 $\alpha=2.5$，$K=0$ $\left(\begin{array}{l} v\text{—m/s} \\ i\text{—mm/m} \end{array}\right)$ **表 2.4-43**

N_g	DN (mm)		15		20		25		32		40		50		70	
	q_g		v	i	v	i	v	i	v	i	v	i	v	i	v	i
	m^3/h	L/s														
0.5	0.36	0.10	0.58	98.5	0.31	20.8										
1	0.72	0.20	1.17	354	0.62	72.7	0.38	21.3								
2	1.44	0.40	2.34	1409	1.24	263	0.75	74.8	0.42	17.9	0.32	8.98				
3	2.16	0.60			1.86	591	1.13	159	0.63	37.3	0.48	18.4				
4	2.88	0.80			2.48	1051	1.51	279	0.84	63.2	0.64	31.4	0.38	8.52		
5	3.60	1.00					1.88	437	1.05	95.7	0.80	47.3	0.47	12.9		
6	4.32	1.20					2.26	629	1.27	135	0.95	66.3	0.56	18.0	0.34	5.18
7	4.75	1.32							1.39	164	1.05	79.1	0.62	21.4	0.37	6.16
8	5.08	1.41							1.49	187	1.12	89.6	0.66	24.0	0.40	6.92
9	5.40	1.50							1.58	211	1.19	101	0.71	27.0	0.42	7.72
10	5.69	1.58							1.67	234	1.25	111	0.74	29.7	0.45	8.51
12	6.23	1.73							1.83	281	1.37	133	0.81	35.1	0.49	10.0
14	6.73	1.87							1.97	328	1.49	156	0.88	40.5	0.53	11.5
16	7.20	2.00							2.11	375	1.59	178	0.94	46.0	0.57	13.0

续表

N_g	DN (mm)		40		50		70		80		100		125	
	q_g		v	i	v	i	v	i	v	i	v	i	v	i
	m^3/h	L/s												
18	7.63	2.12	1.69	200	1.00	51.2	0.60	14.5	0.42	6.24				
20	8.06	2.24	1.78	224	1.06	56.8	0.63	16.0	0.45	6.88				
25	9.00	2.50	1.99	278	1.18	69.6	0.71	19.6	0.50	8.41	0.29	2.16		
30	9.86	2.74	2.18	335	1.29	83.2	0.78	23.2	0.55	9.92	0.31	2.54		
35	10.7	2.96			1.39	97.2	0.84	26.7	0.59	11.4	0.34	2.91		
40	11.4	3.16			1.49	111	0.90	30.2	0.63	12.9	0.37	3.28		
45	12.1	3.35			1.58	125	0.95	33.6	0.67	14.3	0.39	3.64		
50	12.7	3.54			1.67	139	1.00	37.3	0.71	15.8	0.41	4.01		
55	13.4	3.71			1.75	153	1.05	40.6	0.74	17.3	0.43	4.36	0.28	1.55
60	13.9	3.87			1.83	166	1.10	44.0	0.78	18.6	0.45	4.71	0.29	1.67
65	14.5	4.03			1.90	180	1.14	47.5	0.82	20.1	0.46	5.07	0.30	1.78
70	15.0	4.18			1.97	194	1.18	50.8	0.85	21.5	0.48	5.41	0.32	1.90
75	15.6	4.33			2.04	208	1.23	54.3	0.88	22.9	0.50	5.78	0.33	2.03
80	16.1	4.47			2.11	221	1.27	57.8	0.90	24.3	0.52	6.12	0.34	2.15
85	16.6	4.61			2.17	236	1.30	61.5	0.93	25.8	0.53	6.47	0.35	2.28

续表

N_g	DN (mm)		70		80		100		125		150	
	q_g		v	i	v	i	v	i	v	i	v	i
	m^3/h	L/s										
90	17.1	4.74	1.34	65.0	0.96	27.1	0.54	6.81	0.36	2.39		
95	17.6	4.88	1.38	68.9	0.99	28.7	0.57	7.18	0.37	2.51		
100	18.0	5.00	1.42	72.3	1.01	30.0	0.58	7.49	0.38	2.63		
110	18.9	5.24	1.48	79.4	1.06	32.7	0.60	8.16	0.39	2.86		
120	19.7	5.48	1.55	86.9	1.11	35.6	0.63	8.86	0.41	3.09		
130	20.5	5.70	1.62	94.0	1.15	38.3	0.66	9.52	0.43	3.22	0.30	1.41
140	21.3	5.92	1.68	102	1.19	41.1	0.68	10.2	0.45	3.55	0.31	1.51
160	22.8	6.32	1.79	116	1.27	46.7	0.73	11.5	0.48	4.01	0.34	1.70
180	24.2	6.71	1.90	130	1.35	52.6	0.77	12.8	0.51	4.46	0.36	1.89
200	25.5	7.07	2.00	145	1.42	58.4	0.82	14.2	0.53	4.91	0.37	2.07
220	26.7	7.42	2.11	159	1.49	64.3	0.85	15.5	0.56	5.35	0.39	2.25
240	27.9	7.75	2.20	174	1.56	70.2	0.90	16.8	0.59	5.80	0.41	2.44
260	29.0	8.06			1.62	75.9	0.93	18.0	0.61	6.23	0.43	2.62
280	30.1	8.37			1.68	81.8	0.97	19.4	0.63	6.67	0.44	2.80
300	31.2	8.66			1.74	87.6	1.00	20.6	0.65	7.09	0.46	2.98

3. 快速查图表法

室内给水立管水力计算见图 2.4-2 至图 2.4-4；旅馆客房层卫生间 3 件见图 2.4-2；旅馆客房层卫生间 4 件见图 2.4-3；；和图 2.4-4。

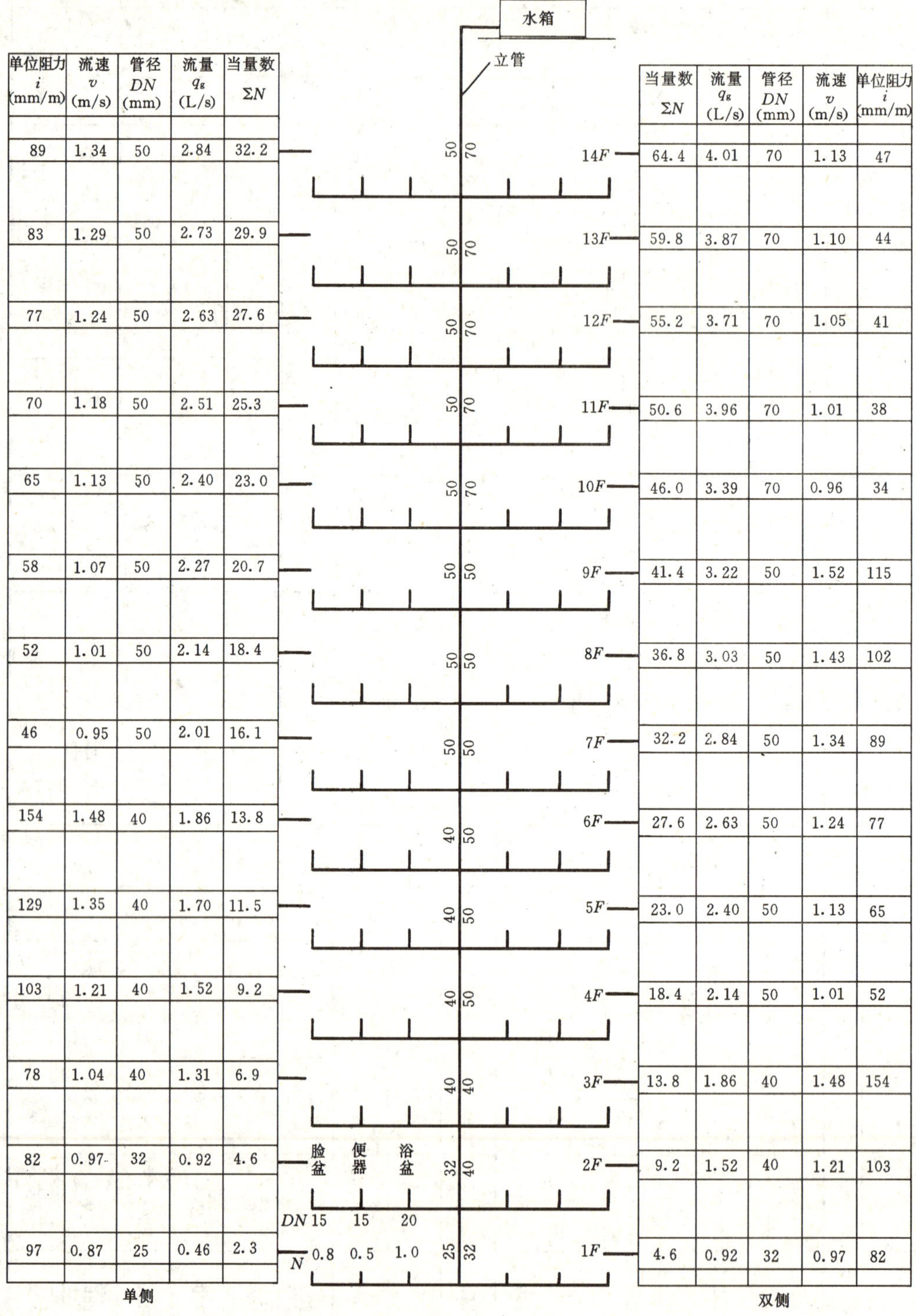

单侧

单位阻力 i (mm/m)	流速 v (m/s)	管径 DN (mm)	流量 q_g (L/s)	当量数 ΣN
89	1.34	50	2.84	32.2
83	1.29	50	2.73	29.9
77	1.24	50	2.63	27.6
70	1.18	50	2.51	25.3
65	1.13	50	2.40	23.0
58	1.07	50	2.27	20.7
52	1.01	50	2.14	18.4
46	0.95	50	2.01	16.1
154	1.48	40	1.86	13.8
129	1.35	40	1.70	11.5
103	1.21	40	1.52	9.2
78	1.04	40	1.31	6.9
82	0.97	32	0.92	4.6
97	0.87	25	0.46	2.3

双侧

楼层	当量数 ΣN	流量 q_g (L/s)	管径 DN (mm)	流速 v (m/s)	单位阻力 i (mm/m)
14F	64.4	4.01	70	1.13	47
13F	59.8	3.87	70	1.10	44
12F	55.2	3.71	70	1.05	41
11F	50.6	3.96	70	1.01	38
10F	46.0	3.39	70	0.96	34
9F	41.4	3.22	50	1.52	115
8F	36.8	3.03	50	1.43	102
7F	32.2	2.84	50	1.34	89
6F	27.6	2.63	50	1.24	77
5F	23.0	2.40	50	1.13	65
4F	18.4	2.14	50	1.01	52
3F	13.8	1.86	40	1.48	154
2F	9.2	1.52	40	1.21	103
1F	4.6	0.92	32	0.97	82

图 2.4-2　旅馆客房层卫生间 3 件（脸盆、便器、浴盆）给水立管计算图表

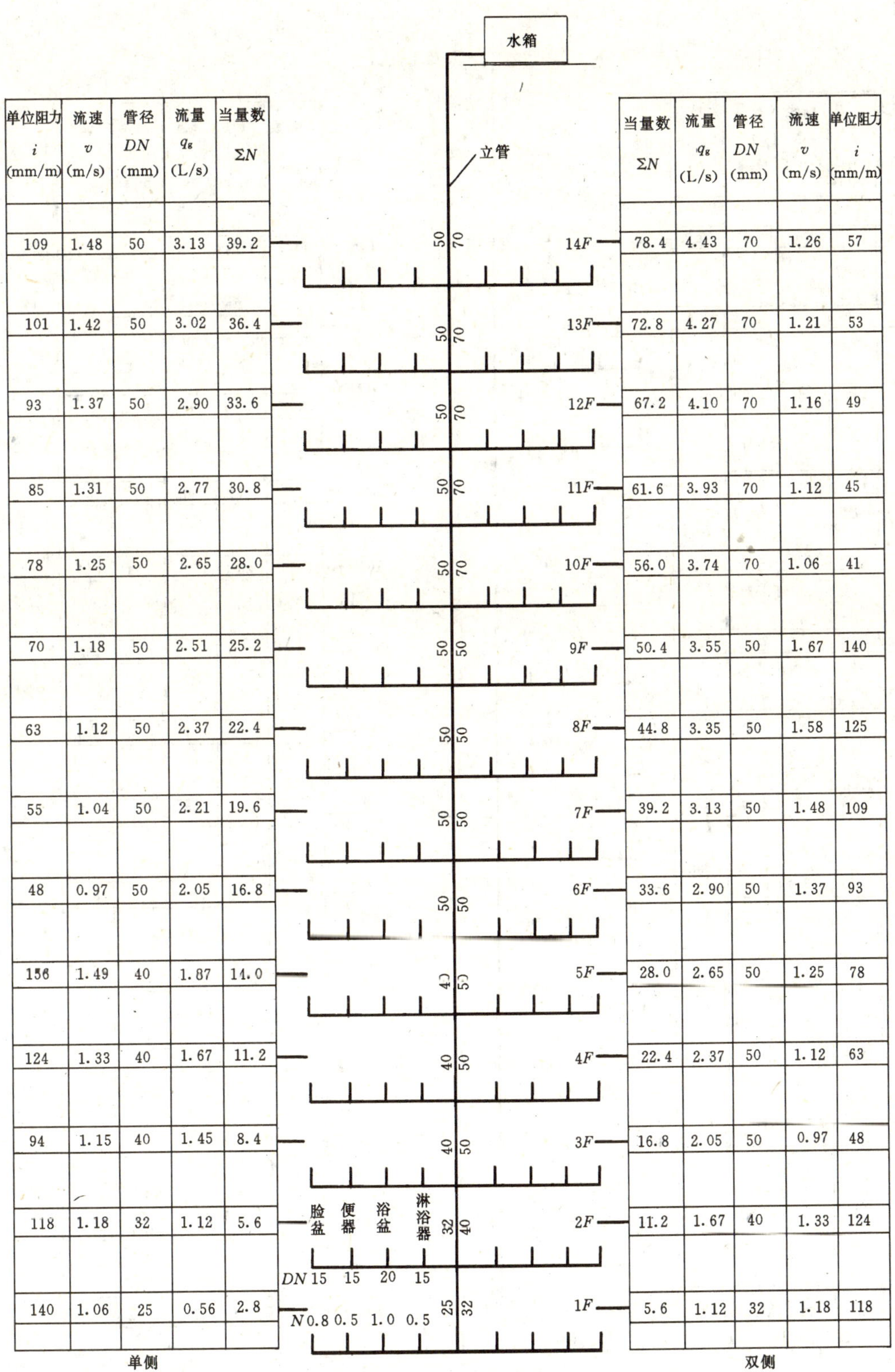

单位阻力 i (mm/m)	流速 v (m/s)	管径 DN (mm)	流量 q_g (L/s)	当量数 ΣN
109	1.48	50	3.13	39.2
101	1.42	50	3.02	36.4
93	1.37	50	2.90	33.6
85	1.31	50	2.77	30.8
78	1.25	50	2.65	28.0
70	1.18	50	2.51	25.2
63	1.12	50	2.37	22.4
55	1.04	50	2.21	19.6
48	0.97	50	2.05	16.8
156	1.49	40	1.87	14.0
124	1.33	40	1.67	11.2
94	1.15	40	1.45	8.4
118	1.18	32	1.12	5.6
140	1.06	25	0.56	2.8

单侧

当量数 ΣN	流量 q_g (L/s)	管径 DN (mm)	流速 v (m/s)	单位阻力 i (mm/m)
78.4	4.43	70	1.26	57
72.8	4.27	70	1.21	53
67.2	4.10	70	1.16	49
61.6	3.93	70	1.12	45
56.0	3.74	70	1.06	41
50.4	3.55	50	1.67	140
44.8	3.35	50	1.58	125
39.2	3.13	50	1.48	109
33.6	2.90	50	1.37	93
28.0	2.65	50	1.25	78
22.4	2.37	50	1.12	63
16.8	2.05	50	0.97	48
11.2	1.67	40	1.33	124
5.6	1.12	32	1.18	118

双侧

图 2.4-3 旅馆客房层卫生间 4 件（洗脸盆、大便器、浴盆、淋浴器）给水立管计算图表

水箱

立管

单位阻力 i (mm/m)	流速 v (m/s)	管径 DN (mm)	流量 q_g (L/s)	当量数 ΣN
103	1.43	50	3.04	37.1
96	1.39	50	2.94	34.45
88	1.33	50	2.82	31.8
81	1.27	50	2.70	29.15
74	1.21	50	2.58	26.5
67	1.15	50	2.44	23.85
60	1.08	50	2.30	21.2
53	1.02	50	2.15	18.55
176	1.58	40	1.99	15.9
147	1.45	40	1.82	13.25
118	1.29	40	1.63	10.6
90	1.12	40	1.41	7.95
107	1.12	32	1.06	5.3
126	1.00	25	0.53	2.65

单侧

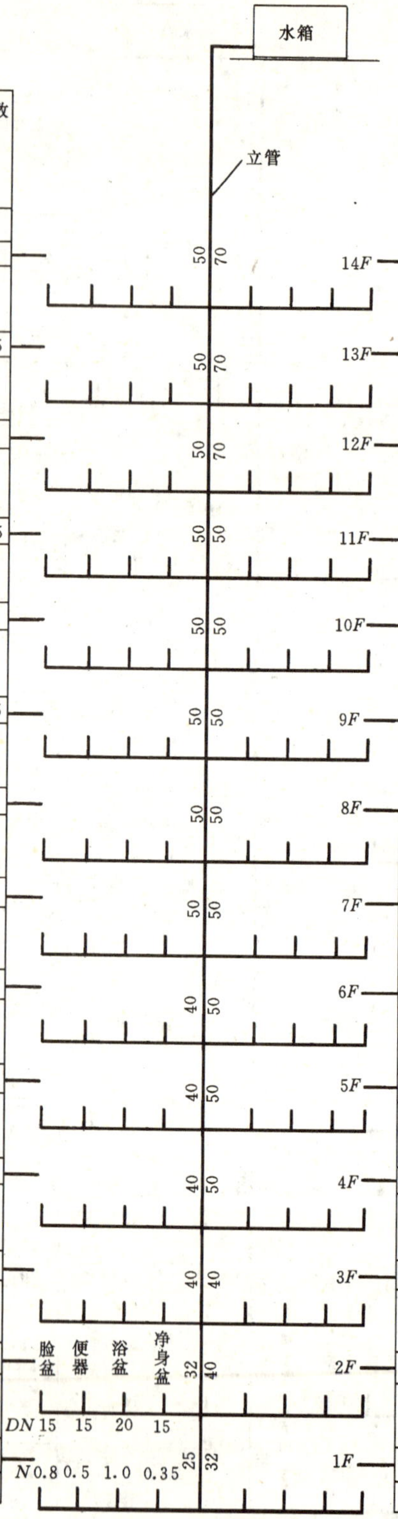

楼层	立管管径（单侧）	立管管径（双侧）
14F	50	70
13F	50	70
12F	50	70
11F	50	50
10F	50	50
9F	50	50
8F	50	50
7F	50	50
6F	40	50
5F	40	50
4F	40	50
3F	40	40
2F	32	40
1F	25	32

	脸盆	便器	浴盆	净身盆
DN	15	15	20	15
N	0.8	0.5	1.0	0.35

	当量数 ΣN	流量 q_g (L/s)	管径 DN (mm)	流速 v (m/s)	单位阻力 i (mm/m)
14F	74.2	4.31	70	1.22	54
13F	68.9	4.15	70	1.18	50
12F	63.6	3.99	70	1.13	47
11F	58.3	3.82	50	1.80	162
10F	53.0	3.64	50	1.71	147
9F	47.7	3.45	50	1.63	132
8F	42.4	3.26	50	1.53	118
7F	37.1	3.04	50	1.43	103
6F	31.8	2.82	50	1.33	88
5F	26.5	2.58	50	1.21	74
4F	21.2	2.30	50	1.08	60
3F	15.9	1.99	40	1.58	176
2F	10.6	1.63	40	1.29	118
1F	5.3	1.06	32	1.12	107

双侧

图 2.4-4　旅馆客房层卫生间 4 件（洗脸盆、大便器、浴盆、净身盆）给水立管计算图表

2.5 给水系统供水方式

建筑给水系统常用供水图式见表 2.5-1。

常用供水图式 **表 2.5-1**

供水方式	图式	适用范围	优缺点
外网直供	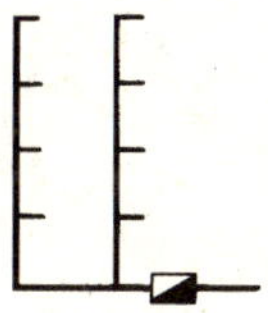	室外给水管网的水量及水压均能满足建筑物用水要求的单层或多层建筑	供水较可靠 系统简单投资省 安装维护容易 充分利用外网水压节约能源 外网停水时，室内无水
下层外网直供 上层水箱供水	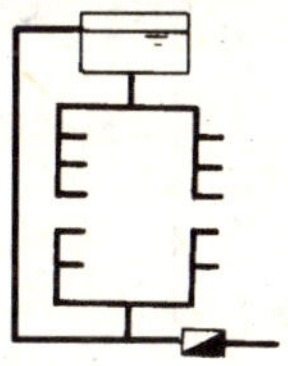	外网水压周期性不足允许设置高位水箱的多层建筑	供水较可靠 系统较简单，投资较省 安装维护较容易 可充分利用外网水压，节约能源 需设屋顶水箱，增加结构荷载，底层、顶层均设给水干管，造价略高
下层外网直供 上层水池、水泵、水箱联合供水	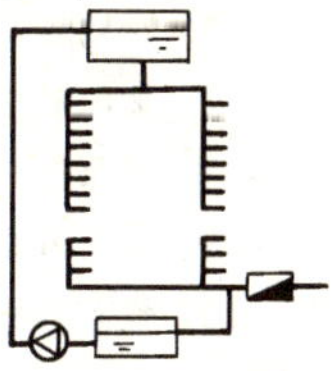	外网水压经常不足，允许设置高位水箱的多层建筑	水池、水箱贮有一定水量，供水较可靠 下层利用外网水压，能耗较少，安装维护较麻烦，投资较大
气压给水装置供水	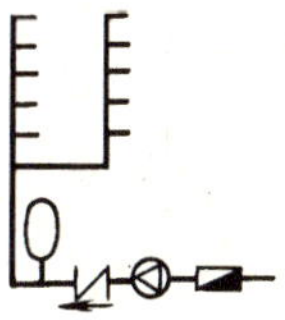	外网水压经常不足，不允许设置高位水箱，且允许用水压力有一定波动的多层建筑	供水可靠，水质不易被污染，维护简单，管理方便，调节水量小，供水水压变化大，能源消耗大，耗钢量大

续表

供水方式	图 式	适 用 范 围	优 缺 点
低区外网直供，高区分别设置水箱，水泵并联分区供水	用高位水箱分区供水分段方式 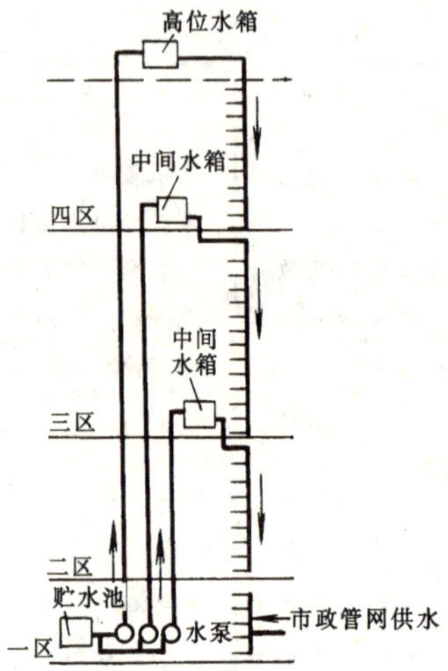 	允许分区设置水箱的各类高层建筑	各供水分区独立运行，互不干扰，供水可靠 水泵集中布置，便于维护管理 管材耗用较多 水箱占用面积较大
低区外网直供，高区分别设置水箱，水泵串联分区供水	用高位水箱分区供水增压方式 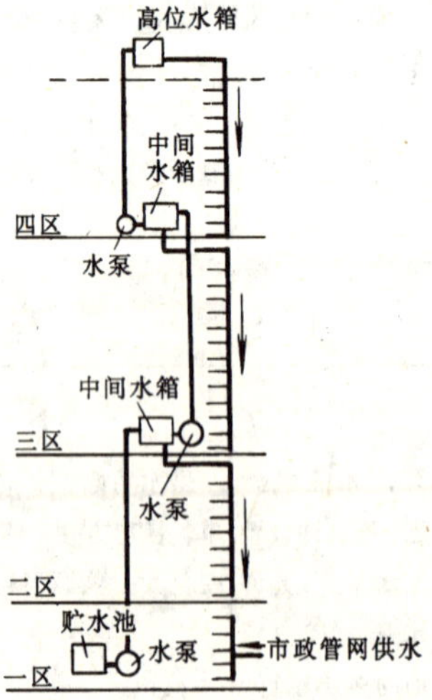 	允许分区设置水箱的各类高层建筑	供水较可靠 设备与管道较简单 投资较节省 能源消耗较小 水泵振动噪声干扰较大 水箱占用使用面积较大 设备分散，维护管理较不便 上区供水受下区限制

续表

供水方式	图式	适用范围	优缺点
低区外网直供，高区分别设置水箱，水泵统一加压，利用水箱减压供下区用水	用高位水箱分区供水逆流方式 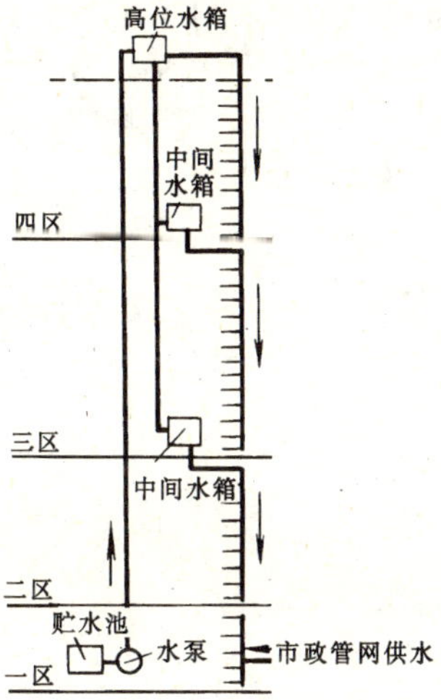 高位水箱 中间水箱 四区 三区 中间水箱 二区 贮水池 水泵 市政管网供水 一区	允许分区设置水箱的各类高层建筑	供水较可靠 设备与管道较简单 投资较节省 水泵集中布置便于维护管理 水泵能源消耗较大 下区供水受上区的限制 水箱占用面积较大
低区外网直供，高区仅在顶层设置水箱，水泵统一加压，下区利用干管减压阀供水	用高位水箱和减压阀供水干管减压阀 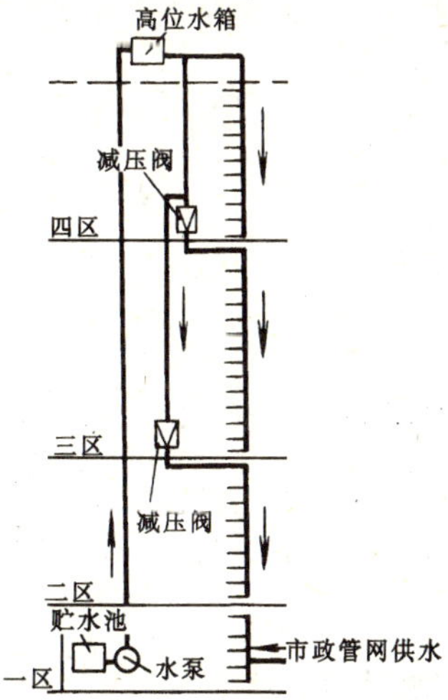 高位水箱 减压阀 四区 三区 减压阀 二区 贮水池 市政管网供水 一区 水泵	适用中间各区不允许设置水箱的各类高层建筑	供水较可靠 设备和管材较少 投资较节省 水泵集中布置便于维护管理 中间各区不占水箱面积 水泵能源消耗较大

续表

供水方式	图式	适用范围	优缺点
低区外网直供，高区仅在顶层设置水箱，水泵统一加压，下区利用支管减压阀或成组减压阀供水	用高位水箱和减压阀供水 支管减压阀 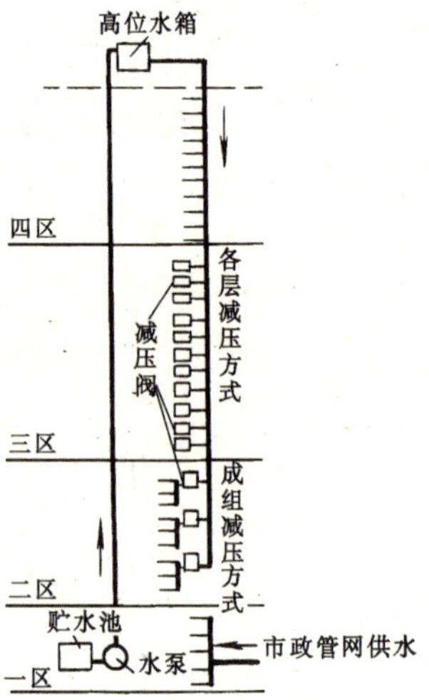	适用中间各区不允许设置水箱的各类高层建筑	供水较可靠 各层和成组减压易于水压调节 水泵集中布置便于维护管理 中间各区不占水箱面积 水泵能源消耗较大
低区外网直供，高区用水箱及变频泵供水	用增压泵分区供水 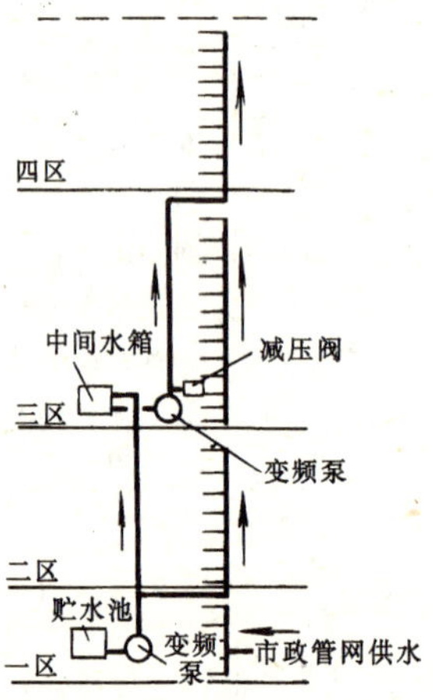	适用中间区允许设置水箱，而顶层不允许设置水箱的各类高层建筑	供水较可靠 水泵布置较集中便于维护管理 能源消耗较少 水泵型号数量较多投资较大 水泵控制调节较麻烦

2.6 室内给水管道布置和敷设

2.6.1 室内给水管道布置和敷设要点

室内给水管道布置和敷设要点见表2.6-1。

室内给水管道布置和敷设要点 表 2.6-1

管道布置	管道敷设
1. 给水引入管及室内给水干管宜布置在用水量最大处或不允许间断供水处 2. 室内给水管网一般布置成枝状单向供水，如不允许间断供水，则应从室外环状管网不同管段设两条引入管在室内连成环状或贯通枝状双向供水 3. 给水管道的位置不得妨碍生产操作，交通运输和建筑物的使用。管道不得布置在遇水会引起燃烧、爆炸或损坏原料产品和设备的上面，并应避免在生产设备上面通过 4. 给水埋地管道应避免布置在可能受重物压坏处或受振动而被损坏处，管道不得穿越设备基础 5. 生活给水引入管与污水排出管，管外壁水平净距不宜小于 1.0m 6. 建筑物内给水管与排水管之间的最小净距：平行埋设时应为 0.5m，交叉埋设时应为 0.15m，且给水管宜在排水管的上面	1. 给水管道一般宜明设，尽量沿墙、梁、柱直线敷设，力求短而直 2. 建筑有特殊要求时，给水管可在管槽、管井、管沟及吊顶内暗设，但管道要求保温防结露；管井每层设检修门；暗设的管道在阀门处应留有检修孔，管井每二层设横向隔断 3. 给水管宜敷设在不结冻的房间内，否则应采取保温防冻措施 4. 给水管不得穿过配电间 5. 给水管道不得敷设在烟道、风道内，不得敷设在排水沟内，管道不宜穿过商店的橱窗、民用建筑的壁橱及木装修处，并不得穿过大便槽和小便槽 6. 给水管道不宜穿过伸缩缝、沉降缝和抗震缝，如必须穿过时，应采取相应的技术措施，如采用丝扣弯头法，橡胶软管、金属波纹管和补偿器等方法处理 7. 给水管道穿过地下室外墙或地下构筑物的墙壁处应加套管；并采取防水措施、管道穿过承重墙或基础时，应预留洞口，且管顶上部的净空不得小于建筑物的沉降量，一般不小于 0.1m 8. 给水横管宜有 0.002～0.005 的坡度坡向泄水装置 9. 给水立管超过 50m 时，宜在适当位置装设金属波纹管 10. 给水管埋地敷设时，覆土深度不得小于 0.3m

2.6.2 给水管道与其它管道同沟及共架敷设

给水管道与其它管道同沟及共架敷设时，应符合下列要求：

1. 给水管应在排水管、冷冻水管的上面，热水管、暖气管、蒸汽管的下面。

2. 给水管不得与运输易燃、可燃或有害的液体和气体的管道同沟敷设。

3. 热水管、蒸汽管、暖气管等热力管道必须进行保温。

4. 管道外壁（或保温层外表面）距墙面或沟壁之间的距离不小于 0.1m，距梁、柱之间的距离不小于 0.05m。

5. 各种管道外壁（或保温层外表面）之间的最小距离：管径 $DN \leqslant 32$mm 时，不小于 0.1m；

管径 $DN > 32$mm 时，不小于 0.15m。

6. 管道阀门不应并列安装，如必须并列安装时，不得影响操作。一般按下列规定确定：

管径 $DN \leqslant 50$mm 时，最小净距不小于 0.25m；

管径 $DN > 50$mm 时，最小净距不小于 0.3m。

2.6.3 给水管道支吊架间距

给水管道支吊架间距见表 2.6-2。

水平钢管支吊架间距 表 2.6-2

管径（mm）		15	20	25	32	40	50	65	80	100	125	150
最大间距（m）	保温	1.5	2	2	2.5	3	3	3.5	4	4.5	5	6
	不保温	2	2.5	3	3.5	4	4.5	5	5.5	6	6.5	7

2.7 水 表 及 附 件

2.7.1 水表的选用

1. 常用水表的技术特性和适用范围

常用水表的技术特性和适用范围见表 2.7-1。

常用水表的技术特性和适用范围 表 2.7-1

类型	介质条件			公称口径（mm）	主要技术特性	适用范围
	温度（℃）	压力（kPa）	性质			
旋翼式冷水水表	0～40	≤1000	清洁的水	15～150	最小起步流量及计量范围较小，水流阻力较大，其中干式的计数机构不受水中杂质污损，但精度较低，湿式构造简单，精度较高。	适用于用水量及其逐时变化幅度小的用户，只限于计量单向水流
旋翼式热水水表	0～90	≤600	清洁的水	15～150	仅有干式，其余同旋翼式冷水水表	适用于用水量及其逐时变化幅度小的用户，只限于计量单向水流
螺翼式冷水水表	0～40	≤1000	清洁的水	80～400	最小起步流量及计量范围较大，水流阻力小	适用于用水量大的用户，只限于计量单向水流
螺翼式热水水表	0～90	≤600	清洁的水		最小起步流量及计量范围较大，水流阻力小	适用于用水量大的用户，只限于计量单向水流
复式水表	0～40	≤1000	清洁的水	主表 50～400 副表 15～40	由主表和副表组成，用水量小时仅由副表计量，用水量大时，则由主表及副表同时计量	适用于用水量变化幅度大的用户，只限计量单向水流

2. 流量集中检测仪

流量集中检测仪由一次表（远传水表）和二次表（流量集中积算仪）组成。

一次表如普通水表安装在用户管道上，二次表安装在公共场所墙上集中显示便于抄表。适用于多层及高层住宅。

一次表的主要技术参数见表 2.7-2，外形尺寸见表 2.7-3。

一次表主要技术参数 表 2.7-2

型号	公称口径（mm）	计量等级	最大流量	公称流量	分界流量	最小流量	始动流量	型号	公称口径（mm）	计量等级	最大流量	公称流量	分界流量	最小流量	始动流量
			m^3/h			L/h					m^3/h			L/h	
LXSY-15	15	A	3	1.5	0.15	45	14	LXSY-32	32	A	12	6	0.60	180	32
		B			0.12	30	10			B			0.48	120	27
LXSY-20	20	A	5	2.5	0.25	75	19	LXSY-40	40	A	20	10	1.00	300	56
		B			0.20	50	14			B			0.80	200	46
LXSY-25	25	A	7	3.5	0.35	105	23								
		B			0.28	70	17								

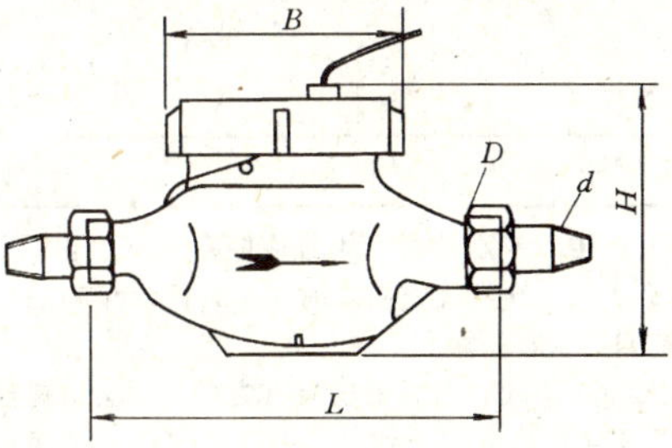

一次表外形尺寸 表 2.7-3

型号	口径	长 L	宽 B	高 H	连接螺纹 (in)		重量
	mm				d	D	kg
LXSY-15	15	165	99	106	ZG½	G¾	1.6
LXSY-20	20	195	99	106	ZG¾	G1	2.1
LXSY-25	25	225	104	114	ZG1	G1¼	2.5
LXSY-32	32	230	104	119	ZG1¼	G1½	3.1
LXSY-40	40	245	125	149	ZG1½	G2	4.5

3. 水表的水头损失

水表允许的水头损失值见表 2.7-4。

水表的水头损失按下式计算

$$h_d = \frac{q_g^2}{K_b} \tag{2.7-1}$$

式中 h_d——水表的水头损失 (MPa)；

q_g——计算管段的给水流量 (m^3/h)；

K_b——水表特征系数 (由水表生产厂提供)。

水表允许的水头损失值 (MPa)

表 2.7-4

表型	正常用水时	消防时
旋翼式	<0.0245	<0.049
螺翼式	<0.0128	<0.0294

4. 水表口径的确定原则

(1) 用水量不均匀的给水系统，以给水设计秒流量来选定水表的最大流量，从而确定水表的公称口径。

注：水表的最大流量为水表在短时间内允许超负荷使用的流量上限值。

(2) 用水量均匀的给水系统，以给水设计秒流量来选定水表的额定流量，从而确定水表的公称口径。

注：水表的额定流量为水表长期正常运转时的流量上限值。

(3) 管径 $DN \leqslant 50$mm 时，采用旋翼式水表，螺纹连接；$DN > 50$mm 时，采用螺翼式水表，法兰连接；当日用水量变化较大时，采用复式水表。在干式和湿式水表中，应优先采用湿式水表。

(4) 一般情况下，新建住宅的分户水表，采用公称口径为 15mm 的旋翼式水表，若装有自闭式大便器冲洗阀时，采用公称口径为 20～25mm 的旋翼式水表。高层及多层住宅在有条件时，宜设置流量集中检测仪，以便集中抄表。

2.7.2 给水阀门的设置及选用

给水阀门的设置及选用见表 2.7-5。

给水阀门的设置及选用 表 2.7-5

阀门装设位置	阀门的选用
1. 引入管、水表的前面及立管上 2. 环形管网分干管，贯通枝状管网的连通管上 3. 居住和公共建筑中，从立管接出的配水支管上 4. 工艺要求设置阀门的生产设备配水支管或配水管上，但同时关闭的配水点不得超过 6 个	1. 管径 $DN \leqslant 50$mm，宜采用截止阀 $DN > 50$mm，宜采用闸阀或蝶阀 2. 在双向流动的管段上，应采用闸阀或蝶阀 3. 在经常启闭的管段上，宜采用截止阀 4. 不经常启闭而又需快速启闭的阀门，应采用快开阀门 5. 配水点处不宜采用旋塞

2.7.3　止回阀的设置及要求

止回阀的设置及要求见表2.7-6。

止回阀的设置及要求　**表2.7-6**

止回阀装设位置	设置要求
1. 两条或两条以上引入管，且在室内连通时的每条引入管上 2. 利用室外给水管网压力进水的水箱，其进水管和出水管合并为一条管道时的引入管上 3. 装有消防水泵接合器的引入管和水箱消防出水管上 4. 生产设备的内部可能产生的水压，高于室内给水管网水压的设备配水支管上 5. 升压给水方式的水泵旁通管上 6. 加压给水泵的出口处 7. 水加热器的冷水进水管上	1. 管网最小压力或水箱最低水位应能自动开启止回阀 2. 采用旋启式、升降式止回阀时，其阀板或阀芯在重力作用下应能自行关闭 3. 旋启式和升降式止回阀的安装有方向性，应使阀板或阀芯启闭既要与水流方向一致，又要在重力作用下能自行关闭 4. 对环境噪声要求比较严格的建筑物（如高层住宅、高级宾馆、医院等），应采用消声止回阀或微阻缓闭式止回阀

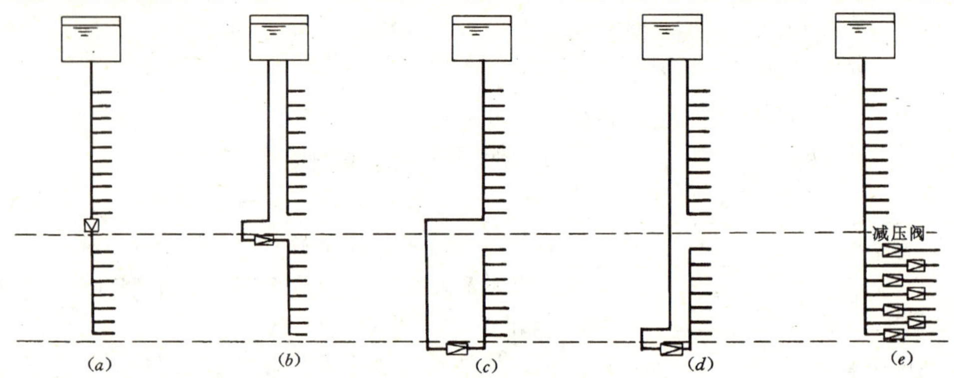

图2.7-1　定比式减压阀供水图式

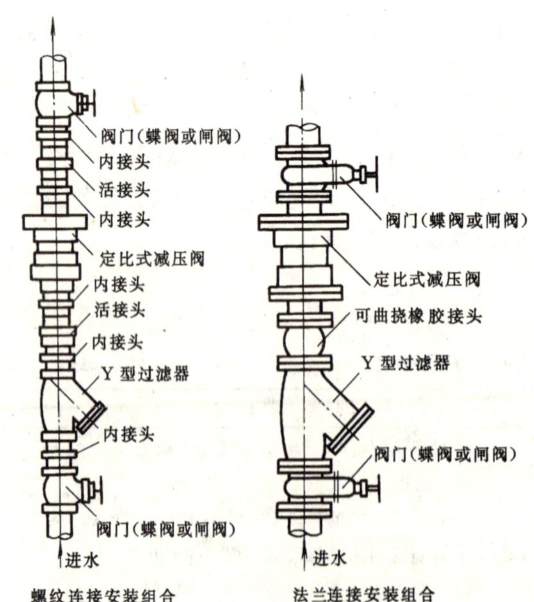

图2.7-2　定比式减压阀安装组合图

2.7.4　减压阀的选用

1. 比例式减压阀

（1）定比式减压阀供水图式

定比式减压阀供水图式见图2.7-1。

（2）定比式减压阀安装组合形式

定比式减压阀安装组合形式见图2.7-2。

（3）定比式减压阀产品规格

广东省东莞市樟木头达能机械厂产品见下图表2.7-7。

上海市高桥水暖零件厂产品见下图表2.7-8。

（4）定比式减压阀计算例题：

定比式减压阀产品规格（广东） 表 2.7-7

型号	规格	定比值	连接方式	L	$D1$	D	$D2$	$D3$	Z-d
Y15X-16	DN25	1.5∶1	管螺纹	130	ϕ132	ϕ104			
Y15X-16	DN32	2∶1	管螺纹	145	ϕ150	ϕ120			
Y15X-16	DN40	2.5∶1	管螺纹	163	ϕ168	ϕ134			
Y15X-16	DN50	3∶1	管螺纹	235	ϕ240	ϕ185			
Y15X-16	DN65		管螺纹	267	ϕ268	ϕ212			
Y15X-16	DN80		管螺纹	328	ϕ320	ϕ284			
Y45X-16	DN100		法兰式	455	ϕ342	ϕ298	ϕ215	ϕ180	8-ϕ18
Y45X-16	DN150		法兰式	573	ϕ410	ϕ355	ϕ280	ϕ240	8-ϕ23

定比式减压阀产品规格（上海） 表 2.7-8

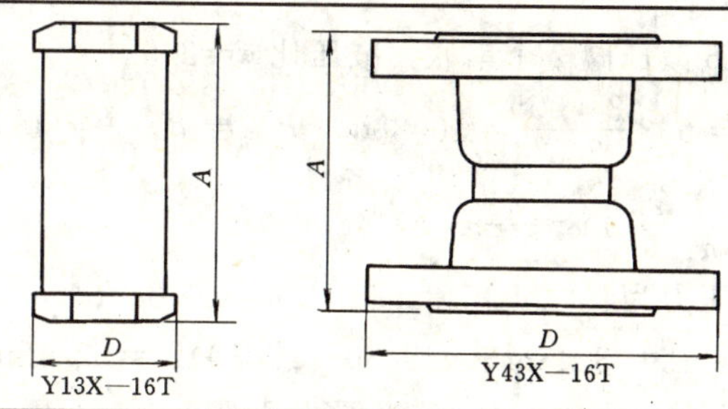

型号	规格(DN)	A(mm)	D(mm)	连接形式	使用压力(MPa)	介质温度(℃)
Y13X-16T	15 (1/2″)	82	42	管螺纹	0.2～1.6	≤80
	20 (3/4″)	108	53			
	25 (1″)	132	75			
	401½	155	87			
Y43X 16T	50 (2″)	132	165	1.6MPa 标准法兰		
	80 (3″)	140	200			
	100 (4″)	155	220			
	150 (6″)	230	285			

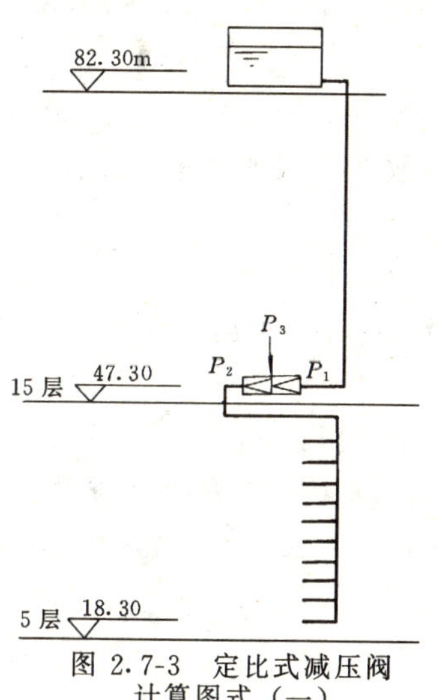

图 2.7-3 定比式减压阀计算图式（一）

【例 2.7-1】 某商住楼，共 24 层，计算图式见图 2.7-3。

【解】 (1) 减压阀安装位置的确定

根据规范：高层建筑生活给水系统的竖向分区，分区的最低卫生器具配水点处的静水压，住宅宜为 0.30～0.35MPa

屋顶水箱底与 15 层地面高差为：$H_1=82.30-47.30=35.00$m

15 层与 5 层地面高差为：$H_2=47.30-18.30=29.00$m

∴减压阀放在 15 层管井内。标高：47.30+1.00=48.30m

(2) 定比式减压阀的阀前压力 P_1

即屋顶水箱底与15层减压阀处高差　$P_1=34.00$m

(3) 定比式减压阀的阀后压力 P_2 暂取6.00m

(4) 计算减压比值 α

$$\alpha=\frac{P_1}{P_2}\quad 则\quad \alpha=\frac{34.00}{6.00}=5.7$$

(5) 选用定比式减压阀　Y15X-16　1个，定比值6：1或选用定比式减压阀Y15X-16 2个串联，定比值2.5：1管径根据流量大小确定

(6) 验算阀后实际压力 P_2 能否满足使用要求。

①选用Y15X-16减压阀1个，减压比 $\alpha=6$

$P'_2=\beta\dfrac{P_1}{\alpha}$（$\beta$— 动压系数0.6～0.9取 $\beta=0.8$）

$=0.8\dfrac{34.00}{6}=4.53$m

14层用水点压力为：4.53m＋2.90m（层高）＝7.43m

5层用水点压力为：4.53m＋（48.30－19.30）$_m$＝33.53m　均能满足使用要求。

②选用Y15X-16减压阀2个串联，减压比 $\alpha=2.5$

$P'_3=\beta\dfrac{P_1}{\alpha}=0.8\dfrac{34.00}{2.5}=10.88$m　$P'_2=\beta\dfrac{P'_3}{\alpha}=0.8\dfrac{10.88}{2.5}=3.48$m

或：$P'_2=\beta^2\dfrac{P_1}{\alpha^2}=0.8^2\dfrac{34}{2.5^2}=3.48$m

14层用水点压力为：　3.48m＋2.90m＝6.38m

5层用水点压力为：3.48m＋(48.30－19.30)m＝32.48m　均能满足使用要求。

【例2.7-2】　某办公楼，共29层。计算图式见图2.7-4。

【解】(1)　减压阀安装位置的确定

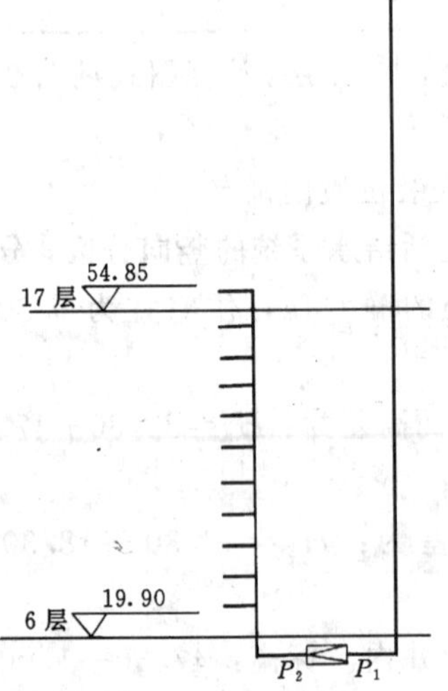

图2.7.4　定比式减压阀计算图式（二）

根据规范：高层建筑生活给水系统的竖向分区的最低卫生器具配水点处的静水压，办公楼宜为0.35～0.45 MPa。

屋顶水箱与17层地面高差：$H_1=99.25-54.85=44.40$m

17层与6层地面高差：$H_2=54.85-19.90=34.95$m

因条件限制给水减压阀，放在6层的地板下。标高为18.90m

(2) 定比式减压阀的阀前压力 P_1

即屋顶水箱底与6层地面高差再加1.00m

$P_1=99.25-19.90+1.00=80.35$m

(3) 定比式减压阀的阀后所需压力 P_2

即17层与6层地面高差加配水头高度和流出水头

$P_2=54.85-19.90+1.00+1.00+6.00=42.95$m

(4) 试算减压比值：α

$$\alpha=\frac{P_1}{P_2}=\frac{80.35}{42.95}=1.87$$

(5) 选用定比式减压阀 Y15X-16，定比值 1.5：1管径根据流量大小选取

(6) 验算 17 层用水点水压能否满足使用要求

减压阀后实际压力 P'_2

$$P'_2=\beta\frac{P_1}{\alpha}$$（β— 动压系数 0.6～0.9 取 $\beta=0.8$）

$$=0.8\frac{80.35}{1.5}=42.85\text{m}$$

17 层用水点水压力

P＝42.85－（54.85－19.90＋1.00＋1.00）＝5.9m 能满足使用要求。

2. Y110 型供水减压阀

Y110 型供水减压阀流量图表的选用见图 2.7-5。

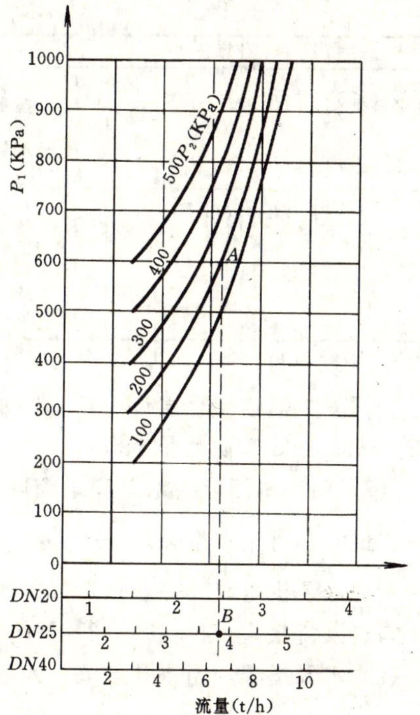

图 2.7-5 Y110 型供水减压阀流量图表

图表用法

【例】 选规格

已知：P_1：600kPa ⟶ P_2：200kPa

$Q_水$＝4t/h

选用：见图表：

(1) P_1：600kPa 和 P_2：200kPa 相交于 A。

(2) 由 A 点向下引垂线与流量坐标相交找出近似流量值 B 点。

(3) 根据 B 点可确定选 $DN25$ 规格。

2.8 水泵与水泵房

2.8.1 水泵的选择

1. 水泵流量的确定

水泵流量的确定见表 2.8-1。

水泵流量的确定 表 2.8-1

名称	供水方式	水泵流量
生活给水泵	1. 给水系统设有调节水箱，水泵与水箱联合工作，水箱起调节蓄存作用	按最大小时流量 （当高位水箱容积较大，用水量较均匀时，可按平均小时流量）
	2. 给水系统无水箱时，水泵直供，如变频调速给水装置	按设计秒流量
	3. 气压给水设备供水	按≥1.2 倍最大小时流量
消防给水泵	水泵直供	按设计秒流量

注：生活水泵流量选取时，应有 1.1～1.2 的余量，即 $Q_泵=1.1\sim1.2Q_{设计}$。

2. 水泵扬程的确定

水泵扬程的确定见表 2.8-2。

水泵扬程的确定　　表 2.8-2

供水方式	计算公式	符号说明
水泵与高位水箱联合供水	$H_b \geqslant H_y + H_s + \frac{v^2}{2g}$	H_b—水泵扬程（mH_2O） H_y—扬水高度（mH_2O） 即贮水池最低水位至高位水箱入口处的几何高差 H_s—水泵吸水管和出水管（至高位水箱入口）的总水头损失（mH_2O） v—水箱入口流速（m/s）
水泵单独供水	$H_b \geqslant H_y + H_s + H_c$	H_b—水泵扬程（mH_2O） H_y—扬水高度（mH_2O） 即贮水池最低水位至最不利配水点或消火栓的几何高差 H_s—水泵吸水管和出水管（至最不利配水点或消火栓及自动喷水灭火设备）的总水头损失（mH_2O） H_c—最不利配水点或消火栓及自动喷水灭火设备要求的流出水头（mH_2O）

3. 计算例题

【例】 某酒店屋顶层设生活消防水箱 $60m^3$，本水箱所带 5～19 层客房最高日生活用水量 $Q_d=500m^3/d$ 消防贮量 $18m^3$，时变化系数 $K=2.0$，试选择生活给水泵。

【解】（1）本酒店为水泵和水箱联合工作，故水泵流量按室内最大小时流量选用。

∴最大小时用水量 $Q_h=\frac{500}{24}\times 2.0=41.7m^3/h$

考虑水泵机组因部件磨损造成的水泵出力降低，故再乘 10%～20%的安全系数。

∴选泵流量 $Q=41.7\times 1.2=50m^3/h$

（2）水泵扬程，当水泵与高位水箱联合给水时

$$H_b \geqslant H_y + H_s + \frac{v^2}{2g}$$

式中　$H_y=7+63+0.6+2.2=72.8m$

（其中：贮水池最低水位在首层±0 地面下 7m，屋顶水箱间地面标高 63m，水箱架起高度为 0.6m，水箱的进水管高度为 2.2m）。

H_s 的选取：当 $Q=50m^3/h$，管长为 100m，查钢管水力计算表得知：管径 $DN100$ 时，$v=1.6m/s$，$1000i=52$，取局部水头损失为沿程水头损失的 20%。

$$H_s = 100 \times 52‰ \times 1.2 = 6.24m$$

$$\frac{v^2}{2g} = \frac{1.6^2}{2\times 9.81} = 0.13m$$

∴水泵扬程 $H_b \geqslant 72.8+6.24+0.13=79.2m$

③选用水泵 IS80—50—250 二台（1 用 1 备）

流量 $Q=50m^3/h$，扬程 $H=80m$；

电机功率 $N=22kW$；转速 $n=2900r/min$

2.8.2 水泵进出水管

水泵进出水管的规定见表 2.8-3。

水泵进出水管的规定　　表 2.8-3

项　目	一　般　规　定
吸水管	1. 断面应比水泵吸水口大一级 2. 每台水泵宜设单独吸水管 3. 流速一般为 1.0～1.2m/s 4. 自灌式吸水管上，应装设阀门及软接头 5. 采用偏心渐缩管时，管顶应成水平，管底成斜坡
出水管	1. 断面应比水泵吐出口大一级 2. 流速一般为 1.5～2.0m/s 3. 应装设阀门，缓闭式止回阀及软接头，并宜有防水锤措施，如气囊式水锤消除器等 4. 出水干管的高点应设排气装置，最低点设泄水装置 5. 装设压力表

2.8.3 水泵隔振减振

水泵隔振减振要求见表2.8-4。

水泵隔振减振要求 表2.8-4

项目	一般要求
水泵隔振减振	1. 选用低转速、低噪声水泵 2. 水泵进出水管上安装软接头。如可曲挠橡胶接头 3. 水泵基座下安装橡胶隔振垫，橡胶隔振器、弹簧减振器 4. 水泵出水管道支架采用弹簧吊架，弹簧托架 5. 管道穿墙或楼板处用玻璃纤维，岩棉等填实 6. 必要时，在建筑上还可采取隔声吸音措施
水泵隔振减振图示	弹簧吊架 玻璃纤维 软接头 电机 水泵 隔振垫 图 2.8-1 水泵隔振减振

2.8.4 水泵房

水泵房布置的一般要求见表2.8-5。

水泵房布置 表2.8-5

内容	一般要求
土建条件	1. 泵房建筑应为一、二级耐火等级 消防水泵房应设有直通室外的出口 2. 泵房净高 H (1) 采用固定吊钩或移动吊钩 $H \geqslant 3.0$m (2) 采用固定吊车时，由计算确定，应保证吊起物体底部与所跨越的固定物体顶部有不小于0.5m的净空 3. 泵房内起重设备 起重量$T<0.5$t时，设置固定吊钩或移动吊架 $T=0.5\sim2.0$t时，设置手动单轨吊车 $T=2.0\sim5.0$t时，设置手动桥式吊车 $T>5.0$t时，设置手动或电动桥式吊车 4. 泵房大门应比搬运的最大件宽0.5m 5. 泵房内应有排水措施，集水坑容积应不小于5min排水泵的吸水量，采光和通风良好，并不致结冻，换气次数为2～3次/h
机组布置	1. 有起吊设备时： 电机容量$N<20$kW时，水泵基础间距$b \geqslant 0.7$m 若电机容量较小时，相同机组水泵基础也可共用 $N=20\sim55$kW时，$b \geqslant 0.8$m $N>55$kW时，$b \geqslant 1.2$m 2. 就地检修时： 至少在每个机组的一侧设有比机组宽度大0.5m的通道，并保证泵轴和电动机转子在检修时能拆卸 3. 主要通道宽度：$b \geqslant 1.2$m 4. 配电盘前的通道宽度： 低压配电 $b \geqslant 1.5$m 高压配电 $b \geqslant 2.0$m 配电盘后的通道宽度 $b=0.7\sim1.0$m，也可单设配电间 5. 水泵基础一般高出地面0.1～0.3m

续表

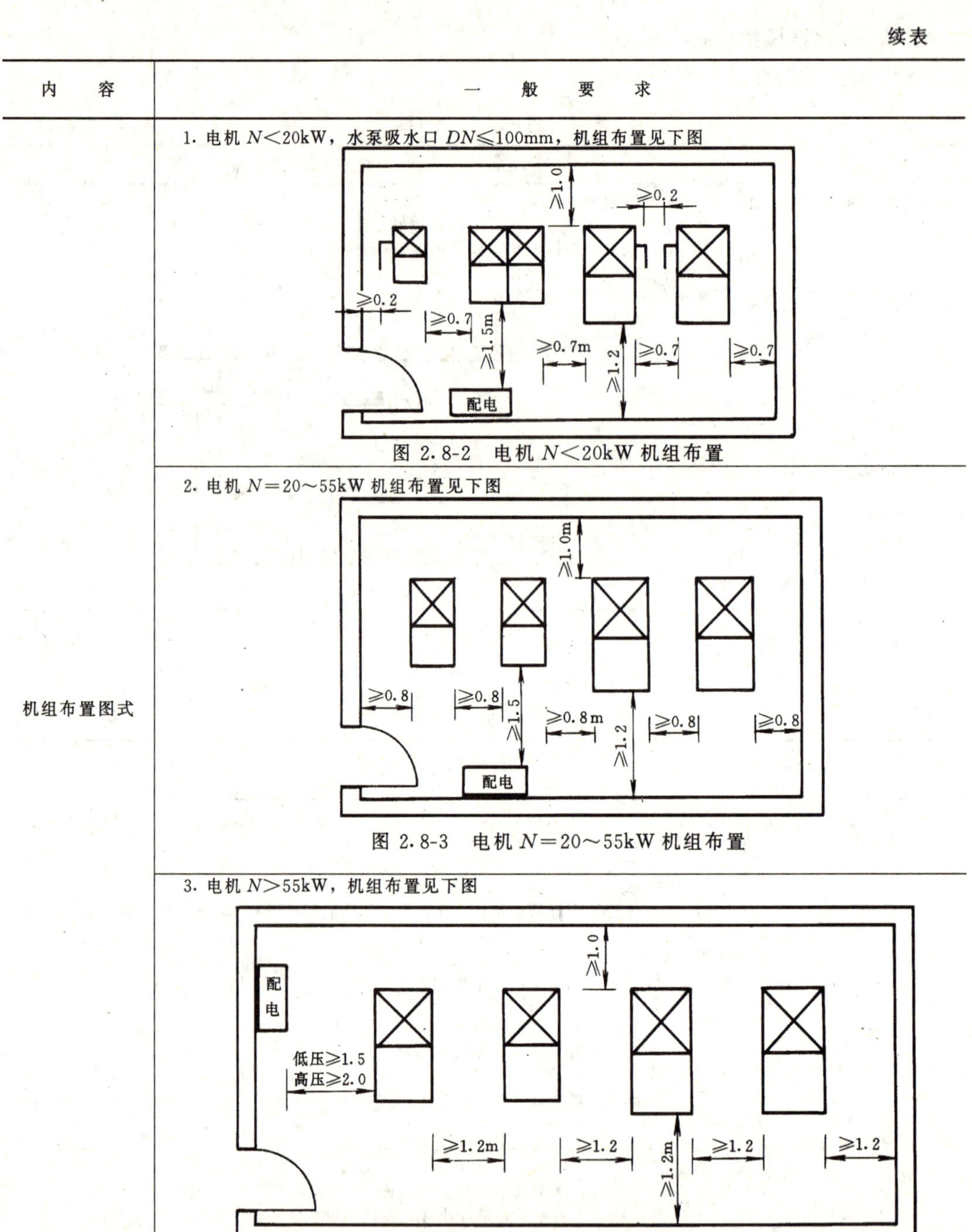

内 容	一 般 要 求
机组布置图式	1. 电机 N<20kW，水泵吸水口 DN≤100mm，机组布置见下图 图 2.8-2 电机 N<20kW 机组布置 2. 电机 N=20～55kW 机组布置见下图 图 2.8-3 电机 N=20～55kW 机组布置 3. 电机 N>55kW，机组布置见下图 图 2.8-4 电机 N>55kW 机组布置 注：配电可靠泵房单间独立设置

2.9 贮水池、吸水井和高位水箱

2.9.1 贮水池

1. 贮水池的设置

贮水池设置见表 2.9-1。

贮水池设置 **表 2.9-1**

容积的确定	设计要点
$W=Q_1+Q_2+Q_3-Q_4$ 式中 W—贮水池容积（m^3） Q_1—调节水量（m^3） 一般按日用水量的 8%～12%计算 Q_2—生活贮备水量（m^3） （1）市政干线为枝状供水时，一般建筑按 2h 最高日最大时计算；重要建筑、高层建筑按 3h 最高日最大时计算 （2）市政干线为环状供水时，一般建筑按 2h 最高日平均时计算；重要建筑、高层建筑按 3h 最高日平均时计算 Q_3—消防用水量（m^3） （1）按"防火规范"规定计算见第 4 章 （2）当允许从市政给水管网直接抽水且能满足消防用水要求时，消防用水量可不计人。 Q_4—贮水池进水管可补给的水量（m^3）	1. 贮水池可设置在室外（宜做成半地下式或地上式）及地下室内，当装设水位信号或控制装置时应靠近人孔以便于检修 2. 容积超过 500m³ 时，应分成两个（格）且两水池间应设连通管，并按每个（格）水池单独工作时配置阀门 3. 贮水池应设进水管，出水管、溢流管、泄水管和水位信号装置 4. 贮水池的进出水管应相对位置设计安装，进水管上应设液位阀或浮球阀 5. 溢水管口径应比进水管大 1～2 级，并不得装阀门。溢水管进口应高出最高水位 50mm 6. 溢水管和泄水管不应与下水道直接连通，溢水管末端用丝网包扎 8. 贮水池底宜有 0.005 的坡度，坡向吸水井 7. 贮水池宜设吸水坑（井） 9. 贮水池应设人孔和爬梯，并设 P 型通风换气管 *DN*200，均高出地面（水池顶面）0.5m，通气管口应用网罩盖住 10. 贮水池贮有消防水量时，在生活水泵吸水管上设 ϕ25 虹吸破坏孔，当水位降至消防水位时，水泵自动停止抽吸 11. 室内贮水池，当贮有室外消防用水量时，应设连通管至室外供消防车取水用的吸水口，且室内贮水池的底标高应不大于室外地坪下 6.0m 12. 位于室外的贮水池，应远离化粪池等污染源，并应考虑水池的防冻措施 13. 穿过水池壁的各种管道，均应设置带有防水翼环的刚性或柔性套管 14. 贮水池要求不渗不漏，严防水质污染，人孔应加盖上锁

2. 计算例题

【例 2.9-1】 某酒店最高日用水量为 1000m³/d，建筑高度 68m，室外为枝状管网供水，1～4 层及地下 1～2 层由市政给水管网直接供给，5～19 层由贮水池用泵扬升至屋顶水箱供水，5～19 层客房日用水量为 500m³/d。

试确定贮水池有效容积。

【解】

$$W=Q_1+Q_2+Q_3-Q_4$$

式中 Q_1——调节水量，取 5～19 层客房日用水量的 10%，则 $Q_1=500\times10\%=50m^3$；

Q_2——生活贮备水量。市政给水干线为枝状供水，重要高层建筑按 3h 最高日最高时计算。

$$则\ Q_2=\frac{500}{24}\times2.0\times3=125m^3$$

Q_3——消防用水量。根据"高层民用建筑设计防火规范"室内：40L/s，室外：30 L/s 喷洒：30L/s，火灾延续时间：室内外消火栓 3h，自动喷洒 1h 计

$$则\ Q_3 = 3 \times (40 + 30) \times \frac{3600}{1000} + 1 \times 30 \times \frac{3600}{1000}$$
$$= 756 + 108 = 864\text{m}^3$$

Q_4——3h 的进水量。按一根 $DN150$ 的进水管，取经济流速 v=1.6m/s，查水力计算表得 Q=97.8m^3/h

则 Q_4=97.8×3≐293m^3

贮水池有效容积：W =50+125+864−293
=746m^3

贮水池分为两个，每个 373m^3。

2.9.2　吸水井

1. 吸水井的设置

吸水井设置见表 2.9-2。

吸　水　井　设　置　　表 2.9-2

设 置 条 件	设 计 要 点
1. 不允许从室外管网或水池内直接用水泵吸水 2. 水泵吸水管的长度过长，其水头损失影响水泵的吸水高度 3. 生活消防水池设在地下室内，火灾时，消防车只能从室外吸水井吸水	1. 吸水井的有效容积不得小于最大一台或多台同时工作水泵 5min 的出水量 2. 吸水井的位置宜设在距离吸水泵较近的地方 3. 吸水井应设检修人孔，室外采用双层井盖 4. 吸水井的尺寸应能满足吸水管的布置安装、检修和水泵正常工作的要求

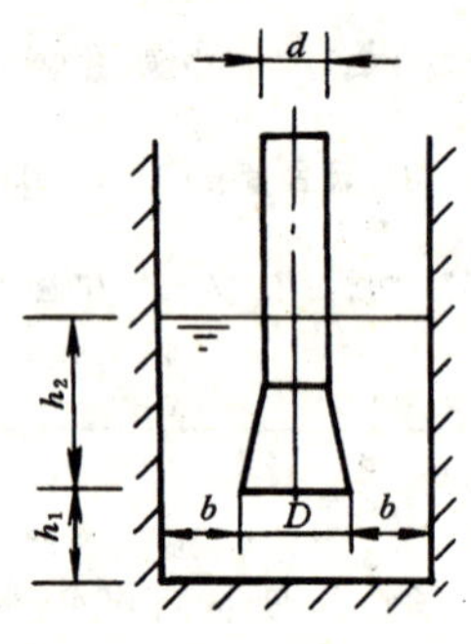

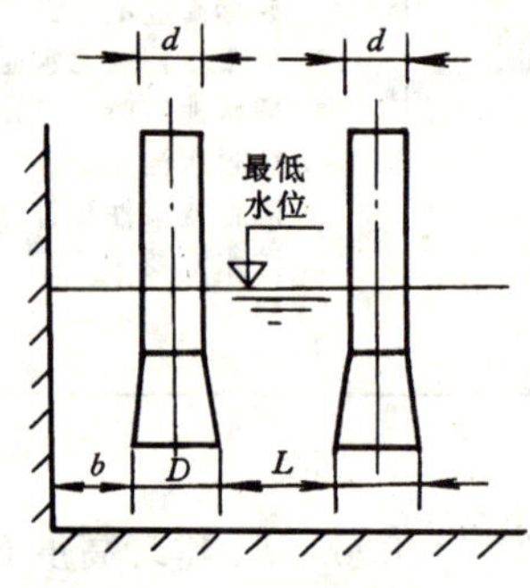

图 2.9-1　吸水管布置

2. 卧式离心泵吸水管布置及吸水井尺寸

卧式离心泵吸水管布置及吸水井尺寸见图 2.9-1 及表 2.9-3。

2.9.3　高位水箱

1. 高位水箱的设置

高位水箱设置见表 2.9-4。

2. 计算例题

【例 2.9-2】　某酒店建筑高度 68m，5～19 层客房由屋顶水箱供水，实用客房 833 床，每床最高日用水量 500L/d・床，试确定高位水箱容积。

卧式离心泵吸水井尺寸　　表 2.9-3

吸水管直径 d (mm)	喇叭口直径 D=(1.3～1.5) d (mm)	喇叭口高出井底 h_1 (mm)	喇叭口最小淹没水深 h_2 (mm)	喇叭口最小净距 L= (1.5～2.0) D (mm)	喇叭口与井壁最小净距 b= (0.75～1.0) D (mm)
80	104～120	500	500～1000	156～240	78～120
100	130～150	500	500～1000	195～300	98～150
125	163～188	500	500～1000	245～376	122～188
150	195～225	500	500～1000	293～450	146～225
200	260～300	500	500～1000	390～600	195～300

高位水箱设置 表 2.9-4

计算公式	设计要点
$W_p=W_1+W_2$ 式中 W_p——高位水箱容积（m^3） W_1——调节储备容积（m^3） $W_1=QV$ Q——最高日用水量（m^3） (1)水泵为自动开关时不得小于日用水量5% (2)水泵为人工开关时，不得小于日用水量的12% V——最高日用水量的百分率，一般取8%～12% W_2——消防贮量（m^3） 按防火规范确定	1. 高位水箱的安装高度，应按给水系统最不利处配水点所需水压计算确定 2. 水箱的有效水深一般为0.70～2.50m 3. 水箱应设有进水管、出水管、溢水管、泄水管、通气管、水位信号装置和人孔密封盖 4. 水箱进水管淹没出流时，应设真空破坏装置 5. 溢水管比进水管管径大1～2级，溢水管上不得装有阀门，溢水管出口处应设防虫滤网罩 6. 溢水管和泄水管不得与排水管直接相连，如必须连接时应设置水封或断流装置，如设防逆水封阀等 7. 为防止水箱二次污染，在水箱出水管上宜有消毒措施，如紫外线，二氧化氯、次氯酸钠、臭氧消毒等 8. 高位水箱一般为钢板水箱，玻璃钢或镀锌钢板拼装水箱，容积大时，采用钢筋混凝土水池 9. 穿过钢筋混凝土水池池壁的各种管道应设置带有防水翼环的刚性或柔性套管 10. 水箱应设置在便于维护，光线、通风良好的地方，室内温度不低于5℃

【解】 按公式 $W_p=W_1+W_2$

W_1——调节贮备容积（m^3）

$W_1=QV=833\times500\times10\%=42m^3$

W_2——消防贮量（m^3）

按“高层民用建筑设计防火规范”本酒店属于建筑高度大于50m的一类建筑，则水箱的消防贮量不应小于$18m^3$。

∴高位水箱的有效容积为 $W_p=42+18=50m^3$。

水箱可按国家标准图集、通用图集或定型产品选用。

3. 水箱布置间距

水箱布置间距见表2.9-5。

水箱布置间距 表 2.9-5

形式	箱外壁至墙面的距离（m）		水箱之间的距离（m）	水箱顶至建筑结构最低点的距离（m）	水箱底至楼面距离（m）
	有阀一侧	无阀一侧			
圆形	0.8	0.5	0.7	0.6	≥0.5
矩形	1.0	0.7	0.7	0.6	≥0.5

4. 钢板水箱防腐保温作法

钢板水箱防腐保温作法见表2.9-6。

钢板水箱防腐保温作法 表 2.9-6

水箱外	不保温时	刷一道防锈漆，两道面漆
	保温时	刷两道防锈漆，再用高压聚苯烯板材或高压聚乙烯泡沫塑料板材保温
水箱内	用于生活供水时	刷合乎饮用水标准的白瓷釉或刷玻璃钢涂料
	用于非饮用水时	刷两道防锈漆

2.10 气压给水和变频调速给水装置

2.10.1 气压给水设备

1. 气压给水的设计要点

气压给水的设计要点见表2.10-1。

气压给水设计要点　　表2.10-1

设备选用的计算公式	设计要点
1. 最大小时流量 Q_h $$Q_h=\frac{q_d m}{1000T}\cdot K \quad (2.10\text{-}1)$$ 式中　Q_h——最大小时流量（m^3/h） q_d——用水标准［L/（人·d）L/（床·d）］见表2.2-1，2.2-2，2.2-3 m——用水单位数（人·床） T——每天或每班用水时间［h/（d·h/班）］ K——小时变化系数，见表2.2-2，2.2-3 2. 设计秒流量 Q_g $$Q_g=\alpha\cdot 0.2\sqrt{N_g}+KN_g \quad (2.10\text{-}2)$$ 式中　Q_g——计算管段的生活给水设计秒流量（L/s） N_g——计算管段的卫生器具给水当量总数根据卫生器具种类和数量按表2.2-11计算确定 $\alpha\cdot K$——根据建筑物用途而定的系数按表2.3-2采用 3. 气压水罐内气体的最低工作压力 P_1 和最高工作压力 P_2（表压力） $$P_1=\frac{h_1+h_2+h_3+h_4}{100} \quad (2.10\text{-}3)$$ $$P_2=\frac{P_1+0.1}{\alpha_b}-0.1 \quad (2.10\text{-}4)$$ 式中　P_1——罐内气体最低工作压力（MPa） h_1——水池最低水位至建筑物最高配水点高差（m） h_2——管网沿程阻力损失（m） h_3——管网局部阻力损失（m） h_4——卫生设备的流出水头（m） 100——换算系数，即100m高水柱的压力相当于1.0MPa P_2——罐内气体最高工作压力（MPa） α_b——罐内空气最小工作压力与最大工作压力之比（以绝对大气压力计）一般采用0.65～0.85 4. 气压水罐的总容积： $$V_z=\frac{V_x}{1-\alpha_b} \quad (2.10\text{-}5)$$ 式中　V_z——气压水罐的总容积（m^3） V_x——气压水罐内水的调节容积（m^3） α_b——气压水罐的工作压力比。采用0.65～0.85 5. 气压水罐内水的调节容积： $$V_x=\beta\cdot C\frac{q_b}{4n_{max}} \quad (2.10\text{-}6)$$ 式中　V_X——气压水罐内水的调节容积（m^3） q_b——工作水泵的计算流量（m^3/h）； β——气压水灌的容积附加系数，补气式卧式水罐宜为1.25；补气式立式水罐宜为1.10；隔膜式水罐宜为1.05 c——安全系数（宜采用1.0～1.5） n_{max}——水泵在一小时内最多启动次数（宜采用6～8次）	1. 气压给水设备宜采用变压式，当供水压力有恒定要求时，应采用定压式 2. 气压水罐内的最小压力应按最不利处配水点，或消火栓及自动喷水灭火设备，所需水压计算确定 3. 建筑群体按不小于1.2倍管网最大小时流量（$1.2Q_h$）和罐内气体平均压力 $\frac{P_1+P_2}{2}$ 来选择水泵 4. 单体建筑物按设计秒流量 Q_g 和最小工作压力 P_1 来选择水泵 5. 根据气压水罐调节容积 V_x 和最高工作压力 P_2 确定气压罐型号、规格和数量 6. 气压给水设备应装设安全阀、压力表、水位计、泄水管和密闭人（手）孔 定压式气压给水设备应装设自动调压装置 补气式气压水罐进水管上应装设止气阀，在罐体上宜装设水位计 生活用补气式气压给水设备，其补气罐或空气压缩机的进气口应设空气过滤装置 7. 气压给水设备应在最低处设有泄空阀门 8. 气压给水设备的水泵应设自动开关装置 9. 采用空气压缩机补气时，定压式气压给水设备的空气压缩机组不得少于两台，其中一台备用，变压式气压给水设备，可不设备用的空气压缩机组。生活气压给水系统空气压缩机应采用无油润滑型；在保证有足够的压力和不间断供给压缩空气及保证气质，不致影响水质的情况下，可利用共用的压缩空气系统 10. 补气式气压给水设备补气方式宜采用限量补气或自平衡限量补气，隔膜式气压给水设备宜采用囊式或胆囊式气压水罐 11. 气压给水设备宜装在泵房或设备间内，且光线及通风良好，室内温度5～40℃ 12. 罐体及机组布置应便于安装与维修，并留有人行通道及电控设备机组等的位置 13. 气压给水设备距墙 $b\geqslant 700$mm，罐与罐之间距离 $b\geqslant 700$mm，罐顶距建筑结构的最低点 $H\geqslant 1000$mm

2. 气压水罐容积简化计算图表

（1）气压水罐容积计算的简图

1）气压罐的容积计算图见图 2.10-1，图 2.10-2，图 2.10-3。

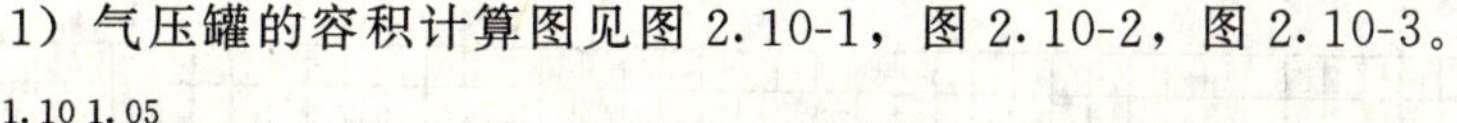

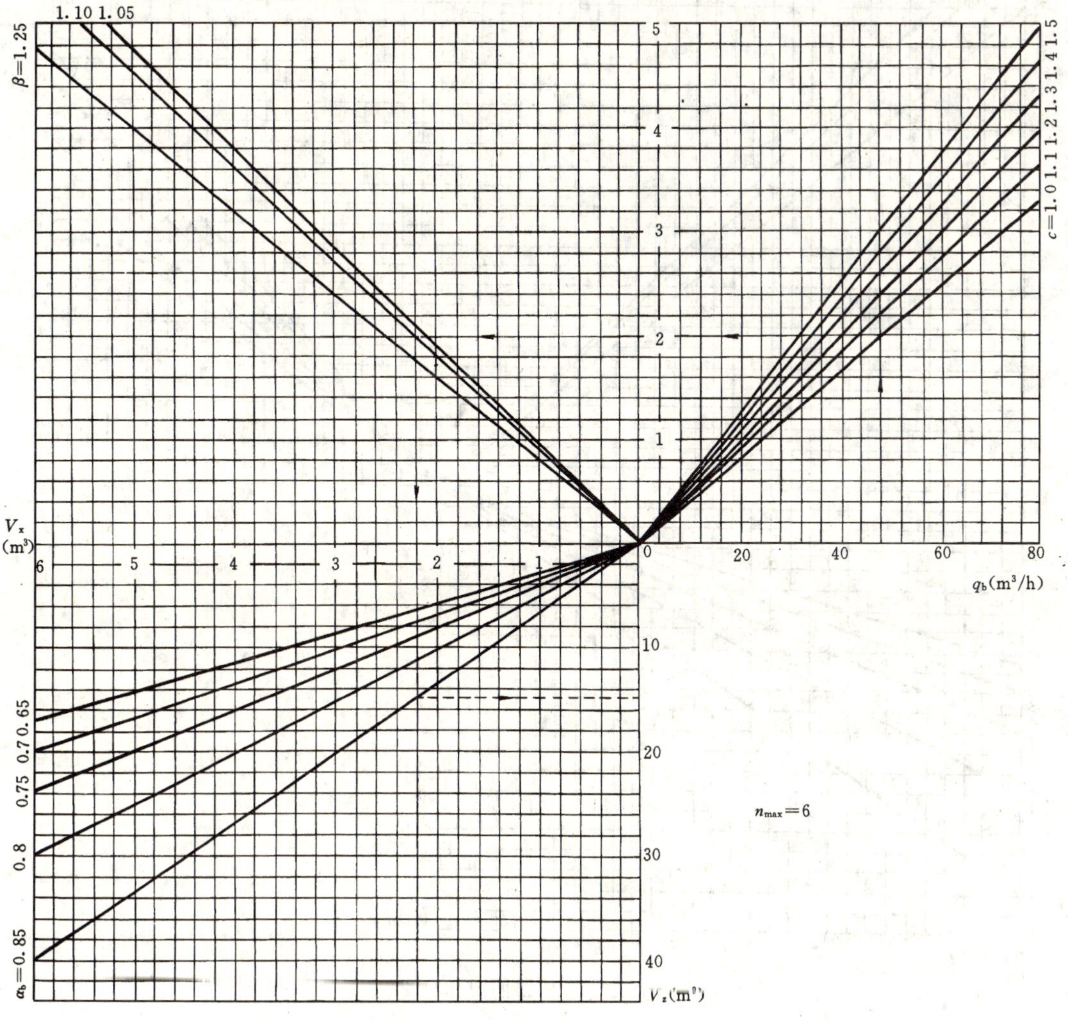

图 2.10-1 气压罐的容积计算图

2）使用方法举例。

【例】 某综合楼建筑，最高日生活用水量 $Q_d=480\mathrm{m^3/d}$。

试选用气压罐的有效调节容积和气压罐的总容积。

【解】 宾馆 $Q_d=480\mathrm{m^3/d}$ 使用时间 $T=24\mathrm{h}$

时变化系数 $K=2.0$

则最大小时流量 $Q_h=\dfrac{480\times2.0}{24}=40\mathrm{m^3/h}$

水泵的出水量为 $q_b=1.2\quad Q_h=48\mathrm{m^3/h}$

取安全系数 $c=1.0$，一小时内水泵启动次数 $n_{max}=6$

当采用补气式立式罐时，容积附加系数 $\beta=1.1$，取 $\alpha_b=0.85$ 查图 2.10-1：

气压罐的调节容积 $V_x=2.2\mathrm{m^3}$

气压罐空气和水的总容积 $V_z=15\mathrm{m^3}$

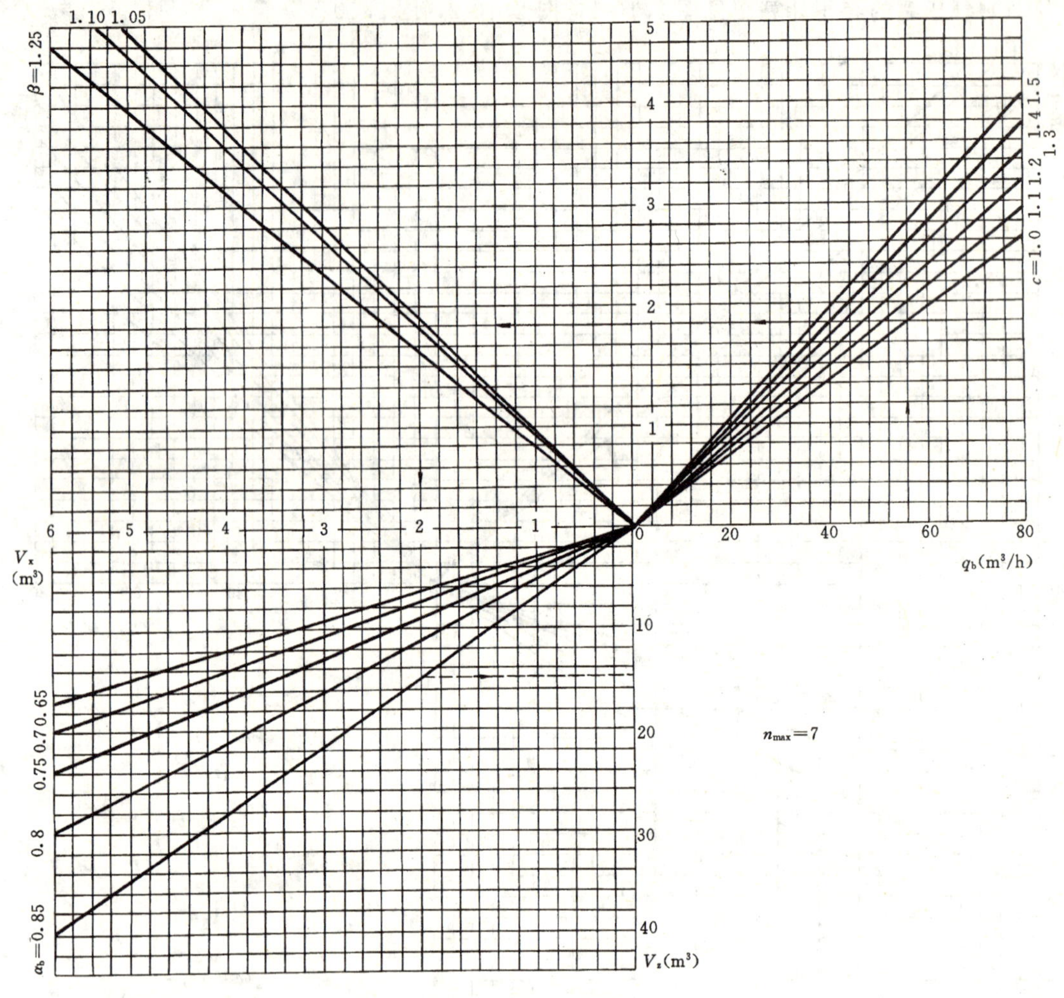

图 2.10-2　气压罐的容积计算图

(2) 气压水罐容积的简化计算表

1) 气压水罐内水量的百分数

气压水罐内水量的百分数见表 2.10-2。

2) 计算例题

【例 2.10-1】　某工程采用气压水罐供水最小压力 P_1=200kPa，最高压力 P_2=350kPa，调节水量 V_x=0.8m³ 求气压水罐的总容积。

【解】　查表 2.10-2 可知：

1. 当 P_0=0、P_1=200kPa 时，罐内水量占 65.9%

当 P_0=0、P_2=350kPa 时，罐内水量占 77.2%

罐内调节容积所占百分数 W=77.2%−65.9%=11.3%

气压水罐的总容积 V_2=0.8m³/11.3%=7.08m³

2. 当 P_0=150kPa、P_1=200kPa 时，罐内水量占 16.5%

当 P_0=150kPa、P_2=350kPa 时，罐内水量占 44.1%

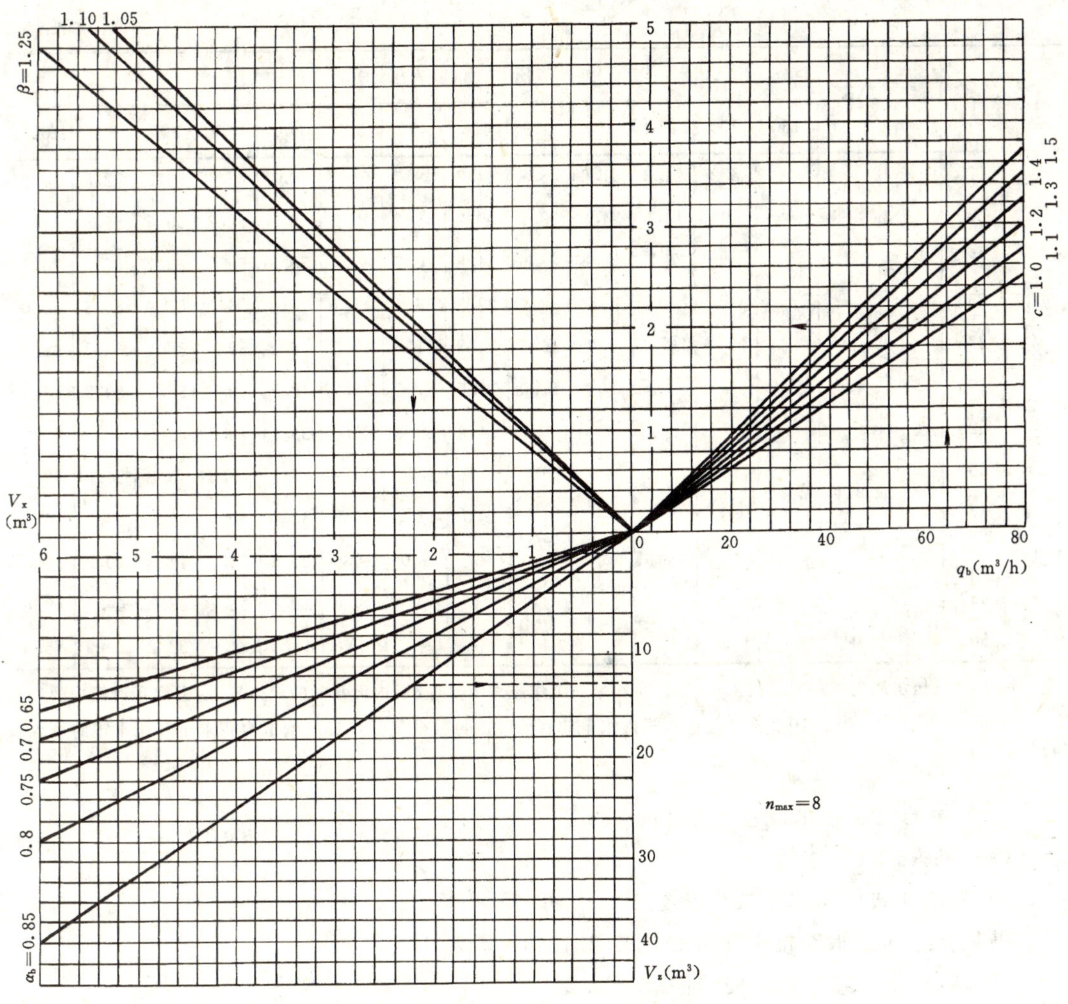

图 2.10 3 气压罐的容积计算图

罐内调节容积所占百分数 $W=44.1\%$ 16.5%−27.6%

气压水罐的总容积 $V_2=0.8m^3/0.276=2.9m^3$

气压水罐内水量的百分数 **表 2.10-2**

压力 (kPa)		终压 (以表压计)														
		50	100	150	200	250	300	350	400	450	500	600	700	800	900	1000
初压（以表压计）	0	32.6	49.2	59.2	65.9	70.8	74.4	77.2	79.5	81.3	82.9	85.3	87.1	88.6	89.7	90.6
	25	16.3	36.9	49.3	57.7	63.7	68.2	71.7	74.5	76.8	78.7	81.8	84.0	85.8	87.2	88.4
	50	0	24.6	39.5	49.5	56.6	62.0	66.2	69.5	72.3	74.6	78.2	80.9	83.0	84.2	86.1
	75		12.3	29.6	41.2	49.5	55.8	60.7	64.6	67.8	70.4	74.6	77.8	80.3	82.2	83.8
	100		0	19.7	33.0	42.5	49.6	55.2	59.6	63.3	66.3	71.1	74.7	77.5	79.7	81.6
	125			9.9	24.7	35.4	43.4	49.6	54.6	58.7	62.2	67.5	71.6	74.7	77.2	79.3
	150			0	16.5	28.3	37.2	44.1	49.7	54.2	58.0	64.0	68.5	72.0	74.8	77.0

续表

压力 (kPa)		终压（以表压计）														
		50	100	150	200	250	300	350	400	450	500	600	700	800	900	1000
初压（以表压计）	175				8.2	21.2	31.0	38.6	44.7	49.7	53.9	60.4	65.4	69.2	72.8	74.8
	200				0	14.2	24.8	33.1	39.7	45.2	49.7	56.9	62.2	66.4	69.8	72.5
	225					7.1	18.6	27.6	34.8	40.7	45.6	53.3	59.1	63.7	67.3	70.2
	250					0	12.4	22.1	29.8	36.1	41.1	49.8	56.0	60.9	64.8	68.0
	275						6.2	16.5	24.8	31.6	37.3	46.2	52.9	58.1	62.3	65.7
	300						0	11.0	19.9	27.1	33.2	42.7	48.8	55.4	59.8	63.4
	325							5.5	14.9	22.6	29.0	39.1	46.7	52.6	57.3	61.2
	350							0	9.9	18.1	24.9	35.5	43.6	49.8	54.8	58.9
	375								5.0	13.6	20.7	32.0	40.5	47.0	52.3	56.6
	400								0	9.0	16.6	24.8	37.3	44.3	49.8	54.4
	450									0	8.3	21.3	31.1	38.7	44.9	49.6
	500										0	14.2	24.9	33.2	39.9	45.3

注：根据气压水罐内气体的最低工作压力 P_1 和最高工作压力 P_2 以及罐内无水时的气体压力，即启用时罐内的充气压力 P_0 直接由表 2.10-2 查出气体水罐内水量的百分数，再根据气压水罐的调节容积求出气压水罐的总容积 V_2。

3. 常用的气压给水设备

(1) 隔膜式气压水罐

1) 隔膜立式气压水罐技术参数表

隔膜立式气压水罐技术参数表见表 2.10-3。

2) 隔膜式-立罐二立泵安装图表

隔膜式-立罐二立泵安装图表见表 2.10-4。

3) 隔膜式二立罐二立泵安装图表

隔膜式二立罐二立泵安装图表见表 2.10-5。

4) 隔膜式二立罐三立泵安装图表

隔膜式二立罐三立泵安装图表见表 2.10-6。

(2) 补气式气压水罐

1) 补气式立式气压水罐技术参数表

补气式立式气压水罐技术参数表见表 2.10-7。

2) 补气式一立罐二立泵安装图表

补气式一立罐二立泵安装图表见 2.10-8。

3) 补气式二立罐二立泵安装图表

补气式二立罐二立泵安装图表见表 2.10-9。

2.10.2 变频调速给水装置

1. 变频调速给水设计

变频调速给水设备的选用方法及设计要点见表 2.10-10。

隔膜立式气压水罐技术参数表 **表 2.10-3**

SQL 型　SBL 型

型号意义：□□□□×□
- 罐体最高工作压力(MPa)
- 罐体公称直径(mm)
- 罐体立式设置
- 隔膜形式(半膜：B；全膜：Q)
- 隔膜式气压水罐

型号规格	罐体最高工作压力	罐体公称直径 DN	H_1	H_2	H_3	H_4	H_5	罐体总容积 V_0	罐体内水容积 V_s					人孔直径 D_0	进出水管直径	重量
									$a_b=0.85$	$a_b=0.80$	$a_b=0.75$	$a_b=0.70$	$a_b=0.65$			
	MPa	mm	mm	mm	mm	mm	mm	m^3	m^3	m^3	m^3	m^3	m^3	mm	mm	kg
S^{B}_{Q}L400×0.6 1.0 1.5	0.6 1.0 1.5	400	1490 1490 1490	1012 1012 1012	400	100	70	0.118	0.018	0.024	0.029	0.035	0.041	150	50	94 94 107
S^{B}_{Q}L600×0.6 1.0 1.5	0.6 1.0 1.5	600	1960 1962 1964	1412 1412 1416	460	100	70	0.368	0.055	0.074	0.092	0.110	0.129	250	65	179 228 261
S^{B}_{Q}L800×0.6 1.0 1.5	0.6 1.0 1.5	800	2366 2370 2374	1812 1816 1820	480	110	72	0.838	0.126	0.168	0.210	0.251	0.293	250	65	327 372 473
S^{B}_{Q}L1000×0.6 1.0 1.5	0.6 1.0 1.5	1000	2694 2698 2706	2012 2016 2024	610	110	78	1.440	0.216	0.288	0.360	0.432	0.504	400	65	556 667 786
S^{B}_{Q}L1200×0.6 1.0 1.5	0.6 1.0 1.5	1200	3102 3106 3110	2416 2420 2424	640	110	78	2.488	0.373	0.498	0.622	0.746	0.871	400	100	795 1063 1151
S^{B}_{Q}L1400×0.6 1.0 1.5	0.6 1.0 1.5	1400	3374 3380 3386	2616 2624 2628	690	120	78	3.643	0.546	0.729	0.911	1.093	1.275	400	125	1126 1402 1514
S^{B}_{Q}L1600×0.6 1.0 1.5	0.6 1.0 1.5	1600	3756 3762 3768	3016 3024 3032	690	120	80	5.497	0.825	1.099	1.374	1.649	1.924	400	125	1289 1741 2321

注：引自华北标 91SB-给。

隔膜式一立罐二立泵安装图表

表 2.10-4

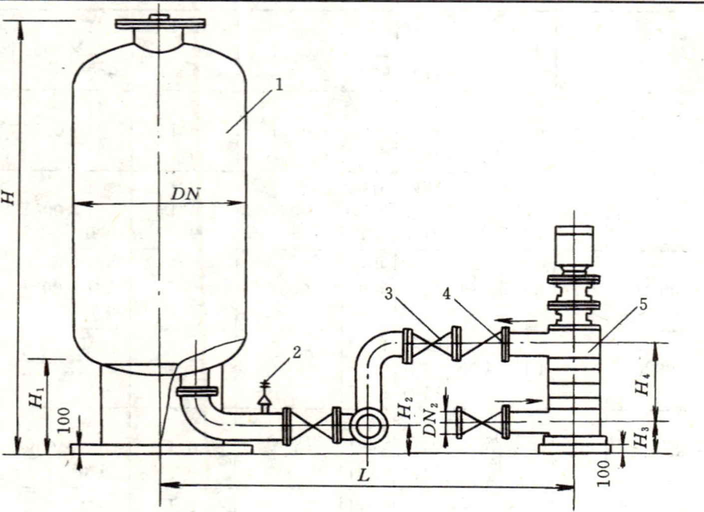

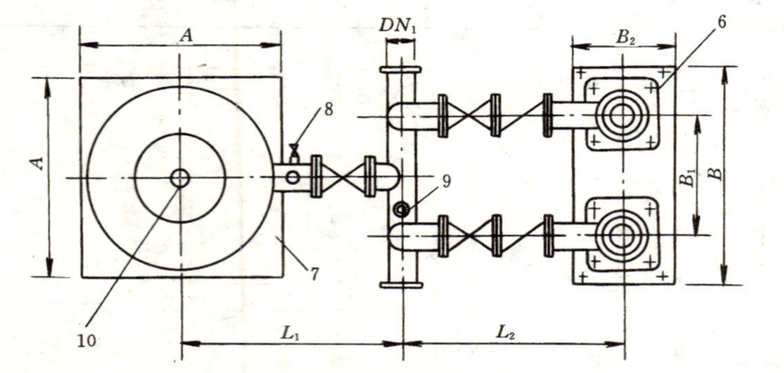

罐体直径 DN (mm)	H (mm)	H_1 (mm)	H_2 (mm)	A (mm)	L (mm)	L_1 (mm)	L_2 (mm)
400	1590	500	200	500	1100	700	400
600	2064	560	230	700	1385	780	605
800	2474	580	230	900	1435	830	605
1000	2806	710	255	1100	1710	965	745
1200	3210	740	255	1300	1845	1015	830
1400	3480	790	285	1500	2025	1180	845
1600	3868	790	310	1700	2130	1215	915

水泵型号	B (mm)	B_1 (mm)	B_2 (mm)	H_3 (mm)	H_4 (mm)	DN_1 (mm)	DN_2 (mm)
WY-25LD	1000	600	400	161	$27.5N+33$	40	25
QDL4-8	1000	600	400	150		50	32
40DL	1320	660	660	212	$60N+50$	50	40
50DL	1320	660	660	204	$68N+53$	65	50
65DL	1460	730	730	267	$80N+38.5$	100	65
80DL	1500	750	750	220	$89N+99$	150	80
100DL	1710	855	855	230	$104N+94$	200	100

1—气压罐；2—安全阀；3—阀门；4—止回阀；5—水泵；6—水泵底座；
7—气压罐底座；8—泄水阀（$DN20$）；9—缓冲罐接管；10—充气嘴

说明：

1. 罐体尺寸 H 系按工作压力 1.5MPa 而定，L_2 系按一台罐可能选择的最大泵的最小尺寸而定。
2. 水泵与罐体结合，除本图外，还可将水泵进出水管与罐体平行布置，具体尺寸由设计人定。

隔膜式二立罐二立泵安装图表

表 2.10-5

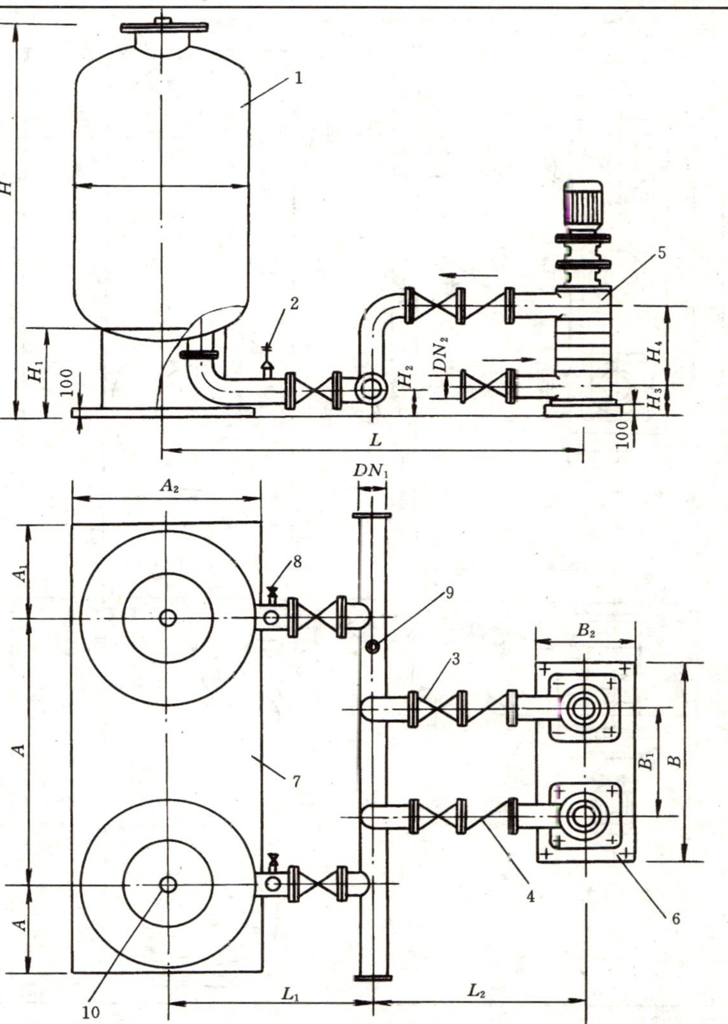

罐体直径 DN	H (mm)	H_1 (mm)	H_2 (mm)	A (mm)	A_1 (mm)	A_2 (mm)	L (mm)	L_2 (mm)
600	2064	560	230	1300	350	700	1385	780
800	2474	580	230	1500	450	900	1550	830
1000	2806	710	255	1700	550	1100	1795	965
1200	3210	740	255	1900	650	1300	1960	1045
1400	3480	790	285	2100	750	1500	2195	1205
1600	3868	790	310	2300	850	1700	2245	1255

水泵型号	L_2 (mm)	B (mm)	B_1 (mm)	B_2 (mm)	H_3 (mm)	H_4 (mm)	DN_1 (mm)	DN_2 (mm)
QDL4-8	605	1020	510	510		150	65	40
40DL	700	1320	660	660	212	$60N+50$	65	40
50DL	720	1320	660	660	204	$68N+53$	65	50
65DL	830	1460	730	730	267	$80N+38.5$	100	65
80DL	915	1500	750	750	220	$89N+99$	150	80
100DL	990	1710	855	855	230	$104N+94$	200	100

1—气压罐；2—安全阀；3—阀门；4—止回阀；5—水泵；
6—水泵底座；7—气压罐底座；8—泄水阀（DN20）；9—缓冲罐接管；10—充气嘴

说明：

1. 罐体尺寸 H 系按工作压力 1.5MPa 而定，L_2 系按二台罐可能选择的最大泵的最小尺寸而定。
2. 水泵与罐体结合，除本图外，还可将水泵进出水管与罐体平行布置，具体尺寸由设计人定。

隔膜式二立罐三立泵安装图表 **表 2.10-6**

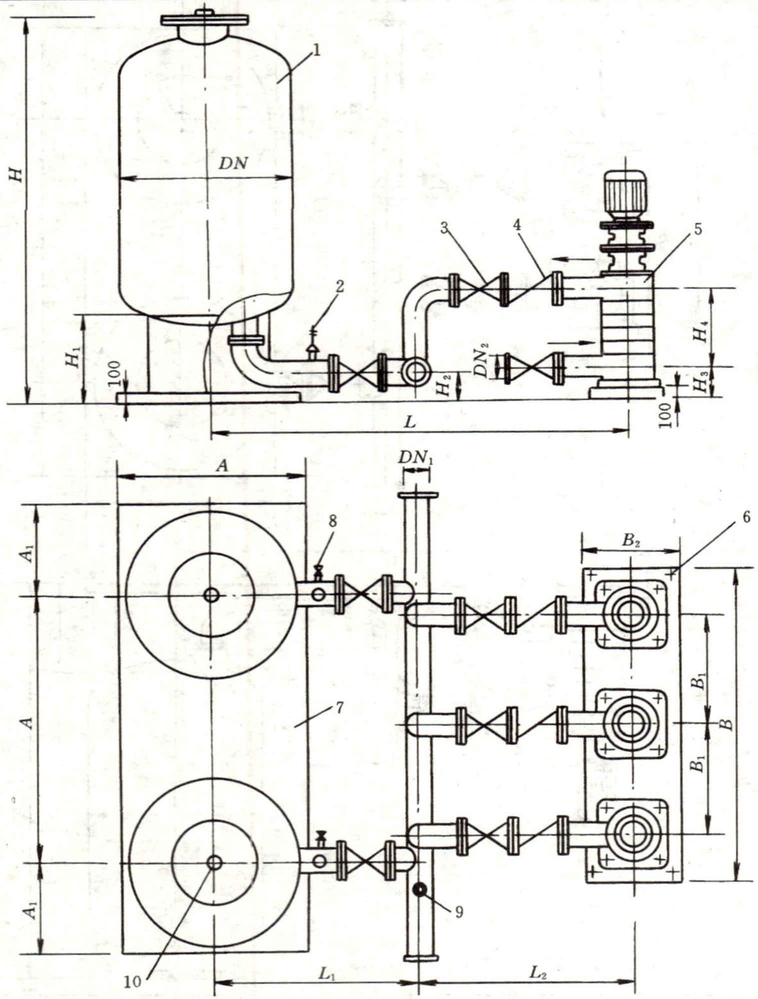

罐体直径 DN	H (mm)	H_1 (mm)	H_2 (mm)	A (mm)	A_1 (mm)	A_2 (mm)	L (mm)	L_1 (mm)
600	2064	560	230	1300	350	700	1385	780
800	2474	580	230	1500	450	900	1550	830
1000	2806	710	255	1700	550	1100	1790	965
1200	3210	740	255	1900	650	1300	1960	1045
1400	3480	790	285	2100	750	1500	2195	1205
1600	3868	790	310	2300	850	1700	2245	1255

水泵型号	L_2 (mm)	B (mm)	B_1 (mm)	B_2 (mm)	H_3 (mm)	H_4 (mm)	DN_1 (mm)	DN_2 (mm)
QDL4-8	605	1530	510	510	150		65	40
40DL	700	1980	660	660	212	$60N+50$	65	40
50DL	720	1980	660	660	204	$68N+53$	65	50
65DL	830	2190	730	730	267	$80N+38.5$	100	65
80DL	915	2250	750	750	220	$89N+99$	150	80
100DL	990	2565	855	855	228	$104N+94$	200	100

1—气压罐；2—安全阀；3—阀门；4—止回阀；5—水泵；
6—水泵底座；7—气压罐底座；8—泄水阀（$DN20$）；9—缓冲罐接管；10—充气嘴

说明：

1. 罐体尺寸 H 系按工作压力 1.5MPa 而定，L_2 系按二台罐可能选择的最大泵的最小尺寸而定。
2. 水泵与罐体结合，除本图外，还可将水泵进出水管与罐体平行布置，具体尺寸由设计人定。

补气式立式气压水罐技术参数表 **表 2.10-7**

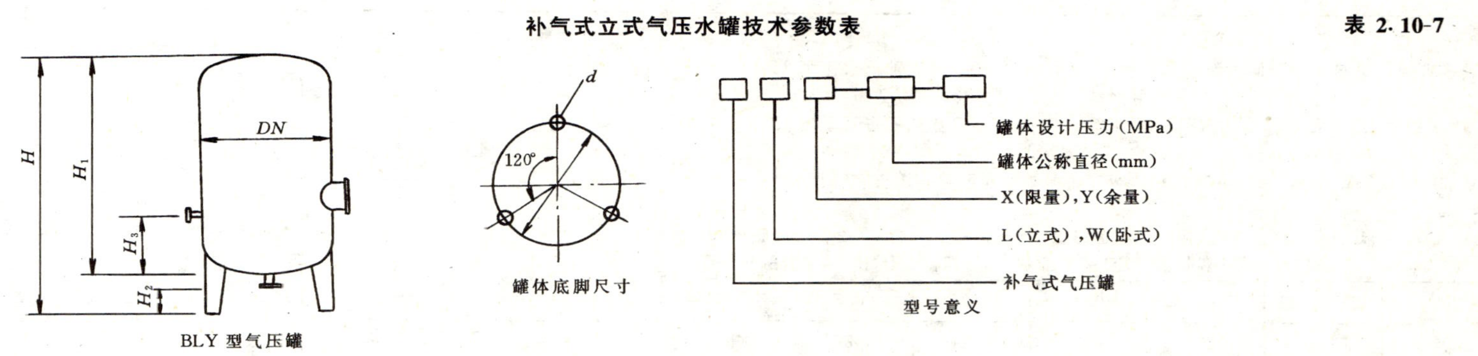

型号规格	罐体设计压力	罐体公称直径 DN	H	H_1	H_2	H_3	D	d	罐体总容积 V_0	罐体内水容积 V_s					人孔直径 D_0	进水管直径 DN_1	出水管直径 DN_2	重量
										$a_b=0.65$	$a_b=0.70$	$a_b=0.75$	$a_b=0.80$	$a_b=0.85$				
	MPa	mm	mm	mm	mm	mm	mm	mm	m^3	m^3	m^3	m^3	m^3	m^3	mm	mm	mm	kg
BLY800—0.6/1.0	0.60 1.00	800	2400	2000	300	903	560	25	0.93	0.296	0.254	0.211	0.169	0.127	426	50	50	470 572
BLY1000—0.6/1.0	0.60 1.00	1000	2700	2300	300	783	700	25	1.66	0.528	0.453	0.377	0.302	0.226	426	50	50	698 853
BLY1200—0.6/1.0	0.60 1.00	1200	2700	2300	300	912	840	30	2.37	0.754	0.646	0.539	0.431	0.323	426	50	50	816 1004
BLY1400—0.6/1.0	0.60 1.00	1400	2700	2300	300	950	1050	30	3.18	1.012	0.867	0.723	0.578	0.434	426	65	50	940 1229
BLY1600—0.6/1.0	0.60 1.00	1600	2800	2300	400	983	1200	30	4.05	1.289	1.105	0.920	0.736	0.552	426	80	65	1214
BLY1800—0.6/1.0	0.60 1.00	1800	3200	2800	400	1000	1350	30	6.58	2.094	1.794	1.495	1.196	0.897	426	100	80	1690
BLY2000—0.6/1.0	0.60 1.00	2000	3300	2800	400	1100	1500	36	7.69	2.447	2.097	1.748	1.398	1.049	426	100	100	2035

注：引自华北标 91SB-给。

表 2.10-8

补气式一立罐二立泵安装图表

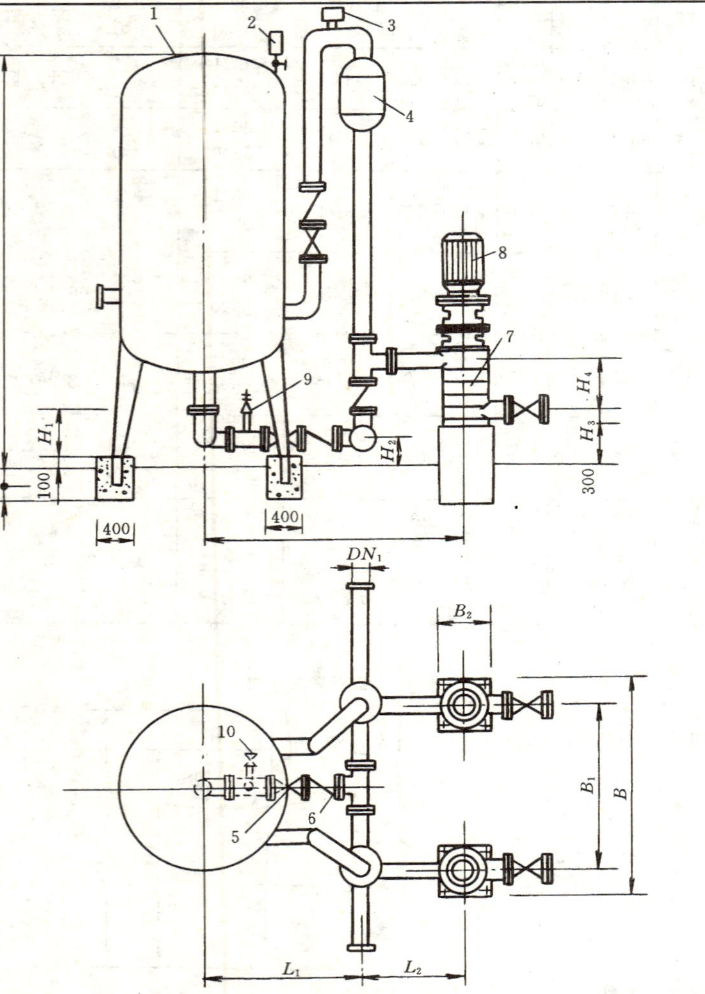

罐体直径	H	H_1	H_2	L	L_1	L_2
800	2500	300	200	1200	750	450
1000	2800	300	220	1200	750	450
1200	2800	300	225	1350	850	500
1400	2800	300	270	1450	950	500
1600	2900	400	270	1700	1200	500
1800	3300	400	285	1950	1300	650
2000	3400	400	285	2250	1500	750

水泵型号	B	B_1	B_2	H_3	H_4	DN_1
40DL	1650	1100	550	112	$60N+50$	40
50DL	1800	1200	600	104	$68N+53$	50
65DL	1850	1200	650	167	$80N+38.5$	65
80DL	2200	1500	700	120	$89N+99$	80
100DL	2200	1500	700	130	$104N+94$	100

1—气压罐；2—压力控制器；3—呼吸系统；4—缓冲罐；5—阀门；
6—止回阀；7—水泵；8—电机；9—安全阀；10—泄水阀

说明：

1. 本图 L_2 系按一台罐可能选择最大水泵时的尺寸而定，如水泵进水口与出水口同侧布置，L_2 尺寸由设计人确定。
2. 罐体支角支墩中心夹角为 120°，具体位置视现场情况而定。支墩规格为 400×400，中心预留 100×100×300 螺栓孔。
3. 本图参照北京德茂供水设备厂、中国人民解放军利箭供水设备厂产品编制。

补气式二立罐二立泵安装图表

表 2.10-9

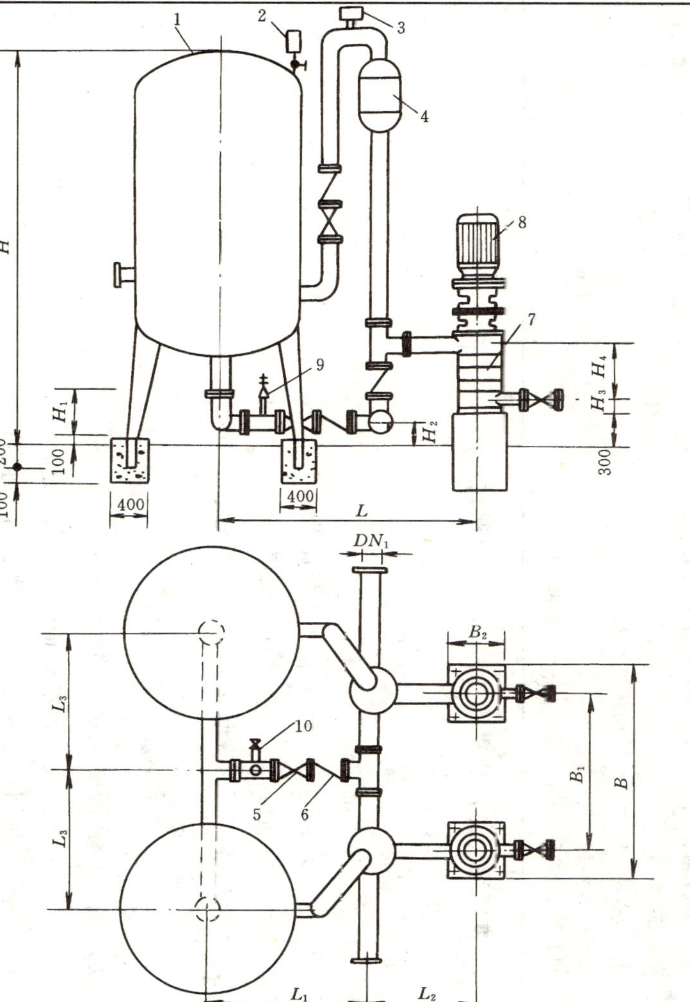

罐体直径	H	H_1	H_2	L	L_1	L_2	L_3
800	2500	300	200	1200	750	450	650
1000	2800	300	220	1200	750	450	750
1200	2800	300	225	1350	850	500	850
1400	2800	300	270	1450	950	500	950
1600	2900	400	270	1700	1200	500	1050
1800	3300	400	285	1950	1300	650	1150
2000	3400	400	285	2250	1500	750	1250

水泵型号	B	B_1	B_2	H_3	H_4	DN_1
40DL	1650	1100	550	112	$60N+50$	40
50DL	1800	1200	600	104	$68N+53$	50
65DL	1850	1200	650	167	$80N+38.5$	65
80DL	2200	1500	700	120	$89N+99$	80
100DL	2200	1500	700	130	$104N+94$	100

1—气压罐；2—压力控制器；3—呼吸系统；4—缓冲罐；5—阀门；6—止回阀；7—水泵；8—电机；9—安全阀；10—泄水阀

说明：

1. 本图 L_2 系按二台罐可能选择最大水泵时的尺寸而定，如水泵进水口与出水口同侧布置，L_2 尺寸由设计人确定。
2. 罐体支角支墩中心夹角为120°，具体位置视现场情况而定。支墩规格为 400×400，中心予留 100×100×300 螺栓孔。
3. 本图参照北京德茂供水设备厂、中国人民解放军利箭供水设备厂产品编制。

变频调速给水设备的选用方法及设计要点 **表 2.10-10**

设备选用方法	设计要点
1. 确定用水量 最大小时用水量：$Q_h=\frac{q_d m}{1000T}\cdot K$ (m^3/h) 设计秒流量：$Q_g=\alpha\cdot 0.2\sqrt{Ng}+KN_g$ (L/s) 公式内符号同气压给水设备，表 2.10-1 2. 确定所需压力 P $P=(h_1+h_2+h_3)/100$ 式中 P——建筑物最不利点所需压力 (MPa) h_1——水池最低水位至建筑物最不利点几何高差 (m) h_2——管网沿程阻力与局部阻力之和 (m) h_3——卫生设备的流出水头 (m) 100——换算系数 3. 选择水泵 (1) 三泵组时：由 P 和$\frac{1}{2}$ (1.2Q) 选三台主泵（其中一台备用）使：($Q_{b1}+Q_{b2}\geqslant 1.2Q$；$H_b\geqslant P$，其中 Q_{b1}、Q_{b2}、H_b 分别为水泵的流量和扬程 (2) 四泵组时：由 P 和$\frac{1}{3}$ (1.2Q) 选四台主泵（其中一台备用），使 ($Q_{b1}+Q_{b2}+Q_{b3}$) $\geqslant 1.2Q$；$H_b\geqslant P$ (3) 小流量泵和小气压罐应根据设备的供水量服务对象而定 4. 设备选型 根据每个工程的具体供水情况，可选择如图 2.10-4；图 2.10-5；图 2.10-6；图 2.10-7；图 2.10-8；图 2.10-9；图 2.10-10 所示的设备组合形式 每组设备组合形式中，最多可选四台主泵 5. 电控柜 根据所选设备组合形式，厂家配备相应的电控柜	1. 变频调速水泵应有自动调节水泵转速和软起动的功能，且应有过载、短路、过压、缺相、欠压、过热等保护功能 2. 变频调速水泵的选择： (1) 水泵工作点应在水泵主高效区范围内 (2) 计算的用水工况宜在水泵流量—扬程曲线的右侧 (3) 调整范围宜在 0.75～1.0 范围内，在高效区内可容许下调 20% (4) 当用水不均匀时，为减少零流量时的能耗，变频调速水泵宜采用并联配有小型加压泵的小型气压水罐在夜间供水 3. 水泵吸水方式宜采用自灌式 4. 压力传感器应安装在供水干管震动小，水压较平稳处 5. 变频调速给水设备应安放在环境温度 5～40℃，相对湿度在 90%以下且有良好的通风、采光房间内不应安置在多粉尘，有腐蚀性气体及机械振动较大的场合 6. 设备垂直地面放置，周围应留有充分的散热空间，水泵机组的布置要求，见表 2.8-5 7. 电控柜后净距 $b\geqslant$800mm，柜顶距建筑结构的最低点 $H\geqslant$1000mm，柜底高出地面 300mm

2. 变频调速给水装置的几种设备组合形式

(1) 恒压变量供水设备

恒压变量供水设备图式见图 2.10-4。

(2) 带一台小泵的恒压变量供水设备

带一台小泵的恒压变量供水设备图式见图 2.10-5。

(3) 带小气压罐的恒压变量供水设备

带小气压罐的恒压变量供水设备图式见图 2.10-6。

(4) 变压变量供水设备

变压变量供水设备图式见图 2.10-7。

(5) 带小气压罐变压变量供水设备

带小气压罐变压变量供水设备图式见图 2.10-8。

(6) 变压变量固定顺序控制全部软启动供水设备

变压变量固定顺序控制全部软启动供水设备图式见图 2.10-9。

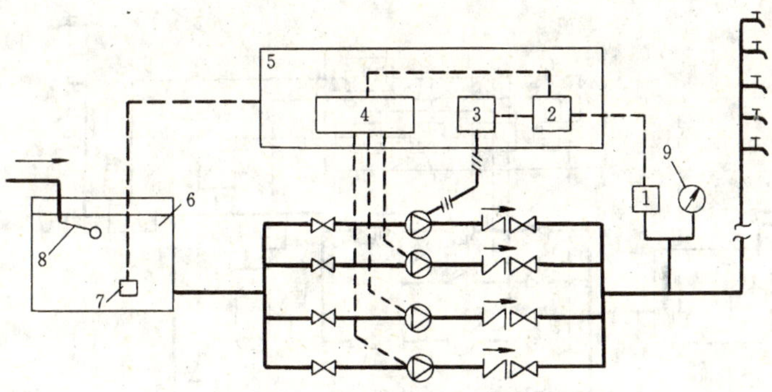

说明：

一、编号：

1—压力传感器；2—数字式 PID 调节器；3—变频调速器；

4—恒速泵控制器；5—电控柜；6—水池；7—水位传感器；

8—液位自动控制阀；9—压力表

二、特点：本设备在水泵出水管附近安装压力传感器控制水泵按设计给定的压力工作，其中一台水泵为变频调速泵，其余泵为恒速泵。如水池中水位过低，水位传感器发出指令停泵。运行时首先变频调速泵工作，当调速泵不能满足用水量要求时，自动启动恒速泵，反之亦然。

图 2.10-4 恒压变量供水设备

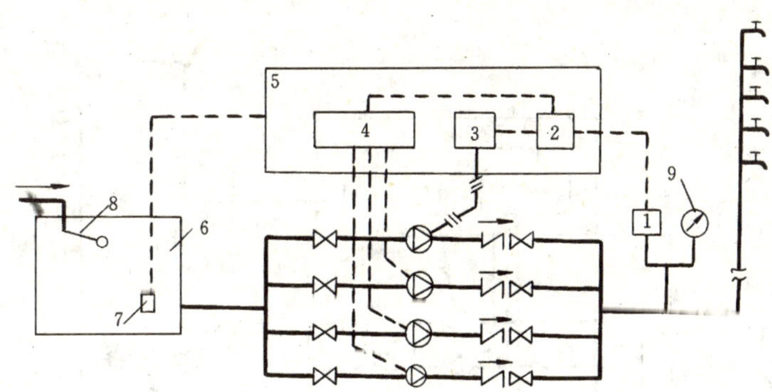

说明：

一、编号：

1—压力传感器；2—数字式 PID 调节器；3—变频调速器；

4—恒速泵控制器；5—电控柜；6—水池；7—水位传感器；

8—液位自动控制阀；9—压力表

二、特点：本设备在水泵出水管附近安装压力传感器控制水泵按设计给定的压力工作，其中一台水泵为变频调速泵，其余泵为恒速泵。如水池中水位过低，水位传感器发出指令停泵。当用水量较小时，由小泵供水。当小泵供水量不能满足用水量时，变频调速泵投入运行，小泵停止工作，当调速泵还不能满足用水量要求时，自动启动恒速泵，反之亦然。

图 2.10-5 恒压变量供水设备（带一台小泵）

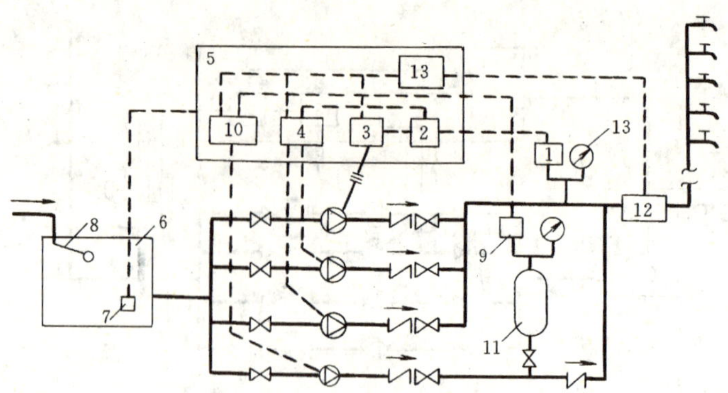

说明：

一、编号：

1—压力传感器；2—数字式 PID 调节器；3—变频调速器；
4—恒速泵控制器；5—电控柜；6—水池；7—水位传感器；
8—液位自动控制阀；9—压力开关；10—水泵控制器；
11—小气压罐；12—流量传感器；13—压力表

二、特点：本设备在水泵出水管附近安装压力传感器控制水泵按设计给定的压力工作，其中一台水泵为变频调速泵，其余泵为恒速泵。如水池中水位过低，水位传感器发出指令停泵。当用水量较小时，由小气压罐系统供水。当小气压罐系统供水量不能满足用水量时，变频调速泵投入运行，小气压罐系统停止工作。当调速泵还不能满足用水量要求时，自动启动恒速泵，反之亦然。

图 2.10-6　恒压变量供水设备（带小气压罐）

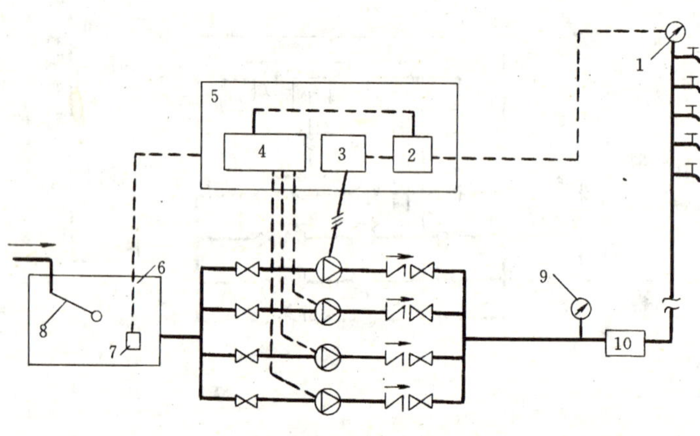

说明：

一、编号：

1—压力传感器；2—数字式 PID 调节器；3—变频调速器；
4—恒速泵控制器；5—电控柜；6—水池；7—水位传感器；
8—液位自动控制阀；9—压力表；10—流量传感器

二、特点：本设备在管网末端设有遥传式压力传感器或在水泵出水管附近设有流量传感器。其中一台水泵为变频调速泵，其余泵为恒速泵。如水池中水位过低，水位传感器发出指令停泵。运行时，首先调速泵工作，当调速不能满足用水量要求时，自动启动恒速泵；反之亦然。供水压力随着供水量的变化沿管网特性曲线而改变。

图 2.10-7　变压变量供水设备

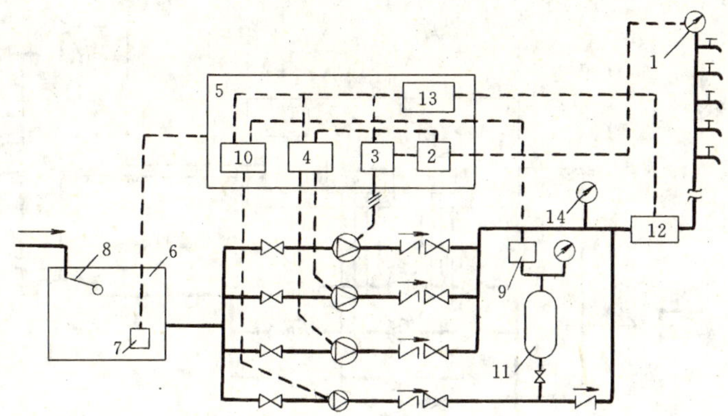

说明：

一、编号：

1—压力传感器；2—数字式 PID 调节器；3—变频调速器；4—恒速泵控制器；
5—电控柜；6—水池；7—水位传感器；8—液位自动控制阀；9—压力开关；
10—水泵控制器；11—小气压罐；12—流量传感器；13—流量控制器；14—压力表

二、特点：本设备在管网末端设有遥传式压力传感器或在水泵出水管附近设有流量传感器。其中一台水泵为变频调速泵，其余泵为恒速泵。如水池中水位过低，水位传感器发出指令停泵。当用水量较小时，由小气压罐系统供水。当小气罐系统供水不能满足用水量时，变频调速泵工作，当调速泵还不能满足用水量要求时，自动启动恒速泵，反之亦然。供水压力随着供水量的变化沿管网特性曲线而改变。

图 2.10-8 变压变量供水设备（带小气压罐）

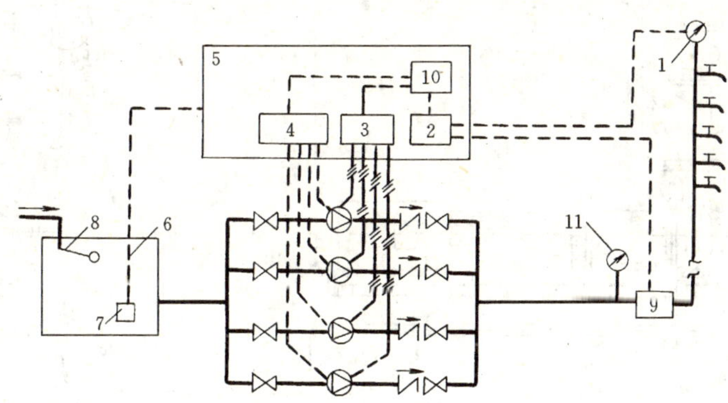

说明：

一、编号：

1—压力传感器；2—数字式 PID 调节器；3—变频调速器；4—恒速泵控制器；5—电控柜；
6—水池；7—水位传感器；8—液位自动控制阀；9—流量传感器；10—固定顺序控制器；11—压力表

二、特点：本设备主泵不多于四台，全部可软启动均可变频调速，若按正顺序启动则按逆顺序停止。在几台水泵并联供水时，只有一台泵是变频调速泵，其余泵为恒速泵。供水压力随着供水量的变化沿管网的特性曲线而改变。

本图式也可增加一台小泵和一台小气压罐，改善小流量供水情况。

图 2.10-9 变压变量固定顺序控制全部软启动供水设备

(7) 变压变量循环顺序控制全部软启动供水设备

变压变量循环顺序控制全部软启动供水设备图式见图 2.10-10。

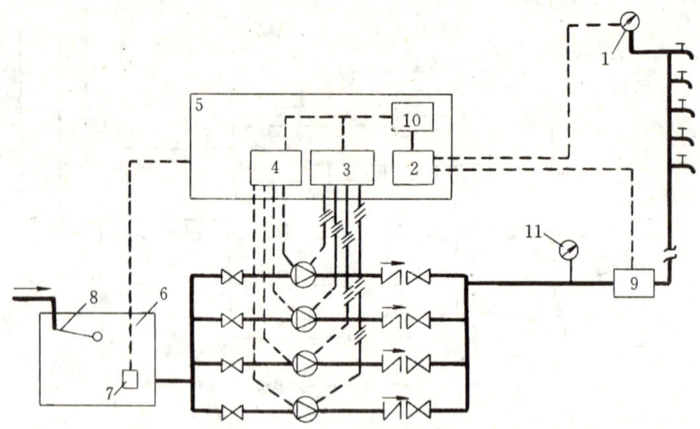

说明：

一、编号：

1—压力传感器；2—数字式PID调节器；3—变频调速器；4—恒速泵控制器；5—电控柜；6—水池；7—水位传感器；8—液位自动控制阀；9—流量传感器；10—循环顺序控制器；11—压力表

二、特点：本设备主泵不多于四台，全部可软启动。均可变频调速，按先开先停，后开后停的原则循环运行。供水压力随着供水量的变化沿管网的特性曲线而改变。

本图式也可增加一台小泵和一台小气压罐，改善小流量供水情况。

图 2.10-10　变压变量循环顺序控制全部软启动供水设备

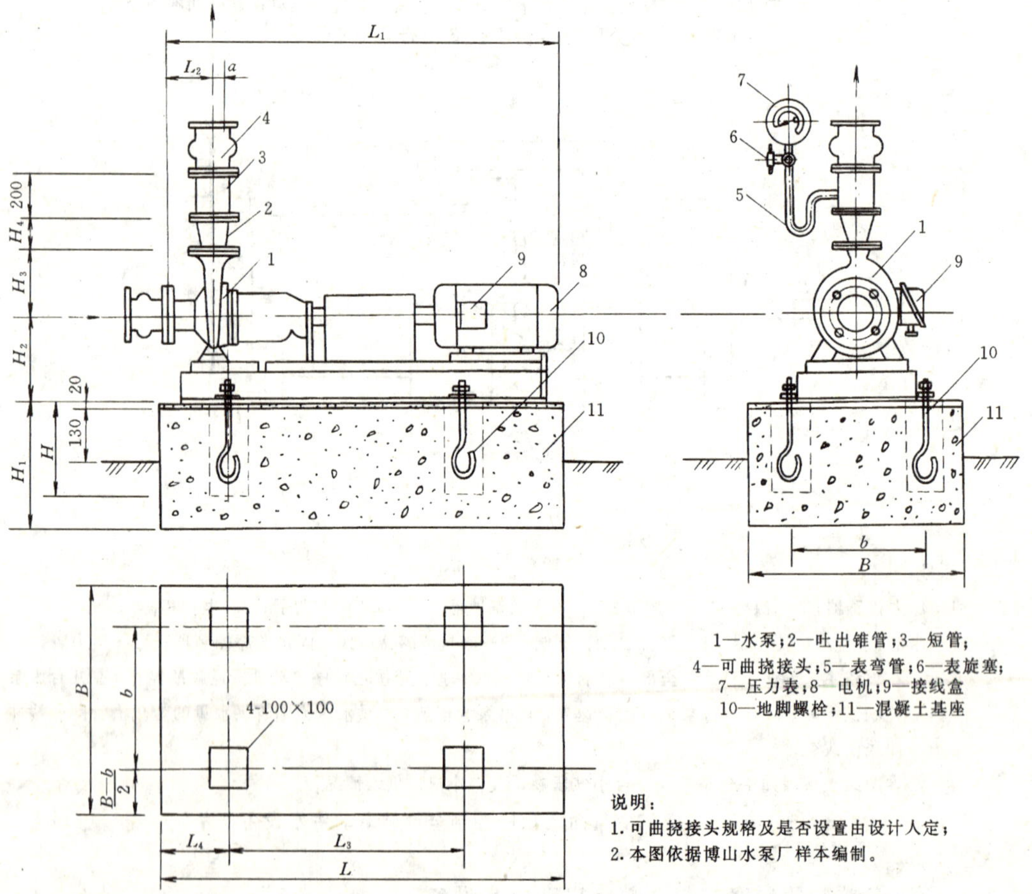

1—水泵；2—吐出锥管；3—短管；4—可曲挠接头；5—表弯管；6—表旋塞；7—压力表；8—电机；9—接线盒；10—地脚螺栓；11—混凝土基座

说明：

1. 可曲挠接头规格及是否设置由设计人定；
2. 本图依据博山水泵厂样本编制。

图 2.10-11　IS型水泵（不减振）安装图

3. 变频调速给水装置常用的水泵

(1) IS 型水泵

IS 型水泵（不减振）安装图见图 2.10-11；

IS 型水泵型号、性能、安装尺寸表（n=1450r/min）见表 2.10-11；

IS 型水泵型号、性能、安装尺寸表（n=2900r/min）见表 2.10-12；

IS 型水泵（有减振基座）安装图见图 2.10-12；

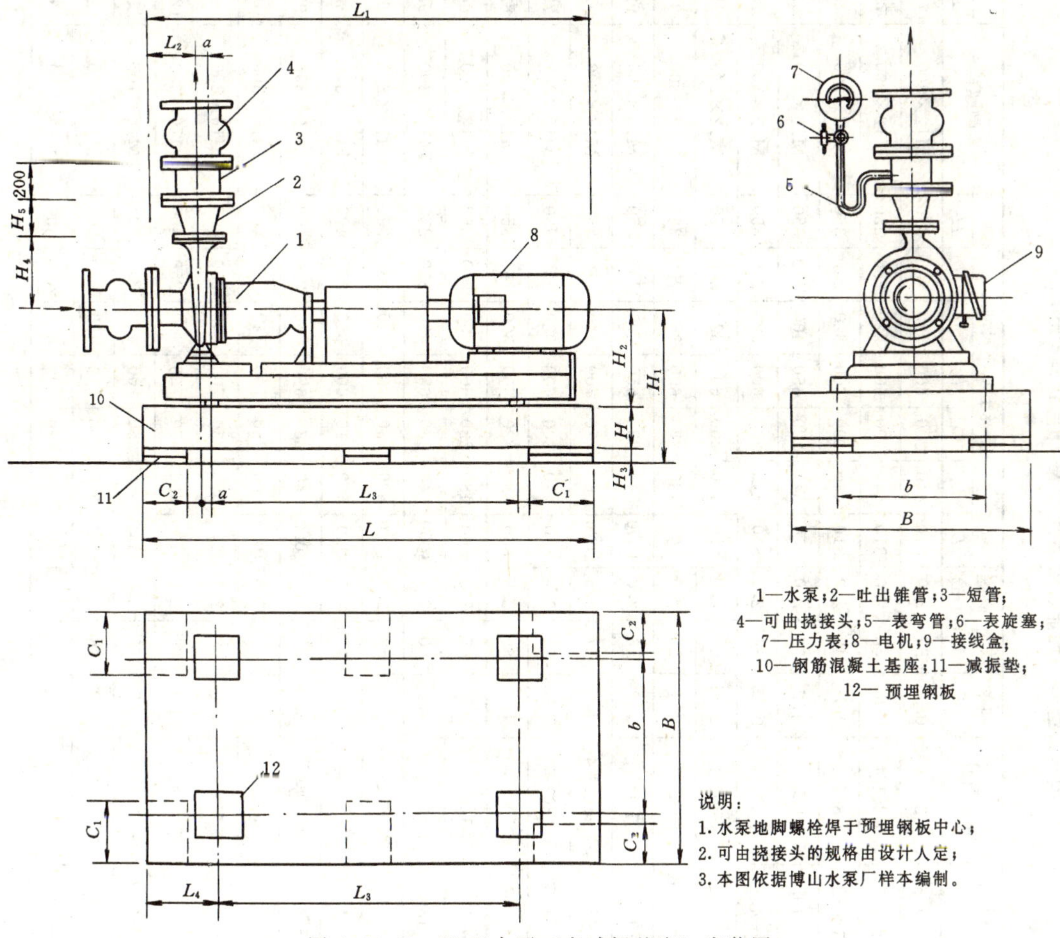

图 2.10-12 IS 型水泵（有减振基座）安装图

IS 型水泵减振安装尺寸表，（n=1450r/min，地面安装）见表 2.10-13；

IS 型水泵减振安装尺寸表，（n=2900r/min，地面安装）见表 2.10-14；

IS 型水泵减振安装尺寸表（n=2900r/min，楼层安装）见表 2.10-15。

(2) DL 型水泵

DL 型水泵安装图见图 2.10-13。

DL 型水泵型号、性能、安装尺寸表（40DL，50DL）见表 2.10-16；

DL 型水泵型号、性能、安装尺寸表（65DL、80DL、100DL）见表 2.10-17。

(3) SG 型管道泵

SG 型管道泵规格及尺寸表 见表 2.10-18。

SG 型管道泵尺寸及安装示意 见图 2.10-14。

IS型水泵型号、性能、安装尺寸表（n=1450r/min） **表2.10-11**

n=1450r/min

序号	水泵型号	流量 (m^3/h)	扬程 (m)	电机型号	功率 (kW)	效率 (%)	吸程 (m)	混凝土基座尺寸							地脚螺栓	水泵外形及安装尺寸					
								L	L_3	L_4	B	b	H	H_1		L_1	L_2	H_2	H_3	H_4	a
1	IS50-32-125	3.6～7.2	5.4～4.6	Y801-4	0.55	55	2.0	810	440	200	600	320	250	350	M12×300	750	80	200	140	105	70
2	-160	3.8～7.5	8.5～7.5	Y801-4	0.55	48	2.0	810	440	200	600	320	250	350	M12×300	750	80	220	160	105	70
3	-200	3.8～7.5	13.1～12	Y802-4	0.75	42	2.0	810	440	200	600	320	250	350	M12×300	750	80	250	180	105	70
4	-250	3.8～7.5	20.5～19.5	Y90L-4	1.5	32	2.0	950	540	220	650	400	250	350	M16×300	935	100	270	225	105	95
5	IS65-50-125	7.0～14.1	4.7～4.1	Y801-4	0.55	64	2.0	810	440	200	600	320	250	350	M12×300	750	80	200	112	105	70
6	-160	7.0～14.1	7.8～6.3	Y802-4	0.75	60	2.0	810	440	200	600	320	250	350	M12×300	750	80	220	160	105	70
7	IS65-40-200	7.5～15	13.2～11.8	Y90S-4	1.1	55	2.0	860	480	220	600	350	250	350	M12×300	910	100	250	180	105	90
8	-250	7.5～15	21～19.4	Y100L-4	2.2	46	2.0	1000	540	230	650	400	250	350	M16×300	980	100	270	225	105	95
9	-315	7.5～15	32.3～31.7	Y112M-4	4.0	37	2.5	1020	600	250	700	440	250	350	M16×300	1025	125	290	250	105	115
10	IS80-65-125	15～30	5.6～4.5	Y802-4	0.75	71	2.5	810	440	200	600	320	250	350	M12×300	770	100	220	160	105	70
11	-160	15～30	9.0～7.2	Y90L-4	1.5	69	2.5	860	480	220	600	350	250	350	M12×300	820	100	250	180	105	90
12	IS80-50-200	15～30	13.2～11.8	Y100L_1-4	2.2	65	2.5	860	480	220	600	350	250	350	M12×300	865	100	250	200	105	90
13	-250	15～30	21～18.8	Y100L_2-4	3.0	60	2.5	1000	540	230	650	400	250	350	M16×300	980	100	270	225	105	95
14	-315	15～30	32.5～31.5	Y132S-4	5.5	52	2.5	1060	600	250	700	440	250	350	M16×300	1100	125	315	280	105	115
15	IS100-80-125	30～60	6.0～4.0	Y90L-4	1.5	75	2.5	960	480	210	600	350	250	400	M12×300	820	100	250	180	120	75
16	-160	30～60	9.2～6.8	Y100L_1-4	2.2	75	2.5	1000	540	230	650	400	250	400	M16×300	980	100	250	200	120	95
17	IS100-65-200	30～60	13.5～11.8	Y112M-4	4.0	73	2.0	1020	600	250	700	440	250	400	M16×300	1000	100	270	225	200	115
18	-250	30～60	21.3～19.0	Y132S-4	5.5	68	2.0	1110	600	250	700	440	250	400	M16×300	1100	125	290	250	200	100
19	-315	30～60	34.0～30.0	Y160M-4	11.0	63	2.0	1230	660	270	750	490	250	400	M16×300	1255	125	315	280	200	115
20	IS125-100-200	60～120	14.5～11.0	Y132M-4	7.5	76	2.5	1110	600	250	700	440	350	500	M16×400	1140	125	290	280	—	100
21	-250	60～120	21.5～18.5	Y160M-4	11.0	76	2.5	1230	660	270	750	490	350	500	M16×400	1290	140	315	280	—	115
22	-315	60～120	33.5～30.5	Y160L-4	15.0	73	2.5	1270	740	300	800	550	350	500	M16×400	1320	140	340	315	—	140

IS型水泵型号、性能、安装尺寸表（n=2900r/min） 表 2.10-12

n=2900r/min

序号	水泵型号	流量 (m^3/h)	扬程 (m)	电机型号	功率 (kW)	效率 (%)	吸程 (m)	混凝土基座尺寸							地脚螺栓	水泵外形及安装尺寸					
								L	L_3	L_4	B	b	H	H_1		L_1	L_2	H_2	H_3	H_4	a
1	IS50-32-125	7.5～15	22～18.5	Y90L-2	2.2	60	2.0	860	480	220	600	350	250	350	M12×300	800	80	200	140	105	90
2	-160	7.5～15	34.3～29.6	Y100L-2	3.0	54	2.0	850	480	220	600	350	250	350	M12×300	845	80	200	160	105	90
3	-200	7.5～15	52.5～48	Y132S_1-2	5.5	48	2.0	950	540	240	650	400	250	350	M16×300	940	80	250	180	105	110
4	-250	7.5～15	82～78.5	Y160M_1-2	11.0	38	2.0	1220	660	270	750	490	250	350	M16×300	1200	100	270	225	105	130
5	IS65-50-125	15～30	21.8～18.5	Y100L-2	3.0	69	2.5	880	480	220	600	350	250	400	M12×300	845	80	200	122	105	90
6	-160	15～30	35～30	Y132S_1-2	5.5	65	2.0	950	480	240	650	400	250	400	M16×300	940	80	220	160	105	90
7	IS65-40-200	15～30	53～47	Y132S_2-2	7.5	60	2.0	950	540	240	650	440	250	400	M16×300	1025	100	250	180	105	110
8	-250	15～30	82～78	Y160M_2-2	15	50	2.0	1220	660	270	750	490	250	450	M16×300	1200	100	270	225	105	130
9	-315	15～30	127～123	Y200L_1-2	30	50	2.5	1310	740	290	800	550	350	550	M16×300	1400	125	290	250	105	155
10	IS80-65-125	30～60	22.5～18	Y132S_1-2	5.5	75	3.0	950	540	240	650	400	350	450	M16×300	960	100	220	160	105	110
11	-160	35～60	36～29	Y132S_2-2	7.5	73	2.5	950	540	240	650	400	350	450	M16×300	960	100	250	180	105	110
12	IS80-50-200	30～60	53～47	Y160M_2-2	15	69	2.5	1060	600	250	700	440	350	450	M16×300	1085	100	220	200	105	130
13	-250	30～60	84～75	Y180M-2	22	63	2.5	1240	660	270	750	490	350	550	M20×400	1270	100	270	225	105	130
14	-315	30～60	128～123	Y200L_2-2	37	54	2.5	1300	740	290	800	550	350	550	M20×400	1400	125	315	280	105	155
15	IS100-80-125	60～120	24～16.5	Y160M_1-2	11	78	4.5	1060	600	240	700	440	250	500	M16×300	1085	100	250	180	120	115
16	-160	60～120	36～28	Y160M_2-2	15	78	4.0	1190	660	270	750	490	250	500	M16×300	1200	100	250	200	120	130
17	IS100-65-200	60～120	54～47	Y180M-2	22	76	3.6	1240	660	270	750	490	350	550	M20×400	1270	100	270	225	200	130
18	-250	60～120	87～74.5	Y200L_2-2	37	72	3.8	1310	740	290	800	550	350	550	M20×400	1400	125	290	250	200	140
19	-315	60～120	133～118	Y280S-2	75	66	3.6	1550	940	370	950	670	350	550	M20×400	1655	125	390	280	200	210
20	IS125-100-200	120～240	57.5～44.5	Y225M-2	45	81	4.5	1350	740	300	800	550	350	550	M20×400	1440	125	335	280	200	140
21	-250	120～240	87～72	Y280S-2	75	78	4.2	1550	940	370	950	670	350	550	M20×400	1690	140	360	280	200	180
22	-315	120～240	132～120	Y315S-2	110	75	4.5	1630	940	370	950	670	350	550	M20×400	1870	140	425	315	200	210

IS型水泵减振安装尺寸表（n=1450r/min，地面安装） **表 2.10-13**

n=1450r/min　f=24.2（地面安装）

序号	水泵型号	电机功率(kW)	减振体系总重(kg)	隔振垫					钢筋混凝土基座						水泵安装尺寸									
				型号	支承点数	层数	块数	f/f_n	L	B	H	L_3	L_4	b	a	L_1	L_2	H_1	H_2	H_3	H_4	H_5	C_1	C_2
1	IS50-32-125	0.55	220	SD42-1	4	2	8	2.57	820	520	100	440	200	320	70	750	80	346	200	46	140	105	85	85
2	IS50-32-160	0.55	215	SD42-1	4	2	8	2.57	820	520	100	440	200	320	70	750	80	366	220	46	160	105	85	85
3	IS50-32-200	0.75	235	SD42-1	4	2	8	2.69	820	520	100	440	200	320	70	750	80	396	250	46	180	105	131.5	85
4	IS50-32-250	1.5	367	SD42-1.5	4	2	12	2.63	1000	600	120	540	240	400	95	935	100	436	270	46	225	105	85	85
5	IS65-50-125	0.55	230	SD42-1	4	2	8	2.63	820	520	100	440	200	320	70	750	80	346	200	46	140	105	85	85
6	IS65-50-160	0.75	230	SD42-1	4	2	8	2.63	820	520	100	440	200	320	70	750	80	366	220	46	160	105	85	85
7	IS65-40-200	1.1	265	SD42-1	4	2	8	2.83	900	550	100	480	220	350	90	910	100	396	250	46	180	105	85	85
8	IS65-40-250	2.2	377	SD42-1.5	4	2	12	2.69	1000	600	120	540	240	400	95	980	100	496	270	46	225	105	131.5	85
9	IS65-40-315	4.0	448	SD42-2	4	2	16	2.57	1100	640	120	600	260	440	115	1025	125	456	290	46	250	105	174	85
10	IS80-65-125	0.75	235	SD42-1	4	2	8	2.69	820	520	100	440	200	320	70	770	100	366	220	46	160	105	85	85
11	IS80-65-160	1.5	260	SD42-1	4	2	8	2.83	900	550	100	480	220	350	90	820	100	396	250	46	180	105	85	85
12	IS80-50-200	2.2	275	SD42-1	4	2	8	2.83	900	550	100	480	220	350	90	865	100	396	250	46	200	105	85	85
13	IS80-50-250	3.0	372	SD42-1.5	4	2	12	2.69	1000	600	120	540	240	400	95	980	100	436	270	46	225	105	131.5	85
14	IS80-50-315	5.5	477	SD42-2	4	2	16	2.60	1120	640	120	600	260	440	115	1100	125	481	315	46	280	105	174	85
15	IS100-80-125	1.5	265	SD42-1	4	2	8	2.83	900	550	100	480	220	350	75	820	100	396	250	46	180	120	85	85
16	IS100-80-160	2.2	352	SD42-1.5	4	2	12	2.63	1000	600	120	540	240	400	95	980	100	416	250	46	200	120	131.5	85
17	IS100-65-200	4.0	418	SD42-1.5	4	2	12	2.89	1100	640	120	600	260	440	115	1000	100	436	270	46	225	200	131.5	85
18	IS100-65-250	5.5	462	SD42-2	4	2	16	2.63	1100	640	120	600	260	440	100	1100	125	456	290	46	250	200	174	85
19	IS100-65-315	11.0	675	SD42-2.5	4	2	20	2.81	1180	690	150	660	270	490	115	1255	125	511	315	46	280	200	220.5	85
20	IS125-100-200	7.5	502	SD42-2	4	2	16	2.78	1120	640	120	600	260	440	100	1140	125	456	290	46	280	—	174	85
21	IS125-100-250	11.0	750	SD42-2.5	4	2	20	3.02	1180	690	150	660	270	490	115	1290	160	511	315	46	280	—	220.5	85
22	IS125-100-315	15.0	693	SD42-1.5	6	2	18	2.89	1320	750	150	740	300	550	140	1320	160	536	340	46	315	—	131.5	85

表 2.10-14

IS 型水泵减振安装尺寸表（n=2900r/min，地面安装）

n=2900r/min　f=48.33（地面安装）

序号	水泵型号	电机功率(kW)	减振体系总重(kg)	隔振垫					钢筋混凝土基座						水泵安装尺寸									
				型号	支承点数	层数	块数	f/f_n	L	B	H	L_3	L_4	b	a	L_1	L_2	H_1	H_2	H_3	H_4	H_5	C_1	C_2
1	IS50-32-125	2.2	250	SD41-1	4	1	4	3.87	900	550	100	480	220	350	90	800	80	320	200	20	140	105	85	85
2	-160	3.0	255	SD41-1	4	1	4	5.10	900	550	100	480	220	350	90	845	80	340	220	20	160	105	85	85
3	-200	5.5	412	SD41-1.5	4	1	6	4.10	1000	600	120	540	240	400	110	940	80	390	250	20	180	105	131.5	85
4	-250	11.0	615	SD41-2	4	1	8	4.32	1260	690	150	660	270	490	130	1202	100	440	270	20	225	105	174	85
5	IS65-50-125	3.0	343	SD41-1.5	4	1	6	3.66	900	550	120	480	220	350	90	845	80	340	200	20	112	105	131.5	85
6	-160	5.5	352	SD41-1.5	4	1	6	3.69	900	600	120	480	240	400	110	940	80	360	220	20	160	105	131.5	85
7	IS65-40-200	7.5	387	SD41-1.5	4	1	6	3.90	1000	600	120	540	240	400	110	1075	100	390	250	20	180	105	131.5	85
8	-250	15.0	625	SD41-2	4	1	8	4.35	1180	690	150	660	270	490	130	1200	100	440	270	20	225	105	174	85
9	-315	30.0	843	SD41-2	6	1	12	4.20	1320	750	150	740	300	550	155	1400	125	460	290	20	250	105	174	85
10	IS80-65-125	5.5	357	SD41-1.5	4	1	6	3.69	1000	600	120	540	240	400	110	960	100	360	220	20	160	105	131.5	85
11	-160	7.5	367	SD41-1.5	4	1	6	3.69	1000	600	120	540	240	400	110	960	100	390	250	20	180	105	131.5	85
12	IS80-50-200	15.0	542	SD41-2	4	1	8	4.10	1100	840	120	600	260	440	130	1085	100	390	250	20	200	105	174	85
13	-250	22.0	695	SD41-2.5	4	1	10	4.03	1260	690	150	660	270	490	130	1270	100	440	270	20	225	105	220.5	85
14	-315	37.0	903	SD41-2.5	6	1	15	4.28	1320	750	150	740	300	550	155	1400	125	485	315	20	280	105	220.5	85
15	IS100-80-125	11.0	558	SD41-2	4	1	8	4.06	1100	640	150	600	260	440	115	1085	100	420	250	20	180	120	174	85
16	-160	15.0	610	SD41-2	4	1	8	4.32	1200	690	150	660	270	490	130	1200	100	420	250	20	200	120	174	85
17	IS100-65-200	22.0	695	SD41-2.5	4	1	10	4.03	1200	690	150	660	270	490	130	1270	100	440	270	20	225	200	220.5	85
18	-250	37.0	833	SD41-2	6	1	12	4.03	1320	750	150	740	300	550	140	1400	125	460	290	20	250	200	174	85
19	-315	75.0	1636	SD41-4	6	1	24	4.06	1660	870	200	940	370	670	210	1655	125	610	390	20	280	200	174	174
20	IS125-100-200	45.0	918	SD41-2.5	6	1	15	3.69	1320	750	150	740	300	550	140	1440	125	505	335	20	280	200	220.5	85
21	-250	75.0	1648	SD41-4	6	1	24	4.14	1660	870	200	940	370	670	210	1690	140	580	360	20	280	200	174	174

IS 型水泵减振安装尺寸表（n=2900r/min，楼层安装）

表 2.10-15

n=2900r/min　f=48.33（楼层安装）

序号	水泵型号	电机功率(kW)	减振体系总重(kg)	隔振垫 型号	支承点数	层数	块数	f/f_n	钢筋混凝土基座 L	B	H	L_3	L_4	b	水泵安装尺寸 a	L_1	L_2	H_1	H_2	H_3	H_4	H_5	C_1	C_2
1	IS50-32-125	2.2	250	SD41-1	4	1	4	3.9	900	550	100	480	220	350	90	800	80	320	200	20	140	105	85	85
2	-160	3.0	255	SD41-1	4	1	4	3.9	900	550	100	480	220	350	90	845	80	340	220	20	160	105	85	85
3	-200	5.5	412	SD41-1.5	4	2	12	5.0	1000	600	120	540	240	400	110	940	80	390	250	20	180	105	131.5	85
4	-250	11.0	615	SD42-2.5	4	2	20	5.2	1260	690	150	660	270	490	130	1200	100	440	270	20	225	105	220.5	85
5	IS65-50-125	3.0	343	SD41-1	4	1	4	4.6	900	550	120	480	220	350	90	845	80	340	200	20	112	105	85	85
6	-160	5.5	352	SD42-1.5	4	2	12	5.3	900	600	120	480	240	400	110	940	80	360	220	20	160	105	131.5	85
7	IS65-40-200	7.5	387	SD42-2.5	4	2	20	5.5	1000	600	120	540	240	400	110	1075	100	390	250	20	180	105	220.5	85
8	-250	15.0	625	SD42-2.5	4	2	20	5.4	1180	690	150	660	270	490	130	1200	100	440	270	20	225	105	220.5	85
9	-315	30.0	843	SD42-3	4	2	24	5.8	1320	750	150	740	300	550	155	1400	125	460	290	20	250	105	263	85
10	IS80-65-125	5.5	357	SD42-1.5	4	2	12	5.3	1000	600	120	540	240	400	110	960	100	360	220	20	160	105	131.5	85
11	-160	7.5	367	SD42-1.5	4	2	12	5.3	1000	600	120	540	240	400	110	960	100	390	250	20	180	105	131.5	85
12	IS80-50-200	15.0	542	SD42-2	4	2	16	5.7	1100	840	120	600	260	440	130	1085	100	390	250	20	200	105	174	85
13	-250	22.0	695	SD42-3	4	2	24	5.3	1260	690	150	660	270	490	130	1270	100	440	270	20	225	105	263	85
14	-315	37.0	903	SD42-3	4	2	24	5.3	1320	750	150	740	300	550	155	1400	125	485	315	20	280	105	263	85
15	IS100-80-125	11.0	558	SD42-2	4	2	16	5.9	1100	640	150	600	260	440	115	1085	100	420	250	20	180	120	174	85
16	-160	15.0	610	SD42-2.5	4	2	20	5.3	1200	690	150	660	270	490	130	1200	100	420	250	20	200	120	220.5	85
17	IS100-65-200	22.0	695	SD42-3	4	2	24	5.3	1200	690	150	660	270	490	130	1270	100	440	270	20	225	200	263	85
18	-250	37.0	833	SD42-3	4	2	24	5.7	1320	750	150	740	300	550	140	1400	125	460	290	20	250	200	263	85
19	-315	75.0	1636	SD42-6	4	2	48	6.0	1660	870	200	940	370	670	210	1655	125	610	390	20	280	200	263	174
20	IS125-100-200	45.0	918	SD42-3	4	2	24	6.1	1320	750	150	740	300	550	140	1440	125	505	335	20	280	200	263	85
21	-250	75.0	1648	SD42-6	4	2	48	6.0	1660	870	200	940	370	670	210	1690	140	580	360	20	280	200	263	174

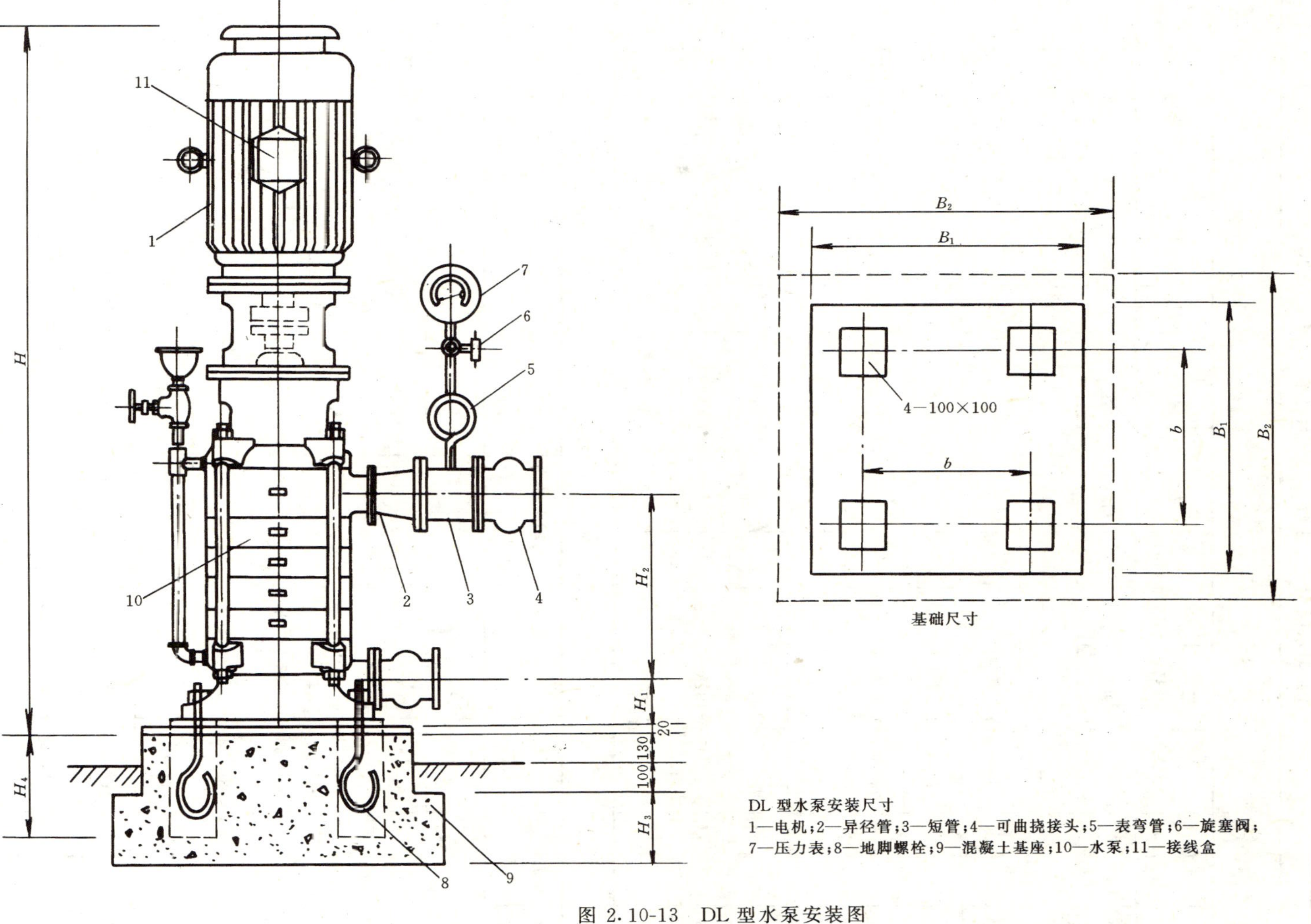

DL 型水泵安装尺寸

1—电机；2—异径管；3—短管；4—可曲挠接头；5—表弯管；6—旋塞阀；7—压力表；8—地脚螺栓；9—混凝土基座；10—水泵；11—接线盒

图 2.10-13 DL 型水泵安装图

DL型水泵型号、性能、安装尺寸表（40DL、50DL） **表2.10-16**

型号：40DL 转数：1450r/min 效率：40% 吸程：7m

级数	流量 (m^3/h)	扬程 (m)	电机型号	功率 (kW)	总重 (kg)	H	H_1	H_2	H_3	H_4	L	h	B_1	B_2	b	地脚螺栓
2		25～21	Y90L-4	1.5	208	938		170								
3		37～32	Y100L$_1$-4	2.2	247	1043		230	300	300			500	700		M12×300
4		49～43	Y100L$_2$-4	3.0	267	1103		290								
5		62～54	Y112M-4	4.0	288	1183		350								
6	4.9～7.4	74～65	Y112M-4	4.0	309	1243	112	410	300	300	225	45	600	800	300	M12×300
7		86～75	Y132S-4	5.5	332	1378		470								
8		99～86	Y132S-4	5.5	352	1438		530								
9		112～97	Y132M-4	7.5	373	1538		590	300	400			600	1000		M12×400
10		124～108	Y132M-4	7.5	394	1598		650								

型号：50DL 转数：1450r/min 效率：60.7%～70% 吸程：8m

级数	流量 (m^3/h)	扬程 (m)	电机型号	功率 (kW)	总重 (kg)	H	H_1	H_2	H_3	H_4	L	h	B_1	B_2	b	地脚螺栓
2		27～21	Y100L$_3$-4(B$_5$)	3.0	235	1084		189								
3		40～32	Y100L$_3$-4(B$_5$)	3.0	256	1152		257	300	300			600	800		M12×300
4		53～42	Y112M-4(B$_5$)	4.0	285	1240		325								
5		65～53	Y132S-4(B$_5$)	5.5	326	1383		393								
6	9.0～16.2	80～64	Y132S-4(B$_5$)	5.5	347	1451	104	461	300	400	220	45	600	1000	305	M12×400
7		93～74	Y132M-4(B$_5$)	7.5	381	1559		529								
8		106～85	Y132M-4(B$_5$)	7.5	402	1627		597								
9		120～95	Y160M-4(B$_5$)	11.0	468	1780		665	400	400			600	1000		M12×400
10		133～106	Y160M-4(B$_5$)	11.0	489	1848		733								

说明：1. 异径管、可曲挠接头是否设置及规格由设计人定。

2. 本图按博山水泵厂产品样本绘制。

DL 型水泵型号、性能、安装尺寸表（65DL、80DL、100DL） 表 2.10-17

序号	级数	水泵型号	流量 (m^3/h)	扬程 (m)	电机型号	功率 (kW)	转数 (r/min)	效率 (%)	吸程 (m)	总重 (kg)	H	H_1	H_2	H_3	H_4	L	h	B_1	B_2	b	地脚螺栓
1	2	65DL	18～35	37～29	Y132S-4 (B_5)	5.5	1450	62	7.6	379	1306	167	199	500	400	260	45	650	800	370	M16×400
2	3			55～43	Y132M-4 (B_5)	7.5				447	1426		279	600							
3	4			74～58	Y160M-4 (B_5)	11				536	1501		359	500	400			650	1000		
4	5			92～72	Y160L-4 (B_5)	15				600	1716		439	600							
5	6			111～87		15				644	1796		519	600							
6	7			129～101	Y180M-4 (V_1)	18.5				728	1901		599	500	400			650	1200		
7	8			148～116	Y180L-4 (V_1)	22				794	2021		679	500							
8	9			166～130		22				839	2101		759	600							
9	10			185～145	Y200L-4 (V_1)	30				962	2246		839	600							
10	2	80DL	32.4～65.2	43～34	Y160M-4 (V_1)	11	1450	70	8.0	566	1485	120	277	500	400	280	60	700	1000	400	M16×400
11	3			65～51	Y160L-4 (V_1)	15				640	1619		366	600							
12	4			86～68	Y180L-4 (V_1)	22				756	1733		455	600	500			700	1200		M16×500
13	5			108～85	Y200L-4 (V_1)	30				900	1927		544	600							
14	6			130～103		30				945	2016		633	700							
15	7			151～120	Y225S-4 (V_1)	37				1038	2150		722	700							
16	8			173～137	Y225M-4 (V_1)	45				1120	2239		811	750							
17	9			194～154		45				1175	2353		900	800							
18	10			216～171	Y250M-4 (V_1)	55				1335	2527		989	900							
19	2	100DL	72～126	43～34	Y180L-4 (V_1)	22	1450	72	7.2	764	1616	130	293	500	500	280	60	700	1200	410	M16×500
20	3			65～51	Y200L-4 (V_1)	30				900	1784		396	600							
21	4			87～68	Y225S-4 (V_1)	37				995	1932		499	700							
22	5			108～85	Y225M-4 (V_1)	45				1079	2060		602	700							
23	6			130～102	Y250L-4 (V_1)	55				1241	2248		705	800							
24	7			152～119	Y280S-4 (V_1)	75				1443	2421		808	1000							
25	8			174～136		75				1500	2524		911	1000							
26	9			195～153	Y280M-4 (V_1)	90				1600	2677		1014	1100							
27	10			217～170		90				1657	2780		1117	1100							

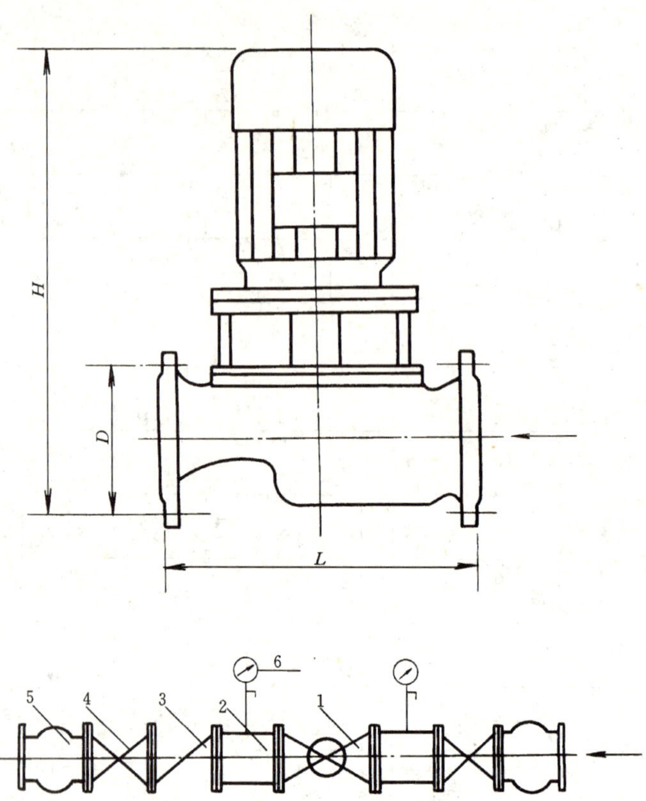

图 2.10-14　SG型水泵尺寸及安装示意

1—管道泵；2—短管；3—止回阀；4—阀门；5—可曲挠接头；6—压力表

SG型管道泵规格及尺寸表　　　　**表 2.10-18**

型　号	流量 (m^3/h)	扬程 (m)	口径 (mm)	转数 (r/min)	功率 (kW)	进口压力 (MPa)	L (mm)	H (mm)	D (mm)
20SG0.7-5	0.7	5	20	2800	0.06	0.01～0.30	200	265	—
20SG1-3	1	3	20	2800	0.06	0.01～0.32	200	265	—
25SG3-10	3	10	25	2800	0.25	0.01～0.35	185	310	75
25SG3-20	3	20	25	2800	0.55	0.01～0.25	—	—	—
40SG6-20	6	20	40	2800	0.75	0.01～0.25	250	390	100
40-32SG5-44	5	44	40～32	2840	1.5	0.01～0.54	324	527	100～90
40-32SG8-37	8	37	40～32	2840	2.2	0.01～0.61	324	552	100～90
40SG8-30	8	30	40	2840	2.2	0.01～0.15	310	435	100
50SG10-7.5	10	7.5	50	2800	0.55	0.01～0.375	255	320	110
50SG8-22	8	22	50	2825	1.1	0.01～0.23	280	332	110
50SG15-30	15	30	50	2880	3	0.01～0.15	310	472	110
50SG10-50	10	50	50	2890	4	0.01～0.48	420	570	125

续表

型　号	流量 (m^3/h)	扬程 (m)	口径 (mm)	转数 (r/min)	功率 (kW)	进口压力 (MPa)	L (mm)	H (mm)	D (mm)
65SG20-15	20	15	65	2840	1.5	0.01～0.30	280	420	130
65SG20-21	20	21	65	2840	2.2	0.01～0.24	290	460	130
65SG30-15	30	15	65	2840	2.2	0.01～0.30	280	460	130
65SG27-30	27	30	65	2890	4	0.01～0.15	340	470	130
65SG25-50	25	50	65	2900	7.5	0.01～0.80	—	—	—
80SG40-18	40	18	80	2890	4	0.01～0.27	320	497	150
80SG50-30	50	30	80	2900	7.5	0.01～0.80	410	593	150
80SG50-50	50	50	80	2930	15	0.01～0.80	—	—	—
100SG40-18	40	18	100	2890	4	0.01～0.27	350	505	170
100SG50-30	50	30	100	2900	7.5	0.01～0.80	395	590	180
100SG50-50	50	50	100	2930	15	0.01～0.80	495	755	180
100SG100-16	100	16	100	2900	7.5	0.01～0.80	445	626	180
150SG100-16	100	16	150	2900	7.5	0.01～0.80	555	692	240
150SG100-30	100	30	150	2930	15	0.01～0.80	555	760	240

注：适用介质温度<100℃。

第3章　生活热水及饮用水

3.1　生　活　热　水

3.1.1　生活热水的设计计算

1. 热水用量计算

(1) 生活热水用量可按下式计算

1) 住宅、旅馆、医院等建筑按人数、床位数和热水用水定额计算

$$q = K_h \frac{mq_r}{T} \tag{3.1-1}$$

式中　q——最大小时热水用水量（L/h）；

m——用水计算单位数（人数或床位数）；

q_r——热水用水定额，见表3.1-1；

T——一日内热水供应时间。

K_h——小时变化系数，全日制供应热水时，按表3.1-3选用。

2) 工业企业生活间、公共浴室、学校、剧院、体育馆（场）等建筑按卫生器具数和热水用水定额计算

$$q = \Sigma \frac{q_h n_0 b}{100} \tag{3.1-2}$$

式中　q——最大小时热水用水量（L/h）；

q_h——卫生器具1h的热水用水定额（L/h），见表3.1-2；

n_0——同类卫生器具数；

b——同类卫生器具在1h内使用的百分数，按表3.1-4及表3.1-5选用。

(2) 冷、热水混合的比例关系

$$q_r + q_L = q_m \tag{3.1-3}$$

$$\frac{q_r}{q_m} = \frac{t_m - t_L}{t_r - t_L} \tag{3.1-4}$$

式中　q_r、q_L、q_m——分别为热水、冷水及混合水的水量（L）；

t_r、t_L、t_m——分别为热水、冷水及混合水的温度（℃）。

热水、冷水及混合水的温度见表3.1-2、表3.1-6、表3.1-7及表3.1-8。

热水量及冷水量占混合水量的百分数，见表3.1-9及表3.1-10。

2. 热水系统小时耗热量计算

(1) 住宅、旅馆、医院等建筑按人数、床位数和热水用水定额计算

$$Q = K_{\mathrm{h}} \frac{mq_{\mathrm{r}}c(t_{\mathrm{r}} - t_{\mathrm{L}})}{3.6T} = qc \frac{t_{\mathrm{r}} - t_{\mathrm{L}}}{3.6} \tag{3.1-5}$$

式中 Q——设计小时耗热量（W）；

m——用水计算单位数（人数或床位数）；

q_{r}——热水用水定额，见表 3.1-1；

c——水的比热，取 4.19kJ/（kg·℃）；

t_{r}——热水温度（℃），一般取 60～65℃；

t_{L}——冷水温度（℃），见表 3.1-7，一般取 5～10℃；

T——一日内热水供应时间（h）；

K_{h}——小时变化系数，全日制供应热水时按表 3.1-3 选用；

q——最大小时热水用水量（L/h）。

（2）工业企业生活间、公共浴室、学校、剧院、体育馆（场）等建筑按卫生器具数和热水用水定额计算

$$Q = \Sigma \frac{q_{\mathrm{h}}c(t_{\mathrm{r}} - t_{\mathrm{L}})n_0 b}{3.6 \times 100} = \Sigma qc \frac{t_{\mathrm{r}} - t_{\mathrm{L}}}{3.6} \tag{3.1-6}$$

式中 Q——设计小时耗热量（W）；

q_{h}——卫生器具 1h 的热水用水定额（L/h），见表 3.1-2；

c——水的比热，取 4.19kJ/（kg·℃）；

t_{r}——热水温度（℃），一般取 60～65℃；

t_{L}——冷水温度（℃），见表 3.1-7，一般取 5～10℃；

n_0——同类卫生器具数；

b——同类卫生器具在一小时内使用的百分数，按表 3.1-4 及表 3.1-5 选用；

q——最大小时热水用水量（L/h）。

热水用水定额 **表 3.1-1**

序号	建筑物名称	单位	60℃的用水定额（最高日）（L）
1	普通住宅、每户设有沐浴设备	每人每日	85～130
2	高级住宅和别墅、每户设有沐浴设备	每人每日	110～150
3	集体宿舍		
	有盥洗室	每人每日	27～38
	有盥洗室和浴室	每人每日	38～55
4	普通旅馆、招待所		
	有盥洗室	每床每日	27～55
	有盥洗室和浴室	每床每日	55～110
	设有浴盆的客房	每床每日	110～162
5	宾馆		
	客房	每床每日	160～215
6	医院、疗养院、休养所		
	有盥洗室	每病床每日	30～65
	有盥洗室和浴室	每病床每日	65～130
	设有浴盆的病房	每病床每日	160～215

续表

序号	建筑物名称	单位	60℃的用水定额（最高日）（L）
7	门诊部、诊疗所	每病人每次	5～9
8	公共浴室 设有淋浴器、浴盆、浴池及理发室	每顾客每次	55～110
9	理发室	每顾客每次	5～13
10	洗衣房	每公斤干衣	16～27
11	公共食堂 营业食堂 工业、企业、机关、学校食堂	 每顾客每次 每顾客每次	 4～7 3～5
12	幼儿园、托儿所 有住宿 无住宿	 每儿童每日 每儿童每日	 16～32 9～16
13	体育场 运动员淋浴	每人每次	27

注：1. 本表内所列用水定额均已包括在给水用水定额之内。
2. 本表60℃热水水温为计算温度，卫生器具使用时的热水水温见表3.1-2。

卫生器具的一次和小时热水用水定额及水温　　表3.1-2

序号	卫生器具名称	一次用水量(L)	小时用水量(L)	水　温(℃)
1	住宅、旅馆 带有淋浴器的浴盆 无淋浴器的浴盆 淋浴器 洗脸盆、盥洗槽水龙头 洗涤盆（池）	 150 125 70～100 3 —	 300 250 140～200 30 180	 40 40 37～40 30 50
2	集体宿舍 淋浴器：有淋浴小间 无淋浴小间 盥洗槽水龙头	 70～100 — 3～5	 210～300 450 50～80	 37～40 37～40 30
3	公共食堂 洗涤盆（池） 洗脸盆：工作人员用 顾客用 淋浴器	 — 3 — 40	 250 60 120 400	 50 30 30 37～40
4	幼儿园、托儿所 浴盆：幼儿园 托儿所 淋浴器：幼儿园 托儿所 盥洗槽水龙头 洗涤盆（池）	 100 30 30 15 1.5 —	 400 120 180 90 25 180	 35 35 35 35 30 50
5	医院、疗养所、休养所 洗手盆 洗涤盆（池） 浴盆	 — — 125～150	 15～25 300 250～300	 35 50 40
6	公共浴室 浴盆 淋浴器：有淋浴小间 无淋浴小间 洗脸盆	 125 100～150 — 5	 250 200～300 450～540 50～80	 40 37～40 37～40 35

续表

序号	卫生器具名称	一次用水量(L)	小时用水量(L)	水 温(℃)
7	理发室			
	洗脸盆	—	35	35
8	实验室			
	洗涤盆	—	60	50
	洗手盆	—	15～25	30
9	剧院			
	淋浴器	60	200～400	37～40
	演员用洗脸盆	5	80	35
10	体育场			
	淋浴器	30	300	35
11	工业企业生活间			
	淋浴器：一般车间	40	360～540	37～40
	脏车间	60	180～480	40
	洗脸盆式盥洗槽水龙头：			
	一般车间	3	90～120	30
	脏车间	5	100～150	35
12	净身器	10～15	120～180	30

注：一般车间指现行《工业企业设计卫生标准》中规定的3、4级卫生特征的车间，脏车间指该标准中规定的1、2级卫生特征的车间。

热水供应的小时变化系数 K_h 值 **表 3.1-3**

住宅	居住人数 m	50	100	150	200	250	300	500	1000	3000	6000
	K_h	6.58	5.12	4.49	4.13	3.88	3.70	3.28	2.86	2.48	2.34

旅馆	居住人数 m	60	150	300	450	600	900
	K_h	9.65	6.84	5.61	4.97	4.58	4.19

医院	床位数 m	35	50	75	100	200	300	500	1000
	K_h	7.62	4.55	3.78	3.54	2.93	2.60	2.23	1.95

住宅浴盆同时使用百分数 b **表 3.1-4**

浴盆数 n_0	1	2	3	4	5	6	7	8	9	10	15	20	25	30	40	50	100	150	200	300	400	≥1000
b	100	85	75	70	65	60	57	55	52	49	45	42	39	37	35	34	31	29	27	26	25	24

注：设有浴盆的住宅，仅计算浴盆的热水用量，同时使用百分数按本表取用，其它器具热水用量不计。

公共建筑卫生器具同时使用百分数 b

表 3.1-5

建筑性质	卫生器具	b（%）
公共浴室，工厂、学校、剧院、体育馆（场）的浴室	淋浴器	100
	洗脸盆	100
宾馆、普通旅馆的卫生间	浴盆	60～70
医院、疗养院病房内的卫生间	浴盆	25～50

注：设有浴盆的公共建筑，浴盆的同时使用百分数按本表取用，其它的器具热水用量不计。

热水系统供水温度 表 3.1-6

配水点最低水温	锅炉及水加热器出口温度
40℃	50～55℃
45℃	55～60℃
50℃	60～65℃
60℃	70～75℃

注：1. 当热水只供沐浴和盥洗用水，而不供洗涤盆（池）洗涤用水时，配水点最低水温可不低于40℃。
2. 需水质处理而未处理时，热水出口温度不宜大于60℃；有水质处理或毋需水质处理时，热水出口温度不宜大于75℃。

冷水计算温度　表3.1-7

分区	地　　区	地面水温度（℃）	地下水温度（℃）
第一分区	黑龙江、吉林、内蒙古的全部，辽宁的大部分，河北、山西、陕西偏北部分，宁夏偏东部分	4	6～10
第二分区	北京、天津、山东全部，河北、山西、陕西的大部分，河南北部、甘肃、宁夏、辽宁的南部、青海偏东和江苏偏北的一小部分	4	10～15
第三分区	上海、浙江全部，江西、安徽、江苏的大部分，福建北部，湖南、湖北东部，河南南部	5	15～20
第四分区	广东、台湾全部，广西大部分，福建、云南的南部	10～15	20
第五分区	贵州全部，四川、云南的大部分，湖南、湖北的西部，陕西和甘肃秦岭以南地区，广西偏北的一小部分	7	15～20

洗衣机、厨房器具用水温度　表3.1-8

用水对象	用水温度（℃）	用水对象	用水温度（℃）
洗衣机：		厨房餐厅：	
棉麻织物	50～60	一般洗涤	45
丝绸织物	35～45	洗碗机	60
毛料织物	35～40	餐具过清	70～80
人造纤维织物	30～35	餐具消毒	100

热水及冷水占混合水量的百分数（热水温度60℃）　表3.1-9

混合水温度（℃）	冷水温度（℃）															
	5	6	7	8	9	10	11	12	13	14	15	16	17	18	19	20
25	36 64	35 65	34 66	33 67	31 69	30 70	29 71	27 73	26 74	24 76	22 78	20 80	19 81	17 83	15 85	13 87
30	45 55	44 56	43 57	42 58	41 59	40 60	39 61	37 63	36 64	35 65	32 68	31 69	30 70	29 71	27 73	25 75
35	55 45	54 46	53 47	52 48	51 49	50 50	49 51	48 52	47 53	46 54	44 56	43 57	42 58	41 59	39 61	38 62
37	58 42	57 43	57 43	56 44	55 45	54 46	53 47	52 48	51 49	50 50	49 51	48 52	47 53	45 55	44 56	43 57
40	64 36	63 37	62 38	62 38	61 39	60 40	59 41	58 42	57 43	57 43	56 44	55 45	54 46	52 48	51 49	50 50
42	67 33	67 33	66 34	65 35	65 35	64 36	63 37	62 38	62 38	61 39	60 40	59 41	58 42	57 43	56 44	55 45
45	73 27	72 28	72 28	71 29	71 29	70 30	69 31	69 31	68 32	67 33	67 33	66 34	65 35	64 36	64 36	63 37
50	82 18	81 19	81 19	81 19	80 20	80 20	80 20	79 21	79 21	78 22	78 22	77 23	77 23	76 24	76 24	75 25
55	91 9	91 9	91 9	90 10	90 10	90 10	90 10	90 10	89 11	89 11	89 11	89 11	89 11	88 12	88 12	88 12
60	100 0	100 0	100 0	100 0	100 0	100 0	100 0	100 0	100 0	100 0	100 0	100 0	100 0	100 0	100 0	100 0

注：表中上行为热水所占百分数，下行为冷水所占百分数。

热水及冷水占混合水量的百分数（热水温度65℃） 表3.1-10

混合水温度（℃）	冷水温度（℃）															
	5	6	7	8	9	10	11	12	13	14	15	16	17	18	19	20
25	33	32	31	30	29	27	26	25	23	22	20	18	17	15	13	12
	67	68	69	70	71	73	74	75	77	78	80	82	83	85	87	88
30	42	41	40	39	38	36	35	34	33	31	30	29	27	26	24	22
	58	59	60	61	62	64	65	66	67	69	70	71	73	74	76	78
35	50	49	48	47	46	45	44	43	42	41	40	39	37	36	35	33
	50	51	52	53	54	55	56	57	58	59	60	61	63	64	65	67
37	53	52	52	51	50	49	48	47	46	45	44	43	42	40	39	37
	47	48	48	49	50	51	52	53	54	55	56	57	58	60	61	63
40	58	58	57	56	55	55	54	53	52	51	50	49	48	47	46	44
	42	42	43	44	45	45	46	47	48	49	50	51	52	53	54	56
42	62	61	60	60	59	58	57	56	56	55	54	53	52	51	50	48
	38	39	40	40	41	42	43	44	44	45	46	47	48	49	50	52
45	67	66	65	65	64	64	63	62	62	61	60	59	58	57	56	54
	33	34	35	35	36	36	37	38	38	39	40	41	42	43	44	46
50	75	75	74	74	73	73	72	72	71	71	70	69	69	68	67	65
	25	25	26	26	27	27	28	28	29	29	30	31	31	32	33	35
55	83	83	83	82	82	82	81	81	81	80	80	80	79	79	78	76
	17	17	17	18	18	18	19	19	19	20	20	20	21	21	22	24
60	92	92	91	91	91	91	91	91	90	90	90	90	90	90	89	87
	8	8	9	9	9	9	9	9	10	10	10	10	10	10	11	13
65	100	100	100	100	100	100	100	100	100	100	100	100	100	100	100	100
	0	0	0	0	0	0	0	0	0	0	0	0	0	0	0	0

注：表中上行为热水所占百分数，下行为冷水所占百分数。

3. 热媒耗量计算

(1) 蒸气耗量计算

$$G = 1.15\frac{3.6Q}{\Delta i} \tag{3.1-7}$$

式中 G——每小时蒸汽耗量（kg/h）；

Q——设计小时耗热量（W）；

Δi——蒸汽的汽化潜热（kJ/kg），按表3.1-11取用。

按公式3.1-7，计算出不同耗热量在不同蒸汽压力下的蒸汽耗量，编制成表3.1-12。以方便设计选用。

不同压力下饱和蒸汽与水的温度及汽化潜热 表3.1-11

绝对压力 P（MPa）	饱和温度 t（℃）	饱和水的焓 i_s（kJ/kg）	汽化潜热 Δi（kJ/kg）	绝对压力 P（MPa）	饱和温度 t（℃）	饱和水的焓 i_s（kJ/kg）	汽化潜热 Δi（kJ/kg）
0.10	99.6	417.5	2258.2	0.18	116.9	490.7	2211.4
0.12	104.8	439.4	2244.4	0.20	120.2	504.7	2202.2
0.14	109.3	458.4	2232.4	0.25	127.4	535.4	2181.8
0.16	113.3	475.4	2221.4	0.30	133.5	561.4	2164.1

续表

绝对压力 P (MPa)	饱和温度 t (℃)	饱和水的焓 i_s (kJ/kg)	汽化潜热 Δi (kJ/kg)	绝对压力 P (MPa)	饱和温度 t (℃)	饱和水的焓 i_s (kJ/kg)	汽化潜热 Δi (kJ/kg)
0.35	138.9	584.3	2148.2	0.70	165.0	697.1	2065.8
0.40	143.6	604.7	2133.8	0.80	170.4	720.9	2047.5
0.45	147.9	623.2	2120.6	0.90	175.4	742.6	2030.4
0.50	151.9	640.1	2108.4	1.00	179.9	762.6	2014.4
0.60	158.8	670.4	2086.0				

根据耗热量确定蒸汽耗量的速算表（kg/h）　**表 3.1-12**

耗热量 Q (kW) ＼ 蒸汽耗量 (kg/h) ＼ 蒸汽压力 (MPa)	饱和水蒸汽的绝对压力（MPa）					
	0.1	0.2	0.3	0.4	0.5	0.6
100	183	188	191	194	196	198
200	367	376	383	388	393	397
300	550	564	574	582	589	595
400	733	752	765	776	785	794
500	917	940	957	970	982	992
600	1100	1128	1148	1164	1178	1191
700	1283	1316	1339	1358	1375	1389
800	1467	1504	1530	1552	1571	1588
900	1650	1692	1722	1746	1767	1786
1000	1833	1880	1913	1940	1964	1985
1100	2017	2068	2104	2134	2160	2183
1200	2200	2256	2296	2328	2356	2382
1300	2383	2444	2487	2522	2553	2580
1400	2567	2632	2678	2716	2749	2778
1500	2750	2820	2870	2910	2945	2977
1600	2933	3008	3061	3104	3142	3175
1700	3117	3196	3252	3298	3338	3374
1800	3300	3384	3443	3492	3534	3572
1900	3483	3572	3635	3686	3731	3771

续表

耗热量 Q (kW) \ 蒸汽耗量 (kg/h) \ 蒸汽压力 (MPa)	饱和水蒸汽的绝对压力（MPa）					
	0.1	0.2	0.3	0.4	0.5	0.6
2000	3667	3760	3826	3880	3927	3969
2100	3850	3948	4017	4074	4124	4168
2200	4033	4136	4209	4268	4320	4366
2300	4217	4324	4400	4462	4516	4565
2400	4400	4512	4591	4656	4713	4763
2500	4583	4700	4783	4851	4909	4962
2600	4767	4888	4974	5045	5105	5160
2700	4950	5076	5165	5239	5302	5358
2800	5133	5264	5356	5433	5498	5557
2900	5317	5452	5548	5627	5694	5755
3000	5500	5640	5739	5821	5891	5954

（2）高温热水耗量计算

$$q_{m} = 1.15\frac{3.6Q}{c(t_1 - t_2)} \tag{3.1-8}$$

式中 q_m——高温热水耗量（L/h）；

Q——设计小时耗热量（W）；

t_1——高温热水进口温度（℃）；

t_2——高温热水出口温度（℃）；

c——水的比热，取 4.19kJ/kg℃。

4. 燃料耗量计算

$$G_{r} = \frac{Q}{HE} \tag{3.1-9}$$

式中 G_r——燃料消耗量（kg/h 或 m^3/h）；

Q——设计小时耗热量（W）；

H——燃料发热量（W），见表 3.1-13；

E——加热器的效率，参见表 3.1-13。

燃料发热量及加热器效率 **表 3.1-13**

燃料名称	单位	发热量（W）	加热器效率（%）	燃料名称	单位	发热量（W）	加热器效率（%）
煤	kg	4648～6973	35～65	天然气	m^3	9297～12783	65～75
重 油	kg	11621	50～70	电 力	kW	988	70～80
城市煤气	m^3	4183～12783	65～75				

【例 3.1-1】 某宾馆内设800床位，备有带淋浴混合水嘴的浴盆及脸盆等卫生设备，餐饮、洗衣服务设施齐全。全日制热水供应、供水温度60℃，冷水温度13℃。热媒采用0.4MPa饱和蒸汽或城市热网115～70℃高温水。

试计算其生活热水用量，小时耗热量及热媒耗用量。若采用城市煤气蒸汽锅炉时，小时耗气量应为多少？

【解】 全日制热水供应系统按床位数及热水用水定额计算

1. 生活热水用量计算

(1) 查表3.1-1，宾馆的热水用水定额为160～215L/(床·d)，取215L/(床·d)。当总数为800床时，热水平均日用量为：

$$800\times215=172000\text{L/d}\quad(\text{即 }172\text{m}^3/\text{d})$$

(2) 最大小时热水用量

查表3.1-3，宾馆床位数为800时，取小时变化系数 $K_h=4.2$，代入公式3.1-1，则最大小时热水用量为：

$$q=4.2\,\frac{172}{24}=30.1\text{m}^3/\text{h}(\text{水温 }60℃)$$

2. 小时耗热量计算

按公式(3.1-5)

$$Q=4.2\,\frac{800\times215\times4.19(60-13)}{3.6\times24}\text{ 或 }=\frac{30100\times4.19(60-13)}{3.6}$$
$$=1646554\text{ W}(\text{既 }1646.6\text{kW})$$

3. 热媒耗用量计算

(1) 蒸汽耗用量计算

查表3.1-11，当蒸汽表压力为0.4MPa时，汽化潜热 $\Delta i=2108.4$kJ/kg，代入公式(3.1-7)：

$$G=1.15\,\frac{3.6\times1646554}{2108.4}\approx3233.1\text{kg/h}$$

采用简化计算时，可直接查表3.1-12。当耗热量为1646.6kW，绝对压力为0.5MPa时，得蒸汽耗用量为3233kg/h。

(2) 高温水(115～70℃)耗用量计算

按公式(3.1-8)

$$q_m=1.15\,\frac{3.6\times1646554}{4.19(115-70)}=36153.45\text{L/h}$$
$$\approx36.15\text{m}^3/\text{h}$$

4. 城市煤气耗量计算

查表3.1-13，城市煤气的发热量为4183～12783W/m³，取平均值为8483W/m³，效率 $E=70\%$，代入公式(3.1-9)。

$$G_r=\frac{1646554}{8483\times0.7}=277.3\text{m}^3/\text{h}$$

【例 3.1-2】 某旅馆有客房280套，每套客房的卫生间均设有浴盆及脸盆，厨房、餐饮有热水供应的洗涤池共8个，理发室、洗手间等零散设置的脸盆共22个。供服务人员使用的是公用浴室，男女浴室各设带小间的淋浴器 8 个、洗脸盆 3 个。每天从早 6 时至晚 10 时（共 16h，通过容积式热交换器供给热水，热水温度 60℃，冷水温度 10℃。现有热媒为 0.3MPa 饱和蒸汽，由已建成的燃煤锅炉房供给。

试计算其生活热水用量，小时耗热量，热媒（蒸汽）耗量及燃煤量。

【解】 定时供应热水系统按卫生器具数及器具小时热水用水定额计算

1. 生活热水用量计算

查表 3.1-2 确定卫生器具 1h 的热水用量，再按表 3.1-5 确定同时使用百分数。分别代入公式（3.1-2），计算如下：

客房卫生间浴盆 $q_1=\dfrac{300\times280\times40}{100}=33600\text{L/h}$（水温 40℃）

公用浴室淋浴器 $q_2=\dfrac{250\times16\times100}{100}=4000\text{L/h}$（水温 40℃）

公用浴室洗脸盆 $q_3=\dfrac{65\times6\times100}{100}=390\text{L/h}$（水温 35℃）

其它卫生器具（如：洗涤池及零散设置的脸盆等）不计。

以上计算之水量为器具使用温度时的水量，还应根据热水及冷水混合比，换算成水温为 60℃时的用水量。查表 3.1-9，当冷水温度为 10℃时，混合 40℃的水，热水占 60%；混合 35℃的水，热水占 50%，则 60℃热水的最大小时用水量应为：

$$q=(33600+4000)\times0.6+390\times0.5$$
$$=22755\text{L/h}(\text{即 }22.755\text{m}^3/\text{h})$$

2. 小时耗热量计算

将已计算的热水最大小时用水量代入公式（3.1-6）中：

$$Q=\frac{22.755\times4.19(60-10)}{3.6}$$
$$=1324.2\text{kW}$$

3. 热媒耗用量计算

查表 3.1-11，当蒸汽表压力为 0.3MPa 时，汽化潜热 $\Delta i=2133.8\text{kJ/kg}$，代入公式（3.1-7）。

$$G=1.15\,\frac{3.6\times1324.2}{2133.8}$$
$$=2.569\text{t/h}(2569\text{kg/h})$$

4. 燃煤量计算：

查表 3.1-13，煤的发热量为 4648～6973W/kg，取平均值为 5811W/kg，效率 $E=50\%$，代入公式（3.1-9）

$$G_r=\frac{1324.2}{5811\times0.5}=0.456\text{t/h}(456\text{kg/h})$$

3.1.2 管道系统水力计算

1. 计算要点

（1）热水管道的设计秒流量按冷水管道的设计秒流量计算。

（2）卫生器具的额定流量和当量值取表 2.2-11 中一个阀开的数据。

（3）管道的水力计算，须采用“热水管道水力计算表”，见表 3.1-14。

热水管道水力计算表　　**表 3.1-14**

u—流速（m/s）；i—每米长水头损失（mmH_2O/m）

公称直径（mm） 流　量		15		20		25		32		40		50		70		80		100	
m^3/h	L/s	u	i	u	i	u	i	u	i	u	i	u	i	u	i	u	i	u	i
0.36	0.10	0.75	169	0.35	22.4	0.20	5.18	0.12	1.18	0.08	0.48	0.05	0.13						
0.54	0.15	1.13	381	0.53	50.4	0.31	11.7	0.17	2.65	0.13	1.09	0.08	0.29						
0.72	0.20	1.51	678	0.70	89.7	0.41	20.7	0.23	4.72	0.17	1.94	0.10	0.52	0.06	0.13				
1.08	0.30	2.26	1526	1.06	202	0.61	46.6	0.35	10.6	0.25	4.26	0.15	1.16	0.09	0.29	0.06	0.10		
1.44	0.40			1.41	359	0.81	82.9	0.47	18.9	0.33	7.74	0.20	2.06	0.12	0.51	0.08	0.18		
1.80	0.50			1.76	560	1.02	129	0.53	29.5	0.42	12.1	0.25	3.22	0.15	0.80	0.10	0.28	0.06	0.06
2.16	0.60			2.12	807	1.22	186	0.70	42.5	0.50	17.4	0.31	4.64	0.18	1.15	0.12	0.40	0.07	0.10
2.52	0.70					1.43	254	0.82	57.8	0.59	23.7	0.36	6.31	0.21	1.56	0.14	0.55	0.08	0.13
2.88	0.80					1.64	332	0.93	75.5	0.67	31.0	0.41	8.24	0.24	2.04	0.16	0.72	0.10	0.17
3.24	0.90					1.83	420	1.05	95.6	0.75	39.2	0.46	10.4	0.27	2.58	0.18	0.91	0.11	0.22
3.60	1.00					2.04	510	1.17	118	0.84	48.4	0.51	12.9	0.30	3.18	0.20	1.12	0.12	0.27
4.32	1.20							1.40	170	1.00	69.7	0.61	18.5	0.36	4.59	0.24	1.61	0.14	0.39
5.04	1.40							1.64	231	1.17	94.9	0.71	25.2	0.42	6.24	0.29	2.19	0.17	0.53
5.76	1.60							1.87	302	1.34	124	0.81	32.9	0.48	8.15	0.33	2.87	0.19	0.70
6.48	1.80							2.10	382	1.51	157	0.92	41.7	0.54	10.3	0.37	3.63	0.22	0.88
7.20	2.00									1.67	194	1.02	51.5	0.60	12.7	0.41	4.48	0.24	1.09
9.00	2.50									2.09	302	1.27	80.5	0.75	19.9	0.51	7.00	0.30	1.70
10.80	3.00											1.53	116	0.90	28.7	0.61	10.1	0.36	2.45
12.60	3.50											1.78	158	1.05	39.0	0.71	13.7	0.42	3.34
14.40	4.00											2.04	206	1.20	50.9	0.82	17.9	0.48	4.36
16.20	4.50											2.29	261	1.36	64.5	0.92	22.7	0.54	5.52
18.00	5.00													1.51	79.6	1.02	28.0	0.60	6.81
19.80	5.50													1.66	96.3	1.12	33.9	0.66	8.25
21.60	6.00													1.81	115	1.22	40.3	0.72	9.81
25.20	7.00													2.11	156	1.43	54.9	0.84	13.4
28.80	8.00															1.63	71.7	0.96	17.5
32.40	9.00															1.84	90.7	1.08	22.1
36.00	10.00															2.04	112	1.20	27.3

（4）热水管道内的流速一般不应超过1.5m/s，当管径 $DN \leqslant 25mm$ 或室内环境噪声要求较高时，流速宜采用0.6～0.8m/s。

2. 热水管道水头损失计算公式

$$H = h_p + h_x \tag{3.1-10}$$

$$H = \Sigma Li + \Sigma\zeta \frac{\rho u^2}{2g} \tag{3.1-11}$$

式中 H——最不利计算环路的总损失（mmH_2O）；

h_p——循环流量通过配水管道的损失（mmH_2O）；

h_x——循环流量通过回水管道的损失（mmH_2O）；

L——计算管段的长度（m）；

i——每米长的沿程损失（mmH_2O/m），见表 3.1-14；

ζ——局部阻力系数，见表 3.1-15；

$\frac{\rho u^2}{2g}$——管道局部阻力动压值（mmH_2O），见表 3.1-16。

局部阻力系数值 **表 3.1-15**

局部阻力形式	ζ值	局部阻力形式	ζ值					
热水锅炉	2.5	直流四通	2.0					
突然扩大	1.0	旁流四通	3.0					
突然收缩	0.5	汇流四通	3.0					
逐渐扩大	0.6	止回阀	7.5					
逐渐收缩	0.3		在下列管径时的ζ值					
Ω形伸缩器	2.0		DN15	DN20	DN25	DN32	DN40	DN50 以上
套管伸缩器	0.6	直杆截止阀	16	10	9	9	8	7
让弯管	0.5	斜杆截止阀	3	3	3	2.5	2.5	2
直流三通	1.0	旋塞阀	4	2	2	2	—	—
傍流三通	1.5	闸　门	1.5	0.5	0.5	0.5	0.5	0.5
汇流三通	3.0	90°弯头	2.0	2.0	1.5	1.5	1.0	1.0

热水管道局部阻力动压值（mm） **表 3.1-16**

流速 v (m/s)	$\frac{\rho v^2}{2g}$ (mmH_2O)	流速 v (m/s)	$\frac{\rho v^2}{2g}$ (mmH_2O)	流速 v (m/s)	$\frac{\rho v^2}{2g}$ (mmH_2O)	流速 v (m/s)	$\frac{\rho v^2}{2g}$ (mmH_2O)	流速 v (m/s)	$\frac{\rho v^2}{2g}$ (mmH_2O)
0.01	0.005	0.13	0.85	0.25	3.14	0.37	6.86	0.58	16.86
0.02	0.02	0.14	0.98	0.26	3.37	0.38	7.24	0.60	18.04
0.03	0.045	0.15	1.13	0.27	3.66	0.39	7.62	0.70	24.56
0.04	0.08	0.16	1.28	0.28	3.91	0.40	8.02	0.80	32.07
0.05	0.125	0.17	1.45	0.29	4.22	0.42	8.84	0.90	40.59
0.06	0.18	0.18	1.62	0.30	4.49	0.44	9.70	1.0	50.11
0.07	0.25	0.19	1.81	0.31	4.82	0.46	10.60	1.1	60.64
0.08	0.32	0.20	2.0	0.32	5.14	0.48	11.55	1.2	72.16
0.09	0.41	0.21	2.21	0.33	5.46	0.50	12.53	1.3	84.69
0.10	0.5	0.22	2.42	0.34	5.8	0.52	13.55	1.4	98.22
0.11	0.61	0.23	2.65	0.35	6.14	0.54	14.61	1.5	112.75
0.12	0.72	0.24	2.87	0.36	6.49	0.56	15.71	1.6	128.28

无需精确计算的热水系统，其局部阻力损失可按沿程损失的 25%～30%估算。

3. 回水管管径选择：机械循环热水系统的回水管管径，通常比其对应的供水管小 1～

2号，但最小不得小于 DN20mm。一般可按表3.1-17选用。

机械循环热水系统回水管管径　　表3.1-17

供水管管径(mm)	20～25	32～40	50	70～80	100
回水管管径(mm)	20	25	32	40	50

4. 蒸汽管道计算

蒸汽管道通常是按最远环路单位长度平均摩擦压力损失（比摩阻）来进行选择计算的。一般让最远环路蒸汽管道的总损失为起始压力的25%。剩余压力则用于克服用热设备及凝水管道的阻力。最远环路的平均比摩阻 R_{Pj} 可按下式计算：

$$R_{Pj}=\frac{0.25\alpha p}{lg} \tag{3.1-12}$$

式中　R_{Pj}——单位长度平均摩擦压力损失（比摩阻）(mmH_2O/m)；

α——摩擦压力损失占总压力损失的百分比，一般取0.8；

p——起始压力 (Pa)；

l——蒸汽管最远环路的总长度 (m)；

g——重力加速度，取 $9.81m/s^2$。

蒸汽管道的流速按表3.1-18采用。蒸汽管道的计算，见表3.1-19。自流凝结水管及余压凝结水管的计算，见表3.1-20及表3.1-21。

蒸汽管道常用流速　　表3.1-18

管　径(mm)	15～20	25～32	40	50～80	100～150
流　速(m/s)	10～15	15～20	20～25	25～30	30～40

蒸汽管道计算表（$\delta=0.2mm$）　　**表3.1-19**

DN (mm)	v (m/s)	P（表压MPa） 0.07		0.1		0.2		0.3		0.4		0.5	
		G (kg/h) R (mmH_2O/m)											
		G	R	G	R	G	R	G	R	G	R	G	R
15	10	6.70	11.4	7.80	13.4	11.3	19.3	14.9	25.6	18.4	31.7	21.8	37.4
	15	10.0	25.6	11.7	30.0	17.0	43.7	22.4	57.7	27.6	66.3	32.4	82.5
	20	13.4	44.6	15.0	53.5	22.7	78.0	29.8	102	30.8	126	43.7	150
20	10	12.2	7.80	14.1	8.00	20.7	18.4	27.1	17.4	33.5	21.6	39.8	25.6
	15	18.2	17.5	21.1	20.2	31.1	30.2	38.6	35.3	50.3	48.6	57.7	53.8
	20	24.3	31.0	28.2	36.9	41.4	53.5	54.2	69.5	67.0	86.2	79.6	102
25	15	29.4	13.1	34.4	15.4	50.2	32.5	65.8	29.4	81.2	36.2	96.2	43.9
	20	39.2	23.0	45.8	27.4	66.7	40.1	87.8	52.3	108	65.5	128	76.2
	25	49.0	35.6	57.3	42.6	83.3	61.8	110	81.7	136	102	161	119

续表

DN (mm)	v (m/s)	P（表压 MPa）											
		0.07		0.1		0.2		0.3		0.4		0.5	
		G (kg/h) R (mmH$_2$O/m)											
		G	R	G	R	G	R	G	R	G	R	G	R
32	15	51.6	9.20	60.2	10.8	88.0	15.8	115	20.6	142	24.8	199	27.0
	20	67.7	15.8	80.2	19.1	117	27.1	154	36.7	190	44.7	226	54
	25	85.6	25.0	100	29.6	147	44.3	193	57.4	238	69.7	282	83.2
	30	103	35.6	120	43.0	176	63.3	230	82.3	284	103	338	121
40	20	90.6	13.8	105	16.0	154	23.3	202	30.8	249	35.9	283	41.5
	25	113	21.4	132	25.2	194	36.8	258	48.4	311	59.2	354	64.7
	30	136	31.2	158	36.1	232	53.0	306	68.0	374	85.5	444	102
	35	157	41.5	185	49.5	268	71.5	354	94.7	437	117	521	140
50	20	134	10.7	157	12.8	229	18.5	301	24.2	371	30.0	443	35.8
	25	168	16.9	197	19.7	287	28.7	377	37.0	465	47.0	544	56.1
	30	202	24.1	236	28.6	344	41.4	452	53.8	558	67.6	664	80.5
	35	234	32.7	270	39.0	400	56.5	530	93.9	650	63.0	776	110
70	20	257	7.10	299	8.50	437	12.3	572	16.2	706	19.6	838	23.6
	25	317	11.0	374	13.1	542	18.9	715	25.1	880	30.6	1052	37.0
	30	380	15.7	448	18.8	650	27.4	858	36.0	1060	44.6	1262	53.2
	35	445	21.6	525	25.8	762	37.4	1005	49.5	1240	60.7	1478	73.0
80	25	454	9.10	528	10.6	773	15.5	1012	20.4	1297	27.0	1480	29.6
	30	556	13.5	630	15.2	926	22.3	1213	29.1	1498	36.0	1776	42.5
	35	634	17.7	738	20.6	1082	30.4	1415	39.6	1749	49.0	2074	58.0
	40	726	23.2	844	27.0	1237	39.8	1620	52.0	1978	64.0	2370	75.7
100	25	673	7.0	784	8.2	1149	12.1	1502	15.7	1856	18.5	2201	23.1
	30	808	10.2	940	11.8	1377	17.4	1801	22.6	2220	28.0	2640	33.1
	35	944	13.9	1099	16.1	1608	23.7	2108	31.0	2600	38.2	3083	45.2
	40	1034	16.6	1250	20.8	1832	30.7	2396	40.0	2980	50.0	3514	58.7
125	25	1034	5.2	1205	6.0	1762	8.9	2310	11.7	2852	14.3	3380	16.9
	30	1241	7.5	1447	8.7	2118	12.8	2770	16.6	3420	20.6	4063	24.4
	35	1450	10.2	1690	11.9	2477	17.5	3200	22.8	4000	28.1	4740	33.3
	40	1600	13.3	1930	15.5	2826	22.8	3700	29.6	4560	36.6	5420	43.5
150	25	1515	4.3	1768	5.0	2584	7.1	3380	9.6	4169	11.7	4960	14.0
	30	1818	6.2	2120	7.1	3100	10.5	4066	13.8	5015	17.0	5760	18.9
	35	2121	8.4	2404	9.8	3620	14.4	4739	18.7	5850	23.1	6948	27.5
	40	2400	10.7	2803	12.8	4114	18.6	5416	24.4	6060	30.1	7920	35.2

续表

DN (mm)	v (m/s)	P（表压 MPa）											
		0.07		0.1		0.2		0.3		0.4		0.5	
		G（kg/h）　R（mmH_2O/m）											
		G	R	G	R	G	R	G	R	G	R	G	R
200	35	4038	6.1	4710	7.1	6880	10.5	9020	13.6	11250	17.2	13212	20.0
	40	4616	8.0	5376	9.3	7880	13.7	10320	17.8	12720	22.0	15100	26.1
	50	5786	12.5	6740	14.8	9800	21.2	12920	28.0	15910	35.3	18790	40.5
	60	6930	18.0	8057	20.9	11750	30.4	15450	40.0	19060	49.5	22615	58.6
250	30	5320	3.0	6318	3.6	9250	5.3	12120	7.1	14950	8.6	17730	10.0
	35	6300	4.2	7370	4.9	10800	7.2	14120	9.4	17450	12.4	20680	13.9
	40	7237	5.4	8430	6.4	12300	9.4	16145	12.3	19910	17.2	23640	18.0
	50	9050	9.0	10550	10.1	15330	14.5	20190	19.2	24900	23.7	29560	28.1

自流凝结水管道计算表　　**表 3.1-20**

（δ=1mm，ρ=961.95kg/m^3）

管径 (mm)	R（mmH_2O/m）									
	2	4	6	8	10	12	14	16	18	20
15	0.07	0.10	0.12	0.14	0.16	0.18	0.19	0.20	0.22	0.23
	0.11	0.15	0.18	0.21	0.24	0.26	0.28	0.29	0.32	0.34
20	0.16	0.23	0.28	0.32	0.36	0.39	0.42	0.45	0.48	0.51
	0.13	0.18	0.23	0.26	0.29	0.32	0.35	0.36	0.39	0.41
25	0.30	0.42	0.52	0.60	0.67	0.74	0.80	0.85	0.90	0.95
	0.16	0.21	0.26	0.30	0.34	0.36	0.40	0.43	0.46	0.47
32	0.62	0.88	1.07	1.24	1.39	1.52	1.64	1.76	1.86	1.97
	0.17	0.26	0.31	0.35	0.40	0.44	0.47	0.50	0.53	0.57
40	0.90	1.27	1.55	1.79	2.01	2.20	2.37	2.54	2.69	2.84
	0.17	0.28	0.34	0.39	0.44	0.48	0.52	0.56	0.58	0.62
50	1.51	2.14	2.60	3.01	3.36	3.70	3.98	4.25	4.52	4.77
	0.22	0.31	0.37	0.44	0.48	0.54	0.57	0.61	0.66	0.69
70	3.01	4.25	5.21	6.02	6.71	7.35	7.95	8.49	9.01	9.51
	0.26	0.37	0.45	0.52	0.58	0.64	0.69	0.73	0.79	0.82
80	5.34	7.56	9.24	10.7	11.9	13.1	14.1	15.1	16.0	16.9
	0.30	0.42	0.51	0.58	0.67	0.73	0.79	0.84	0.89	0.94
100	8.31	13.2	16.5	18.6	20.7	22.7	24.6	26.3	27.9	29.3
	0.33	0.49	0.52	0.69	0.76	0.83	0.90	0.97	1.03	1.07
125	17.0	23.9	29.3	33.8	37.8	41.3	44.7	47.9	51.5	53.4
	0.39	0.56	0.69	0.78	0.89	0.97	1.05	1.12	1.21	1.25

续表

管 径 (mm)	R (mmH₂O/m)									
	2	4	6	8	10	12	14	16	18	20
150	27.1	38.2	47.0	53.1	60.5	66.1	71.7	76.5	81.1	85.5
	0.44	0.62	0.77	0.86	0.99	1.08	1.17	1.24	1.32	1.39
200	62.9	89.0	108.9	125.6	140.7	154.0	166.4	177.9	188.9	198.6
	0.54	0.76	0.93	0.99	1.21	1.32	1.43	1.53	1.62	1.71

注：表中数字上行 G—流量（t/h）；下行 v—流速（m/s）。

余压凝结水管道计算表 **表 3.1-21**

管 径 (mm)	R (mmH₂O/m)									
	5	10	15	20	25	30	35	40	45	50
15	0.11	0.17	0.20	0.23	0.25	0.28	0.30	0.32	0.34	0.36
	0.17	0.32	0.40	0.43	0.45	0.48	0.49	0.52	0.54	0.56
20	0.26	0.39	0.45	0.54	0.60	0.66	0.70	0.77	0.83	0.89
	0.23	0.33	0.44	0.47	0.50	0.55	0.59	0.64	0.68	0.72
25	0.48	0.70	0.85	0.95	1.07	1.17	1.27	1.35	1.40	1.52
	0.24	0.35	0.45	0.48	0.54	0.59	0.64	0.68	0.72	0.76
32	0.76	1.10	1.30	1.50	1.70	1.85	2.00	2.15	2.30	2.40
	0.26	0.40	0.47	0.54	0.61	0.66	0.72	0.77	0.83	0.86
40	1.30	1.85	2.22	2.60	2.90	3.15	3.40	3.60	3.85	4.10
	0.31	0.45	0.53	0.63	0.70	0.76	0.82	0.87	0.93	0.99
50	2.50	3.60	4.40	5.00	5.60	6.10	6.60	7.0	7.5	7.8
	0.37	0.53	0.65	0.74	0.83	0.91	0.97	1.03	1.11	1.17
70	5.80	8.00	10.0	11.5	13.0	14.0	15.0	16.0	17.5	18.2
	0.45	0.62	0.78	0.89	1.01	1.09	1.16	1.24	1.36	1.42
80	9.00	13.0	15.5	18.0	20.0	22.0	23.8	25.5	27.0	28.5
	0.51	0.73	0.88	1.01	1.12	1.24	1.34	1.43	1.52	1.60
100	15.6	22.0	27.0	31.0	35.0	38.0	41.5	44.5	47.0	53.0
	0.59	0.81	1.00	1.15	1.29	1.40	1.53	1.62	1.74	1.80
125	28.5	41.0	49.0	58.0	64.0	70.0	75.0	80.0	85.0	90.0
	0.67	0.97	1.16	1.37	1.51	1.65	1.78	1.89	2.01	2.13
150	46.0	65.0	80.0	90.0	103.0	112.0	123.0	130.0	138.0	145.0
	0.75	1.07	1.31	1.48	1.68	1.85	2.00	2.13	2.34	2.38
200	100	145.0	177.0	205.0	228.0	250.0	270.0	290.0	307.0	324.0
	0.90	1.30	1.59	1.84	2.06	2.24	2.42	2.60	2.75	2.90

注：表中数字上行 G—流量（t/h）；下行 v—流速（m/s）。

3.1.3 循环水量的计算与水泵选择

1. 循环流量计算

(1) 全日供应热水系统循环流量，应为系统循环流量与循环附加流量之和。

1) 系统循环流量按下式计算：

$$q_x = \frac{3.6Q_s}{c \cdot \Delta t} \tag{3.1-13}$$

式中 q_x——全日供应热水系统的循环流量 (L/h)；

Q_s——配水管道的热损失 (W)，一般采用设计小时耗热量的5%～10%；

c——水的比热，取4.19kJ/(kg·℃)；

Δt——配水管道的热水温度差 (℃)，根据系统大小确定，一般采用5～15℃。

2) 循环附加流量

循环附加流量，一般采用设计最大小时热水用量的15%。

(2) 定时供应热水的系统，其循环流量可按循环管网中的水，每小时循环2～4次计算。

2. 循环水泵扬程确定

循环水泵扬程可按下式计算：

$$H_b = \left(\frac{q_x + q_f}{q_x}\right)^2 h_p + h_x \tag{3.1-14}$$

式中 H_b——循环水泵的扬程 (kPa)；

q_x——循环流量 (L/s)，按公式 (3.1-13) 计算；

q_f——循环附加流量 (L/s)；

h_p——循环流量通过配水管网的水头损失 (kPa)；

h_x——循环流量通过回水管网的水头损失 (kPa)。

3. 热水循环水泵选择

重力循环热水系统，由于重力循环作用水头不可能很大，只宜在规模较小、条件适当的工程中采用，一般工程多采用机械循环方式。

机械循环热水供应系统，工作可靠，管理方便，其所需流量和扬程往往不大，采用小流量低扬程的管道泵既能满足使用要求，一般不必详细计算。

对于规模大，要求高的宾馆、饭店或区域性的集中热水供应系统，则必须依据设计计算选择合适的热水循环水泵，以确保生活热水的正常供给。

4. 常用热水循环泵

可用于热水系统的循环泵种类很多，选择时应注意其适用介质温度及泵体的承压能力。通常多采用管道泵，规模较大的热水供应系统，也可选用其它卧式或立式离心电泵。

常用的热水循环泵如：SG型管道泵、IS型卧式泵、ISG型立式泵等，其规格尺寸详见附录。这三种泵，均可通过改变密封装置而专用于热水系统，其性能及外形尺寸不变。

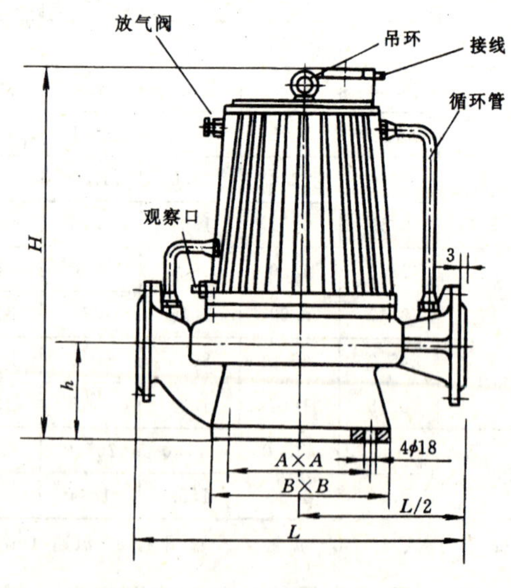

图3.1-1　DRG型热水电泵外形尺寸

专用于热水系统的循环水泵如：DRG

型热水电泵，其适用介质温度 0～100℃，工作压力≤1MPa。具有噪声低、效率高、体积小及安装方便等优点，适于做采暖及生活热水系统的循环泵使用。外形尺寸见图 3.1-1，规格性能及尺寸，见表 3.1-22 及图 3.1-2。

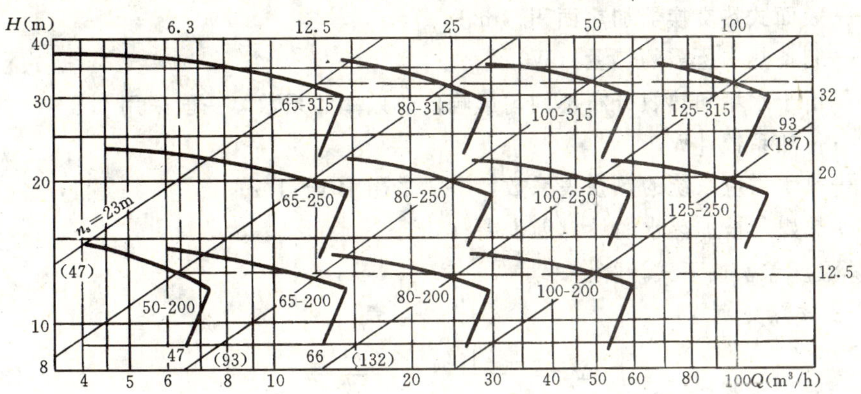

图 3.1-2 DRG 型水泵选用图

型号标记示例

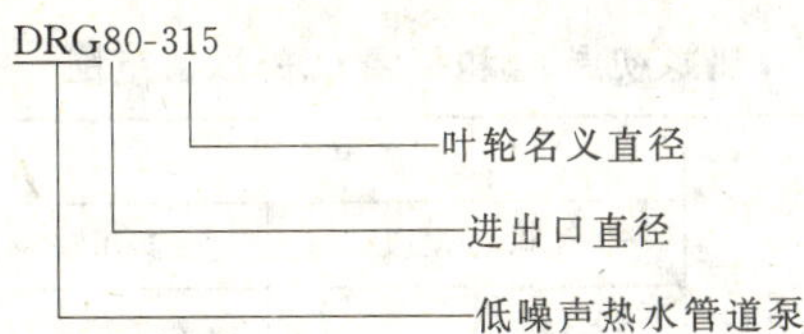

DRG 型热水电泵规格性能及外形尺寸 表 3.1-22

型 号	流 量 (m^3/h)	扬 程 (m)	功率 (kW)	噪声 (dB)	效率 (%)	外形尺寸 (mm)					重 量 kg
						A	B	L	h	H	
DRG50-200	3.75～7.5	13.1～12	0.75	<40	42	182	220	400	110	538	71
DRG65-200	7.5	13.2～11.8	2.2	<50	55	182	220	470	135	615	112
DRG65-250	12.5	21～19.4	2.2	<50	46	220	270	470	135	665	122
DRG65-315	15	32.3～31.7	4	<55	37	260	325	600	135	668	175
DRG80-200	15	13.2～11.8	2.2	<50	65	220	270	450	145	675	117
DRG80-250	25	21～18.8	3	<50	60	220	270	500	150	680	130
DRG80-315	30	32.5～31.5	5.5	<60	52	260	325	600	150	685	190
DRG100-200	30	13.5～11.8	4	<55	73	220	270	530	175	708	174
DRG100-250	50	21.3～19	5.5	<60	68	260	325	600	175	710	187
DRG100-315	60	34～30	11	<65	63	260	330	630	180	895	305
DRG125-250	100	21.5～18.5	11	<65	76	260	330	650	205	920	307
DRG125-315	120	33.5～30.5	15	<65	73	260	330	700	180	930	343

注：本资料依据保定市太行特种泵厂产品样本编制。

3.1.4 热交换器的计算与选择

一、热交换器的计算

1. 表面式热交换器的加热面积，按下式计算：

$$F=\frac{C_{r}Q_{z}}{\varepsilon K\Delta t_{j}} \tag{3.1-15}$$

式中　F——表面式热交换器加热面积（m^2）；

Q_z——制备热水所需的热量（W）；

ε——由于水垢和热媒分布不均匀影响传热效率的系数，一般采用0.8～0.6；

K——传热系数［W/（m^2·℃）］；

C_r——热水供应系统的热损失系数，一般采用1.1～1.2；

Δt_j——热媒与被加热水的计算温度差（℃）。

2. 计算温度差，按下式计算：

（1）容积式热交换器：

$$\Delta t_{j}=\frac{t_{mc}+t_{mz}}{2}-\frac{t_{c}+t_{z}}{2} \tag{3.1-16}$$

式中　Δt_j——计算温度差（℃）；

t_{mc}和t_{mz}——热媒的初温和终温（℃），参见表3.1-23；

t_c和t_z——被加热水的初温和终温（℃）。

热媒初温 t_{mc} 和终温 t_{mz} 的取值范围　　**表3.1-23**

热交换器种类 ＼ 热媒性质	饱和蒸汽（℃）				城市热网水（℃）	
	≤0.07MPa		＞0.07MPa			
	t_{mc}	t_{mz}	t_{mc}	t_{mz}	t_{mc}	t_{mz}
普通容积式热交换器	100	100	t_b	t_b	70～150	55～75
立式容积式热交换器（同侧双盘管）	t_b	80	t_b	80	70～150	55～75
立式容积式热交换器（交错双盘管）	t_b	60	t_b	55	70～150	55～75

注：表中 t_b 为工作压力下蒸汽的饱和温度（℃），详见表3.1-11。当工作压力≤0.07MPa时，t_b=100℃。

（2）快速式热交换器：

$$\Delta t_{j}=\frac{\Delta t_{max}-\Delta t_{min}}{\ln\frac{\Delta t_{max}}{\Delta t_{min}}} \tag{3.1-17}$$

式中　Δt_j——计算温度差（℃）；

Δt_{max}——热媒和被加热水在热交换器一端的最大温度差（℃）；

Δt_{min}——热媒和被加热水在热交换器另一端的最小温度差（℃）；

汽-水快速热交换器，不得小于5℃；

水-水快速热交换器，不得小于10℃。

3. 传热系数K值，可按下式计算：

$$K=\frac{1}{\frac{1}{\alpha_{1}}+\Sigma\frac{\delta}{\lambda}+\frac{1}{\alpha_{2}}} \tag{3.1-18}$$

式中　K——传热系数［W/（m^2·℃）］；

α_1，α_2——管壁内、外的换热系数［W/（m^2·℃）］；α_1，α_2的大小与传热面的构造，介质流速等诸因素有关，其大体范围见表3.1-24；

δ——管壁、水垢、铁锈等的厚度（m）；

λ——管壁、水垢、铁锈等的导热系数［W/（m²·℃）］，参见表 3.1-25。

常用介质对流换热系数大体范围 **表 3.1-24**

传热介质及状态	换热系数 α ［W/（m²·℃）］	传热介质及状态	换热系数 α ［W/（m²·℃）］
自然对流的水	230～1160	蒸汽凝结的水膜	1160～17450
强制对流的水	580～13960	蒸汽凝结的水滴	17450～116300

传热系数 K 值，通常由热交换器的生产厂家提供，按产品样本计算图表直接选取。当厂家未提供有关资料或自行设计计算时，可参照表 3.1-26 及表 3.1-27 中的数据计算。钢制快速热交换器的传热系数 K 值，也可按表 3.1-28 进行估算。

常用传热材料的导热系数 λ 值 **表 3.1-25**

材料名称	λ值［W/(m²·K)］	材料名称	λ值［W/(m²·K)］
钢管	45～58	水垢	0.6～2.3
黄铜管	81～116	铁锈	～1.1
紫铜管	349～465		

容积式热交换器和加热水箱中盘管的传热系数 K **表 3.1-26**

热媒性质		热媒流速（m/s）	被加热水流速（m/s）	传热系数 K（W/m²·℃）	
				钢盘管	铜盘管
蒸汽压力（MPa）	≤0.07	—	＜0.1	640～698	756～814
	＞0.07	—	＜0.1	698～756	814～872
热水温度 70～150℃		＜0.5	＜0.1	326～349	384～407

快速热交换器的传热系数 K **表 3.1-27**

热交换器类型	工作压力（MPa）	加热面积（m²）	传热系数 K［W/（m²·℃）］		换热材料	生产厂家或图集号
			汽-水式	水-水式		
浮头式管壳 F 系列	0.6，1.0	2～95	890～1200	—	碳素钢管	国标 T908—1
TGT 型半即热式	0.6，1.5	3.9～40	3000	1500～2100	紫铜盘管	北京创鑫节能热交换器厂
波纹管类容积式	＜0.6	1.24～10.4	2800～4200	2000～3000	不锈钢波纹管	北京兴达波纹管厂
板 式	0.8，1.6	单板 0.05，0.1，0.35，0.72	4200～6500	3500～5000	不锈钢板	北京华都换热设备厂
螺旋板式	0.1～1.5	2～62.2	—	3000～4500	碳素钢板	北京海淀换热器厂

快速热交换器传热系数概略值 K［W/（m²·℃）］ **表 3.1-28**

被加热水的流速（m/s）	热媒为热水时，热媒流速（m/s）					热媒为蒸汽时的蒸汽压力（MPa）			
						≤0.1		＞0.1	
	0.5	0.75	1.0	1.5	2	二回程	四回程	二回程	四回程
0.5	1105	1279	1400	1512	1628	2733	2152	2558	2035
0.75	1244	1454	1570	1745	1919	3431	2675	3198	2500

续表

被加热水的流速(m/s)	热媒为热水时，热媒流速(m/s)					热媒为蒸汽时的蒸汽压力(MPa)			
						≤0.1		>0.1	
	0.5	0.75	1.0	1.5	2	二回程	四回程	二回程	四回程
1.0	1337	1570	1745	1977	2210	3954	3082	3663	2908
1.5	1512	1803	2035	2326	2558	4536	3722	4187	3489
2	1628	1977	2210	2558	2849	—	4361	—	4129

注：热媒为蒸汽时，二回程为被加热水温升20～30℃时的传热系数，四回程为被加热水温升60～65℃时的传热系数。

4. 在民用建筑热水供应系统中，采用最多的换热设备是卧式容积式热交换器。将定型的换热器所能负担的淋浴器数量，经计算后编制成表3.1-29，当设计条件基本相似时，可按淋浴器数量直接在表中选用。洗脸盆和浴盆则可按表3.1-30及表3.1-31折算成淋浴器数量一并查表。

容积式热交换器速算　　**表3.1-29**

淋浴器数量(个)	40℃耗水量(L/h)	耗热量Q		计算传热面积(m^2)	容积式热交换器			U形管	
		冷水10℃(W)	冷水5℃(W)		型号	台数	容积(L)	根数	传热面积(m^2)
1	540	18.9	22.0	0.5	1	1	500	2	0.86
2	1080	37.7	44.0	1.0	2	1	700	3	1.29
4	2160	75.4	87.9	1.9	3	1	1000	5	2.5
6	3240	113.0	131.9	2.9	4	1	1500	6	3.5
8	4320	150.7	175.8	3.8	5	1	2000	6	3.8
10	5400	188.4	219.8	4.8	6	1	3000	7	4.8
15	8100	282.6	3297	7.1	6	1	3000	13	8.9
20	10800	376.8	439.6	9.5	7	1	5000	15	11.9
25	13500	471.0	549.5	11.9	7	1	5000	15	11.9
30	16200	565.2	659.4	14.3	6	3	3000×3	7	14.4
35	18900	659.4	769.3	16.7	6	4	3000×4	7	19.2
40	21600	753.6	879.0	19.0	6	4	3000×4	7	19.2
45	24300	847.8	989.1	21.4	7	2	5000×2	15	23.8
50	27000	942.0	1099.0	23.8	7	2	5000×2	15	23.8
60	32400	1078.1	1318.8	27.9	7	3	5000×3	15	35.7
70	37800	1318.8	1538.6	33.3	7	3	5000×3	15	35.7
80	43200	1507.2	1758.4	38.1	7	4	5000×4	15	47.6
90	48600	1695.7	1978.3	42.8	7	4	5000×4	15	47.6
100	54000	1884.1	2198.1	47.6	7	4	5000×4	15	47.6

注：1. 本表依据国标S15A图集编制，U形管1～3型为42×3.5，4～7型为38×3碳素无缝钢管。

2. 热媒为0.2MPa表压蒸汽，饱和温度t=133.5℃，传热系数K=698W/(m^2·℃)。

3. 冷水温度按5及10℃计算，热水出水温度按55～60℃计算。

洗脸盆折算成淋浴器的速算表 表 3.1-30

脸盆数（个位）/ 脸盆数（十位）	0	1	2	3	4	5	6	7	8	9
0	0	0.09	0.18	0.27	0.36	0.46	0.55	0.64	0.73	0.82
10	0.91	1.00	1.09	1.18	1.27	1.37	1.46	1.55	1.64	1.73
20	1.82	1.91	2.00	2.09	2.18	2.28	2.37	2.46	2.55	2.64
30	2.73	2.82	2.91	3.00	3.09	3.19	3.28	3.37	3.46	3.55
40	3.64	3.73	3.82	3.91	4.00	4.10	4.19	4.28	4.37	4.46
50	4.55	4.64	4.73	4.82	4.91	5.01	5.10	5.19	5.28	5.37

注：洗脸盆以 60L/h，35℃水温计。

浴盆折算成淋浴器的速算表 表 3.1-31

浴盆数（个位）/ 浴盆数（十位）	0	1	2	3	4	5	6	7	8	9
0	0	0.46	0.93	1.39	1.85	2.32	2.78	3.24	3.70	4.17
10	4.63	5.09	5.56	6.02	6.48	6.95	7.41	7.87	8.33	8.80
20	9.26	9.72	10.19	10.65	11.11	11.58	12.04	12.50	12.96	13.43
30	13.89	14.35	14.82	15.28	15.74	16.21	16.67	17.13	17.59	18.06
40	18.52	18.98	19.45	19.91	20.37	20.84	21.30	21.76	22.22	22.69
50	23.15	23.61	24.08	24.54	25.00	25.47	25.93	26.39	26.85	27.32

注：浴盆以 250L/h，40℃水温计。

【例 3.1-3】 某旅馆热水系统小时最大耗热量为 850kW，供水温度 60℃，冷水温度 10℃。热媒为 0.2MPa 表压蒸汽。拟采用卧式容积式（S154）热交热器。试计算并确定换热器型号及数量。热水系统为上供下回全循环式，求循环水量并选择水泵。

【解】

1. 热交换器的计算与选择

(1) 确定计算温差 Δt_j：

查表 3.1-11，当饱和蒸汽压力为 0.2MPa 表压时，其饱和温度 t_b=133.5℃，代入公式 3.1-16。

$$\Delta t_j = 133.5 - \frac{10 + 60}{2} = 98.5(℃)$$

(2) 确定传热系数 K 值：

查表 3.1-26，蒸汽压力＞0.07MPa 时，钢盘管的 K=698～756 [W/（m^2·℃）]，取下限 K=698。

(3) 计算加热面积 F：

将计算温差 Δt_j 及传热系数 K 值代入公式（3.1-15）。

$$F = \frac{1.2 \times 850000}{0.7 \times 698 \times 98.5} = 21.2m^2$$

(4) 贮水容积计算：

按45min计算，代入公式(3.1-21)。

$$V = 0.75\frac{0.86 \times 850000}{60 - 10} = 10965\text{L}$$

(5) 选择热交换器：

计算加热面积$F=21.2\text{m}^2$，容积$V=10965$(L)时，选7[#]热交换器2台，换热管15根($F=11.9\text{m}^2$/台)则：

实选换热面积$F=11.9\times2=23.8\text{m}^2$

实选容积　$V=5000\times2=10000\text{L}$

2. 热水循环水泵的计算与选择

(1) 系统循环流量计算：

按小时耗热量10%，供回水温差10℃计算时，代入公式(3.1-13)。

$$q_x = \frac{3.6 \times 85000}{4.19 \times 10} = 7303\text{L/h}$$

(2) 循环附加流量计算

取设计最大小时热水用量的15%。

$$q_f = \frac{850000 \times 0.86}{60 - 10} \times 15\% = 2193\text{L/h}$$

(3) 水泵循环流量：

为系统循环流量与循环附加流量之和。

$$q = 7303 + 2193 = 9496\text{L/h}(\text{取}\ 9.5\text{m}^3/\text{h})$$

(4) 水泵扬程：

通常热水系统管道及设备的阻力都不大，一般旅馆不会超过5m。因而，在满足流量的条件下，尽量选择扬程较低的水泵。

查表3.1-22，选DRG65-200型热水电泵二台(一用一备)，$q=7.5\sim15\text{m}^3/\text{h}$，扬程$h=13.2\sim11.8\text{m}$。

较大的区域热水供应系统，须根据计算来确定循环水泵的所需扬程。

二、热交换器的连接作法及温控装置

1. 热媒为蒸汽时，卧式容积式热交换器的连接作法见图3.1-3。为了控制所供热水的温度，在蒸汽管道上配置有自力式温度调节阀。为防止杂物进入调节阀影响其正常工作，阀前需安装Y型过滤除污器。凝结水出口端安装的疏水器，通常多采用钟形浮子式。为确保使用、方便检修，蒸汽及凝结水管道均应有旁通。旁通管管径一般可比主管小一号，但凝结水管的管径最小不能小于*DN*20。

2. 热媒为高温热水时，卧式容积式热交换器的连接作法见图3.1-4～图3.1-6。为了控制所供热水的温度，使其保持在规定的范围之内，图中均配置有电动调节阀。图3.1-4为电动直通阀的连接作法，若采用自力式温度调节阀则更简便。电动三通阀的连接方式有两种：电动三通阀分流式安装示意见图3.1-5；电动三通阀合流式安装示意见图3.1-6。

有些换热器生产厂家，可配套供给温度自控装置。选用时，需向厂家说明使用条件与要求，由厂家进行配置。

温度自动调节装置的选择，详见3.1.8中常用附件的相关内容。

设置热交换器的房间，应配备排水地漏，以便在检修热交换器时泄水。安全阀的泄水管可就近引至地漏附近。

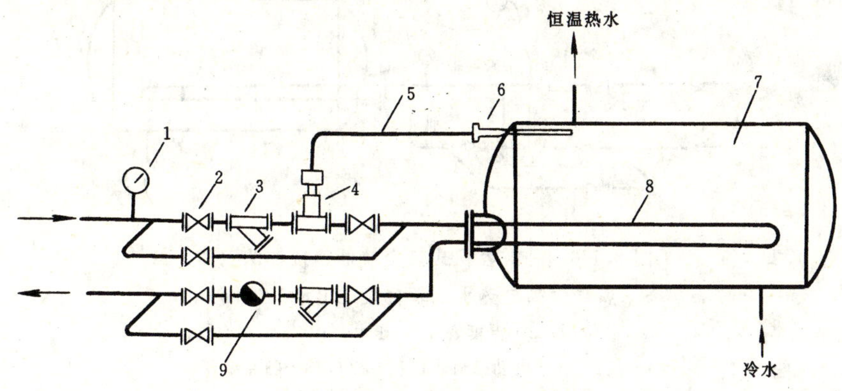

图 3.1-3 卧式容积式热交换器连接作法（一）

（热媒为蒸汽）

1—压力表；2—阀门；3—除污器；4—调温阀；5—导压管；

6—温包；7—热交换器；8—盘管；9—疏水器

注：1. 当热媒为高温水时，热媒出口疏水器等均不设，只装阀门一个。

2. 当热媒为蒸汽时，疏水器前的过滤器，也可不设。

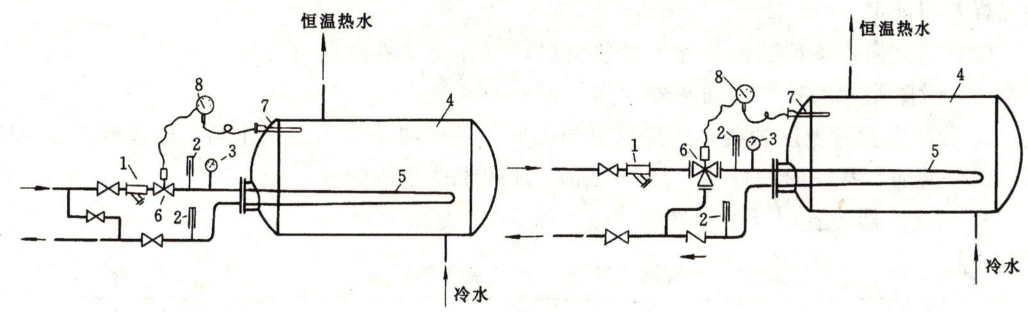

图 3.1 4 卧式容积式热交换器连接作法（二）

（热媒为高温热水，装电动直通阀）

1—除污器；2—温度表；3—压力表；4—热交换器；

5—盘管；6—电动直通阀；7—温包；8—触点温度计

图 3.1-5 卧式容积式热交换器连接作法（二）

（热媒为高温热水，装分流式电动三通阀）

1—除污器；2—温度表；3—压力表；4—热交换器；

5—盘管；6—电动三通阀；7—温包；8—触点温度计

三、常用热交换器

（一）容积式热交换器

1. 容积式热交换器是根据原城乡建设环境保护部批准，中国建筑标准设计研究所审定的国标图集编制的。其依据为：

1～7 号单孔卧式容积式热交换器，国标 S154；

8～10 号双孔卧式容积式热交换器，国标 S165；

立式容积式热交换器，国标 S155。

2. 容积式热交换器适用于一般工业及民用建筑的热水供应系统。热媒为蒸汽或高温水。所供热水的出口温度，应不高于 75℃。

3. 容积式热交换器的壳体材料为碳素钢 A_{3R}；U 形管材有两种：碳钢无缝管 20 及黄铜

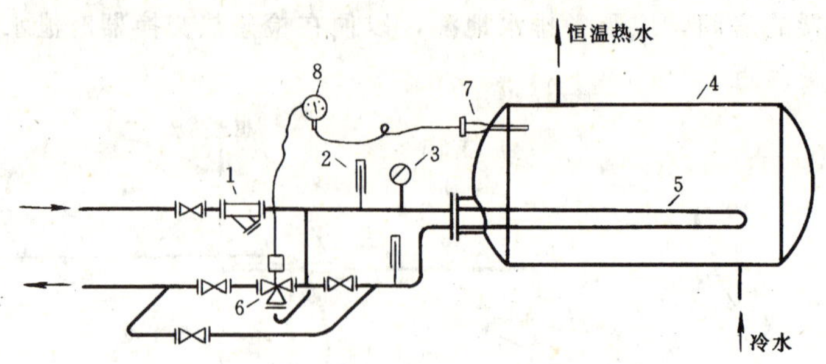

图3.1-6 卧式容积式热交换器连接作法（四）
（热媒为高温热水，装合流式电动三通阀）
1—除污器；2—温度表；3—压力表；4—热交换器；
5—盘管；6—电动三通阀；7—温包；8—触点温度计

管H68，可按需要加以选用。

4. 热交换器必须设置安全装置。下列三种安全装置可选择其中一种，装设于热交换器上：

（1）在交换器顶部装安全阀。安全阀压力须与热交换器的最高工作压力相适应（与安全阀生产厂订货时需加以申明）。安全阀的安装与使用应符合劳动人事部《压力容器安全监察规程》的规定。

（2）在交换器顶部装设接通大气的引出管（在有条件的场合）。

（3）设膨胀水箱，与水加热器相连，以放出膨胀水量。

5. 若水中含有硬度盐类，使用热交换器时，器壁和管壁会形成水垢，导致换热效率降低，能耗增加，甚而影响使用，故应采取一定的水软化措施。

6. 热交换器的容积及主要参数见表3.1-32至表3.1-34。

卧式容积式热交换器容积 **表3.1-32**

热交换器型号	1	2	3	4	5	6	7	8	9	10
容积（m^2）	0.5	0.7	1.0	1.5	2.0	3.0	5.0	8.0	10	15
工作压力（MPa）	换热管≤0.4 壳体≤0.6							换热管≤0.4（汽） ≤1.2（水，t≤150℃） 壳体≤1.0		

立式容积式热交换器主要参数表 **表3.1-33**

加热器型号		D_B（mm）	有效容积（m^3）	工作压力（MPa）	试验压力（MPa）	散热面积（m^2）	热水最高温度（℃）	热媒压力（MPa）
甲型	1	ϕ1200	2.69	0.6*	0.75	3.90	75	热媒（蒸汽或高温水）最大工作压力0.6（MPa）
	2	ϕ1400	4.28			6.46		
乙型	1	ϕ700	0.53（0.54）			1.42（0.71）		
	2	ϕ800	0.89（0.78）			2.65（1.33）		

注：1. 壳体工作压力为0.6MPa，换热管工作压力为0.4MPa（汽）0.6MPa（水，t≤150℃）。
2. 括号内的数字是指圈数减半的盘管的相应有效容积及散热面积。

卧式容积式热交换器主要参数表　　**表 3.1-34**

热交换器型号	换热管根数	换热管管径×长度	换热面积
1、2、3	2	ϕ42×3.5×1620	0.86
	3		1.29
	4		1.72
	5		2.15
	6		2.58
2、3	7		3.01
3	5	ϕ42×3.5×1870	2.50
	6		3.00
	7		3.50
	8		4.00
4	6	ϕ38×3×2360	3.50
	11		6.50
5	6	ϕ38×3×2560	3.80
	11		7.00

热交换器型号	换热管根数	换热管管径×长度	换热面积
6	7	ϕ38×3×2730	4.80
	13		8.90
	16		11.00
7	8	ϕ38×3×3190	6.80
	15		11.90
	19		15.20
8	7	ϕ38×3×3400	10.62
	13		19.94
	16		24.72
9	9	ϕ38×3×3400	13.94
	17		26.92
	27		34.74
10	9	ϕ38×3×4100	20.40
	17		38.96
	22		50.82

7.1～7 号卧式容积式热交换器总图及尺寸见图 3.1-7～图 3.1-10 及相应的尺寸表。

8～10 号卧式容积式热交换器总图及尺寸，见图 3.1-11 及其尺寸表。

立式容积式热交换器总图及尺寸见图 3.1-12 图 3.1-13 及其相应尺寸表。

(二) RV-$^{03}_{04}$系列容积式换热器

RV-03 系列卧式容积式换热器

1. 性能特点

(1) 换热量大。用于水-水换热的 H 型，其换热量为同型“标准罐”的 2 倍以上；用于汽-水换热的 S 型，换热量为同型“标准罐”的 1.2 倍。

(2) 热媒温降大。汽-水换热时，凝结水出水温度约 50℃，回水管上不需设疏水器，给使用维修带来方便，水-水换热时，120～150℃的高温水可降至 70～75℃。

(3) 换热效果好，散热损失小，节能。同时，以蒸汽为热媒时，能回收约占整个换热量 15%的凝结水热量。

(4) 冷水区小，容积利用率高。

(5) 保持了容积式换热器贮水量大、水头损失低、供水安全稳定及清垢方便的优点。

2. 设计使用说明

(1) 本系列换热器适用于一般工业及民用建筑的热水供应系统，热媒为蒸汽或高低温软化热水。设计选用时应注明热媒品种。

(2) 被加热水出口温度要求不高于 75℃，实际使用时，为延缓结垢，出水温度宜控制在 50～60℃之间。

(3) 材质：壳体为碳素钢 Q235-A，外壁刷调合漆防腐，内壁按用户要求进行一般或特殊防腐处理。U 型管材料有两种，碳钢无缝管 20# 及黄铜管 H62，可按需选用。

(4) 采用钢制鞍式支座，支座下作 $H\simeq300$mm 高的混凝土支墩，预留螺孔位置见图 3.1-16。

(5) 换热器使用中安全技术要求。

1）换热器必须设安全装置，下列三种可选择其中一种。

a. 在换热器顶部装安全阀，安全阀的安装与使用应符合“压力容器安全技术监察规程”的规定。

b. 在换热器顶部装设通大气的膨胀管。

c. 设膨胀水箱或压力式膨胀罐与换热器相连，以承受罐体及系统的膨胀量。

2）换热器使用中应定期检验，每年至少进行一次外观检查；每三年至少进行一次内、外部检验；每六年至少进行一次全面检验，检查与检验的内容及要求按“压力容器安全技术监察规程”进行。

（6）换热器使用中，应根据被加热水水质与使用情况定期清理水垢。当被加热水硬度较高（超过7.2mg当量/L时），应采取适当的软化措施。

（7）汽-水换热时，应根据蒸汽压力波动情况，调整好回水阀门，避免因蒸汽量瞬时过大而引起凝结水突然升温；同时，应保持一定的回水压力。

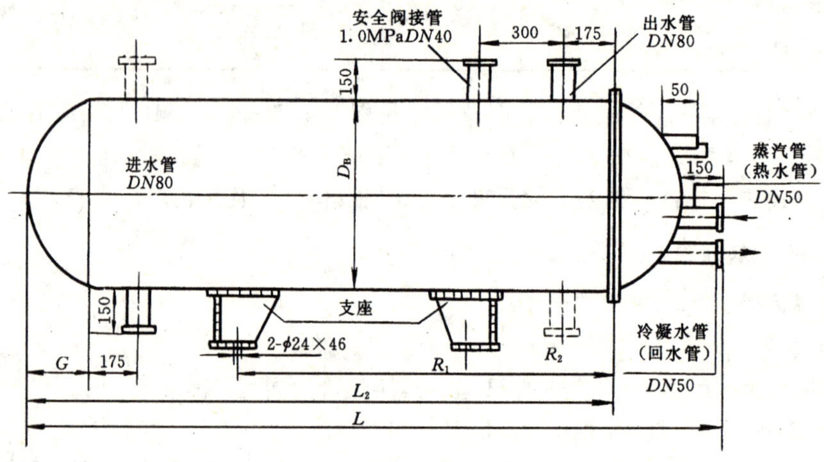

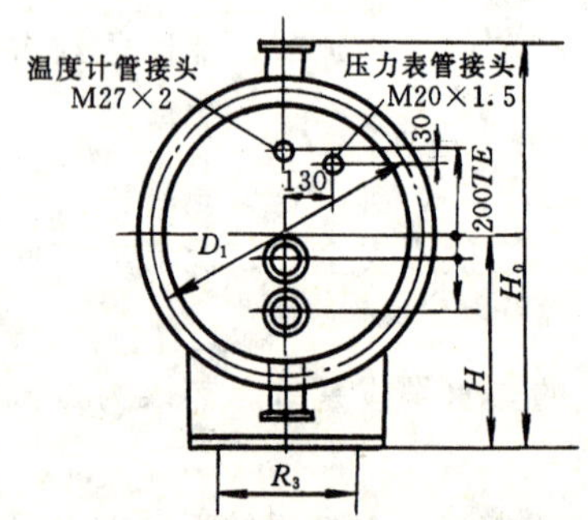

注：
1. 本图表中重量系采用各型号加热器所能容纳U形管最多根数的重量值。
2. 本图表中所注容积是已扣除U形管体积（按所能容纳的最多根数计算）的外壳容积

（鞍式钢支座）

交换器型号	D_B	容积（L）	G	L_2	L_1	R_1	R_2	R_3	T	E	D_1	H	H_0	重量（kg）	
														A_{3R+20}	A_{3R+H68}
1	ϕ600	500	181	1742	2100	815	373	420	0	200	680	913	1368	400	410
2	ϕ700	700	206	1767	2150	815	373	500	20	240	780	963	1468	475	490
3	ϕ800	1000	232	1990	2400	950	404	590	50	280	880	1014	1570	635	650

图3.1-7　1、2、3号卧式容积式热交换器总图

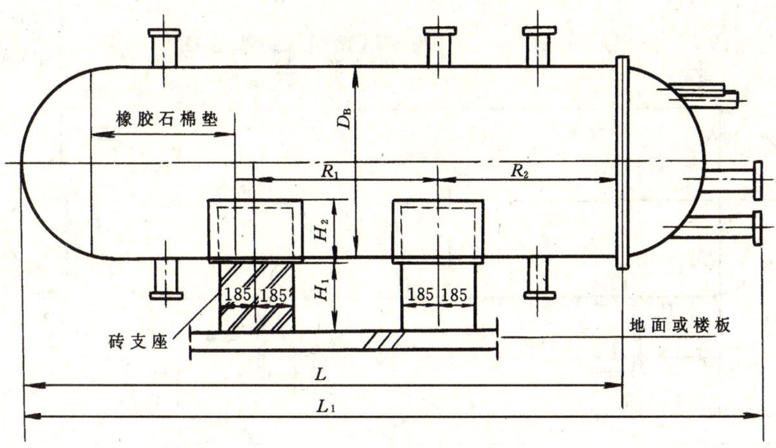

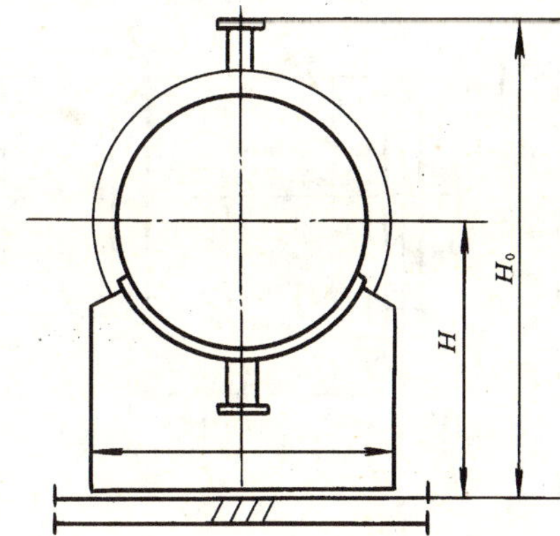

注：

1. 支座用MU7.5砖、M2.5砂浆砌筑，原浆勾缝。
2. 当砖基础在楼板上时，则楼板强度应经土建专业设计人员验算。
3. 支座高度H可由设计选用人按需要确定，本图表中H的四个数值，系用来计算材料级数的。
4. 橡胶石棉垫的具体尺寸，现场可按实际需要剪裁。

交换器型号	D_B	L	L_1	R_1	R_2	R_3	H_1		H_2	H_0		H	
1	ϕ600	2100	1742	590	485	740	500	1000	158	1265	1765	810	1310
							1500	2000		2265	2765	1810	2310
2	ϕ700	2150	1767	590	485	880	500	1000	183	1365	1865	860	1360
							1500	2000		2366	2866	1860	2360
3	ϕ800	2400	1990	780	490	1000	500	1000	208	1467	1967	911	1411
							1500	2000		2467	2967	1911	2411

图 3.1-8 1、2、3号卧式容积式热交换器总图（砖支座）

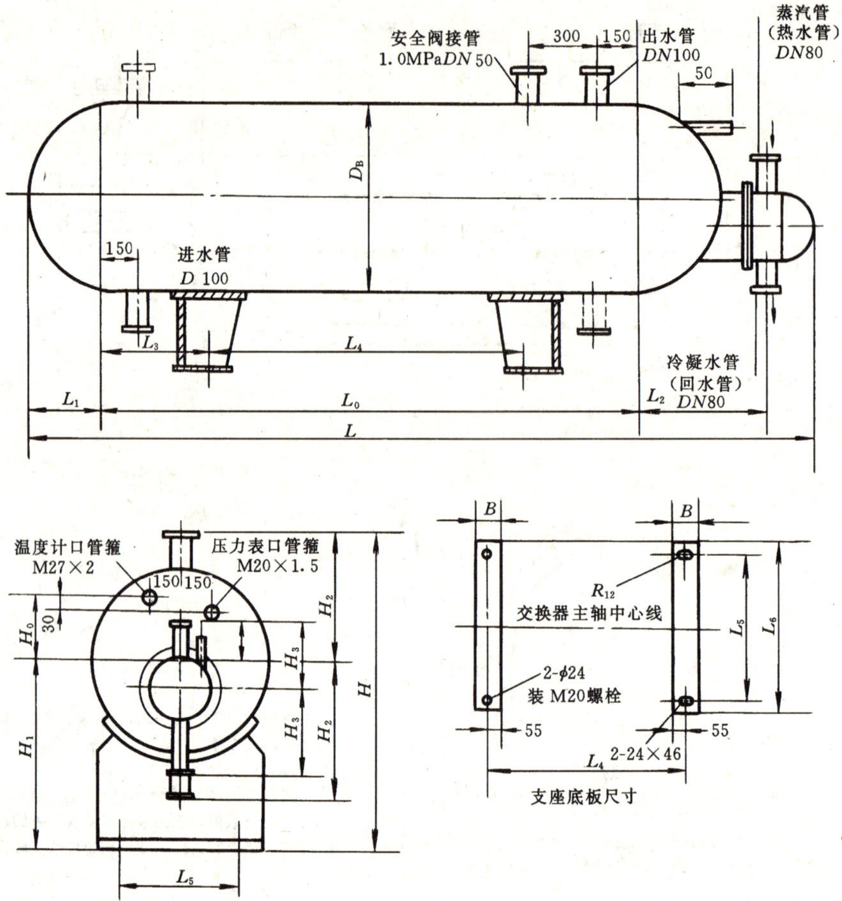

交换器型号	D_B	容积(L)	L	L_0	L_1	L_2	L_3	L_4	L_5	L_6	H	H_0	H_1	H_2	H_3	B	C	重量(kg)	
																		A_{3R+20}	A_{3R+H68}
4	ϕ900	1500	3107	1985	258	588	450	1085	660	810	1670	330	1064	606	356	150	120	841	852
5	ϕ1000	2000	3344	2185	283	600	500	1185	740	900	1770	380	1114	656	356	150	200	948	960
6	ϕ1200	3000	3602	2335	333	646	500	1335	900	1100	1974	460	1216	758	381	150	240	1399	1418
7	ϕ1400	5000	4123	2735	383	704	545	1645	1050	1280	2174	520	1316	858	406	205	300	1897	1922

图 3.1-9　4、5、6、7号卧式容积式热交换器总图
（鞍式钢支座）

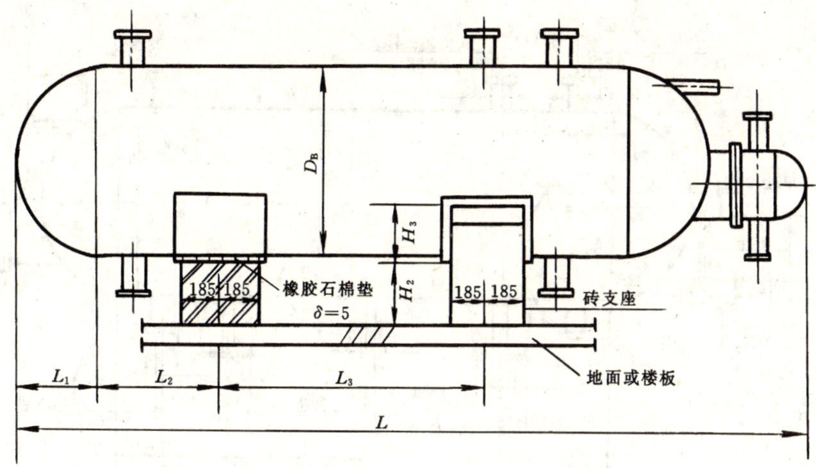

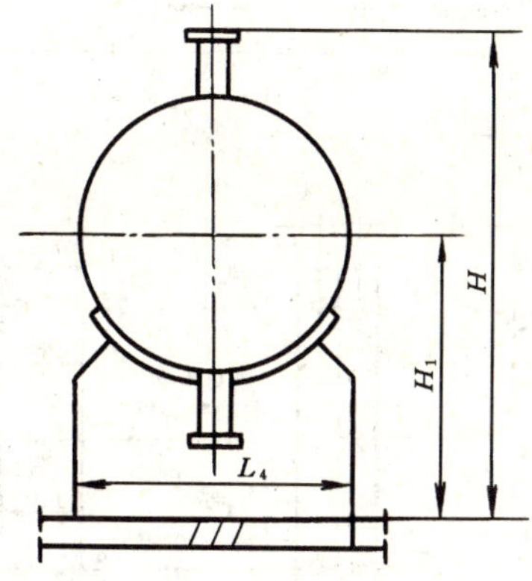

注：
1. 支座用MU7.5砖、M2.5砂浆砌筑，原浆勾缝。
2. 当砖基础在楼板上时，则楼板强度应经土建专业设计人员验算。
3. 支座高度H_1可由设计选用人按需要确定，本图表中H_2的四个数值，系用来计算材料级数的。
4. 橡胶石棉垫的具体尺寸，现场可按实际需要剪裁。

交换器型号	D_B	L_1	L_2	L_3	L_4	L	H_2		H_3	H_1		H	
4	φ900	258	565	855	870	3107	500	1000	230	961	1461	1567	2067
							1500	2000		1961	2461	2567	3067
5	φ1000	283	590	1005	990	3344	500	1000	255	1011	1511	1667	2167
							1500	2000		2011	2511	2667	3167
6	φ1200	333	595	1145	1120	3602	500	1000	306	1113	1613	1871	2371
							1500	2000		2113	2613	2871	3371
7	φ1400	383	595	1545	1490	4123	500	1000	356	1213	1713	2071	2571
							1500	2000		2213	2713	3071	3571

图 3.1-10　4、5、6、7号卧式容积式热交换器总图（砖支座）

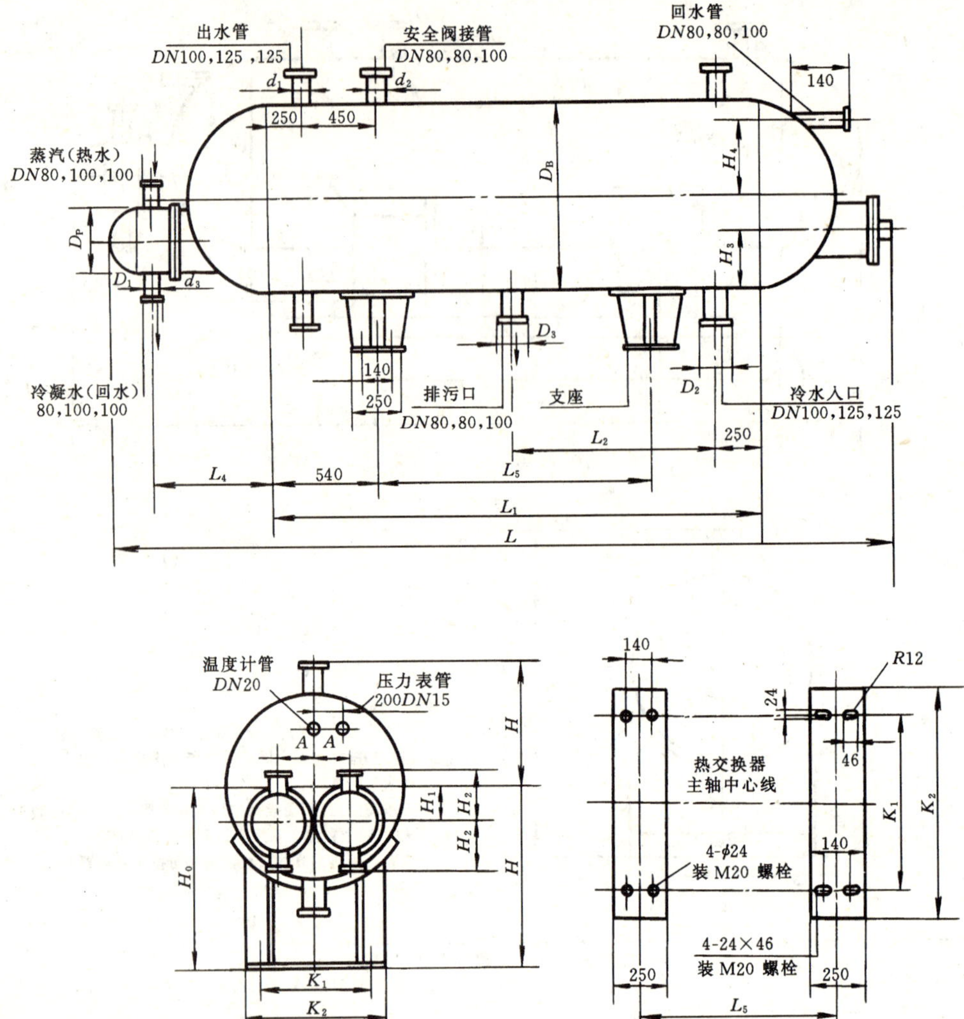

交换器型号	D_B	D_P	D_1	D_2	D_3	A	d_1	d_2	d_3	L	L_1	L_2	L_4
8	φ1800	500	160	180	160	370	108×6	89×5	89×5	4679	2700	1100	878
9	φ2000	600	180	210	160	420	133×6	89×5	108×6	4995	2700	1100	1054
10	φ2200	700	210	240	180	520	159×7	108×6	133×6	5883	3400	1450	1131

交换器型号	L_5	K_1	K_2		H	H_0	H_1	H_2	H_3	H_4	重量（kg）	
											A_{3R+20}	A_{3R+H68}
8	1620	1330	1600		1092	1124	350	436	650	450	4692	4772
9	1620	1490	1780		1194	1226	400	488	750	500	6267	6315
10	2320	1680	1970		1294	1328	420	538	850	500	9204	9392

图 3.1-11　8、9、10号卧式双孔容积式热交换器总图

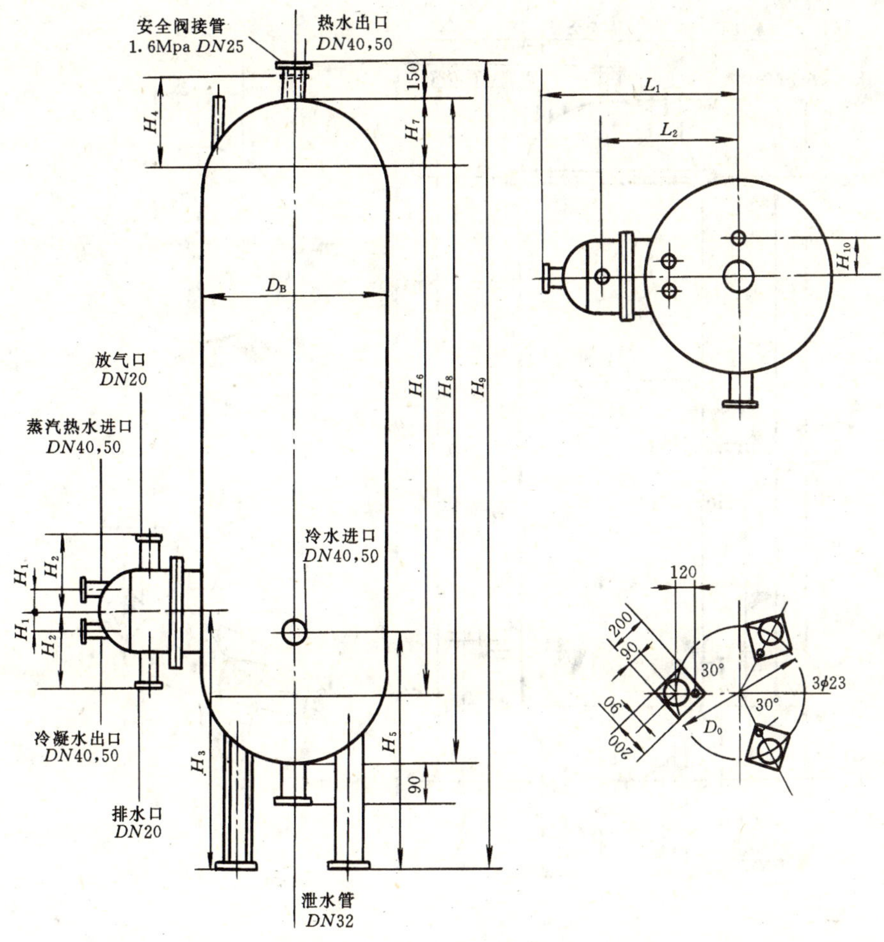

热交换器型号	D_B	D_0	H_1	H_2	H_3	H_4	H_5	H_6	H_7
1	ϕ1200	780	150	356	1023	456	683	1700	333
2	ϕ1400	910	200	408	1160	516	758	2000	400

热交换器型号	H_8	H_9	H_{10}	L_1	L_2	重量（kg）	
						A_{3+H68}	A_{3+20}
1	2366	2816	250	1222	842	778	791
2	2800	3250	300	1332	922	1240	1311

注：甲型加热管为U形管。

图 3.1-12 立式容积式热交换器（甲型）总图

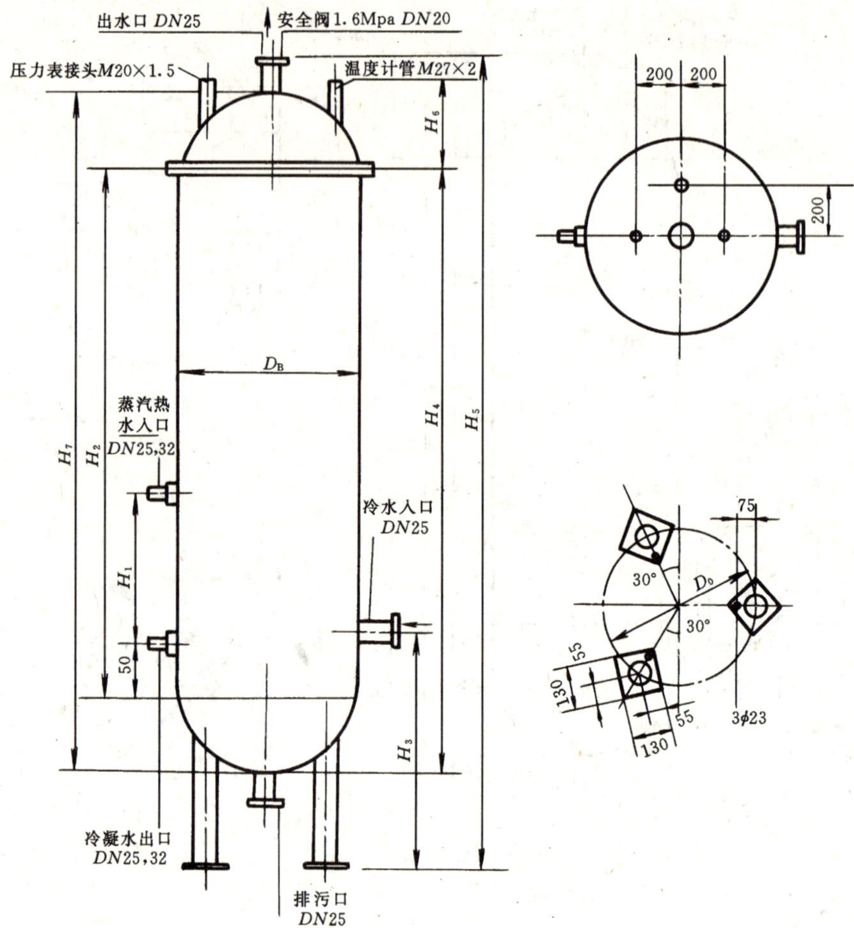

热交换器型号	D_B	D_0	H_1	H_2	H_3	H_4	H_5
1	700	460	400（200）	1200	571	1420	2053
2	800	520	600（300）	1500	596	1746	2403

热交换器型号	H_6	H_7			重　量（kg）	
					（A_3盘管）	（H_{68}盘管）
1	329	1653			314.（297）	315.（298）
2	354	2003			421.（390）	431.（395）

注：乙型加热管为圆形盘管。

图 3.1-13　立式容积式热交换器（乙型）总图

(8) 换热器型号标记示意

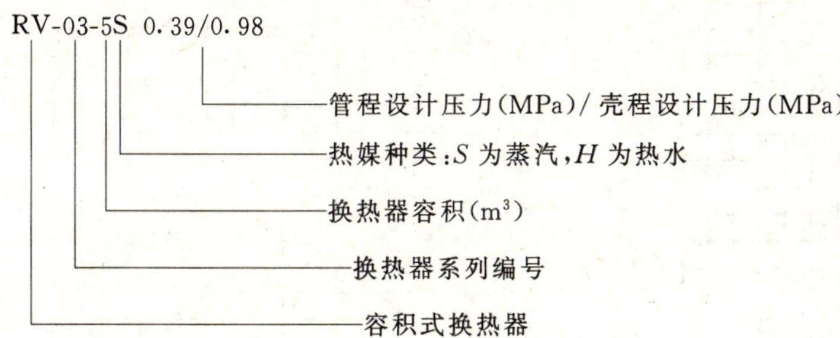

3. 换热器主要技术参数见表 3.1-35。

4. 换热器传热系数特性曲线。汽-水型见图 3.1-14，水-水型见图 3.1-15。

主要技术参数 **表 3.1-35**

参数 \ 热媒 \ 型号			-1.5S 0.39/0.59 0.39/0.98	-3S 0.39/0.59 0.39/0.98	-5S 0.39/0.59 0.39/0.98	-8S 0.39/0.59 0.39/0.98	-1.5H 1.57/0.59 1.57/0.98	-3H 1.57/0.59 1.57/0.98	-5H 1.57/0.59 1.57/0.98	-8H 1.57/0.59 1.57/0.98
			饱和蒸汽				高、低温热水			
总容积 (m^3)			1.5	3	5	8	1.5	3	5	8
产热水量 (m^3/h)			1.5～3.5	3～6	5～10	8～14	1～2	2～4	4～6	7～9
设计压力 P (MPa)	壳程 P_s		0.59 (0.98)				0.59 (0.98)			
	管程 P_t		0.39				1.57			
U 形换热管	外径×壁厚 (mm)		ϕ25×2.5 (ϕ25×2)				ϕ19×2 (ϕ19×1.5)			
	根数	A	16	20	27	39	25	54	54	72
		B	12	12	20	29	16	44	44	58
		C			12	20				
	最大长度 (mm)		2200	2530	3300	3300	2200	2530	3300	3400
管束换热面积 F_i (m^2) (上行) 管束热媒过水断面积 S_i (m^2) (下行)	A		$\frac{5.23}{0.0028}$	$\frac{7.5}{0.0035}$	$\frac{13.26}{0.0047}$	$\frac{19.2}{0.0069}$	$\frac{6.2}{0.0026}$	$\frac{15.2}{0.0055}$	$\frac{20.1}{0.0055}$	$\frac{27.7}{0.0072}$
	B		$\frac{3.86}{0.0021}$	$\frac{4.5}{0.0021}$	$\frac{9.83}{0.0035}$	$\frac{14.3}{0.0052}$	$\frac{4.0}{0.0016}$	$\frac{12.4}{0.0044}$	$\frac{16.4}{0.0044}$	$\frac{22.3}{0.0058}$
	C				$\frac{5.9}{0.0021}$	$\frac{10.8}{0.0035}$				

注：1. 表中“产热水量”计算参数；热媒为蒸汽时，压力 $P=0.4$MPa，饱和温度 $t_1=151.11$℃凝水出口温度 $t_2=55$℃，被加热水 13～65℃；热媒为低温热水时，进水 70～80℃，出水温度 50～55℃，被加热水 13～55℃。结垢系数取 0.8。

2. 换热盘管为钢管，若改用铜管，相应产水量可提高约 15%。

3. 以高温水为热媒时，可依据后面例题计算方法，算出产热水量。热媒出水温度取 70～75℃。

4. 表中“热媒过水断面积 S_i”作为计算热媒重量流速。

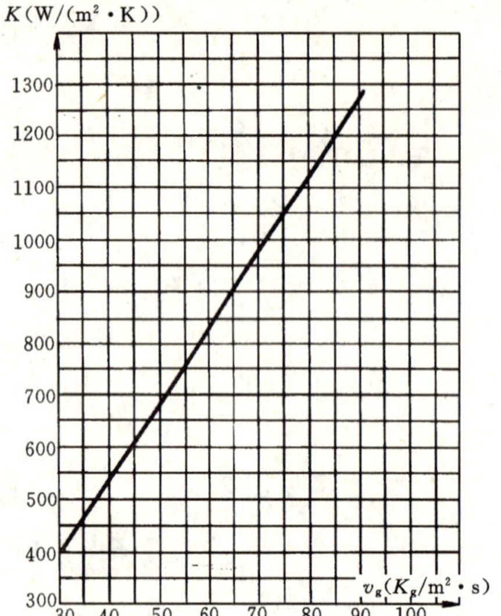

图 3.1-14　RV-03-NS 型（汽-水换热）

K-v_g 特性曲线

注：热媒为蒸汽时，重量流速 v_g 的取值范围：

P=0.1（MPa）　v_g=30～45 [kg/（m²·s）]

P=0.2（MPa）　v_g=45～65 [kg/（m²·s）]

P=0.3（MPa）　v_g=50～80 [kg/（m²·s）]

P=0.4（MPa）　v_g=60～90 [kg/（m²·s）]

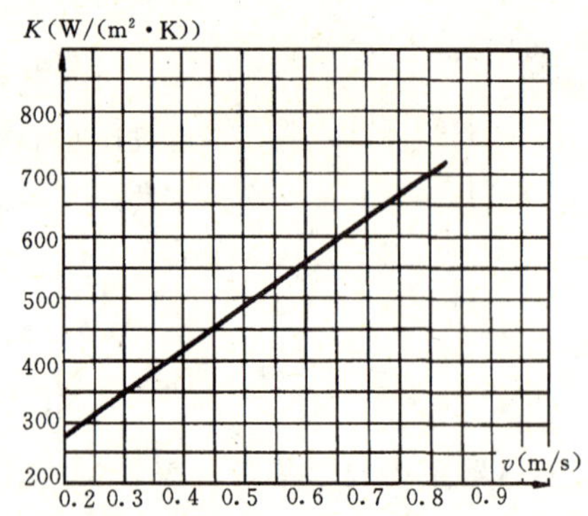

图 3.1-15　RV-03-NH 型（水-水换热）

K-v 特性曲线

注：热媒为热水时 v=0.5～0.75m/s

5. RV-03 系列换热器外形尺寸见图 3.1-16 及表 3.1-36。

RV-03 型换热器外形尺寸及重量　　**表 3.1-36**

参数＼型号	$1.5S^{0.39/0.59}_{0.39/0.98}$	$3S^{0.39/0.59}_{0.39/0.98}$	$5S^{0.39/0.98}_{0.39/0.98}$	$8S^{0.39/0.59}_{0.39/0.98}$	$1.5H^{1.57/0.59}_{1.57/0.98}$	$3H^{1.57/0.59}_{1.57/0.98}$	$5H^{1.57/0.59}_{1.57/0.98}$	$8H^{1.57/0.59}_{1.57/0.98}$
L_1	1140	1200	1700	1500	1140	1200	1700	1500
L_2	380	400	500	500	380	400	500	500
L_3	1900	2000	2700	2500	1900	2000	2700	2500
L_4	398（404）	477（508）	527（558）	654（676）	418	509（528）	559（580）	696（700）
L_5	116	126（130）	126（130）	138（146）	122	140	140	160
L_6	213	248	248	283	213	248	248	283
L	2895（2901）	3184（3236）	3984（4036）	4058（4107）	2921	3230（3266）	4030（4066）	4122（4145）
B_1	100	123	123	150	100	123	123	150
B_2	660	900	1050	1330	660	900	1050	1330
B_3	810	1080	1260	1600	810	1080	1260	1600
B_4	150	250	250	250	150	250	250	250
H_1	150	210	290	400	150	210	290	400

续表

参数 \ 型号	$1.5S^{0.39/0.59}_{0.39/0.98}$	$3S^{0.39/0.59}_{0.39/0.98}$	$5S^{0.39/0.98}_{0.39/0.98}$	$8S^{0.39/0.59}_{0.39/0.98}$	$1.5H^{1.57/0.59}_{1.57/0.98}$	$3H^{1.57/0.59}_{1.57/0.98}$	$5H^{1.57/0.59}_{1.57/0.98}$	$8H^{1.57/0.59}_{1.57/0.98}$
H_2	305	340	340	376	305	340	340	376
H_3	230	200	200	250	230	200	200	250
H_4	150	150	200	250	150	150	200	250
H	1240	1544	1744	2148	1240	1544	1744	2148
D	900	1200	1400	1800	900	1200	1400	1800
D_1	400	500	500	600	400	500	500	600
DN_1	32	40	50	70	32	40	50	70
DN_2	50	65	65	80	50	65	65	80
DN_3	50	65	65	80	50	65	65	80
DN_4	50	65	65	80	50	65	65	80
DN_5	50	65	65	80	50	65	65	80
重量 G (kg)	769 (893)	1324 (1564)	1919 (2449)	2960 (3773)	794 (910)	1461 (1671)	2020 (2519)	3098 (3857)

注：1. 表中参数值带括号者，表示 P_s=0.98MPa 的数值；未带括号者，表示 P_s=0.59 与 0.98MPa 两者同一数值。

2. "重量"中未包括罐体保温及罐内贮水之重量。

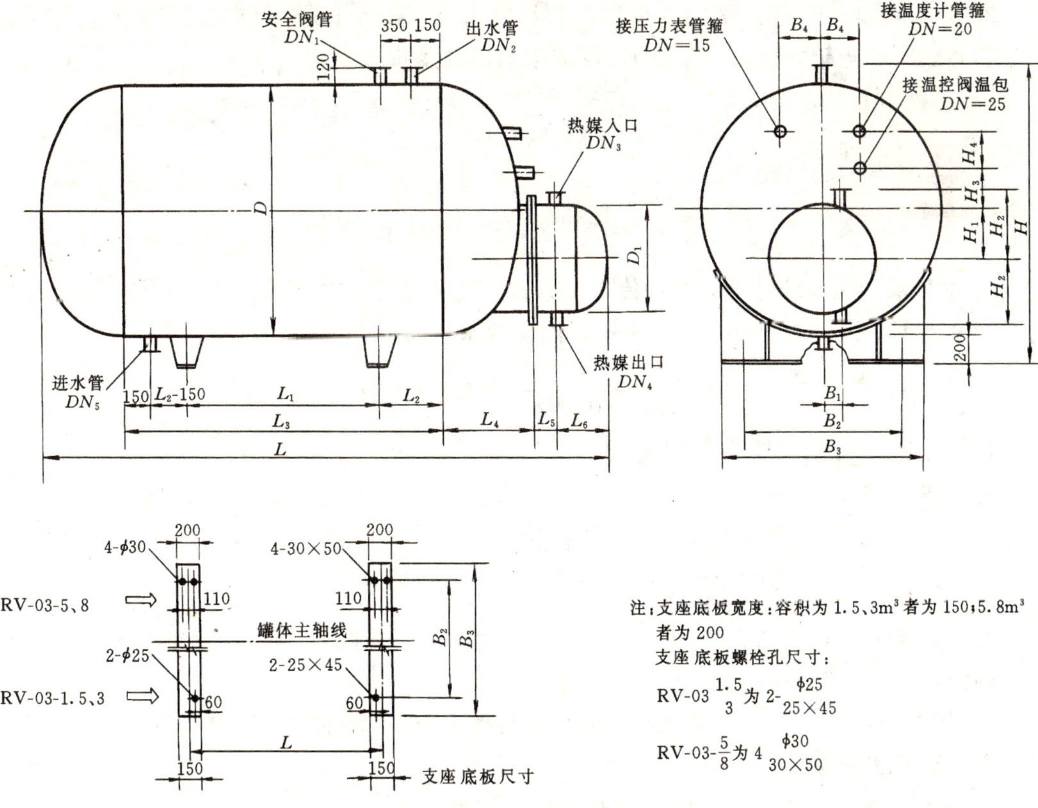

图 3.1-16 RV-03 系列换热器外形尺寸

【例 3.1-4】 某工程热水供应系统小时耗热量 Q=1750kW，热媒为 0.4MPa 饱和蒸汽。要求热水供水温度 65℃，冷水温度 13℃，容器壳体承压 0.78MPa，贮热时间为 45min，拟选用 RV-03 系列卧式热交换器，试计算并确定规格及台数。

【解】

1. 计算贮水容积，初选换热器台数：

$$V = 0.75\,\frac{0.86 \times 1750{,}000}{65-13} = 21707\mathrm{L}$$

按容积　　$V_i = 5\mathrm{m}^3$

$$n = \frac{21707}{0.9 \times 5000} = 4.82\text{ 台},取\ n = 5\text{ 台}$$

式中　0.9——有效容积系数。

2. 计算单台换热器的应产热水量：

$$q = \frac{1.15 \times \dfrac{0.86 \times 1750.000}{65-13}}{5 \times 1000} = \frac{33284}{5000} = 6.66\mathrm{m}^3/\mathrm{h}$$

式中　1.15——考虑热损耗的系数。

查 RV-03-5S 型主要技术参数表 3.1-35，产热水量范围为 5～10m³/h，计算值为 6.66m³/h，可以采用。

3. 计算热媒耗用量：查表 3.1-11，当热媒为 0.4MPa 表压蒸汽时，饱和水的焓 i_s=640.1kJ/kg（相当于热媒入口温度），凝结水出口温度按 55℃代入公式。

$$G = 1.15\,\frac{0.86 \times 1750.000}{640.1-55} = 2958\mathrm{kg/h}$$

每台换热器的热媒耗量为：

$$G_i = \frac{2958}{5} = 591.6\mathrm{kg/h}$$

4. 求热媒的重量流速 v_g，确定传热系数 K 值：查技术参数表，若采用 5S0.39/0.98 中的 C 型管束时，其换热面积 F_i=5.9m²，热媒过水断面积 S_i=0.0021m²，则

$$v_g = \frac{591.6}{3600 \times 0.0021} = 78.3\mathrm{kg/(m^2 \cdot s)}$$

根据计算之 v_g 值查图 3.1-14K-v_g 特性曲线，得 K=1080W/（m²·K）。

5. 计算所需换热面积：

$$F = \frac{1.15 \times 1750.000}{0.8 \times 1080 \times \dfrac{(151.9+55)-(65+13)}{2}} = 36.1\mathrm{m}^2$$

原选 C 型管束换热面积 F_i=5.9×5=29.5m²<F，改选 B 型管束，换热面积 F_i=9.83×5=49.15>F，可以采用。

6. 确定选用 RV-03-5S0.39/0.98 型热交换器 5 台，B 型管束，单台换热面积 9.83m²，管材为碳钢无缝管 20。

RV-04 系列单管束立式容积式换热器

1. 性能特点

(1) 换热更充分，水—水换热时，传热系数 K 值提高约 21%，热媒温降提高约 35%；汽—水换热时，热媒温降提高约 25%，凝结水温度可降至 50℃左右，回水管上可不装疏水器，相应的节能效果可提高约 4%。

(2) 在容器工作压力及换热面积相似条件下，同容积的罐体耗钢量约省 20%；且比同型传统产品约省 10%～15%。

(3) 壳程水头损失很小，可忽略不计，保持了容积式换热器供水平稳，用水安全、舒适、节能、节水的特点。

(4) 罐体占地面积小，抽取管束所需空间小，节省占地面积，方便设计，方便使用与维修。

(5) 规格齐全，选用灵活，尤对设备空间高度受限的地方，具有较大的选择余地。

(6) 冷水区容积小，容积利用率高。

2. 设计使用说明

(1) 设计使用说明与 RV-03 系列相同。

(2) 换热器型号标记示意

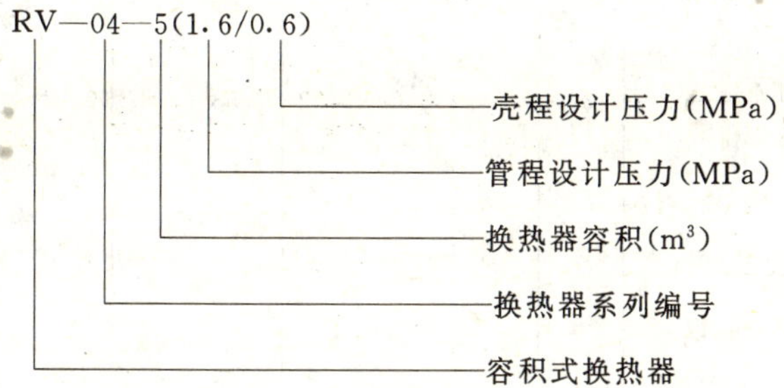

3. 换热器主要技术参数见表 3.1-37。

4. 换热器传热系数特性曲线，汽—水型见图 3.1-17，水—水型见图 3.1-18。

主要技术参数表 表 3.1-37

<table>
<tr><th rowspan="2">参数
型号</th><th rowspan="2">总容积
V
(m³)</th><th colspan="2">设计压力</th><th rowspan="2">筒体直径
ϕ
(mm)</th><th rowspan="2">总高
H
(mm)</th><th rowspan="2">重量
G
(kg)</th><th colspan="2">换热管速</th><th colspan="3">相应换热面积的产热水量
Q (m³/h)</th></tr>
<tr><th>壳程
P_s
(MPa)</th><th>管程
P_t
(MPa)</th><th>最大管长
L
(mm)</th><th>换热面积
F
(m²)</th><th>热媒为饱和蒸汽时
Q_1</th><th>热媒为 70～80℃ 热水时
Q_2</th><th>热媒为 85～95℃ 热水时
Q_3</th></tr>
<tr><td>RV-04
—1.5
(0.4/1.6 / 0.6)</td><td rowspan="2">1.5</td><td>0.6</td><td rowspan="2">0.4
1.6</td><td rowspan="2">1200</td><td>1848</td><td>854
(912.2)</td><td rowspan="2">1320</td><td rowspan="2">A
10.7</td><td rowspan="2">7.4～10.28</td><td rowspan="2">3.84～5.75</td><td rowspan="2">4.42～6.63</td></tr>
<tr><td>—1.5
(0.4/1.6 / 1)</td><td>1</td><td>1856</td><td>1068.3
(1108.1)</td></tr>
</table>

续表

<table>
<tr><th rowspan="2">参数
型号</th><th rowspan="2">总容积 V (m³)</th><th colspan="2">设计压力</th><th rowspan="2">筒体直径 ϕ (mm)</th><th rowspan="2">总高 H (mm)</th><th rowspan="2">重量 G (kg)</th><th colspan="2">换热管速</th><th colspan="3">相应换热面积的产热水量 Q (m³/h)</th></tr>
<tr><th>壳程 P_s (MPa)</th><th>P_t (MPa)</th><th>最大管长 L (mm)</th><th>换热面积 F (m²)</th><th>热媒为饱和蒸汽时 Q_1</th><th>热媒为70～80℃热水时 Q_2</th><th>热媒为85～95℃热水时 Q_3</th></tr>
<tr><td>−2 $\left(\frac{0.4}{1.6}\Big/0.6\right)$</td><td rowspan="2">2</td><td>0.6</td><td rowspan="6">0.4
1.6</td><td rowspan="6">1200</td><td>2248</td><td>949
(1007.2)</td><td rowspan="6">1320</td><td rowspan="2">B
8.9</td><td rowspan="2">6.16～8.56</td><td rowspan="2">3.19～4.79</td><td rowspan="2">3.67～5.5</td></tr>
<tr><td>−2 $\left(\frac{0.4}{1.6}\Big/1\right)$</td><td>1</td><td>2256</td><td>1187.3
(1227.1)</td></tr>
<tr><td>−2.5 $\left(\frac{0.4}{1.6}\Big/0.6\right)$</td><td rowspan="2">2.5</td><td>0.6</td><td>2698</td><td>1056
(1114.2)</td><td rowspan="2">C
7.2</td><td rowspan="2">4.98～6.92</td><td rowspan="2">2.58～3.87</td><td rowspan="2">2.97～4.46</td></tr>
<tr><td>−2.5 $\left(\frac{0.4}{1.6}\Big/1\right)$</td><td>1</td><td>2706</td><td>1321.3
(1361.1)</td></tr>
<tr><td>−3 $\left(\frac{0.4}{1.6}\Big/0.6\right)$</td><td rowspan="2">3</td><td>0.6</td><td>3148</td><td>1163
(1221.2)</td><td rowspan="2">D
5.9</td><td rowspan="2">4.08～5.87</td><td rowspan="2">2.11～3.17</td><td rowspan="2">2.43～3.64</td></tr>
<tr><td>−3 $\left(\frac{0.4}{1.6}\Big/1\right)$</td><td>1</td><td>3156</td><td>1456.3
(1496.1)</td></tr>
<tr><td>−3.5 $\left(\frac{0.4}{1.6}\Big/0.6\right)$</td><td rowspan="2">3.5</td><td>0.6</td><td rowspan="4">0.4
1.6</td><td rowspan="4">1600</td><td>2365</td><td>1432
(1505)</td><td rowspan="4">1720</td><td rowspan="2">A
13.1</td><td rowspan="2">10.3～14.4</td><td rowspan="2">4.7～7.04</td><td rowspan="2">5.41～8.11</td></tr>
<tr><td>−3.5 $\left(\frac{0.4}{1.6}\Big/1\right)$</td><td>1</td><td>2403</td><td>1783
(1830)</td></tr>
<tr><td>−4 $\left(\frac{0.4}{1.6}\Big/0.6\right)$</td><td rowspan="2">4</td><td>0.6</td><td>2615</td><td>1534
(1604)</td><td rowspan="2">B
10.9</td><td rowspan="2">8.6～12</td><td rowspan="2">3.9～5.86</td><td rowspan="2">4.49～6.73</td></tr>
<tr><td>−4 $\left(\frac{0.4}{1.6}\Big/1\right)$</td><td>1</td><td>2653</td><td>1902
(1949)</td></tr>
</table>

续表

参数 型号	总容积 V (m^3)	设计压力 壳程 P_s (MPa)	设计压力 P_t (MPa)	筒体直径 ϕ (mm)	总高 H (mm)	重量 G (kg)	换热管速 最大管长 L (mm)	换热管速 换热面积 F (m^2)	相应换热面积的产热水量 Q (m^3/h) 热媒为饱和蒸汽时 Q_1	热媒为 70～80℃ 热水时 Q_2	热媒为 85～95℃ 热水时 Q_3
−4.5 $\left(\frac{0.4}{1.6}/0.6\right)$	4.5	0.6	0.4 1.6	1600	2815	1633 (1704)	1720	*C* 8.8	6.95～9.68	3.15～4.73	3.63～5.44
−4.5 $\left(\frac{0.4}{1.6}/1\right)$		1			2853	1997 (2044)					
−5 $\left(\frac{0.4}{1.6}/0.6\right)$	5	0.6			3215	1772 (1842)		*D* 7.3	5.76～8.03	2.62～3.92	3.01～4.52
−5 $\left(\frac{0.4}{1.6}/1\right)$		1			3253	2188 (2235)					
−5.5 $\left(\frac{0.4}{1.6}/0.6\right)$	5.5	0.6			2893	2037 (2102)		*A* 19.7	15.52～21.1	7.1～10.6	8.8～13.2
−5.5 $\left(\frac{0.4}{1.6}/1\right)$		1			2931	2650 (2708)					
−6 $\left(\frac{0.4}{1.6}/0.6\right)$	6	0.6	0.4 1.6	1800	3093	2127 (2192)	1920				
−6 $\left(\frac{0.4}{1.6}/1\right)$		1			3131	2775 (2833)					
−6.5 $\left(\frac{0.4}{1.6}/0.6\right)$	6.5	0.6			3293	2214 (2279)		*B* 16	12.6～17.6	5.7～8.6	6.6～9.6
−6.5 $\left(\frac{0.4}{1.6}/1\right)$		1			3331	2901 (2959)					

续表

型号＼参数	总容积 V (m^3)	设计压力 壳程 P_s (MPa)	设计压力 P_t (MPa)	筒体直径 ϕ (mm)	总高 H (mm)	重量 G (kg)	换热管速 最大管长 L (mm)	换热管速 换热面积 F (m^2)	相应换热面积的产热水量 Q (m^3/h) 热媒为饱和蒸汽时 Q_1	热媒为70～80℃热水时 Q_2	热媒为85～95℃热水时 Q_3
$-7\left(\frac{0.4}{1.6}/0.6\right)$	7	0.6	0.4 1.6	1800	3443	2283 (2348)	1920	C 11.8	9.3～12.9	4.2～6.3	4.9～7.3
$-7\left(\frac{0.4}{1.6}/1\right)$		1			3481	2995 (3053)					
$-7.5\left(\frac{0.4}{1.6}/0.6\right)$	7.5	0.6			3643	2371 (2436)		D 9.2	7.3～10.1	3.3～5	3.8～5.7
$-7.5\left(\frac{0.4}{1.6}/1\right)$		1			3691	3120 (3178)					
$-8\left(\frac{0.4}{1.6}/0.6\right)$	8	0.6			3843	2461 (2526)					
$-8\left(\frac{0.4}{1.6}/1\right)$		1			3881	3245 (3303)					
$-8.5\left(\frac{0.4}{1.6}/0.6\right)$	8.5	0.6	0.4 1.6	2000	3254	2591.5 (2682.6	2120	A 21.4	16.9～22.9	7.7～11.5	9.6～14.3
$-8.5\left(\frac{0.4}{1.6}/1\right)$		1			3262	3480 (3549)					
$-9\left(\frac{0.4}{1.6}/0.6\right)$	9	0.6			3454	2690.6 (2781.7)		B 17.4	13.7～19.1	6.2～9.4	7.2～10.4
$-9\left(\frac{0.4}{1.6}/1\right)$		1			3462	3637 (3696)					

续表

<table>
<tr><th rowspan="2">参数
型号</th><th rowspan="2">总容积
V
(m^3)</th><th colspan="2">设计压力</th><th rowspan="2">筒体直径
ϕ
(mm)</th><th rowspan="2">总高
H
(mm)</th><th rowspan="2">重量
G
(kg)</th><th colspan="2">换热管速</th><th colspan="3">相应换热面积的产热水量
Q (m^3/h)</th></tr>
<tr><th>壳程
P_s
(MPa)</th><th>P_t
(MPa)</th><th>最大管长
L
(mm)</th><th>换热面积
F
(m^2)</th><th>热媒为饱和蒸汽时
Q_1</th><th>热媒为70～80℃热水时
Q_2</th><th>热媒为85～95℃热水时
Q_3</th></tr>
<tr><td>-9.5
$\left(\frac{0.4}{1.6}/0.6\right)$</td><td rowspan="2">9.5</td><td>0.6</td><td rowspan="4">0.4
1.6</td><td rowspan="4">2000</td><td>3654</td><td>2789.7
(2880.8)</td><td rowspan="4">2120</td><td rowspan="2">C
12.8</td><td rowspan="2">10.1～14</td><td rowspan="2">4.5～6.8</td><td rowspan="2">5.3～7.9</td></tr>
<tr><td>-9.5
$\left(\frac{0.4}{1.6}/1\right)$</td><td>1</td><td>3662</td><td>3793
(3852)</td></tr>
<tr><td>-10
$\left(\frac{0.4}{1.6}/0.6\right)$</td><td rowspan="2">10</td><td>0.6</td><td>3854</td><td>2888.9
(2980)</td><td rowspan="2">D
9.93</td><td rowspan="2">7.9～10.9</td><td rowspan="2">3.6～5.4</td><td rowspan="2">4.1～6.2</td></tr>
<tr><td>-10
$\left(\frac{0.4}{1.6}/1\right)$</td><td>1</td><td>3862</td><td>3950
(4009)</td></tr>
</table>

注：1. 表中管程工作压力1.6MPa者，只适用于软化热水为热媒，0.4MPa者适用于蒸汽及热水两种热媒。

2. 表中重量G值，为管程压力为0.4MPa的重量，括号内为管程压力为1.6MPa的重量。

3. 筒体直径相同时，有A、B、C、D四种规格的换热面积可任意选择。

4. 传热系数K值：热媒为饱和蒸汽时，$K=790～1100W$（约680～945kcal/（$m^2 \cdot h \cdot ℃$））。热媒为高、低温热水时，$K=616～960W$（约530～825kcal/（$m^2 \cdot h \cdot ℃$））

5. 表中“相应换热面积的产热水量Q_i”的计算参数：

（1）温度参数见下表

参数 / 热媒	热媒入口温度（℃）	热媒出口温度（℃）	冷水温度（℃）	热水温度（℃）
0.4MPa蒸汽	151.1	55	15	60
70～80℃热水	75	47	15	50
85～95℃热水	90	55	15	55

（2）考虑了一个0.8的结垢影响系数。

（3）换热管束为钢质，如改用铜管，相应产热水量约可提高15%。

5. 阻力损失

（1）水—水换热时，管程阻力约为1.5～3mH_2O。

（2）壳程阻力很小，可以忽略不计。

6. 换热器外形见图3.1-19，外形尺寸见表3.1-38。管道连接作法参见图3.1-20。

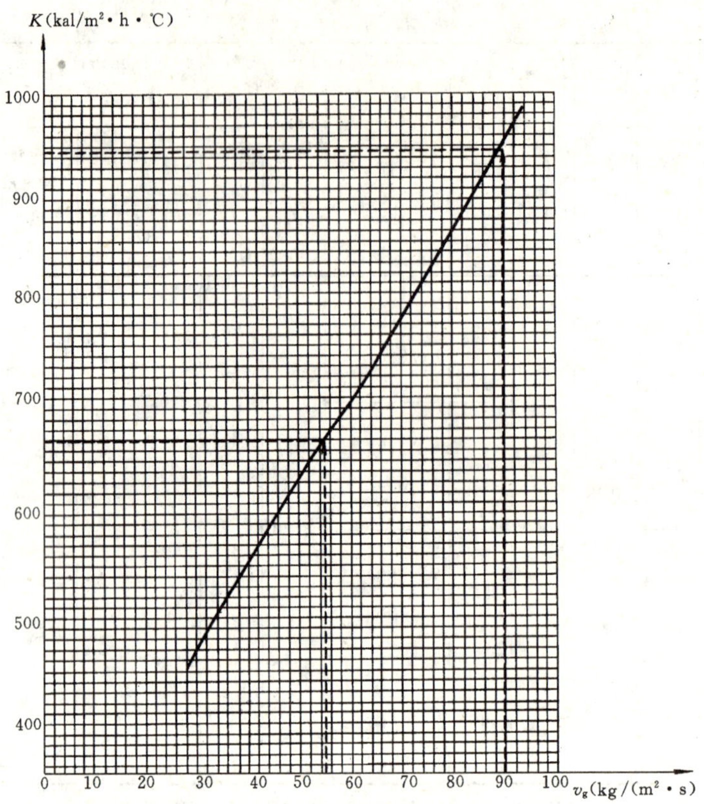

图 3.1-17　汽-水换热 K-v_g 曲线

RV-04 型换热器外形尺寸　　**表 3.1-38**

型号 / 参数	−1.5～3 (0.4/1.6)/0.6	−3.5～5 (0.4/1.6)/0.6	−5.5～8 (0.4/1.6)/0.6	−8.5～10 (0.4/1.6)/0.6	−1.5～3 (0.4/1.6)/1	−3.5～5 (0.4/1.6)/1	−5.5～8 (0.4/1.6)/1	−8.5～10 (0.4/1.6)/1
D_1	1200	1600	1800	2000	1200	1600	1800	2000
D_2	500	500	600	600	500	500	600	600
h_1	349	349	394	394	349	349	394	394
h_2	151	151	151	151	151	151	151	151
h_3	236	249	277	154	236	249	277	154
h_4	681	783	883	950	683	800	902	954
L_1	154 (186)	154 (186)	172 (214)	172 (214)	166 (186)	166 (186)	190 (214)	190 (214)
L_2	1309 (1323)	1726 (1740)	1915 (1937)	2115 (2317)	1315 (1325)	1732 (1742)	1929 (1943)	2133 (2147)
L_3	1711 (1757)	2128 (2174)	2368 (2432)	2568 (2632)	1727 (1757)	2144 (2174)	2400 (2438)	2602 (2640)
L_4	123	123	150	150	123	123	150	150
D_{g1}	50	65	80	80	50	65	80	80
D_{g2}	40	50	65	65	40	50	65	65

续表

型号 参数	−1.5～3 (0.4/1.6 / 0.6)	−3.5～5 (0.4/1.6 / 0.6)	−5.5～8 (0.4/1.6 / 0.6)	−8.5～10 (0.4/1.6 / 0.6)	−1.5～3 (0.4/1.6 / 1)	−3.5～5 (0.4/1.6 / 1)	−5.5～8 (0.4/1.6 / 1)	−8.5～10 (0.4/1.6 / 1)
D_{g3}	65	65	80	80	65	65	80	80
ϕ_1	800	1100	1250	1350	800	1100	1250	1350
ϕ_2	30	30	36	36	30	30	36	36
ϕ_3	40	40	46	46	40	40	46	46
a	350	350	400	400	350	350	400	400

注：1. 表中数据带括号者为 1.6MPa 的数值，其它为 0.4、1.6MPa 相同的数值。

2. 热媒为饱和蒸汽时，热媒出口管径可比表中 $Dg3$ 小 2～3 号。

(三) GR 型波纹管热水加水器

GR 型热水加热器，采用不锈钢环波强化 U 形管作为传热元件，传热系数 $K=2000\sim3000$W/ ($m^2\cdot$K)。具有结构简单，耐高温高压，不易泄漏、堵塞和结垢等优点。管芯可抽出清洗或更换。被加热水用管道泵强制循环，以提高传热效率，保持罐内水温。配有自动温控调节装置，可保持供水在设定温度±3℃以内。

加热器一次热媒可以是蒸汽或热水。二次全冷水启动时间约 15～25min。由于配有贮水罐，当实际用水量为额定水量的 1.5 倍时，可延续 30min；1.25 倍时，可延续一小时。可用于各类民用建筑的热水供应系统。

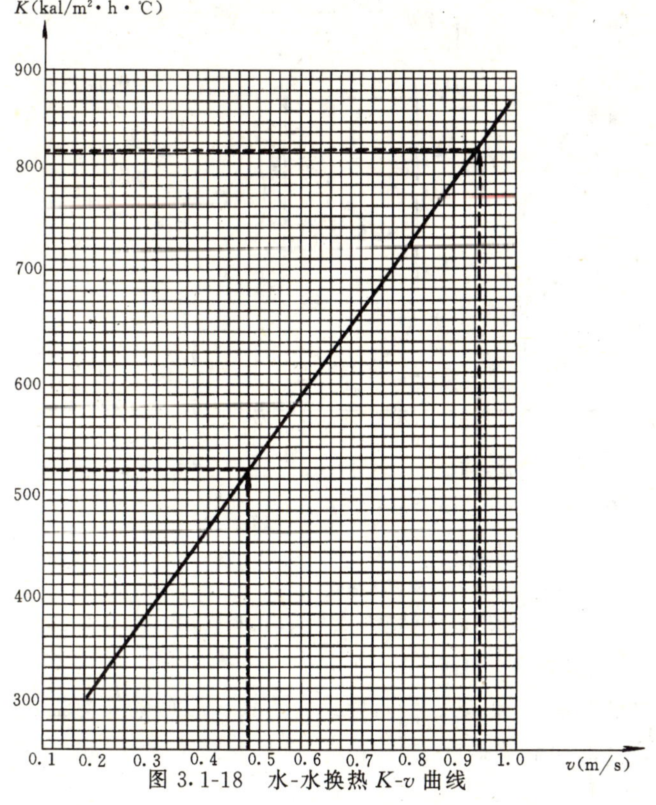

图 3.1-18 水-水换热 K-v 曲线

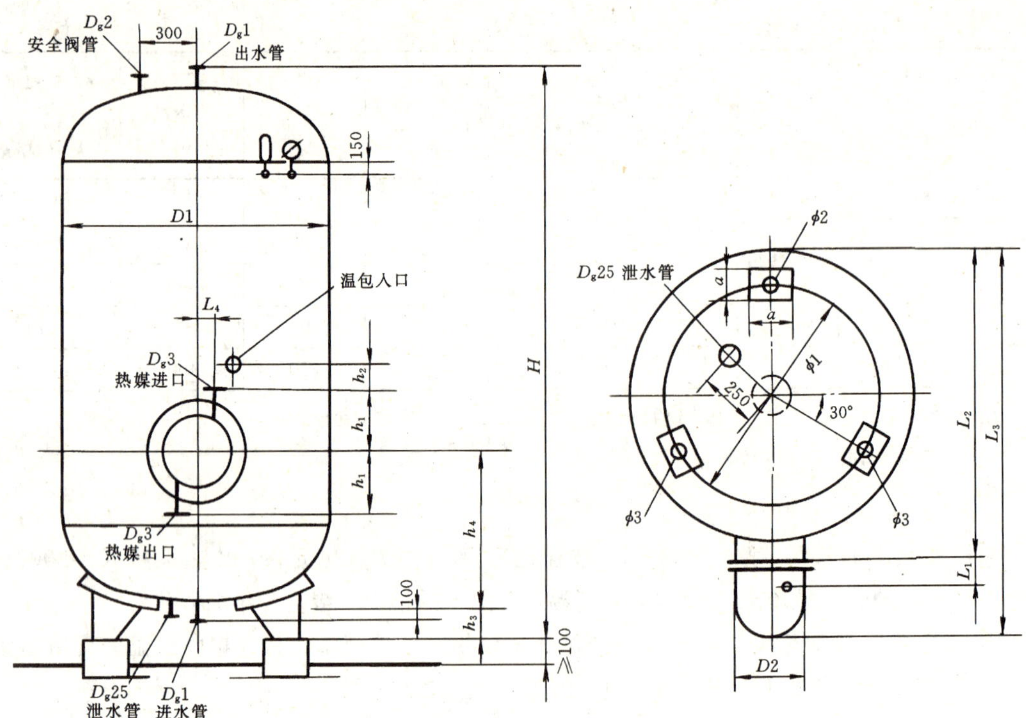

图 3.1-19　RV-04 系列换热器外形尺寸

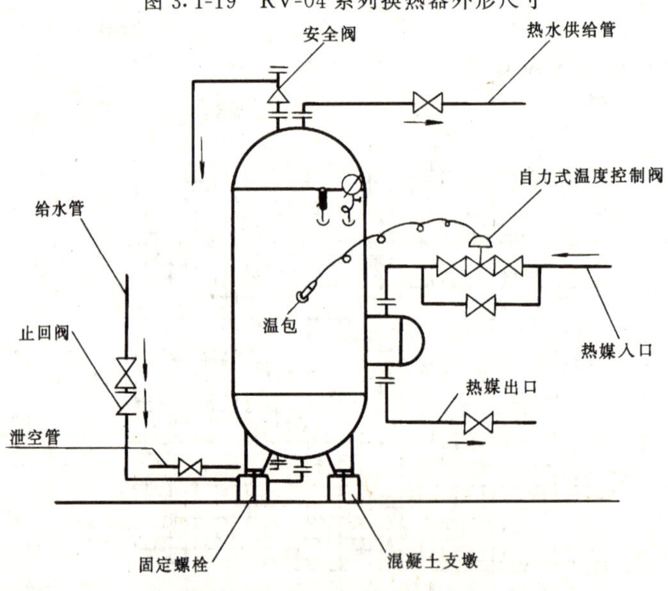

图 3.1-20　管道连接作法示意

注：1. 压力表：1.5 级 1.6MPa，温度计 100℃。

2. 安全阀宜采用微启式。

3. 当热媒为蒸汽时，热媒出口管径应比入口小 2 号。

1. 结构形式及工作压力

GR 型热水加热器有 A 型及 B 型两种结构形式：A 型的换热器与贮水罐分立，换热管芯可垂直抽出；B 型的换热器插在贮水罐中，换热管芯可水平抽出。安排时，注意预留管芯抽取空间，以方便检修。

一次热媒压力限制：蒸汽 $P \leqslant 0.6$MPa，热水 $P \leqslant 1.0$MPa。当一次热媒超过以上压力时，需在入口管道上安装减压阀。

贮水罐设计压力 $P \leqslant 0.6$MPa。给水压力高于 0.6MPa 时，需在订货时向厂家提出压力要求。

2. 热水加热器型号标记示意

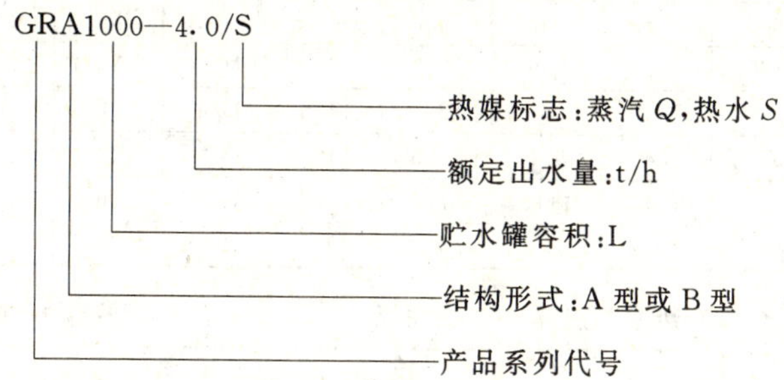

3. GR 型热水加热器的规格及性能

一次热媒为饱和蒸汽，被加热水从 10℃加热至 60℃时，主要性能参数见表 3.1-39。

一次热媒为热水，被加热水从 10℃加热至 60℃时，主要性能参数见表 3.1-40。

4. 外形尺寸

A 型结构外形见图 3.1-21，尺寸见表 3.1-41 及表 3.1-42。

B 型结构外形见图 3.1-22，尺寸见表 3.1-43 及表 3.1-44。

5. 安装维护注意事项

为确保管道泵及自控装置的正常运行，须配备可靠的交流电源插座（功率 1.5kW）。

管道泵不得在无水情况下空转，而调节阀的电动执行机构不得浸水。否则，会造成不必要的损坏。电机轴承通常须一年检修一次。

加热器安装完毕，应对热媒系统及被加热水系统进行水压试验。试验压力为 1.25 倍设计压力，保持 30min 无渗漏为合格。

波纹管水加热器技术资料，依据北京兴达波纹管制造厂产品样本整理编制。

GR 型（汽-水）热水加热器规格及性能 **表 3.1-39**

型号	贮罐直径 (mm)	换热器直径 (mm)	换热面积 (m^2)	换热功率 (kW)	蒸汽耗量 (kg/h)			被加热水 (10℃升至 60℃)	
					0.3MPa	0.4MPa	0.6MPa	流量 (t/h)	压降 (mH_2O)
GR^A_B500-2.0/Q	700	200	1.24	139	213	212	211	2.0	0.6
GR^A_B600-2.4/Q	700	200	1.24	167	256	255	253	2.4	0.8
GR^A_B700-2.8/Q	800	200	1.61	195	299	297	295	2.8	0.7
GR^A_B800-3.2/Q	800	200	1.61	223	341	340	337	3.2	0.9
GR^A_B900-3.6/Q	800	250	2.48	250	384	382	379	3.6	0.8
GR^A_B1000-4.0/Q	900	250	2.48	278	427	424	421	4.0	1.0
GR^A_B1200-4.8/Q	900	250	2.48	334	512	509	506	4.8	1.4
GR^A_B1400-5.6/Q	1000	250	2.66	390	597	594	590	5.6	1.0

续表

型号	贮罐直径 (mm)	换热器直径 (mm)	换热面积 (m^2)	换热功率 (kW)	蒸汽耗量 (kg/h)			被加热水 (10℃升至60℃)	
					0.3MPa	0.4MPa	0.6MPa	流量 (t/h)	压降 (mH_2O)
GR$^{A}_{B}$1600-6.4/Q	1000	250	3.45	445	683	679	674	6.4	1.3
GR$^{A}_{B}$1800-7.2/Q	1100	250	3.45	501	768	764	758	7.2	1.6
GR$^{A}_{B}$2000-8.0/Q	1100	300	4.52	557	853	849	842	8.0	1.0
GR$^{A}_{B}$2500-10/Q	1200	300	5.87	696	1067	1061	1053	10	1.5
GR$^{A}_{B}$3000-12/Q	1300	350	7.48	835	1280	1273	1264	12	1.0
GR$^{A}_{B}$3500-14/Q	1500	350	7.48	974	1493	1485	1474	14	1.5
GR$^{A}_{B}$4000-16/Q	1500	400	10.4	1113	1706	1698	1685	16	1.0
GR$^{A}_{B}$4500-18/Q	1600	400	10.4	1252	1920	1910	1900	18	1.3

GR型（水-水）热水加热器规格及性能 **表3.1-40**

型号	贮罐直径 (mm)	换热器直径 (mm)	换热面积 (m^2)	换热功率 (kW)	一次热水 100～70℃		一次热水 90～70℃		被加热水 (10℃升至60℃)	
					流量 (t/h)	压降 (mH_2O)	流量 (t/h)	压降 (mH_2O)	流量 (t/h)	压降 (mH_2O)
GR$^{A}_{B}$500-2.0/S	700	200	1.74	116	3.3	0.45	5.0	1.03	2.0	0.90
GR$^{A}_{B}$600-2.4/S	700	200	1.91	139	4.0	0.73	6.0	1.64	2.4	1.42
GR$^{A}_{B}$700-2.8/S	800	250	3.22	162	4.6	0.50	7.0	1.12	2.8	0.51
GR$^{A}_{B}$800-3.2/S	800	250	3.22	186	5.3	0.65	8.0	1.47	3.2	0.67
GR$^{A}_{B}$900-3.6/S	800	250	3.99	209	6.0	0.28	9.0	0.63	3.6	0.68
GR$^{A}_{B}$1000-4.0/S	900	250	3.99	232	6.6	0.35	10	0.78	4.0	0.84
GR$^{A}_{B}$1200-4.8/S	900	250	3.99	278	8.0	0.50	12	1.12	4.8	1.21
GR$^{A}_{B}$1400-5.6/S	1000	300	6.78	325	9.3	0.22	14	0.49	5.6	0.57
GR$^{A}_{B}$1600-6.4/S	1000	300	6.78	371	10.6	0.28	16	0.64	6.4	0.74
GR$^{A}_{B}$1800-7.2/S	1100	300	6.78	417	11.9	0.36	18	0.81	7.2	0.94
GR$^{A}_{B}$2000-8.0/S	1100	350	8.64	464	13.2	0.31	20	0.69	8.0	0.71
GR$^{A}_{B}$2500-10/S	1200	350	8.64	580	16.6	0.48	25	1.08	10	1.12
GR$^{A}_{B}$3000-12/S	1300	400	12.0	696	20.0	0.31	30	0.71	12	0.84
GR$^{A}_{B}$3500-14/S	1500	400	12.0	812	23.2	0.43	35	0.96	14	1.14
GR$^{A}_{B}$4000-16/S	1500	450	15.7	928	26.5	0.24	40	0.54	16	0.87
GR$^{A}_{B}$4500-18/S	1600	450	15.7	1044	30.0	0.30	45	0.69	18	1.10

（四）浮动盘管换热器

浮动盘管换热器的传热元件——浮动盘管，在运行过程中可自动除去附着在管外的脆性水垢，不需拆卸，也不需任何化学清洗。

浮动盘管在水流作用下所产生的上下浮动，对水流造成强烈的扰动，从而使传热效率大为提高。其热效率通常在95%以上。以蒸汽作热源时，既使不装疏水器，凝结水管也不会有蒸汽外泄。其结构紧凑，体积小巧，占地面积仅为管壳式换热器的1/10。由于性能优越，已日益显现出取优传统换热器的趋势。

浮动盘管换热器的一次热媒，可以是蒸汽或热水。二次水可以供给生活热水，也可以作为采暖或空调热水循环使用。在生活热水供应系统中，若选用蓄热式浮动盘管换热器，在

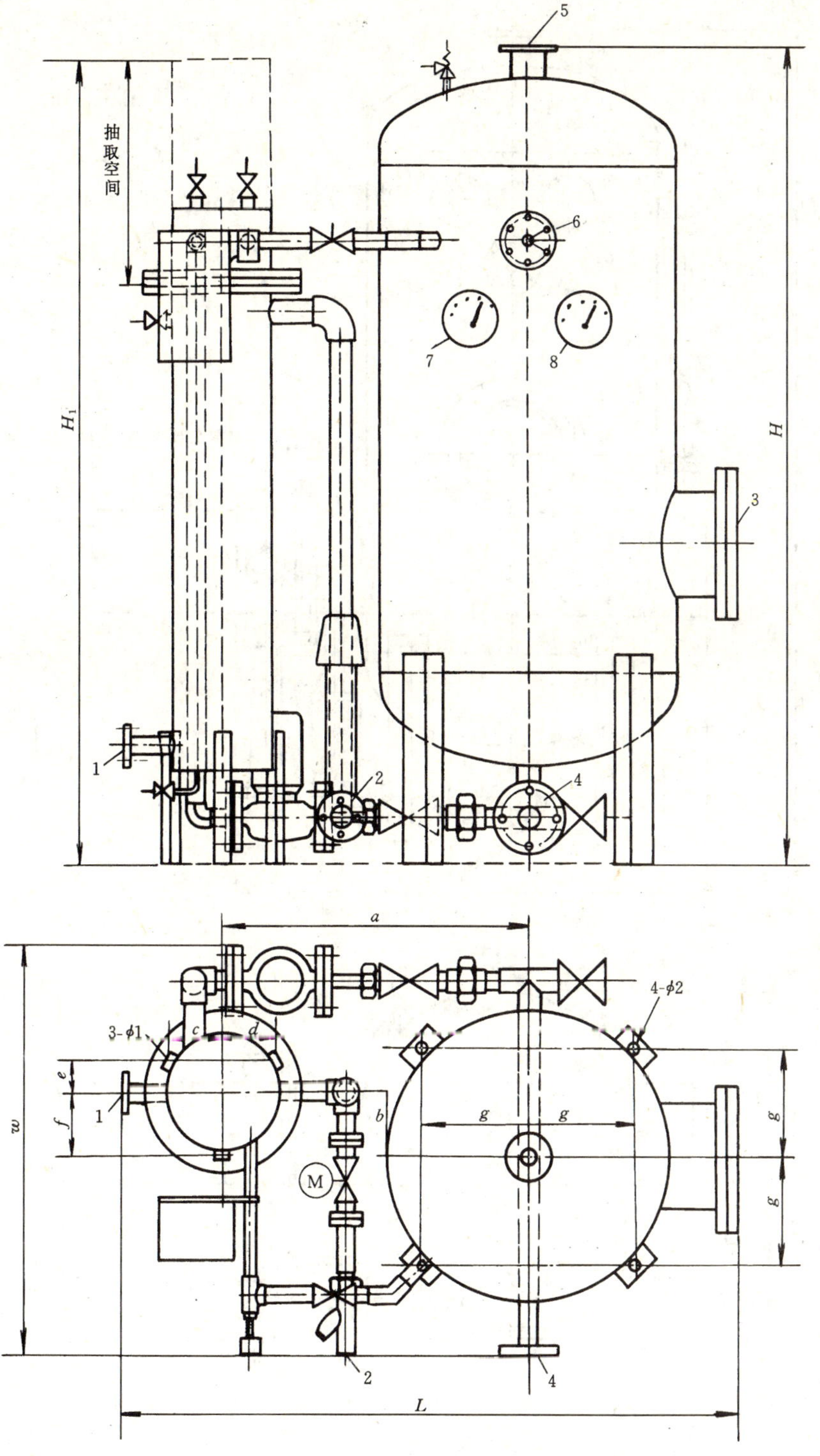

图 3.1-21 GRA 型热水加热器总图

1—热媒入口；2—热媒出口；3—检查孔；4—冷水入口；
5—热水出口；6—热水回头；7—温度表；8—压力表

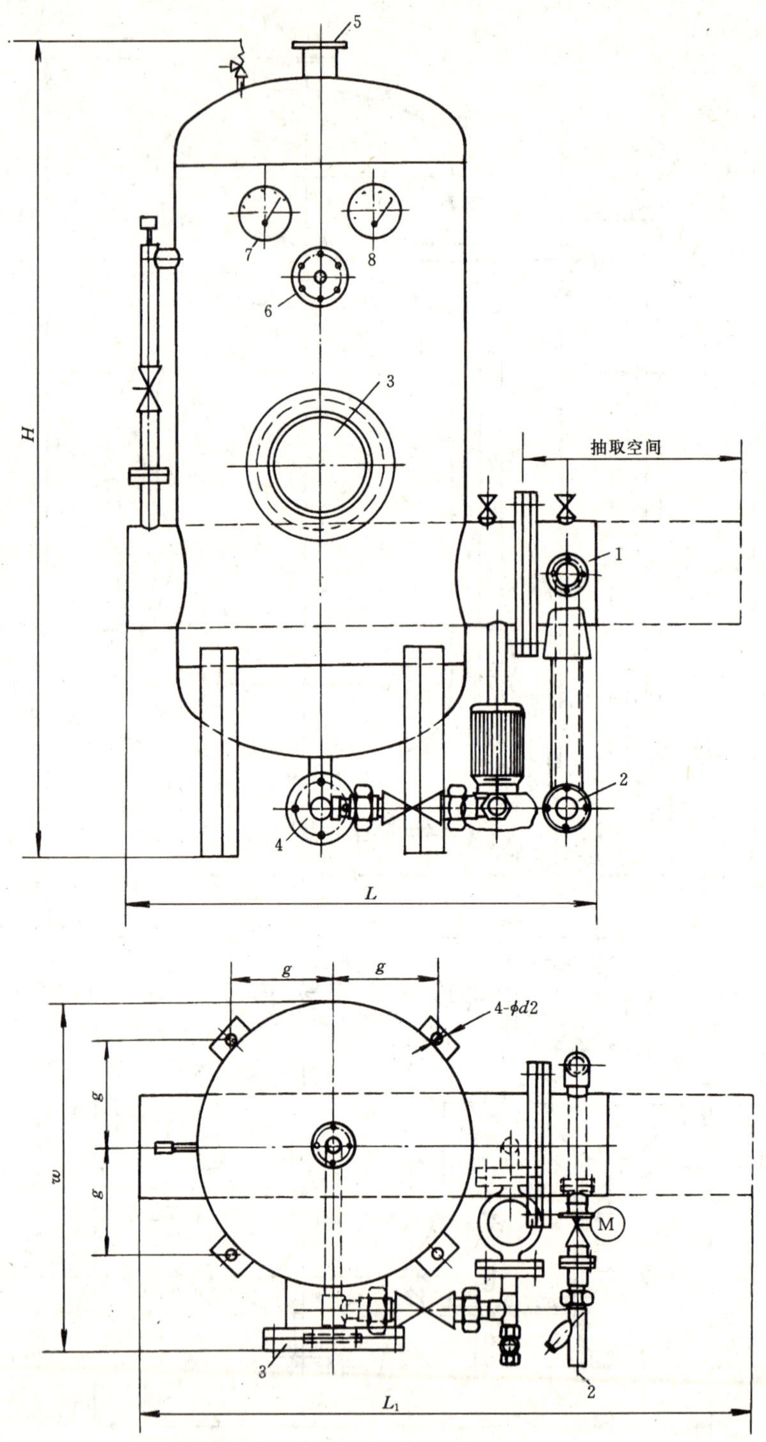

图3.1-22　GRB型热水加热器总图

1—热媒入口；2—热媒出口；3—检查孔；4—冷水入口；5—热水出口；6—热水回头；7—温度表；8—压力表

GRA 型（汽-水）加热器尺寸 **表 3.1-41**

型号	外形尺寸（mm）				管口尺寸（mm）					安装尺寸（mm）						湿重 (kg)
	L	W	H	H_1	1	2	3	4、5	6	a	b	c、d	e	f	g	
GRA500-2.0/Q	1400	900	1690	2950	50	32	300	50	32	755	140	115	65	130	260	1000
GRA600-2.4/Q	1400	900	1840	2950	50	32	300	50	32	755	140	115	65	130	260	1146
GRA700-2.8/Q	1390	930	2090	3550	50	32	300	50	32	815	90	115	65	130	300	1279
GRA800-3.2/Q	1510	930	2290	3550	50	32	300	50	32	815	90	115	65	130	300	1419
GRA900-3.6/Q	1670	1250	2090	2750	65	40	300	65	40	960	410	135	80	155	300	1599
GRA1000-4.0/Q	1720	1250	1890	2750	65	40	300	65	40	960	360	135	80	155	330	1710
GRA1200-4.8/Q	1720	1250	2190	2750	65	40	300	65	40	960	360	135	80	155	330	1979
GRA1400-5.6/Q	1990	1110	2140	2750	80	50	400	80	50	1180	325	135	80	155	370	2510
GRA1600-6.4/Q	1990	1430	2690	3350	80	50	400	80	50	1180	470	135	80	155	370	2795
GRA1800-7.2/Q	1940	1450	2540	3350	80	50	400	80	50	1080	420	160	95	185	410	3045
GRA2000-8.0/Q	2150	1630	2440	2750	100	65	400	100	65	1260	590	160	95	185	410	3370
GRA2500-10/Q	2150	1650	2890	3350	100	65	400	100	65	1200	540	160	95	185	445	4018
GRA3000-12/Q	2460	1900	2940	3350	125	80	400	125	80	1440	725	180	105	210	480	4736
GRA3500-14/Q	2560	1900	2690	3350	125	80	450	125	80	1440	625	180	105	210	550	5665
GRA4000-16/Q	2580	1930	2990	3350	125	80	450	125	80	1440	625	205	120	235	550	6406
GRA4500-18/Q	2650	1950	2990	3350	125	80	450	125	80	1440	575	205	120	235	585	7043

GRA型（水-水）加热器尺寸

表 3.1-42

型号	外形尺寸（mm）				管口尺寸（mm）					安装尺寸（mm）						湿重 (kg)
	L	W	H	H_1	1	2	3	4、5	6	a	b	c、d	e	f	g	
GRA500-2.0/S	1400	850	2090	3750	40	40	300	50	32	720	75	115	65	130	260	1000
GRA600-2.4/S	1400	850	2340	3750	40	40	300	50	32	750	75	115	65	130	260	1146
GRA700-2.8/S	1520	950	2190	3750	50	50	300	50	32	800	85	135	80	155	300	1318
GRA800-3.2/S	1520	950	2390	3750	50	50	300	50	32	800	85	135	80	155	300	1458
GRA900-3.6/S	1680	1000	2590	3750	50	50	300	65	40	940	85	135	80	155	300	1602
GRA1000-4.0/S	1730	1000	2390	3750	50	50	300	65	40	940	35	135	80	155	330	1711
GRA1200-4.8/S	1730	1000	2690	3750	50	50	300	65	40	940	35	135	80	155	330	1979
GRA1400-5.6/S	2000	1300	2640	3750	65	65	400	80	50	1150	310	160	90	185	370	2545
GRA1600-6.4/S	2000	1300	2890	3750	65	65	400	80	50	1150	310	160	90	185	370	2830
GRA1800-7.2/S	2000	1350	2740	3750	65	65	400	80	50	1050	260	160	90	185	410	3081
GRA2000-8.0/S	2200	1500	2940	3750	80	80	400	100	65	1250	420	180	105	210	410	3430
GRA2500-10/S	2200	1550	3090	3750	80	80	400	100	65	1180	370	180	105	210	445	4078
GRA3000-12/S	2500	1700	3140	3750	100	100	400	125	80	1430	480	205	120	235	480	4788
GRA3500-14/S	2600	1850	2890	3750	100	100	450	125	80	1430	380	205	120	235	550	5717
GRA4000-16/S	2600	1850	3190	3750	100	100	450	125	80	1410	350	225	130	260	550	6443
GRA4500-18/S	2660	1950	3190	3750	100	100	450	125	80	1420	340	225	130	260	585	7079

GRB 型（汽-水）加热器尺寸 表 3.1-43

型号	外形尺寸 (mm)				管口尺寸 (mm)					安装尺寸 (mm)	湿重 (kg)
	L	W	H	L_1	1	2	3	4、5	6	g	
GRB500-2.0/Q	1380	880	2090	3000	50	32	300	50	32	260	1000
GRB600-2.4/Q	1250	880	2340	3000	50	32	300	50	32	260	1146
GRB700-2.8/Q	1700	980	2190	3300	50	32	300	50	32	300	1279
GRB800-3.2/Q	1700	980	2390	3300	50	32	300	50	32	300	1419
GRB900-3.6/Q	1500	980	2590	2900	65	40	300	65	40	300	1599
GRB1000-4.0/Q	1500	1100	2390	3000	65	40	300	65	40	330	1710
GRB1200-4.8/Q	1500	1100	2690	3000	65	40	300	65	40	330	1979
GRB1400-5.6/Q	1500	1180	2640	3000	80	50	400	80	50	370	2510
GRB1600-6.4/Q	1800	1180	2890	3300	80	50	400	80	50	370	2795
GRB1800-7.2/Q	1800	1280	2740	3300	80	50	400	80	50	410	3045
GRB2000-8.0/Q	1500	1280	2940	3000	100	65	400	100	65	410	3370
GRB2500-10/Q	1800	1380	3090	3300	100	65	400	100	65	445	4018
GRB3000-12/Q	1800	1480	3140	3300	125	80	400	125	80	480	4736
GRB3500-14/Q	2000	1680	2890	3500	125	80	450	125	80	550	5665
GRB4000-16/Q	2000	1680	3190	3500	125	80	450	125	80	550	6406
GRB4500-18/Q	2100	1780	3190	3600	125	80	450	125	80	585	7043

表 3.1-44

GRB 型（水-水）加热器尺寸

型号	外形尺寸 (mm)				管口尺寸 (mm)					安装尺寸 (mm)	湿重 (kg)
	L	W	H	L_1	1	2	3	4、5	6	g	
GRB500-2.0/S	1780	880	2090	3400	40	40	300	50	32	260	1000
GRB600-2.4/S	1780	880	2340	3540	40	40	300	50	32	260	1146
GRB700-2.8/S	1800	980	2190	3400	50	50	300	50	32	300	1318
GRB800-3.2/S	1800	980	2390	3400	50	50	300	50	32	300	1458
GRB900-3.6/S	2000	980	2590	3400	50	50	300	65	40	300	1602
GRB1000-4.0/S	2000	1100	2390	3500	50	50	300	65	40	330	1711
GRB1200-4.8/S	2000	1100	2690	3500	50	50	300	65	40	330	1979
GRB1400-5.6/S	2000	1180	2640	3500	65	65	400	80	50	370	2545
GRB1600-6.4/S	2000	1180	2890	3500	65	65	400	80	50	370	2830
GRB1800-7.2/S	2000	1280	2740	3500	65	65	400	80	50	410	3081
GRB2000-8.0/S	2000	1280	2940	3500	80	80	400	100	65	410	3430
GRB2500-10/S	2000	1380	3090	3500	80	80	400	100	65	445	4078
GRB3000-12/S	2000	1480	3140	3500	100	100	400	125	80	480	4788
GRB3500-14/S	2200	1680	2890	3700	100	100	450	125	80	550	5717
GRB4000-16/S	2200	1680	3190	3700	100	100	450	125	80	550	6443
GRB4500-18/S	2300	1780	3190	3800	100	100	450	125	80	585	7079

高峰负荷或热源供应稳定性较差时，则更为稳妥可靠。

浮动盘管换热器在使用中，应确保安全阀处于可靠状态，并根据水质情况定期排污。

浮动盘管换热器用于生活热水供应时，其性能参数见表 3.1-45，外形尺寸见图 3.1-23 及表 3.1-46。

蓄热式浮动盘管换热器的性能参数见表 3.1-47，外形尺寸见图 3.1-24 及表 3.1-48。

浮动盘管换热器性能参数 **表 3.1-45**

换热介质	汽-水				水-水			
型　号	FK9-65/10	FK15-65/10	FK24-65/10	FK30-65/10	FP5-65/10-W	FP10-65/10-W	FP15-65/10-W	FP20-65/10-W
供热水量 (m^3/h)	9	15	24	30	5	10	15	20
换热量 (kW)	581.5	930.4	1511.9	1860.8	348.9	639.7	930.4	1279.3
耗汽量 (kg/h)	880	1450	2310	2890	—	—	—	—
一次水流量 (m^3/h)	—	—	—	—	12.2	22.4	32.6	44.8
运行重量 (kg)	520	580	1135	1225	580	620	1136	1225

注：1. 汽-水换热器的蒸汽适用压力为 0.05～0.6MPa，本表按 0.6MPa 编制。水-水换热器的一次水温度按 95～70℃ 编制，阻力<3m。
2. 被加热水为 65～10℃，水侧阻力<1m。
3. 换热效率：汽-水，≥95%；水-水，≥98%。

浮动盘管换热器外形与接管尺寸 **表 3.1-46**

换热介质	型　号	外形尺寸 (mm)						接管尺寸 *DN* (mm)						
		D	*d*	*H*	*h*	*a*	*b*	1	2	3	4	5	6	7
汽-水	FK9-65/10	630	520	2170	285	520	600	25	65	25	25	50	65	50
	FK15-65/10	630	520	2410	285	520	600	25	65	25	25	50	65	50
	FK24-65/10	730	620	2560	410	720	800	50	100	50	40	50	100	80
	FK30-65/10	730	620	2860	410	720	800	50	100	50	40	50	100	80
水-水	FP5-65/10-W	630	520	2230	285	520	600	25	65	25	50	50	65	50
	FP10-65/10-W	630	520	2470	285	520	600	25	65	25	50	50	65	50
	FP15-65/10-W	730	620	2560	410	720	800	50	100	50	80	50	100	80
	FP20-65/10-W	730	620	2980	410	720	800	50	100	50	80	50	100	80

蓄热式浮动盘管换热器性能参数 **表 3.1-47**

型　号	SF2-65/10-$\frac{S}{W}$	SF4-65/10-$\frac{S}{W}$	SF6-65/10-$\frac{S}{W}$	SF8-65/10-$\frac{S}{W}$
热水容量 (m^3)	2	4	6	8
供热水量 (m^3/h)	8	16	24	32
换热量 (kW)	511.7	1023.4	1535.2	2046.9

续表

型号	SF2-65/10-$\frac{S}{W}$	SF4-65/10-$\frac{S}{W}$	SF6-65/10-$\frac{S}{W}$	SF8-65/10-$\frac{S}{W}$
耗热量（kg/h）	795	1589	2384	3179
一次水流量（m^3/h）	17.9	35.6	53.8	71.7

注：1. 热源为蒸汽时，型号后为—S，其适用压力为0.05～1.0MPa，本表数据按0.6MPa编制。

2. 热源为热水时，型号后为—W，其适用供水温度为95～150℃，本表数据按95～70℃编制。

3. 被加热水为65～10℃，水侧阻力<2m，适用水压范围0.1～1.0MPa。

4. 换热效率≥95%。

蓄热式浮动盘管换热器外形与接管尺寸　　表3.1-48

型号	外形尺寸（mm）			接管尺寸（mm）						
				热源为热水			热源为蒸汽			
	H	*h*	*D*	1.3.5	2.7	4.6	1.3.5	2.7	4	6
SF2-65/10-$\frac{S}{W}$	2500	450	1200	50	65	50	50	65	50	25
SF4-65/10-$\frac{S}{W}$	2700	450	1600	50	80	50	50	80	50	25
SF6-65/10-$\frac{S}{W}$	3000	550	1800	50	100	80	50	100	80	40
SF8-65/10-$\frac{S}{W}$	3200	550	2000	50	125	100	50	125	100	50

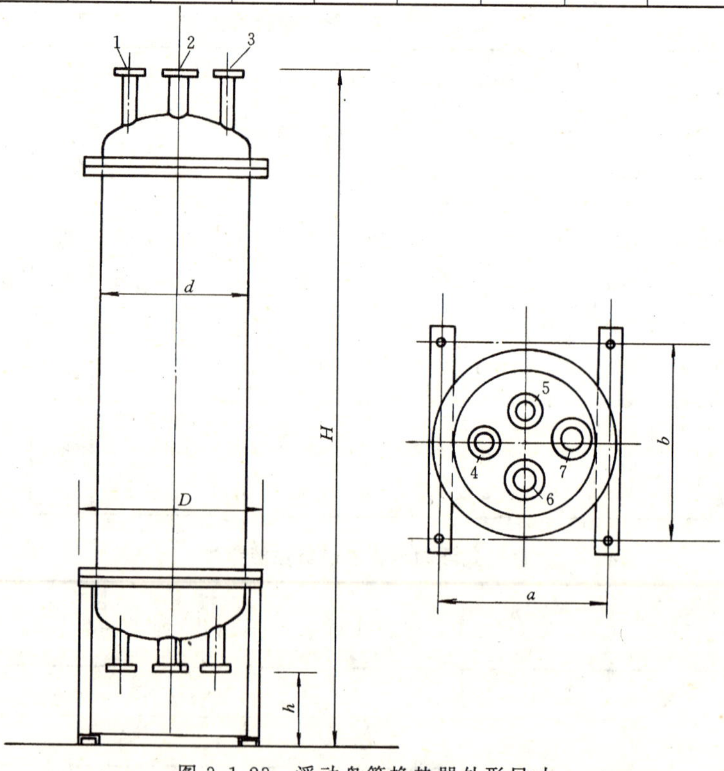

图3.1-23　浮动盘管换热器外形尺寸

1—安全阀接口；2—热水出口；3—旁路管口；4—冷凝水（或一次水）出口；5—排污口；6—冷水进口；7—蒸汽（或一次水）入口

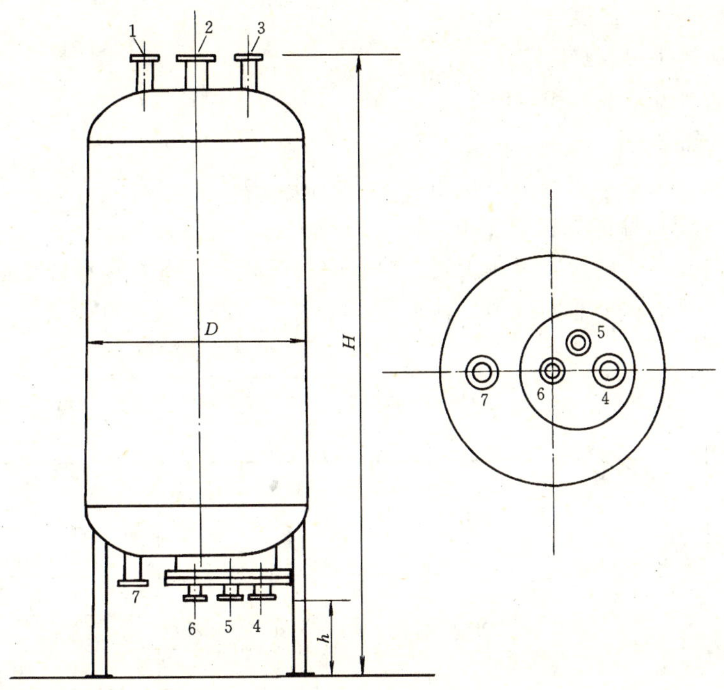

图 3.1-24 蓄热式浮动盘管换热器外形尺寸

1—安全阀接口；2—热水出口；3—旁路管口；4—蒸汽（或一次水）入口；5—排污口；6—凝结水（或一次水）出口；7—冷水进口

3.1.5 热水器的计算与选择

一、电热水器

电热水器的热效率高，一般可达 95%～98%。且便于实现自动控制。具有操作简便、工作可靠、无污染、无噪声等优点。对于无条件设置锅炉房又无其它城市能源可供使用的地区，生活热水供应采用电热水器是十分方便的。因其使用成本较高，只宜作局部或小型集中热水供应，大型工程热水供应系统全部用电作能源的在国内并不多见。但在发达国家却较为普遍。

1. 电热水器的计算：

电热水器可分为即热式及储存式两类，其耗电功率可分别按下式计算：

（1）即热式：按秒流量延续一小时计算。

$$N = (1.1 \sim 1.2)\frac{3600q_r(t_r - t_L) \times 1.163}{\eta}(\mathrm{W}) \tag{3.1-19}$$

（2）储存式：按容积及预热时间计算。

$$N = (1.1 \sim 1.2)\frac{V(t_r - t_L) \times 1.163}{\eta T}(\mathrm{W}) \tag{3.1-20}$$

式中 N——耗电量（W）；

η——加热器效率，一般为 0.95～0.98；

q_r——热水秒流量（L/s）；

t_l、t_r——冷、热水温度（℃）；

T——加热时间（h）；

V——加热器储水容积（L）。

2. 电热水器的选择

（1）即热式：主要供家庭淋浴使用，无级调温，具有通水自动通电加热功能，其外形参见图 3.1-25。规格性能见表 3.1-49。

（2）即热与储存兼备式：可用于宾馆卫生间、医院手术室，具有自动温控装置及通水供电自控功能，要求有可靠的接地。其外形参见图 3.1-26。规格见表 3.1-50。

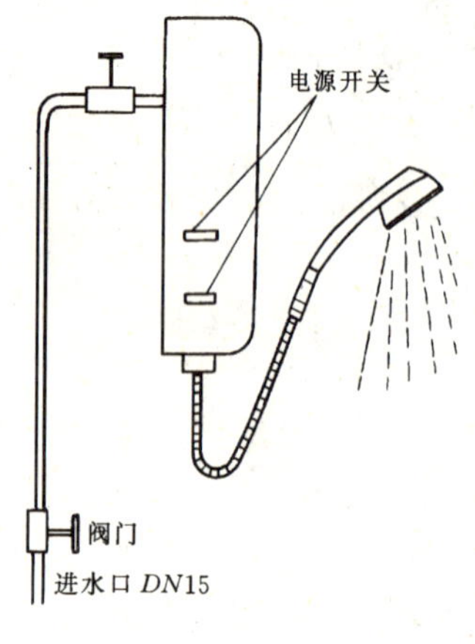

图 3.1-25　电淋浴器

即热式电淋浴器性能　　表 3.1-49

型号	电功率 (kW)	电压 (V)	频率 (Hz)	温升流量 (L/h)	重量 (kg)
PN-1	2，4	220	50，60	10～45℃　98 15～45℃　115.5 20～45℃　138.5 25～45℃　173	2
PN-2	2，4	380	50，60	10～45℃　98 15～45℃　115.5 20～45℃　138.5 25～45℃　173	2
PN-3	3，6	380	50，60	10～45℃　147 15～45℃　173 20～45℃　207 25～45℃　259.5	2

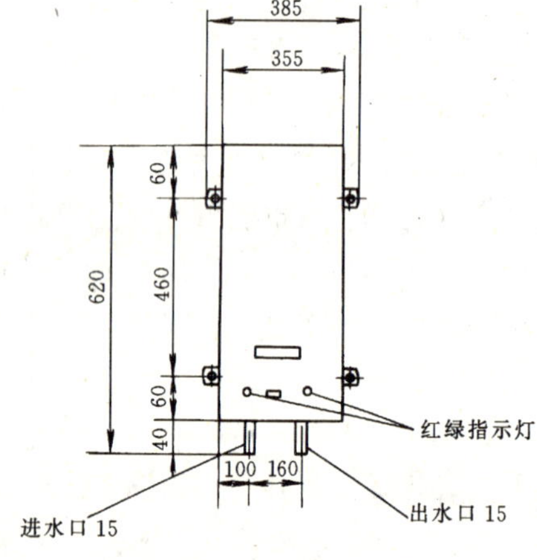

图 3.1-26　SR15 型外形尺寸

SR15 型电热水器性能　　表 3.1-50

型　号	容量 (L)	温控范围 (℃)	首次加热时间 20～85℃ (min)	连续供应 42℃热水 (L/h)	电功率 (kW)	电压 (V)	自重 (kg)
SR15-6	15	0～85	11	257	6	380	18
SR15-4	15	0～85	17	173	4	220	18
SR15-3	15	0～85	23	125	3	220	18
SR15-7.5	15	0～85	9	316	7.5	380	18

（3）储存式：小型储存式电热水器适用于住宅、公寓的浴盆或淋浴器，医院手术室及理发馆等。有温度设定及自控指示功能。容器有一定的承压能力。

SR $\frac{30}{50}$ 型电热水器外形见图 3.1-27，规格性能见表 3.1-51。

（4）大容量储存式电热水器，具有一定承压能力和全自动温控功能，可连接管道进行热水配送。适用于无法设置锅炉且热水用量较大的单位。如 SR-100、200、300 型电热水器，其外形见图 3.1-28，尺寸见表 3.1-52，规格性能见表 3.1-53。

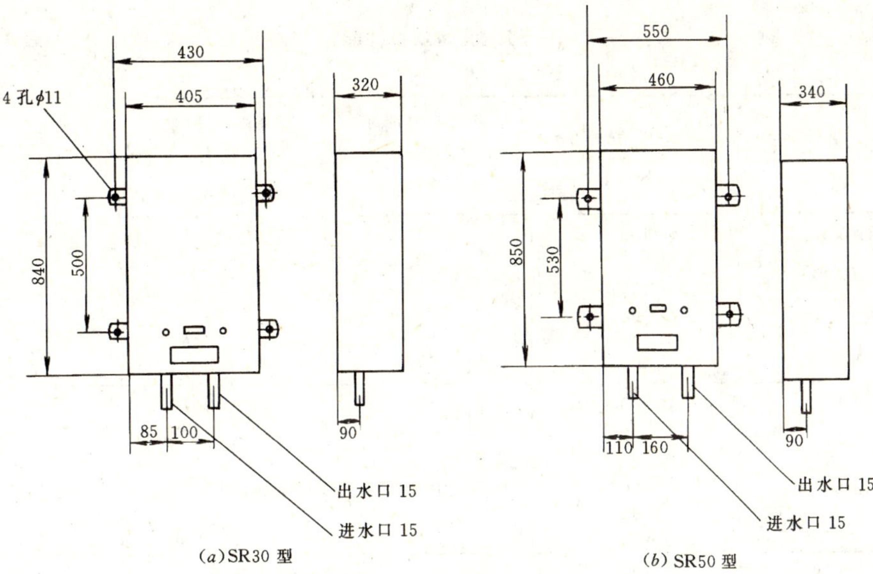

(*a*)SR30 型

(*b*) SR50 型

图 3.1-27 SR $\frac{30}{50}$型外形尺寸

SR $\frac{30}{50}$型规格性能 **表 3.1-51**

型 号	总容量 (L)	首次加热时间 20～85℃ (min)	连续供给 42℃热水 (L/h)	电功率 (kW)	电压 (V)	容器受压 (MPa)	自重 (kg)
SR50-12	50	19	520	12	380	0.5	41
SR50-9	50	32	385	9	380	0.5	41
SR50-6	50	48	257	6	380	0.5	41
SR50-3	50	95	129	3	220	0.5	41
SR30-9	30	19	386	9	380	0.4	24
SR30-6	30	29	257	6	380	0.4	24
ST30-3	30	57	125	3	220	0.4	24

SR $\begin{matrix}100\\200\\300\end{matrix}$型外形尺寸及重量 **表 3.1-52**

型 号	*A*	*B*	*C*	*D*	*E*	自 重 (*kg*)
SR100	1350	690	505	800	300	125
SR200	1740	855	610	1000	300	160
SR300	1900	950	670	1200	405	240

100
SR 200型规格性能
300

表 3.1-53

型　　号	总容量 (L)	首次加热时间 20～85℃ (min)	连续供 40℃ 热水 (L/h)	耗电功率 (kW)
SR100-15	100	36	645	15
SR100-12	100	45	515	12
SR100-9	100	60	387	9
SR100-6	100	90	258	6
SR200-15	200	72	645	15
SR200-12	200	90	515	12
SR200-9	200	120	387	9
SR200-6	200	180	258	6
SR300-30	300	45	1287	30
SR300-24	300	57	1030	24
SR300-15	300	96	643	15
SR300-9	300	152	386	9

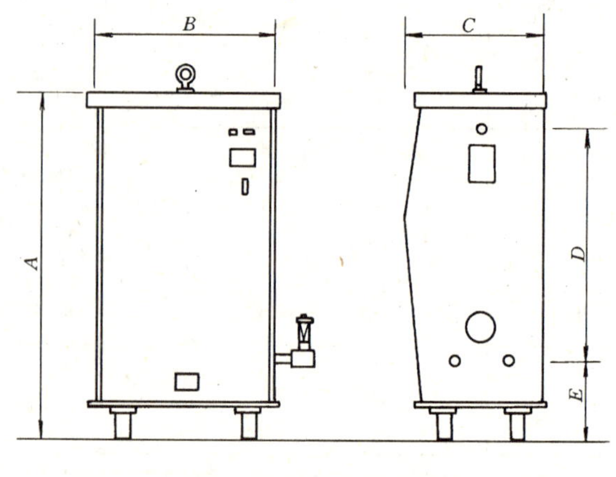

100
图 3.1-28　SR-200型外形尺寸
300

（5）一次性集中热水用量大，而电力供应有限的单位，为满足使用要求，可采用大容量小功率预热方式。由于水温可在20～85℃范围内进行无级调节，再配以温度自动混合水调节装置，为实际使用提供了更大的适用范围。

这类产品的规格性能参见表3.1-54。有特殊要求的，还可加工定做。

必须指出的是，结垢对电热水器的使用寿命影响很大，特别是给水硬度较大的地区，往往由于结垢影响，使用几个月就可能造成损坏。因此，当给水硬度较大时，必须对水质进行适当的处理，使用中尽量降低供水温度，加强日常维护，做到及时清洗与检修，是延长其使用寿命保证正常供水的重要措施。

以上产品是按浙江省海宁市郭店电热器厂产品样本编制的。上海电热器厂、江苏无锡前洲电热器厂生产的同类产品，外形尺寸及规格性能大体一致，选用时可相互参照。

二、燃气热水器

民用建筑中使用的燃气主要有：天然气、焦炉煤气及液化石油气等三种。工作压力3kPa以下，属低压≤5kPa范畴。由于化学成分不同，其物理性质有较大差异，在选择燃具时，须根据燃气种类的不同选择其相应的产品。

SR大容量电热水器规格性能 表3.1-54

型　　号	功　率 (kW)	容量 (L)	温升70℃所需时间 (min)	主回路电压 (V)	二次回路电　压 (V)	容器承压 (MPa)
SR300-15	15	300	90	380	220	0.6
SR300-24	24	300	57	380	220	0.6
SR500-15	15	500	150	380	220	0.7
SR500-24	24	500	94	380	220	0.7
SR500-30	30	500	75	380	220	0.7
SR500-60	60	500	38	380	220	0.7
SR1500-24	24	1500	283	380	220	0.7
SR1500-30	30	1500	226	380	220	0.7
SR1500-60	60	1500	113	380	220	0.7
SR1500-80	80	1500	84	380	220	0.7
SR1500-100	100	1500	68	380	220	0.7
SR2500-24	24	2500	471	380	220	0.7
SR2500-50	50	2500	226	380	220	0.7
SR2500-75	75	2500	151	380	220	0.7
SR2500-100	100	2500	115	380	220	0.7
SR2500-150	150	2500	75	380	220	0.7
SR2500-200	200	2500	56	380	220	0.7

1. 燃气快速热水器，主要作为家庭厨房浴室或医院手术室、小型理发馆等局部热水供应之用。

燃气快速热水器必须安装在通风良好的房间内。在家庭中，决不能安装在封闭的卫生间内，使用热水温度不宜太高，超过60℃时易形成水垢。

目前，燃气快速热水器的产品种类很多，质量与性能差异很大，须进行充分了解后再行决择。

YSZ、JSZ、TSZ型燃气快速热水器的规格及性能见表3.1-55，外形尺寸见图3.1-29。

燃气快速热水器 表3.1-55

型　　号	燃气种类	热负荷 (W/h)	水温升（℃） 20	30	40	燃气额定压　力 (Pa)	燃气耗量 (m^3/h)	供水压力 (MPa)	重　　量 (kg)
			热水产量（L/min）						
YSZ-4	液化气	9890	6	4	3	2747	0.31	0.04～0.2	5.5
JSZ-4	焦炉气					785	2.02		
TSZ-4	天然气					1962	0.98		

注：资料按北京市煤气用具厂产品编制。

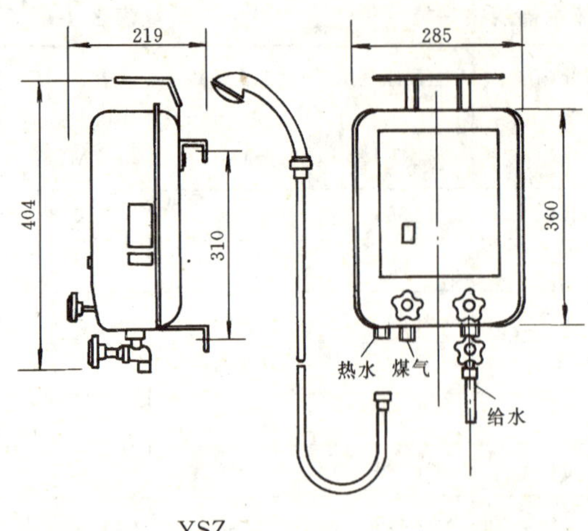

图 3.1-29　YSZ JSZ-4型燃气快速热水器外形尺寸 TSZ

(2)燃气热水锅炉，是具有一定容积能承受一定压力的燃气水加热装置。当热水用量较大时，燃气热水锅炉可配置容积式贮水箱或贮水罐及循环水泵，构成完整的循环式热水供应系统。

常用燃气热水锅炉的外形及构造，与普通热水锅炉并无大的差别，只是在原有炉排位置放置燃气装置而已。专用的燃气、燃煤或燃油热水锅炉，在热水系统的设计上并无区别，只是燃料不同而已。但是锅炉的选择，必须是符合劳动部《热水锅炉安全技术监察规程》有关要求的产品，并经当地劳保安全、环境保护等部门批准，方可采用。

燃气热水锅炉应配置吹风机，点火前先用风机吹净炉膛内残余燃气，小火点燃后方可徐徐打开主火阀门，以防发生燃气泄漏爆炸事故。有条件时，尽量采用自动温控点火、熄火装置及燃气泄漏报警装置。每台燃气热水锅炉，均应设置单独的排烟道，并配备必要的温度表、压力表、安全阀以及膨胀和泄水等部件。

三、太阳能热水器

太阳能热水器，主要用于淋浴及生活热水供应。由于具有很高的实用、经济及环保价值，开发研制与使用范围在不断扩展。

太阳能热水器主要由集热器与贮水罐二部分组成。用于家庭使用的多为小型一体式；用于集中淋浴室和集中热水供应系统的则多为较大的分体组装式。

1. 小型一体式太阳能热水器，多为厂家按家庭使用条件研制的市售成品。有集热与贮水合为一体的箱式和袋式，也有集热器上设贮水箱的重力循环式。集热器有镀锌板制、铝合金制、铜制及玻璃真空管制等多种类型。外形尺寸、规格型号及产品价位有很大差异，且多为用户自行购置安装。在工程中需统一设计安装的并不多。偶然遇到，只须配合用户预留接口，其它均由生产厂家进行配置与安装。

2. 用于集中淋浴室和集中热水供应系统时，可在生产厂选购集热器、贮水罐、补水箱等散件，由设计人根据工程具体条件安排设备位置及管道系统连接。

3. 集热器安装方位应朝向正南，倾角取当地纬度$\alpha \pm 5 \sim 10°$，只在春夏秋季使用的略平一些，全年使用的可稍立一点。

4. 集热器性能与其本身的构造、材质、气象条件、贮水循环状况等有关。常用集热器日产水量可参见表3.1-56。

【例 3.1-5】 淋浴人数为80人，每人用水量为50L/次，采用铜制管板式集热器，计算贮水箱容积及集热器面积。

贮水容积　$V = 50 \times 80 = 4000\text{L}$

集热器面积　$F = \dfrac{50 \times 80}{80 \sim 100} = 50 \sim 40\text{m}^2$

常用集热器日产水量 表 3.1-56

集热器种类	产水温度（℃）	日产水量（L/m²）	集热器种类	产水温度（℃）	日产水量（L/m²）
钢制管板式	40～50	70～90	铜制管板式	40～60	80～100
镀锌板盒式	40～60	80～110	铜铝复合式	40～65	90～120

注：每人每次淋浴水量可按 50L 估计，约合集热面积 0.5～0.6m²。

5. 重力循环系统，宜作为间断式使用，其连接作法见图 3.1-30。由于循环作用水头有限，设计中须注意以下要点：

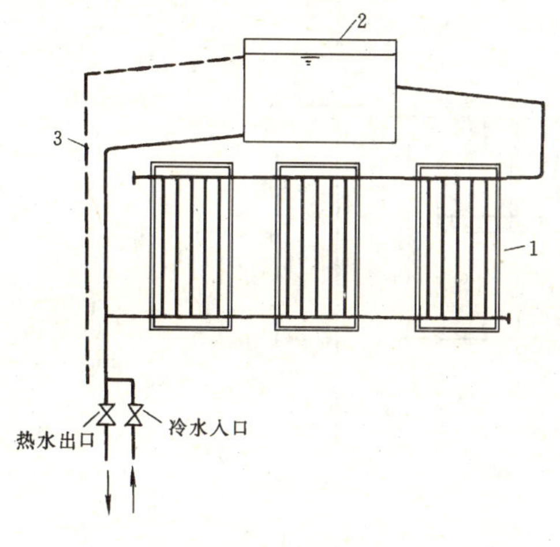

图 3.1-30 重力循环间断使用连接示意

1—集热器；2—贮水箱；3—信号管

(1) 管径应适当放大，支管应不小于 DN20，干管应不小于 DN25，控制流速 $v \leqslant 0.3m/s$，水力坡降 $i < 10mmH_2O/m$。

(2) 连接管道要尽量短，并保持有不小于 1%的坡度，坡向应能使管内任何部位的集气均可升入水箱自然排出。

(3) 贮水箱底必须高于集热器上出口至少 0.2m，一般为 0.2～0.5m。

(4)集热器上出口应接至贮水箱腰部；贮水箱下出口与集热器下口相接，以利于循环。

(5) 集热器必须并联，以减小阻力。

6. 机械循环系统，适用于连续式供水，其连接作法见图 3.1-31。其主要特点是：

(1) 水箱可任意放置，无须特意架高。

(2) 热效率高，可保持连续的热水供应。

(3) 适用于热水用量较大的系统。

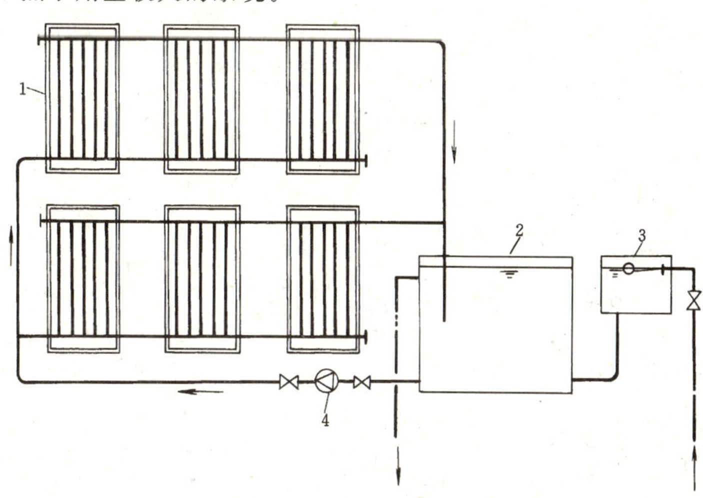

图 3.1-31 机械循环连续连用连接示意

1—集热器；2—贮水箱；3—补水箱；4—管道泵

(4) 必须配置循环水泵。

(5) 无日光时供水温度逐渐降低，但不至断水。

7. 太阳能热水器供应淋浴热水时，在炎热时节往往因水温过高而不能直接使用，设计中心须同时配置冷水管道，或安装混合水自动温控装置。太阳能热水装置的底部均应设置泄水阀，停用时须将水放空，以便检修和防冻。

8. 以太阳能为热源的集中热水供应系统，由于受日照时间和风雪雨露等气候影响，难以维持全天候正常供水。在要求热水供应不能间断的场所，应增设一套其它形式的加热装置。当太阳能热水器不能供热或供热不足时，用以辅助加热，以保证正常使用。用蒸汽或高温水作备用热源的作法见图 3.1-32。

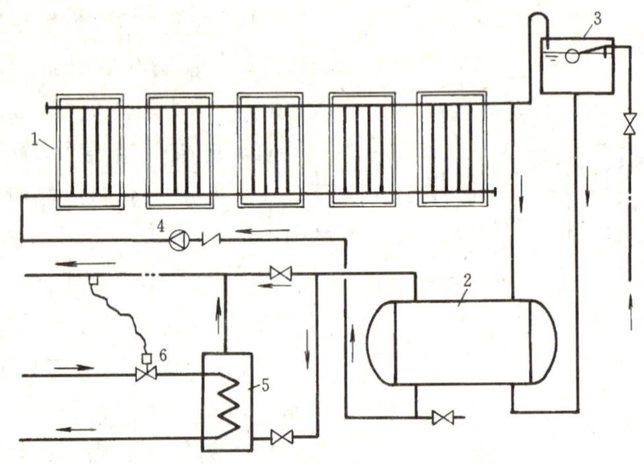

图 3.1-32 带有备用热源的太阳能热水系统连接示意

1—集热器；2—贮水罐；3—补水箱；4—管道泵；5—换热器；6—温度控制阀

热管真空管式太阳能集热器，是近年来由我国自行研制成功的产品，由于其热效率高，加以良好的保温措施，即使北方地区冬季有太阳的天气也能照常使用。有条件时应尽量采

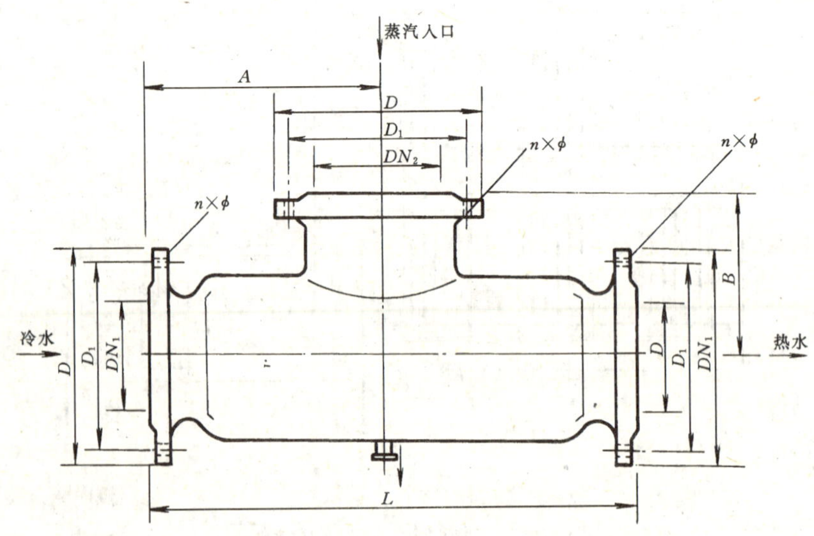

图 3.1-33 汽水混合加热器外形尺寸

用热管真空管式集热器，做为太阳能热水供应的首选装置。

四、汽水混合加热器

汽水混合加热器，具有加热迅速、热效率高、节省能源、噪声小、无振动、体积小、结构简单等优点，适用于生活热水、建筑采暖及热力除氧等系统。也可做冷热水混合器使用。

1. 汽水混合器的选择，可根据最大小时热水用量及小时蒸汽耗量按表 3.1-58 选用。其外形尺寸见图 3.1-33 及表 3.1-57。

2. 为实现对汽水混合器供水温度的自动控制，长沙散热器厂还生产有专用的 ZQSH 型温度控制器。其温度控制范围 0～150℃，控制精度±2.5℃，工作压力 1.0MPa。型号有 ZQSH40、50、100 及 150 型 4 种，可按表 3.1-57 进行配置。

外形尺寸及自动温控装置选配 **表 3.1-57**

尺寸 \ 型号	QSH-4 QSH-6	QSH-8 QSH 10 QSH-12	QSH-16 QSH-20 QSH-24	QSH-32 QSH-40 QSH-48
A	105	130	220	450
B	105	130	170	300
L	240	360	660	1200
D	145	180	245	390
D_1	110	145	210	350
DN_1	30	50	100	200
DN_2	40	65	125	250
$n\times\phi$	4×18	4×18	8×18	12×22
自控型号	ZQSH-40	ZQSH-50	ZQSH-100	ZQSH-150

汽水混合加热器蒸汽耗量(kg)（按 0.4MPa 编制） **表 3.1-58**

型号 QSH- JZ3-		4	6	8	10	12	16	20	24	32	40	48
额定进水量 (m^3/h)		1.2	2.5	4.5	7.0	10	16	25	35	60	105	165
生活热水加热温差 Δt（℃）	20	39	81	146	228	325	520	813	1138	1951	3145	5366
	40	81	188	303	471	672	1076	1681	2353	4034	7057	11092
	60	125	261	469	730	1043	1669	2609	3652	6261	10952	17217
	80	173	360	649	1009	1441	2306	3603	5045	8649	15135	23784
采暖循环热水温度（℃）	95～70	54	112	201	312	446	714	1116	1562	2678	4687	7366
	110～70	88	183	330	514	734	1174	1830	2569	4404	7706	12110
	130～70	137	286	454	800	1143	1829	2857	4000	6857	12000	18857
重 量 (kg)		10	10	25	25	25	65	65	65	200	200	200

注：1. 工作压力≤1.0MPa，进汽压力至少大于进水压力 0.05MPa。

2. 加热器可水平或垂直安装，但蒸汽喷入口只能水平或向下。

3. QSH 型为长沙散热器厂及长沙三通通用机械厂产品，JZ3 型为沈阳市小型阀门厂产品。

3. 汽水混合器用于生活热水供应系统时，其连接作法可根据使用要求及汽源工况进行设计。如：开式水箱加热贮存式，作法见图3.1-34；开式水箱循环加热贮存式，作法见图3.1-35，此种系统也适用于游泳池的升温。

为防止冷水进入蒸汽管道，应在汽水混合器的蒸汽入口端安装止回阀。

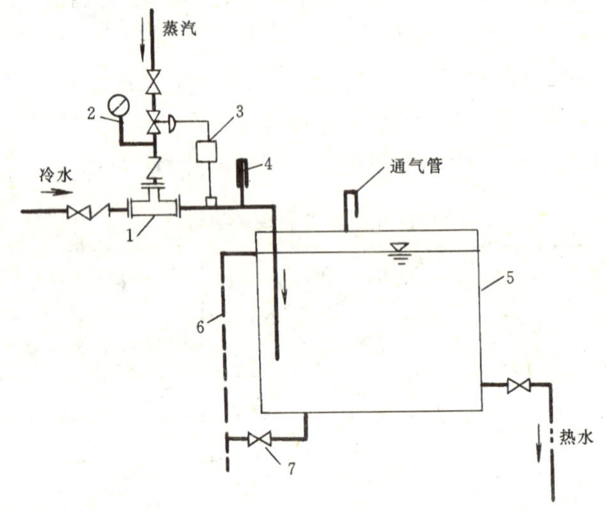

图3.1-34　开式水箱加热贮存式

1—汽水混合器；2—压力表；3—自动温控装置；4—温度表；5—贮水箱；6—溢水管；7—泄水管

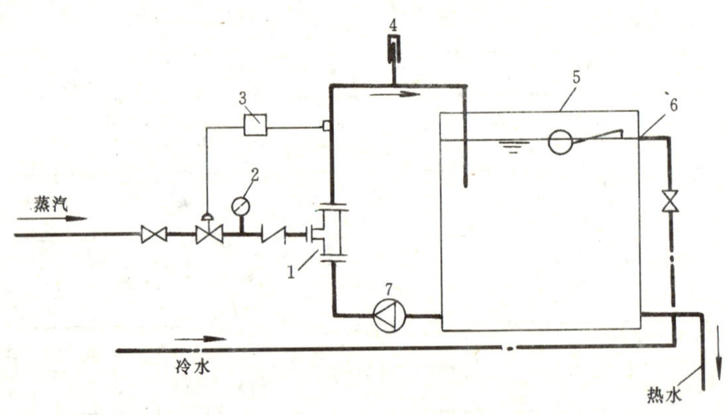

图3.1-35　开式水箱循环加热贮存式

1—汽水混合器；2—压力表；3—自动温控装置；4—温度表；5—贮水箱；6—进水浮球阀；7—循环水泵

3.1.6　热水贮水容器的计算与选择

1. 贮水容积可按下式计算

$$V \geqslant \beta \frac{0.86Q}{t_r - t_L} \quad (\text{L}) \qquad (3.1\text{-}21)$$

式中　V——贮水容器的有效容积（L）；

Q——设计小时耗热量（W）；

t_r——热水温度（℃），一般取 60～65℃；

t_L——冷水温度（℃），一般取 5～10℃；

β——贮水容器内热水的使用时间（h）；贮水容器内热水的使用时间应不小于表 3.1-59 规定数值。

贮水容器内热水的使用时间 β **表 3.1-59**

加 热 设 备	工业企业淋浴室	其它建筑物
容积式热交换器及加热水箱	0.5h/30min	0.75h/45min
新型容积式热交换器	0.33h/20min	0.5h/30min
半容积式热交换器	0.25h/15min	0.25h/15min
半即热式快速式热交换器	—	—

注：1. 当热媒供给充足稳定，且有完善可靠的温度自动调节装置时，可不考虑贮水器容积。

2. 半即热式和快速式热交换器用于洗衣房或热源供应不够充足稳定时，可按新型容积式热交换器计算贮水量。

2. 贮水容器的选择

(1) 开式贮水容器，多采用方形、圆形或组装式水箱。可根据计算所需的有效容积，在附录中选择尺寸适合的水箱。水箱的防腐及保温作法，由设计人确定。

热水箱应加盖，并设置溢流管、泄水管及引出室外的通气管。溢流管位置应高于给水箱水位高度，高差按热水膨胀量计算确定。泄水管及溢水管不得与排水管道直接连接。

(2) 闭式贮水容器多采用卧式或立式贮水罐，并要求罐体具有一定的承压能力。

小型卧式贮水罐（国标 S152A）：这种水罐的容积从 740～4870L 之间共有八种规格，适用于各类小型用户的热水存贮，已在实际工程中使用多年。其规格尺寸，见图 3.1-36 及表 3.1-60，基础作法及尺寸，见图 3.1-37 及表 3.1-61。

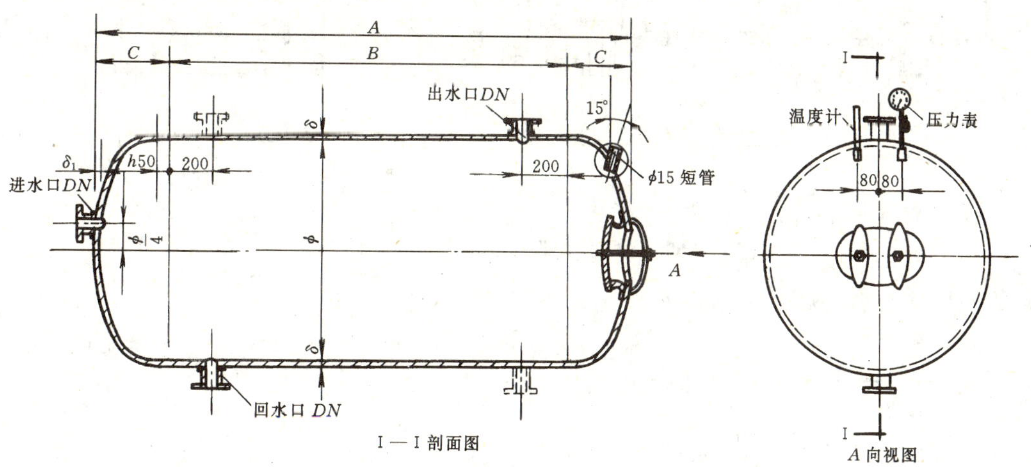

图 3.1-36 卧式贮水罐规格尺寸（国标 S152A）

卧式贮水罐（国标 S152）及立式贮水罐（国标 S153）：是专为贮存≤75℃的清洁热水设计的，容积有 2、3、4、5、8m³5 种，工作压力有 0.2、0.6 及 0.9MPa3 种，是民用建筑中贮存生活热水的专用设备。卧式贮水罐的外形及尺寸，见图 3.1-38 及表 3.1-62。立式贮

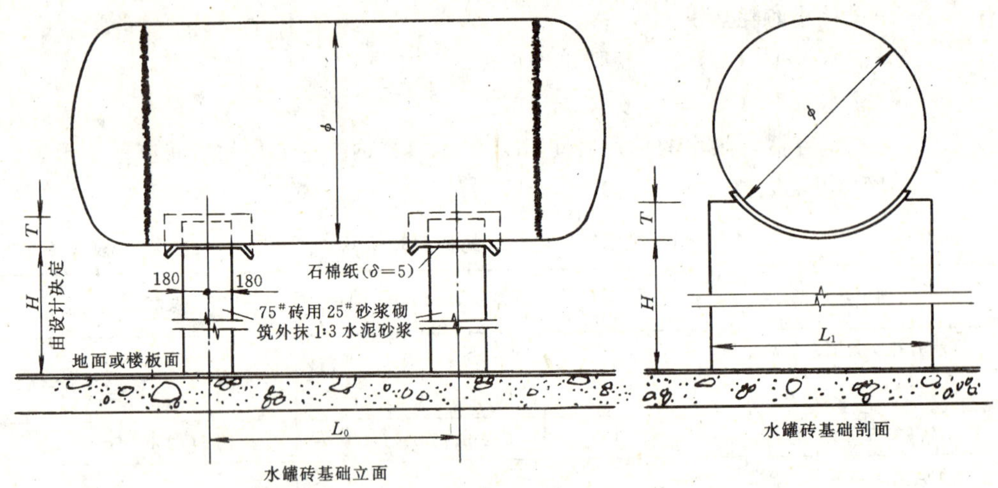

图3.1-37　卧式贮水罐基础作法

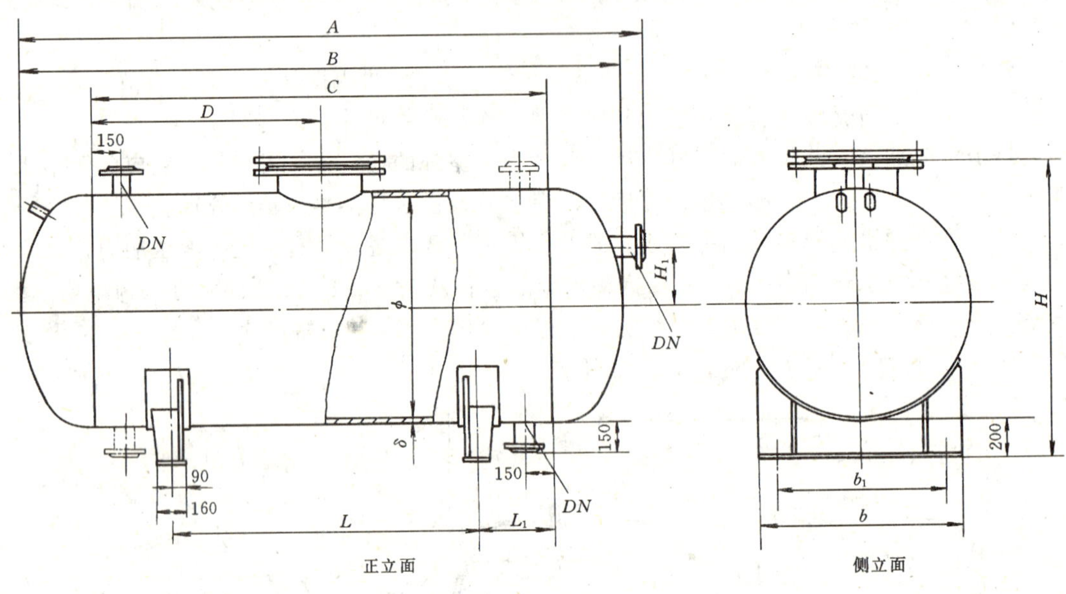

图3.1-38　卧式贮水罐外形尺寸（国标S152）

水罐的外形及尺寸，见图3.1-39及表3.1-63。

卧式贮水罐规格尺寸　　**表3.1-60**

尺寸（mm）＼容积（L）	1	2	3	4	5	6	7	8
	740	1087	1400	1750	2300	2830	3400	4870
ϕ	700	800	900	1000	1100	1200	1300	1400
A	2060	2310	2360	2412	2662	2712	3164	3414
B	1600	1800	1800	1800	2000	2000	2400	2600
C	225	250	275	300	325	350	375	400

续表

尺寸(mm) \ 容积(L)	1	2	3	4	5	6	7	8
	740	1087	1400	1750	2300	2830	3400	4870
h	175	200	225	250	275	300	325	350
δ	5	5	5	6	6	6	7	7
δ_1	5	5	6	6	6	7	7	7
DN	50	50	50	70	70	70	80	80
罐净重(kg)	192.3	246.3	299.1	387.3	469.4	549.2	767.4	888.4

注:1. 贮水罐的最大工作压力为0.5MPa,试验压力0.75MPa。

2. 水罐保温作法由设计人确定。

水罐基础主要尺寸 **表 3.1-61**

贮水罐型号	贮水罐总重量(公斤)	L_0	L_1	T	ϕ
1	940	550	620	100	700
2	1350	750	620	100	800
3	1700	750	740	130	900
4	2140	750	870	150	1000
5	2770	950	870	150	1100
6	3380	950	1120	180	1200
7	4170	1350	1120	190	1300
8	5760	1550	1370	200	1400

注:1. 基础用MU7.5砖、M2.5砂浆砌筑,原浆勾缝。

2. 当基础放于楼板上时,应经土建专业设计人员验算楼板强度。

卧式贮水罐规格尺寸(国标S152) **表 3.1-62**

序号	容积(m^3) \ 尺寸(mm)	ϕ	A	B	C	D	L	L_1	b	b_1	H	H_1	DN	δ	净重(kg)
1	2	900	3446	3316	2800	1400	2200	400	810	660	1377	225	76×4	6	715
2	3	1000	4092	3966	3400	1700	2600	400	900	740	1485	250	76×4	8	1075
3	4	1200	4021	3900	3200	1600	2400	400	1080	900	1682	300	89×4	8	1310
4	5	1400	3719	3604	2800	1400	2000	400	1260	1050	1889	350	89×4	10	1860
5	8	1600	4615	4504	3608	1800	2700	450	1430	1180	2089	400	108×4	10	2485

注:1. 国标S152卧式贮水罐工作压力有0.2,0.6及0.9MPa三种规格,可根据实际水压选用。

2. 本资料按工作压力0.6MPa尺寸编制,0.2及0.9MPa的主要尺寸基本相同,略有出入。

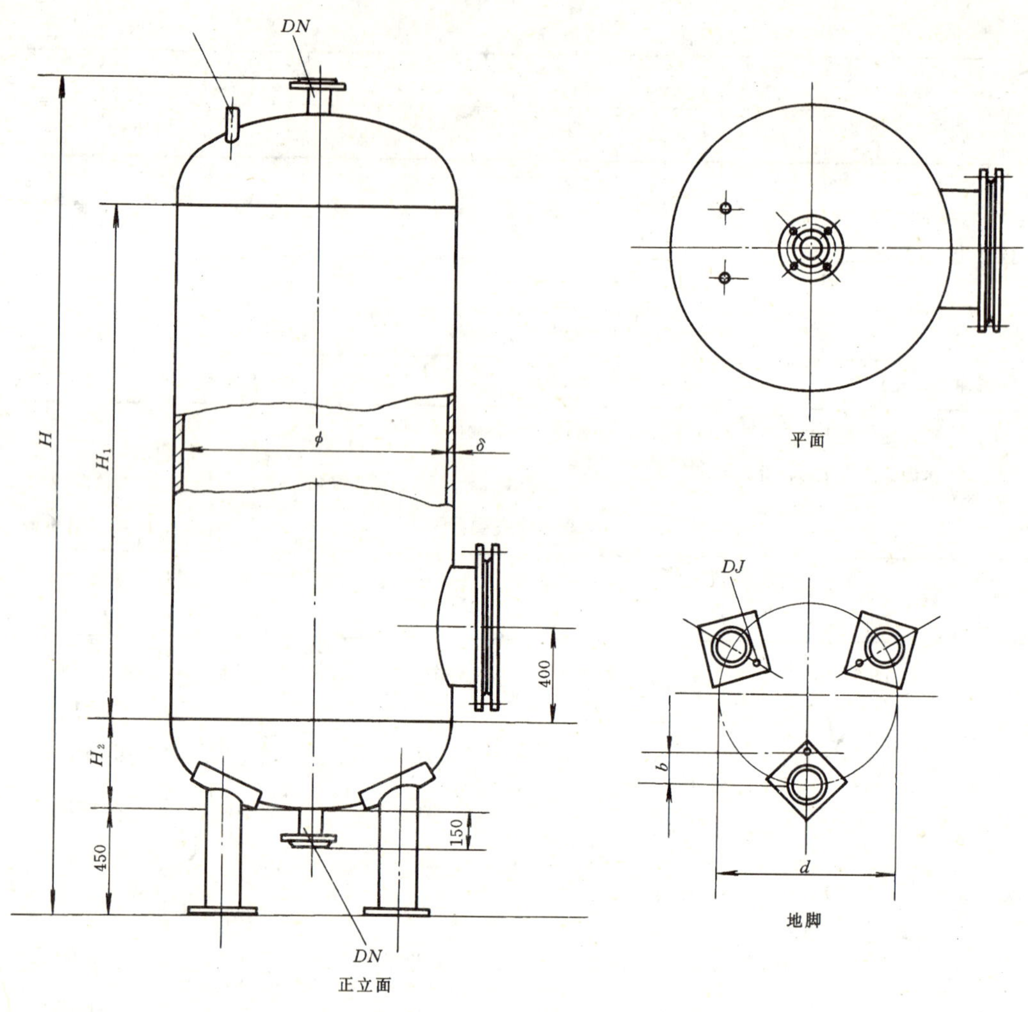

图 3.1-39 立式贮水罐外形尺寸（国标 S153）

立式贮水罐规格尺寸（国标 S153） **表 3.1-63**

序号	容积 (m^3) \ 尺寸 (mm)	ϕ	H	H_1	H_2	d	b	DN	DJ	δ	净重 (kg)
1	2	1000	3366	2200	283	650	120	76×4	3×ϕ23	8	730
2	3	1200	3500	2200	350	780	120	76×4	3×ϕ23	8	970
3	4	1400	3600	2200	400	910	120	89×4	3×ϕ23	10	1305
4	5	1600	3504	2000	452	1050	130	89×4	3×ϕ27	10	1555
5	8	1800	4204	2600	502	1170	140	108×6	3×ϕ27	12	2335

注：1. 国标 S153 立式贮水罐工作压力有 0.2，0.6 及 0.9MPa 三种规格，可根据实际水压选用。

2. 本资料按工作压力 0.6MPa 尺寸编制，0.2 及 0.9MPa 的主要尺寸基本相同，略有出入。

（3）容积式热交换器，是将加热与贮存融为一体的供水设备，设计时已考虑了加热与贮存间的匹配。当选用方便，根据公式3.1-21，取β=0.75，计算出卧式容积式热交换器（国标S154及S156）的适用热量范围，编制成表3.1-64。设计计算时，可依据小时耗热量直接在表中选中。

容积式热交换器的适用热量范围（kW） **表3.1-64**

型号	容积 (L)	冷水温度		型号	容积 (L)	冷水温度	
		10℃	5℃			10℃	5℃
1	500	38.8	42.6	6	3000	232.6	255.8
2	700	54.3	59.7	7	5000	787.6	426.4
3	1000	77.5	85.3	8	8000	620.2	682.2
4	1500	116.3	127.9	9	10000	775.2	852.7
5	2000	155.0	170.5	10	15000	1162.8	1279.1

注：1. 本表按热水供水温度为60℃进行计算。

2. 表中热交换器型号及容积，按国标S154及S165卧式容积式热交换器编制。

3. 贮存热水的容器，均应采取适当的防腐及保温措施。

开式水箱的防腐，通常为内外刷防锈漆二道，外贴岩棉、矿棉或玻璃棉毡（或板）30～40mm厚，再缠玻璃丝布刷调合漆。方形水箱沿墙设置时，可在墙体与水箱的空隙间，填充保温碎料。

贮水罐及热交换器可参照以下作法：刷防锈漆二道，贴20～30mm厚岩棉、矿棉或玻璃棉毡（或板），用ϕ1.5～2mm铅丝网包扎；抹石棉灰30～50mm厚，再抹10mm白灰玻璃丝麻刀面层，赶光压平。当然，保温层也可只作棉毡或石棉灰一种，具体由设计人视实际情况确定。

3.1.7 热水供应系统选择

1. 加热设备的选择

加热设备的选择，应根据工程性质、使用特点、热水用量、热源工况或燃料种类、维护管理条件等，进行综合比较而确定：

(1) 一般以采用燃气、燃油的全自动热水锅炉或燃煤热水锅炉为宜。在一定条件下，直接烧水其热效率优于二次交换。

(2) 有蒸汽或高温水作热源时，应采用间接加热方式，可选用传热效果好的容积式、半容积式热交换器。热水用量比较稳定的工程，也可选用带有自控装置的快速式或半即热式热交换器。间接加热设备形式须根据工程具体条件，经综合技术经济比较后确定。

(3) 无蒸汽、高温水等热源又无条件利用燃气、油、煤等燃料时，可以选用电热水器。

(4) 利用太阳能作热源时，应选用成本低、寿命长、热效率高的产品，如：热管真空管式或铜铝复合式太阳能集热器。并配置足够的贮水容积。

(5) 有地热水的地区，可依据水温、水量、水质及水压等情况的不同，采取相应的技术措施优先预以利用。地热水是重要资源，应结合当地条件，采取综合措施，尽量利用充分。

2. 被加热水的水质处理

集中热水供应系统的热水在加热前，水质是否处理，应根据水质、水量、水温、使用要求等因素经技术经济比较确定。

按热水供给温度60℃计算时，日用水量大于或等于10m^3，原水总硬度（以碳酸钙计）大于357mg/L，相当于7.2meq/L（德度20°）时，洗衣房用水应进行水质处理，其它建筑用水宜进行水质处理。

按热水供给温度60℃计算时，日用水量小于10m^3时，原水可不进行水质处理。

水质处理方法主要有：软化处理、静电处理、磁化处理、电子水处理、聚磷酸盐/聚硅酸盐化学处理等。

对溶解氧控制要求较高时，可采取除氧措施。

3. 管道系统设计要点

（1）为保持冷、热水系统压力基本平衡。在进行系统设计时，冷、热水应取自同一压力的水源，并保持冷、热水系统方式一致。如：常压供水系统，冷、热水均采用下行上给式；有高位水箱时，冷、热水均采用上行下给式。

（2）高层建筑热水供应系统的分区，应与冷水系统的分区一致。各区的加热设备进水干管（压罐管），均应直接引自相应分区的高位水箱，且不应与冷水系统供水管道共用，以保持冷、热水系统压力相对独立，互不干扰。

（3）热水系统需通过加热设备（锅炉或热交换罐）及相应的管道，其压力损失较冷水系统大。设计中应选择阻力较小的加热设备，并尽量使加热间靠近热水用户，以缩短热水管道长度，使热水系统供水压力接近冷水系统。

（4）定时供应热水系统，当设置循环管时，应保证干管中的热水循环。

全日供应热水的建筑或定时供应热水的高层建筑，当设置循环管时，应保证干管和立管中的热水循环。

有特殊要求的建筑，应保证干管、立管和支管中的热水循环。

（5）公共浴室、洗衣房、厨房等用水量大，用水时间集中的建筑，宜设置单独的热水管网，一般可不设循环管道。

医院的手术室、产房或其它随时要求有热水供应的用户，可设置单独的热水管网或作局部独立的加热设备。

（6）给水管道水压变化较大且用水点要求水压稳定的用户，宜采用带高位水箱的开式系统。如：公共浴室的淋浴器，会因给水管道压力不稳造成忽冷忽热而难以调节。

为避免公共淋浴室喷头之间的相互影响，其配水管道宜布置成环形，且管径不应小于$DN25$。无条件布置成环形时，可放大管径，以减小各喷头之间的压差。

4. 常用热水系统形式

为了将加热与贮水设备中的热水，安全及时输送到各用水点，必须根据工程具体情况选择适当的供水系统形式。一般多层建筑的热水，多为定时供应，常采用下行上给式系统，水平干管热水循环，单立管上行至各用水点，既节省管材又便于安装。高层住宅、公寓、宾馆或医院等设有高位水箱的建筑，常采用上行下给式系统，立管既是配水管又兼作循环管使用，管路简单，工作可靠。

在实际工作中，由于建筑设计本身千变万化，热水管道系统形式也多种多样。只要能满足使用要求，做到技术经济合理，施工方便，有利于维修，设计人可灵活运用，巧妙设置，并无固定模式。

常用热水系统形式见表 3.1-65。图 3.1-40～图 3.1-50 热水系统图式，供设计时参考。

常用热水系统形式 表 3.1-65

序　号	图式名称	图　号	加热设备类型	循环类别	适用建筑类别
1	开式锅炉加热供水系统	图 3.1-40	热水锅炉	不循环	小住宅、别墅、集体淋浴室
2	闭式锅炉加热供水系统	图 3.1-41	热水锅炉	干管循环	多层住宅、集体宿舍
3	常压间接加热供水系统	图 3.1-42	热交换器	干管循环	多层住宅、集体宿舍
4	高位水箱间接加热供水系统	图 3.1-43	热交换器（在下部）	干、立管循环	高层住宅、公寓、宾馆、饭店、医院
5	高位水箱间接加热供水系统	图 3.1-44	热交换器（在顶部）	干、立管循环	高层住宅、公寓、宾馆、饭店、医院
6	高位水箱低区减压供水系统	图 3.1-45	热交换器（在下部）	干、立管循环	高层住宅、公寓、宾馆、饭店、医院
7	高位水箱低区减压供水系统	图 3.1-46	热交换器（上下设置）	干、立管循环	高层住宅、公寓、宾馆、饭店、医院
8	高位水箱分区供水系统	图 3.1-47	热交换器	干、立管循环	宾馆、饭店、公寓
9	下供下回双管式供水系统	图 3.1-48	热交换器	干、立、支管循环	手术室、高级别墅、宾馆、有特殊要求的建筑
10	上供下回双管式供水系统	图 3.1-49	热交换器	干、立、支管循环	手术室、高级别墅、宾馆、有特殊要求的建筑
11	下供上回双管式供水系统	图 3.1-50	热交换器	干、立、支管循环	手术室、高级别墅、宾馆有特殊要求的建筑

3.1.8 热水管道敷设及常用附件

一、热水管道敷设要点

1. 水平安装的热水管道，应保持有不小于 0.003 的坡度。供水管以抬头走为宜，利于管道中的气体向高点聚集，便于排放；回水管以低头走为宜，便于检修时泄水和排除管内污物。这样布管还可保持供回水管坡向一致，方便施工安装。

2. 热水管道应尽量利用自身的转角来自然补偿，自然补偿不足时，方设置伸缩器。

设于室内或管沟中的管道，尽量采用方形伸缩器，而室外直埋保温管道，则常采用伸缩节并设置检修小室。

3. 水平干管与水平支管连接时，其接点处位移不应超过 40mm。立管与水平干管连接时，应不少于 2 个弯头。立管与各层支管连接，应不受相互伸缩的影响。

4. 热水管道穿墙及楼板处，应设置套管，使管道得以自由伸缩。穿墙套管多以≥0.5mm 厚铁皮卷制。设在厕所、浴室及厨房等多水房间地面上的套管，应采用钢套管，且套管顶

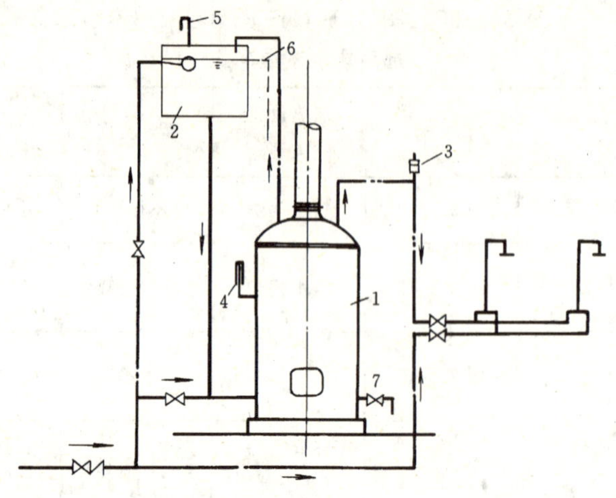

图 3.1-40　开式锅炉加热供水系统

1—锅炉；2—水箱；3—自动排气阀；4—温度表；
5—通气管；6—溢水管；7—泄水管

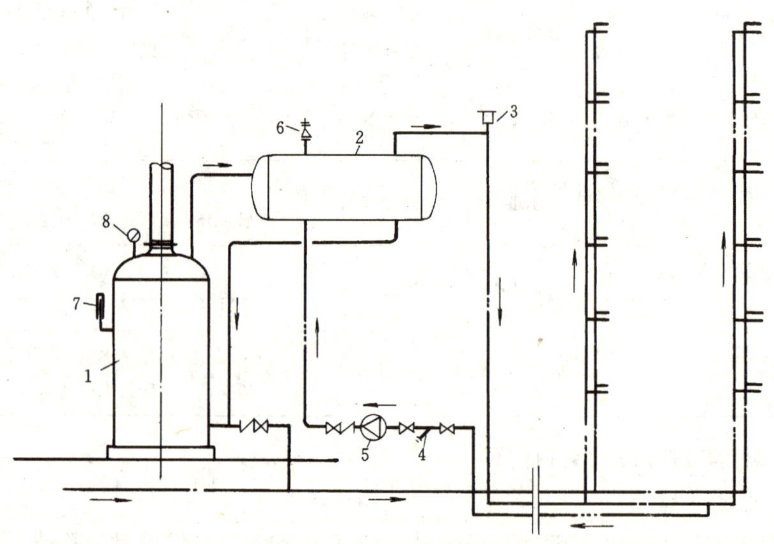

图 3.1-41　闭式锅炉加热供水系统
（半循环式）

1—锅炉；2—贮水罐；3—自动排气阀；4—过滤器；
5—循环水泵；6—安全阀；7—温度表；8—压力表

部应高出地面 50mm 左右。

5. 热水管道穿越沉降缝、伸缩缝墙处，应设置橡胶软管或金属软管，并视情况考虑保温和防水。

6. 热水主立管长度大于 20m 时，应于中间设伸缩器，上下设固定卡。一般热水立管，应在各层距地面 1.5～1.8m 处，设管卡预以固定。

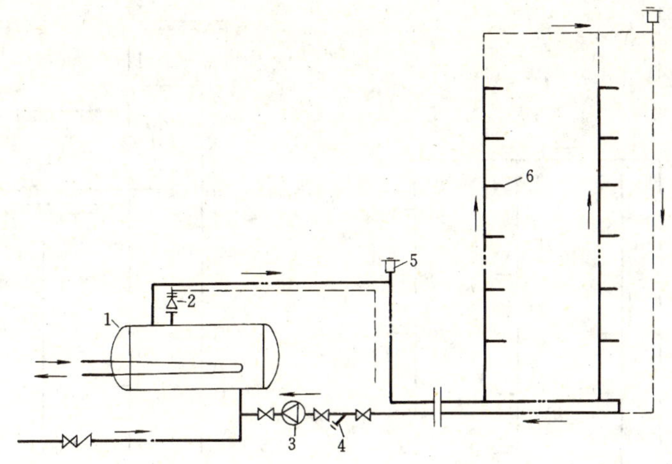

图 3.1-42 常压间接加热供水系统

1—热交换器；2—安全阀；3—循环水泵；4—过滤器；
5—自动排气阀；6—用水点

注：图中实线为半循环式系统；若回水按虚线连接，则为全循环式系统。

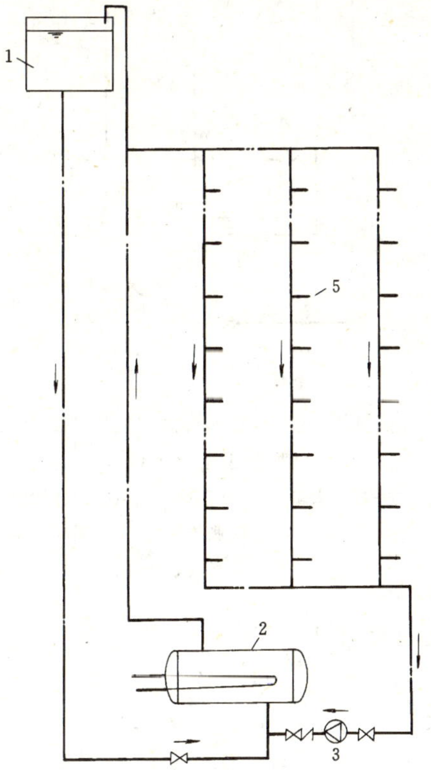

图 3.1-43 高位水箱间接加热供水系统
（加热设备在下部）

1—高位水箱；2—热交换器；3—循环水泵；
4—膨胀排气管；5—用水点

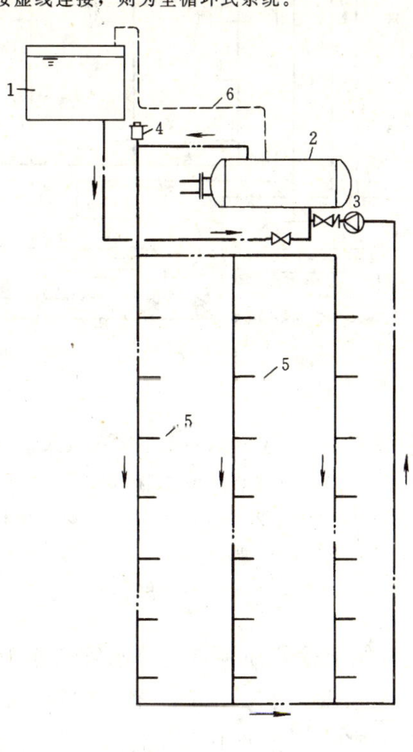

图 3.1-44 高位水箱间接加热供水系统
（加热设备在顶部）

1—高位水箱；2—热交换器；3—循环水泵；
4—自动排气阀；5—用水点；6—膨胀管

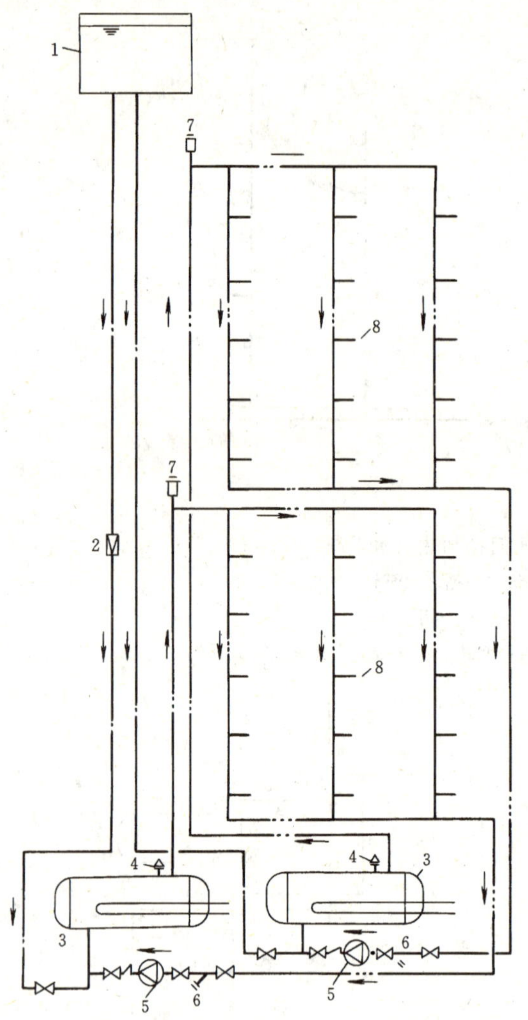

图 3.1-45　高位水箱低区减压供水系统（加热设备在下部）

1—高位水箱；2—减压稳压阀；3—热交换器；4—安全阀；5—循环水泵；6—过滤器；7—自动排气阀；8—用水点

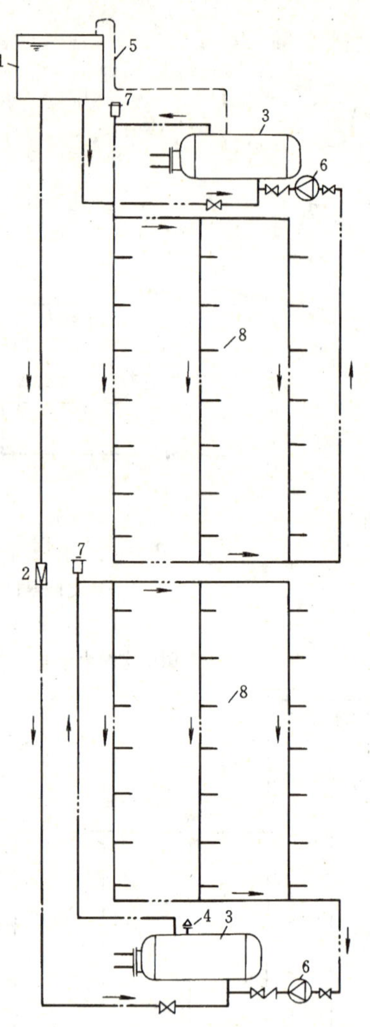

图 3.1-46　高位水箱低区减压供水系统（加热设备上下设置）

1—高位水箱；2—减压稳压阀；3—热交换器；4—安全阀；5—膨胀排气管；6—循环水泵；7—自动排气阀；8—用水点

7. 为便于检修和调节，热水管道应于下列位置设置阀门：

1）用水点大于或等于 5 个的支管上；

2）住宅、宾馆的卫生间各层支管与立管连接处；

3）全循环式热水立管的上下两端；

4）供回水干管分支处；

5）独立的用水器具及自动排气阀前；

6）循环水泵及其它需检修设备的进出水管道上。

8. 热水管网应在下列管段上设置止回阀：

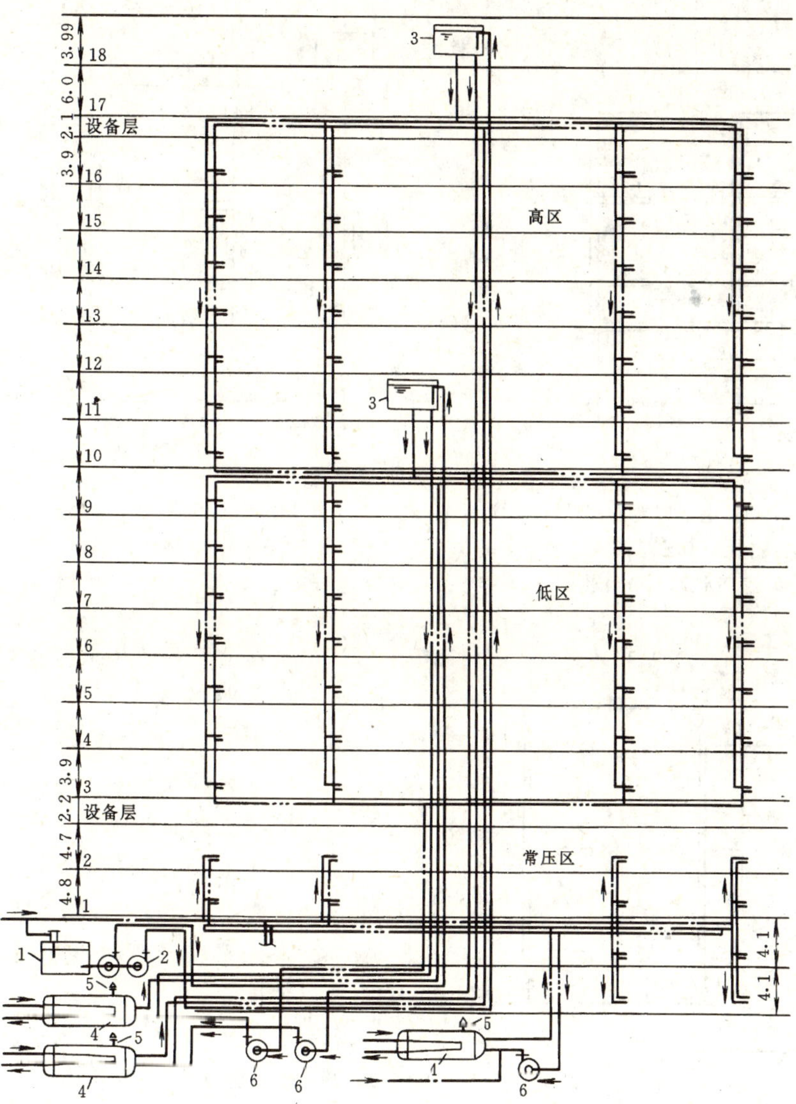

图 3.1-47 高位水箱分区供水系统

1—贮水池；2—水箱上水泵；3—高位水箱；4—热交换器；5—安全阀；6—热水循环泵

1）循环水泵的出口处；

2）加热设备的冷水总进水管上，由高位水箱供水时除外；

3）冷热水混合器的冷、热水进水总管上；

二、伸缩器与固定卡

热水通过管道时，由于温度升高，管道会发生膨胀。为了减释因膨胀而产生的轴向应力，需根据伸长量的大小选择适当的伸缩器。

1. 管道热伸长量的计算

管道的热伸长量 ΔL，可按下式计算：

$$\Delta L = \alpha_L L(t_2 - t_1) \tag{3.1-22}$$

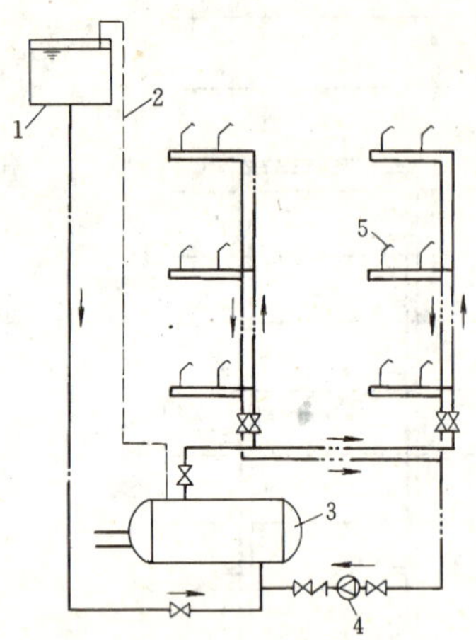

图 3.1-48　下供下回双管式供水系统
1—高位水箱；2—膨胀管；3—热交换器；4—循环水泵；5—用水点

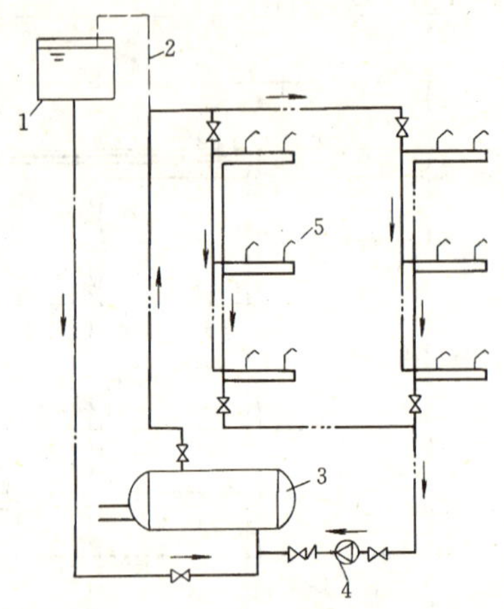

图 3.1-49　上供下回双管式供水系统
1—高位水箱；2—膨胀排气管；3—热交换器；4—循环水泵；5—用水点

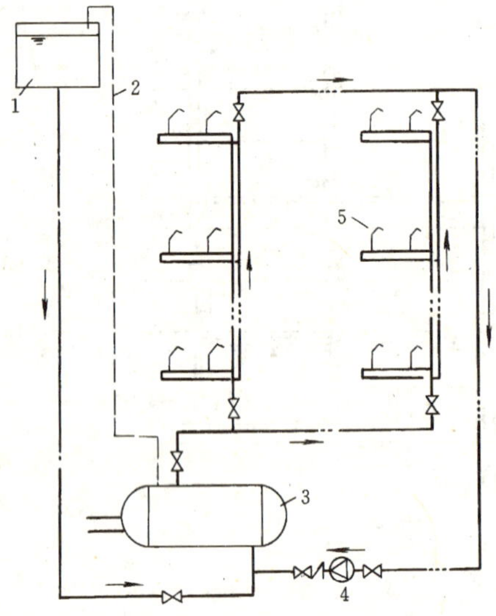

图 3.1-50　下供上回双管式供水系统
1—高位水箱；2—膨胀管；3—热交换器；4—循环水泵；5—用水点

式中　ΔL——管道的热伸长量（mm）；

α_L——管材的线膨胀系数［mm/（m·k)］，见表 3.1-66；

L——计算管段长度（m)；

t_2——输送介质的温度（℃）；

t_1——管道安装时的温度，一般取－5℃，管道在地下室或室内时取0℃，室外架空安装时取采暖室外计算温度。

当安装温度为－5℃时，不同长度、不同介质温度下的钢管热伸长量可直接按表 3.1-67 查得。

2. 固定卡及允许间距

为使管道所产生的伸长量能合理地分配给伸缩器，在管段的中间部位用固定支架固定，即固定卡。管道固定支架和L形自然补偿器的最大允许间距见表 3.1-68。从固定卡算起，允许不装伸缩器的最大长度，见表 3.1-69。

常用管材的线膨胀系数 α_L 值　　**表 3.1-66**

管道材料	α_L 值 [mm/（m·K)]	管道材料	α_L 值 [mm/（m·K)]
普通钢	0.012	聚氯乙烯	0.07
不锈钢	0.0103	聚乙烯	0.10
铜	0.01596	玻璃	0.005
铸铁	0.011		

热水和蒸汽管道的热伸长量 ΔL（mm） 表 3.1-67

管段长度 L (m)	蒸汽表压（kPa）																
								50	100	170	260	300	400	500	600	700	800
	热水温度（℃）																
	40	60	70	80	90	95	100	110	120	130	140	143	151	158	164	170	175
5	3	4	4	5	6	6	6	7	8	8	9	9	10	10	10	11	11
10	6	8	9	10	11	12	13	14	15	16	18	18	19	20	21	21	22
15	8	11	13	15	17	18	19	21	23	24	26	27	28	30	31	32	33
20	11	15	18	20	23	24	25	28	30	33	35	36	38	40	41	43	44
25	14	19	22	25	28	30	31	34	38	41	44	45	47	50	51	53	55
30	17	23	26	30	34	36	38	41	45	49	53	54	57	60	62	64	66
35	19	26	31	35	40	42	44	48	53	57	61	63	66	70	72	74	77
40	22	30	35	40	45	48	50	55	60	65	70	72	76	80	82	85	88
45	25	34	40	45	51	54	56	62	68	73	79	81	85	90	92	96	99
50	27	38	44	50	57	60	63	69	75	81	88	89	95	99	103	106	110
55	30	41	48	55	62	66	69	76	83	89	96	99	104	109	113	117	120
60	33	45	53	60	68	71	75	83	90	98	105	107	114	119	123	128	131
65	35	49	57	65	74	77	81	89	98	106	114	116	123	129	133	138	142
70	38	53	62	70	79	83	88	96	105	113	123	125	132	139	144	149	154
75	41	56	66	75	85	89	94	103	113	122	131	134	142	148	154	159	164
80	44	60	70	80	90	95	100	110	120	130	140	143	152	158	164	170	175
85	46	64	75	85	95	101	106	117	128	138	149	152	161	168	174	180	186
90	49	68	79	90	102	107	113	124	135	146	157	161	171	178	185	191	197
95	52	71	83	95	107	113	119	130	143	154	166	170	180	188	195	202	208
100	54	75	88	100	113	119	125	137	150	163	175	179	190	198	205	212	219

注：按 $\Delta L=0.12\Delta tL$（mm）计算，安装温度-5℃。

伸缩器及L型补偿器最大允许距离（m）　　表3.1-68

伸缩器形式	敷设方式	公称直径 D_g（mm）												
		25	32	40	50	70	80	100	125	150	200	250	300	350
方形	架空、地沟	30	35	45	50	55	60	65	70	80	90	100	115	130
	无沟	30	35	45	50	55	60	65	70	70	80	90	110	110
方形	长边最大距离 L_1	15	18	20	24	24	30	30	30	30				
	短边最小距离 L_2	2	2.5	3	3.5	4	5	5.5	6	6				

从固定卡算起允许不装伸缩器的最大长度（m）　　表3.1-69

热水温度（℃）	60	70	80	90	95	100	110	120	130	140	143	151	158	164	170	175
蒸汽表压（kPa）							50	100	170	260	300	400	500	600	700	800
民用建筑	55	45	40	35	33	32	30	26	25	22	22	22	—	—	—	—
工业建筑	65	57	50	45	42	40	37	32	30	27	27	27	25	25	24	24

热水管道应尽量利用本身的转角来自然补偿，在自然补偿不足时才安装伸缩器。伸缩器在室内安装时，应保证各立支管连接点的位移不超过40mm。

室内热水主立管的直线长度大于20m时，也应设伸缩器，并在两端设固定卡。尤其在高层建筑中，使热水主立管伸缩得以补偿很重要，这一点不可忽视。

2. 方形伸缩器的选择

方形伸缩器的外形尺寸见图3.1-51。适用于室内安装或室外地下管沟敷设时采用。

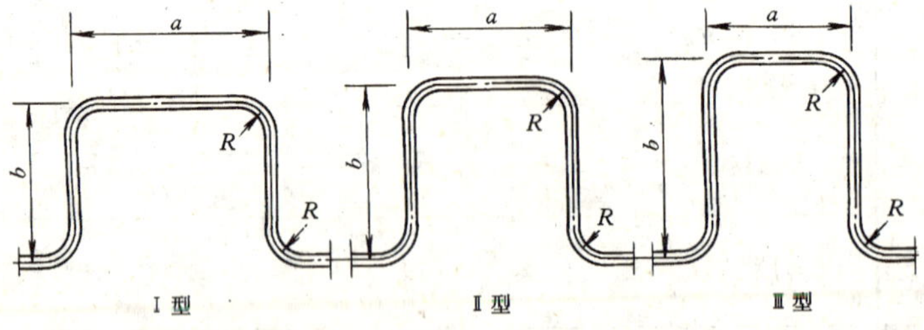

图3.1-51　方形伸缩器外形

方形伸缩器选择，可先依据计算管段的长度查表3.1-67，得出其热伸长量，再根据热伸长量选配伸缩器尺寸型号。

4. 波纹伸缩节

波纹伸缩节的波纹管，是用多层薄壁钢材制成的，具有结构紧凑，补偿量较大，密封

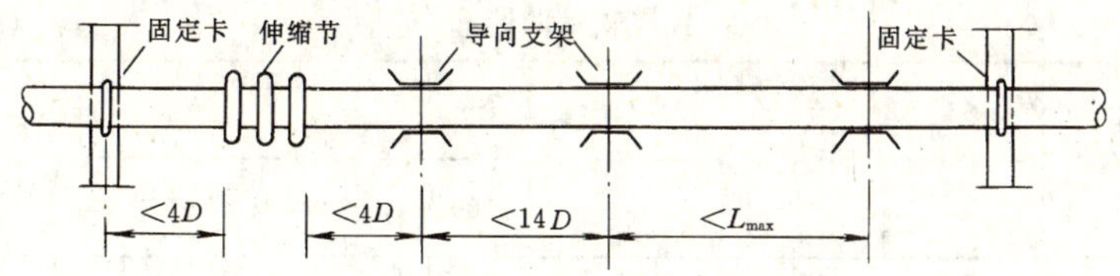

图 3.1-52 波纹伸缩节安装示意

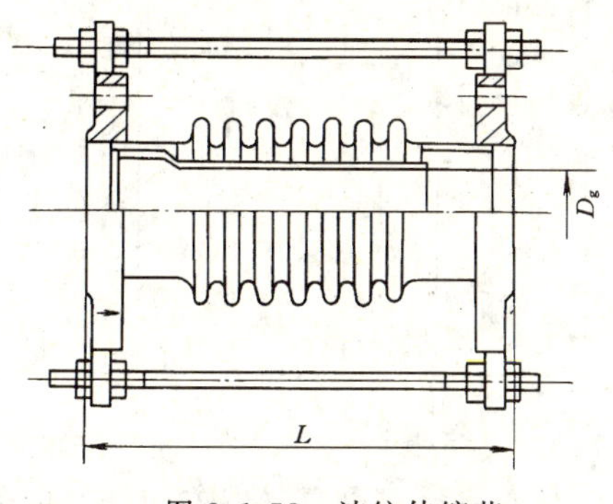

图 3.1-53 波纹伸缩节

性好及通用性强等优点，可用于输送高温、高压的介质。用不锈钢制成的波纹管还具有耐腐蚀，寿命长的优点。

波纹伸缩节在运输、安装、使用中严禁碰撞。安装时也不得将电焊渣溅到波纹管内外。

波纹伸缩节均为法兰盘连接，通常应安装在管段端头处，两个固定卡之间只能安装一个。管道应设置滑动导向支架，如图 3.1-52 所示。不应将安装误差而引起的位移，加在波纹伸缩节上。

波纹伸缩节多采用预拉装配，成品出厂时已预拉到允许尺寸，拉杆仅供运输和调整尺寸使用，安装完毕即应将拉杆卸下。有的波纹伸缩节在安装时还应注意液流方向，不可装反。

波纹伸缩节的外形如图 3.1-53 所示。其规格性能参见表 3.1-70。

波纹伸缩节的规格性能 **表 3.1-70**

项目 公称直径(mm)	轴向伸缩量(mm)	波纹数	总长度(mm)	适用温度	工作压力	使用寿命
32	20	11	125	−70～350℃	0.6、1.0、1.6、2.5MPa（4 种）	1000 次、2000 次、3000 次（3 种）
40	20	11	125			
50	20	11	130			
70	40	8	175			
80	45	10	180			
100	50	6	210			
125	50	5	205			
150	65	5	246			
200	80	5	273			
225	95	5	331			
250	95	5	338			
300	95	4	343			

金属软管的选择 表 3.1-71

公称直径(mm) \ 侧向位移量Y(mm)	总长度L(mm)						弯曲半径(mm)	最大工作压力(MPa)
	500	800	1000	1500	2000	2500		
32	50	100	200	470	650	830	300	2.0
40	50	100	200	470	650	830	300	2.0
50	40	100	180	300	400	520	420	1.6
70	30	100	180	300	400	500	480	1.3
80	20	80	150	240	300	420	580	1.3
100		50	120	200	280	360	700	1.2
150			100	170	240	300	1100	0.8
200			90	160	230	290	1300	0.8
250			60	130	200	250	1600	0.8
300			60	125	185	240	1900	0.8

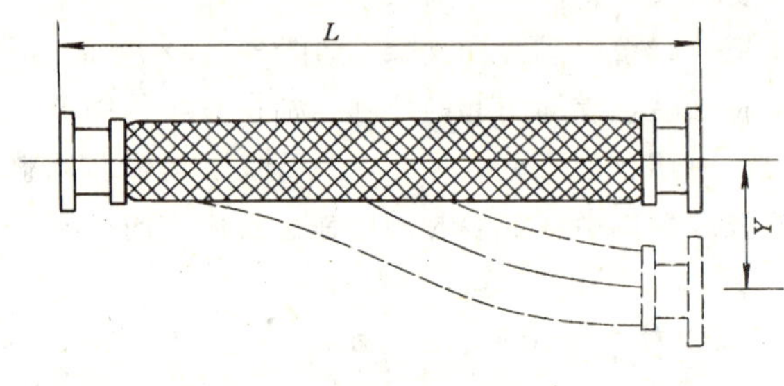

图 3.1-54 金属软管

5. 金属软管

金属软管的管体及外层网套的材质为不锈钢，工作温度为－70～350℃。DN32 以下为活接头丝扣连接，DN32 以上为固定或活动法兰盘连接。

金属软管的外形见图 3.1-54。规格性能见表 3.1-71。

三、膨胀与泄压装置

在闭式热水系统中，冷水加热后体积会发生膨胀，膨胀出的水量对加热设备及管道系统形成很大的内压，极易造成破裂与渗漏，影响系统的安全运行。因此，必须设置可靠的安全装置，主要有：

1. 膨胀管：膨胀管应由热交换器、热水罐或热水锅炉的顶部直接引至系统水位的几何高度以上，直通大气，途中不得设置阀门，也不能由设有阀门的管道上引出。其高出水箱水面的垂直高度可按下式计算：

$$h = 1.2H\left(\frac{\gamma_L}{\gamma_r} - 1\right) \tag{3.1-23}$$

式中 h——膨胀管高出水箱水面的垂直高度（m）；

H——加热设备底部至高位水箱最高水面的垂直高度（m）；

γ_L、γ_r——冷、热水的比重（kg/L），常用数据见表 3.1-72。

冷、热水比重 表 3.1-72

冷水	温度（℃）	1	2	4	10	20
	比重 γ_L（kg/L）	0.9998	0.9999	1.0000	0.9997	0.9982
热水	温度（℃）	50	55	60	65	70
	比重 γ_r（kg/L）	0.9981	0.9857	0.9832	0.9806	0.9778

膨胀管的管径尺寸，可按表 3.1-73 确定。

膨 胀 管 管 径 **表 3.1-73**

水加热器的传热面积 (m^2)	<10	10～15	15～20	>20
膨胀管的最小管径 (mm)	25	32	40	50

3. 安全阀：又称泄压阀，有弹簧式及扛杆式两种，外形见图 3.1-55。

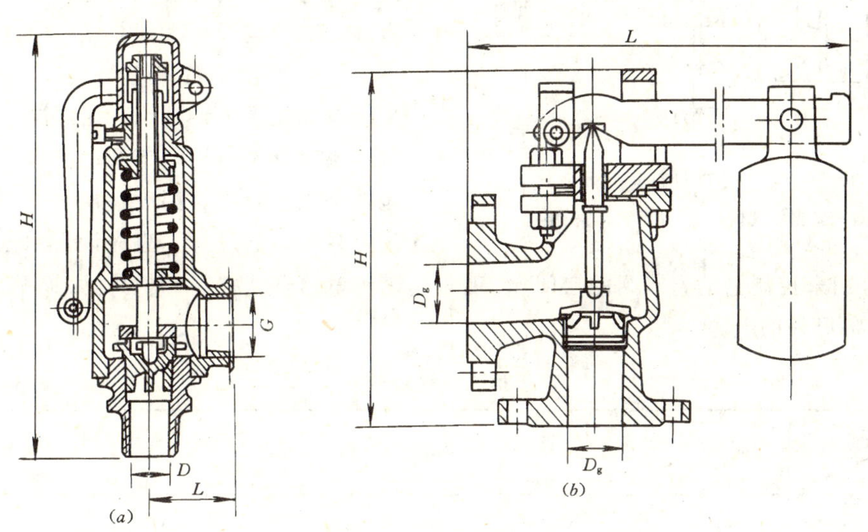

图 3.1-55 安全阀

(a) A27W-10 型弹簧式；(b) 单杆微启式

安全阀多装在加热设备的顶部，当设备内部超过设定的压力时，安全阀会自动开启，泄压后自动关闭。它是热水系统安全防护中最简便易行的方法。因其灵敏度较低，大型加热设备多为两个并列设置，以确保安全。

安全阀在使用中应加强维护管理，阀体部件要灵活可靠，压力调节要准确适当。安全阀的设定压力，应为热水系统最高水压的 1.1～1.2 倍。阀体设定压力一经调准，需加以防护，保证不会被他人任意调动。

安全阀上的泄水口，应以相同规格的管道引至适当部位，不得任其自流。

四、温度自动调节装置

热水供水温度的稳定，是保障用水安全、节约能耗的重要措施。目前采用较多的温度自动调节装置主要有下列两种。

1. 自力式温度调节阀

自力式温度调节阀，由温包及阀体两部分组成。温包插入供水管中，可随时感知该处的温度变化，装在温包中的液体随之产生涨缩压力，导管将这一压力变化传递给阀体的启闭装置，实现对热媒用量的自动控制。达到供水温度的稳定。

自力式温度调节阀，因其工作可靠，使用简便，可用于蒸汽或热水作热媒的多种场合。近年来使用日广。用于热交换器的安装方式，见图 3.1-3；用于汽水混合器的安装方式，见图 3.1-34 及图 3.1-35。

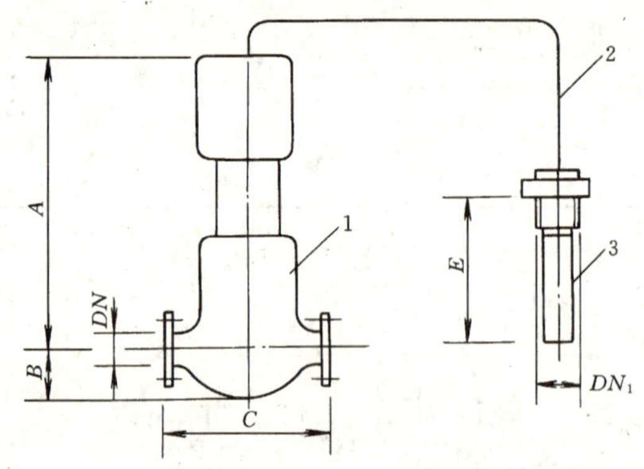

图 3.1-56　ZWT 型调温阀外形尺寸

1—调温阀阀体；2—导压管；3—温包

ZWT 型自力式调温阀的外形尺寸见图 3.1-56 及表 3.1-74。

目前，生产自力式温度调节阀的厂家较多，如：上海红星仪表厂的 HJ-71B 型，天津自动化仪表五厂的 ZKW-1000 型，浙江上虞联丰压力容器厂的 ZKG2 及 ZKF2 型等。其结构尺寸大体相同。

2. 电动式温度调节阀

电动式温度调节阀，由温包、压力式触点温度计及电动调节阀三部分组成。温包插入供水管中，温度在压力式触点温度计上显示，温度计上事先设定水温上下限 2 个触点，用来控制电动调节阀的启闭，实现对热媒用量的自动控制。与自力式调节阀比较，它必须配备可靠的电源。

ZWT 型调温阀外形尺寸　　　　**表 3.1-74**

尺寸规格 / DN	A	B	C	E	DN_1	重量（kg）
25	370	60	165	300	20	10
32	380	70	170	300	20	13
40	480	73	200	400	20	17
50	480	80	230	400	20	20
65	500	90	290	500	20	25
80	510	150	315	450	25	35
100	520	160	355	500	25	44
125	540	170	395	550	32	82
150	550	180	470	450	40	96

注：1. 工作压力：0.6MPa、1.0MPa 及 1.6MPa3 种。

2. 温度调节范围：从 35～125℃内每 10℃为一个温度调节范围。

3. 温度控制精度≤±1℃；反应时间≤1min。

4. 本资料依据济南市新光工具厂产品编制。

电动调节阀，有直通阀及三通阀两种类型，电动直通调节阀的安装见图 3.1-4。电动三通阀的安装可采用分流式或合流式两种连接方式，分别参见图 3.1-5 及图 3.1-6。

(1) $ZA^{P}_{X}15$～50T 型电动调节阀

适用压力：流体 $P \leqslant 1.57$MPa，蒸汽 $P \leqslant 1.28$MPa。

工作温度<200℃。电源 200V，50Hz，4W。

有直通型（ZAP）及三通（合流）型（ZAX）两类，均为丝扣连接。其外形见图 3.1-57。主要性能及尺寸见表 3.1-75。

ZA_{X}^{P}-15～50T 型电动调节阀性能尺寸 表 3.1-75

<table>
<tr><th rowspan="3">公称直径 DN</th><th colspan="7">主 要 性 能</th><th colspan="5">外 形 尺 寸</th></tr>
<tr><th rowspan="2">最大行程 (mm)</th><th rowspan="2">最大调节时间 (s)</th><th rowspan="2">允许压差 (MPa)</th><th colspan="2">流通能力 C</th><th colspan="2">流量特性</th><th rowspan="2">φ</th><th rowspan="2">L</th><th rowspan="2">h_1</th><th rowspan="2">h_2</th><th rowspan="2">h_3</th></tr>
<tr><th>直通</th><th>三通</th><th>直通</th><th>三通</th></tr>
<tr><td>15</td><td>10</td><td>27</td><td>1.57</td><td>3.2</td><td>3.4</td><td rowspan="6">直线、等百分比（对数）</td><td rowspan="2">直线</td><td>15</td><td>90</td><td>49</td><td>50</td><td>105</td></tr>
<tr><td>20</td><td>10</td><td>27</td><td>1.57</td><td>5</td><td>5.4</td><td>20</td><td>100</td><td>49</td><td>50</td><td>117</td></tr>
<tr><td>25</td><td>16</td><td>45</td><td>1.57</td><td>8</td><td>8.5</td><td rowspan="4">抛物线</td><td>25</td><td>120</td><td>57</td><td>63</td><td>143</td></tr>
<tr><td>32</td><td>16</td><td>45</td><td>1.57</td><td>12</td><td>13</td><td>32</td><td>140</td><td>78</td><td>73</td><td>154</td></tr>
<tr><td>40</td><td>16</td><td>45</td><td>1.37</td><td>20</td><td>21</td><td>40</td><td>160</td><td>80</td><td>77</td><td>162</td></tr>
<tr><td>50</td><td>16</td><td>45</td><td>0.98</td><td>32</td><td>34</td><td>50</td><td>200</td><td>81</td><td>81</td><td>172</td></tr>
</table>

注：按西安仪表阀门厂样本编制。

(2) ZA_{X}^{P}-15～200_{C}^{B} 型电动调节阀

适用压力：流体 $P \leqslant 1.57$MP，蒸汽 $P \leqslant 1.28$MPa。

工作温度<225℃。电源：220V，50Hz，15W。

直通型（ZAP）及三通型（ZAX）均为法兰连接，并有缓调（B 型）及速调（C 型）之分。其外形见图 3.1-58，性能及尺寸见表 3.1-76 及表 3.1-77。

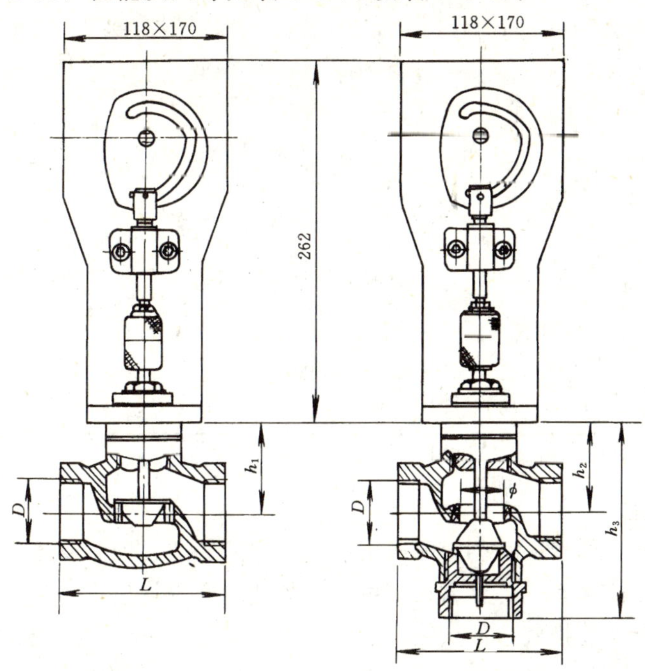

图 3.1-57 ZA_{X}^{P}-15～50T 电动调节阀

$ZA^{P}_{X}15\sim200^{B}_{C}$ 型电动调节阀性能 表 3.1-76

公称直径 (DN)	直通					三通				
	最大行程 (mm)	最大调节时间 (s)		流通能力 C	流量特性	最大行程 (mm)	最大调节时间 (s)		流通能力 C	流量特性
		B型	C型				B型	C型		
15	10	151	38	3.2	快开、直线、等百分比	16	242	60	3.4	快开、直线
20	10	151	38	5		16	242	60	5.4	
25	16	242	60	8		16	242	60	8.5	快开、直线、抛物线
32	16	242	60	12		16	242	60	13	
40	20	300	75	20		16	242	60	21	
50	20	300	75	32		16	242	60	34	
65	25	284	71	50		20	277	57	53	
80	25	284	71	80		20	277	57	85	
100	25	284	71	120		20	277	57	135	
125	25	284	71	200		20	277	57	210	
150	25	284	71	280		20	277	57	340	
200	25	284	71	450		20	277	57	535	

$ZA^{P}_{X}15\sim200^{B}_{C}$ 型电动调节阀外形尺寸表（mm） 表 3.1-77

ϕ	ϕC_2	ϕC_3	ϕC	$n\times D$	a	b	d	e	f	g	h
15	95	95	65	4×14	840	130	80	490	280	915	75
20	105	105	75	4×14	840	150	80	490	280	916	75
25	115	115	85	4×14	850	160	88	492	280	930	80
32	140	140	100	4×18	860	180	98	492	280	960	98
40	150	150	110	4×18	870	200	105	495	280	977	105
50	165	165	125	4×18	880	230	112	498	280	997	115
65	185	185	145	4×18	915	290	125	520	280	1061	145
80	200	200	160	4×18	925	310	132	523	280	1082	155
100	220	220	180	8×18	945	350	150	525	280	1125	175
125	250	250	210	8×18	965	400	170	525	280	1168	200
150	285	285	240	12×23	1020	480	225	525	280	1252	240
200	340	340	295	12×23	1035	600	235	527	280	1260	220

注：按西安仪表阀门厂样本编制。

五、排气装置

管道系统中有气体聚积，会影响通水能力，加速管道锈蚀。管道中的气体多聚积于系统的高处，因此，热水系统的至高点、主立管的顶端通常均应设排气装置。水平干管翻身抬头处，也应于高点装排气，低点装泄水。

排气装置分手动及自动两类。手动排气装置可采用 $DN15$ 闸阀，但不便管理。自动排气阀因体积小巧，无须看管而被广泛采用。

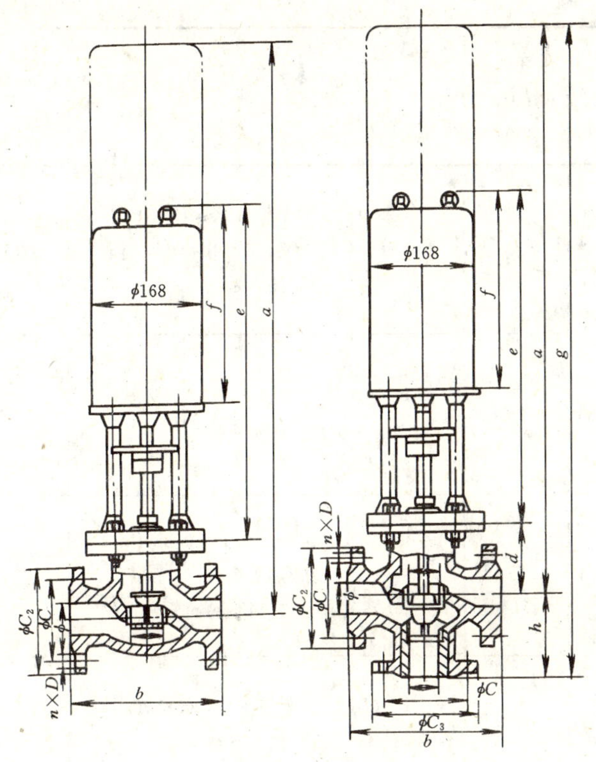

图 3.1-58 电动调节阀外形及安装尺寸图

目前国内生产的自动排气阀，多采用浮球式启闭机构，其规格性能见表 3.1-78，外形尺寸见图 3.1-59～图 3.1-64。

常用自动排气阀规格与性能 **表 3.1-78**

型号与名称	参见图号	接管直径 DN (mm)	使用条件	外形尺寸 (mm)	生产厂家
ZP-Ⅰ/Ⅱ、ZPT-C 型自动排气阀	图 3.1-59	20 (15.25)	Ⅰ型≤110℃，P≤0.7MPa；Ⅱ型≤130，P≤1.2MPa 冷、热水系统（接口处有滤网）	158×90×125	浙江温州市管道阀门厂
B11X-4 型立式自动排气阀	图 3.1-60	20 25	≤95℃，工作压力 P≤0.4MPa 冷、热水系统	φ150×110	沈阳市水暖器材厂
PA15X-7 型立式自动排气阀	图 3.1-61	15 20	≤100℃，工作压力 P≤0.7MPa 冷、热水系统	φ55×130	江苏阜宁县疏水阀厂

续表

型号与名称	参见图号	接管直径 DN (mm)	使用条件	外形尺寸 (mm)	生产厂家
WZ08-$\frac{2}{3}$型 卧式自动排气阀	图 3.1-62	15 20 25	≤150℃，工作压力 $P\leqslant0.8$MPa 2型用于系统未端，3型用于中间部位 冷、热水系统	155×155×185	沈阳市热力器材厂
PZ1T-4 型 立式自动排气阀	图 3.1-63	20	≤120℃，工作压力 $P\leqslant0.4$MPa 冷、热水系统	ϕ85×120	沈阳市卫生洁具厂
ZP88-1 型 立式自动排气阀	图 3.1-64	15	≤110℃，工作压力 $P\leqslant0.6$MPa 冷、热水系统 （有检修闭锁装置）	ϕ38×63	北京建筑五金装饰材料联合公司
P25X-6 型 立式自动排气阀	参见 图 3.1-61	15 20	≤100℃，工作压力 $P\leqslant0.6$MPa 冷、热水系统	ϕ47×96	上海奉贤机械厂

注：表中冷水系统指生活给水系统、空调冷冻水系统等，热水系统指生活热水系统、热水采暖系统等。

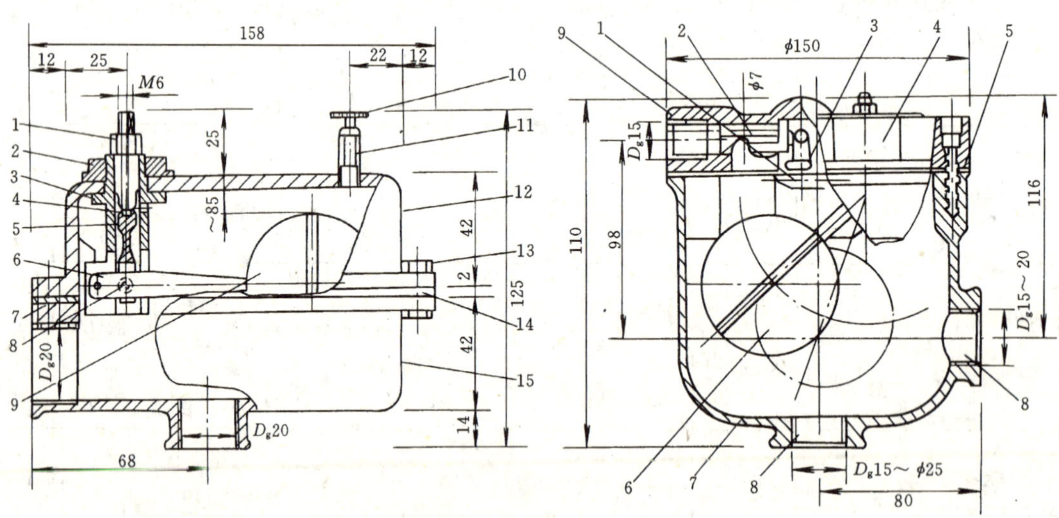

图 3.1-59　ZP-$\frac{\text{I}}{\text{II}}$、ZPT-C 型自动排气阀

1—排气芯；2—六角锁紧螺母；3—阀芯；4—橡胶封头；5—滑动杆；6—浮球杆；7—铜销钉；8—铆钉；9—浮球；10—手拧顶针；11—手动排气座；12—上半壳；13—螺栓螺母；14—垫片；15—下半壳

图 3.1-60　B11X-4 型立式自动排气阀

1—杠杆机构；2—垫片；3—阀堵；4—阀盖；5—垫片；6—浮球；7—阀体；8—接管；9—排气孔

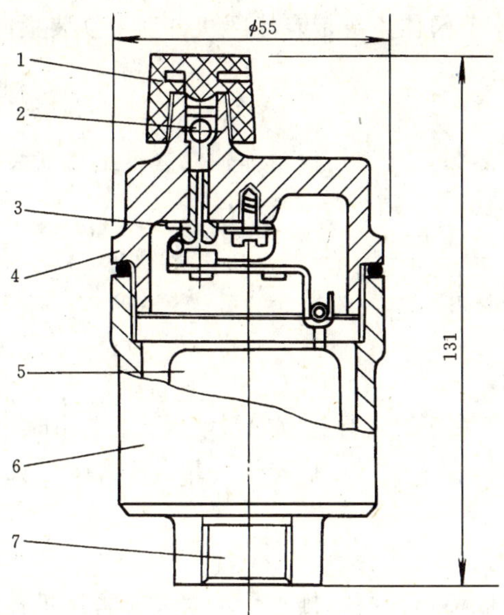

图 3.1-61 PA15X-7 型立式自动排气阀

1—排毛帽；2—钢球；3—阀座；4—阀盖；5—浮筒；6—阀体；7—接口

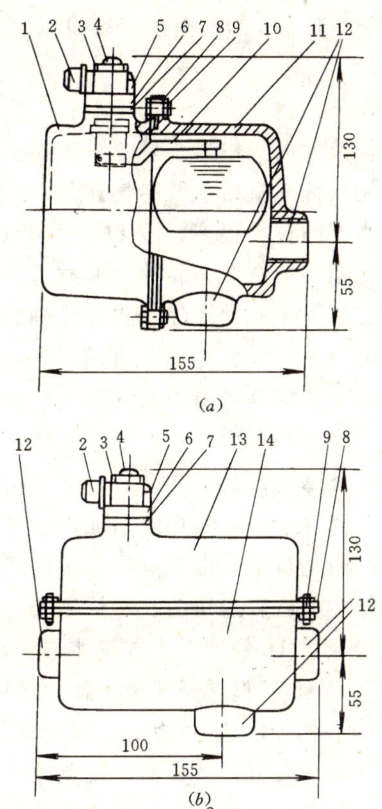

图 3.1-62 WZ0.8-$\frac{2}{3}$型卧式自动排气阀

(a) WZ0.8-2 型（用于系统末端）；(b) WZ0.8-3 型（用于系统中央或管道中间部位排气）

1—前壳体；2—排气嘴；3—六角扁螺母；4—首次排气嘴；5—排气压盖；6—六角螺母；7—阀座垫圈；8—胶垫；9—螺栓螺母；10—浮球机构；11—后壳体；12—接管；13—上壳体；14—下壳体

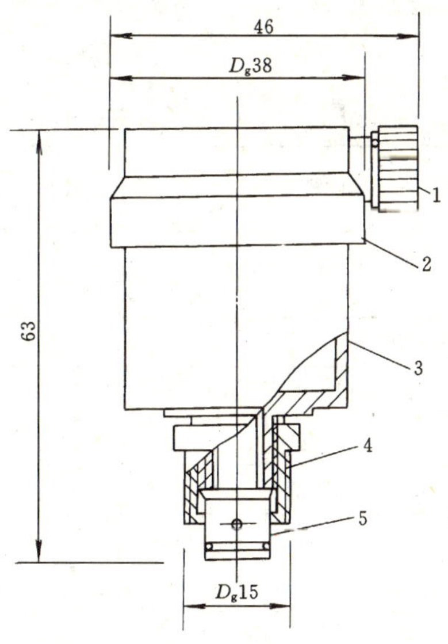

图 3.1-64 ZP88-1 型立式自动排气阀

1—排气孔盖；2—阀盖；3—阀体；4—外螺纹接管；5—单向阀（检修时自行关闭，不必另设截门）

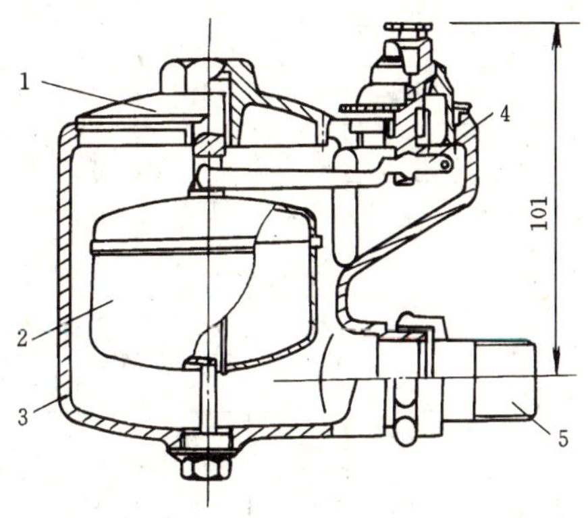

图 3.1-63 PZ1T-4 立式自动排气阀

1—阀盖；2—浮球；3—阀体；4—杠杆机构；5—接管

为便于检修，排气阀前应装设阀门和过滤器。若阀体本身带有滤网和自动闭锁装置时，也可不设。

六、疏水器

规模较大的集中热水供应系统、多以蒸汽作热源，其加热设备和输汽管道上需安装疏水器，用以排除凝结水及空气。

疏水器的种类很多，按工作原理可分为以下三种类型：

恒温型——有双金属片、波纹管及液体膨胀式等。

机械型——有钟形浮子式、浮桶式及浮球式等。

热力型——有脉冲式、热动力式及孔板式等。

疏水器选择是否得当及其品质的优劣，对蒸汽系统的运行和节能影响很大。选用时，应根据适用温度与压力，工作压差及排水量等因素综合考虑，选择安全可靠，不漏气，无噪音，便于维修的产品。

选择疏水器时，其排水量通常可按理论排水量的三倍确定。

在民用建筑中，由于蒸汽系统的工作压力一般都不算高，排水量不太大，采用机械型疏水器较多。适合选用的疏水器主要有：

1. CS15H-16钟形浮子式疏水器

CS15H-16钟形浮子式疏水器，适用温度 $t \leqslant 200℃$，适用压力 $P \leqslant 0.35$、0.85、1.2及1.6MPa四种，内部零件为不锈钢制造，具有耐腐蚀，寿命长，结构简单，维修方便等优点。因漏汽量小，属节能型产品。民用建筑中多采用工作压力为0.35及0.85MPa两种，其小时排水量见表3.1-79，结构见图3.1-65，外形尺寸见表3.1-80。

2. S43H-10浮桶式疏水器

S43H-10型浮桶式疏水器的适用压力 $P \leqslant 1MPa$，工作温度 $t \leqslant 200℃$，小时排水量见表3.1-81，外形见图3.1-66，主要尺寸见表3.1-82。

CS15H-16钟形浮子式疏水器小时排水量（kg/h）　　**表3.1-79**

工作压力（MPa）	公称直径 DN（mm）	疏水器前后压力差 ΔP（MPa）									
		0.05	0.10	0.15	0.20	0.25	0.30	0.35	0.40	0.45	0.50
0.35	15	270	310	345	375	400	420	440			
	20	170	230	270	300	330	360	380			
	25	700	1000	1250	1450	1550	1700	1800			
	40	1750	2250	2750	3210	3500	3750	4000			
	50	4200	5600	6300	6650	7000	7400	7800			
0.85	15	130	145	165	180	198	208	220	235	245	255
	20	100	142	182	220	250	272	290	304	322	338
	25	500	700	800	920	1050	1100	1200	1260	1320	1380
	40	1000	1500	1920	2250	2520	2770	3000	3250	3500	3700
	50	1750	2800	3450	3850	4200	4550	5000	5300	5700	5950

CS15H-16 钟形浮子式疏水器主要尺寸 表 3.1-80

公称直径 DN (mm)	外形尺寸 (mm)					重量 (kg)
	A	B	C	D	E	
15	120	80	170	100		2.9
20	120	100	89	100		5.2
25				190	288	12.2
40				240	387	27
50				285	440	44

S43H-10 浮桶式疏水器小时排水量 (kg/h) 表 3.1-81

压差 (MPa) \ 公称直径 (mm)	15	20	25	32	40	50
0.3	500	680	885	1120	1385	1995
0.6	700	960	1250	1580	1955	2820

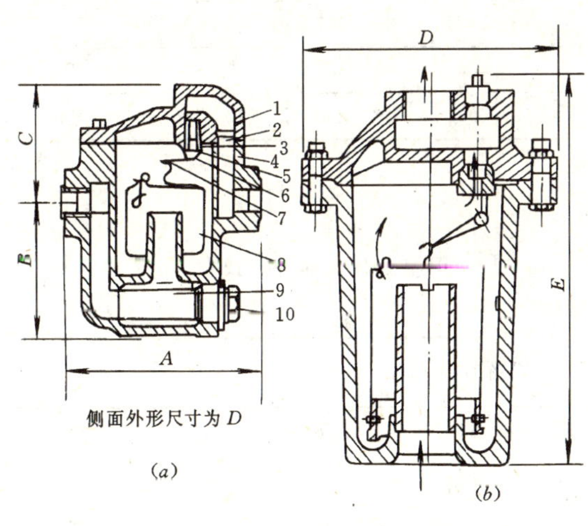

图 3.1-65 CS15H-16 钟形浮子式疏水器

(a) 横式连接 (D_g15, 20);

(b) 竖式连接 (D_g25, 40, 50)

1—阀盖; 2—定位套; 3—阀座; 4—阀体; 5—吊架组合件; 6—阀瓣与卡簧; 7—杠杆组合件; 8—吊桶组合件; 9—滤网; 10—螺塞与垫片

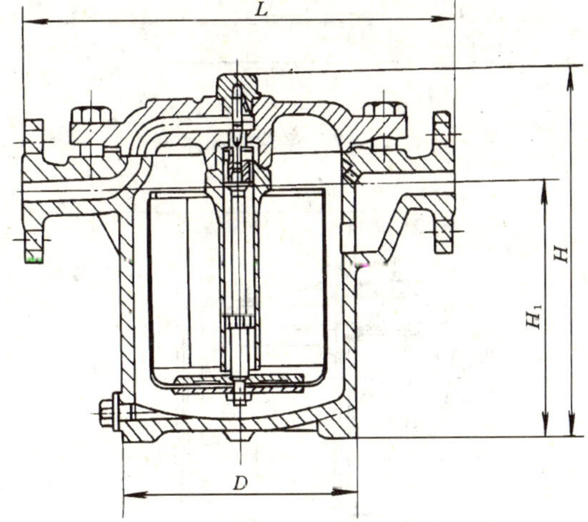

图 3.1-66 S43H-10 浮桶式疏水器

3. 浮球式疏水器

适用压力 $P\leqslant 0.2$MPa, 工作温度 $t\leqslant 170$℃, 外形见图 3.1-67, 外形尺寸见表 3.1-83。

4. 浮桶式疏水器

适用压力 $P\leqslant 0.6$MPa, 工作温度 $t\leqslant 200$℃, 外形见图 3.1-68, 外形尺寸见表 3.1-84。

S43H-10 浮桶式疏水器外形尺寸　　**表 3.1-82**

公称直径 DN (mm)	主要尺寸 (mm)				重量 (kg)
	L	D	H	H_1	
15	300	163	208	170	16
20	315	173	242	190	20
25	355	200	306	215	31
32	400	222	345	235	42
40	440	256	370	250	55
50	475	281	446	290	65

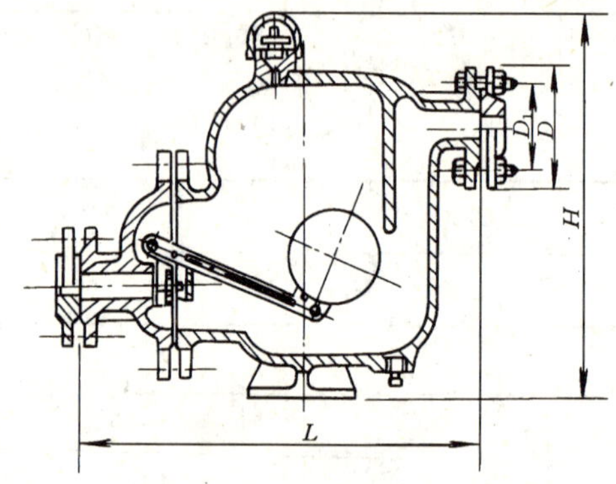
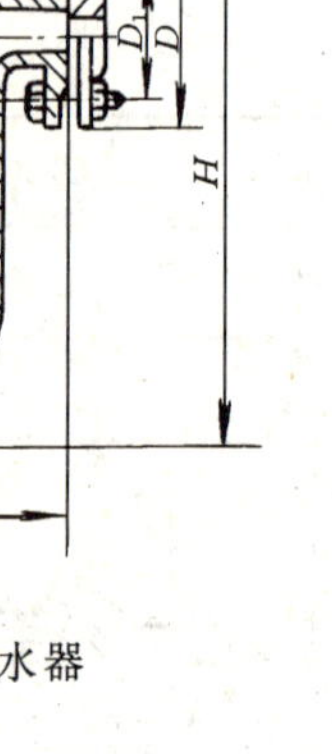

图 3.1-67　浮球式疏水器

浮球式疏水器外形尺寸 (mm)　　**表 3.1-83**

公称直径 DN (mm)	L	H	D	D_1
15、20	310	130	90	65
25、32	347	140	120	90
40	360	145	130	100
50	390	170	140	110

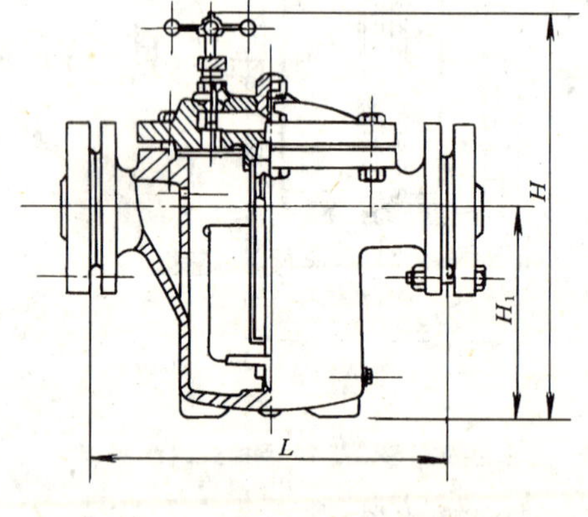

图 3.1-68　浮桶式疏水器

浮桶式疏水器外形尺寸 (mm)　　**表 3.1-84**

公称直径 D_g	L	H	H_1
15	285	298	157
20	285	298	157
25	325	410	260
32	325	410	260
40	420	530	335
50	470	597	386

七、热水管道的保温

热水管道保温是保障正常供水，减少能源损耗的重要措施之一。保温材料的选择对保温效果的好坏又起着决定性的作用，因而应十分重视。

(1) 管道保温的最小厚度与极限厚度

热水管道与周围空气的温度差一般都≤60℃，因而可选用《民用建筑节能设计标准》(JGJ26—86）推荐的保温材料。其最小保温厚度可按表3.1-85确定。

管道保温并非越厚越好。保温层越厚，表面积也越大，超过一定限度时，反而会使管道热损失增加。因此，管道保温层不能超过表3.1-86规定的极限厚度，以达到经济合理的目的。

管道保温的最小厚度 表3.1-85

保温材料	管径（mm）		最小保温厚度（mm）
	公称直径 DN	外径 D	
水泥膨胀珍珠岩管壳 $\lambda_m=0.058+0.00026t_m$〔W/（m·K)〕 $t_m=70$℃时 $\lambda_m=0.0761$〔W/（m·K)〕	25～70 80～150 200～300	32～73 89～159 219～325	40 50 60
岩棉管壳 $\lambda_m=0.0314+0.0002t_m$〔W/（m·K)〕 $t_m=70$℃时 $\lambda_m=0.0452$〔W/（m·K)〕	25～32 40～200 250～300	32～38 45～219 272～325	20 30 40
氰聚塑型直埋保温管 $\lambda_m=0.0349$〔W/（m·K)〕	25～300	32～325	>30

注：1. t_m 为保温层的平均温度（℃），取管内热媒与周围空气的平均温度。λ_m 为保温材料的平均导热系数〔W/(m·K)〕。

2. 当热媒与周围的空气温度差大于60℃时，最小保温厚度按实际温差的增加比例增加。

管道保温层的极限厚度 表3.1-86

公称直径（mm）	≤32	40	50	70	80	100	125	150	200	250
极限厚度（mm）	45	55	65	80	95	110	115	120	125	130

（2）常用管道保温材料

1）水泥膨胀珍珠岩管壳

常用水泥膨胀珍珠岩的密度 $\rho=400\sim800\text{kg/m}^3$，导热系数 $\lambda=0.16\sim0.26$W/（m·K)。多以管壳或砖块制成品形式供保温使用。

水泥膨胀珍珠岩管壳规格见表3.1-87。

2）岩棉、矿棉及玻璃棉管壳

常用岩棉、矿棉及玻璃棉保温制成品的密度 $\rho=150\sim300\text{kg/m}^3$，导热系数 $\lambda=0.073$W/(m·K)。其管壳规格见表3.1-88。

常用水泥膨胀珍珠岩管壳规格　　表 3.1-87

公称直径 (mm)	管壳厚度 (mm)	组合块数 (块)	每立方米材料保温长度 (m/m³)	公称直径 (mm)	管壳厚度 (mm)	组合块数 (块)	每立方米材料保温长度 (m/m³)
15	40	2	128	80	55	2	40.2
20	40	2	119	100	60	2	30.5
25	50	2	75.8	125	60	2	26.5
32	50	2	68.5	150	60	2	23.6
40	55	2	56.2	219	70	2	15.7
50	55	2	50.3	273	70	3	13.3
70	55	2	44.2	325	70	3	11.5

注：1. 管壳长度一般为 330mm，即每米 6 块或 9 块。
2. 用于大型热设备保温时，可采用水泥膨胀珍珠岩砖。

常用岩棉、矿棉及玻璃棉管壳规格　　表 3.1-88

公称直径 (mm)	管壳厚度 (mm)	组合块数 (块)	每立方米材料保温长度 (m/m³)	公称直径 (mm)	管壳厚度 (mm)	组合块数 (块)	每立方米材料保温长度 (m/m³)
15	25	2	270	70	50	2	50.5
20	30	2	185	80	50	2	45.9
25	40	2	108	100	50	2	38.8
32	40	2	96.2	125	50	2	33.6
40	50	2	64.9	150	50	2	29.6
50	50	2	57.8	200	50	2	23.7

注：1. 管壳长度一般为 500mm，即每米 4 块。
2. 用于大型热设备保温时，可采用岩棉板块。

(3)“氰聚塑”直埋保温管

1)“氰聚塑”直埋保温管的构造

管壁涂高效防水防腐化学材料——氰凝。

保温层为“聚氨脂”硬质泡沫塑料。

保护层为玻璃钢。

2) 使用年限及特点

湿热环境老化年限为 16 年，热环境老化年限为 60 年。

“氰聚塑”保温管可直接埋入地下或架空敷设，与管沟敷设相比，具有热损失小，节能效果好；防水、防腐，延年耐久；施工检修方便，占地面积小等优点，可节省投资约 1/4。

3)“氰聚塑”保温管的规格尺寸

“氰聚塑”保温管是以制成品形成出厂的，其规格尺寸见表 3.1-89。

"氰聚塑"保温管规格尺寸　　表 3.1-89

公称直径 (mm)	钢管外径 (mm)	保温层厚度 (mm)	保护层厚度 (mm)	成品外径 (mm)	公称直径 (mm)	钢管外径 (mm)	保温层厚度 (mm)	保护层厚度 (mm)	成品外径 (mm)
20	26.75	36.6	1	102	100	108	31	1.2	172.4
25	33.5	33.3	1	102	125	133	30	1.2	195.4
32	42.25	31.9	1	108	150	159	30	1.5	222
40	48	29	1	108	200	219	30	1.5	282
50	60	28.5	1	119	250	273	30	1.5	336
70	75.5	30.3	1	138	300	325	30	1.5	388
80	88.5	30.3	1	151	350	377	30	1.5	440

在施工现场安装时，还会有接口、用户支线及弯头、三通等部件需要补作保温。补作保温是在施工现场进行制作、浇筑完成的。

"氰聚塑"直埋保温管的伸缩问题，通常多采用波纹伸缩节来解决。为检修方便，在伸缩节、阀门、用户支线连接点等部位，应设置地下小室。需要固定的部位，应设置有混凝土基座的固定管卡。

(4) 热水及蒸汽管道常用防腐及保温作法见表 3.1-86。

生活热水管道多采用镀锌钢管，其管道接口处的外露丝扣须刷防锈漆，然后再与管道一起刷面漆或作保温。

蒸汽管道采用焊接钢管或无缝钢管时，按表 3.1-90 中要求作法，若采用镀锌钢管，则防腐与保温作法与热水管道相同。

热水及蒸汽管道常用防腐及保温作法　　表 3.1-90

管道类别	防腐作法	保温（或刷漆）作法
室内明装热水立、支管	接口外露丝扣刷防锈漆	银粉漆或其它面漆二道
设在管道间、管井及暗槽内的立、支管	防锈漆一道	珍珠岩管壳，水泥石棉灰保护层
		岩棉、矿棉管壳，缠玻璃丝布
明装的热水主立管	防锈漆一道	珍珠岩管壳，白灰麻刀保护层
		岩棉、矿棉管壳，缠玻璃丝布，刷调合漆
管沟中的热水供回水干管	防锈漆一道	珍珠岩管壳，水泥石棉灰保护层
		岩棉、矿棉管壳，缠玻璃丝布
室外露明架空敷设		"氰聚塑"保温管成品
	防锈漆一道	珍珠岩管壳，镀锌铁皮保护层
		岩棉、矿棉管壳，石油沥青玻璃丝布二道
室外直埋敷设	防锈漆二道	松香、水胶泡沫混凝土浇筑
	石油沥青一道	成品珍珠岩保温管，石油沥青玻璃丝布加强防水
室外直埋"氰聚塑"保温管成品	氰凝	聚氨脂硬质泡沫塑料，玻璃钢保护层
蒸汽管道	防锈漆二道	珍珠岩管壳，水泥石棉灰保护层
		岩棉、矿棉管壳，缠玻璃丝布
蒸汽凝结水回水管	防锈漆二道	不刷面漆，可不作保温

3.2 饮 用 水

3.2.1 饮用水水质、水温及饮水定额

1. 饮水水质应符合《生活饮用水卫生标准》(GB5749—86)的要求，见表8.1-1。

为提高饮水水质，防止贮存、输送中的污染，在接至饮水装置前，还应进行过滤或消毒处理。

2. 饮水温度及其适用条件见表3.2-1。

饮水温度及适用条件 表3.2-1

饮水类形		饮水温度(℃)	适 用 条 件
开水		100	宾馆、饭店、机关、学校、部队、厂矿
冷饮水	常温	10～30	涉外宾馆、饭店及旅游景点
	低温	14～18	高温作业、重体力劳动
		10～14	重体力劳动
		7～10	一般工作或轻体力劳动
		4.5～7	冷饮专卖店、涉外高级饭店

3. 饮水定额及小时变化系数，根据建筑物的性质和地区条件，按表3.2-2确定。

饮水定额及小时变化系数 表3.2-2

建 筑 物 名 称	单 位	饮 水 定 额(L)	小时变化系数 K
办公楼	每人每班	1～2	1.5
集体宿舍	每人每日	1～2	1.5
教学楼	每学生每日	1～2	2.0
医院	每病床每日	2～3	1.5
商店	每工作人员每日	2～4	1.5
影剧院	每观众每场	0.2	1.0
招待所旅馆	每客人每日	2～3	1.5
体育馆(场)	每观众每日	0.2	1.0
工厂生活间	每人每班	1～2	1.5
一般车间	每人每班	2～4	1.5
热车间	每人每班	3～5	1.5

注：小时变化系数系指饮水供应时间内的变化系数。

3.2.2 饮用水的设计计算

1. 饮用水水量计算：

$$Q = nq \quad (\mathrm{L/d}) \tag{3.2-1}$$

$$q_{\mathrm{h}} = K\frac{nq}{T} \quad (\mathrm{L/h}) \tag{3.2-2}$$

$$q_s = \frac{\Sigma q_0 mb}{100} \quad (L/s) \tag{3.2-3}$$

式中 Q——日饮用水量（L/d）；

q_h——小时最大饮用水量（L/h）；

q_s——设计秒流量（L/s）；

n——饮水人数（人）；

q——饮水定额，见表 3.2-2；

K——小时变化系数，见表 3.2-2；

T——每日饮用水供应时间（h）；

q_0——水嘴额定流量（L/s），饮水器喷嘴取 0.5L/s，旋塞取 0.1～0.2L/s；

m——同类水嘴数（个）；

b——同时使用率（%），全日供应取 30～50，定时供应取 80～100。

2. 耗热（冷）量计算：

$$W = \frac{\alpha \Delta t q_h}{0.86} \quad (W) \tag{3.2-4}$$

式中 W——小时耗热（冷）量（W）；

α——制备过程中的损失系数，无管道输送取 $\alpha=1.05\sim1.10$，有管道输送取 $\alpha=1.10\sim1.20$；

Δt——给水与饮用水的计算温差（℃）；

q_h——小时最大饮用水量（L/h）。

3. 贮水容积计算：

$$V = 0.5\frac{Knq}{T} \quad (L) \tag{3.2-5}$$

式中 V——贮水容器的有效容积（L）；

0.5——容积按最大小时饮水量的一半考虑。

K——小时变化系数，见表 3.2-2；

n——饮水人数（人）；

q——饮水定额，见表 3.2-2；

T——每日饮用水供应时间（h）。

【例 3.2-1】 某机关办公楼有工作人员 800 人，从早 7：00 至晚 17：00 共 10 个小时集中供应开水。给水温度 13℃，有天然气供应。计算饮水用量、耗热量，并选择燃气开水炉。

【解】 按表 3.2-2 饮水定额取值。

1. 日饮用水量

$$Q = 800 \times 2 = 1600 L/d$$

2. 小时最大饮用水量

$$q_h = 1.5\,\frac{1600}{10} = 240\text{L/h}$$

3. 小时耗热量

$$W = \frac{1.1 \times 87 \times 240}{0.86} = 26707\text{W} \approx 26.71\text{kW}$$

4. 选择燃气开水炉

查表 3.2-7，150L 燃气开水炉热负荷为 27.8kW，可以采用。选用 2 台，上班前 2 台同时使用集中供应开水，上班后 1 用 1 备。

3.2.3　饮用水系统设计

1. 开水：

(1) 开水加热方式，应根据工程可用能源条件来确定。常用能源主要有蒸汽、燃气或煤。当确无条件采用上述能源时，也可以用电。

(2) 开水供应多采用集中烧制，然后以保温瓶灌装发送方式。这种办法经济、可靠，但很不方便。

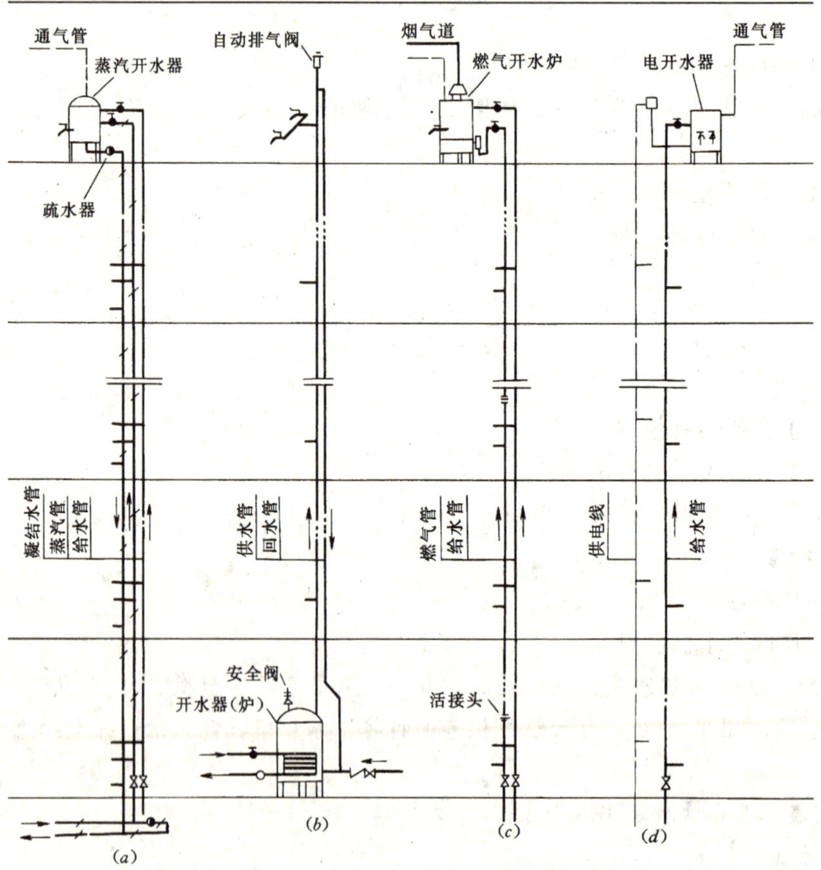

图 3.2-1　开水供应几种方式

(a) 蒸汽各层设开水器；(b) 蒸汽燃气或煤集中加热；(c) 燃气各层设开水炉；(d) 各层设电开水器

标准较高的工程，可根据使用要求及工程具体条件设计为：

a. 开水集中制备，管道输送供给；

b. 热源管道输送，开水分散制备。

常用开水供应方式参见图 3.2-1。其中（*b*）图所使用的开水器（炉）属受压容器，必须采用劳动安全部门认可的产品，不得自行制作。

(3) 开水器（炉）管道及附件的安装应注意：

a. 通气管必须引至室外，且不得装阀门。

b. 溢水管和泄水管不得与排水管直接连接。

c. 温度计、水位计、沸水汽笛及安全阀等附件必须安装齐全。

d. 饮水龙头应采用铜制旋塞。

(4) 水垢是影响开水器（炉）正常使用的重要因素。开水器（炉）内的水垢，会导致传热效率降低，造成能源浪费，严重时还会损坏设备。使用中必须根据水质情况定期除垢，以延长其使用寿命。建议安装超强磁化装置或采用锅炉除垢剂清洗。

2. 冷饮水：

(1) 冷饮水根据使用要求可分为常温和低温二种供水类型。常温型以给水经过滤或消毒后直接供给；低温型则须根据用水量及系统方式配置制冷机组及热交换装置。

常用冷饮水供应系统方式参见图 3.2-2。其中（*a*）图为常温饮水系统；(*b*)、(*c*) 为低温冷饮水系统。在设计中，低温饮水系统在制冷机停止运行时，应仍能供给常温饮水，以适应季节变换。

(2) 冷饮水应设置循环管道，循环管道的流速可大于 2m/s，冷饮水及循环回水均应进行消毒灭菌处理。一般宜采用紫外线消毒方式。

(3) 饮水器安装，应符合下列要求：

a. 饮水器应选用镀铬或瓷质、搪瓷制品，其表面应光洁易于清洗。

b. 饮水器喷嘴应倾斜安装，并设防护装置。喷嘴应高于托盘，以防排水不畅而淹没。喷嘴下应装手柄旋塞，以便启闭和调节。

3. 饮水供应点设置，应符合下列要求：

(1) 应设在不易被污染的地点。对于常产生有害气体或粉尘的场所，应设置专供饮水的小室。

(2) 饮水供应点位置应便于取用、检修、及清扫，且应有良好的通风与照明。

(3) 楼房内的饮水供应点应不影响人员通行，不因饮水遗洒而影响周围环境。

4. 饮用水管道及循环水泵

(1) 饮用水管应采用硬质铜管或不锈钢管，配件应采用与管材一致的材料。

(2) 饮用水循环水泵多采用小型管道泵。宜采用不锈钢制品。

3.2.4 饮用水系统常用设备

1. 紫外线饮水消毒器

紫外线饮水消毒器是利用波长在 2000～3000 埃之间的紫外光生物效应制成的。可快速杀灭水中细菌，而保持原水的物理化学性质不变。

进入消毒器的原水水质，应符合国家《生活饮用水卫生标准》规定。其色度≤15°，浑浊度≤5mg/L，总含铁量≤0.3mg/L。原水经消毒处理后，大肠菌数不超过 3 个/L，细菌

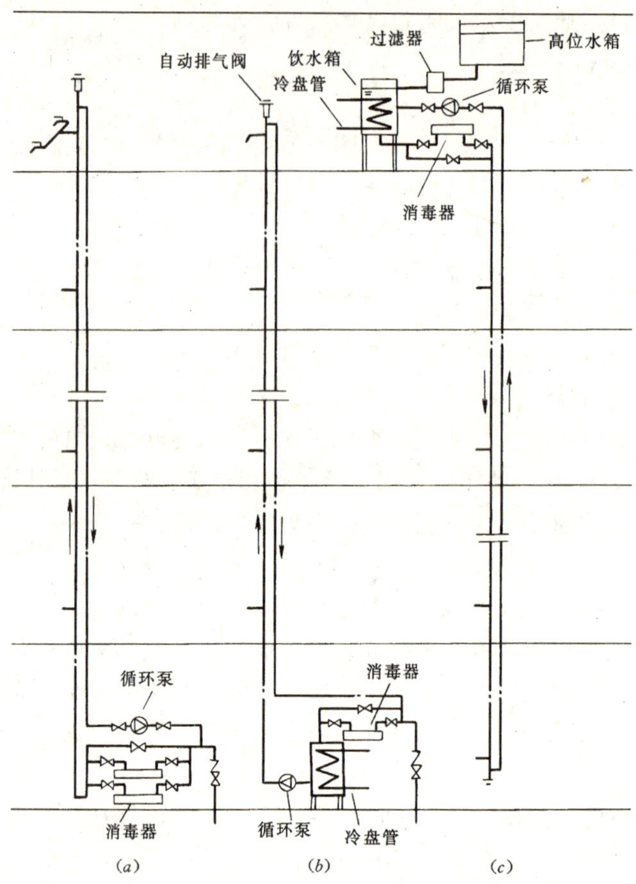

图 3.2-2　冷饮水供应方式
(a) 常温饮水系统；(b) 闭式冷饮系统；(c) 开式冷饮系统

总数不超过 100 个/mL。

紫外线饮水消毒器，可用于工厂、部队、学校、车站及旅游景点的饮水供应。对于制作清凉饮料或宾馆饭店饮用冷水消毒，尤为适用。由于其操作简单、工作可靠、消毒效果好且无副作用，使用比较广泛。

常用紫外线饮水消毒器的规格性能见表 3.2-3，外形见图 3.2-3 至图 3.2-5，外形尺寸见表 3.2-4。连接作法见图 3.2-6。

紫外线饮水消毒器规格及性能　　**表 3.2-3**

型　号	消毒水流量 (L/h)	工作压力 (MPa)	进出水管径 (D_g)	电器控制箱型　号	总功率 (W)	重　量 (kg)
DJ64/30×1	900～1000	≤0.4	15	DK-31	30	5
DC64/20×3	800～1200	≤0.4	20	DK-23	60	10
DJ138/30×3	2000～4000	≤0.4	40	DK-33	90	20
DJ200/30×4	6000～8000	≤0.4	50	DK-34	120	30
GC250/1000×3	5000～60000	≤0.6	100	ZK-102	3000	60

注：本资料依据航天工业部北京华丰机械厂产品样本编制。生产同类产品的还有北京市双猫仿真技术研究所、北京玉光机电工贸公司等。

紫外线饮水消毒器外形尺寸 **表 3.2-4**

型 号	L	L_1	L_2	B	B_1	B_2	H	H_1	H_2
DJ64/30×1	1040	870	690	160	140	100	340	160	95
DC64/20×3	750	570	410	230	140	100	560	150	320
DJ138/30×3	1040	850	690	280	210	170	470	155	110
DJ200/30×4	1040	815	790	330	170	110	500	175	140
GC250/1000×3	880	550	350	530	450	430	1400	355	750

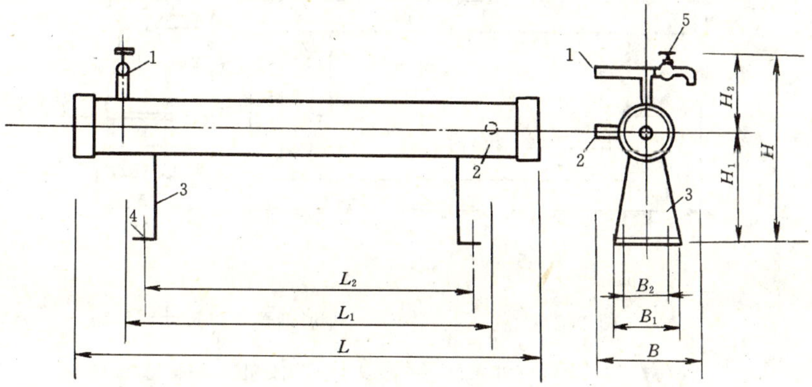

图 3.2-3 DJ64/30×1 型消毒器外形尺寸

1—出水口；2—进水口；3—支架；4—固定孔；5—取样、排气口

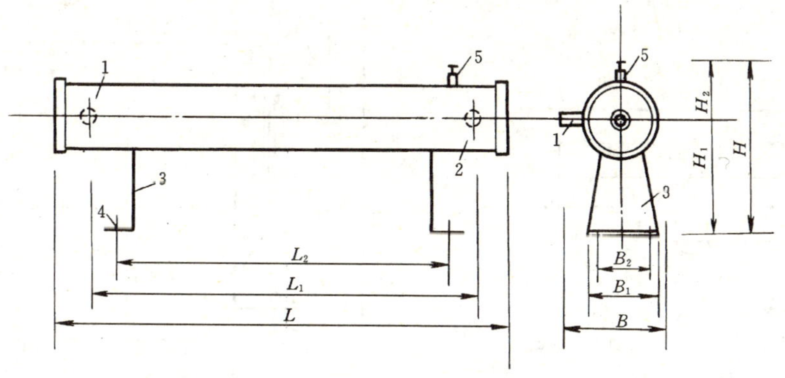

图 3.2-4 DJ138/30×3
DJ200/30×4 型消毒器外形尺寸

1—出水口；2—进水口；3—支架；4—固定孔；5—排气口

2. KS 型中央循环管式蒸汽开水器

KS 型中央循环管式蒸汽开水器，是利用蒸汽盘管加热开水的装置。加热时间长短与蒸汽压力大小有关，最小压力>0.05MPa，最大不能超过设备额定压力，超过时应于蒸汽入口处装减压阀。冷凝水排除应通畅，否则易产生噪音。

KS 型蒸汽开水器的性能尺寸见表 3.2-5，外形见图 3.2-7 及图 3.2-8。

3. 热管式蒸汽开水器

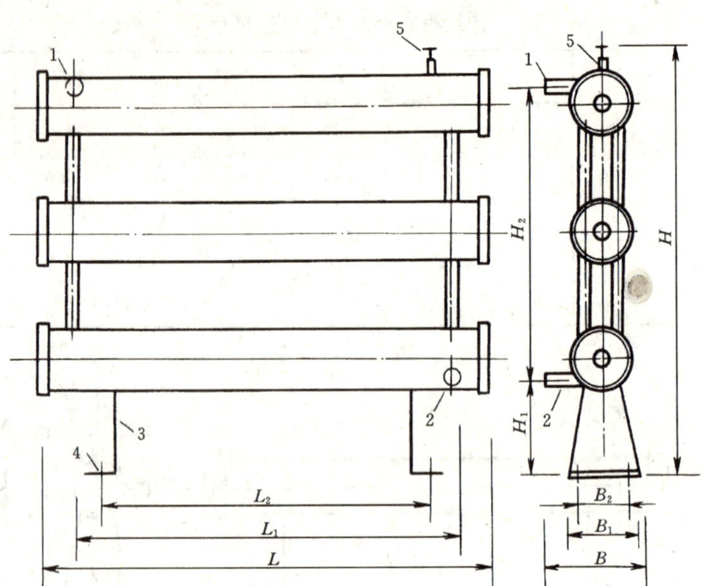

图 3.2-5　DC64/20×3 GC250/1000×3 型消毒器外形尺寸

1—出水口；2—进水口；3—支架；4—固定孔；5—排气口

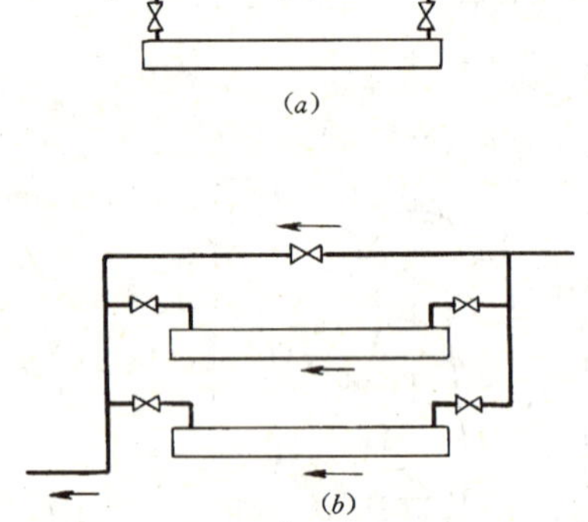

图 3.2-6　紫外线饮水消毒器的连接作法

(a) 单台连接；(b) 多台并连

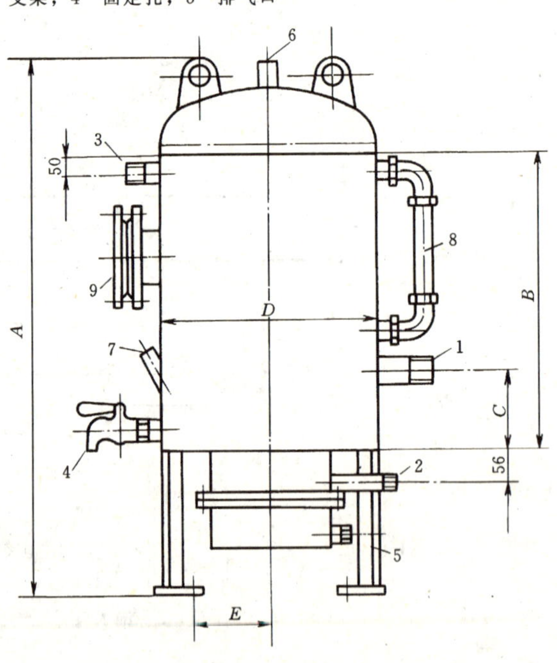

图 3.2-7　KS100、200、400 型蒸汽开水器外形尺寸

1—蒸汽入口 25；2—凝水出口 15；3—冷水入口 20；4—开水嘴 20；5—排污口 20；6—通气管 25；7—温度表 15；8—液位计 20；9—手孔

热管式蒸汽开水器，是利用热管元件传热效率高的特点而制成的，具有体积小、沸水快、噪音小、无污染等特点。使用安全、方便，易于维修和除垢，应用范围比较广泛。

RQK$_{\text{II}}^{\text{I}}$型热管开水器的规格性能见表 3.2-6。外形尺寸见图 3.2-9。其支架高度可按使用要求制作，进汽与排气管可以互换，进水管有二个，安装时可任选其一。

KS 型中央循环管式蒸汽开水器性能尺寸 **表 3.2-5**

型 号	容积 (m^3)	蒸压压力 (MPa)	加热时间 (min)	外形尺寸（mm）					重量 (kg)
				A	*B*	*C*	*D*	*E*	
KS100	0.112	0.2	10	1262	600	356	ϕ512	220	150
KS200	0.23	0.2	15	1527	900	238	ϕ612	270	250
KS400	0.42	0.2	25	1752	1100	238	ϕ712	320	300
KST1000	1.23	0.4	30	2575	1400	610	ϕ1000	370	750
KST2000	2.43	0.4	40	3125	1900	850	ϕ1200	470	1140
KST3000	3.30	0.4	50	3175	1900	850	ϕ1400	570	1260

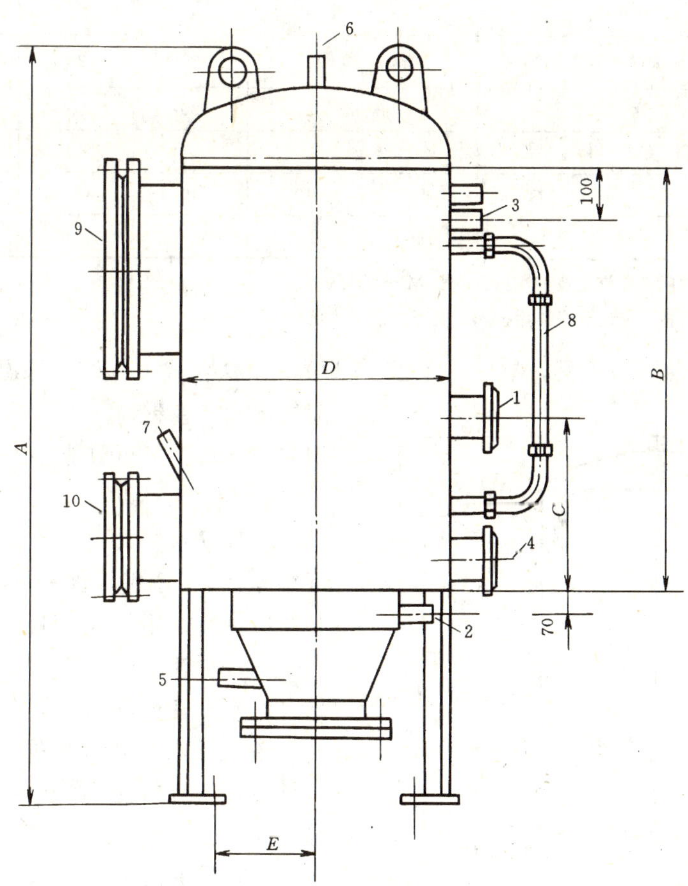

图 3.2-8 KS1000、2000、3000 型蒸汽开水器外形尺寸

1—蒸汽入口 50；2—凝水出口 25；3—冷水入口 40；4—开水出口 20；5—排污口 25；6—通气管 40；7—温度表 15；8—液位计 20；9—人孔；10—手孔

RQK$^{\text{II}}_{\text{III}}$型热管开水器规格性能 **表 3.2-6**

项目 \ 参数 \ 型号			RQK$^{\text{II}}_{\text{III}}$-D10	RQK$^{\text{II}}_{\text{III}}$-D15	RQK$^{\text{II}}_{\text{III}}$-D20	RQK$^{\text{II}}_{\text{III}}$-D40	RQK$^{\text{II}}_{\text{III}}$-D60	RQK$^{\text{II}}_{\text{III}}$-D80	RQK$^{\text{II}}_{\text{III}}$-100
有效容积（L）			100	150	200	400	600	800	1000
额定汽压（MPa）			0.07～0.4	0.07～0.4	0.07～0.4	0.07～0.4	0.15～0.4	0.15～0.4	0.15～0.4
开水时间（min）			20	20	20	20	20	20	20
耗汽量（kg/次）			15.5	23	31	62	93	124	155
外形尺寸（mm）	Φ		450	500	600	750	800	1000	1000
	H		1200	1200	1320	1450	1690	1650	2000
	H_1		980	1030	1130	1230	1480	1430	1730
接管尺寸（mm）	冷水管		20	20	25	25	25	32	32
	蒸汽管	0.07～0.4MPa	20	20	25	25	—	—	—
		0.15～0.4MPa	20	20	20	25	25	40	40
	凝结水管		20	20	20	20	25	25	25
	通气管		20	20	25	25	40	40	40
	排污管		40	40	40	40	40	40	40
重量（kg）			110	140	200	350	480	710	810

注：1. 开水时间及耗汽量按蒸汽压力0.25MPa计算。

2. 本资料按石家庄天成应用技术研究所产品样本编制。

RQK$^{\text{II}}_{\text{III}}$型热管开水器，有上法兰式（Ⅱ型）和下法兰式（Ⅲ型）；保温型和不保温型；普通钢筒和不锈钢筒之分。建议选用有保温不锈钢型，这种可以更节能，卫生且耐久。

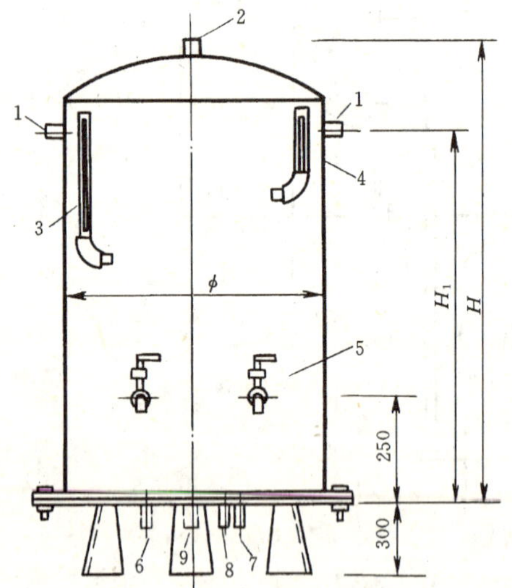

图 3.2-9 热管式蒸汽开水器外形尺寸

1—进水管；2—通气管；3—水位计；4—温度表；5—水嘴；6—进汽管；7—排气管；8—凝水管；9—排污管

4. 燃气开水炉

燃气开水炉具有高效、节能、无污染、安全可靠等特点。适用于机关单位、宾馆、饭店及公共场所供给饮用开水。配有自动装置的燃气开水炉可自动补水，并按设定的水温自动点燃和熄火，维护管理更为方便。

燃气开水炉必须根据燃气种类造型配置，且每台炉应有单独的排烟道。使用中须保持溢水及通气管通畅。如发现脱焰、回火现象，应立即关闭，排除故障。

燃气开水炉的生产厂家较多，产品构造与规格尺寸出入不大，制作材料有不锈钢及碳钢二种，管口方向可按要求配置。

常用燃气开水炉规格性能见表3.2-7，外形尺寸见图3.2-10。

燃气开水炉规格性能　　表 3.2-7

项目 \ 型号		$\overset{J}{\underset{Y}{T}}$L-150（碳钢）	FQ$\overset{T}{\underset{Y}{R}}$L-90C（不锈钢）	FQ$\overset{T}{\underset{Y}{R}}$L-150C（不锈钢）	KL $\overset{T}{R}$200（碳钢）	KL$\overset{T}{\underset{Y}{R}}$-80（不锈钢）	KL$\overset{T}{\underset{Y}{R}}$-150（不锈钢）	KL$\overset{T}{\underset{Y}{R}}$-200（不锈钢）
开水容量（L）		150	90	150	200	80	150	200
工作压力（Pa）	焦炉煤气	1000	780	780	780	800	800	800
	天然气	2000	1960	1960	1960	2000	2000	2000
	液化石油气	3000	2940	2940	—	3000	3000	3000
热负荷（kW）	焦炉煤气	46	13.9	27.8	50	17.9	27.9	50
	天然气	35						
	液化石油气	37						
耗气量（m^3/h）	焦炉煤气	10	2.76	5.9	9.5	3.57	5.7	9.5
	天然气	3.5	1.32	2.8	4.7	1.58	2.7	4.7
	液化石油气	1.35	0.48	1	—	0.56	0.9	1.3
燃气管管径（mm）	焦炉煤气	25	20	20	25	20	20	20
	天然气	15	20	20	25	20	20	20
	液化石油气	15	20	20	25	20	20	20
外形尺寸 $\phi\times H$（mm）		ϕ600×2109	ϕ420×1400	ϕ546×1700	ϕ600×2800	ϕ530×1300	ϕ530×1610	ϕ630×1710
重量（kg）		180	55	109	120	63.5	82.5	96.0
生产厂家		北京市煤气用具厂	北京市环保设备厂			河北丰宁燃气设备厂 北京新丽一天阜厨房设备有限公司		

注：产品型号中　J—焦炉煤气；R—人工煤气；T—天然气；Y—液化石油气。

5. 燃煤开水炉与多用炉

燃煤开水炉一直是既经济又适用的饮水供应设备。近年来，由于环保要求日趋严格，只有消烟除尘性能良好、污染少、热效率高的产品，方能在允许的范围内使用。

在大城市中，单纯的燃煤开水锅炉已使用日减，而供给中小型单位使用的茶、浴、暖多用炉，其烟尘排放标准符合国家规定，并经有关部门认可时，还经常在设计中遇到。

常用的立式双层燃烧茶浴暖三用锅炉的规格性能见表 3.2-8，外形尺寸见图 3.2-11。选用时应注意：三用锅炉是按常压条件设计的，安装时必须设置通气管或开式高位水箱，通气管或水箱接管上不得装设阀门，以确保使用安全。

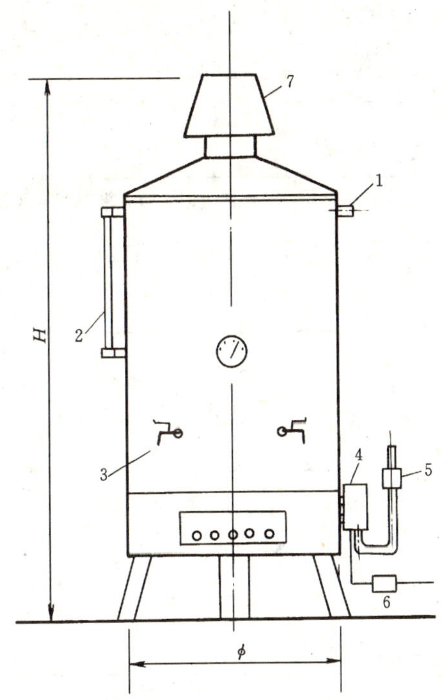

图 3.2-10　燃气开水炉外形尺寸

1—进水管；2—水位计；3—水嘴；4—控制箱；5—熄火保护阀；6—电源变压器；7—烟气罩

6. 电开水器

电开水器多采用不锈钢制造，热效率高，可全自动控制。因其使用成本较高，只宜在其它能源均不具备的条件下采用。

使用电开水器必须定期及时清除水垢。实际情况表明，在水质硬度较高的地区，不少电开水器使用不久就报废了，主要是因为水垢越积越厚，电加热元件的热量不能与水充分交换，造成过热而损坏。加强维护管理，对水质进行适当处理，对于电开水器的正常使用尤为必要。

立式双层燃烧茶浴暖三用锅炉　　表 3.2-8

型号 / 项目	LSX 型						LRCS-Ⅱ型（热管式）				
	ϕ600	ϕ800	ϕ1000	ϕ1200	ϕ1400	ϕ1600	ϕ550	ϕ700	ϕ900	ϕ1100	ϕ1400
发热量（kW）	46.5	70	116	163	233	326	23.3	58.2	116	140	233
容水量（L）	500	750	1500	2000	3000	4000	200	500	1000	1800	3000
耗煤量（kg/h）	8	16	26	40	52	62	3	10	16	24	44
换热面积（m^2）	2.4	3.7	6.5	10	13.5	25.7	1.2	2.5	4	9	14
炉体高度(mm)	2020	2200	2550	2900	3000	3770	1700	2290	2930	3105	3412
炉体直径(mm)	ϕ600	ϕ800	ϕ1000	ϕ1200	ϕ1400	ϕ1600	ϕ550	ϕ700	ϕ900	ϕ1100	ϕ1400
烟囱高度（m）	10	10	15	15	15	15	8	10	11.5	12.7	14
烟囱直径(mm)	ϕ180	ϕ180	ϕ220	ϕ250	ϕ300	ϕ300	ϕ150	ϕ150	ϕ200	ϕ250	ϕ250
饮水人数(人/h)	150	300	800	1200	1500	1800	200	600	1200	1500	2500
可带淋浴器(个)	5	10	12	15	20	25	4	10	14	22	26
重量（kg）	1200	1900	2000	2400	2900	3400	260	1000	1500	2000	3400
生产厂家	北京四季青茶炉厂						北京海淀区海颐金属结构厂				

注：1. 开水由炉体下部供给，淋浴或采暖由炉体上部供给，也可全部供开水或全部供淋浴或采暖。

常用电开水器的规格性能见表 3.2-9。HRS$^1_3$ 型电开水器的外形尺寸见图 3.2-12。

电开水器规格性能　　表 3.2-9

型　号	容水量（L）	耗电量（kW）	电压（V）	供水量（L/h）	重量（kg）	外形尺寸（mm）	生产厂家
HRS1	40	6	220 380	76	41	500×280×900	浙江海宁郭店电热电器厂
HRS3	90	6～9	380	95	58	560×540×1150	
SX2-20	20	3	220	40	7	ϕ300×560	上海电热电器厂
ZF2-10	100	10	380	150	60	490×490×782	

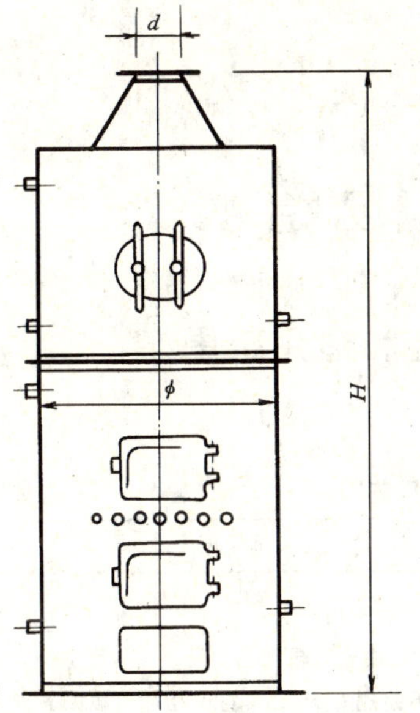

图 3.2-11 立式双层燃烧茶浴暖三用锅炉

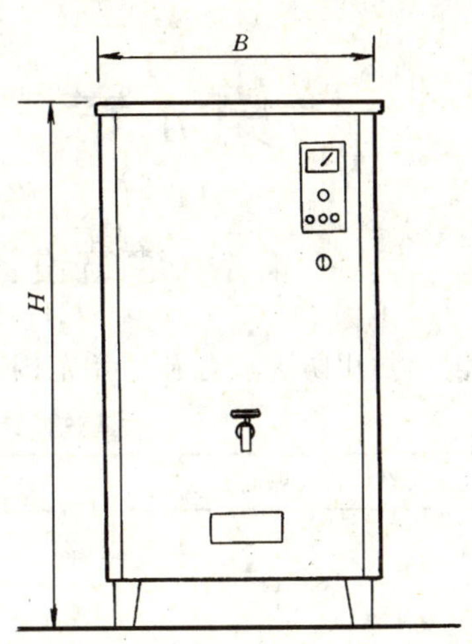

图 3.2-12 电开水器外形尺寸

第4章 建筑消防给水

4.1 建筑设计防火规范和适用范围

建筑设计常用防火规范和适用范围见表4.1-1。

建筑设计防火规范及适用范围 表4.1-1

建筑设计防火规范	适用范围①
建筑设计防火规范 (GBJ16—87) (修订本) (以下简称“低规”，右栏建筑统称“低层建筑)	(1) 适用于下列工业和民用建筑： 1) 九层及以下的住宅（包括底层设置商业服务网点的住宅） 2) 建筑高度不超过24m的其它民用建筑以及建筑高度超过24m的单层公共建筑 3) 单层、多层和高层工业建筑 (2) 不适用于： 炸药厂（库）、花炮厂（库）、无窗厂房、地下建筑、炼油厂和石油化工厂的生产区
高层民用建筑设计防火规范 (GB50045—95) (以下简称“高规”，右栏建筑统称“高层建筑”)	(1) 适用于下列高层建筑及其裙房： 1) 十层及其以上的居住建筑（包括首层设置商业网点的住宅） 2) 建筑高度超过24m的公共建筑 (2) 不适用： 1) 单层主体建筑高度超过24m的体育馆、会堂、剧院等公共建筑 2) 高层建筑中的人防地下室 3) 高层工业建筑 (3) 注意：建筑高度超过250m的建筑，应提交国家消防主管部门组织专题研究讨论
村镇建筑设计防火规范（GBJ39—90） (以下简称“村规”)	(1) 适用于村镇的规划和生产与民用建筑工程设计 (2) 不适用于炸药、花炮厂（库）和本章4.2.3节1所列建筑
汽车库设计防火规范 (GBJ67—84) (以下简称“车规”)	(1) 适用于新建、扩建和改造的汽车库 (2) 不适用于消防站的车库、人民防空专用车库和农村社队在农村建造的汽车库
人民防空工程设计防火规范（GBJ98—87) (以下简称“防规”)	(1) 适用于供平时使用的下列用途的人防工程： 1) 商场、医院、旅馆、餐厅、展览厅、电影院、礼堂、旱冰场、体育场、舞厅、电子游艺场、图书资料库、档案库等 2) 按火灾危险性分类属于丙、丁、戊类的生产车间和物品库房等 (2) 不适用于地下铁道、公路隧道及剧场等

续表

建筑设计防火规范	适用范围[①]
自动喷水灭火系统设计规范（GBJ84—85） （以下简称“自喷规”）	（1）适用于建筑物、构筑物中设置的自动喷水灭火系统 （2）不适用于火药、炸药、弹药、火工品工厂等有特殊要求的建筑物、构筑物中设置的自动喷水灭火系统
水喷雾灭火系统设计规范（GB50129—95）	(1)适用于生产、储存装置或装卸设施的水喷雾灭火系统的设计，主要用于扑救固体火灾、闪点高于60℃的液体火灾和电气火灾。并可用于可燃气体和甲、乙、丙类液体的生产、储存装置或装卸设施的防护冷却 （2）不适用于： 1）运输工具或移动式水喷雾灭火装置的设计 2）不得用于扑救遇水发生化学反应造成燃烧、爆炸的火灾，以及水雾对保护对象造成严重破坏的火灾
低倍数泡沫灭火系统设计规范（GB50151—92）	（1）适用于加工、储存、装卸、使用甲（液化烃除外）、乙、丙类液体场所的泡沫灭火系统设计 （2）不适用于船舶、海上石油平台等的泡沫灭火系统设计
高倍数、中倍数泡沫灭火系统设计规范[②]	（1）可用于扑救下列火灾： 1）汽油、煤油、柴油、工业苯等B类火灾 2）木材、纸张、橡胶、纺织品等A类火灾 3）封闭的带电设备场所的火灾 4）控制液化石油气、液化天然气的流淌火灾 （2）不得用于扑救含有下列物质的火灾： 1)硝化纤维、炸药等无空气仍能迅速氧化的化学物质与强氧化剂 2）钾、钠、镁、钛等活泼金属 3）五氧化二磷等能与水起反应的化学物质 4）未封闭的带电设备
二氧化碳灭火系统设计规范（GB50—93）	（1）适用于生产，储存装置中设置的二氧化碳灭火系统的设计、主要用于扑救： 1）灭火前可切断气源的气体火灾 2）液体火灾或石蜡、沥青等可熔化的固体火灾 3）固体表面火灾及棉毛、织物、纸张等部分固体深位火灾 4）电气火灾等 （2）不适用于： 1）硝化纤维、火药等含氧化剂的化学制品火灾 2）钾、钠、镁、钛、锆等活泼金属火灾 3）氢化钾、氢化钠等金属氢化物火灾
建筑灭火器配置设计规范（GBJ140—90）	（1）适用于生产、使用和储存可燃物的工业与民用建筑工程 （2）不适用于生产、储存火药、炸药、弹药、火工品、花炮的厂（库）房，以及9层和9层以下的普通住宅

注：①适用范围均包括新建、扩建、改建的建筑物、构筑物。

②摘自“全国自动消防系统工程标准技术委员会”编“自动消防系统工程标准设计规范汇编”（一）中报批稿内容。

本章主要介绍低层建筑、高层建筑、村镇、人民防空工程和汽车库（区）等建筑常用的消火栓给水系统和自动喷水灭火系统的设计。气体、水喷雾和泡沫灭火系统的设计详见有关规范和资料。

4.2　建筑消防给水系统设置要求

4.2.1　低层建筑

1. 耐火等级和生产储存危险性分类

（1）建筑物的耐火等级分一级、二级、三级、四级。各建筑物、构筑物耐火等级应向建筑师查询。

（2）生产的火灾危险性分类见表4.2-1。生产的火灾危险性分类举例见表4.2-2。

生产的火灾危险性分类　　表4.2-1

生产类别	火灾危险性特征
甲	使用或产生下列物质的生产： 1. 闪点<28℃的液体 2. 爆炸下限<10%的气体 3. 常温下能自行分解或在空气中氧化即能导致迅速自燃或爆炸的物质 4. 常温下受到水或空气中水蒸汽的作用，能产生可燃气体并引起燃烧或爆炸的物质 5. 遇酸、受热、撞击、摩擦、催化以及遇有机物或硫磺等易燃的无机物，极易引起燃烧或爆炸的强氧化剂 6. 受撞击、摩擦或与氧化剂、有机物接触时能引起燃烧或爆炸的物质 7. 在密闭设备内操作温度等于或超过物质本身自燃点的生产
乙	使用或产生下列物质的生产： 1. 闪点≥28℃至<60℃的液体 2. 爆炸下限≥10%的气体 3. 不属于甲类的氧化剂 4. 不属于甲类的化学易燃危险固体 5. 助燃气体 6. 能与空气形成爆炸性混合物的浮游状态的粉尘、纤维、闪点≥60℃的液体雾滴
丙	使用或产生下列物质的生产： 1. 闪点≥60℃的液体 2. 可燃固体
丁	具有下列情况的生产： 1. 对非燃烧物质进行加工，并在高热或熔化状态下经常产生强辐射热、火花或火焰的生产 2. 利用气体、液体、固体作为燃料或将气体、液体进行燃烧作其它用的各种生产 3. 常温下使用或加工难燃烧物质的生产
戊	常温下使用或加工非燃烧物质的生产

注：1. 在生产过程中，如使用或产生易燃、可燃物质的量较少，不足以构成爆炸或火灾危险时，可以按实际情况确定其火灾危险性的类别。

2. 一座厂房内或防火分区内有不同性质的生产时，其分类应按火灾危险性较大的部分确定，但火灾危险性大的部分占本层或本防火分区面积的比例小于5%（丁、戊类生产厂房的油漆工段小于10%），且发生事故时不足以蔓延到其它部位，或采取防火措施能防止火灾蔓延时，可按火灾危险性较小的部分确定。
丁、戊类生产厂房的油漆工段，当采用封闭喷漆工艺时，封闭喷漆空间内保持负压、且油漆工段设置可燃气体浓度报警系统或自动抑爆系统时，油漆工段占其所在防火分区面积的比例不应超过20%。

3. 生产的火灾危险性分类举例见表4.2-2。

生产的火灾危险性分类举例 表 4.2-2

生产类别	举例
甲	1. 闪点＜28℃的油品和有机溶剂的提炼、回收或洗涤部位及其泵房，橡胶制品的涂胶和胶浆部位，二硫化碳的粗馏、精馏工段及其应用部位，青霉素提炼部位，原料药厂的非纳西汀车间的烃化、回收及电感精馏部位，皂素车间的抽提、结晶及过滤部位，冰片精制部位，农药厂乐果厂房，敌敌畏的合成厂房、磺化法糖精厂房，氯乙醇厂房，环氧乙烷、环氧丙烷工段，苯酚厂房的磺化、蒸馏部位，焦化厂吡啶工段，胶片厂片基厂房，汽油加铅室，甲醇、乙醇、丙酮、丁酮异丙醇、醋酸乙酯、苯等的合成或精制厂房，集成电路工厂的化学清洗间（使用闪点＜28℃的液体），植物油加工厂的浸出厂房 2. 乙炔站，氢气站，石油气体分馏（或分离）厂房，氯乙烯厂房，乙烯聚合厂房，天然气、石油伴生气、矿井气、水煤气或焦炉煤气的净化（如脱硫）厂房压缩机室及鼓风机室，液化石油气灌瓶间，丁二烯及其聚合厂房，醋酸乙烯厂房，电解水或电解食盐厂房，环己酮厂房，乙基苯和苯乙烯厂房，化肥厂的氢氮气压缩厂房，半导体材料厂使用氢气的拉晶间，硅烷热分解室 3. 硝化棉厂房及其应用部位，赛璐珞厂房，黄磷制备厂房及其应用部位，三乙基铝厂房，染化厂某些能自行分解的重氮化合物生产，甲胺厂房，丙烯腈厂房 4. 金属钠、钾加工厂房及其应用部位，聚乙烯厂房的一氯二乙基铝部位、三氯化磷厂房，多晶硅车间三氯氢硅部位，五氧化磷厂房 5. 氯酸钠、氯酸钾厂房及其应用部位，过氧化氢厂房，过氧化钠、过氧化钾厂房，次氯酸钙厂房 6. 赤磷制备厂房及其应用部位，五硫化二磷厂房及其应用部位 7. 洗涤剂厂房石蜡裂解部位，冰醋酸裂解厂房
乙	1. 闪点≥28℃至＜60℃的油品和有机溶剂的提炼、回收、洗涤部位及其泵房，松节油或松香蒸馏厂房及其应用部位，醋酸酐精馏厂房，己内酰胺厂房，甲酚厂房，氯丙醇厂房，樟脑油提取部位，环氧氯丙烷厂房，松针油精制部位，煤油灌桶间 2. 一氧化碳压缩机室及净化部位，发生炉煤气或鼓风炉煤气净化部位，氨压缩机房 3. 发烟硫酸或发烟硝酸浓缩部位，高锰酸钾厂房，重铬酸钠（红钒钠）厂房 4. 樟脑或松香提炼厂房，硫磺回收厂房，焦化厂精萘厂房 5. 氧气站，空分厂房 6. 铝粉或镁粉厂房，金属制品抛光部位，煤粉厂房、面粉厂的碾磨部位、活性炭制造及再生厂房，谷物筒仓工作塔，亚麻厂的除尘器和过滤器室
丙	1. 闪点≥60℃的油品和有机液体的提炼、回收工段及其抽送泵房，香料厂的松油醇部位和乙酸松油脂部位，苯甲酸厂房，苯乙酮厂房，焦化厂焦油厂房，甘油、桐油的制备厂房，油浸变压器室，机器油或变压油灌桶间，柴油灌桶间，润滑油再生部位，配电室（每台装油量＞60kg 的设备），沥青加工厂房，植物油加工厂的精炼部位 2. 煤、焦炭、油母页岩的筛分、转运工段和栈桥或储仓，木工厂房，竹、藤加工厂房，橡胶制品的压延、成型和硫化厂房，针织品厂房，纺织、印染、化纤生产的干燥部位，服装加工厂房，棉花加工和打包厂房，造纸厂备料、干燥厂房，印染厂成品厂房，麻纺厂粗加工厂房，谷物加工房，卷烟厂的切丝、卷制、包装厂房，印刷厂的印刷厂房，毛涤厂选毛厂房，电视机、收音机装配厂房，显像管厂装配工段烧枪间，磁带装配厂房，集成电路工厂的氧化扩散间、光刻间，泡沫塑料厂的发泡、成型、印片压花部位，饲料加工厂房
丁	1. 金属冶炼、锻造、铆焊、热轧、铸造、热处理厂房 2. 锅炉房，玻璃原料熔化厂房，灯丝烧拉部位，保温瓶胆厂房，陶磁制品的烘干、烧成厂房，蒸汽机车库，石灰焙烧厂房，电石炉部位，耐火材料烧成部位，转炉厂房，硫酸车间焙烧部位，电极锻烧工段配电室（每台装油量≤60kg 的设备） 3. 铝塑材料的加工厂房，酚醛泡沫塑料的加工厂房，印染厂的漂炼部位，化纤厂后加工润湿部位

续表

生产类别	举例
戊	制砖车间，石棉加工车间，卷扬机室，不燃液体的泵房和阀门室，不燃液体的净化处理工段，金属（镁合金除外）冷加工车间，电动车库，钙镁磷肥车间（焙烧炉除外），造纸厂或化学纤维厂的浆粕蒸煮工段，仪表、器械或车辆装配车间，氟里昂厂房，水泥厂的轮窑厂房，加气混凝土厂的材料准备、构件制作厂房

(3)储存物品的火灾危险性分类见表4.2-3。储存物品的火灾危险性分类举例见表4.2-4。

储存物品的火灾危险性分类 **表4.2-3**

储存物品类别	火灾危险性的特征
甲	1. 闪点<28℃的液体 2. 爆炸下限<10%的气体，以及受到水或空气中水蒸气的作用，能产生爆炸下限<10%气体的固体物质 3. 常温下能自行分解或在空气中氧化即能导致迅速自燃或爆炸的物质 4. 常温下受到水或空气中水蒸气的作用能产生可燃气体并引起燃烧或爆炸的物质 5. 遇酸、受热、撞击、摩擦以及遇有机物或硫磺等易燃的无机物，极易引起燃烧或爆炸的强氧化剂 6. 受撞击、摩擦或与氧化剂、有机物接触时能引起燃烧或爆炸的物质
乙	1. 闪点≥28℃至<60℃的液体 2. 爆炸下限≥10%的气体 3. 不属于甲类的氧化剂 4. 不属于甲类的化学易燃危险固体 5. 助燃气体 6. 常温下与空气接触能缓慢氧化，积热不散引起自燃的物品
丙	1. 闪点≥60℃的液体 2. 可燃固体
丁	难燃烧物品
戊	非燃烧物品

注：1. 储存物品的火灾危险性分类举例见表4.2-4。
2. 难燃物品、非燃物品的可燃包装重量超过物品本身重量1/4时，其火灾危险性应为丙类。

储存物品的火灾危险性分类举例 **表4.2-4**

储存物品类别	举例
甲	1. 己烷、戊烷，石脑油，环戊烷，二硫化碳，苯，甲苯，甲醇，乙醇，乙醚，蚁酸甲脂、醋酸甲脂、硝酸乙脂，汽油，丙酮，丙烯，乙醚，60度以上的白酒 2. 乙炔，氢，甲烷，乙烯，丙烯，丁二烯，环氧乙烷，水煤气，硫化氢，氯乙烯，液化石油气，电石，碳化铝 3. 硝化棉，硝化纤维胶片，喷漆棉，火胶棉，赛璐珞棉，黄磷 4. 金属钾，钠，锂，钙，锶，氢化锂，四氢化锂铝，氢化钠 5. 氯酸钾，氯酸钠，过氧化钾，过氧化钠，硝酸铵 6. 赤磷，五硫化磷，三硫化磷

续表

储存物品类别	举 例
乙	1. 煤油，松节油，丁烯醇，异戊醇，丁醚，醋酸丁脂，硝酸戊脂，乙酰丙酮，环己胺，溶剂油，冰醋酸，樟脑油，蚁酸 2. 氨气、液氯 3. 硝酸铜，铬酸，亚硝酸钾，重铬酸钠，铬酸钾，硝酸，硝酸汞，硝酸钴，发烟硫酸，漂白粉 4. 硫磺，镁粉，铝粉，赛璐珞板（片），樟脑，萘，生松香，硝化纤维漆布，硝化纤维色片 5. 氧气，氟气 6. 漆布及其制品，油布及其制品，油纸及其制品，油绸及其制品
丙	1. 动物油，植物油，沥青，蜡，润滑油，机油，重油，闪点≥60℃的柴油，糖醛，>50 度至<60 度的白酒 2. 化学、人造纤维及其织物，纸张，棉、毛、丝、麻及其织物，谷物，面粉，天然橡胶及其制品，竹、木及其制品，中药材，电视机、收录机等电子产品，计算机房已录数据的磁盘储存间，冷库中的鱼、肉间
丁	自熄性塑料及其制品，酚醛泡沫塑料及其制品，水泥刨花板
戊	钢材，铝材，玻璃及其制品，搪瓷制品，陶磁制品，不燃气体，玻璃棉，岩棉，陶磁棉，硅酸铝纤维，矿棉，石膏及其无纸制品，水泥，石，膨胀珍珠岩

2. 消防给水系统设置要求见表 4.2-5。

低层建筑消防给水系统设置要求 **表 4.2-5**

序号	建筑性质、房间名称和部位	消防给水系统①设置	备 注
1	室外	必须设室外消火栓②	“低规”8.1.1 条
2	(1) 厂房、库房、高度不超过 24m 的科研楼（存有与水接触能引起燃烧爆炸的物品除外） (2) 超过 800 个座位的剧院、电影院、俱乐部和超过 1200 个座位的礼堂、体育馆 (3) 体积超过 5000m³ 的车站、码头、机场建筑物以及展览馆、商店、病房楼、门诊楼、图书馆、书库等 (4) 超过七层的单元式住宅、超过六层的塔式住宅、通廊式住宅、底层设有商业网点的单元式住宅 (5) 超过五层或体积超过 10000m³ 的教学楼等其它民用建筑 (6) 国家级文物保护单位的重点砖木或木结构的古建筑	应设室内消火栓系统③	“低规”8.4.1 条
3	(1) 耐火等级为一、二级且可燃物较少的丁、戊类厂房和库房（高层工业建筑除外）；耐火等级为三、四级且建筑体积不超过 3000m³ 的丁类厂房和建筑体积不超过 5000m³ 的戊类厂房 (2) 室内没有生产、生活给水管道、室外消防用水取自储水池且建筑体积不超过 5000m³ 的建筑物	可不设室内消火栓系统	“低规”8.4.2 条
4	设有空气调节系统的旅馆、办公楼、以及超过 1500 个座位的剧院、会堂，其闷顶内安装有面灯部位的马道处	宜增设消防卷盘	“低规”8.6.2 条

续表

序号	建筑性质、房间名称和部位	消防给水系统①设置	备　注
5	(1) 等于或大于50000纱锭的棉纺厂的开包、清花车间；等于或大于5000锭的麻纺厂的分级、梳麻车间；服装、针织高层厂房；面积超过1500m²的木器厂房；火柴厂的烤梗、筛选部位；泡沫塑料厂的预发、成型、切片、压花部位 (2) 每座占地面积超过1000m²的棉、毛、丝、麻、化纤、毛皮及其制品库房；每座占地面积超过600m²的火柴库房；建筑面积超过500m²的可燃物品的地下库房；可燃、难燃物品的高架库房和高层库房（冷库、高层卷烟成品库房除外）；省级以上或藏书量超过100万册图书馆的书库 (3) 超过1500个座位的剧院观众厅、舞台上部（屋顶采用金属构件时）、化妆室、道具室、储藏室、贵宾室；超过2000个座位的会堂或礼堂的观众厅、舞台上部、储藏室、贵宾室；超过3000个座位的体育馆、观众厅的吊顶上部、贵宾室、器材间、运动员休息室 (4) 省级邮政楼的邮袋库 (5) 每层面积超过3000m²或建筑面积超过9000m²的百货商场、展览大厅 (6) 设有空气调节系统的旅馆和综合办公楼内的走道、办公室、餐厅、商店、库房和无楼层服务员的客房 (7) 飞机发动机试验台的准备部位 (8) 国家级文物保护单位的重点砖木或木结构建筑	应设闭式自动喷水灭火系统	“低规”8.7.1条
6	(1) 超过1500个座位的剧院和超过2000个座位的会堂、礼堂的舞台口，以及与舞台相连的侧台、后台的门窗洞口 (2) 应设防火墙等防火分隔物而无法设置的开口部位 (3) 防火卷帘或防火幕的上部	应设水幕灭火系统	“低规”8.7.2条
7	(1) 火柴厂的氯酸钾压碾厂房，建筑面积超过100m²生产、使用硝化棉、喷漆棉、火胶棉、赛璐珞胶片、硝化纤维的厂房 (2) 建筑面积超过60m²或储存量超过2t的硝化棉、喷漆棉、火胶棉、赛璐珞胶片、硝化纤维库房 (3) 日装瓶数量超过3000瓶的液化石油气储配站的灌瓶间、实瓶库 (4) 超过1500个座位的剧院和超过2000个座位的会堂舞台的葡萄架下部 (5) 建筑面积超过400m²的演播室，建筑面积超过500m²的电影摄影棚 (6) 乒乓球厂的轧坯、切片、磨球、分球检验部位	应设雨淋喷水灭火系统	“低规”8.7.3条
8	(1) 单台容量在40MVA及以上的厂矿企业可燃油油浸电力变压器、单台容量在90MVA及以上可燃油油浸电厂电力变压器或单台容量在125MVA及以上的独立变电所可燃油油浸电力变压器（缺水或严寒地区应采取其他固定灭火装置） (2) 飞机发动机试验台的试车部位	应设水喷雾灭火系统	“低规”8.7.4条

续表

序号	建筑性质、房间名称和部位	消防给水系统①设置	备注
9	(1) 省级或超过100万人口城市电视发射塔微波室 (2) 超过50万人口城市通讯机房 (3) 大中型电子计算机房或贵重设备室 (4) 省级或藏书量超过100万册的图书馆，以及中央、省、市级的文物资料的珍藏室 (5) 中央和省、市级的档案库的重要部位 (6) 设在室（洞）内的符合序8（1）的油浸电力变压器	应设 CO_2 或卤代烷灭火设备	"低规" 8.7.5条 8.7.4条
10	(1) 使用蒸汽的甲、乙类厂房和操作温度等于或超过本身自燃点的丙类液体厂房 (2) 单台锅炉蒸发量超过2t/h的燃油、燃汽锅炉房 (3) 火柴厂的火柴生产联合机部位 (4) 有条件并适用蒸气灭火系统设置的场所	宜设蒸汽灭火设备	"低规" 8.7.6条

① 除本表所列消防给水系统装置外，还均应按"建筑灭火器配置设计规范"设置灭火器。
② 耐火等级不低于二级，且体积不超过3000m³的戊类厂房或居住区人数不超过500人，且建筑物不超过二层的居住小区，可不设消防给水。
③ 在一座一、二级耐火等级的厂房，如有生产性质不同的部位时，可根据各部位的特点确定设置或不设置室内消防给水。

4.2.2 高层建筑

1. 建筑分类和耐火等级见表4.2-6。

高层建筑分类和耐火等级 **表4.2-6**

名称	一类	二类
居住建筑	高级住宅① 十九层及十九层以上的普通住宅	十层至十八层的普通住宅
公共建筑	1. 医院 2. 高级旅馆② 3. 建筑高度超过50m或每层建筑面积超过1000m²的商业楼、展览楼、综合楼③、电信楼、财贸金融楼 4. 建筑高度超过50m或每层建筑面积超过1500m²的商住楼④ 5. 中央级和省级（含计划单列市）广播电视楼 6. 网局级⑤和省级（含计划单列市）电力调度楼 7. 省级（含计划单列市）邮政楼、防灾指挥调度楼 8. 藏书超过100万册的图书馆、书库 9. 重要的办公楼、科研楼、档案楼⑥ 10. 建筑高度超过50m的教学楼和普通的旅馆、办公楼、科研楼、档案楼等	1. 除一类建筑以外的商业楼、展览楼、综合楼、电信楼、财贸金融楼、商住楼、图书馆、书库 2. 省级以下的邮政楼、防灾指挥调度楼、广播电视楼、电力调度楼 3. 建筑高度不超过50m的教学楼和普通的旅馆、办公楼、科研楼、档案楼等
耐火等级	应为一级	不应低于二级
	裙房 不应低于二级	
	地下室 应为一级	

① 高级住宅：建筑装修标准高和设有空气调节系统的住宅。
② 高级旅馆：具备星级条件的且设有空气调节系统的旅馆。
③ 综合楼：由二种及二种以上用途的楼层组成的公共建筑。
④ 商住楼：底部商业营业厅与住宅组成的高层建筑。
⑤ 网局级电力调度楼：可调度若干个省（区）电力业务的工作楼。
⑥ 重要的办公楼、科研楼、档案楼：性质重要，建筑装修标准高，设备、资料贵重，火灾危险性大、发生火灾后损失大、影响大的办公楼、科研楼、档案楼。

2. 消防给水系统设置要求见表4.2-7。

高层建筑消防给水系统设置要求　　**表4.2-7**

序号	建筑性质、房间名称和部位	消防给水系统①设置要求	备注
1	高层建筑室内、室外	必须设消火栓给水系统	"高规"7.1.1条
2	高级旅馆、重要的办公楼、一类建筑的商业楼、展览楼、综合楼等和建筑高度超过100m的其它高层建筑	除设消火栓给水系统外，还应设消防卷盘，消防卷盘用水量可不计入消防用水总量	"高规"7.2.4条
3	(1) 建筑高度超过100m的高层建筑，除面积小于5.00m² 的卫生间、厕所和不宜用水扑救的部位外 (2) 建筑高度不超过100m的一类高层建筑及其裙房②的下列部位 除普通住宅和高层建筑中不宜用水扑救的部位外 公共活动用房、观众厅、会议厅、多功能厅等 走道、办公室、旅馆的客房 可燃物品库房； 高级住宅的居住用房； 自动扶梯底部和垃圾道顶部 (3) 二类高层建筑中的商业营业厅、展览厅等公共活动用房和建筑面积超过200m² 的可燃物品库房 (4) 高层建筑中经常有人停留或可燃物较多的地下室房间 (5) 代替防火墙的防火卷帘的两侧（其喷头间距不应小于2.0m）③ (6) 屋顶和中庭采用金属承重结构需保护时④	应设闭式自动喷水灭火系统	"高规"7.6条、4.1.5条 "高规"5.4.4条 5.5.1条 5.5.2条
4	超过800个座位的剧院、礼堂的舞台口	宜设防火幕或水幕分隔	"高规"7.6.5条
5	高层建筑内的可燃油油浸电力变压器室，充可燃油的高压电容器和多油开关室等	应设气体或水喷雾等自动灭火系统	"高规"7.6.6条
6	(1) 大、中型电子计算机房 (2) 珍藏库 (3) 自备发电机房、储油间、燃油锅炉房⑤ (4) 贵重设备室	应设 CO_2 等气体自动灭火系统	"高规"7.6.7条 4.1.2条

① 除表中所列给水设置外，还均应按"建筑灭火器配置设计规范"设置灭火器。
② 裙房：与高层建筑相连的高度不超过24m的附属建筑。
③ 防火卷帘的耐火极限符合"高规"第3.0.2条防火墙耐火极限的判定条件者除外。
④ 金属构件采用外包不燃烧材料或喷涂防火涂料等措施，满足屋顶：一级耐火等级1.5h；二级耐火等级1.0h。和中庭耐火等级1.0h者除外。
⑤ 高规对"储油间"和"燃油锅炉房"只规定应设自动灭火系统（见高规4.1.2和4.1.3条），未指何种自动灭火系统，此处参照自备发电机房而归属。在低规8.7.6条提出宜用蒸汽灭火系统。本手册建议也可采用轻水泡沫自动喷水灭火系统，设计时请与消防主管部门商定。

4.2.3 村镇建筑

1. 村镇的下列建筑应按"建筑设计防火规范"（见本章4.2.1节）要求设计。

（1）层数和一栋占地面积超过表4.2-8规定的生产建筑：

厂（库）房的耐火等级、允许层数和允许占地面积 表4.2-8

火灾危险性分类	耐火等级	允许层数	一栋建筑的允许占地面积（m^2）
甲、乙	一、二级	2	200
丙	一、二级	3	1000
	三级	2	500
丁、戊	一、二级	5	不限
	三级	3	1000
	四级	1	500

注：1. 甲、乙类厂房和乙类库房宜采用单层建筑；甲类库房应采用单层建筑。

2. 单层乙类库房，占地面积不超过150m^2时，可采用三级耐火等级的建筑。

3. 火灾危险分类，见表4.2-1～4.2-4。

（2）超过5层的民用建筑；

（3）超过800个座位的影剧院、礼堂等人员密集的公共建筑。

2. 村镇建筑（包括一般村镇及其工厂、仓库、易燃、可燃材料堆场等）消防给水设置要求见表4.2-9。

村镇建筑消防给水系统设置要求 表4.2-9

序号	水源条件	消防给水系统设置要求①	备注
1	村镇规划时应同时规划消防给水		村规6.0.1条
2	无给水管网的村镇	应充分利用天然水源，并有通往水源的消防车道和可靠的取水设施	村规6.0.2条
3	设有给水管网的村镇	宜设室外消火栓系统；管网末端最小管径不应小于100mm	村规6.0.3条
4	无天然水源或给水管网不能满足消防用水时	宜设置消防贮水池，严冷地区应有防冻措施	村规6.0.3条
5	缺水地区	应从实际出发，因地制宜、就地取材采用多种灭火设施	村规6.0.9条

① 村镇工厂、仓库、易燃、可燃材料堆场等均应按"建筑灭火器配置设计规范"设置灭火器。

4.2.4 汽车库（区）

1. 汽车库（区）防火分类见表4.2-10（车规2.0.1条）。

停车库、修车库、停车场的防火分类 表4.2-10

名称 \ 数量 \ 类别	Ⅰ	Ⅱ	Ⅲ	Ⅳ
停车库	>200辆	101～200辆	26～100辆	≤25辆
修车库	>15车位	6～15车位	3～5车位	≤2车位
停车场	>300辆	201～300辆	101～200辆	≤100辆

注：1. 建筑物内同时设有停车库和修车库时，其车库的防火分类应按其中类别较高的确定。

2. 屋顶停车场的防火分类应按停车库的类别确定。

2. 汽车库（区）消防给水系统设置要求见表4.2-11。

汽车库（区）消防给水系统设置要求　　表4.2-11

序号	车库性质、规模和部位	消防给水系统①设置要求	备注
1	库（区），（包括停车库、修车库、停车场）	应设室外消火栓给水系统②	“车规”6.1.1条
2	停车库、修车库室内	应设室内消火栓给水系统③	“车规”6.1.6条
3	Ⅰ、Ⅱ、Ⅲ类地下停车库、多层停车库、底层停车库	应设闭式自动喷水灭火系统④	“车规”6.1.11条
4	非敞开的多层停车库、地下停车库的停车区与汽车坡道的出入口设置的防火卷帘门耐火极限低于1.20h时	应设水幕保护卷帘门⑤	“车规”4.3.2条
5	Ⅰ、Ⅱ类地下停车库	每层宜设移动式空气泡沫管枪等灭火设备	“车规”6.2.2条

注：① 除本表所列给水设置外，还均应按“建筑灭火器配置设计规范”设置灭火器。
② 耐火等级为一、二级，且停车不超过5辆的停车库可不设。
③ 耐火等级为一、二级的Ⅳ类停车库可不设。
④ 设有固定泡沫灭火设备者，可以代替自动喷水灭火系统。
⑤ 设有自动喷水灭火系统的多层停车库和敞开的多层停车库可不设。

4.2.5 人民防空工程

人民防空工程消防给水系统设置要求见表4.2-12。

人防工程消防给水系统设置要求　　表4.2-12

序号	建筑性质、房间名称和部位	消防给水系统①设置要求	备注
1	1. 使用面积超过300m²的商场、医院、旅馆、展览厅、旱冰场、体育场、舞厅、电子游艺场等 2. 使用面积超过450m²的餐厅、丙类和丁类生产车间、丙类和丁类物品库房 3. 电影院、礼堂 4. 消防电梯间前室	应设室内消火栓系统	“防规”第6.1.1条
2	1. 使用面积超过1000m²的商场、医院、旅馆、餐厅、展览厅、旱冰场、体育场、舞厅、电子游艺场、丙类生产车间、丙类和丁类物品库房等 2. 超过800个座位的电影院、礼堂的观众厅，且吊顶下表面至观众席地面高度不超过8m时；舞台面积超过200m²时 3. 代替防火墙的防火卷帘的上部	应设自动喷水灭火系统	“防规”第6.1.2条
3	柴油发电机室、油浸变压器室、大中型电子计算机房、通讯机房、图书、资料、档案库等	宜设CO_2气体或卤代烷等灭火设备	“防规”第6.1.3条
4	室外	不设消防给水，但应设供接合器使用的室外消火栓，个数同接合器②	防规说明6.3.3和6.5.2条

注：① 除本表所列给水设置外，还均应按“建筑灭火器配置设计规范”设置灭火器。
② 本条与其它“规范”规定的室外消火栓个数确定原则有矛盾，设计时最好与当地消防部门商讨确定。

4.3 消防用水和消防时用水量

4.3.1 消防用水量

一、概述

1. 本章所述的消防用水量是各规范规定的水量，也是指满足消防灭火要求的最低设计水量。

2. 建、构筑物的消防用水包括室内和室外两部分，每部分用水又有消防用水量（L/s）和一次消防用水总量（m^3/次）两个概念。前者是确定消防设施供水能力和规模的主要依据，后者只是满足设定的火灾延续时间（即灭火工作时间）段内的一次消防总用水量，它是确定贮存消防用水量（当需要设水池时）的依据。

3. 建、构筑物的消防用水量计算见图 4.3-1。

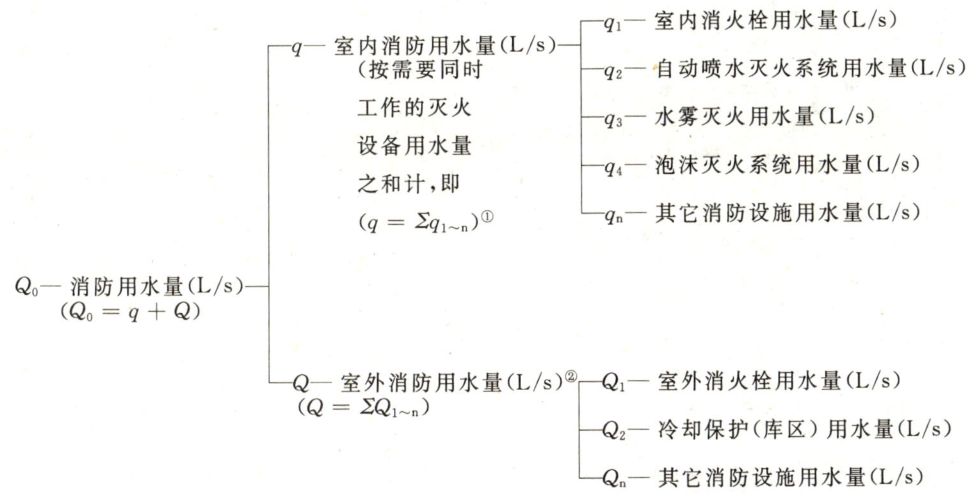

图 4.3-1 建、构筑物的消防用水量

注：① 舞台上闭式自动喷水灭火设备与雨淋喷水灭火设备用水量可不按同时开启计算，但应按其中用水量较大者确定（低规 8.5.4 条）。

② 低层建筑（含各类库区、汽车库（区）等），当一个单位内设有泡沫，带架水枪、自动喷水及其它消防用水设备时，其消防用水量，应为这些设备所需的全部用水量加上表 4.3-5 规定的室外消火栓用水量的 50%计，并不应小于表 4.3-5 的规定（低规 8.2.2 条）。

4. 建、构筑物的一次消防用水总量应为各灭火设施的消防用水量和火灾延续时间的乘积的叠加。各类建、构筑物的火灾延续时间见表 4.3-1。

【例】 某建筑高度 98m 的办公楼的消防用水量计算举例见表 4.3-2。表中自动喷水灭火系统按中危险级，水幕保护长度为 6m 计。

二、各类建筑的消防用水量

（一）低层建筑消防用水量

1. 室外消防用水量

（1）城镇、居住区室外消防用水量不应小于表 4.3-3 规定（低规 8.2.1 条）。

火 灾 延 续 时 间　　表 4.3-1

	建 筑 类 型	火灾延续时间(h) 不小于	备 注
低层建筑	居住区、工厂、丁、戊类仓库	2	低规 8.3.4 条
	甲、乙、丙类物品仓库、可燃气体储罐和煤、焦炭露天堆场	3	
	易燃、可燃材料露天、半露天堆场(不包括煤、焦炭露天堆场)	6	
	甲、乙、丙类液体储罐: (1)浮顶罐、地下和半地下固定顶立式罐、覆土贮罐和直径不超过 20m 地上固定顶立式罐	4	低规 8.2.6 条
	(2)直径>20m 的地上固定顶立式罐	6	
	液化石油气储罐	6	低规 8.2.7 条
高层建筑	商业楼、展览楼、综合楼、一类建筑的财贸金融楼、图书馆、书库,重要的档案楼、科研楼和高级旅馆	3	高规 7.3.3 条
	其它高层建筑	2	
村镇建筑	甲、乙、丙类液体储罐和易燃、可燃材料堆场	4	村规 6.0.6 条
	其它建筑	2	
汽车库		2	车规 6.1.12 条
人防工程	室内消防水池(但最小容量$\nless 36m^3$)	1	防规 6.4.2 条
自动喷水,水喷雾	凡需设喷水的所有建筑物	1	低规 8.3.4 条 高规 7.3.3 条
泡沫供应系统		0.5	低规说明 8.2.5 条

某办公楼的消防用水量计算(例)　　表 4.3-2

灭火系统名称	消防用水量(L/s)		火灾延续时间(h)	一次消防用水总量(m^3/次)	
	室 内	室 外		室 内	室 外
消火栓系统	40	30	2	40×2×3.6=288	30×2×3.6=216
自动喷水系统	26	—	1	26×1×3.6=93.6	—
水 幕	3	—	1	3×1×3.6=10.8	—
合 计	69	30	—	392.4	216
总 计	99			608.4	

注:表中各项消防用水量见本节以下有关内容。

(2)工厂、仓库和民用建筑的室外消防用水量,应按同一时间内的火灾次数和一次灭火用水量确定(低规 8.2.2 条)。

1)工厂、仓库和民用建筑在同一时间内的火灾次数不应小于表 4.3-4 的规定;

2)建筑物的室外消火栓用水量,不应小于表 4.3-5 的规定;

(3)易燃、可燃材料露天、半露天堆场,可燃气体储罐或储罐区的室外消火栓用水量,不应小于表 4.3-6 的规定(低规 8.2.3 条)。

城镇、居住区室外消防用水量

表 4.3-3

人数（万人）	同一时间内的火灾次数（次）	一次灭火用水量（L/s）
≤1.0	1	10
≤2.5	1	15
≤5.0	2	25
≤10.0	2	35
≤20.0	2	45
≤30.0	2	55
≤40.0	2	65
≤50.0	3	75
≤60.0	3	85
≤70.0	3	90
≤80.0	3	95
≤100	3	100

注：城镇的室外消防用水量应包括居住区、工厂、仓库（含堆场、储罐）和民用建筑的室外消火栓用水量。当工厂、仓库和民用建筑的室外消火栓用水量按表4.3-5计算，其值与按本表计算不一致时，应取其较大值。

同一时间内的火灾次数 表 4.3-4

名称	基地面积（ha）	附有居住区人数（万人）	同一时间内的火灾次数	备注
工厂	≤100	≤1.5	1	按需水量最大的一座建筑物（或堆场、储罐）计算
		＞1.5	2	工厂、居住区各一次
	＞100	不限	2	按需水量最大的两座建筑物（或堆场、储罐）计算
仓库民用建筑	不限	不限	1	按需水量最大的一座建筑物（或堆场、储罐）计算

注：采矿、选矿等工业企业、如各分散基地有单独的消防给水系统时，可分别计算。

低层建筑室外消火栓用水量 表 4.3-5

耐火等级	建筑物名称及类别		一次灭火用水量（L/s）／建筑物体积（m^3） ≤1500	1501～3000	3001～5000	5001～20000	20001～50000	＞50000
一、二级	厂房	甲、乙	10	15	20	25	30	35
		丙	10	15	20	25	30	40
		丁、戊	10	10	10	15	15	20
	库房	甲、乙	15	15	25	25	—	—
		丙	15	15	25	25	35	45
		丁、戊	10	10	10	15	15	20
	民用建筑		10	15	15	20	25	30
三级	厂房或库房	乙、丙	15	20	30	40	45	—
		丁、戊	10	10	15	20	25	35
	民用建筑		10	15	20	25	30	—
四级	丁、戊类厂房或库房		10	15	20	25	—	—
	民用建筑		10	15	20	25	—	—

注：1. 室外消火栓用水量应按消防需水量最大的一座建筑物或一个防火分区计算。成组布置的建筑物应按消防需水量较大的相邻两座计算。

2. 火车站、码头和机场的中转库房，其室外消火栓用水量应按相应耐火等级的丙类物品库房确定。

3. 国家级文物保护单位的重点砖木、木结构的建筑物室外消防用水量，按三级耐火等级民用建筑物消防用水量确定。

（4）当可燃油油浸电力变压器需设水喷雾灭火系统保护时，其灭火用水量应按现行的国家标准《水喷雾灭火系统设计规范》经计算确定（低规 8.2.4 条）。

(5) 甲、乙、丙类液体储罐区的消防用水量，应按灭火用水量和冷却用水量之和计算(低规 8.2.5 条)。

堆场、储罐的室外消火栓用水量 **表 4.3-6**

名称		总储量或总容量	消防用水量 (L/s)
粮食 (t)	圆筒仓土圆囤	30～500	15
		501～5000	25
		5001～20000	40
		20001～40000	45
	席茓囤	30～500	20
		501～5000	35
		5001～20000	50
棉、麻、毛、化纤百货 (t)		10～500	20
		501～1000	35
		1001～5000	50
稻草、麦秸、芦苇等易燃材料 (t)		50～500	20
		501～5000	35
		5001～10000	50
		10001～20000	60
木材等可燃材料 (m^3)		50～1000	20
		1001～5000	30
		5001～10000	45
		10001～25000	55
煤和焦炭 (t)		100～5000	15
		＞5000	20
可燃气体储罐或储罐区 (m^3)	湿式	501～10000	20
		10001～50000	25
		＞50000	30
		≤10000	20
		10001～50000	30
		＞50000	40

1)灭火用水量应按罐区内最大罐配置泡沫的用水量和泡沫管枪配置泡沫的用水量之和确定，并应按现行的国家标准《低倍数泡沫灭火系统设计规范》有关规定计算。

2) 储罐区的冷却用水量，应按一次灭火最大需水量计算。距着火罐罐壁 1.50 倍直径范围内的相邻储罐应进行冷却，其冷却水的供应范围和供给强度不应小于表 4.3-7 的规定。

3) 覆土保护的地下油罐应设有冷却用水。冷却用水量应按最大着火罐罐顶的表面积(卧式罐按投影面积) 计算，其供给强度不应小于 0.10L/ (s·m^2)。当计算出来的水量小于 15L/s 时，仍应采用 15L/s。

冷却水的供给范围和供给强度　　**表 4.3-7**

<table>
<tr><th>设备类型</th><th colspan="3">储　罐　名　称</th><th>供　给　范　围</th><th>供　给　强　度</th></tr>
<tr><td rowspan="8">移动式水枪</td><td rowspan="4">着火罐</td><td colspan="2">固定顶立式罐（包括保温罐）</td><td>罐周长</td><td>0.60L/（s·m）</td></tr>
<tr><td colspan="2">浮顶罐（包括保温罐）</td><td>罐周长</td><td>0.45L/（s·m）</td></tr>
<tr><td colspan="2">卧式罐</td><td>罐表面积</td><td>0.10L/（s·m）</td></tr>
<tr><td colspan="2">地下立式罐、半地下和地下卧式罐</td><td>无覆土的表面积</td><td>0.10L/（s·m）</td></tr>
<tr><td rowspan="4">相邻罐</td><td rowspan="2">固定顶立式罐</td><td>非保温罐</td><td rowspan="2">罐周长的一半</td><td>0.35L/（s·m）</td></tr>
<tr><td>保　温　罐</td><td>0.20L/（s·m）</td></tr>
<tr><td colspan="2">卧式罐</td><td>罐表面积的一半</td><td>0.10L/（s·m）</td></tr>
<tr><td colspan="2">半地下、地下罐</td><td>无覆土罐表面积的一半</td><td>0.10L/（s·m）</td></tr>
<tr><td rowspan="4">固定式设备</td><td rowspan="2">着火罐</td><td colspan="2">立式罐</td><td>罐周长</td><td>0.50L/（s·m）</td></tr>
<tr><td colspan="2">卧式罐</td><td>罐表面积</td><td>0.10L/（s·m）</td></tr>
<tr><td rowspan="2">相邻罐</td><td colspan="2">立式罐</td><td>罐周长的一半</td><td>0.50L/（s·m）</td></tr>
<tr><td colspan="2">卧式罐</td><td>罐表面积的一半</td><td>0.10L/（s·m）</td></tr>
</table>

注：1. 冷却水的供给强度，还应根据实地灭火战术所使用的消防设备进行校核。

2. 当相邻罐采用不燃烧材料进行保温时，其冷却水供给强度可按本表减少 50%。

3. 储罐可采用移动式水枪或固定式设备进行冷却。当采用移动式水枪进行冷却时，无覆土保护的卧式罐、地下掩蔽室内立式罐的消防用水量，如计算出的水量小于 15L/s 时，仍应采用 15L/s。

4. 地上储罐的高度超过 15m 时，宜采用固定式冷却水设备。

5. 当相邻储罐超过 4 个时，冷却用水量可按 4 个计算。

（6）液化石油气储罐区消防用水量应按储罐固定冷却设备用水量和水枪用水量之和计算，其设计应符合下列要求（低规 8.2.7 条）：

1）总容积超过 50m^3 的储罐区和单罐容积超过 20m^3 的储罐应设置固定喷淋装置。喷淋装置的供水强度不应小于 0.15L/(s·m^2)，着火储罐的保护面积按其全表面积计算；距着火罐直径(卧式罐按罐直径和长度之和的一半)1.5 倍范围内的相邻储罐按其表面积的一半计算。

水 枪 用 水 量　　**表 4.3-8**

总容积（m^3）	<500	501～2500	>2500
单罐容积（m^3）	≤100	≤400	>400
水枪用水量（L/s）	20	30	45

注：1. 水枪用水量应按本表总容积和单罐容积较大者确定。

2. 总容积<50m^3 或单罐容积≤20m^3 的储罐区或储罐，可单独设备固定喷淋装置或移动式水枪。其消防用水量应按水枪用水量计算。

2）水枪用水量，不应小于表 4.3-8 的规定。

2. 室内消防用水量

（1）室内消火栓用水量应根据同时使用水枪数量和充实水柱长度，由计算确定，但不应小于表 4.3-9 的规定（低规 8.5.2 条和 8.6.2 条）。

低层建筑室内消火栓用水量和水枪充实水柱　　**表 4.3-9**

建筑物名称	高度、层数、体积或座位数	消火栓用水量（L/s）	同时使用水枪数量（支）	每支水枪最小流量（L/s）	每根竖管最小流量（L/s）	水枪充实水柱不应小于（m）
厂　房	高度≤24m、体积≤10000m^3	5	2	2.5	5	（1）一般 7
	高度≤24m、体积>10000m^3	10	2	5	10	（2）甲、乙类厂房和
	高度>24m 至 50m	25	5	5	15	>4 层的厂房 10
	高度>50m	30	6	5	15	(3)高层工业建筑 13

续表

建筑物名称	高度、层数、体积或座位数	消火栓用水量（L/s）	同时使用水枪数量（支）	每支水枪最小流量（L/s）	每根竖管最小流量（L/s）	水枪充实水柱不应小于（m）
科研楼、试验楼	高度≤24m、体积≤10000m³ 高度≤24m、体积>10000m³	10 15	2 3	5 5	10 10	(1) 一般7 (2) >6层为10
库　房	高度≤24、体积≤5000m³ 高度≤24m、体积>5000m³ 高度>24m至50m 高度>50m	5 10 30 40	1 2 6 8	5 5 5 5	5 10 15 15	(1) 一般10 (2) 高架库房13
车站、码头、机场建筑物和展览馆等	5001～25000m³ 25001～50000m³ >50000m³	10 15 20	2 3 4	5 5 5	10 10 15	(1) 一般7 (2) >6层为10
商店、病房楼、教学楼等	5001～10000m³ 10001～25000m³ >25000m³	5 10 15	2 2 3	2.5 5 5	5 10 10	(1) 一般7 (2) >6层为10
剧院、电影院、俱乐部、礼堂、体育馆等	801～1200个 1201～5000个 5001～10000个 >10000个	10 15 20 30	2 3 4 6	5 5 5 5	10 10 15 15	(1) 一般7 (2) >6层为10
住　宅	7～9层	5	2	2.5	5	10
其他建筑	≥6层或体积≥10000m³	15	3	5	10	一般7，>6层为10
国家级文物保护单位的重点砖木，木结构的古建筑	体积≤10000m³ 体积>10000m³	20 25	4 5	5 5	10 15	(1) 一般7 (2) >6层为10

注：1. 丁、戊类高层工业建筑室内消火栓的用水量可按本表减少10L/s，同时使用水枪数量可按本表减少2支。
2. 增设消防水喉设备，可不计入消防用水量。

(2) 室内油浸电力变压器水喷雾灭火设备的用水量同本章4.3.1节二、(一) 1、(4)（低规8.5.3条）。

(3) 自动喷水灭火设备的用水量见本章4.8节和表4.8-30。舞台上闭式自动喷水灭火设备和雨淋喷水灭火设备的用水量计算要求见图4.3-1注（低规8.5.4条）。

(二) 高层建筑消防用水量

1. 室内、外消火栓给水系统的用水量不应小于表4.3-10的规定（高规7.2.2条和7.4.6.2条）。

高层建筑消火栓用水量和水枪充实水柱　　表4.3-10

高层建筑类别	建筑高度（m）	消火栓用水量（L/s）		每根竖管最小流量（L/s）	每支水枪最小	
		室　外	室　内		流量（L/s）	充实水柱（mH_2O）
普通住宅	≤50	15	10	10	5	建筑高度：≤100m为10；>100m为13
	>50	15	20	10	5	

续表

<table>
<tr><th rowspan="3">高 层 建 筑 类 别</th><th rowspan="3">建筑高度
(m)</th><th colspan="2">消火栓用水量
(L/s)</th><th rowspan="3">每根竖管
最小流量
(L/s)</th><th colspan="2">每支水枪最小</th></tr>
<tr><th rowspan="2">室 外</th><th rowspan="2">室 内</th><th rowspan="2">流量
(L/s)</th><th rowspan="2">充实水柱
(mH_2O)</th></tr>
<tr></tr>
<tr><td rowspan="2">1. 高级住宅
2. 医院
3. 二类建筑的商业楼、展览楼、综合楼、财贸金融楼、电信楼、商住楼、图书馆、书库
4. 省级以下的邮政楼、防灾指挥调度楼、广播电视楼、电力调度楼
5. 建筑高度不超过50m的教学楼和普通的旅馆、办公楼、科研楼、档案楼等</td><td>≤50</td><td>20</td><td>20</td><td>10</td><td>5</td><td rowspan="4">建筑高度：≤100m为10；>100m为13</td></tr>
<tr><td>>50</td><td>20</td><td>30</td><td>15</td><td>5</td></tr>
<tr><td rowspan="2">1. 高级旅馆
2. 建筑高度超过50m或每层建筑面积超过1000m² 的商业楼、展览楼、综合楼、财贸金融楼、电信楼
3. 建筑高度超过50m或每层建筑面积超过1500m² 的商住楼
4. 中央和省级（含计划单列市）广播电视楼
5. 网局级和省级（含计划单列市）电力调度楼
6. 省级（含计划单列市）邮政楼、防灾指挥调度楼
7. 藏书超过100万册的图书馆、书库
8. 重要的办公楼、科研楼、档案楼
9. 建筑高度超过50m的教学楼和普通的旅馆、办公楼、科研楼、档案楼等</td><td>≤50</td><td>30</td><td>30</td><td>15</td><td>5</td></tr>
<tr><td>>50</td><td>30</td><td>40</td><td>15</td><td>5</td></tr>
</table>

注：1. 建筑高度不超过50m，室内消火栓用水量>20L/s，且设有自动喷水灭火系统的建筑物，其室内、外消防用水量可按本表减少5L/s。

2. 室内增设有消防卷盘时，消防卷盘的用水量可不计入消防用水量内。

2. 自动喷水灭火系统用水量见本章4.8节和表4.8-30。

（三）村镇建筑消防用水量

1. 村镇建筑符合本章4.2.3节1规定的建筑应按“建筑设计防火规范”要求设计，其消防用水量计算见本章4.3.1节二、（一），其它建筑一般不设室内消防给水。室外消防用水应按需水量最大的一座建筑物计算，且不宜小于表4.3-11的规定（村规6.0.4条）。

2. 易燃、可燃材料堆场的室外消防用水量不宜小于表4.3-12的规定（村规6.0.5条）。

（四）汽车库（区）消防用水量

室内、外消火栓用水量不应小于表4.3-13的规定。

村镇建筑室外消防用水量　表 4.3-11

耐火等级	建筑物名称及类别 \ 一次灭火用水量（L/s）		建筑物体积（m³） ≤1500	1501～3000	3001～5000	>5000
一、二级	厂房	甲、乙	10	15	20	25
		丙	10	15	20	25
		丁、戊	10	10	10	15
	库房	甲、乙	15	15	25	—
		丙	15	15	25	25
		丁、戊	10	10	10	15
	民用建筑		10	15	15	20
三级	厂房或库房	乙、丙	15	20	30	40
		丁、戊	10	10	15	20
	民用建筑		10	15	20	25
四级	丁、戊类厂房或库房		10	15	20	—
	民用建筑		10	15	20	—

村镇易燃、可燃材料堆场的室外消防用水量　表 4.3-12

堆场名称	一个堆场总储量	消防用水量（L/s）
粮食土圆仓、席茓囤	30～500（t）	20
	501～5000（t）	25
棉、麻、毛、化纤、百货等	10～100（t）	20
	101～500（t）	35
稻草、麦秸、芦苇等	50～500（t）	20
	501～5000（t）	35
木材等	50～500（m³）	20
	501～5000（m³）	35

汽车库（区）消防用水量和水枪充实水柱　表 4.3-13

序号	消防系统	停车库、修车库、停车场防火分类	消防用水量（L/s）	每支水枪最少 流量（L/s）	每支水枪最少 充实水柱（m）
1	室外消火栓系统（车规 6.1.3 条）	Ⅰ、Ⅱ类停车库、修车库、停车场	20		
		Ⅲ类	15		
		Ⅳ类	10		
2	室内消火栓系统（车规 6.1.6 条）	Ⅰ、Ⅱ、Ⅲ类停车库	10	5	10
		Ⅰ、Ⅱ类修车库	10	5	10
		Ⅳ类停车库①、Ⅲ、Ⅳ类修车库	5	5	10
3	自动喷水灭火系统②（车规 6.1.11 条）	Ⅰ、Ⅱ、Ⅲ类地下停车库、多层停车库和低层停车库			
		单排停车	≮10		
		双排停车	≮30		

续表

序号	消防系统	停车库、修车库、停车场防火分类	消防用水量 (L/s)	每支水枪最少	
				流量 (L/s)	充实水柱 (m)
4	移动式空气泡沫管枪（车规 6.2.2 条）	Ⅰ、Ⅱ类地下停车库，每层宜设移动式空气泡沫管枪 2 支，泡沫液贮量不应少于灭火用量的 2 倍。灭火时间不少于 20 分钟。泡沫管枪和泡沫液应集中存放在便于取用地点。室内消火栓的压力应能满足移动式空气泡沫管枪所需压力			

注 ①耐火等级为一、二级的Ⅳ类停车库，可不设室内消防给水（车规 6.1.6 条注）；
②本表所列用水量是“汽车库设计防火规范”规定值，如喷头总数少于 30 个，经计算消防用水量少于 30L/s 时，可按实际用水量采用；若设置固定泡沫灭火设备时，可以代替自动喷水灭火设备。

（五）人民防空工程消防用水量

1. 人防工程室外不考虑消防用水量，但应设供消防水泵接合器使用的室外消火栓，室外消火栓个数同接合器（防规说明 6.3.3 条和 6.5.2 条）。

2. 人防工程室内消防用水量不应小于表 4.3-14 的规定（防规 6.3.1 条）。

人防工程室内消火栓用水量和水枪充实水柱　　表 4.3-14

工程名称	体积或座位数	消防用水量 (L/s)	同时使用水枪数（支）	每支水枪最小	
				流量 (L/s)	充实水柱 (m)
百货商场、医院、旅馆、展览厅、旱冰场、体育场、舞厅、电子游艺场等	≤1500m³	2.5	1	2.5	10
	＞1500m³	5.0	2	2.5	10
丙、丁类生产车间	≤2500m³	2.5	1	2.5	10
	＞2500m³	5.0	2	2.5	10
丙、丁、戊类物品库房	≤3000m³	5.0	2	2.5	10
	＞3000m³	10.0	2	5.0	10
餐厅	不限	2.5	1	2.5	10
电影院、礼堂	≤800 座	5.0	2	2.5	10
	＞800 座	10.0	2	5.0	10

3. 人防工程内自动喷水灭火系统的用水量见本章 4.8 节和表 4.8-30。

4.3.2 消防时用水量

消防时用水量是在满足消防灭火用水量的同时，还需要满足此时供给的生产、生活用水量之总和。它是确定市政管网和给水引入管供水能力（或水源取水量、或与生产、生活合用水池容积）的依据。

各类建筑防火规范对消防时用水量计算要求见表 4.3-15。

各类建筑对消防时用水量计算要求　　表 4.3-15

建筑名称	消防时最小用水量 (L/s)
独立的消防给水系统（包括各类建筑）	室内、外消防设计秒流量之和，若由市政管网供水时，此时要求室外水压≮0.1MPa（从室外地面计）

续表

建筑名称		消防时最小用水量（L/s）
与生产、生活合并的消防给水系统	低层建筑（低规 8.2.8 条） 村镇、人防工程和车库（建议同低层建筑）	室内、外消防设计秒流量之和＋生产、生活最大时用水量（但淋浴用水可按 15%计算，浇洒及洗刷用水量可不计算在内）
	高层建筑 （高规 7.1.3 条）	室内、外消防设计秒流量之和＋生产、生活最大时用水量
	建筑小区 （小区规范 3.5.6 条）	室内、外消防设计秒流量之和＋小区生活用水量。当设有两条或两条以上引入管与市政环网相连时，应保证一条检修关闭时，其余连接管仍能供应 70%的生活给水流量＋室内、外消防设计秒流量

当供水水流不能满足表 4.3-15 用水量要求时，应设消防贮水池供水，具体要求详见本章 4.5 节。

4.4 消 防 水 压

4.4.1 室外消火栓栓口水压

室外消火栓栓口最低水压应满足表 4.4-1 的规定。最高水压不宜＞0.8MPa。

室外消火栓要求最低水压 **表 4.4-1**

系统类型	消火栓要求最低水压（MPa）	备注
高压给水系统	$H_{xh} \geqslant H_z + h_d + h_g \approx H_z + 0.28$ 式中 H_{xh}——室外最不利点消火栓栓口水压（MPa）； H_z——消火栓地面与最高屋面（最不利点）地形高差所需静水压（MPa）； h_d——消防水带的水头损失，当麻质水带 $DN65$，$L=120$m，$Q=5$L/s 时，$h_d \approx 0.13$MPa； h_g——水枪喷嘴要求水压，当水枪口径为 19mm，充实水柱 11.3m，$Q=5$L/s 时，$h_g=0.15$MPa	（式 4.4-1） 灭火时由消火栓直接供水
临时高压给水系统	水泵加压后，要求水压同高压系统	灭火时由消火栓直接供水
低压给水系统	0.1（从室外地面计）	通过消防车加压供水灭火

4.4.2 室内消火栓栓口水压

1. 室内消火栓栓口要求最低水压按式 4.4-2 计算：

$$H_{xh} = h_d + h_g = A_d \cdot L_d \cdot q_{xh}^2 + h_g \tag{4.4-2}$$

式中 H_{xh}——消火栓栓口所需水压（MPa）；

h_d——消防水带的水头损失（MPa）；

h_g——水枪喷嘴要求压力（MPa），见表 4.4-3；

A_d——消防水带比阻，见表 4.4-2；

L_d——消防水带长度（m），一般取 20m，最长不应>25m；

q_{xh}——消防水带通过流量（L/s），其值等于水枪出水量，可由表 4.4-3 查得。

消防水带比阻（A_d）值 **表 4.4-2**

水带口径（DN）（mm）	比阻（A_d）值	
	帆布水带、麻织水带	衬 胶 水 带
50	0.001501	0.000677
65	0.000430	0.000172

表 4.4-3 为直流水枪技术特性表，表中充实水柱长度由式 4.4-3 求得。

$$S_k = \frac{H_1 - H_2}{\sin\alpha} \tag{4.4-3}$$

当 $\alpha = 45°$ 时

$$S_k = 1.41(H_1 - 1) \tag{4.4-4}$$

当 $\alpha = 60°$ 时

$$S_k = 1.16(H_1 - 1) \tag{4.4-5}$$

式中 S_k——水枪充实水柱长度（m），若计算值小于前述各类建筑规定的数值（见表 4.3-9、4.3-10、4.3-13 和 4.3-14）时，仍应采用规定值；

H_1——室内最高着火点离地面高度（m），一般取室内层高；

H_2——水枪喷嘴离地面高度（m），一般取 1m；

α——水枪上倾角，一般取 45°，最不利情况下也可取 60°。

直流水枪技术特性 **表 4.4-3**

充实水柱 S_k（m）	不同喷嘴口径的压力和流量					
	13mm		16mm		19mm	
	压力（MPa）	流量（L/s）	压力（MPa）	流量（L/s）	压力（MPa）	流量（L/s）
6.0	0.079	1.7	0.078	2.5	0.074	3.5
7.0	0.094	1.8	0.090	2.7	0.088	3.8
8.0	0.110	2.0	0.103	2.9	0.103	4.1
9.0	0.127	2.1	0.123	3.1	0.118	4.3
10.0	0.147	2.3	0.137	3.3	0.132	4.6
11.0	0.167	2.4	0.157	3.5	0.147	4.9
11.3	—	—	—	—	0.154	5.0
11.5	0.177	2.5	—	—	—	—
12.0	0.186	2.6	0.172	3.8	0.167	5.2
12.5	0.211	2.7	0.191	4.0	0.181	5.4
13.0	0.235	2.9	0.216	4.2	0.201	5.7
13.5	0.260	3.0	0.235	4.4	0.221	6.0
14.0	0.289	3.2	0.260	4.6	0.240	6.2
15.0	0.324	3.4	0.284	4.8	0.265	6.5
15.5	0.363	3.6	0.314	5.1	0.289	6.8
16.0	0.407	3.8	0.348	5.3	0.319	7.1

续表

充实水柱 S_k（m）	不同喷咀口径的压力和流量					
	13mm		16mm		19mm	
	压力（MPa）	流量（L/s）	压力（MPa）	流量（L/s）	压力（MPa）	流量（L/s）
17.0	0.461	4.0	0.387	5.6	0.348	7.5
17.5	0.520	4.3	0.427	5.9	0.382	7.8
18.0	0.598	4.6	0.476	6.2	0.422	8.2
19.0	0.691	4.9	0.534	6.6	0.466	8.7
19.5	0.804	5.3	0.603	7.0	0.515	9.1
20.0	0.961	5.8	0.686	7.5	0.579	9.6
21.0					0.647	10.0
22.0					0.735	10.9

根据各类建筑灭火要求的水枪流量和充实水柱，按式4.4-3和4.4-4公式计算得消火栓栓口处最低水压要求列于表4.4-4。设计时可直接查用。表中适应层高是指水枪上倾角为45°时，充实水柱能够达到的灭火高度。

室内消火栓水力特性　　　　**表4.4-4**

每支水枪特性（最小值）					消火栓及配件			消火栓栓口压力（MPa）				适应建筑层高（m）
规范要求		设计计算			室内消火栓（SN型）（*DN*）（mm）	消防水带（*DN*）（mm）	直流水枪（QZ型）（mm）	麻质水带在下列长度（m）时				
流量（L/s）	充实水柱（m）	流量（L/s）	充实水柱（m）	栓口水压力（MPa）				10	15	20	25	
2.5	7	2.5	11.5	0.177	50	50	13/50	0.18	0.19	0.20	0.20	≤9
		2.7	7.0	0.090			16/50	0.09	0.11	0.11	0.12	≤6
	10	2.5	11.5	0.177	50	50	13/50	0.18	0.19	0.20	0.20	≤9
		3.3	10.0	0.137			16/50	0.15	0.16	0.18	0.18	≤8
5.0	7	5.0	11.3	0.154	65	65	19/65	0.17	0.17	0.18	0.18	≤9
	10	5.0	11.3	0.154	65	65	19/65	0.17	0.17	0.18	0.18	≤9
	13	5.7	13.0	0.201	65	65	19/65	0.22	0.22	0.23	0.24	≤10

注：为水力计算方便，栓口压力可用 mH_2O 表示，其换算值为：1MPa＝102mH_2O。

2. 消火栓栓口处最大静水压不应＞0.80MPa，当大于时，应采用压力分区给水。

3. 消火栓栓口出水压力＞0.50MPa时，在栓口处应设减压装置，如孔板。

4.4.3　自动喷水灭火系统最不利点喷头水压

各类自动喷水灭火系统（开式和闭式）最不利点喷头水压应为 9.8×10^4Pa（1.0kg/cm^2），最小≮4.9×10^4Pa（0.5kg/cm^2）。

4.5　消　防　水　源

4.5.1　消防水源种类和适用条件

消防水源种类和适用条件见表4.5-1。

消防给水水源和选择　　表 4.5-1

序号	给水水源	适用条件	技术要求
1	市政给水管网供水	市政给水管网能供给消防时用水量时（此时水压≮0.1MPa—从室外地面计），应优先采用。所谓消防时用水量见本章4.3.2节	(1) 市政给水管网为环网，由两环段上引入不少于两条引入管，见图4.5-1。当其中一条市政管或引入管发生故障，其余管道应仍能通过消防时用水量 (2) 下列建筑在采用两条市政给水管和两条引入管有困难时，允许由一条市政管上引一条引入管： 1) 低层建筑和汽车库在建设初期或室外消防用水量≯15L/s（低规8.3.1和8.3.3条） 2) 二类高层居住建筑（高规7.3.2.2条） 3) 人防工程室内消防用水总量≯10L/s时（防规6.4.1条）
2	市政给水管网和消防水池共同供水	(1) 市政给水管网符合本表序1消防给水技术要求条件，但消防时供水量不足者，常采用市政给水和消防水池共同供水灭火 (2) 市政给水管网能满足消防给水技术要求，但市政主管部门不允许消防水泵直接从市政给水管网吸水者，常采用市政给水通过吸水池供水灭水	(1) 室外消防尽量用市政给水管网水，室内消防用水可设消防水池贮存全部或部分水，不足部分由市政管网补给（贮存水量的多少视市政给水管网的补水能力确定） (2) 若市政给水同时满足室内消防时用水，消防吸水池不贮存消防用水，但应适当放大容量，对高层建筑建议≮$36m^3$。设置要求详见给水章节
3	消防水池供水	(1) 当生产、生活用水达最大小时流量时，市政给水管、给水引入管或天然水源不能满足消防用水量者 (2) 市政给水管网为枝状或只有一条引入管（符合本表序1设置一条市政给水管和一条引入管条件的建筑除外） (3) 市政给水管消防时供水压力有可能<0.1MPa（从室外地面计）	水池设置技术要求见表4.5-2
4	采用生产用水	低层建筑采用低压消防给水系统，如不引起生产事故，生产用水可作为消防用水（水量和水压应满足消防时用水要求）	生产用水转为消防用水的阀门不应超过两个，开启阀门的时间不应超过5min（低规8.2.8条）
5	天然水源供水	(1) 天然水源水量丰富 (2) 与建筑物距离较近，若由消防车直接取水时，其保护半径不应>150m	(1) 确保枯水期最低水位时的消防用水量； (2) 取水方便，在最低水位时能吸上水 (3) 水中不含易燃、可燃液体 (4) 水中悬浮物杂质不应堵塞喷头和水枪孔口 (5) 寒冷地区应有可靠防冻措施 (6) 取水设施应有相应保护措施 (7) 若供消防车取水时，应有供消防车通过的车道和可靠的取水设施

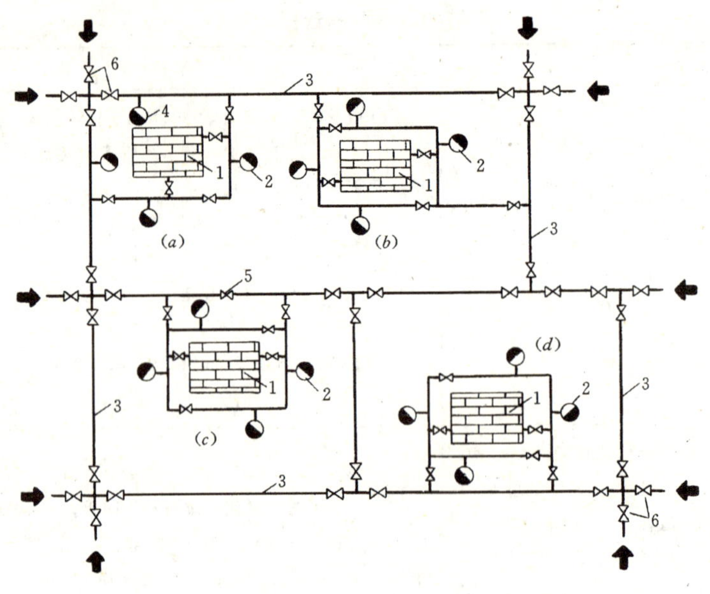

图 4.5-1 环状给水管网布置示意图

(a) 室外给水管道与市政给水管成环（不同市政给水管段引入）；
(b) 室外给水管道在建筑物周围成环（不同市政给水管段引入）；
(c) 室外给水管道在建筑物周围成环（同一方向，不同市政管段引入）；
(d) 室外给水管道在建筑物周围成环（同一方向，同一市政管段引入，只能作枝状给水管计）。
1—建筑物；2—室外消火栓；3—市政给水环管；4—市政消火栓；5—分段阀；6—阀门

4.5.2 消防水池

消防水池设置应满足表 4.5-2 要求。

消 防 水 池 技 术 要 求 **表 4.5-2**

项 目	说 明
有效容积	按式 4.5-1 计算： $$V_c=(Q_x-Q_p)\cdot t\cdot 3.6 \quad (4.5\text{-}1)$$ 式中 V_c——消防水池有效容积（m^3）； （注：人防工程消防贮水最小容积≮36m^3） Q_x——室内、外消防用水总量（L/s）； Q_p——在火灾延续时间内可连续补充的水量（L/s）； t——火灾延续时间（h），见表 4.3-1
设置形式和材料	(1) 位置：可室内或室外，但均应设在火灾不能殃及的地方，如设在室内时，一般在首层、地下室和中间设备层等应靠近安全出口处 (2) 埋深：可地上、半地下或地下 (3) 使用功能：分专用消防水池或与生产、生活共用水池，当消防贮水占有总贮水量比例较大时，建议消防贮水单设水池 (4) 材料：一般用钢筋混凝土水池，地面水池也可采用玻璃钢，钢板等组合水池
补水时间	不宜超过 48h，但在缺水地区或独立的石油库区可延长至 96h

续表

项目	说明
分设要求	(1) 总容积超过低规规定 $1000m^3$，高规规定 $500m^3$ 时，应分成两个能独立使用的水池 (2) 两水池间设连通管，管上设阀门，平时常开，清洗时关闭隔断。连通管径应满足消防流量通过 (3) 水泵吸水可设共同吸水井，或工作和备用泵分别从两水池取水
消防车或水泵取水	(1) 水泵取水设施要求见 4.10 节 (2) 供消防车取水的消防水池 1) 应设取水口或取水井，其尺寸应满足吸水管布置、安放要求，当水池位于室内，室外取水口或取水井与水池的连通管管径应满足消防流量通过。取水井有效容积不得小于最大一台消防水泵 3min 的出水量（一般>$2m^3$） 2) 取水口或取水井与被保护建筑物外墙距离（水泵房除外）： 高规规定：不宜小于 5m 并不宜大于 100m； 低规规定：不宜小于 15m；与甲、乙、丙类液体储罐不宜小于 40m；与液化石油气储罐不宜小于 60m，若有防辐射热措施时，可减为 40m；水池最大保护半径不应大于 150m 3) 取水口或取水井应有防止污、雨水和污物进入污染池水水质的措施。一般井口应高出地面最高积水深度 150mm 以上。并设密封井盖 4) 水池最低水位应保证消防车的水泵吸水高度不超过 6m，即一般最低水位距地面不超过 5m 5) 应设供消防车通达的消防车道
防冻	寒冷地区在水池盖上覆土保温，人孔和取水口设双层保温井盖
共用条件	(1) 一个小区和 2 幢或 2 幢以上建筑可共用消防水池和水泵房，但容量应满足用水量最大的一幢建筑消防用水 (2) 消防用水与生产、生活合用水池，应有确保消防用水不作它用的技术措施。如图 4.5-2 在生产、生活水泵的吸水管上设虹吸破坏装置
采用其它水池时的条件	利用泳池、喷水池、循环冷却水池等专用水池兼作消防贮水池时，其功能须全部满足上述消防水池的功能，并不得放空（如冬季防冻放空）
其它	详见给水章节

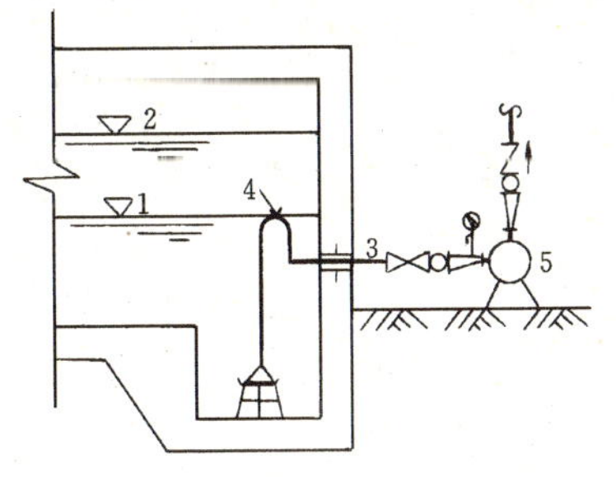

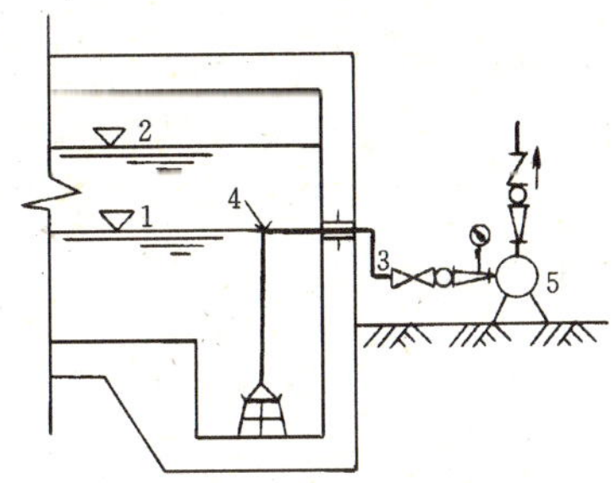

图 4.5-2 生产、生活水泵吸水管上虹吸破坏装置

1—消防储水位；2—生产、生活水位；3—生产、生活水泵吸水管（或生产、生活出水管）；4—虹吸破坏孔（管顶开 $\phi25\sim32$ 孔）。5—生产、生活水泵

4.6 室外消火栓系统

4.6.1 系统分类和适用条件

系统分类和适用条件见表 4.6-1。

室外消火栓系统和适用条件　　**表 4.6-1**

系　统	图　式	适 用 条 件
低压消防给水系统	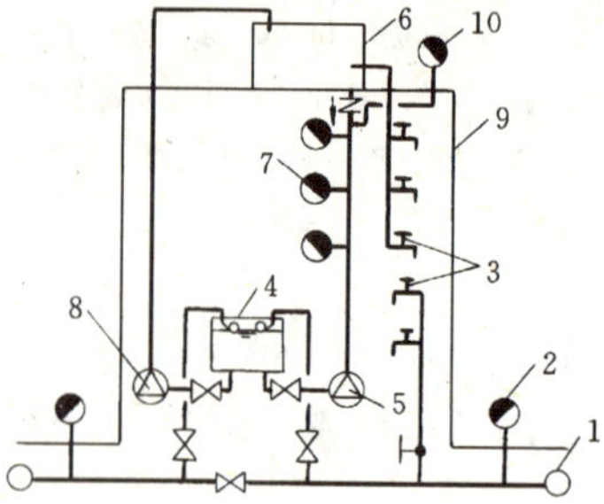 图 4.6-1 1—市政给水量；2—室外消火栓；3—室内生活用水；4—室内水池；5—消防水泵；6—水箱；7—室内消火栓；8—生活水泵；9—建筑物；10—屋顶试验用消火栓	(1)市政管网供水量能满足消防时室外用水要求，水压≥0.1MPa，但不能满足室外消防水压要求，需借助消防车供水灭火 一般消防管网与生产、生活给水合并使用 (2) 适用于各类建筑
高压消防给水系统	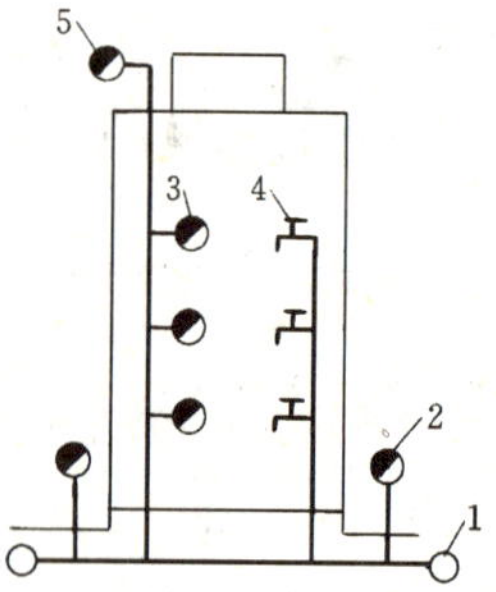 图 4.6-2 1—室外环管；2—室外消火栓；3—室内消火栓；4—生活给水；5—屋顶试验用消火栓	(1)市政管网或高位水池供水水量和水压满足室内外消防时用水要求。一般采用与生产、生活合并的室内外消防给水系统，但当最大供水水压大于 0.6MPa 或大于平时生产、生活用水要求水压时，系统应分开 (2)系统最高工作压力不应超过 0.8MPa (3) 与生产、生活合并的消防给水系统，其水质应符合生活饮用水和生产用水水质标准 (4) 一般应用于低层建筑和建筑小区、村镇建筑、汽车库（区）等要求消防水压不高的工程
临时高压消防给水系统（设水池和水泵加压灭火）	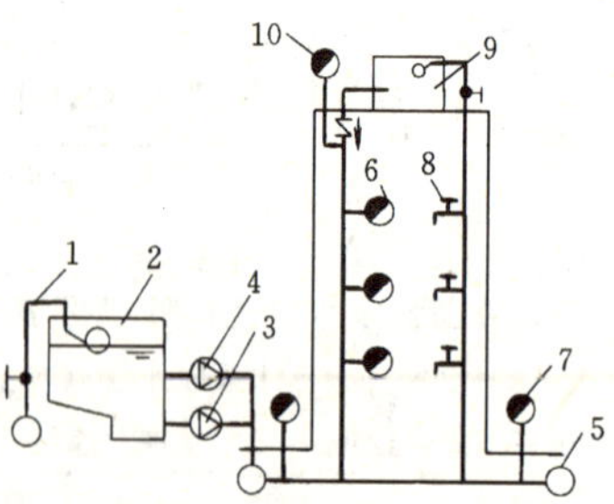 图 4.6-3 1—市政管网；2—水池；3—消防水泵组；4—生活水泵组；5—室外管网；6—室内消火栓；7—室外消火栓；8—生活用水；9—高位水箱和补水管；10—屋顶试验用消火栓	(1)市政管网消防时供水水压<0.1MPa(室外地面计)或供水不能满足消防用水时，需设水池（或利用天然水源）和水泵加压的临时高压系统。室外消火栓系统可与室内消火栓系统和生产、生活给水合并。但当消防时最大工作压力大于 0.6MPa 时或其它设备最大允许供水压力时，生活给水系统或其它供水系统必须分开单设 (2)、(3) 同高压消防给水系统 (2)、(3)

续表

系统	图式	适用条件
设贮水池和用天然水源供水（由消防车直接取水灭火）		(1) 室外设有市政管网，但不能满足消防时用水要求和水压小于 0.1MPa 时，需设消防水池，由消防车从水池取水灭火。水池设置要求见 4.5.2 节 (2) 室外无给水管网，利用天然水源作消防水源时，用消防车取水灭火。天然水源取水设施设置要求见 4.5.1 节 (3) 适用于各类建筑

4.6.2 管道设置

室外消火栓管道设置要求见表 4.6-2。

室外消火栓系统管道设置 **表 4.6-2**

组成	说明
布置 （低规 8.3·1 条 高规 7.3.2 条 防规 6.4.1 条 车规 6.1.5 条）	各类建筑均应成环状布置：可在建筑物周围成环，也可与市政管网成环。见图 4.5-1。但低层建筑和汽车库在建设初期或室外用水量不大于 15L/s 时；或二类高层居住建筑和人防工程室内消防用水总量不大于 10L/s 成环布置有困难时，可枝状布置
引入管 （市政给水管与建筑物周围给水管网的连接管）	(1) 引入管数量和通过流量要求见表 4.5-1。 (2) 最小管径不应小于 100mm (3) 管径计算最大流速不宜超过 2.5m/s
室外管道管径	(1) 满足生产、生活用水要求 (2) 满足消防时用水要求，计算方法同“引入管” (3) 最小管径不应小于 100mm
阀门	环网应用阀门分成若干独立段，使在某根引入管或某市政管段故障维修时，通过阀门操作，其余引入管仍能保证消防供水；并使独立段中消火栓数量不宜超过 5 个。一般单体建筑、高层建筑，消火栓较少时，至少应用阀门将环管分成能独立工作的两段
管材和管道敷设	室外埋地管一般采用给水铸铁管，具体要求见给水章节

4.6.3 室外消火栓

1. 室外消火栓规格见表 4.6-3。
2. 室外消火栓设置要求见表 4.6-4。
3. 室外消火栓安装简图（国标 88S162）见表 4.6-5。

室外消火栓规格　　表 4.6-3

类别＼参数	型号	公称压力(MPa)	进水口 DN (mm)	出水口（栓口）		计算出水量(L/s)
				口径 DN (mm)	个数（个）	
地上式	SS100-1.0	1.0	100	65	2	10～15
				100	1	
	SS100-1.6	1.6	100	65	2	10～15
				100	1	
	SS150-1.0	1.0	150	65	2	15
				150	1	
	SS150-1.6	1.6	150	65	2	15
				150	1	
地下式	SX100×65-1.0	1.0	100	65	1	10～15
				100	1	
	SX100×65-1.6	1.6	100	65	1	10～15
				100	1	

室外消火栓设置要求　　表 4.6-4

项目	要求
选型	(1) 宜采用地上式、寒冷地区可采用地下式，且应有明显标志 (2) 栓口要求： 地上式　DN150　　栓口 DN150×2DN65 　　　　DN100　　栓口 DN100×2DN65 地下式　DN100　　栓口 DN100×DN65 各一个 (3) 应选用与当地市政管网相同型消火栓
个数	(1) 按式 4.6-1 计算 $$N \geqslant \frac{Q}{Q_q} \quad (4.6\text{-}1)$$ 式中 N——消火栓个数（个），当计算值为小数时，应向上进位取整数； Q——室外消防用水量（L/s），见第 4.3 节； Q_q——每个消火栓出水量 10～15L/s。 (2) 市政消火栓距离建筑物外墙≤下列距离时，可计入消火栓数量：高层建筑 40m，低层建筑、汽车库（区）150m (3) 人防工程应按接合器数量确定
布置	(1) 沿建筑物周围均应布置，间距不大于 120m。大型和高层建筑应适当缩小间距，增加消火栓 (2) 沿消防车道设置，并尽量设在靠建筑物一侧。消火栓距路边不宜大于 2m (3) 消火栓距离建筑物外墙最小距离不宜小于 5m，村镇建筑有困难时可缩小，但不应小于 1.5m；最大距离：高层不宜大于 40m；汽车库（区）和低层建筑不应大于 150m (4) 低层建筑还应符合下列要求 1) 市政或小区、村镇消火栓应沿道路布置，当路宽大于 60m 时，宜在路两边设置，并宜靠近十字路口 2) 室外消火栓的保护半径不应大于 150m，在市政消火栓保护半径 150m 以内，如建筑物室外消防用水量不大于 15L/s，可不设 3) 甲、乙、丙类液体储罐区和液化石油气罐罐区的消火栓应设在防火堤外。但距罐壁 15m 范围内的消火栓不应计算在该罐可使用的数量内 (5) 停车场还应符合下列要求：应沿停车场四周布置，距最近一排汽车不宜小于 7m，距油库不宜小于 15m。停车库、修车库要求同低层建筑 (6) 人防工程：距离出入口不宜小于 5m

室外消火栓安装简图（国标图册 88S162） **表 4.6-5**

图号	图名	说明	图示
88S162/1-3		目录、总说明	
88S162/4	室外地上式消火栓安装图（浅 100 型）[消火栓 SS100-1.0（1.6）型]	（1）管道最小覆土 H_m 为： SS100-1.0 型 550mm SS100-1.6 型 800mm SS150-1.0 型 640mm SS150-1.6 型 890mm 若要加大埋深，在栓体和底座间可加设配套法兰短管，每节长 250mm，共 7 节 （2）适用冰冻深度≤200mm 的地区	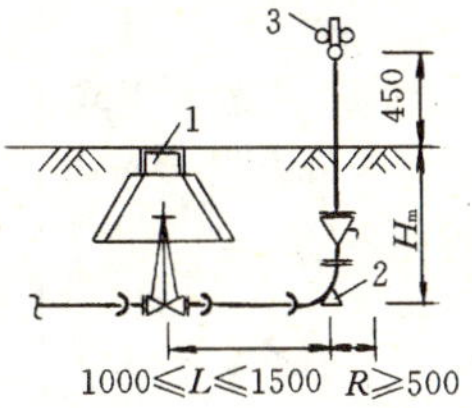 3 1 450 H_m 2 1000≤L≤1500 R≥500 图 4.6-4 1—阀门套管；2—弯管底座； 3—室外地上式消火栓
88S162/5	室外地上式消火栓安装图（浅 150 型）[消火栓 SS150-1.0（1.6）型]		
88S162/6	室外地上式消火栓安装图（深 100 型）[消火栓 SS100-1.0（1.6）型]	（1）管道覆土深度 H_m： 深 100 型 1050mm—2800mm 深 150 型 1140mm—2890mm 深度可由配套法兰接管调整，每节 250mm，共 7 节 （2）适用冰冻深度≥200mm 地区 （3）阀门井 D=1200，详国标 S143	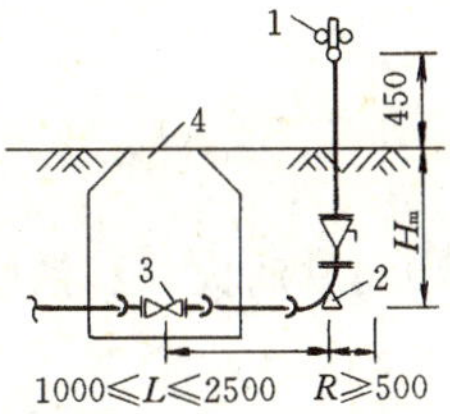 1 4 450 H_m 3 2 1000≤L≤2500 R≥500 图 4.6-5 1—室外地上式消火栓；2—弯管底座； 3—阀门；4—阀门井
88S162/7	室外地上式消火栓安装图（深 150 型）[消火栓 SS150-1.0（1.6）型]		
88S162/9	室外地下式消火栓安装图（浅 100 型）[消火栓 SX100×65-1.0（1.6）][①]	适用冰冻深度≤400mm 地区	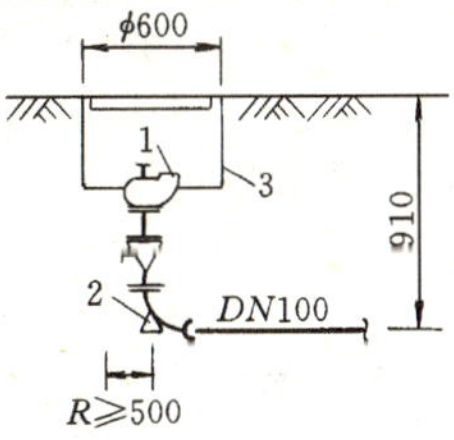 φ600 1 3 910 2 DN100 R≥500 图 4.6-6 1—室外地下式消火栓；2—弯管底座； 3—阀门井
88S162/11	室外地下式消火栓安装图（深 100 Ⅰ 型）[消火栓 SX100×65-1.0（1.6）型][①]	（1）适用冰冻深度大于等于 400mm 地区 （2）管道覆土深度 H_m 可由 1200mm～2950mm，可由配套法兰节管调整，节管每段长 250mm，共 7 节 （3）圆形阀门井 D=1200，详见图册 S143 （4）消火栓用 90°弯管与给水干管连接	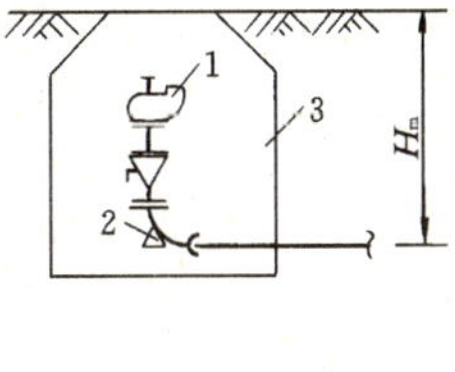 1 3 H_m 2 图 4.6-7 1—室外地下式消火栓；2—弯管底座； 3—阀门井

续表

图号	图名	说明	图示
88S162/13	室外地下式消火栓安装图（深100 Ⅱ型）[消火栓 SX100×65-1.0（1.6）型][①]	(1) 适用条件、覆土深度、阀门井和消火栓选型同 88S162/11 (2) 消火栓用三通与给水干管直接连接	图 4.6-8 1—室外地下式消火栓；2—三通；3—阀门井

注：① 图册中消火栓型号为 SX100 型，只有一个 DN100 出水口，不符合低规第 8.3.2 条规定，设计时建议采用 SX100×65-1.0（1.6）型。

4.7　室内消火栓系统

4.7.1　消火栓和消防卷盘

1. 室内消火栓

（1）设置标准见表 4.7-1。

室内消火栓设置标准　　表 4.7-1

序号	建筑物性质	设 置 标 准	备 注
1	低层建筑	(1) 符合表 4.2-3 应设消火栓系统的建筑物内除无可燃物的设备层外，每层均应设 (2) 建筑高度≤24m，且体积≤5000m³ 的库房可采用 1 支水枪外，其它均应有 2 支水抢的充实水柱同时到达任何部位 (3) 每支水枪的流量和充实水柱见表 4.3-9	低规 8.6.2 条
2	高层建筑	(1) 高层建筑和裙房的各层除无可燃物的设备层外，每层均应设 (2) 消火栓间距应保证同层任何部位有 2 支水枪的充实水柱到达 (3) 停机坪附近，建议设在停机坪出口楼梯处附近 (4) 超高层的避难层、避难区 (5) 每支水枪的流量和充实水柱见表 4.3-10	高规 7.4.6 条 高规 6.1.14.3 条 高规 6.1.13.6 条
3	停车库、修车库	(1) 除耐火等级为一、二级的Ⅳ类停车库可以不设消火栓外，其它均应设消火栓，并应符合下列要求：Ⅰ、Ⅱ、Ⅲ类停车库、Ⅰ、Ⅱ类修车库应有 2 支水枪的充实水柱同时到达任何部位；Ⅳ类停车库，Ⅲ、Ⅳ类修车库应有 1 支水枪的充实水柱到达任何部位 (2) 每支水枪流量为 5L/s，充实水柱不应小于 10m	车规 6.1.6 条
4	人防工程	(1) 表 4.2-12 所示要求设室内消火栓的建筑和部位 (2) 同时到达的水枪支数和每支水枪的流量，充实水柱见表 4.3-14	
5	村镇建筑	符合本章 4.2.3 节 1. 规定的生产与民用建筑应符合“低规”要求	村规总则

（2）技术要求见表4.7-2。

室内消火栓技术要求　表4.7-2

项　目	技　术　要　求	说　明
安装位置	（1）走道、防火构造楼梯附近等明显易于取用的地点。设在楼梯附近时，不应妨碍避难行动的位置，如图4.7-1 （2）消防电梯前室。但不计入每层消火栓数内 （3）供集会或娱乐用场所，宜设在舞台两侧；观众席后两侧；包厢后侧；出入口附近 （4）冷库应设在常温穿堂或楼梯间内 （5）设在室温低于4℃的房内应有防冻措施（如平时放空） （6）平屋顶上（含多层停车库、低层和高层建筑等）应设带压力表的试水和检查用消火栓，坡屋顶或寒冷地区可设在顶层出口处或水箱间内	
间距	应根据建筑物性质、平面布置按本节（3）和图4.7-3计算确定，并应同时满足： （1）表4.7-1所列各类建筑要求同时到达任何部位的水枪充实水柱支数 （2）两消火栓间距不应大于： 1）低层建筑：高层工业建筑、高架库房、甲、乙类厂房30m；其它单层和多层建筑50m 2）高层建筑：30m；高层建筑裙房50m 3）车库50m；高度超过24m的多层停车库30m 4）人防：2支水枪充实水柱达任何部位为30m；1支水枪充实水柱达任何部位为50m （3）消火栓的保护半径应考虑房间分隔、阻碍物等影响水带展开的因素，并应使水枪进入灭火场所的空间内	（低规8.6.2条七） （高规7.4.6.3条） （车规6.1.7条） （防规6.6.2条三）
安装要求	（1）消火栓出口距地面高度宜为1.10m，特殊情况下，最低不低于0.5m，最高不超过1.5m，栓口出水方向宜向下或与设置消火栓的墙面相垂直 （2）箱体有明装，半明装和暗装方式，建筑装饰标准较高的常用后两种。半明装和暗装时应在墙体砌筑时预留孔洞，留孔尺寸宜大于箱体每边长度5cm，并应满足连接消火栓的短管和弯头的安装尺寸要求，特别注意在钢筋混凝土墙体上留孔，见图4.7-2 （3）各种消火栓及箱的安装详见本节（4）3）	参照台湾规定
启泵按钮	临时高压给水系统应在每个消火栓处设直接启动消防水泵和报警的按纽	低规8.6.2条说明，设稳压泵自动启动者，可不设启泵按钮
其它	消火栓和消火栓箱应有明显的红色标志，不应隐蔽和伪装	

（3）消火栓布置间距计算

1）消火栓保护半径

消火栓保护半径按式4.7-1计算：

$$R = L_d + L_s = L_d + 0.7S_k \qquad (4.7\text{-}1)$$

式中　R——消火栓保护半径（m）；

L_d——水带敷设长度（m），考虑水带的转弯曲析应为水带长度乘以折减系数0.8；

L_s——水枪充实水柱长度的平面投影长度（m），水枪倾角一般按45°计算，cos45°≈0.7；

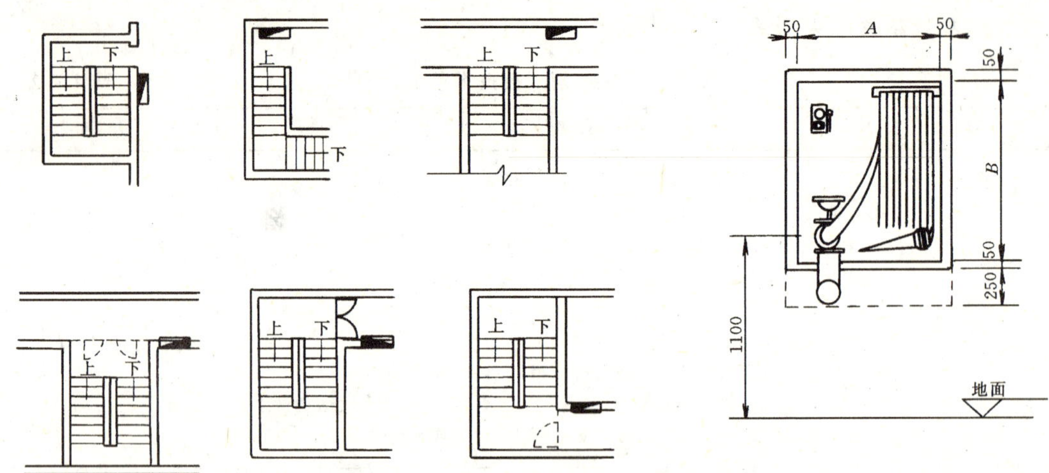

图 4.7-1　消火栓设于楼梯附近之位置

图 4.7-2　消火栓留洞尺寸图
注：B、A 为箱体高、宽外缘尺寸，深度根据暗装、半明装要求定

S_k——水枪充实水柱长度（m），根据各类建筑的不同要求见表 4.3-9 和表 4.3-10。

2）消火栓布置间距见图 4.7-3。

（4）消火栓组件和安装

1）室内消火栓组件见表 4.7-3。

国标 87S163 室内消火栓安装图组件　　表 4.7-3

构件名称	材　料	规　格	单位	数　量		备　注
				单栓	双栓	
消火栓箱	1）铝合金—钢； 2）钢； 3）木制	根据采用的安装方式和内部组件定				装饰标准高的建筑宜用钢或铝合金—钢
室内消火栓	铸铁	SN50 或 SN65 型 （P_N=1.6MPa）	个	1	2	
直流水枪	铝或铜	QZ16/ϕ13、ϕ16 QZ19/ϕ16、ϕ19	个	1	2	
水龙带	1）麻质 2）麻质衬胶 3）涤纶聚氨脂衬里	1）DN50 或 DN65 2）L=15m 或 20m、25m	条	1	2	
水龙带接口	铝	KD50 或 KD65				
挂架						
消防按钮		防水型				

2）室内消火栓组件选择

（A）规格选用见表 4.7-4。

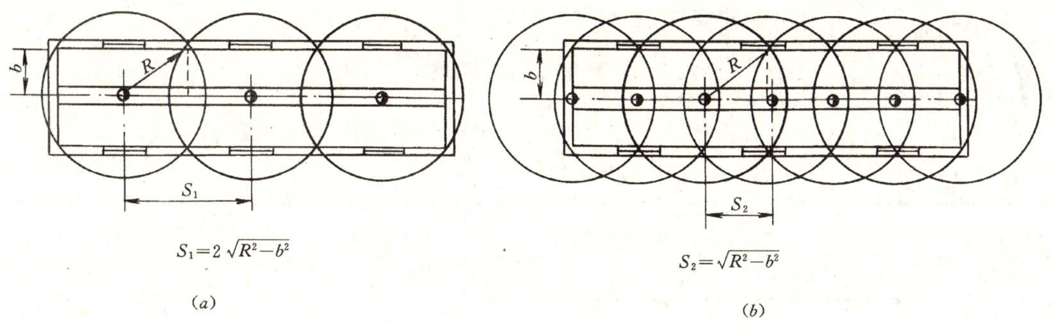

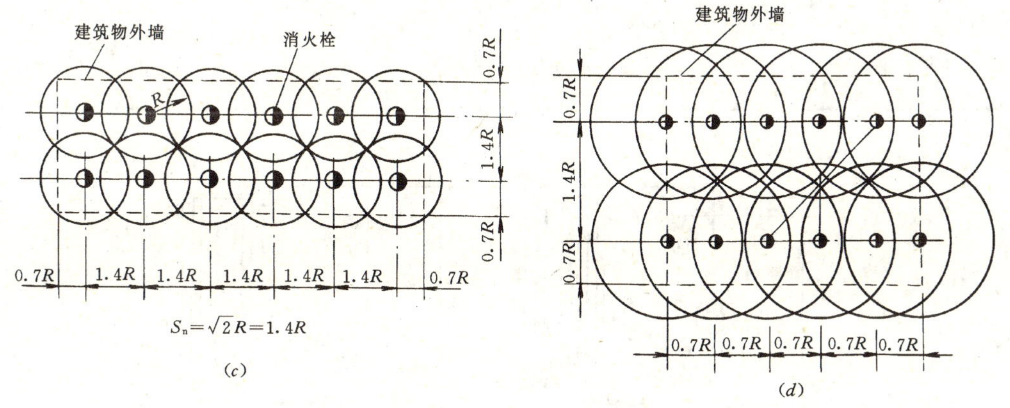

图 4.7-3 消火栓布置间距

(a) 一股水柱，一排消火栓布置；(b) 二股水柱，一排消火栓布置；
(c) 一股水柱，多排消火栓布置；(d) 二股水柱，多排消火栓布置
S_1—1 股水柱时的消火栓间距；S_2—2 股水柱时的消火栓间距；
R—消火栓保护半径；b—消火栓最大保护宽度

室内消火栓规格选用 表 4.7-4

每支水枪出水量	消火栓	龙带	直流水枪	龙带接口
≥5L/s	SN65	*DN*65	*DN*65×19 (QZ19)	KD65
<5L/s	SN50	*DN*50	*DN*50×13 (QZ13) 或 *DN*50×16 (QZ16)	KD50

(*B*) 龙带长一般采用 20m，最长不大于 25m。龙带材质和规格见表 4.7-5。但当最大工作压力>0.8MPa 时，应采用耐高压的衬胶或涤纶聚氨脂衬里的水带。

(*C*) 按钮应选用防水型，按钮式或击锤式。

3) 室内消火栓安装图见国标 87S163“室内消火栓”和华北地区标办编制出版的建筑设备施工安装通用图集 91SB—给/109～112，室内消火栓、消防软管卷盘组合型安装图。简图见：

图 4.7-4 单栓室内消火栓安装图（国标 87S163/16—2）；

图 4.7-5 室内消火栓、消防软管卷盘组合型安装图（国标 87S163/16—4）；

图 4.7-6 双栓室内消火栓安装图（国标 87S163/16—3）；

龙带材质和规格　表 4.7-5

品　名	型　号	管　径 DN（mm）	工作压力 （MPa）	爆破压力 （MPa）	适应温度 （℃）	长　度 （m）
苎麻水带		50；65	1.0	3.0		20
衬胶水带		50；65	0.8	≥2.4	−30～50	20
		50；65	1.0	≥3.0		20
		50；65	1.3	≥3.9		20
涤纶聚氨脂衬里水带	8	50；65	0.8	2.55	−50～70	15、20、25
	10	50；65	1.0	3.2		
	13	50；65	1.3	3.9		

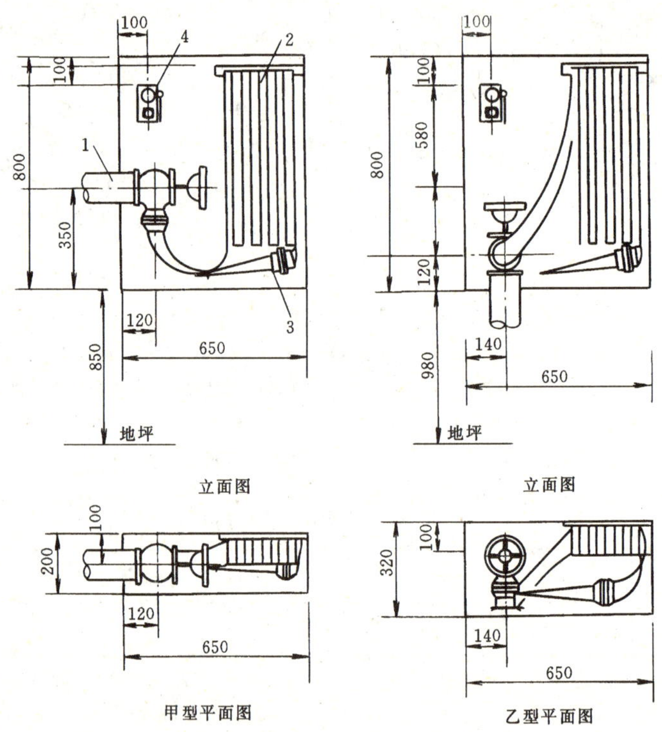

图 4.7-4　单栓室内消火栓安装图
（国标 87S163/16—2）
1—消火栓；2—龙带；3—水枪；4—消防按钮

图 4.7-7 室内消火栓、消防软管卷盘组合型安装图（二）（91SB—给/110）；
图 4.7-8 室内消火栓、消防软管卷盘组合型安装图（三）（91SB—给/111）

2. 消防卷盘

（1）消防卷盘设置标准见表 4.7-6。

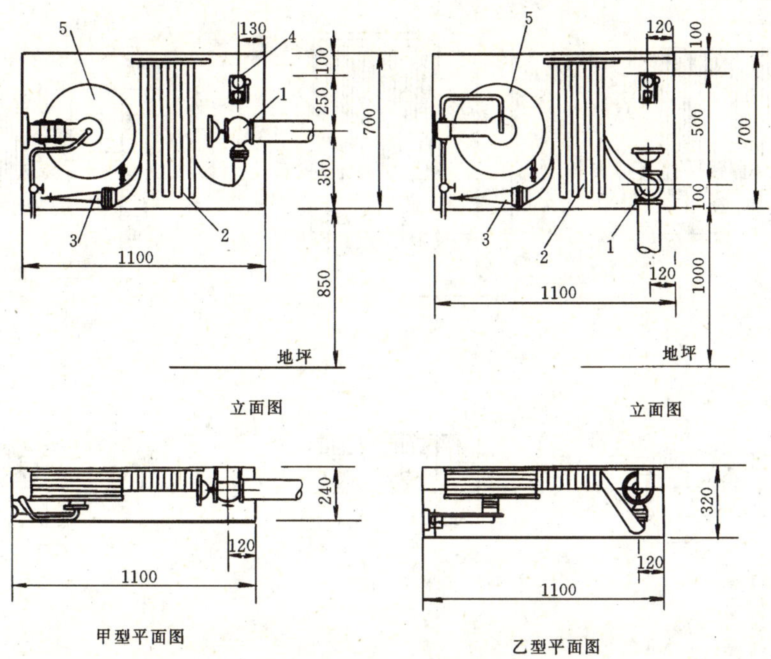

图 4.7-5 室内消火栓、消防软管卷盘组合型安装图（国标 87S163/16—4）

1—消火栓；2—龙带；3—水枪；4—消防按钮；5—消防卷盘

消防卷盘设置标准 **表 4.7-6**

建筑物性质	设置标准	备注
低层建筑	(1) 设有空调系统的旅馆、办公楼 (2) 超过 1500 个座位的剧院、会堂，其闷顶内安装有面灯部位的马道处	低规 8.6.2 条
高层建筑	(1) 高级旅馆、重要的办公楼、一类建筑的商业楼、展览楼、综合楼等和建筑高度超过 100m 的其它高层建筑 (2) 高层建筑的避难层（间）	高规 7.2.4 条 高规 6.1.13.6 条

(2) 消防卷盘技术要求见表 4.7-7。

消防卷盘技术要求 **表 4.7-7**

项目	技术要求
设置地点	走道、楼梯口附近。明显、便于取用地点
间距	应保证室内地面任何部位有一股水流到达
规格和配套装置要求（产品规格见表 4.7.1-8）	(1) 栓口直径宜为 25mm (2) 胶管内径不小于 19mm，公称压力 $PN \geqslant 1.0$MPa (3) 胶管长度不应超过 40m，一般可取 25m、30m (4) 水枪喷嘴直径不应小于 6mm，一般取 8mm
最高使用压力	耐压强度可达 1.0MPa，设计时建议采用不超过 0.8MPa，超过时应减压
安装	(1) 可单独安装，也可与普通消火栓设置在一起，见国标 87S163/16—4，简图见图 4.7-5、4.7-7、4.7-8 (2) 高度应便于取用
用水量	不计

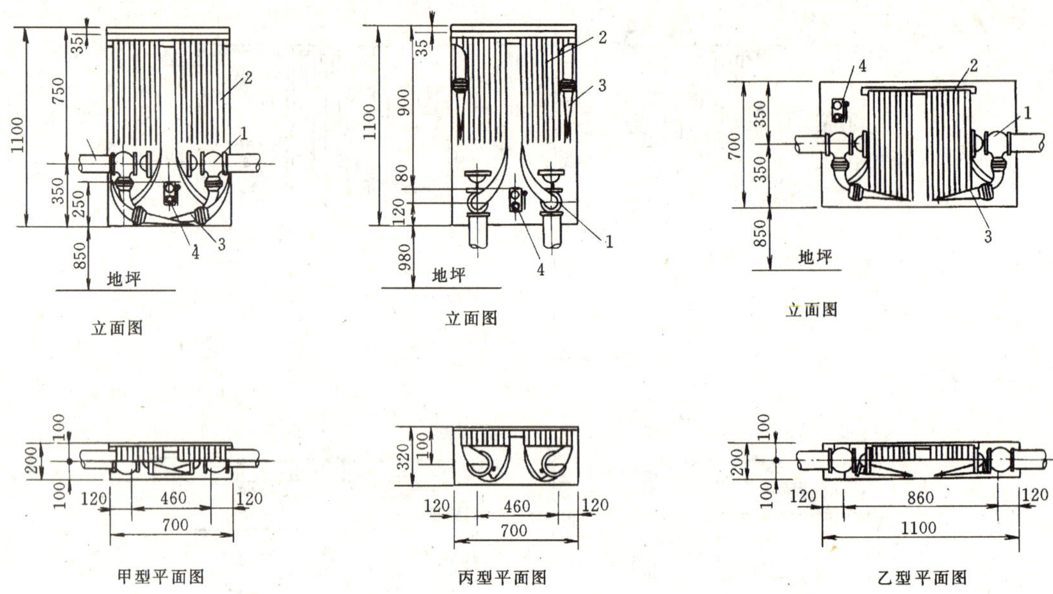

图 4.7-6　双栓室内消火栓安装图
（国标 87S163/16—3）
1—消火栓（DN65 或 DN50）；2—龙带；3—水枪；4—消防按钮

（3）消防卷盘规格见表 4.7-8。

消防卷盘规格、性能　　表 4.7-8

<table>
<tr><th rowspan="2" colspan="2">型　号</th><th colspan="3">胶管规格</th><th rowspan="2">喷嘴口径
(mm)</th><th rowspan="2">工作压力
(MPa)</th><th rowspan="2">有效射程
(m)</th><th rowspan="2">流量
(L/s)</th><th rowspan="2">消火栓型号</th><th rowspan="2">生　产　厂</th></tr>
<tr><th>内径
(mm)</th><th>长度
(m)</th><th>盘径
(mm)</th></tr>
<tr><td colspan="2">SGX24</td><td>19</td><td>25</td><td>868</td><td>6～8</td><td>1</td><td>15</td><td>0.2～1.26</td><td>SN25（SNA25）</td><td>四川消防机械厂</td></tr>
<tr><td rowspan="3">GX1-3</td><td rowspan="3">480
570</td><td rowspan="3">19
19</td><td>20</td><td>480</td><td>6</td><td rowspan="3">1</td><td>15.3</td><td rowspan="3">0.2～1.26</td><td rowspan="3">SN25</td><td rowspan="3">广州、沈阳、西安、北京建国门等消防器材厂</td></tr>
<tr><td>25</td><td></td><td>7</td><td>16.2</td></tr>
<tr><td>30</td><td>570</td><td>8</td><td>17.1</td></tr>
</table>

4.7.2　给水系统设计

1. 室内消火栓给水系统分类和选择

室内消火栓系统设计，应视建筑物性质、高度、生产生活用水要求和水源情况，如市政管网供水水量、水压和水质情况综合考虑确定。常用的分类和选择条件见表 4.7-9。工程设计常用多种形式组合。

2. 常用消火栓给水系统图式

根据消火栓系统分类，消火栓系统的给水可有多种图式，设计时应通过方案比较选定。常用消火栓给水图式如下（图式中所示各部组成仅为示意，具体要求见有关章节）：

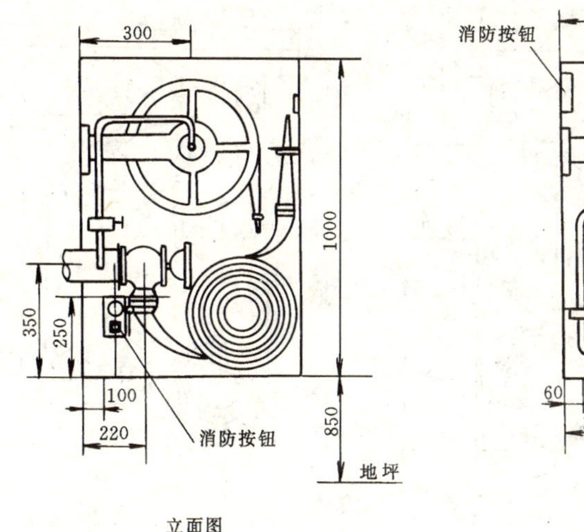

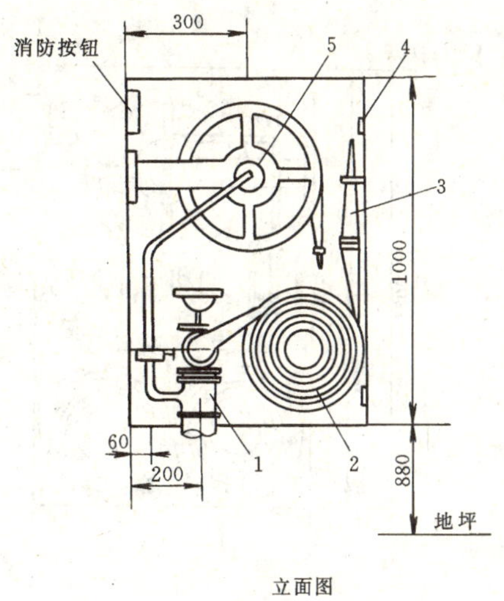

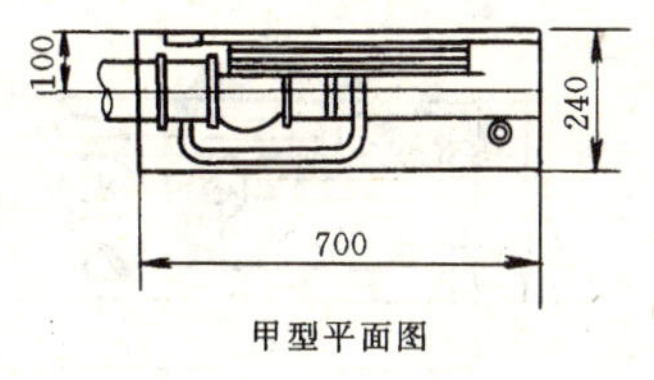

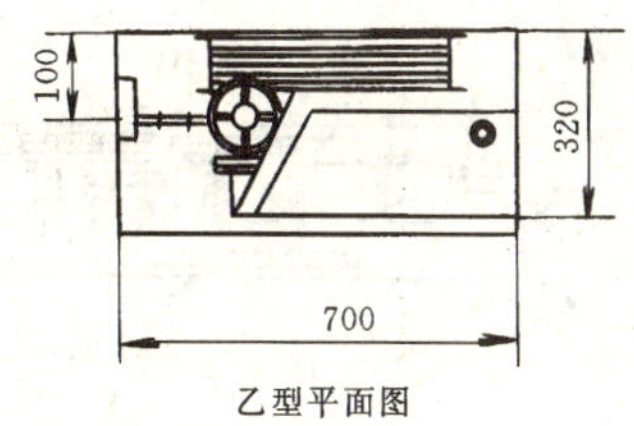

图 4.7-7 室内消火栓、消防软管卷盘组合型安装图（二）（91SB—给/110）

1—消火栓；2—龙带；3—水枪；4—消防按钮；5—消防卷盘

室内消火栓系统分类和选择　　表 4.7-9

分类方式	名　　称	选　　择
按系统分类	（1）室内外合用消火栓系统 （2）室内独立消火栓系统 （3）室内消火栓与生产、生活合并系统	高层建筑和消防时系统最大工作压力>0.6MPa的其它建筑或消防用水水质不符合生活用水要求者，应采用独立消火栓系统
按给水方式	（1）不分区给水方式 （2）分区给水方式	消火栓栓口静水压大于0.8MPa，应以压力分区给水，高层建筑竖向分区高度一般宜在45～55m范围内
按给水压力	（1）高压消火栓系统 （2）临时高压消火栓系统	同室外消火栓系统，见表4.6-1
按服务范围	（1）独立消火栓系统 （2）区域集中消火栓系统	（1）每幢建筑独立设置 （2）消火栓与自动喷水系统独立设置或至少应在自动喷水报警阀后分开设置 （3）数幢或数十幢建筑可共用一个系统

（1）低层建筑和建筑高度≤50m的高层建筑，消火栓给水系统图式举例见表4.7-10。

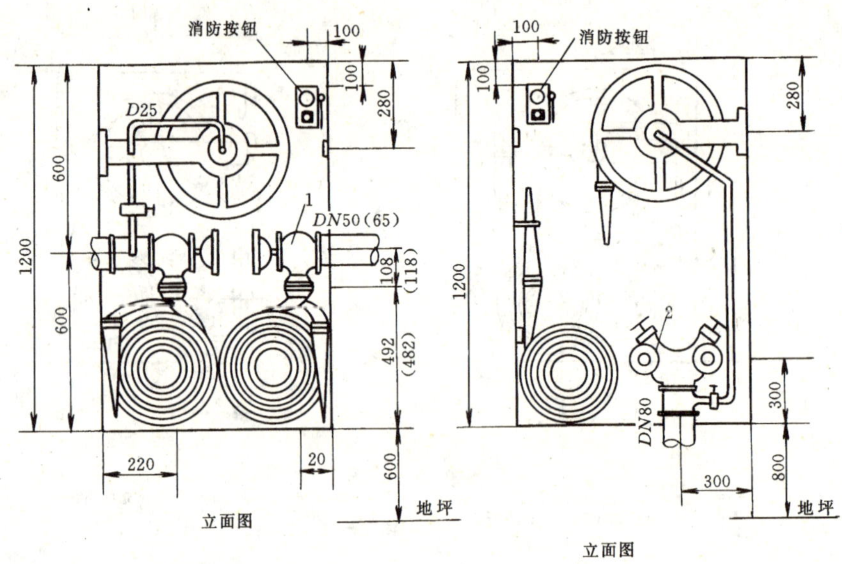

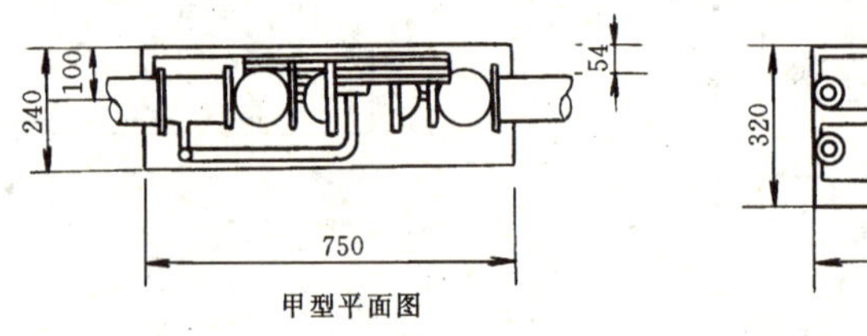

甲型平面图

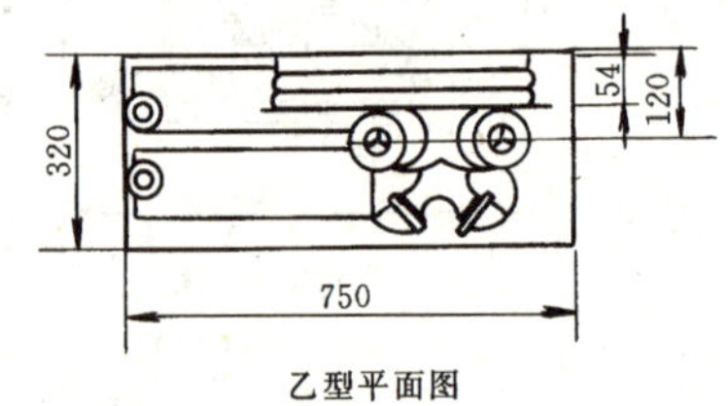

乙型平面图

图 4.7-8　室内消火栓、消防软管卷盘组合型安装图（三）(91SB—给/111)

1—消火栓；2—双阀双栓

室内消火栓系统常用图式（适用建筑高度≤50m）　　**表 4.7-10**

名称	图　　式	供水方式说明	适　　用	供电与控制要求
市政给水直接供给（高压）	图 4.7-9 1—室内消火栓；2—生活给水	1）常高压，消火栓打开即可用 2）室内、外消火栓系统为合用，室内消火栓系统可单设，也可与给水系统合并设 3)系统由室内管网和消火栓组成	1)室外两环段进水 2）室外管网在生产、生活用水量达最大时，仍能满足室内外消防用水量和水压要求 3）一般用于低层、村镇、车库和地下建筑	建筑规模较大，标准较高时，可在消火栓处设按钮，向本层及其上下层和值班室同时声、光报警

续表

名称	图式	供水方式说明	适用	供电与控制要求
设水泵和水箱供水（临时高压（一））	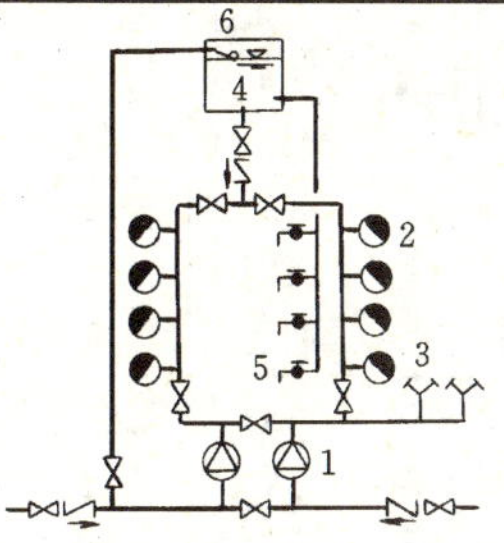 图 4.7-10 1—消防水泵；2—室内消火栓；3—水泵接合器；4—高位水箱；5—生活给水；6—浮球阀	1）室外为低压，室内为临时高压，室内初期由水箱供水，水泵起动后由水泵供水灭火 2）消火栓系统可单设，若与给水系统合并设置时，水泵起动后，系统最大工作压力≯0.6MPa 3）系统由水泵、管网、水箱和水泵接合器等组成	1）室外两环段进水 2）当生产、生活用水量达最大时，市政给水管网仍能满足室内外消防用水量 3）室外管网允许水泵直接取水 4）一般用于低层、或多层建筑	1）电源：双电源，不间断供电 2）水泵设两台，一用一备，互为备用 3）水泵控制：手动起泵：消火栓处、水泵房内、消防控制中心 停泵：水泵房内和消防控制室（中心） 4）报警：消火栓处起泵同时向值班室或控制中心声、光报警
设水泵、水箱和水池供水（临时高压（二））	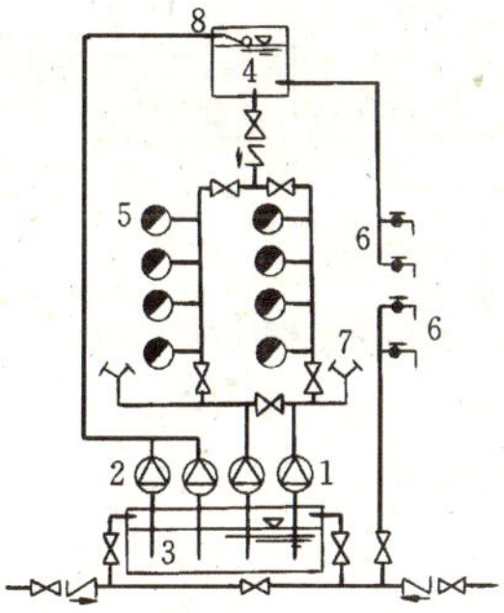 图 4.7-11 1—消防水泵；2—生活给水泵；3—水池；4—高位水箱；5—室内消火栓；6—生活给水；7—水泵接合器；8—浮球阀	1）室外为低压，室内为临时高压，初期由水箱供水，水泵起动后由水泵供水灭火 2）消火栓系统可单设，在低层建筑若与生活给水系统合并设置时，水泵起动后系统最大工作压力≯0.6MPa 3）系统由贮水池（或吸水井）、水泵、管网、水箱、消火栓和水泵接合器组成	1）室外管网为枝状，需设水池供水 2）室外管网虽为环状，但管径小或压力低，需设水池贮水 3）室外管网不允许水泵直接取水，需设吸水井或贮水池 4）一般用于建筑高度小于 50m 的高层和低层建筑	1）供电：双电源，不间断供电 2）水泵设两台，一用一备，互为备用 3）水泵控制：手动起泵：消火栓处、水泵房内、消防控制中心 停泵：水泵房内和消防控制室（中心） 4）报警：消火栓处起泵同时向值班室或控制中心声、光报警

（2）建筑高度 50～100m 的高层建筑，消火栓给水系统图式举例见图 4.7-12。

（3）建筑高度大于 100m 的超高层建筑，消火栓给水系统图式举例见图 4.7-13。

（4）高层（建筑高度大于 50m）和超高层（建筑高度大于 100m）建筑消火栓系统给水图式设计时应注意：

1）给水垂直分区：由于建筑高度关系，上下消火栓管道系统压力相差很大，为适应常用管材和消防水带及现场救火人员的操作，应将竖向进行分区，以保证每区消火栓处最大静水压不超过 0.8MPa。高层建筑竖向分区高度一般宜在 45～55m 范围内。

2）消火栓处最大工作压力问题：目前并无统一认识。按理：根据规范和国标 87S163 室内消火栓安装图规定的最大静水压值 0.79MPa（近似取 0.8MPa），应该是系统设计的最高工作压力。但考虑工程实际和目前大多数设计人员的应用情况。本手册推荐消火栓处最高工作压力不超过 1.0MPa 为宜（消火栓的公称压力为 1.6MPa）。当枪口压力超过 0.8MPa 时，消防水带应采用公称压力为 1.0MPa、1.3MPa 的衬胶或涤纶聚氨脂衬里水带；消防卷

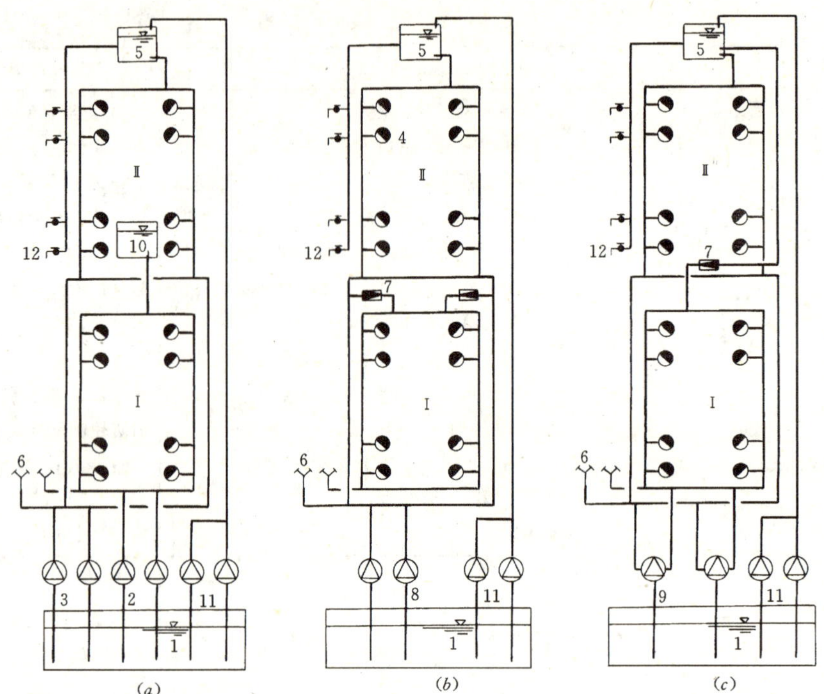

图 4.7-12　高层建筑室内消火栓分区给水图式举例

(a) 采用不同扬程的水泵分区；(b) 采用减压阀分区；(c) 采用多级多出口水泵分区

1—水池；2—低区水泵；3—高区水泵；4—室内消火栓；5—屋顶水箱；6—水泵接合器；7—减压阀；8—消防水泵；9—多级多出口水泵；10—中间水箱；11—生活给水泵；12—生活给水

盘管道系统应与消火栓管道分开。做法是从超压部分的消火栓立管上接出支管，并设减压阀（比例式）经减压后再接卷盘（国产卷盘公称压力1.0MPa，工作压力太大，不便常人操作），供卷盘的立管可为枝状（见图4.7-13）。管径为$DN40$，并不计水量。

3）并联和串联供水问题，一般高层或超高层建筑的消防水池设在地下室或首层（也有设在中间设备层或屋顶的，因对建筑结构专业不利，工程上采用较少，特别是设在屋顶）。常用的供水方式有并联、串联或并联和串联相结合的混合给水方式。

(A) 并联给水：给水管网竖向分区，分别用各自专用水泵提升供水。它的优点是水泵布置相对集中于地下室或首层，方便管理，安全可靠。缺点是高区水泵扬程较高，需用耐高压管材和管件，高区在消防车供水压力不及时，水泵接合器将失去作用。从这点上讲，紧急送水的安全性不如串联好。一般适用于分区不多的高层建筑。如100m之内，或超高层建筑的顶部100m范围内。见图4.7-12和4.7-13/(c)。

(B) 串联给水：竖向各区由水泵直接串联向上（见图4.7-13(a)）或经中间水箱转输再由泵提升的间接串联（见图4.7-13/(b)）给水两种方式。它的优点是不需要高扬程和耐高压管材、管件和水泵；可通过水泵接合器并经各转输泵向高区送水灭火。从这点讲，它的供水可靠性比并联好。缺点是水泵分散在各层，管理不便；消防时下部水泵应与上部水泵联动，安全可靠性较差。一般适用于建筑高度超过100m，消防给水分区大于2区的超高层建筑。

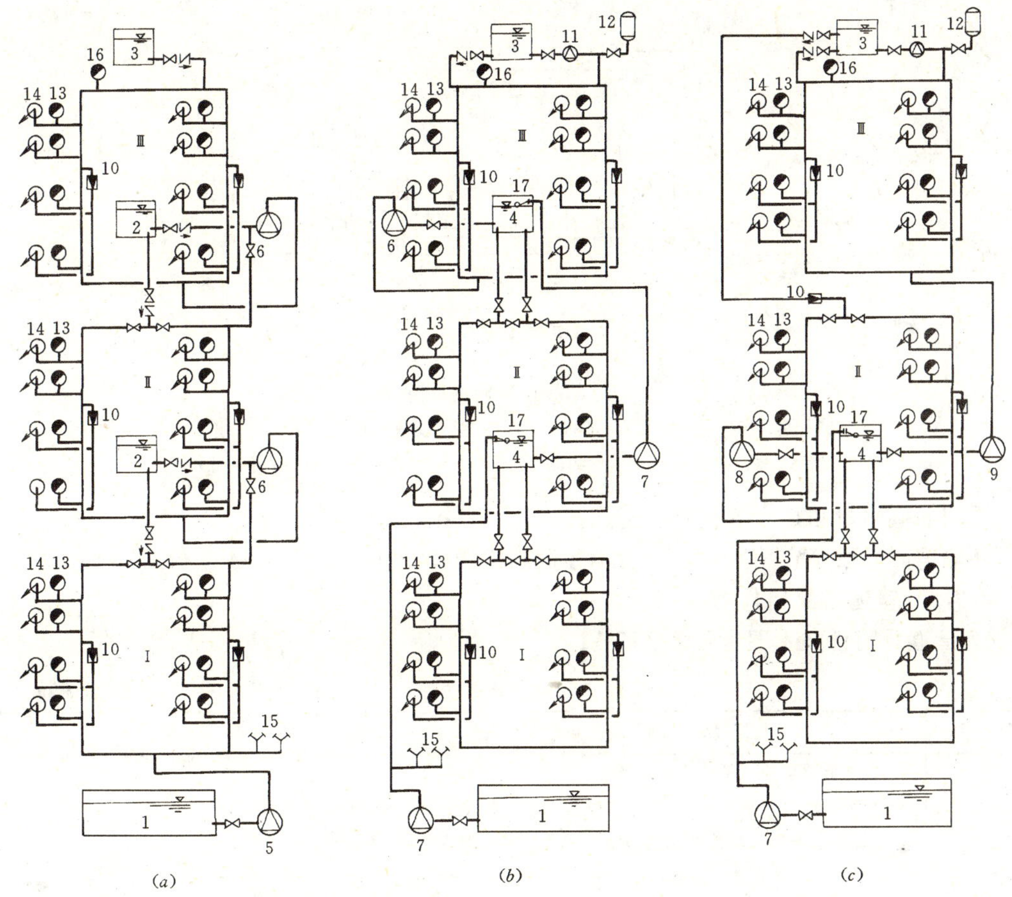

图 4.7-13 超高层建筑室内消火栓分区给水图式举例

(a) 消防水泵直接串联给水；(b) 消防水泵间接串联给水；(c) 消防水泵混合给水

1—消防水池；2—中间水箱；3—屋顶水箱；4—中间转输水箱；5—消防水泵；6—中、高区消防水泵；7—低、中区消防水泵兼转输；8—中区消防水泵；9—高区消防水泵；10—减压阀；11—增压水泵；12—气压罐；13—室内消火栓；14—消防卷盘；15—水泵接合器；16—屋顶消火栓；17—浮球阀

水泵直接串联法的管网供水压力为接力水泵扬程的叠加，设计时应注意离心水泵在小流量高扬程时出现的最大扬程叠加。管道系统的设计强度应满足此要求。

水泵间接串联方式因向水箱输水泵的扬程和流量为定值，而上部消防用水会随水枪开启的支数（水箱可能重力向下，也可能由泵向上抽水或同时向上向下供水）而变化的变值，它可能小于，也可能大于向水箱输水的水泵流量，为适应这一情况，转输水箱的容积宜适当放大，建议按 0.5～1.0h 消防流量计，并不小于 36m^3。并使下区水泵输水流量适当大于上区消防水量（如下区输水泵工作点可略偏向大流量低扬程段）。另外，为防止水箱输入水量大于输出水量时的水量大量流失，水箱进水管（即输入水泵出水口）上应设浮球阀控制，并在此浮球阀前引一小流量出水管，以防止输水泵在浮球阀关闭状态下长期运作，使水泵升温过高，如图 4.7-14；也可将溢流水引回消防贮水池（与生活用水合用水池不得回流，以防池水受污染）。

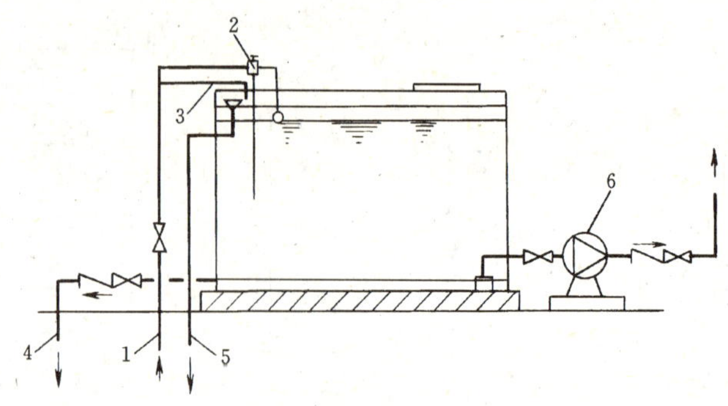

图 4.7-14 间接串联转输水箱进水管

1—进水管(2根);2—浮球阀(2个);3—进水支管(*DN*25～40);4—出水管(2根)(下区管网供水管);5—溢水管;6—转输水泵(2台,一用一备)

系统的供水量和贮水容量建议适当放大。

转输消防水泵不宜用水箱水位自动控制频繁起停工作。

4.7.3 管道系统组件

1. 管道及附件技术要求见表4.7-11。

管道和附件技术要求 **表 4.7-11**

项 目	低层建筑、停车场、修车库、人防	高 层 建 筑
管道和引入管布置	(1) 低层建筑(低规8.6.1条) 1) 室内消火栓超过10个，且室内消防用水量大于15L/s，室内消防管道至少应有两条进水管与室外环网的不同管段连接，并应将室内管道连成环状或将进水管与室外管道连成环，当环状管网的一条进水管发生事故时，其余的进水管应仍能供应全部用水量 2) 7～9层的单元住宅和不超过8户的通廊式住宅，给水管可为枝状，进水管可用一条 3) 进水管上设置的计量设备，不应降低进水管的过水能力 (2) 停车库、修车库和人防工程室内消火栓超过10个时，室内管道应成环。并有两条进水管与室外管道相连接 (3) 室内消火栓管道应与自动喷水管道系统分开设置，如有困难时，应在报警阀前分开设置	(1)应成环(垂直或立体成环，见图4.7-15)，保证供水干管和每条竖管都能双向供水 (2) 给水引入管不应少于2条，当其中一条损坏时，其余进水管应保证全部消防用水量和水压
竖管	(1)超过6层的塔式(采用双阀双口消火栓除外)和通廊式住宅，超过5层或体积超过1000m^{3}的其它民用建筑、超过4层的厂房和库房，如室内消防竖管为2条或2条以上时，应至少每2条竖管相连组成环状，每条竖管直径应按最不利点消火栓出水，并根据表4.3-9规定的流量确定 (2) 高层工业建筑应成环状，且管径不应小于100mm	(1)消防竖管应保证同层2个消火栓的水枪充实水柱到达被保护范围内的任何部位 (2)管径应按通过流量计算确定，但不应小于100mm (3) 18层及其以下，每层不超过8户，建筑面积不超过650m^{2}的塔式住宅，当设2根竖管有困难时，可设一根，但必需采用双阀双口消火栓或双栓消火栓组合箱

续表

<table>
<tr><th>项 目</th><th>低层建筑、停车场、修车库、人防</th><th>高 层 建 筑</th></tr>
<tr><td>阀门</td><td colspan="2">(1) 管道应用阀门分成若干独立段，使在一根引入管故障维修时，通过阀门操作，其余引入管仍能保证全部消防时供水
(2) 当环管道损坏维修时：
1) 低层建筑、人防工程和车库：停止使用的消火栓在同层中不应超过 5 个；高层建筑：停止使用的消火栓竖管不超过 1 根，当竖管超过 4 根时，可关闭不相邻的 2 根；
2) 高层建筑裙房内因阀门关闭而停止使用的消火栓，同层中不宜超过 5 个；
3) 高层工业建筑、高度超过 24m 的多层停车库，应保证检修时关闭竖管不超过 1 条。竖管超过 3 条时，可关闭 2 条
4) 阀门应经常开启，并应有明显的启闭标志（一般常用明杆闸阀，蝶阀，带关闭指示的信号阀等），国产信号阀门举例如下：
<table>
<tr><th>型 号</th><th>XZF 型信号闸阀</th><th>XD37A1X 型信号蝶阀</th></tr>
<tr><td>DN（mm）</td><td>50～150（6 种）</td><td>50～250（8 种）</td></tr>
<tr><td>P_N(MPa)</td><td>1.0 和 1.6（2 种）</td><td>1.0 和 1.6（2 种）</td></tr>
<tr><td>功能</td><td>有常开、常闭 2 触点，可供如下两种使用：
A）仅用常开触点，阀开红灯不亮，阀关红灯亮
B）用常开、常闭 2 个触点，阀开，绿灯亮；阀关红灯亮</td><td>有开向和关向 2 个方向微动信号，在阀开或关动作时，接通控制中心的开或关信号灯显示</td></tr>
<tr><td>触点容量</td><td>24V/1A</td><td>AC 220V/1A
DC 30V/0.5A</td></tr>
<tr><td>安装方式</td><td colspan="2">任 意</td></tr>
<tr><td>生产厂</td><td>北京银燕环保设备工程有限公司</td><td>天津塘沽阀门厂</td></tr>
</table></td></tr>
<tr><td>管径</td><td>(1) 独立的消火栓系统用水以消防秒流量计算
(2) 消防用水与其它用水合用的室内管道，当其它用水达到设计秒流量时，应仍能供应全部消防用水量。淋浴用水可按计算用水量的 15%计算，洗刷用水可不计算在内</td><td>独立的消防系统用水，以消防秒流量计算</td></tr>
<tr><td>管材</td><td colspan="2">与生活用水合并时，应采用镀锌钢管或给水铸铁管，消防专用管一段采用无缝钢管、镀锌钢管、焊接钢管。但最大工作压力超过 1.0MPa 时，应采用无缝钢管或镀锌无缝钢管</td></tr>
<tr><td>管道防冻</td><td colspan="2">寒冷地区敷设在室温<4℃的场所（包括厂房、库房内），应采取防冻措施，如采用干式系统，但在进水管上应设快速开启阀门（如蝶网），管道最高处应设排气阀，最低点应设放空阀，平时将管网放空（低规 8.6.1 条）</td></tr>
<tr><td>管道防护</td><td colspan="2">管道防护对保证消防给水，特别是对地震、防空设防要求建筑很重要。为保证灾后供水，减少二次灾害（火灾）在管道设计时应注意：
1) 管道及附件应牢固固定
2) 管道应能适应热伸缩作用
3) 在给水引入管穿越地下室外墙或基础处，在抗震缝、沉降缝、伸缩缝处应设挠性接头，以防建筑物不均匀沉降或遭地震力作用破坏</td></tr>
</table>

续表

项目	低层建筑、停车场、修车库、人防	高层建筑
管道穿防火墙、隔墙、楼板	(1) 应采用不燃烧材料将其周围的缝隙填塞密实（一般采用矿渣棉、玻璃纤维或同等的非易燃柔性材料填实） (2) 穿过防火墙处的管道保温材料，应采用不燃烧材料	
管道井	建筑高度 $H \leqslant 100$m，应每隔2～3层；$H>100$m应每层在楼板处用相当于楼板耐火极限的不燃烧体作防火分隔	
管道试压	管道安装完成后的静水压试验压力采用1.4MPa，如最大工作压力大于1.0MPa时，采用最大工作压力加0.4MPa，时间保持2h，无明显渗漏为合格。试验压力表应位于系统或试验部分的最低部位	
其它	同给水管道，管道油漆颜色一般为红色	

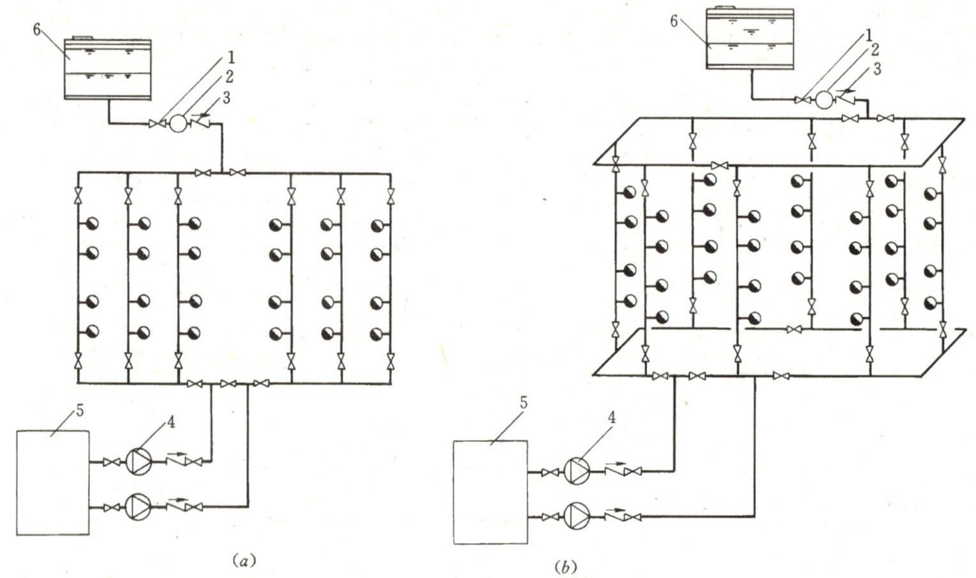

图4.7-15 室内消防环网和阀门布置示意

(a) 垂直成环；(b) 立体成环

1—阀门；2—水流指示器（视需要设）；3—止回阀；

4—水泵；5—贮水池；6—高位水箱

2. 水泵接合器

(1) 水泵接合器是供消防车向室内管网送水的连接器。形式有地上式、地下式和墙壁式三种。规格有 DN100（接口为2个65mm）和 DN150（有2个80mm接口）两种，形式见图4.7-16和图4.7-17。适用于水和泡沫混合液。另外，福建南安县美林第三消防器材厂和杭州沪杭消防器材厂生产的SQ100A型和SQB100 A型消防水泵接合器，集止回阀、闸阀和安全阀为一体，具有体积小、维修方便等优点，在消防部门同意情况下可以采用。

各类建筑接合器设置标准见表4.7-12。

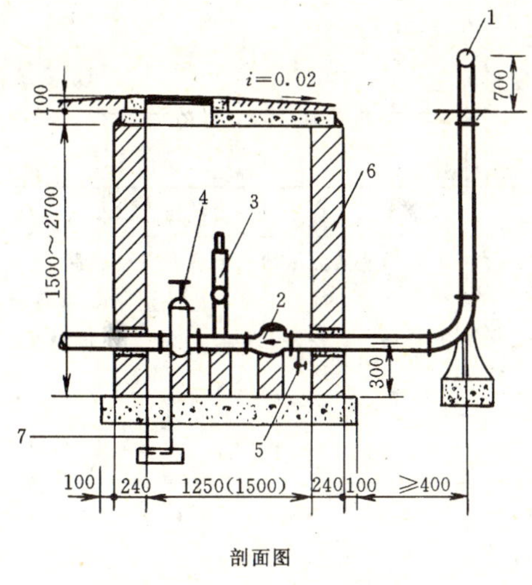

剖面图

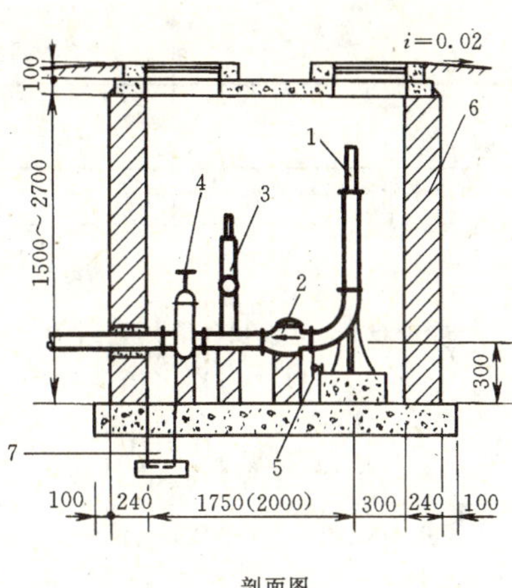

剖面图

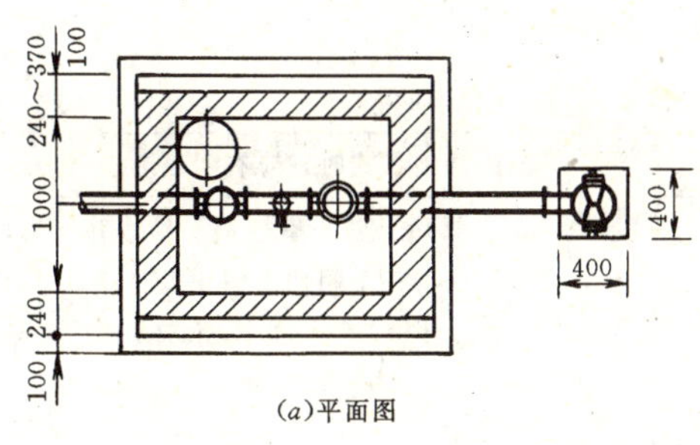

(*a*)平面图

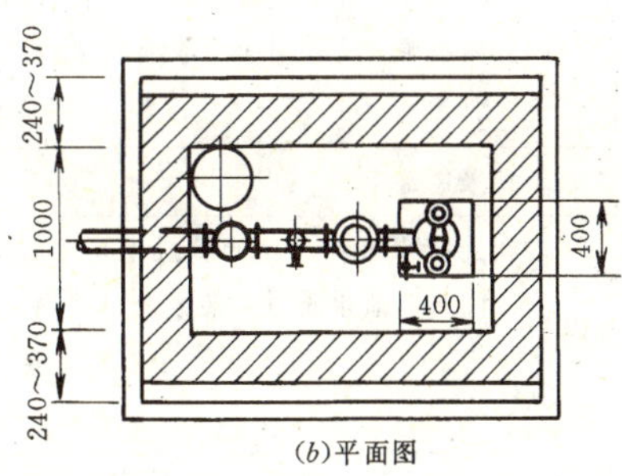

(*b*)平面图

图 4.7-16 水泵接合器安装图

(*a*) 地上式（国标 S164/7—3）；(*b*) 地下式（国标 S164/7—5）

1—接合器 *DN*100（或 *DN*150）；2—止回阀 *DN*100（或 *DN*150）；3—安全阀 *DN*32；4—闸阀 *DN*100（或 *DN*150）；5—放水阀 *DN*32；6—砖砌阀门井；7—集水坑

注：括号内为 *DN*150 接合器安装尺寸

水泵接合器设置标准 **表 4.7-12**

建筑物性质	设　置　标　准	备　注
低层建筑	超过 4 层的厂房和库房、高层工业建筑、设有消防管网的住宅及超过 5 层的其它民用建筑的室内消火栓系统	低规 8.6.1 条
高层建筑	(1) 室内消火栓系统 (2) 当设有竖向分区供水时，在消防车供水压力范围内的分区应分别设置	高规 7.4.5 条
汽车库、停车库	超过 4 层的多层停车库的室内消火栓系统	车规 6.1.9 条
人防工程	室内消防用水量超过 10L/s 的室内消火栓系统	防规 6.5.1 条

(2) 水泵接合器设置技术要求见表4.7-13。

水泵接合器设置技术要求 表4.7-13

项目	技术要求	说明
流量	每个水泵接合器为10～15L/s	一个水泵接合器由一台消防车供水
数量	$n=\frac{Q_N}{q_J}$ (4.7-2) 式中 n——水泵接合器数量(个),当计算值为小数时,应向上进一位取整数 Q_N——室内消防用水量(L/s) q_J——每个水泵接合器流量(L/s)	采用竖向分区给水方式的高层建筑,在消防车供水范围内的每个分区应分别计算 采用串联给水方式时,可仅在下区设水泵接合器
设置位置	(1) 设在室外,便于消防车使用 (2) 不妨碍交通 (3) 与建筑物外墙应有一定距离,一般不宜小于5m,墙壁式除外;人防工程距出入口不宜小于5m (4) 离水源(室外消火栓或消防水池)不宜过远,一般为15～40m	
选型	宜采用地上式	当采用地下式时,应有明显标志
附件设置	在连接水泵接合器的管段上均应设止回阀、安全阀、闸阀和泄水阀(一般成套订货供应)	止回阀用于防止室内消防给水管网的水流回流至室外;安全阀用于防止管网停泵水锤超压,开启压力调至比设置处管网工作压力高0.4MPa,一般出厂时调在1.6MPa
工作压力	水泵接合器及其附件,其最大工作压力不应大于接合器的公称压力(1.6MPa)	国产水泵接合器的公称压力均为1.6MPa
外形要求	外形不应与消火栓相同,以免误用而影响火灾的及时扑救	
标志	所有接合器均应设固定标志,表示系统名称,服务范围	

(3) 水泵接合器的安装详见国标S164。常用安装形式和简图见表4.7-14。

消防水泵接合器安装图 表4.7-14

国标图号	图名	简图号	适用条件
S164/7—3	SQ型地上式消防水泵接合器安装图(有闸阀、止回阀、安全阀)	图4.7-16(*a*)	(1) 规格:每种图有*DN*100和*DN*150两种 (2) 水压≤1.6MPa (3) 人行道及非汽车行驶地段 (4) 地上式、地下式用于采暖室外计算温度低于20℃地区,需做保温井口 (5) 各井均有适用于有地下水和无地下水两种,可供选用 (6) 湿陷性黄土、多年冻土和地震烈度≥9°等特殊地区,应另作处理
S164/7—5	SQX型地下消防水泵接合器安装图(有闸阀、止回阀、安全阀)	图4.7-16(*b*)	
S164/7—6	SQB型墙壁式消防水泵接合器安装图(甲型、乙型、丙型)	图4.7-17	
	SQ100A型水泵接合器安装图	图4.7-18	

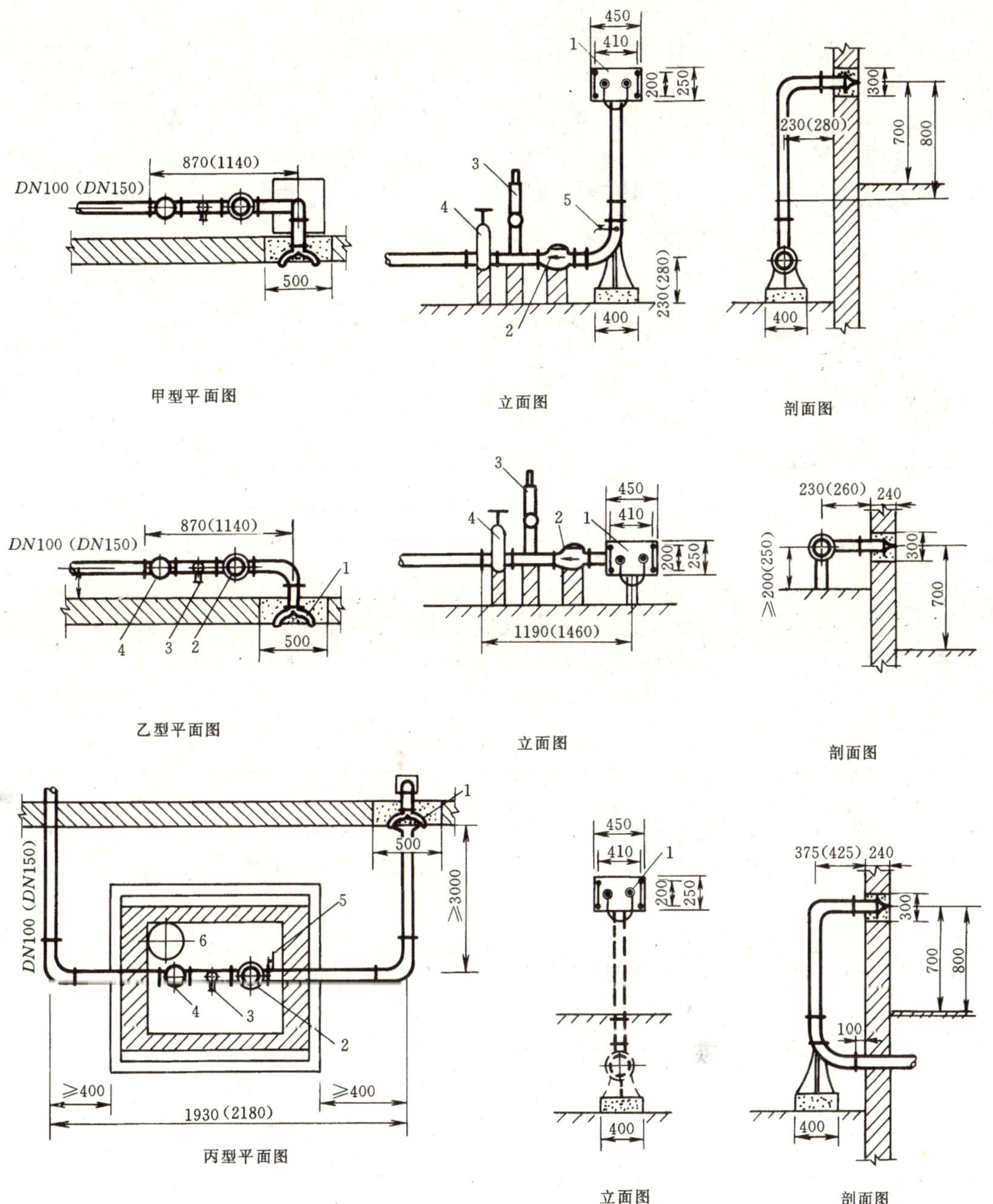

图 4.7-17 墙壁式水泵接合器安装图（国标 S164/7—6）

1—消防接口本体 *DN*100（或 *DN*150）；2—止回阀 *DN*100（或 *DN*150）；3—安全阀 *DN*32；4—闸阀 *DN*100（或 *DN*150）；5—放水阀；6—阀门井

注：括号内为 *DN*150 接合器安装尺寸。

3. 消防水箱

(1) 设置条件：各类建筑的临时高压给水系统均应设置。

(2) 设置技术要求见表 4.7-15。

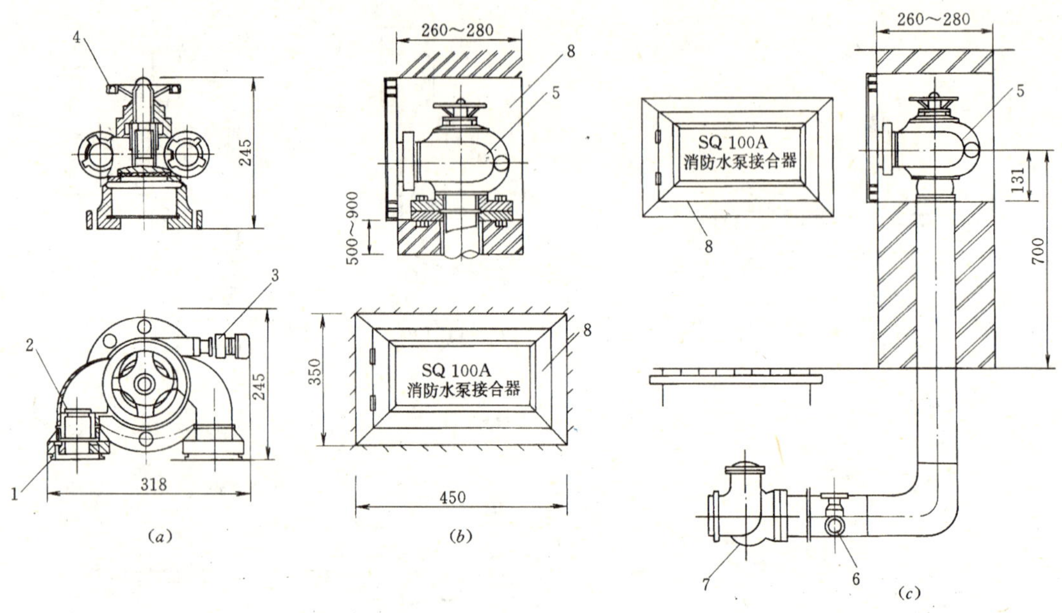

图 4.7-18　SQ100A 型水泵接合器安装图

(a)接合器；(b)甲型安装；(c)乙型安装(用于北方地区)

1—接口(DN65)；2—止回板；3—安全阀；4—手轮；5—接合器组(DN100)；6—放水阀；7—止回阀；8—箱体

消防水箱设置技术要求　　**表 4.7-15**

<table>
<tr><th colspan="3">项　　目</th><th colspan="3">技　术　要　求</th></tr>
<tr><td rowspan="6">屋顶水箱</td><td rowspan="4">高层建筑</td><td rowspan="3">有效容积(m^3)</td><td>建筑类别</td><td>公共建筑</td><td>居住建筑</td></tr>
<tr><td>一类</td><td>18</td><td>12</td></tr>
<tr><td>二类</td><td>12</td><td>6</td></tr>
<tr><td>设置高度(m)①</td><td colspan="3">水箱最低水位至最不利点消火栓的垂直距离：建筑高度≤100m 时，不应小于 7m；建筑高度>100m 时，不应小于 15m</td></tr>
<tr><td rowspan="2">低层建筑车库</td><td>有效容积(m^3)</td><td colspan="3">贮存火灾初期 10min 消防用水，但当室内消防用水≤25L/s 时，经计算>12m^3 时，仍采用 12m^3；室内消防用水>25L/s 时，经计算>18m^3 时，仍采用 18m^3</td></tr>
<tr><td>设置高度(m)</td><td colspan="3">应在建筑物最高部位设置（重力自流）</td></tr>
<tr><td rowspan="4">高层建筑中间水箱</td><td>分区减压水箱</td><td rowspan="3">容积</td><td colspan="3">应满足进水量≥出水量，可不考虑消防贮水，满足浮球阀件等安装即可，但一般不小于 5m^3</td></tr>
<tr><td>并联分区中间水箱</td><td colspan="3">同屋顶水箱</td></tr>
<tr><td>串联系统中间水箱</td><td colspan="3">建议≮0.5～1h 消防用水量</td></tr>
<tr><td colspan="2">设置高度</td><td colspan="3">满足下区消防供水水压要求，计算见本章 4.7.4 节式 4.7-4</td></tr>
<tr><td colspan="3">个　　数</td><td colspan="3">一般建筑设一个（每一个功能），重要建筑或高层建筑宜分设两个，分设两个水箱应用管道相连，中间设阀门。管径不小于水箱出水管。配管要求见图 4.7-19</td></tr>
</table>

续表

项　　目	技　术　要　求
共用条件	(1) 各类建筑的消防水箱，宜与生活和生产用水合用。当与其它用水合用时，应有确保消防用水不作他用的技术措施。一般采用虹吸破坏法（在其它用水出水管上），见图 4.7-20。 (2) 区域集中的临时高压给水系统，当最高建筑屋顶水箱设置高度能满足其它建筑消防水压要求时，其它建筑内可不设高位水箱，当不能满足其压力要求时，如几幢相同高度的建筑群，每幢建筑宜均按上述要求（容量和设置高度）设置
水箱出水管	(1) 火灾时由高位水箱和水泵双向向管网供水和直接串联给水系统的中间水箱，消防水泵供水时，供水不应进入。一般在出水管上设止回阀 (2) 高层建筑采用间接串联给水的中间转输水箱，出水管可不设止回阀
其　它	(1) 组装或直接阁置水箱，应牢固与建筑物固定，在地震设防区应有足够的抗震能力 (2) 消防水箱设置房间防火要求同消防水泵房，见表 4.10-3 (3) 设置要求和配管见给水章节

注：①屋顶水箱不能满足此高度要求时，应设增压设施。

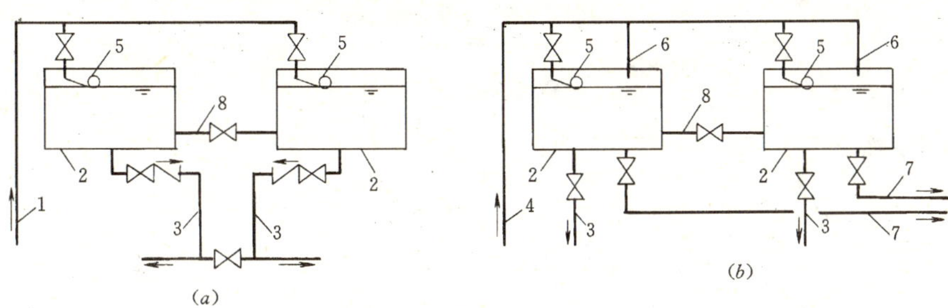

图 4.7-19　两水箱并联配管

(a) 水泵和水箱双向向管网供水；(b) 间接串联转输水箱配管

1—补水管（生活水供给）；2—消防水箱；3—出水管（向下区管网供水）；4—消防供水管；5—浮球阀；6—小流量进水管（DN25～40）；7—转输泵吸水管；8—联通管

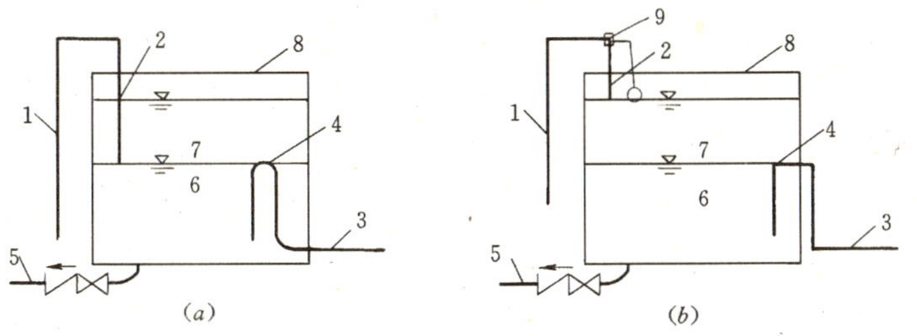

图 4.7-20　确保消防用水的技术措施

1—进水管；2—管壁开 ϕ20～25 孔（位于最高水位处作虹吸破坏用）；3—生产、生活出水管；4—管顶开 ϕ20～25 孔（位于消防贮水位处作虹吸破坏用）；5—消防出水管；6、7—消防和生活贮水；8—水箱；9—进水浮球阀

4.7.4　管网水力计算

1. 计算目的：

(1) 在满足最不利灭火点所需消防水量和充实水柱的前提下，通过计算确定管网系统管径和水头损失，选择水泵或气压给水装置（或水箱、水塔设置高度）。

(2) 根据选定的水泵或气压给水装置，校核管网系统工作压力和消火栓栓口出水压力。若消火栓处最大工作压力（离心水泵在零流量时）大于1.0MPa时，应调整系统压力分区或设减压措施；若栓口出水压力超过0.5MPa时，应设减压装置，如孔板。

(3) 根据系统最大工作压力选择和校核管网系统管材和配件。

2. 计算方法：

(1) 每根消防竖管的管径应按通过的流量计算确定。通过的最小流量：低层建筑见表4.3-9；高层建筑见表4.3-10。但高层建筑和高层工业建筑竖管的最小管径不应小于100mm。

(2) 管网系统的计算：供水量按室内消火栓系统用水量达设计秒流量时计算：当消火栓与其它用水合用系统时，其它用水达设计秒流量时，应仍能供应全部消火栓用水，其中淋浴用水可按计算用水量的15%计，洗涮用水可不计在内。

系统设计流量的分配可按最不利着火点和表4.7-16要求进行。最不利着火点：对单层建筑（含车库和人防工程），以最高最远的消火栓或两个（多个）消火栓作为设计计算点；多层和高层建筑按最远、最高竖管、次远和第三远竖管流量分配作为最不利计算点。

最不利点计算流量分配　　**表4.7-16**

低层建筑				高层建筑			
室内消防流量(L/s)＝水枪支数×每支流量(L/s)	消防竖管出水枪数（支）			室内消防流量(L/s)＝水枪支数×每支流量(L/s)	消防竖管出水枪数（支）		
	最不利竖管	次不利竖管	第三不利竖管		最不利竖管	次不利竖管	第三不利竖管
5＝1×5	1			10＝2×5	2		
5＝2×2.5	2						
10＝2×5	2						
15＝3×5	2	1		20＝4×5	2	2	
20＝4×5①	2	2					
20＝4×5②	3	1		30＝6×5	3	3	
25＝5×5	3	2					
30＝6×5	3	3		40＝8×5	3	3	2
40＝8×5	3	3	2				

① 适用于古建筑；

② 适用于一般建筑

注：(1) 出两支水枪的竖管，如设置双出口消火栓时，最上一层按双出口消火栓进行计算；

(2) 出三支水枪的竖管，如设置双出口消火栓时，最上一层按双出口消火栓加相邻下一层一支水枪进行计算；

(3) 本表所示每支水枪流量为最小量，实际值要比此值大，因此系统供水量和供水压力应有一定的富裕量。

(3) 管道和管道水头损失的计算方法同给水管网，见第二章给水。

管道局部水头损失可按沿程水头损失的百分数采用，见表4.7-17。

管道计算流速不宜大于2.5m/s。

进水管上设置的计量设备，不应降低进水管的过水能力。

为计算方便，以下压力和管道水头损失均以mH_2O表示（$1MPa=102mH_2O$）。

管道局部水头损失 **表 4.7-17**

管网性质	沿程水头损失的百分数(%)	管网性质	沿程水头损失的百分数(%)
消火栓给水管网	10	生产、消防共用给水管网	15
生活、消防共用给水管网	20	生产、生活、消防共用给水管网	20

(4) 消防水泵的扬程按式 4.7-3 计算：

$$H_b = H_q + h_z + z \quad (4.7\text{-}3)$$

式中 H_b——消防水泵的扬程 (mH_2O)；

H_q——最不利点消火栓所需水压 (mH_2O)，根据水枪流量和充实水柱，由表 4.4-4 查得；

h_z——管网沿程和局部水头损失之和 (mH_2O)；

z——最不利点消火栓与消防水池最低水位之间高差的静水压 (mH_2O)。

(5) 水箱设置高度

1) 屋顶水箱的设置高度见表 4.7-15。

2) 满足最不利点消火栓灭火要求水压的水箱设置高度按式 4.7-4 计算。

$$H = H_q + h_z \quad (4.7\text{-}4)$$

式中 H——水箱最低水位与最不利点消水栓之间的垂直高度 (m)；

H_q——最不利点消火栓所需水压 (mH_2O)，根据水枪流量和充实水柱按表 4.4-4 查得；

h_z——管道沿程和局部水头损失之和 (mH_2O)。

(6) 消火栓减压

消火栓栓口要求最小水压见本章第 4.4.2 节和表 4.4-4。当消火栓栓口出水压力增大，其出水量增大，水枪的反作用力也大，过大的出水量将加速消防贮水的消耗；过大的反作用力将难以使人操作。因此，规范规定消火栓栓口出水压力不应超过 $50mH_2O$ 超过时应设减压装置，常用减压孔板。减压后的消火栓栓口出水压力应在 H_{xh}～$50mH_2O$ 之间(H_{xh}——消火栓栓口要求的最小灭火水压)。

减压孔板孔口的选择，应使孔板孔口的水头损失等于（或接近于）消火栓处的剩余水压。消火栓栓口处的剩余水压：

当水泵由下向上管网供水时，按式 4.7-5 计算：

$$H = H_b - H_{xh} - h_z - \Delta h \quad (4.7\text{-}5)$$

式中 H——计算层最不利点消火栓栓口剩余水压 (mH_2O)；

H_b——水泵在设计流量时的扬程 (mH_2O)；

H_{xh}——消火栓栓口所需最小灭火水压 (mH_2O)；

h_z——计算消火栓与水泵最低吸水面之间的高程差引起的静水压 (mH_2O)；

Δh——水池经水泵到计算层最不利点消火栓之间管道沿程和局部水头损失之和 (mH_2O)。

注：1. 当室内消火栓管网系由室外给水管网直接供水时，上式中的 H_b 可改为室外给水管网的最低供水压力值 (mH_2O)，h_z 改为计算消火栓与给水引入管之间高程差引起的静水压 (mH_2O)。

2. 当水泵直接从室外管网抽水时，H_b应为室外管网最小供水压力和水泵设计扬程的叠加。

当由消防水箱向下供水时，按式4.7-6计算：

$$H=h_z-H_{xh}-\Delta h \tag{4.7-6}$$

式中　H——计算层最不利点消火栓栓口的剩余水压（mH_2O）；

h_z——消防水箱最低水位与计算层最不利点消火栓栓口之间高差引起的静水压（mH_2O）；

H_{xh}——消火栓栓口所需最小灭火水压（mH_2O）；

Δh——由消防水箱至计算层最不利点消火栓之间的管道沿程和局部水头损失之和（mH_2O）。

由于灭火操作条件和离心水泵特性曲线的特点，消火栓系统内压力和流量是个多变值，再加孔板计算公式多种，很难精确计算，为此，工程设计中可以简化一些：

1）消火栓栓口要求最小灭火水压 H_{xh}，当水枪充实水柱≤10m时，可取20mH_2O；当水枪充实水柱为13m时，可取25mH_2O。

2）孔板水头损失不应大于剩余水压，以确保消防时水枪充实水柱。

3）出水压力超过50mH_2O的消火栓不必每层计算，可以每隔3～5层选用同一规格的孔板，只要满足栓口出水压力在H_{xh}～50mH_2O之间即可。

减压孔板制作安装和水头损失计算见国标87S163/16，安装简图见图4.7-21，孔板水头损失值见表4.7-18。

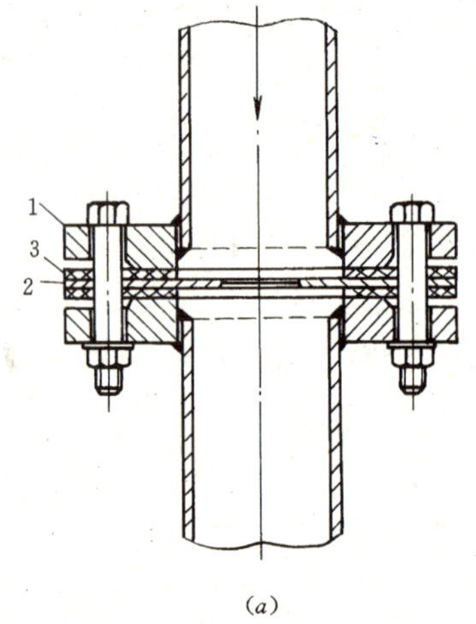

(a)

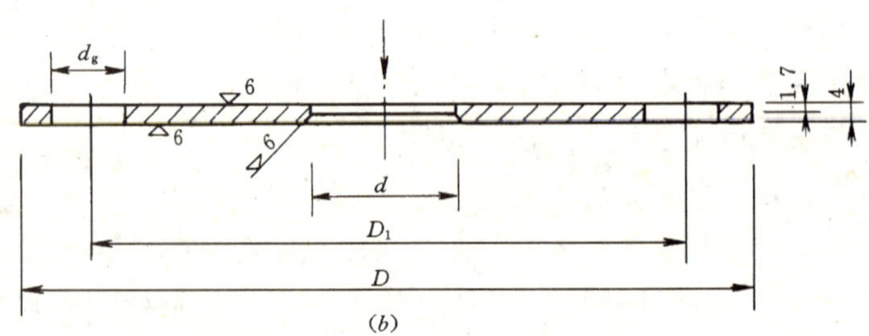

(b)

图4.7-21　法兰减压孔板和安装图

(a) 安装图；(b) 减压孔板

1—钢制法兰；2—减压孔板（黄铜或不锈钢制）；3—橡胶垫（δ=5mm）

孔板水头损失值 H_k（mH_2O） **表 4.7-18**

孔板孔径 d (mm)	流量 q_x(L/s)和管道直径 DN(mm)															
	DN50		DN70		DN80		DN100			DN125				DN150		
	q_x=2.5	q_x=5.0	q_x=2.5	q_x=5.0	q_x=5.0	q_x=10.0	q_x=10.0	q_x=15.0	q_x=20.0	q_x=15.0	q_x=20.0	q_x=25.0	q_x=30.0	q_x=20.0	q_x=25.0	q_x=30.0
12	61.9		64.4													
14	32.4	129.8	34.2	137.0	138.7											
16	18.4	73.5	19.7	78.9	80.3											
18	11.0	44.1	12.1	48.3	49.4											
20	6.9	27.6	7.8	31.0	31.9	127.5	131.5									
22	4.5	17.9	5.2	20.7	21.4	85.5	88.8									
24	3.0	11.9	3.5	14.2	14.8	59.1	61.9	139.3								
26		8.1		10.0	10.5	42.0	44.3	99.7		103.2						
28		5.6		7.2	7.6	30.4	32.4	73.0	129.8	76.0	135.0					
30		3.9		5.3	5.6	22.5	24.2	54.5	96.8	57.0	101.4			103.9		
32				3.9	4.2	16.8	18.4	41.3	73.5	43.6	77.5	121.0		79.7	124.5	
34					3.2	12.8	14.1	31.8	56.5	33.8	60.1	93.9	135.1	62.0	96.9	
36						9.8	11.0	24.8	44.1	26.5	47.2	73.7	106.2	48.9	76.4	110.0
38						7.6	8.7	19.5	34.7	21.1	37.5	58.6	84.4	39.0	61.0	87.8
40						6.0	6.9	15.5	27.6	16.9	30.1	47.0	67.7	31.5	49.2	70.8
42						4.7	5.5	12.5	22.1	13.7	24.4	38.1	54.9	25.6	40.1	57.7
44						3.7	4.5	10.1	17.9	11.2	19.9	31.1	44.8	21.0	32.9	47.4
46						3.0	3.6	8.2	14.5	9.2	16.4	25.6	36.9	17.4	27.2	39.2
48							3.0	6.7	11.9	7.6	13.6	21.2	30.5	14.5	22.7	32.7
50								5.5	9.8	6.4	11.3	17.7	25.4	12.2	19.0	27.4
52								4.5	8.1	5.3	9.5	14.8	21.3	10.3	16.0	23.1
54								3.8	6.7	4.5	8.0	12.5	17.9	8.7	13.6	19.6
56								3.1	5.6	3.8	6.7	10.5	15.2	7.4	11.6	16.7
58									4.6	3.2	5.7	8.9	12.9	6.3	9.9	14.3
60									3.9		4.9	7.6	11.0	5.5	8.5	12.3
62									3.2		4.2	6.5	9.4	4.7	7.3	10.6
64											3.6	5.6	8.0	4.1	6.4	9.2
66											3.1	4.8	6.9	3.5	5.5	7.9
68												4.1	5.9	3.1	4.8	6.9
70												3.6	5.1		4.2	6.0
72												3.1	4.4		3.7	5.3
74													3.8		3.2	4.6
76													3.3			4.1
78																3.6
80																3.2

4.8 闭式自动喷水灭火系统

4.8.1 建筑物、构筑物火灾危险等级

建筑物、构筑物火灾危险等级及举例见表4.8-1。

建筑物、构筑物火灾危险等级及举例　表4.8-1

危险等级	特征描述	举例
严重危险级建筑物、构筑物	火灾危险性大、可燃物多、发热量大、燃烧猛烈和蔓延迅速	氯酸钾压碾厂房,生产和使用硝化棉、喷漆棉、火胶棉、赛璐珞胶片、硝化纤维的厂房 硝化棉、喷漆棉、火胶棉、赛璐珞胶片、硝化纤维库房 可燃物品的高架库房、地下库房 液化石油气贮配站的灌瓶间、实瓶库 演播室、电影摄影棚 剧院、会堂、礼堂的舞台葡萄架下部 乒乓球厂的轧坯、切片、磨球、台球、检验部位、赛璐珞制品加工厂等
中危险级建筑物、构筑物	火灾危险性较大、可燃物较多,发热量中等,火灾初期不会引起迅速燃烧	双排停车的地下停车库、多层停车库和底层停车库 一类高层民用建筑的观众厅、营业厅、展览厅、多功能厅、餐厅、厨房以及办公室、走道、每层无服务台的客房和可燃物品库房 录音室和电视塔的塔楼餐厅、瞭望层、公共用房、无窗厂房、地下建筑 国家级文物保护单位的重点木结构建筑 飞机发动机试验台准备间 设有空气调节系统的旅馆和综合办公楼的走道、办公室、餐厅、商店、库房和每层无服务台的客房 省级邮政楼的信函和包裹分检房、邮袋库、综合商场、百货楼 棉纺厂的开包、清花厂房,麻纺厂的开包、梳麻厂房,服装、针织厂房,木器制作厂房,火柴厂的烤梗和筛选部位,泡沫塑料的预发、成型、切片、压花部位 棉、毛、丝、麻、化纤、毛皮以及其制品库房,香烟库房,火柴库房,难燃物品高架库房、多层库房
轻危险级建筑物、构筑物	火灾危险性较小,可燃物量少,发热量较小	单排停车的地下停车库、多层停车库和底层停车库 剧院、会堂、礼堂(舞台部分除外)和电影院 医院、疗养院 体育馆、博物馆 旅馆、办公楼、教学楼

注:1. 未列入本表的建筑物、构筑物,可比照本表的特征描述确定;
2. 一类高层民用建筑划分范围按照《高层民用建筑设计防火规范》的有关规定执行。

4.8.2 设计基本数据

湿式、干式和预作用三种自动喷水灭火系统设计基本数据不应小于表4.8-2规定。

三种自动喷水灭火系统设计的基本数据　表4.8-2

建、构筑物的危险等级 \ 项目		设计喷水强度 (L/(min·m²))	作用面积 (m²)	喷头工作压力(Pa)
严重危险级	生产建筑物	10.0	300	9.8×10^4
	储存建筑物	15.0	300	9.8×10^4
中危险级		6.0	200	9.8×10^4
轻危险级		3.0	180	9.8×10^4

注:最不利点处喷头最低工作压力均不应小于4.9×10^4Pa(0.5kg/cm²=0.049MPa)。

4.8.3 闭式自动喷水灭火系统分类

闭式自动喷水灭火系统分类及特征见表 4.8-3。

闭式自动喷水灭火系统分类及特征 **表 4.8-3**

特征内容 \ 分类	湿式自动喷水灭火系统	干式自动喷水灭火系统	预作用自动喷水灭火系统
定义	由湿式报警装置、闭式喷头和管道等组成。该系统在报警阀的上下管道内均经常充满压力水，火灾时喷头破裂，即可喷水灭火。同时，报警阀组发出水力警铃响报警，并视系统设置要求可同时发出起泵(临时高压系统)和电警铃报警讯号	由干式报警装置、闭式喷头、管道和充气设备等组成。该系统在报警阀的上部管道内充以有压气体，下部充满压力水。火灾时喷头破裂，管网排气充水灭火。同时，报警阀组发出水力警铃响报警，并视系统设置要求可同时发出起泵(临时高压系统)和电警铃报警讯号	由预作用阀、闭式喷头、充以有压或无压气体的管道、充气设备和火灾探测系统等组成。该系统在预作用阀的上部管道内平时无水，火灾初期，火灾探测系统动作(或手动)开启预作用阀，使管网充水，成为湿式，温度再升，喷头破裂，喷水灭火。同时报警阀组发出水力报警，并视系统设置要求，发出电铃报警和起泵讯号
系统图式	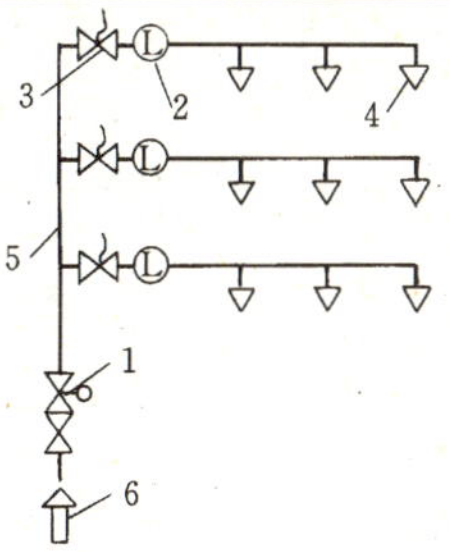 图 4.8-1 1—湿式报警阀组；2—水流指示器；3—讯号阀；4—闭式喷头；5—报警阀后管道；6—水源	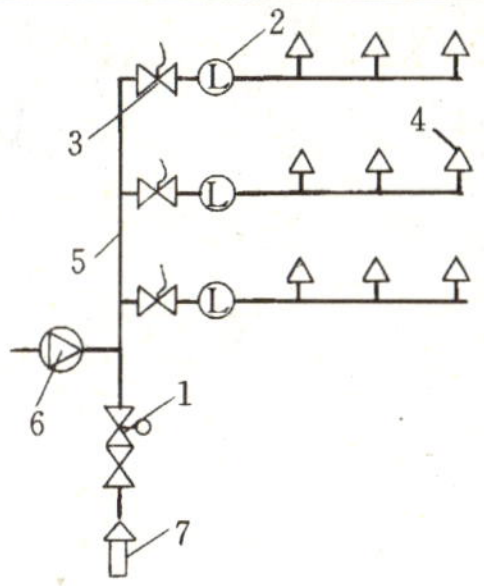 图 4.8-2 1—干式报警阀组；2—水流指示器；3—讯号阀；4—闭式喷头；5—报警阀后管道；6—补气增压装置；7—水源	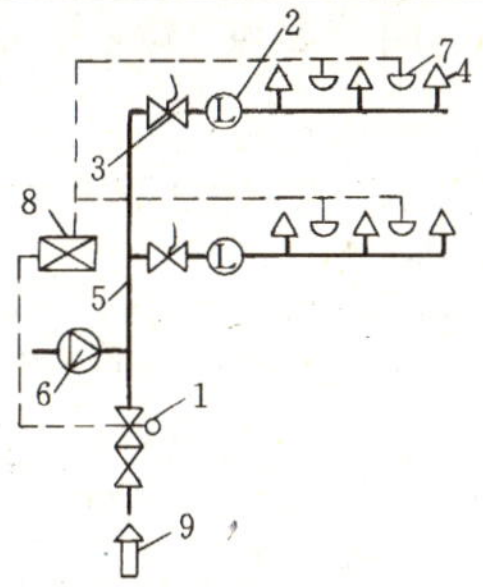 图 4.8-3 1—预作用报警阀组(含电磁阀)(可用干式报警阀或雨淋阀代)2、3、4、5、6 同干式喷水灭火系统；7—火灾探测器；8—火灾报警控制箱；9—水源
适用范围	室温不小于 4℃，且不大于 70℃	室温小于 4℃或大于 70℃	室温小于 4℃或大于 70℃；或不允许有水渍损失的场所
喷头安装	直立或下坠均可，易碰撞损坏场所应向上安装	向上直立安装，但干式悬吊型喷头可向下安装	向上直立安装
系统规模	每组报警阀后喷头数不宜大于 800 个(吊顶上下设置喷头时，参照国外有些规范，建议吊顶内可不计)	(1)每组报警阀后管网容积不宜大于 1500L；设有排气装置时，不宜大于 3000L (2)每组报警阀后喷头数不宜大于 250 个；但设有排气装置时可达 500 个	(1)预作用阀后管道充水时间(从火灾探测系统动作至最不利点喷头喷水)不宜大于 3min (2)每组报警阀后喷头数不宜大于 800 个(吊顶内上下设置喷头时，吊顶内可不计)
充气压力		见表 4.8-18	见表 4.8-19

续表

特征内容 \ 分类	湿式自动喷水灭火系统	干式自动喷水灭火系统	预作用自动喷水灭火系统
监测装置宜设	(1)系统控制阀开启状态 (2)消防水泵电源供应和工作情况 (3)水池、水箱的水位 (4)报警阀和水流指示器的动作情况(当设置时) (5)系统上各阀门的开启状态	(1)、(2)、(3)、(4)、(5)同湿式系统 (6)最高和最低充气气压显示	(1)、(2)、(3)、(4)、(5)同湿式系统 (6)最低充气气压显示
其它			(1)同一保护区内应设相应的火灾探测装置 (2)发生火灾时，探测器动作应先于喷头的动作 (3)管网充气压力不宜大于 2.9×10^4Pa (4)系统应设手动操作装置
报警阀	见4.8.7节1表4.8-17	见4.8.7节2表4.8-18	见4.8.7节3表4.8-19

4.8.4　闭式自动喷水灭火系统设计步骤和要求

闭式自动喷水灭火系统设计步骤和要求见表4.8-4。

闭式自动喷水灭火系统设计步骤和要求　表4.8-4

步骤	要求	备注
1	确定喷水灭火系统应用和保护范围，采用闭式、开式或水幕等何种形式	见4.2节
2	确定建、构筑物的火灾危险等级	见表4.8-1
3	选定系统设计基本数据	见表4.8-2
4	根据喷水系统设置环境(温度)、保护对象等确定设置喷水灭火系统形式	见表4.8-3中适用范围
5	根据给水水源形式和供水能力，确定给水系统和方式	见4.8.5节举例
6	根据危险等级和保护对象布置喷头和配管	见4.8.6、4.8.8节
7	根据建筑高度、供水压力和管网最大允许工作压力要求，确定是否需要进行压力分区 (1)管网最大允许工作压力： 配水管和配水支管不大于1.0MPa； 报警阀处：采用ZSZ系列报警阀时，不大于1.2MPa；采用ZSS系列报警阀时，不大于1.6MPa； 详见图4.8-4。 (2)管网最大工作压力计算 1)当水泵从贮水池吸水时，按式4.8-1计算 $P_{max}=H_0-Z$　(4.8-1) 式中　P_{max}——喷水管网最大工作压力(MPa)(出现在系统图中最低层)； H_0——离心水泵最大扬程(即当流量为零时的扬程)(MPa)； Z——最低层配水管标高与水池最高水位之间高差的静水压(MPa)。	≯1.0MPa 1.2MPa(或≯1.6MPa) 报警阀组 图4.8-4

续表

步骤	要　　求	备　注
7	2)当水泵从市政管网直接抽水时，按式4.8-2计算 $$P_{max}=(H_0+H_m)-Z_1 \quad (4.8\text{-}2)$$ 式中 P_{max}——喷水管网最大工作压力(MPa)(出现在系统图中最低层)； H_0——离心水泵最大扬程（MPa)； H_m——水泵吸水口处市政给水管网最大供水压力（MPa)； Z_1——最低层配水管标高与水泵中心线之间高差的静水压（MPa)。 (3) 方案和初步设计时，可按建筑高度45～50m进行竖向分区。在施工图设计时，根据选用水泵特性曲线，按上述要求进行计算核实，调整分区高度和压力	
8	在各压力分区高度内，根据每个报警阀控制喷头数和阀后管网容积等要求确定设置报警阀个数	见表4.8-3中系统规模
9	根据喷头和配水管网布置与竖向分区进行水力计算，确定各管段管径和系统水头损失	见本章4.8.11节水力计算
10	根据水力计算，选用水泵或确定水箱设置高度	见本章4.8.11节水力计算
11	根据给水时间（1h)，水源条件，确定水池容积或复核市政供水管网能否满足要求	
12	根据选用水泵或设置水箱高度，核实各系统工作压力：满足管网最不利点最小工作压力和最大允许工作压力要求。若不满足，应进行系统和管径调整	

4.8.5 常用系统图式

1. 高压给水系统

(1) 室外给水管网直接供水系统见表4.8-5。

室外市政给水管网直接供水系统　　表4.8-5

项　目	说　　明	备　注
系统图示	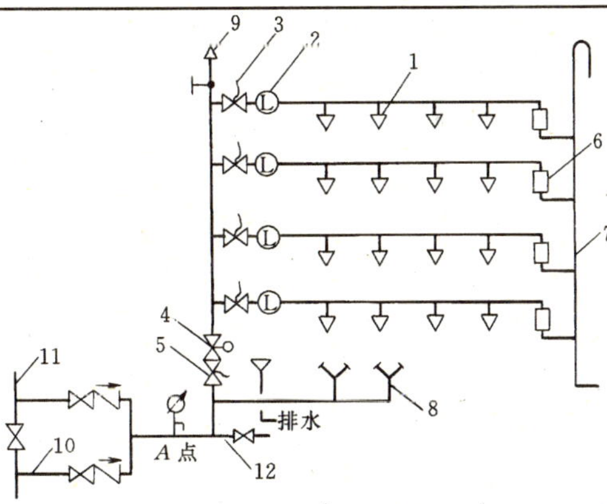 图4.8-5　直接由室外给水管网供水图式 1—喷头；2—水流指示器；3—讯号阀；4—报警阀组；5—总控制阀；6—试水装置；7—泄水立管 $DN50$；8—水泵接合器（2组)；9—自动排气阀连截止阀；10—给水引入管；11—市政给水管；12—通水冲洗排水管 $DN65$	

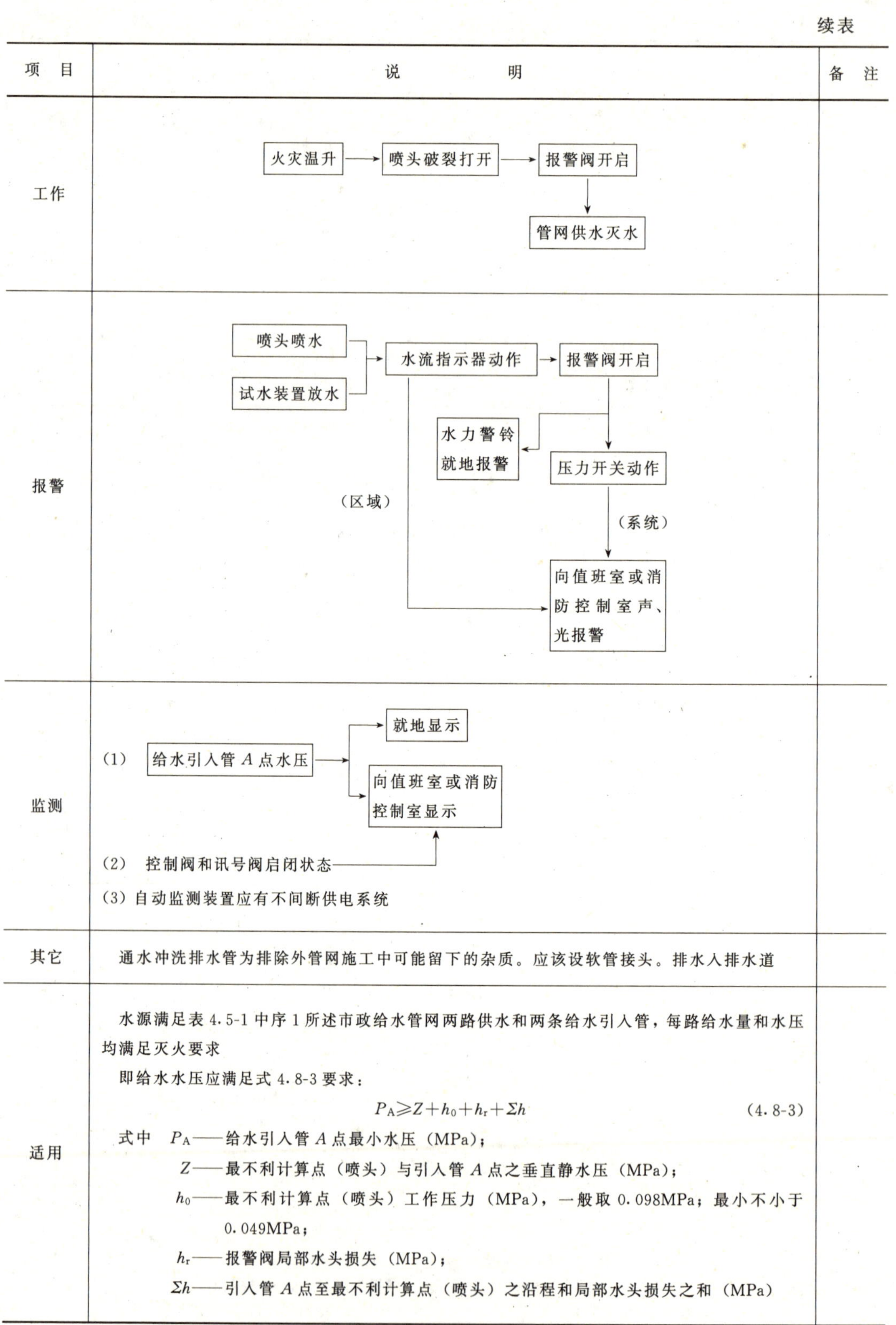

续表

项　目	说　　　明	备　注
工作	火灾温升 → 喷头破裂打开 → 报警阀开启 → 管网供水灭水	
报警	喷头喷水、试水装置放水 → 水流指示器动作 → 报警阀开启 → 水力警铃就地报警；报警阀开启 → 压力开关动作 →（系统）向值班室或消防控制室声、光报警；水流指示器动作 →（区域）向值班室或消防控制室声、光报警	
监测	(1) 给水引入管 A 点水压 → 就地显示；→ 向值班室或消防控制室显示 (2) 控制阀和讯号阀启闭状态 → 向值班室或消防控制室显示 (3) 自动监测装置应有不间断供电系统	
其它	通水冲洗排水管为排除外管网施工中可能留下的杂质。应该设软管接头。排水入排水道	
适用	水源满足表4.5-1中序1所述市政给水管网两路供水和两条给水引入管，每路给水量和水压均满足灭火要求 即给水水压应满足式4.8-3要求： $P_A \geqslant Z + h_0 + h_r + \Sigma h$　　(4.8-3) 式中　P_A——给水引入管 A 点最小水压（MPa）； Z——最不利计算点（喷头）与引入管 A 点之垂直静水压（MPa）； h_0——最不利计算点（喷头）工作压力（MPa），一般取0.098MPa；最小不小于0.049MPa； h_r——报警阀局部水头损失（MPa）； Σh——引入管 A 点至最不利计算点（喷头）之沿程和局部水头损失之和（MPa）	

（2）高位水池（或水箱）供水见表4.8-6。

高位水池（或水箱）供水 **表 4.8-6**

项 目	说 明	备 注
系统图示	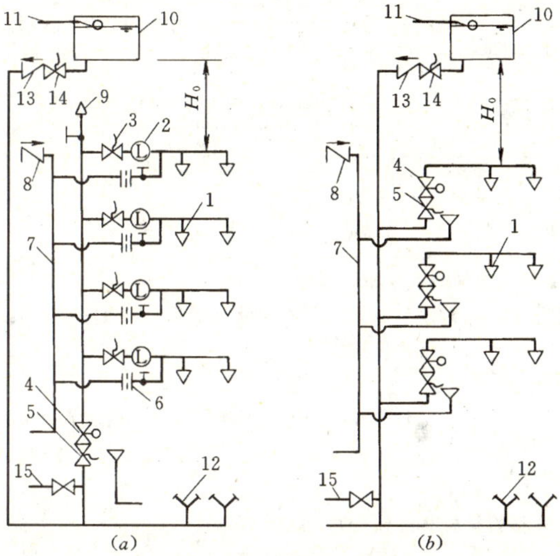 图 4.8-6 高位水池（或水箱）供水图式 (*a*) 报警阀集中，水流指示器分层报警；(*b*) 报警阀分层设置报警 1—喷头；2—水流指示器；3—讯号阀；4—报警阀组；5—总控制阀；6—试水装置；7—泄水立管；8—止回阀 *DN*25；9—自动排气阀连截止阀；10—高位水池或水箱；11—水池或水箱补水管；12—水泵接合器；13—止回阀；14—讯号阀（明杆闸阀）；15—通水冲洗排水管 *DN*65	
工作	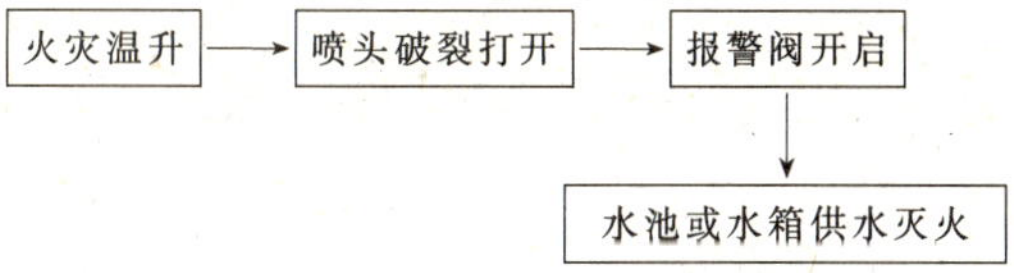 火灾温升 → 喷头破裂打开 → 报警阀开启 → 水池或水箱供水灭火	
报警	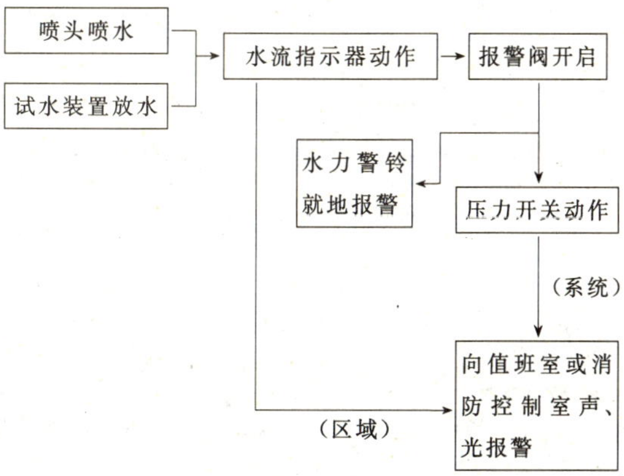 喷头喷水 / 试水装置放水 → 水流指示器动作 → 报警阀开启 → 水力警铃就地报警；报警阀开启 → 压力开关动作 →（系统）→ 向值班室或消防控制室声、光报警；水流指示器动作 →（区域）→ 向值班室或消防控制室声、光报警	

续表

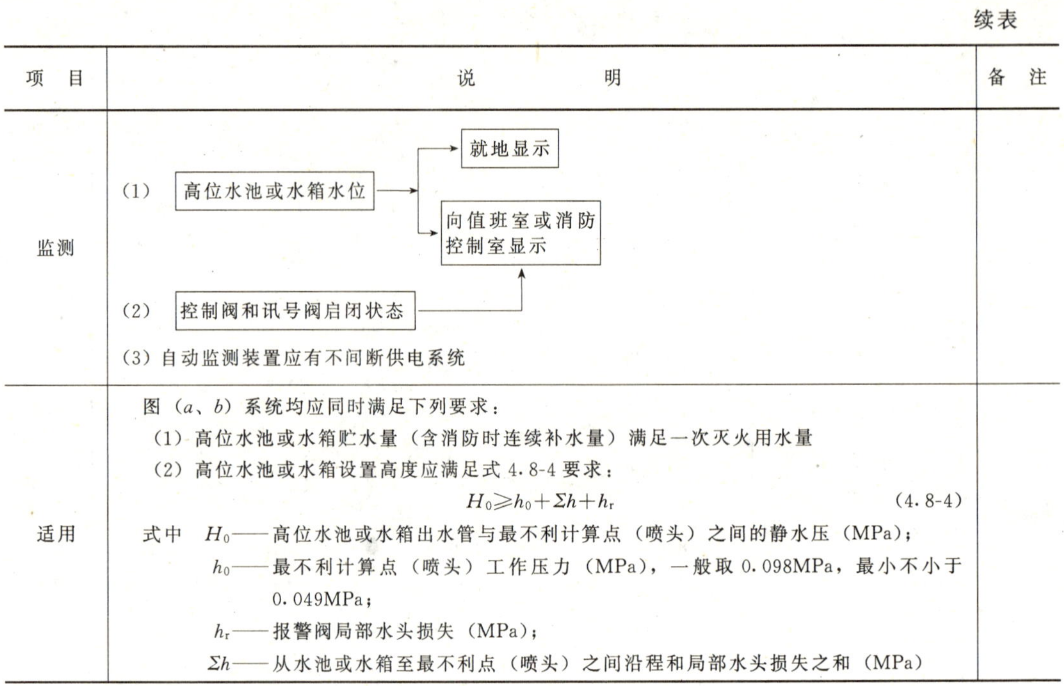

项　目	说　　　明	备　注
监测	（1）高位水池或水箱水位 → 就地显示；向值班室或消防控制室显示 （2）控制阀和讯号阀启闭状态 → 向值班室或消防控制室显示 （3）自动监测装置应有不间断供电系统	
适用	图（a、b）系统均应同时满足下列要求： （1）高位水池或水箱贮水量（含消防时连续补水量）满足一次灭火用水量 （2）高位水池或水箱设置高度应满足式4.8-4要求： $$H_0 \geqslant h_0 + \Sigma h + h_r \quad (4.8\text{-}4)$$ 式中　H_0——高位水池或水箱出水管与最不利计算点（喷头）之间的静水压（MPa）； h_0——最不利计算点（喷头）工作压力（MPa），一般取0.098MPa，最小不小于0.049MPa； h_r——报警阀局部水头损失（MPa）； Σh——从水池或水箱至最不利点（喷头）之间沿程和局部水头损失之和（MPa）	

2. 临时高压给水系统

（1）设水池、水泵和高位水箱供水系统见表4.8-7。

设水池、水泵和高位水箱供水系统　　　　**表4.8-7**

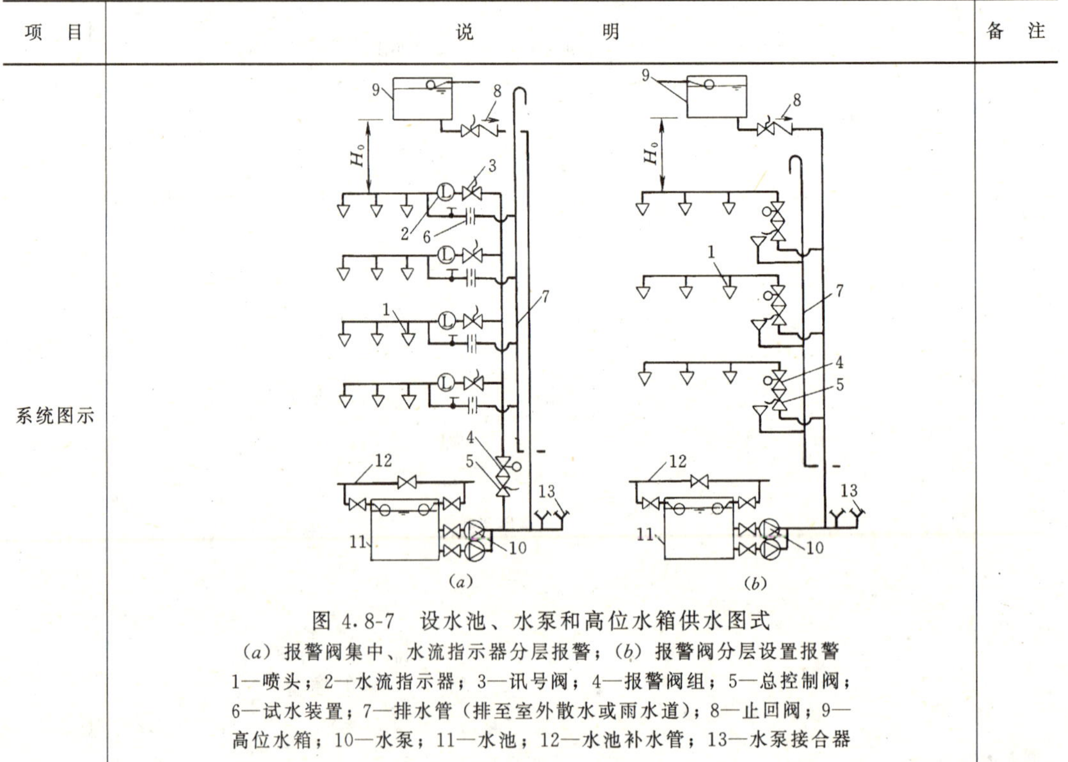

项　目	说　　　明	备　注
系统图示	图4.8-7　设水池、水泵和高位水箱供水图式 （a）报警阀集中、水流指示器分层报警；（b）报警阀分层设置报警 1—喷头；2—水流指示器；3—讯号阀；4—报警阀组；5—总控制阀；6—试水装置；7—排水管（排至室外散水或雨水道）；8—止回阀；9—高位水箱；10—水泵；11—水池；12—水池补水管；13—水泵接合器	

续表

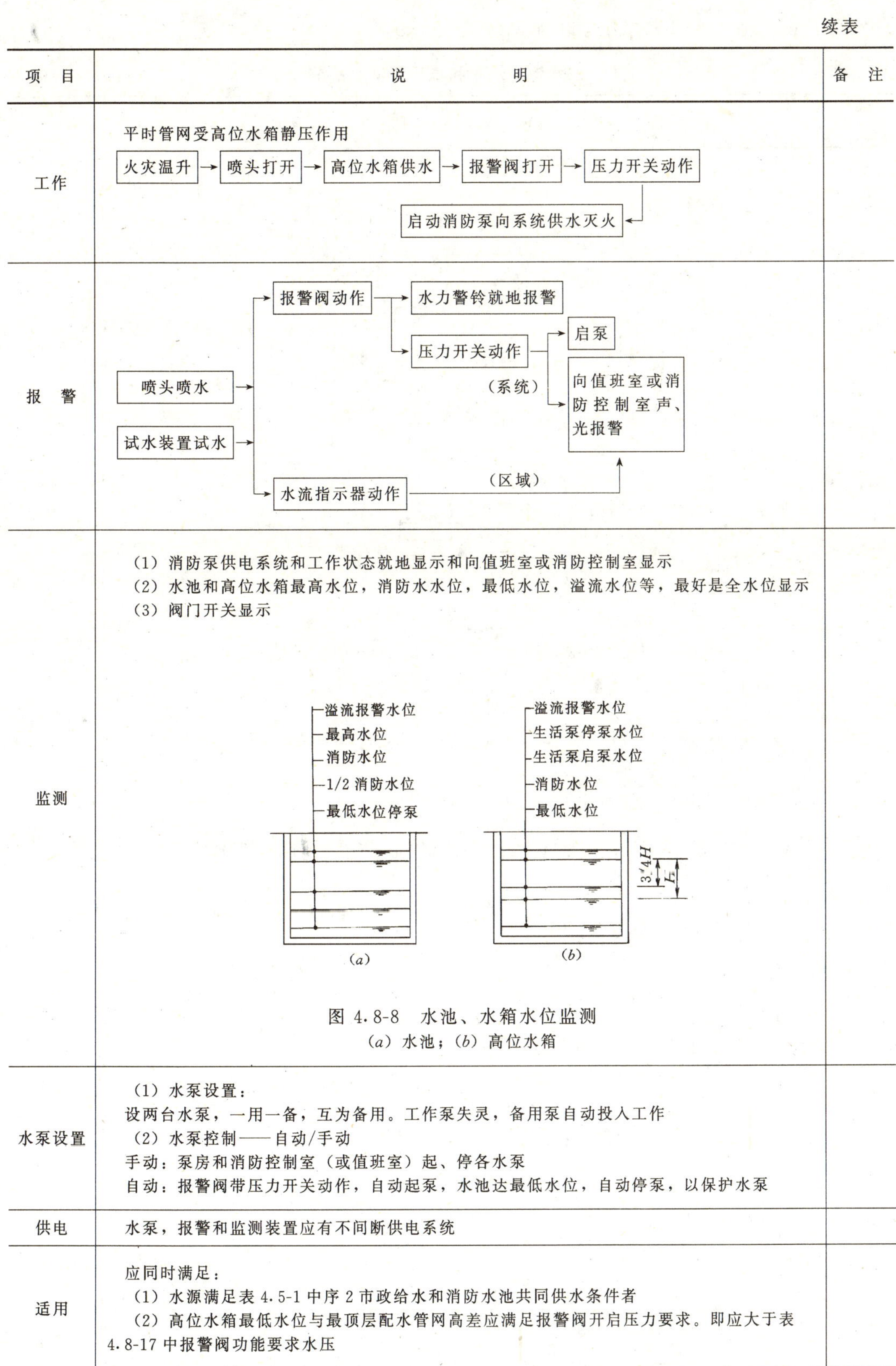

项 目	说 明	备 注
工作	平时管网受高位水箱静压作用 火灾温升 → 喷头打开 → 高位水箱供水 → 报警阀打开 → 压力开关动作 → 启动消防泵向系统供水灭火	
报 警	喷头喷水 → ; 试水装置试水 → → 报警阀动作 → 水力警铃就地报警 报警阀动作 → 压力开关动作 → 启泵 压力开关动作（系统）→ 向值班室或消防控制室声、光报警 → 水流指示器动作（区域）→ 向值班室或消防控制室声、光报警	
监测	（1）消防泵供电系统和工作状态就地显示和向值班室或消防控制室显示 （2）水池和高位水箱最高水位，消防水水位，最低水位，溢流水位等，最好是全水位显示 （3）阀门开关显示 (a) 溢流报警水位；最高水位；消防水位；1/2 消防水位；最低水位停泵 (b) 溢流报警水位；生活泵停泵水位；生活泵启泵水位；消防水位；最低水位；3/4H；H 图 4.8-8 水池、水箱水位监测 (*a*) 水池；(*b*) 高位水箱	
水泵设置	（1）水泵设置： 设两台水泵，一用一备，互为备用。工作泵失灵，备用泵自动投入工作 （2）水泵控制——自动/手动 手动：泵房和消防控制室（或值班室）起、停各水泵 自动：报警阀带压力开关动作，自动起泵，水池达最低水位，自动停泵，以保护水泵	
供电	水泵，报警和监测装置应有不间断供电系统	
适用	应同时满足： （1）水源满足表 4.5-1 中序 2 市政给水和消防水池共同供水条件者 （2）高位水箱最低水位与最顶层配水管网高差应满足报警阀开启压力要求。即应大于表 4.8-17 中报警阀功能要求水压	

（2）设水池、水泵和稳压泵供水系统见表 4.8-8。

设水池、水泵和稳压泵供水系统　　　　**表 4.8-8**

项　目	说　　明	备　注
系统图示	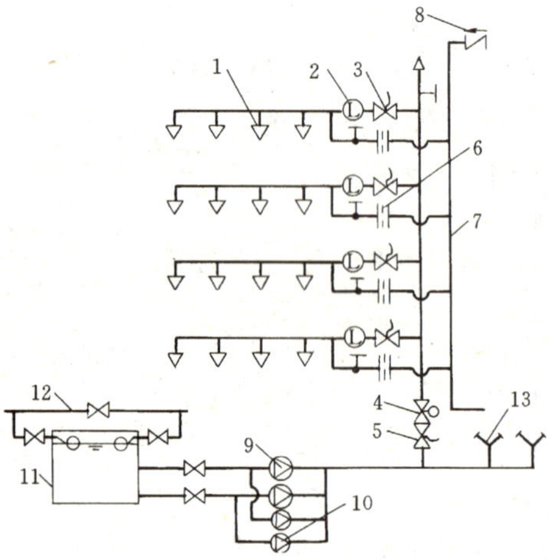 图 4.8-9　设水池、水泵和稳压泵供水图式 1—喷头；2—水流指示器；3—讯号阀；4—报警阀组；5—总控制阀；6—试水装置；7—排水管（$DN50$）；8—止回阀；9—水泵；10—稳压泵；11—水池；12—市政补水管；13—水泵接合器	
水泵装置及运作	（1）设喷水泵两台，一用一备，互为备用。工作泵失灵备用泵自动投入工作；稳压泵两台，一用一备，互为备用，轮换工作 （2）水泵控制——自动/手动； 1）手动：消防泵房和消防控制室（或值班室）起、停各水泵 2）自动： （A）平时：稳压泵维持管网压力在 $P_1 \sim P_2$ 之间，压力下降达 P_2 时自动起泵向管网供水升压，当压力升达 P_1 时停泵 （B）火灾温升 → 喷头打开系统试水 → 管网压力下降达 P_2 时 → 稳压泵起动供水 → 供水量不足，管用压力继续下降达 P_3 时 → 主泵起动供水灭火 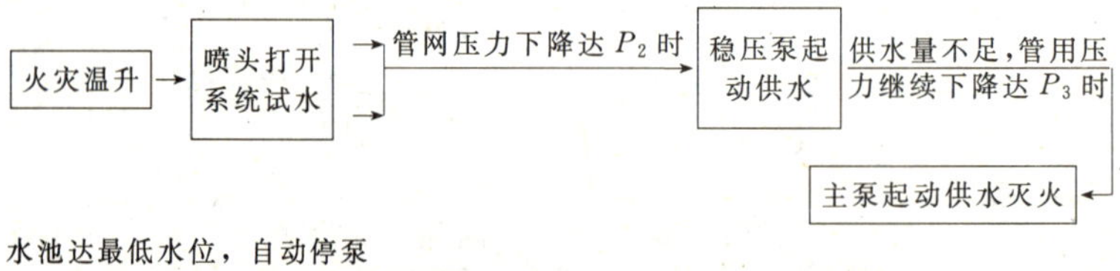 （C）水池达最低水位，自动停泵 注：1）稳压泵和主泵控制装置详见本章 4.10.2 节 2）主泵起动后，管网压力升高达 P_1 时，稳压泵自动停止	P_1＝系统设计工作压力（MPa） $P_2 = P_1 -$ 0.07MPa $P_3 = P_1 -$ 0.14MPa
报警	喷头喷水、系统试水 → 报警阀动作 → 水力警铃就地报警 报警阀动作 → 压力开关动作 →（系统报警）→ 值班室或消防控制室声、光报警 喷头喷水、系统试水 → 水流指示器动作 →（区域报警）→ 值班室或消防控制室声、光报警	

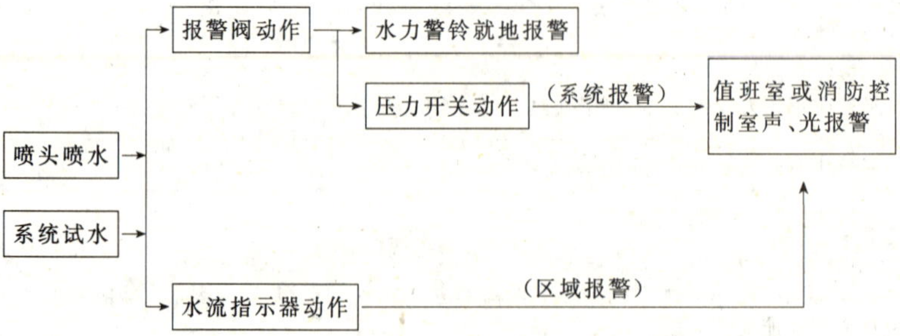

续表

项　目	说　　明	备　注
监测	(1) 消防泵和稳压泵供电电源和工作状态就地显示和向值班室或消防控制室显示 (2) 水池水位显示 (3) 阀门开关显示	
供电	水泵、报警和监测装置应有不间断供电系统	
适用	应同时满足： (1) 水源供水条件满足表 4.5-1 中序 2.3 条要求者，需设消防贮水池时 (2) 轻、中火灾危险级喷水系统	

(3) 水泵直接由市政管网抽水系统见表 4.8-9。

水泵直接由市政管网抽水系统　　表 4.8-9

项　目	说　　明	备　注
系统图示	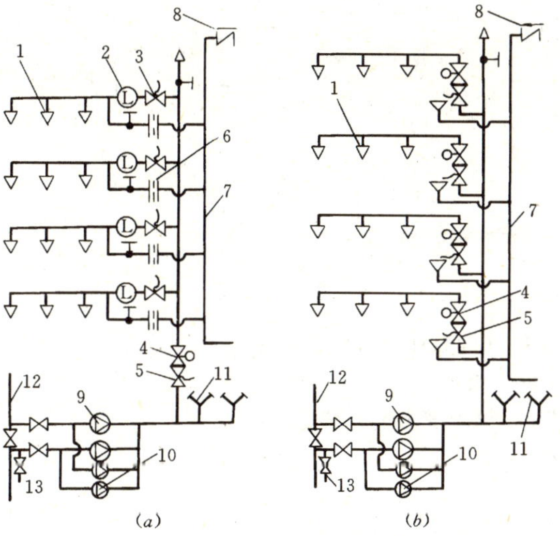 (a)　(b) 图 4.8-10　水泵直接由市政管网抽水图式 (a)集中设报警阀；(b)分层设报警阀 1—喷头；2—水流指示器；3—讯号阀；4—报警阀组；5—总控制阀；6—试水装置；7—排水管(DN50)(排至室外散水或雨水道)；8—止回阀(DN25)；9—水泵；10—稳压泵；11—水泵接合器；12—市政给水管；13—通水泄水管(DN65)	
水泵装置及运作	(1) 水泵装置： 设喷水泵两台，一用一备，互为备用，工作泵失灵，备用泵自动投入 稳压泵两台，一用一备，互为备用，轮换工作 (2) 水泵控制——自动/手动 1) 手动：消防泵房和消防控制室（或值班室）起、停各水泵 2) 自动： (A) 平时：稳压泵维持管网压力在 P_1～P_2之间，压力下降达 P_2时自动起泵向管网供水升压，当压力升达 P_1时停泵	P_1＝系统设计工作压力（MPa） P_2＝P_1－0.07MPa P_3＝P_1－0.14MPa

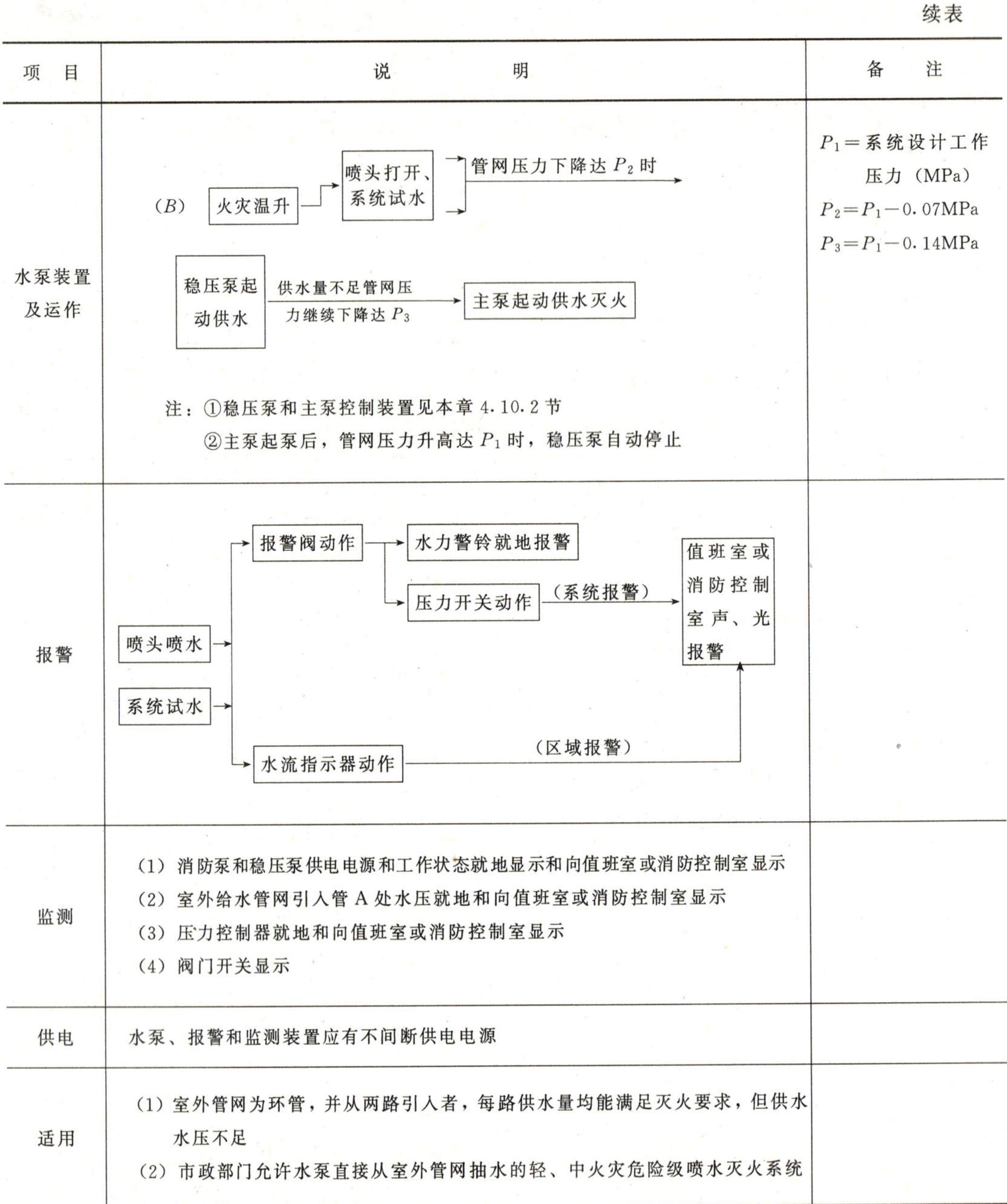

续表

项　目	说　　明	备　注
水泵装置及运作	(B) 火灾温升 → 喷头打开、系统试水 → 管网压力下降达 P_2 时 → 稳压泵起动供水 → 供水量不足管网压力继续下降达 P_3 → 主泵起动供水灭火 注：①稳压泵和主泵控制装置见本章 4.10.2 节 ②主泵起泵后，管网压力升高达 P_1 时，稳压泵自动停止	P_1＝系统设计工作压力（MPa） $P_2=P_1-0.07$MPa $P_3=P_1-0.14$MPa
报警	喷头喷水、系统试水 → 报警阀动作 → 水力警铃就地报警；报警阀动作 → 压力开关动作 →（系统报警）→ 值班室或消防控制室声、光报警 喷头喷水、系统试水 → 水流指示器动作 →（区域报警）→ 值班室或消防控制室声、光报警	
监测	(1) 消防泵和稳压泵供电电源和工作状态就地显示和向值班室或消防控制室显示 (2) 室外给水管网引入管 A 处水压就地和向值班室或消防控制室显示 (3) 压力控制器就地和向值班室或消防控制室显示 (4) 阀门开关显示	
供电	水泵、报警和监测装置应有不间断供电电源	
适用	(1) 室外管网为环管，并从两路引入者，每路供水量均能满足灭火要求，但供水水压不足 (2) 市政部门允许水泵直接从室外管网抽水的轻、中火灾危险级喷水灭火系统	

3. 高层建筑复合给水系统

(1) 设水泵和稳压泵给水系统见图 4.8-11。根据建筑高度，分Ⅰ、Ⅱ、Ⅲ供水区。每区装置和要求见表 4.8-8（设水池、水泵和稳压泵系统）。三区报警阀组可集中设在首层，也可视报警阀组公称压力和设备（或避难）层等条件，分设在上层火灾时方便操作的安全区，如图中（4）、（5）位置。

(2) 设稳压泵和多级多出口水泵的喷水系统见图 4.8-12，其工作原理同（1）。区别是以一组（2 台）多级 3 出口水泵代替图 5.8-11 中的三组（6 台）不同扬程的水泵，它比（1）节省占地和投资。

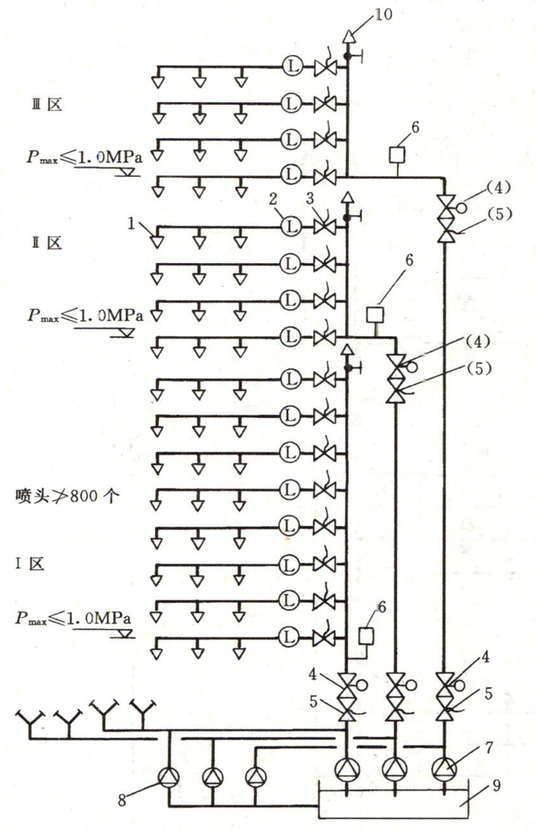

图 4.8-11 高层建筑喷水系统图式之一(稳压泵控制)

1—喷头;2—水流指示器;3—讯号阀;4—报警阀;5—总控阀;6—压力控制器;7—喷水泵;8—稳压泵;9—消防水池;10—自动排气阀联截止阀;(4)、(5)—如报警阀超压时可向上安装位置

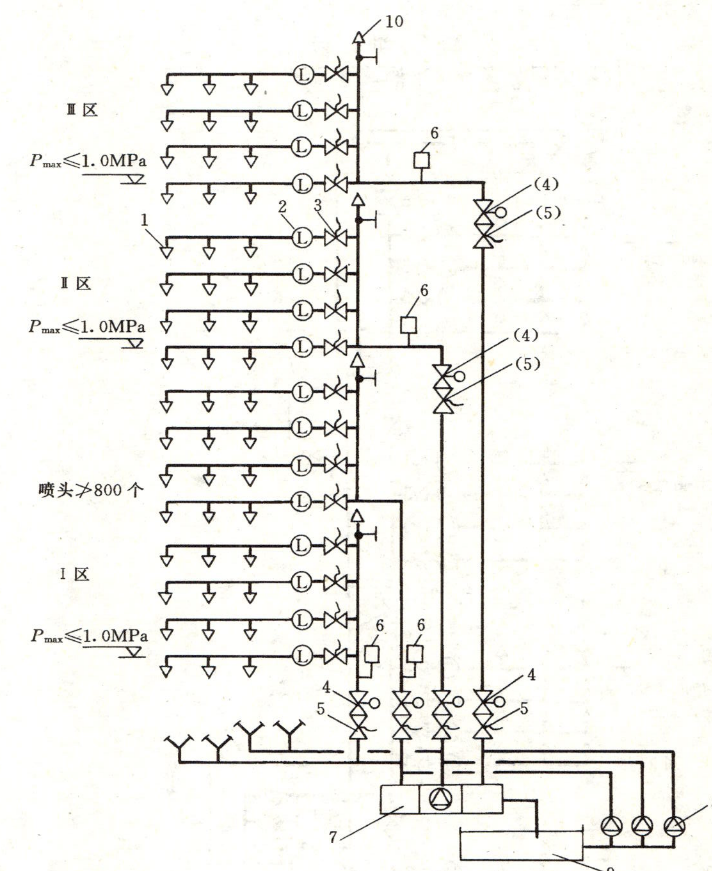

图 4.8-12 高层建筑喷水系统图式之二

(采用多级多出口泵分区)

1～6 同图 4.8-11;7—多级多出口水泵;8—稳压泵;9—消防水池;(4)、(5)—如报警阀超压时,可向上安装位置

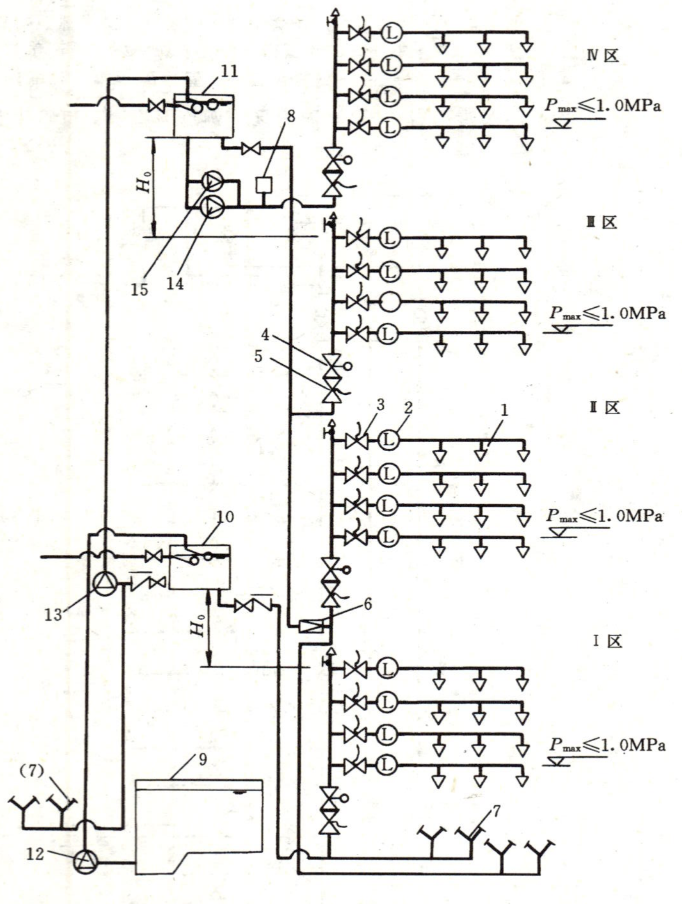

图 4.8-13　高层建筑喷水灭火系统图式之三(水箱串联)

1—喷头；2—水流指示器；3—讯号阀；4—报警阀；5—总控阀；6—比例式减压阀；7—水泵接合器；8—压力控制装置；9—贮水池；10—给水箱(兼转输图)；11—高位水箱(兼转输用)；12—供水泵；13—转输泵；14—喷水泵；15—稳压泵

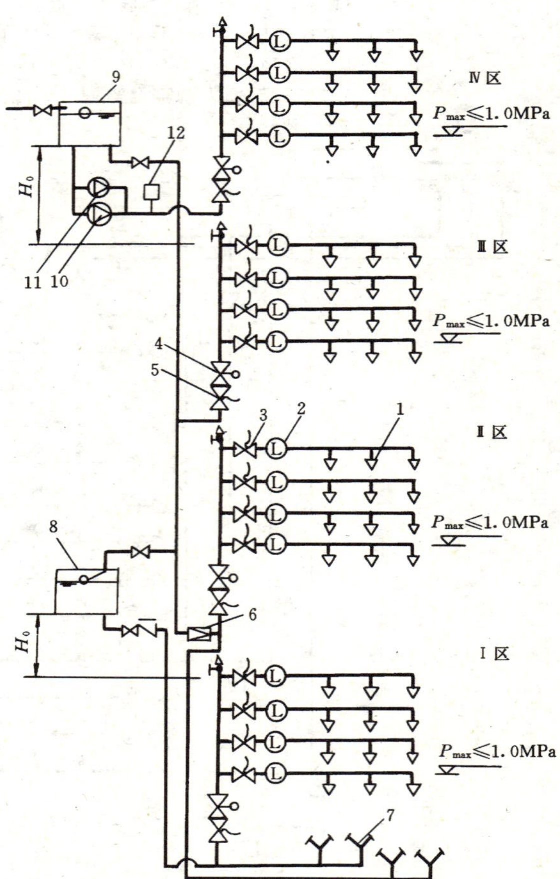

图 4.8-14　高层建筑喷水灭火系统图式之四
(复合供水方式)

1～7 同图 4.8-13；8—减压水箱；9—贮水箱；10—喷水泵；11—稳压泵；12—压力控制装置

(3) 水泵、水箱串联供水的临时高压系统见图 4.8-13。Ⅰ、Ⅱ、Ⅲ区借助水箱重力流供水，Ⅳ区由稳压泵和喷水泵联合工作，供水灭火。Ⅱ区由高位水箱 11 供水，其压力较高，设比例式减压阀减压。Ⅱ区水泵接合器可按 7 示连接（Ⅲ、Ⅳ区供水高度超过消防水泵供水高度，按规范要求可不设水泵接合器），也可按接合器（7）所示方法连接。从供水角度讲，后者可通过水泵 13 中转向Ⅱ、Ⅲ、Ⅳ区供水，服务范围大，提高了灭火安全性，但多一中转环节。供水泵 14 和输水泵 13、12 连锁起动。水箱进水浮球阀设置要求同消火栓系统。详见图 4.7-14。

(4) 设高压和临时高压系统组合见图 4.8-14。Ⅰ、Ⅱ、Ⅲ区供水为高压，分别由减压水箱 8 和高位水箱 9 供水灭火。Ⅳ区为临时高压系统，由稳压泵维持管网压力，并利用管网压力启动喷水泵 10 供水灭火。减压水箱补水管，也可由高位水箱 9 单独引出。

4.8.6 喷头及喷头布置

1. 喷头类型

(1) 玻璃球闭式喷头，型号和特性见表 4.8-10，外型见图 4.8-15。

玻璃球闭式喷头型号和特性 **表 4.8-10**

	喷头型号				连接螺纹（英寸）	公称动作温度（℃）	最高环境温度（℃）	工作液色标	喷口直径（mm）	流量特性系数 K
	普通型	边墙型	直立型	下垂型						
型号	ZSTP15/57	ZSTB15/57	ZSTZ15/57	ZSTX15/57	ZG1/2″	57	27	橙	11	80
	ZSTP15/68	ZSTB15/68	ZSTZ15/68	ZSTX15/68	ZG1/2″	68	38	红		
	ZSTP15/79	ZSTB15/79	ZSTZ15/79	ZSTX15/79	ZG1/2″	79	49	黄		
	ZSTP15/93	ZSTB15/93	ZSTZ15/93	ZSTX15/93	ZG1/2″	93	63	绿		
	ZSTP15/141	ZSTB15/141	ZSTZ15/141	ZSTX15/141	ZG1/2″	141	111	蓝		
安装方式	直立或下垂	直立或下垂	直立	下垂						
适用条件	(1) 用于闭式（湿式、干式、预作用）自动喷水灭火系统中 (2) 在环境温度低于－10℃时的干式系统不宜采用 (3) 用于雨淋、水幕系统中，作为探测火灾的感温元件									

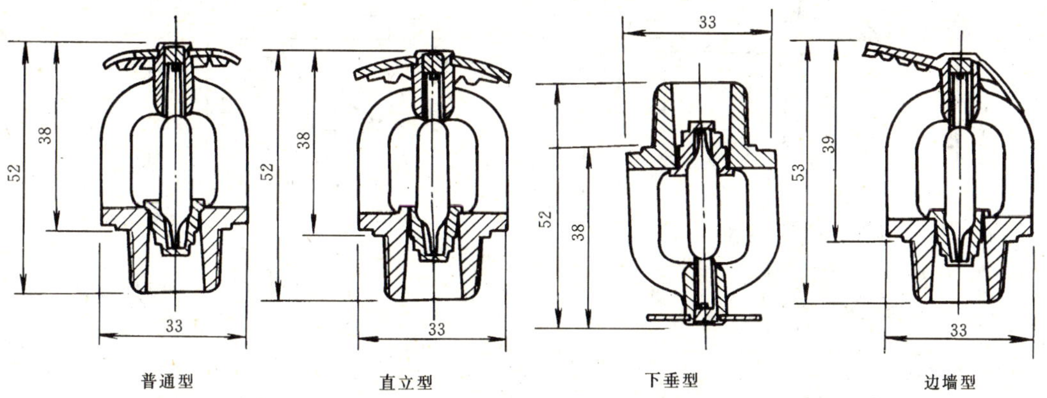

图 4.8-15 玻璃球闭式喷头

(2) 易熔合金闭式喷头，型号和特性见表 4.8-11。外型大小与玻璃球闭式喷头相近似。

易熔合金闭式喷头型号和特性　　表 4.8-11

	喷头型号			公称动作温度（℃）	最高环境温度（℃）	轭臂色标	喷口直径（mm）	流量特性系数 K
	直立型	下垂型	边墙型					
型号	ZSTZ15/72Y	ZSTX15/72Y	ZSTB15/72Y	72	42	本色	12.7	80
	ZSTZ15/98Y	ZSTX15/98Y	ZSTB15/98Y	98	68	白		
	ZSTZ15/142Y	ZSTX15/142Y	ZSTB15/142Y	142	112	蓝		
安装方式	直立	下垂	直立或下垂					
适用条件	同玻璃球闭式喷头，但环境温度低于－10℃时的干式系统可以使用							

(3) 装饰性玻璃球闭式喷头，是一种吊顶型喷头，安装在吊顶上。外型见图 4.8-16。特性同普通型玻璃球喷头，见表 4.8-10。

2. 喷头出水量：

喷头出水量按式 4.8-5 计算。

$$q=K\sqrt{\frac{P}{9.8\times10^{4}}} \tag{4.8-5}$$

式中 q——喷头出水量（L/min）；

P——喷头工作压力（Pa）；

K——喷头流量特性系数，$P=9.8\times10^{4}$Pa 时 DN15mm 喷头，$K=80$（包括玻璃球、易熔合金和开式喷头）。

由式 4.8-5 求得，当喷头工作压力 P 为 0.098MPa（9.8×10^{4}Pa）时，$q=80$L/min（1.33L/s）；当喷头工作压力为 0.049MPa（4.9×10^{4}Pa）时，$q=56.6$L/min（0.94L/s）。

喷头工作压力与出水量关系见图 4.8-17。

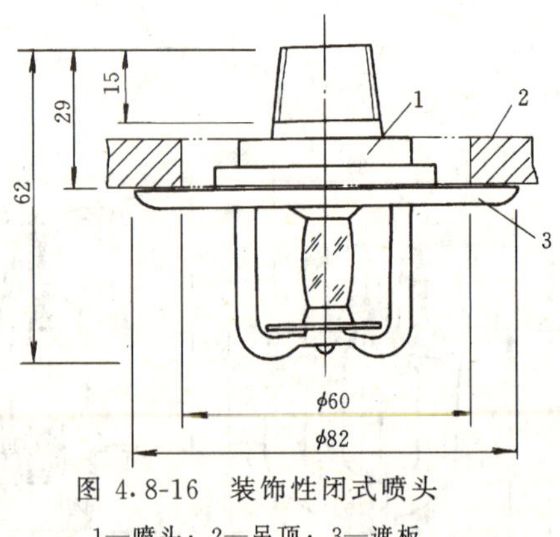

图 4.8-16 装饰性闭式喷头

1—喷头；2—吊顶；3—遮板

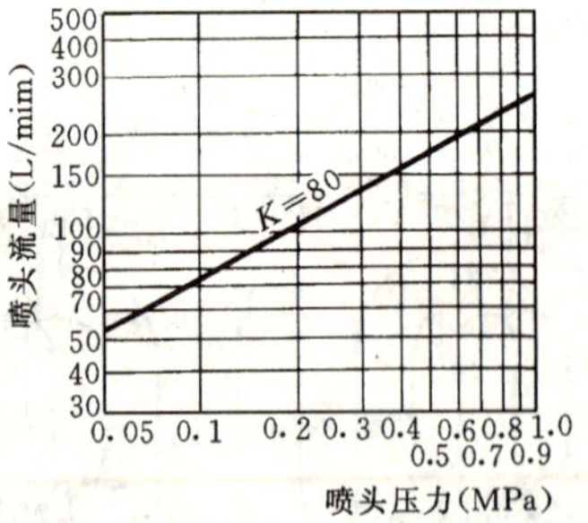

图 4.8-17 喷头压力——流量曲线

3. 喷头选择

喷头应根据建筑平面形式、装饰要求、保护环境、配管位置等多种因素选定。一般可参照表 4.8-12 选择。

喷头类型选择 表 4.8-12

类型	场所环境
吊顶型或装饰型	有吊顶、且装修标准较高的场所，如展厅、餐厅、会议室和宾馆等
直立型、普通型直立安装	（1）无吊顶或在闷顶内，配管距离顶板较远，喷头下垂，设置距离超过表 4.8-13 中喷头与吊顶、屋面板、楼板距离的规定的场所 （2）易遭撞击或空间飞扬物较多的场所
下垂型、普通型下垂安装	无吊顶或在闷顶内，配管距离顶板较小，喷头下垂设置，其距离满足表 4.8-13 中，喷头与吊顶、屋面板、楼板距离的规定场所
边墙型	走道、客房、居室无吊顶或虽有吊顶，但布管、设喷头不妥时的中、轻危险级场所
防腐型	应用于有腐蚀性介质的场所
干式喷头	在干式系统中下垂安装时
喷头防护罩	喷头安装高度低于 2.10m，或易遭撞击的场所应加防护罩
公称动作温度	公称动作温度应比环境温度高 30℃。一般： （1）公共、走道、办公、居住等场所用 68℃级或 72℃级 （2）厨房、不通风橱窗且靠近顶部装有高功率电照明设备处；在蒸汽压力小于 0.1MPa 的散热器的空气热流趋向的一边距散热器 2～6m 范围内；在设有保温蒸汽管上方 0.76m 和两侧 0.3m 内的空间；在既无绝热措施，又无通风的木板或瓦楞铁皮房顶的闷顶中；在受日光曝晒的玻璃天窗下，可用 93℃级、98℃级（即中温级 79～107℃级） （3）在蒸汽压力小于 0.1MPa 的散热器附近 2m 之内的空间，和在低压蒸汽安全阀旁 2m 之内，可用 141℃级（或 121～149℃的高温级） （4）干式系统环境温度可能低于－10℃场所，应用易熔合金喷头
备用喷头	设有自动喷水灭火系统的建、构筑物，应有库存备用喷头。数量不小于总安装个数的 1%，且每种类型和不同温标的备用数均应不少于 10 个

4. 喷头布置

（1）喷头布置一般要求见表 4.8-13。

喷头布置一般要求 表 4.8-13

项目	说明
原则	使受保护房间内任何部位都受到要求设计喷水强度的喷头保护
形式	视建筑平面，常用正方形、长方形和菱形三种
喷水半径（R）	喷水半径是喷头布置的主要依据，它代表一个经济数值，在喷头工作时不致出现未被覆盖的空白，也不出现过多的重复覆盖面积。它与危险等级的喷水强度、喷头特性和工作压力有关。可由式 4.8-6 和式 4.8-7 求得： $R=\cos45°\sqrt{F}=0.707\sqrt{F}$ （4.8-6） $F=\frac{q}{q_0}$ （4.8-7） 式中 R——喷水半径（m）； F——喷头保护面积（m^2）； q——喷头出水量（L/min）； q_0——危险等级的喷水强度［L/（min·m^2）］

续表

项　　目	说　　　　明

喷水半径（R）

各危险等级标准喷头的喷水半径如下：

危险等级		喷水强度 (q_0) L/(min·m^2)	喷水半径(R)(m)	
			喷头工作压力 9.8×10^{4}Pa	喷头工作压力 4.9×10^{4}Pa
轻危险级		3	3.3	3.0
中危险级		6	2.5	2.2
严重危险级	生产建筑	10	2.0	1.7
	贮存建筑	15	1.6	1.4

喷头间距

(1)喷头正方形布置见图 4.8-18

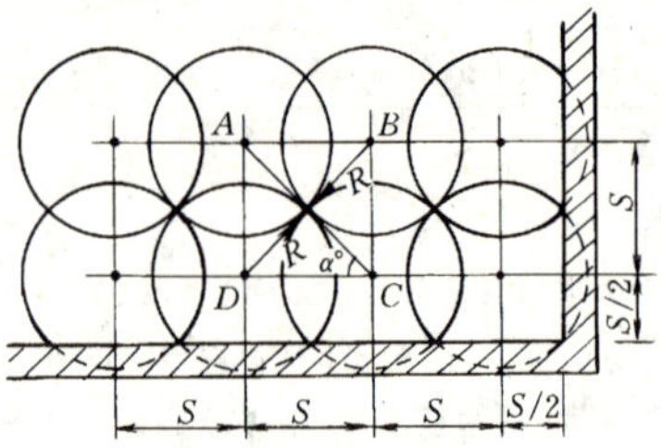

图 4.8-18

各危险等级喷头间距见下表：

危险等级		喷头最大间距 (m)	喷头与边墙最大距离 (m)	每只喷头最大保护面积 (m^2)	喷头工作压力 (Pa)
轻危险级		4.6	2.3	21.0	9.8×10^4
中危险级		3.6	1.8	12.5	
严重危险级	生产建筑	2.8	1.4	8.0	
	贮存建筑	2.3	1.1	5.4	
轻危险级		4.34	2.17	18.86	4.9×10^4
中危险级		3.07	1.54	9.43	
严重危险级	生产建筑	2.38	1.19	5.66	
	贮存建筑	1.94	0.97	3.77	

(2) 喷头长方形布置见图 4.8-19

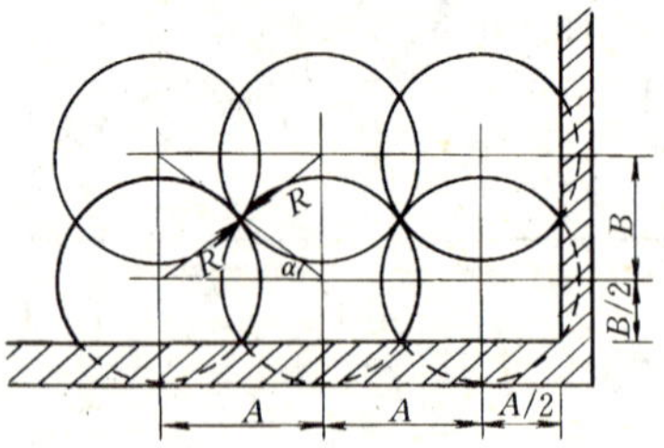

图 4.8-19

对角线长度≤$2R$，一般 $A=2R\cos\alpha$，$B=2R\cdot\sin\alpha$，喷头与墙边距离不大于垂直行喷头间距之半，在一定的喷水半径下，可布置成多种尺寸的长方形，如下表：

喷头计算喷水半径（m）(喷头工作压力 9.8×10^{4}Pa)

R=3.3		R=2.5		R=2.0		R=1.6	
A	B	A	B	A	B	A	B
5.3	4.0	4.0	3.0	3.2	2.4	2.6	1.9
5.0	4.2	3.8	3.2	3.0	2.6	2.4	2.1
4.8	4.5	3.6	3.4	2.9	2.8	2.3	2.2
4.5	4.8	3.4	3.6	2.7	2.9	2.2	2.3
4.2	5.0	3.2	3.8	2.6	3.0	2.1	2.4

(3)喷头菱形(等边三角形)布置见图 4.8-20

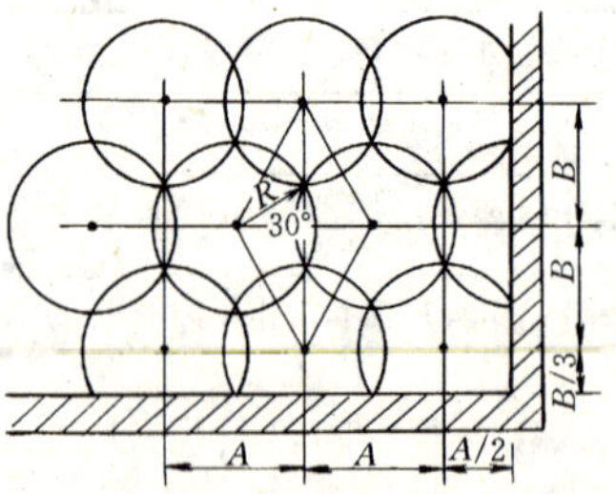

图 4.8-20

长边 $A\leqslant 2R\cos30°=1.73R$，短边 $B\leqslant A\cos30°=0.87A$。在一定喷水半径下，$A$、$B$ 值最大尺寸见下表

喷头计算喷水半径（m）(工作压力为 9.8×10^{4}Pa)

R=3.3		R=2.5		R=2.0		R=1.6	
A	B	A	B	A	B	A	B
5.7	5.0	4.3	3.7	3.5	3.0	2.7	2.4

喷头间最小距离

不小于 2.0m。若小于此值时，两喷头间应加设金属挡板，防水溅影响喷水。挡板底应低于喷头溅水盘，喷头与墙、柱面最小距离不宜小于 0.6m

续表

<table>
<tr><th colspan="2">项　　目</th><th>说　　明</th></tr>
<tr><td>喷头间距</td><td>坡形板下喷头布置见图 4.8-21
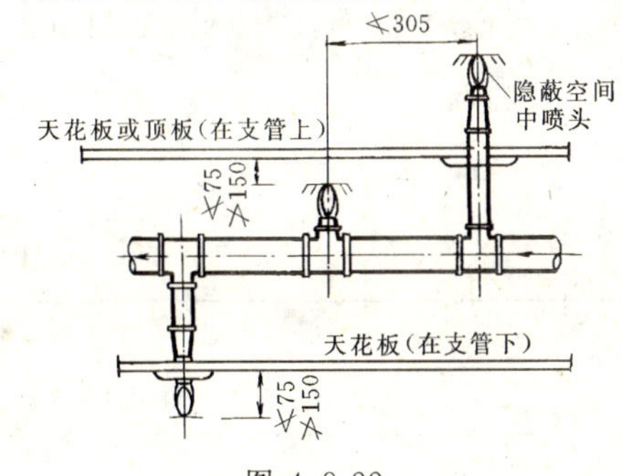
图 4.8-21</td><td>坡形屋面板下或吊顶下的喷头应垂直于斜面，其间距按水平投影计算，如屋面板或吊顶的坡度大于 1∶3，且在距屋脊 75cm 范围内无喷头时，应在屋脊处增设一排喷头，详图见国标 89SS175/64，斜屋面下喷头布置</td></tr>
<tr><td colspan="2">与吊顶、屋面板、楼板距离见图 4.8-22
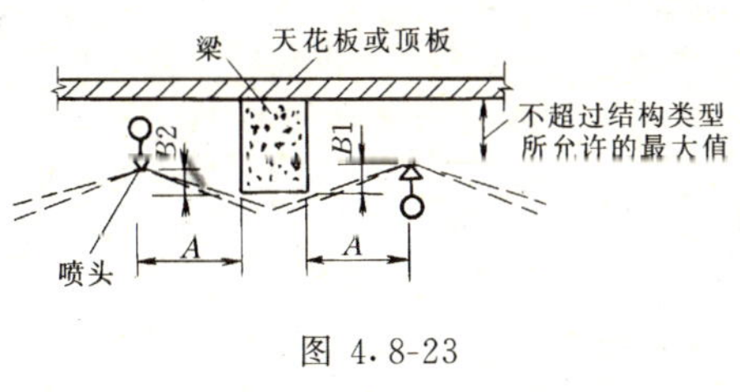
图 4.8-22</td><td>喷头溅水盘距离吊顶、屋面板，楼板宜为 7.5～15cm。如楼板和屋面板的耐火极限等于或大于 0.5h 的非燃烧体时，不宜大于 30cm。
吊顶型喷头不受此限制</td></tr>
<tr><td colspan="2">与梁边或顶板底部的突出物最小距离见图 4.8-23
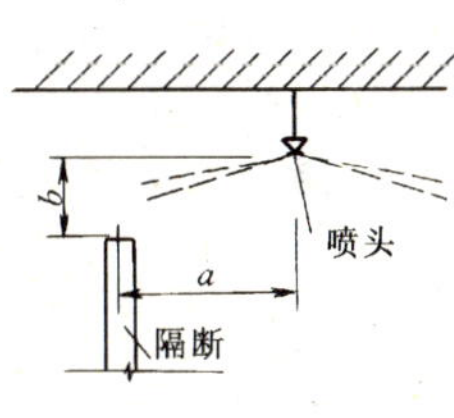
图 4.8-23</td><td>应按不影响喷水面积的要求计算确定，一般不应小于下列规定
<table>
<tr><th>喷头向上安装 B_1 (cm)</th><th>喷头向下安装 B_2 (cm)</th><th>喷头与梁边的距离 A (cm)</th></tr>
<tr><td>1.7</td><td>4.0</td><td>20</td></tr>
<tr><td>3.4</td><td>10.0</td><td>40</td></tr>
<tr><td>5.1</td><td>20.0</td><td>60</td></tr>
<tr><td>6.8</td><td>30.0</td><td>80</td></tr>
<tr><td>9.0</td><td>41.5</td><td>100</td></tr>
<tr><td>13.5</td><td>46.0</td><td>120</td></tr>
<tr><td>20.0</td><td>46.0</td><td>140</td></tr>
<tr><td>26.5</td><td>46.0</td><td>160</td></tr>
<tr><td>34.0</td><td>46.0</td><td>180</td></tr>
</table>
图中的梁亦可代表装饰、灯具、管道等在顶板底部的突出物，如遇大功率灯泡或出风口，喷头与其距离不得小于 0.8m</td></tr>
<tr><td colspan="2">喷头与隔板关系见图 4.8-24
b
a
喷头
隔断
图 4.8-24</td><td>喷头与隔断的水平及垂直距离
<table>
<tr><th>水平距离 a (mm)</th><th>溅水盘下的最小垂直距离 b (mm)</th></tr>
<tr><td>152</td><td>76</td></tr>
<tr><td>229</td><td>102</td></tr>
<tr><td>305</td><td>152</td></tr>
<tr><td>381</td><td>203</td></tr>
<tr><td>457</td><td>241</td></tr>
<tr><td>610</td><td>318</td></tr>
<tr><td>762</td><td>394</td></tr>
<tr><td>≥914</td><td>457</td></tr>
</table></td></tr>
</table>

续表

项　　目	说　　明
在门、窗、洞口处见图4.8-25 图4.8-25	喷头距洞口上表面的距离不应大于15cm；距墙面宜为7.5～15cm
相邻系统之关系见图4.8-26 图4.8-26	同一空间设有两个以上喷水系统时，其两系统的相邻处喷头间距不应大于0.5m

(2) 仓库内喷头布置要求见表4.8-14。

仓库内喷头布置　　**表4.8-14**

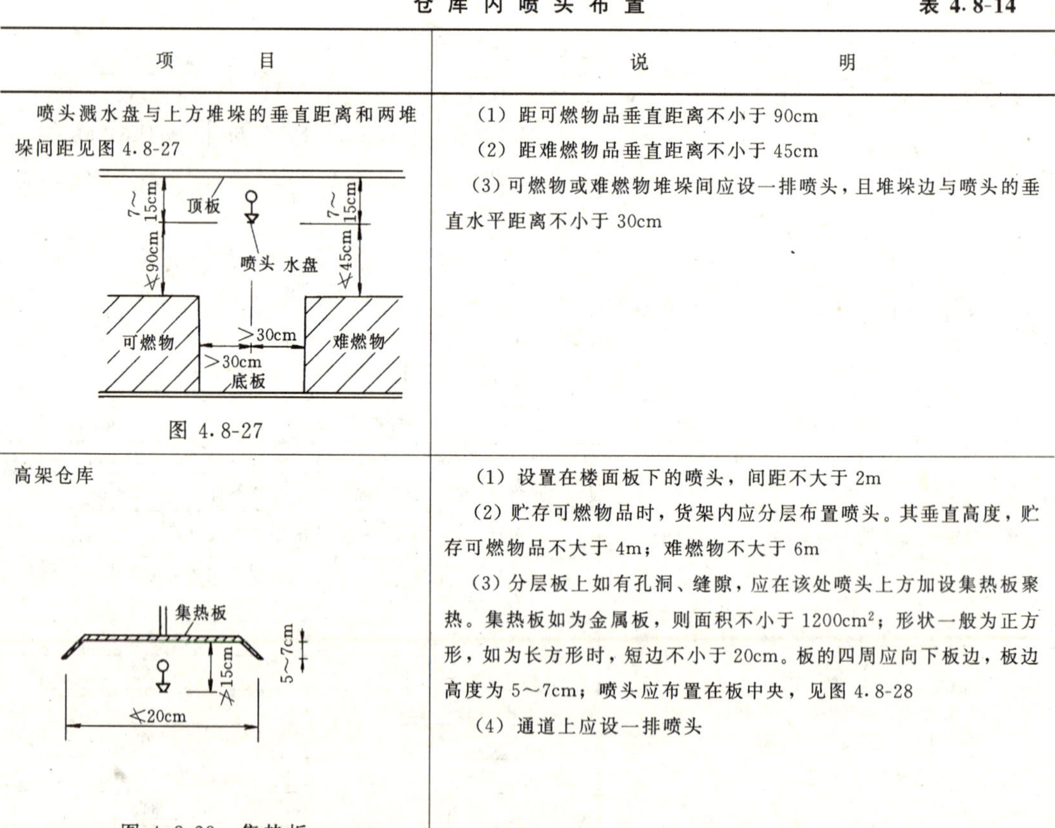

项　　目	说　　明
喷头溅水盘与上方堆垛的垂直距离和两堆垛间距见图4.8-27 图4.8-27	(1) 距可燃物品垂直距离不小于90cm (2) 距难燃物品垂直距离不小于45cm (3) 可燃物或难燃物堆垛间应设一排喷头，且堆垛边与喷头的垂直水平距离不小于30cm
高架仓库 图4.8-28　集热板	(1) 设置在楼面板下的喷头，间距不大于2m (2) 贮存可燃物品时，货架内应分层布置喷头。其垂直高度，贮存可燃物品不大于4m；难燃物不大于6m (3) 分层板上如有孔洞、缝隙，应在该处喷头上方加设集热板聚热。集热板如为金属板，则面积不小于1200cm²；形状一般为正方形，如为长方形时，短边不小于20cm。板的四周应向下板边，板边高度为5～7cm；喷头应布置在板中央，见图4.8-28 (4) 通道上应设一排喷头

(3) 剧院、舞台的喷头布置要求

舞台的葡萄棚(架)下部和舞台口设置见图 4.8-29。

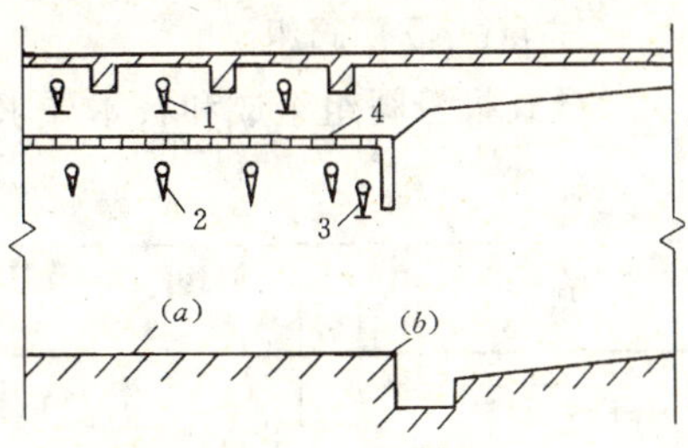

图 4.8-29 舞台部位喷头布置

(a) 舞台；(b) 台口

1—闭式喷头；2—开式喷头；

3—水幕喷头；4—葡萄架

注：1) 舞台的葡萄棚（架）下宜装设雨淋喷水灭火系统。上部如为金属或木结构时，应在屋面板下设闭式自动喷水系统。

2) 舞台口、舞台与侧台、舞台与后台隔墙的孔洞处，应设水幕系统，以防止和隔断火灾的蔓延，详见本章 4.9.4 节。

3) 观众厅内座椅至吊顶的垂直高度超过 8m 时，可不设喷头。其它部位（包括休息厅、小卖部、化妆室、道具室等）均应设喷头。

(4) 边墙型喷头布置应符合表 4.8-15 要求。

边墙型喷头布置 **表 4.8-15**

<table>
<tr><th>项　目</th><th colspan="4">要　求</th></tr>
<tr><td rowspan="5">每个喷头最大保护面积和喷头间最大距离
安装位置见图 4.8-30
A
B
(a)
A
B
(b)
图 4.8-30 边墙型喷头安装位置</td><td>危险等级</td><td>最大面积 (m²)</td><td>喷头间距 (m)</td><td>喷头与端边距离 (m)</td></tr>
<tr><td>中危险级</td><td>8</td><td>≯3.6</td><td>≯1.8</td></tr>
<tr><td>轻危险级</td><td>14</td><td>≯4.6</td><td>≯2.3</td></tr>
<tr><td>严重危险级</td><td colspan="3">不得应用</td></tr>
<tr><td colspan="4">喷头溅水盘距上边吊顶、屋面板、楼板的距离应为 10～15cm，距边墙应为 5～10cm</td></tr>
<tr><td>喷头布置</td><td colspan="4">(1) 房宽不超过 3.6m 时，可沿房间长向布置一排喷头
(2) 房宽介于 3.6～7.2m 时，应沿房间长向两侧各布置一排喷头
(3) 房宽超过 7.2m 时，除房间长向两侧各布置一排喷头外，还应在房中间布置一排标准型喷头。间距应按表 4.8-13 中正方形布置规定执行</td></tr>
<tr><td>喷头与周边关系</td><td colspan="4">吊顶、屋面板及楼板下安装边墙型喷头时、其两侧 1m 范围内和与墙面垂直方向 2m 范围内，均不应有障碍物</td></tr>
</table>

(5) 其它部位喷头布置要求见表 4.8-16。

其它部位喷头布置 **表 4.8-16**

项　目	说　明
净空高度大于 8m	室内净空高度大于 8m 的大空间建筑，在顶板或吊顶下可不设喷头
设自动喷水系统的建、构筑物内部	(1) 闷顶内：吊顶至楼板或屋面板之间的净距离超过 80cm 的闷顶和技术夹层内有可燃物或装设有电缆、电线时应设喷头保护 (2) 挑廊：宽度超过 80cm 的挑廊下应设喷头 (3) 风道下：喷头下面有宽度大于 80cm 的矩形和直径大于 1m 的圆形风道下面应设喷头
与其相连建筑	设自动喷水系统的建、构筑物与其相连的建筑的下列部位应布置喷头 (1) 存放、装卸可燃物的货棚和月台 (2) 运送可燃物的通廊（如皮带运输）
自动扶梯、螺旋梯	(1) 穿过楼板的部位，应设喷头或采用水幕分隔，喷头一般沿口边方向布置：建议间距 2.0m，若小于 2.0m 时，其中间应设挡水板，距口边距离宜为 0.3～0.5m (2) 自动扶梯下部应设喷头，一般采用装饰性喷头，配水支管设于扶梯下挡板上的夹层中

4.8.7　报警阀组和充气装置

1. 湿式报警阀组

湿式报警阀组组成和技术要求见表4.8-17。

湿式报警阀组组成和技术要求　　　　表4.8-17

项　　目	组成和技术要求
组成图示	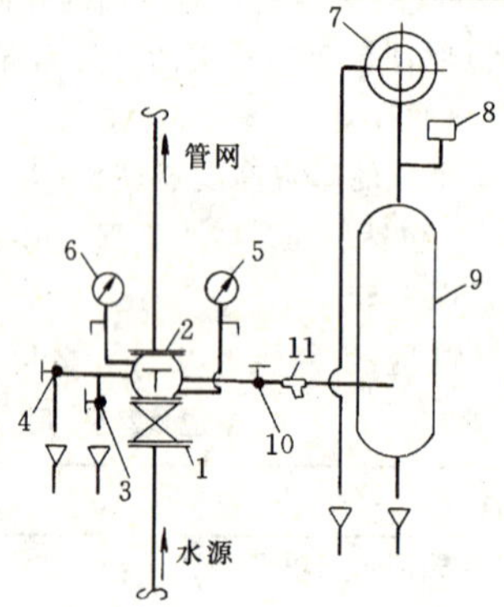 图4.8-31　湿式报警阀组组成 (部件编号和名称对照见本表下栏)
部件名称、作用	(1) 闸阀：系统总控阀。安装和检修管道时关闭，平时常开锁定 (2) 湿式报警阀：防水倒流并在一定流量下报警的止回阀 (3) 试警铃阀：检测系统可靠性时泄水用 (4) 放水阀、检修放空系统用 (5) 阀前压力表：观察阀前给水水流压力 (6) 阀后压力表：观察阀后管网系统压力 (7) 水力警铃：水力驱动发出声响就地报警 (8) 压力开关：接通电源自动报警或自动控制(水泵起动)，四川消防机械厂生产的ZSJY-10压力开关，技术性能为：压力范围0.1～1.0MPa；开关触点容量：电压：V220VAC；24VDC；电流3A (9) 延迟器：克服阀前水压波动引起的误报警 (10) 截止阀：切断水力警铃声，平时常开 (11) 过滤器：过滤水中杂质
型号、规格(国产)	(1) ZSZ系列有下列三种：ZSFZ80、100、150型，*DN*分别为80、100、150mm，P_N=1.2MPa (2) ZSS系列有下列三种：ZSFS100、150、200型，*DN*分别为100、150、200mm，P_N=1.6MPa
报警阀功能要求	(1) 当工作压力为0.14MPa，出口侧以15L/min的流量放水时，不报警 (2) 当工作压力为0.14MPa，0.7MPa和1.2MPa时： 1) 出口侧相应以60、80、170L/min的流量连续放水时，均应报警 2) 阀门开启瞬间的压力与系统压力之比应不大于1.16 (3) 当工作压力为0.14MPa时，通向水力警铃接口处的水压不得低于0.05MPa(5mH_2O)
安装要求	(1) 安设于明显、方便操作、不冻、无腐蚀气体、火灾危险小、无剧烈振动和碰撞的安全场所 (2) 距地面高度宜为1.2m (3) 水力警铃宜装在报警阀附近的公共场所和声音不被遮挡场所，与报警阀连接管长度：当*DN*15时，≯6m；*DN*20时，≯20m

续表

<table>
<tr><th>项　　目</th><th>组成和技术要求</th></tr>
<tr><td>安装要求</td><td>（4）多组集中布置时，应有判别工作警铃的措施，如警铃排水设隔断排水漏斗等
（5）地面应有排水措施
（6）安装要求详见国标图纸</td></tr>
<tr><td>国标图纸</td><td>（1）89SS175/9—11
ZSZ 系列自动喷水湿式报警装置，甲、乙型安装图（注：$PN \leqslant 1.2$MPa）
（2）89SS175/12—15
ZSS 系列自动喷水湿式报警装置甲、乙型安装图（注：$PN \leqslant 1.6$MPa）
注：①甲型：集水管排水。排水管 DN100，当报警阀为 DN200 时，排水管为 DN150
②乙型：明沟排水，宽度 150mm，深度≮100mm，坡度 $i=0.02$</td></tr>
<tr><td>报警阀室平面布置</td><td>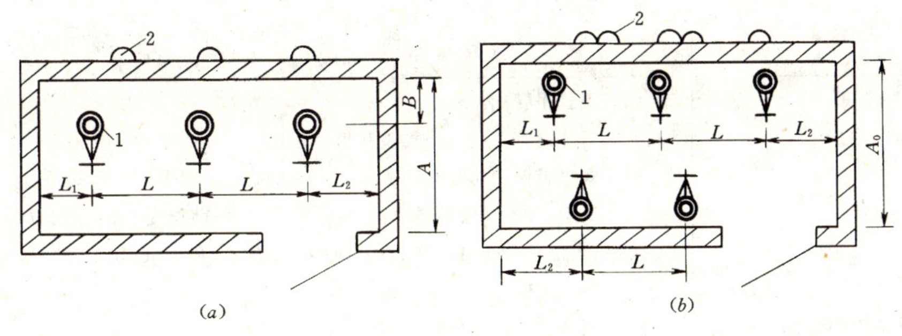

图 4.8-32　报警阀室平面布置
（a）单排布置；（b）双排布置
1—报警阀组；2—警铃

图中尺寸：

<table>
<tr><th>报警阀型号</th><th>进水管 (DN)</th><th>L_1 (mm)</th><th>L (mm)</th><th>L_2 (mm)</th><th>B (mm)</th><th>A (mm)</th><th>A_0 (mm)</th></tr>
<tr><td>ZSS100</td><td>100</td><td>400</td><td>950</td><td>800</td><td>230</td><td>1200</td><td>1500</td></tr>
<tr><td>ZSS150</td><td>150</td><td>400</td><td>1000</td><td>900</td><td>260</td><td>1250</td><td>1650</td></tr>
<tr><td>ZSS200</td><td>200</td><td>400</td><td>1200</td><td>1000</td><td>290</td><td>1300</td><td>1800</td></tr>
<tr><td>ZSZ80</td><td>80</td><td>450</td><td>1100</td><td>750</td><td>233</td><td>1500</td><td>2350</td></tr>
<tr><td>ZSZ100</td><td>100</td><td>500</td><td>1200</td><td>850</td><td>243</td><td>1600</td><td>2500</td></tr>
<tr><td>ZSZ150</td><td>150</td><td>550</td><td>1250</td><td>850</td><td>268</td><td>1800</td><td>3500</td></tr>
</table></td></tr>
</table>

2. 干式报警阀组

干式报警阀组、充气装置组成和技术要求见表 4.8-18。

干式报警阀组、充气装置组成和技术要求　　表 4.8-18

<table>
<tr><th>项　　目</th><th>组成和技术要求</th></tr>
<tr><td>组成图示</td><td> 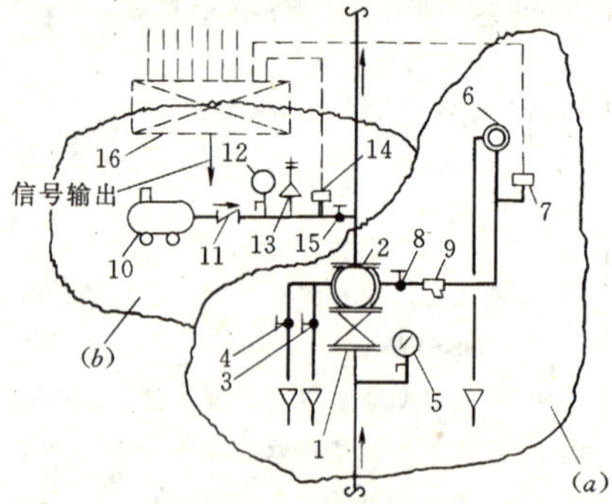
图 4.8-33　干式报警阀组组成
(a) 干式报警阀组；(b) 充气装置
(部件编号和名称对照见本表下栏)</td></tr>
<tr><td>部件名称、作用</td><td>(1) 干式报警阀组
1) 阀门：系统总控阀，安装和检修管道时关闭，平时常开锁定
2) 干式报警阀：防水气倒流，并在一定流量下报警的止回阀
其中：3) 试警铃阀、4) 放水阀、5) 阀前压力表、6) 水力警铃、7) 压力开关、8) 截止阀、9) 过滤器等其功能同湿式报警阀 3、4、5、7、8、10、11 部件 (见表 4.8-17)
(2) 充气装置
10) 空压机：供给系统压缩空气
11) 止回阀：维持系统气压
12) 压力表：指示系统压力
13) 安全阀：防止系统超压
14) 压力控制器：控制空压机起、停
15) 截止阀：关闭，对充气系统检修，平时常开</td></tr>
<tr><td>管网充气压力和充气量</td><td>(1) 应与给水水压相匹配。充气压力与设计水压关系：
ZSFLX 型干式阀见图 4.8-34。 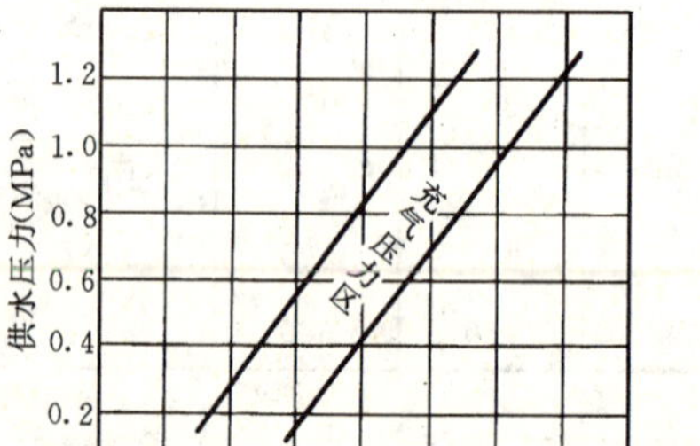

图 4.8-34　干式阀充气压力与管网供水压力关系</td></tr>
</table>

续表

<table>
<tr><th>项　　目</th><th>组成和技术要求</th></tr>
<tr><td>管网充气压力和充气量</td><td>ZSFL 型干湿两用阀充气压力和管网供水压力关系如下：
<table>
<tr><th>最大供水压力
(MPa)</th><th>充气压力
(MPa)</th><th>最大供水压力
(MPa)</th><th>充气压力
(MPa)</th></tr>
<tr><td>0.20</td><td>0.16</td><td>1.00</td><td>0.30</td></tr>
<tr><td>0.40</td><td>0.19</td><td>1.20</td><td>0.33</td></tr>
<tr><td>0.60</td><td>0.23</td><td>1.40</td><td>0.37</td></tr>
<tr><td>0.80</td><td>0.26</td><td>1.60</td><td>0.40</td></tr>
</table>
(2) 充气时间同预作用系统，见表 4.8-19。给气量不小于 0.15m^3/min</td></tr>
<tr><td>干式报警阀型号、规格</td><td>(1) ZSLX 系列干式报警阀有：
ZSFLX100 型，DN100mm；PN=1.2MPa
(2) ZSL 系列干湿两用报警阀有：
ZSFL100、150、200 型三种，DN 分别为 100、150、200mm；PN=1.6MPa</td></tr>
<tr><td>安装要求</td><td>同湿式报警阀，详见表 4.8-17 表中安装要求</td></tr>
<tr><td>国标图纸</td><td>(1) 89SS175/16～22：ZSLX 系列自动喷水干式报警装置甲、乙型安装
(2) 89SS175/23～27：ZSL 系列自动喷水干湿两用报警装置甲、乙型安装
注：甲型：集水管排水、排水管 DN100。当报警阀为 DN200 时，排水管为 DN150
乙型：明沟排水，宽度 100mm、深度不小于 100mm；坡度 i=0.02</td></tr>
<tr><td>报警阀室干面布置</td><td>同湿式报警阀组，见表 4.8-17 中报警阀室干面布置</td></tr>
</table>

3. 预作用报警阀组

预作用报警阀组、充气装置组成和技术要求见表 4.8-19。

预作用报警阀、充气装置组成和技术要求　　表 4.8-19

<table>
<tr><th>项　　目</th><th>组成和技术要求</th></tr>
<tr><td>组成图示</td><td>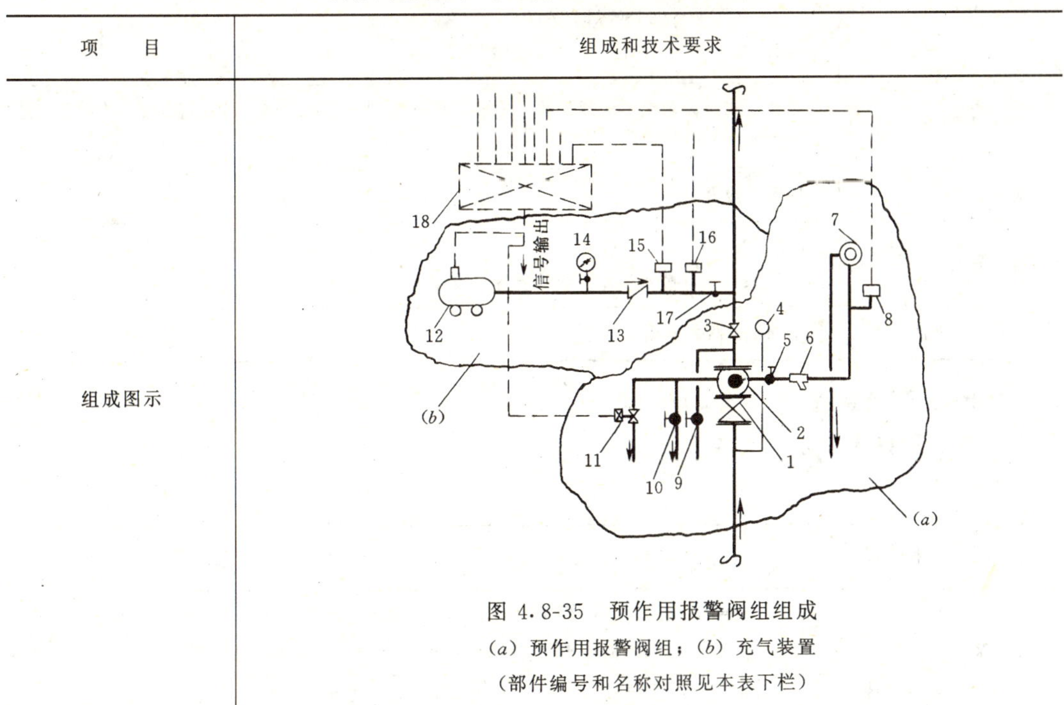

图 4.8-35　预作用报警阀组组成
(a) 预作用报警阀组；(b) 充气装置
(部件编号和名称对照见本表下栏)</td></tr>
</table>

续表

项　目	组成和技术要求
主要部件及作用	（1）预作用阀 1）闸阀：总控制阀 2）预作用阀：采用干式报警阀或雨淋阀代替，控制系统进水，先于喷头开启，系统报警 3）闸阀：检修系统用 4）闸前压力表：指示给水水源压力 5）截止阀：试验警铃用 6）过滤器：过滤水中杂质 7）水力警铃：水力声响报警 8）压力开关：接通电、声、光报警或起动水泵 9）截止阀：泄放试验管 10）截止阀：手动开启预作用阀 11）电磁阀：火灾探测器电动开起预作用阀，技术特性见表4.9-4中配套电磁阀 （2）充气装置 12）空压机：供给系统压缩空气 13）止回阀：维持系统气压 14）压力表：指示系统气压 15）压力控制器：控制空压机起、停，宜采用YTK型（国产） 16）压力控制器：低气压报警 17）截止阀：关闭、对充气系统检修、平时常开
管网充气压力和充气量	（1）充气压力一般控制在0.01～0.025MPa间，最大不超过0.03MPa （2）充气时间不大于30min，对安装低压差动型干式阀的系统，可按不大于1h计 （3）充气量不小于0.15m^3/min （4）充入空气应过滤、干燥、无腐蚀性
预作用阀型号、规格	采用干式报警阀或雨淋阀代替，雨淋阀ZSU系列有ZSFG100、150、200型三种，*DN*分别为100、150、200mm
安装要求	同湿式报警阀
国标图纸	89SS175/44—48 ZSU系列自动喷水预作用报警装置安装图
报警阀室平面布置	参照湿式报警阀组

4.8.8　管道系统

1．管道和敷设要求见表4.8-20。

管　道　和　敷　设　　**表4.8-20**

项　目		说　　明
管道名称	配水支管	直接安装喷头的管道，*DN*不小于25mm
	配水管	向配水支管供水的管道，*DN*不小于25mm
	配水干管	向配水管供水的主管道

续表

<table>
<tr><th>项　　目</th><th>说　　　　明</th></tr>
<tr><td>管道布置</td><td>
(1) 报警阀后管道一般为枝状，并不允许接其它用水设备
(2) 配水支管每侧、每根喷头数不应超过下列 规定：中、轻危险级 8 个；同一支管在吊顶上、下侧设喷头时各为 8 个；严重危险级 6 个
(3) 管道中心与建筑结构最小距离：
<table>
<tr><td>公称直径 (mm)</td><td>25</td><td>32</td><td>40</td><td>50</td><td>70</td><td>80</td></tr>
<tr><td>距离 (mm)</td><td>40</td><td>40</td><td>50</td><td>60</td><td>70</td><td>80</td></tr>
</table>
(4) 配水支管宜在配水管两侧、配水管宜在配水干管两侧对称布置，以便减小管径、节省投资和方便计算，见图 4.8-36
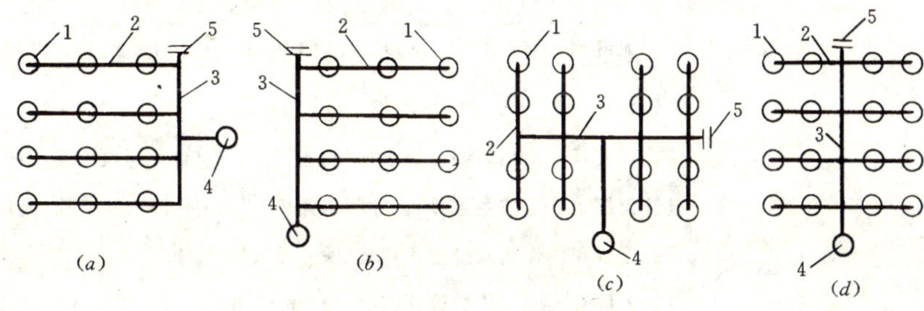

图 4.8-36　管道布置示意
(a) 端侧中部供水 (枝状)；(b) 端侧端部供水 (枝状)；
(c) 端中中部供水 (枝状)；(d) 端中端部供水 (枝状)
1—喷头；2—配水支管；3—配水管；4—配水干管
(立管)；5—丝堵 (供管道清洗排水用)
(5) 同层每个防火分区建议设置独立的供水立管供水或设各自独立的水流指示器，以便监控
(6) 管道应抬高贴梁或穿梁布置，并应与风管和其它管道平面上错开，以减少管道层占有空间的高度。当与风管和其它管道交错时，喷水管应布置在风管和其它管道的上方，以防其它管道维修时损坏喷水管
(7) 管道在吊顶内敷设的最小空间 (含吊顶厚度) 为：配水干管 $DN150$ 时，$H=220$mm；$DN100$ 时，$H=200$mm。详见图 4.8-37
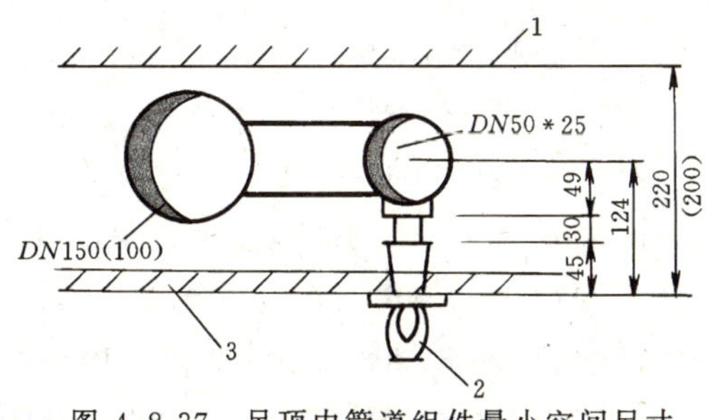

图 4.8-37　吊顶内管道组件最小空间尺寸
1—顶板；2—喷头；3—吊顶
</td></tr>
</table>

续表

<table>
<tr><th>项　目</th><th>说　　明</th></tr>
<tr><td>管材和连接</td><td>
(1)管材:采用普通镀锌钢管(符合GB3091—87标准)。玛钢管材(符合GB 3289—82标准);当管网最大工作压力大于1.0MPa时,应采用镀锌无缝钢管,用镀锌钢制管件连接。在管网最大工作压力不超过1.6MPa时,无缝钢管规格见下表。当管网配水干管最大工作压力超过1.6MPa时,无缝钢管壁厚应进行强度计算
无缝钢管规格对照(单位mm)
<table>
<tr><td>公称直径(DN)</td><td>15</td><td>20</td><td>25</td><td>32</td><td>40</td><td>50</td><td>65</td></tr>
<tr><td>无缝钢管(φ×δ)</td><td>22×3</td><td>27×3</td><td>32×3</td><td>38×3</td><td>45×3.5</td><td>57×3.5</td><td>76×3.5</td></tr>
</table>
<table>
<tr><td>公称直径(DN)</td><td>80</td><td>100</td><td>125</td><td>150</td><td>200</td><td>250</td></tr>
<tr><td>无缝钢管(φ×δ)</td><td>89×3.5</td><td>108×4</td><td>133×4</td><td>159×5</td><td>219×6</td><td>273×7</td></tr>
</table>
(2)连接
1)湿式系统:镀锌钢管,螺纹连接,当DN>100mm螺纹连接有困难时,可焊接或法兰连接;镀锌无缝钢管宜法兰连接,法兰间采用δ=3mm石棉橡胶垫片,或焊接
2)干式和预作用系统宜用焊接
3)不同管径的管道螺纹连接时,应避免采用补芯,而应采用异径管。弯头上不得采用补芯
</td></tr>
<tr><td>管道支、吊架</td><td>
(1)位置不应影响喷水效果,一般吊架与喷头距离不小于300mm,与末端喷头不小于750mm
(2)支、吊架间最大距离如下:
<table>
<tr><td>DN(mm)</td><td>25</td><td>32</td><td>40</td><td>50</td><td>65</td><td>80</td><td>100</td><td>125</td><td>150</td><td>200</td></tr>
<tr><td>最大间距(m)</td><td>3.0</td><td>3.5</td><td>4.0</td><td>4.5</td><td>5.0</td><td>5.5</td><td>6.0</td><td>6.5</td><td>7.0</td><td>8.0</td></tr>
</table>
若管道穿梁安装时,穿梁处可作为一个吊架考虑
(3)相邻两喷头间的管段上至少应设一个支(吊)架,当喷头间距小于1.8m时,可隔断设置,但支(吊)架间距不大于3.6m
(4)沿屋面坡度布置的配水支管,当坡度大于1∶3时,应采取防滑措施(加点焊箍套),以防短立管与配水管受扭折推力,如图4.8-39
(5)管道防晃
1)为防止喷水时管道晃动,下列部位应设防晃支架,见图4.8-40
(A)配水管的中央(DN=50mm可不设)
(B)配水干管和配水管、配水支管的长度超过15m(包括DN50mm的配水管和配水支管),每15m长度内最少设一个(DN≤40mm的管段可不计在内)
(C)DN≥50mm的管道拐弯处(包括三通及四通位置)应设一个
2)防晃支架的强度,应能承受管道、配件及管内水的重量和50%的水平方向推动力,不损坏或产生永久变形。当管子穿梁时,管道若用铁码紧固于混凝土结构上,则可作为一个防晃支架
3)防晃支架的安装详见国标89SS175/65,简图见图4.8-41
</td></tr>
</table>

续表

<table>
<tr><th>项 目</th><th>说 明</th></tr>
<tr><td>管道防腐</td><td>(1)管道不应敷设在有腐蚀性物质的地方，如必须布置时，应进行防腐保护处理
(2)一般敷设管道防腐和油漆标志要求，见给水章节
(3)法兰与镀锌钢管焊接，镀锌层破坏处内外应刷两道樟丹防腐</td></tr>
<tr><td>管道坡度和排水</td><td>(1)管道应有坡度坡向排水管，系统排水管设在报警阀上。管道坡度，配水支管不小于0.004；配水管和配水干管不小于0.002，湿式喷水灭火系统条件不允许时，可水平安装
(2)当管道改向，如局部低凹或低于排水管，不能从系统排水管排水时，应在管道上设辅助排水管和控制阀门。辅助排水管管径和要求如下：
<table>
<tr><th>受影响排水管网</th><th>辅助排水管(mm)</th><th>形式和图示(图 4.8-38)</th></tr>
<tr><td>喷头数少于 5 个</td><td>25</td><td>丝堵</td></tr>
<tr><td>喷头 5～20 个</td><td>32</td><td>闸门</td></tr>
<tr><td>喷头多于 20 个</td><td>32</td><td>闸门＋排水管
图 4.8-38</td></tr>
</table>
干式和预作用系统在辅助排水管阀后宜再装一丝堵，排水时打开，防止泄气
(3)每一配水干管和配水管末端宜设三通(单侧配水)或四通(双侧配水)，在另一端用丝堵堵塞，以便系统冲洗时排水。如图 4.8-36</td></tr>
</table>

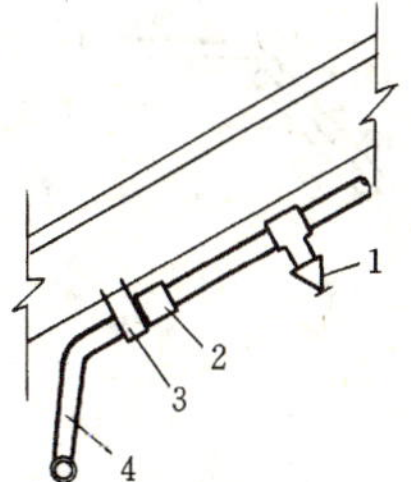

图 4.8-39 斜立配水支管的支架

1—喷头；2—点焊箍套；3—吊管管卡；4—短立管

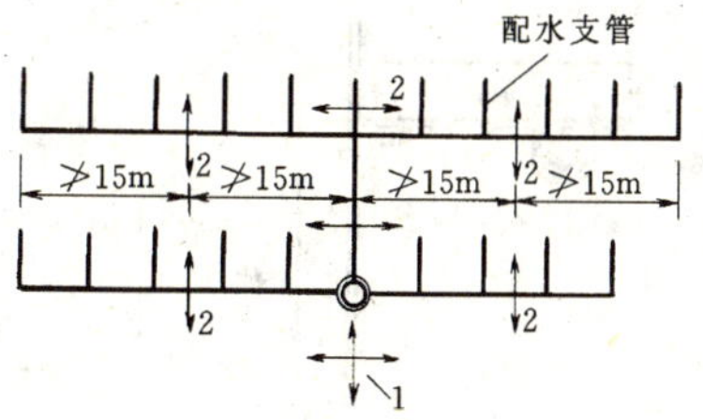

图 4.8-40 管道防晃支架布置

1—表示立管顶端防四方向晃动的支架；

2—表示防振动方向的防晃支架

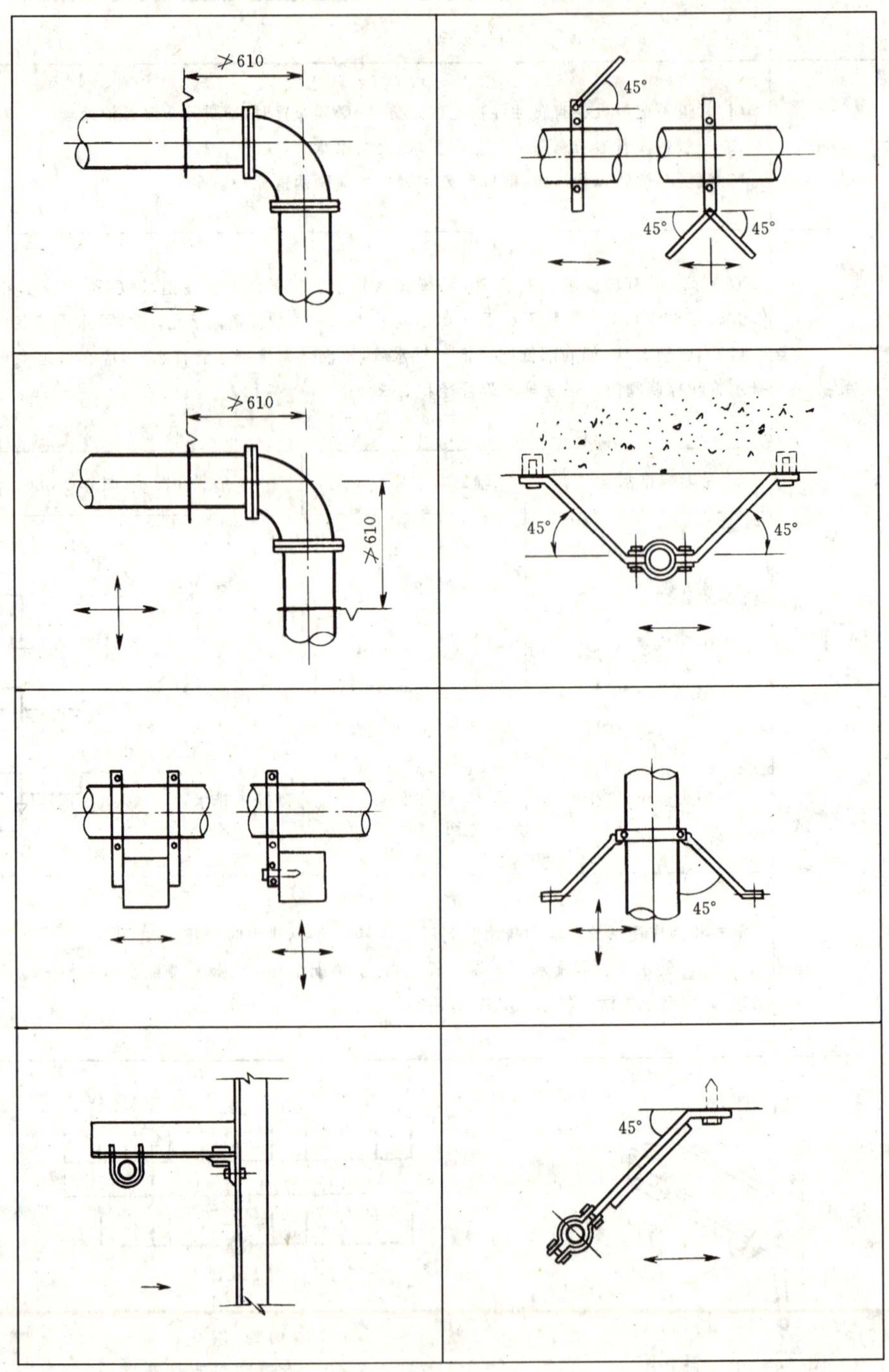

图 4.8-41　管道防晃支架间图

注:图中箭头表示防晃方向

2. 管道附件和设置要求见表 4.8-21。

管道附件和设置 **表 4.8-21**

<table>
<tr><th>项　目</th><th>说　明</th></tr>
<tr><td>阀　门</td><td>(1)报警阀后管道除在水流指示器前配套设控制阀和管网末端设泄水阀外,其它均不得设阀门
(2)系统所有阀门应有明显的开闭标志,平时常开。常用的有明捍杆阀、蝶阀或带关闭指示的讯号阀</td></tr>
<tr><td>水流指示器</td><td>(1)作用:湿式系统分区报警(向消防控制中心或值班室),小系统可不设;干式和预作用系统不宜用叶片式水流指示器,因为报警阀开启时,水流瞬间冲击力太大,可能损坏机械装置(雨淋系统也一样),一般可采用分设报警阀代替
(2)位置:装在楼层每层或每个监测区的配水干管上
(3)要求:一个喷头工作流量通过,即能动作报警
(4)安装详见图 4.8-42。它可水平安装,也可垂直安装,水平安装时,上部空间应留足可取出叶片的空间高度;水流指示器前后应有 5DN 的直线段

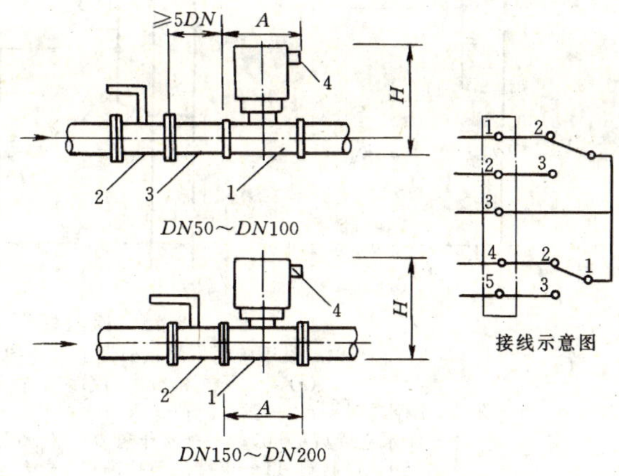

图 4.8-42　水流指示器安装图
1—水流指示器;2—蝶阀;3—短管;4—接线柱

<table>
<tr><th>型　号</th><th>直　径(DN)</th><th>A</th><th>H</th><th>连接方式</th></tr>
<tr><td>ZSJZ50</td><td>50</td><td>115</td><td>144</td><td>螺　纹</td></tr>
<tr><td>ZSJZ80</td><td>80</td><td>130</td><td>155</td><td>螺　纹</td></tr>
<tr><td>ZSJZ100</td><td>100</td><td>194</td><td>178</td><td>螺　纹</td></tr>
<tr><td>ZSJZ150</td><td>150</td><td>200</td><td>205</td><td>法　兰</td></tr>
<tr><td>ZSJZ200</td><td>200</td><td>306</td><td>224</td><td>法　兰</td></tr>
</table>
说明:
1. ZSJZ 水流指示器用于自动喷水灭火系统中,可水平或垂直安装,最高不动作流量;17L/min,电源电压:DC24V,3A;AC220V,5A
2. ZSJZ 水流指示器系上海消防器材厂产品</td></tr>
</table>

续表

项　目	说　　明

检验装置

(1)作用:定期放水、检验水流指示器、报警阀和整个系统工作状态的可靠性

(2)要求:放水量相当于一个喷头工作流量

(3)位置:

1)每一报警阀组均设有一个试警铃阀(阀组配套);

2)每一水流指示器后的管网末端(国内一般要求)或水流指示器后(国外常用,如美国还要求在试水管上装窥镜以便了解放水流情况)。见图 4.8-43(a)、(b)。

干式和预作用系统应设在最不利点末端,局部抬高以便空气排放,试水管 DN25 末端与排水管断开并设丝堵。排水时打开,用软管接至或直接接至排水漏斗。见图 4.8-43(c)

(4)图中截止阀为全铜截止阀,DN25,PN 不小于 1.0MPa,试验完毕后,应对阀门采取有效保护,以防误操作

(5)孔板采用黄铜或不锈铜制作,板厚一般为 2.5～3mm,可直接安装于活接头内

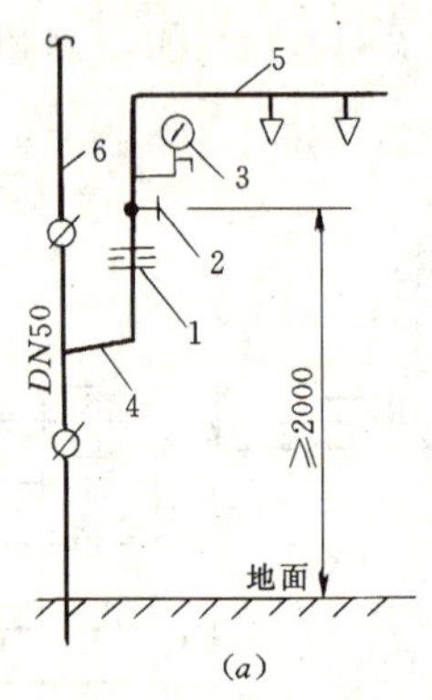

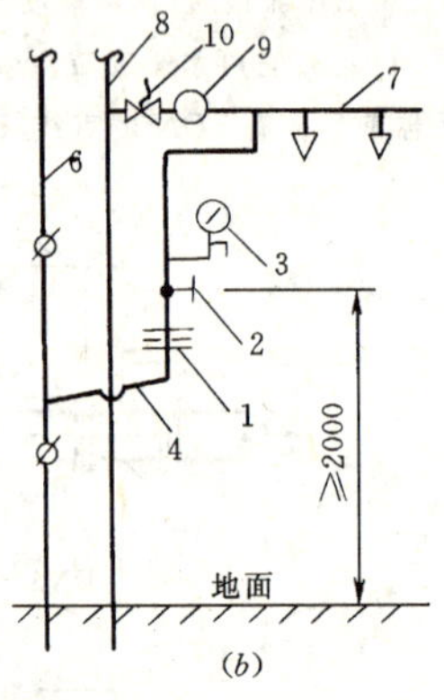

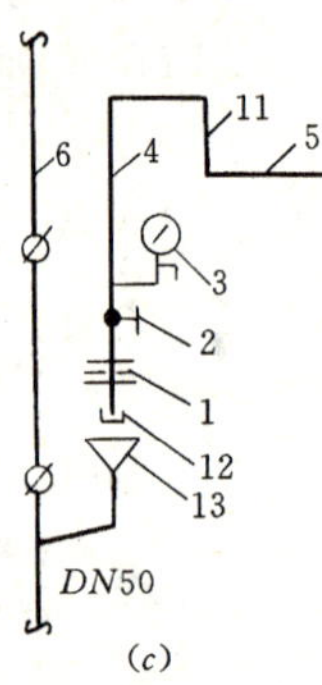

图 4.8-43　检验装置

(a)设于管网末端;(b)设于水流指示器后;

(c)用于干式和预作用系统的管网末端

1—孔板(孔径同喷头);2—截止阀;3—压力表;4—放水管(DN25);5—管网末端;

6—泄水立管(DN50);7—配水干管;8—供水立管;9—水流指示器;

10—控制阀;11—末端局部抬高;12—丝堵;13—集水漏斗

节流装置

(1) 目的和方法:在多层喷水管网、为均衡各层喷头压力和流量,避免水量浪费,在低层超压部分设置,见图 4.8-44。常用方法:缩小管径增加阻力;设减压孔板;设节流管;设减压阀

(2) 缩小管径:增加流速和水头损失,此法应为首选。管中流速控制在不大于 5m/s

(3) 节流管,如图 4.8-45

1) 要求流速不大于 20m/s;长度 $L_2 \nless 1$m

2) 节流管径宜按下表选用:

配水干管 (mm)	50	70	80	100	125	150	200	250
节流管 (mm)	25	32	40	50	65	80	100	125

3) 节流管水头损失

管道水头损失计算按式 4.8-12 计;

缩小与扩大部分局部水头损失按当量长度计,其值如下表:

管　径 (mm)	50	65	80	100	125	150	200	250
当量长度 (m)	0.6	1.0	1.0	1.3	1.7	1.5	4.5	4.0

表中数据仅适用于公称直径 (DN) 缩小 1 号时,若直径缩小 2 号,表中当量长度应乘以 3.5 倍;缩小 3 号,当量长度应乘以 9.5 倍

续表

项　目	说　　明
节流装置	(4) 减压孔板（见下文）

(4) 减压孔板

设置应符合下列要求：

1) 所设配水管 $DN \nless 50$mm

2) 孔板孔径$\nless 50\% DN$

3) 安装在直线管段或弯头的水流下游侧的直线段上，与弯头距离$\nless 2DN$（设置管段）

4) 孔板采用黄铜板，孔口应光滑，板厚视管道 DN 按下要求选用，DN50～80mm；$\delta=3$mm；DN100～150mm，$\delta=6$mm；DN200mm，$\delta=9$mm，制作和安装要求见本章 4.7.4 节消火栓减压孔板

5) 孔板水头损失：有多种理论，计算方法并不统一。本章消火栓减压孔板和自动喷水灭火系统设计规范条文说明所推荐的计算方法，其结果也不一样。建议：设计时两者比较一下，并选用较为安全的一种方法，即取用孔板水头损失较大的一种方法。自动喷水规范条文说明推荐的方法如下：

(A) 管径 DN50～65mm 管段孔板水头损失值按下表计算和取用：

管径 DN50～65mm 管段孔板水头损失 h (mH_2O)

孔板孔径 d (mm) \ DN (mm)	50	65	孔板孔径 d (mm) \ DN (mm)	50	65
30	15.296		42		2.803
32	9.024		44		1.882
34	5.376	15.04	46		1.261
36	3.219	9.728	38		0.845
38	1.920	6.362	50		0.565
40	1.139	4.211	52		0.375

注：1) 本表按流量 $Q=8$L/s 计算

2) 当实际流量为 Q_x (L/s) 和选定孔板为 d 时，实际水头损失 h_x (mH_2O) 按下式计算

$$h_x=h\left(\frac{Q_x}{8}\right)^2 \quad (mH_2O) \tag{4.8-8}$$

(B) 管径 DN80～150mm 时水头损失 h 如下表：

管径 DN80～150mm 时水头损失 h (mH_2O)

孔板孔径 d (mm) \ DN (mm)	80	114×5.0	140×5.5	孔板孔径 d (mm) \ DN (mm)	114×5.0	140×5.5	159×5.5
40	113.4			72	2.691	7.164	
42	78.48			74	2.07	5.76	
44	65.88			76	1.593	4.644	7.92
46	45.99			78	1.224	3.753	6.489
48	27.18			80	0.936	3.033	5.337
50	19.35			82	0.711	2.457	4.401
52	13.77			84		1.998	3.636
54	9.90			86		1.62	3.006
56	7.047			88		1.314	2.484
58	5.031			90		1.062	2.07
60	3.573			95		0.631	1.314
62		9.9		100		0.369	0.833
64		7.605		105			0.528
66		5.85		110			0.369
68		4.509		115			0.200
70		3.483	8.946				

续表

项目	说明
节流装置	注：1）本表按流量 $Q=30L/s$ 计算 2）当流量为 Q_x（L/s）和选定孔板孔径 d 时，实际水头损失 h_x（mH_2O）按下式计算： $h_x=h\left(\frac{Q_x}{30}\right)^2$ （mH_2O） (4.8-9) （5）比例式减压阀 一般宜安装在报警阀前。选用和安装见给水章节 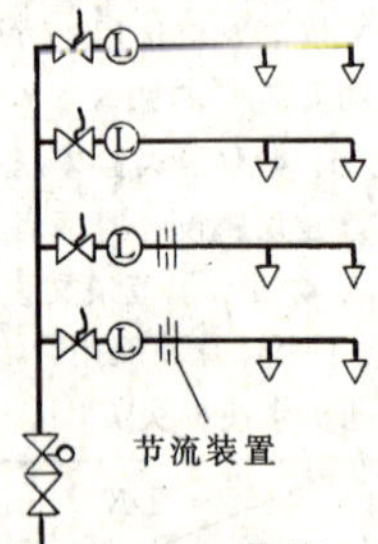 节流装置 图 4.8-44 节流管安装位置示意 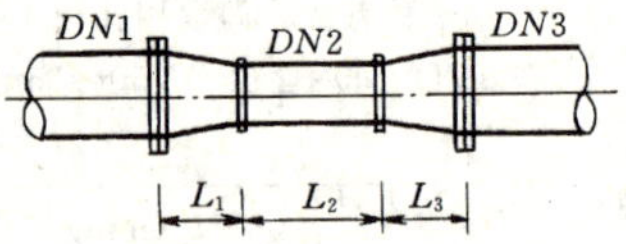 DN1 DN2 DN3 L_1 L_2 L_3 图 4.8-45 节流管示意图
水泵接合器	形式、个数和安装要求同消火栓系统

3. 管道试压和油漆

（1）管道试压要求：根据管网最大工作压力，按表 4.8-22 要求试压

管网试验压力 表 4.8-22

管网最大工作压力	试验压力	要求
≤1.0MPa	1.4MPa	1）2h 无明显渗漏为合格 2）测试点设在系统最低点
>1.0MPa	管网最大工作压力+0.4MPa	

（2）管道油漆要求：镀锌钢管在吊顶内敷设一般可不刷油漆；露明者或管线种类较多的建筑物，需要与其它管道区别时，可在外刷调和漆两道，颜色一般为红色。

4.8.9 监测装置

为保证自动喷水系统安全可靠工作，应对水源和主要设备、部位进行监测。监测装置设置要求见表 4.8-23。

监测装置设置要求 表 4.8-23

项目	说明
监测部位	自动喷水灭火系统的下列工作状态宜设监测 （1）系统的控制阀开启状态 （2）消防水泵的电源供应和工作情况 （3）水池、水箱的水位 （4）干式喷水灭火系统的最高和最低气压 （5）预作用喷水灭火系统的最低气压 （6）报警阀和水流指示器的动作情况
要求	（1）设有消防控制的建（构）筑物，监测装置信号宜集中控制 （2）自动监测装置，应设备用电源（不间断供电）

4.8.10 火灾探测器

火灾探测器种类和设计要求见表4.8-24。

火灾探测器种类和设计要求 表4.8-24

项目	说明
作用	在闭式预作用喷水灭火系统和4.9节所述开式自动喷水灭火系统中，用它来探测火灾，并通过电气自控装置来报警和起动消防设备
分类	基本分三大类： (1) 感温探测器——定温式、差温式和差定温式等 (2) 感烟探测器——离子感烟式、光电感烟式等 (3) 感光探测器——红外线式、紫外线式
选用	(1) 应根据保护物燃烧特性和安装场所环境等因素选用不同种类的探测器 (2) 为了提高系统的安全可靠性，一般常用两个同类探测器并联使用
设计要求	(1) 同一保护区内应设置相同的火灾探测装置 (2) 火灾探测器的动作应先于喷头的动作 (3) 当火灾探测系统发生故障时，应采取保证自动喷水灭火系统正常工作的措施 (4) 应设手动开启装置 (5) 具体设计由电气自控专业进行

4.8.11 水力计算

1. 目的：各类建筑，在规范规定的作用面积和设计喷水强度下，通过水力计算，确定配水管管径、阻力损失、系统设计供水量和供水压力，从而选择供水设备和能力。

2. 计算要求：

(1) 中、轻危险级建、构筑物，应保证作用面积（F）内的平均喷水强度（q_0）不小于表4.8-2规定。但其中任意四个喷头组成的保护面积内的平均喷水强度不应小于（注：规范7.1.1条有：也不应大于的要求，作者认为不妥，故未列出）上表规定值的20%。

(2) 严重危险级建、构筑物，应保证作用面积（F）内任意四个喷头组成的保护面积内的平均喷水强度不小于表4.8-2规定。

3. 计算方法：

(1) 宜采用面积计算法，即首先确定最不利位置作用面积。作用面积宜为正方形或长方形。若为长方形布置时，其长边应平行于配水支管，长边长宜为作用面积平方根的1.2倍（$L=1.2\sqrt{F}$）。只有在作用面积内的喷头，才计算喷水量，作用面积后的管段流量不再增加，仅计算管道的阻力损失。

走道内仅布置一排喷头时，计算动作喷头数，每层不宜超过5个。但系统的设计流量仍应符合本节（4）要求。

当实际保护面积小于表4.8-2内规定的作用面积时，可依实际保护面积作为作用面积。

(2) 作用面积内的喷头计算出水量：

1）轻、中危险级按各喷头出水量均相等，即按最不利点喷头出水量计算。

2）严重危险级按特性系数法进行水力计算，即作用面积内每个喷头喷水量按该喷头处的水压计算确定，具体方法如下：

(*A*) 首先假定最不利点喷头处水压，求该喷头的出水量，以此流量求喷头①～②之间管段的水头损失；

(*B*) 以第一喷头处所假定的水压加喷头①～②之间管段的水头损失，作为第二喷头处的压力，以求第二个喷头的流量。此两个喷头流量之和作为②～③喷头之间管段的流量，以求该管段中的水头损失。以后依此类推。计算至作用面积内的所有喷头和管道的流量和压力。

(*C*) 当自不同方向计算至同一点出现不同压力时，则低压力方向管段的流量应按下式进行修正：

$$\frac{H_1}{H_2}=\frac{Q_1^2}{Q_2^2} \qquad Q_2=Q_1\sqrt{\frac{H_2}{H_1}} \tag{4.8-10}$$

式中 Q_2——所求低压方向管段的修正后的流量 (L/s)；

H_1——低压方向管段计算至此点的压力 (mH_2O)；

Q_1——低压方向管段计算至此点的流量 (L/s)；

H_2——高压方向管段计算至此点的压力 (mH_2O)。

(3) 管道沿程和局部水头损失[1]

1) 设计流速：钢管一般不宜大于5m/s，配水干管一般不超过3m/s，常用1～2m/s。特殊情况下，配水支管不应超过10m/s。设计时，在校核流速是否超过上述规定值时，可按式4.8-11计算：

$$v=K_cQ \tag{4.8-11}$$

式中 v——流速 (m/s)；

K_c——计算管段流速系数 (m/L)，见表4.8-25。

Q——计算管段流量 (L/s)。

流速系数 K_c 值 表 4.8-25

钢管管径 (*DN*) (mm)	15	20	25	32	40	50	70
K_c (m/L)	5.85	3.105	1.883	1.05	0.8	0.47	0.283
钢管管径 (*DN*) (mm)	80	100	125	150			
K_c (m/L)	0.204	0.115	0.075	0.053			
铸铁管管径 (*DN*) (mm)		100	125	150	200	250	
K_c (m/L)		0.1273	0.0814	0.0566	0.0318	0.021	

2) 管段沿程水头损失 (h_1)

可按给水用水力计算表直接查得 i (见给水章) 或按管道比阻值 A 求得，后者一般用于水力计算表中不包括的高流速管道 (公式适用于 $v\geqslant1.2$m/s)，计算公式见4.8-12。

$$h_1=ALQ^2 \tag{4.8-12}$$

式中 h_1——管道沿程水头损失 (mH_2O)；

A——管道比阻值，见表4.8-26；

[1] 为计算方便，以下压力均以 mH_2O 表示，$1mH_2O=9.8\times10^3Pa=0.0098MPa$。

L——计算管道长度（m）；

Q——计算管段流量（L/s）。

管道比阻值 表 4.8-26

焊接钢管				铸铁管			
管径（mm）		A	A	管径（mm）		A	A
公称管径	计算内径	（Q：m^3/s）	（Q：m^3/s）	公称管径	计算内径	（Q：m^3/s）	（Q：L/s）
15	14.75	8809 515	8.809	75	74.00	1709	0.001 709
20	20.25	1642 469	1.642	100	99.00	365.3	0.000 365 3
25	26.00	436 708	0.4367	150	149.00	41.85	0.000 041 85
32	34.75	93 862	0.093 86	200	199.000	9.029	0.000 009 029
40	40.00	44 528	0.044 53	250	249.00	2.752	0.000 002 752
50	52.00	11 085	0.011 08	300	300.00	1.025	0.000 001 025
70	67.00	2 893	0.002 893				
80	79.50	1 168	0.001 168				
100	105.00	267.5	0.000 267 5				
125	130.00	86.23	0.000 086 23				
150	155.00	33.95	0.000 033 95				
200	198.00	9.273	0.000 009 273				
250	252.00	2.583	0.000 002 583				

3）根据公式 4.8-12 编制中、轻危险级水力计算表 4.8-27，设计时可直接查用。各管段（DN）负担的计算喷头数可按表 4.8-28 选用。

中、轻危险级自动喷水灭火系统管道水力计算表 表 4.8-27

项目 \ 喷头数	1			2			3		
q（L/s）	1.33			2.66			3.99		
DN（mm）	25	32	40	25	32	40	32	40	50
v（m/s）	2.50	1.40	1.06	5.00	2.79	2.13	4.19	3.19	1.88
i（mH_2O/m）	0.77	0.17	0.079	3.10	0.66	0.314	1.49	0.709	0.176
项目 \ 喷头数	4			5			6		
q（L/s）	5.32			6.65			7.98		
DN（mm）	32	40	50	40	50	65	40	50	65
v（m/s）	5.59	4.26	2.50	5.32	3.13	1.88	6.38	3.75	2.25
i（mH_2O/m）	2.66	1.26	0.31	1.97	0.49	0.128	2.84	0.71	0.18
项目 \ 喷头数	7			8			9		
q（L/s）	9.31			10.64			11.97		
DN（mm）	50	65	80	50	65	80	50	65	80
v（m/s）	4.40	2.63	1.90	5.00	3.01	2.17	5.63	3.39	2.44
i（mH_2O/m）	0.96	0.25	0.101	1.25	0.33	0.13	1.59	0.41	0.17

续表

项目 \ 喷头数	10			11			12		
q (L/s)	13.30			14.63			15.96		
DN (mm)	65	80	100	65	80	100	65	80	100
v (m/s)	3.76	2.71	1.53	4.14	2.98	1.68	4.52	3.26	1.84
i (mH_2O/m)	0.51	0.21	0.047	0.62	0.25	0.057	0.74	0.30	0.068

项目 \ 喷头数	13			14			15			
q (L/s)	17.29			18.62			19.95			
DN (mm)	65	80	100	80	100	125	80	100	125	150
v (m/s)	4.89	3.53	1.99	3.80	2.14	1.40	4.07	2.29	1.50	1.18
i (mH_2O/m)	0.86	0.35	0.08	0.40	0.09	0.03	0.46	0.11	0.03	0.02

项目 \ 喷头数	16				17				18			
q (L/s)	21.28				22.61				23.94			
DN (mm)	80	100	125	150	80	100	125	150	80	100	125	150
v (m/s)	4.34	2.45	1.60	1.25	4.61	2.60	1.70	1.33	4.88	2.75	1.80	1.27
i (mH_2O/m)	0.53	0.12	0.04	0.02	0.60	0.137	0.04	0.02	0.67	0.15	0.05	0.02

项目 \ 喷头数	19				20			21		
q (L/s)	25.27				26.60			27.93		
DN (mm)	80	100	125	150	100	125	150	100	125	150
v (m/s)	5.16	2.91	1.90	1.34	3.06	2.00	1.41	3.21	2.09	1.48
i (mH_2O/m)	0.74	0.17	0.06	0.022	0.19	0.06	0.024	0.21	0.07	0.026

项目 \ 喷头数	22			23			24			25		
q (L/s)	29.26			30.59			31.92			33.25		
DN (mm)	100	125	150	100	125	150	100	125	150	100	125	150
v (m/s)	3.36	2.19	1.55	3.52	2.29	1.62	3.67	2.39	1.70	3.82	2.49	1.76
i (mH_2O/m)	0.23	0.074	0.03	0.25	0.08	0.032	0.272	0.088	0.035	0.296	0.095	0.038

项目 \ 喷头数	26			27				28			
q (L/s)	34.58			35.91				37.24			
DN (mm)	100	125	150	100	125	150	200	100	125	150	200
v (m/s)	3.98	2.59	1.83	4.13	2.69	1.90	1.14	4.28	2.79	1.97	1.18
i (mH_2O/m)	0.320	0.103	0.041	0.34	0.111	0.044	0.012	0.371	0.12	0.047	0.01

项目 \ 喷头数	29				30				31			
q (L/s)	38.57				39.90				41.23			
DN (mm)	100	125	150	200	100	125	150	200	100	125	150	200
v (m/s)	4.44	2.89	2.04	1.23	4.59	2.99	2.11	1.27	4.74	3.09	2.19	1.31
i (mH_2O/m)	0.398	0.128	0.051	0.01	0.425	0.137	0.054	0.014	0.455	0.146	0.058	0.015

管道负担的计算喷头数 **表 4.8-28**

管径（*DN*）(mm)	25	32	40	50	65	80	100	150
负担的计算喷头数（个）	1	2～3	3～4	5～8	7～12	10～17	15～28	20个以上

4）严重危险级建、构筑物应按特性系数法逐步计算出各喷头处水压、喷头出水量和管段流量，然后再按式 4.8-12 求出管道沿程水头损失（h_1）。

5）管道局部水头损失（h_2）可简化取管道沿程水头损失的 20%。

6）报警阀水头损失（h_3）按式 4.8-13 计算。

$$h_3=B_kQ^2 \tag{4.8-13}$$

式中 h_3——报警阀水头损失（mH_2O）；

B_k——报警阀的比阻值，见表 4.8-29；

Q——通过报警阀流量（L/s）。

各种报警阀的比阻值 **表 4.8-29**

阀门名称	阀门直径(*DN*)(mm)	比阻值(B_k)	阀门名称	阀门直径(*DN*)(mm)	比阻值(B_k)
湿式报警阀	100	0.00302	干湿两用报警阀	100	0.00726
湿式报警阀	150	0.000869	干湿两用报警阀	150	0.00208
干式报警阀	150	0.0016			

（4）系统设计流量

1）轻、中危险级按系统计算流量的 1.15～1.30 倍计，即：

$$Q_s=1.15\sim1.30Q_L=1.15\sim1.30\ (F\ q_0/60) \tag{4.8-14}$$

式中 Q_s——系统设计流量（L/s）；

Q_L——系统计算流量（L/s）；

F——最不利位置作用面积（m^2），见表 4.8-2；

q_0——设计喷水强度［L/（min·m^2］，见表 4.8-2。

各危险等级的系统设计流量见表 4.8-30。

2）严重危险级按作用面积内喷头计算出水量之和确定，并不应小于表 4.8-30 规定。

系统设计流量和一次消防用水量 **表 4.8-30**

建、构筑物危险等级		计算喷水强度［L/（min·m^2）］	作用面积（m^2）	计算流量（L/s）	设计流量（L/s）	一次消防用水量不小于（m^3）
严重危险级	生产建筑	10.0	300	50	57.5～65.0	207～234
	贮存建筑	15.0	300	75	86.25～97.5	310～351
中危险级		6.0	200	20	23～26	83～94
轻危险级		3.0	180	9	10.35～11.7	37～42

3）当系统喷头数较少，计算后实际用水量小于表 4.8-30 规定值时，可按实际用水量计。

4）一次消防用水量按火灾延续时间 1h 计，见表 4.8-30。

（5）系统供水水压

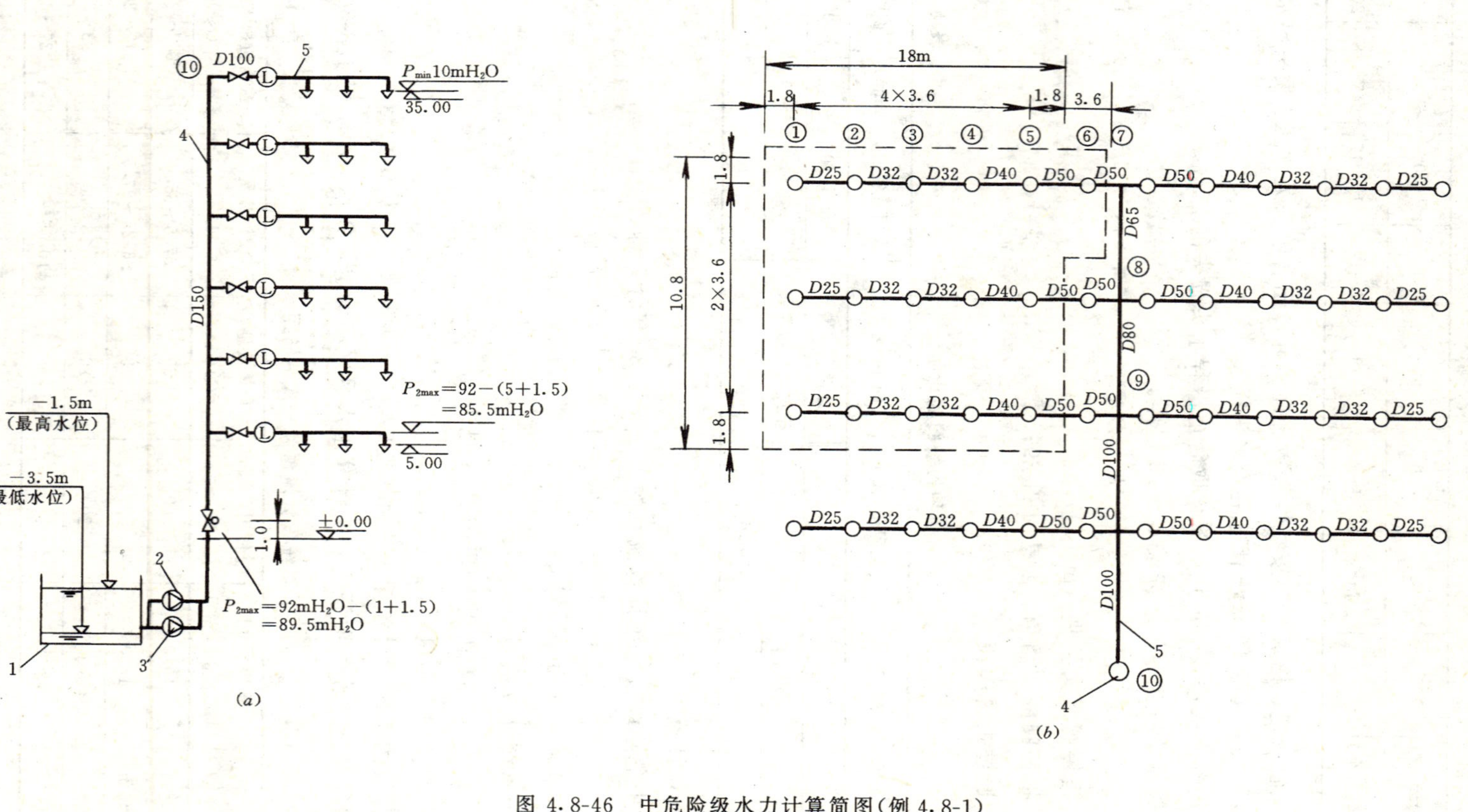

图 4.8-46　中危险级水力计算简图（例 4.8-1）

(a)系统图；(b)平面图

1—贮水池；2—喷洒泵；3—稳压泵；4—立管；5—配水干管

1）由给水管或消防水泵供水时：

给水管或消防水泵的计算压力（H）见式 4.8-15。

$$H=h_0+h_1+h_2+h_r+z \tag{4.8-15}$$

式中 H——给水管或消防水泵的计算压力（mH_2O）；

h_0——最不利点处喷头的工作压力（mH_2O）；

h_1——沿程水头损失（mH_2O）；

h_2——局部水头损失（mH_2O）；

h_r——报警阀水头损失（mH_2O）；

z——最不利点处喷头与给水管中心线或消防水泵最低吸水面之间的静水压（mH_2O）。

2）由水箱或高位水池供水时，水箱或高位水池设置高度计算见表 4.8-6 中的式 4.8-4。

4. 计算例题

【例 4.8-1】 中、轻危险级计算举例

某重要办公楼，建筑高度 36m，地下一层（－4m），按高规要求，在走道、办公室及地下室设喷头保护。系统设计按中危险级，玻璃球闭式喷头保护，采用临时高压供水，稳压泵维持平时管网压力。

【解】 采用面积计算法，作用面积内喷头出水量均相等（等于最不利点喷头出水量）。

（1）根据设计，绘制系统和最不利层喷头和管道布置计算简图见图 4.8-46。

（2）确定最不利位置作用面积（规范规定中危险级的作用面积为 $200m^2$），作用面积取长方形，长边按计算为 $1.2\sqrt{200m^2}\doteq 17m$，根据喷头布置取 18m，短边为 10.8m，计算作用面积为：$18\times10.8=194.4m<200m^2$，不符合规范要求，故在最不利管段上增加一个喷头（$12.5m^2$），合计作用面积为 $194.4m^2+12.5m^2=206.9m^2>200m^2$。

（3）从系统最不利点开始进行节点编号（节点包括作用面积内及以后管段喷头处，管道分支连接处及变径处），直至喷水泵处。

（4）从节点①开始，直至水泵吸水池止，进行水力计算。管段流量仅计算在作用面积范围内的喷头，作用面积外的喷头不计在内。计算结果见表 4.8-31。表中 D、u、i 由表 4.8-27 和表 4.8-28 查得。

【例 4.8-1】管道水力计算（中危险级） 表 **4.8-31**

节点			管段								备注
编号	节点压力（mH_2O）	流量（L/s）	编号	长度（m）	负担喷头数（个）	通过流量（L/s）	管径 DN（mm）	流速（m/s）	i（m）	沿程水头损失（m）$\Sigma h_1=iL$	
①	10	1.33									最不利点
			①～②	3.6	1	1.33	25	2.5	0.77	2.77	
②	10	1.33	②～③	3.6	2	2.66	32	2.79	0.66	2.38	
③	10	1.33	③～④	3.6	3	3.99	32	4.19	1.49	5.36	
④	10	1.33	④～⑤	3.6	4	5.32	40	4.26	1.26	4.54	
⑤	10	1.33	⑤～⑥	3.6	5	6.65	50	3.13	0.49	1.76	

续表

节点			管段								备注
编号	节点压力 (mH_2O)	流量 (L/s)	编号	长度 (m)	负担喷头数(个)	通过流量 (L/s)	管径 DN(mm)	流速 (m/s)	i (m)	沿程水头损失 (m) $\Sigma h_1=i\,L$	
⑥	10	1.33	⑥～⑦	1.8	6	7.98	50	3.75	0.71	1.28	
⑦	10	1.33	⑦～⑧	3.6	6	7.98	50	3.75	0.71	2.56	右侧在作用面积外,不计
⑧	10	1.33	⑧～⑨	3.6	11	14.63	80	2.98	0.25	0.90	第二排配水支管接入
⑨	10	1.33	⑨～⑩立	30.0	16	21.28	100	2.45	0.12	3.60	第三排配水支管接入
			⑩立～报警阀	34.0	16	21.28	150	1.13	0.02	0.68	
			报警阀		16	21.28	150			0.39	$\Sigma h_3=0.000869\times21.28^2=0.39$
			报警阀～泵	12.0	16	21.28	150	1.13	0.02	0.24	
			泵吸水管	2.0	16	21.28	150	1.13	0.02	0.04	
		合计			16	21.28				26.11	未计报警阀

结论:计算流量　21.28L/s,系统设计流量 $Q=1.3Q_L=1.3\times F\cdot q_0=1.3\times20\text{L/s}=26\text{L/s}>21.28\text{L/s}$

管段沿程水头损失　$\Sigma h_1=26.11\text{mH}_2\text{O}$

局部阻力损失　$\Sigma h_2=0.2\times26.11\text{mH}_2\text{O}=5.22\text{mH}_2\text{O}$

报警阀水头损失　$h_3=0.39\text{mH}_2\text{O}$;

最不利喷头工作压力　$h_0=10\text{mH}_2\text{O}$;

最不利点喷头与吸水池最低吸水位之高差的静水压 $z=38.5\text{mH}_2\text{O}$;

要求水泵扬程　$H=h_0+z+\Sigma h_1+\Sigma h_2+h_3=10+38.5+26.11+5.22+0.39=80.22\text{mH}_2\text{O}$

(5)选泵:100DL/4 立式多级离心泵两台,一用一备,互为备用。水泵特性如下:

$Q=20.0$L/s	$H=86.8\text{mH}_2\text{O}$	$n=1450$r/min	配套电机功率 37kW
27.8	80.0		
35.0	68.0		
0.0	92.0		

选用泵　$Q=27.8\text{L/s}>26\text{L/s}$,$H=80.0\text{mH}_2\text{O}$ 满足设计要求

(6) 稳压泵 2 台，一用一备，互为备用，选型见表 4.8-32。

稳 压 泵 选 型　　**表 4.8-32**

型号	流量 Q (L/s)	扬程 H (mH_2O)	转速 n (r/min)	配套电机功率 (kW)
WY-25LD 型 10 级立式多级离心泵	0.56	80	2900	1.5

(7) 系统最大工作压力（按式 4.8-1 计算）:

报警阀处：$P_{max}=92\text{mH}_2\text{O}-(1+1.5)=89.5\text{mH}_2\text{O}<1.2\text{MPa}$;

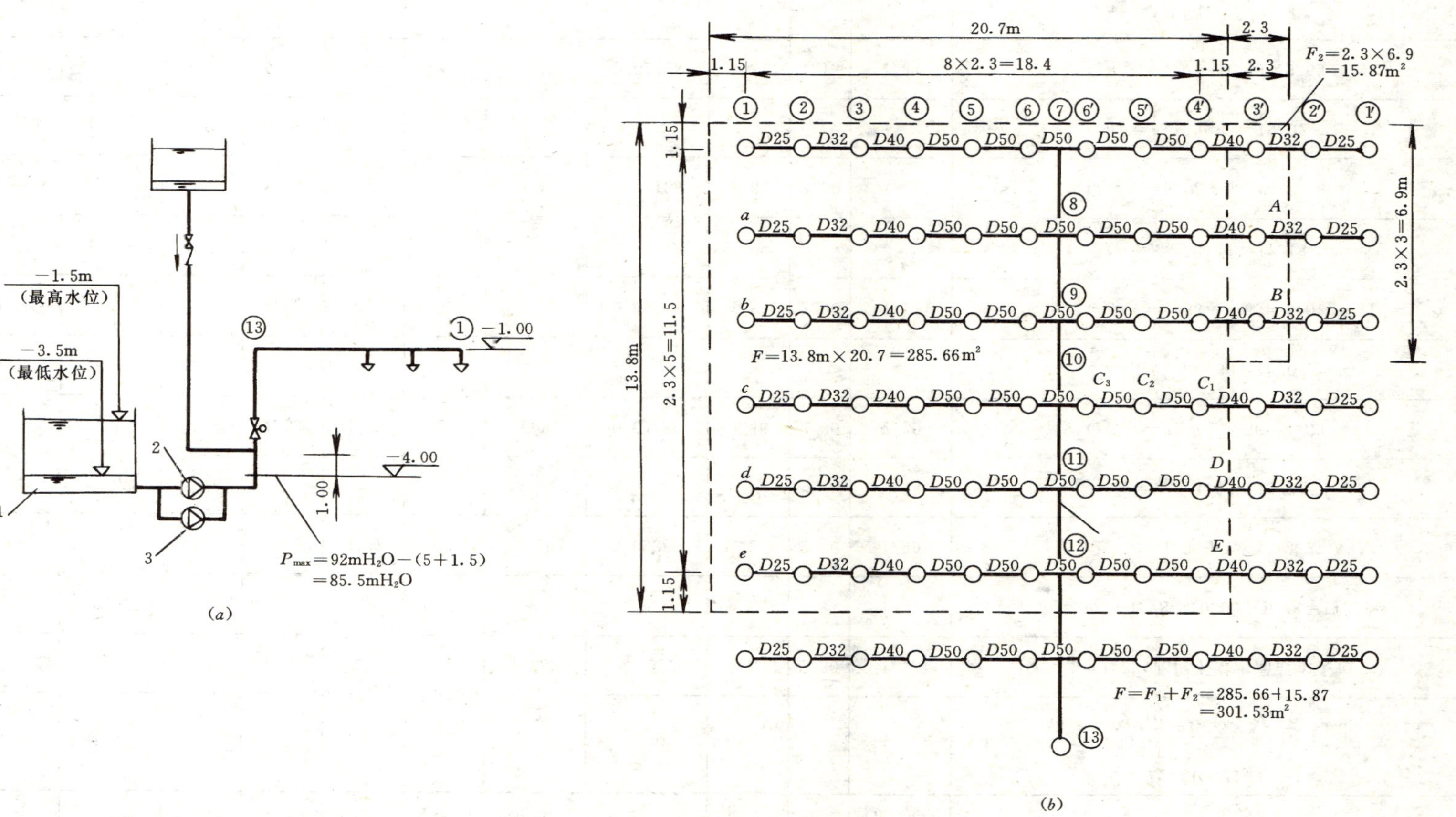

图 4.8-47 严重危险级水力计算简图(例 4.8-2)

(a)系统图;(b)平面图

1—贮水池;2—喷洒泵;3—稳压泵

例 4.8-2 管道水力计算（严重危险级） 表 4.8-33

节点	管段	接点水压 P (mH_2O)	流量			管径和特性			流速 $V=K_cQ$ (m/s)	管长 L (m)	管段水头损失 $h=1.2A\cdot Q^2\cdot L$ (mH_2O)	计算式
			节点 q (L/s)	管段 Q (L/s)	Q^2 (L^2/s^2)	管径 DN (mm)	流速系数 K_c (m/L)	比阻 A				
①		10.00	1.33									$P_0=10mH_2O$ $q_{①}=K\sqrt{\frac{P}{10}}=1.33\times\sqrt{\frac{10}{10}}=1.33$
	①～②			1.33	1.77	25	1.883	0.4367	3.33	2.30	1.78	$Q_{①\sim②}=1.33$（此段不考虑局部水头损失）
②		11.78	1.44									$h_{②}=h_{①}+1.78=10.00+1.78=11.78$
	②～③			2.77	7.67	32	1.05	0.09386	2.91	2.30	1.99	$Q_{②\sim③}=1.33+1.44=2.77$
③		13.77	1.56									$h_{③}=h_{②}+1.99=13.77$
	③～④			4.33	18.75	40	0.8	0.04453	3.46	2.30	2.30	$Q_{③\sim④}=2.77+1.56=4.33$
④		16.07	1.69									$h_{④}=h_{③}+2.30=16.07$
	④～⑤			6.02	36.2	50	0.47	0.01108	2.83	2.30	1.11	$Q_{④\sim⑤}=4.33+1.69=6.02$
⑤		17.18	1.74									$h_{⑤}=h_{④}+1.11=17.18$
	⑤～⑥			7.76	60.27	50	0.47	0.01108	3.65	2.30	1.84	$Q_{⑤\sim⑥}=6.02+1.74=7.76$
⑥		19.02	1.83									$h_{⑥}=h_{⑤}+1.84=19.02$
	⑥～⑦			9.59	91.97	50	0.47	0.01108	4.51	1.15	1.41	$Q_{⑥\sim⑦}=7.76+1.83=9.59$
⑦		20.43										$h_{⑦}=h_{⑥}+1.41=20.43$

续表

节点	管段	接点水压 P (mH_2O)	流量			管径和特性			流速 $V=K_cQ$ (m/s)	管长 L (m)	管段水头损失 $h=1.2A\cdot Q^2\cdot L$ (mH_2O)	计算式
			节点 q (L/s)	管段 Q (L/s)	Q^2 (L^2/s^2)	管径 DN (mm)	流速系数 K_c (m/L)	比阻 A				
	侧支管	①'~⑥'~⑦										
③'		10.00	1.33									$q_{③'}=K\sqrt{\frac{P}{10}}=1.33\sqrt{\frac{10}{10}}=1.33$
	③'~④'			1.33	1.77	40	0.80	0.04453	1.064	2.30	0.18	$Q_{③'\sim④'}=1.33$
④'		10.18	1.34									$h_{④'}=10.00+0.18=10.18$
	④'~⑤'			2.67	7.13	50	0.47	0.01108	1.25	2.30	0.22	$Q_{④'\sim⑤'}=1.33+1.34=2.67$
⑤'		10.40	1.36									$h_{⑤'}=h_{④'}+0.22=10.40$
	⑤'~⑥'			4.03	16.24	50	0.47	0.01108	1.89	2.30	0.50	$Q_{⑤'\sim⑥'}=2.67+1.36=4.03$
⑥'		10.90	1.39									$h_{⑥'}=h_{⑤'}+0.50=10.90$
	⑥'~⑦			5.42	29.38	50	0.47	0.01108	2.55	1.15	0.45	$Q_{⑥'\sim⑦}=4.03+1.39=5.42$
⑦												$h'_{⑦}=h_{⑥'}+0.45=11.35$
③'~7 管段流量修正后为:$Q_{③'\sim⑦}=5.42\sqrt{20.43/11.35}=5.42\sqrt{1.8}=7.27$L/s												
	⑦~⑧			16.86	284.32	80	0.204	0.01168	3.44	2.30	0.92	$Q_{⑥\sim⑦}=Q_{⑥\sim⑦}+Q_{⑥'\sim⑦}$ $=9.59+7.27=16.86$

续表

节点	管段	接点水压 P (mH_2O)	流量			管径和特性			流速 $V=K_cQ$ (m/s)	管长 L (m)	管段水头损失 $h=1.2A\cdot Q^2\cdot L$ (mH_2O)	计算式
			节点 q (L/s)	管段 Q (L/s)	Q^2 (L^2/s^2)	管径 DN (mm)	流速系数 K_c (m/L)	比阻 A				
⑧		21.35										$h_{⑧}=h_{⑦}+h_{⑦\sim⑧}=20.43+0.92=21.35$
	侧支管	ⓐ～⑧同①～⑦,但压力不同,流量修正后　$Q_{ⓐ\sim Ⓑ}=9.59\sqrt{21.35/20.43}=9.80$										
	侧支管	Ⓐ～⑧同③'～⑦,但压力不同,流量修正后　$Q_{Ⓐ\sim Ⓑ}=5.42\sqrt{21.35/11.35}=7.43$										
	⑧～⑨			34.09	1162.13	100	0.115	0.00002675	3.92	2.30	0.86	$Q_{⑧\sim⑨}=Q_{⑦\sim⑧}+Q_{ⓐ\sim⑧}+Q_{Ⓐ\sim⑨}=16.86+9.80+7.43=34.09$
⑨		22.21										$h_{⑨}=21.35+0.86=22.21$
	侧支管	ⓑ～⑨同①～⑦,但压力不同,流量修正后　$Q_{ⓑ\sim⑨}=9.59\sqrt{22.21/20.43}=10.00$										
	侧支管	Ⓑ～⑨同③'～⑦,但压力不同,流量修正后　$Q_{Ⓑ\sim⑨}=5.42\sqrt{22.21/11.35}=7.58$										
	⑨～⑩			51.67	2670.00	50	0.053	0.00003395	2.74	2.30	0.25	$Q_{⑨\sim⑩}=Q_{⑧\sim⑨}+Q_{ⓑ\sim⑨}+Q_{Ⓑ\sim⑨}=34.09+10.00+7.58=51.67$
$Q_{⑩}$		22.46										$h_{⑩}=22.21+0.25=22.46$
	侧支管	Ⓒ～⑩同①～⑦,但压力不同,流量修正后　$Q_{Ⓒ\sim⑩}=9.59\sqrt{22.46/20.43}=10.06$										
	侧支管	$Ⓒ_1$～⑩计算如下：										
$Ⓒ_1$		10.00	1.33									
	$Ⓒ_1$～$Ⓒ_2$			1.33	1.77	50	0.47	0.01108	0.63	2.30	0.05	$Q_{Ⓒ\sim Ⓒ}=1.33$

续表

节点	管段	接点水压 P (mH$_2$O)	流量 节点 q (L/s)	流量 管段 Q (L/s)	流量 Q^2 (L^2/s^2)	管径和特性 管径 DN (mm)	管径和特性 流速系数 K_c (m/L)	管径和特性 比阻 A	流速 $V=K_cQ$ (m/s)	管长 L (m)	管段水头损失 $h=1.2A\cdot Q^2\cdot L$ (mH$_2$O)	计算式
(C_2)		10.05	1.33									$h_{(C_2)}=10.00+0.05=10.05$
	(C_2)~(C_3)			2.66	7.08	50	0.47	0.01108	1.25	2.30	0.22	$Q_{(C_2)\sim(C_3)}=1.33+1.33=2.66$
(C_3)		10.27	1.35									$h_{(C_3)}=10.15+0.22=10.27$
	(C_3)~⑩			4.01	16.06	50	0.47	0.01108	1.88	1.15	0.25	$Q_{(C_3)\sim⑩}=2.66+1.35=4.01$
⑩		10.52										$h'_{⑩}=10.27+0.25=10.52$
	侧支管	(C_3)~⑩经修正后　$Q_{(C_3)\sim⑩}=4.01\sqrt{22.46/10.52}=5.86$										
	⑩~⑪			67.59	4567.75	150	0.053	0.00003395	3.58	2.30	0.43	$Q_{⑩\sim⑪}=Q_{⑨\sim⑩}+Q_{(C)\sim⑩}+Q_{(C)\sim⑩}$ $=51.67+10.06+5.86=67.59$
⑪		22.89										$h_{⑪}=h_{⑩}+h_{⑩\sim⑪}$ $=22.46+0.43=22.89$
	侧支管	ⓓ~⑪同①~⑦，但压力不同，流量修正后　$Q_{ⓓ\sim⑪}=9.59\sqrt{22.89/20.43}=10.15$										
	侧支管	Ⓓ~⑪同(C_3)~⑩，但压力不同，流量修正后　$Q_{Ⓓ\sim⑪}=4.01\sqrt{22.89/10.52}=5.92$										
	⑪~⑫			83.66	6999.16	150	0.053	0.00003355	4.43	2.30	0.66	$Q_{⑪\sim⑫}=Q_{⑩\sim⑪}+Q_{ⓓ\sim⑪}+Q_{Ⓓ\sim⑪}$ $=67.59+10.15+5.92=83.66$
⑫		23.55										$h_{⑫}=h_{⑪}+h_{⑪\sim⑫}$ $=22.89+0.66=23.55$

续表

节点	管段	接点水压 P (mH_2O)	流量			管径和特性			流速 $V=K_cQ$ (m/s)	管长 L (m)	管段水头损失 $h=1.2A\cdot Q^2\cdot L$ (mH_2O)	计算式
			节点 q (L/s)	管段 Q (L/s)	Q^2 (L^2/s^2)	管径 DN (mm)	流速系数 K_c (m/L)	比阻 A				
	侧支管	ⓔ～⑫同①～⑦，但压力不同，流量修正后 $Q_{ⓔ\sim⑫}=9.59\sqrt{23.55/20.43}=10.30$										
	侧支管	Ⓔ～⑫同Ⓒ～⑩，但压力不同，流量修正后 $Q_{Ⓔ\sim⑫}=4.01\sqrt{23.55/10.52}=6.00$										
	⑫～⑬			99.96	9992	200	0.0318	0.000009029	3.18	20	2.17	$Q_{⑫\sim⑬}=Q_{①\sim⑫}+Q_{ⓔ\sim⑫}+Q_{Ⓔ\sim⑫}$ $=83.66+10.30+6.00=99.96$
⑬	（报警阀处）压力											$h_{⑬}=h_{⑫}+h_{⑫\sim⑬}$ $=23.55+2.17=25.72$
	报警阀水头损失（略）											
	报警阀～水泵管道水头损失：											选用2套 $DN150$ 报警阀并联安装
				99.96	9992	200	0.0318	0.000009029	3.18	10	10.8	$h_{泵出口}=25.72+1.08=26.80$
	水泵吸水管水头损失：											
				99.96	9992	300		0.00515	1.45	5	0.03	$h_{水池出口}=26.80+0.03=26.83$

计算结果：

管网系统需要供水流量：$Q=99.86L/s$＞规范要求值：$Q=1.3\times300m^2\times15L/min\cdot m^2/60=1.3\times75=97.5L/s$。符合要求。

管网系统需要供水压力：$H=H_0+h_z=26.83+2.5=29.33mH_2O$

式中：H_0——包括最不利点喷头设计喷水压力 $10mH_2O$（≈0.1MPa）和由此点到水泵吸水池全程管道的沿程和局部水头损失之和；

H_z——最不利点喷头与水泵吸水面的高差之静水压[$-1.0-(3.5)$]$=2.5mH_2O$。

根据计算流量和供水压力选用水泵（略）

最低层配水管网：$P_{max}=92mH_2O-(5.0+1.5)=92-6.5=85.5mH_2O<1.0MPa$；

系统最大工作压力不超过管网允许压力值。若大于时，可适当调整管径，以减少水头损失，降低水泵扬程，或采用压力分区给水。

(8) 喷头压力和布置间距不超过规范规定值，因而作用面积内的平均喷水强度和任何四个喷头组成的保护面积的平均喷水强度均不会小于 6L/ ($min \cdot m^2$)，故不需复核。

(9) 低层减压孔板计算略。

(10) 一次消防用水量不小于 26L/s×3.6=96m^3 (按 1h 计)。

【例 4.8-2】 严重危险级计算举例：

某地下库房管网和系统设计简图见图 4.8-47，试求系统供水量和供水水压。

【解】 根据表 4.8-1 火灾危险等级及举例，该库房属严重危险级；

根据表 4.8-2 系统设计基本数据：设计喷水强度取 15L/ ($min \cdot m^2$)，作用面积 300m^2，最不利点喷头工作压力取 9.8×10^4Pa ($10mH_2O$)；

采用面积计算法，只计算作用面积内的喷头和配管，喷头出水量按该喷头处的水压计算确定 ($q=K\sqrt{\frac{P}{10}}$，式中 $K=80$ P 以 mH_2O 计)。

计算步骤同［例 4.8-1］中、轻危险级。计算方法和结果见表 4.8-33。

4.9 开式自动喷水灭火系统

4.9.1 开式自动喷水灭火系统分类、组成、工作原理

1. 分类

(1) 按其喷水形式分：

1) 雨淋喷水系统：由火灾探测系统、雨淋阀、管道和开式喷头等组成，发生火灾时，通过火灾探测系统作用打开雨淋阀，向开式喷头一齐供水灭火的自动喷水灭火系统；

2) 水幕喷水系统．由火灾探测系统、雨淋阀、管道和水幕喷头等组成的阻火、隔火喷水系统。宜与防火卷帘或防火幕配合使用，起防火隔断作用，亦可单独用来保护建筑物门窗、洞口等部位，或对大空间起防火分隔作用。

(2) 按淋水管网的充水与否分：

1) 开式空管系统：采用 ZSFY 型和 ZSFM 型雨淋阀，平时雨淋阀处于关闭状态，入口侧接水源，出口侧接管网，此管网平时为空管，只有在雨淋阀打开系统才充水灭火。一般用于严重危险级的火灾场所。

2) 开式充水系统：采用 ZSFM 型雨淋阀，平时雨淋阀处于关闭状态，入口侧接水源，出口侧管网注满水，注水的水平面高度低于开式喷头所在的水平面（一般在主管路上设置 *DN*15 的溢流管来维持要求的水平面高度)，该系统可以缩短喷头开始喷水时间，一般用于易燃易爆，要求快速动作，高速灭火的特殊危险场所。

开式充水系统设置房间的冬季温度不小于 4℃。

2. 组成和图式

(1) 开式自动喷水灭火系统组成见图 4.9-1。

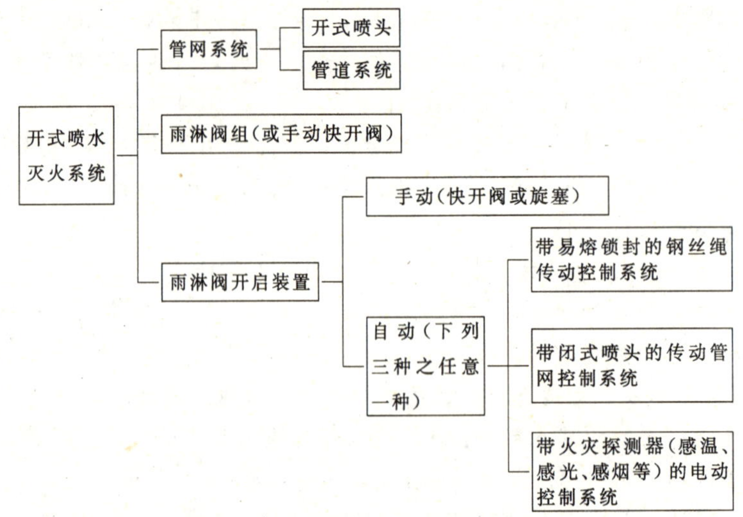

图 4.9-1　开式自动喷水灭火系统组成图

雨淋阀开启一般应自动和手动并用，自动是通过火灾探测器（易熔锁封、闭式喷头或感温、感光、感烟等电动控制探测器）传动装置工作来打开雨淋阀喷水灭火。但保护面积小，布置的喷头数较少时，如给水管 $DN \leqslant 50$mm 时，且失火时有人在现场和允许有时间来开启的情况下，可以直接安装快开阀（不设雨淋阀），人工开启灭火。

(2) 开式自动喷水灭火系统图式举例见图 4.9-2～图 4.9-6，图中主要部件编号和名称对照见表 4.9-1。

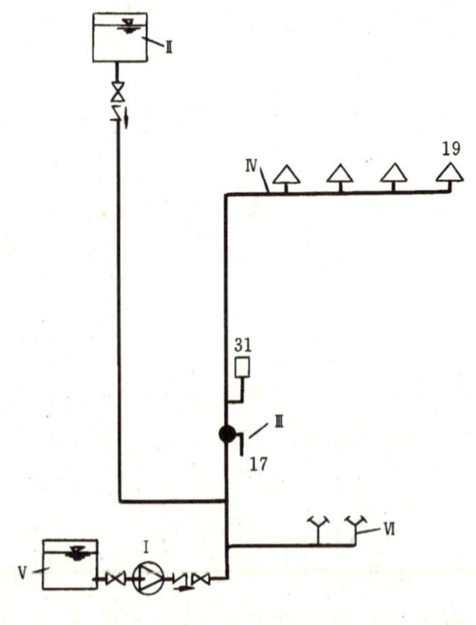

图 4.9-2　手动旋塞控制雨淋系统

Ⅰ—水泵；Ⅱ—高位水箱；Ⅲ—手动旋塞；Ⅳ—喷水管网系统；Ⅴ—贮水池；Ⅵ—水泵接合器（视系统规模大小设或不设）

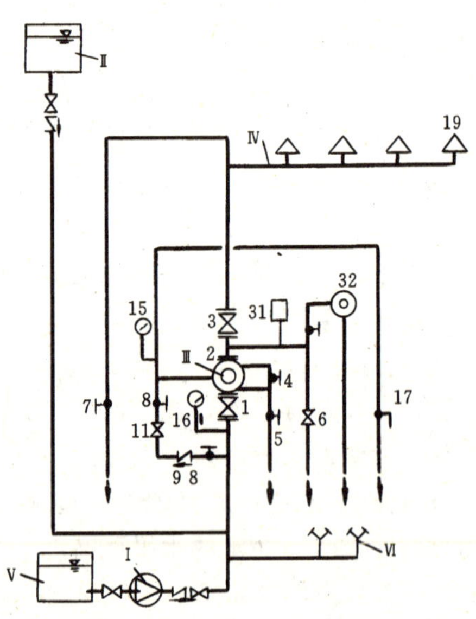

图 4.9-3　手动水力传动控制雨淋系统

Ⅲ—雨淋阀组；Ⅰ、Ⅱ、Ⅳ、Ⅴ、Ⅵ同图 4.9-2

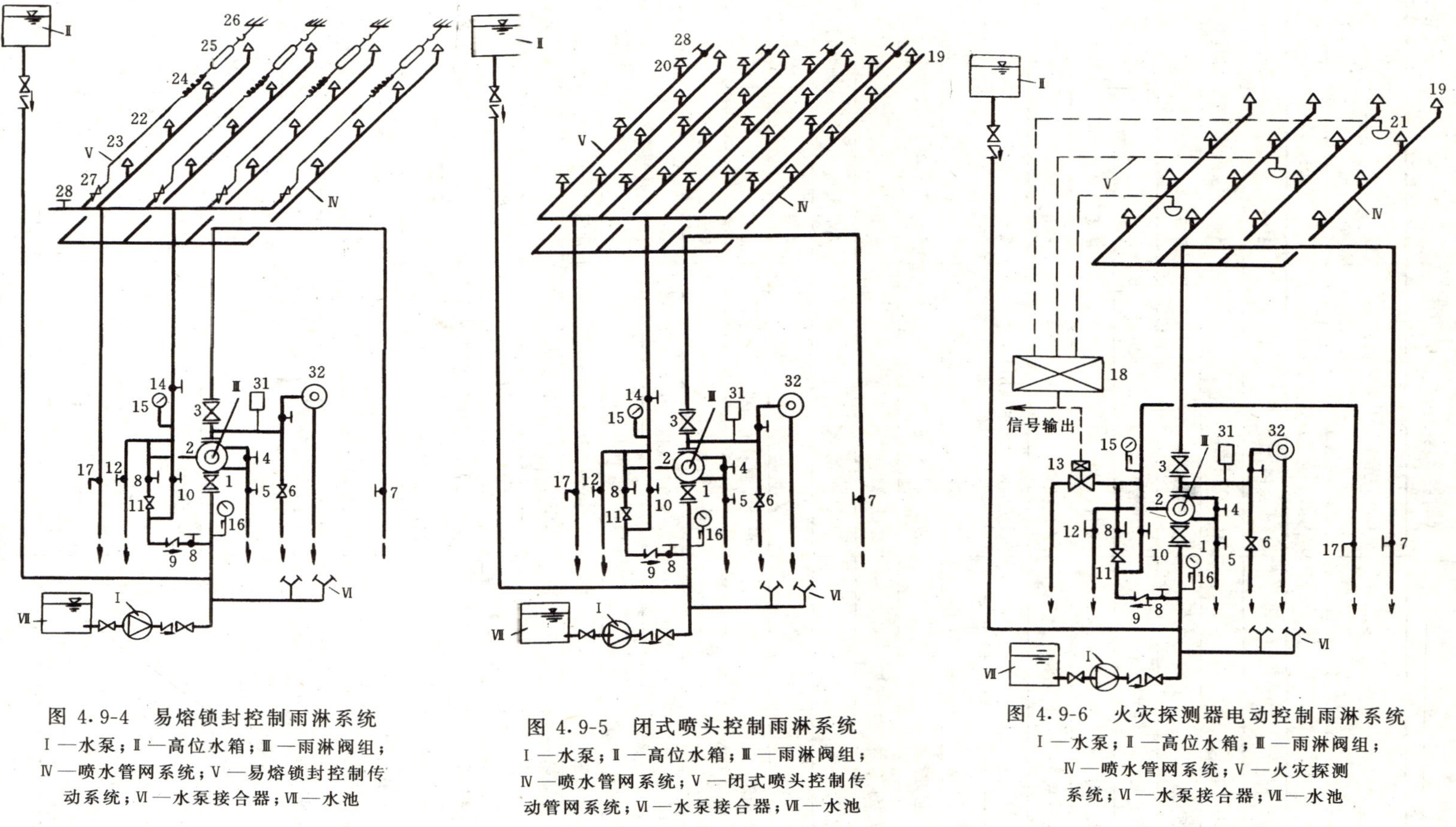

图 4.9-4 易熔锁封控制雨淋系统

Ⅰ—水泵；Ⅱ—高位水箱；Ⅲ—雨淋阀组；Ⅳ—喷水管网系统；Ⅴ—易熔锁封控制传动系统；Ⅵ—水泵接合器；Ⅶ—水池

图 4.9-5 闭式喷头控制雨淋系统

Ⅰ—水泵；Ⅱ—高位水箱；Ⅲ—雨淋阀组；Ⅳ—喷水管网系统；Ⅴ—闭式喷头控制传动管网系统；Ⅵ—水泵接合器；Ⅶ—水池

图 4.9-6 火灾探测器电动控制雨淋系统

Ⅰ—水泵；Ⅱ—高位水箱；Ⅲ—雨淋阀组；Ⅳ—喷水管网系统；Ⅴ—火灾探测系统；Ⅵ—水泵接合器；Ⅶ—水池

开式喷水系统主要部件

（与图 4.9-2～4.9-6 对照）　**表 4.9-1**

编号	名　称	用　途	工作状态	
			平时	失火时
1	2	3	4	5
1	闸　阀	进水总阀	常开	开
2	雨淋阀	自动控制消防供水	常闭	自动开启
3	闸　阀	系统检修用	常开	开
4	截止阀	雨淋管网充水（充水式用）	微开	微开
5	截止阀	系统放水	常闭	闭
6	闸　阀	系统试水	常闭	闭
7	截止阀	系统溢水（充水式用）	微开	微开
8	截止阀	检修	常开	开
9	止回阀	传动系统稳压	开	开
10	截止阀	传动管注水	常闭	闭
11	带 ϕ3 小孔闸阀	传动管补水	阀闭孔开	阀闭孔开
12	截止阀	试水	常闭	常闭
13	电磁阀	电动控制系统动作	常闭	开
14	截止阀	传动管网检修	常开	开
15	压力表	测传动管水压	两表相等	水压小
16	压力表	测供水管水压		水压大
17	手动旋塞	人工控制泄压	常闭	人工开启
18	火灾报警控制箱	接收电信号发出指令		
19	开式喷头（或水幕喷头）	雨淋灭火（或水幕阻火）	不出水	喷水灭火
20	闭式喷头	探测火灾，控制传动管网动作	闭	开
21	火灾探测器	发出火灾信号		
22	钢丝绳			
23	易熔锁封	探测火灾	闭锁	熔断
24	拉紧弹簧	保持易熔锁封受拉力 250 牛	拉力 250 牛	拉力为 0
25	拉紧联接器			
26	固定挂钩			
27	传动阀门	传动管网泄压	常闭	开启
28	截止阀	放气	常闭	常闭
29	传动管			
30	雨淋管			
31	压力开关			
32	水力警铃			

3. 工作原理见图 4.9-7。

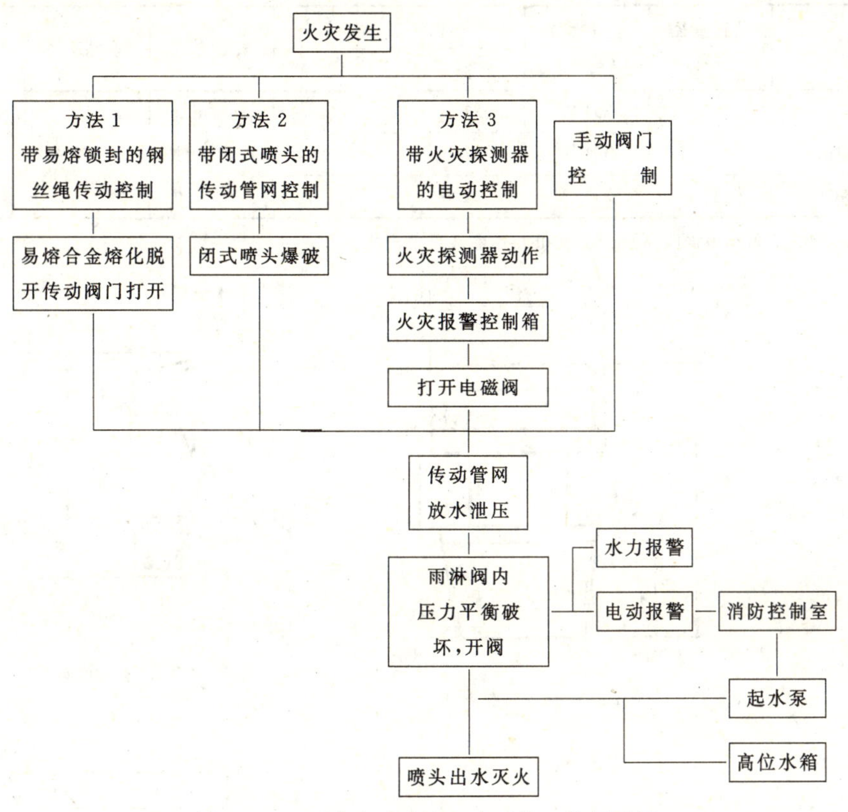

图 4.9-7 开式自动喷水灭火系统工作原理图

雨淋系统在平时（未发生火灾时）传动管中充满了与进水管中相同压力的水，此时，雨淋阀由于传动系统中的水压作用而紧紧关闭着，失火时，火灾探测器接到火灾讯号后，打开传动阀门（或闭式喷头打开、电磁阀打开），使传动管中水压骤然降低，由于传动管与进水管相连通的 d=3mm 的小孔阀来不及向传动管系补水，使雨淋阀中阀板上下压力失去平衡，于是雨淋阀在进水压力的推动下开启，由水箱（先）和水泵（后）向雨淋管系供水灭火。临时高压系统的水泵起动是由电动报警（压力开关）通过消防控制箱（或控制室）工作实现的。

4.9.2 主要部件和特征

1. 开式喷头（含水幕喷头）

(1) 开式喷头型号和特征见表 4.9-2 和表 4.9-3。

开式喷头型号和特征 **表 4.9-2**

型号名称	通水口径	公称直径	接管螺纹	外型尺寸（mm）		安装方式	适用条件	流量特性
	(mm)	(mm)	（英寸）	高	宽			系数 K
ZSTK-15 双臂下垂型	ϕ11	15	ZG1/2″	74	46	下垂	雨淋系统	K=80
ZSTK-15 单臂下垂型	ϕ11	15	ZG1/2″	74	46	下垂		
ZSTK-15 双臂直立型	ϕ11	15	ZG1/2″	74	46	直立		
ZSTK-15 双臂边墙型	ϕ11	15	ZG1/2″	74	46	直立或下垂		

水幕喷头型号和特征　　表 4.9-3

型号名称	公称直径 (mm)	接管螺纹 (英寸)	外型尺寸 (mm)		安装方式	适用条件	流量特性系数
			高	宽			
ZSTM-15	15	ZG1/2″	37.0	23	下垂安装并和保护面成45°角	水幕系统	$K\approx43.5$①
ZSTM-10	15	ZG1/2″	57.5				$K=40.5$
ZSTM-6	15	ZG1/2″	57.5				$K=24.0$

注：① $K\approx43.5$ 值是根据国标 89SS175/61 特性曲线反求出的。

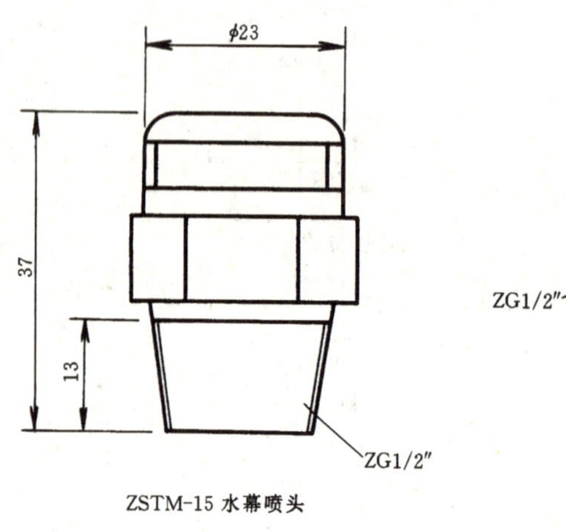

ZSTM-15 水幕喷头

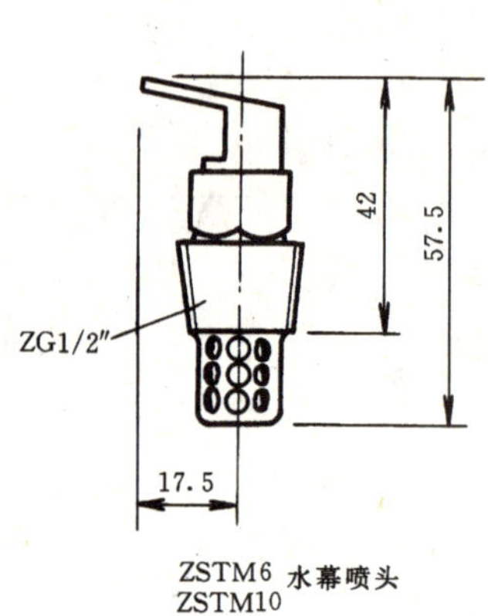

ZSTM6 ZSTM10 水幕喷头

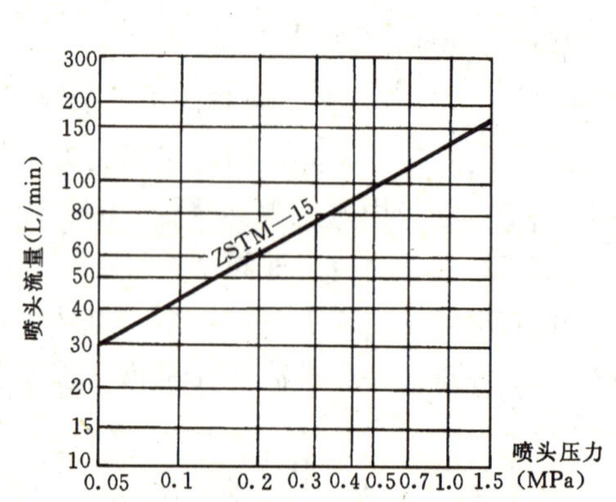

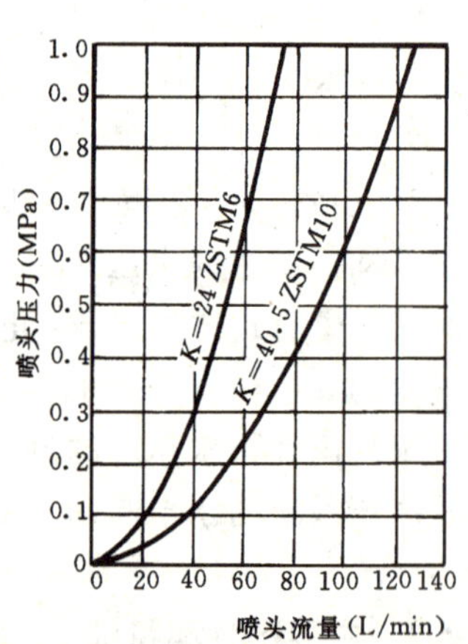

图 4.9-8　水幕喷头大样和喷头压力流量曲线

(2) 开式和水幕喷头出水量计算公式同闭式喷头，见式 4.8-5。但式中流量特性系数应根据选用的不同型号，取其相应值，见表 4.9-2 和表 4.9-3。水幕喷头大样和压力流量关系也可由图 4.9-8 查得。

(3) 水幕管孔口（缝）出流量计算按式 4.9-1 计算。

$$Q=\varepsilon\Phi F\sqrt{2gH}\cdot10^{3} \tag{4.9-1}$$

式中　Q——孔口出流量 (L/s)；

ε——收缩系数，采用 0.64；

Φ——流速系数，采用 0.97；

F——孔口截面积，缝宽×缝长（m^2）。通常缝宽为1.2～2.0mm；

g——重力加速度（$9.81m/s^2$）；

H——孔口处水压（mH_2O）。

2. 雨淋阀组技术要求见表4.9-4。

雨淋阀组技术要求 表4.9-4

<table>
<tr><th>项　目</th><th colspan="5">说　　明</th></tr>
<tr><td>型号、规格</td><td colspan="5">(1) ZSFY型系列雨淋阀，公称压力1.6MPa，其启动方式有气控和水力控制两种，但阀后不可充水。规格有 DN100、150、200种
(2) ZSFM型系列雨淋阀，公称压力1.2MPa，其启动方式采用水力控制，阀后管网可以充水。规格有 DN65、100、150三种</td></tr>
<tr><td>安装要求</td><td colspan="5">同湿式报警阀，见表4.8-17安装要求</td></tr>
<tr><td>国标图纸</td><td colspan="5">89SS175/29—30　自动喷水雨淋系统图式和说明
89SS175/31—35　ZSY系列自动喷水气控雨淋装置
89SS175/36—38　ZSY系列自动喷水水力控制雨淋装置安装图
89SS175/39—42　ZSM系统自动喷水雨淋装置安装图
89SS175/43　易熔锁封传动装置图、钢绳钩子大样图，手动控制阀安装图</td></tr>
<tr><td rowspan="4">配套电磁阀</td><td colspan="5">应用于电控开启雨淋阀和闭式预作用阀门的自动喷水灭火系统中。四川消防机械总厂生产的ZSPC15型电磁阀特性如下：</td></tr>
<tr><td>最高工作压力</td><td>最低工作压力</td><td>公称通径</td><td>工作电压</td><td>工作电流</td></tr>
<tr><td>1.2MPa</td><td>0.1MPa</td><td>15mm</td><td>DC24V</td><td>0.4A</td></tr>
<tr><td colspan="5">该阀顶部装有指示灯，当阀门通电开启时，该灯发出红色可见信号，表明该阀已处于工作状态。在多组阀门系统安装在一处时，该灯可起确认灯的作用
该阀设计有紧急手动开关，在必要时（如断电）亦可人工启动电磁阀及控制阀门，保证系统正常工作</td></tr>
</table>

3. 雨淋阀开启传动装置

(1) 带易熔锁封的钢丝绳传动控制系统见图4.9-9。

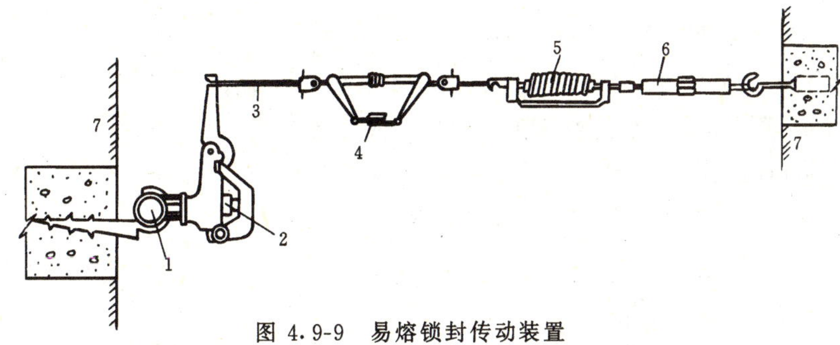

图4.9-9 易熔锁封传动装置

1—传动管网；2—传动阀；3—钢丝绳；4—易熔锁封；5—拉紧弹簧；6—拉紧联接器；7—墙壁

1) 易熔锁封的公称动作温度，应根据房间内在操作条件下可能达到的最高气温选用。见表4.9-5。

2) 传动管网中一般冲水。为防止传动管网水平管静水压对雨淋阀缓开的影响，冲水传

易熔锁封选用温度 表4.9-5

公称动作温度	适用环境温度
72℃	顶棚下不超过38℃
100℃	顶棚下不超过65℃
141℃	顶棚下不超过107℃

充气压力与供水压力的关系 表4.9-6

最大供水压力(MPa)	传动管网气压范围(MPa)	雨淋阀脱开时气压范围(MPa)
0.4	0.33～0.40	0.02～0.14
0.6		0.05～0.17
0.8	0.63～0.70	0.08～0.20
1.0		0.11～0.23
1.2		0.14～0.26

动管网上的传动阀门至雨淋阀高差之静水压不宜高于雨淋阀门处工作水压的1/4。若超过时，可将传动管网充以压缩空气来代替充水。充气传动管网的充气压力要求见表4.9-6，充气装置要求见表4.8-18中充气装置。

充水传动管道应敷设或大于0.005的坡度坡向雨淋阀门。在传动管网的末端或最高点宜设置放气阀。充水传动管网应布置在常年温度高于4℃的房间内。

传动管管径：充水传动管均为*DN*25mm；充气传动管均为*DN*15mm。

3）易熔锁封：带钢丝绳的易熔锁封，通常布置在雨淋管的上面。易熔锁封之间的水平距离，一般为3m。距顶棚的距离同闭式喷头并≯0.4m。

如果梁的突出部分＞0.35m时，钢丝绳应布置在两梁之间，如图4.9-10。当顶棚为人字形时，钢丝绳应顺顶棚安装，中间用吊环吊起，以使易熔锁封距顶棚距离满足上述要求，如图4.9-11（*a*）。易熔锁封的位置应避免受各种机械损伤。

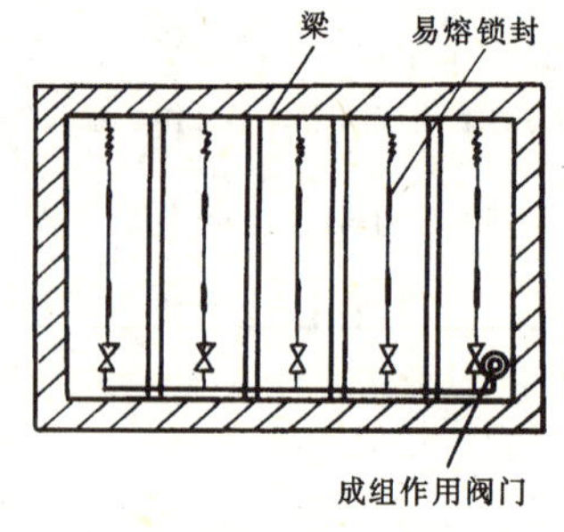

图4.9-10 易熔锁封按跨度布置

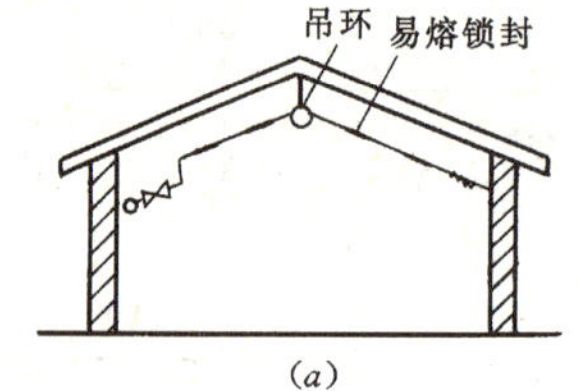

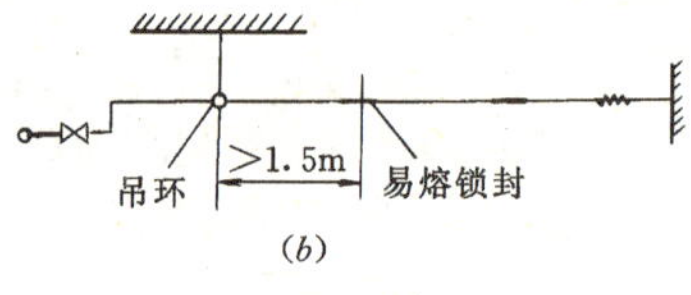

图4.9-11 易熔锁封的布置

（*a*）人字屋架下的布置；（*b*）钢丝绳吊环的布置

如遇保护面积为长方形时，钢丝绳也可以沿长方向布置，在钢丝绳长度不超过10m时，应每隔7～8m增设吊环以防钢丝绳下垂。为了保证易熔锁封熔化后不被吊环卡住，设于易熔锁封与传动阀门之间的吊环与该易熔锁封之间的距离不应小于1.5m，如图4.9-11（*b*）。

（2）带闭式喷头的传动管网控制系统见图4.9-12。

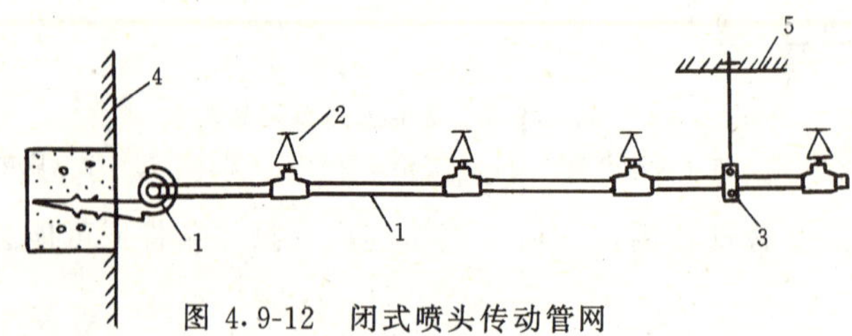

图4.9-12 闭式喷头传动管网

1—传动管网；2—闭式喷头；3—管道吊架；4—墙壁；5—顶棚

1）闭式喷头公称动作温度的选用和安装要求同闭式自动喷水灭火系统。喷头的水平距离一般为 3m，并应布置在雨淋管的上方。

2）装置闭式喷头的传动管的直径均为 *DN*25，设置要求同易熔锁封的钢丝绳传动控制系统，见本节 3.（1）。

（3）带火灾探测器的电动控制系统同预作用闭式自动喷水灭火系统，见本章 4.8.10 节火灾探测器。

（4）手动旋塞传动控制系统

手动控制和自动控制开启雨淋阀的各系统均应设此装置。手动旋塞应设在主要出入口处明显而易于开启的场所。也可把手动旋塞引至室外，从室外开启雨淋系统。若冬季可能结冰时，应将旋塞设在室内，将其手柄接长引至室外。如图 4.9-13。

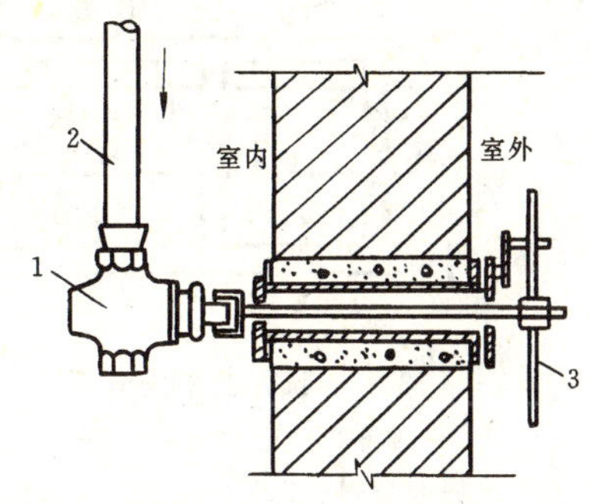

图 4.9-13 长柄手动开关

1—旋塞 *DN*20；2—传动管网 *DN*25；3—长柄手动开关室外操作装置

4.9.3 雨淋喷水灭火系统的适用范围和设计要求

1. 通常用于燃烧猛烈、蔓延迅速的某些严重危险级建、构筑物内，具体应用范围见本章 4.2 节建筑消防给水系统设置要求。

2. 设计要求

设计步骤和要求见本章 4.8 节闭式自动喷水灭火系统严重危险级。但应注意下列几点：

（1）设计基本数据见表 4.8-2。其中作用面积：当保护区域内面积小于 300m^2 时，应按喷头全开启喷水计算；当保护面积大于 300m^2 时，应根据火灾特征确定保护区是同时喷水，或分成 2 个或几个区域（一般不超过 4 个）。喷水区域边界的喷头布置应能有效地扑灭分界区的火灾。做法如图 4.9-14，中间加设止回阀。

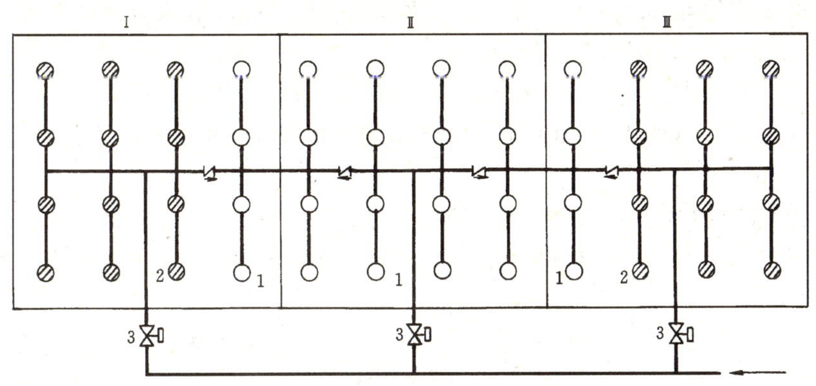

图 4.9-14 相邻喷水保护区喷头布置示意图

Ⅰ、Ⅱ、Ⅲ—为喷水保护区域

1—正在喷水喷头；2—不喷水喷头；3—雨淋阀

（2）雨淋阀开启系统探测器，一般应采用闭式喷头传动系统，因它安装维护方便、节省；但对于易燃、易爆场所，若采用感光探测器等电控装置，加充水式管网，能加快雨淋喷水灭火的速度；对环境温度小于 4℃场所，应采用电动控制或易熔锁封。

(3) 同一保护区内应设置相同的火灾探测装置，当设置易熔锁封装置时，应设在两排开式喷头中间。所有火灾探测器（包括易熔锁封、闭式喷头、烟、温感探测器等）均应设在开式喷头的上方。

(4) 当一组雨淋阀的供水量不能满足一个保护区的供水要求时，可用两组或几组雨淋阀并联安装，同时供水。方法如图 4.9-15、4.9-16。

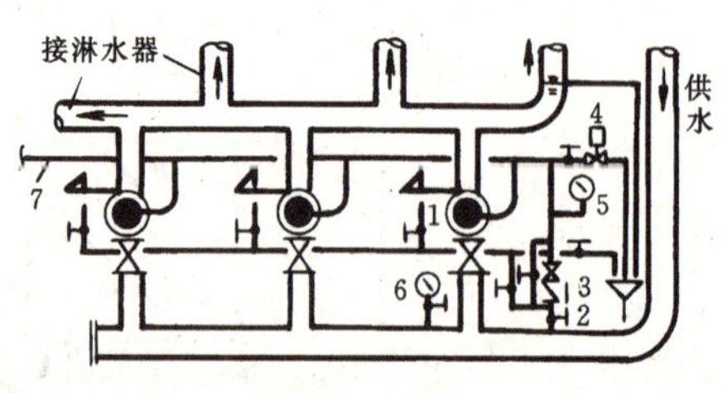

图 4.9-15　雨淋阀并联示例一

1—雨淋阀；2—止回阀；3—小孔闸阀；4—电磁阀；5、6—压力表；7—传动管网

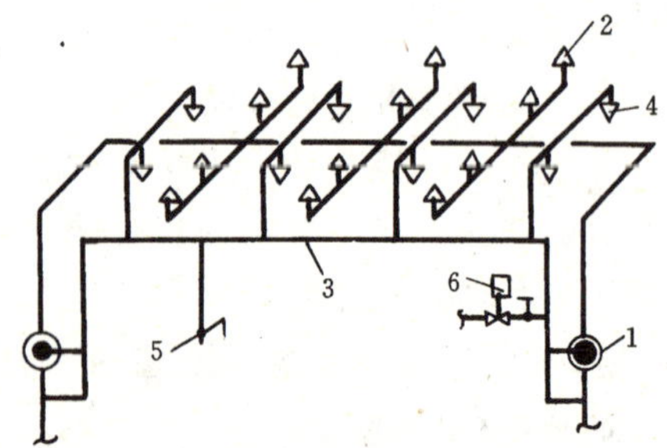

图 4.9-16　雨淋阀并联示例二

1—雨淋阀；2—开式喷头；3—传动管；4—闭式喷头；5—手动开关；6—电磁阀

(5) 在一组雨淋系统装置中，若雨淋阀超过 3 个时，阀前的供水干管宜采用环状管网。环状管网上应设阀门，检修时关闭的雨淋阀门数量不应超过 2 个。

(6) 雨淋管上开式喷头可向上或向下安装，但在充水式雨淋系统中，喷头应向上安装。并应安装在同一标高上。

(7) 为了判明雨淋管中是否充满水，充水式雨淋管中应设溢流管，向雨淋管充水后，并不将充水阀（图 4.9-4～6 中部件 7）完全关闭，而使溢流管中不断有水滴滴出，一般保持有 2～3 滴/s，即表明雨淋管中是充满水的。溢流管标高应低于喷头喷口标高 50mm 左右。管径为 *DN*15。溢流排水接入漏斗后排入下水道。在南方不冻地区，可排入室外散水明沟。

(8) 管网水力计算方法同闭式自动喷水灭火系统的严重危险级，但喷头按保护区内全喷计算。

(9) 在同一建筑内有多组雨淋系统时，应按最大一组雨淋系统计算。

(10) 采用临时高压给水系统时，应设高位水箱，其容量应按 10min 室由消防用水量计，但可不大于 $18m^3$。

4.9.4　水幕系统的适用范围和设计要求

1. 适用范围：需要进行水幕保护和防火隔断的部位。具体要求见本章 4.2 节建筑消防给水要求。

2. 设计要求：水幕系统的组成和控制方法同雨淋喷水灭火系统。只在喷水密度、喷头的选用和布置上与雨淋系统有区别。系统图式见图 4.9-17。

注：(1) 控制阀可为雨淋阀、干式报警阀、电磁阀、手动球阀或手动蝶阀。
(2) 若采用雨淋阀时，雨淋系统的一切控制手段亦可用于此系统。
(3) 如采用电磁阀时，则必须设置感烟（感光）探测器和自控箱，同时还应并联设置手动阀门。
(4) 当水幕系统较小，且要求不高时，也可设置手动球阀或蝶阀作为控制阀，而不设电控设备。

(1) 喷水密度：以沿水幕布置的方向每米长度、每秒喷水量表示。

1) 水幕作为保护作用或配合防火幕和防火卷帘进行防火隔断时，≮0.5L/(s·m)；

2) 舞台口和面积超过 $3m^2$ 的洞口以及防火水幕带（起防火分隔作用的水幕）≮2L/

(s·m)。

(2) 喷头选用：应采用水幕喷头。规格、特性见表 4.9-3。同一配水支管上应采用相同型号、规格的喷头。

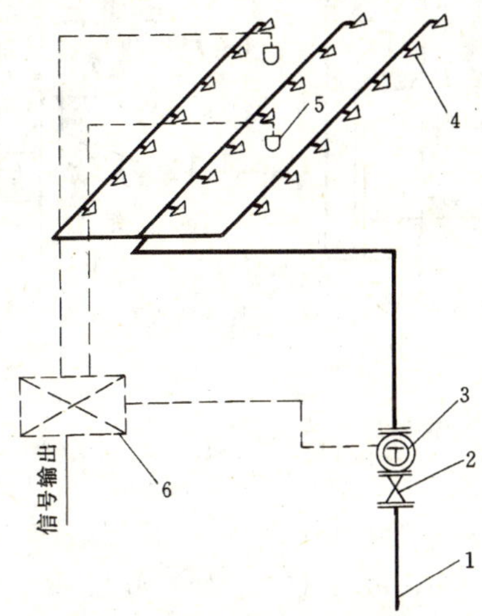

图 4.9-17 水幕系统图式

1—供水管；2—总闸阀；3—控制阀（系统总控制）；4—水幕喷头；5—火灾探测器；6—火灾报警控制箱（接收电信号，并发出指令）

(3) 喷头布置：

1) 当水幕作为保护使用时，喷头可单排布置并喷向被保护对象；

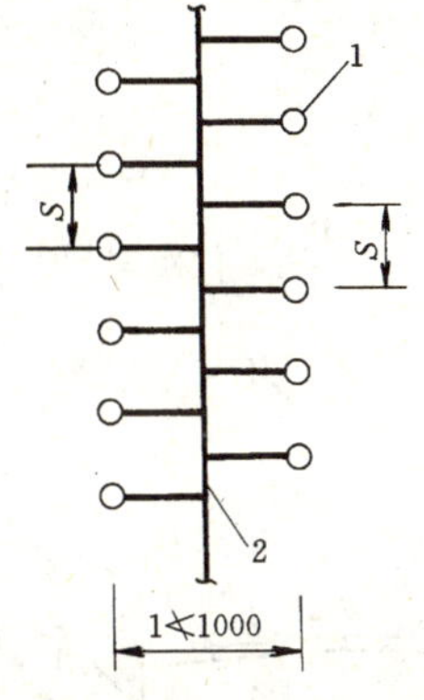

图 4.9-18 双排水幕布置

1—水幕喷头；2—配水支管

2) 舞台口和面积大于 3m² 的洞口部位，水幕喷头宜成双排布置，两排之间距≮1.0m。见图 4.9-18。

3) 当需设防火水幕带时，其有效宽度不应小于 6m，供水强度不应小于 2L/(s·m)，喷头不应少于三排，且在其上、下部不应有可燃物和可燃构件（见“低规”附录一）。安装详见国标 89SS175/51 图。简图如图 4.9-19。

4) 为防止外来火源波及建筑物内，建筑物檐口和窗口水幕喷头布置如图 4.9-20、图 4.9-21。窗口水幕喷头应布置在窗口顶下 50mm 处，距离玻璃框距为：

窗宽（m）	0.9	1.20	1.50	1.80
框距（mm）	580	670	750	830

5) 建筑物两边均设有水幕喷头时，在转角处，当建筑物的一侧开启喷头时，邻近一边的水幕喷头也应同时开启。管道的布置如图 4.9-22。

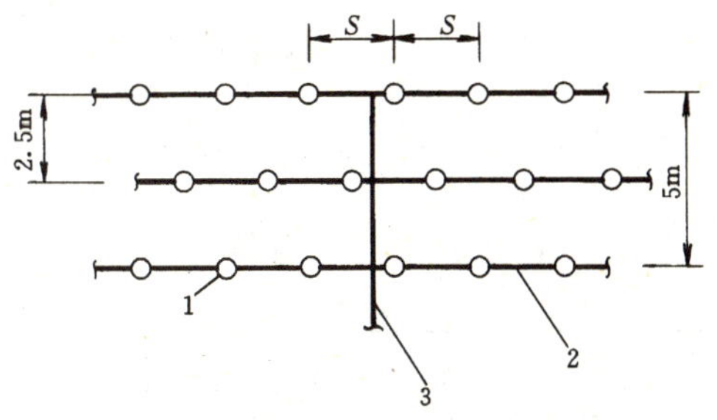

图 4.9-19 水幕带布置

1—水幕喷头；2—配水支管；3—配水管

6) 喷头个数按式 (4.9-2) 计算。

$$N=q\times L/q_0 \qquad (4.9\text{-}2)$$

式中 N——喷头个数，计算有小数时，进位取整数；

q——喷水密度 [L/(s·m)]；

L——保护或防火分隔宽度 (m)；

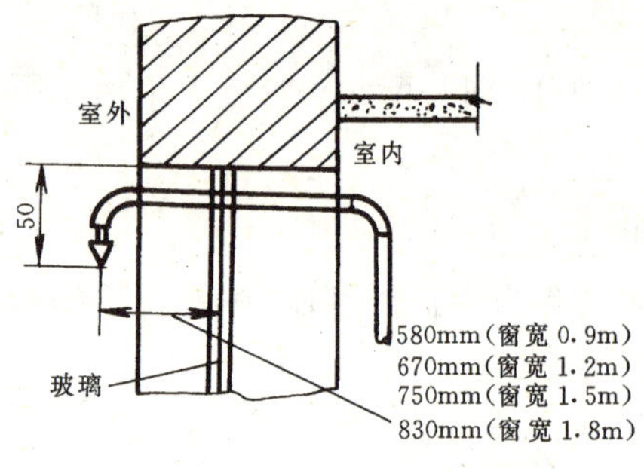

图 4.9-20 窗口水幕喷头距玻璃面的距离

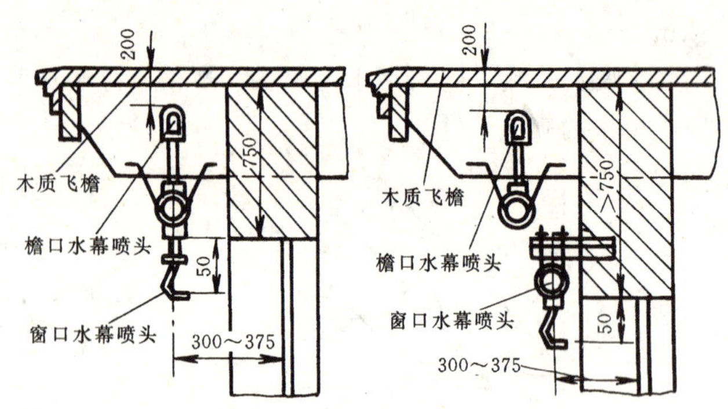

图 4.9-21 檐口水幕喷头的布置

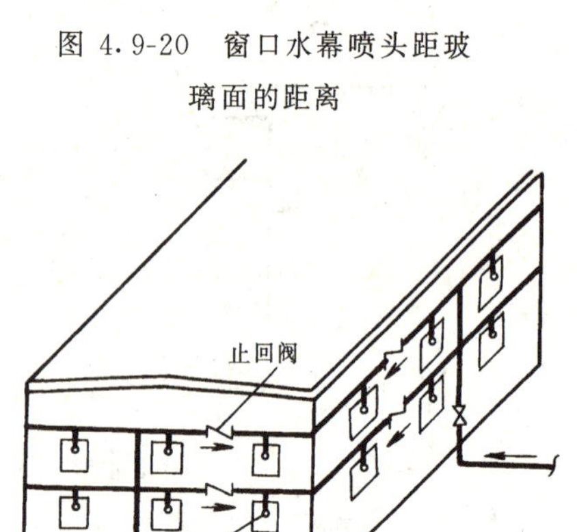

图 4.9-22 建筑物转角处阀门布置

q_0——喷头出水量。

7）喷头间距（s）应根据防护范围内喷头个数、保护宽度和布置排数确定。并不应大于下值：单排布置为 2m；双排和水幕带布置为 2.5m。

8）喷头应均匀布置，喷水不应有空隙，以防火焰窜过。

9)每组水幕系统安装的喷头数不宜超过 72 个。

（4）系统控制：同雨淋系统，但对某区或某一保护对象（防火卷帘和防火幕）实施水幕保护时，则该两设施应联动。

图 4.9-23 和图 4.9-24 为带温感式水幕装置安装简图（详图见国标 89SS175/52—54），可用于轻、中危险级的建、构筑物内，它应以人工开启为主。前者采用输出控制器，后者采用 ZSFW-32 型温感雨淋阀。此两种控制装置均是以玻璃球闭式喷头作为热敏元件控制的一种小口径雨淋阀。玻璃球闭式喷头公称动作温度选用同湿式系统，见表 4.8-12 中公称动作温度。输出控制器型号、规格见表 4.9-7。ZSFW-32 型温感雨淋阀，设下垂型水幕喷头，适用门洞最大宽度为 7.4m，进水管径 $DN32$，水幕喷头 6 个，喷头间距 1.4m，最大供水量为 4.2L/s。

输出控制器型号、规格选用 表 4.9-7

型 号	进水管 D (DN)	两侧支管直径 (DN)	水幕喷头数	最大保护宽度 (m)	喷头间距 (m)	最小供水量 (L/s)
ZSPD 20/s	20	20	2	1.8	1.4	1.4
ZSPD 25/s	25	25	4	4.6	1.4	2.8
ZSPD 40/s	40	25	6	7.4	1.4	4.2
ZSPD 50/s	50	40	8	10.2	1.4	5.6

注：（1）最少供水量是在喷头前水压力 0.1MPa，出水量 0.7L/s 时计算求出；

（2）适用于轻、中危险级，对建筑物门窗、洞口等部位防火分隔作用。

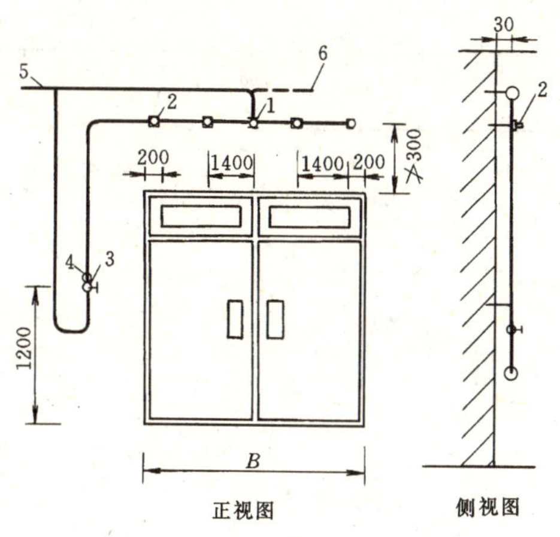

图 4.9-23 温感式水幕装置安装图（一）
（国标 89SS175/52）
1—输出控制器；2—水幕喷头；3—球阀；4—铅封；
5—给水管；6—可选择来水方向

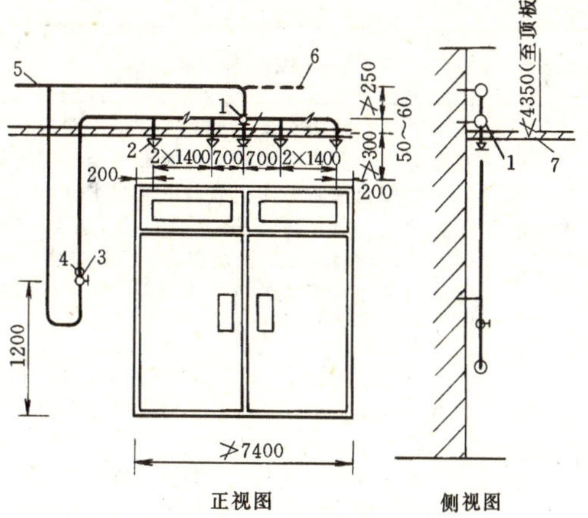

图 4.9-24 温感式水幕装置安装图（二）
（国标 89SS175/53）
1—温感雨淋阀；2—下垂水幕喷头；3—球阀；4—铅封；
5—给水管；6—可选择来水方向；7—吊顶

4.10 消防水泵、增压设备和消防水泵房

4.10.1 消防水泵

消防水泵的技术要求见表 4.10-1。

消防水泵的技术要求 **表 4.10.1**

项 目	技 术 要 求	备 注
水 泵	(1) 流量不小于系统设计用水量 (L/s) (2) 扬程应按各系统计算求得 (3) 特性曲线应平缓，避免小流量高扬程，大流量压力迅速降低 (4) 高层建筑由多台泵直接串联向上供水时，应注意串联后的升压对泵壳体的影响，即壳体强度应满足要求 (5) 水泵与动力机械（如电机）应直接连接	消防单独系统和与生产、生活合用系统不同，供水量也不相同
备用泵	应设备用泵，其工作能力应不小于最大一台消防工作泵	(1) 低规规定，有下列情况之一的可不设备用泵（低规 8.8.4 条）： 1) 室外消防用水量不大于 25L/s 的工厂、仓库 2) 7～9 层单元式住宅 (2) 人防工程消防用水量不大于 25L/s 时可不设（防规 6.7.1 条）
吸水方式	应（宜）采用自灌式吸水	低规为“宜”

续表

项　目	技　术　要　求	备　　注
吸水管	(1)一组消防水泵吸水管不应少于两条，其中一条损坏时，其余吸水管应仍能通过全部用水量 (2)每台消防工作泵应设独立吸水管，设有两台及两台以上工作泵时，备用泵可与工作泵共用一根吸水管。此时，吸水管上应装阀门，以便分别控制 (3)自灌式吸水管上应设阀门，水质较差时（含有杂质）应设过滤器	
出水管	(1)消防水泵组应设不少于两条出水管与环状管网连接，当其中一条出水管检修时，其余出水量应仍能供应全部用水量 (2)出水管上应装设止回阀，闸阀、试验和检查用的放水阀（*DN*65）和压力表	
水泵直接从市政管网吸水时措施	当市政给水管满足消防时用水量要求，且市政部门同意水泵可从市政环形干管直接吸水时，消防泵应直接从室外给水管网吸水	优点： (1)充分利用室外管网水压 (2)不需设消防水池 注意： (1)吸水管上应设阀门 (2)水泵扬程计算应以室外市政管网的最低水压为依据，并以最高水压校核水泵工作时管网承压情况，系统是否超压，超压时应采取防止措施
高层建筑消防给水系统防超压措施	(1)合理布置系统，减少分区给水压力值 (2)多台水泵并联运行或间接串联，避免直接串联时管网压力升高 (3)提高管材和附件的承压能力 (4)在水泵出水管上设置水锤消除器、安全阀或其它泄压装置	
供电要求	消防水泵应有不间断供电电源，一般采用双电源或双回路供电。在无条件实现上述要求的低层建筑或仓库，可采用内燃机作动力，并保证在火警后5min内开始工作	不设备用泵的低层建筑可不设备用动力
控　制	(1)消火栓系统：一般手动起泵，当设有增压装置时，应有自动和手动起泵 手动起泵：1）消火栓处启泵按钮 2）消防控制中心（或值班室）（当设有时） 3）消防水泵房 手动停泵：1）消防控制中心（或值班室） 2）消防水泵房 设增压装置时，水泵控制同自动喷水 (2)自动喷水水泵控制要求应有自动和手动两种并用，具体要求详见4.8.5节2临时高压给水系统	高层建筑采用串联或间接串联给水时，串联水泵应连锁起动。分区给水时，消火栓处起泵按钮仅起动对应的消防泵
其　它	(1)消防水泵和供配电设备应与建筑物牢固固定，特别在地震设防区和人防工程内，它应有足够的抗震能力 (2)消防水泵的选择和泵房设计要求详见给水章节 (3)广州市第一水泵厂生产DLS型立式多级多出水口（最多可达3个出水口）离心泵可供压力分区给水使用	

4.10.2 增压设备

我国“高规”和“自喷”规范对增压（或稳压）装置设置的目的和要求不同，两者之间有矛盾，设计时可与当地消防部门协商解决。现分别叙述如下：

1.“自喷”系统

1）“自喷”规范第3.2.4条规定：轻、中危险级的建、构筑物中的“自喷”系统，可采用稳压泵或气压给水装置代替高位水箱（即不设高位水箱）。

2）设此装置的目的是为维持管网一定压力，并利用管网压力变化来及时启动喷水泵供水灭火。

3）此装置一般有稳压泵（或气压水罐）、压力控制装置和管配件等组成。当采用稳压泵时，其流量应大于系统的渗漏量，一般取喷水泵流量的2%～5%，并不大于一个喷头的喷水量；扬程一般同喷水泵（当管网系统工作压力不太高时可略大于喷水泵）。当稳压泵与喷水泵不设在同一标高处时，应根据稳压泵与喷水泵的安装高度，进行增或减的压力调整。稳压泵与喷水泵的安装关系见图4.10-1。压力控制装置安装形式见图4.10-2。水泵控制压力要求见表4.10-2。

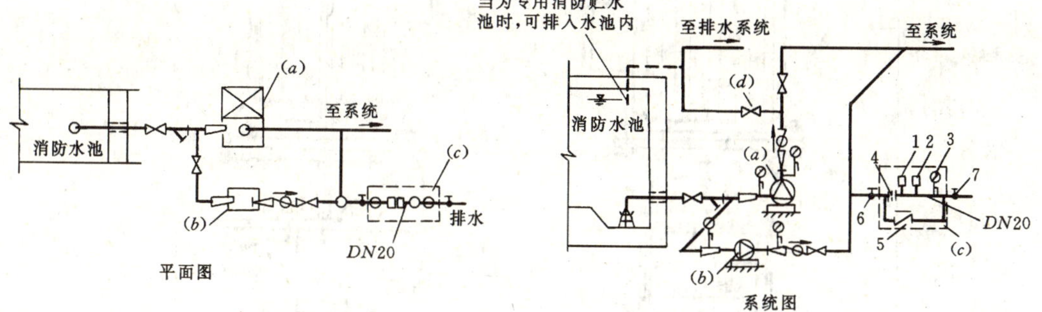

图 4.10-1 消防泵和稳压泵安装示意图

(a)消防泵组；(b)稳压泵组；(c)压力控制装置；(d)试水阀(常闭)

1—压力控制器(启、停稳压泵)；2—压力控制器(启消防泵)；3—压力表；

4—孔板(孔径 ϕ3mm)；5—止回阀；6—截止阀(常开)；7—截止阀(常闭)

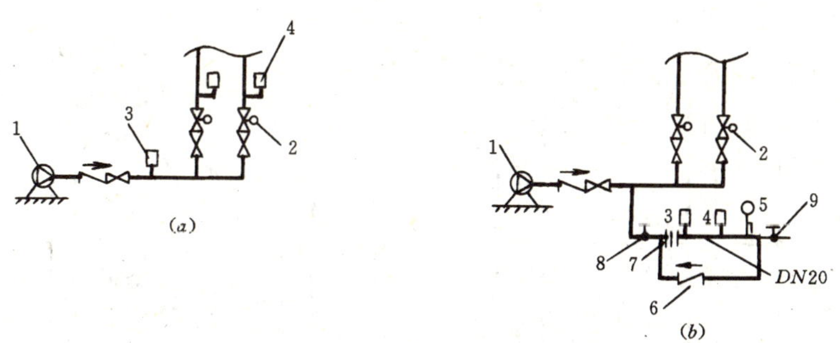

图 4.10-2 喷水泵控制装置安装示意

(a)控制器分设在报警阀前、后；(b)控制器集中设于一起

1—喷水泵组；2—报警阀组；3—压力控制器(启、停稳压泵)；4—压力控制器(启喷水泵)；

5—压力表；6—止回阀；7—孔板(孔径 ϕ3mm)；8—截止阀(常开)；9—截止阀(常闭)

水泵自控压力要求　　**表 4.10-2**

水泵名称	启泵压力（MPa）	停泵压力（MPa）
稳压泵	$P-0.07$	P（系统设计工作压力）
工作泵	$P-2\times0.07$	

注：当系统设计工作压力较低时，可适当提高表中各启、停压力。

设有备用泵的喷水系统，一般应设备用稳压泵。

稳压泵对供电和控制要求同消防泵。

常用稳压泵型号和规格见图 4.10-3。

2. 高层建筑

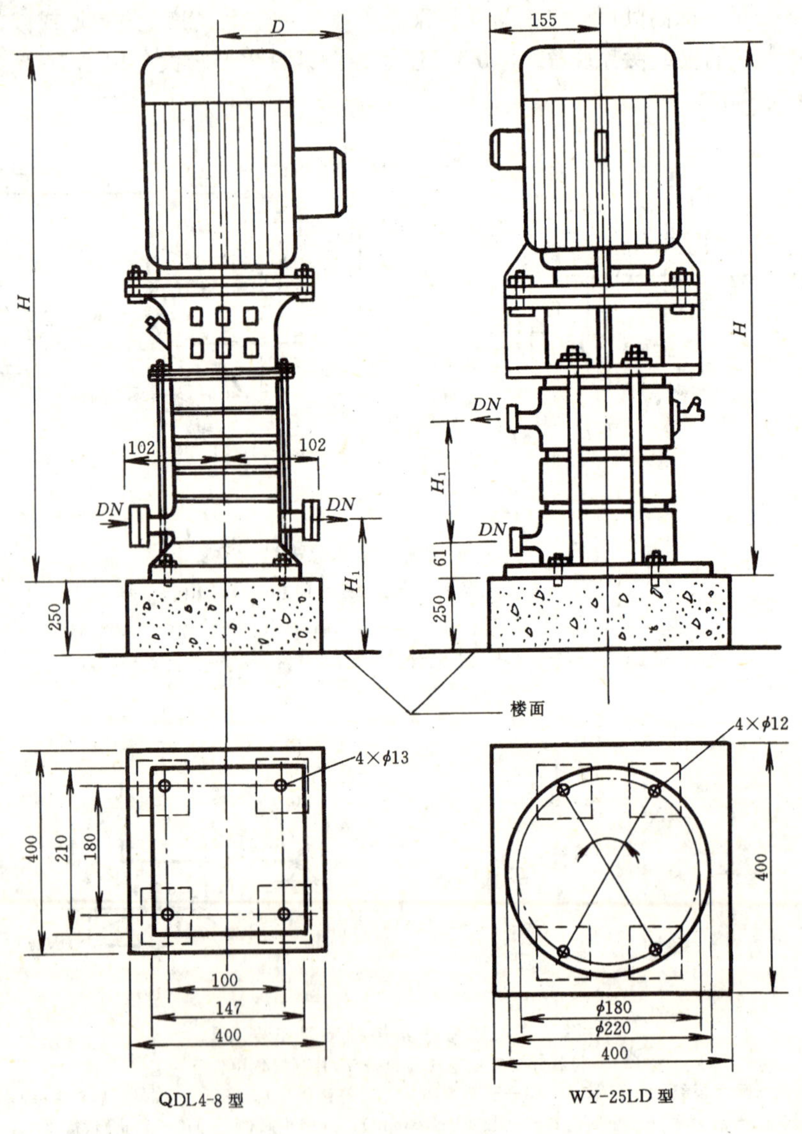

图 4.10-3（一）　常用稳压泵型号、规格及安装图

QDL4-8 型水泵性能参数、安装尺寸表

级数	流量 (m³/h)	扬程 (m)	转数 (r/min)	电机型号	电机功率 (kW)	效率 (%)	汽蚀余量 (m)	H (mm)	H_1 (mm)	D (mm)	DN (mm)
2	0	15.0	2900	Y 系列 IP44	0.37	50	2.5	505	300	115	32
3		22.5			0.55			532		115	
4		30.0			0.75			564		150	
5		37.5			1.1			591		150	
6		45.0			1.1			618		150	
8		60.0			1.5			687		155	
10		75.0			2.2			766		155	
12		90.0			2.2			820		155	
16		120.0			3.0			963		180	
19		142.5			4.0			1034		190	
22		165.0			4.0			1165		190	

WY-25LD 型水泵性能参数、安装尺寸表

级数	流量 (m³/h)	扬程 (m)	转数 (r/min)	电机型号	电机功率 (kW)	效率 (%)	汽蚀余量 (m)	H (mm)	H_1 (mm)	DN (mm)
2	2.0	16	2900	Y801-2	0.75	32	3.5	538	88	25
3		24			0.75			565	115	
4		32			0.75			593	143	
5		40			0.75			620	170	
6		48		Y802-2	1.1			648	198	
7		56			1.1			675	225	
8		64		Y92S-2	1.5			723	253	
9		72			1.5			745	280	
10		80			1.5			773	308	

说明：

1. 本图为楼面安装，如地面安装：混凝土基座地面上为 150mm，伸入地面下 250mm。
2. 水泵地脚螺栓焊于预埋件中心。
3. QPL4-8 型水泵安装依据无锡市特种泵厂产品编制，WY-25LD 型水泵安装依据北京市北方水泵厂产品编制。

图 4.10-3（二） 常用稳压泵型号、规格及安装图

1）高规第 7.4.7 条规定：当采用临时高压给水系统时，其屋顶消防水箱设置高度不能满足表 4.7-15 要求时，应设增压设施；在第 7.4.8 条规定：设有高位消防水箱的消防给水系统，其增压设施应符合下列规定：

增压水泵的出水量，对消火栓系统不应大于 5L/s；对自动喷水系统不应大于 1L/s；

气压水罐的调节水容量宜为 450L。

2）高层建筑增压泵的扬程宜适当提高，一般可按工作泵的 110%～120%确定，增压泵启、停压力和消防泵的启泵压力也宜随着提高一些，以便消防泵启动前，同时能有足够的压力由压力罐供水灭火。

3）压力控制装置可装在气压罐上或配水管上。其它要求同“自喷”系统。

3. 重要的低层建筑、建筑群和人防工程。等无法设高位水箱的临时高压消火栓系统，建议按上述两方法［增（式稳）压］之中的任何一种均可，或采用经消防主管部门批准的成套消防气压给水装置。

4.10.3　消防水泵房

消防水泵房可设在建筑物之中，也可分开独立设置。它可与生活、生产和自动喷水灭火系统设备共用，也可几幢建筑合用，以便管理。

消防水泵房的技术要求见表4.10-3。

消防水泵房技术要求　**表4.10-3**

项　目	技　术　要　求
耐火等级	(1) 独立设置时，不应低于二级 (2) 在建筑物内设置时： 高层建筑：隔墙不低于2h，楼板不低于1.5h 低层建筑：墙和楼板不低于1h，门为甲级防火门
出　口	设在底层时，出口宜直通室外；设在楼层或地下室时，应靠近安全出口
排水设施	排水能力应满足水池溢流、消防水泵泄空排水和水泵运作试验排水（水泵试水排入地下室时）等要求
其　它	(1) 泵房应设有与本单位消防队或消防控制中心直接联络的通讯设备 (2) 光线和通风良好，并不结冰 (3) 泵房布置要求详见给水章节

第5章　建筑排水及卫生设备

5.1　生活污水排水

5.1.1　设计要点

1. 在居住建筑和公共建筑中，生活污水排水管道应自成系统。不得与雨水管道合流排放。当建筑物设有中水系统时，含粪便的污水还应与洗涤盆、浴盆、脸盆及洗衣机的一般生活废水分流排放。

2. 在进行房间平面布置时，同一层的卫生器具应尽量集中，上下层卫生器具应尽量布置在一条垂直线附近，以便合用同一立管。

立管应靠近卫生器具设置，以方便连接，缩短管道。

3. 为了防止倒灌，地下室、半地下室应尽量不设卫生器具。如必须设时，则应采取可靠的技术措施。如：设集水池，用潜水泵提升排放。

4. 排水管道一般应地下埋设或在楼板下明装。如建筑或工艺有特殊要求时，可在管槽、管井、管沟或吊顶内暗装，但应便于安装和检修。

5. 排水管道不得穿过沉降缝、烟道或风道，也不宜穿过伸缩缝。若必须穿过伸缩缝时，应采取相应的技术措施。如：局部采用橡胶或金属软管。

6. 排水管道穿过承重墙或基础处，应预留洞口，且管顶上部净空不得小于建筑物的沉降量，一般不宜小于150mm。穿过地下室外墙处通常应预埋带有防水法兰的钢制套管。

7. 需从地面排水的厕所间、盥洗室、浴室及其它房间，应在地面设置地漏，地漏的顶面应低于地面5～10mm，地漏水封深度不得小于50mm。医院手术室应设密闭式地漏。食堂、厨房及公共浴室应设网框式地漏。

8. 公共食堂厨房内的污水采用管道排放时，其管径应比计算管径大一号，但干管管径不得小于100mm，支管管径不得小于75mm。

9. 洁净的冷却水、凝结水或饮水器排水，当排水量大时，可单独设管排放，进室外雨水管道。

10. 无生活排水管道的建筑物，其洗浴废水可以排入工业废水管道。

11. 腐蚀性污水一般应单独排放，以减少有防腐要求的管道。

12. 排水立管一般应隔层设置检查口，检查口中心距地面通常为1m。水平管道的末端应设清扫口，如超过一定长度，中途还应加设清扫口，具体要求见表5.1-19及表5.1-20规定。

13. 生活污水管道或散发有害气体的生产污水管道，一般均应设置伸出屋面的通气管。只在一层有卫生器具的排水系统，通常也应设置通气管。

14. 高耸构筑物和高度超过100m的超高层建筑，其排水立管宜采用柔性接口。地震设防8°的地区，排水立管在50m以上时，应每隔二层设置柔性接口；地震设防9°的地区，立管与横管均应设柔性接口。

15. 室内排水管道可采用排水铸铁管或硬聚氯乙烯管。有腐蚀性的污水则必须采用硬聚氯乙烯管、陶瓷管或其它防腐管材。

16. 凡欲排放的生活污水，均须符合室内污水排放条件，医院内的污水则应进行专门处理，达到医院污水排放标准后，方可排入市政管网系统。

5.1.2　污水排放标准及卫生器具的使用人数定额

室内污水排放条件见表5.1-1。

医院污水排放标准见表5.1-2。

公共建筑中每一卫生器具的使用人数定额见表5.1-3。

中小学及幼儿园每一卫生器具的使用人数定额见表5.1-4。

工业企业生活间卫生器具设置数见表5.1-5。

工业企业建筑每个淋浴器的使用人数见表5.1-6。

室内污水排放条件　　**表5.1-1**

室内污水去向	排放条件
排入市政排水管道（下游有污水处理厂）	1. 不堵塞和腐蚀管道，pH值为6～10 2. 不产生易燃和有毒气体，不引起爆炸 3. 不影响污水处理厂的净化处理，水温不高于40℃，污水中抑制生物处理的有害物质含量，应符合《室外排水设计规范》要求 4. 不引起病源体的污染危害。排放含有各种病源体的污水时，应符合《医院污水排放标准》的规定，见表5.1-2 5. 工业废水中有害物质的最高容许浓度应符合《工业“三废”排放标准》要求
排入就近水体	1. 需符合《工业“三废”排放标准》和《工业企业设计卫生标准》的有关规定 2. 污水排入水体后，必须保证不传染疾病，不使人、畜中毒，不影响水体中原有生物对水的自净作用，不破坏生态平衡，不使水体产生不良的感官性状
灌溉农田	应符合《灌溉用水标准》

注：感官性状是指水中某些物质对人的视觉，味觉和嗅觉的刺激。

医院污水排放标准　　**表5.1-2**

肠道致病菌结核杆菌	不得检出（连续三次取样，各次均取500mL）
总大肠菌群	每升不得超过500个

公共建筑中每一卫生器具的使用人数定额　　**表5.1-3**

建筑类别	大便器		小便器	洗脸盆	盥洗龙头	淋浴器
	男	女				
集体宿舍	18	12	18	—	5	20～40
旅　馆	12～15	10～12	12～15	—	由设计定	由设计定
医　院	15	12	15	6～8	由设计定	由设计定
门诊部	75	50	50	—	由设计定	由设计定
办公楼	40	20	30	40	由设计定	由设计定

续表

建筑类别	大便器		小便器	洗脸盆	盥洗龙头	淋浴器
	男	女				
学 校	35～50	25	30～40	—	由设计定	由设计定
车 站	500	300	100	—	—	—
百货公司	100	80	80	—	—	—
餐 厅	80	60	80	—	—	—
电影院	150	50	50	200	—	—
剧院俱乐部	75	50	25～40	100	—	—

注：一般公共厕所内应至少设脸盆或污水池一个。

中小学及幼儿园每一卫生器具的使用人数定额 **表 5.1-4**

中小学校				幼儿园	
总人数	大便器		小便器	儿童人数	大便器
	男	女			
100 人以下	25	20	20	20 人以下	8
101～200	30	25	20	21～30	12
201～300	35	30	30	31～75	15
301～400	50	35	35	76～100	17
				101～125	21

注：厕所内均须设污水池一个。

工业企业生活间卫生器具设置数 **表 5.1-5**

男		女			
使用人数	大便器数	使用人数	大便器数	使用人数	妇女卫生盆
20 人以下	1	10 以下	1	200～250	1
21～50	2	11～30	2	251～400	2
51～75	3	31～50	3	400 人以上	每增加 100～200 人增设一个
76～100	4	51～75	4		
101～1000	100 人以上每增加 50 人增设一个	76～100	5		
1001 人以上	1000 人以上每增加 60 人增设一个	101～1000	100 人以上每增加 35 人增设一个		
		1001 人以上	1000 人以上每增加 45 人增设一个		

注：1. 污水池男女厕所内需各设一个。

2. 小便器在男厕所内设置，数量与大便器相同。

工业企业建筑每个淋浴器使用人数　表5.1-6

车间卫生特征级别	1级	2级	3级	4级
每个淋浴器使用人数	3～4	5～8	9～12	13～24

5.1.3　生活污水设计计算

1. 住宅、集体宿舍、旅馆、医院、幼儿园、办公楼和学校等建筑，生活污水设计秒流量应按下式计算：

$$q_u = 0.12\alpha\sqrt{N_p} + q_{max} \quad (L/s) \tag{5.1-1}$$

式中　q_u——计算管段污水设计秒流量（L/s）；

N_p——计算管段的卫生器具排水当量总数；

α——根据建筑物用途而定的系数，可按表5.1-7确定；

根据建筑物用途而定的系数α值　表5.1-7

建筑物名称	集体宿舍、旅馆和其它公共建筑的公共盥洗室和厕所间	住宅、旅馆、医院、疗养院休养所的卫生间
α值	1.5	2.0～2.5

注：如计算所得流量值大于该管段上按卫生器具排水流量累加值时，应按卫生器具排水流量累加值计。

q_{max}——计算管段上最大的一个卫生器具的排水流量(L/s)。

卫生器具排水流量、当量、排水管管径及最小坡度，见表5.1-8。

当设定管段上最大的一个卫生器具排水流量 q_{max}=2L/s（低水箱虹吸式大便器）时，按公式（5.1-1）绘制出生活污水当量与设计秒流量的关系曲线如图5.1-1。只要知道计算管段的当量数，利用该图可迅速查出其设计秒流量。必要时，只对 q_{max} 值一项进行修正就可以了。

卫生器具排水流量、当量、排水管管径及最小坡度　表5.1-8

序　号	卫生器具名称	排水流量（L/s）	当量	排水管	
				管径（mm）	最小坡度
1	污水盆（池）	0.33	1.0	50	0.025
2	单格洗涤盆（池）	0.67	2.0	50	0.025
3	双格洗涤盆（池）	1.00	3.0	50	0.025
4	洗手盆、洗脸盆（无塞）	0.10	0.3	32～50	0.020
5	洗脸盆（有塞）	0.25	0.75	32～50	0.020
6	浴盆	1.00	3.0	50	0.020
7	淋浴器	0.15	0.45	50	0.020
8	大便器				
	高水箱	1.50	4.50	100	0.012
	冲落式	1.50	4.50	100	0.012
	低水箱虹吸式	2.00	6.0	100	0.012

续表

序号	卫生器具名称	排水流量(L/s)	当量	排水管	
				管径（mm）	最小坡度
8	自闭式冲洗阀	1.50	4.50	100	0.012
9	小便器				
	手动冲洗阀	0.05	0.15	40～50	0.02
	自闭式冲洗阀	0.10	0.30	40～50	0.02
	自动冲洗水箱	0.17	0.50	40～50	0.02
10	小便槽（每米长）				
	手动冲洗阀	0.05	0.15	—	—
	自动冲洗水箱	0.17	0.50	—	—
11	化验盆（无塞）	0.20	0.60	40～50	0.025
12	净身器	0.10	0.30	40～50	0.02
13	饮水器	0.05	0.15	25～50	0.01～0.02
14	家用洗衣机	0.50	1.50	50	—

注：家用洗衣机排水软管、直径为 30mm。

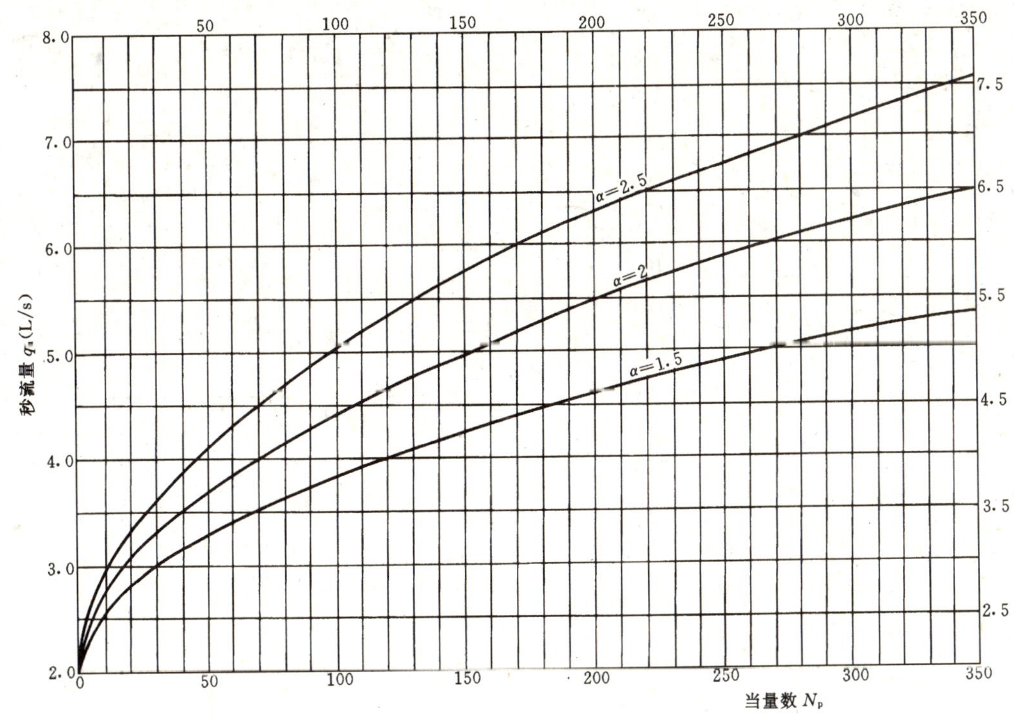

图 5.1-1 按排水当量确定秒流量的速算表

2. 工业企业生活间、公共浴室、洗衣房、公共食堂、实验室、影剧院、体育场等建筑的生活污水设计秒流量，应按下式计算：

$$q_u = \Sigma q_p n_0 b \quad (L/s) \tag{5.1-2}$$

式中 q_u——计算管段污水设计秒流量（L/s）；

q_p——同类型的一个卫生器具排水流量（L/s）；

n_0——同类型卫生器具数；

b——卫生器具的同时排水百分数，按表5.1-9采用，冲洗水箱大便器的同时排水百分数应按12%计算。

注：当计算排水流量小于一个大便器的排水流量时，应按一个大便器的排水流量计算。

卫生器具同时排水百分数 **表5.1-9**

卫生器具名称	同时排水百分数（%）						
	工业企业生活间	公共浴室	洗衣房	电影院剧院	体育场游泳池	科学研究实验室	生产实验室
洗涤盆（池）	如无工艺要求时，采用33	15	25～40	50	50	盥洗室，厕所间，按 $q_u=0.12\alpha\sqrt{N_p}+q_{max}$（L/s）计算	
洗手盆	50	20	—	50	70		
洗脸盆、盥水槽水龙头	60～100	60～100	60	50	80		
浴盆	—	50	—	—	—		
淋浴器	100	100	100	100	100		
大便器冲洗水箱	30	20	30	50	70		
大便器自闭式冲洗阀	5	3	4	10	15		
大便槽自动冲洗水箱	100	—	—	100	100		
小便器手动冲洗阀	50	—	—	50	70		
小便器自动冲洗水箱	100	—	—	—	—		
小便槽自闭式冲洗阀	25	—	—	15	20		
净身器	100	—	—	—	—		
饮水器	30～60	30	30	30	30		
单联化验龙头						20	30
双联或三联化验龙头						30	50

3. 排水管道的水力计算公式：

$$v=\frac{1}{n}\cdot R^{\frac{2}{3}}I^{\frac{1}{2}} \tag{5.1-3}$$

式中 v——流速（m/s）；

I——水力坡度，采用排水管的坡度，参见表5.1-10；

R——水力半径（m）；

n——粗糙系数。陶土管、铸铁管为0.013；混凝土管、钢筋混凝土管为0.013～0.014；石棉水泥管、钢管为0.012；硬聚氯乙烯塑料管为0.009。

排水管道的坡度、充满度及最小流速，一般可按表5.1-10至表5.1-12采用。

生活污水立管的最大排水能力，可按表5.1-13和表5.1-14确定。也可以根据建筑性质及器具当量总数，按表5.1-15确定。

排水管标准坡度和最小坡度　　表 5.1-10

管径(mm)	生活污水		工业废水			
			生产废水		生产污水	
	标准坡度	最小坡度	标准坡度	最小坡度	标准坡度	最小坡度
50	0.035	0.025	0.025	0.020	0.035	0.030
75	0.025	0.015	0.020	0.015	0.025	0.020
100	0.020	0.012	0.015	0.008	0.020	0.012
125	0.015	0.010	0.010	0.006	0.015	0.010
150	0.010	0.007	0.008	0.005	0.010	0.006
200	0.008	0.005	0.006	0.004	0.007	0.004
250	0.007	0.0045	0.005	0.0035	0.006	0.0035
300	0.006	0.004	0.004	0.003	0.005	0.003

注：1. 工业废水中含有铁屑或其它污物时，管道的最小坡度应按自清流速计算确定。

2. 成组洗脸盆至共用水封的排水管坡度为 0.01。

3. 生活污水管道，宜按标准坡度采用。

排水管道的最大计算充满度　　表 5.1-11

排水管道名称	管径 (mm)	最大计算充满度
生活污水管	≤125	0.5
	150～200	0.6
生产废水管	50～75	0.6
	100～150	0.7
	≥200	1.0
生产污水管	50～75	0.6
	100～150	0.7
	≥200	0.8

注：1. 排水沟最大计算充满度为计算断面深度的 0.8。

2. 生活污水管道短时排放大量洗涤污水时（如浴室、洗衣房等）可按满流计算。

排水管道在设计充满度下的最小允许流速　　表 5.1-12

排水铸铁管管径 (mm)	最小允许流速 (m/s)	非金属管道	最小允许流速 (m/s)
≤*DN* 100	0.60	明渠（沟）	0.40
*DN*150	0.65		
*DN*200～300	0.70	雨水及合流制排水管道	0.75

注：生活污水金属管道的最大流速为 7m/s；缸瓦管 5m/s；水泥管 4m/s。

生活排水立管最大排水能力　　表 5.1-13

污水立管管径（mm）	排水能力（L/s）	
	无专用通气立管	有专用通气立管或主通气立管
50	1.0	—
75	2.5	5
100	4.5	9
125	7.0	14
150	10.0	25

不通气的排水立管的最大排水能力　　表 5.1-14

立管工作高度（m）	排水能力（L/s）			
	立管管径（mm）			
	50	75	100	125
≤2	1.0	1.70	3.80	5.0
3	0.64	1.35	2.40	3.4
4	0.50	0.92	1.76	2.7
5	0.40	0.70	1.36	1.9
6	0.40	0.50	1.00	1.5
7	0.40	0.50	0.76	1.2
≥8	0.40	0.50	0.64	1.0

注：1. 无条件设置通气管时，可设置不通气立管。不通气立管的排水能力可按本表确定。

2. 排水立管工作高度，系指最高排水横支管和立管连接点至排出管中心线间的距离。

3. 如排水立管工作高度在表中列出的两个高度值之间时，可用内插法求得排水立管的最大排水能力数值。

不同建筑物排水管允许负荷的当量总数　　表 5.1-15

建筑物性质	排水管道名称		允许负荷当量总数			
			*DN*50	*DN*75	*DN*100	*DN*150
住宅、公共居住建筑的小卫生间	横支管	无器具通气管	4	8	25	
		有器具通气管	8	14	100	
		底层单独排出	3	6	12	
	横干管			14	100	1200
	立管	仅有伸顶通气管	5	25	70	
		有通气立管			900	1000
集体宿舍、旅馆、医院、办公楼、学校等公共建筑的盥洗室、厕所	横支管	无环形通气管	4.5	12	36	
		有环形通气管			120	
		底层单独排出	4	8	36	
	横干管			18	120	2000
	立管	仅有伸顶通气管	6	70	100	2500
		有通气立管			1500	
工业企业生活间、公共浴室、洗衣房、公共食堂、实验室、影剧院、体育场	横支管	无环形通气管	2	6	27	
		有环形通气管			100	
		底层单独排出	2	4	27	
	横干管			12	80	1000
	立管（仅有伸顶通气）		3	35	60	800

注：将计算管段上的卫生器具排水当量数相叠加，再查本表即可确定管径。

排水管管道计算表。详表5.1-16。该表是按最大计算允许充满度编制的，使用时应注意留有适当的余量。

排水管管道计算表(按最大允许充满度排列) **表 5.1-16**

i ‰ / D (mm)	1	2	4	6	8	10	20	40	60	80	100
50						0.381 0.39	0.539 0.55	0.762 0.78	0.98 1.00	1.13 1.11	1.20 1.23
75						1.13 0.51	1.59 0.72	2.25 1.02	2.85 1.30	3.30 1.48	3.56 1.61
100						2.42 0.62	3.42 0.87	4.84 1.23	6.40 1.58	7.40 1.78	7.65 1.95
125						5.93 0.77	8.39 1.09	11.9 1.54	14.5 1.89	16.8 2.18	18.7 2.43
150				7.46 0.67	8.61 0.78	9.63 0.87	13.6 1.23	19.3 1.74	23.6 2.13	27.2 2.46	30.4 2.75
200			13.1 0.66	16.0 0.81	18.5 0.94	20.7 1.05	29.2 1.49	41.4 2.1	50.6 2.57	58.5 2.97	65.4 3.32
250			23.7 0.77	29.0 0.94	33.5 1.09	37.5 1.22	53.0 1.72	75.0 2.44	84.3 2.74	106.0 3.45	
300			38.6 0.87	47.3 1.07	54.5 1.23	61.0 1.38	86.3 1.95	122.0 2.76	149.4 3.37		
350		51.2 0.71	72.4 1.01	88.8 1.23	102.5 1.42	114.6 1.59	162.1 2.25	229.2 3.19	280.7 3.90		
400		73.1 0.78	103.4 1.10	126.8 1.35	146.2 1.55	163.6 1.74	231.3 2.46	327.1 3.48			
450		100.3 0.84	141.8 1.19	173.9 1.46	200.5 1.69	224.3 1.89	317.2 2.67		上行： 下行：	流量 流速	L/s m/s
500		144.6 0.92	204.4 1.29	250.6 1.59	289.1 1.83	323.4 2.05	457.3 2.89				
550		186.3 0.97	263.5 1.38	323.1 1.69	372.7 1.95	416.9 2.18	589.5 3.08				
600	166.1 0.73	235.0 1.03	332.3 1.46	407.5 1.79	470.0 2.07	525.8 2.31	743.4 3.27				

注：不同管径的最大允许充满度 h/D 取值为：D=50~125mm，h/D=0.5；D=150～300mm，h/D=0.6；D=350～450mm，h/D=0.7；D=500～600mm，h/D=0.75。

5.1.4 排水管道的连接作法要求

1. 下列设备和容器不得与污废水管道系统直接连接，应采取间接排水的方式：

生活饮用水贮水箱（池）的泄水管和溢水管；

间接排水口最小空气间隙　　表 5.1-17

间接排水管管径（mm）	排水口最小空气间隙（mm）
≤25	50
32～50	100
>50	150

注：饮料用贮水箱的间接排水口最小空气间隙不得小于150mm。

厨房内食品制备及洗涤设备的排水；

医疗灭菌消毒设备的排水；

蒸发式冷却器、空气冷却塔等空调设备的排水；

锅炉房的泄水及排污管；

贮存食品或饮料的冷藏间、冷藏库房的地面排水和冷风机溶霜水盘的排水等。

凡采用间接排水的设备，宜排入邻近的洗涤盆，条件不许可时，可设明沟、排水漏斗或地漏。其间接排水管应与排水口保持一定的距离，具体要求见表 5.1-17。

2. 排水立管与埋地横管的连接要求见表 5.1-18 及图 5.1-2。

最低横支管与立管连接处至立管管底的垂直距离　　表 5.1-18

立管连接卫生器具的层数（层）	垂直距离 A（m）
≤4	0.45
5～6	0.75
7～12	1.20
13～19	3.00
≥20	6.00

注：1. 排水立管仅设置伸顶通气管时，底层排水管与立管连接处距排水立管管底垂直距离，不得小于本表规定。
2. 当立管底部放大一号管径时，可将表中垂直距离缩小一档。
3. 底层排水支管与立管或水平干管连接时，其垂直和水平距离要求见图 5.1-2。

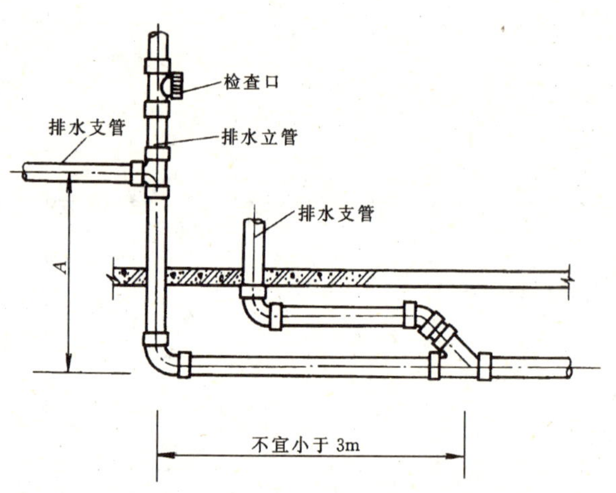

图 5.1-2　底层排水支管与立管或水平干管连接时其垂直和水平距离示意

检查口及清扫口的设置要求见表 5.1-19 及表 5.1-20。清扫口及检查口的设置参见图 5.1-4，地面清扫口的作法见图 5.1-3。

污水横管的直线管段上检查口或清扫口之间的最大距离　　表 5.1-19

管径（m）	清扫设备种类	距离（m）		
		生产废水	生活污水及与生活污水成分接近的生产污水	含有大量悬浮物和沉淀物的生产污水
50～75	检查口	15	12	10
	清扫口	10	8	6
100～150	检查口	20	15	12
	清扫口	15	10	8
200	检查口	25	20	15

污水立管或排出管上的清扫口至室外检查井中心的最大长度　　表 5.1-20

管径（mm）	50	75	100	≥125
最大长度（m）	10	12	15	20

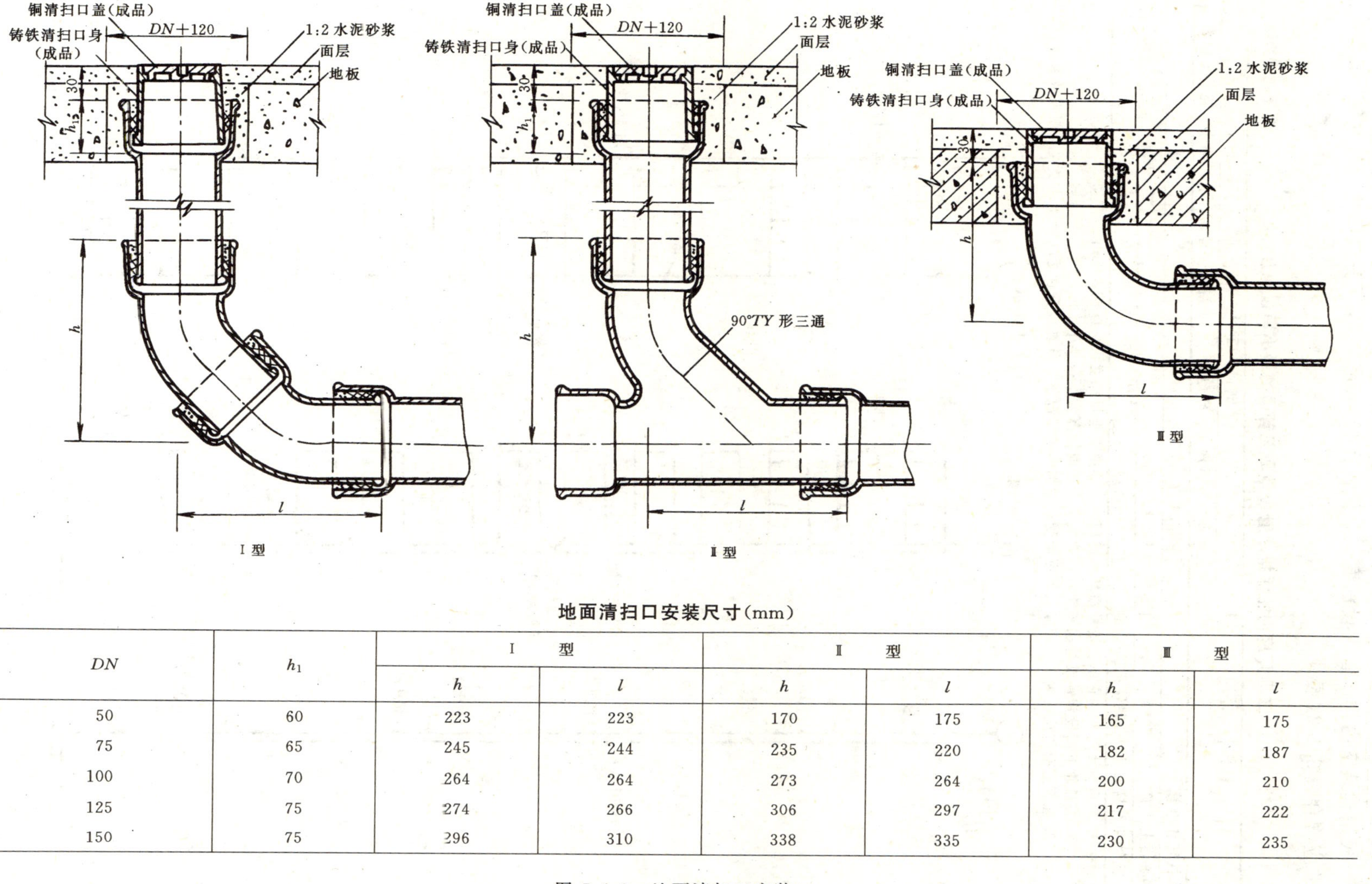

地面清扫口安装尺寸(mm)

DN	h_1	Ⅰ型		Ⅱ型		Ⅲ型	
		h	l	h	l	h	l
50	60	223	223	170	175	165	175
75	65	245	244	235	220	182	187
100	70	264	264	273	264	200	210
125	75	274	266	306	297	217	222
150	75	296	310	338	335	230	235

图 5.1-3 地面清扫口安装

民用建筑室内排水管埋设深度，应不小于 400mm。工业厂房内的生活排水管，其埋深要求应符合表 5.1-21 要求。

工业厂房内生活排水管由地面至管顶的最小埋设深度（m）　　**表 5.1-21**

管材	地面种类	
	土地面、碎石地面、砖地面	混凝土地面、水泥地面、菱苦土地面
铸铁管和钢管	0.7	0.4
钢筋混凝土管	0.7	0.5
缸瓦管和石棉水泥管、硬聚氯乙烯管	1.0	0.6

注：1. 厂房生活间和其它不受机械损坏的房间内，管道的埋设深度可酌减到 300mm。
2. 在铁轨下铺设钢管或给水铸铁管，轨底至管顶埋设深度不得小于 1m。
3. 在管道有防止机械损坏措施或不可能受机械损坏的情况下，其埋设深度可小于上表及注 2 规定数值。

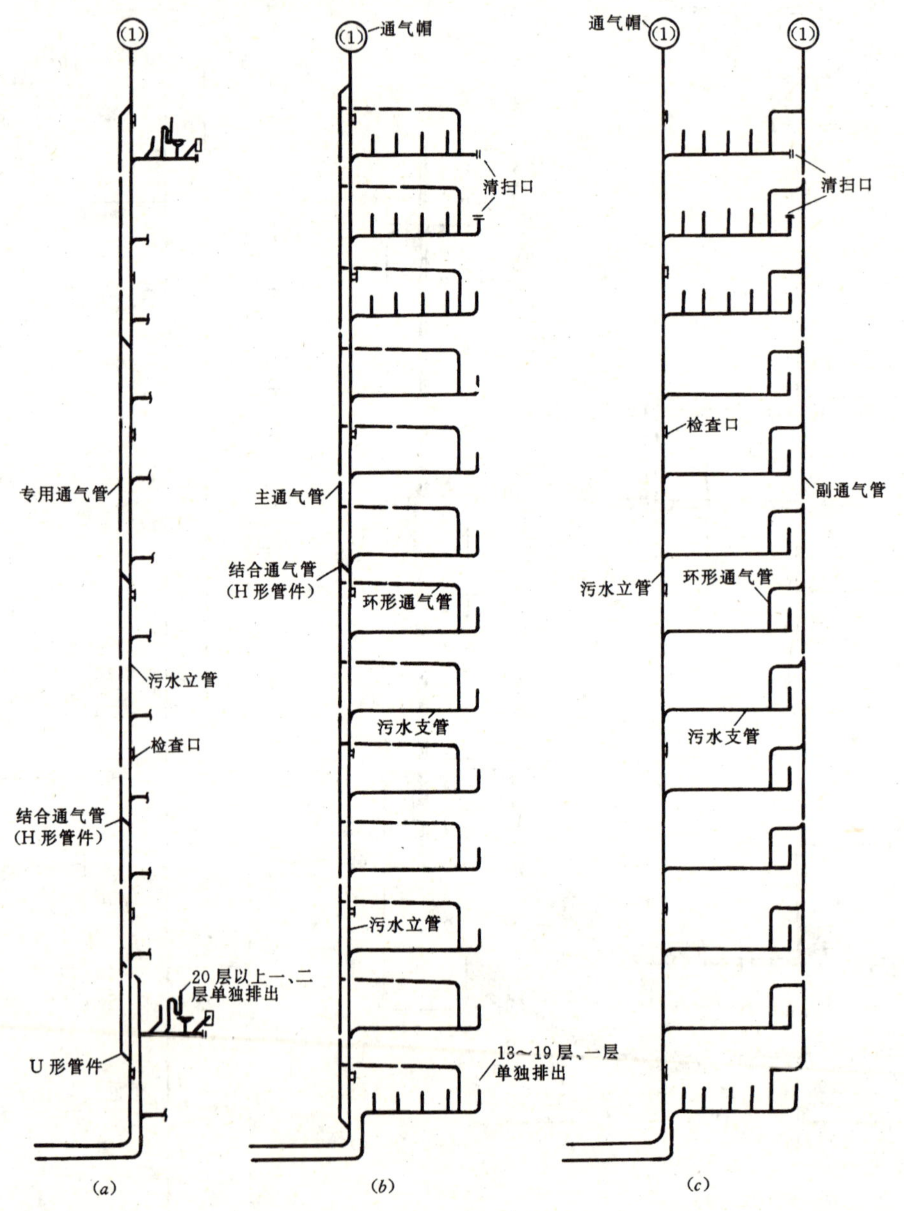

图 5.1-4　通气管连接示意

3. 根据建筑层数及对卫生、安静程度的不同要求，可分别设置伸顶通气管、专用通气立管和环形通气管。通气管与污水管的连接要求，应遵守以下规定：

(1) 器具通气管应接在存水弯出口端。环形通气管应接在横支管上最始端的两个卫生器具之间，并应在排水支管中心线以上与排水支管呈垂直或45°连接。

(2) 器具通气管、环形通气管应在卫生器具上边缘以上不少于0.15m处，按不小于1%的上升坡度与通气立管相连接。

(3) 专用通气立管和主通气立管的上端，可在最高层卫生器具上边缘或检查口以上，与污水立管顶端通气部分以斜三通形式合并。

(4) 专用通气立管应每隔二层、主通气立管应每隔8～10层设结合通气管与污水立管连通。通气立管下端应在底层污水横支管以下与污水立管以斜三通连接；上端可在卫生器具上边缘以上不小于0.15m处与污水立管通气部分以斜三通形式合并。当结合通气管布置有困难时，可用H形管件替代，通气管上下二端可用U形管件连接。

通气立管的连接作法，见图5.1-4示意图。伸顶通气立管见图5.1-6。通气管管径一般不宜小于污水管管径的1/2，其最小管径可按表5.1-22确定。

通气管最小管径 表5.1-22

通气管名称	污水管管径(mm)						
	32	40	50	75	100	125	150
器具通气管	32	32	32		50	50	
环形通气管			32	40	50	50	
通气立管			40	50	75	100	100

注：1. 通气立管长度在50m以上时，其管径应与排水立管管径相同。
2. 两个及两个以上排水立管同时与一根通气立管相连时，应以最大一根排水立管确定通气立管管径，且其管径不宜小于其余任何一根排水立管管径。
3. 结合通气管不宜小于通气立管管径。
4. 伸顶通气管管径宜与排水立管管径相同。

4. 排水管道平面与立管图的绘制，参见图5.1-5及图5.1-6。

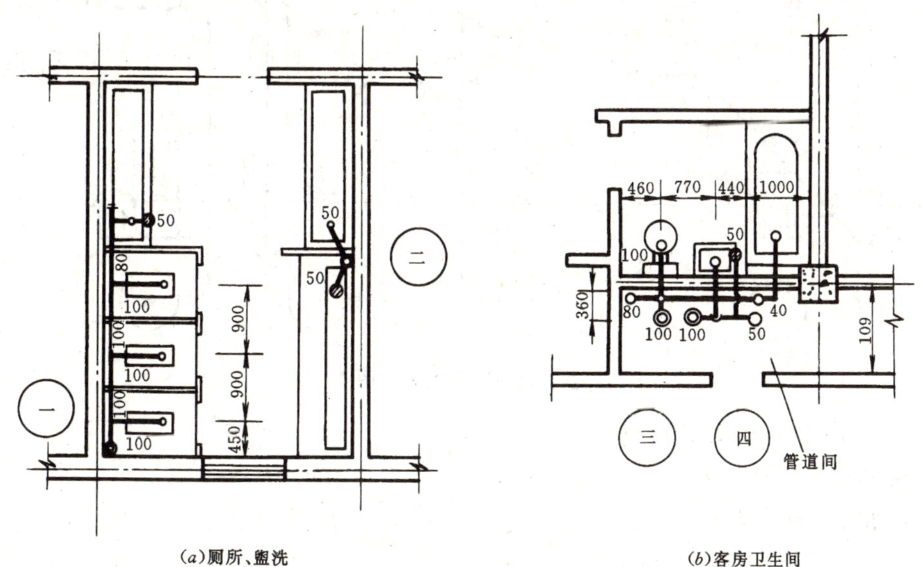

(a)厕所、盥洗 (b)客房卫生间

图5.1-5 室内排水平面画法

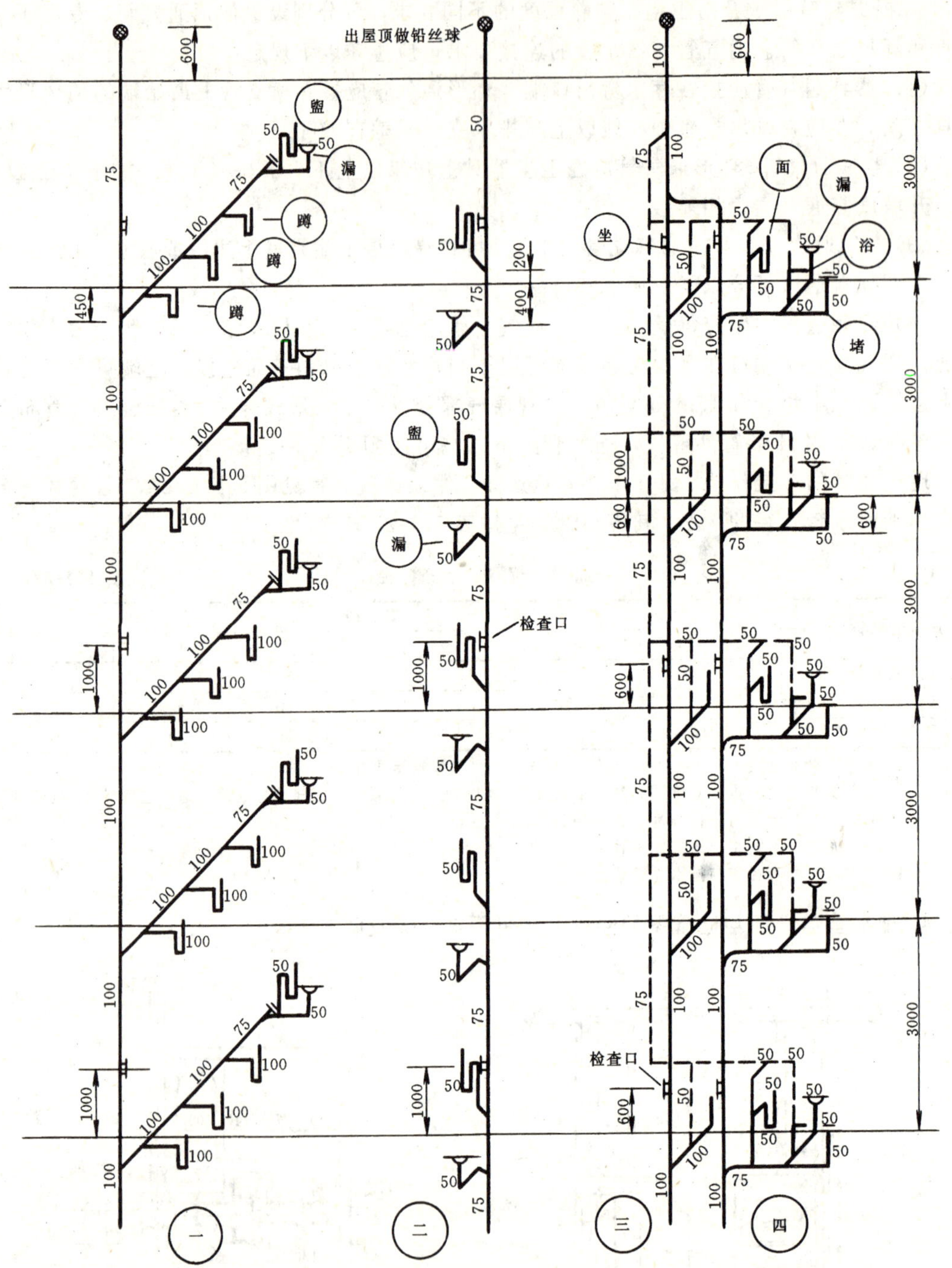

图 5.1-6　卫生立管图

5.1.5　污水的局部处理

1. 化粪池的计算与选择

化粪池的计算公式：

(1) 总容积 V：

$$V = V_s + V_a \quad (m^3) \tag{5.1-4}$$

清掏期为一年时化粪池最大使用人数 **表 5.1-23**

型号	有效容积 (m^3) \ 污水量标准 [L/(人·d)] \ 建筑名称	医院、疗养院、幼儿园（有住宿）($n=100\%$)					住宅、集体宿舍旅馆 ($n=70\%$)			办公楼、教学楼工业企业生活间 ($n=40\%$)			公共食堂、影剧院、体育场及其它类似公共场所 ($n=10\%$)			
		50	100	200	300	400	60	80	100	10	25	35	5	10	20	50
1	3.75	22	17	12	9	7	30	27	24	72	64	60	298	286	266	219
		26	22	17	14	12	35	33	31	74	70	68	304	298	286	257
2	6.25	37	28	19	15	12	49	44	40	119	107	100	496	477	443	366
		43	37	28	23	19	59	55	52	124	117	113	506	496	477	428
3	12.50	73	57	39	30	24	99	89	81	239	214	200	992	954	887	731
		86	73	57	46	39	118	111	104	248	234	226	1012	992	954	856
4	20.00	117	91	62	48	38	158	142	129	382	343	321	1588	1527	1419	1170
		137	117	91	74	62	189	178	167	397	375	361	1620	1588	1527	1370
5	30.00	175	136	93	71	58	237	213	194	573	514	481	2382	2291	2128	1755
		206	175	136	111	93	284	266	251	595	562	542	2430	2382	2291	2055
6	40.00	234	181	125	95	77	316	284	259	764	685	641	3176	3054	2838	2340
		274	234	181	148	125	379	355	334	794	749	722	3240	3176	3054	2740
7	50.00	392	226	155	119	96	395	355	323	954	856	801	3970	3818	3547	2925
		343	292	226	185	156	473	444	418	992	937	903	4050	3970	3818	3426

注：1. 清掏期为一年时，适用于城区旧沟排水系统。
2. 表中上行为污水在池中停留 24h 的最大使用人数，下行为 12h 的最大使用人数。
3. n 为使用卫生设备人数与总人数的百分比。

清掏期为半年时化粪池最大使用人数 表 5.1-24

型号	有效容积 (m^3) \ 污水量标准 [L/(人·d)] \ 建筑名称	医院、疗养院、幼儿园（有住宿）(n=100%)					住宅、集体宿舍旅馆 (n=70%)			办公楼、教学楼工业企业生活间 (n=40%)			公共食堂、影剧院、体育场及其它类似公共场所 (n=10%)			
		50	100	200	300	400	60	80	100	10	25	35	5	10	20	50
1	3.75	34	23	14	10	8	44	38	33	133	110	98	573	532	466	339
		44	34	23	18	14	59	53	48	143	128	120	595	573	532	439
2	6.25	57	39	24	17	14	74	64	56	222	183	164	954	887	777	566
		73	56	39	30	24	99	89	81	239	214	200	992	954	887	731
3	12.50	113	78	48	35	27	148	127	111	443	366	327	1909	1774	1553	1131
		146	113	78	59	48	199	178	162	477	428	401	1984	1909	1774	1462
4	20.00	181	125	77	55	43	237	203	178	709	585	524	3054	2838	2485	1810
		234	181	125	95	77	316	284	259	764	685	641	3175	3054	2838	2340
5	30.00	272	187	115	83	65	356	305	267	1064	878	786	4582	4256	3728	2715
		351	271	187	143	115	474	427	388	1145	1028	962	4763	4582	4256	3510
6	40.00	362	250	154	111	87	474	407	356	1419	1170	1047	6109	5675	4970	3621
		468	362	250	190	154	632	568	517	1527	1370	1282	6351	6109	5675	4679
7	50.00	453	312	192	139	109	593	508	445	1774	1462	1309	7636	7094	6213	4526
		585	452	312	238	192	789	711	647	1909	1713	1603	7939	7636	7094	5849

注：1. 清掏期为半年时，适用于一般市政排水系统。

2. 表中上行为污水在池中停留 24h 的最大使用人数。下行为 12h 的最大使用人数。

3. n 为使用卫生设备人数与总人数的百分比。

式中 V——化粪池总容积（m^3）；

V_s——污水部分容积（m^3）；

V_a——污泥部分容积（m^3）。

（2）污水容积计算：

$$V_s = \frac{Nnqt}{24 \times 1000} \quad (m^3) \tag{5.1-5}$$

式中 N——使用卫生设备人数（人）；

q——最高日生活用水标准［L/（人·d）］，分流时采用 20～30［L/（人·d）］；

t——污水在化粪池内停留时间（d），根据污水量的多少，采用 12～24h；

n——使用卫生设备人数与总人数的百分比，可按下值采用：

（a）医院、疗养院、幼儿园（有住宿）$n=100\%$；

（b）住宅、集体宿舍、旅馆 $n=70\%$；

（c）办公楼、教学楼、工业企业生活间 $n=40\%$；

（d）公共食堂、影剧院、体育场和其它类似公共场所（按座位计）$n=10\%$。

（3）污泥容积计算：

$$V_a = 1.2\left[\frac{\alpha N_n T(1-b)K}{(1-c) \times 1000}\right] \quad (m^3) \tag{5.1-6}$$

式中 α=每人每天的污泥量 0.7L（人·d）［污废水分流时 $\alpha=0.4$L/（人·d）］；

b——污泥含水率，取 $b=95\%$；

c——浓缩后污泥含水率，取 $c=90\%$；

K——腐化期间污泥缩减系数取 $K=0.8$；

T——清掏周期（d）。

代入上值后简化为下式

$$V_a = 1.2(0.00028 N_n T) \quad (m^3) \tag{5.1-7}$$

为便于设计选用，根据污泥清掏期 180d 及 360d；污水停留时间 24h 及 12h；及不同污水量标准作出化粪池的选用表。见表 5.1-23 及表 5.1-24 设计时可以根据建筑性质，污水量标准直接查出不同化粪池的使用人数。

在选择化粪池时，还应注意地下水位情况。凡有地下水的地区，应选用有防水作法的砖砌化粪池或钢筋混凝土化粪池。

砖砌及钢筋混凝土化粪池的外形尺寸见图 5.1-7 及表 5.1-25 及表 5.1-26。当化粪池的容积选定之后，也可按全国通用标准化粪池 92S213（砖砌化粪池）及 92S214（钢筋混凝土化粪池）图集选用。

砖砌化粪池主要尺寸 **表 5.1-25**

序号	室数	容积（m^3）	尺寸（mm）			
			L	B	H	H_1
1	2	3.75	5120	1960	1500	1300
2	2	6.25	5620	1960	1700	1500
3	2	12.50	5520	2460	2200	2000
4	3	20.00	7980	3220	2200	1800
5	3	30.00	7980	3720	2200	2000
6	3	40.00	9380	3720	2400	2200
7	3	50.00	10780	3720	2500	2300

混凝土化粪池主要尺寸　　表 5.1-26

序号	室数	容积 (m^3)	尺寸 (mm)			
			L	B	H	H_1
1	2	3.75	4470	1250	1500	1400
2	2	6.25	4470	1500	1700	1600
3	2	12.50	4470	2000	2200	2100
4	3	20.00	5540	3000	1800	1700
5	3	30.00	5540	3000	2700	2600
6	3	40.00	7140	3000	2700	2600
7	3	50.00	8740	3000	2700	2600

【例题】 有五层办公楼一栋，每层工作人员按 220 人计算，设有男女厕所各一套。其中男厕有大便器 3 个，小便器 3 个，脸盆 1 个，拖布池 1 个；女厕所有大便器 3 个，脸盆 1 个，拖布池 1 个。男女厕所各设排水立管一根，设伸顶通气管。一层埋地横管合并后引至室外化粪池。试确定立管管径、横管管径、化粪池型号。

【解】 (1) 计算排水立管负荷的当量数及设计秒流量，确定立管管径：

男厕：$N_p=(3\times4.5+3\times0.3+1\times0.3+1\times1)\times5=78.5$

查图 5.1-1，当 $\alpha=1.5$ 时，$q_u=3.65L/s$

查表 5.1-13，当 $q_u=3.65L/s$ 时，确定管径为 100。

查表 5.1-15，当管径为 100mm 时，允许负荷当量总数为 100，大于 78.5，可以采用。

女厕：$N_p=(3\times4.5+1\times0.3+1\times1)\times5=74$

查图 5.1-1，当 $\alpha=1.5$ 时，$q_u=3.55L/s$

查表 5.1-13，当 $q=3.55L/s$ 时，确定管径为 100。

查表 5.1-15，当管径为 100mm 时，允许负荷当量总数为 100，大于 74，可以采用。

(2) 计算埋地横管的设计秒流量并确定管径：

当量总数 $N_p=78.5+74=152.5$

查图 5.1-1，当 $N_p=152.5$、$\alpha=1.5$ 时、$q_u=4.3L/s$。

查表 5.1-16，确定管径为 150，充满度为 0.6，$i=8‰$时，其流量为 8.61L/s，流速为 0.78m/s。

(3) 确定化粪池型号：

使用人数 $n=220\times5=1100$ 人。

清掏期取半年，停留时间取 24h。

查表 5.1-24，化粪池选 6 号。有效容积 $V=40m^3$。

2. 含油污水的隔油处理

(1) 食堂、厨房及饮食加工行业的含油污水，需经隔油处理后，方可排入室外排水系统。

常用隔油装置主要有隔油器及隔油井两类，隔油器适用于油脂较多的洗涤池，其外形尺寸见图 5.1-8，安装作法见图 5.1-9；隔油井多设于室外地下，作法见图 5.1-10。

设置室外隔油井时，污水在井内的流速，不得大于 0.005m/s，停留时间可采用 2～

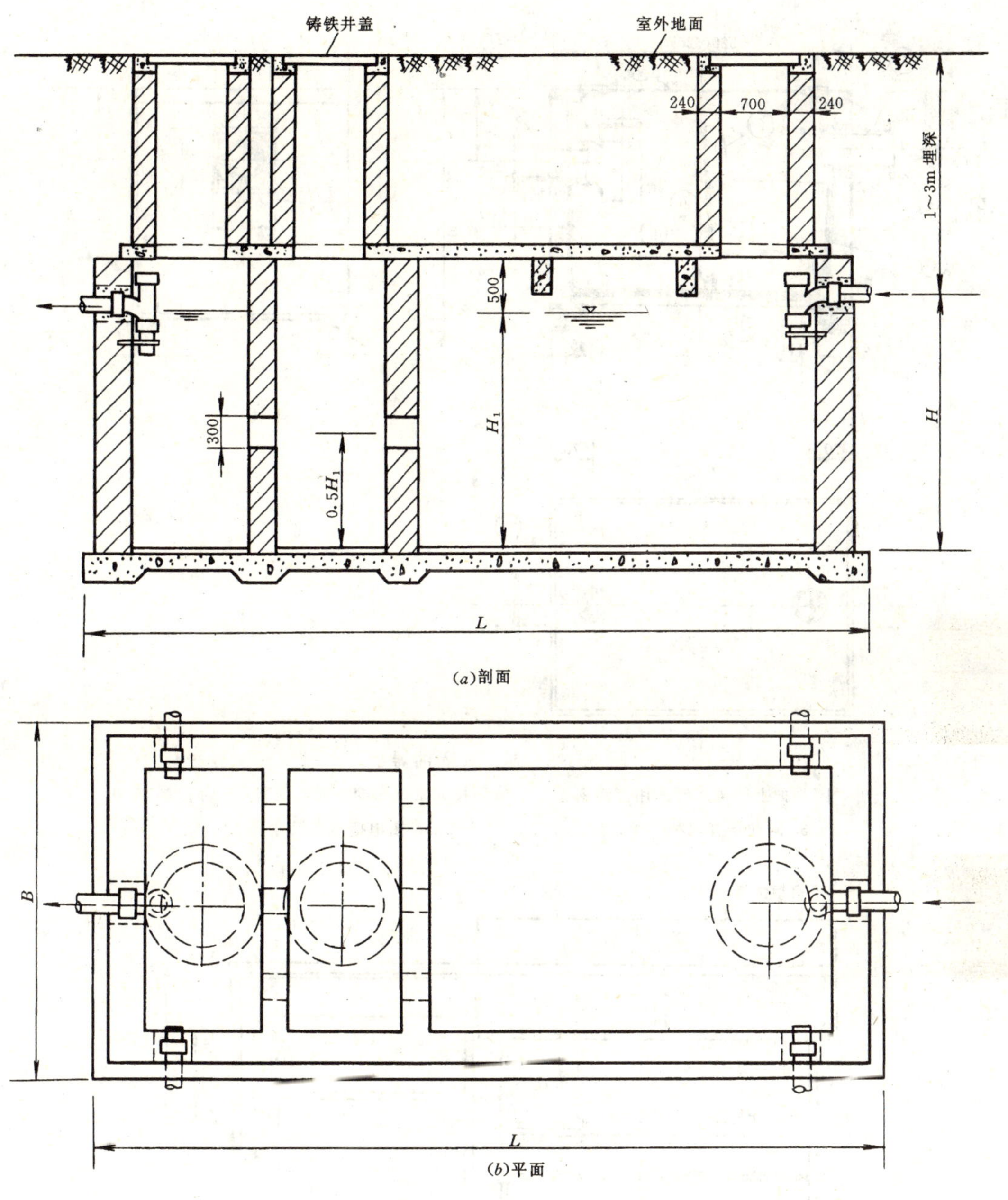

图 5.1-7 化粪池外形尺寸

10min。井内存油部分的容积应根据使用人数和清扫周期确定，一般不得小于该井有效容积的 25%。

(2) 汽车修理间、洗 车台及其它少量生产污水中的油类，也应设置隔油井，其井内流速，宜采用 0.002～0.01m/s，停留时间可采用 0.5～1.0min。隔油井的排出管至井底深度，不宜小于 0.6m。

对于夹带杂质的含油污水，应在隔油井内附有沉淀部分。粪便污水和其它污水，均不

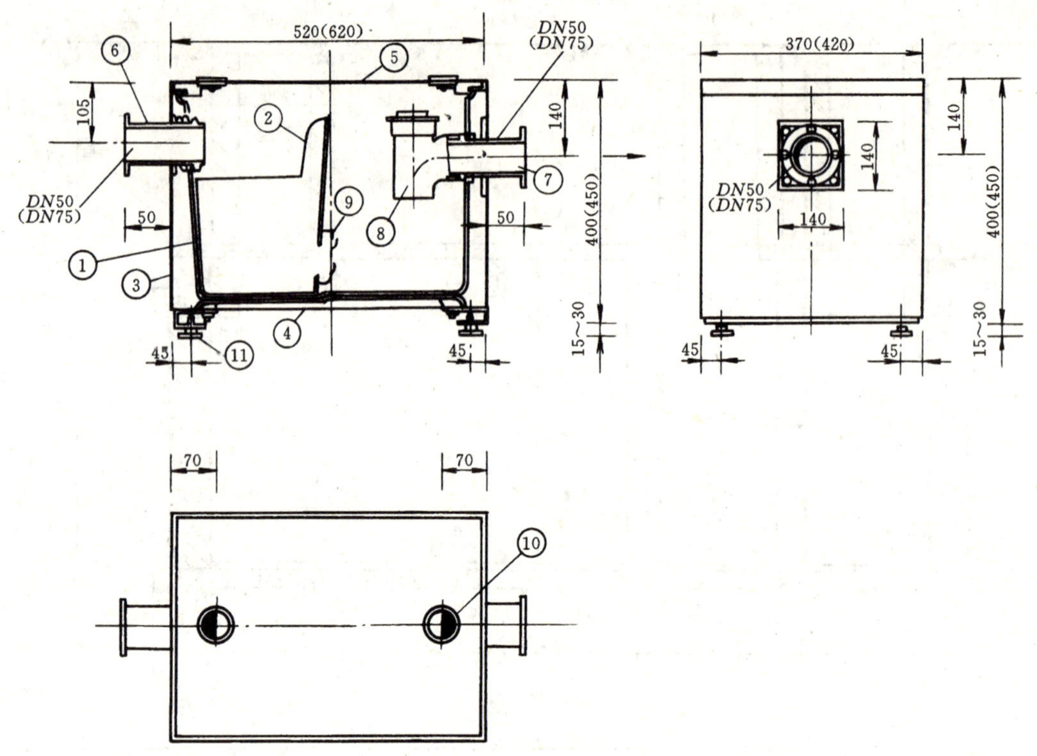

图 5.1-8　地上式隔油器

注：1. 地面上的排水管采用镀锌钢管。2. 本图按北京市海淀智通水处理厂产品绘制。

3. 隔油器有两种型号，1#为 20L，2#为 40L，图中括号内尺寸为 2#。

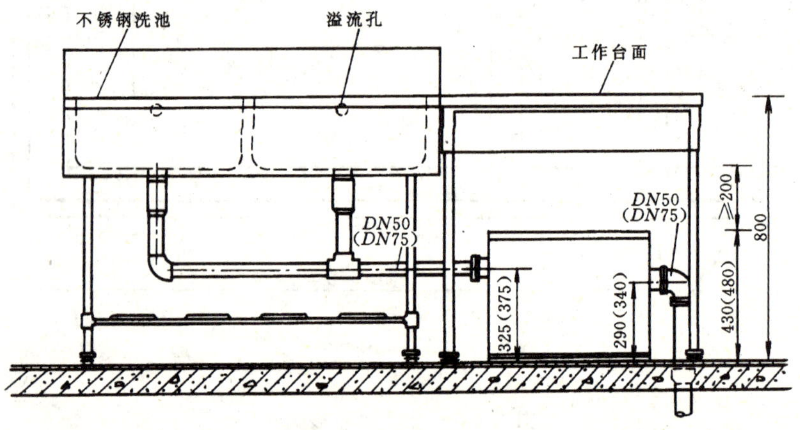

图 5.1-9　地上式隔油器安装

得排入隔油井内。

3. 毛发聚集器

理发室、淋浴室的排水需装设毛发聚集器，其作法见图 5.1-11。毛发聚集器可设于地面上，也可半埋于地下，当设于室外地下时，需砌筑可进人检修、清理的小室。

4. 锅炉排污降温池，可依据锅炉总蒸发量按表 5.1-27 选用。

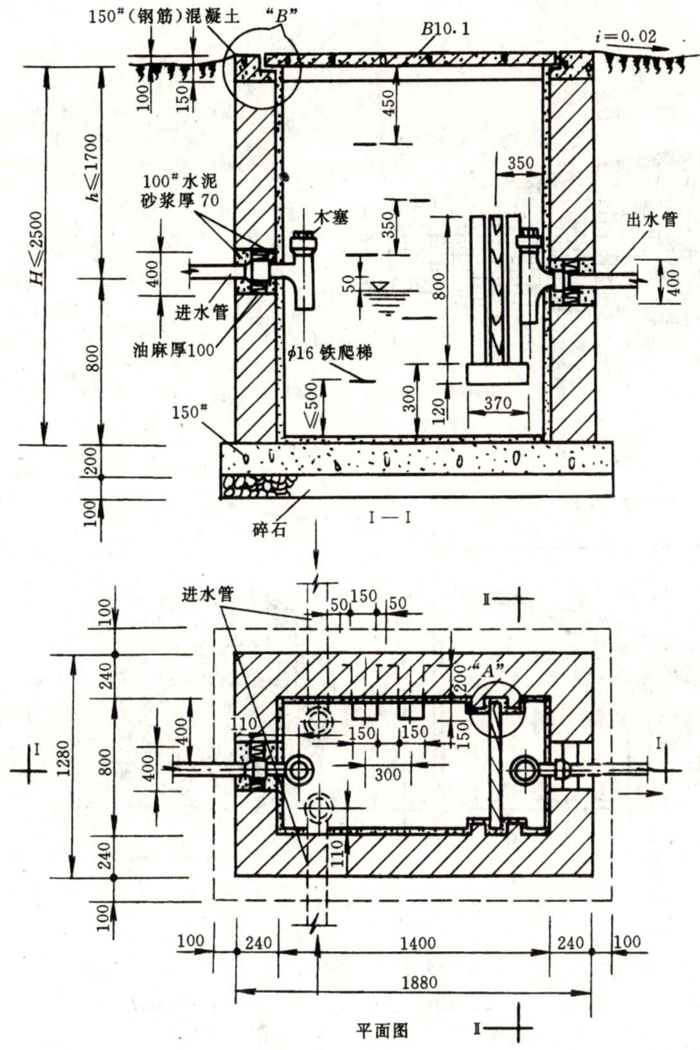

图 5.1-10 地下隔油井

排污降温池选用表 表 5.1-27

总蒸发量 (t/h)	4	8	13	18	20	30
定期排污量 (m^3/班)	0.26	0.52	0.845	1.17	1.30	1.95
排污降温池型号	1	2	3	4	5	6

排污降温池外形见图 5.1-12 及图 5.1-13。结构尺寸见表 5.1-28。

降温池结构尺寸 表 5.1-28

降温池型号	有效容积 (m^3)	结构尺寸					
		L	H	L_1	B	b	D
1	2.00	3420	2250~3050	1200	2180	1200	300
2	4.00	5700	2250~3050	1000	2180	1200	300
3	6.50	5700	2250~3050	1000	2980	2000	400
4	9.00	6750	2250~3050	1350	2980	2000	500
5	10.00	7200	2250~3050	1500	2980	2000	600
6	14.50	7650	2250~3050	1650	3480	2500	700

铜丝网
8号铜网
24#镀锌铁皮镶边
800
600
200
695
633
62
720
280
φ400
φ408
φ150
20×3.5
扁钢
R=80
R=250
388
焊接钢筒(内壳)
708
150
550
DN150
φ550
φ429
φ441
φ461
φ23
φ260
8φ23
φ225
φ18
φ595
373
焊接钢筒(外壳)

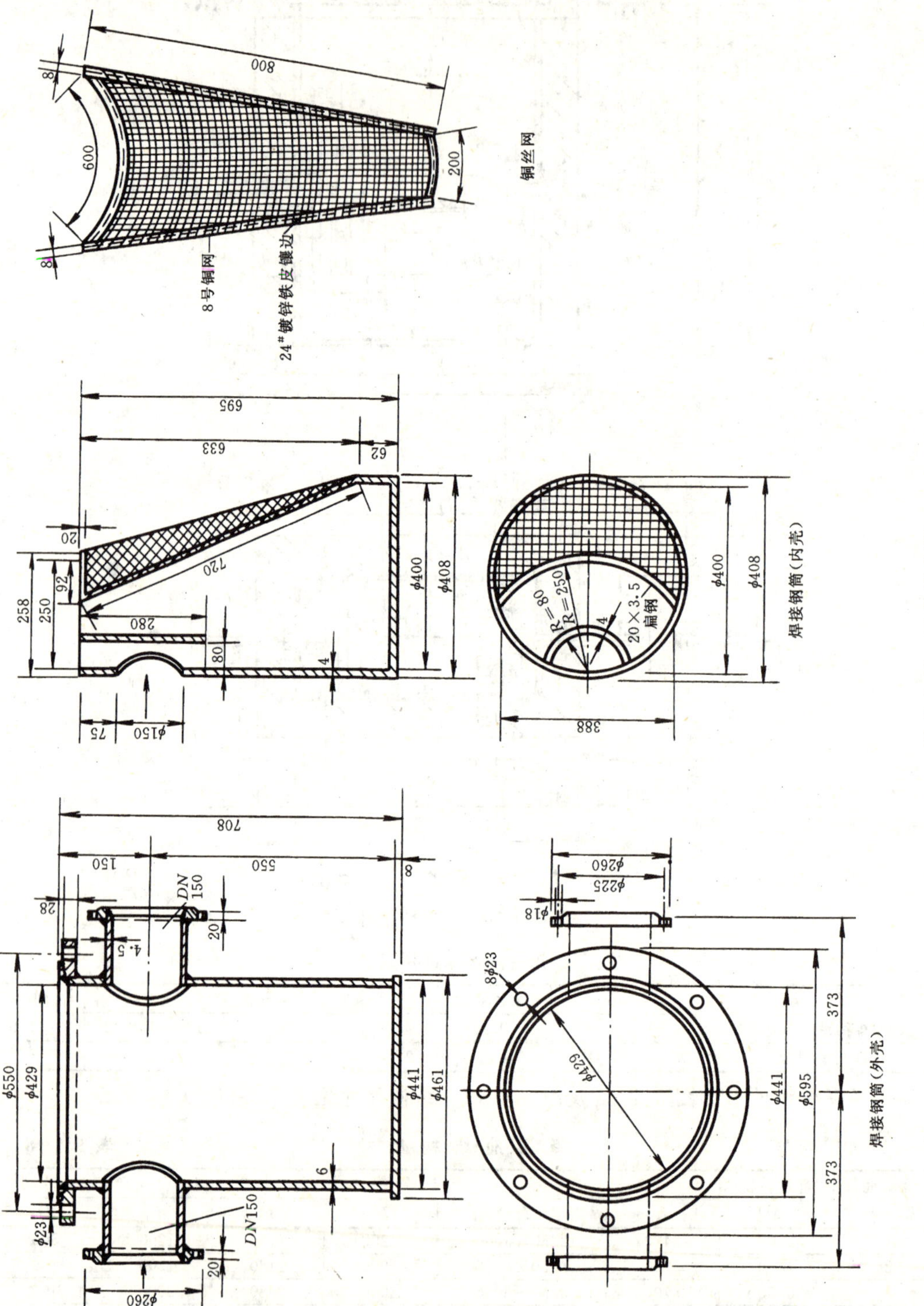

图 5.1-11　毛发聚集器

排污降温池的进水管及出水管，可在图示的三个方向中任选一个。进水管、出水管及冷却水管的管径、管材由设计选用人确定。

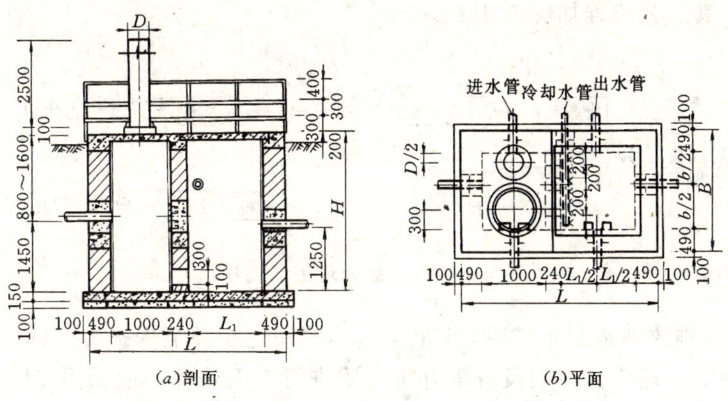

(a)剖面 (b)平面

图 5.1-12 1号排污降温池

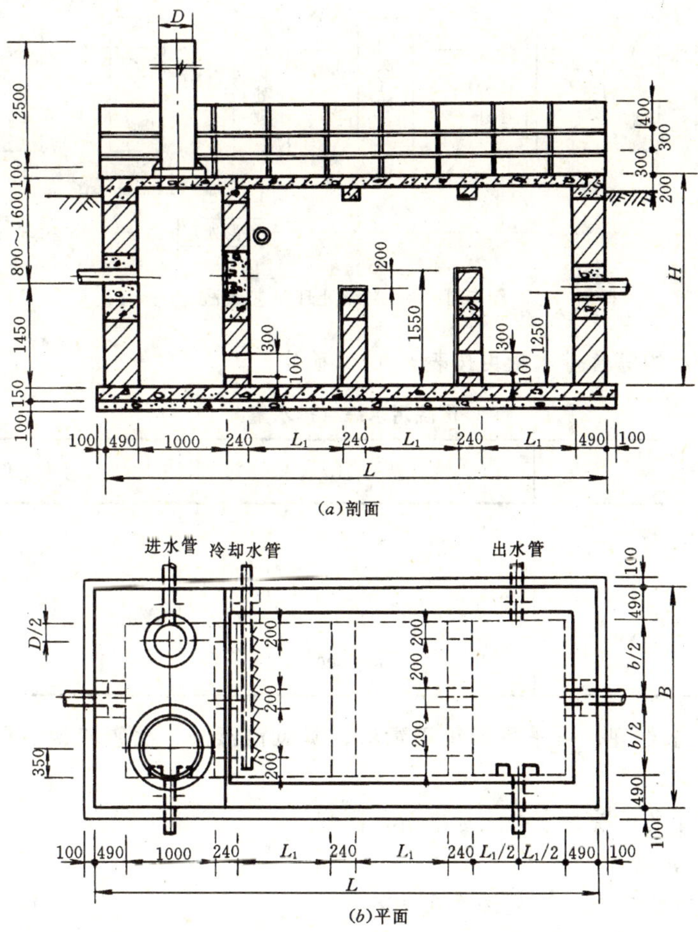

图 5.1-13 2～6号排污降温池

5. 医院污水处理

(1) 医院污水排放到有集中污水处理厂的城市下水道时，以解决生物性污染为主，可采用一级处理。其工艺流程如图5.1-14。

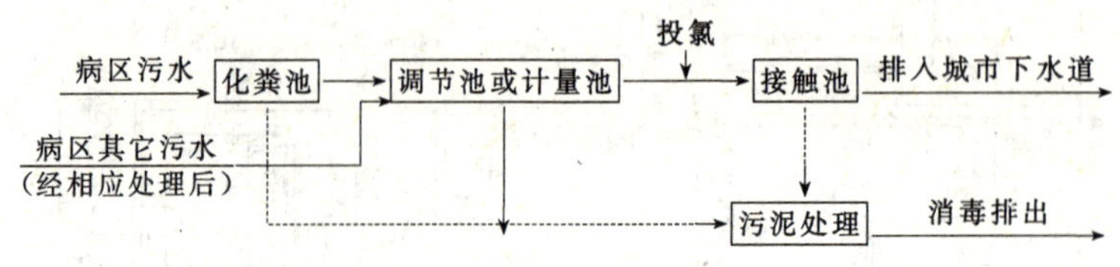

图5.1-14　一级处理工艺流程

(2) 医院污水排放到地面水域时，应根据水体的用途和环境保护部门的法规与规定，对污水的生物性污染，理化性污染及有毒有害物质进行全面处理，应采用二级处理。其工艺流程如图5.1-15。

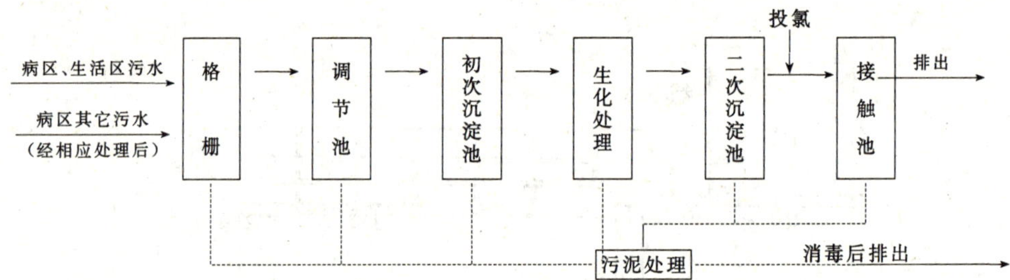

图5.1-15　二级处理工艺流程

(3) 医院污水的综合排水量可按表5.1-29确定。

医院污水综合排水量　　**表 5.1-29**

医院规模	污水量 [L/(床·d)]	小时变化系数 K
设备较齐全的大型医院	400～600	2.0～2.2
设备一般的中型医院	300～400	2.2～2.5
小型医院	250～300	2.5

(4) 医院污水处理，可采用液氯消毒法、臭氧消毒法、次氯酸钠消毒法及氯片消毒法。

(5) 全国通用的医院污水处理标准设计图集。

1) 采用氯片消毒

图集号89SS471（一）处理水量40m^3/d

89SS472（二）处理水量20m^3/d

2) 采用次氯酸钠消毒

图集号：92SS472（一）200床自排式

92SS472（二）200 床甲型提升式

92SS472（三）200 床 2 型提升式

图集号：92SS473（一）400 床自排式

92SS473（二）400 床甲型提升式

92SS473（三）400 床乙型提升式

图集号：92SS474（一）100 床自排式

92SS474（二）200 床甲型提升式

92SS474（三）200 床乙型提升式

3）采用液氯消毒

图集号：93SS475（一）200 床自排式

93SS475（二）200 床提升式

图集号：93SS476（一）400 床自排式

93SS476（二）400 床提升式

图集号：93SS477（一）600 床自排式

93SS477（二）600 床提升式

图集 89SS472（二）的尺寸作法参见图 5.1-16。

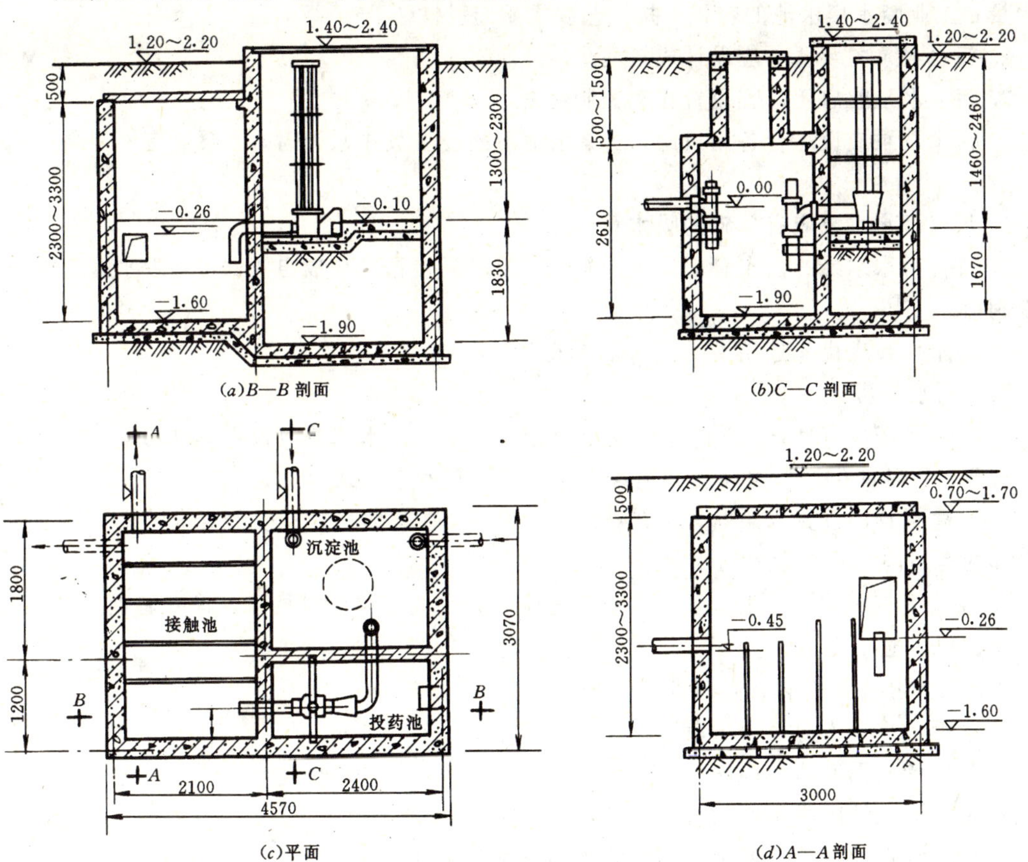

图 5.1-16　氯片消毒法构筑物平剖面图

6. 小型生活污水处理装置

当生活污水经化粪池处理达不到排放标准时，应采用小型生活污水处理装置。其工艺流程须根据污水性质及排放条件确定。

小型生活污水处理装置前需设调节池，其有效容积应不小于4h的平均污水流量。

设置污水处理设备的房间，应有良好的通风系统。处理装置为敞开式，每小时换气不宜小于15次。闭式装置不宜小于5次。

小型生活污水处理装置应设除臭系统，其机械运行噪声不得超过《城市区域环境噪声标准》（GJ3096—93）的要求。否则应采取减震、隔声措施。

合理配备小型生活污水处理装置，可保护环境，促进发展，对缓解因城市配套设施建设滞后而造成的矛盾，具有现实意义。

5.1.6　污水泵房与集水池

一、污水泵

1. 当污水水泵为自动控制启动时，其流量应按设计秒流量确定。集水池的容积不得小于最大一台水泵5min的出水量，且水泵启动次数每小时不得超过6次。

当污水水泵为人工控制启动时，其流量应按最大小时流量确定。集水池的容积，应根据流入的污水量和水泵工作情况确定，但生活污水集水池的容积，不得大于6h的平均小时污水量；工业废水集水池的容积，按工艺要求确定。

2. 污水水泵的装置，应设计成自灌式。

3. 污水水泵的启闭，宜设置自动控制装置。

4. 污水水泵应设一台备用机组，当集水池不能设事故排水管时，水泵应有不间断的动力供应。

5. 每台污水水泵应有单独的吸水管。

6. 每台污水水泵的出水管上应装设阀门。当水泵装置设计成自灌式时，吸水管上也应装设阀门。

7. 污水水泵应优先选用潜水排水泵或液下排水泵。

二、污水泵房

1. 污水泵房应有良好的通风，并应靠近集水，生活污水水泵应设在单独房间内，对卫生环境要求特殊的生产厂房和公共建筑内，不得设置污水水泵。

2. 在建筑物内设置水泵时，应有隔振防噪设施。在有防振或有安静要求的房间的下面和毗邻的房间内，不得设置污水水泵。

3. 在地下室内设置污水水泵时，泵房内应设集水坑，并应设抽吸，提升装置。

三、集水池

生活污水集水池的设计，应符合下列要求：

1. 生活污水集水池不得渗漏。

2. 池内壁应采取防腐措施。

3. 池底应设坡向吸水坑的坡度，其坡度不小于0.01。

4. 池底宜设冲洗管，但不得用生活饮用水管直接冲洗。

5. 应设水位指示装置和直通室外的通气管。

6. 污水中夹有大块物体时，在集水池入口处应设格栅。

四、污水集水池作法与常用污水泵选择

室外污水集水池作法参见图 5.1-17 及图 5.1-18。设于室内的污水集水池，宜采用方形或矩形。

民用建筑中常用的污水水泵有 QW 型及 AS（AV）型潜水排污泵，性能参数，见本手册第 7 章建筑中水表 7.7-3；表 7.7-4。

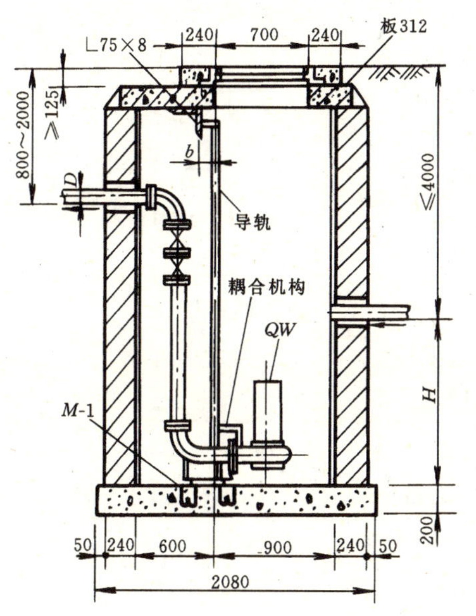

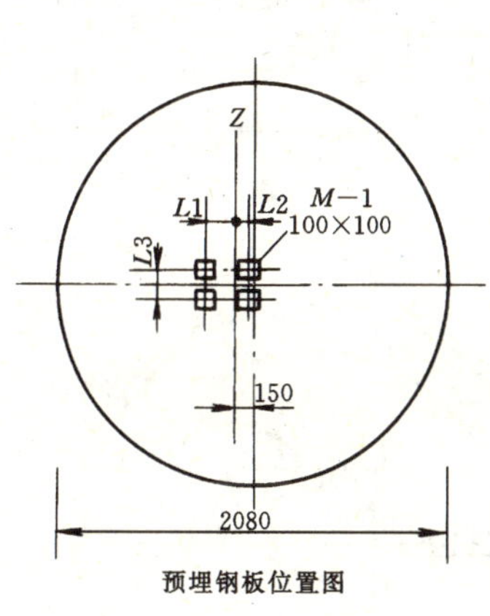

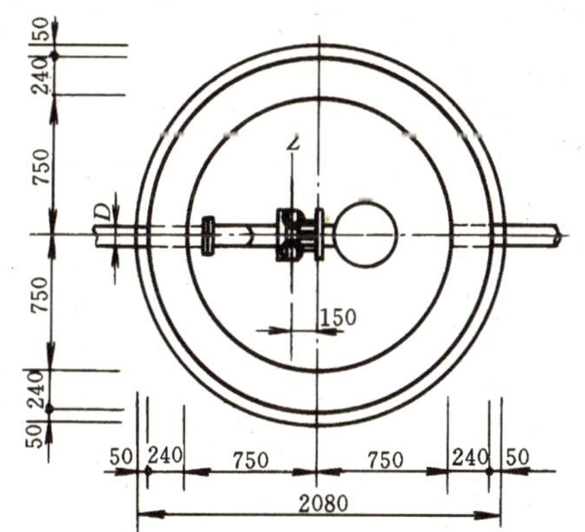

泵 型 号	D(mm)	H(mm)	b(mm)
50QWDL-15	50	1500	80
50QWHL-22	50	1000	80
50QWDL-3	50	2000	80
100QWHL-55	100	2000	85

图 5.1-17 单台水泵的污水集水池

（选自 91SB4-排 307）

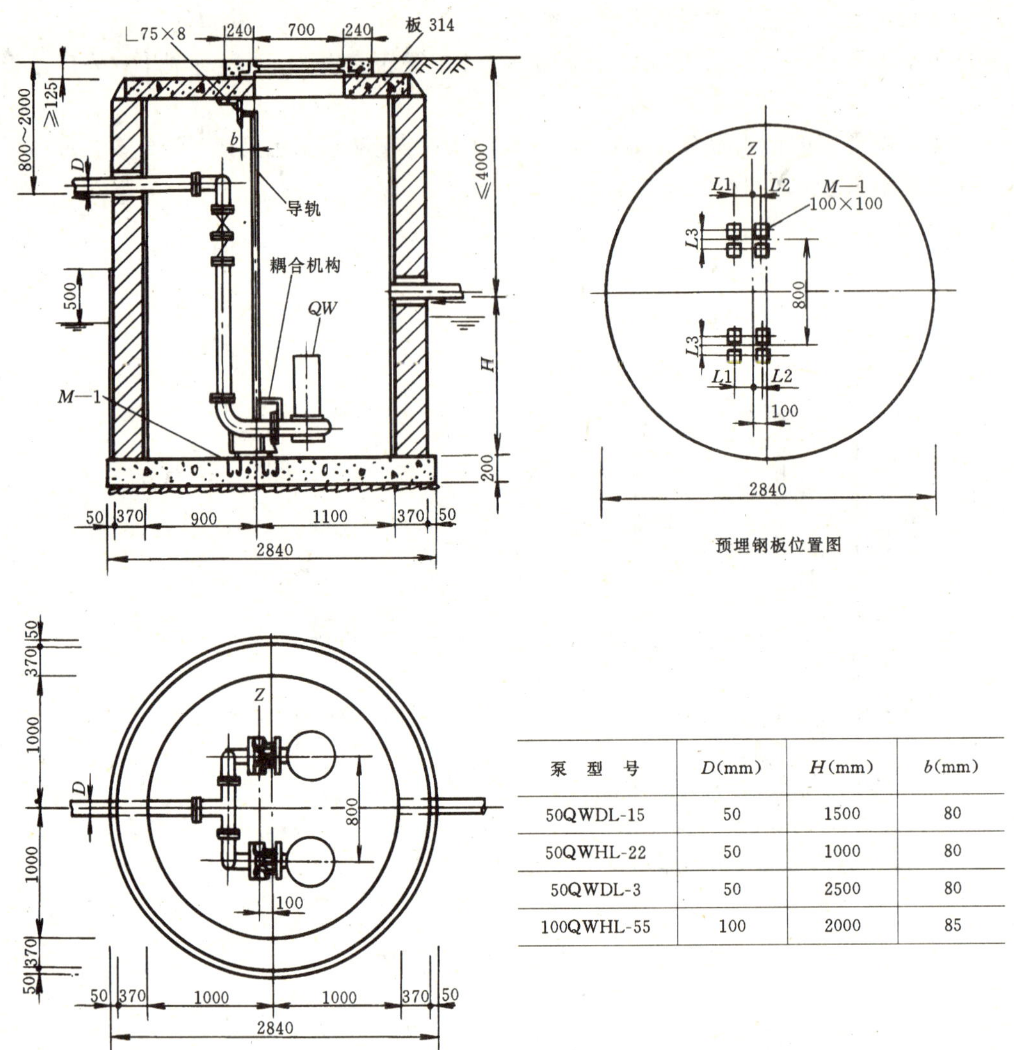

泵　型　号	D(mm)	H(mm)	b(mm)
50QWDL-15	50	1500	80
50QWHL-22	50	1000	80
50QWDL-3	50	2500	80
100QWHL-55	100	2000	85

图 5.1-18　二台水泵的污水集水池

(选自 91SB4-排 308)

5.2　屋 面 雨 水 排 水

5.2.1　设计要点

1. 屋面雨水分外排式、内排式或两者混合的排水方式。设计时应尽量采用外排式，当外排有困难或建筑性质、使用要求不能外排时，方采用内排或混合式系统。

2. 屋面雨水一般宜采用单立管配单雨水斗的排水方式。条件不允许时，一根悬吊管所带雨水斗不应超过 4 个，且雨水斗管径均不应大于 300mm。

3. 雨水立管通常应在底层地面上 1m 处设检查口。悬吊管和埋地管长度大于 15m 时，也应设置检查口。

4. 雨水斗接管不得小于 100mm，地下雨水检查井起点管径不应小于 200mm。

5. 在同一汇水区域内，雨水立管不应少于两条。且天沟的排水应在天沟末端或山墙上设置溢流口。

6. 窗井雨水不宜接入室外雨水及污水管道，以防倒灌。可采用加防雨罩，加排水盲沟或做雨水渗井等措施就地处理。也可引入室内集水池用泵提升排出。

7. 高位水箱的溢水、泄水，饮水器下水，空调器凝结水以及生产中的洁净废水，可以利用雨水系统排至室外。当生产废水超过雨水水量的 50%，应计入雨水水量之中。计算方法见公式 5.2-5。

5.2.2 雨水系统设计计算

1. 雨水量依据当地暴雨强度计算公式，按降雨历时 5min 的降雨强度换算成小时降雨厚度进行计算。

(1) 降雨历时 5min 的暴雨强度计算：

$$q_5 = 1.67i \tag{5.2-1}$$

$$i = \frac{A_1(1 + c\lg P)}{(t + b)n} \tag{5.2-2}$$

式中 q_5——降雨历时 5min 的暴雨强度 [L/ (s·100m²)]；

i——降雨强度 (mm/min)；

P——重现期 (a)；

t——降雨历时，取 5min；

A_1、b、c、n 为当地降雨参数。

(2) 小时降雨厚度计算：

$$H = 60i \tag{5.2-3}$$

$$H = 36q_5 \tag{5.2-4}$$

式中 H——小时降雨厚度 (mm/h)。

我国部分城市的暴雨强度见表 5.2-1。未列入表中的城市可查阅其它手册或参照附近城市确定。

2. 设计重现期应根据生产工艺和建筑性质确定。一般为 1～2 年，通常采用 1 年。如：北京地区民用建筑屋面雨水的设计重现期取 2 年时，查表 5.2-1，持续 5min 的暴雨强度为 q_5=4.01L/ (s·100m²)，小时降雨厚度为 145mm/h。

我国部分城市降雨强度　　表 5.2-1

城市名称	降雨强度 $\frac{q_5[L/(s \cdot 100m^2)]}{h(mm/h)}$ 重现期 P (年)				
	P=1	P=2	P=3	P=4	P=5
北京	3.23 116	4.01 145	4.48 161	4.81 173	5.06 182
上海	3.36 121	4.19 151	4.67 168	5.02 181	5.29 190
天津	3.31 119	4.04 145	4.46 160	4.74 171	4.94 178

续表

城市名称	降雨强度 $\frac{q_s[L/(s \cdot 100m^2)]}{h(mm/h)}$ 重现期 P（年）				
	$P=1$	$P=2$	$P=3$	$P=4$	$P=5$
秦皇岛	2.66 96	3.26 117	3.61 130	3.87 139	4.06 146
唐山	3.60 128	4.49 162	5.04 181	5.42 195	5.72 206
保定	2.55 92	3.08 111	3.39 122	3.61 130	3.78 136
太原	2.31 83	2.92 105	3.27 118	3.52 127	3.72 134
大同	1.78 64	2.35 85	2.69 97	2.93 106	3.12 112
包头	2.27 82	2.94 106	3.33 120	3.61 130	3.83 138
海拉尔	1.80 65	2.37 85	2.70 97	2.94 106	3.12 113
哈尔滨	2.67 96	3.39 122	3.81 137	4.11 148	4.34 156
齐齐哈尔	2.37 85	3.00 108	3.37 121	3.64 131	3.84 138
牡丹江	1.97 71	2.50 90	2.81 101	3.03 109	3.20 115
长春	3.41 123	4.11 148	4.52 163	4.81 173	5.03 181
吉林	3.28 118	3.97 143	4.37 157	4.66 168	4.88 176
延吉	2.54 91	3.07 111	3.38 122	3.61 130	3.78 136
沈阳	2.86 103	3.57 128	3.97 142	4.26 153	4.48 161
大连	2.44 88	2.93 105	3.21 116	3.41 123	3.57 128
锦州	3.01 108	3.78 136	4.24 152	4.56 164	4.80 173
济南	2.86 103	3.52 127	3.90 140	4.17 150	4.38 158

续表

城市名称	降雨强度 $\frac{q_s[L/(s\cdot100m^2)]}{h(mm/h)}$ 重现期 P（年）				
	$P=1$	$P=2$	$P=3$	$P=4$	$P=5$
潍坊	2.81 101	3.51 126	3.92 141	4.21 152	4.43 160
烟台	2.18 78	2.92 105	3.36 121	3.66 132	3.90 141
南京	2.92 105	3.51 126	3.86 139	4.10 148	4.29 155
连云港	2.16 78	2.69 97	3.01 108	3.23 116	3.40 123
苏州	2.21 80	2.75 99	3.06 110	3.28 118	3.45 124
合肥	3.04 109	3.73 134	4.14 149	4.42 159	4.65 167
芜湖	3.19 115	3.93 142	4.37 157	4.68 169	4.92 177
杭州	2.98 107	3.74 135	4.18 151	4.49 162	4.74 171
宁波	3.15 114	3.88 140	4.31 155	4.61 166	4.85 175
南昌	4.23 152	5.10 184	5.62 202	5.98 215	6.26 226
赣州	3.74 135	4.37 157	4.73 170	5.00 180	5.20 187
福州	3.48 125	4.13 149	4.52 163	4.79 172	5.00 180
厦门	3.72 134	4.55 164	5.04 181	5.38 194	5.65 204
郑州	3.31 119	4.35 157	4.95 178	5.38 194	5.72 206
安阳	2.63 95	3.46 125	4.07 147	4.57 165	4.99 180
洛阳	2.89 104	3.62 130	4.06 146	4.37 157	4.64 167
许昌	2.43 87	2.95 106	3.26 117	3.49 126	3.61 132

续表

城市名称	降雨强度 $\frac{q_s[L/(s\cdot100m^2)]}{h(mm/h)}$ 重现期 P（年）				
	$P=1$	$P=2$	$P=3$	$P=4$	$P=5$
汉口	3.13 113	3.83 138	4.24 153	4.53 163	4.76 172
黄石	4.10 148	4.98 179	5.49 198	5.85 211	6.14 221
广州	3.80 137	4.41 159	4.77 172	5.04 181	5.23 188
汕头	4.75 171	5.55 200	6.02 217	6.35 229	6.61 238
深圳	4.79 172	5.86 211	6.49 234	6.93 250	7.28 262
海口	4.21 151	4.71 170	5.01 180	5.22 188	5.38 194
南宁	3.62 130	4.24 153	4.60 165	4.85 175	5.05 182
桂林	3.64 131	4.08 147	4.33 156	4.52 163	4.66 168
北海	4.65 167	5.26 189	5.61 202	5.87 211	6.06 218
西安	1.24 45	1.79 64	2.11 76	2.34 84	2.51 90
延安	1.53 55	2.13 77	2.47 89	2.72 98	2.91 105
银川	1.12 40	1.40 51	1.57 56	1.68 61	1.78 64
兰州	1.47 53	1.89 68	2.14 77	2.31 83	2.45 88
长沙	2.75 99	3.31 119	3.64 131	3.87 139	4.05 146
株洲	4.07 146	5.23 188	5.91 213	6.39 230	6.77 244
乌鲁木齐	0.39 14	0.49 18	0.54 20	0.58 21	0.62 22
成都	2.81 101	3.37 121	3.70 133	3.93 141	4.11 148

续表

城市名称	降雨强度 $\frac{q_s[L/(s \cdot 100m^2)]}{h(mm/h)}$ 重现期 P（年）				
	$P=1$	$P=2$	$P=3$	$P=4$	$P=5$
重庆	3.07 111	3.69 133	4.02 145	4.25 153	4.40 159
贵阳	2.96 107	3.53 127	3.91 141	4.14 149	4.32 156
昆明	3.15 113	3.88 140	4.32 155	4.64 167	4.83 174
下关	1.96 71	2.57 93	2.93 106	3.19 115	3.38 122
河口	3.70 133	4.11 148	4.40 158	4.57 164	4.73 170
西宁	1.21 44	1.72 62	2.01 73	2.23 80	2.39 86

3. 屋面汇水面积的计算

(1) 屋面汇水面积按屋面的水平投影面积计算。

(2) 高层建筑的裙房、窗井及贴近高层建筑外墙的地下车库出入口坡道，除计算自身的面积外，还应将高出的侧墙面积按 1/2 折算成屋面汇水面积来进行计算。有几面高出屋面的侧墙时，通常只计算大的一面（或墙面最大投影面积）。

4. 当量汇水面积的计算

生产废水或其它洁净废水排入雨水管道系统时，其设计秒流量可换算为当量汇水面积，一并查表，以简化计算。其换算公式如下：

$$F_e = 36Q_W(m^2) \tag{5.2-5}$$

式中 F_e ——当量汇水面积（m^2）；

Q_W——生产废水或其它洁净废水流量（L/s）；

36——降雨厚度为 100mm/h 的折算系数（m^2/L/s）。

5.2.3 雨水斗的选择

目前常用的雨水斗主要有三种，其外形参见图 5.2-1，基本性能见表 5.2-2。65 型及 79 型雨水斗排水效果较好，而平篦式雨水斗更适用于上人屋顶或内天井小院。

雨水斗的排水量见表 5.2-3，最大允许汇水面积，见表 5.2-4。

雨水斗规格与特性 **表 5.2-2**

型号	规格		斗前水位	掺气量
	管径（mm）	进出水断面比		
65 型	100	1.5∶1	浅	较少
79 型	75、100、150、200	2∶1	较浅	少
平篦	75、100	1.3∶1	较深	多

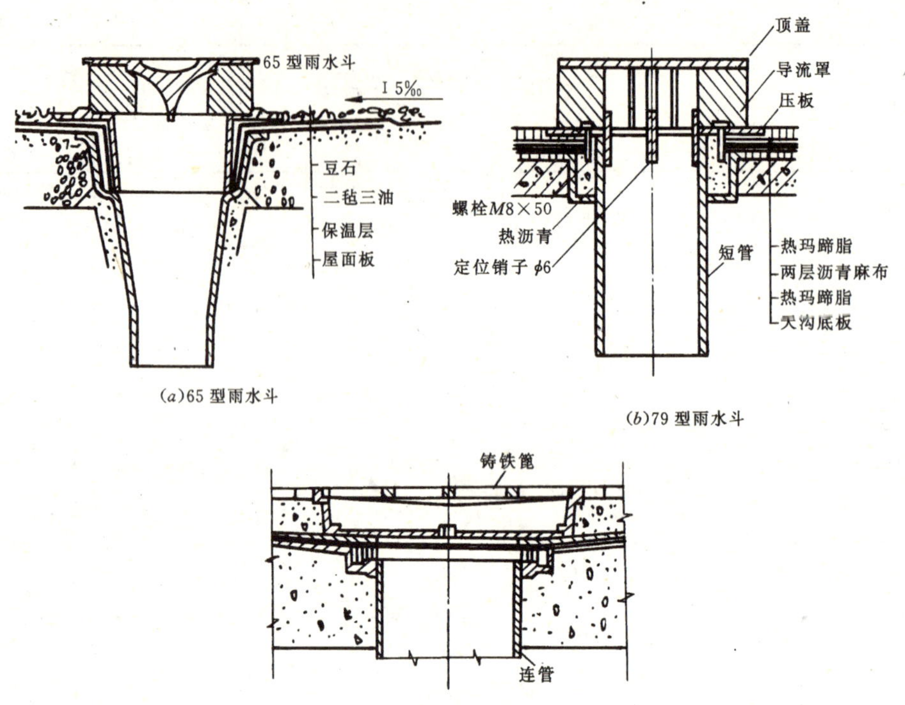

图 5.2-1　常用雨水斗安装形式

雨　水　斗　排　水　量　　　　**表 5.2-3**

雨水斗直径 (mm)	75	100	150	200
排水量 (L/s)	7	12	26	40

雨水斗最大允许汇水面积 (m^2)　　　　**表 5.2-4**

雨水斗直径 (mm) / 连接形式	79 型				65 型
	75	100	150	200	100
单　斗	342	558	1134	1854	558
多　斗	284	464	932	1411	464

注：本表为降雨厚度 100mm/h 时的汇水面积。

5.2.4　雨水管道的选择

雨水立管排水量及汇水面积，见表 5.2-5。多斗悬吊管最大允许汇水面积，见表 5.2-6。埋地管最大允许汇水面积，见表 5.2-7。

表中所列汇水面积，是按降雨厚度 100mm/h 编制的。降水厚度大于或小于 100mm/h 时，则应对汇水面积进行修正。汇水面积修正方法见下式：

$$F_J = F\frac{h}{100} \tag{5.2-6}$$

式中 F_J——修正后的汇水面积（m²）；

F——计算汇水面积（m²）；

h——小时降雨厚度（mm/h）。

汇水面积修正方法和管道选择步骤，参见例 5.2-1 及例 5.2-2。

雨水立管排水量及汇水面积 **表 5.2-5**

立管管径（mm）	75	100	150	200	250	300
排水量（L/s）	10	19	42	75	120	170
汇水面积（m²）	360	680	1510	2700	4300	6100

注：表中汇水面积为降雨厚度 100mm/h 的汇水面积，当降雨厚度大于或小于 100mm/h 时，则应予以修正，修正方法见例 5.2-1。

多斗悬吊管最大允许汇水面积（m²） **表 5.2-6**

坡度 \ 管径 d（mm）	75	100	150	200	250	300
0.006	65	141	415	896	1621	2638
0.008	75	163	480	1034	1872	3046
0.010	84	182	536	1156	2093	3406
0.015	104	223	656	1415	2563	4169
0.020	119	257	758	1635	2960	4816
0.025	134	287	848	1828	3309	5384
0.030	146	315	929	2002	3020	5800

注：1. 本表为降雨厚度 100mm/h 时的汇水面积。

2. 用于单斗悬吊管时，其泄水能力较多斗系统大 20%，利用本表查得的汇水面积应增加 20%。

埋地管最大允许汇水面积（m²） **表 5.2-7**

坡度 \ 管径（mm）	75	100	150	200	250	300	350	400	450	500	600
0.003	37	79	233	502	911	1481	2234	3190	4367	5783	9404
0.004	42	91	269	580	1052	1710	2580	3683	5042	6678	10859
0.006	52	112	330	710	1288	2094	3159	4511	6175	8178	13299
0.008	60	129	381	820	1487	2418	3648	5208	7130	9444	15356
0.010	67	144	426	917	1663	2704	4079	5823	7972	10558	17169

续表

坡度 \ 管径（mm）	75	100	150	200	250	300	350	400	450	500	600
0.012	73	158	466	1004	1822	2962	4468	6379	8733	11566	18808
0.014	79	171	504	1085	1967	3199	4826	6890	9433	12493	20315
0.016	85	183	539	1160	2103	3420	5159	7366	10084	13355	21717
0.018	90	194	571	1230	2231	3627	5472	7812	10696	14165	23035
0.020	95	204	602	1297	2352	3824	5768	8235	11274	14931	24281
0.022	99	214	632	1360	2466	4011	6050	8637	11825	15660	25466
0.024	104	224	660	1421	2576	4189	6319	9021	12350	16357	26598
0.026	108	233	687	1479	2681	4360	6577	9390	12855	17025	27684
0.028	112	242	713	1535	2782	4525	6825	9744	13340	17667	28729
0.030	116	250	738	1588	2880	4683	7065	10086	13808	18288	29737

注：本表为降雨厚度 100mm/h 时的汇水面积。

【例 5.2-1】 北京某高层建筑裙房屋面雨水，采用单斗内排水系统如图 5.2-2。屋面面积 $F_1=160m^2$，高出屋面的侧墙面积 $F_2=260m^2$，试确定系统管径。

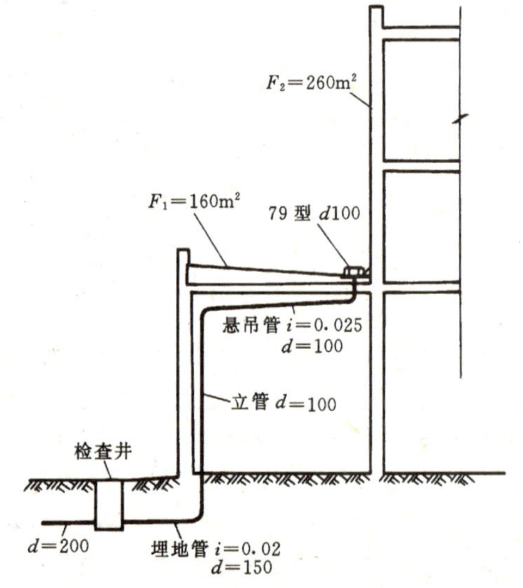

图 5.2-2 系统图示

【解】

1. 降雨强度：重现期按 1 年时，查表 5.2-1，得 $q_s=3.23L/(s\cdot100m^2)$，$h=116mm/h$。

2. 汇水面积：

$$F=160+260\times1/2=290m^2$$

为利用降雨厚度 100mm/h 计算表格。对汇水面积进行修正，则计算汇水面积 $F_J=290\times116/100=336.4m^2$。

3. 选择雨水斗：查表 5.2-4，79 型单斗 d100mm，其汇水面积为 $558m^2$，大于 $336.4m^2$，可以采用。

4. 连接管：连接管与雨水斗管径相同，取 $d=100mm$。

5. 悬吊管：查表 5.2-6，当坡度为 0.025 时，$d=100mm$ 的汇水面积 $F=287\times1.2=344.4m^2$，大于 $336.4m^2$，可以采用。

6. 雨水立管：查表 5.2-5，当 $d=100mm$ 时，其汇水面积为 $680m^2$，大于 $336.4m^2$，可以采用。

7. 埋地管：查表 5.2-7，当坡度为 0.02 时，$d=150mm$ 的汇水面积为 $602m^2$，可以采用。

8. 检查井起点管径：起点最小管径应为 d=200mm，查表 5.2-7，当坡度为 0.003 时，汇水面积 502m²，可以采用。

【例 5.2-2】 深圳某厂房，雨水为多斗内排水系统，作法如图 5.2-3。每个雨水斗汇水面积 F=18m×18m 试确定各段管径。

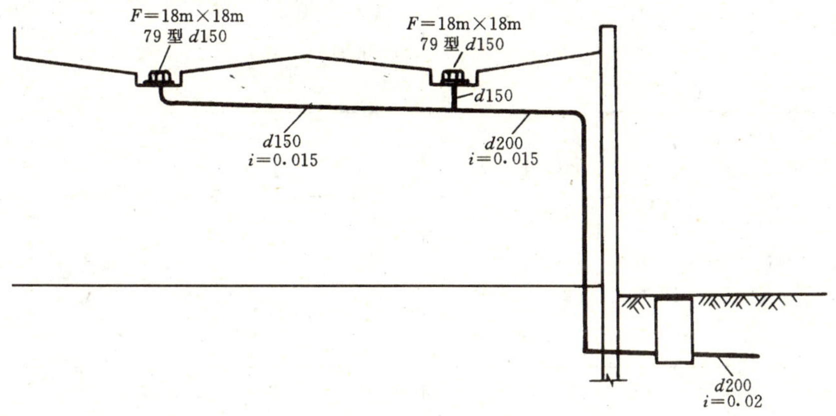

图 5.2-3 系统图示

【解】

1. 降雨强度：重现期按 1 年时，查表 5.2-1，深圳地区 q_s=4.79L/（s·100m²），h=172mm/h。

2. 汇水面积：每个雨水斗的汇水面积 F=18×18=324m²。为利用降雨厚度 100mm/h 计算表格，对汇水面积进行修正，则一个雨水斗的计算汇水面积 F_{j1}=324×1.72=557.3m²，两个雨水斗的汇水面积 F_{j2}=557.3×2=1114.6m²。

3. 雨水斗选择：查表 5.2-4，选 79 型 d150mm，多斗时汇水面积 932m²，大于 557.3m²，可以采用。

4. 连接管：连接管与雨水斗管径相同，取 d150mm。

5. 悬吊管：查表 5.2-6，当坡度 0.015，d150mm 时，汇水面积为 656m²，大于 557.3m²，可以采用。当坡度 0.015，d200mm 时，汇水面积为 1415m²，大于 1114.6m²，可以采用。

6. 雨水立管：查表 5.2-5，当 d200mm 时，汇水面积为 2700m²，大于 1114.6m²，可以采用。

7. 埋地管：查表 5.2-7，当坡度 0.02，d200mm 时，汇水面积为 1297m²，大于 1114.6m²，可以采用。

5.3 卫 生 设 备

5.3.1 卫生器具的选择及安装要点

1. 应根据工程性质及使用标准的不同，来确定卫生器具的档次、规格及颜色。

通常多采用白色普通卫生器具。标准较高的建筑方采用彩色卫生器具，采用彩色卫生器具的场所，还应注意与地面及墙体瓷砖保持色调的谐调和统一。

2. 卫生器具安装前，应进行外观检查。选择表面光滑，形体周正，无残损和裂纹，淋水与排水孔通畅者进行安装。

3. 卫生器具安装须牢固、端正。安装高度如设计无要求时，应符合表 5.3-1 中的规定。

卫生器具的安装高度 **表 5.3-1**

项次	卫生器具名称		卫生器具安装高度(mm) 居住和公共建筑	卫生器具安装高度(mm) 幼儿园	备注
1	污水盆（池）	架空式	800	800	
		落地式	500	500	
2	洗涤盆（池）		800	800	
3	洗脸盆和洗手盆（有塞、无塞）		800	500	由地面至器具上边缘
4	盥洗槽		800	500	
5	浴盆		480	—	
6	蹲式大便器	高水箱	1800	1800	由台阶面至高水箱底
		低水箱	900	900	由台阶面至低水箱底
7	坐式大便器	高水箱	1800	1800	由台阶面至高水箱底
		低水箱 外露排出管式	510	—	由地面至低水箱底
		低水箱 虹吸喷射式	470	370	
8	小便器	立式	1000	—	由地面至上边缘
		挂式	600	450	由地面至下边缘
9	小便槽		200	150	由地面至台阶面
10	大便槽冲洗水箱		不低于2000	—	由台阶至水箱底
11	妇女卫生盆		360	—	由地面至器具上边缘
12	化验盆		800	—	由地面至器具上边缘
13	饮水器		1000	—	由地面至器具上边缘

4. 卫生器具的给水支管，可根据设计要求采用明装或暗装。给水配件的安装如设计无高度要求时，应符合表 5.3-2 中的规定。

卫生器具给水配件的安装高度 **表 5.3-2**

项次	卫生器具给水配件名称	给水配件中心距地面高度（mm）	冷热水龙头距离（mm）
1	架空式污水盆（池）水龙头	1000	—
2	落地式污水盆（池）水龙头	800	—
3	洗涤盆（池）水龙头	1000	150
4	住宅集中给水龙头	1000	—

续表

项次	卫生器具给水配件名称	给水配件中心距地面高度（mm）	冷热水龙头距离（mm）
5	洗手盆水龙头	1000	—
6	洗脸盆		
	水龙头（上配水）	1000	150
	冷热水管上下并行其中热水龙头	1100	—
	水龙头（下配水）	800	150
	角阀（下配水）	450	—
7	盥洗槽水龙头	1000	150
	冷热水管上下并行其中热水龙头	1100	150
8	浴盆水龙头（上配水）	670	
	冷热水管上下并行其中热水龙头	770	
9	淋浴器		
	截止阀	1150	95（成品）
	莲蓬头下沿	2100	—
10	蹲式大便器（从台阶面算起）		
	高水箱角阀及截止阀	2040	—
	低水箱角阀	250	—
	手动式自闭冲洗阀	600	—
	脚踏式自闭冲洗阀	150	—
	拉管式冲洗阀（从地面算起）	1600	—
	带防污助冲器阀门（从地面算起）	900	—
11	坐式大便器		—
	高水箱角阀及截止阀	2040	
	低水箱角阀	250	—
12	大便槽冲洗水箱截止阀		
	（从台阶面算起）	不低于 2400	—
13	立式小便器角阀	1130	—
14	挂式小便器角阀及截止阀	1050	—
15	小便槽多孔冲洗管	1100	—
16	实验室化验龙头	1000	—
17	妇女卫生盆混合阀	360	—
18	饮水器喷嘴嘴口	1000	—

注：装设在幼儿园内的洗手盆，洗脸盆和盥洗槽水龙头中心离地面安装高度，应减少为700mm；其它卫生器具给水配件的安装高度，应按卫生器具的实际尺寸相应减少。

5. 连接卫生器具的排水管管径和最小坡度，应符合表5.3-3的规定。

连接卫生器具的排水管管径和最小坡度　　表5.3-3

项　次	卫生器具名称	排水管管径（mm）	管道的最小坡度
1	污水盆（池）	50	0.025
2	单双格洗涤盆（池）	50	0.025
3	洗手盆、洗脸盆	32～50	0.020
4	浴　盆	50	0.020
5	淋浴器	50	0.020
6	大便器		
	高低水箱	100	0.012
	自闭式冲洗阀	100	0.012
	拉管式冲洗阀	100	0.012
7	小便器		
	手动冲洗阀	40～50	0.020
	自动冲洗水箱	40～50	0.020
8	妇女卫生盆	40～50	0.020
9	饮水器	25～50	0.01～0.02

注：成组洗脸盆接至共用水封的排水管的坡度为0.01。

淋浴室地漏直径　　表5.3-4

淋浴器数量（个）	地漏直径（mm）
1～2	50
3	75
4～5	100

注：当设置排水沟槽时，8个淋浴器可配置一个直径为100的地漏。

6. 盥洗室、厕所、浴室及其它需从地面排水的房间，应设置地漏。地漏应设置在易溅水器具附近及地面的最低处。地漏的顶面应低于地面5～10mm。室内地面应以0.01～0.02的坡度坡向地漏或地面排水沟槽。

7. 淋浴室地面排水，可配合地漏找坡或设置沟槽。其地漏直径，可按表5.3-4确定。

8. 大便槽的冲洗水量、冲洗管及排水管管径，应根据蹲位数、使用情况、冲洗周期等因素来确定。一般可按表5.3-5采用。

9. 小便器宜设置自动冲洗水箱或延时自闭式冲洗阀。自动冲洗水箱的容量可按表5.3-6确定。小便槽宜设置自动冲洗水箱定时冲洗，其水箱容量可按表5.3-7确定。

大便槽的冲洗水量、冲洗管及排水管管径　　表5.3-5

蹲位数	每蹲位冲洗水量（L）	冲洗管管径（mm）	排水管管径（mm）
3～4	12	40	100
5～8	10	50	150
9～12	9	70	150

注：1. 一般大便器应设置冲洗水箱或带有空气隔断器的延时自闭式冲洗阀。

2. 公共厕所内设置水冲式大便槽时，宜采用自动冲洗水箱定时冲洗。

3. 每个大便槽的蹲位数不宜超过12个，采用水泥或陶土排水管时其管径不得小于150mm。

小便器自动冲洗水箱容量(L) **表 5.3-6**

小便器数	1	2	3～4	5～6
有效容量（L）	3.8	7.6	11.4	19

注：小便器不设自动冲洗水箱时，宜安装延时自闭式冲洗阀。

小便槽自动冲洗水箱容量(L) **表 5.3-7**

小便槽长度（m）	≤4	≤6	≤10
有效容量（L）	15	20	30

注：小便槽宜采用与小便槽长度相当的冲水花管定时冲洗。

10. 卫生器具的排水管穿楼板处，应配合土建施工预先留洞，留洞尺寸参见表 5.3-8。冷热水管穿楼板处应预埋钢制套管。

卫生器具排水管楼板留洞尺寸 **表 5.3-8**

卫生器具名称		留洞尺寸
洗脸盆、小便斗、洗涤池、拖布池、妇女净身盆		150×150
大便器、小便槽、盥洗台		200×200
大便槽		300×300
浴盆	普通型	150×150
	带裙边高档型	250×300
地漏	*DN*50～75	200×200
	*DN*100	300×300

11. 设有卫生器具的场所，预留地面管口位置必须核对准确。管道安装完毕，应将洞口四周缝隙填严捣实，并根据建筑性质及使用要求对地面及四周墙体进行防水处理。

5.3.2 常用卫生器具规格尺寸及安装图式

常用卫生器具的规格尺寸，见表 5.3-9 至表 5.3-12，安装尺寸图式见图 5.3-1 至图 5.3-21。

洗脸盆规格尺寸（mm） **表 5.3-9**

序号	型号	*A*	*B*	*C*	E_1	E_2	E_4	形式	生产厂家
1	 3# 4#	560 510	410	300 280	180 150	65	200 175		唐山陶瓷厂 唐山建筑陶瓷厂
2	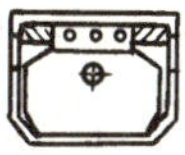 20°3# 20°4#	560 510	410	300	180 150	65	200		22#20#唐山建筑陶瓷厂 河北省卢龙县陶瓷厂

续表

序号	型　号	A	B	C	E_1	E_2	E_4	形　式	生产厂家
3	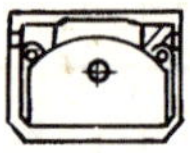 6#	510	410	250	380	140	175		唐山陶瓷厂
4	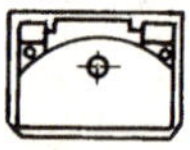 5# 6#	560 510	410	270 255	420 380	140 120	175 150		唐山建筑陶瓷厂
5	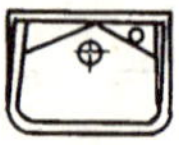 13# 13# 21# 22#	410 410 460 360	310 310 310 260	200 210 220 205	130 130 130 110	65	100		唐山陶瓷厂 唐山建筑陶瓷厂
6	 12# 14#	510	310 360	250 250	380 360	65	100		唐山陶瓷厂 唐山建筑陶瓷厂
7	 27#	560	410	220	400	140 120	175		唐山陶瓷厂 唐山建筑陶瓷厂
8	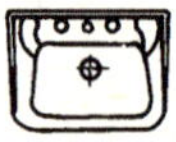 46#	560	410	210	180	65	200		唐山陶瓷厂
9	 50#	560	410	210	中眼	65	200		唐山陶瓷厂
10	 7# 52#	635 510	460 410	310 250	200 150	55 65	215 175		唐山陶瓷厂 唐山建筑陶瓷厂
11	 1#	650	525	215			325	角式	唐山陶瓷厂
12	 6#	630	385	205			205	角式	唐山陶瓷厂
13	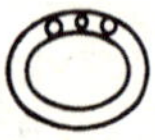 1#	510	435	195	100	37	200	台式	唐山陶瓷厂

续表

序号	型　号	A	B	C	E_1	E_2	E_4	形　式	生产厂家
14	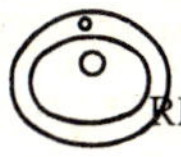 2# RMN-X610	560 615	480 470	200 180	中眼	50	210	台式	唐山陶瓷厂 西梯新玛瑙有限公司
15	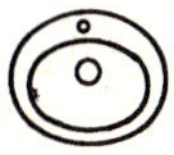 RMN-TX1200 RMN-TX 1600	1200 1600	560 560	185 185				带平台脸盆	西梯新玛瑙有限公司
16	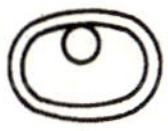 3#	510	410	190			100	台式	唐山陶瓷厂
17	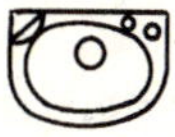 8302# 16#	430 430 410	360 360 390	170 200 210	135 130 130	65 65 65	150 150 150	三件套	唐山陶瓷厂 河北省卢龙县陶瓷厂
18	 8501#	560	460	190	150			三件套	唐山陶瓷厂
19	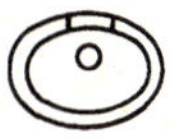 无沿式 L-605	510 595	410 490	200 220			150	台式	唐山建筑陶瓷厂
20	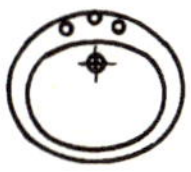 1# L-606	590 500	485 500	195 200	200	70	175 205	台式	唐山建筑陶瓷厂
21	 1# -M-0476	585 508	480 432	195 187	 203			台式	华美洁具有限公司
22	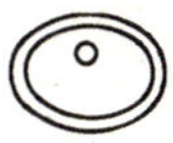 2# L-607	480 500	375 430	180 195				台式	上海太平洋陶瓷有限公司

续表

序号	型　号	A	B	C	E_1	E_2	E_4	形　式	生产厂家
23	3# L-604	440 595	375 490	195 220				台式	上海太平洋陶瓷有限公司
24	B801	410	370	200	130	65	150		
25	20#	450	405	230	180		510		
26	22#	560	430	230	150				
27	HM-0480 HM-K959	495 495	430 410	215 203	102 102			台式	华美洁具有限公司
28	欧娃琳	540 489	438 413	192 192				台式	华美洁具有限公司

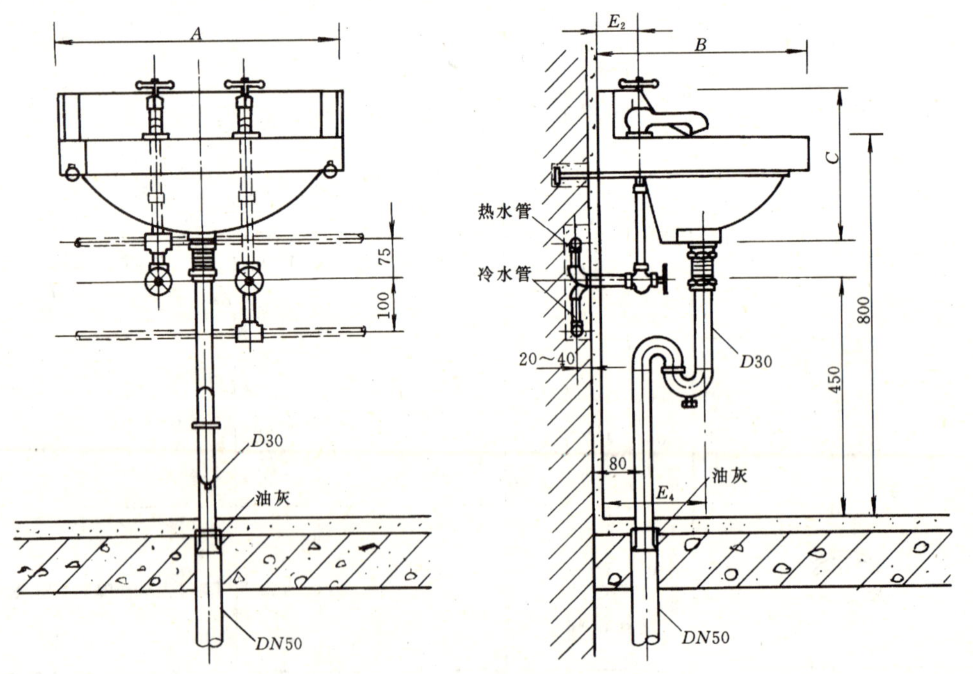

图 5.3-1　洗脸盆安装尺寸

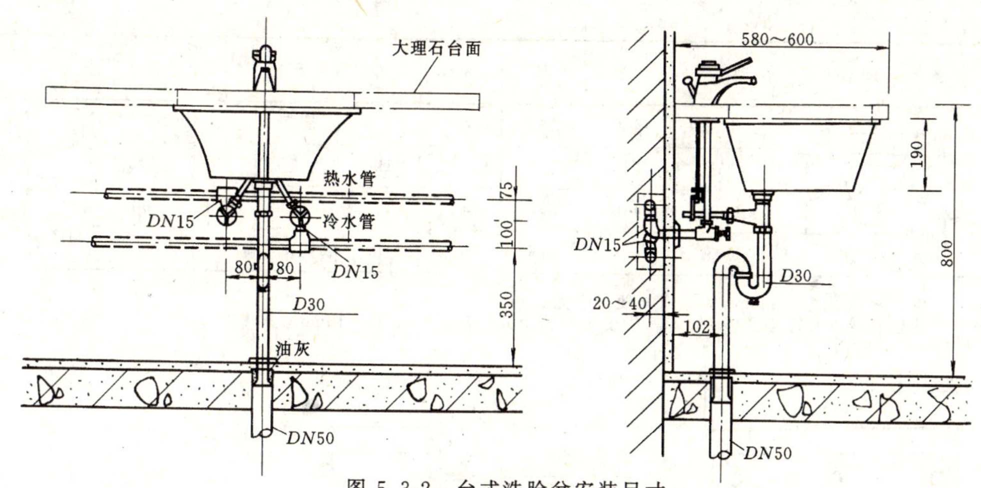

图 5.3-2 台式洗脸盆安装尺寸

坐式大便器规格尺寸（mm） **表 5.3-10**

图示	型号	A	H	C	D	生产厂	备注
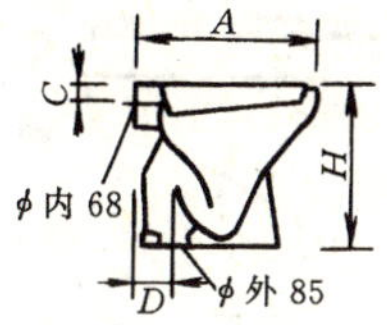	3#	460	360	60	100	唐陶	1. 进水管与器具用锁紧螺母连接 2. 3#、9#排水口凸出底面10～30mm。其它型号与底平
	27#	460	360	55	100	唐陶	
	3#	460	360	55	85	唐建陶	
	9#（儿童用）	305	270	43	100	唐建陶	
	8901	460	360	43	100	卢陶	
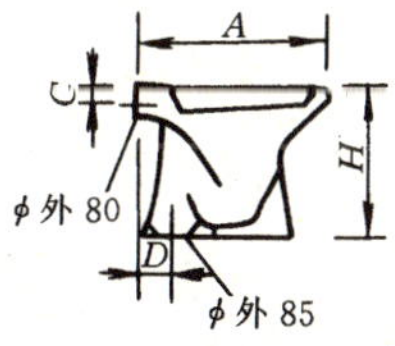	18#S	480	390	45	175	唐陶	1. 进水管与器具用胶碗连接 2. 排水口与底平
	D808	500	360	40	100		
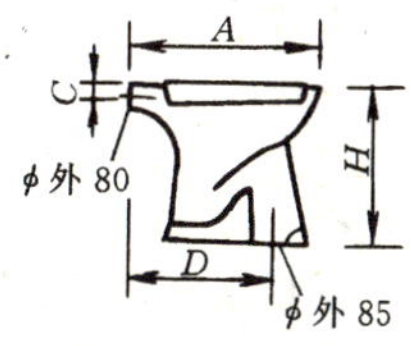	B805	485	360	40	330		1. 进水管与器具用胶碗连接 2. 排水口与底平

续表

图　示	型　号	A	H	C	D	生产厂	备　注		
A, C, H, D, φ外 80, φ外	8302	460	360	40	190	唐陶	φ外	90	1. 进水管与器具用胶碗连接 2. 排水口与底平
	15P	455	390	40	190	唐建陶		110	
	B801	490	360	40	175			90	
	801	480	375	40	180	卢陶		85	

注：1. 成人坐便器宽为 350mm，儿童坐便器宽为 250mm。
2. 凡坐便器排水口与底平者，排水管安装时管上口要高出建筑地面 10mm。

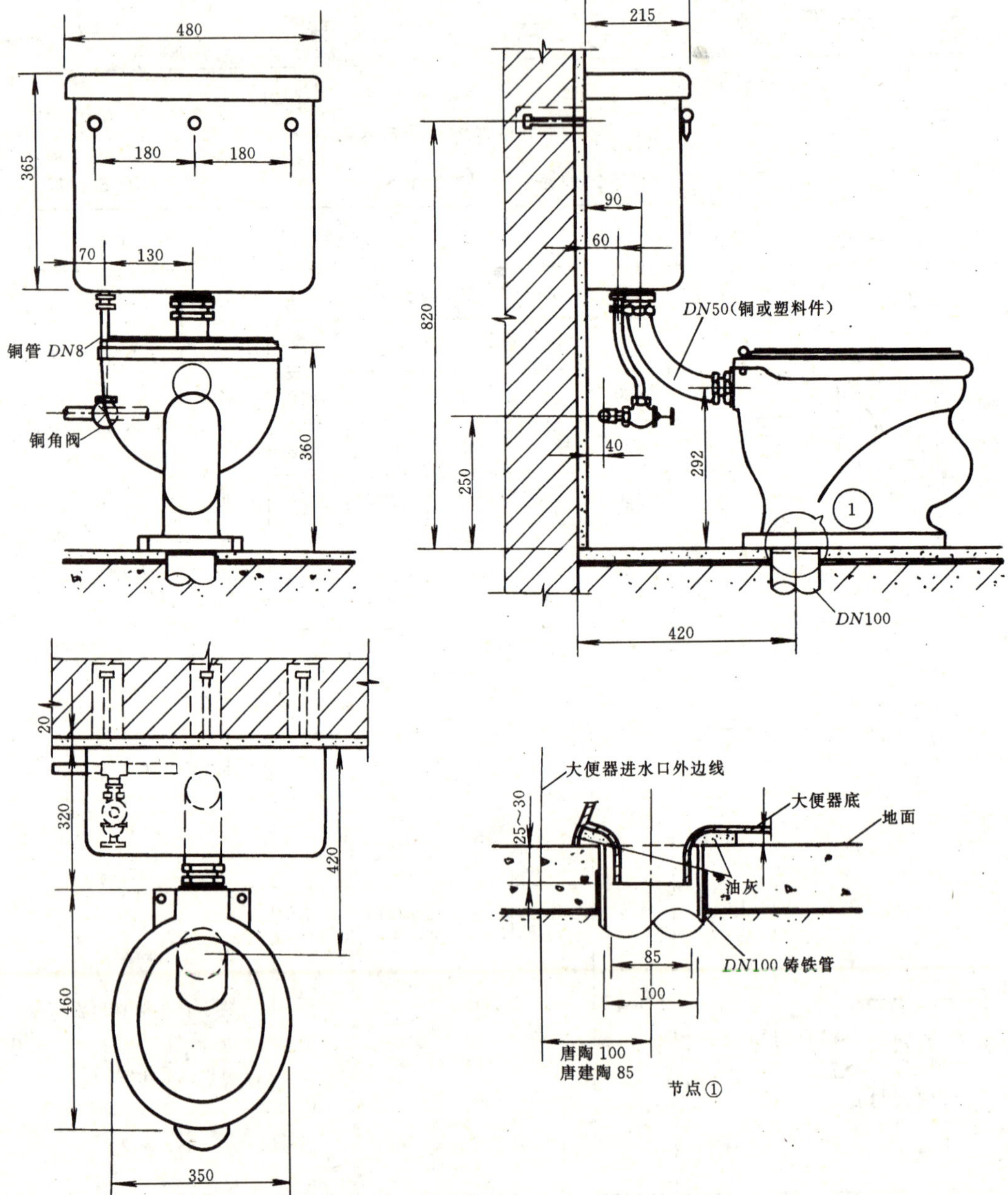

图 5.3-3　低水箱坐式大便器安装尺寸

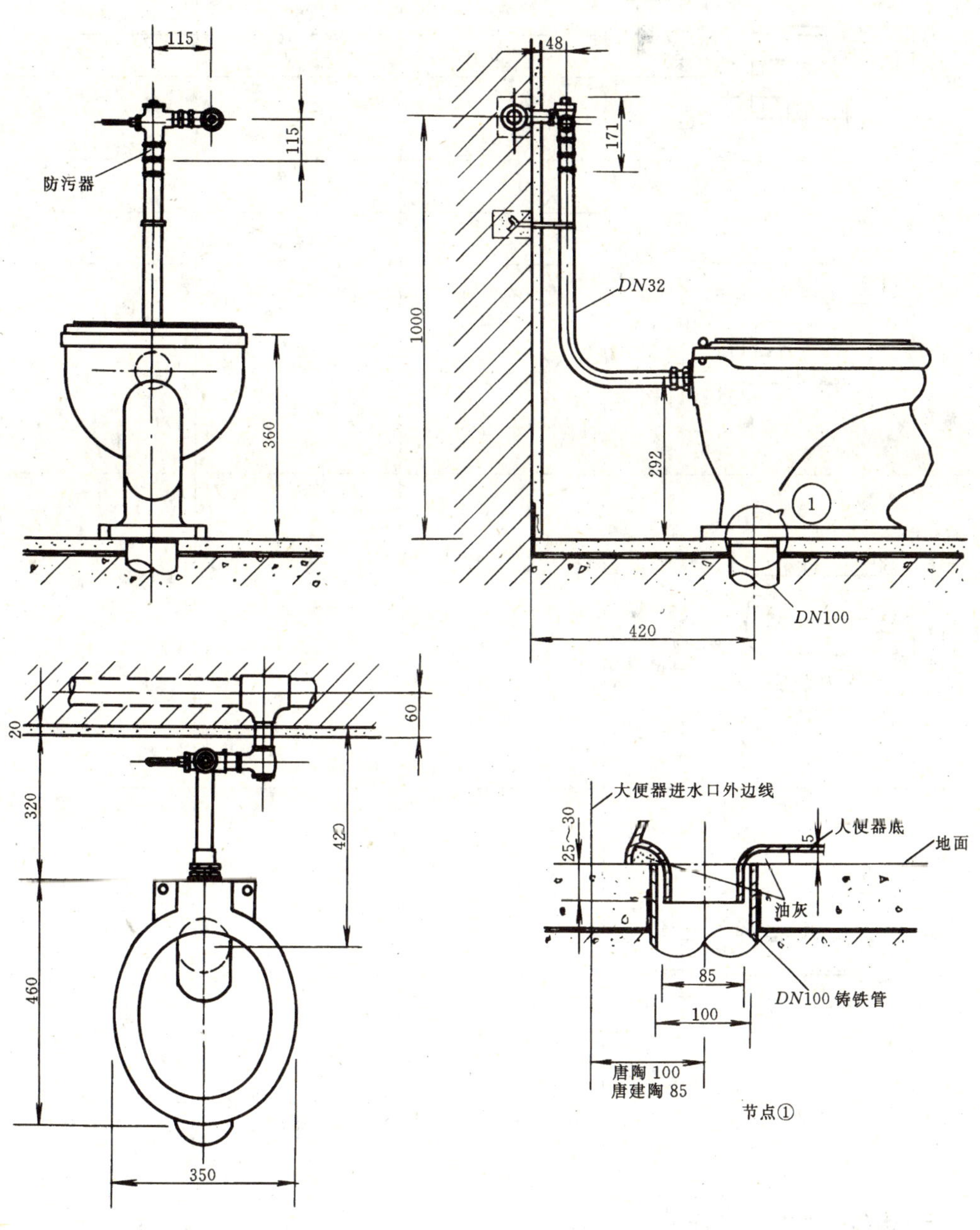

图 5.3-4 延时冲洗坐式大便器安装尺寸

蹲式大便器规格尺寸（mm） 表 5.3-11

图示	型号	宽	生产厂
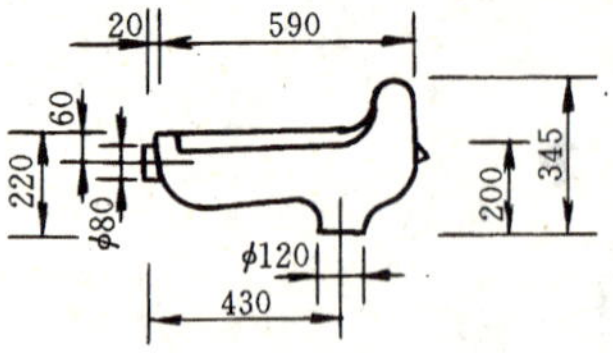	1#	260	唐陶
	1#	280	唐建陶
	3#	260	唐建陶
	天坛	280	
	1#	280	卢陶
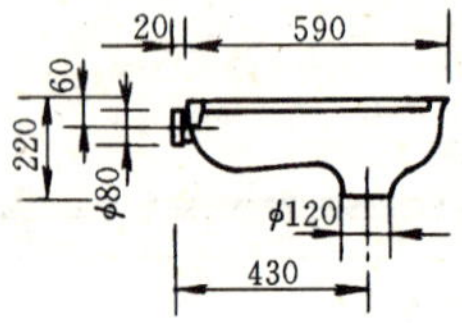	1#平	260	唐陶
	2#	280	唐建陶
	天坛	280	
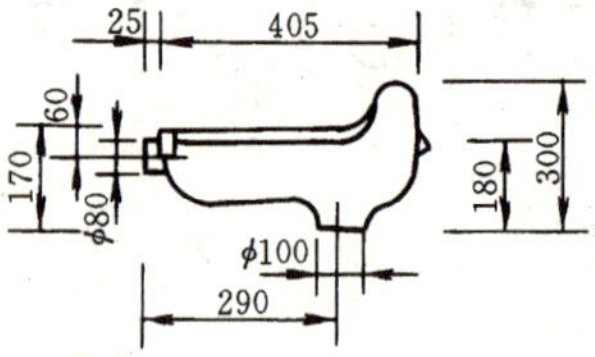	儿蹲	220	卢陶
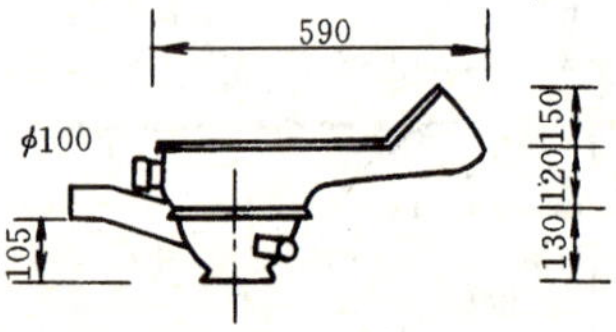		220	山西洪洞
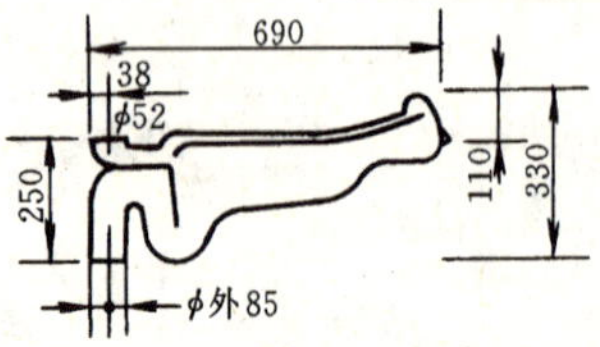	88—1	280	河北陶

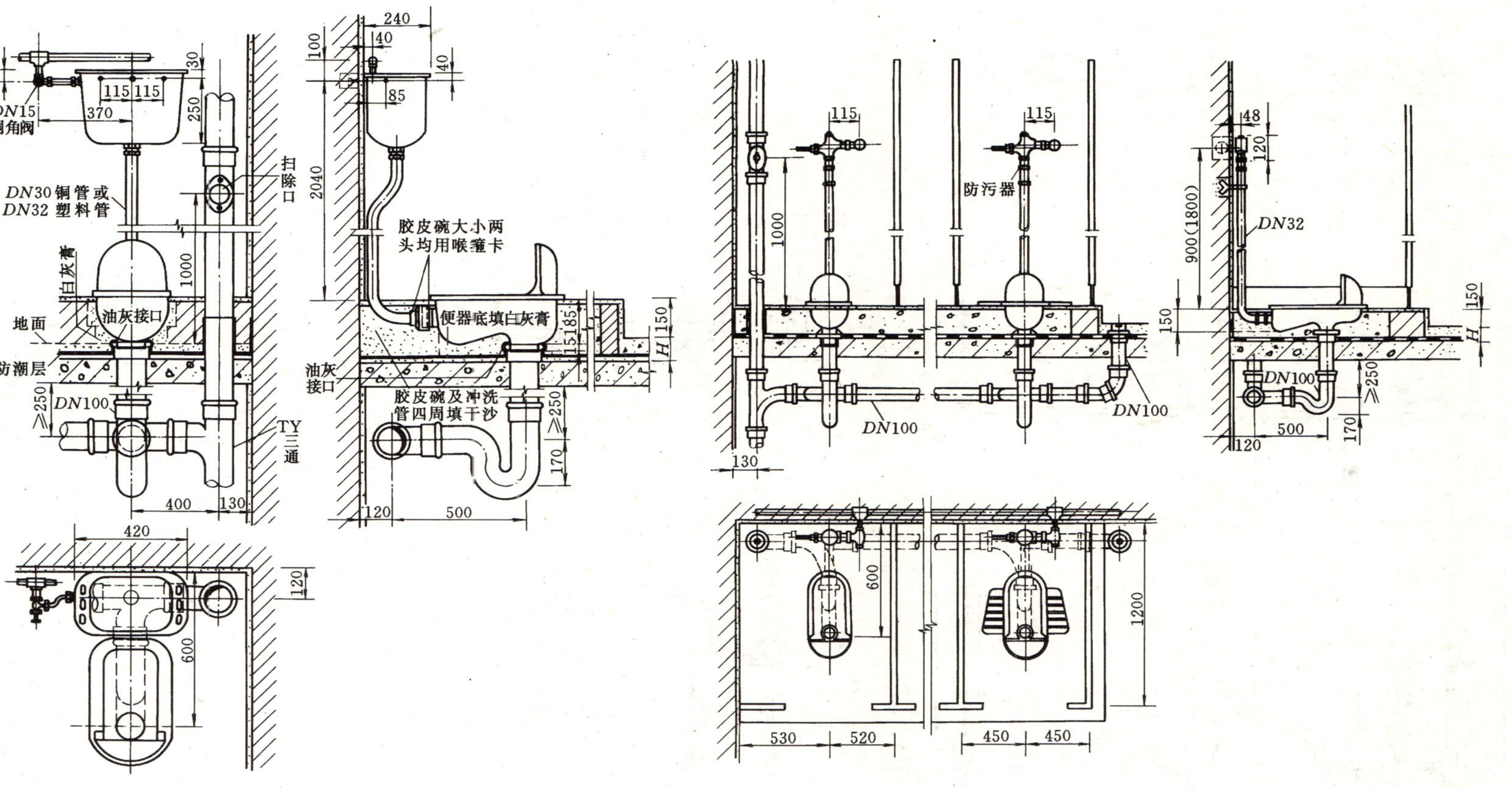

图 5.3-5 高水箱蹲式大便器安装尺寸

图 5.3-6 延时冲洗蹲式大便器安装尺寸

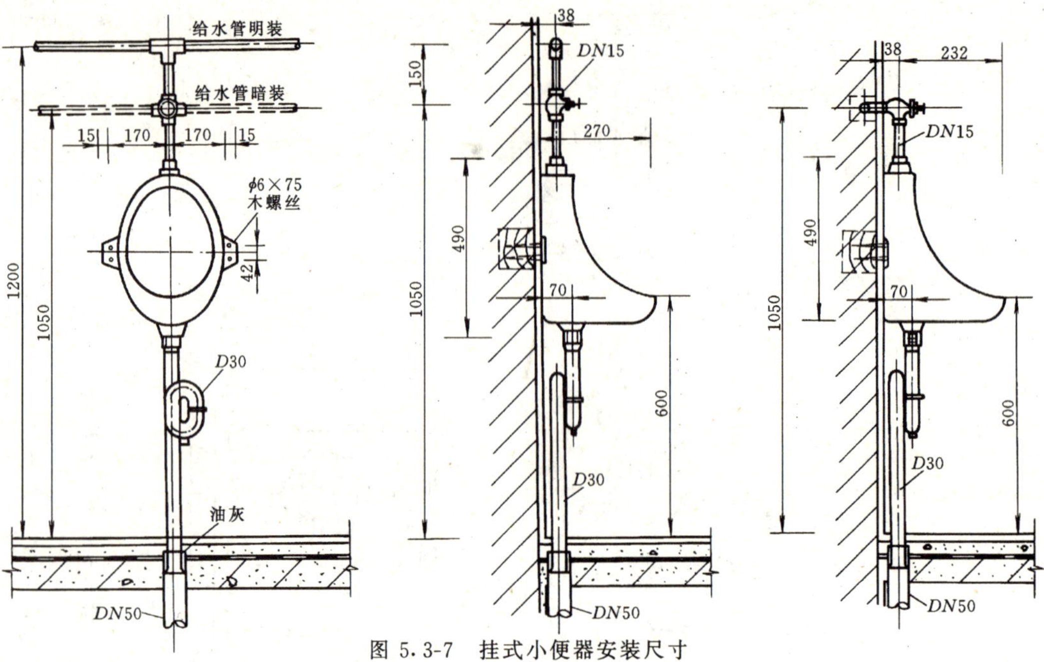

图 5.3-7　挂式小便器安装尺寸

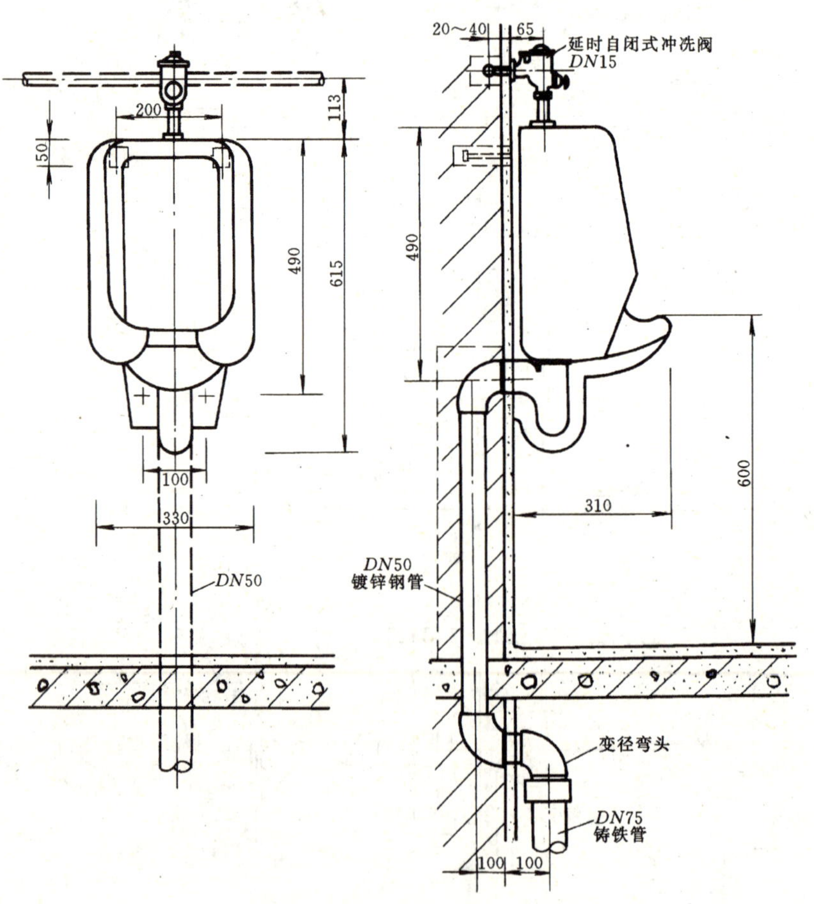

图 5.3-8　壁挂式小便器安装尺寸

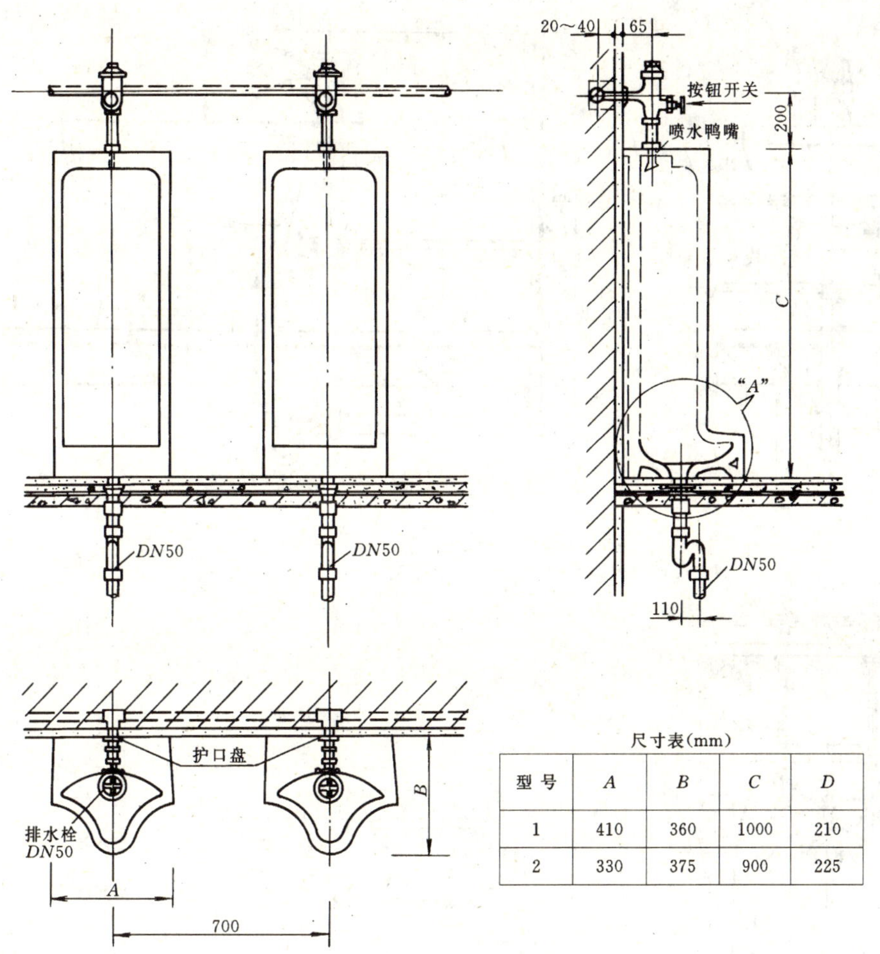

尺寸表(mm)

型 号	A	B	C	D
1	410	360	1000	210
2	330	375	900	225

图 5.3-9 立式小便器安装尺寸

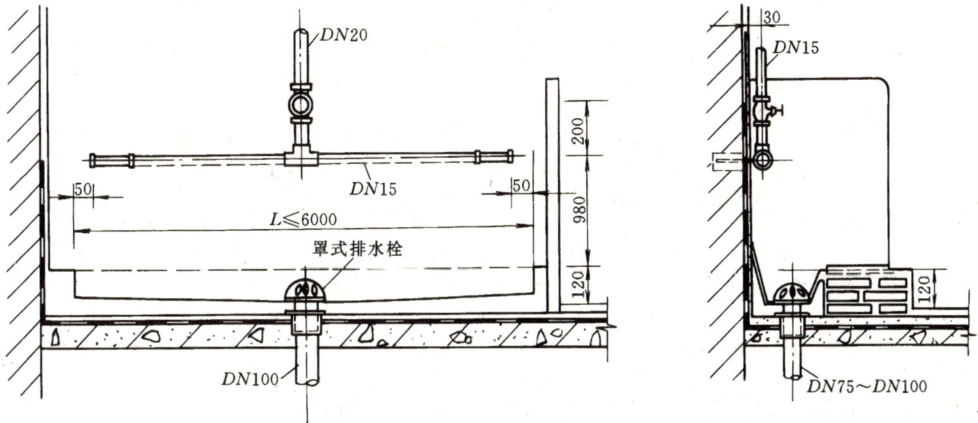

图 5.3-10 小便槽安装尺寸

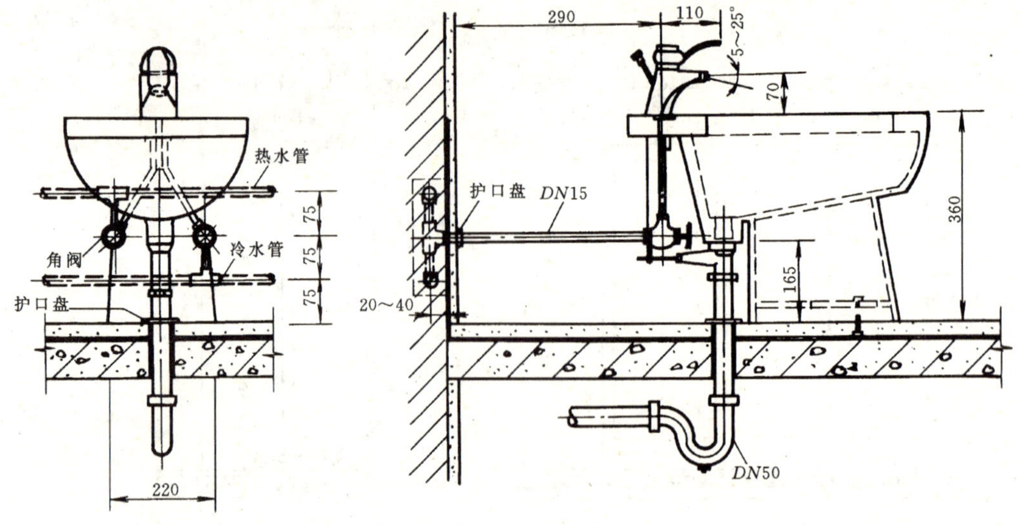

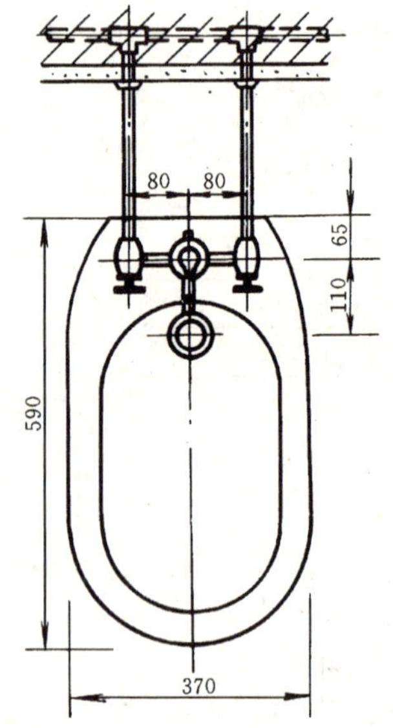

净身器尺寸表（mm）

图　　示	型　号	宽	生产厂
590(580)　65(60)　175　360	7201	370	唐　陶
	前进 1#	370	唐建陶
	前进 2#	370	唐建陶
590　65　175　360	8403	370	唐陶
	联体系列	370	唐建陶

图 5.3-11　妇女净身器安装尺寸

注：1. 安装图按唐陶 8403 型产品绘制，阀门配件按北京市水暖器材一厂产品绘制。2. 表中括号中尺寸为 7201 型产品尺寸

浴盆规格尺寸（mm）　　**表 5.3-12**

型　　号	*A*	*B*	*C*	*D*	*E*	种　　类	生　产　厂
BH 150	1500	810	390	240	85	弧型带裙高档浴盆	
BH 165	1650	810	390	240	85		
Q 110	1100	670	340	230	65		

续表

型号	A	B	C	D	E	种类	生产厂
Q 125	1250	670	340	255	65	浅型普通浴盆	
Q 140	1400	670	340	255	65		
Q 120	1200	670	340	230	65	浅型中档浴盆	
QH 140	1400	720	340	255	65	浅弧型普通浴盆	
QH 150	1500	720	340	255	65		
QH 165	1650	720	340	255	65		
F 183	1830	860	420	245	80	带扶手大型浴盆	
SH 140	1400	720	390	240	85	深弧型中档浴盆	
SH 150	1500	750	390	240	85		
SH 165	1650	780	390	240	85		
SH 186	1860	840	425	310	90	深型普通浴缸	
SMC	1100	680	480	—	—	玻璃钢浴盆，北京汽车玻璃钢制品总公司	
RY—17	1700	750	420	285	70	人体型浴盆	
RY—18	1800	250	420	285	70		
PY—14	1400	700	425	280	75	平行形浴盆	
PY—15	1500	700	425	280	75		
PY—16	1600	700	425	280	75		
PY—17	1700	700	425	280	75		
1	1680	670	348	—	—		
2	1680	720	390	—	—		
3	1400	670	348	—	—		
4	1250	670	348	—	—		

续表

型号	A	B	C	D	E	种类	生产厂
5	1080	655	305	—	—		
6	1500	710	360	—	—		
7	1800	840	440	—	—		
8	1400	700	420	—	—		
9	1245	710	406	—	—		
10	1060	840	420	—	—		
11	920	680	350	—	—		
RMN—Y1450	1450	760	380	玛丽娜型浴缸		材质：玛瑙。中外合资西梯新玛瑙有限公司	
RMN—Y1500	1500	800	445				
RMN—Y1700	1700	800	445				
RMN—Y1200	1180	650	320	佳宝型浴缸			

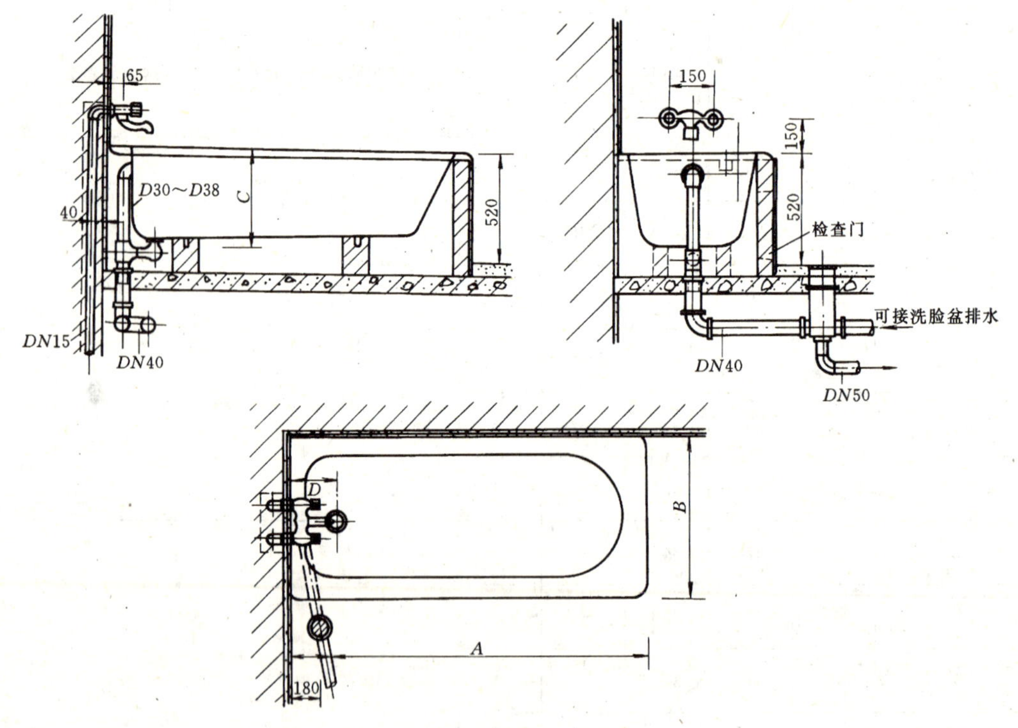

图 5.3-12　浴盆安装尺寸

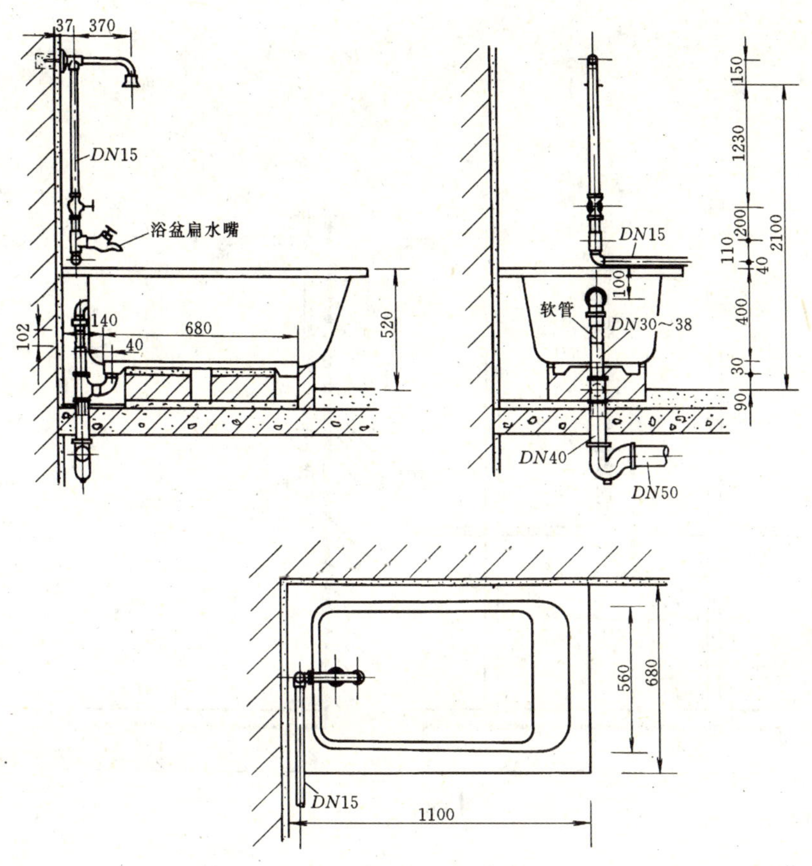

图 5.3-13 住宅用铸铁浴盆安装尺寸

注：1. 本图按北京汽车玻璃钢总公司生产之SMC型玻璃钢浴盆绘制。

2. 当卫生间面积较小时，也可采用天津搪瓷厂生产之住宅用铸铁浴盆。

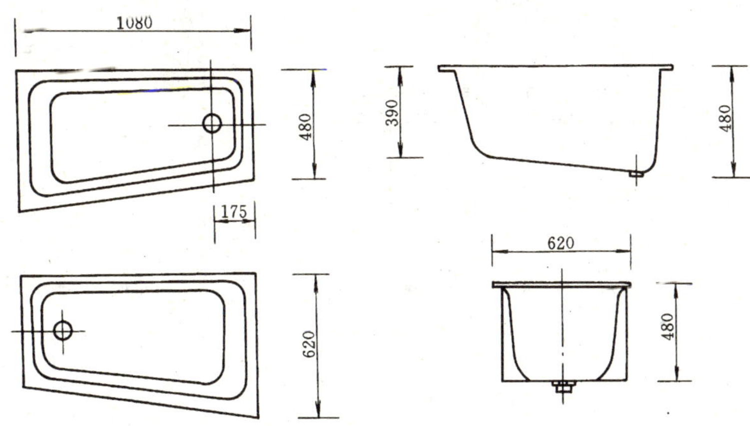

图 5.3-14 住宅用铸铁浴盆尺寸示意

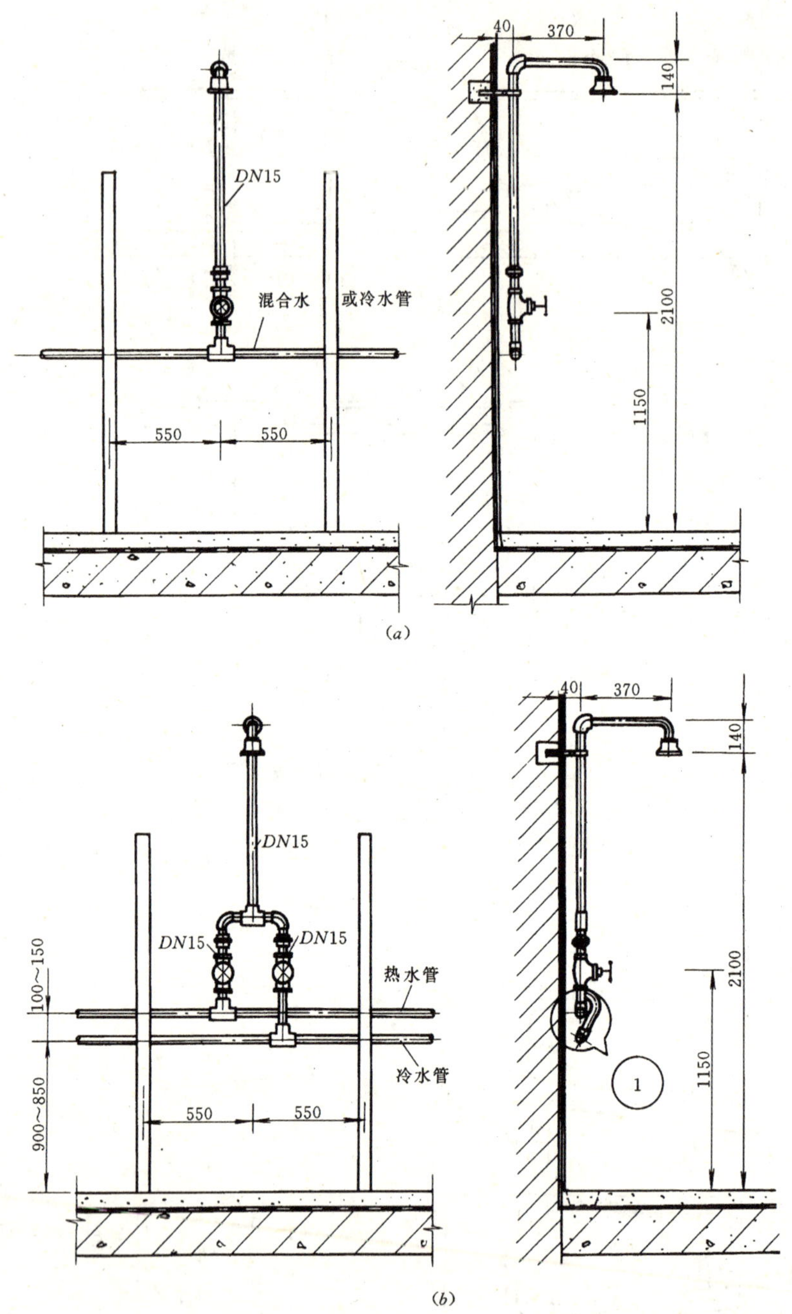

图 5.3-15　淋浴器安装尺寸

(a) 单管淋浴器安装尺寸；(b) 双管淋浴器安装尺寸

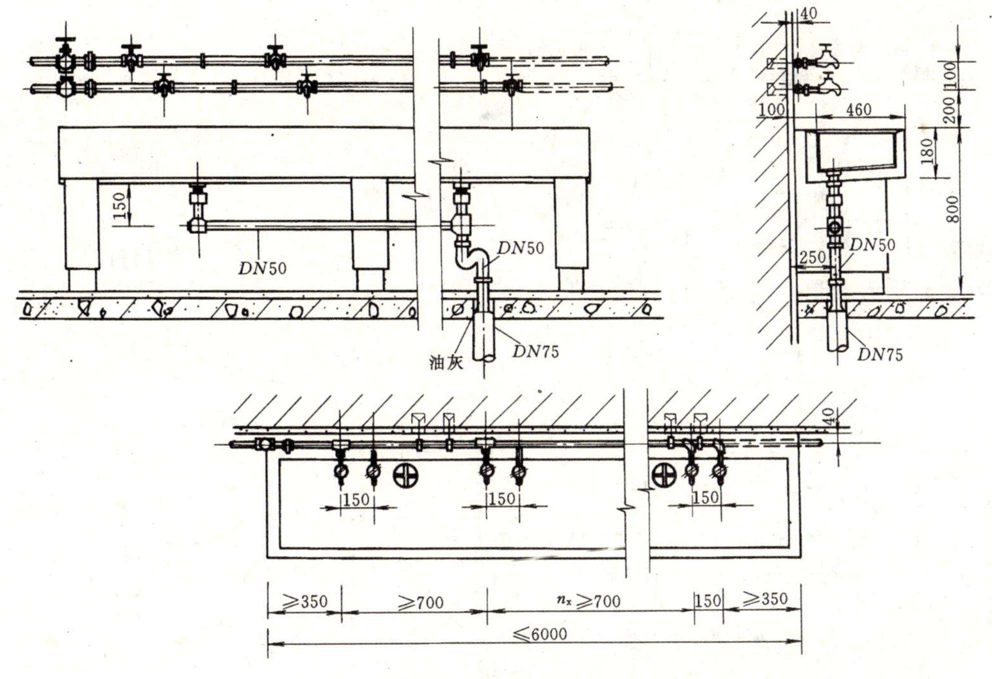

图 5.3-16 盥洗台安装尺寸

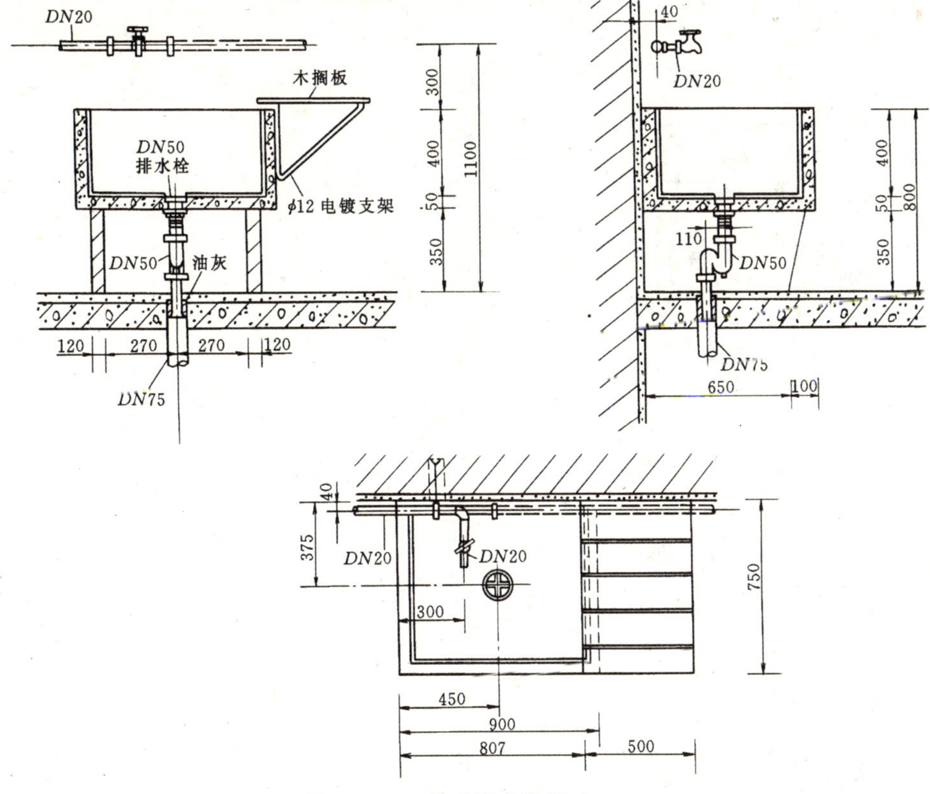

图 5.3-17 洗碗池安装尺寸

注：1. 洗碗池采用 DN20 长脖水龙头。2. 按设计要求给水管也可暗装。
3. 本洗碗池可供 200～300 人的食堂使用。

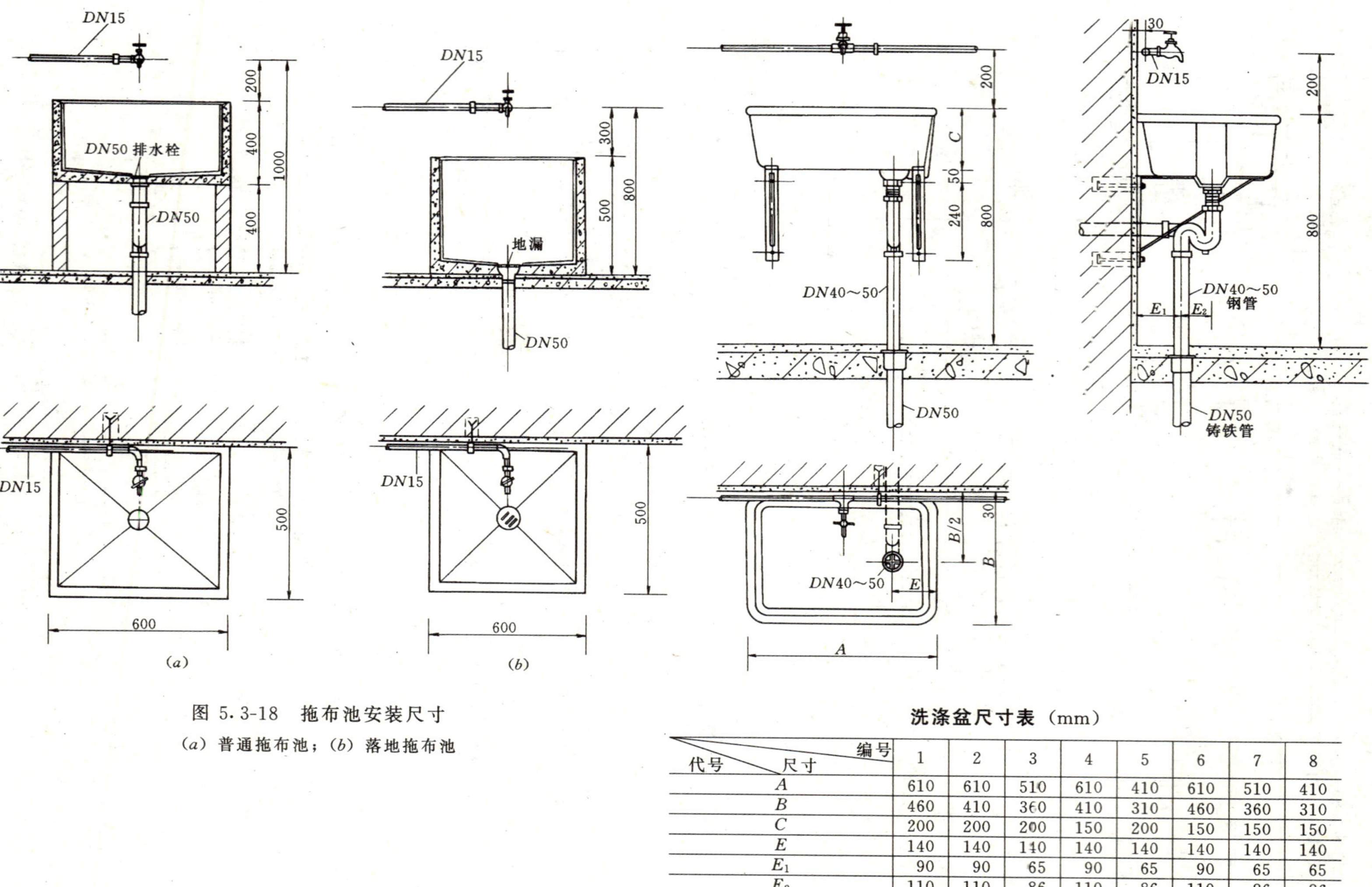

图 5.3-18　拖布池安装尺寸

(a) 普通拖布池；(b) 落地拖布池

洗涤盆尺寸表（mm）

代号 \ 尺寸 \ 编号	1	2	3	4	5	6	7	8
A	610	610	510	610	410	610	510	410
B	460	410	360	410	310	460	360	310
C	200	200	200	150	200	150	150	150
E	140	140	140	140	140	140	140	140
E_1	90	90	65	90	65	90	65	65
E_2	110	110	86	110	86	110	86	86

图 5.3-19　洗涤池安装尺寸

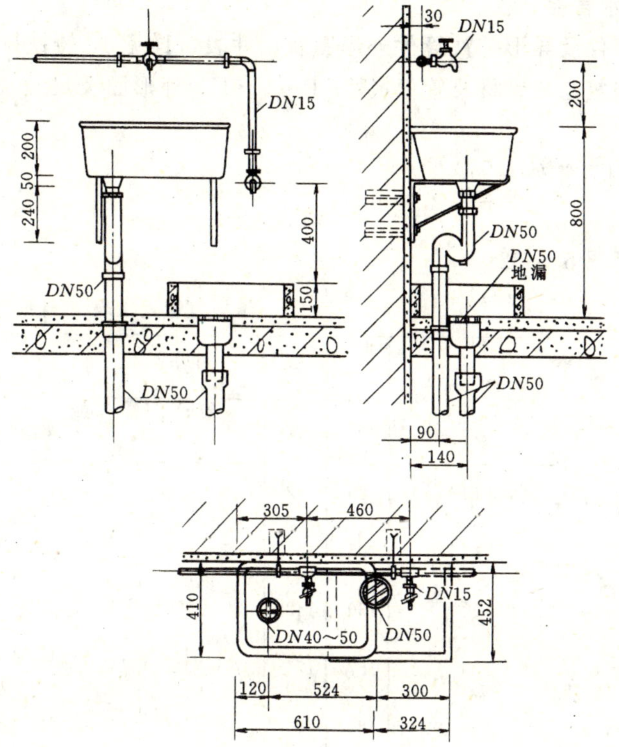

图 5.3-20 住宅白瓷洗菜盆安装尺寸

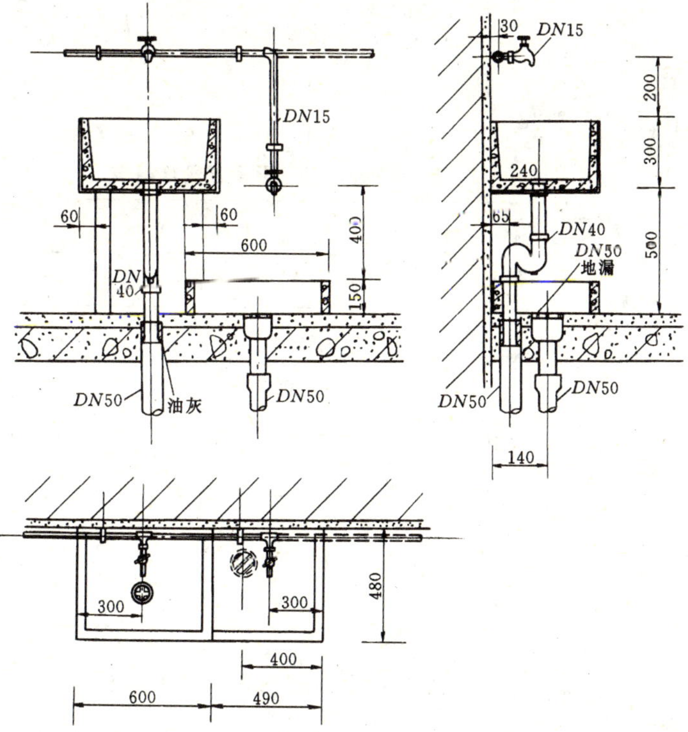

图 5.3-21 住宅磨石洗菜盆安装尺寸

5.3.3 常用排水管件

常用排水铸铁管件及异形铸铁管件外形图及尺寸表，详见1.铸铁排水管材及管件。

建筑排水用硬聚氯乙烯管材及管件（U·P·V·C）外形图及尺寸表，详见2.硬聚氯乙烯排水管材及管件。

1. 铸铁排水管材及管件：

（1）承插直管

承插直管规格见图5.3-22

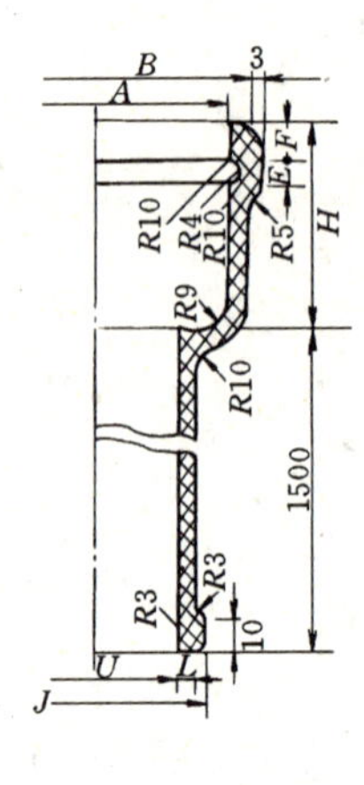

承插直管规格表

管径 (mm)	尺寸								重量 (kg)
	A	*B*	*H*	*U*	*J*	*F*	*E*	*I*	
50	80	92	60	50	66	10	8	5	11.1
75	105	117	65	75	91	10	8	5	16.1
100	130	142	70	100	116	10	8	5	21.1
125	157	171	75	125	143	10	8	6	31.7
150	182	196	75	150	168	10	8	6	37.6
200	234	250	80	200	220	10	8	7	58.0

图5.3-22　承插直管

（2）双承直管

双承直管规格见图5.3-23

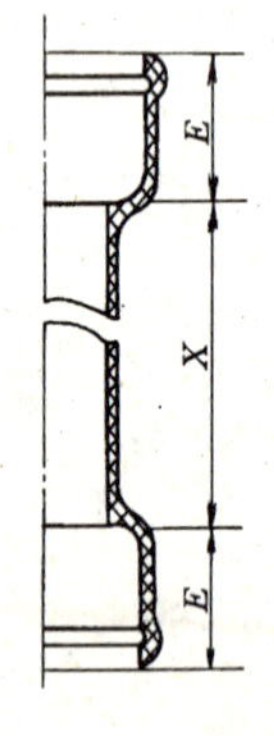

双承直管规格表

管径 (mm)	尺寸		重量 (kg)
	X	*E*	
50	1500	60	12.1
75	1500	65	17.8
100	1500	70	22.9
125	1500	75	33.2
150	1500	75	40.6
200	1500	80	62.5

图5.3-23　双承直管

（3）承插弯曲管

承插弯曲管规格见图5.3-24

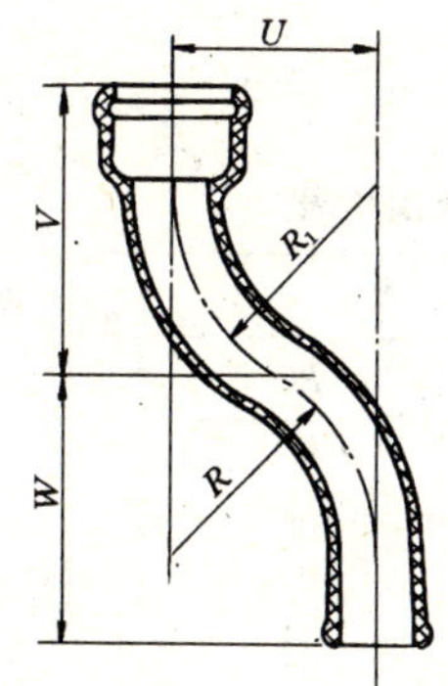

承插弯曲管规格表

管径 (mm)	尺寸					重量 (kg)
	U	*V*	*W*	*R*	R_1	
75	140	205	205	140	140	5.1
100	140	210	210	140	140	6.8
125	150	225	225	150	150	10.8
150	150	225	225	150	150	12.7
200	160	240	240	160	160	19.7

图 5.3-24 承插弯曲管

(4) 90°弯头

90°弯头规格见图 5.3-25

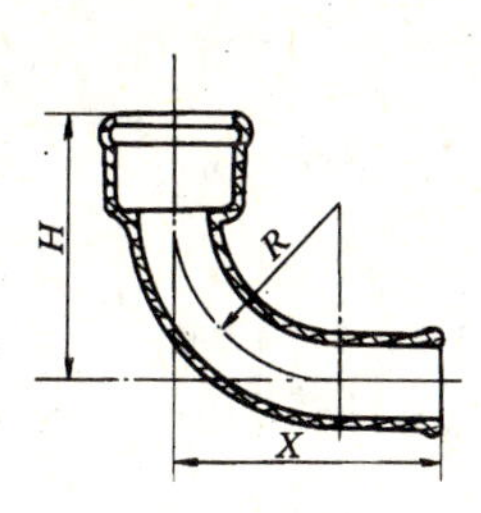

90°弯头规格表

管径 (mm)	尺寸			重量 (kg)
	H	*X*	*R*	
50	165	175	105	2.6
75	182	187	117	3.8
100	200	210	130	5.4
125	217	222	142	8.4
150	230	235	155	10.4
200	260	270	180	17.6

图 5.3-25 90°弯头

(5) 45°Y 形三通

45°Y 形三通规格见图 5.3-26

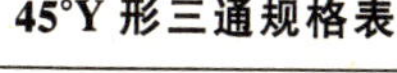

45°Y 形三通规格表

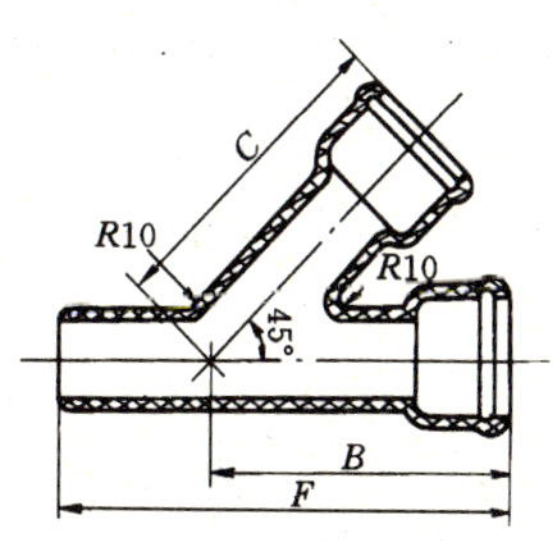

管径 (mm)	尺寸			重量 (kg)
	C	*B*	*F*	
50	190	190	290	4.1
75	210	210	338	6.0
100	250	250	388	8.7
125	295	300	420	13.5
150	330	337	470	18.1
200	420	405	540	28.9

图 5.3-26 45°Y 形三通

(6) 90°T 形三通

90°T 形三通规格见图 5.3-27

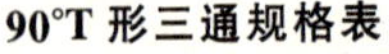

90°T 形三通规格表

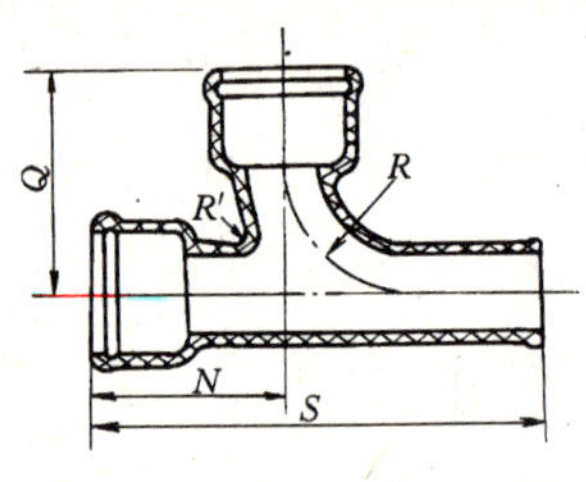

管径 (mm)	尺寸 N	Q	S	R	R'	重量 (kg)
50	123	138	290	78	12	3.6
75	142	154	302	89	13	5.4
100	160	180	355	110	14	7.7
125	180	185	380	110	15	11.6
150	193	200	408	125	15	14.2
200	220	230	500	150	15	24.4

图 5.3-27　90°T 形三通

(7) 90°TY 形三通

90°TY 形三通规格见图 5.3-28

90°TY 形三通规格表

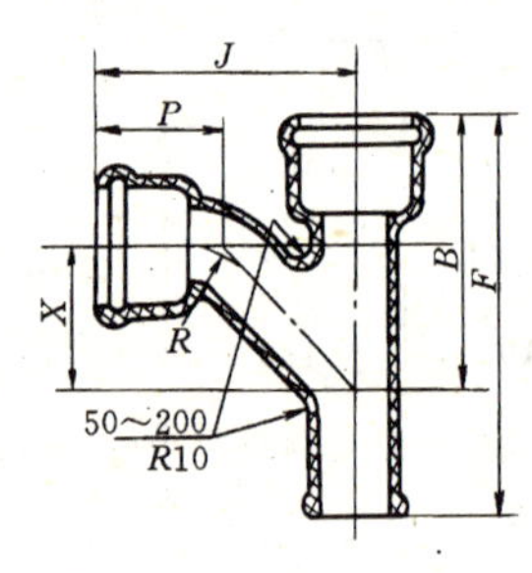

管径 (mm)	尺寸 J	P	X	B	F	R	重量 (kg)
50	170	85	85	170	260	60	4.0
75	235	115	115	235	340	85	6.7
100	273	127	147	273	390	100	9.8
125	306	133	173	306	430	127	15.6
150	338	138	200	338	473	127	19.8
200	373	145	215	373	550	140	30.9

图 5.3-28　90°TY 形三通

(8) 斜四通

斜四通规格见图 5.3-29

斜四通规格表

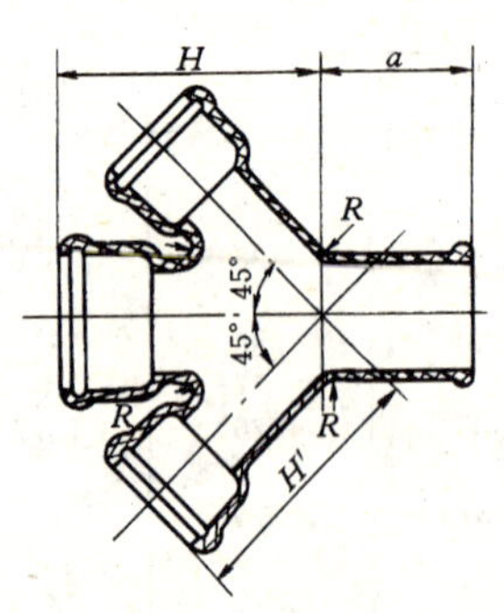

管径 (mm)	尺寸 H	H'	a	R	重量 (kg)
50	190	185	105	10	5.1
75	210	210	110	10	8.1
100	254	254	125	10	11.6
125	286	286	140	10	18.0
150	315	315	150	10	22.9
200	385	385	160	10	37.8

图 5.3-29　斜四通

(9) 正四通

正四通规格见图 5.3-30

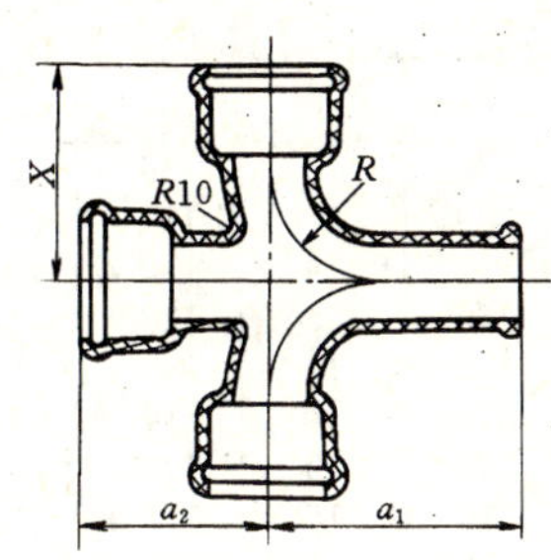

正四通规格表

管 径 (mm)	尺 寸				重 量 (kg)
	X	a_2	a_1	R	
50	140	125	150	80	5.0
75	162	138	177	97	7.3
100	175	156	190	105	9.9
125	197	172	222	122	15.3
150	207	182	232	132	18.2
200	240	215	300	160	30.8

图 5.3-30 正四通

(10) TY 形异径三通

TY 形异径三通规格见图 5.3-31

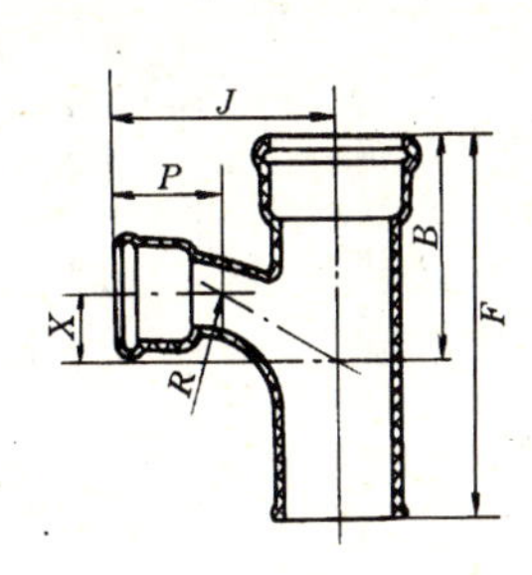

TY 形异径三通规格表

管 径 (mm)	尺 寸						重 量 (kg)
	J	P	X	B	F	R	
75×50	170	85	55	170	285	60	4.9
100×50	235	85	150	235	340	60	7.2
125×50	273	85	188	273	390	60	10.8
150×50	306	85	221	306	430	60	13.5
100×75	273	115	158	273	375	85	8.3
125×75	274	115	159	274	380	85	10.8
150×75	306	115	191	306	430	85	14.3
125×100	274	127	147	274	390	100	12.3
150×100	306	127	173	306	430	100	15.1
150×125	306	133	173	306	430	121	17.3

图 5.3-31 TY 形异径三通

(11) T 形异径三通

T 形异径三通规格见图 5.3-32

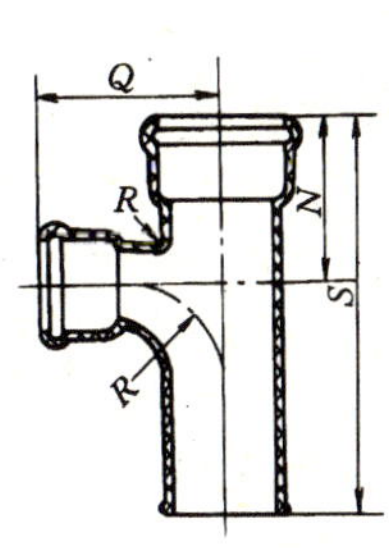

T 形异径三通规格表

管 径 (mm)	尺 寸					重 量 (kg)
	N	Q	S	R	R′	
75×50	123	140	300	80	12	4.8
100×50	125	170	325	110	13	6.3
125×50	140	175	350	110	14	9.1
150×50	140	185	380	125	15	11.2
100×75	147	175	325	100	14	6.8
125×75	152	175	355	110	14	9.7
150×75	152	190	380	125	15	11.7
125×100	165	180	380	110	15	10.7
150×100	165	195	380	125	15	12.2
150×125	177	200	380	125	15	13.1

图 5.3-32 T 形异径三通

(12) 异径四通

异径四通规格见图 5.3-33

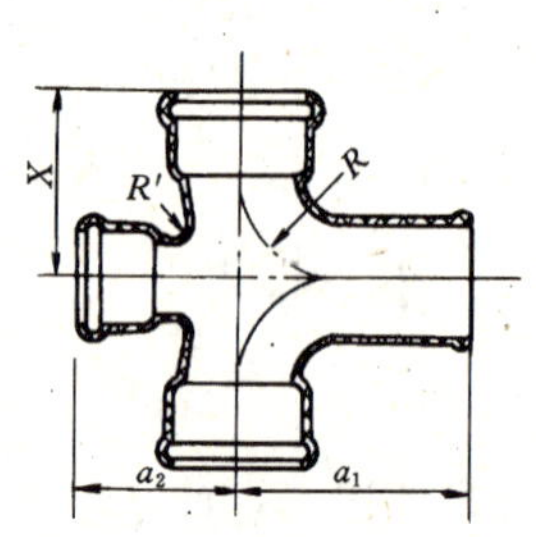

异径四通规格表

管径 (mm)	尺寸					重量 (kg)
	X	a_2	a_1	R'	R	
75×50	140	123	177	12	80	6.0
100×50	170	125	200	13	110	7.7
125×50	175	140	210	14	110	10.4
150×50	185	140	240	15	125	12.4
100×75	175	147	178	14	100	8.5
125×75	175	152	203	14	110	11.2
150×75	190	152	228	15	125	13.2
125×100	180	165	215	15	110	13.0
150×100	185	165	215	15	125	14.2
150×125	200	177	203	15	125	16.2
200×50	210	177	225	15	150	18.9

图 5.3-33 异径四通

(13) 管箍

管箍规格见图 5.3-34

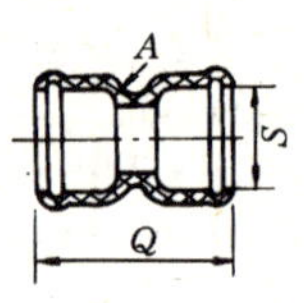

管 箍 规 格 表

管径 (mm)	尺寸		重量 (kg)
	S	Q	
50	75	150	2.2
75	105	165	3.0
100	130	180	4.0
125	157	190	6.0
150	182	190	7.1
200	234	200	10.5
75×50	105×80	155	2.6
100×50	130×80	170	3.4
100×75	130×105	175	3.6
125×50	157×80	185	4.5
125×75	157×105	185	4.8
125×100	157×130	185	5.1
150×100	182×130	185	6.1
150×125	182×157	185	6.6
200×150	234×182	195	9.5

注：A 为拔模斜度 1∶12.5。

图 5.3-34 管箍

(14) T 形瓶口三通

T 形瓶口三通见图 5.3-35

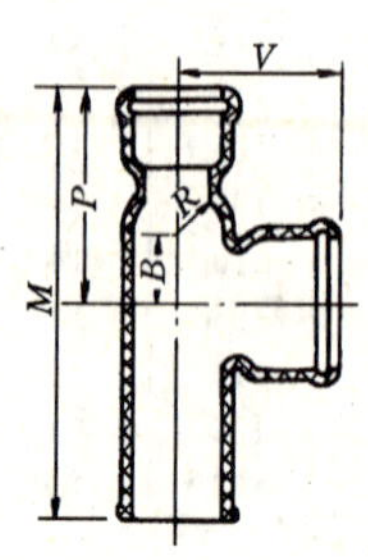

T 形瓶口三通规格表

管径 (mm)	尺寸					重量 (kg)
	P	V	B	R	M	
75×50	160	130	52	37.5	320	5.0
100×50	185	180	60	50	360	6.6
125×75	215	185	77.5	62.5	400	10.7
150×100	238	200	90	75	440	13.5
200×125	294	220	117	100	540	23.6

图 5.3-35 T 形瓶口三通

(15) 45°弯头

45°弯头规格见图 5.3-36

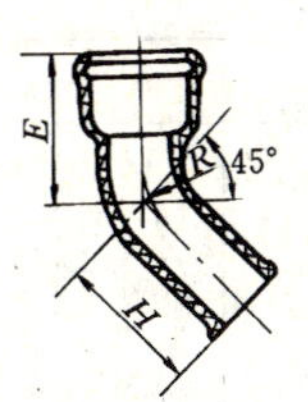

45°弯头规格表

管 径 (mm)	尺 寸			重 量 (kg)
	E	H	R	
50	110	110	80	2.1
75	121	120	90	3.1
100	130	130	100	4.2
125	138	130	110	6.3
150	140	155	125	8.1
200	160	195	140	14.2

图 5.3-36 45°弯头

(16) Y 形异径三通

Y 形异径三通规格见图 5.3-37

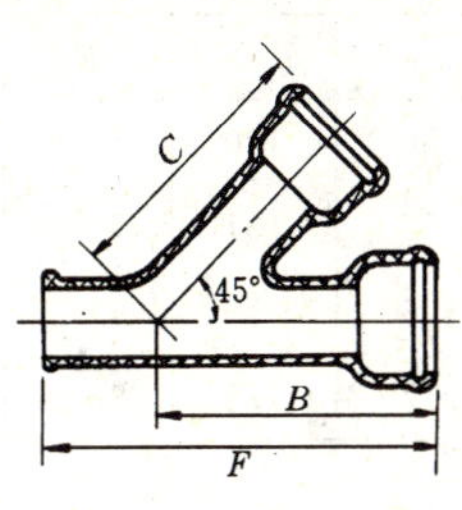

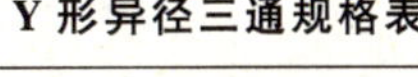

Y 形异径三通规格表

管 径 (mm)	尺 寸			重 量 (kg)
	C	B	F	
75×50	200	210	320	5.4
100×50	210	240	340	6.6
125×50	250	260	380	10.0
150×50	280	290	420	12.5
100×75	220	240	380	7.7
125×75	250	265	390	10.7
150×75	280	285	420	13.0
125×100	265	285	390	13.3
150×100	280	295	430	13.9
150×125	295	320	450	15.5

图 5.3-37 Y 形异径三通

(17) 承插检查口

承插检查口规格见图 5.3-38

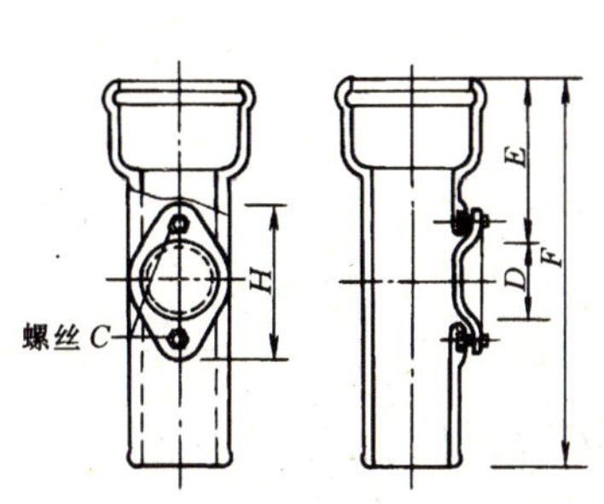

承插检查口规格表

管 径 (mm)	尺 寸					重 量 (kg)
	E	D	F	H	C	
50	120	35	260	95	3/8″	2.7
75	125	60	340	120	3/8″	4.6
100	130	85	390	155	1/2″	6.7
125	140	110	430	180	1/2″	10.8
150	140	130	470	200	1/2″	13.7

图 5.3-38 承插检查口

(18) S形存水弯 (一)

S形存水弯 (一) 规格见图 5.3-39

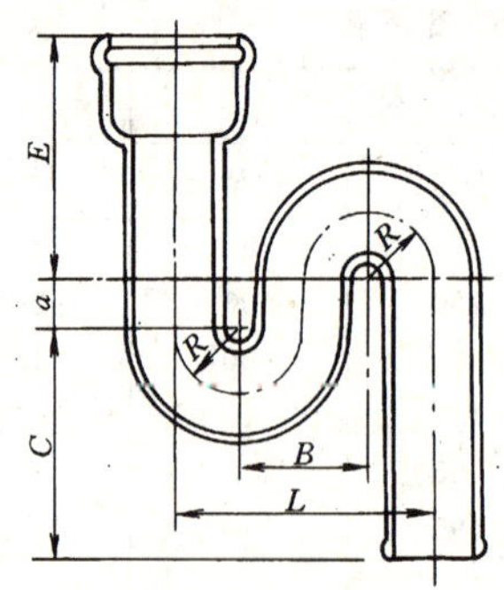

S形存水弯规格表

管径 (mm)	尺寸						重量 (kg)
	B	a	E	C	R	L	
50	80	30	150	145	40	160	5.3
75	105	30	155	160	52.5	210	8.5
100	130	30	185	190	65	260	13.0
125	157	30	227	238	78.5	314	21.0

图 5.3-39　S形存水弯 (一)

(19) P形存水弯 (一)

P形存水弯 (一) 规格见图 5.3-40

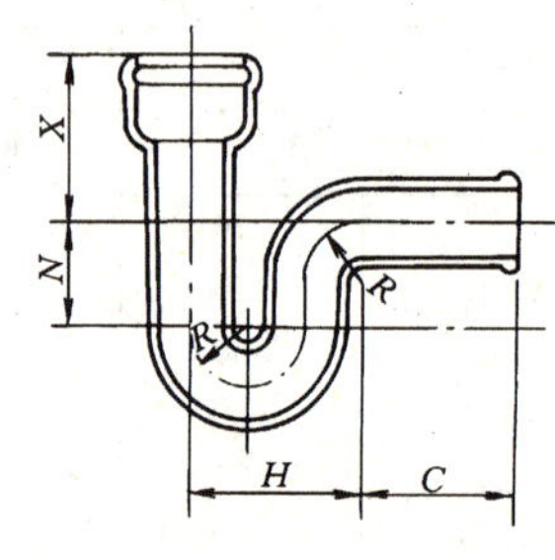

P形存水弯规格表

管径 (mm)	尺寸					重量 (kg)
	H	C	N	X	R	
50	127.5	120	80	120	42.5	4.7
75	165	125	92	137	55	7.6
100	195	195	105	150	65	11.2
125	247.5	135	117	172	82.5	18.9

图 5.3-40　P形存水弯

(20) P形存水弯 (二)

P形存水弯 (二) 规格见图 5.3-41

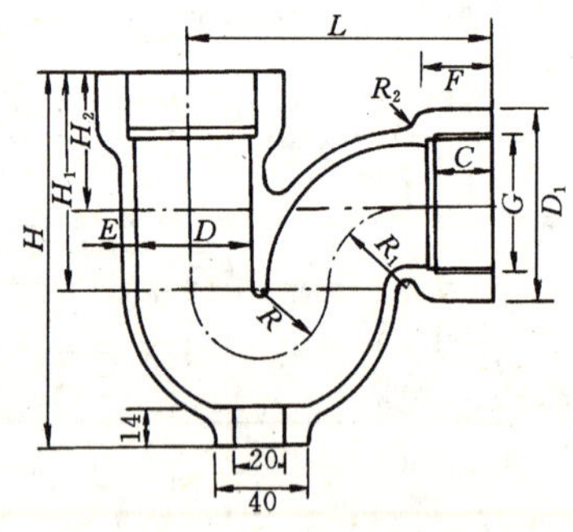

P形存水弯规格表

管径 (mm)	尺寸												
	D	D_1	H	H_1	H_2	R	R_1	R_2	L	F	E	C	G
40	37.5	62	150	90.5	40	28.75	28.75	5	120	27	5	22	40
50	50	78	155	90	57	27.5	33	8	126	30	5	25	50

图 5.3-41　P形存水弯 (二)

(21) S形存水弯（二）

S形存水弯（二）规格见图 5.3-42

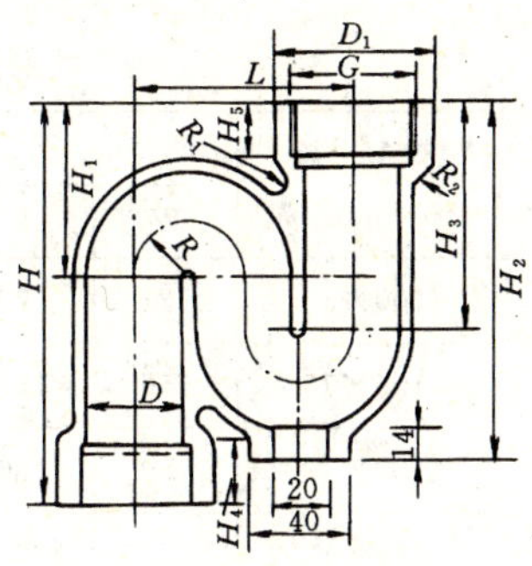

S 形 存 水 弯 规 格 表

管径 (mm)	尺寸												
	D	D_1	R	H	H_1	H_2	H_3	H_4	H_5	G	R_1	R_2	L
40	37.5	62	21.25	156	68	139	88	27	22	40	5	5	86
50	50	78	27.5	170	80	155	90	30	25	50	5	8	110

图 5.3-42 S形存水弯（二）

(22) 地漏

地漏规格见图 5.3-43

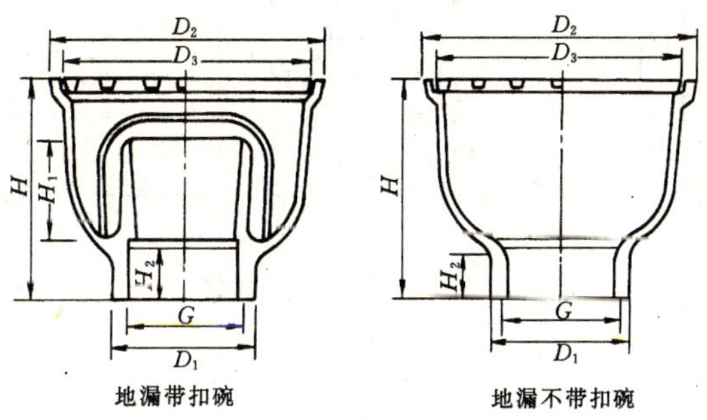

地 漏 规 格 表

管径 (mm)	尺寸						
	G	D_1	D_2	D_3	H	H_1	H_2
40	40	74	142	128	110	50	25
50	50	74	142	128	110	50	25
75	80	105	194	179	118	55	30
100	100	130	240	224	140	70	35
125	125	158	280	262	150	70	35
150	150	188	316	296	160	75	36

图 5.3-43 地漏

(23) U 形通气管

U 形通气管规格见图 5.3-44

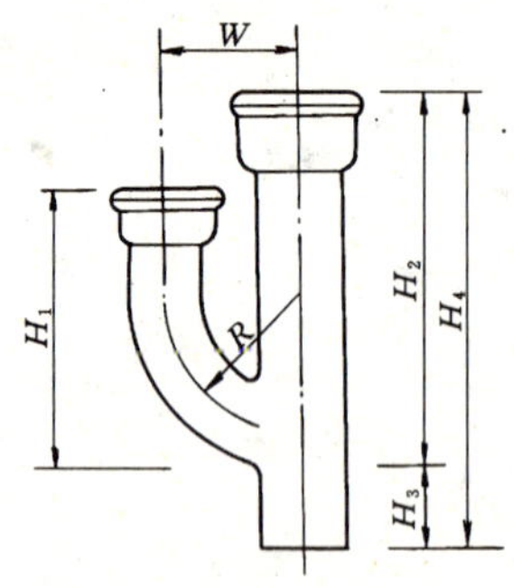

U 形通气管规格表

管径 (mm)	尺寸					
	W	R	H_1	H_2	H_3	H_4
100×50	122	122	240	320	100	420
100×75	150	150	250	380	130	510
100×100	180	180	310	440	130	570
125×125	230	230	355	445	130	575

图 5.3-44　U 形通气管

(24) H 形通气管

H 形通气管规格见图 5.3-45

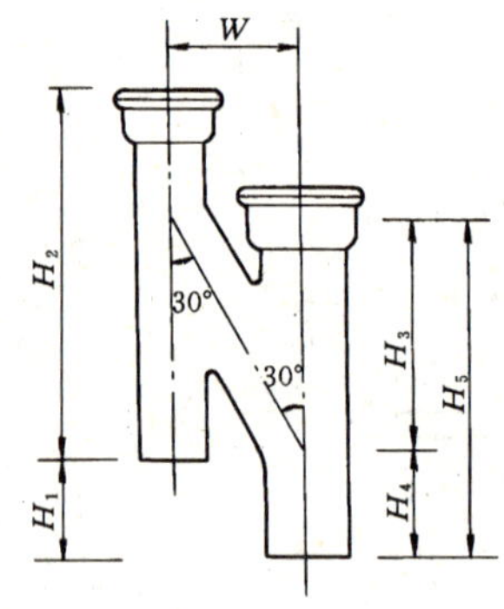

H 形通气管规格表

管径 (mm)	尺寸					
	W	H_1	H_2	H_3	H_4	H_5
100×50	122	340	86	300	100	400
100×75	150	450	100	320	130	450
100×100	180	490	120	360	130	490
125×125	230	545	130	405	140	545

图 5.3-45　H 形通气管

(25) 长管通气帽

长管通气帽规格见图 5.3-46

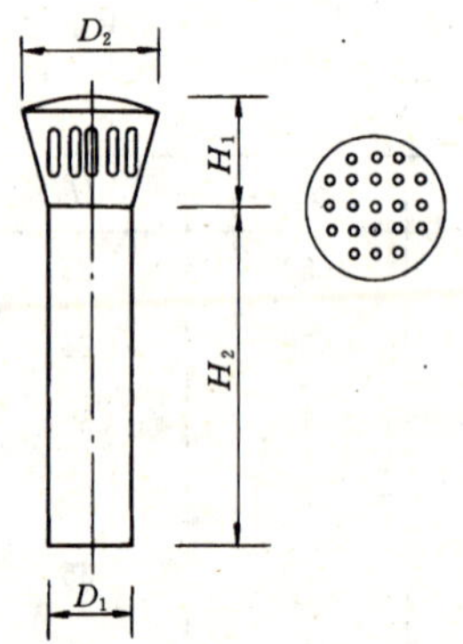

长管通气帽规格表

管径 (mm)	尺寸			
	D_1	D_2	H_1	H_2
50	50	100	100	400
75	75	130	100	400
100	100	160	110	390
150	150	230	130	370

图 5.3-46　长管通气帽

（26）同侧异径四通

同侧异径四通规格见图 5.3-47

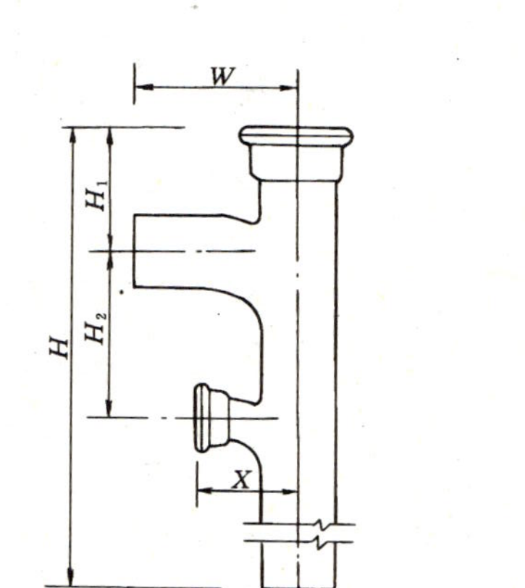

同侧异径四通规格表

管径 (mm)	尺寸				
	W	X	H_1	H_2	H
100×100×50	240	140	170	230	1470
100×100×50	240	140	200	240	1280

图 5.3-47 同侧异径四通

（27）双侧异径四通

双侧异径四通规格见图 5.3-48

双侧异径四通规格表

管径 (mm)	尺寸			
	W	X	H_1	H_2
100×100×50	240	270	125	1500

图 5.3-48 双侧异径四通

（28）双口存水弯

双口存水弯规格见图 5.3-49

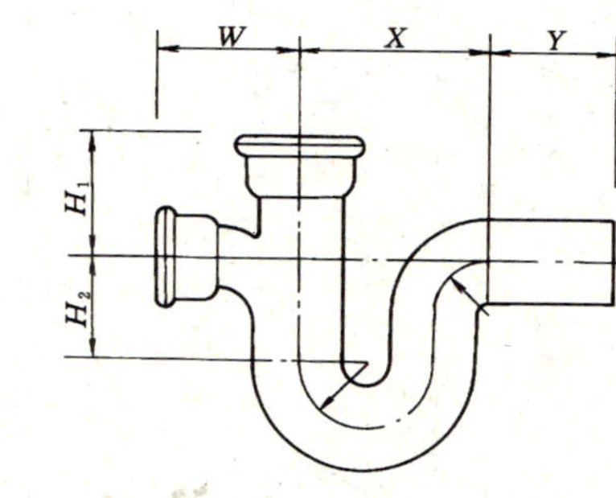

双口存水弯规格表

管径 (mm)	尺寸				
	W	X	Y	H_1	H_2
100×50	180	230	160	150	125
100×75	180	230	160	150	125

图 5.3-49 双口存水弯

2. 硬聚氯乙烯排水管材及管件（U·P·V·C），依据GB5836—86编制。

(1) 管材

管材规格见图 5.3-50

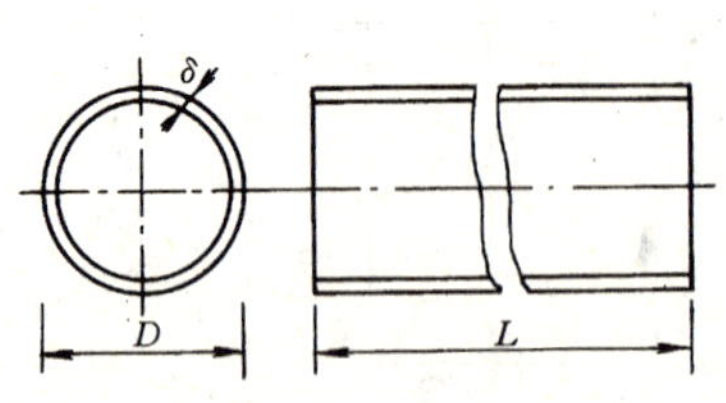

管材规格表

公称外径 DN		壁厚 δ		长度 L	
基本尺寸	公差	基本尺寸	公差	基本尺寸	公差
40	+0.4	2.0	+0.4	4000或6000	±10.00
50	+0.4	2.0	+0.4		
75	+0.6	2.3	+0.5		
110	+0.8	3.2	+0.5		
160	+1.2	4.0	+0.8		

图 5.3-50　管材

(2) 粘接承口

粘接承口规格见图 5.3-51

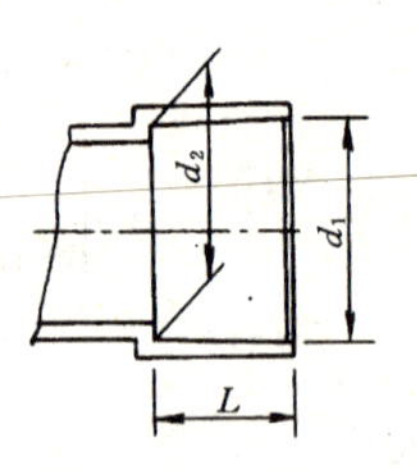

粘接承口规格表

公称外径 DN	d_1		d_2		L	
	基本尺寸	公差	基本尺寸	公差	基本尺寸	公差
40	40.33	+0.5	39.83	+0.5	25	±1
50	50.40	+0.6	49.90	+0.6	25	±1
75	75.53	+0.6	74.73	+0.6	40	±2
110	110.66	+0.7	109.66	+0.7	50	±2
160	160.66	+0.9	159.16	+0.7	60	±2

图 5.3-51　粘接承口

(3) 瓶形三通

瓶形三通规格见图 5.3-52

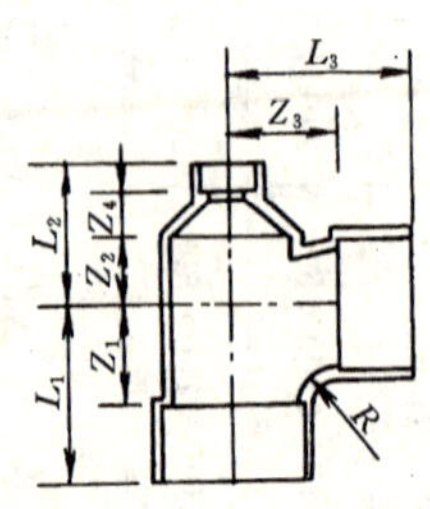

瓶形三通规格表

公称外径 DN	Z_1	Z_2	Z_3	Z_4	L_1	L_2	L_3	R
110×50	71	55	77	21	121	101	127	63

图 5.3-52　瓶形三通

(4) 45°斜三通

45°斜三通规格见图 5.3-53

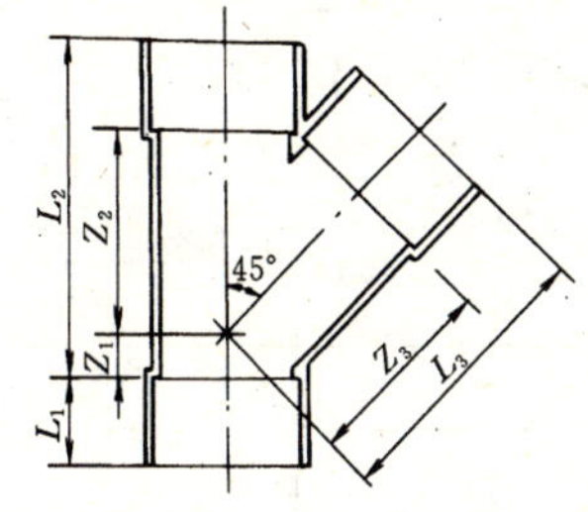

45°斜三通规格表

公称外径 DN	Z_1	Z_2	Z_3	L_1	L_2	L_3
50×50	13	64	64	38	89	89
75×75	18	94	94	58	134	134
110×50	−16	94	110	34	144	135
110×75	−1	113	121	49	163	161
110×110	25	138	138	75	188	188
160×160	34	199	199	94	259	259

图 5.3-53 45°斜三通

(5) 45°斜四通

45°斜四通规格见图 5.3-54

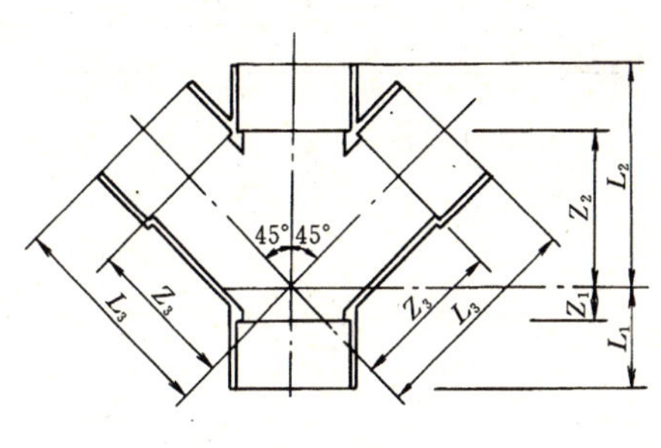

45°斜四通规格表

公称外径 DN	Z_1	Z_2	Z_3	L_1	L_2	L_3
50×50	13	64	64	38	89	89
75×75	18	94	94	58	134	134
110×50	−16	94	110	34	144	135
110×75	−1	113	121	49	163	161
110×110	25	138	138	75	188	188
160×160	34	199	199	94	259	259

图 5.3-54 45°斜四通

(6) 正四通

正四通规格见图 5.3-55

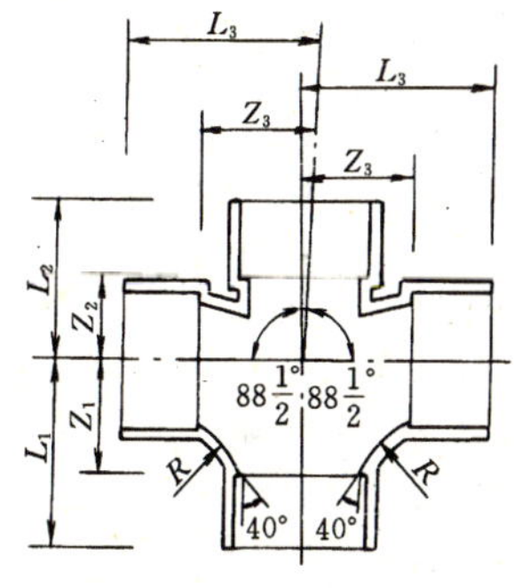

正 四 通 规 格 表

公称外径 DN	Z_1	Z_2	Z_3	L_1	L_2	L_3	R
50×50	30	26	35	55	51	60	31
75×75	47	39	54	87	79	94	49
110×50	30	29	65	80	79	90	31
110×75	48	41	72	98	91	112	49
110×110	68	55	77	118	105	127	63
160×160	97	88	110	157	143	170	82

图 5.3-55 正四通

(7) 90°弯头

90°弯头规格见图5.3-56

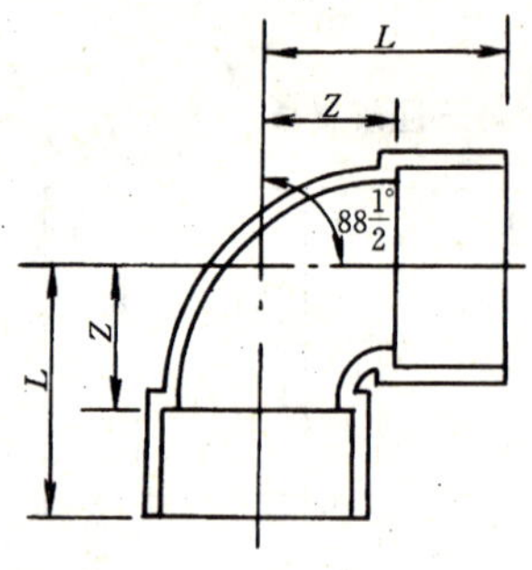

90°弯头规格表

公称外径 DN	Z	L
50	40	65
75	50	90
110	70	120
150	90	150

图5.3-56　90°弯头

(8) 异径管

异径管规格见图5.3-57

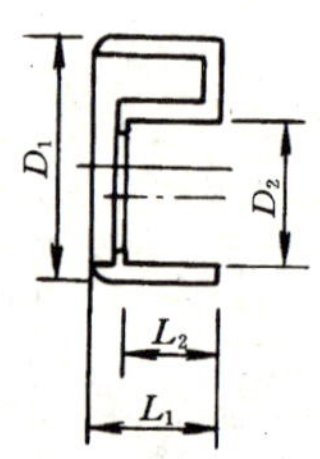

异径管规格表

公称外径 DN	D_1	D_2	L_1	L_2
50×40	50	40	25	20
75×50	75	50	40	25
110×50	110	50	50	25
110×75	110	75	50	40
160×110	160	110	60	50

图5.3-57　异径管

(9) 直角四通

直角四通规格见图5.3-58

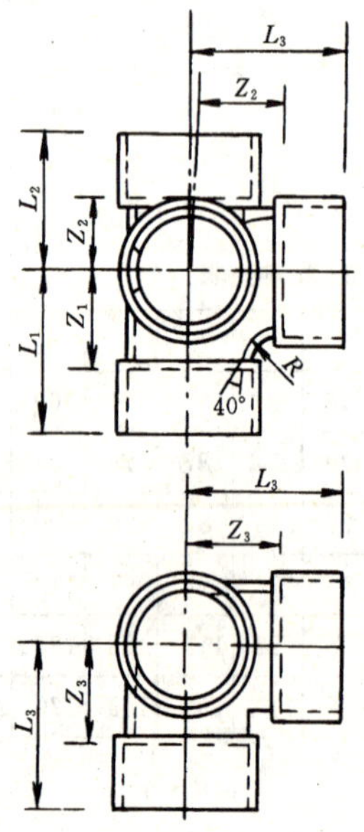

直角四通规格表

公称外径 DN	Z_1	Z_2	Z_3	L_1	L_2	L_3	R
50×50	30	26	35	55	51	60	31
75×75	47	39	54	87	79	94	49
110×110	68	55	77	118	105	127	63
160×160	97	83	110	157	143	170	82

图5.3-58　直管四通

(10) 90°顺水三通

90°顺水三通规格见图 5.3-59

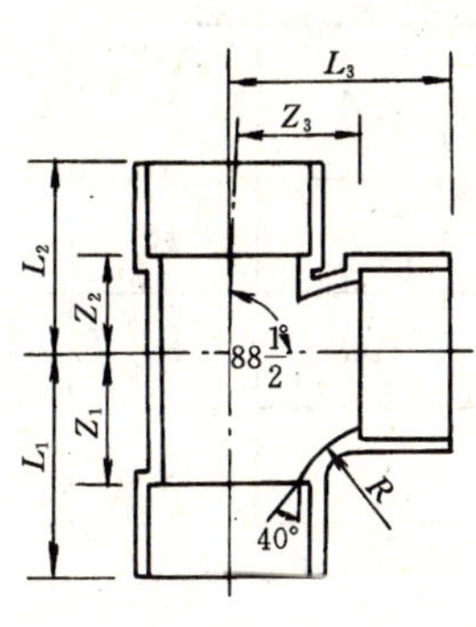

90°顺水三通规格表

公称外径 DN	Z_1	Z_2	Z_3	L_1	L_2	L_3	R
50×50	30	26	35	55	51	60	31
75×75	47	39	54	87	79	94	49
110×50	30	29	65	80	79	90	31
110×75	48	41	72	98	91	112	49
110×110	68	55	77	118	105	127	63
160×160	97	83	110	157	143	170	82

图 5.3-59 90°顺水三通

(11) 45°弯头

45°弯头规格见图 5.3-60

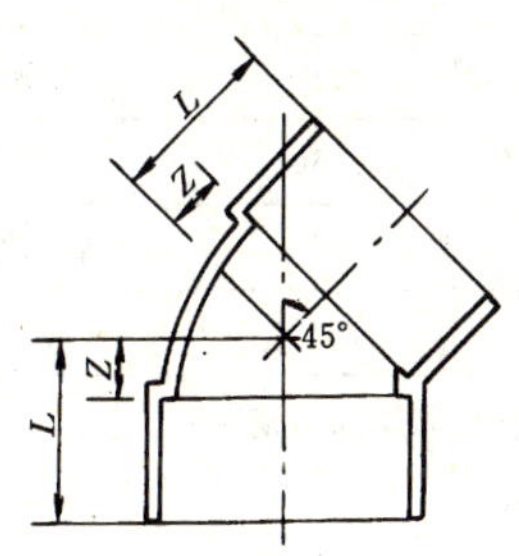

45°弯 头 规 格 表

公称外径 DN	Z	L
50	12	37
75	17	57
110	25	75
160	36	96

图 5.3-60 45°弯头

(12) 管箍

管箍规格见图 5.3-61

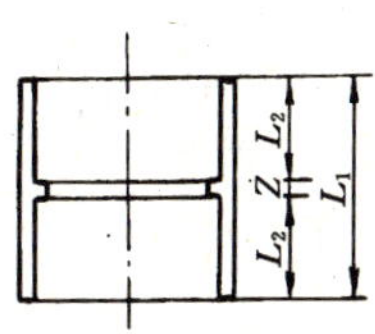

管 箍 规 格 表

公称外径 DN	Z	L_1	L_2
50	2	52	25
75	2	82	40
110	3	103	50
160	4	124	60

图 5.3-61 管箍

(13) 存水弯 (S型)

存水弯 (S型) 规格见图5.3-62

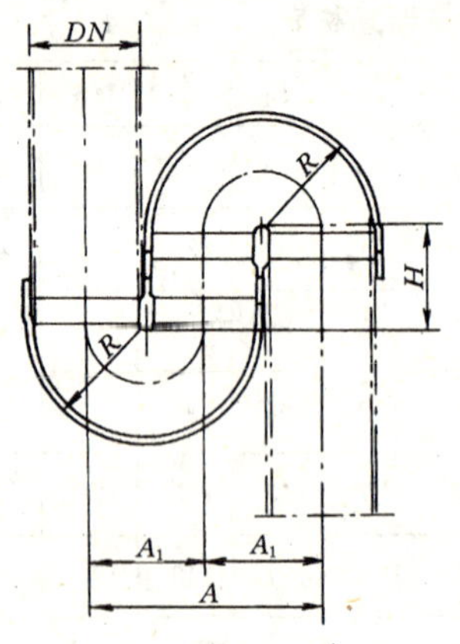

存水弯 (S型) 规格表

公称外径 DN	H	A	A_1	R
40	50	88	44	32
50	50	108	54	52
110	76	232	116	113

注：在 DN≤50 存水弯的集水槽底部应加设清理孔。

图5.3-62　存水弯 (S) 型)

(14) 存水弯 (P型)

存水弯 (P型) 规格见图5.3-63

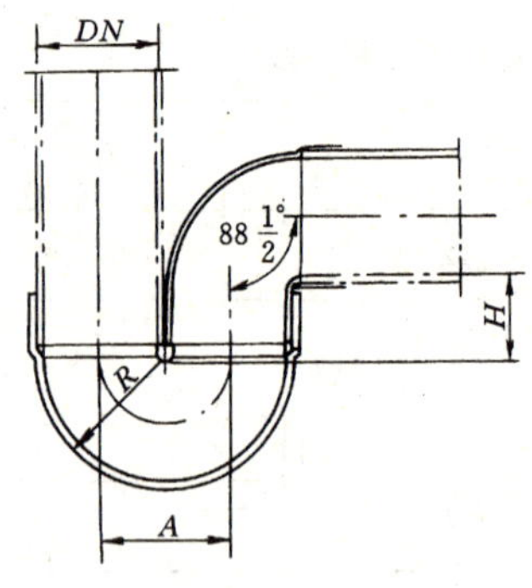

存水弯 (P型) 规格表

公称外径 DN	A	H	R
40	44	50	32
50	54	50	52
110	116	76	113

注：在 DN≤50 存水弯的集水槽底部应加设清理孔

图5.3-63　存水弯 (P型)

(15) 立管检查口

立管检查口规格见图5.3-64

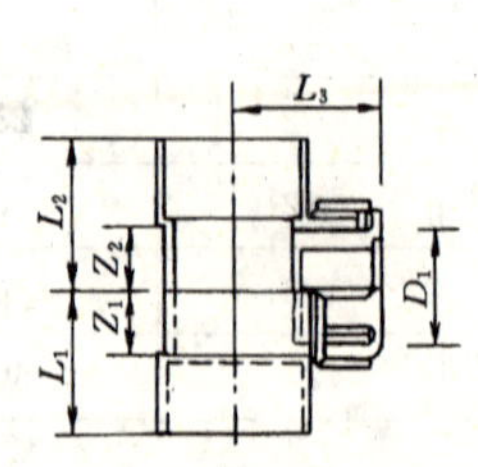

立管检查口规格表

公称外径 DN	Z_1	Z_2	L_1	L_2	L_3	D_1
50	30	30	55	55	47	36
75	40	40	80	80	60	62
110	65	65	115	115	80	100
160	80	80	140	140	125	100

图5.3-64　立管检查口

(16) 伸缩节

伸缩节规格见图 5.3-65

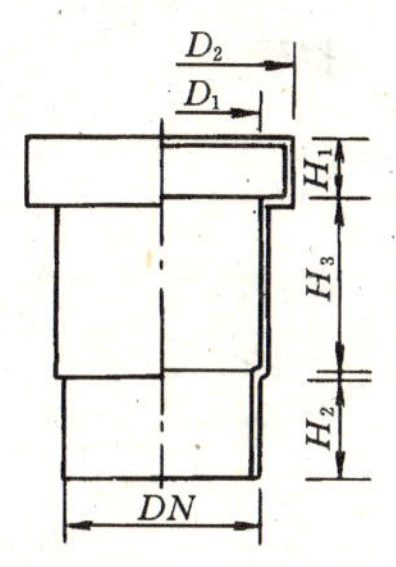

伸 缩 节 规 格 表

公称外径 DN	D_1	D_2	H_1	H_2	H_3
50	51	65	15	25	35
75	76	92	20	40	40
110	111.2	131.2	25	50	50
160	161.3	187.3	30	60	60

注：放置橡胶圈的沟槽也可用二件组合成型。

图 5.3-65 伸缩节

(17) 清扫口

清扫口规格见图 5.3-66

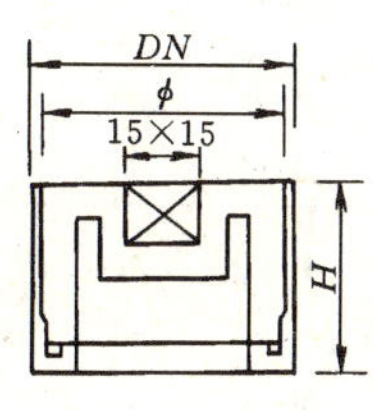

清 扫 口 规 格 表

公称外径 DN 及公差	Φ	H
50+0.14	46	25
75+0.6	69	40
110+0.8	102	50

图 5.3-66 清扫口

(18) 排水栓

排水栓规格见图 5.3-67

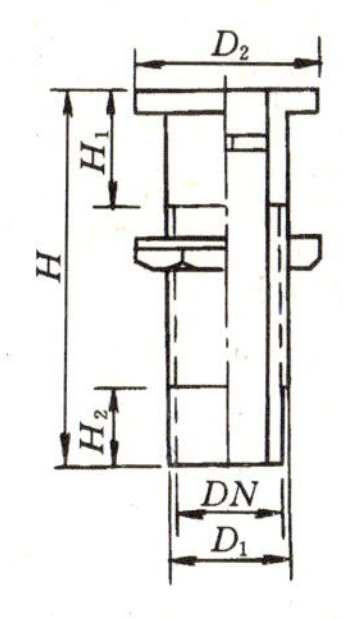

拴 水 栓 规 格 表

DN	D_1	D_2	H_1	H_2	H_3
40	M45	68	40	25	135
50	M56	98	40	25	135

图 5.3-67 排水栓

(19) 大便器连接件

大便器连接件规格见图 5.3-68

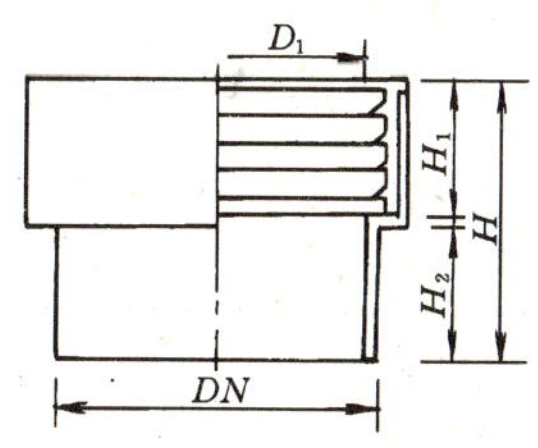

大便器连接件规格表

公称外径 DN	D_1	H_1	H_2	H
110	110	50	50	105
110	120	50	50	105

图 5.3-68 大便器连接件

(20) 小便器连接件

小便器连接件规格见图 5.3-69

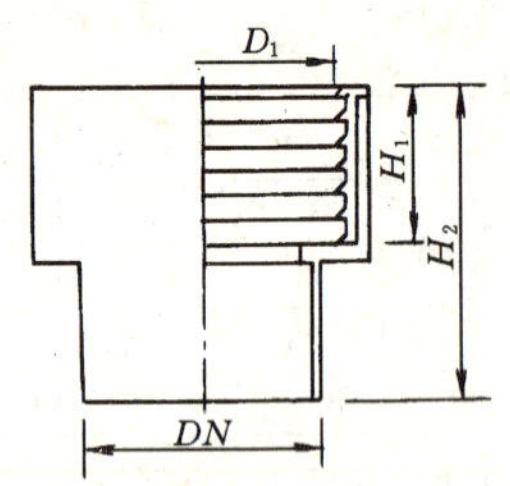

小便器连接件规格表

公称外径 DN	D_1	H_1	H_2
40	50	25	54

图 5.3-69　小便器连接件

(21) 通气帽

通气帽规格见图 5.3-70

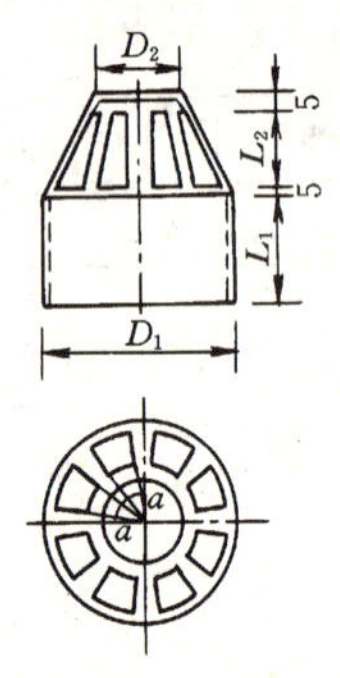

通气帽规格表

公称外径 DN	D_1	D_2	L_1	L_2	α	β
50	51	21.1	25	15	36	10
75	76	32.3	40	27	30	15
110	111	46.5	50	45	30	15

图 5.3-70　通气帽

(22) 地漏（Ⅰ型）

地漏（Ⅰ型）规格见图 5.3-71

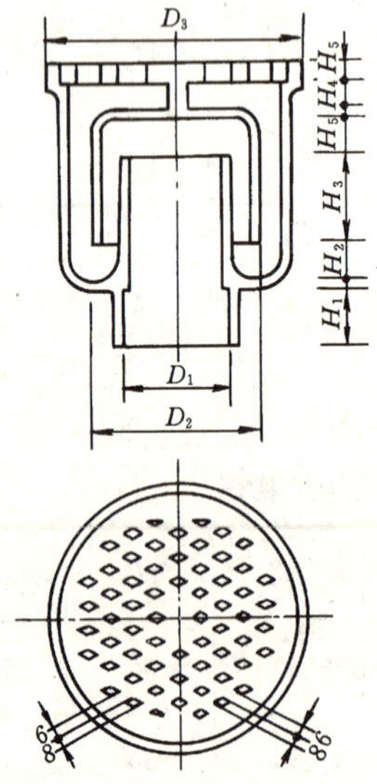

地漏（Ⅰ型）规格表

公称外径 DN	D_1	D_2	D_3	H_1	H_2	H_3	H_4	H_5
50	50	75	90	27	14	50	8	12
75	75	114	140	42	20	50	10	12
110	110	163	200	52	30	50	13	12

图 5.3-71　地漏（Ⅰ型）

(23) 地漏（Ⅱ型）

地漏（Ⅱ型）规格见图5.3-72

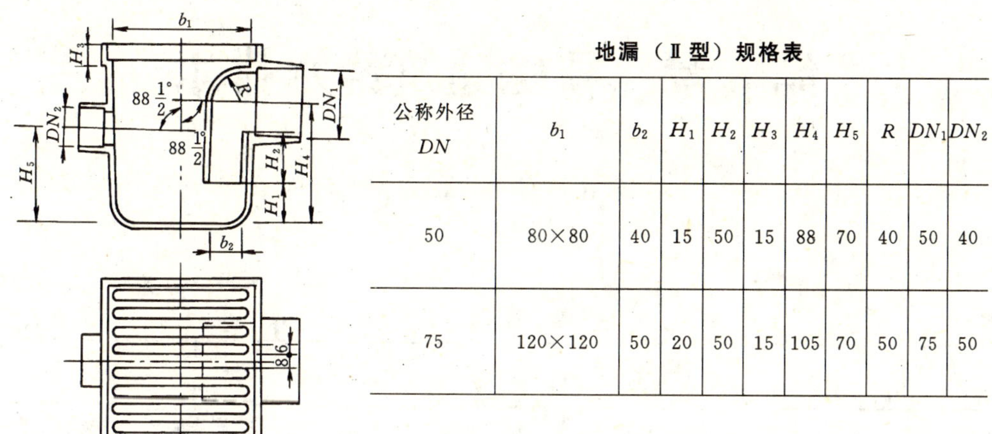

地漏（Ⅱ型）规格表

公称外径 DN	b_1	b_2	H_1	H_2	H_3	H_4	H_5	R	DN_1	DN_2
50	80×80	40	15	50	15	88	70	40	50	40
75	120×120	50	20	50	15	105	70	50	75	50

图5.3-72 地漏（Ⅱ型）

第6章　特殊建筑给水排水

6.1　游　泳　池

6.1.1　组成

游　泳　池　的　组　成　　　表 6.1-1

名　　称	内　　容	备　　注
游泳池	比赛池、练习池、蹼泳池、跳水池、水球池、花样游泳池、准备池、儿童池及幼儿戏水池	可合建亦可分建或部分合建
设备机房	循环水泵间、水过滤器间、加药间、消毒间、水加热器间、配电间、检修间、空调机房、控制室、值班室	一般可合建
洗净设施	浸脚消毒池、强制淋浴、浸腰消毒池	
辅助设施	更衣室、淋浴室、厕所、休息室、医疗室、办公室、售票、器材库	
观众台		视用途决定是否设置

6.1.2　游泳者进出游泳池流程图

游泳者游泳时，应按图 6.1-1 的进出线进入游泳池或退出游泳池。

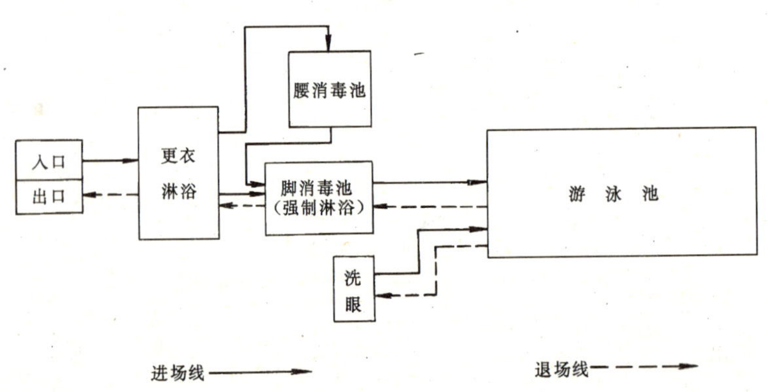

图 6.1-1　游泳者进出游泳池流程图

6.1.3　规格

1. 平面尺寸:标准比赛池和训练池的长度,应以 12.5m 的整倍数确定。宽度一般为 21m 或 25m。其它类池可为任意尺寸。各类游泳池平面及水深，参照表 6.1-2 确定。

2. 平面形状：标准比赛池和训练池应为矩形。娱乐及私用游泳池，可为不规则形状。

游泳池平面尺寸及水深 表 6.1-2

游泳池类别	水深（m）		池长度（m）	池宽度（m）	备注
	最浅端	最深端			
比赛游泳池	1.8～2.0	2.2～2.0	50	21，25	
水球游泳池	≮2.0	≮2.0	30	21，25	
花样游泳池	≮3.0	≮3.0	30	21，25	
跳水游泳池	跳板（台）高度	水深			
	0.5	≥1.8	12	12	
	1.0	≥3.0	17	17	
	3.0	≥3.5	21	21	
	5.0	≥3.8	21	21	
	7.5	≥4.5	25	21，25	
	10.0	≥5.0	25	21，25	
训练游泳池					
运动员用	1.4～1.6	1.6～1.8	50，25	21，25，16	
成人用	1.2～1.4	1.4～1.6	50，33.3，25	21，25，16	
中学生用	≤1.2	≤1.4	50，33.3，25	21，25，16	含大学生
公共游泳池	1.8～2.0	2.0～2.2	50，25，25	25，21，12.5，10	
儿童游泳池	0.6～0.8	1.0～1.2	平面形状和尺寸视具体情况由设计定		含小学生
幼儿戏水池	0.3～0.4	0.4～0.6			

注：设计中应与体育工艺部门密切配合，以确保游泳池符合使用要求和卫生要求。

6.1.4 水质水温

一、水质

人工游泳池水质卫生标准 表 6.1-3

序号	项目	标准
1	pH 值	6.5～8.5
2	浑浊度	<5 度，或站在游泳池两岸能看清水深 1.5m 处的池底四、五泳道线
3	耗氧量	<6mg/L
4	尿素	<2.5mg/L
5	余氯	游离余氯 0.4～0.6mg/L
		化合性余氯大于 1.0mg/L
6	细菌总数	<1000 个/mL
7	总大肠菌数	<18 个/L
8	有害物质	参照《工业企业设计卫生标准》（TJ36—79）中地面水水质卫生标准执行

注：比赛游泳池池水水质还应符合有关规定。

1. 初次充水及泄空后重新充水、补充水，应符合或接近国家颁布的现行的《生活饮用水卫生标准》。

2. 池水应符合国家体委和国家卫生部颁布的《人工游泳池水质卫生标准》，详见表 6.1-3。

3. 温泉水还应符合当地卫生防疫部门和游泳联合会的有关规定。

二、水温

1. 比赛用游泳池应符合《游泳比赛规则》的要求。

2. 设计计算可按表 6.1-4 规定确定。

3. 公共游泳池、私用游泳池，可按表 6.1-4 中训练游泳池之水温数值进行设计。

游泳池池水设计温度 表6.1-4

游泳池的用途	池水温度（℃）	游泳池的用途	池水温度（℃）
室内游泳池		露天游泳池	
比赛游泳池	24～26	夏季用	＞22
训练游泳池	25～27	冬季用	宜为30
跳水游泳池	26～28		
儿童游泳池	24～29		
准备池	24～27		

6.1.5 给水系统

1. 系统选择

游泳池给水系统选择 表6.1-5

系统形式	优点	缺点
循环给水系统	1. 水质水温稳定 2. 节约水资源和能源 3. 技术经济合理	1. 建设费用较高 2. 管理要求高
直流给水系统	1. 建设费用较循环给水系统低 2. 水质经常保持清新 3. 管理较简单	1. 水质水温受季节影响大 2. 应用范围和地域局限 3. 池水排放对环境有一定影响
定期换水给水系统	1. 建设费用低 2. 管理简单	1. 水质不易保证 2. 浪费水资源 3. 换水时影响正常使用

注：1. 一般应尽量采用循环给水系统。
2. 戏水池及儿童池宜采用直流给水系统。

2. 充水及补水

充水和补水技术要求 表6.1-6

序号	项目	技术要求	备注
1	充水时间	初次充水和泄空后再次充水，一般宜为24h，但最长不宜超过48h	
2	充水及补水方式	1. 一般为间接式 2. 如为直接补水和充水，应有防止回流污染水源的措施	
3	水源	1. 城市自来水 2. 自备水源（井水、泉水、地热水、温泉水等）	
4	补充水量	1. 为水面蒸发损失、排污损失、人体带走的水量 2. 循环给水系统按表6.1-7计算或按图6.1-2查得 3. 直流给水系统为每小时不小于泳池容积的15％	
5	管道设置	1. 补水管与充水管宜合并设置 2. 补水管的水流方向，不得与游泳池池水水流方向相反 3. 通过补给水箱补水时，补水箱的出水管应接至循环水泵的吸水管上 4. 补水箱的出水管上应装设止回阀	

游泳池每天补水量占池水容积的百分数 表 6.1-7

游泳池类型和特点	比赛、训练、跳水用游泳池		公共游泳池		儿童游泳池 幼儿游泳池
	室 内	露 天	室 内	露 天	
补水量（%）	3～5	5～10	5～10	10～15	10～15

注：1. 水球池、游泳和跳水合建游泳池每天补水量占池水容积的百分数为5%。

2. 直流给水系统的游泳池的补水量，每小时不得小于游泳池水容积的15%。

3. 如卫生防疫部门有规定时，还应符合卫生防疫部门的有关规定。

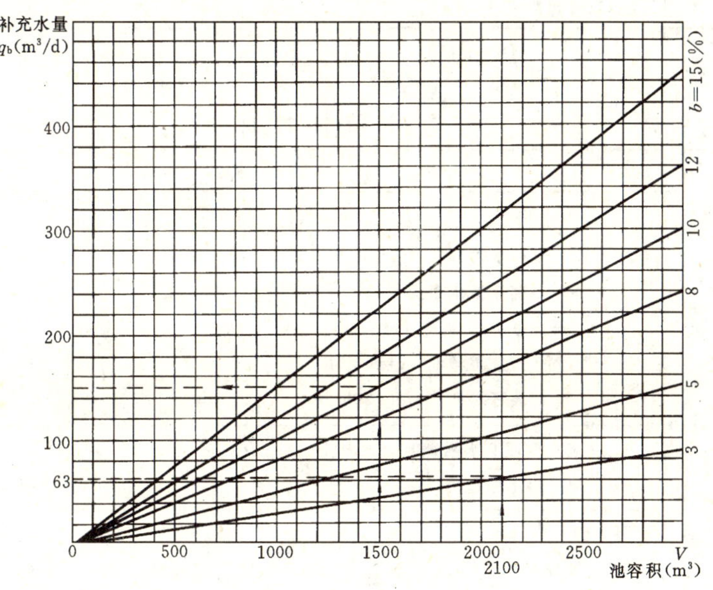

图 6.1-2 游泳池补水量计算图

6.1.6 平衡水池及补水箱

1. 平衡水池

平 衡 水 池 技 术 要 求 表 6.1-8

序号	项 目	技 术 要 求	备 注
1	容 积	$V_p = V_1 + V_2 + V_3$ 式中 V_p——平衡池容积（m³）； V_1——循环给水及回水管道内的水容积（m³）； V_2——系统设备（过滤器、加热器、毛发过滤器等）内水容积（m³）； V_3——达到溢流回水槽堰上的溢流水厚度所需水容积	V_3中的溢流水厚度一般采用10～15mm
2	设置条件	1. 数座游泳池共用一组过滤器时 2. 循环泵无条件自灌吸水时 3. 逆流式或混合式循环给水系统时 4. 循环水泵的吸水管过长，影响水泵吸水高度时	
3	位 置	1. 靠近过滤器机房 2. 在毛发聚集器之前作循环泵吸水池	

续表

序号	项 目	技 术 要 求	备 注
4	构 造	1. 逆流式循环给水系统时，游泳池泄水管可接入平衡水池 2. 池内底表面应低于游泳池内底表面不小于 700mm 3. 补水及充水管设在该池内，其浮球阀门的管口应高出水面高度不小于 100mm	
5	材 料	1. 钢筋混凝土 2. 玻璃钢 3. 钢板焊制	

2. 补水箱

补水箱技术要求　　表 6.1-9

序号	项 目	技 术 要 求	备 注
1	容 积	$V_s = S_A$ 式中 V_s——补水箱容积（m^3），亦可按图 6.1-3 查得 S——游泳池水表面积（m^2） a——每 $1m^2$ 水表面积所需容积（L）可按下列规定采用： 公共游泳池：$a=40L$ 其它游泳池：$a=20L$	
2	设置条件	1. 顺流式循环给水系统时 2. 直流式给水系统时	
3	位 置	靠近循环水泵间	
4	构 造	1. 自来水补水管接入补水箱，并装浮球阀门，且管口应高出水面 100mm 2. 水箱与水泵吸水管设补水连通管，管径按补充水量计算定 3. 如兼作初次充水的隔断水箱时，应与泳池设连通管，连通管上设阀门及止回阀 4. 应设溢水管	
5	材 质	1. 钢筋混凝土 2. 钢板或其它非金属不透水材料	

6.1.7 水的循环

一、基本要求

池水循环的基本要求　　表 6.1-10

序号	技 术 要 求	备 注
1	水流分布均匀、不出现短流和涡流、不出现死水区、消除细菌、藻类繁殖隐患	
2	保证池水用过后能及时更新替换	
3	池水表面不出现漂浮物，池底无沉积污物	
4	保证池水不同深度、不同部位处的水温和余氯量均匀一致	
5	有利于卫生条件及环境的保持	
6	方便施工安装、维修管理	

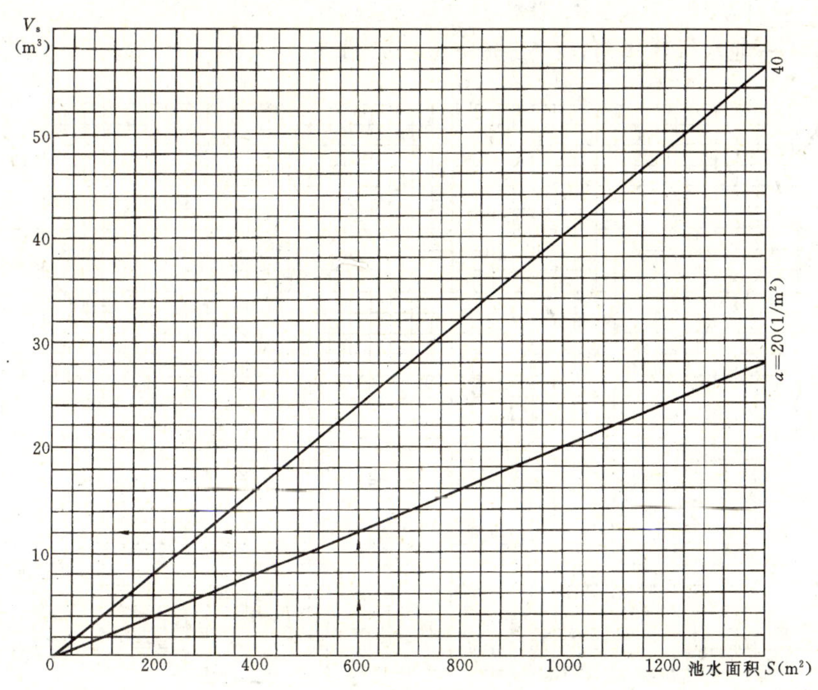

图 6.1-3 补水箱的容积计算图

二、循环方式

1. 池水循环的方式及其优缺点，详见表 6.1-11。

2. 循环方式的选择原则：

(1) 使用要求：比赛用时宜选用逆流式

(2) 建设费用：

池 水 循 环 方 式 **表 6.1-11**

循环方式	技 术 要 求	优 点	缺 点
顺流式循环	1. 池端壁进水或池端壁和侧壁进水 2. 池底回水	1. 建设费用低 2. 满足配水均匀 3. 施工安装方便	1. 池底局部部位易沉积污物
逆流式循环	1. 池底进水 2. 池面溢流回水	1. 配水均匀 2. 池底不易积污 3. 有利水面污物及时排除	1. 建设费用高
混合式循环	1. 池底进水 2. 池面溢流回水不少于 50% 3. 池底回水不大于 50%	1. 建设费用较低 2. 配水均匀	1. 池底回水流量不易控制

三、循环流量按下式计算

$$q_x = \frac{\alpha V}{T} \ (m^3/h) \tag{6.1-1}$$

式中 q_x——池水的循环流量 (m^3/h)，可按图 6.1-4 选定；

α——管道、过滤器和加热器的水容积附加系数，一般采用 1.1～1.2；

V——游泳池的水容积（m^3）；

T——池水循环周期，一般按表 6.1-12 选定。

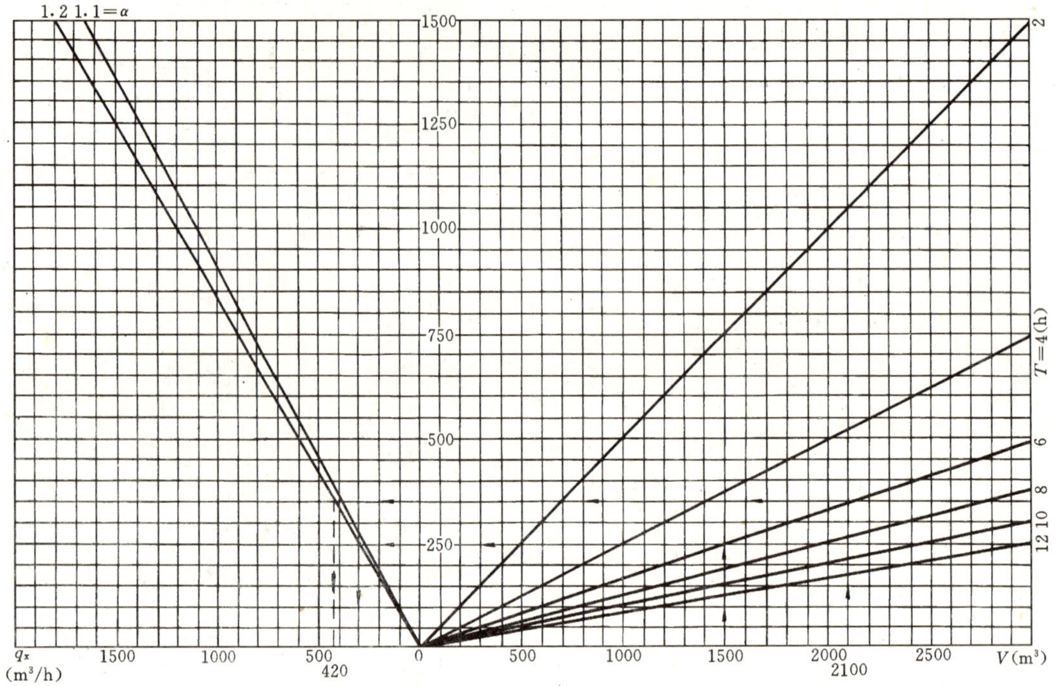

图 6.1-4 游泳池水的循环流量计算图

游泳池水的循环周期 **表 6.1-12**

游泳池类型	循环周期 T（h）	循环次数 N（次/d）	游泳池类型	循环周期 T（h）	循环次数 N（次/d）
比赛训练池	6～10	4～2.4	跳水游泳合用池	8～10	3～2.4
跳水池、私用游泳池	8～12	3～2	儿童游泳池	4～6	6～4
公共游泳池	4～8	6～3	幼儿戏水池	1～2	24～12

注：游泳池水如采用间歇式循环时，应按游泳池开放前后将全部池水各循环一次计算。

四、循环周期

1. 确定循环周期的因素

（1）泳池使用性质：

（2）游泳人数和每日开放时间；

（3）泳池水容积和水表面面积；

（4）池水净化设备类型及运行方式；

2. 游泳池的循环周期按表 6.1-12 确定。

五、循环水泵

1. 用途不同的游泳池、循环水泵宜分开各自独立设置。

2. 尽量选用耐腐材质的水泵。

3. 循环水泵参数按表 6.1-13 确定。

循环水泵的参数 表 6.1-13

序号	项目	技术要求	备注
1	流量	不小于公式（6.1-1）的计算值	
2	扬程	$H = h_1 + h_2 + h_3 + h_4 + h_5 + h_6$ 式中 H——循环水泵的扬程（m） h_1——循环给水管道水头损失（m） h_2——压力过滤器的阻力损失（mH_2O）按表 6.1-19 确定 h_3——水加热器的阻力损失（mH_2O） h_4——毛发聚集器阻力损失（mH_2O） h_5——给水口阻力损失（mH_2O） h_6——流出水头（mH_2O）	
3	吸水方式及流速	1. 一般为自灌式吸水 2. 吸水管流速为 1.0～1.2m/s 3. 出水管流速不大于 1.5m/s	
4	管道附件	1. 吸水管上毛发聚集器前后应装阀门 2. 出水管上应装设止回阀、阀门、压力表及隔震短管	
5	其它	1. 循环水泵允许兼作过滤器的反冲洗泵，但应以反冲洗过滤器要求校核循环水泵的工况 2. 兼作反洗泵时，可按工作泵与备用泵同时运行设计	

六、循环管道

循环管道的技术要求 表 6.1-14

序号	项目	技术要求	备注
1	流速	1. 循环给水管一般不大于 1.5m/s 2. 循环回水管一般为 0.7～1.0m/s	
2	管材	1. 内壁衬防腐材料的金属管 2. ABS 塑料管	
3	管道附件	管道上的阀门宜采用明杆阀门或蝶阀	
4	管道敷设	1. 尽量沿游泳池周边做管廊，将管道敷设在管廊内，方便维修 2. 管沟、管廊敷设有困难时，可埋地敷设，但应有可靠的防腐措施 3. 塑料管不宜埋地敷设	

6.1.8 水的净化

一、预净化

预净化由平衡水池和毛发聚集器组成，顺流式循环给水系统仅由毛发聚器组成。

1. 平衡水池：平衡水池的设计，应满足表 6.1-8 规定的各项技术要求。

2. 毛发聚集器：毛发聚集器的选用或设计，应满足表 6.1-15 的各项技术要求。

二、过滤净化

1. 游泳池的池水，因其浑浊度不高且比较稳定，一般采用接触过滤原理进行泳池水的净化。

2. 过滤设备的分类：用于游泳池的过滤设备类型较多，详见表 6.1-16。

毛发聚集器的技术要求　　表 6.1-15

序号	项　目	技　术　要　求	备　注
1	数　量	不少于2台（交替使用）	
2	构　造	1. 水流阻力小 2. 拆卸方便，易清洗 3. 外壳正压不渗水，负压不漏气 4. 滤筒（网）孔眼直径不大于5mm，且孔眼总面积不小于进水接管截面积的2倍	
3	材　料	1. 外壳宜为铸铁，但应做防腐处理 2. 滤筒（网）为铜或不锈钢丝网	
4	设置位置	循环水泵的吸水管上	

过滤设备的分类　　表 6.1-16

分类方式	类　型	备　注
按水流状态分	1. 压力式过滤器 2. 重力式过滤器（快滤池、无阀滤池）	
按使用滤料分	1. 石英砂压力过滤器 2. 石英砂、无烟煤双层压力过滤器 3. 聚苯乙烯塑料珠压力过滤器 4. 纤维球压力过滤器 5. 硅藻土压力过滤器	
按过滤器形式分	1. 卧式压力过滤器 2. 立式压力过滤器	
按过滤速度分	1. 低速过滤器（滤速不大于7m/h） 2. 快速过滤器（滤速10～25m/h） 3. 高速过滤器（滤速25～35m/h）	

3. 游泳池池水过滤方式的选择

（1）过滤净化方式的比较，详见表6.1-17。

过滤净化方式的比较　　表 6.1-17

过滤方式	优　点	缺　点	备　注
压力过滤器	1. 效率高、出水水质较稳定 2. 位置可高于泳池水面 3. 操作管理经验成熟 4. 有利于直接连接后续处理设备和实现系统自动控制	1. 必须用于循环给水系统 2. 过滤速度不均匀 3. 用无烟煤滤料时，价格较高	
重力过滤	1. 出水水质优良 2. 可观察过滤情况 3. 维修简单、维护费低	1. 占地面积大，且设置位置低于泳池水面 2. 过滤效率低 3. 水质受季节影响大	

三、设备容量计算

1. 由于游泳池一般都采用压力式过滤器，故本手册仅对压力过滤器的计算进行介绍。

2. 压力过滤器过滤面积，按下式计算：

$$A_z = \frac{q_x}{v}\ (m^2) \tag{6.1-2}$$

式中 A_z——压力过滤器的总面积（m^2），根据图 6.1-5 选定；

q_x——游泳池的循环流量（m^3/h）；

v——过滤速度（m/h），按表 6.1-18 选用。

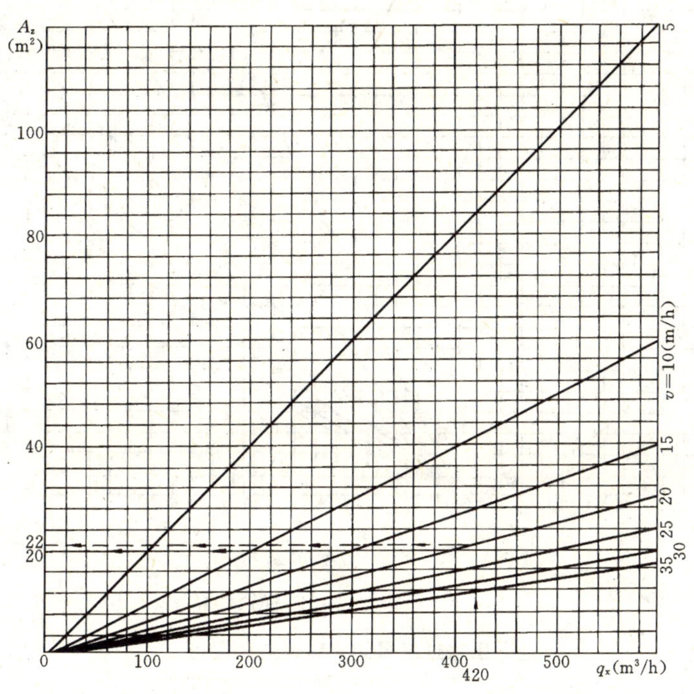

图 6.1-5 压力过滤器的过滤总面积计算图

3. 压力过滤器的数量，按下式计算：

$$n = \sqrt{\frac{4A_z}{d^2}}\ (个) \tag{6.1-3}$$

式中 n——压力过滤器的数量（个）；

A_z——压力过滤器的总过滤面积（m^2），按式（6.1-2）确定；

d——一个压力过滤器的直径（m），按图 6.1-6 选定，最小直径不小于 0.8m，最大直径不大于 2.6m，数量不少于 2 个。

4. 压力过滤器的滤料

（1）级配滤料：滤料的组成及其相应的过滤速度，按表 6.1-18 选定。

（2）硅藻土滤料：性能非常好，设备实现了小型化，我国在食品工业上有所应用，在游泳池水过滤上尚无使用实例。

5. 压力过滤器的冲洗水量，按下式计算：

$$q_c = A_g q_{cj} (L/s) \tag{6.1-4}$$

式中 q_c——一个压力过滤器的冲洗水量（L/s），可按图 6.1-7 选定；

A_g——一个压力过滤器的过滤面积（m^2）；

q_{cj}——压力过滤器的冲洗强度[$L/(s \cdot m^2)$]，按表 6.1-19 确定。

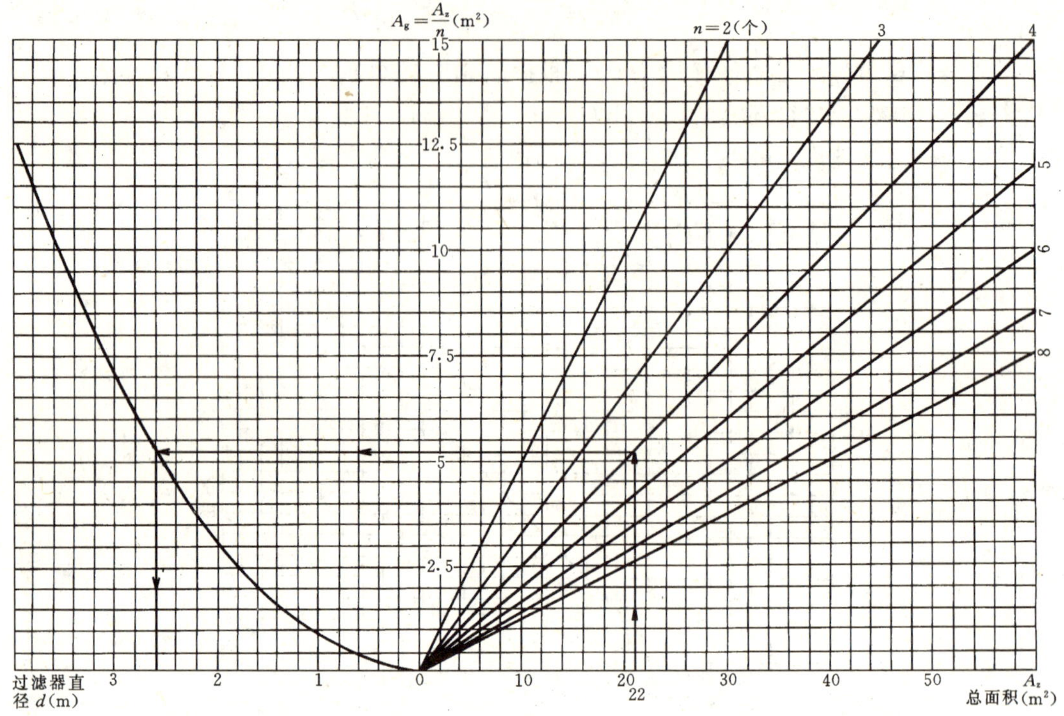

图 6.1-6　压力过滤器的直径计算图

压力过滤器的滤料组成和滤速　　**表 6.1-18**

序号	滤料类别	滤料组成			滤速(m/h)
		粒径(mm)	不均匀系数 K	厚度(mm)	
1	单层石英砂	$D_{min}=0.5(0.6)$ $D_{max}=1.0(1.2)$	<2.0	500～700	8～15 (15～20)
2	双层滤料	无烟煤 $D_{min}=0.8$ $D_{max}=1.8$	<2.0	300～400	14～18
		石英砂 $D_{min}=0.5$ $D_{max}=1.2$	<2.0	300～400	
3	聚苯乙烯塑料珠	$D_{min}=1.2$ $D_{max}=2.0$	<2.0	700～800	20～25

注：1. 承托层厚度应按排水形式确定；

2. 括号内数据为本手册推荐值；

3. 使用高速过滤器时，滤料均匀系数较小，一般多采用 $K=1.4\sim1.5$。

6. 压力过滤器的反冲洗

(1) 反冲洗强度、反冲洗周期和反冲洗历时时间，应经试验确定。

(2) 设计时，一般可按表 6.1-19 确定。

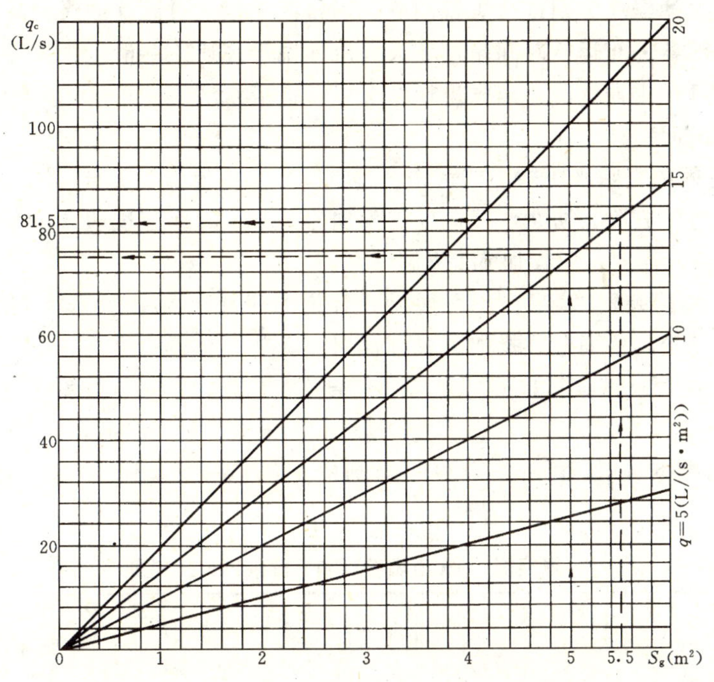

图 6.1-7 压力过滤器的反冲洗水量计算图

压力过滤器的冲洗强度冲洗时间和最大允许阻力 **表 6.1-19**

滤料名称	滤料级配		水洗强度	气洗强度	冲洗时间	最大阻力
	粒径（mm）	厚度（mm）	[L/(s·m²)]	[L/(s·m²)]	(min)	(mH_2O)
石英砂	0.5～1.2 1.2～32.0	600～700 350～500	12～15	20～30	水洗:5～8 气洗:10	5～6
石英砂、无烟煤双层	石英砂 0.5～1.2 无烟煤 0.8～1.8 卵石承托层 1.2～32.0	300～400 300～400 350～500	13～16	—	6～8	5～6
聚苯乙烯塑料珠	1.2～2.0	600～900	20～25	—	3～5	2～3

注：1. 冲洗时滤料膨胀率：石英砂：40%～45%；双层滤料：45%～50%；聚苯乙烯塑料珠：20%～30%。
2. 气洗时的气压力为滤层厚度的水柱压力与脏物阻力之和。脏物阻力可按 3m 水柱计。

7. 压力过滤器冲洗水源和水泵

(1) 冲洗水源以自来水为好。

(2) 采用泳池水作冲洗水源时，宜选用气—水冲洗方式。

(3) 冲洗水泵宜独立设置。有条件时，尽量设置冲洗水箱。

8. 压力过滤器设计注意事项

(1) 不同用途的游泳池的过滤器应分开设置。不设备用过滤器，但数量不少于 2 个；

（2）压力过滤器应分别逐个进行冲洗，不得两个以上过滤器同时冲洗；

（3）如过滤器停止运行时间超过3天，应冲洗干净后，并泄空内部存水方可停用；

（4）采用气—水冲洗时，应先进行气洗，后进行水洗。

6.1.9　加药装置

1. 为了有效的去除水中微小的污物，而向循环水中投加混凝剂，使其污物絮凝较大块状污物，以便过滤去除。防止水藻产生需投加除藻剂，为保证过滤及消毒效果，使池水保持一定的pH值，需向水中投加pH值调整剂。

2. 组成：加药装置由溶药池、溶液池、计量加药泵（器）、探测器及管路组成。因pH值调整剂和除藻剂均为间断式投加，故可合用一套装置交错使用。

3. 加药系统为使其运行准确可靠，在有条件的地方，尽量实行系统的全自动化或半自动化运行。

4. 常用混凝剂、pH值调整剂和除藻剂的优缺点和设计投加量，可按表6.1-20选用。

混凝剂、pH值调整剂和除藻剂设计投加量　　表6.1-20

分类	药剂名称	特性	投加量（mg/L）	投加要求	备注
混凝剂	硫酸铝（精制、粗制） $Al_2(SO_4)_3 \cdot 18H_2O$	1. 水解作用缓慢 2. 精制含无水硫酸铝50%～52% 3. 粗制含无水硫酸铝20%～25% 4. 适用水温：20～40℃	5～10	1. 溶液浓度不宜大于10% 2. 连续投加 3. 宜由探测器反馈自动调整投加量	
	明矾（硫酸铝钾） $Al_2(SO_4)_3 \cdot K_2SO_4 \cdot 24H_2O$		5～15		
	绿矾（硫酸亚铁） $Fe_2SO_4 \cdot 7H_2O$	1. 腐蚀性大 2. 矾花形成快，且块大 3. 适用于高浊度高碱度的水	5～10		
	碱式氯化铝 $Al_n(OH)_mCl_{3n-m}$ （简写PAC）	1. 效果好，出水过滤性能好，色度低，腐蚀小 2. 固体含氧化铝40%～50%，液体含氧化铝8%～10% 3. 温度适应性广 4. pH值适用范围大（pH=5～9）	3～10		
除藻剂	蓝矾（硫酸铜） $CuSO_4 \cdot 5H_2O$	1. 极易溶于水 2. 使水呈蓝色 3. 能抑制藻类生长	1～5	1. 溶液浓度不宜大于10% 2. 间断投加 3. 投加时间由水质化验或探测器反馈	

续表

分类	药剂名称	特性	投加量(mg/L)	投加要求	备注
pH值调整剂	碳酸钠(纯碱苏打) Na_2CO_3	1. 无毒、无腐蚀性	5～10	1. 溶液浓度不宜大于10% 2. 间断投加 3. 投加时间由探测器反馈或水质化验定	
	烧碱 NaOH	1. 有腐蚀性 2. 溶于水放大量热			

5. 投加方式分：重力投加和压力投加。压力投加又可分为：加压泵及水射器投加。

6. 设备器材

(1) 药剂溶液都有不同程度的腐蚀性，故投加药液的设备、管道和仪表应为耐腐蚀材料制成。

(2) 加药管应采用ABS塑料管、聚乙烯塑料管或由上述材料制造的衬里钢管。

(3) 国内目前已有不少游泳池设备生产厂家，有比例式定量加药泵和自动加药装置的定型产品可供设计选用。

(4) 目前市场上亦有不少商家代销国外成套设备和装置的产品、也可供设计选用。

(5) 溶药池、溶液池宜用ABS板衬里或ABS板制造。

6.1.10 水的消毒

一、选择消毒剂的原则

1. 杀菌能力强，有持续杀菌能力；
2. 不污染水质，不改变水质；
3. 对人体无刺激作用或刺激性小；
4. 对管道、设备及建筑结构无腐蚀性或腐蚀性小；
5. 费用低廉，且能就地取材。

二、消毒剂的选择：可按表6.1-21对消毒剂优缺点的比较，结合工程情况和当地条件进行确定。

消毒剂的比较 表6.1-21

消毒剂	设计投加量(mg/L)	优点	缺点	备注
液氯	1～3(以纯氯计)	1. 有持续消毒功能 2. 投量准确、成本较低 3. 设备体积小	1. 有气味，刺激和腐蚀作用 2. 贮存和运输须用高压钢瓶 3. 氯有毒，应有防漏氯措施，使用中应注意安全	
次氯酸钠		1. 有持续消毒功能 2. 能现场制备，操作简单 3. 比液氯安全、方便	1. 成本比液氯高 2. 成品易受日光、温度影响分解、失效，不宜久存	
漂白粉 漂粉精		1. 有持续杀菌功能 2. 设备简单、价格低 3. 粉含氯20%～30%；精含氯60%～70%	1. 易增加池水浊度 2. 有氯酚味 3. 易受光、热、潮作用后失效	

续表

消毒剂	设计投加量（mg/L）	优　　点	缺　　点	备注
氯　片	1～3（以纯氯计）	1. 有持续消毒功能 2. 设备简单、价格低 3. 使用方便	1. 有气味 2. 适用于小型游泳池	
臭　氧	0.2～2	1. 杀菌功能强、效果好 2. 无刺激作用 3. 能改善池水感官性能 4. 能除嗅，能去除铁、锰等 5. 无氯酚味，不产生有机氯化物	1. 无持续杀菌功能 2. 不易溶于水中，且不稳定，易挥发 3. 增加吸收多余臭氧设备	
紫外线	照射光谱 200μ～300μ	1. 杀菌效率高，接触时间短 2. 无气味 3. 不改变水质	1. 杀菌效果受池水浊度影响 2. 无持续杀菌功能	
二氧化氯	2～5	1. 杀菌效果好，无气味 2. 可除嗅，去色、氧化锰、铁等 3. 无刺激作用	1. 制取设备复杂、成本较高 2. 必须现场制取随时使用 3. 操作管理要求高	

三、投加方式

1. 液氯、臭氧、二氧化氯应采用负压投加。不允许氯瓶与池水直接联接。

2. 次氯酸钠、氯片、漂粉精，宜采用重力式投加。

3. 应设置消毒剂与水的混合装置。

4. 投加消毒剂的设备与循环水泵应联锁。

5. 氯片、漂粉精应采用湿式投加。

6.1.11　水的加热

1. 池水加热所需的热量按下式计算：

$$Q = Q_{cz} + Q_b (\mathrm{kJ/h}) \tag{6.1-5}$$

式中　Q——池水加热所需的热量（kJ/h）；

Q_{cz}——池水表面蒸发和水面、池底、池壁、管道、设备等传导所损失的热量之和（kJ/h），按6.1-6计算或按图6.1-8选定；

Q_b——补充水加热所需的热量（kJ/h）。

2. 池水表面蒸发损失的热量及水面、池底、池壁、管道、设备等传导损失的热量之和，按下式计算：

$$Q_{cz} = \frac{\alpha \gamma \Delta t V}{24} (\mathrm{kJ/h}) \tag{6.1-6}$$

式中　Q_{cz}——同式（6.1-5）；

α——水的比热容，$\alpha = 4.1868\mathrm{kJ/kg \cdot ℃}$；

γ——水的容重（kg/L）；

Δt——池水每天自然温降值（℃），按表6.1-22选用；

V——游泳池的水容积（$\mathrm{m^3}$）。

游泳池水每天自然温降值　　**表6.1-22**

游泳池类别	夏季温降（℃）	冬季温降（℃）	游泳池类别	夏季温降（℃）	冬季温降（℃）
室内游泳池	0.1～0.5	1.0～2.5	露天游泳池	0.2～1.0	1.5～3.5

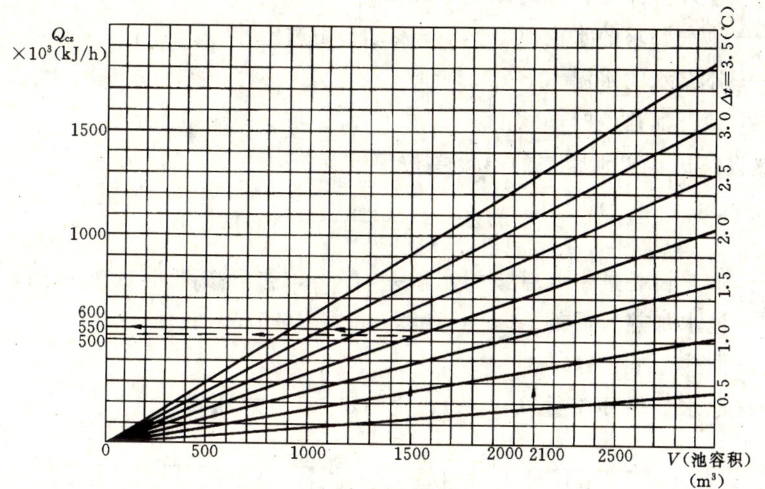

图 6.1-8 Q_{cz}计算图

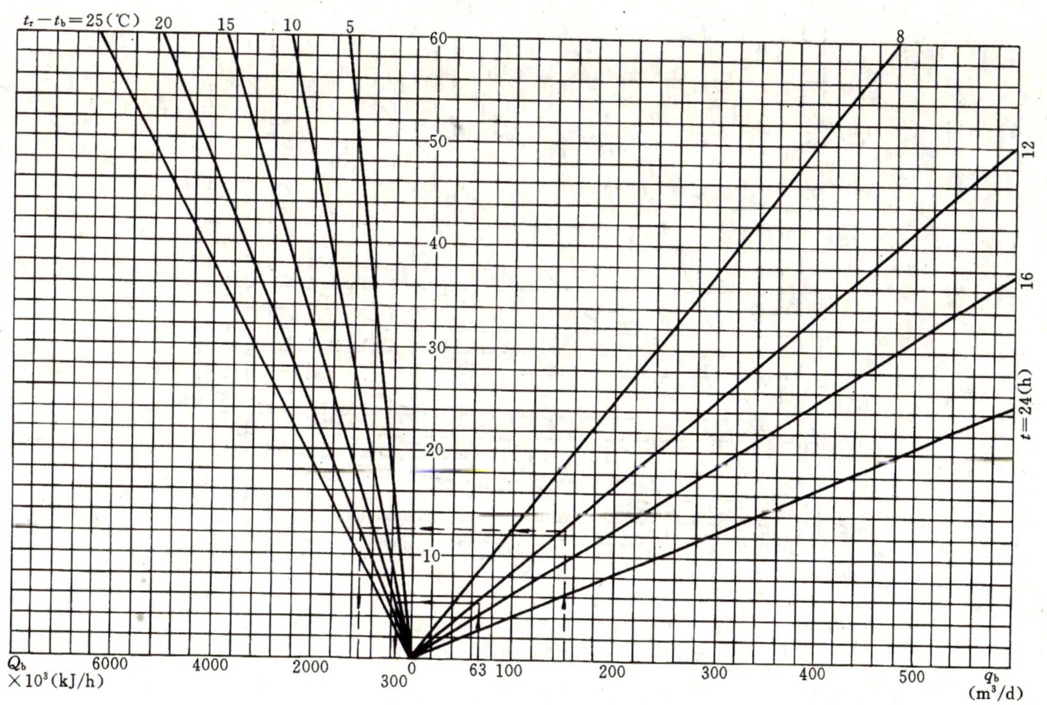

图 6.1-9 游泳池补充水加热所需要的热量计算图

3. 补充水加热所需的热量按下式计算：

$$Q_b = \frac{\alpha \gamma q_b (t_r - t_b)}{t} \ (\text{kJ/h}) \tag{6.1-7}$$

式中 Q_b——补充水加热所需热量（kJ/h），可按图 6.1-9 选定；

α——水的比热容，α=4.1868kJ/(kg·℃)；

γ——水的容重（kg/℃）；

q_b——每天游泳池补充的水量（L/d）；

t_r——池水要求的水温（℃），按表6.1-4选定；

t_b——补充水的水温（℃）；

t——每天加热的时间（h）。

4. 加热设备进、出水管口的温度差按下式计算：

$$\Delta t=\frac{Q}{1000\alpha\gamma q_x}\ (℃) \tag{6.1-8}$$

式中　Δt——加热设备进出水管口的水温差（℃），亦可按图6.1-10选用；

Q——池水加热所需的热量(kJ/h)，由式（6.1-5）计算；

γ、α——同式（6.1-6）；

q_x——池水的循环流量（m³/h），由（6.1-1）式计算。

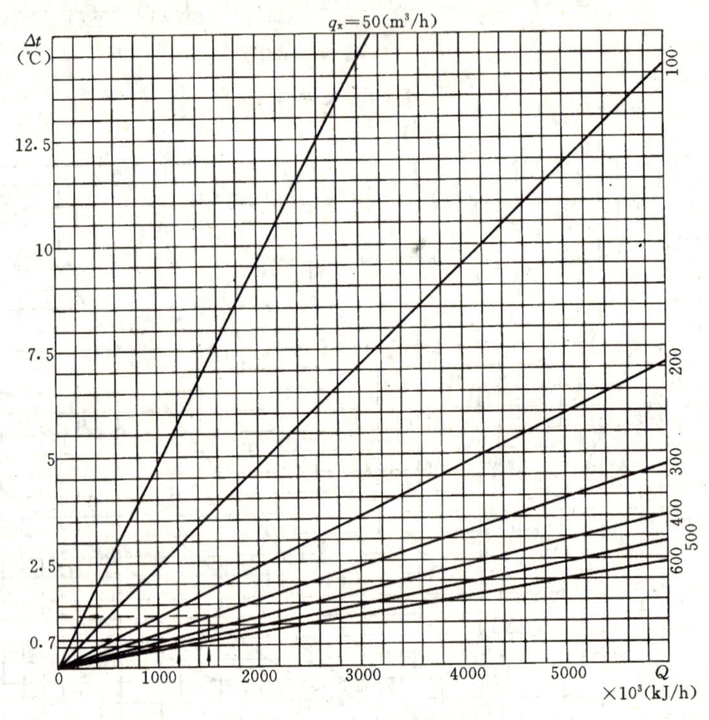

图6.1-10　加热设备进出水管口的温差

6.1.12　附属装置

附属装置的技术要求　　**表6.1-23**

序号	附属装置名称	技术要求	备注
1	给水口	1. 数量：按循环流量计算确定 2. 位置：满足配水均匀和不产生涡流顺流式一般设在泳池端壁，逆流式设在泳池底的泳道拉线正下方之池底 3. 间距： 端壁为2.25m，距侧壁不小于0.5m 池底为3m，距端壁不大于1.5m	

续表

序号	附属装置名称	技 术 要 求	备 注
1	给水口	4. 高度： 成人池为水面下 0.5～1.0m 儿童池为水面下 0.3m 泳池水深超过 3m 时，应分层设置上下层错开，最下层距池底不小于 0.5m 5. 构造：为喇叭口带格栅护板、格栅孔隙不大于 10mm，并可调流量 6. 格栅孔隙流速：0.6～1.0m/s 7. 接管管径不大于 50mm 8. 材质：铜、不锈钢及其它耐腐蚀不变形材料	
2	回水口	1. 数量：按循环流量计算确定 2. 位置：满足回水均匀和不产生短流、顺流式设在池底最底处，逆流式设在回水槽内、槽沿必须严格水平，不产生短流 3. 构造：进水面积按格栅孔隙流速 0.1～0.5m/s 计算，并且不得小于连接管截面积的 4 倍格栅孔孔隙：成人不超过 20mm；儿童不超过 15mm 4. 格栅盖板应牢固固定 5. 两个以上回水口，其接管应尽量相等的行程，且管内流速为 0.7～1.0m/s 6. 材质：铜，不锈钢或其它耐腐蚀不变形材料	
3	溢水槽 （回水槽）	1. 流量 作为溢水槽时按循环流量的 10%计，作为回水槽时按循环流量计 2. 构造：槽沿应严格水平，不允许产生短流 溢水槽：沟宽不宜小于 150mm 回水槽：沟宽不小于 200mm 槽深不小于 150mm，槽底应有 1%坡度坡向溢水口（回水口） 3. 溢水槽应设格栅盖板，材质为工程塑料，格栅构造同回水口 4. 槽内溢（回）水口为喇叭口，间距不大于 3m，数量计算确定，接管管径宜为 50mm 5. 溢水管不得直接与污水管连接	
4	泄水口	1. 数量：按 4h～6h 泄空池水计算 2. 位置：池底最底处，可与回水口合用 3. 池水检出致病菌时立即泄水，并对泳池清洗消毒	
5	除污器	1. 比赛池、公共泳池宜用自动吸污器 2. 小型泳池，私用泳池可用人工移动除污器或人工推刷	
6	清洗水龙头	1. 数量：泳池岸两侧设，每侧不少于 2 个 *DN*20 皮带水龙头 2. 水源：自来水或泳池水（从循环给水管接出） 3. 作用：冲洗池岸及泳池换水时洗刷泳池池壁、池底	
7	饮水器	1. 露天泳池设置，以立柱式为宜 2. 数量：不少于 2 个 3. 位置：方便饮用的适当部位 4. 水源：经过再净化的自来水	

6.1.13 洗净设施

1. 作用

保证游泳池池水不被污染和防止疾病传染不可缺少的一部分，一般设在更衣室与游泳池之间的通道上，使游泳者一一通过而不能绕行或跳跃过去。

2. 洗净设施的技术要求

洗净设施的技术要求　表6.1-24

序号	项目	技术要求	备注
1	浸脚消毒池	1. 长度不小于3m，宽度与游泳者出入通道相同 2. 有效深度不小于150mm 3. 消毒液更换时间不超过4h 4. 消毒液有效含氯量为50～100mg/L 5. 应设给水龙头及排水口，且池底应有$i=0.01$坡度坡向排水口	
2	浸腰消毒池	1. 有效长度不小于1000mm，两端为台阶式 2. 有效深度：成人：800～1000mm；儿童为400～600mm 3. 消毒液有效含氯量： 设在强制淋浴后：5～10mg/L； 设在强制淋浴前：50～100mg/L 4. 池底要防滑、两侧设扶手	尚无使用实例
3	强制淋浴	1. 设在出入通道 2. 水温：38～40℃，夏季可用冷水 3. 用水量：按每人每次50L计 4. 采用光电控制喷水	目前极少设置

注：池内壁为磁砖贴面。

6.1.14 设备机房

1. 靠近泳池和主道路及动力供应方便的一侧，如设在地下室应留吊装孔。
2. 各类房间宜组合在一栋建筑内。
3. 如采用重力式加药时，加药间与液氯间组合设在地面层。
4. 设备机房技术要求

设备机房技术要求　表6.1-25

序号	房间名称	技术要求	备注
1	循环水泵间	1. 靠近平衡水池，设计成自灌式 2. 与毛发聚集组合在一起 3. 大型水泵及毛发聚集器宜设起吊装置 4. 设冲洗地面给水排水措施 5. 水泵宜有隔震措施	
2	压力过滤器间	1. 应设运输出入口及通道，宽度不小于过滤器直径 2. 房间高度应满足安装和检修要求 3. 运行操作通道不小于1.0m 4. 设冲洗地面给水排水措施	
3	加药间	1. 宜为单独房间，与药剂库相邻 2. 药剂库面积不小于15d用量所需面积 3. 地面、墙面、台面为磁砖贴面以防腐蚀 4. 管道宜为塑料管 5. 设给水排水措施	

续表

序号	房间名称	技 术 要 求	备 注
4	加氯间	1. 应为单独房间，且加氯机与氯瓶间应分隔 2. 设独立的排气通风系统和防爆防火装置 3. 换气次数不少于 12 次/h 4. 门窗为耐腐蚀材料，且向外开启 5. 通风、照明等开关设在室外 6. 地面、墙面为磁砖，并有冲洗地面给水排水措施	
5	加热器间	1. 远离加氯间 2. 加热器应进行保温 3. 设地面排水措施	

6.1.15 设计计算例题

【例 6.1-1】 设计条件：室内比赛游泳池，平面尺寸：池长 50m，池宽 21m，池深 1.8～2.2m。溢流回水，自来水水温为 10℃。试算游泳池设计参数。

【解】

1）水容积

$$V = 50 \times 21 \times \frac{1}{2}(1.8 + 2.2) = 2100\text{m}^3$$

2）采用循环净化给水系统。

3）初次充水时间采用 48h，则自来水引入管管径为：

$$q_g = \frac{2100}{48} \doteq 43\text{m}^3/\text{h}$$

由本手册第 2 章建筑给水，表 2.4-3 钢管及铸铁管水力计算表查得：q_b=43m³/h，v=1.38m/s 时，所需管径 DN=100mm。

4）补水量：根据表 6.1-7 取池容积的 3%，则补充水量为：

$$q_b = \frac{2100 \times 3}{100} = 63\text{m}^3/\text{d}$$

5）池水水温：根据表 6.1 4，取 25℃。

6）循环水量：采用顺流式循环方式，循环周期取 T=6h，容积附加系数，因设有水加热器，故采用 α=1.2。由图 6.1-4 查得 q_x=420m³/h。

7）平衡水池容积：循环水供回管道内的水容积 6.28m³，系统设备内的水容积 16.6m³，循环溢流水深所须容积 15.75m³，按表 6.1-8 计算为 38.6m³，取 40m³。

8）压力过滤器：选用石英砂滤料压力过滤器，根据表 6.1-18，采用过滤速度 v=20m/s。根据 q_x=420m³/h，由图 6.1-5，查得压力过滤器总面积 A_2=22m²。

9）压力过滤器直径：采用 4 个压力过滤器：由 A_z=22m²、n=4 由图 6.1-6 查得 d=2.6m。

10）压力过滤器冲洗水量：由表 6.1-19 选用冲洗强度 q=15L/(s·m²)。根据 $S_g=\frac{22}{4}$=5.5m²、q=15L/(s·m²)由图 6.1-7 查得 q_c=81.5L/s。

11）水面蒸发及池水传导所损失的热量：由表 6.1-22 选用 Δt=1.5℃，以 V=2100m³ 从图 6.1-8，查得 $Q_{cz}=550\times10^3$（kJ/h）。

12）补充水加热所需的热量：由前知：q_b=63m³/d、t_r=25℃、t_b=10℃，加热时间取

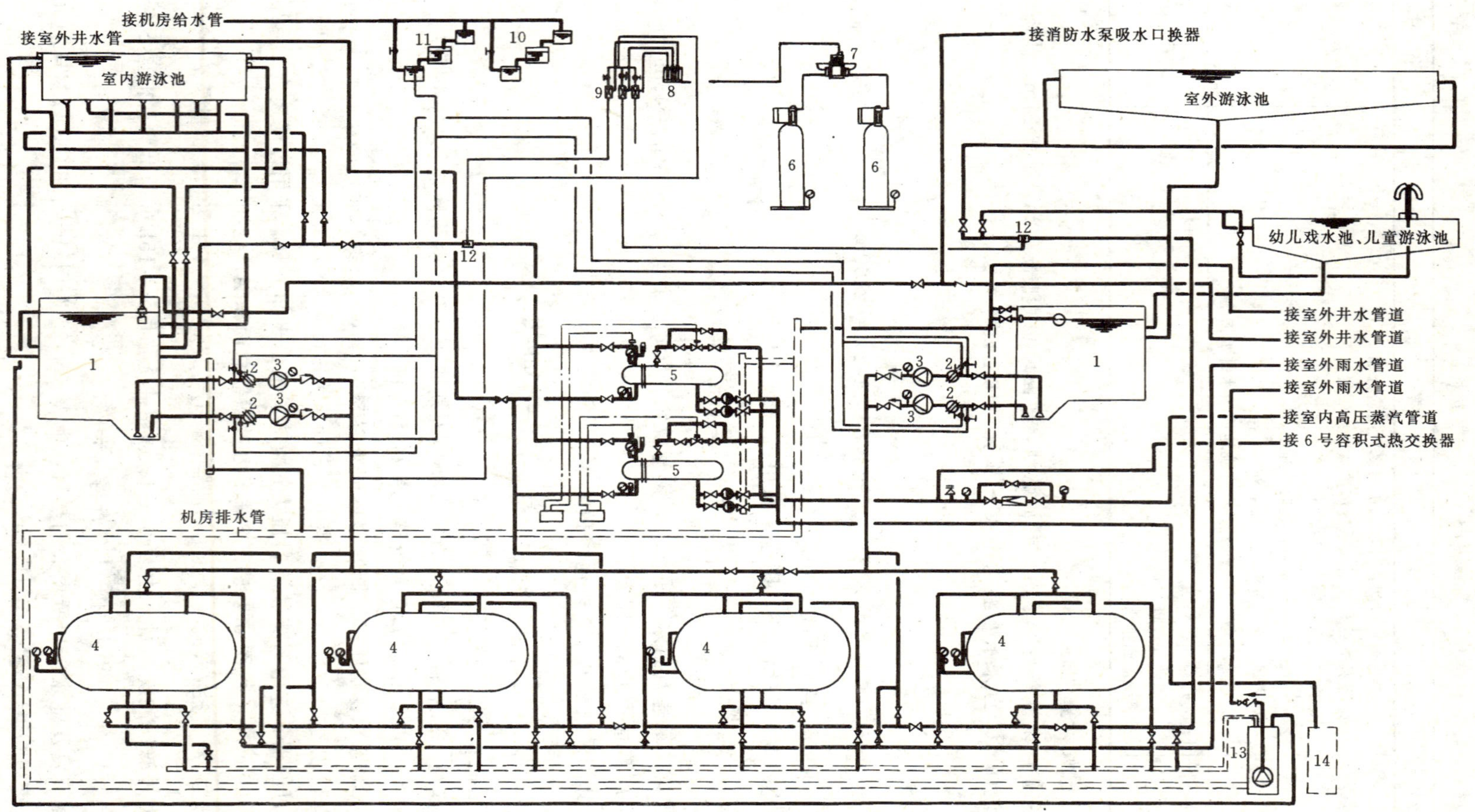

图 6.1-11　清河游泳池水净化工艺流程图

1—均衡池；2—毛发过滤器；3—循环水泵；4—压力过滤器；5—汽水换热器；6—氯瓶；7—自动切换器；8—板式流量计；9—喷射器；10—混凝剂投加装置；11—pH值调整剂、除藻剂投加装置；12—扩散器；13—潜水排污泵及集水坑；4—凝结水箱

t=12h 从图 6.1-9 查得 $Q_b=300\times10^3$（kJ/h）。

13）池水加热所需的热量：$Q=Q_{cz}+Q_b$，$Q=740\times10^3$(kJ/h)$+300\times10^3$(kJ/h)$=1040\times10^3$(kJ/h)。

14）加热器进出水管口水温差：由 $q_x=420\text{m}^3/\text{h}$　$Q=1040\times10^3$（kJ/h），从图 6.1-10 查得 $\Delta t=0.7$℃。

15）选择加热设备：选用汽—水快速式加热器 2 台，初次加热时两台同时运行。正常补充加热时，只一台运行，两台交换运行互为备用。

汽—水快速加热器按本手册第 3 章要求进行计算（略）。

注：

1. 清河游泳池池水净化工艺流程图，见图 6.1-11 所示。

2. 援摩洛哥游泳池池水净化工艺流程图见图 6.1-12 所示。

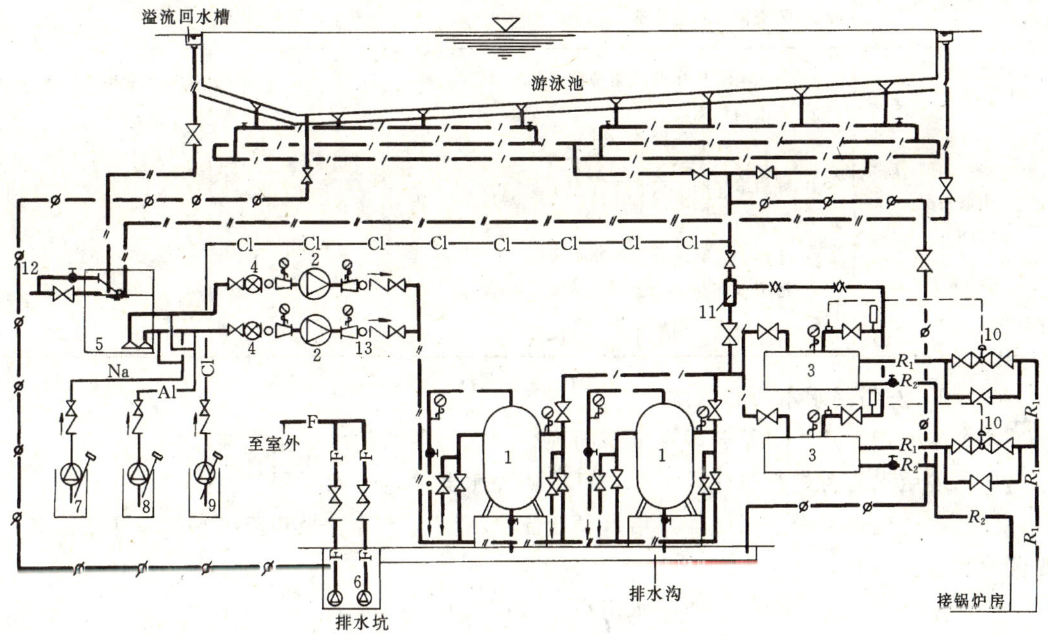

图 6.1-12　摩洛哥游泳池池水净化工艺流程图

1—压力过滤器；2—循环水泵；3—板式换热器；4—毛发过滤器；5—补水箱；6—潜水排水泵；7—pH 值调整加碱器（除藻剂投加器）；8—混凝剂投加器；9—消毒剂投加器；10—温度调节阀；11—冷热水管道混合器；12—补充水管；13—可曲挠橡胶接头

6.2 公 共 浴 室

6.2.1 组成

公共浴室的组成　　表 6.2-1

名　称	设 施 状 况	备　注
浴　池	1. 男部可设浴池、并附设搓澡床 2. 女部不设浴池 3. 一般有加热池、热水池、温水池、儿童池和烫水池	根据需要设

续表

名　称	设　施　状　况	备　注
淋浴器	1. 单间淋浴器带更衣柜 2. 隔断间淋浴器、集中更衣床柜间 3. 通间淋浴器、集中更衣床柜间 4. 浴池间附设淋浴室	
洗脸盆	1. 集中设盥洗间 2. 附设在浴池间或淋浴器间内	
浴　盆	1. 单浴盆单床间 2. 单浴盆间集中更衣床柜间 3. 浴池及淋浴器间附设浴盆	根据需要设
加热设备	1. 锅炉和贮水罐 2. 热交换器和贮水罐	
附属用房	1. 更衣间（单床间或集中散床间） 2. 毛巾消毒间 3. 拖鞋消毒间 4. 脚病治疗间 5. 开水间	根据需要设
	6. 理发、洗衣及蒸馏水制备间 7. 售票、寄存、办公间 8. 贮存库房、厕所	亦可不设

6.2.2　洗浴用水水质和水温

一、沐浴用水水质应符合国家颁布的现行的《生活饮用水卫生标准》。

如沐浴用水需要进行软化处理时，可采用磁水器、电子除垢器等装置。

二、沐浴用水标准、卫生器具给水额定流量当量、支管管径和流出水头，详见第 2 章建筑给水表 2.2-11。

三、卫生器具一次和一小时热水用水量，按表 6.2-2 选用。

卫生器具热水用水量标准　　　　**表 6.2-2**

序　号	卫生器具名称	一次用水量（L）	一小时用水量（L）	水　温（℃）	备　注
1	浴盆				
	带淋浴器	150	300	40	
	不带淋浴器	125	250	40	
2	淋浴器				
	单间	100～150	200～300	37～40	
	隔断间	80～130	450～540	37～40	
	通间	70～13	450～540	37～40	
	附设在浴池间	45～54	450～540	37～40	
3	洗脸盆	5	50～80	35	

四、洗浴用水水温，按表 6.2-3 选用。

洗浴用水的水温 表 6.2-3

序号	设备名称	用水温度（℃）	备 注	序号	设备名称	用水温度（℃）	备 注
1	淋浴器	37～40		4	浴池		
					1）加热池	65～70	
2	浴 盆	40			2）烫水池	45～50	
					3）热水池	40～42	
3	洗脸盆	35			4）温水池	35～37	
					5）烫脚池	45～50	视情况决定设否

注：加热设备的出水口的水温，不宜超过 65℃，以利于配水点冷水及热水的混合。

6.2.3 淋浴器数量

淋浴器的数量，根据洗浴设备的负荷能力和洗浴人数，按下式计算：

$$n=\frac{N}{c\cdot T}\text{（个）} \tag{6.2-1}$$

式中 n——淋浴器数量（个）；

N——每天设计洗浴人数（人）；

T——浴室每天开放时间（h）；

c——淋浴器的负荷能力（人/h），可按表 6.2-4 采用。

洗浴设备负荷能力 表 6.2-4

序 号	设备名称	设 置 状 况	负荷能力[人/(个·h)]	备 注
1	淋浴器	单间	1	
		隔断间	2～3	
		通间	3～4	
		附设在浴池内		
		隔断间	8～10	
		通 间	10～12	
2	浴 盆	单浴盆单床间	1	
		单浴盆间集中更衣间	2	
		附设在浴池间或淋浴器间内	视浴池规模定，一般不少于 2 个	
3	洗脸盆	单独盥洗间	8～12	
		附设在浴池间或淋浴器间内	10～16	

淋浴器的数量也可由图 6.2-1 浴室内淋浴器设置数量直接查得。

6.2.4 更衣床（柜）数量

$$n=\frac{NT}{t}\text{（人）} \tag{6.2-2}$$

式中 n——更衣床（柜）数量（个）；

N——每日设计洗浴人数（人）；

T——浴室每日开放的时间（h）；

t——每位洗浴者在浴室平均停留的时间（h）。一般取0.5～1.0h。

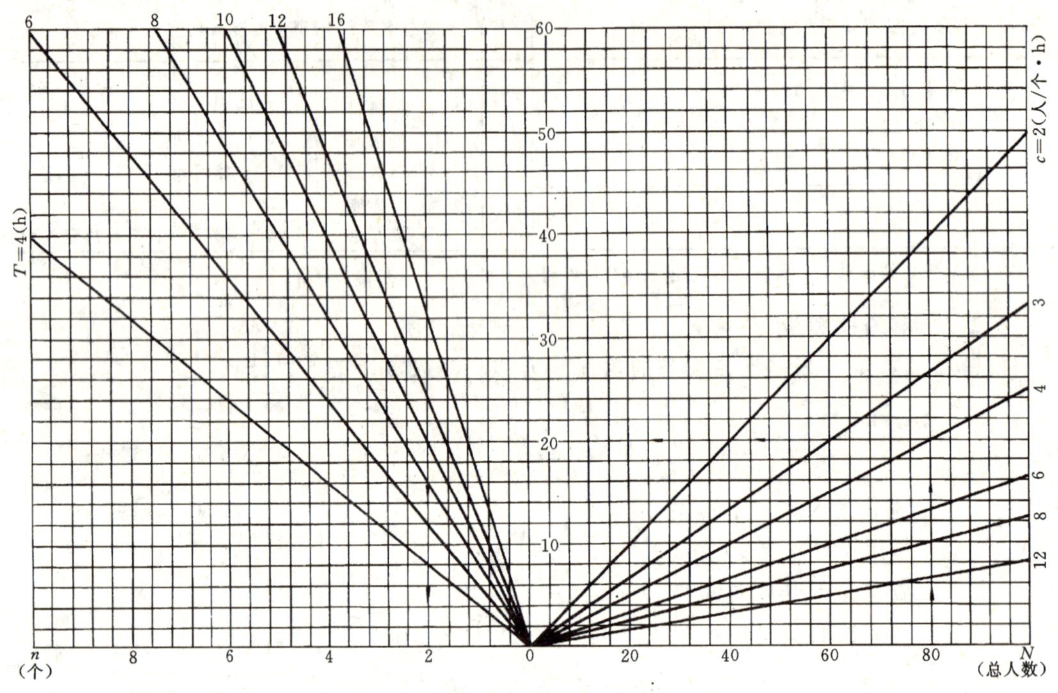

图6.2-1　浴室内设备设置数量

6.2.5　洗脸盆和浴盆折算为淋浴器的个数

按图6.2-2确定

6.2.6　设计小时耗热量

$$Q=\frac{q_h c(t_r-t_L)n_0 b}{3600}\ (\mathrm{W}) \tag{6.2-3}$$

式中　Q——设计小时耗热量（W）；

q_h——卫生器具小时热水用水量（L/h），按表6.2-2选定；

C——水的比热容[J/(kg·℃)]；

t_r——热水温度（℃）；

t_L——冷水温度（℃）；

n_0——同类型卫生器具数量；

b——卫生器具同时使用百分数，按本手册第2章建筑给水表2.3-5选定。

6.2.7　供水系统

一、系统选择，见表6.2-5。

二、供水管道的设计秒流量，按本手册第2章建筑给水2.3-3公式计算。

三、设计要求

1. 淋浴器配水管网应与其它用水器具分开设置独立的管道系统。

2. 淋浴器数量超过3个时，配水管宜为环状管道。

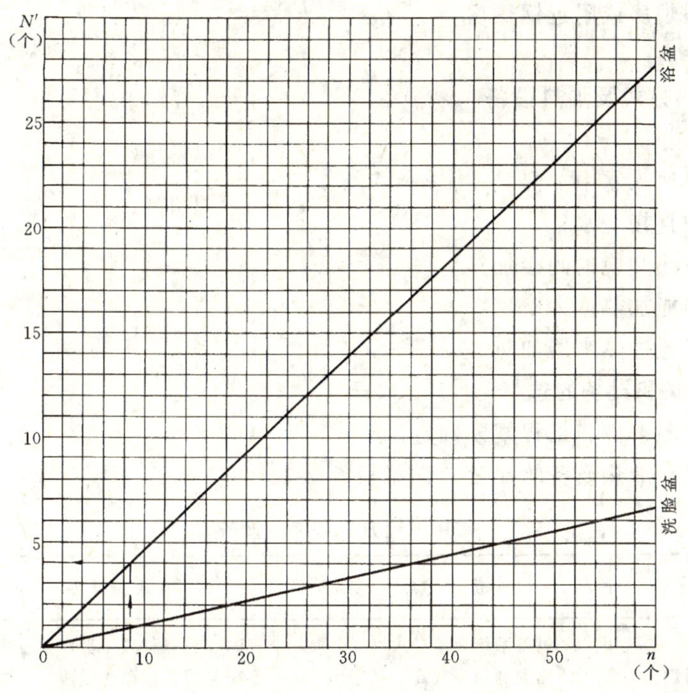

图 6.2-2 洗脸盆、浴盆折算为淋浴器的个数

供水系统比较 **表 6.2-5**

序号	系统形式	优点	缺点	备注
1	开式系统	1. 有利于配水点冷、热水压力稳定 2. 运行安全，管理方便 3. 节约燃料能源	1. 设冷热水箱受建筑面积布置影响大 2. 适用于小型浴室 3. 水质易受外界污染	
2	闭式系统	1. 适用于各类规模之浴室 2. 出水水质有保证 3. 可不设屋顶水箱 4. 管路简单	1. 需设安全阀或膨胀水箱 2. 维护管理要求高	

3. 配水管单位长度的水头损失：淋浴器数量少于 4 个时为每米管长不大于 200Pa；淋浴器数量多于 3 个时，为每米管长不大于 300Pa。

4. 成排（组）淋浴器宜采用相同管径的配水管，最小管径不小于 25mm。

5. 热水供水干管长度超过 50m 时，宜设干管循环回水管。

6. 宜采用脚踏开关淋浴器，在此情况下，其配水管管径不小于 32mm。

7. 应采用节水、调节灵活的管道附件和阀件。

8. 降低加热设备出水口的水温，以利于冷、热水混合水温的调节。

6.2.8 热源选择顺序

1. 工业余热、废热、地热和太阳能。

2. 全年供热的城市热力管网。

3. 区域性锅炉房或附近锅炉房。

4. 专设锅炉房。

6.2.9　加热方式及加热设备

一、加热方式

1. 蒸汽直接通入水中加热。

2. 热水锅炉直接烧水。

3. 蒸汽通过热交换的间接加热。

4. 利用太阳能加热。

5. 利用电能通过热水器加热。

二、加热方式和设备的选择

1. 应根据热源条件和工程规模确定。

2. 加热方式和加热设备的比较，详见表6.2-6。

常用加热方式和加热设备　　表6.2-6

加热方式	加热设备名称	优　点	缺　点	备　注
直接加热	燃煤热水锅炉	1. 设备系统简单 2. 热源利用率较高	1. 工作条件差，劳动强度大 2. 须设消烟除尘措施 3. 水温波动较大	
	煤气热水锅炉及煤气热水器	1. 设备系统简单 2. 工作条件好	1. 须设安全措施 2. 水温波动较大 3. 不宜用于幼儿园	
	汽—水混合	1. 热效率高 2. 设备系统简单 3. 适用噪声要求不高场合	1. 蒸汽气质要求高 2. 须设消音隔震措施 3. 凝结水不能回收	
	电加热器	1. 设备系统简单 2. 热效率较差 3. 工作条件好 4. 适用局部用热源	1. 应设过流保护及安全措施 2. 应设过热安全措施防止干烧现象 3. 成本高	
	太阳能热水器	1. 节约热源 2. 系统效率较高 3. 当日没有用完的热水，次日仍能继续循环加热 4. 既适于集中，又适于分散热水供应	1. 受地区条件及气候条件影响较大 2. 要求不间断供应热水时，应辅以电加热装置	
间接加热	容积式水加热器	1. 供水稳定安全 2. 水质水温稳定 3. 噪音低 4. 适用耗热量大的场合	1. 给水硬度高时，结垢严重，换热效果较差 2. 设备用房面积较大且高度较高。	
	快速式水加热器	1. 供水稳定安全 2. 换热效果好 3. 适用耗热量大的场合	1. 水头损失大 2. 水温波动较大 3. 要设贮水装置	

三、加热及贮热设备的计算，详见本手册第3章《热水供应》中的有关内容。

四、汽—水容积式水加热器，可按表6.2-7选定。

汽—水加热器设计参数选用表 表6.2-7

淋浴器数量（个）	耗水量（L/h）			耗热量（$\times10^4$kcal/h）	计算传热面积（m^2）蒸汽表压0.2MPa		计算水容积（L）	蒸汽耗量（kg/h）蒸汽表压（MPa）			
	40℃	60℃	70℃		钢盘管	铜盘管		0.07	0.20	0.30	0.40
1	540	346	292	1.89	0.54	0.44	217	41.0	42.0	42.7	43.1
		324	270	1.62	0.49	0.38	186	35.2	36.0	36.6	36.9
2	1080	691	583	3.78	1.08	0.87	435	82.0	83.9	85.4	86.2
		648	540	3.24	0.96	0.76	373	70.3	71.9	73.2	73.9
4	2160	1382	1166	7.56	2.17	1.74	869	164.1	167.8	170.9	172.4
		1296	1080	6.48	1.91	1.53	745	140.6	143.9	146.4	147.7
6	3240	2073	1750	11.34	3.25	2.60	1304	246.1	251.7	256.3	258.6
		1944	1620	9.42	2.87	2.29	1118	210.9	215.8	219.7	221.6
8	4320	2765	2333	15.12	4.34	3.47	1737	328.1	335.7	341.7	344.7
		2592	2160	12.96	3.82	3.06	1490	281.2	287.7	292.9	295.5
10	5400	3465	2916	18.90	5.42	4.34	2174	410.1	419.6	427.1	430.9
		3240	2700	16.20	4.78	3.82	1863	351.5	359.6	366.1	369.4
12	6480	4147	3499	22.68	6.51	5.21	2608	492.2	503.5	512.6	517.1
		3888	3240	19.44	5.78	4.58	2236	421.8	431.6	439.3	443.2
14	7560	4838	4082	26.46	7.59	6.07	3043	574.2	587.4	598.0	603.3
		4536	3780	22.68	6.69	5.35	2608	492.2	503.5	512.6	517.1
16	8460	5530	4666	30.24	8.68	6.94	3478	656.2	671.3	683.4	689.5
		5184	4320	25.92	7.65	6.11	2981	562.5	575.4	585.8	591.0
18	9720	6221	5249	34.02	9.76	7.81	3912	738.2	755.2	768.9	775.7
		5832	4860	29.16	8.60	6.87	3353	632.8	647.4	659.0	664.8
20	10800	6912	5832	37.80	10.85	8.68	4347	820.3	839.2	854.3	861.8
		6480	5400	32.40	9.56	7.64	3726	703.1	719.3	732.2	738.7
22	11800	7603	6515	41.58	11.93	9.55	4782	902.3	923.1	939.7	948.0
		7128	5940	35.64	10.51	8.40	4099	769.5	791.2	805.5	812.6
24	12960	8294	6998	45.36	13.02	10.41	5216	984.3	1007.0	1025.1	1034.2
		7776	6480	38.88	11.47	9.17	4471	843.7	863.1	878.7	886.5
26	14040	8986	7582	49.14	14.10	11.28	5651	1066.3	1090.9	1110.6	920.4
		8424	7020	42.12	12.42	9.93	4844	914.0	935.1	951.9	960.3
28	15120	9677	8165	52.92	15.19	12.15	6086	1148.4	1174.8	1196.0	1206.6
		9072	7560	45.36	13.38	10.69	5216	984.3	1007.0	1025.1	1034.2
30	16200	10368	8748	56.70	16.27	13.02	6521	1230.4	1258.7	1281.4	1292.8
		9720	8100	48.60	14.34	11.46	5589	1054.6	1078.9	1098.4	1108.1

续表

淋浴器数量（个）	耗水量（L/h）			耗热量（×10⁴kcal/h）	计算传热面积（m²）蒸汽表压 0.2MPa		计算水容积（L）	蒸汽耗量（kg/h）			
								蒸汽表压（MPa）			
	40℃	60℃	70℃		钢盘管	铜盘管		0.07	0.20	0.30	0.40
32	17280	11095	9331	60.64	17.36	13.83	6955	1312.4	1342.7	1366.8	1378.9
		10368	8640	51.84	15.29	12.22	5920	1124.9	1150.8	1171.6	1182.0
34	18360	11750	9914	64.26	18.44	14.75	7390	1394.4	1426.6	1452.3	1465.1
		11016	9180	55.08	16.25	12.98	6334	1195.2	1222.8	1244.8	1255.8
36	19440	12442	10498	68.04	19.53	15.62	7825	1476.5	1510.5	1537.7	1551.3
		11664	9720	58.32	17.20	13.75	6707	1265.5	1294.7	1318.0	1329.7
38	20520	13132	11081	71.82	20.61	16.49	8259	1558.5	1594.4	1623.1	1637.5
		12312	10260	61.65	18.16	14.51	7079	1335.9	1366.6	1391.3	1403.6
40	21600	13824	11664	75.60	21.70	17.35	8694	1640.5	1678.3	1708.6	1723.7
		12960	10800	64.80	19.12	15.28	7452	1406.2	1438.6	1464.5	1477.4
42	22680	14515	12247	79.38	22.78	18.22	9139	1722.5	1762.2	1794.0	1809.9
		13608	11340	68.04	20.07	16.04	7825	1476.5	1476.5	1537.7	1551.3
44	23760	15206	12830	83.16	23.87	19.09	9563	1804.6	1846.2	1879.4	1896.0
		14256	11880	71.28	21.03	16.80	8197	1546.8	1582.4	1610.9	1625.2
46	24840	15898	13414	86.94	24.95	19.96	9998	1886.6	1930.1	1964.8	1982.2
		14904	12420	74.52	21.98	17.57	8570	1617.1	1654.3	1684.2	1699.1
48	25920	16589	13997	90.72	26.04	20.83	10433	1968.6	2014.0	2050.3	2068.4
		15552	12960	77.76	22.94	18.83	8942	1687.4	1726.2	1757.4	1772.9
50	27000	17280	14580	94.50	27.14	21.69	10868	2050.7	2097.9	2135.7	2154.6
		16200	13500	81.00	23.90	19.09	9315	1757.7	1798.2	1830.6	1846.8

注：1. 淋浴器的小时用水量为 540L/h，用水温度 $t_r=40℃$；冷水温度 t_L，上行为 5℃，下行为 10℃。

2. 洗脸盆小时用水量为 60L/h，用水温度为 35℃；浴盆小时用水量为 250L/h，用水温度为 40℃。

3. 加热器的储热量为 0.75h 设计耗热量。

4. 卫生设备的同时给水百分数为 100。

5. 计算换热面积时，当蒸汽表压不是 0.2MPa 时，按本表查得的传热面积，应由图 6.2-3 换算求得。

6. 淋浴器数量为包括洗脸盆、浴盆、淋浴器在内的综合数量。

7. 1kcal/h=1.163W。

四、不同蒸汽压力（表压）的传热面积按图 6.2-3 换算。

6.2.10　排水设计

1. 淋浴间尽量采用明沟排水，沟上设格栅盖板，沟内设集水坑。
2. 采用管道排水时，其管径应比计算要求管径加大一号设计。
3. 浴池排泄管应采取防倒灌密封措施，且最小排泄管管径不小于 100mm。
4. 浴室地面应有不小于 $i=0.01$ 的坡度坡向排水沟或排水地漏。

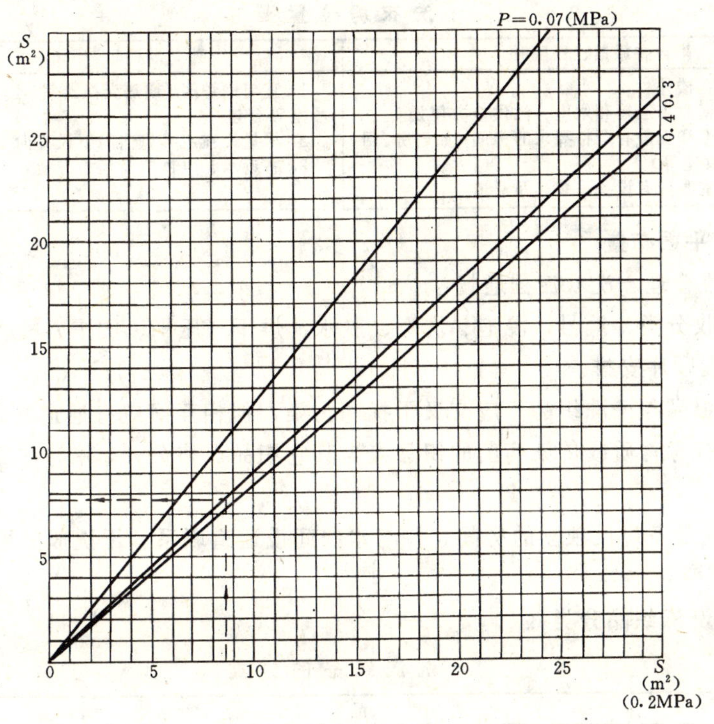

图 6.2-3 不同蒸汽压力（表压）的传热面积换算图

6.3 洗 衣 房

6.3.1 组成

洗衣房的组成 **表 6.3-1**

序号	分类	内容	备注
1	生产用房	1. 准备间：织品接收、分类、编号 2. 洗涤间：消毒、浸泡、洗涤、脱水 3. 烘干：烘干机（烘干室）、烫平、压平 4. 干洗间：去污、洗涤、烫平 5. 成品间：折叠、整理、缝补、贮存、发放	
2	辅助用房	1. 洗涤液配制：洗涤剂库、洗涤液配制和贮存 2. 机电设备间：水处理，水加热（或锅炉）空气压缩机、除湿机等 3. 维修间：洗衣设备和机电设备维修 4. 办公间：业务、会计 5. 生活用房：更衣休息、开水供应、浴室、厕所	

6.3.2 洗衣房位置

洗衣房位置按表 6.3-2 要求确定。

洗衣房位置要求　　表 6.3-2

附设在旅馆、医院时	独立设置时	备　注
1. 尽量设在主楼外 2. 靠近织品接收、运输和水电、汽供应方便处 3. 远离对卫生和安静有严格要求的房间（如病房、卧室、餐厅、会议室等） 4. 设在地下室时应有设备吊装孔及通道	1. 宜与锅炉房（或热交换器室）公共浴室等合建 2. 尽量设在主导风向的下风方向 3. 靠近水、电供应及运输方便处	

6.3.3　平面布置

一、布置合理、洗衣流程通畅

1. 按接收分类、编号、浸泡、洗涤、脱水、烘干（压平、烫平）检查、缝补、折叠贮存发放的流程顺序安排。

2. 未洗织品与已洗织品不应交叉干扰和污染，但相互间应有通道联系运输。

3. 沾有有毒物质或传染病菌的织品应与其它织品严格分开，并应在洗涤前先进行消毒处理。

二、干洗设备应设独立的房间，并与水洗间设通道联系、干洗成品可与水洗织品合用成品库。

6.3.4　洗涤织品分类

洗涤织品的分类　　表 6.3-3

洗涤方式	织　品　名　称	备　注
水　洗	床单、被单、桌布、沙发套、椅套、枕套、毛巾、浴巾、地巾、餐布、工作服、衬衣、衬裤、浴衣等棉、麻品和此类混合纺织品	
干　洗	西服、中山服、大衣、衬衣、毛衣等毛、绸织品和此类混合纺织品	

6.3.5　洗涤织品工作量计算

一、洗涤织品的数量按下式计算：

$$G=\frac{N\cdot a}{T\cdot t}\ (\mathrm{kg/h}) \tag{6.3-1}$$

式中　G——洗涤织品的数量（kg/h）；

N——计算单位数（床、人等）；

a——每一计算单位洗涤织品数量，按表 6.3-4 采用；

T——洗衣房每月工作天数（d）；

t——洗衣房每日工作时间（h），一般按每日一班制工作计，大型洗衣房可考虑二班制工作计。

二、洗涤织品的数量，目前国内尚没有不同建筑物脏洗涤织品数量的规定。为便于设计，我们参考国外一些资料，制订了各类建筑的脏衣（干衣）的数量表，见表 6.3-4，供设计洗衣房时参考。

三、干洗洗织品、旅馆、公寓等建筑可按每一床位每日 0.25kg 计算。

各类建筑的脏洗涤织品数量　　表 6.3-4

序号	建筑物名称	计算单位	干脏织品数量（kg）	备　注
1	居民	每人每月	6	
2	公共浴室	每100床每日	7.5～10	
3	理发室	每一技师每月	40	

续表

序号	建筑物名称	计算单位	干脏织品数量（kg）	备注
4	食堂、餐厅	每100餐位每日	15～20	
5	旅馆			
	一般旅馆	每一床位每月	20～30	
	中档旅馆	每一床位每月	60～90	
	高档旅馆	每一床位每月	120～180	
6	集体宿舍	每一床位每月	8	
7	医院			
	100床以下综合医院	每一病床每月	50	
	内科、神经科	每一病床每月	40	
	外科、妇科、儿科	每一病床每月	60	
	妇产科	每一病床每月	80	
8	疗养院、休养所	每人每月	20～30	
9	托儿所	每一小孩每月	40	
10	幼儿园	每一小孩每月	30	

注：1. 表中数据为综合指标，即含工作人员和公用设施织品在内。

2. 大、中型医院可按分科数量叠加计算。

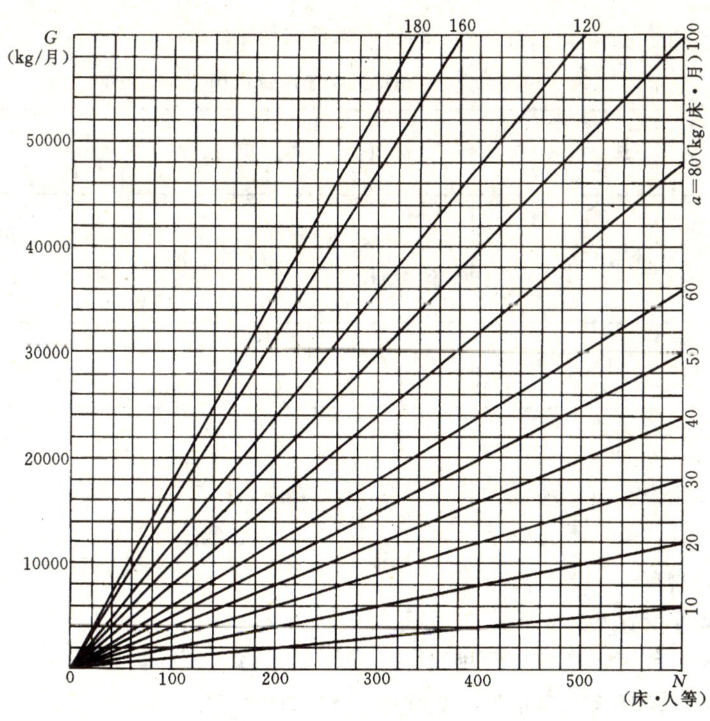

图 6.3-1 污衣量计算图

6.3.6 洗衣设备的配置

一、洗衣设备（洗涤、脱水、烫平、烘干等）应选择效率高、体积小、节能节水，并符合环保卫生要求的先进产品。

二、水洗不同工序工作量比例，可按表 6.3-5 确定。

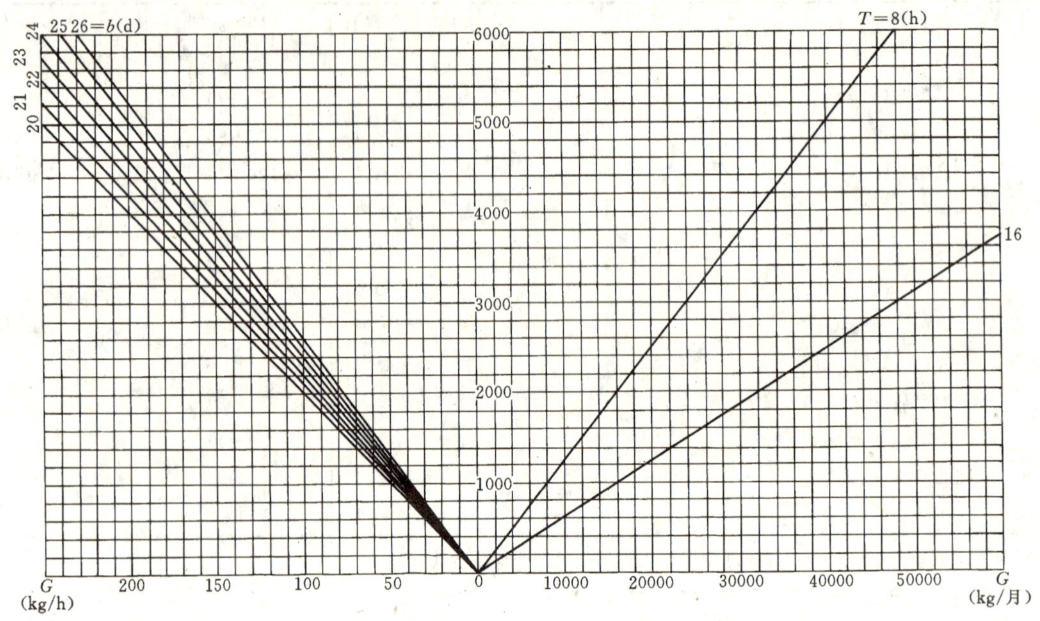

图 6.3-2 小时洗衣量计算图

水洗不同工序工作量比例 表 6.3-5

工序名称	洗 涤	烫 平	压 平	烘 干	备 注
织品名称	全部织品	床单、被单、桌布、餐巾、枕套	工作服、衬衣	毛巾、浴巾、地巾、针织品	
比 例	100%	65%～70%	5%	25%～30%	

三、设计要求

1. 按最大洗涤织品量配置设备，一般不设备用。

2. 洗涤机和烘干机不宜少于 2 台，且应大小容量搭配设置，以适应洗涤织品分类、颜色及客人零散急件的需要。

3. 其它设备按表 6.3-5 的比例确定。

4. 手工烫衣台及蒸汽—电两用熨斗，主要用于客衣熨平，根据情况适量配置。

5. 洗涤间应设脏衣浸泡水槽，数量按浸泡时间为 10～30min 确定。

6. 干洗间应 1～2 个去污水槽。

6.3.7 给水排水

一、用水量

1. 用水量标准详见表 6.3-6，图 6.3-3。

用 水 量 标 准 表 6.3-6

序号	建筑物类别	用水量标准 (L/kg 干衣)	冷热水比例	小时变化系数 (K)	备注
1	旅馆	60	3:2	1.5	
2	医院	50～60	3:2	1.5	
3	其它建筑	40	3:2	1.5	

注：表中数据为综合指标，包括洗衣、洗涤液制备、喷雾及手洗等。

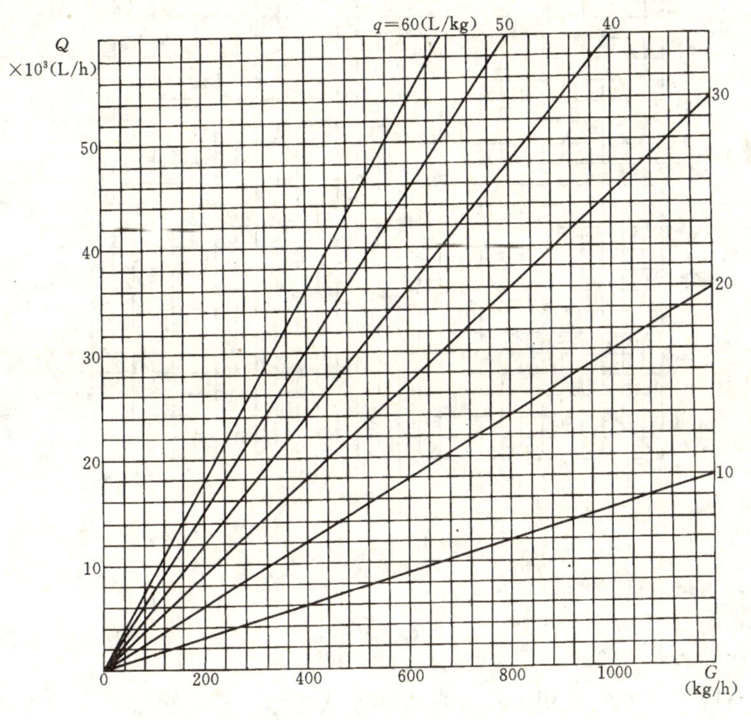

图 6.3-3 洗衣房用水量计算图

二、水质

1. 给水水质应符合国家颁布的现行的《生活饮用水卫生标准》。

2. 水的硬度：据有关资料介绍，水的硬度增加 1 度，则每吨水将浪费肥皂 100～150g。因此，对硬水进行软化有一定经济意义，而且能增加洗涤织品的亮度。我国目前无此数据规定，仅摘录有关国外资料供参考：

硬度：美国：不大于 50mg/L（以 $CaCO_3$ 计）；

德国：2.8 度（以 CaO 计）。

含铁量：不大于 0.2mg/L（以 Fe 计）。

含锰量：不大于 0.2mg/L（以 Mn 计）。

三、给水管道

1. 宜设单独的引入管

2. 洗衣机的同时给水百分数：4 台以下按 100%计算，4 台以上时，按 80%计算。

3. 进水管用电磁阀自控时，应设水锤消除器。

4. 洗衣机进水管管径：(1) 按每公斤干衣 6L/min 计；(2) 按 1min 充满洗衣机确定。(3) 不得小于洗衣机接管管径。

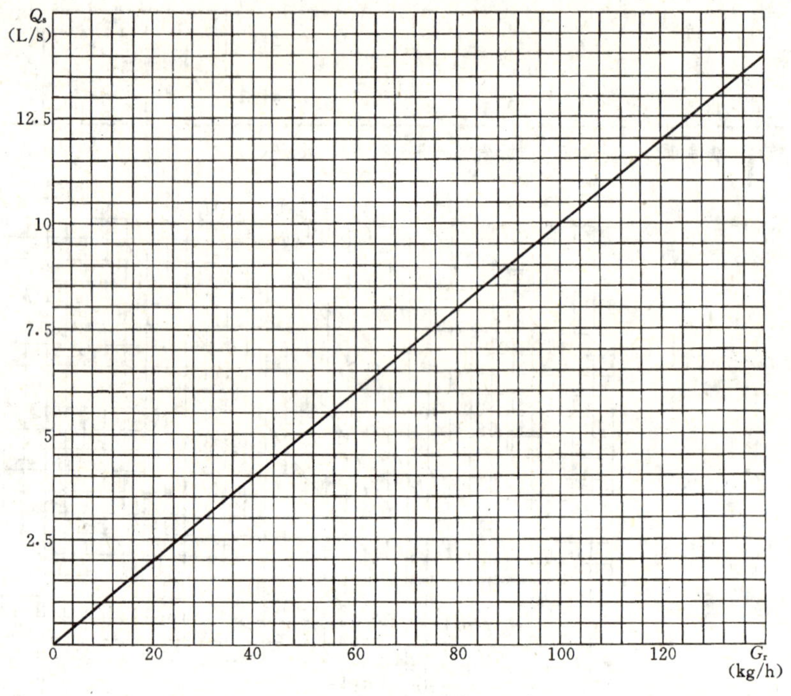

图 6.3-4　洗衣机给水流量计算图

四、排水

1. 排水管管径以 30s 内泄空洗衣机计。

2. 洗涤脱水房间宜采用带格栅盖板排水沟排水，并应考虑洗衣机一次排水量不外溢措施。

3. 排水管道系统应考虑洗涤剂污水的处理或回收。

6.3.8　土建设计要求

1. 房间有效高度不宜低 4.0m。

2. 地面：洗涤剂库及洗涤液制备、贮存间为防腐蚀地砖地面；其它房间为水磨石地面。

3. 墙面要求为油漆或磁砖。

4. 洗涤脱水间地面应低于其它房间地面 20～30mm。

5. 各工序联系门应为不小于 1.2m 的自由门。

6. 如在地下室，则应设设备吊装孔。

7. 干洗间应与其它房间分隔开。

8. 开水间设在办公室处。

9. 应设男女卫生间及淋浴间。

6.3.9　采暖通风及动力设计要求

1. 房间温度、湿度及换气次数，可参考表 6.3-7 确定。

房间温度、湿度、换气次数 **表 6.3-7**

序 号	工 作 部 门	温 度（℃）	湿 度（%）	换气次数（次/h）		备 注
				进 气	排 气	
1	洗涤织品接收、分类部	17	60	4	5	
2	洗涤脱水部：按计算定，但不小于	15	70	10	13	
3	洗涤液制备部	15	70	2	3	
4	洗涤液贮存部	15	60	1	1	
5	烘干、烫平部：按计算定，但不小于	15	65	6	5	
6	整理、缝补、包装部	18	60	1	1	
7	成品贮存、分发、交送部	17	60	1	1	
8	实验室	18	60	4	6	

注：本表系摘自国外资料，供设计参考。

2. 蒸汽用量及压力要求，按表 6.3-8 确定。

3. 压缩空气用量为 10L/(h·kg 干衣)，压力：800kPa。

蒸 汽 用 量 及 压 力 **表 6.3-8**

序 号	设 备 名 称	用汽量（kg/kg 干衣）	蒸汽压力（MPa）	备 注
1	洗衣机	0.4～0.5	0.2～0.5	
2	烘干机	0.7	0.5	
3	烫平、压平	0.7	0.5～0.8	
4	煮沸消毒	0.5～0.8	0.2～0.5	

4. 全自动洗衣机、烘干机、烫平机等设备应设局部排气装置。

5. 干洗机应为独立的通风排气管道。

6. 烘干机排气系统应设纤维过滤设施。

7. 设在地下室的大型洗衣房，烫平间和洗涤间，宜设空调降温设施。

8. 气流组织应使空气由成品部向织品接收部流动。

6.3.10 电气设计要求

1. 设备供电量按 0.07～0.1kW/kg 干衣估算。

2. 照明：生产用房为 300lx，辅助用房为 200lx。人工烫平工作台设局部照明。

3. 洗涤脱水间应采用防水、防尘灯，烘干间为工厂罩灯，库房为白炽灯，其它房间为日光灯。

4. 供电配线宜采用铜线穿管暗配。

5. 供配电设备应远离洗涤脱水间。

6. 办公业务室应配备电话。

6.3.11 设备与管道的连接

洗衣设备与管道的连接，应符合下列要求：

1. 设备与管道间应采用软管连接，以消除设备运行时产生的振动，影响管道接口的严密性。

2. 洗衣设备的给水管上、热水管上和蒸汽管上，应装设过滤器和阀门。

3. 干洗机、烫平机、压平机（亦称烫衣夹机）、人像精整机和抽湿机等设备上的蒸汽管、压缩空气管、洗涤液管，宜采用铜管。

6.3.12　设计计算例题

【例 6.3-1】　某旅馆（三星级）有 500 床位，试计算洗衣房有关参数。

【解】

1. 水洗织品数量

每一计算单位洗涤织品数量，按表 6.3-4 中的高档旅馆下限取值，则 $a=120$kg/月。

每月洗衣房工作天数：26d。

按一班制工作，每日工作 8h。

每小时洗涤织品数量：

$$G=\frac{500\times 120}{26\times 8}\doteq 290\text{kg/h}$$

2. 干洗织品数量

$$G=500\times 0.25\text{kg/(床}\cdot\text{d)}=125\text{kg/d}\doteq 16\text{kg/h}$$

3. 用水量

根据表 6.3-6，用水量标准为 60L/(kg・干衣)。

$$q=290\times 60=17400\text{L/h}=17.4\text{m}^3\text{/h}$$

4. 蒸汽用量

根据表 6.3-8，无消毒时用汽量标准为 1.9kg/kg 干衣。

$$Q=290\times 1.9=551\text{kg/h}$$

5. 洗衣机配置

为使洗衣机房工作制度统一，洗衣机工作时间按每班 7h 计，则每小时洗涤织品数量约为 330kg/h。

选　QXT-70 洗涤—脱水机 4 台，

　　QXT-25 洗涤—脱水机 2 台。

6. 烘干机配置

由表 6.3-5 知，烘干织品量占洗涤织品量的 25%～30%，本设计取 30%，则烘干织品数量为

$$G=330\times 30\%=99\text{kg/h}$$

选　HBG-30 烘干机 2 台。

7. 烫平机：

由表 6.3-5 知，烫平织品为洗涤织品量的 65%～70%，本设计取 65%，则烫平织品数量为：

$$G=330\times 65\%=215\text{kg/h}$$

选 TP60-Ⅲ 烫平机 1 台。

8. 压平机（工作服）

由表 6.3-5 知，压平织品为洗涤织品量的 5%，则压平织品数量：

$$G=330\times 5\%=16.5\text{kg/h}$$

选衬衣压平机、烫袖机和圆头型压平机各一台。

9. 干洗机

干洗织品数量为16kg/h，选GX-18型全自动干洗机1台。

10. 压平机（干洗机配套）

选用万能压平机、衣领—袖口压平机、裙腰压平机及人像精整机各一台。

11. 其它辅助设备

(1) 去湿机1台，(2) 空气压缩机1台，(3) 折叠机1台，(4) 打号机2台，(5) 4号容积式水加热器1台，(6) 工作台、成品贮存架、手推车、人工烫平台和蒸汽—电两用熨斗适量配置。

12. 干洗配套设备的使用效率极低，故本设计不设干洗，采用外协办法解决干洗。

第7章 建 筑 中 水

7.1 建筑中水设计前期工作

7.1.1 中水设计前期工作的内容

中水设计前期工作内容见表7.1-1。

中水设计前期工作内容 表7.1-1

类别	主要内容
资料准备	1. 国家和当地政府有关部门关于中水设施建设的有关政策和具体规定 2.《建筑中水设计规范》(CECS30：91)、《建筑给水排水常用设计规范详解手册》(建工出版社1996.6)、《建筑给水排水设计手册》(建工出版社1992.12)等有关规范、手册 3. 关于建筑中水工程的书籍、工程调查、总结等资料 4. 与设计工程类型相近的工程实例，水量、水质资料 5. 可委托或合作的具有中水工程业务的公司、厂家、处理设备资料、已完成工程技术总结资料等
规划工作	1. 研究如何贯彻当地建设中水设施的有关法规、规定，节水、环保部门的有关规定、计算工程用水指标。采取的节水措施 2. 估算建设项目中水设施的规模。按建筑方案的建筑类型、规模、功能要求确定中水原水类型、水质状况，估算中水的原水量和中水用途、用量。初步确定日处理量(t/d)和小时处理量(t/h) 3. 估算中水处理设施占用的面积，初定中水站位置 4. 中水设施设备方案或大致设想及主要技术要求 5. 方案的论证、报审及相关资料的收集整理，申明上不上中水设施的政策经济技术依据
编制标书	1. 介绍与中水有关的工程概况 2. 提出原水类型及中水用途，原水、中水的水量、水质 3. 中水站设置地点、标高及提供的面积和有效空间(最好附平面图) 4. 与原水收集和中水供给管道的衔接关系(接口位置，管径) 5. 对处理工艺、设备的要求及使用要求

【例7.1-1】 某工程中水工程招标书

请按下列条件和要求作出中水处理方案和中水工程报价。

1. 概况：本建筑为带有客房的综合楼，建筑面积3.8万m^2，建筑高度80.6m，地上25层，地下2层，有客房450套，有热水供应，为具有综合服务设施的服务招待楼。

2. 中水原水类型：洗浴废水。中水用于冲厕、浇花、冲洗用水。原水分流管和中水供水管均由大楼设计单位设计。

3. 水量：日处理量160m^3/d、小时处理量：10m^3/h。

4. 原水水质：SS<150mg/L；COD_{cr}<150mg/L；BOD_5<150mg/L。

5. 中水水质标准符合北京市中水水质10项指标要求。

《北京市中水设施建设管理试行办法》附中水水质10项指标为：

SS	≯	10	mg/L	pH	6.5～9.0
COD_{cr}	≯	50	mg/L	细菌总数	≯100个/mL
BOD_5	≯	10	mg/L	大肠菌群	≯3个/L
LAS	≯	2	mg/L	游离余氯	≮0.02mg/L

6. 中水站设在地下2层，标高为－9.20m，有效净高5.0m。

要求设计采用优质处理设备和器材，保障出水水质，运行管理维修方便。

7.1.2 建筑中水工程的列项条件

建筑中水工程的列项条件见表7.1-2。

建筑中水工程的列项条件 **表7.1-2**

项　目	内　　容
政策规定	各地区政府部门制定的有关中水的条例、规定。如北京市1987京政发60号文件颁发了"北京市中水设施建设管理试行办法"对中水设施建设和管理做出具体规定。其中第三条明确规定：凡在本市行政区域内新建下列工程，应按规定配套建设中水设施： 1. 建筑面积2万平米以上的旅馆、饭店、公寓等 2. 建筑面积3万平米以上的机关、科研单位，大专院校和大型文化体育等建筑 3. 按规划应配套建设中水设施的住宅小区、集中建筑区等 4. 现有建筑属上述1.2项规定范围内的可根据条件逐步配建中水设施
规划管理部门要求	1. 缺水城市和地区的节水部门关于节水和污废水回用的要求，虽未形成政策规定，也应积极推行 2. 环保部门对排放水质的要求，如上海市环保部门对新建工程的污水处理做出了具体规定。也应该与回用设施建设综合考虑
用户要求	中水工程也不完全是政府部门的指令性行为。它也是一项效益性的工作，在缺水的国家和地区具有社会效益和经济效益的事就应该积极主动做用户的这种要求则是非常有利的条件
经济技术状　况	1. 是否符合最小经济规模要求 2. 经济评价状况好不好，经济条件好不好，比如中水工程投资占总投资比例及所能承受的能力 3. 所采取方案及处理技术的可行性，适应性 4. 当地水资源利用状况，水处理技术发展水平及社会化服务状况以及业主的管理水平

7.2 中水工程的方案设计

7.2.1 方案设计条件、内容、深度

一、中水工程的方案设计条件、内容深度见表7.2-1。

方案设计条件、内容、深度 **表7.2-1**

项　目	内　　容
方案设计条　　件	1. 设计中水的建筑或小区的类型、规模、使用或居住人口给排水系统及卫生设备设置及使用情况 2. 中水原水量、水质及其变化情况。如需自己计算则需要提供第1条的详细情况以便进行水量计算和水量平衡设计。水量计算和水量平衡设计详见7.4节 3. 中水的用途、用量及对水质的要求 4. 中水处理站设置地点及其平面位置图，中水站房的有效净空高度

续表

项　目	内　　　　容
方案设计条　件	5. 中水原水池、中水池结构形式（土建式水池还是储水箱）设置地点及容量 6. 中水原水分流管道设计情况、原水入口地点、标高、管径，中水供水系统设计情况及供水管接口位置标高、管径 7. 与中水处理站有关的给排水、通风、电气控制、照明、进出口等环境条件及要求，及各专业的协调与配合 8. 设计中水的建筑设计和中水系统的设计，如为同一个设计单位，以上条件便迎刃而解。如中水处理设计不由中水建筑的设计单位搞而委托出去，就需要中水处理设计与中水建筑的设计紧密配合，才能达到整个中水系统的协调与合理。委托单位必须按上述条件提供给中水处理设计单位，并严格明确合作各方的职责，以免出了问题相互推诿
方案设计内　容	1. 中水原水、中水的水量计算及平衡情况，需做出水量平衡表及水量平衡图 2. 确定中水处理工艺并画出工艺流程图 3. 确定中水处理站的平面布置并画出平面布置图 4. 方案说明包括设计依据、处理工艺、主要技术、设备性能特点的文字说明 5. 主要设备表及其报价表 6. 经济评价情况，详见7.3节
设计深度要　求	1. 说清技术路线和技术条件和技术依据 2. 表明处理规模、工艺流程、特点、效果 3. 表明主要设备的平面布置、占用面积和主要管线的走向 4. 主要设备、器材的选型、性能及报价 5. 方案总报价以及能够说明方案优劣的经济技术评价

二、中水方案设计实例

仍以7.1.1节的中水工程招标书为例进行方案设计。

1. 水量计算及平衡详见本章7.2节例。

2. 中水处理工艺流程设计。

中水处理流程：

洗浴废水经初处理，隔除毛发和固体物质，经主处理（生化处理）和深度处理（物化处理），确保出水水质。处理流程框图，见图7.2-1。

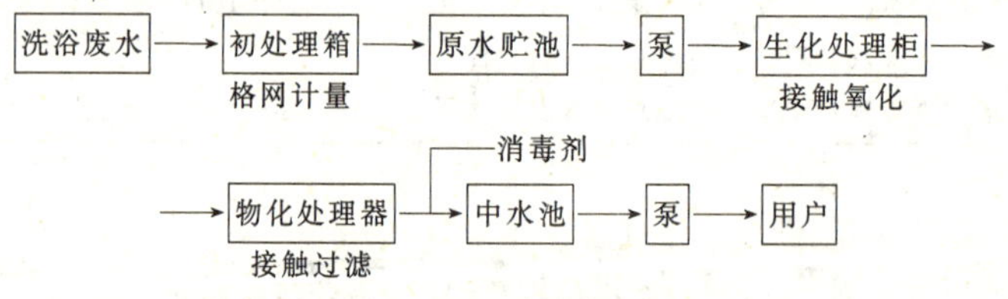

图7.2-1　流程框图

处理工艺设备流程见图7.2-2。

3. 中水平面设计见图7.2-3。

4. 主要工艺技术及设备说明

(1) 处理方案技术特点：

(A) 本方案采用可靠的处理工艺，先进的处理技术，处理效果稳定可靠；

(B) 采用组合式中水处理设备，简化流程使用方便；

(C) 一次提升，重力流处理，最后加压供水，能耗较少；

(D) 充分利用有效空间，减少占地面积；

(E) 储水池可采用土建池以节省投资；

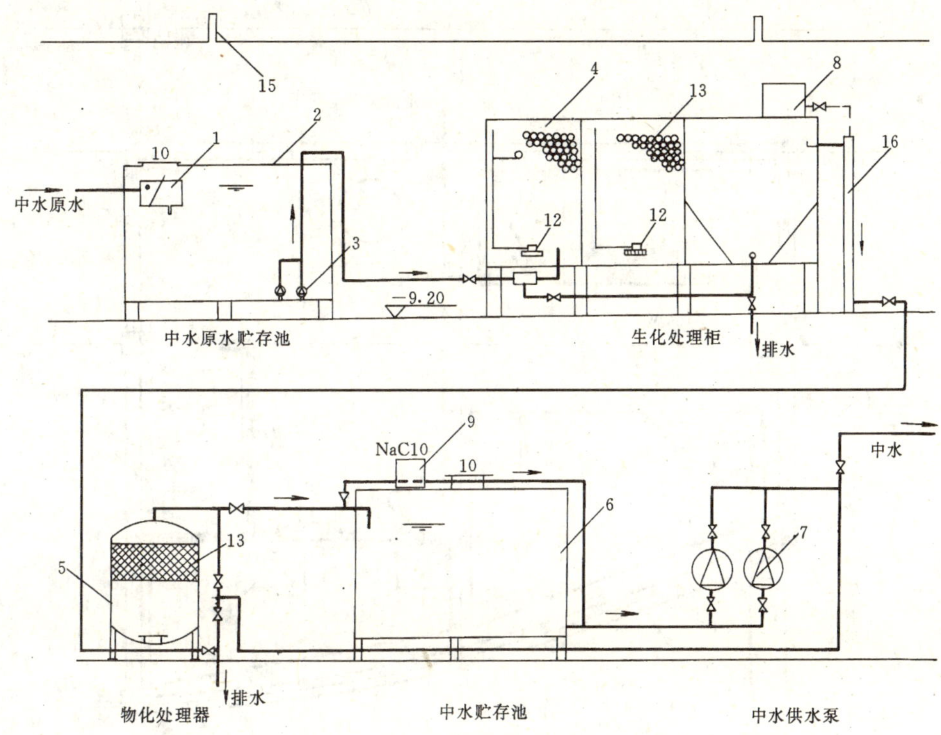

图 7.2-2 处理工艺设备流程图

(*F*) 膜法生物处理工艺，产生臭气少，污泥少，且水下曝气噪声低；

(*G*) 生物处理采用悬浮填料，效果好易管理，滤器采用轻质悬浮滤料，阻力小，节能。

(2) 处理设备特点：

(*A*) 采用组合式中水处理设备，初处理、生化处理、物化处理等处理程序段基本形成单元组装体，将处理设备与工程设计技术融十一体，简化流程，方便安装和使用。

(*B*) 本设备采用全封闭式钢结构，无臭气外逸，有的有专用通气管与外界相通，使建筑环境不会受到臭气污染。

(*C*) 设备按船舶工业和军工技术要求精工制造，质量保证，采用独特的喷涂除锈油漆工艺，内部采用环氧沥青漆，外用高级仿瓷漆，外观漂亮，耐腐蚀，使用寿命长。

(*D*) 设备采用全自动控制，电气原件可靠，使用方便，加药系统可进行自动投加。

5. 主要设备表和报价

主要设备材料表见表 7.2-2。

6. 工程报价：

两座水箱费	RMB	37.80	万元
处理设备费	RMB	50.25	万元
安装调试费	RMB	7.55	万元
总　计		95.60	万元

详见工程报价表　表 7.2-3。

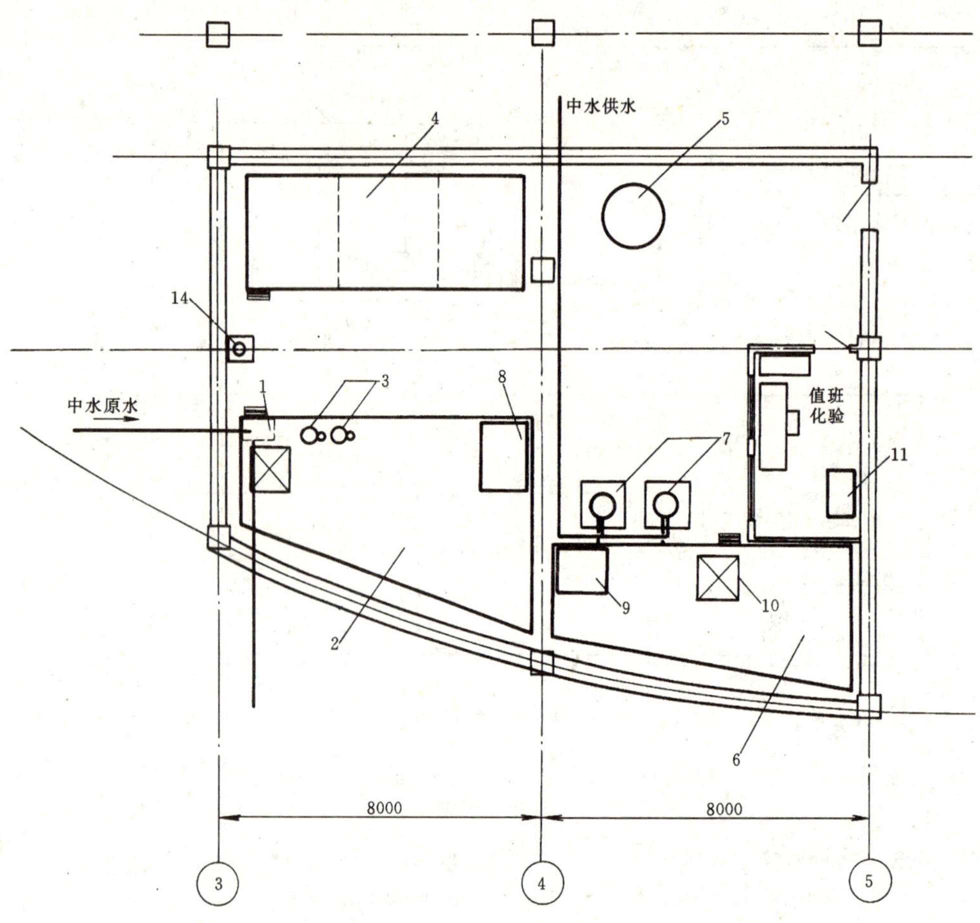

图 7.2-3　中水处理间平面布置

主要设备材料表　　　　表 7.2-2

编　号	名　　称	型 号 规 格	单　位	数　量
1	多功能进水箱	DGX-1	台	1
2	原水储存池（箱）	$W=80m^3$	座	1
3	污水潜水泵	50QW10/10	台	2
4	生化处理柜	SHQ-10	套	1
5	物化处理器	WHQ-10	套	1
6	中水储存池（箱）	$W=60m^3$	座	1
7	中水供水泵	$Q=9m^3/h$ 50DLX8 $H=106.4m$	台	2
8	混凝剂加药箱	JYX-1	套	1
9	消毒剂投加箱	TYX-1	套	1
10	人孔	D700	个	
11	电控柜	DKG-1	套	1
12	水下曝气泵	YTR-55	台	2
13	悬浮填料	QT-10	台	1
14	排水泵	50QW-5/10	个	1
15	通风孔	ϕ200	个	2
16	混合管	DN100	个	1

工程费用报价表 表 7.2-3

序号	项目	型号规格内容	单价万元	总价万元	备注
1	原水储存池（箱）	$W=80m^3$ 内外搪瓷		21.60	
2	中水储存池（箱）	$W=60m^3$ 内外搪瓷		16.20	
3	多功能进水箱	DGX-1 含格网计量分流附设		1.25	
4	污水潜水泵	50QW10/10	1.15	2.30	
5	生化处理柜	SHQ-10 含回流附设		6.55	
6	悬浮填料	QT-10 $W=15m^3$		3.85	
7	物化处理器	WHQ-10		5.70	
8	悬浮滤料	$W=1.1m^3$		0.86	
9	混凝剂加药箱	JYX-1 含计量附设		2.80	
10	消毒剂投加箱	TYX-1 含计量附设		2.20	
11	中水供水泵	50DLX8	1.32	3.64	
12	水下曝气泵	YTR-55 二台	4.97	9.97	
13	电控柜	DKG-1		5.70	
14	排水泵	50QW-5/10		0.60	
15	混合管	*DN*100		0.28	
16	管材配件			4.55	
	小计			88.05	
	安装调试			7.55	
	合计			95.60	

注：以上报价均按最好的设备器材价格计算，如水池改为土建式，悬浮填料改为一般固定填料，水下曝气机改用风机穿孔管曝气，价格均可大大下降。

7.2.2 方案的经济技术比较

设计单位对同一工程可做出不同的方案或不同的单位做出的方案均需进行经济技术比较，方案的不同点及其方案的经济技术比较要点见表 7.2-4。

不同方案的经济技术比较 表 7.2-4

比较方面	比较内容要点
方案的不同点	可根据主要不同点做出不同的方案或对不同单位的方案找出主要不同点其主要不同点通常为： 1. 处理工艺不同，物理化学法，和生物化学法或每种处理方法中的不同方式 2. 处理构筑物和处理设备结构形式不同比如处理池、中水原水池、中水贮存池是土建式还是设备式的 3. 处理设备组合方式不同，是组合式设备还是一体化设备 4. 处理设备和主要器材的选型不同比如填料形式、曝气方式、消毒方式（臭氧、氯类消毒发生器、现成药剂）等

续表

比较方面	比较内容要点
经济技术比较要点	1. 处理工艺的针对性、适应性，主要看对具体水质要求和工程具体情况技术保障情况和适应状况 2. 处理技术、方法的先进性，着重比较处理技术的效果好坏，效率高低等主要技术参数的差异 3. 使用管理维修方便情况以及对环境影响（臭味，噪音）的优劣 4. 经济状况的优劣主要为投资指标、总投资及运行成本指标的比较

7.3 中水工程的经济分析与评价

7.3.1 最小经济规模分析

中水工程的经济规模分析见表 7.3-1。

中水工程的经济规模分析 表 7.3-1

类别	按原水类型分类		数学模型	试算结果
住宅小区中水系统	Ⅰ类	采用小区生活污水为中水源水	$G=0.7058P_d^{-0.458}P^{0.046}R^{-0.73}Q_p^{-1}+0.0029(RQ_p)^{-0.7023}+4.335(PQ_pR)^{-0.2768}+2.152(PQ_pR)^{-0.3827}+0.0065(PQ_pR)^{-0.693}L^{-0.2326}$	人口大于1万或中水用量达750t/d以上为经济
住宅小区中水系统	Ⅱ类	采用处理厂二级出水为中水原水	$G=0.7058P_d^{-0.458}P^{0.046}R^{-0.73}Q_p^{-1}+0.0029(RQ_p)^{-0.7023}+0.216(PRQ_p)^{-0.07}+0.0065(PRQ_p)^{-0.693}L$	与附近处理厂结合能充分发挥效益
大型公建中水系统	Ⅲ类	杂排水为原水	$G=3.512Q^{-0.2768}+1.403Q^{-0.3827}-0.2908$	中水量达85t/d以上为经济
大型公建中水系统	Ⅳ类	生活污水为原水	$G=1.72Q^{-0.2768}+2.153Q^{-0.3827}-0.483$	中水量达154t/d以上为经济

表中 G—评价指标。$G=K_d/K_t$，K_d、K_t 分别为分质供水方案（中水系统实际上就是分质供水系统）和传统供水方案不同部分的现值。当 $G<1$ 时分质方案比传统方案经济，当 $G>1$ 时分质方案就不如传统方案经济，据此做出宏观经济状况判别。

P——住宅区的总人口数，人；

P_d——人口净密度，人/km^2；

R——中水占生活用水的比例；

Q_p——住宅区人均规划用水量，m^3/(人·d)；

Q——中水量，m^3/d。

上述数学模型是在一定边界条件下，采用“全寿命费用”分析法，一次投资费用和经常费用均按规定的供水设施的寿命年限(15年)或规划年限(30年)和社会折现率(取10%)折算成现值的。用这种数学模型进行经济规模评价只为宏观经济提供依据，而对不同地区的具体工程的经济评价应采用比评价方法，对不同方案进行总现值计算和当地的边界条件进行比较，即可得出较为合乎实际的经济状况。

7.3.2 综合效益计算

中水工程不仅有经济效益，还有显著的社会效益，可统称为综合效益。要把这种效益按投入产出关系转化成现值，就会从经济角度具体产值上得到深刻的认识。当中水设施的总投入值小于总产出值，建设中水工程对整个社会来说就是合算的。综合效益按式 7.3-1 计算。

$$E_z < E_1 + E_2 + E_3 + E_4 \tag{7.3-1}$$

式中 E_z——中水工程的投入值，包括中水工程土建、设备费、折旧费、运行管理费折合到每立方米的产值（元/m^3）；

E_1——节省城市引水、净水的边际费用（元/m^3）；

E_2——节水可增加国家的财政收入（按因缺水而造成国家的财政损失计）（元/m^3）；

E_3——减少环境污染而减少的社会损失（元/m^3）；

E_4——节省城市排水设施建设运行费（元/m^3）。

北京市节水办的专项研究结果表明，对已建项目中设计运行管理得当的中水工程，平均投入产值为 E_z=1.53 元/m^3，E_1=0.65 元/m^3 和中水差值为 0.88 元/m^3，E_2=5.48 元/m^3，E_3=2.30 元/m^3，E_4=0.36 元/m^3 以上四项产出值合计为：E_z=(0.65−1.53)+5.48+2.30+0.36=7.26 元/m^3 投入产出比 1.53∶7.26，即 1∶4.75，就是说只要中水设施投入值不超过 7.26 元/m^3，建设中水设施对整个社会而言就是合算的。这是从宏观上为中水设施建设提供决策的依据。

7.3.3 已建工程投资统计

一、物理化学法为主的工程投资统计表

见表 7.3-2。

物理化学法为主的工程投资统计表 表 7.3-2

序号	单位名称	设计规模 (t/d)	设备投资 (万元)	设备投资指标 (元/(m^3·d))	备 注
1	中国外文局	70	5.0	714.3	1987 年投入使用运行良好
2	北京重型电机厂	2000	7.7	38.5	1988 年 8 月投入使用，良好
3	中央民族大学	140	14.0	1000	1985 年 5 月投入使用，良好
4	北京京西宾馆	250	35.0	1400	1992 年 9 月投入使用，良好
5	北京亮马河大厦有限公司	150	$5.138	$342.5	1990 年 10 月投入使用，正常
6	北京新大都饭店	240	10	416.6	1990 年 1 月投入使用，正常
7	华润饭店	168	80	4761	1991 年 5 月投入使用，正常
8	北京燕沙中心凯宾斯基饭店	288	420	14583.3	1992 年 10 月投入使用停运
9	北京皇家大饭店	300	10	333.3	1993 年 3 月投入使用正常
10	铁道部丰台桥梁厂	800	25	312.5	待调试
11	地铁古城车辆段	200	38	1900	未运行
12	北京亚洲锦江大酒店	120	7.5	625	未运行
13	中央工艺美术学院	53	2.1	396.2	未运行
14	燕山大酒店	120	17	1416.6	未运行
15	北京丽晶苑大厦	100	26.5	2650	待安装
16	北京国际俱乐部	120	$12.5	$1041.6	待安装

二、生物接触氧化法为主的工程投资统计表

见表7.3-3。

生物接触氧化法为主的工程投资统计表　　表7.3-3

序号	单位名称	设计规模(t/d)	设备投资(万元)	投资指标(元/(m³·d))	备注
1	北京环保研究所	70	6.0	857	1985年投入使用运行良好
2	中苑宾馆	100	38.0	3800	1985年投入使用运行良好
3	中国国际贸易中心	600	$72	$1200	1990年3月投入使用，运行良好
4	天桥宾馆	110	35	3182	1990年9月投入使用，运行良好
5	金都假日饭店	290	91	3138	1990年10月投入使用，运行良好
6	北京京广中心	200	500	25000	1990年投入使用，运行良好
7	北京新世纪饭店	300	26	867	1992年6月投入使用，运行良好
8	北京松鹤大酒店	240	50	2083	1992年6月投入使用，运行良好
9	北方交通大学	200	12	600	
10	天坛饭店	180	14	778	1994年4月投入使用，运行良好
11	北京国际艺苑皇冠假日饭店	150	63.67	4245	
12	华威大厦	120	30	2500	1992年10月投入使用，运行正常
13	天伦王朝饭店	120	30	2500	1992年投入使用，运行正常
14	总后丰台管理处	100	10	1000	1993年3月使用，运行正常
15	军退老干部活动中心	70	20	2857	
16	北京市双秀公园	160	20	1250	未运行
17	建银大厦	196	37	1888	正调试
18	中央人民广播电台	80	26	3250	在建

三、生物转盘为主的工程投资统计表

见表7.3-4

生物转盘为主的工程投资统计表　　表7.3-4

序号	单位名称	设计规模(t/d)	设备投资(万元)	设备投资指标(元/(m³·d))	备注
1	新万寿宾馆	150	$17.6	$1173	1990年9月使用，美国设备运行良好
2	北京港澳中心	160	$5.6	$350	1991年4月使用，瑞士设备未达标
3	北京华侨大厦	80	30	3750	1993年4月使用，香港设备
4	台湾饭店	190			1993年10月使用，瑞士设备
5	北京郊区旅游开发公司	150	27.6	1840	1994年2月使用，国内设备
6	希尔顿酒店	165	$25	$1515	德国设备，未正常
7	北京大观园酒店	180	$8.7	$483	美国设备，运行
8	梅地亚电视中心	200			荷兰设备未运行
9	王府饭店	300	$60	$2000	香港设备停运
10	北京京台大厦	200	$10	$500	香港设备在建
11	四川大厦	300	72	2400	国内设备在建
12	北京幸福大厦	300	$11	$367	美国设备，未运行

四、表注与分析

1. 以上三表是对北京市已建中水工程按主要处理工艺分类统计的。物理化学法的工艺流程多数为混凝沉淀、混凝气浮、接触过滤、直接过滤、活性炭吸附、化学氧化（臭氧、二氧化氯、次氯酸钠等）消毒等处理方法的组合。唯表中第15项为中空纤维过滤；接触氧化法为主的生物化学处理流程，还组合有沉淀、过滤、消毒等工艺，生物接触氧化有一级二级不等；生物转盘为主要工艺的流程，设备多为进口。除第一项通过验收外，其余均未验收。

2. 统计采用去除个别特殊值后的算术平均值得出投资指标平均值。

3. 各种处理方法的平均投资指标，见表7.3-5。

中水工程投资指标 表7.3-5

处理工艺	设备投资指标 元/($m^3\cdot d$)	
	国产设备	进口设备
物理化学处理工艺	1015	\$928.7 (7708.2)
接触氧化处理工艺	1958	\$1275.4 (10585.8)
生物转盘处理工艺	2120	\$855.0 (7097.0)
大型高级外资（合资）项目		\$1508 (12516)

注：表内美元和人民币比价按1：8.3计。

从表中明显看出，进口设备投资高于国产设备3.3～7.6倍，投资指标按工艺由低至高排序为，物化法——接触氧化法——生物转盘法。

7.3.4 中水工程投资指标评价

一、按设计工程投资指标评价

1. 计算工程投资指标

计算工程投资指标关系式为：

中水工程投资指标(元/($m^3\cdot d$))

=中水工程总投资(元)/中水工程日处理水量(m^3/d)

2. 评价

计算指标与当地自来水建设投资指标及市政管网建设投资指标之和比较，即可概略看出其经济状况，前者低于后者为经济状况良好。

计算指标与当地水资源费和排水工程建设及污水处理费用指标的和比较，若前者低于后者，即为现实政策经济型。

例如：北京某宾馆中水工程投资34万元，日产水能力为264吨，投资指标为1288元/($m^3\cdot d$)。而大约同期北京水源九厂建设投资指标为1386元/($m^3\cdot d$)，这个指标只含水源取、输、净水工程建设投资，还不含供水管网建设投资在内。仅此即可看出该项中水工程的投资指标低于新建自来水厂的投资指标，其经济状况良好。又北京市收取自来水资源费为840元/($m^3\cdot d$)，排污及其治理费为800元/($m^3\cdot d$)，共计为1640元/($m^3\cdot d$)，该项中水工程投资指标也低于政策规定收费指标，也是现实政策经济的。

二、参照已建工程投资指标评价

1. 选定参考投资指标。根据设计中水工程的类型、规模、基本处理工艺，选取当地相似工程的投资指标为参考，或选用相同处理工艺，运行良好的中水工程投资指标的平均值。如表7.3-5中所列工程投资统计表内的数值为参考值。

2. 进行现时投资指标折算。如选取参考的工程建设时间与现时不同，还要根据物价涨落情况按下式进行现时投资指标计算。

$$E = A(1+b)^n \tag{7.3-2}$$

式中　E——为现实设备投资指标(元/($m^3\cdot d$))；

A——参考值当时投资指标(元/($m^3\cdot d$))；

b——为参考值时至现时的年平均物价上涨率（%）；

n——为参考值时至现时的年份（年）。

【例7.3-1】　北京新建中水工程规模为150t/d，拟采用接触氧化为基本处理工艺估算其投资指标和总投资。

选取投资指标参考值为北京地区中水工程生物接触氧化法的平均投资指标为1958元/(m·d)，至今已近4年，年平均物价上涨率为8%代入公式7.3-2得：

$$E = 1958(1+0.08)^4 = 2662\text{ 元}/(m^3\cdot d)$$

工程总投资为：$E' = 2662\times150 = 39.93$ 万元

7.3.5　已建工程成本统计与分析

据已建工程总结资料统计表明，处理规模是影响成本的最主要因素，其次是设计规模与实际处理规模之间的差距。此外设备投资、维修费、电费、人工费等在某些情况下也会造成突出影响。

一、已建工程成本分析表

已建工程中水运行成本分析表见表7.3-6。

中水运行成本分析表　　　　**表7.3-6**

序号	单位名称	设计规模(t/d)	实际处理规模(t/d)	设备投资(万元)	年折旧费(万元)	电费(万元/年)	药费(万元/年)
1	北京新世纪饭店	300	250	26	2.6	3.4	0.18
2	建银大厦	240	200	37	3.7	—	—
3	北京港澳中心	160	160	$.6	2.8	1.98	0.58
4	中央民族大学	140	98	14	0.7	0.47	0.44
5	北京市环境保护科学研究院	70	20	6.0	0.4	0.0770	0.0450
6	北京国际艺苑皇冠假日饭店	150	150	63.3	6.37	2.6	0.73
7	亮马河大厦	150	179	$5.2	2.6	1.84	0.12
8	北京市军队离退休干部活动中心	70	70	20	2.0	2.17	0.06
9	北京金都假日饭店	290	113	91	4.55	3.57	0.44
10	华威大厦	120	120	30	3.0	2.63	0.088
11	华润饭店	168	150	80	5.3	7.78	0.72
12	松鹤大酒店	240	115	50	5.0	3.06	0.17
13	新万寿宾馆	150	59	$17.6	5.9	3.3	1.1
14	天桥宾馆	110	50	35	3.5	4.60	0.50
15	天伦王朝饭店	120	65	30	3.0	8.7	0.064

续表

序号	单位名称	设备维修费（万元/年）	人工费（万元/年）	年中水使用量（t）	中水运行成本（元/t）		设备折旧占总成本比例
					不包括折旧费	包括折旧费	
1	北京新世纪饭店	0.80	0.96	82500	0.65	0.96	32
2	建银大厦	—	—	60000	0.65	1.18	45
3	北京港澳中心	1.0	1.5	57600	0.88	1.36	35
4	中央民族大学	0.5	1.97	23520	1.43	1.73	17
5	北京市环境保护科学研究院	0.1500	0.1500	4500	0.94	1.83	49
6	北京国际艺苑皇冠假日饭店	0.06	0.50	53560	0.72	1.91	62
7	亮马河大厦	$0.5	3.6	65288	1.51	1.91	21
8	北京市军队离退休干部活动中心	0.50	1.28	25550	1.56	2.35	34
9	北京金都假日饭店	0.20	1.2	41141	1.31	2.42	46
10	华威大厦	4.0	2.16	44000	2.02	2.70	25
11	华润饭店	0.30	1.68	55000	1.90	2.87	34
12	松鹤大酒店	0.15	6.02	40000	2.34	3.60	36
13	新万寿宾馆	0.10	1.44	21636	2.73	5.44	50
14	天桥宾馆	2.0	0.6	18100	4.2	6.09	31
15	天伦王朝饭店	1.3	2.7	23727	5.43	6.69	19

二、据上表统计工程按不同处理工艺分类统计核算其运行成本统计见表 7.3-7。

中水运行成本统计表 **表 7.3-7**

单位：元/t

基本处理工艺	不含折旧费的成本	含折旧费的成本
物理化学处理工艺	1.13	1.56
接触氧化处理工艺	2.08	2.91
生物转盘法处理工艺	1.81	3.40

三、运行成本与处理规模的关系

运行成本与处理规模的关系见图 7.3-1、图 7.3-2。

【例 7.3-2】 求处理规模为 200t/d 的处理成本。从图 7.3-1 中查得不包括折旧费的中水处理成本为 0.50 元/m^3 以上，从图 7.3-2 中查出包括折旧费时为 1.20 元/m^3。

【例 7.3-3】 已知当地自来水费和排污费的和为 1.20 元/m^3，求运行成本经济规模。从图 7.3-1 中查出其处理规模大于 120t/d 为宜。

7.3.6 中水的运行成本

一、中水运行成本的计算

中水运行中各项耗费均应打入成本。包括动力、药剂消耗、人工工资、设备维修、水质化验费等各项，均应按实际耗量逐项计算汇总。总耗费均摊到每吨水上，即为中水运行成本。

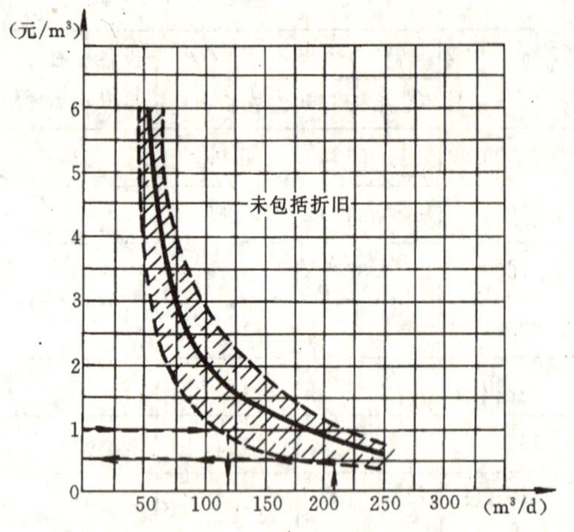

图 7.3-1 运行成本与处理规模图（一）

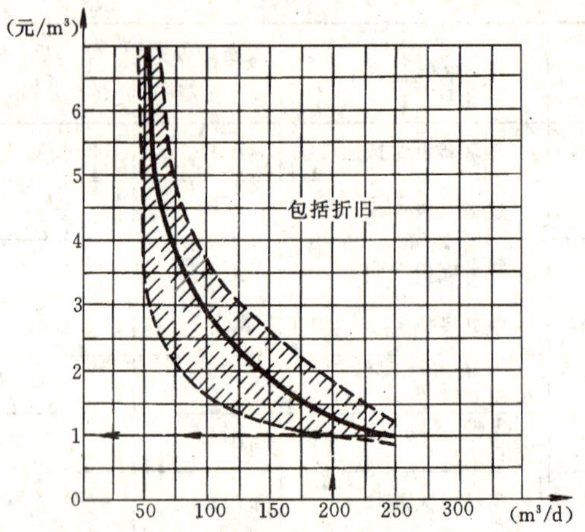

图 7.3-2 运行成本与处理规模图（二）

一般说中水运行成本，可不包括设备折旧费在内。而中水水费则应含设备折旧费在内。

例如北京新世纪饭店的中水处理成本核算是按 1993 年 8 月 31 日至 9 月 1 日的 24 小时实际运行资料计算的，中水产量为 300t，成本核算见表 7.3-8。

成本核算表 表 7.3-8

项目	动力电	照明电	聚合铝	精盐	化验	人工	折旧	维修	总计
单价	0.261 元/度	0.297 元/度	2.0 元/kg	0.55 元/kg	10 元/次	30 元/工	按 17 年计	按 5%计	
耗量	195 度	24 度	0.6kg	5kg	2 次	3 工			
合计（元）	50.9	7.13	1.2	2.75	20	90	41.90	35.62	249.50

中水运行费（不含折旧）为 207.6 元÷300t=0.69 元/t

中水成本费（含折旧）为 249.5 元÷300t=0.83 元/t

该饭店自来水费为 1.0 元/t，相比认为经济效益好。

二、中水水费计算

中水水费的计算公式为：

$$A=\frac{D\cdot x/100}{Q\cdot 30}=0.0003\frac{Dx}{Q} \tag{7.3-3}$$

$$B=\frac{E}{Q\cdot 30}=0.03\frac{E}{Q} \tag{7.3-4}$$

$$C=A+B \tag{7.3-5}$$

式中 A——中水水费中的设施投资偿还费（元/m³）；

B——中水水费中的运行管理费（元/m³）；

C——中水水费（元/m³）；

D——设施基建费（元）；

$x/100$——偿还系数，根据规定确定，x 值 0.5～1.0 其相应偿还期为 16～8 年；

E——按月计的运行管理费（元/月），为电费、药费、人工费、维修费等项目之和；

Q——中水产水量（m³/d）。

【例 7.3-4】 北京新世纪饭店处理规模 250t/d，设备投资 26 万元。月平均电费 2830 元，药费 150 元，人工费 800 元，设备维修费 670 元。

取 $x=0.8$（偿还期为 10 年左右）代入 7.3-3、7.3-4、7.3-5：

$$E=2830+150+800+670=4450 \text{元}$$

$$A=0.0003\times 260000\times 0.9/250=0.31 \text{元}$$

$$B=4450/(250\times 30)=0.59 \text{元}$$

$$C=0.31+0.59=0.90 \text{元}$$

北京市现自来水费为 1.0 元/m^3（宾馆、饭店水价）可见本工程中水成本低于自来水价。

水费的比较还应该考虑到自来水的超标加价及罚款的费用，以及超量排污收的排污费和罚款。故水费的经济评价公式为：中水水价（元/m^3）＜自来水价（元/m^3）＋超标加价费或罚款（元/m^3）＋排污费（元/m^3）＋排污加价或罚款（元/m^3），即为现实经济。

7.4 中水水量计算及水量平衡设计

7.4.1 水量计算

一、中水原水量和中水用水量计算见表 7.4-1。

中水原水量和用水量计算 表 7.4-1

计算量	计算方法及计算公式	说明
中水原水量	按日用水定额分配比例法计算 $Q_y=\Sigma c\cdot b\cdot Q_d$ (t/d) $Q_d=\Sigma q\cdot n/1000$	Q_d——建筑物生活给水量（m^3/d） q——单位用水定额(L/(人·d)或 L/(床·d)) n——用水单位数（人或床） Q_y——日中水原水量（m^3/d） b——取作中水原水的给水项目占总水量的百分比，见表 7.4-2 c——折减系数，一般为 0.8～0.9
	按排水器具排水量计算 $Q_y=\Sigma c\cdot q\cdot m\cdot n/1000$ (t/d)	q——用水器具一人一次使用排水量(L/(人·次))，同给水量见本手册第二章表 2.2-10 m——使用次数(次/(d·人)) n——使用人数（人/d） Q_y、c 同前式
	最高日中水用水量根据中水的不同用途计算后累加求得 $Q_z=Q_c+Q_s+Q_q+Q_b+Q_N+\cdots$	Q_z——中水用水量（m^3/d） Q_c、Q_s、Q_q、Q_b、Q_N 见本表以下各式
冲厕用水量	1. 冲厕用水量计算 1)按冲厕用水占用水量的百分比计算，计算公式： $Q_c=1.2\cdot b\cdot Q_d$ (m^3/d)	Q_c——冲洗厕所中水用水量（m^3/d） b——冲洗厕所用水占日用水量的百分比（%）见表 7.4-2 1.2——考虑漏损的附加系数 Q_d——同前

续表

计算量	计算方法及计算公式	说　明
冲厕用水量	2）按厕所蹲（坐）位冲洗次数计算，计算公式： $Q_c=1.2\cdot q\cdot m\cdot n/1000$ （t/d）	q——每次冲洗用水量6～12L/次采用节水器具为6～9L/次 m——使用厕所人数（人/d） n——每人每日冲洗次数（次/(人·d)） 1.2——同前
浇洒、绿化、道路保洁用水量	按洒水强度计算水量公式： $Q_s=0.001h\cdot S\cdot n$ （m^3）	Q_s——浇洒道路、绿化用水量（m^3/d） h——洒水强度（mm） 水泥路面 h=1～5mm 土路面　h=3～10mm 绿　　化 h=10～50mm s——道路或绿化面积（m^2） n——每日浇洒次数
	按洒水喷头数计算水量公式 $Q_s=3.6q\cdot n\cdot T$ （t/d）	q——洒水栓出流量（L/s） n——洒水栓个数（个） T——洒水历时（h/d） Q_s——同前式
汽车冲洗用水量	计算公式 $Q_q=\Sigma q\cdot n\cdot b$ （m^3/d）	Q_q——汽车冲洗用水量 q——汽车冲洗用水定额 小轿车　　250～400(L/(辆·d)) 公汽、载重汽车 400～600(L/(辆·d)) n——车辆总数 b——同时冲洗率按洗车台数量定
汽车库地面冲洗用水	$Q_x=q\cdot F/1000$ （m^3/d）	Q_x——汽车库地面冲洗用水量（m^3/d） q——地面冲洗用水定额（L/m^2） 按2～3L/m^2确定 F——冲洗地面面积（m^2）
空调冷却水补水量计算	补水量计算公式： $Q_b=1.10(Q_z+Q_p+Q_F)$ （m^3/h） 其中： $Q_z=(4‰\sim8‰)Q_x$ （按气温−10℃～40℃的中值内插取值） $Q_p=(1.6\%\sim0.1\%)\cdot Q_x$ （按浓缩倍数n=1.5～10内插取值） $Q_F=0.25\%\cdot Q_x$	Q_b——空调冷却水补水量（m^3/h） Q_z——蒸发损失水量（m^3/h） Q_p——排污及渗漏水量损失（m^3/h） Q_F——风吹损失（m^3/h） Q_x——冷却循环水量（m^3/h）
中水作采暖系统补充水量	计算公式： $Q_N=(2.0\%\sim3.0\%)\cdot Q_x$ （m^3/h）	Q_x——采暖系统循环水量（m^3/h） Q_N——采暖系统补水量（m^3/h）

各类建筑物生活给水量及百分率　　表 7.4-2

类别	住宅		宾馆、饭店		办公楼		备注
	水量[L/(人·d)]	(%)	水量[L/(人·d)]	(%)	水量[L/(人·d)]	(%)	
厕所	40～60	31～32	50～80	13～19	15～20	60～66	
厨房	30～40	23～21					
沐浴	40～60	31～32	300	79～71			盆浴及淋浴
盥洗	20～30	15	30～40	8～10	10	40～34	
总计	130～190	100	380～420	100	25～30	100	

注：洗衣用水量可根据实际使用情况确定。

二、中水水量计算举例

【例 7.4-1】 向阳宾馆客房楼 910 床位，卫生间有集中热水供应，洗浴废水处理回用，求算中水原水量。

【解】 查本手册建筑给水表 2.2-3，查得宾馆客房用水定额 400L/(床·d)，最高日生活用水量 $Q_d=400\times910=364$t/d。

由表 7.4-2 查得沐浴水占用水百分率 $b=71\%\sim79\%$，取下限 71%代入公式：

中水原水量　　$Q_y=c\cdot b\cdot Q_d=0.8\times71\%\times364=206.8\text{m}^3/\text{d}$

或由计算图 7.4-1 中查得中水原水量 $Q_y=206\text{m}^3/\text{d}$

【例 7.4-2】 上例平均每人每日大小便 5 次，910 人按日用水量计算冲洗水量 $Q_c=$

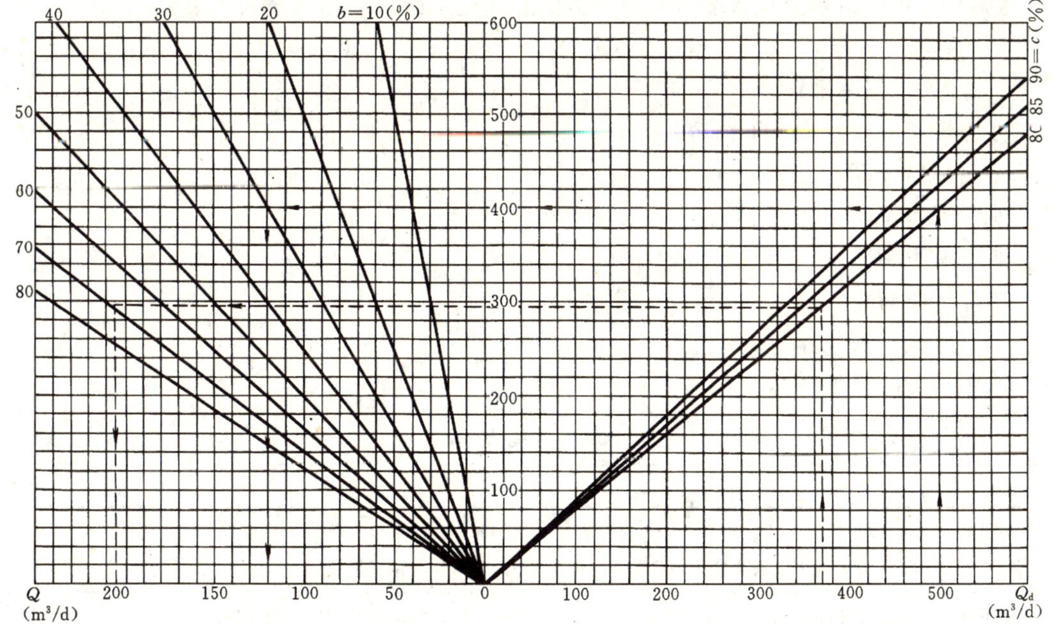

图 7.4-1　中水原水量计算图

1.2×364t/d×19%=83.0t/d 按冲洗次数计算冲洗水量 Q_c=1.2×10L/次·人×8次×910人/1000=87.4t/d 查图7.4-2查得 Q_c=83.0t/d。

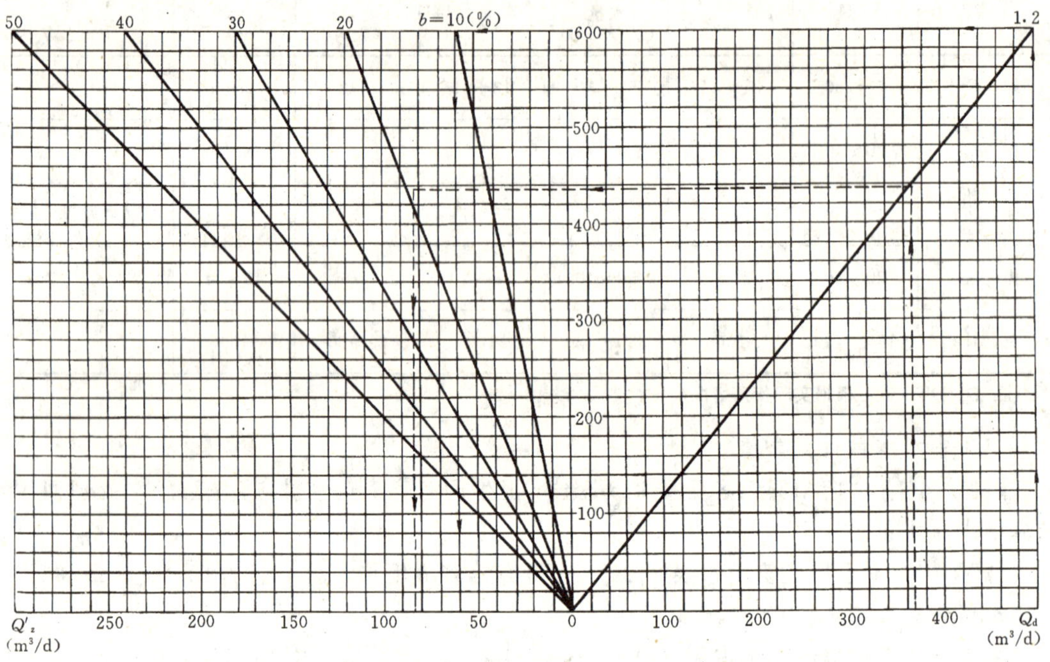

图 7.4-2　最高日中水用水量计算图

【例 7.4-3】　上例宾馆花草绿地面积 1500m²，道路总面积 875m²，夏日每日洒水一次，计算其日用水量。

【解】　将已给参数代入表 7.4-1 的浇洒、绿化道路保洁用水量公式

$$Q = 0.001(30 \times 1500 \times 2/7 + 3 \times 875 \times 1) = 15.5 \text{ t/d}$$

7.4.2　水量平衡设计

水量平衡设计包括以下内容：

水量平衡计算

水量平衡调整

画水量平衡图

水量平衡措施

一、水量平衡计算

水量平衡计算见表 7.4-3。

水量平衡计算　　　　**表 7.4-3**

计算量	计算方法及公式	说明
给水量 (Q_G)	按本手册第2章建筑给水表2.2-1表2.2-2；表2.2-3规定用水定额和实际使用情况计算、汇总	详见给水部分 计算实例见后
污废水排量 (Q_p)	按建筑给水量乘上折减系数求得即： $Q_p = (0.80 \sim 0.95)Q_G$　(m³/d)	损耗量大的用水取下限 损耗量较小的用水取上限

续表

计算量	计算方法及公式	说明
中水原水量 (Q_y)	按取用中水原水的排水项目计算	计算方法见 7.4 节表 7.4-1
原水调贮量 (Q_{yc})	按中水原水量及处理量的逐时变化曲线积算 缺乏资料时按下式计算 当设备连续运行时： $Q_{yc} = (0.30 \sim 0.40) \cdot Q_c (m^3/d)$ 当设备间歇运行时： $Q_{yc} = 1.2 T Q_q (m^3)$	按公式计算如左式或从图 7.7-1 中直接查得 Q_c——中水日处理量（m^3/d） T——设备连续最大运行时间（h） Q_q——设施处理能力（m^3/d）
中水处理量 (Q_c)	原水量应为中水处理量的 110%～115%即 $Q_c = (0.90 \sim 0.85) Q_y \quad (m^3/d)$	Q_y——中水原水量（m^3/d） Q_c——中水处理量（m^3/d）
中水设施 处理能力 (Q_q)	$Q_q = \frac{Q_z}{T}(1+n) \quad (m^3/h)$ $\because \quad Q_y = (1.10 \sim 1.15) Q_c$ $Q_c = (1.10 \sim 1.15) Q_z$ $\therefore \quad Q_y = (1.21 \sim 1.32) Q_z$ 故 $Q_q = \frac{Q_y}{(1.10 \sim 1.15) T}$	Q_z——最大日中水用量（m^3/d） T——中水设施每日运行时间（h） n——设施自耗水系数 $n = 10\% \sim 15\%$ 其余符号同前 也可由图 7.4-3 直接查得
处理设施 耗水量 Q_H	$Q_H = (0.10 \sim 0.15) \cdot Q_c (m^3/d)$	Q_H——处理设施耗水量（m^3/d） 其余符号同前
中水贮存 调节量 Q_{zc}	应按处理量和中水用量逐时变化曲线积算 无资料时按下式计算： 连续运行时： $Q_{zc} = (0.2 \sim 0.3) Q_z (m^3)$ 间歇运行时： $Q_{zc} = 1.2(TQ_q \quad Q_{zt})\ (m^3)$	Q_{zc}——中水贮存调节量（m^3） T——最大连续运行时间（h） Q_{zt}——最大连续运行时间内的中水用量（m^3）
自来水补水 量（Q_b）	$Q_b = Q_z - Q_c (m^3/d)$	Q_b——自来水补给量（m^3/d） 其余符号同前

二、水量平衡调整

将计算出的水量进行调整，使之满足公式 7.4-1 及公式 7.4-2 的要求。

$$\Sigma 0.001 \cdot c \cdot q \cdot m \cdot n = Q_y = (1.10 \sim 1.15) Q_c \tag{7.4-1}$$

$$\frac{Q_q \cdot T}{1 + n_1} = Q_c = \Sigma Q_{zi} \tag{7.4-2}$$

式中 Q_y——中水原水量（m^3/d）；

Q_c——中水处理量（m^3/d）；

Q_{zi}——各项中水日用量（m^3/d）；

T——处理设施运行时间（h）；

n_1——处理设施耗水系数；

c、q、m、n 同表 7.4-1 符号。

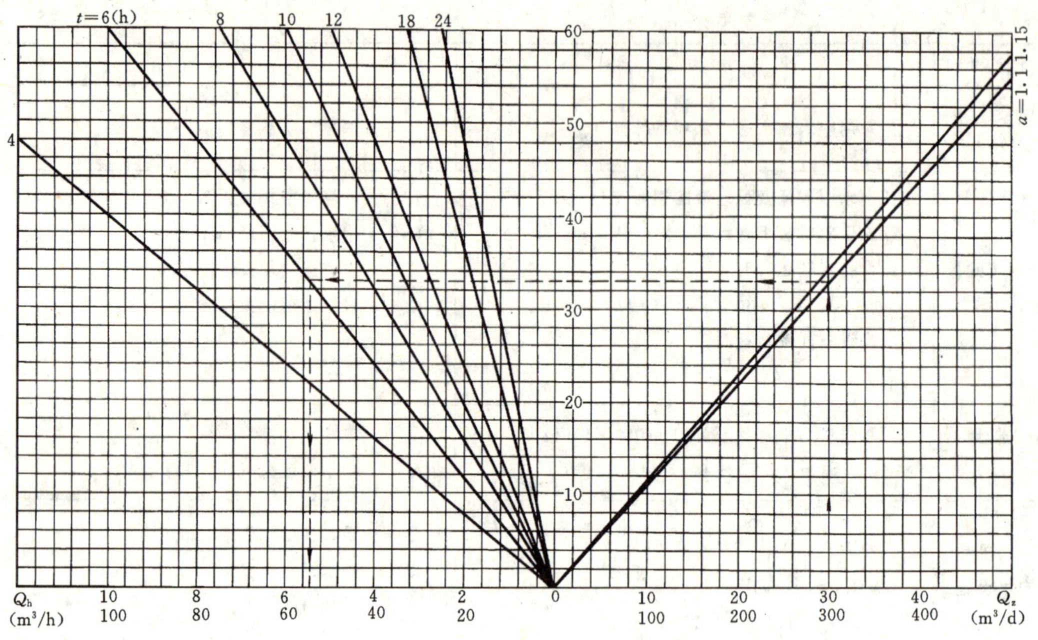

图 7.4-3 中水设备的处理能力计算图

中水水量平衡计算举例

【例 7.4-4】 计算前例 910 床位宾馆的给水量 Q_G。

【解】 按本手册第 2 章建筑给水表 2.2-3 的规定用水定额计算用水量，并汇总以前的用水量计算结果列表如下：

设 计 用 水 量 汇 总 表 **表 7.4-4**

用水项目	用水定额	用水单位	用水量（t/d）	备　注
客房楼用水	400L/(床·d)	910 床	364	见前例
员工生活用水	250L/(人·d)	500 人	125	含职工淋浴室用水量
厨房餐厅用水	15L/(人·次)	3900 人次	59	
洗衣房用水	50L/kg 干衣	680kg	34	
空调采暖用水	9.2m^3/h×24h		220	冬季作采暖补充用水
冲洗汽车用水	400L/辆	20 辆	8	
浇洒绿化用水	路面 3mm 绿地 8.6mm	875m^2 1500m^2	16	
冲洗及景观用水			57	
合　计			826	

注：1. 表内用水项目应按设计项目的实际。需要列出，如设有美容理发、游泳池、景观用水等也应列入。

2. 设计最大日用水量除已涉及的用水项目水量外，还应考虑到未予见及供水系统漏损水量，一般取上述水量的5%～10%。

【例 7.4-5】 某宾馆最大日原水量为 290t，试求中水原水调节池的最小调节容积。

1. 拟定中水原水量变化曲线。根据具体工程的用水情况，参照同类型建筑给排水测试资料以及水量计算结果拟定出原水量逐时变化曲线。拟定时可分别将各类排水量按逐时分配好，然后进行叠加得出。如图 7.4-4 中黑折线 *AGHIB* 所示。该折线与横轴所围面积即为最大日原水量 264t/d，从图中可见最大时（20～21 时）原水量为 28t/d，平均时原水量为 11t/d，时变化系数为 $K=2.55$。

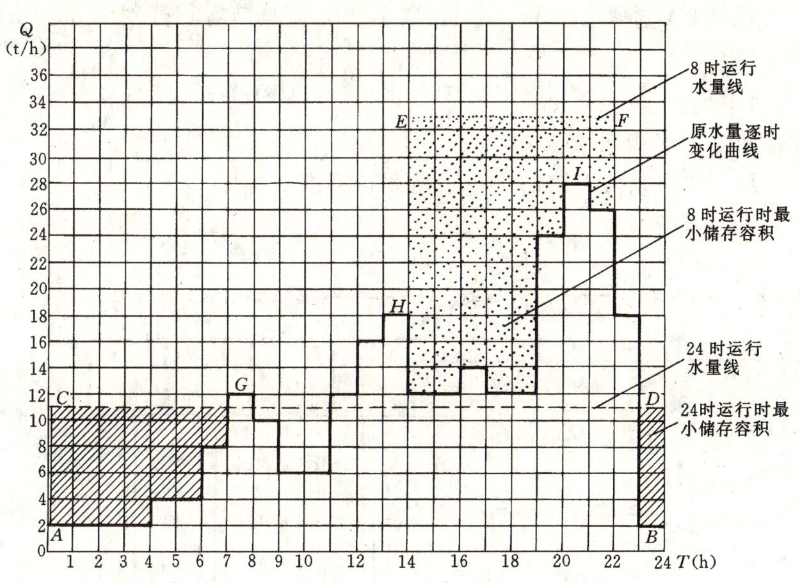

图 7.4-4 水量逐时变化曲线

2. 确定处理设备运行时间并计算设备处理量。设备运行时间一般为一班（8h）、二班（16h）、三班（24h）按下式计算设备处理量。

$$Q_q = Q_y/T$$

式中 Q_q——处理设备的小时处理量（t/h）；

Q_y——设计日中水原水量（t/d）为量大日原水量除以水源保障系数 1.10～1.15 取 1.10，$Q_y=290/1.10=264$t/d；

T——处理设备运行时间（h）。

当 $T=8$h 时，$Q_q=0.125$，$Q_y=33$t/h

当 $T=24$h 时，$Q_q=0.0417$，$Q_y=11$t/h

3. 画出设备处理量线

图 7.4-4 中点线 *EF* 为一班工作处理量线 $Q_q=33$t/h。

图 7.4-4 中点划线 *CD* 为三班工作处理量线 $Q_q=11$t/h。

4. 求算调节池的最小容积

从图线中可知在 24h 运行时处理水量线 *CD* 高于原水量线的时段内，处理水量必须有水可取。即图中斜线阴影部分的面积所表示的水量就是调节池的最小调节容积。积算值为

72m³，约占总水量的27%，当单班运行时，调节池的容积即要满足运行时段内处理水量线 EF 和该段原水量线之间所围面积表示的水量有水可取（图中点线阴影所示），又要满足非运行时段内进水量变化线与横轴所围面积表示的水量有处可存，积算结果为144t，约占总水量的55%。可见调节池的调节容积按进水量和处理水量线确定的准确程度取决于拟定的水量变化线与实际情况的符合程度。只要能够做到基本符合规律的曲线求算法，也是百分数的估算法不可比拟的。

5. 对以上结果乘以系数1.15～1.25，取1.20，其调节容积分别为86.4m³（三班）和172.8m³（一班）。

三、水量平衡图

1. 个体建筑水量平衡图

【例7.4-6】 北京京西宾馆的水量平衡图，见图7.4-5。

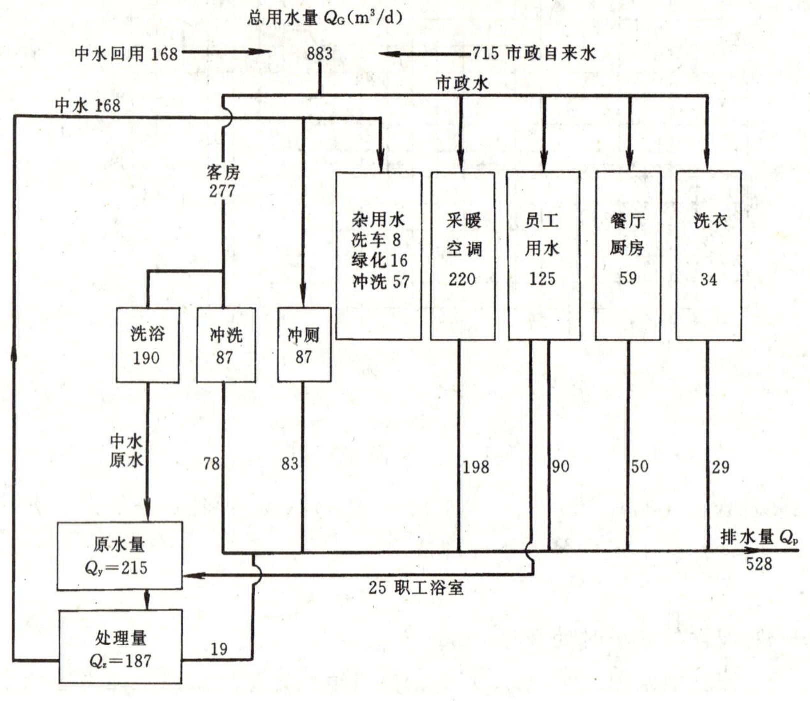

图7.4-5 水量平衡图

从图中可知：全宾馆的节水率为168/883=19%，客房污废水回收率为190/364=52%，全宾馆废水回收率 Q_y/Q_p=190/528=36%。

2. 建筑楼群的中水水量平衡图

【例7.4-7】 北京国贸中心水量平衡图。见图7.4-6。

3. 工厂

【例7.4-8】 北京市建筑木材厂中水水量的年平衡图，见图7.4-7。

四、水量平衡措施

水量平衡措施及做法见表7.4-5。

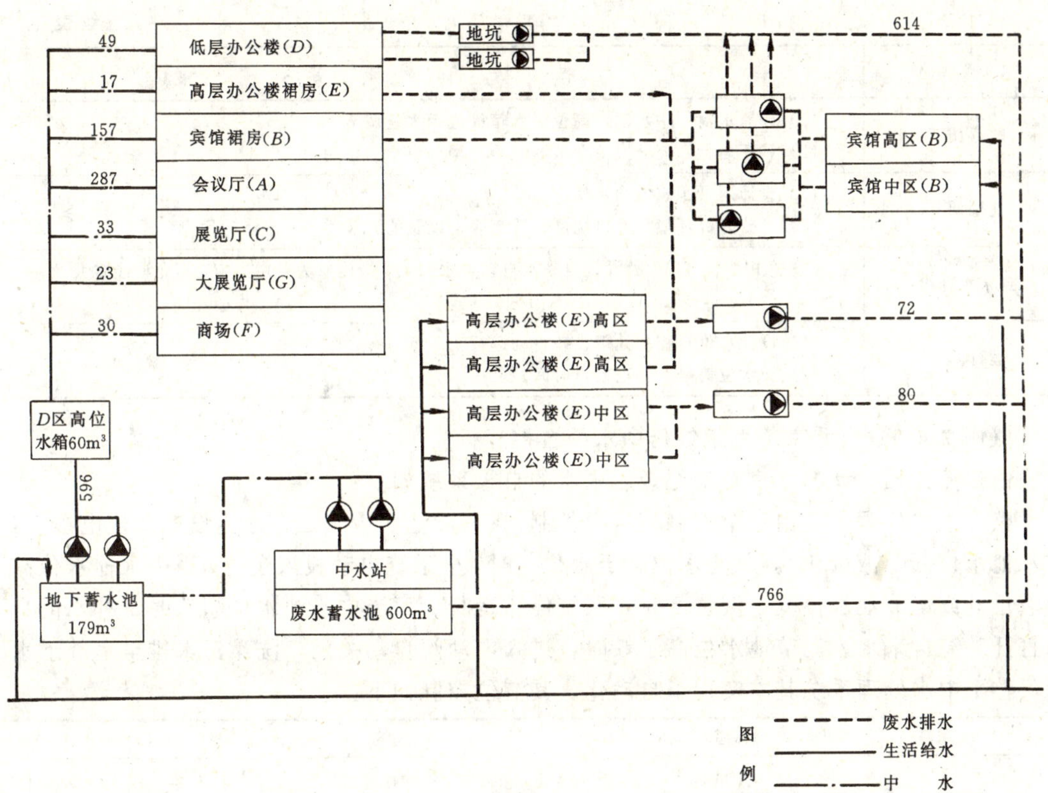

图 7.4-6 国贸中心中水水量平衡图

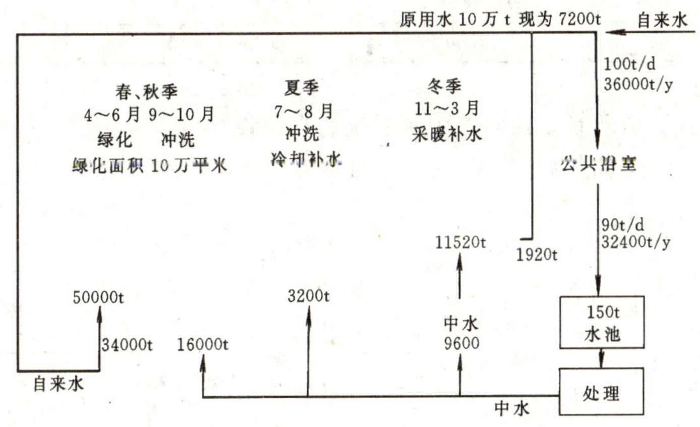

图 7.4-7 建筑木材厂中水水量平衡图

水量平衡措施及做法 **表 7.4-5**

措 施	做 法 和 要 求
原水分、溢流	(1) 在原水管进处理站前装分流阀 (2) 在原水池前做分、溢流井 (3) 溢流排放口标高高于排水口标高，保障自流通畅排放

续表

措　　施	做　法　和　要　求
贮存调节	(1) 设原水池、中水池、高位供水箱等进行水量调节 (2) 调正运行，充分发挥调节池（箱）调节容积的作用
使用调节	(1) 设计用量稳定的中水用户 (2) 充分开辟环境用水（浇洒、溪流等）以及能调节季节不平衡的用户
自来水补给	(1) 在中水池（箱）处设置自来水自动补水管，本措施应为备用措施，不允许经常大量补水
运行调节	(1) 设计水位自控的处理设备自动运行 (2) 设水位信号，调正运行时间、班次

【例 7.4-9】　北京新世纪饭店中水的自控运行

由银燕公司设计的北京新世纪饭店中水的自控系统如下：

整个中水处理系统由一个控制柜集中控制。在调节池和中水贮存池内设有水位电极，当中水池水位低于液位 4，调节池水位高于水位 3 时，全系统自动投入运行，当中水池水位高于液位 5 或调节池水位低于液位 2 时，系统停止运行。而当中水池水位超低时，补水阀自动打开补充自来水。调节池水位高于 5 时，进入电动阀自动关闭。洗澡污水排至室外下水管，整个中水处理系统基本实现了自动化。其液位控制如下：

6. 超高	溢水口
5. 高	自动关
4. 中	自动开
3. 低	补水阀关
2. 超低	补水阀开
1. 池底	－11.30

中水贮存池液位控制

6. 超高	溢水口
5. 高	进水阀关
4. 中	进水阀开
3. 低	自动开
2. 超低	自动关
1. 池底	－13.10

调节池液位控制

【例 7.4-10】　北京京西宾馆中水系统的自控设计

由总后建筑设计研究院设计的北京京西宾馆中水系统的自动控制见图 7.4-8。

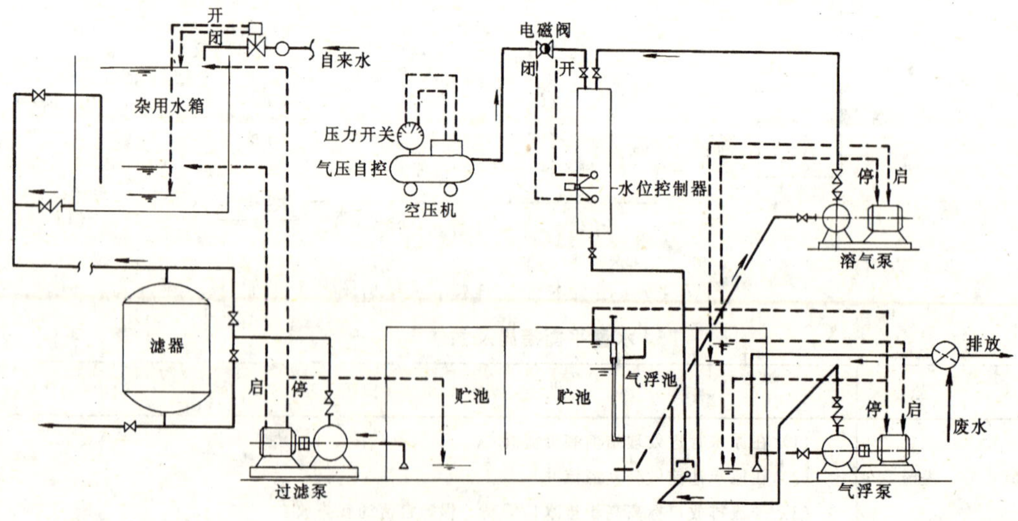

图 7.4-8　自动控制关系图

7.5　中水原水集水系统

7.5.1　中水原水系统的类型

中水原水系统类型见表7.5-1。

中水原水系统类型　　表7.5-1

原水系统类型	优缺点
合流系统	优点：1. 水量较分流系统充足、稳定 2. 不需设置分流管道与原排水合一 缺点：1. 原水水质差、含粪便和油污 2. 处理工艺复杂，必须经过可靠的一级、二级、三级处理程序 3. 中水水质保障性差，用户接受程度差 4. 处理对环境危害程度大
分流系统	优点：1. 原水水质好、有机污染程度轻； 2. 处理工艺流程可简化、投资省、占地小 3. 中水水质保障性好，易被用户接受 4. 处理站对环境危害小 缺点：1. 原水水量受限制，且不稳定 2. 需加设一套分流管道

7.5.2　分流集水系统的设计

分流集水系统设计内容和要求见表7.5-2。

分流集水系统设计内容和要求　　表7.5-2

内容	设计要求	
	选择顺序	水质类型
确定集水范围	1　冷却冷凝排水 2　沐浴排水 3　盥洗排水 4　洗衣排水 5　厨房排水 6　厕所排水	优质杂排水（前2项） 杂排水（前5项） 综合污水（6项）
设计分流管道	1. 高层建筑在管道间设置专用废水立管，多层建筑无管道间的宜在不同墙角设置废水立管 2. 排水支管应尽量避免与污水支管交叉 3. 集水干管在室内外皆可，视与原水池位置关系确定，在室内应保持方便的清通条件。拐弯处一定距离的直线管上均应设清扫口。在室外采用检查井联接，井盖做“中”字标志，严防排水渗漏、冰冻和被污染 4. 尽量提高中水原水的重力水头。应保障原水系统的水能靠重力流排入下水道 5. 在接入原水池之前必须设有事故超越排放管和超水量的溢流设施。常用的有高水位溢流井、带倒换闸板的分流井、带由水位控制的电动（磁）阀等 6. 原水集水系统严防有不符合水质要求的排水误接入。管道及附属构筑物必须设有明显的“中”字标志 7. 中水原水集水总管或原水池入口处应设有水量计量设备（堰槽流量计，电磁流量计等）	

【例 7.5-1】　某宾馆污废分流系统图　见图 7.5-1。

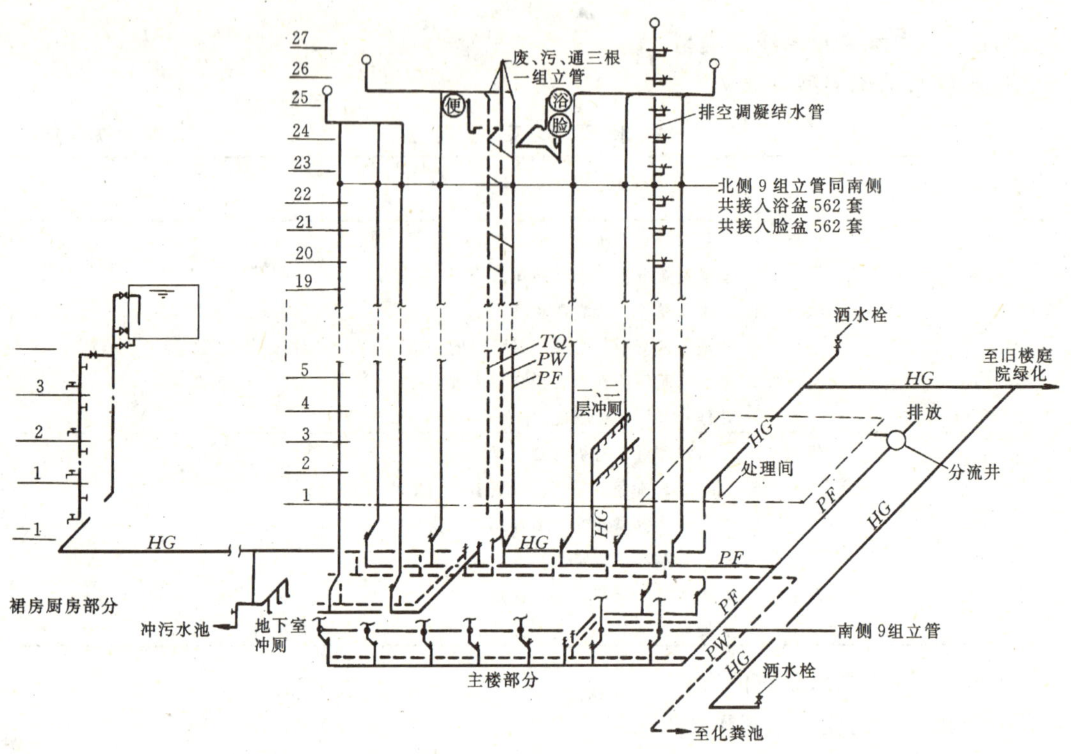

图 7.5-1　污废分流系统图

7.6　中 水 处 理 流 程

7.6.1　确定处理流程

一、确定流程的根据

1. 中水原水水质，如无实测资料，可按一般水质资料，见表 7.6-1、表 7.6-2、表 7.6-3。

2. 中水的水质，如有特殊使用要求、应符合有关水质标准，如无特殊要求，按国家和地方的中水水质标准执行见表 7.6-4、表 7.6-5、表 7.6-6。

3. 处理场地及环境条件是否适应所选定的处理工艺流程，污泥处理及污水的排放条件如何。

4. 是否适应建筑环境的要求，如噪声、气味、美观、生态等。

5. 投资条件及所能允许的程度。

6. 缺水节水的背景条件及管理水平是否与采取的处理工艺相适应。

7. 各流程的经济技术比较情况。

各类建筑物各种排水污染浓度表 表7.6-1

类别	住宅			宾馆、饭店			办公楼		
	BOD (mg/L)	COD (mg/L)	SS (mg/L)	BOD (mg/L)	COD (mg/L)	SS (mg/L)	BOD (mg/L)	COD (mg/L)	SS (mg/L)
厕所	200～260	300～360	250	250	300～360	200	300	360～480	250
厨房	500～800	900～1350	250						
沐浴	50～60	120～135	100	40～50	120～150	80			
盥洗	60～70	90～120	200	70	150～180	150	70～80	120～150	200

原排水水质表 表7.6-2

项目	原排水		
	杂排水A	杂排水B	生活污水
BOD_5	100	300	300
COD_{Mn}	80	200	200
SS	100	250	250
ABS	11	30	9

注：1. 洗脸、洗手、沐浴排水称为杂排水A。

2. 洗脸、洗手、沐浴排水加上厨房排水称为杂排水B。

3. 洗脸、洗手、沐浴排水加上厨房排水，再加上厕所排水称为生活污水。

生活污水水质 表7.6-3

项目	浓度（mg/L）			项目	浓度（mg/L）		
	高	中	低		高	中	低
总固体（TS）	1200	720	350	可生物降解的	750	300	200
溶解性的	850	500	250	溶解性的	375	150	100
非挥发性的	525	300	145	悬浮性的	375	150	100
挥发性的	325	200	105	总氮（N）	85	40	20
悬浮物（SS）	350	220	100	有机氮	35	15	8
非挥发性的	75	55	20	游离氮	50	25	12
挥发性的	275	165	80	亚硝酸盐	0	0	0
可沉降物	20	10	5	硝酸盐	0	0	0
生化需氧量（BOD_5）	400	200	100	总磷（P）	15	8	4
				有机磷	5	3	1
溶解性的	200	100	50	无机磷	10	5	3
悬浮性的	200	100	50	氯化物（Cl^-）	200	100	60
化学需氧量（COD_{Cr}）	1000	400	250	碱度（$CaCO_3$）	200	100	50
				油脂	150	100	50
溶解性的	400	150	100	pH	8	7.5	7
悬浮性的	600	250	150	总有机碳（TOC）	290	160	80

生活杂用水水质标准 表 7.6-4

项 目	厕所便器冲洗、城市绿化	洗车，扫除
浊度（度）	10	5
溶解性固体	1200	1000
悬浮性固体	10	5
色度（度）	30	30
臭	无不快感觉	无不快感觉
pH值	6.5～9.0	6.5～9.0
BOD_5（mg/L）	10	10
COD_{cr}（mg/L）	50	50
氨氮（以N计）（mg/L）	20	10
总硬度（$CaCO_3$）（mg/L）	450	450
氯化物（mg/L）	350	300
阴离子合成洗涤剂（mg/L）	1.0	0.5
铁（mg/L）	0.4	0.4
锰（mg/L）	0.1	0.1
游离余氯（mg/L）	管网末端水>0.2	管网末端水>0.2
总大肠菌（个/L）	3	3

中水水质标准（北京市） 表 7.6-5

编号	项 目	标 准	编号	项 目	标 准
1	色度（度）	<40	6	阴离子合成洗涤剂（mg/L）	<2.0
2	臭	无不快感	7	游离余氯（mg/L）	管网末端水>0.2
3	pH值	6.5～9.0	8	总大肠菌（个/L）	3
4	BOD_5（mg/L）	10	9	悬浮物（mg/L）	<10.0
5	COD_{cr}（mg/L）	50	10	细菌总数（个/L）	<100

中水水质标准（深圳市） 表 7.6-6

编号	项 目	标 准	编号	项 目	标 准
1	色	色度不超过30度	6	化学耗氧量（重铬酸钾法）	不超过50mg/L
2	嗅	无不快感觉	7	阴离子合成洗涤剂	不超过1mg/L
3	pH	5.5～9.0	8	细菌总数	1mL水中不超过100个
4	悬浮物	不超过5mg/L	9	总大肠菌群	1L水中不超过3个
5	生化需氧量（5天20℃）	不超过10mg/L	10	游离余氯	管网末端不低于0.2mg/L

二、处理流程

1．一般中水处理工艺流程见表7.6-7。

中水处理工艺流程　　表7.6-7

当以优质杂排水和杂排水作为中水水源时，可采用以物化处理为主的工艺流程，或采用生物处理和物化处理的工艺流程：

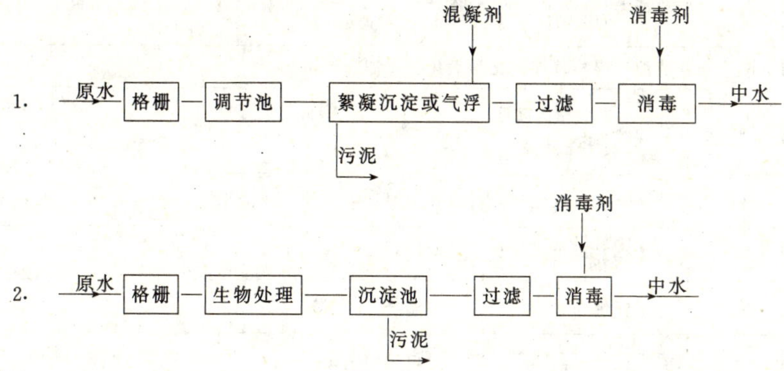

当以生活污水作为中水水源时，可采用二段生物处理，或采用生物处理和物化处理相结合的工艺流程：

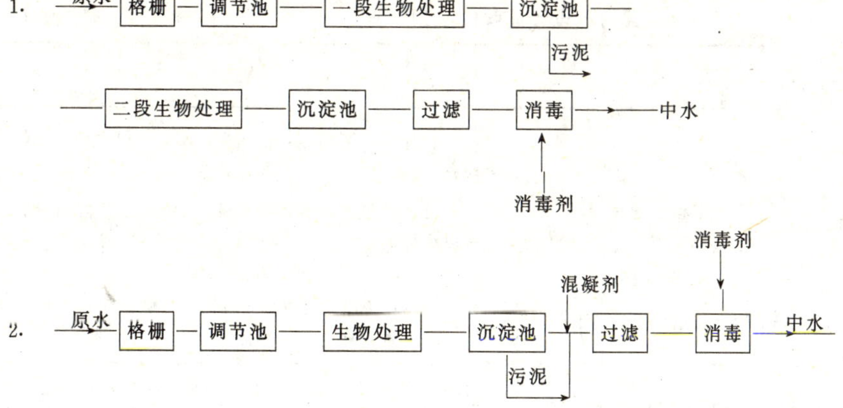

当利用建筑小区污水处理站二级处理出水作为中水水源时，应采用物化处理（或三级处理）工艺流程：

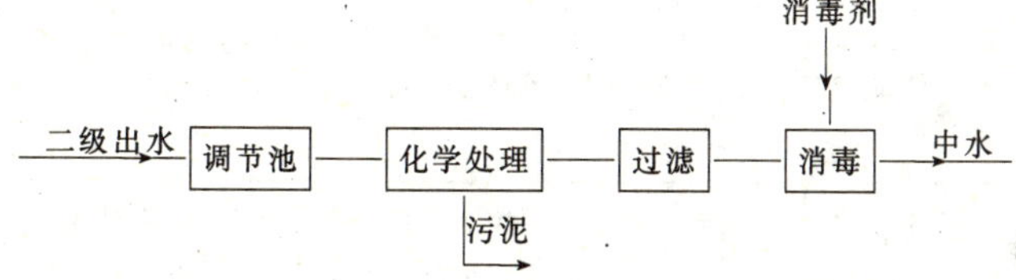

2. 国内已设计的流程类型，见表7.6-8。

国内设计流程类型　　表7.6-8

序号	简称	处理流程
1	直接过滤	格栅（网）→调节池→砂滤→炭滤→消毒
2	混凝过滤	格栅（网）→调节池→[混凝沉淀 / 接触反应]→过滤→[臭氧 / 炭滤]→消毒
3	混凝气浮	格栅（网）→调节池→混凝气浮→化学氧化→过滤→消毒
4	膜滤	格栅（网）→调节池→[混凝沉淀 / 接触氧化]→膜滤→消毒
5	接触氧化	格栅（网）→调节池→接触氧化→（沉淀）过滤→（炭滤）→消毒
6	二段接触氧化	格栅（网）→调节池→二段接触氧化→（沉淀）过滤→（炭滤）→消毒
7	生物转盘	格栅（网）→调节池→生物转盘→沉淀→过滤→（炭滤）→消毒
8	A/0或$A^2/0$	格栅（网）→缺氧水解→好氧曝气→沉淀→过滤→消毒

说明：
表内[××× / ×××]表示可任选一种工艺（×××）表示在流程中或有或没有的工艺。

3. 已设计流程的应用情况见表7.6-9。

国内已设计流程的应用情况　　表7.6-9

流程编号	应用情况	优缺点
1	应用较少，在原水水质较好管理得当，出水水质也可达标，有的工程已通过验收	优点是处理工艺简单，占地少，设备化程度高，设备密闭性好； 缺点是活性炭易饱和，需更换，原水水质不好时，出水水质保障性差
2	有应用，有的工程已通过验收	优点是过滤效果较好，水质有保障具备物理化学法的优点；臭氧发生器耗电保障性差
3	应用较少，有的工程已验收用户反应较好	处理效率高，过滤工序污物负荷低，出水水质有保障，但须解决气浮的控制
4	应用很少，国内仅有一例，日本应用较多	是有发展前途的工艺，但须解决膜的质量和清洗问题
5 6	应用较多，部分工程通过验收	去除有机污染效果好，生物处理管理得当效果较稳定，须解决曝气噪音问题
7	应用不少但坚持运行和处理效果好的较少	在北方密闭环境下应用需解决臭味、挂膜及进口设备维修和配件更换问题
8	用于含有粪便污水的处理，适用于小区中水	工艺条件、参数控制合理、管理得当，处理效果好，出水水质有保障，有污泥处理的麻烦

4. 日本8种标准流程，见表7.6-10。

表 7.6-10

日本 8 种标准流程

序号	予处理	主要处理工艺	后处理
1	格栅—调节池—	曝气 / 生物膜处理（任选）—沉淀—	过滤—（臭氧处理）—灭菌处理—回用水池
2	格栅—调节池—	曝气—沉淀 / 生物膜处理（任选）—	反应—沉淀—过滤—灭菌处理—回用水池
3	格栅—调节池—	曝气 / 生物膜处理（任选）—沉淀—	生物膜处理—沉淀—过滤—灭菌处理—回用水池
4	格栅—调节池—	曝气 / 生物膜处理（任选）—沉淀—	生物膜处理—反应—沉淀—过滤—灭菌处理—回用水池
5	格栅—调节池—	膜处理—	活性炭吸附—灭菌处理—回用水池
6	格栅—调节池—反应—沉淀—	膜处理—	灭菌处理—回用水池
7	格栅—调节池—曝气 / 生物膜处理（任选）—沉淀—	膜处理—	灭菌处理—回用水池
8	格栅—调节池—曝气—沉淀 / 生物膜处理（任选）—反应—沉淀—	膜处理—	灭菌处理—回用水池

注：表中 ┌×××┐ └×××┘ 表示可任选一种工艺（×××）表示根据需要选用

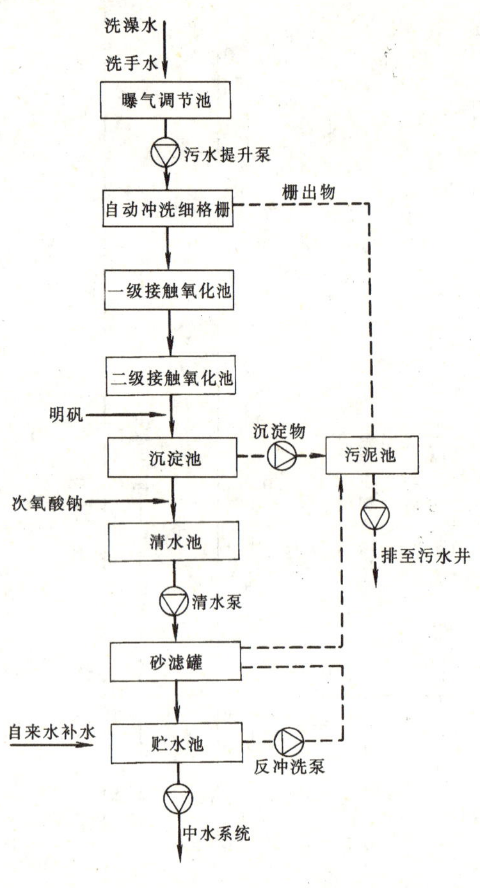

图 7.6-1 某工程中水处理流程框图

5. 选择流程应注意的问题

(1) 根据实际情况确定流程。确定流程时必须掌握中水原水的水量、水质和中水的使用要求。由于中水原水收取范围不同而使水质不同，中水用途不同而对水质要求的不同以及各地各种建筑的具体条件的不同，其处理流程也不尽相同。现在没有，将来也不可能将流程定死，选流程时切忌不顾条件的照搬照套。

(2) 不同中有相同，因为建筑物排水的污染主要为有机物，所以绝大部分处理流程是以物化和生化处理为主。生化处理中又多以接触氧化的生物膜法为常用。

(3) 当以优质杂排水或杂排水为中水水源时，一般采用以物化处理为主的工艺流程或采用一段生化处理辅以物化处理的工艺流程。当以生活污水为中水水源时，一般采用二段生化处理或生化、物化相结合的处理流程。为了扩大中水的使用范围，提高处理水质，增加水质稳定性，通常结合活性炭吸附、臭氧氧化等处理工艺。

(4) 无论何种方法，消毒灭菌的步骤及其保障性是必不可少的。

(5) 因能源短缺和资金不足，选择小型和高效的处理技术和设备实属必需，并应注意采用新的处理方法和技术。

(6) 环境要求的提高和管理水平的限制，处理设备的组装化，密闭性及管理自动化应予以重视。不允许也不可能将常规的污水处理厂缩小后，搬入建筑或建筑群内。

(7) 应注意中水处理给建筑环境带来的臭味、噪声的危害。

(8) 选用定型设备，尤其是一体化设备应注意其功能和技术指标，确保出水水质。

7.6.2 绘制流程图

流程图中应表示以下要点：

1. 表明水流经方向；
2. 按水流方向表明各处理设备；
3. 表明辅属设备与主要设备的关系；
4. 表明流程中主要控制部位、部件。

流程框图见图 7.6-1。

北京某饭店中水处理设备流程图见图 7.6-2。

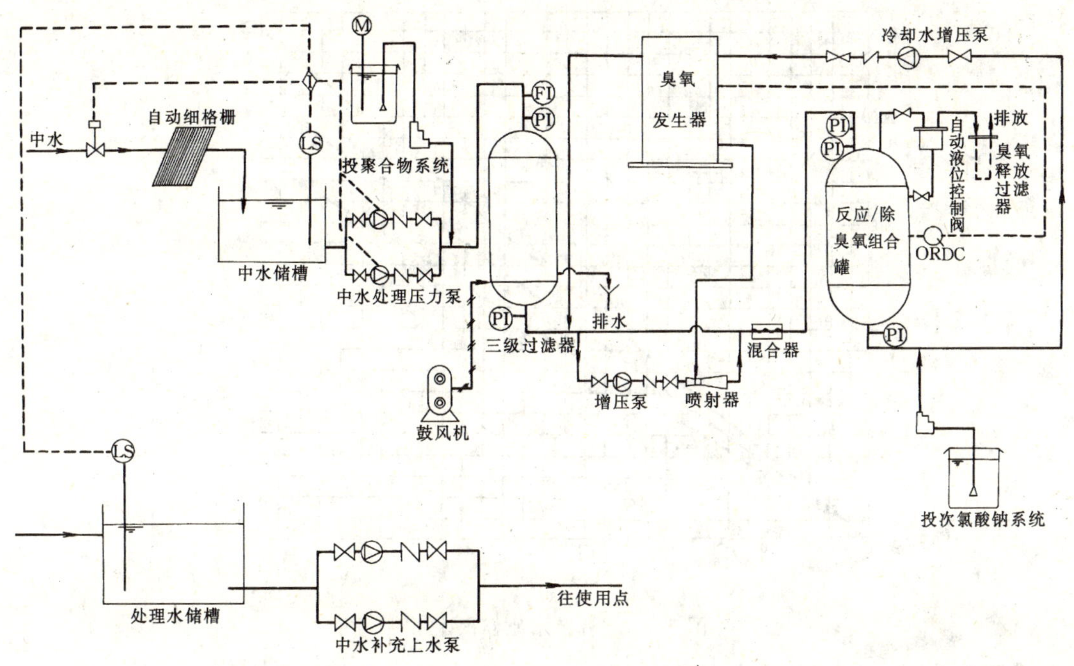

图 7.6-2　北京某饭店中水处理设备流程图

7.7　中水处理设备

7.7.1　处理设备及构筑物的选型计算

一、调节池

1. 调节容积

调节池的调节容积应按中水原水量及处理量的逐时变化曲线求算。在缺乏上述资料时，其调节容积可按下列计算：

（1）连续运行时，其调节容积可按式（7.7-1）计算或从图 7.7-1 中直接查取。

$$V_c = Q_c \cdot c \tag{7.7-1}$$

式中　V_c——调节池有效容积（m^3）；

Q_c——中水日处理水量（m^3）；

c——调节池有效容积占日处理量的百分数（%）c=30%～40%。

（2）间歇运行时，调节池的调节容积应按处理工艺的运行周期计算。

2. 调节池的预曝气量

调节池的预曝气量按下式计算：

$$Q_q = Q_h \cdot b \tag{7.7-2}$$

式中　Q_q——调节池的曝气量（m^3/h）；

b——曝气量负荷［$m^3/(m^3 \cdot h)$］，一般 b=0.6～0.9$m^3/(m^3 \cdot h)$；

Q_h——中水设备的处理能力（m^3/h）。

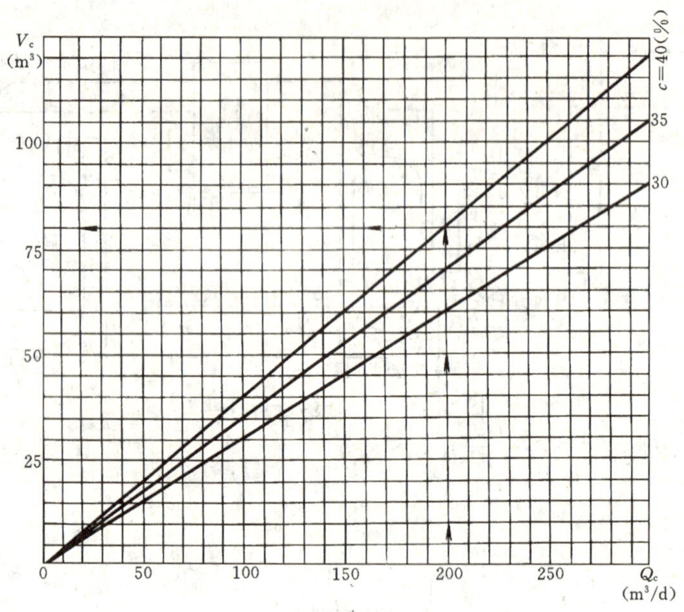

图 7.7-1 调节水池容积计算图

【例 7.7-1】 某建筑物中水日用水量为 200m^3/d，中水设备的处理能力为 10m^3/h，求调节池的容积和预曝气量。

【解】 已知 Q_z=200m^3/d，Q_h=10m^3/h，取 c=40%，b=0.8m^3/(m^3·h)，分别查图 7.7-1、7.7-2 得 V_t=80m^3，Q_q=8m^3/h。

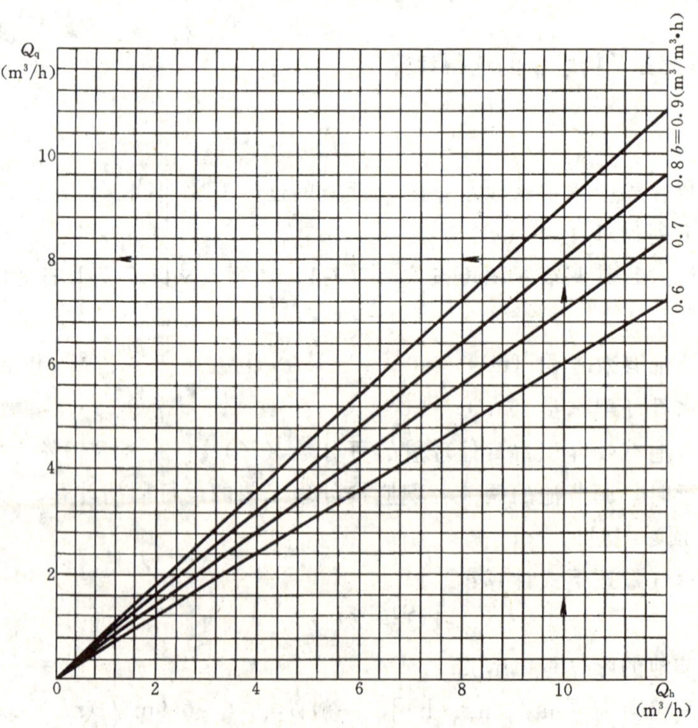

图 7.7-2 调节池内预曝气量计算图

二、中水贮存池的调节容积

中水贮存池的调节容积应按处理量及中水用量的逐时变化曲线求算；缺乏资料时，当连续时，其中水贮存池的调节容积可按下式计算：

$$V'_t = Q_z \cdot c \tag{7.7-3}$$

式中 V'_t——中水贮存池的调节容积（m^3），见图7.7-3；

c——中水贮存池的容积占日中水用量的百分数（%），一般c=20%～30%；

Q_z——中水日用水量（m^3/d）。

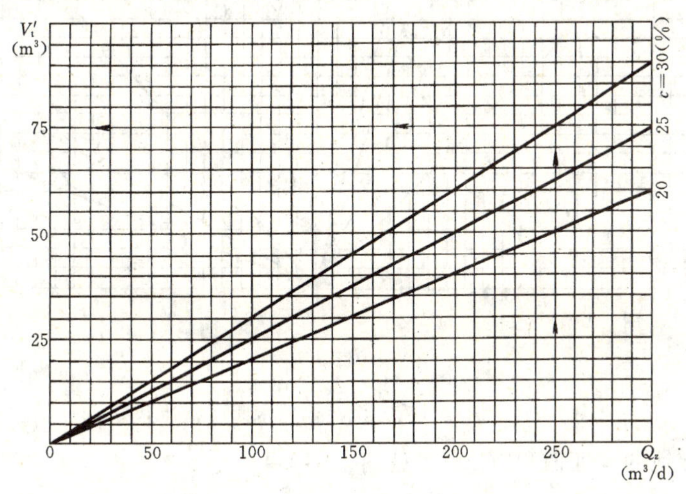

图7.7-3 中水贮存池调节容积计算图

三、斜板（管）沉淀池的设计计算

1. 沉淀池的水面面积按式（7.7-4）计算：

$$F = \frac{Q_h}{n \cdot q \times 0.91} \tag{7.7-4}$$

式中 F——沉淀池的水面面积，见图7.7-4；

n——池子个数（个）；

q——设计表面水力负荷［$m^3/(m^2 \cdot h)$］；

立式沉淀池 q=1［$m^3/(m^2 \cdot h)$］；

矩形沉淀池 q=1～3［$m^3/(m^2 \cdot h)$］；

Q_h——中水设备的处理能力（m^3/h）；

0.91——斜板（管）区面积利用系数。

2. 沉淀池的平面尺寸按下式计算：

圆形池 $$D = \sqrt{\frac{4F}{\pi}} \tag{7.7-5}$$

方形池 $$a = \sqrt{F} \tag{7.7-6}$$

矩形池 $$F = b \cdot c \tag{7.7-7}$$

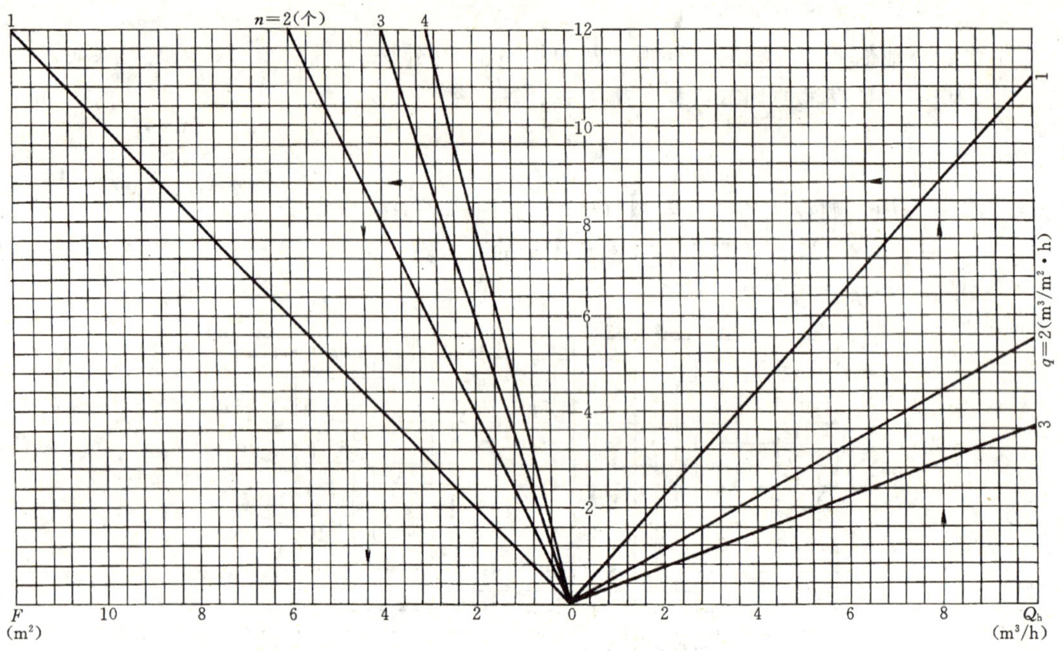

图 7.7-4 斜板（管）沉淀池的水面面积计算图

式中 F——沉淀池的水面面积（m^2），见图 7.7-4；

D——圆形沉淀池的直径（m），由图 7.7-5 曲线 1 求得；

a——方形沉淀池的边长（m），由图 7.7-5 曲线 2 求得；

b、c——分别为矩形沉淀池的长边和短边（m）。

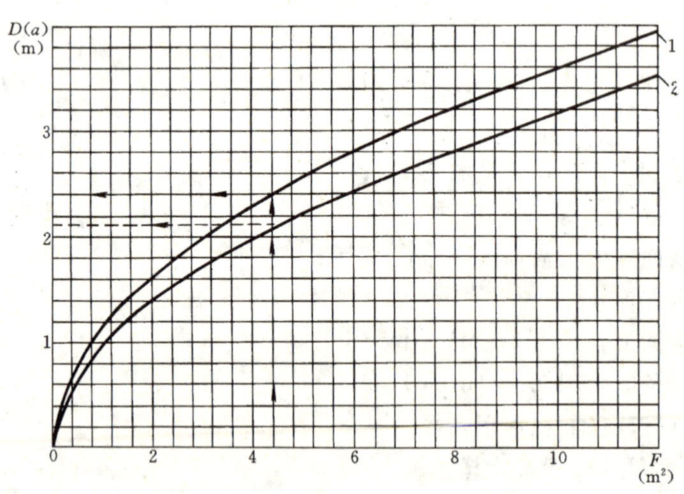

图 7.7-5 斜板（管）沉淀池的平面尺寸计算图

3. 沉淀池的水力停留时间按式（7.7-8）计算：

$$t = \frac{60(h_2 + h_3)}{q \times 0.91} \tag{7.7-8}$$

式中 t——沉淀池的水力停留时间（min），见图 7.7-6；

h_2——斜板（管）上部静水深（m），一般 $h_2 \geqslant 0.7$m；

h_3——斜板（管）高度（m），一般 $h_3 = 0.866 \sim 1$m；

q、0.91 同式 7.7-4。

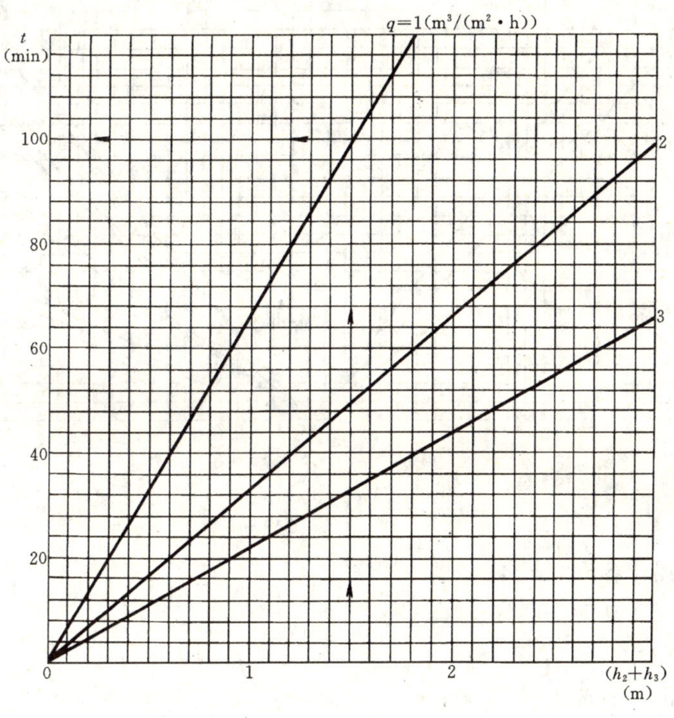

图 7.7-6 斜板（管）沉淀池水停留时间计算图

4. 沉淀池的污泥量

沉淀池的污泥量按下式计算：

$$V = \frac{Q_h \cdot (C_1 - C_2) \cdot 24}{10000(100 - P_0)} \cdot T \tag{7.7-9}$$

式中 V——沉淀池的污泥量（m^3），见图 7.7-7；

C_1、C_2——分别为进、出水悬浮物的浓度（mg/L），见水质表；

T——污泥室贮泥周期（d），一般 $T = 2$d；

P_0——污泥含水率（%），一般 $P_0 = 95\% \sim 97\%$；

Q_h 同式 7.7-4。

5. 污泥斗的容积

污泥斗的容积按下式计算：

圆锥体 $$V_1 = \frac{\pi h_5}{3}(R^2 + Rr_1 + r_2^2) \tag{7.7-10}$$

方锥体 $$V_1 = \frac{h_5}{b}(2a^2 + 2aa_1 + 2a_1^2) \tag{7.7-11}$$

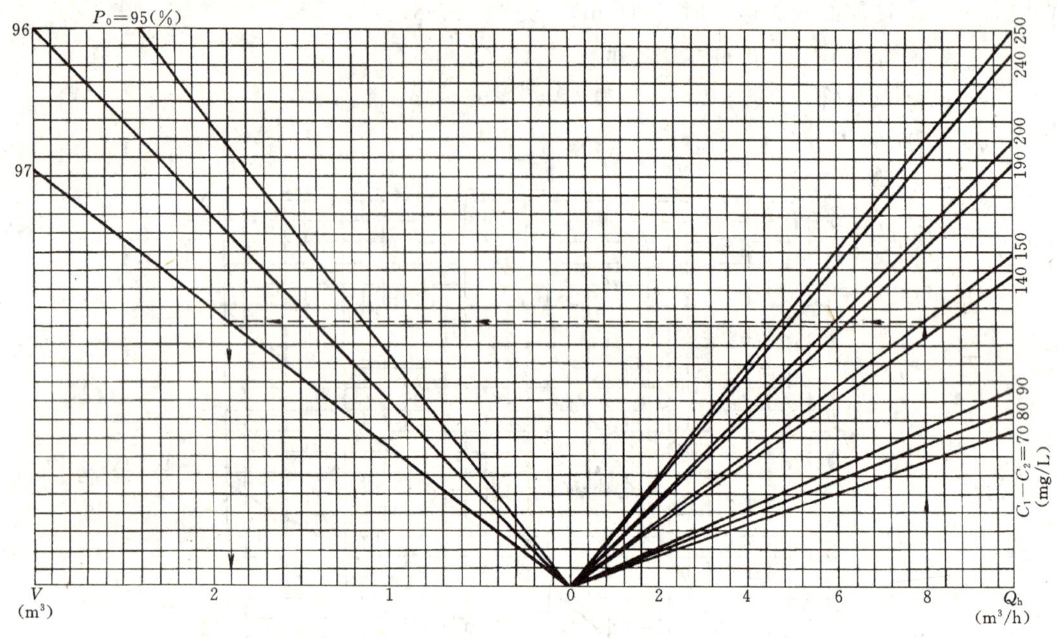

图 7.7-7　污泥量计算图

式中　V_1——污泥斗容积（m^3）；

h_5——污泥斗高度（m）；

R——污泥斗上部半径（m）；

r_1——污泥斗下部半径（m）；

a——污泥斗上部边长（m）；

a_1——污泥斗下部边长（m）。

上述各设计参数应根据实际情况确定。

6. 沉淀池的总高度

沉淀池的总高度按下式计算：

$$H = h_1 + h_2 + h_3 + h_4 + h_5 \quad (m) \tag{7.7-12}$$

式中　H——沉淀池的总高度（m）；

h_1——沉淀池的超高（m），h_1=0.3～0.5m；

h_4——斜板（管）区底部缓冲层高度（m），$h_4 \geqslant 1.0$m；

h_3、h_2、h_5 同式 7.7-8、7.7-11。

式 7.7-12 可简化为：

$$H \geqslant 2.866 + h_5 \tag{7.7-13}$$

7. 综合设计计算示例

【例 7.7-2】　某建筑物中水设备的处理能力为 $8m^3/h$。

【求】　斜板（管）沉淀池的设计参数。

【解】

(1) 沉淀池的水面面积

已知 $Q_h=8m^3/h$，取 $n=2$ 个，$q=1m^3/(m^2\cdot h)$，查图 7.7-4 得 $F=4.4m^2$。

(2) 沉淀池的平面尺寸

已知 $F=4.4m^2$，查图 7.7-5 得，当采用圆形沉淀池时，其直径为 $D=2.4m$。当采用方形沉淀池时，其边长为 $a=2.1m$。

(3) 沉淀池的水力停留时间

已知 $q=1m^3/(m^2\cdot h)$，取 $h_2=h_3=0.75m$，则 $h_2+h_3=1.5m$，查图 7.7-6 得 $t=100min$。

(4) 污泥量

已知 $Q_h=8m^3/h$，取 $C_1=160mg/L$，$C_2=10mg/L$，$P_0=97\%$，查图 7.7-7 得 $V=1.9m^3$。

四、接触氧化池的设计计算

1. 氧化池的有效容积（填料）

氧化池的有效容积按下式计算：

$$V=\frac{Q_z(L_a-L_t)}{M} \tag{7.7-14}$$

式中 V——氧化池的有效容积（m^3），见图 7.7-8；

Q_z——中水日用水量（m^3/d）；

L_a、L_t——分别为进、出水 BOD 浓度（mg/L），见水质表；

M——容积负荷 [$gBOD_5/(m^3\cdot d)$]，一般 $M=1000\sim1800gBOD_5/(m^3\cdot d)$。

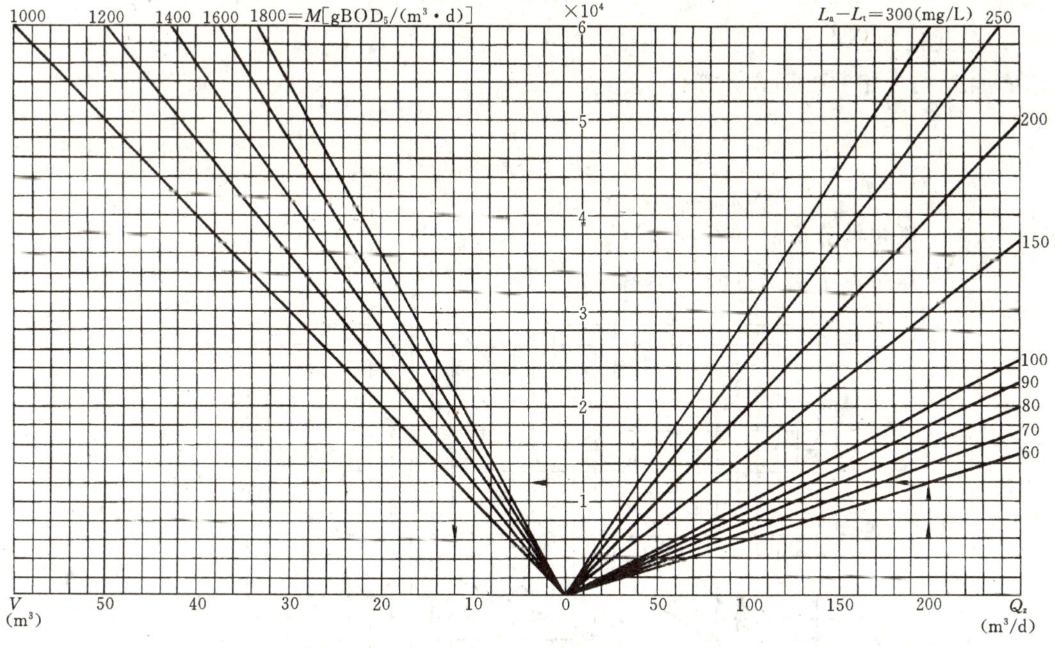

图 7.7-8 接触氧化池的有效容积（填料）计算图

2. 氧化池的总面积

氧化池的总面积按下式计算：

$$F=\frac{V}{H} \tag{7.7-15}$$

式中 F——氧化池的总面积（m^2），见图 7.7-9；

H——填料层高度（m），$H \geqslant 1.5m$；

V 同式 7.7-14。

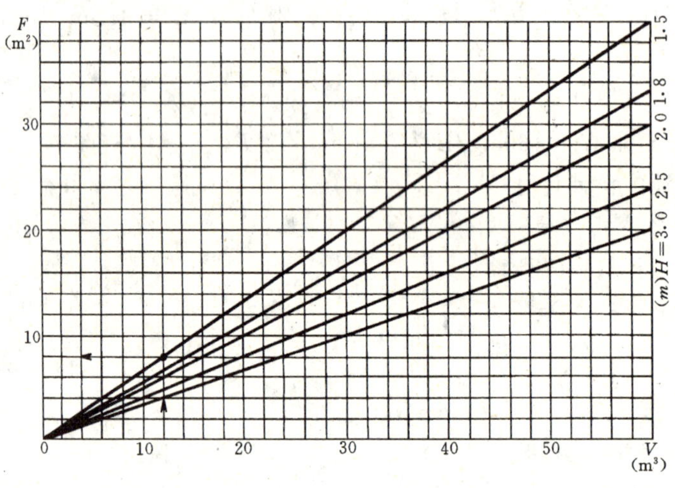

图 7.7-9 氧化池的总面积计算图

3. 氧化池的分格数

氧化池的分格数按下式计算：

$$n=\frac{F}{f} \tag{7.7-16}$$

式中 n——氧化池分格数（个），$n \geqslant 2$ 个，见图 7.7-10；

f——每格池子面积（m^2），$f \leqslant 25m^2$；

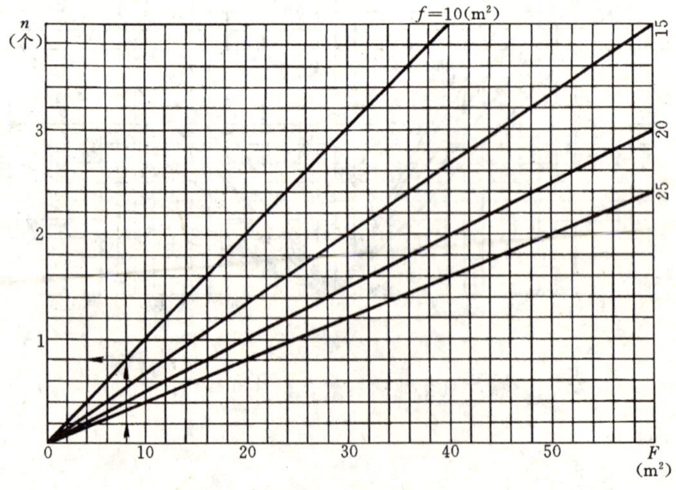

图 7.7-10 氧化池的分格数计算图

F 同式 7.7-15。

4. 氧化池的水力停留时间

氧化池的水力停留时间按下式计算：

$$t=\frac{V}{Q_h} \tag{7.7-17}$$

式中 t——氧化池的水力停留时间（h），见图 7.7-11，$t\geqslant 2$h，当处理生活污水时，$t\geqslant 3$h；

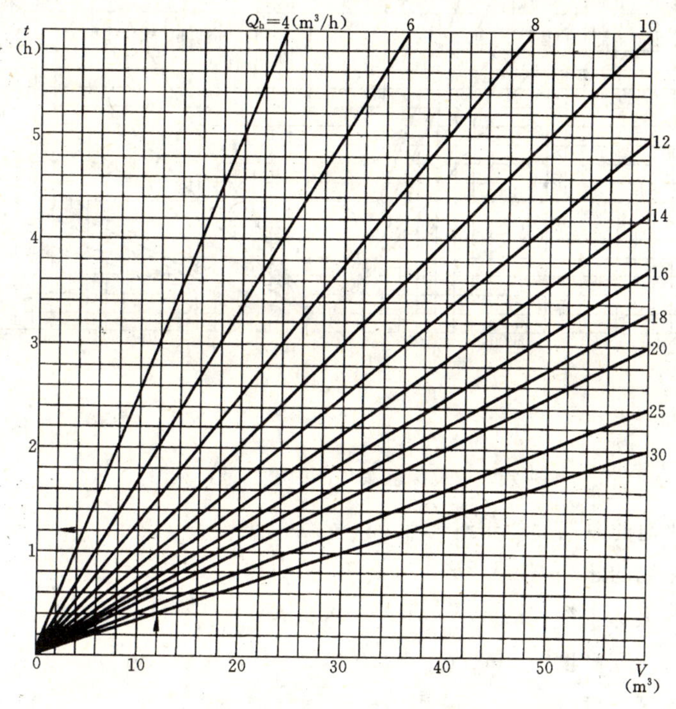

图 7.7-11 氧化池的水力停留时间计算图

V 同式 7.7-14；

Q_h 同式 7.7-4。

5. 氧化池的曝气量

氧化池的曝气量按下式计算：

$$D=\frac{Q_z(L_a-L_t)M'}{1000} \tag{7.7-18}$$

式中 D——氧化池的曝气量（m^3/d），见图 7.7-12；

M'——曝气量 BOD 负荷［m^3/（kg·BOD）］，一般 $M'=40\sim 80m^3$/（kg·BOD）；

Q_z、L_a、L_t 同式 7.7-14。

6. 氧化池的总高度

氧化池的总高度按下式计算：

$$H=h_1+h_2+(m-1)h_3+h_4 \tag{7.7-19}$$

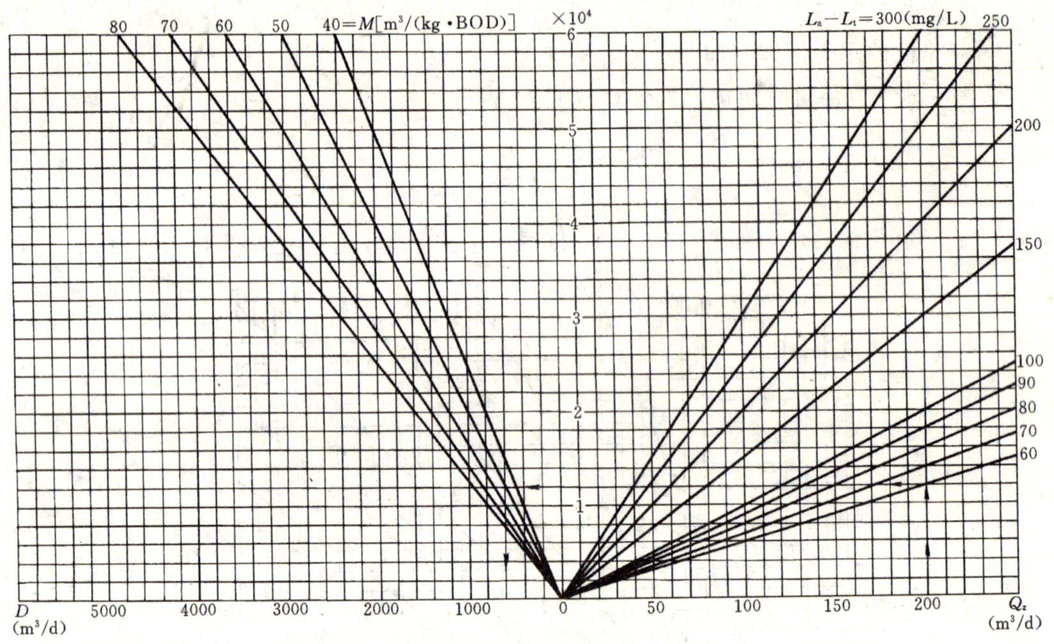

图 7.7-12 接触氧化池的曝气量计算图

式中 H——氧化池的总高度（m）；

h_1——氧化池的超高（m），$h_1=0.3\sim0.5$m；

h_2——填料上部水深（m），$h_2=0.4\sim0.5$m；

h_3——填料间隙高度（m），$h_3=0.2\sim0.3$m；

h_4——配水区高度（m），当采用多孔管曝气而不考虑进入检修时，$h_4=0.5$m；

m——填料层数。

式 7.7-19 可简化为：

$$H \geqslant 1.2 + m(0.2 \sim 0.3) \tag{7.7-20}$$

7. 综合设计计算示例

【例 7.7-3】 某宾馆建筑中水日用水量为 200m³/d，中水原水采用沐浴水和盥洗水。

【求】 接触氧化池的设计参数。

【解】

(1) 氧化池的有效容积

已知 $Q_z=200$m³/d，取 $L_a=70$mg/L，$L_t=10$mg/L，$M=1000$gBOD$_5$/（m³·d），查图 7.7-8 得 $V=12$m³。

(2) 氧化池的总面积

已知 $V=12$m³，取 $H=1.5$m，查图 7.7-9 得 $F=8$m²。

(3) 氧化池分格数

已知 $F=8$m²，取 $f=10$m²，查图 7.7-10 得 $n=0.8$（个），因为氧化池分格 $n\geqslant2$，所以

氧化池分格数为 $n=2$ 个。

(4) 氧化池的水力停留时间

已知 $V=12\text{m}^3$,若中水处理设备的处理能力为 $Q_h=10\text{m}^3/\text{h}$,则查图 7.7-11 得,$t=1.2h<2h$,因此应对氧化池的有效容积和氧化池的总面积进行调整,其结果为 $V=20\text{m}^3$,$F=13.3\text{m}^2$。

(5) 氧化池的曝气量

已知 $Q_z=200\text{m}^3/\text{d}$,$L_a-L_t=70-10=60\text{mg/L}$,取 $M'=50\text{m}^3/(\text{kg}\cdot\text{BOD})$,查图 7.7-12 得 $D=600\text{m}^3/\text{d}$。

五、生物转盘的设计计算

1. 生物转盘的总面积

生物转盘的面积可按 BOD 负荷设计,以水力负荷和停留时间复核;其计算公式为:

$$F=\frac{Q_z(L_a-L_t)}{N} \tag{7.7-21}$$

$$F'=\frac{Q_z}{q} \tag{7.7-22}$$

式中 F——按面积负荷计算时的转盘总面积 (m^3),见图 7.7-13;

Q_z——中水日用水量 (m^3/d);

L_a、L_t——进、出水 BOD_5 浓度 (mg/L),见水质表;

N——BOD_5 面积负荷 [$\text{gBOD}_5/(\text{m}^2\cdot\text{d})$],一般 $N=10\sim20\text{g}/(\text{m}^2\cdot\text{d})$;

F'——按水力负荷计算时的总面积 (m^2),见图 7.7-14;

q——水力负荷 [$\text{m}^3/(\text{m}^2\cdot\text{d})$],一般 $q=0.2$ [$\text{m}^3/(\text{m}^2\cdot\text{d})$]。

2. 污水在氧化槽内的停留时间

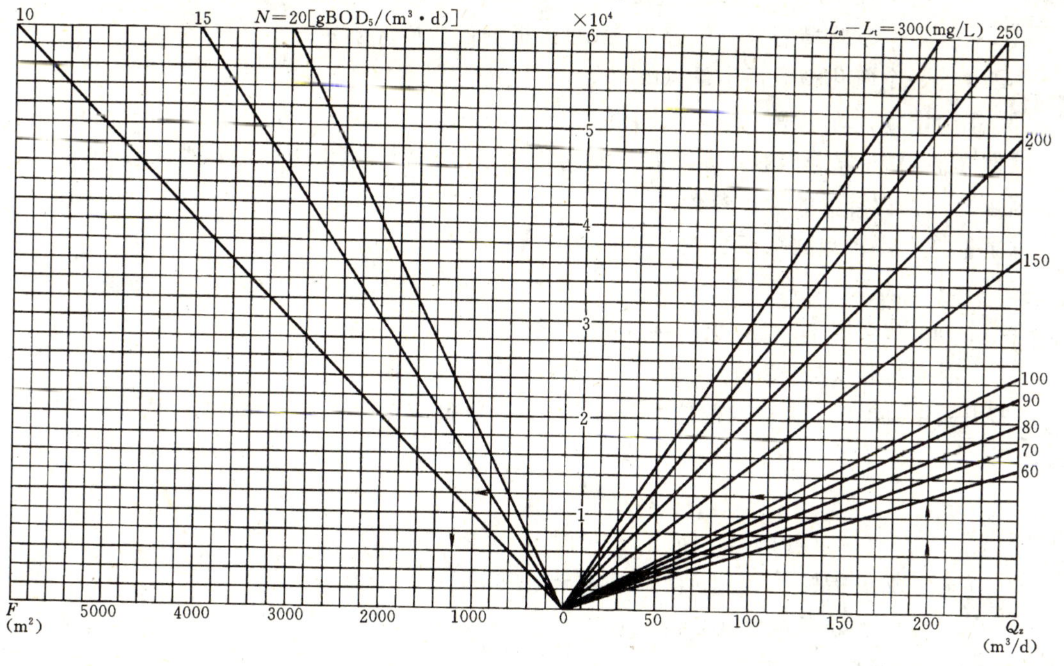

图 7.7-13 生物转盘总面积(按面积负荷计算)计算图(一)

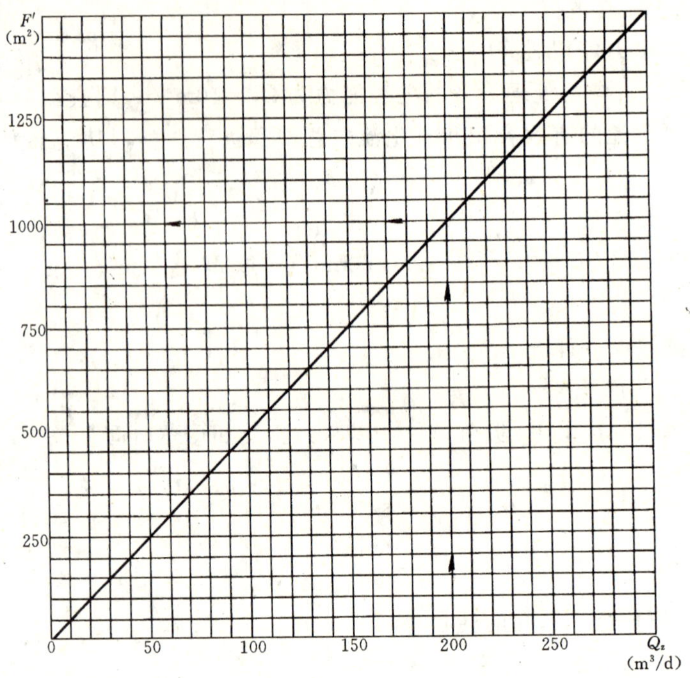

图 7.7-14　生物转盘总面积（按水力负荷计算）计算图（二）

污水在氧化槽内的停留时间按下式计算：

$$t=\frac{W'}{Q'} \tag{7.7-23}$$

式中　t——污水停留时间（h），一般 $t=0.25\sim2$h；

W'——每个氧化槽的净有效容积（m^3），根据设备情况确定。

Q'——每个氧化槽的污水量（m^3/h）。

3. 综合设计计算示例

【例 7.7-4】　某建筑物中水日用水量为 $200m^3/d$，中水原水为沐浴和盥洗水。

【求】　生物转盘的设计参数。

【解】　生物转盘的总面积

已知 $Q_z=200m^3/d$，取 $L_a=70mg/L$，$L_t=10mg/L$，$N=10g/(m^2\cdot d)$，查图 7.7-13 得 $F=1200m^2$。查图 7.7-14 得 $F'=1000m^2$。

六、消毒剂的投加量

采用氯化消毒时，接触时间应大于 30min，余氯量应保持 0.5～1mg/L；加氯量可按下式计算：

$$Q_L=q_L\cdot Q_h \tag{7.7-24}$$

式中　Q_L——中水处理加氯量（g/h），见图 7.7-15；

q_L——加氯指标（mg/L），一般 $q_L=5\sim8mg/L$；

Q_h——中水处理能力（m^3/h）。

7.7.2　常用处理设备选型

一、设备选型应注意的问题

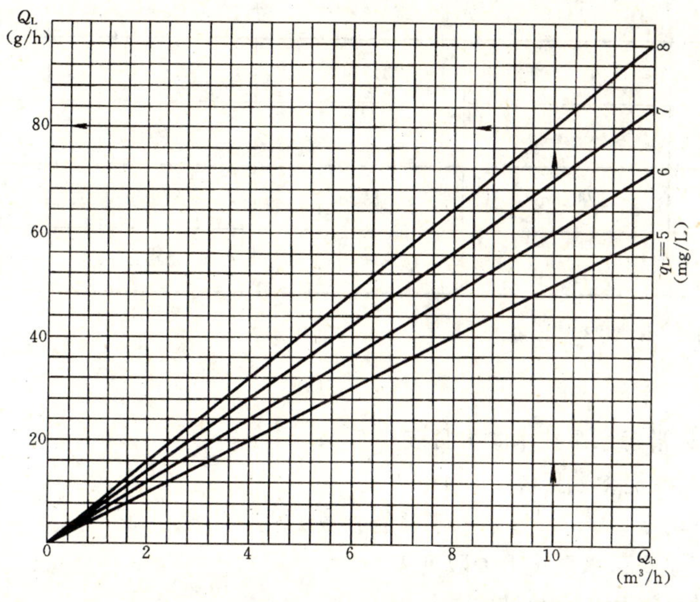

图 7.7-15 加氯量计算图

1. 选型前必须经过主要设计参数的计算或校核，要使设备的主要技术参数符合实际工程的计算结果，且不可盲目套搬。

2. 要选用经过主管部门鉴定或经实践检验的优质产品，合格产品。

3. 对选用产品的构造、性能、技术参数、安装使用条件及效果，要有详尽的了解。

4. 要了解生产设备厂家的技术、加工力量、质量管理及产品质量情况。

5. 选择一体化设备要注意校核、检验各组成部分的主要技术参数和处理效果，且不可片面追求占地少而忽视其处理性能。

二、常用设备和器材的技术参数

按流程顺序列出主要设备、器材的技术参数，供设备选型参考。

1. WGS-B 型机械格栅

该格栅为全不锈钢结构，由固定栅条与两排不断回转运动的耙凿所组成，被格栅截留的微小悬浮物，由不断回转运动的凿耙分离出去达到固液分离的目的。特性参数及安装尺寸见表 7.7-1、表 7.7-2。

特 性 参 数 **表 7.7-1**

型号 项目	WGS-180B	WGS-400B	型号 项目	WGS-180B	WGS-400B
安装角度	60	60	安装总宽 L_1	530mm	530mm
栅 隙	2mm	2mm	设备总高 H_2	450mm	450mm
电机功率	0.15kW	0.22kW	介质温度（℃）	10～80	10～80
过水流量	22t/h	50t/h	适用范围	WSZ-10、20F	WSZ-20、50F

安　装　尺　寸　　　　**表 7.7-2**

项目 / 型号	沟　宽	耙齿栅宽	沟　深	导流槽长
	B_2	B_1	H_1	L_2
WGS-180B	280mm	180mm	250mm	420mm
WGS-400B	500mm	400mm	250mm	420mm

生产厂：江苏鹏鹞环保集团有限公司。

2. 水泵

AS、AV 系列潜污水泵技术参数见表 7.7-3；

QW 型污水泵性能参数见表 7.7-4；

JQB、QY、QDX、QX 型潜水电泵性能参数见表 7.7-5；

65PWL 液下立式污水泵技术参数见表 7.7-6；

YQX 型潜水电泵技术参数见表 7.7-7、7.7-8。

(1) AS、AV 系列潜污泵

AS、AV 系列潜水排污泵技术参数表　　　　**表 7.7-3**

型　号	流量 (m^3/h)	扬程 (m)	功率 P_2 (kW)	转　速 (r/min)	额定电压 (V)	额定电流 (A)	固定安装	配用胶管内径 ϕ (mm)	重量 (kg)
AS10-2CB	15	4.5	1.0	2850	380	2.9	80GA-Ⅰ	76	30
AS16-2CB	29	7.6	1.6	2850	380	3.7	80GA-Ⅰ	76	33
AS30-2CB	42	11	2.9	2850	380	7	80GA-Ⅰ	76	40
AS55-2CB	45	13	5.5	2900	380	11.1	100GA	127	165
AS55-4CB	100	7.5	5.5	1450	380	11.6	150GA	152	180
AS75-2CB	60	18	7.5	2900	380	15.0	100GA	127	185
AS75-4CB	145	10	7.5	1450	380	15.4	150GA	152	200
AV14-4	22	5.8	1.4	1450	380	3.3	80GA-Ⅰ	76	33
AV55-2	25	25	5.5	2900	380	11.1	80GA-Ⅱ	76	150
AV75-2	25	30	7.5	2900	380	15.0	80GA-Ⅱ	76	150

生产厂：南京深井泵厂。

(2) QW 型污水泵

QW 型泵性能参数 表 7.7-4

泵型号	流量 (m^3/h)	扬程 (m)	出水口径 (mm)	功率 (kW)	额定电压 (V)	转速 (r/min)	效率 (%)	重量 (kg)	参考价 (元)
50QWDL-1.5	20	10	50	1.5	380	2900	70	60	3000
50QWHL-2.2	15	22	50	2.2	380	2900	70	70	3600
50QWDL-3	40	12	50	3	380	1440	74	100	4000
100QWDL-4	80	10	100	4	380	1440	78	130	5000
100QWHL-5.5	30	20	100	5.5	380	1440	70	150	5900
150QWDL-7.5	225	10	150	7.5	380	1440	78	170	7500
150QWHL-7.5	150	15	150	7.5	380	1440	78	170	7500

生产厂：扬州亚太特种泵厂。

(3) JQB、QY、WQ、QDX、QX 型潜水电泵

潜水电泵产品性能、参数 表 7.7-5

序号	产品型号	额定扬程 (m)	额定流量 (t/h)	使用范围		功率 (kW)	电流 (A)	电压 (V)	出水口径 (mm)	重量 (kg)	径向×高度 (mm)
				扬程 (m)	流量 (t/h)						
1	7.5JQB8-97	4.5	288	4～6	300～250	7.5	15	380	200	105	ϕ315×772
2	7.5JQB6-32	12	130	10～18	142～70	7.5	15	380	150	105	ϕ312×685
3	7.5JQB4-18	20	80	12～24	114～54	7.5	15	380	100	105	ϕ312×726
4	7.5JQB3-9	32	45	30～37	48～38	7.5	15	380	75	105	ϕ335×722
5	2.2QY-3.5	3.5	100	2～4.5	120～80	2.2	5.6	380	150	50	ϕ230×584
9	2.2QY-7	7	65	4.5～8.5	90～50	2.2	5.6	380	100	55	ϕ230×563
7	2.2QY-15	15	25	10～20	32～15	2.2	5.6	380	65	55	ϕ230×552
8	2.2QY-25	25	15	20～28	22～10	2.2	5.6	380	50	55	ϕ230×558
9	WQ10×12-1.1	10	12	5～12	18～5	1.1	2.4	380	50	27	ϕ230×570
10	WQ15×7-1.1	15	7	10～17	10～3	1.1	2.4	380	32	27	ϕ250×570
11	WQ10×25-2.2	10	25	5～12	35～15	2.2	5	380	80	50	ϕ280×630
12	WQ15×15-2.2	15	15	10～17	20～10	2.2	5	380	50	50	ϕ300×630
13	WQ20×10-2.2	20	10	15～22	15～5	2.2	5	380	50	50	ϕ300×630
14	WQ8×5-0.37	8	5	3～9	10～2	0.37	2.6	220	32	17	ϕ200×430
15	WQ8×7-0.55	8	7	3～9	12～4	0.55	1.4	380	32	17	ϕ200×430
16	直流袖珍潜水泵	4	1	1～5	3～0.5	0.03	2～4	直流 12～24	15	1	ϕ150×200
17	QDX5×7-0.25	7	5	3～8	8～3	0.25	2.65	220	50	8	ϕ220×330
18	QDX3×13-0.25	13	3	8～14	5～1	0.25	2.65	220	25	8	ϕ220×330
19	QDX4×16-0.37	16	4	10～18	7～2	0.37	2.6	220	32	17	ϕ200×370
20	QDX5×15-0.55	15	5	8～17	10～3	0.55	4.6	220	50	12	ϕ230×410
21	QDX3×20-0.55	20	3	15～22	8～2	0.55	4.6	220	25	12	ϕ230×410
22	QX18×14-1.5	14	18	3～16	24～10	1.5	3.4	380	50	22	ϕ170×435
23	QX6×25-1.5	25	9	16～27	15～3	1.5	3.4	380	50	21	ϕ220×470

生产厂：温州潜水电泵厂。

(4) 65PWL 液下立式污水泵

主 要 技 术 参 数 表 7.7-6

名称 \ 规格型号	65PWL-A 型	65PWL-B 型
流量 Q (m^3/h)	20；30；40；50	10；15；20；25
扬程 H (m)	13.4；12.4；11.2；10.0	9；8；7.5；6.5
效率 η (%)	50.0；58.0；64.0；62.0	52；58；60；62
轴功率 N (kW)	1.46；1.65；1.90；2.2	0.5；0.58；0.68；0.78
转速 n (r/min)	1450	1450
最高扬程 H_{max} (m)	15.0	10
允许吸上真空高度 H_s (m)	3.5	2.5
进出口直径 d (mm)	65	65
叶轮直径 D_2 (mm)	200	160
叶轮出门宽度 b_2 (mm)	30	30
叶片数 E (片)	3	3
配带电机	JQ_2-32-4 (T_2)、3kW	JQ_2-22-4$T_2$1.5kW
全机重量 (kg)	165	150
全机长度 (mm)	2421.2121.1821	1770.2070.2370
(还可根据需要定做)	2821.2521	2770
参考价格	800～1100 元	750～1000 元

生产厂：北京市大兴县凤河营水泵厂。

(5) YQX 型潜水电泵

YQX 型潜水电泵的技术参数 表 7.7-7

型号 \ 参数	扬 程 (m)	流 量 (t/h)	功 率 (kW)	转 速 (r/min)	电 压 (V)	频 率 (Hz)	电 流 (A)	重 量 (kg)	出水管外径 (mm)
YQX-6	18.5	6	0.75	2800	380	50	1.7	13	ϕ38
YQX-10	11	10	0.75	2800	380	50	1.7	13	ϕ51
YQX-23	7.5	23	0.75	2800	380	50	1.7	13	ϕ64
YQX-3	30	3	0.75	2800	380	50	1.7	13	ϕ38

外 型 尺 寸 表 7.7-8

	L_1	L_2	d
YQX-6	77	128	ϕ38
YQX-10	80	142	ϕ51
YQX-23	75	150	ϕ64
YQX-3	97	140	ϕ38

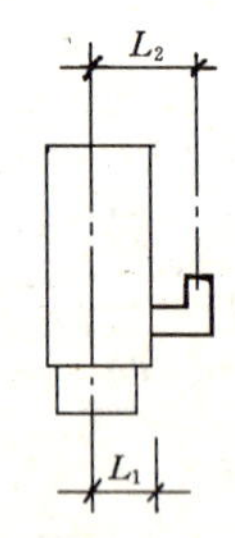

生产厂：南京深井泵厂。

3. 处理设备

混凝气浮处理设备见表 7.7-9、7.7-10、7.7-11、7.7-12、7.7-13；

YES 系列中水处理设备见表 7.7-14、7.7-15；

HYS 型中水处理设备见表 7.7-16、7.7-17；

WSZ 型污水净化回用设备见表 7.7-18、7.7-19；

WHCZ 系列组合装置见表 7.7-20；

BW 系列净化器见表 7.7-21；

SZ、SZP 系列生物转盘见表 7.7-22、7.7-23、7.7-24

生活污水盘面负荷与BOD去除率见表7.7-24；

厌氧装置见表7.7-25；

压力式过滤器见表7.7-26；

XYJ型箱式压滤机见表7.7-27。

(1) 混凝气浮处理成套设备（物化法）

中水处理设备选用表 表7.7-9

处理量 (t/h)	滤毛器	批量池 (m^3)	气浮装置	加药装置	消毒装置	过滤器
5.0	LMQ-Ⅰ	一体化	装置	JY-300	按消毒方式定	Ⅰ-ϕ700
10.0	LMQ-Ⅰ	一体化	装置	JY-300	按消毒方式定	Ⅰ-ϕ1000
20.0	LMQ-Ⅰ	10	20	JY-500	按消毒方式定	Ⅰ-ϕ1200
30.0	LMQ-Ⅱ	15	30	JY-500	按消毒方式定	Ⅱ-ϕ1500
50.0	LMQ-Ⅱ	25	50	JY-800	按消毒方式定	Ⅱ-ϕ1800

滤毛器规格性能表 表7.7-10

型号	流量 Q (m^3/h)	网处最大流速 U_1	进出管径 D_g	管内流速 V_t	设备重量 (kg)
LMQ-1	≤20	0.13	100	≤0.73	130
LMQ-2	≤100	0.18	200	≤0.89	210
LMQ-3	≤200	0.18	250	≤1.10	290
LMQ-4	≤300	0.23	300	≤1.12	370
LMQ-5	≤400	0.23	350	≤1.10	480

加药设备表 表7.7-11

型号	有效容积 (L)	搅拌水泵功率 (W)	电机 (V/I)	进水管 (mm)	出水管 (mm)	排水管 (mm)	配用循环流量 (m^3/h)	参考价格 (元)
JY-300	300	370	220V/3.5A	15	15	40	≤20	15244
JY-500	500	370	220V/3.5A	15	15	40	≤35	16400
JY-800	800	370	220V/3.5A	20	20	40	≤75	20496
JY-1200	1200	370	220V/3.5A	20	20	40	≤200	24830
JY-1600	1600	370	220V/3.5A	20	20	40	≤400	27630

生产厂：河北保定太行建筑设备厂。

溶气器技术参数 表7.7-12

直径 (mm)	工作压力 (MPa)	填料直径 (mm)	填料高度 (m)	过水流量 (m^3/h)	质量 (kg)	参考价格 (元/台)
200	0.5	ϕ25	1.2	3～6	80	3700
300	0.5	ϕ25	1.2	7～12	120	5720
400	0.5	ϕ25	1.2	13～19	170	7700
500	0.5	ϕ25	1.3	20～30	250	8710
600	0.5	ϕ25	1.3	37～42	320	9620
700	0.5	ϕ38	1.4	43～58	420	10400
800	0.5	ϕ38	1.4	59～75	550	11570
900	0.5	ϕ38	1.5	76～95	650	12090
1000	0.5	ϕ50	1.5	96～118	700	12500
1200	0.5	ϕ76	1.5	119～150	900	13900
1400	0.5	ϕ76	1.5	150～200	1320	14300
1600	0.5	ϕ76	1.5	201～300	1600	15600

注：表中填料采用聚丙烯阶梯环填料。
　　生产厂：保定太行建筑设备厂。

(2) YES系列中水处理设备

气浮设备规格及主要附件 表 7.7-13

名称		单位 \ 型号	TJYQ 5—10	TJYQ —20	TJYQ —30	TJYQ —40	TJYQ —50	TJFQ —5	TJFQ —10	TJFQ —20	TJFQ —30	TJFQ —40	TJFQ —50	TJFQ —100
处理水量		m³/h	5 10	20	30	40	50	5	10	20	30	40	50	100
气浮池	尺寸	mm	ϕ1800 ϕ2000	ϕ2800	ϕ3200	ϕ4600	ϕ4000	1500× 1500	3500× 1590	4550× 1950	5600× 2400	6300× 2700	7000× 3000	10000× 40000
	高度	mm	2100	2100	2100	2100	2100	1400	1700	2200	2200	2200	2200	2200
	运行重量	T							13	22	32	40	50	92
溶气罐直径		mm	ϕ300	ϕ300	ϕ400	ϕ400	ϕ400	ϕ300	ϕ300	ϕ300	ϕ400	ϕ400	ϕ400	ϕ600
进水泵	型号		IS50-32 -200A IS65-50 -160	IS80-65 -160	IS80-50 -200	IS100-80 -160T	IS100-65 -200T	IS50-32 -200A	IS65-50 -160	IS80-65 -160	IS80-50 -200	IS100-80 -160T	IS100-65 -200T	IS100-100 -160
	功率	kW	0.75 0.55	1.1	1.5	2.2	3.0	0.75	0.55	1.1	1.5	2.2	3.0	4.0
溶气泵	型号		1½/GC- 5×2	1½GC- 5×2	50D-8×4	50D-8×5	50D-8×6	1½GC- 5×2	1½GC- 5×2	1½GC- 5×2	50D-8×4	50D-8×5	50D-8×6	80D-12 ×4
	功率	kW	3.0	3.0	3.0	4.0	5.5	3.0	3	3	3	4	5.5	7.5
空压机	型号		Z-0.025 /6	Z-0.025 /6	Z-0.025 /6	Z-0.025 /6	Z-0.025 /6	Z-0.025 /6	Z-0.025 /6	Z-0.025 /6	Z-0.025 /6	Z-0.05 /6	Z-0.05 /6	Z-0.2 /7
	功率		0.37	0.37	0.37	0.8	0.8	0.37	0.37	0.37	0.37	0.75	0.75	2.2
括渣机功率 kW			0.12	0.12	0.12	0.25	0.25	0.25	0.25	0.25	0.25	0.4	0.4	0.55

注:(1) 由于各污水的成份和浓度不同,溶气罐进水泵应根据实际情况选用。

(2) 气浮池有钢及钢筋混凝土结构两种任选。

生产厂:河北保定太行建筑设备厂。

表 7.7-14

中水处理设备组合系列表

NO	型号	生化池			深度处理池			消毒器	
		尺寸(mm)长×宽×高	台数	组合方式	尺寸(mm)长×宽×高	台数	组合方式	尺寸(mm)长×宽×高	台数
1	YES-7.5	4000×1500×3000	1	串联	3500×1500×2800	1	并联	500×280×200	1
2	YES-10	4000×2000×3000	1		3500×2000×2800	1		500×280×200	1
3	YES-15	4000×1500×3000	2		3500×1500×2800	2		500×280×200	1
4	YES-20	4000×2000×3000	2		3500×2000×2800	2		500×280×200	1
5	YES-30	4000×2000×3000	3		3500×2000×2800	3		500×280×200	1

注：如采用中间水箱尺寸均为1500×1500×2200(h)。

表 7.7-15

中水处理设备机电设备表

NO	型号	污水泵			清水泵(中间水箱后)			安装功率(kW)	运转功率(kW)
		型号	规格	台数	型号	规格	台数		
1	YES-7.5	25WG	$Q=3\sim7.3$t/h $H=12\sim8$m $n=1700N=1.1$kW	2	IS65-50-125	$Q=12.5\sim16$t/h $H=5\sim4.5$m $N=0.37$kW $n=1460$	2	7.8	9.74
2	YES-10	25WG	$Q=4\sim9$t/h $H=10\sim15$m $n=2860N=1.5$kW	2	IS65-50-125	$Q=12.5\sim16$t/h $H=5\sim4.5$m $N=0.37$kW $n=1460$	2	7.8	9.74
3	YES-15	80WG	$Q=20\sim53$t/h $H=11.6\sim10.2$m $n=1440N=3$kW	2	IS65-50-125	$Q=12.5\sim16$t/h $H=5\sim4.5$m $N=0.37$kW $n=1460$	2	13.2	18.74
4	YES-20	80WG	$Q=20\sim53$t/h $H=11.6\sim10.2$m $n=1440N=3$kW	2	IS80-65-125	$Q=25\sim32$t/h $H=5\sim4.5$m $N=0.55$kW $n=1460$	2	13.5	19.1
5	YES-30	80WG	$Q=20\sim53$t/h $H=11.6\sim10.2$m $n=1440N=3$kW	2	IS80-65-125	$Q=25\sim32$t/h $H=5\sim4.5$m $N=0.55$kW $n=1460$	2	16.5	22.1

注：1. 调节池均设予曝气充氧机1台 $N=3$kW

2. 二种规格的生化池，其充氧机1台 $N=3$kW

生产单位：北京银燕环保设备工程有限公司。

3）HYS-Ⅱ型高效中水处理设备

HYS-Ⅱ型高效中水处理设备规格及占地面积　　表7.7-16

型　　号	H-1	H-2	H-3	H-4	H-5	H-6
时产水量（m^3/h）	5	10	15	20	25	30
日产水量（m^3/d）	80	160	240	320	400	480
处理间占地面积 m^2	50	80	100	120	140	180
设备总功率（kW）	20	25	30	35	40	45

设备主要尺寸　长×宽×度（m^3）　　表7.7-17

设　备　名　称	$5m^3/m$	$10m^3/m$	$15m^3/m$	$20m^3/m$	$25m^3/m$	$30m^3/m$
调　节　池	3×3	5.5×3	3×3	10×3	13×3	16×3
接触氧化曝气池	2×3	3×3	3×4	3×5	3×7	3×8
高速过滤器	2台 $D=0.8$	2台 $D=0.8$	2台 $D=1.2$	2台 $D=1.2$	2台 $D=1.6$	2台 $D=2.0$
清　水　池	3×3	5.5×3	8×3	10×3	13×3	16×3

说明：上述四个构筑物均需要做200mm厚钢筋混凝土基础。

生产单位：北京晓清环境工程技术设备公司。

（4）WSZⅦ-F污水净化回用设备

WSZⅦ-F设备主要用于处理不含粪便污水的生活污水和浓度较低的工业有机污水并使之达到回用要求，设备采用生物接触氧化和混凝沉淀过滤于一体。有以下九部分组成：1.毛发聚集器；2.接触氧化池；3.混凝反应池；4.沉淀池；5.消毒池及消毒装置；6.过滤池；7.反冲水泵；8.风机房、风机、控制柜；9.供水箱及供水泵。

生物接触氧化分二级，总生化时间3～4h填料用双通式PVC方孔填料，采用中心廊道微孔曝气，混凝反应采用气动搅拌，二沉池为斜管沉淀池，过滤滤料为陶粒圆珠，滤速为5～8m/h，调节池和风机房均需另设，技术参数见表7.7-18。

WSZⅦ-F型设备技术参数表　　表7.7-18

项目 \ 型号	WSZⅦ-5F	WSZⅦ-7.5F	WSZⅦ-10F	WSZⅦ-15F	WSZⅦ-20F	WSZⅦ-30F
标准处理量（m^3）	5	7.5	10	15	20	30
设备件数	1	1	1	2	4	4
接触池容积（m^3）	17.5	26	35	52	68	90
混凝反应池反应时间	10min					
二沉池表面负荷	1.1	1.1	1.1	1.1	1.4	1.4
过滤滤速	7m/h					

续表

项目＼型号		WSZⅦ-5F	WSZⅦ-7.5F	WSZⅦ-10F	WSZⅦ-15F	WSZⅦ-20F	WSZⅦ-30F
风机	型号	HC-40IS	HC-50S	HC-50IS	HC-60S	HC-80S	HC-100S
	功率（kW）	1.5	1.5	2.2	2.2	3.7	5.5
	台数	2					
水泵	型号	AS10-2CB			AS16-2CB		
	功率	1.1			2.2		
	台数	2					
中水箱容积		4	5.5	7	10.5	14	20
供水泵功率扬程		视每个用户的不同要求而定					
设备总重（t）		4.5	6	7	12	14	16
占地面积（m^2）		20	30	40	60	80	90

注：1. 设备总重量不包括水重；2. 设备件数中不包括管道与风机房。

生产厂：江苏宜兴鹏鹞环保有限公司

WSZⅦ-FB 型污水回用设备

该套设备主要用于处理生活污水，其进水设计浓度 BOD 平均为 200mg/L，出水 BOD ≤10mg/L 共由 9 个部分组成。技术性能参数见表 7.7-19。

WSZⅦ-FB 设备技术参数表 **表 7.7-19**

项目		WSZⅦ-5F	WSZⅦ-7.5F	WSZⅦ-10F	WSZⅦ-15F	WSZⅦ-20F	WSZⅦ-30F
标准处理量（m^3）		5	7.5	10	15	20	30
设备件数		2	2	4	4	6	8
接触池容积（m^3）		32.5	47	65	93	122	182
混凝反应池反应时间		10min					
二沉池表面负荷		1.1	1.1	1.1	1.1	1.1	1.1
过滤滤速		7m/h					
风机	型号	HC-50S	HC-60S	BH-65	BH-80	HC-100S	BH-100
	功率（kW）	1.5	2.2	3.0	3.7	5.5	7.5
	台数	2					
水泵	型号	AS10-2CB			AS16-2CB		
	功率	1.1			2.2		
	台数	2					
中水箱容积		4	5.5	7	10.5	14	20
供水泵功率扬程		视每个用户的不同要求而定					
设备总重（t）		7.5	8.5	14	16	20	30
占地面积（m^2）		45	50	80	105	150	220

生产厂：宜兴鹏鹞环保有限公司。

(5) WHCZ系列优化组合装置

集生物氧化、沉淀、过滤于一体的高效净化装置。采用半软性填料和射流曝气、斜板沉淀和双层滤料的多格滤池，处理洗浴废水可一次达标。产品规格见表7.7-20。

产 品 规 格*（Ⅰ型）*　　表7.7-20

型 号 Model	BOD负荷 BOD Load (kg BOD_5/day)	浓度** BOD of inflluent (mg/L)	处理水量 Flow (m^3/day)	外型尺寸：长×宽×高 O. D.：L×W×H (mm)	净重 Net weight (t)	动力 Power (kW)
WHCZ-Ⅰ-15	15	150	100	3548×2312×3188	5.3	3.8
		100	150			
WHCZ-Ⅰ-30	30	150	200	5050×3212×3188	—	7.5
		100	300			
WHCZ-Ⅰ-45	45	150	300	6150×3912×3188	—	11
		100	450			
WHCZ-Ⅰ-60	60	150	400	7050×4412×3188	—	14
		100	600			

* H型不含过滤单元，其参数除高度外大致相同，另行提供；

生产厂：北京通营环境保护设备厂。

(6) BW系列净化器

BW系列净化器允许进水浮悬物（SS_1）200mg/L，液面负荷8～10t/（h·m^2），运行周期8～12h，配有“气—水”反冲洗系统，净化水悬浮物稳定在≤1.0mg/L。

BW系列有压力式和重力式两类系列产品，供公共浴池、宾馆饭店、厂矿企业、机关院校、体育馆和游泳池水的循环处理系统选择使用。参数见表7.7-21。

BW 系 列 参 数　　表7.7-21

型 号	净 水 量 (t/h)	过滤面积 (m^2)	外形尺寸 (直径×高)	净 重 (t)	参数价（元）
Y-3	3	0.3	0.7×2.4	0.25	1000
Y-5	5	0.5	0.8×2.5	0.30	1200
Y-10	10	1.0	1.2×2.6	0.50	2000
Y-15	15	1.5	1.4×2.6	0.65	2600
Y-20	20	2.0	1.6×2.6	0.75	3000
Y-30	30	3.0	1.9×2.6	0.90	3600

生产厂：河北省固安县水处理设备厂。

(7) 生物转盘

本机型为生物膜法处理污水的主要设备之一。其转盘分盘片和峰窝两种形式，本机占地面积小，动力消耗低，管理简便，可连续运转，多适用于中小水量，中低浓底的污水处理厂（站）使用。

SZ 系列生物转盘技术参数 表 7.7-22

型号＼参数	盘片直径 (m)	槽体容积 (m^3)	转速 (rpm)	运转重量 (t)	有效面积 (m^2)	功率 (kW)
SZA-1.5×1.35	1.5	1.1	3.9	3.0	169	0.37
SZA-1.5×2.73	1.5	2	3.9	4.5	338	0.75
SZA-2×1.35	2	2	3.2	4.5	307	0.75
SZA-2×2.73	2	3.87	3.2	7.2	614	1.5
SZA-2.5×1.35	2.5	2.5	2.5	6.0	483	1.5
SZA-2.5×2.73	2.5	4.85	2.5	10.1	966	2.2
SZA-3×1.35	3	3	2.0	8.7	695	1.5
SZA-3×2.73	3	5.8	2.0	14.3	1390	2.2
SZB-1.5×1.35	1.5	1.1	3.9	3.0	263	0.37
SZB-1.5×2.73	1.5	2	3.9	4.5	509	0.75
ZB-2×1.35	2	2	3.2	4.5	475	0.75
SZB-2×2.73	2	3.87	3.2	7.2	921	1.5
SZB-2.5×1.35	2.5	2.5	2.5	6.0	748	1.5
SZB-2.5×2.73	2.5	4.85	2.5	10.1	1482	2.2
SZB-3×1.35	3	3	2.0	8.7	1080	1.5
SZB-3×2.73	3	5.8	2.0	14.3	2158	2.2

生产厂：唐山市环保机械工程公司。

SZP 系列生物转盘技术参数 表 7.7-23

项目＼内容＼型号	SZP-Ⅰ	SZP-Ⅱ	SZP-Ⅲ	SZP-Ⅳ	SZP-Ⅴ
设计处理量 (t/d)	72	100	120	240	480
转盘直径 (mm)	1600	2000	2400	3000	3600
转盘面积 (m^2)	960	1200	1450	2890	5800
轴有效长度 (mm)	1500	1500	1500	2000	2000
电动机功率 (kW)	0.55	0.7	0.75	1.5	3
停留时间 (h)	1.35	1.39	1.42	1.42	1.46
减速器型号	BWD-1-0.6-59	BWD-1-0.75-59	BWD-1-0.75-59	BWD-1-1.5-71	BWD-2-3-87

生活污水盘面负荷与 BOD 去除率 表 7.7-24

盘面负荷 [gBOD/ (m^2·d)]	6	10	25	30	60
BOD 去除率 (%)	93	92	90	81	60

生产厂：福州梅峰机械厂。

(8) 厌氧装置选用表

表 7.7-25

日处理量(m^3) 参数	4～7	7～11	11～17	17～26	25～35
直　径 (mm)	2000	2500	3000	3500	4000
高 (mm)	5000	6000	7000	8000	8500
进水管	*DN*40	*DN*50	*DN*50	*DN*60	*DN*65
出水管	*DN*50	*DN*60	*DN*65	*DN*65	*DN*80
排气管	*DN*40	*DN*40	*DN*50	*DN*50	*DN*60
排泥管	*DN*65	*DN*65	*DN*80	*DN*80	*DN*80

生产厂：北京比尼给排水新技术开发公司。

(9) 压力式接触过滤器

表 7.7-26

流式	型　号	规格 (mm)	产水量 (m^3/h)	进水允许浊度 (mg/L)	正常出水浊度 (mg/L)	过滤面积 (m^2)	滤速 (m/h)	滤料层高 (mm)	外形尺寸 (直径×高 mm)	工作压力 (MPa)	滤料粒径 (mm)	生产厂
上进下出	ZY-800 ZY-1000 ZY-1200 ZY-1400 ZY-1600 ZY-2000	ϕ800 ϕ1000 ϕ1200 ϕ1400 ϕ1600 ϕ2000	5 8 10 15 20 25	一般 ≤100 短期 ≤200	≤5		10～15	1100	800×2900 1000×2960 1200×3000 1400×3080 1600×3120 2000×3160	0.294	无烟煤 1.2～1.6 石英砂 0.5～1.0	杭州市建筑设计院设计，浙江上虞环保设备总厂生产
下进上出	QY-700 QY-1000 QY-1200 QY-1500 QY-1800 QY-2000 QY-2200 QY-2500	ϕ700 ϕ1000 ϕ1200 ϕ1500 ϕ1800 ϕ2000 ϕ2200 ϕ2500	7.6 15.6 22.6 35 50.8 62.8 76 98	一般 ≤100	≤5	0.38 0.78 1.13 1.75 2.54 3.14 3.80 4.90	20～25	≥600 ≥600 ≥600 ≥600 ≥600 ≥600 ≥600 ≥600	700×2168 1000×2269 1200×2480 1500×2876 1800×3151 2000×3235 2200×3418 2500×3543	0.40	聚苯乙烯泡沫塑料珠1毫米左右	总后建筑设计研究院设计，河北保定太行建筑设备厂生产

(10) XYJ 型箱式压滤机

主　要　参　数　　表 7.7-27

型号 项目	XYJ5-410/44	XYJ10-510/50	XYJ20-750/50	XYJ30-750/50	XYJ40-810/50
过滤面积 (m^2)	5	10	20	30	40
滤板尺寸 (mm)	410×410×44	510×510×50	750×750×50		810×810×50
滤渣尺寸 (mm)	360×360×24	450×450×25	635×635×25		680×680×25

续表

形 式	口 径（送风口）	转 数	不同工作压力下的吸入口风量(m^3/min)及所需要的动力											
			0.1kgf/cm^2		0.2kgf/cm^2		0.3kgf/cm^2		0.4kgf/cm^2		0.5kgf/cm^2		0.6kgf/cm^2	
			9.8kPa		19.6kPa		29.4kPa		39.2kPa		49.0kPa		58.8kPa	
		rpm	m^3/min	kW	m^3/min	kW	m^3/min	kW	m^3/min	kW	m^3/min	kW	m^3/min	kW
BH 65	2B	1150	1.96	1.2	1.69	1.5	1.42	1.8	1.18	2.2	0.96	2.6		
		1250	2.21	1.4	1.94	1.7	1.67	2.0	1.42	2.4	1.19	2.8	1.01	3.3
		1400	2.59	1.4	2.30	1.8	2.01	2.2	1.78	2.6	1.56	3.1	1.34	3.6
		1550	3.12	1.5	2.78	1.9	2.44	2.5	2.22	3.1	2.01	3.8	1.80	4.5
		1700	3.53	1.5	3.28	2.2	3.03	2.9	2.78	3.6	2.57	4.3	2.40	5.1
BH 80	3B	1150	3.12	1.6	2.99	2.0	2.79	2.6	2.61	3.2	2.43	3.8	2.30	5.0
		1250	3.72	1.6	3.51	2.3	3.3	3.0	3.12	3.8	2.91	4.7	2.81	5.6
		1400	4.25	1.6	4.06	2.5	3.85	3.4	3.67	4.2	3.51	5.2	3.36	6.1
		1550	4.63	1.7	4.42	2.7	4.21	3.7	4.03	4.6	3.87	5.7	3.72	6.8
		1700	5.23	1.8	5.02	2.9	4.81	4.0	4.63	5.0	4.46	6.3	4.31	7.5
BH 100	4B	1100	4.24	2.0	3.95	2.8	3.66	3.6	3.41	4.4	3.17	5.3	2.97	6.4
		1300	5.17	2.2	4.68	3.2	4.59	4.3	4.34	5.3	4.11	6.3	3.90	7.6
		1450	5.90	2.4	5.64	3.6	5.35	4.7	5.10	6.0	4.87	7.2	4.66	8.5
		1550	6.41	2.6	6.14	3.8	5.85	5.1	5.60	6.4	5.37	7.8	5.16	9.2
		1750	7.41	2.9	7.11	4.3	6.82	5.8	6.57	7.4	6.34	9.0	6.13	10.6
		1950	8.39	3.2	8.07	4.7	7.79	6.4	7.53	8.3	7.30	10.1	7.10	12.0
BH 125	5B	1100	6.70	2.7	6.33	4.0	5.96	5.3	5.64	6.7	5.34	8.0	5.07	9.6
		1300	8.13	3.2	7.77	4.7	7.41	6.2	7.08	7.9	6.77	9.6	6.50	11.5
		1450	8.77	3.5	8.42	5.0	8.07	6.5	7.74	8.4	7.46	10.3	7.20	12.3
		1550	9.71	3.6	9.31	5.4	8.91	7.2	8.62	9.1	8.34	11.0	8.08	13.5
		1750	11.0	4.0	10.6	6.0	10.2	8.0	9.90	10.1	9.59	12.4	9.38	15.7
		1950	13.1	4.6	12.7	6.8	12.3	9.1	11.9	11.5	11.6	14.2	11.4	17.5
BH 125A	5B	1100	9.01	3.7	8.35	5.5	7.70	7.4	7.18	9.3	6.73	11.1	6.34	13.0
		1300	11.1	4.0	10.4	6.2	9.78	8.4	9.26	10.6	8.81	12.8	8.42	15.1
		1450	12.7	4.3	12.0	6.7	11.3	9.2	10.8	11.7	10.4	14.1	9.98	16.6
		1550	13.7	4.5	13.0	7.1	12.4	9.7	11.9	12.3	11.4	15.0	11.0	17.6
		1800	16.3	4.8	15.6	7.9	15.0	11.0	14.5	14.0	14.0	17.1	13.6	20.2
BH 150	6B	900	14.6	6.1	13.6	7.1	12.8	9.2	12.1	12.1	11.4	15.2	10.9	18.4
		1050	17.4	6.4	16.4	8.2	15.5	10.8	14.8	14.8	11.2	17.5	13.7	20.9
		1150	18.9	7.3	18.1	9.2	17.3	12.1	16.6	16.0	16.0	19.1	15.5	22.8
		1250	21.8	8.0	20.8	10.1	19.9	13.4	19.1	17.2	18.3	21.0	17.7	25.0
		1400	23.8	7.6	22.9	11.6	22.0	15.6	21.2	19.9	20.6	24.0	20.0	29.2
		1550	26.6	8.7	25.8	13.1	25.0	17.5	24.2	22.5	23.5	27.6	22.9	32.6

续表

形式	口径(送风口)	转数	不同工作压力下的吸入口风量(m³/min)及所需要的动力											
			0.1kgf/cm²		0.2kgf/cm²		0.3kgf/cm²		0.4kgf/cm²		0.5kgf/cm²		0.6kgf/cm²	
			9.8kPa		19.6kPa		29.4kPa		39.2kPa		49.0kPa		58.8kPa	
		rpm	m³/min	kW	m³/min	kW	m³/min	kW	m³/min	kW	m³/min	kW	m³/min	kW
BH 150A	6B	900	20.0	7.0	18.7	10.6	17.5	14.1	16.5	18.2	15.5	22.3	14.7	26.4
		1050	23.8	8.2	22.5	12.4	21.4	16.5	20.4	21.3	19.2	26.0	18.6	30.8
		1150	26.3	9.0	25.0	13.6	23.8	18.0	22.8	23.3	21.8	28.5	21.0	33.8
		1250	28.9	9.8	27.6	14.8	26.4	19.6	25.4	25.3	24.4	31.0	23.6	36.7
		1400	32.8	10.9	81.5	16.5	30.3	21.9	29.3	28.4	28.3	34.7	27.5	41.1
		1550	36.7	12.1	35.4	18.3	34.2	24.3	33.2	31.4	32.2	38.4	31.4	45.5
BH 200	8B	900	26.5	8.2	25.3	12.2	24.1	16.2	23.0	20.2	22.0	24.1	21.0	28.8
		1050	29.2	9.2	28.0	14.1	26.8	19.0	25.7	23.9	24.6	28.8	23.6	34.3
		1150	32.2	9.8	31.0	15.4	29.8	21.0	28.7	26.7	27.7	32.3	26.7	38.5
		1250	35.0	9.8	33.9	16.5	32.8	23.2	31.8	29.5	30.8	35.9	29.7	43.1
		1350	38.1	11.1	37.0	18.2	35.9	25.3	34.8	32.4	33.8	40.0	32.8	47.8
		1450	41.2	11.9	40.0	19.7	38.8	27.5	37.8	35.4	36.7	43.0	35.9	52.5
BH 200A	8B	900	31.6	10.7	29.9	16.1	28.3	22.4	27.0	28.9	25.6	35.1	24.5	42.8
		1050	37.6	12.5	35.9	18.8	34.2	26.1	32.9	33.7	31.5	41.0	30.7	50.0
		1150	41.5	13.7	39.8	20.5	38.2	28.6	36.9	37.0	35.4	44.9	34.3	54.7
		1250	45.6	14.9	43.8	22.3	42.3	31.1	41.0	40.2	39.6	48.8	38.5	59.5
		1350	49.5	16.1	47.9	24.1	46.3	33.6	45.0	43.4	43.5	52.7	42.5	64.2
		1450	53.5	17.3	51.8	25.9	50.2	36.1	48.9	46.6	47.5	56.6	46.4	69.0
BH 250	10B	800	35.4	11.5	34.3	17.6	33.2	23.7	32.1	29.9	31.2	37.4	30.5	49.6
		900	40.5	12.7	39.4	19.5	38.3	26.3	37.3	33.1	36.3	42.0	35.6	56.6
		1000	46.4	14.3	45.0	21.8	43.6	29.3	42.9	36.8	42.0	47.7	41.2	64.4
		1100	52.1	16.4	51.0	24.7	49.9	32.8	48.8	41.0	47.9	54.1	47.2	73.2
		1200	58.9	16.6	57.6	26.8	56.3	37.2	55.0	47.6	54.0	62.0	53.3	83.0
		1300	65.5	20.0	64.2	31.2	62.9	42.4	61.5	53.6	60.4	70.5	59.7	93.8
BH 250A	10B	800	49.1	24.8	47.8	33.5	46.8	42.2	45.9	50.8	45.2	59.5	44.5	68.1
		900	55.7	26.0	54.5	35.7	53.4	45.4	52.5	55.2	51.8	64.9	51.2	74.6
		1000	62.4	27.1	61.1	37.9	60.0	48.7	59.1	59.5	58.4	70.3	57.8	81.1
		1100	69.0	28.1	67.7	40.0	66.6	51.9	65.8	63.8	65.0	75.7	64.4	87.6
		1200	75.6	29.3	74.3	42.2	73.2	55.2	72.4	68.1	71.6	81.1	71.0	94.1
		1300	82.2	30.4	80.9	44.4	79.9	58.4	79.0	72.5	78.3	86.5	77.6	100.6

续表

形式	口径(送风口)	转数	不同工作压力下的吸入口风量(m^3/min)及所需要的动力											
			0.1kgf/cm^2		0.2kgf/cm^2		0.3kgf/cm^2		0.4kgf/cm^2		0.5kgf/cm^2		0.6kgf/cm^2	
			9.8kPa		19.6kPa		29.4kPa		39.2kPa		49.0kPa		58.8kPa	
		rpm	m^3/min	kW	m^3/min	kW	m^3/min	kW	m^3/min	kW	m^3/min	kW	m^3/min	kW
BH 300	12B	800	51.6	16.5	48.6	26.5	46.6	37.0	44.6	46.5	42.6	55.5	40.6	68.0
		1000	67.0	20.6	64.0	33.1	62.0	46.3	60.0	58.0	58.6	69.4	56.0	85.0
		1200	82.3	24.8	79.3	39.8	77.3	55.5	75.3	69.8	73.3	83.3	71.3	102.0
		1400	97.7	28.9	94.7	46.4	92.7	64.8	90.7	81.4	88.7	97.1	86.7	119.0
		1500	105.3	30.9	102.3	49.7	100.3	69.4	98.3	87.2	96.3	104.1	94.3	127.5

生产:中外合资宜兴鹏德机械有限公司。

(3) DBL系列吹吸两用气泵技术参数

表 7.7-31

型号	参数/泵号	最大压力(MPa)	最大真空度(MPa)	最大流量(m^3/h)	电机功率(kW)	温升(20℃时)(℃)	噪声(dB)	轴承型号 出气机壳	轴承型号 进气机壳	皮带尺寸(mm)(厚×宽×长)	外形尺寸(cm)
DLB系列	1	0.0393	0.0293	60	0.75	50	<73	D203	D100	1×30×810	50×33×25
	2	0.0190	0.0346	50	0.75	56	<73	D203	D100	1.5×30×816	50×33×25
	3	0.0098	0.0688	500	2.2	30	<80	D203	D101	1.5×35×906	63×37×35
	4	0.0315	0.0240	650	7.5	50	<80	D205	D263	2×56×1656	71×51×37
	5	0.0118	0.0100	8	0.12	30	<70	D200	D18	1×26×525	35×15×15
	6	0.0190	0.0346	55	1.1	56	<73	D203	D100	1.5×30×810	50×33×25
	7	0.0245	0.0167	100	1.1	40	<73	D203	D100	1.5×36×816	50×33×26
	8										
	9	0.0496	0.0346	270	3		<80	D304	D101	1.5×35×960	72×40×36
	10	0.0049		480	0.55				D203		71×42×36
	11	0.0029		420	0.55			—	D203	—	50×42×36
	12	0.0049		480	0.55					—	59×56×60
	13	0.0004		1800	0.55					—	44×45×50
	14	0.0004		1060	0.55					—	73×30×29
	15	0.0215	0.6167	300	3	40	<80	D203	D101	1.5×35×900	64×42×37
	16	0.0245	0.0167	400	4	40	<80	D203	D101	1.5×35×900	64×42×37
	17	0.0785	0.0533	100	3	74^0	<73	D203	D263	1.5×35×810	60×43×32
	18	0.0392	0.6293	1000	11	50	<85	D205	D203	2.5×50×1120	78×56×47
	19	0.6600	0.0400	300	5.5	63					72×40×36
	20										

生产厂:江苏省无锡市仪表二厂。

(4) YTR、YBER 型水下曝气器

YTR 型水下曝气器 **表 7.7-32**

型号	电机功率(kW)	供氧量(kg/h)	转速(rpm)	最大池水深度(m)	迁移范围(m)		重量(kg)
					A	*B*	
8-TR	0.75	0.35~0.6	3000	3.2	2.0	1.2	60
15-TR	1.5	1.0~1.4	3000	3.2	2.5	1.5	70
22-TR	2.2	1.8~2.8	1450	3.6	5.0	2.5	170
37-TR	3.7	3.5~5.0	1450	3.6	6.0	3.0	180
55-TR	5.5	5.5~7.7	1450	3.6	7.0	3.5	220
75-TR	7.5	8.2~11.3	1450	4.1	9.0	4.5	240
110-TR	11	13~18	1450	4.7	10.0	5.0	280
150-TR	15	17~23	1450	4.7	11.0	5.5	290
190-TR	19	20~27	1450	5.0	12.0	6.0	520
220—TR	22	24~36	1450	5.0	12.0	6.0	530

YBER 型水下曝气器 **表 7.7-33**

型号	电机功率(kW)	供氧量(kg/h)	转速(rpm)	池最大尺寸(m)	有效水深(m)	重量(kg)
8-YBER	0.75	0.45~0.55	3000	3×2×4	3	28
15-YBER	1.5	1.3~1.5	3000	4×3.5×4	3	45
22-YBER	2.2	2.2~2.6	1450	5×5×4.5	3.5	75
37-YBER	3.7	3.6~4.3	1450	6×6×5	4	91
55-YBER	5.5	6.0~7.0	1450	7×7×6	5	137

生产单位：北京银燕环保设备工程有限公司。

(5) HC-5 系列低噪声回转式鼓风机

引进日本技术制造、低噪声。由马达、空气过滤器、鼓风机本体、空气室、底座、点滴油嘴 6 部分组成。性能见表 7.7-34。

(6) D 型离心式鼓风机性能参数见表 7.7-35。

5. 药剂发生器及投加设备、器材

二氧化氯发生器见表 7.7-36；

次氯酸钠发生器见表 7.7-37；

化学加药泵见表 7.7-38；

投药器（转子计量投药器）见表 7.7-39；

常用药液投加器材及计量仪表见表 7.7-40。

表 7.7-34

HC-S低噪声回转式鼓风机性能表

型式	吐出口径	马达出力	频率	鼓风机回转数	吐出风量(m^3/min)					V型连接器		V型皮带	油量(有效量)	概算重量(标准式样)	
					0.1kgf/cm^2·G	0.2kgf/cm^2·G	0.3kgf/cm^2·G	0.4kgf/cm^2·G	0.5kgf/cm^2·G	鼓风机	马达			制品	(木棒包品)
HC-25ls	3/4″(20A)	0.4kW	50Hz	450r.p.m	0.31	0.30	0.29	0.28	0.28	8A1	2A1	A-40	15/(11/)	44kg	51kg
			60Hz	450r.p.m	0.31	0.30	0.29	0.28	0.28	8A1	2A1	A-40			
HC-30s	1″(25A)	0.4kW	50Hz	430r.p.m	0.35	0.34	0.33	0.32	0.31	10A1	3A1	A-40	15/(11/)	50kg	57kg
			60Hz	430r.p.m	0.35	0.34	0.33	0.32	0.31	10A1	2A1	A-44			
HC-30ls	1″(25A)	0.75kW	50Hz	520r.p.m	0.42	0.41	0.40	0.39	0.38	10A1	3A1	A-44	15/(11/)	50kg	57kg
			60Hz	520r.p.m	0.42	0.41	0.40	0.39	0.3	10A1	3A1	A-44			
HC-40s	1¼″ 32A	0.75kW	50Hz	500r.p.m	0.66	0.65	0.63	0.61	0.59	12A2	4A2	A-52	25/(17/)	80kg	88kg
			60Hz	500r.p.m	0.66	0.65	0.63	0.61	0.59	12A2	3A2	A-52			
HC-40ls	1¼″(32A)	1.5kW	50Hz	580r.p.m	0.80	0.77	0.74	0.71	0.67	12A2	4A2	A-52	25/(17/)	85kg	93kg
			60Hz	580r.p.m	0.80	0.77	0.74	0.71	0.67	12A2	4A2	A-52			
HC-50s	1½″(40A)	1.5kW	50Hz	430r.p.m	1.14	1.12	1.09	1.06	1.02	14A2	4A2	A-64	35/(23/)	120kg	130kg
			60Hz	430r.p.m	1.14	1.12	1.09	1.06	1.02	14A2	3A2	A-64			
HC-50ls	1½″(40A)	2.2kW	50Hz	500r.p.m	1.44	1.42	1.39	1.36	1.32	14A2	4A2	A-64	35/(23/)	125kg	135kg
			60Hz	500r.p.m	1.44	1.42	1.39	1.36	1.32	14A2	4A2	A-64			
HC-1800	2″(50A)	2.2kW	50Hz	890r.p.m	1.88	1.84	1.80	1.76	1.72	8A2	5A2	A-45	55/(45/)	110kg	120kg
			60Hz	890r.p.m	1.88	1.84	1.80	1.76	1.72	8A2	4A2	A-45			
HC-60s	2(50A)	2.2kW	50Hz	450r.p.m	1.90	1.87	1.82	1.77	1.71	16A2	5B2	B-74	55/(38/)	190kg	223kg
			60Hz	450r.p.m	1.90	1.87	1.82	1.77	1.71	16B2	4B2	B-72			
HC-80s	2½″(65A)	3.7kW	50Hz	430r.p.m	2.82	2.74	2.66	2.59	2.50	18B2	5B2	B-84	8/(6/)	250kg	268kg
			60Hz	430r.p.m	2.82	2.74	2.66	2.59	2.50	18B2	4B2	B-84			
HC-100s	3″(80A)	5.5kW	50Hz	390r.p.m	4.32	4.28	4.25	4.18	4.11	20B3	5B3	B-93	20/(16/)	250kg	268kg
			60Hz	390r.p.m	4.32	4.28	4.25	4.18	4.11	20B3	4B3	B-93			

生产厂：江苏宜兴鹏德机械有限公司。

D型离心式鼓风机产品性能参数表 表7.7-35

型号 \ 参数	进口流量 (m^3/min)	出口压力（绝对） (kgf/cm^2)	(kPa)	主轴转速 (r/min)	电机型号	电机功率 (kW)	重量 (kg)
D20-1.5	20	1.5	147	2950	Y200L1-2W	30	4800
D30-1.5	30	1.5	147	2970	Y255M-2W	45	5600
D30-1.7	30	1.7	166.7	2970	Y280S-2W	75	5700
D40-1.5	40	1.5	147	2970	Y250M-2W	55	5700
D40-1.7	40	1.7	166.7	2970	Y280S-2W	75	5800
D45-1.5	45	1.5	147	2970	Y250M-2W	55	5800
D45-1.7	45	1.7	166.7	2970	Y280S-2W	75	5950
D60-1.5	60	1.5	147	2970	Y280S-2W	75	7000
D60-1.7	60	1.7	166.7	2970	Y315S-2W	110	7400
D80-1.5	80	1.5	147	2970	Y315SA-2W	100	7200
D80-1.7	80	1.7	166.7	2980	Y315M1-2W	132	7900
D90-1.5	90	1.5	147	2970	Y315S-2W	110	7500
D90-1.7	90	1.7	166.7	2980	Y355M2-2W	160	8100
D100-1.5	100	1.5	147	2980	Y315M1-2W	132	8010
D100-1.7	100	1.7	166.7	2980	Y315L-2W	185	8400
D120-1.5	120	1.5	147	2980	Y315LA-2W	175	8670
D120-1.7	120	1.7	166.7	2980	Y335M1-2W	220	10170
D150-1.5	150	1.5	147	2980	Y315L2-2W	200	9500
D150-1.7	150	1.7	166.7	2980	Y355L1-2W	280	13000
D200-1.5	200	1.5	147	2980	Y355M2-2W	250	10100
D200-1.7	200	1.7	166.7	2980	YK400L1-2W	350	11000
D250-1.5	250	1.5	147	2980	YK400L1-2W	350	10500
D250-1.7	250	1.7	166.7	2980	YK400L2-2W	440	13000
D250-1.8	250	1.8	176.5	2980	YK500-2	500	13000
D400-1.5	400	1.5	147	2980	YK400L2-2	440	13500
D400-1.7	400	1.7	166.7	2980	YK400L3-2	560	15300
D400-2	400	2	196.2	2980	YK800-2	800	13800

生产单位：河北唐山环保机械公司。

（1）二氧化氯发生器性能规格表

表7.7-36

规格 Items \ 型号 Models	BTT-3A	BTT-20A	BTT-50A	BTT-100A	BTT-200A	BTT-400A	BTT-600A	BTT-1000A	BTT-2000A
电源输出功率（W）	≤24	≤160	≤400	≤800	≤2000	≤4000	≤4800	≤8000	≤16000
耗盐量 kg/kg 气	1.6	1.6	1.6	1.6	1.6	1.6	1.6	1.6	1.6
消毒气产量（g/h）	3	20	50	100	200	400	600	1000	2000
外形尺寸（mm）	345×220×230 含电源	600×600×1300 含电源	1030×720×1200 含电源	1030×720×1200	1030×720×1400	2000×720×1400	1250×1050×1400	1450×1100×1400	2200×1450×1400
消毒饮用水能力（t/h）	3	20	50	100	200	400	600	1000	2000
处理医院污水量（t/h）				2—3	4—7	8—14	12—20	20—22	40—65
处理游泳池水量（t/h）			10—25	25—50	50—100	100—200	150—300	250—500	500 1000
参考价格（元）	1500	8000	14500	24500	41000	70000	92000	107000	170000

生产单位：北京永益科技有限公司。

（2）JS次氯酸钠发生器规格指标表

表 7.7-37

项目		规格指标								
		10 型	45 型	90 型	180 型	260 型	360 型	500 型	700 型	1000 型
有效氯产量(g/h)		8～10	40～45	80～90	160～180	240～270	320～360	440～500	620～700	890～1000
次氯酸钠溶液流量(L/h)		2	≥5	≥10	≥20	≥30	≥40	≥55	≥80	≥110
有效氯含量(g/L)		<6	<10							
配制盐液浓度(%)		3～3.5								
电解液工作温度(℃)		30～35								
每公斤有效氯盐耗(kg)		5～5.5	3～3.5							
每公斤有效氯直流电耗(度)		3.2～4								
额定交流电压(V)		$220^{+5}_{-10}\%$			$380^{+5}_{-10}\%$					
额定交流电流(A)		0.3	1	2	<3	<3	3	4.5	5	7.5
额定直流电压(V)		实测槽压:3.5～4 表头指示:8～9								
额定直流电流(A)±5%		5	20	40	80	120	160	240	320	480
电解电流效率(%)		>72								
额定消耗功率(kW)		<0.06	<0.25	<0.5	<1	<1.45	<2	<3.8	<3.9	<5.6
运行方式		一次/30min	间歇、连续运行均可							
占地面积(m²) 净重(kg)	整流控制系统	台 0.04 式 3	台 0.09 式 15	0.12 42	0.14 55～57		0.27 250～265			0.74 290
	电解贮液系统 (贮液箱容量为该占地面积×0.4)	台 0.03 式 0.5	0.12 20	0.12 22	0.17 35	0.22 40	0.21 45	0.23 50	0.29 65	0.4 75
处理水量(m³/h)	饮用水投加量按 2mg/L 计 医院污水投加量按 30mg/L 计 适宜含氰废水浓度≤80mg/L pH8-10	5 0.7	25 1.8	50 3	100 6 0.5	150 10 0.7	200 13 1	275 18 1.5	400 27 2	550 37 3
价格(元)	手控 自控封闭式	240	975	2800	3900	5200	7600	11000	13500	18000

生产厂:福建三明市环保设备净化设备厂。

(3) 化学加药泵

流量-压力参数表 **表 7.7-38**

柱塞直径(mm)	往复次数(r/min)	减速比	容积效率(%)	流量(L/h)	排出压力(MPa) 0.37(kW)	排出压力(MPa) 0.55(kW)	净吸入压头(m)	吸入法兰尺寸	排出法兰尺寸	阀形式	液力端规格	标准材料
4	83 104 151 180	A B C D		1 1.3 4 5	32 25 32 25	50 50 50 50	4.5	1/2″	1/2″	球阀	JX-4	304SS (PVC) 0.7MPa
5	83 104 151 180	A B C D		1.6 2.0 5.0 6.3	20 16 20 16	50 50 50 50	4.5	1/2″	1/2″	球阀	JX-5	304SS (PVC) 0.7MPa
6.5	83 104 151 180	A B C D		2.5 3.2 6.3 8.0	12.5 10.0 12.5 10.0	50 40 50 40	4.5	1/2″	1/2″	球阀	JX-6.5	304SS (PVC) 0.7MPa
8	83 104 151 180	A B C D		4.0 5.0 8.0 10.0	8 6.3 8 6.3	32 25 32 25	4.5	1/2″	1/2″	球阀	JX-8	304SS (PVC) 0.7MPa
10	83 104 151 180	A B C D		6.3 8.0 13 16	5.0 4.0 5.0 4.0	20 16 20 16	4.5	1/2″	1/2″	球阀	JX-10	304SS (PVC) 0.7MPa
13	83 104 151 180	A B C D		10 13 20 25	3.2 2.5 3.2 2.5	12.5 10.0 12.5 10.0	4.5	1/2″	1/2″	球阀	JX-13	304SS (PVC) 0.7MPa
16	83 104 151 180	A B C D		16 20 32 40	2.0 1.6 2.0 1.6	8.0 6.3 8.0 6.3	4.5	1/2″	1/2″	球阀	JX-16	304SS (PVC) 0.7MPa
20	83 104 151 180	A B C D		25 32 50 63	1.3 1 1.3 1	5.0 4.0 5.0 4.0	4.5	1/2″	1/2″	球阀	JX-20	304SS (PVC) 0.7MPa
25	83 104 151 180	A B C D		40 50 80 100	0.8 0.63 0.8 0.63	3.2 2.5 3.2 2.5	4.5	1/2″	1/2″	球阀	JX-25	304SS (PVC) 0.7MPa
32	83 104 151 180	A B C D		63 80 125 160	0.5 0.4 0.5 0.4	2.0 1.6 2.0 1.6	4.5	1/2″	1/2″	球阀	JX-32	304SS (PVC) 0.7MPa
40	83 104 151 180	A B C D		100 125 200 250	0.32 0.25	1.3 1.0 1.3 1.0	4.5	3/4″	3/4″	球阀	JX-40	304SS (PVC) 0.7MPa
50	83 104 151 180	A B C D		160 200 320 400		0.8 0.8 1.0 1.0	4.5	3/4″	3/4″	球阀	JX-50	304SS (PVC) 0.7MPa
65	83 104 151 180	A B C D		200 250 500 630		0.53 0.50 0.63 0.50	4.5	3/4″	3/4″	球阀	JX-65	304SS (PVC) 0.7MPa
80	83 104 151 180	A B C D		200 250 800 1000		0.40 0.32 0.40 0.32	4.5	3/4″	3/4″	球阀	JX-80	304SS (PVC) 0.7MPa

生产厂：大连劳雷石油化工泵厂，本溪劳雷石油化工设备成套公司。

(4) 投药器（转子计量投药器）

本产品由转子流量计、单向阀、稳定管、控制针阀、水射器、过滤器等部件组成。用于自来水企业和其它制水单位以及污水处理投加混凝剂，助凝剂、消毒剂使用，具有体积轻巧、性能稳定、投加量准确、操作维修方便等特点。

投药器技术参数表 **表 7.7-39**

型号 / 参数	Ⅰ型	Ⅱ型	备注
流量管型号	PC3	PC5	
流量转子重量（g）	1.2	21	
投加量（L/h）	0.5～45	30～360	以清水计
水射器孔口比值 R R=喷嘴面积/喉管面积	0.46	0.46	
机重（kg）	1.3	4.0	
安装孔中心距（mm）	417	500	
进出液导管管径（mm）	3/8″	3/4″	

生产厂：福建三明市度量衡修造厂。

(5) 常用投加器材及计量仪表

表 7.7-40

名称	型号	规格及主要技术参数	备注
真空加氯器 （真空负压）	送气能力 PPD（g/h）	201型 / 202型 / 203型 3″(76mm) / 3″(76mm) / 6″(152mm) 0.6 / 25 / 50 1.5 / 50 / 100 4 / 100 / 200 10 / 200 / 500 25 50 100	北京自动化仪表七厂 北京平谷碧泉环保设备厂生产为负压系统氯气消毒使用
加氯机 （干式）	MJL-$\frac{1}{2}$	Ⅰ型 0.1～3.0kg/h Ⅱ型 2～18kg/h	干式加氯法以下均为福建三明环保净化设备厂生产
溶液投加机	MLY-$\frac{1}{2}$型	Ⅰ型 0.5～45L/h Ⅱ型 30～360L/h	用于投加混凝剂、助凝剂溶液
直视简易浑浊度仪	MHZ	透明度：0～100cm 浑浊度：7.5～200mg/L	带光源的简易测透明度和浊度仪
光电浊度仪 （手提式）	ZS-1型	测量范围：0～5ppm 0～50ppm 0～100ppm 电源电压：220V±10%	仪表直接读值

续表

名称	型号	规格及主要技术参数						备注			
水射器	S324-8～12 5种	提升流量（L/s）0.05、0.075、0.10、0.15、0.20						按国标制作、用于混凝剂、消毒剂的加注			
	S324-13～14 2种	加氯量：（kg/h）分别为≥10；≥32						按国标制作，适用于瓶装液氯加注			
转子流量计	LZB型-4、6、10、15、25	通径量程：（L/h）	ϕ4、1～25	ϕ6、2.5～60	ϕ10、6～160	ϕ15、16～400	ϕ25、40～1000	ϕ40 160～2500	ϕ50 400～6000	ϕ80 1000～16000	ϕ100 5000～40000

6. 沉淀、接触氧化填料

沉淀器材见表7.7-41、表7.7-42；

ZH-系列组合填料见表7.7-43、7.7-44、7.7-45；

多孔球型悬浮填料FT型见表7.7-46。

(1) 沉淀器材、填料

玻璃钢斜管、直管

斜管直管产品技术指标　　**表7.7-41**

种类＼项目	材质	孔径 ϕ (mm)	半成品重量 (kg)	成品重量 (kg)	管壁厚度 (mm)	比表面积 (m^2)	空隙率 (%)
加强型斜管 (m^2)	玻璃钢	100	5～7	9～11	0.25	35	99.9
	玻璃钢	80	7～9	11～13	0.25	43	99.5
	玻璃钢	52	10～11	17～19	0.25	66	99.3
	玻璃钢	36	11～12	19～21	0.20	92	99.1
	玻璃钢	32	14～16	19～21	0.20	119	98.9
	玻璃钢	25	16～18	26～28	0.20	137	98.8
	玻璃钢	19	22～24	34～36	0.20	180	98.4
加强型直管 (m^3)	玻璃钢	36	13～15	23～25	0.20	110	99.1
	玻璃钢	32	17～18	24～26	0.20	139	98.9
	玻璃钢	25	19～21	31～33	0.20	158	98.7
	玻璃钢	19	26～28	40～42	0.20	208	98.4

斜管直管产品规格　　**表7.7-42**

品名	内切圆 ϕ (mm)	倾角	块体规格（mm）长×宽×垂高×管长	单位	备注
玻璃钢斜管	100	60°	1000×500×866×1000	m^2	
玻璃钢斜管	80	60°	1000×500×866×1000	m^2	
玻璃钢斜管	52	60°	1000×500×866×1000	m^2	

续表

品　名	内切圆 ϕ（mm）	倾角	块体规格（mm）长×宽×垂高×管长	单位	备　注
玻璃钢斜管	36	60°	750×500×1299×1500	m^2	
玻璃钢斜管	36	60°	1000×500×750×866	m^2	
玻璃钢斜管	36	60°	1000×500×866×1000	m^2	
玻璃钢斜管	32	60°	1000×500×866×1000	m^2	
玻璃钢斜管	25	60°	1000×500×866×1000	m^2	
玻璃钢直管	36	90°	以下为通用规格 700×500×5～2000　800×800×230 1000×500×5～900　800×500×200	m^3	
玻璃钢直管	32	90°		m^3	
玻璃钢直管	25	90°		m^3	
玻璃钢直管	19	90°		m^3	
说明	1. 除表内所列常用规格外，还可以根据用户需要定制产品。其范围是： 直管：内切园 ϕ5～100mm，高度 5～2000mm 斜管：内切园 ϕ5～100mm，管长 5～1500mm，倾角 30°～70° 直管高度超过 900mm，斜管管长超过 1000mm，长、宽尺寸参见上表 2. 直管通以 m^3 计价，斜管通以占池 m^2 计价 要求特殊强度产品者，亦可加工制作				

生产厂：河北省三河县高楼给排水设备厂、浙江玉环楚门环保设备厂。

(2) ZH-系列组合填料（生物法）

填料指标对比　　**表 7.7-43**

指标 \ 填料名称	组合填料（40mm）	硬性填料（Φ36）	半软性填料
比表面积（m^2/m^3）	95～105	100～110	87～93
空隙率（%）	99	98～99	97.1
成品重量（kg/m^3）	7.5～8	23～25	13～14

组合填料技术指标　　**表 7.7-44**

填料直径	120mm	120mm	120mm	120mm	120mm
束间距离	40mm	50mm	60mm	70mm	80mm
单位重量（kg/m^3 池子）	8.0	6.4	5.4	4.7	4.2
成膜基本重量（kg/m^3 池子）	90	80	70	60	50
每 m^3/池子、片数	1736	1389	1157	992	868

组合填料适用水质范围　　**表 7.7-45**

适应废水浓度参考（CODmm/L）	200～15000	气：水
		15：1

生产厂：浙江省玉环县振华环保设备厂。

(3) 多孔球形悬浮填料（FT 型）

是一种新型填料，不需固定，悬浮于水中使水流紊乱、氧利用率高，生物膜靠浮动自动脱落，适用于任何曝气方式，使用耐久。

FT 规 格 性 能　　**表 7.7-46**

型　号	规　格	比表面	空隙率	比数量（个/m^3）
FT-100	ϕ100	70m^2/m^3	95%	1000～1440 个
FT-125	ϕ125	60m^2/m^3	96%	500～800 个
FT-150	ϕ150	50m^2/m^3	97%	300～500 个

生产厂：北京大兴县塑料厂。

(4) PVC 方孔填料

采用 PVC 制成，孔径大，达 50mm 以上。不堵塞，表面有波纹。双向通水，不但轴向通水，各孔之间径向也相通，有利于生物膜的成长。

生产厂：江苏宜兴鹏德机械有限公司。

7.8 中水处理站

7.8.1 确定处理站位置

中水处理站位置确定见表 7.8-1。

中 水 处 理 站 位 置 确 定　　**表 7.8-1**

类　型	设　置　要　求
小区中水站	1. 靠近中水水源和中水主要用户。以小区污水二级处理出水为水源时则与污水处理场合建，以分流废水为中水水源的就要靠近废水的主要来源地或主要中水用水点以便尽量减小外线长度 2. 设于公共社区内，宜作为公共浴室、锅炉房、热力站、车场、垃圾处理场、水景观等设施的配套建设。形成完整配套的公共服务区 3. 高程应满足源水的顺利接入和重力流排放要求，尽量避免和减少提升，通常建成地下式或地上地下结合式是合适的 4. 有利环境建设，避免不良影响。小区中水设施属于环境工程建设，是减少污染、节省能源、水资源、美化环境的工程设施，应与建筑小品、水榭溪流、花草绿地工程相结合，避免臭味、噪声的影响，造福于人
公共建筑中水站	1. 靠近中水原水和中水用户楼层的地下层或裙房内 2. 避开主要通道入口、主立面的主要场、厅。选择靠后勤供应方向的边角，室内外结合方便的地方 3. 可以创造方便的室内外进出和良好通气条件的地点，不会对建筑环境产生任何不良危害 4. 高程上应满足中水源水的自流引入和自流排入下水道。中水站最宜有二层，每层层高 2.5～3.3m，或一层大空间的场所，以利于水池和设备的合理布置 5. 上下层布置紧凑，减少提升次数，管理维修方便。同层布置，需较大空间、做局部加层或上下梯道、走道，以利设备运行管理和维修

7.8.2 中水处理站设计

中水处理站设计要点见表 7.8-2。

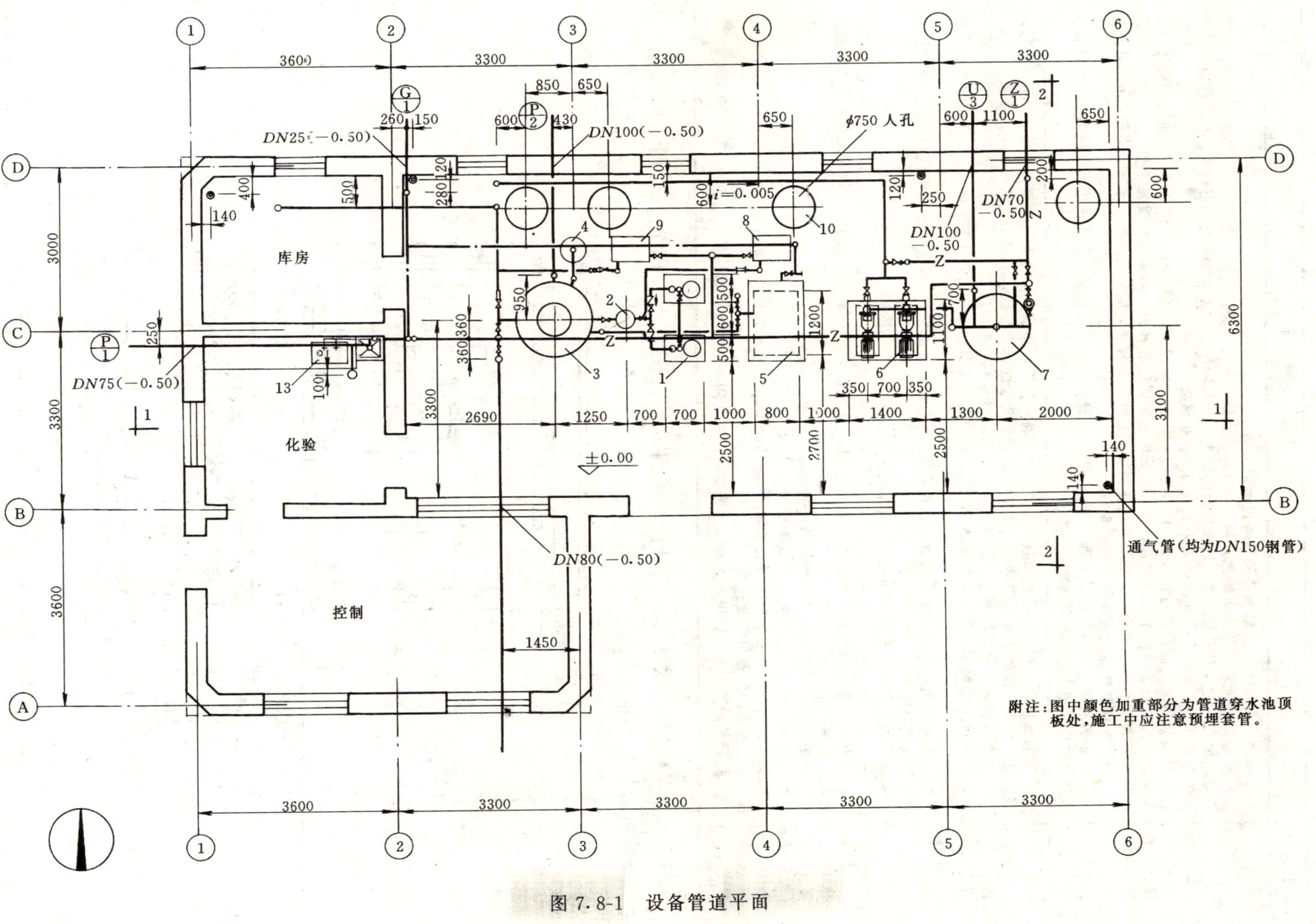

附注：图中颜色加重部分为管道穿水池顶板处，施工中应注意预埋套管。

图 7.8-1 设备管道平面

中水处理站设计要点　　表7.8-2

设计内容	设　计　要　求
处理站平面设计（平面图）	1. 具备方便的人员进出条件和设备进出的可能 2. 合理的功能组成和必备附属设施，与处理站水处理密切相关的电控、水质化验、药剂和器材的贮存都必须留有适当的隔间和位置。处理站内的给水、排水和良好的通风换气更不可缺少。对处理过程中产生的有害气体，臭气、噪声都必须采取专门的防护措施 3. 处理设备之间应留有运行管理、设备更换检修的合理间距，尤其是电器设备应具备良好的管理维护条件，应留有必要的操作维护位置，管理人员能方便到达所有设备的操作和维修部位 4. 管道配件仪表布位合理。各类管道在满足工艺要求条件下，应尽量简短、通顺、美观，不碍通行操作，操作部件和检测仪表应便于操作观察 5. 平面设计图应包含处理站平面图、设备平面布置和管道平面布置，清楚表达上述内容。作为设备安装调试的图纸依据，运行管理的技术档案
中水站高程设计（剖面图透视图）	1. 掌握处理设备的水力特性和技术要求，合理确定各设备间水力衔接尤其是重力流设备，必须保障足够的重力水头，保障水流平稳通畅。保障处理设备要求的水力参数，不得出现缺水、涌水现象 2. 注意保持并充分利用原水、药液的重力水头，尽量减少提升次数 3. 原水分流溢流应能靠重力流接入下水道。各设备的溢流、泄水尽量重力流排放，否则应具备提升排放设施 4. 高程设计图中清楚注明重力流的水面高程、压力流的管道标高，及整个处理流程的水位变化情况及设备的安装高度 5. 高程设计可用工艺设备剖面图、管道透视图表达
中水处理控制设计（控制关系图，测控点位置图等）	1. 系统运行参数检测和调节、处理流量、气量、药量的计量，压力设备的压力等要设置必要的检测仪表调节控制配件 2. 主要处理环节或设备运行参数的检测和调控仪表及配件 3. 系统和主要部位水质监测和取样仪表及配件 4. 设备运行管理控制，要实现自动和手动控制的结合表明水力控制、水位控制、电器控制的关系，一次表和二次表的装设位置及选型 5. 处理站的处理水量、中水水量、自来水补给量，用电量应该单独计量，以便进行运行成本核算

【例7.8-1】 某中水站部分设计图纸见图7.8-1、图7.8-2、图7.8-3、图7.8-4、图7.8-5，主要设备材料表见表7.8-3。

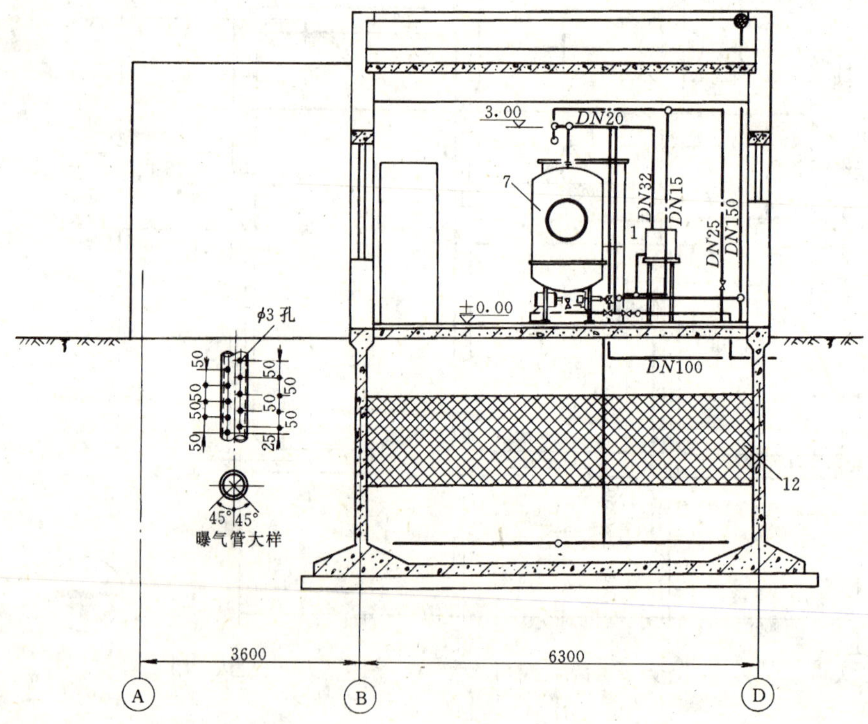

图7.8-2　2-2剖面

SD41-6 橡胶隔振垫
预埋钢管 DN150
管中标高 −1.05
1—1 剖面 1:50
DN100 溢流管
DN100(−0.40)
预埋 −150×150
板中标高 −1.20
7Φ18 均匀分布

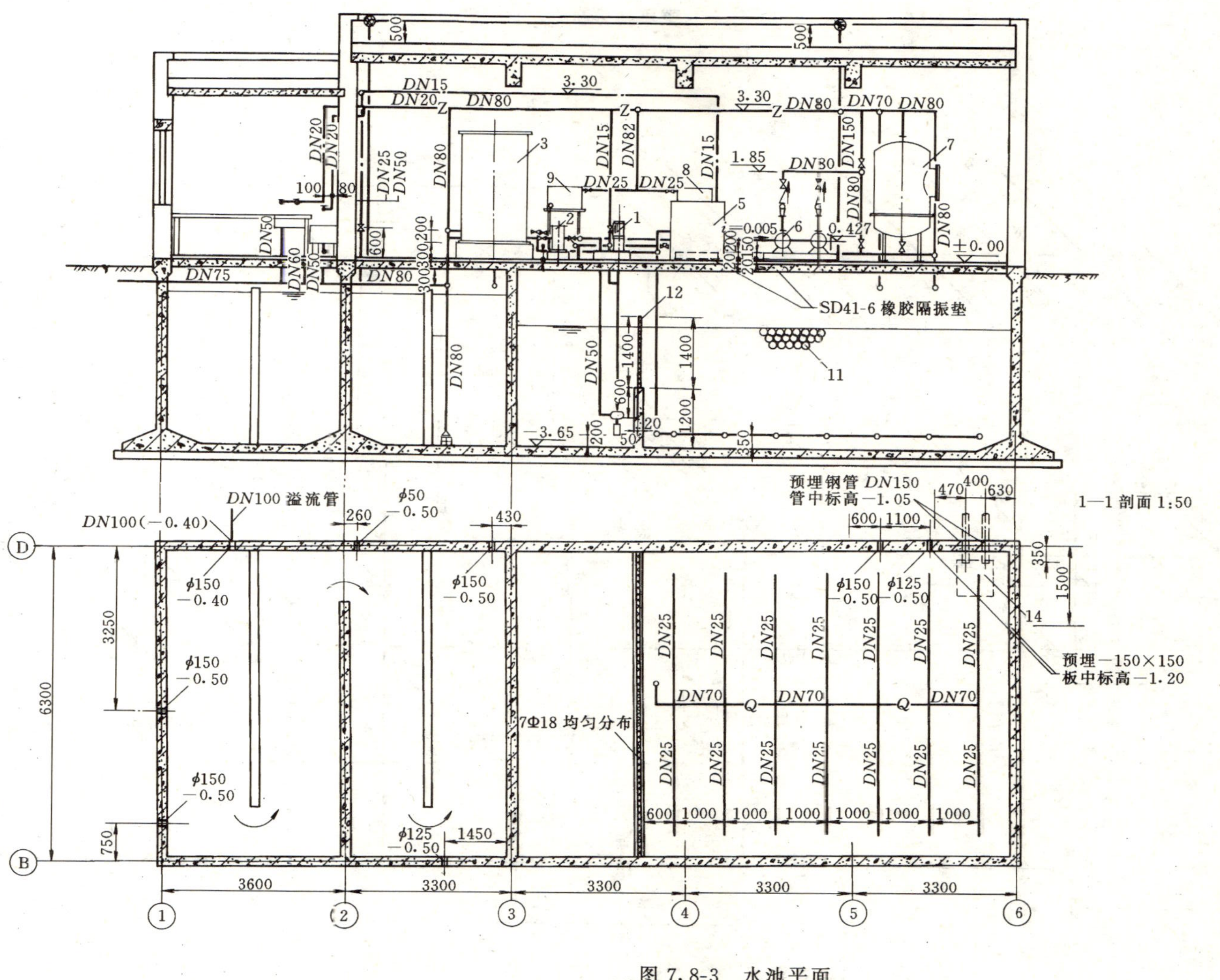

图 7.8-3 水池平面

消毒剂箱
混凝剂箱
给水进管
DN25
反洗排水
化验间
主处理器
提升泵
风机
加压泵
吸附器
接至院内水景池
中水池
吸水池
处理池

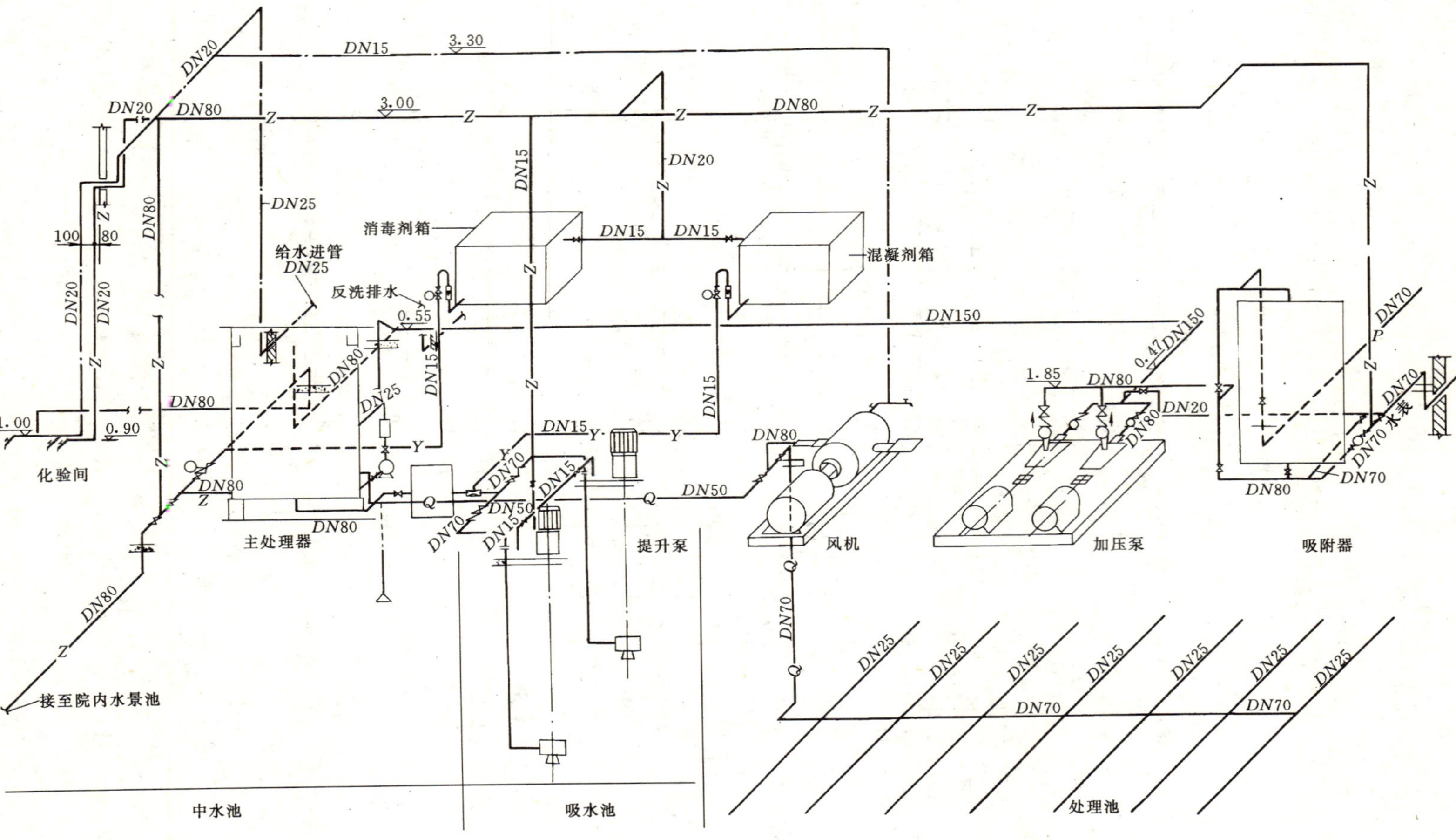

图 7.8-4　设备管道透视

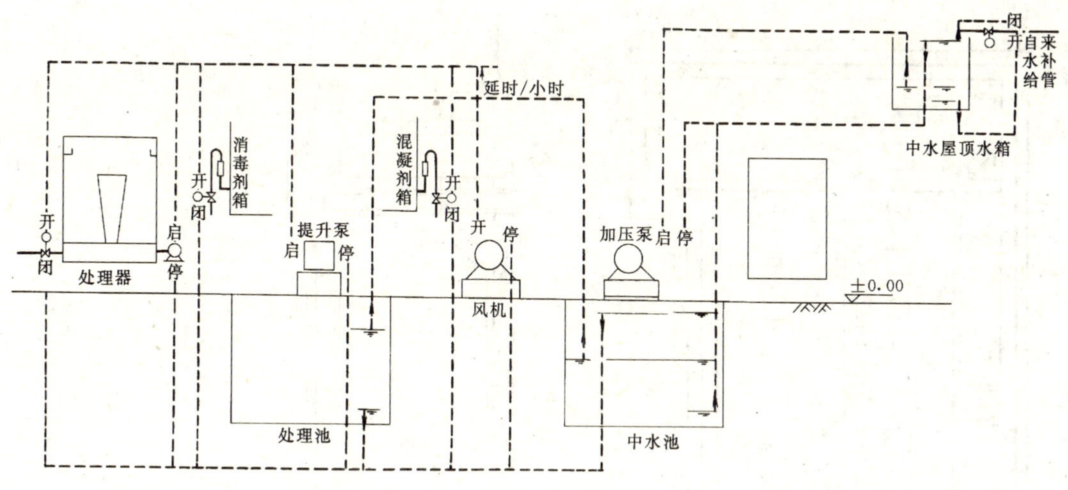

图 7.8-5 处理设备自控程序

主 要 设 备 材 料 表 **表 7.8-3**

编号	名 称	规 格 型 号	单位	数量	备 注
1	污水提升泵	50WDL-12 $Q=12.5\text{m}^3/\text{h}$ $H=12\text{m}$	台	2	北京市杂质泵厂（有效轴长 3053）
2	网 滤 器	LMQ-Ⅰ ϕ219×500	台	1	由朝阳锅炉厂加工制造
3	主处理器	ZQ-10 ϕ1300×2150	台	1	由朝阳锅炉厂加工制造
4	溶 气 器	IDB35 $Q=24\text{m}^3/\text{h}$ $H=35\text{m}$	台	1	由朝阳锅炉厂加工制造
5	两用气泵	DBL-9 $\Delta P=49\text{kPa}$ $Q=4.45\text{m}^3/\text{min}$	台	1	无锡仪表二厂
6	中水加压泵	IS50-32-160 $Q=12.5\text{m}^3/\text{h}$ $H=32\text{m}$	台	2	北京市第二水泵厂
7	吸 附 器	ϕ1000×2096	台	1	由朝阳锅炉厂加工制造
8	混凝剂投药箱				由朝阳锅炉厂加工制造
9	消毒剂投药箱				由朝阳锅炉厂加工制造
10	密封铸铁井盖	FRK-75	个	4	河北徐水县何庄铸造厂
11	悬浮填料				
12	格 网	6100×1400			材质待定
13	家 俱 盆	2# 610×410×205	个	1	
14	分流格栅箱		个	1	由朝阳锅炉厂加工制造

7.8.3 中水处理站的防护设计

防护设计内容及要点见表 7.8-4。

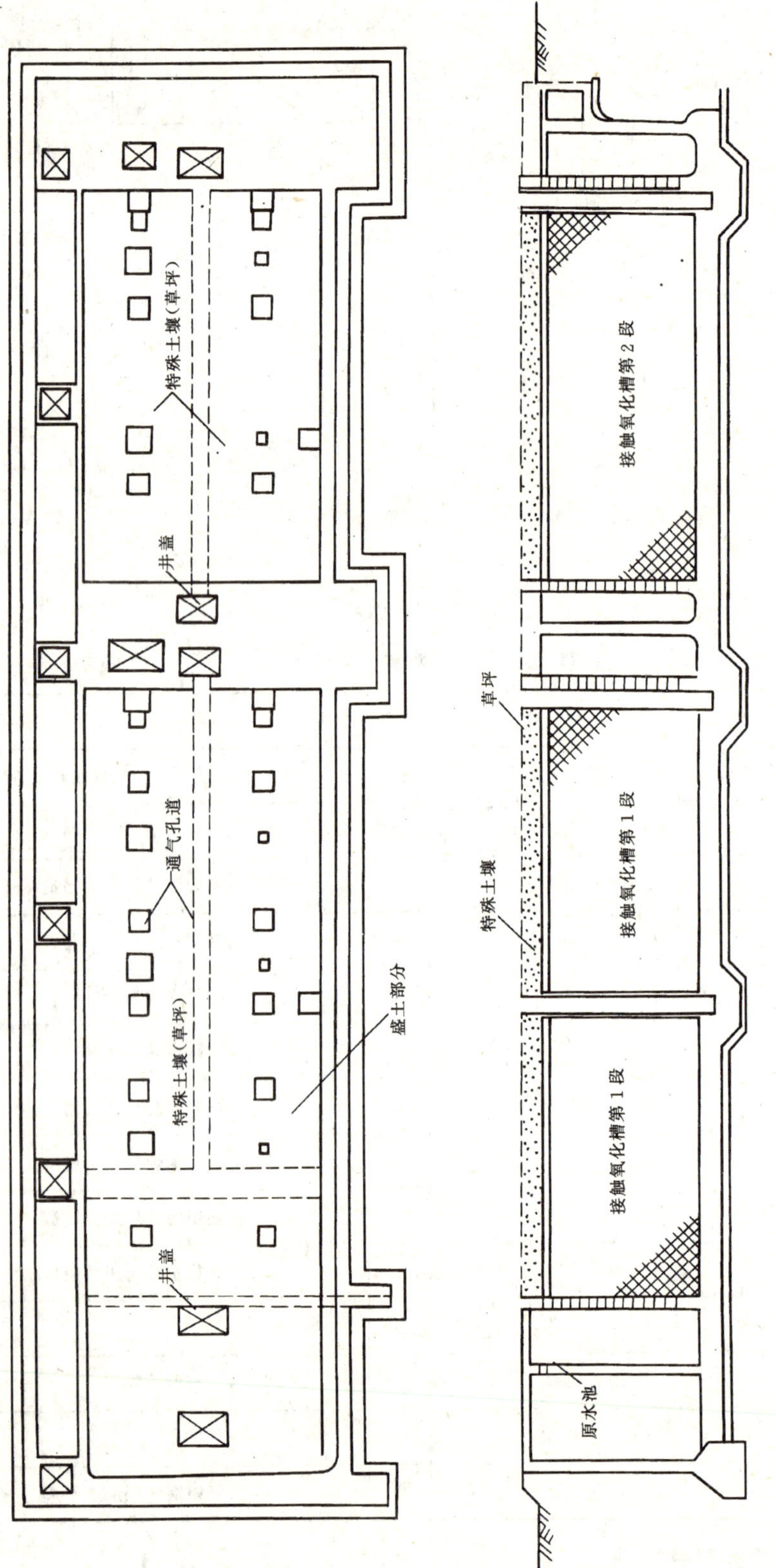

图 7.8-6 直接在污水池上覆盖土壤法

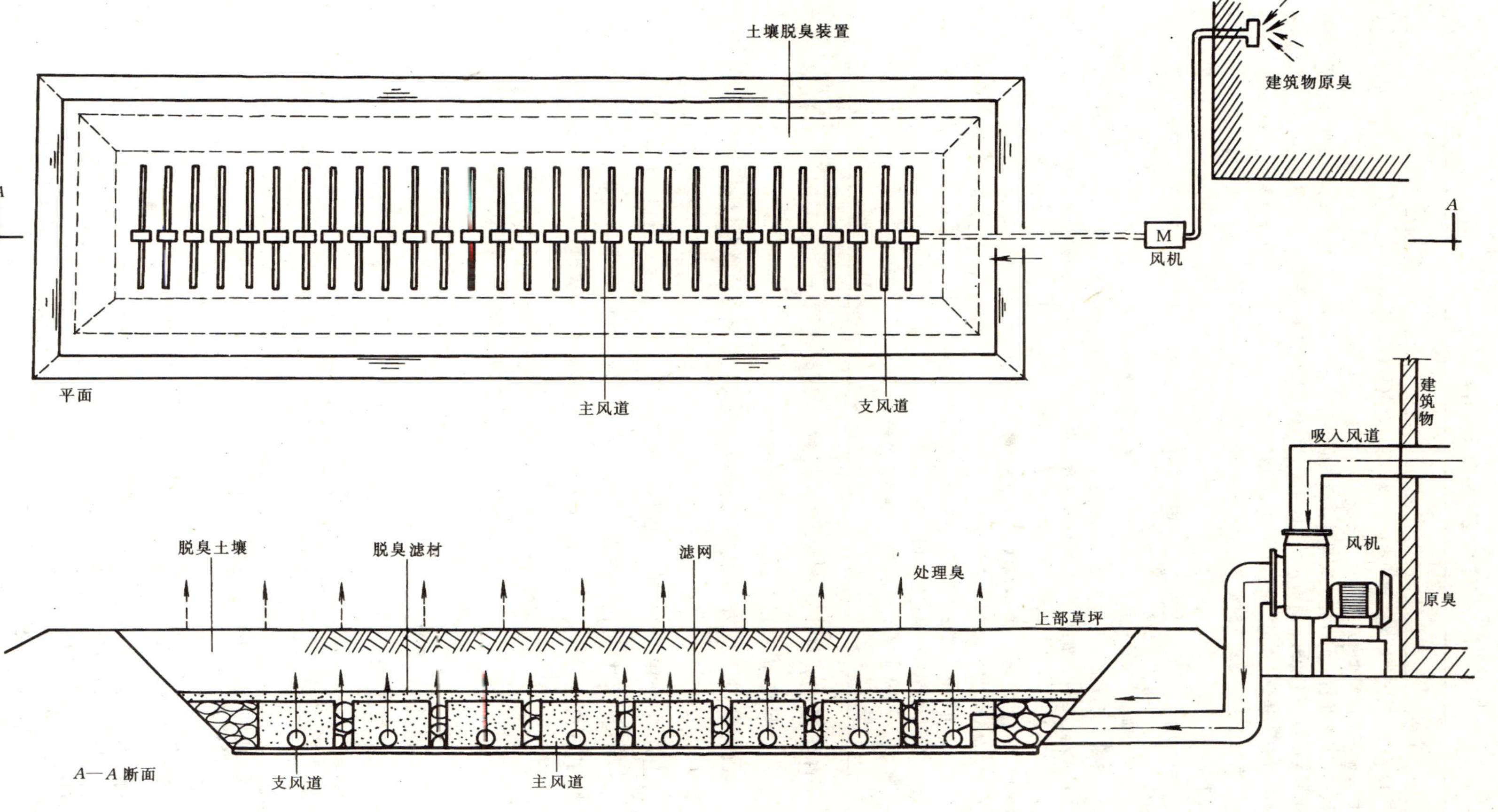

图 7.8-7 强制通风土壤除臭法

防护设计内容及要点　　表7.8-4

防护内容	设　计　要　点
振动噪声防护	1. 要选择不产生或少产生振动和噪声的处理工艺，如物理化学法、超滤膜法等 2. 选用无振动噪声或低噪声设备 3. 采取减振降噪措施。即使是采取低噪音设备也要采取防护措施：1）要使中水站尽可能远离客房或住宅；2）中水站设在建筑内部地下室时，必须与主体建筑及相邻房间严格分隔，并做建筑隔声处理以防空气传声；3）所有转动设备其基础均应采取隔振减振处理，用橡胶垫、减振弹簧或软木与楼板隔开，减振降噪；4）所有连接振动设备的管道均应采用减振接头和减振吊架以防固体传声。处理后一定要达到环境噪声标准要求
臭气污染防护	1. 选用不产生臭气的处理工艺，如物理化学法，超滤膜法等 2. 对产生臭气和有害气体的处理工序必须采用密闭性好的设备 3. 中水处理站尤其是产生臭味的地方必须保障有良好的通风换气设施 4. 对不可避免的臭气和集中排出的臭气应采取防臭措施。常用的臭味处置方法有： 1）防臭法：对产生臭气的设备加盖、加罩防止散发或收集处理 2）稀释法：把收集的臭气高空排放，在大气中稀释。设计时要注意对周围环境的影响 3）燃烧法：将废气在高温下燃烧除掉臭味 4）化学法：采用水洗、碱洗及氧气、氧化剂氧化除臭 5）吸附法：一般采用活性炭过滤吸附除臭 6）土壤除臭：有自然通气和强制通风的方式，见例

【例7.8-1】　直接覆土，在产生臭气的构筑物上面直接覆土。其结构为支承网、砾石、透气好的土壤。土壤上部植草绿化。见图7.8-6。

【例7.8-2】　强制通风土壤除臭装置，用风机将臭气送至土壤除臭装置。土壤除臭装置结构见图7.8-7。

土壤除臭法的土层应采用松散透气好的耕土，层厚500mm，向上通气流速为5mm/s，上面可植草皮。土壤除臭法比其它除臭法维护管理方便，运转费用低，除臭效果好。缺点是用地面积大。如能与植草绿化、美化环境相结合，即可变害为利。

7.9　中水供水系统

7.9.1　中水供水系统的组成

中水供水系统的组成部分和内容见表7.9-1。

中水供水系统的组成部分和内容　　表7.9-1

组成部分	内　容
增压设备	1. 供水泵或供水装置（气压供水装置，变频调速供水装置） 2. 计量仪表（流量表、压力表）
调蓄设备	用水泵供水时，一般在高处设调节水箱，组成箱—泵供水系统
供水管网	1. 一般为枝状管网，由干管、支干管、分支管及阀门配件组成 2. 由室内、外部分组成
中水用水器具及计量仪表	1. 冲厕用水的高水箱和自闭式冲洗阀 2. 室外地下式洒水栓、阀等 3. 特制带有杂用水标志的栓、阀、龙头等 4. 用户计量水表

7.9.2 中水供水系统形式选择

中水供水系统形式及适用条件见表7.9-2。

中水系统形式及适用条件　　表7.9-2

系统形式	适用条件
箱—泵系统	1. 有条件设置高位水池（箱） 2. 大型公共建筑的给水系统为箱—泵系统时中水箱和给水箱可布置一起 3. 箱—泵系统水位自控供水是比较简单、稳定安全、节省的供水方式 4. 自来水补给可在高水箱处或地下室中水贮水池处
气压供水系统	1. 无条件或不便设置高位水箱的场合 2. 中水用水量不稳定的情况下较适用 3. 该供水系统供水不够稳定，采用橡胶囊、膜时易受余氯影响而老化 4. 自来水补给只能在中水池处
变频调速供水系统	1. 用水要求较高，中水用量相对稳定的用户 2. 占地面积小，自动化程度高 3. 投资较大

7.9.3 中水供水系统设计要点

中水供水系统设计时应注意的要点：

1. 中水系统应是完全独立的。中水管与自来水管严禁任何方式的接通，双阀门加泄水，双单流门等的连接均不允许。

2. 中水系统的自来水补给。补给点只能在开口水池（箱）处，补水口与中水水面间空气隔断不得小于2.5倍管径，不得采用普通浮球阀补水。宜采用水位自控电磁阀及水压自控阀门的自动补水。见图7.9-1，图7.9-2。

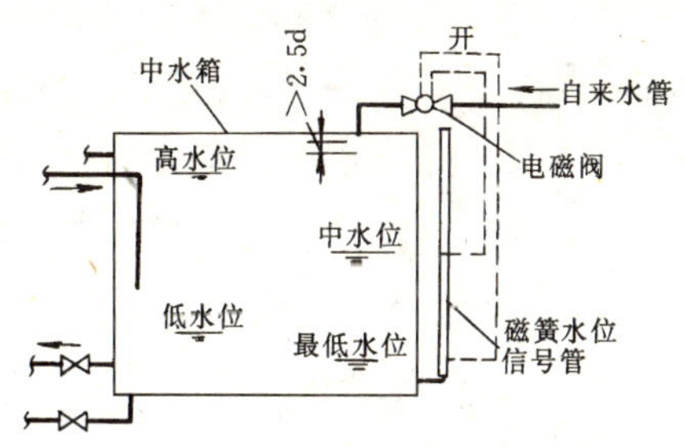

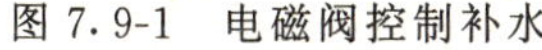
图7.9-1　电磁阀控制补水

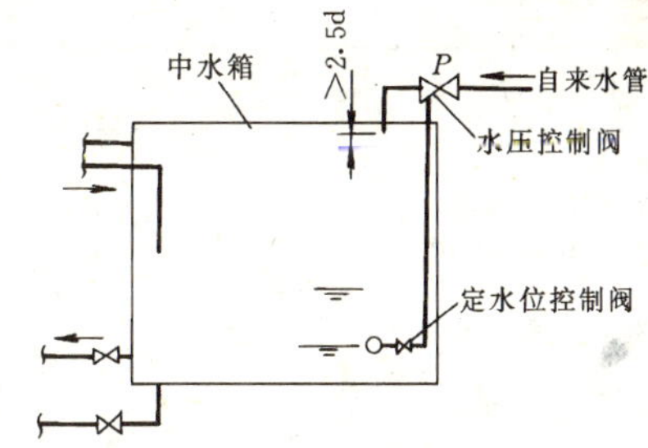

图7.9-2　水压控制阀补水

3. 管材：采用耐腐蚀的塑料管，衬塑钢管或复合管为宜。

4. 埋设：中水管、排水管平行埋设水平净距不小于0.5m。交叉埋设时，中水管置饮水管之下，排水管之上，管间净距不小于0.15m。

5. 防误接、误用标志。中水管应涂浅绿色色标，水箱、阀门及其配件也应有同样色标或明显的“中水”标志，中水用水器具宜为密闭式。凡可取水的配水口应有明显的非饮水标志。

6. 水力计算：中水供水泵按中水用水最大时用水量和供水不利点所需压头选择。管钢管径按给水当量法或百分率法计算的设计秒流量确定，集中用水点可按用水秒流率确定管径。参数取值如表7.9-3、表7.9-4。

使用中水的卫生器具额定流量、当量、支管管径和流出水头　　表7.9-3

序号	卫生器具配件名称	额定流量 (L/s)	用水当量	支管管径 (mm)	流出水头 kPa (mH_2O)
1	中水龙头、污水池龙头	0.2	1.0	15	20 (2.0)
2	大便器、冲洗高箱	0.1	0.5	15	20 (2.0)
3	大便器、自闭式冲洗阀	1.2	6.0	25	50 (5.0)
4	大便槽，定时冲洗水箱	0.1	0.5	15	20 (2.0)
5	小便器、手动冲洗阀	0.05	0.25	15	15 (1.5)
6	小便器，自动冲洗阀	0.10	0.5	15	50 (5.0)
7	小便槽自动冲洗水箱	0.10	0.5	15	20 (2.0)
8	小便槽冲洗花管（每米）	0.05	0.25	15	15 (1.5)
9	洒水栓	1.0	5.0	25	30 (3.0)
10	绿地喷水头	0.4	2.0	20	100 (10.0)
11	普通洗车喷嘴	0.3	1.5	20	200 (20.0)

使用中水卫生器具的同时使用百分数　　表7.9-4

卫生器具名称	工企生活间	公共浴室	洗衣房	影剧院	体育馆游泳池	公共饮食业
污水池（盆）	33	15	25～40	50	50	50
大便器冲洗水箱	30	20	30	50	70	60
大便器自闭式冲洗阀	5	3	4	10	15	
大便槽自动冲洗水箱	100			100	100	
小便器手动冲洗阀	50			50	70	
小便器自闭式冲洗阀	60			60	80	
小便槽多孔冲洗管	100			100	100	

7.10　设备器材表及概（预）算书

1. 设备器材清单。包括土建、设备（水、通、电）各部分是为加工定货和施工准备而提供的。

2. 编制概（预）算书，首先根据施工图计算出土建工程的材料、人工、机械等直接费，再根据时间地点进行调价和人工费调整，最后进行间接费用取费，算出总造价和平米造价。

各专业根据各工种施工图算出所有设备器具材料费和人工费在内的直接费，然后再计算出施工管理临时设施、劳保基金、计划利润、税金等间接费用，得出总投资和平米造价。

最后汇总各工种计算结果得出中水工程的总投资及折合到每立方米中水的投资指标。中水工程概预算应和施工图纸一同交给建设单位。

3. 实例

设 计 概 算 书

建设单位名称 总后 75 号院

工 程 编 号 91-228

项目（房号） 106 中水处理站

概 算 总 值 295682.64 元

建 筑 面 积 140.12 m^2

单 位 造 价 2110.21 元/m^2

工程类别	概算数值（元）	造价指标（元/m^2）
土　　建	119807.27	855.03
水　　道	120993.38	863.50
暖　　气	10786.56	76.98
电　　照	44095.43	314.70
总　　计	295682.64	2110.21

编制人________审核人________工程负责人________

科　长________院　长________19 91 年 12 月 18 日

土建工程预算表

工程编号　91-228-106

单位估价号	工程项目及规格	单位	数量	预算价值（元）		其中人工费（元）	
				单价	合价	单价	合价
	平整场地	m^2	130.68	0.45	58.81	0.45	58.81
	房心回填土	m^2	24.84	0.82	107.16	0.82	107.16
	挖土方	m^3	404.31	18.38	7431.22	1.02	412.40
	机械挖土方增加费	m^3	404.31	2.10	849.05		
	C10 混凝土垫层	m^3	11.05	129.90	1435.40	17.08	188.73
	C20 钢筋混凝土池底	m^3	21.17	210.21	4450.15	15.39	325.81
	C20 钢筋混凝土池壁	m^3	49.95	533.54	26650.32	52.83	2638.86
	C20 钢筋混凝土池盖	m^3	12.70	249.78	3172.21	24.64	312.93
	C10 混凝土基础垫层	m^3	1.97	104.58	206.02	14.15	27.88
	室内靠墙管沟 1.2×1.2	m	3.60	71.46	257.26	12.99	46.76
	管沟混凝土垫层增加费	m	3.60	9.33	33.59	−1.61	−5.80
	C20 钢筋混凝土梁	m^3	7.94	477.20	3788.97	39.19	311.17
	C20 钢筋混凝土平板 100	m^2	105.84	24.76	2620.60	2.46	260.37
	C20 钢筋混凝土雨篷	m^2	10.35	66.70	690.35	17.93	185.58
	C20 钢筋混凝土构造柱	m	8.20	12	98.40	1.74	14.27
	C20 钢筋混凝土平板 120	m^2	24.84	30.24	751.16	2.70	67.07
	木窗	m^2	15.75	80.04	1260.63	5.81	91.51
	木门	m^2	22.50	59.10	1329.75	2.94	66.15
	镶板门	m^2	6.55	62.89	411.93	2.88	18.86
	磨石窗台板	m^2	11.70	8.10	94.77	0.31	3.63
	砌 360 砖外墙	m^2	190.50	42.38	8073.39	3.93	748.67
	砌砖基础	m^3	14.44	124.95	1804.28	19.90	287.36
	砌 240 砖内墙	m^2	39.45	25.18	993.35	2.21	87.19
	砌 360 砖内墙	m^2	21.33	40.31	859.81	3.34	71.24
	玻璃隔断	m^2	3.60	66.64	239.90	3.92	14.11
	女儿墙	m^2	42.21	34.19	1443.16	6.82	287.87
	3∶7 灰土回填	m^3	88.24	13.91	1227.42	5.47	482.67
	地 6	m^2	24.84	7.35	182.57	1.23	30.55
	楼 1	m^2	105.84	6.62	700.66	0.88	93.14
	踢 2	m	73.20	0.56	40.99	0.30	21.96
	裙 3	m^2	20.70	2.24	46.37	0.96	19.87
	棚 10	m^2	130.68	2.69	351.53	1.0	130.68
	内墙 20-3	m^2	312.06	6.—	1872.36	1.44	449.37

续表

单位估价号	工程项目及规格	单位	数量	预算价值（元）		其中人工费（元）	
				单价	合价	单价	合价
	拖布池	个	1	44.10	44.10	3.51	3.51
	化验台	个	1	261.85	261.85	21.24	21.24
	钢筋窗帘杆	m^2	15.75	2.88	45.36	0.31	4.88
	水刷石墙面	m^2	228.60	8.47	1936.24	2.76	630.94
	屋 37（200）3 防水层	m^2	130.68	12.80	1672.70	1.13	147.67
	200 厚加气混凝土块保温	m^2	130.68	20.01	2614.91	0.54	70.57
	1∶6 焦碴找平	m^2	130.68	3.72	486.13	0.36	47.05
	水泥台阶	m^2	6.72	71.46	480.21	16.85	113.23
	花池	m	8.80	60.—	528.—	7.—	61.60
	混凝土散水	m	27.40	6.37	174.54	1.79	49.05
	水落管	m	10	5.45	54.50	0.67	6.70
	水斗	个	3	7.28	21.84	0.92	2.76
	下水口	个	3	16.81	50.43	1.41	4.23
	防水砂浆抹立面	m^2	317.10	3.05	967.16	0.70	221.97
	防水砂浆抹平面	m^2	105.84	3.92	414.89	0.53	56.09
	脚手架	m^2	140.12	3.81	533.86	1.19	166.74
	其它直接费	m^2	140.12	17.31	2425.48	2.19	306.86
	人工、材料、机械调整	m^2	140.12	4.61	645.95	0.76	106.49
	小　计	元			86891.69		9878.41
	调　价	%	4.64		4031.77		
	人工费调整	%	32		3161.09		
	合　计	元			94084.55		
	取　费	%	27.34		25722.72		
	共　计	元			119807.27		
	平米造价	元/m^2			855.03		

给水排水工程概算表

工程编号

序号	工程项目及规格	单位	数量	概算价值（元）		人工费（元）	
				单价	合价	单价	合价
	格栅分流箱	个	1	1860.04	1860.00	92.00	92.00
	污水泵 50WDL-12 型	台	2	2466.80	4733.60	56.02	112.04
	网滤器 LMQ-1	台	1	2240.00	2240.00	21.00	21.00

续表

序号	工程项目及规格	单位	数量	概算价值（元）		人工费（元）	
				单价	合价	单价	合价
	物化处理器 ZQ-10	台	1	43000.00	43000.00	4180.00	4180.00
	气泵 DBL 型	台	1	3800.00	3800.00	225.00	225.00
	加压泵 1550-32-160	台	2	2542.69	5085.38	65.90	131.80
	炭吸附器 D1000×2096	台	1	12800.00	12800.00	1320.00	1320.00
	投药箱	套	1	2650.00	2650.00	120.00	120.00
	消毒剂投加装置	套	1	1840.00	1840.00	186.00	186.00
	悬浮填料（生物池内）	m^3	35	270.00	1450.00	350.00	350.00
	玻璃钢网安装 6100×1400	m^2	25.62	55.00	1409.10	5.00	128.10
	室内钢管安装 *DN*150	m	32.30	65.76	2122.11	9.29	300.06
	室内钢管安装 *DN*80	m	46	24.00	1104.00	3.28	150.88
	室内钢管安装 *DN*70	m	10	19.42	194.20	2.96	29.60
	室内钢管安装 *DN*50	m	6	18.33	109.98	3.00	18.00
	室内钢管安装 *DN*25	m	9.5	10.83	102.89	2.48	23.56
	室内钢管安装 *DN*20	m	14	9.00	126.00	2.25	31.50
	室内钢管安装 *DN*15	m	29	8.21	238.09	2.23	64.67
	排水铸铁管 *DN*150	m	24.5	41.78	1023.61	3.24	79.38
	排水铸铁管 *DN*100	m	29	24.48	709.92	2.80	81.20
	排水铸铁管 *DN*75	m	7	18.94	132.58	2.47	17.29
	塑料管安装 *DN*70	m	6.6	13.92	91.87	3.61	23.82
	塑料管安装 *DN*25	m	45	7.47	336.15	1.94	87.30
	对夹式蝶阀安装 *DN*80	个	9	169.25	1523.25	5.86	52.74
	对夹式蝶阀安装 *DN*70	个	7	125.76	880.32	5.86	41.02
	对夹式蝶阀安装 *DN*50	个	1	110.70	110.70	4.13	4.13
	单向阀 *DN*80	个	2	113.47	226.94	3.89	7.78
	单向阀 *DN*70	个	2	92.62	185.24	3.89	7.78
	截止阀 *DN*25	个	2	11.75	23.50	0.93	1.86
	截止阀 *DN*20	个	1	9.48	9.48	0.62	0.62
	截止阀 *DN*15	个	5	8.06	40.30	0.62	3.10
	电磁阀 *DN*80	个	1	388.50	388.50	18.50	18.50
	电磁阀 *DN*15	个	2	225.25	415.50	10.75	21.50
	傢俱盆 2# 610×410×205	组	1	151.29	151.29	10.30	10.30
	污水池	组	1	58.33	58.33	6.81	6.81
	水表 *DN*70	组	1	136.36	136.36	5.13	5.13
	水嘴 *DN*15	个	4	12.02	48.08	1.89	7.56

续表

序 号	工程项目及规格	单位	数 量	概 算 价 值（元）		人工费（元）	
				单 价	合 价	单 价	合 价
	地漏 DN75	个	1	52.32	52.32	6.30	6.30
	小 计				99609.59		7968.27
	其它直接费	%	34.5		2749.05		96.22
	临时设施费	%	14.7		1185.48		
	现场经费	%	18.8		1516.12		
	直接费				105060.24		
	其中设备费		78208.98				
	其中人工费						8064.49
	企业管理费	%	90		7258.04		
	利 润	%	55		4435.47		
	税 金	%	3.4		3969.63		
	合 计				120993.38		
	平米造价	元/m²			863.50		

采暖通风工程概算表

工程编号

序 号	工程项目及规格	单位	数 量	概 算 价 值（元）		人工费（元）	
				单 价	合 价	单 价	合 价
	室内干管安装 DN32	m	32	10.49	335.68	2.34	74.88
	室内干管安装 DN25	m	14.2	8.80	124.96	2.23	31.67
	室内干管安装 DN20	m	6.6	7.54	49.76	2.00	13.20
	室内干管安装 DN15	m	14.4	6.85	98.64	1.97	28.37
	室内立管安装 DN32	m	10.54	10.10	106.45	8.07	85.06
	室内立管安装 DN20	m	27	7.06	190.62	1.73	46.71
	室内立管安装 DN15	m	12.7	6.42	81.53	1.71	21.72
	每组散热器支管安装	组	8	15.75	126.00	4.38	35.04
	闭式钢串片散热器 300×8 L=1400	片	7	124.55	871.86	1.77	12.39
	闭式钢串片散热器 300×8 L=1200	片	1	108.80	108.80	1.77	1.77
	水过滤器 SG 型 DN32	个	1	197.71	197.71	2.71	2.71
	平衡阀 DN25	个	1	89.25	89.25	4.25	4.25
	截止阀 DN32	个	2	15.53	31.06	0.93	1.86
	截止阀 DN25	个	1	11.75	11.75	0.93	0.93

续表

序 号	工程项目及规格	单位	数 量	概 算 价 值（元）		人工费（元）	
				单 价	合 价	单 价	合 价
	闸板阀 *DN*20	个	10	9.48	94.80	0.62	6.20
	闸板阀 *DN*15	个	9	8.06	72.54	0.62	5.58
	自动排气阀 WZ85-2 型	个	2	48.77	97.54	2.57	5.14
	集气罐 *D*100，*L*=200	个	1	28.00	28.00	6.71	6.71
	地沟管道岩棉保温	m^3	0.1	674.97	67.50	38.07	3.81
	外缠油毡玻璃布	m^2	4.8	5.37	25.78	0.58	2.78
	通风管 *DN*150	m	24	44.62	1070.88	4.21	101.04
	屋顶风机 DW3-88-11	台	1	3132.48	31232.48	17.95	17.95
	管式消声器周长 1480mm 以内	组	6	87.29	523.74	30.51	183.06
	通风罩（1100×1000）	个	1	52.27	52.27	8.77	8.77
	避振喉 KXT*DN*125	个	2	200.83	401.65	6.83	13.66
	避振喉 KXT*DN*80	个	2	107.64	215.28	3.64	7.28
	小 计				8026.53		722.48
	直接费				8026.53		
	其中设备费				3000.00		
	其中人工费						722.48
	其它直接费	%	66		476.84		
	直接费调价	%	10.22		562.44		
	施工管理费	%	90		650.23		
	临时设施费	%	18		130.05		
	劳动保险基金	%	28		202.29		
	计划利润	%	55		397.36		
	税金	%	3.37		340.82		
	合 计				10786.56		
	平米造价	m^2			76.98		

电气工程概算表

工程编号

序 号	工程项目及规格	单位	数 量	概 算 价 值（元）		人工费（元）	
				单 价	合 价	单 价	合 价
	动力配电箱 JX4 型改	台	1	1859.87	1859.87	30.02	30.02
	电缆头箱 JX4001 型	台	1	602.29	602.29	17.35	17.35

续表

序号	工程项目及规格	单位	数量	概算价值（元）		人工费（元）	
				单价	合价	单价	合价
	控制台 JT-9012A_2 型	台	1	23923.74	23923.74	31.88	31.88
	模拟显示板	套	1	1785.00	1785.00	85.00	85.00
	方罩吸顶灯 XGX0426	套	2	80.54	161.08	5.88	11.76
	防水防尘灯 FMB704，ϕ380	套	8	55.42	443.36	7.79	62.32
	盒式日光灯 1×40W	套	4	56.90	227.60	2.41	9.64
	单联单控暗开关	套	3	2.87	8.61	0.49	1.47
	双联单控暗开关	套	2	4.50	9.00	0.74	1.48
	单相二、三极暗插座	套	5	5.16	25.80	0.74	1.48
	照明支路管线	每个灯	14	36.69	513.66	7.29	102.06
	插座支路管线	插座	5	41.99	209.95	6.60	33.00
	动力支路管线 7kW 以内	每台	7	123.85	886.95	27.38	191.66
	密封式电缆保护管 G50	根	3	29.12	87.36	4.01	12.03
	钢管暗敷设 G50	100m	0.15	943.70	141.56	175.17	26.28
	钢管暗敷设 G32	100m	0.28	672.97	188.43	151.04	42.29
	钢管暗敷设 G15	100m	0.2	301.09	60.22	64.54	12.91
	管内穿动力线 BV2.5	100m	0.18	95.32	17.16	4.01	0.72
	管内穿动力线 BV1.5	100m	0.9	63.05	56.75	4.01	3.61
	管内穿动力线 BV1.0	100m	1.8	45.35	81.63	4.01	7.22
	电缆穿管敷设	100m	0.15	216.20	32.43	29.12	4.37
	电缆埋地敷设 VV22-3×16+1×10	100m	0.57	2236.78	1274.96	40.46	23.06
	电缆埋地敷设 kW29-4×4	100m	2.2	1779.13	3914.09	36.30	79.86
	电缆沟铺砂盖砖 1～2 根	100m	2.77	641.17	1776.04	230.60	638.76
	电缆沟铺砂盖每增加一根	100m	0.57	224.37	127.89	66.86	38.11
	圆钢接地极 ϕ19（三根）	组	1	187.94	187.94	53.65	53.65
	每增加一根地板	组	1	57.37	57.37	15.91	15.91
	小计				38660.74		1540.12
	直接费				38660.74		
	其中设备费				25836.00		
	其中人工费						1540.12
	其它直接费	%	39		600.65		
	直接费调价	%	3.56		477.94		

续表

序　号	工程项目及规格	单位	数　量	概　算　价　值（元）		人工费（元）	
				单　价	合　价	单　价	合　价
	施工管理费	%	90		1386.11		
	临时设施	%	18		277.22		
	劳保基金	%	28		431.23		
	计划利润	%	55		847.07		
	税金	%	3.37		1414.47		
	合　　计				44095.43		
	平米造价	m^2			314.70		

第8章　建筑小区给水排水

8.1　建筑小区给水

8.1.1　用水量、水质和水压

一、用水量

建筑小区给水设计用水量应根据下列各种用水量确定：

1. 居住区生活用水量，见第2章表2.2-1；

2. 公共建筑用水量，见第2章表2.2-3；

3. 消防用水量，见第4章4.3.1；

4. 浇洒道路和绿化用水量，见第2章表2.2-7；

5. 管网漏失水量和未预见水量，可按小区最高日用水量的10%～20%计算。

二、水质

1. 生活饮用水的水质，必须符合现行的《生活饮用水卫生标准》(GB 5749—86) 的要求，见表8.1-1。

生活饮用水水质标准　　**表8.1-1**

序号	项目	标准
	感官性状和一般化学指标：	
1	色	色度不超过15度，并不得呈现其他异色
2	混浊度	不超过3度，特殊情况不超过5度
3	嗅和味	不得有异嗅、异味
4	肉眼可见物	不得含有
5	pH	6.5～8.5
6	总硬度（以碳酸钙计）	450 mg/L
7	铁	0.3 mg/L
8	锰	0.1 mg/L
9	铜	1.0 mg/L
10	锌	1.0 mg/L
11	挥发酚类（以苯酚计）	0.002 mg/L
12	阳离子合成洗涤剂	0.3 mg/L
13	硫酸盐	250 mg/L
14	氧化物	250 mg/L
15	溶解性总固体	1000 mg/L
	毒理学指标：	
16	氟化物	1.0 mg/L
17	氰化物	0.05 mg/L
18	砷	0.05 mg/L
19	硒	0.01 mg/L
20	汞	0.001 mg/L

续表

序 号	项 目	标 准
21	镉	0.01 mg/L
22	铬（六价）	0.05 mg/L
23	铅	0.05 mg/L
24	银	0.05 mg/L
25	硝酸盐（以氮计）	20 mg/L
26	氯 仿	60 μg/L
27	四氯化碳	3 μg/L
28	苯并（a）芘	0.01 μg/L
29	滴滴涕	1 μg/L
30	六六六	5 μg/L
	细菌学指标：	
31	细菌总数	100 个/mL
32	总大肠菌群	3 个/L
33	游离余氯	在接触30min后应不低于0.3mg/L。集中式给水除出厂水应符合上述要求外，管网末稍水不应低于0.05mg/L
	放射性指标：	
34	总α放射性	0.1 Bq/L
35	总β放射性	1 Bq/L

2. 中水用水的水质必须符合《生活杂用水标准》(CJ 25.1—89) 的要求，见本手册第7章建筑中水，表7.6-4。

三、水压

建筑小区给水管网的水压要求见表8.1-2。

建筑小区给水管网的最小服务水压　　表8.1-2

类别	生活饮用水给水管网	消防给水管网
最小服务水压	从地面算起的最小服务水压可按住宅建筑层数确定： 一层为0.1MPa， 二层为0.12MPa， 二层以上每增高一层增加0.04MPa	1. 高压或临时高压给水系统： 管道的压力应保证用水总量达到最大且水枪在任何建筑物的最高处时，水枪的充实水柱不小于10m 2. 低压给水系统 管道的压力应保证灭火时最不利点消火栓的水压不小于10m水柱（从地面算起）
备注	1. 指在建筑给水引入管与接户管连接处的最小服务水压 2. 卫生器具所需流出水压大于0.03MPa时，最小服务水压应按实际要求计算	1. 在计算水压时，应采用喷嘴口径19mm的水枪和栓口直径65mm，长度120m的麻质水带，每支水枪的计算流量不应小于5L/s 2. 高压工业建筑的高压或临时高压给水系统的压力，应满足室内最不利点消防设备水压的要求·

8.1.2 水源及给水系统

一、水源

1. 城镇或厂矿的生活给水管网；
2. 自设水源（如取用深井水）；
3. 中水回用（用做便器冲洗、浇洒道路和绿化用水、洗车用水等）。

二、给水系统

根据建筑小区内，各建筑物的用水量，水压和水质的不同使用要求及建筑规划管理要求划分给水系统。

1. 设计小区给水系统时，应充分利用城镇给水管网水压；

2. 多层建筑小区，采用生活和消防共同的给水系统；

3. 多层及高压混合的建筑小区采用分压给水系统；

4. 在严重缺水地区或无合格原水地区，建筑小区内宜集中设置（中水）处理站。采用分质给水系统。

8.1.3 给水管道的设计流量及水力计算

一、给水管道设计流量

1. 建筑小区给水管道设计流量的确定见表 8.1-3。

建筑小区给水管道设计流量的确定 表 8.1-3

服务人数	设计流量
n<3000 人	按生活给水设计秒流量
n≥3000 人	按最高日最大小时流量

2. 给水管道担负卫生器具设置标准不同的住宅时，生活给水管道设计秒流量计算公式中的系数 α、K 值可取卫生器具当量数的加权平均值。

3. 设有幼托、中小学校、菜场、浴室、饭店、旅馆、医院等用水量较大的公共建筑，在计算居住组团内的给水管道的设计流量时，按生活给水管道设计秒流量公式计算；在计算居住小区给水干管的设计流量时，应按上述建筑的最大小时流量计算，以集中流量计入。

4. 生活给水管道上设有室外消火栓时，给水管道管径应按生活给水流量和消防给水流量之和进行校核。

5. 给水管网设有两条或两条以上与城镇给水管网连成环网时，应保证一条检修关闭，其余连接管仍然供应 70%的生活给水流量。生活与消防合并的给水管网还应计入消防流量。

二、给水管道的水力计算

1. 给水管道的水力计算见第 2 章 2.4 节。

2. 建筑小区从城镇给水管网直接供水的给水管道的管径，应根据管道的设计流量，城镇给水管网能保证的最低水压和最不利配水点所需水压计算确定。

8.1.4 给水管道的布置与敷设

给水管道的布置与敷设原则见表 8.1-4。

给水管道的布置与敷设原则 表 8.1-4

给水管道布置	给水管道敷设
1. 给水干管宜沿用水量较大的地段布置，以最短矩离向大用水户供水 2. 小区干管应布置成环网或与城镇给水管道连成环网 3. 小区支管和接户管可布置成枝状 4. 给水管道与建筑物基础的水平净距： 管径 DN100～150mm，不宜小于 1.5m 管径 DN50～75mm，不宜小于 1.0m	1. 给水管道宜与道路中心线或主要建筑物呈平行敷设，并尽量减少与其它管道的交叉 2. 管道的埋深，应根据土壤的冰冻深度、外部荷载、管材强度与其它管道交叉等因素确定。一般按管顶位于冰冻线以下 200mm 敷设，但管顶覆土深度不小于 0.7m 3. 给水管道一般敷设在未经扰动的原土上，但对于淤泥和其它承载力达不到要求的地基应进行基础处理；敷设在基岩上时，应铺设砂垫层

8.1.5 贮水池、水塔（高位水箱）及水泵房

一、贮水池

贮水池容积的确定及水池设计要点见第2章表2.9-1。

其中贮水池有效容积内生活用水的调蓄贮水量无资料时，可按建筑小区最高日用水量的20%～30%确定。

二、水塔（高位水箱）

水塔（高位水箱）容积的计算公式及设计要点见第2章表2.9-4。

其中水塔(高位水箱)有效容积内生活用水的调蓄贮水量无资料时,可按表8.1-5确定。

水塔和高位水箱（池）生活用水的调蓄贮水量 表8.1-5

建筑小区最高日用水量 (m^3)	<100	101～300	301～500	501～1000	1001～2000	2001～4000
调蓄贮水量占最高日用水量的百分数	30%～20%	20%～15%	15%～12%	12%～8%	8%～6%	6%～4%

三、水泵房

1. 水泵房位置

(1) 泵房位置宜靠近用水中心，可独立建设也可与锅炉房或热力中心等公用动力站、房合建；

(2) 泵房机组噪声对周围环境有影响时，应采取隔振消声措施，见第2章表2.8-4；

(3) 泵房内的生活水泵和消防水泵宜分别设备用水泵；

(4) 生活给水水泵不得直接从市政给水管网抽水，消防专用水泵，在市区内经当地自来水公司同意后，可以直接抽市政给水管网的水。

2. 水泵的选用

水泵流量及扬程的确定见第2章建筑给水表2.8-1、表2.8-2。

3. 水泵房布置

水泵房布置的一般要求见第2章建筑给水表2.8-5。

8.2 建筑小区排水

8.2.1 排水量

一、建筑小区生活污水排水定额的选择，应与同一地区给水设计所采用的用水定额相协调。当无资料时，可按表8.2-1采用。当建筑小区的实际污水量与表8.2-1规定有较大出入时，经设计审批部门批准，其排水定额可适当增减。

建筑小区生活污水排水定额（平均日） 表8.2-1

卫生设备情况 \ 生活污水每人每日排水定额(L) \ 分区	一	二	三	四	五
室内有给水排水卫生设备，但无沐浴设备	55～90	60～95	65～100	65～100	55～90

续表

卫生设备情况 \ 生活污水每人每日排水定额(L) \ 分区	一	二	三	四	五
室内有给水排水卫生设备和沐浴设备	90～125	100～140	110～150	120～160	100～140
室内有给水排水卫生设备，并有沐浴和集中热水供应	130～170	140～180	145～185	150～190	140～180

注：1. 表列数值已包括建筑小区内小型公共建筑的污水量，但高层建筑和商业、旅游业等第三产业以及文教卫生单位的污水量未包括在内。

2. 在选用表列各项水量时，应按所在地的分区，考虑当地气候、居住区规模、生活习惯及其它因素。

3. 第一分区包括：黑龙江、吉林、内蒙古的全部，辽宁的大部分，河北、山西、陕西的偏北的一小部分，宁夏偏东的一部分；

第二分区包括：北京、天津、河北、山东、山西、陕西的大部分，甘肃、宁夏、辽宁的南部，河南北部，青海偏东和江苏偏北的一小部分；

第三分区包括：上海、浙江的全部，江西、安徽、江苏的大部分，福建北部、湖南、湖北的东部、河南南部；

第四分区包括：广东、台湾的全部，广西的大部分，福建、云南的南部；

第五分区包括：贵州的全部、四川、云南的大部分、湖南、湖北的西部，陕西和甘肃在秦岭以南的地区，广西偏北的一小部分。

4. 其它地区和特殊地区的生活污水排水定额，可根据当地气候和居民生活习惯等具体情况，或参照相似地区的定额确定。

二、生活污水量总变化系数宜按表 8.2-2 采用。

生活污水量总变化系数　　表 8.2-2

污水平均日流量(L/s)	5	15	40	70	100	200	500	≥1000
总变化系数	2.3	2.0	1.8	1.7	1.6	1.5	1.4	1.3

注：1. 当污水平均日流量为中间数值时，总变化系数用内插法求得。

2. 当居住区有实际生活污水量变化资料时，可按实际数据采用。

8.2.2 排水管道的设计流量

一、建筑小区污水、雨水管道设计流量

建筑小区污水、雨水管道设计流量的确定见表 8.2-3。

建筑小区污水、雨水管道设计流量的确定　　表 8.2-3

类别	管道设计流量计算公式	符号说明
居民生活污水	$Q_1=\frac{q_1N_1K_1}{86400}$ (L/s)　(8.2-1)	Q_1——建筑小区居民生活污水设计流量 (L/s) q_1——每人每日生活污水量 [L/(人·d)] N_1——设计人口数 (人) K_1——时变化系数 86400——使用时间 24h=86400s

续表

类别	管道设计流量计算公式	符号说明
公共建筑生活污水	$Q_2=\frac{q_2N_2K_2n}{3600H}$ (L/s)　(8.2-2)	Q_2——建筑小区内公共建筑生活污水设计流量 (L/s) q_2——每人每次最高日生活污水量同给水量[L/(人·次)]见表2.2-3 N_2——设计人口数 (人) K_2——时变化系数，见表2.2-3 n——每人每日使用次数 [次/(人·d)] H——每日使用时间 (h) 见表2.2-3
工业企业生活污水	$Q_3=\frac{q_3N_3K_3}{8\times3600}$ (L/s)　(8.2-3)	Q_3——工业企业生活污水设计流量 (L/s) q_3——每人每班生活污水量，一般采用30L/(人·班) N_3——每班人数 (人/班) K_3——总变化系数，一般取3 8——每班使用时间8h
工业企业淋浴污水	$Q_4=\frac{q_4N_4}{3600}$ (L/s)　(8.2-4)	Q_4——工业企业淋浴污水量 (L/s) q_4——每人每班淋浴污水量，一般采用50L/(人·班)每班淋浴延续时间为1h N_4——每班工作人数 (人)
雨水	$Q=q\varphi F$ (L/s)　(8.2-5)	Q——雨水设计流量 (L/s) q——设计降雨强度 [L/(s·ha)] 根据设计重现期P和降雨历时确定见表8.2-4及公式(8.2-6) φ——径流系数，见表8.2-5 无资料时，小区综合径流系数根据建筑密度在0.5～0.8内选用 F——汇水面积 (ha, $1ha=10^4m^2$)

二、雨水设计流量中的几个参数

1. 设计重现期

雨水管渠设计重现期见表8.2-4。

雨水管渠设计重现期　　表8.2-4

建筑物性质	重现期P (年)	建筑物性质	重现期P (年)
居住小区	0.5～1.0	明渠	0.5～1.0
重要地区或积水造成严重损失区	2.0～5.0		

2. 降雨历时

雨水管渠设计降雨历时，按下列公式进行计算：

$$t=t_1+mt_2 \tag{8.2-6}$$

式中　t——降雨历时 (min)；

t_1——地面集水时间 (min)，视距离长短、地形坡度和地面铺盖情况而定，一般可选用5min～10min；

m——折减系数，小区支管和接户管：$m=1$，

小区干管：暗管 $m=2$；明渠 $m=1.2$；

t_2——管内雨水流行时间（min）

$$t_2=\frac{L}{60v} \quad (8.2\text{-}7)$$

式中 L——计算管渠段长度（m）；

v——计算管渠内的雨水流速（m/s）。

3. 径流系数

建筑小区内各种屋面、地面的径流系数见表 8.2-5。

径　流　系　数　　表 8.2-5

种　类	径流系数	种　类	径流系数
各种屋面	0.9	非铺砌路面	0.3
混凝土和沥青路面	0.9	绿地	0.15
块石等铺砌路面	0.6		

8.2.3 排水管道设计

一、排水管道水力计算

1. 排水管道水力计算的流量及流速见表 8.2-6。

水力计算的流量及流速　　表 8.2-6

流　量	流　速
$Q=A\cdot v$ (8.2-8) 式中 Q——流量（m^3/s） A——过水断面面积（m^2） v——流速（m/s）	$v=\frac{1}{n}\cdot R^{2/3}\cdot I^{1/2}$ (8.2-9) 式中 R——水力半径（m） I——水力坡度，采用管道坡度； n——粗糙系数，铸铁管为 0.013，混凝土管和钢筋混凝土管为 0.013～0.014

2. 污水干管的设计流量，按最大小时污水量进行计算。

二、排水管道设计充满度

排水管道设计充满度见表 8.2-7。

排 水 管 道 设 计 充 满 度　　表 8.2-7

污水管道最大设计充满度				雨水充满度
管径（mm）	150～300	350～450	≥500	雨水管道按满流设计
最大设计充满度	0.55	0.65	0.70	明渠超高不得小于 0.2m

注：在计算污水管道充满度时，不包括淋浴或短时间内突然增加的污水量，但当管径≤300mm 时，应按满流复核。

三、排水管道设计流速

排水管道设计流速见表 8.2-8。

排水管道设计流速 表8.2-8

流速	污水管	雨水管渠
最小设计流速	0.6m/s	雨水管：0.75m/s 明渠：0.4m/s
最大设计流速	金属管道：10m/s 非金属管道：5m/s	非金属管道：5m/s

四、排水管道最小管径和最小设计坡度

最小管径和最小设计坡度见表8.2-9。

最小管径和最小设计坡度 表8.2-9

管别		位置	最小管径（mm）	最小设计坡度
污水管道	接户管	建筑物周围	150	0.007
	支管	组团内道路下	200	0.004
	干管	小区道路、市政道路下	300	0.003
雨水管和合流管道	接户管	建筑物周围	200	0.004
	支管及干管	小区道路、市政道路下	300	0.003
雨水连接管			200	0.01

注：1. 管道坡度不能满足上表要求时，应有防淤、清淤措施。
2. 进化粪池前污水管最小设计坡度，管径150mm为0.010～0.012管径200mm为0.010。
3. 污水管道接户管最小管径150mm服务人口不宜超过250人（70户），超过250人（70户），最小管径宜用200mm。
4. 任何直径的排水管道，其坡度不应大于0.15。

8.2.4 排水检查井、跌水井、雨水口

一、排水检查井、跌水井的设置见表8.2-10。

排水检查井、跌水井的设置 表8.2-10

井别	设置条件及设计要求
检查井	1. 设在管道交汇处、转弯处、管径或坡度改变处，跌水处及直线管段上每隔一定距离处 2. 管道在检查井内连接，一般采用管顶平接 3. 在管道转弯和交接处，水流转弯应大于90°，但当管径$D\leqslant300$mm，且跌水头>0.3m时，不受此限 4. 接入检查井的支管（进户管或连接管）数，不宜超过3条 5. 检查井井底应设流槽
跌水井	1. 管道跌水高差大于1.0m 2. 管道转弯处不宜设跌水井 3. 跌水井的进水管$D<200$mm时，一次跌水高差$H<6$m $D=300\sim400$mm时，一次跌水高差$H<4$m 4. 跌水井不得接入支管

二、检查井的最大间距见表8.2-11。

检查井的最大间距 表 8.2-11

管径（mm）	最大间距（m）	
	污水管道	雨水管和合流管道
150	20	—
200～300	30	30
400	30	40
≥500	—	50

三、雨水口

1. 雨水口的设置

雨水口设置见表 8.2-12。

雨水口设置 表 8.2-12

设置地点	布置原则
1. 道路的交叉处和低洼处 2. 建筑物单元出入口附近 3. 建筑物雨落管附近 4. 建筑物前后空地和绿地低洼点的适当位置处	1. 沿街道布置间距 20m～40m 2. 平箅式雨水口的长边应平行道路，箅面宜低于附近路面 30～40mm，在土地面上宜低 50～60mm，且周围地面坡向雨水口 3. 雨水口的深度不宜大于 1.0m，泥砂量大时可设沉泥（砂）槽 4. 雨水口串联的个数不宜多于 2 个 5. 雨水口与检查井或连接井的接管不宜大于 25m

2. 雨水口的泄水流量

雨水口的泄水流量见表 8.2-13。

雨水口的泄水流量 表 8.2-13

雨水口形式		泄水流量（L/s）
平箅式、边沟式雨水口	单箅	20.0
	双箅	35.0

3. 雨水地面径流距离不宜大于 120m。

8.2.5 排水管道的布置与敷设

排水管道的布置与敷设见表 8.2-14。

排水管道布置与敷设 表 8.2-14

管道布置	管道敷设
排水管道的布置应根据小区总体规划、道路和建筑的布置、地形标高、污雨水去向等按管线短、埋深小、尽量自流排出的原则 1. 排水管道宜沿道路和建筑物周边平行布置 2. 排水干管应靠近主要排水建筑物，并布置在连接支管较多的一侧	1. 排水管道的管顶最小覆土厚度应根据外部荷载、管材强度和土壤冰冻因素结合当地埋管经验确定 在车行道下，不宜小于 0.7m 当管道不受冰冻和外部荷载影响时，不宜小于 0.3m 2. 管道的基础应根据地质条件、布置位置、施工条件和地下水位等因素确定：

续表

管　道　布　置	管　道　敷　设
3. 路线最短，减少转弯，并尽量减少管道间的相互交叉 4. 尽量远离生活给水管道 5. 排水干管，应尽量布置在道路外侧的人行道或草地下面 6. 排水管道与建筑物的水平净距 b： 管道埋深浅于基础 $b \geqslant 1.5$m 管道埋深深于基础 $b \geqslant 2.5$m	（1）干燥密实的土层，管道不在车行道下、地下水位低于管底标高，管道可直接敷设在经过夯实整平的素土（或灰土）上，仅在接口处做混凝土枕基 （2）岩面和多面地层采用砂垫层基础，砂垫层厚度不宜小于200mm，接口处做混凝土枕基 （3）一般土壤或各种潮湿土壤，应根据具体情况采用90°～180°混凝土带状基础 3. 排水管道基础的做法见国标S222；或华北标91SB-排P4～9

8.3　建筑小区管网综合

8.3.1　设计要点

1. 在小区管网设计中，一定要综合考虑给排水管道与煤气管道、热力管沟、直埋式热力管、电缆、电杆以及道路、绿化等交叉排列的矛盾。一般遵循的原则是：小管让大管；有压让无压；新管让老管；临时管让永久管。

2. 各种管道的平面排列不得重叠，并能保证在敷设和检修管道时互不影响。

3. 各种管道损坏时，不致影响附近建筑物、构筑物的基础或污染生活饮用水。

4. 各种管道宜与道路中心线平行敷设，并宜尽量设在快车道以外。

5. 污水管道与给水管道交叉时，宜敷设在给水管道的下面。

6. 给水管不得敷设在暖气沟内，若给水管横穿暖气沟时要加套管。

7. 污水管穿暖气沟时，改用排水铸铁管。沟内不得有接头。穿洞部位应做好防水，可用水泥砂浆堵严。

8.3.2　地下管道与建筑物（构筑物）或相邻管道间的最小净距。

地下管道与建筑物（构筑物）或相邻管道间的最小净距见表8.3-1。

地下管道与建筑物（构筑物）或相邻管道间的最小净距　表8.3-1

名称＼最小净距(m)＼名称	建筑物外墙	给水管		污水管		雨水管	
		水平	垂直	水平	垂直	水平	垂直
给水管	1.5（3.0）	1.0	0.15	1.2	0.4	1.2	0.2
污水管	1.5（2.5）	1.2	0.4	1.2	0.15	1.2	0.15
雨水管	1.5（2.5）	1.2	0.2	1.2	0.15	1.2	0.15
低压煤气管	2.0（2.5）	1.0	0.15	1.0	0.15	1.0	0.15
中压煤气管	3.0	1.0	0.15	1.5	0.15	1.5	0.15
直埋式热力管	1.5	1.0	0.15	1.0	0.15	1.0	0.15
热力管沟	1.5	1.0	0.15	1.0	0.15	1.0	0.15

续表

最小净距(m) 名称 / 名称	建筑物外墙	给水管		污水管		雨水管	
		水平	垂直	水平	垂直	水平	垂直
电力电缆	0.6	1.0	直埋 0.5 穿管 0.25	1.0	直埋 0.5 穿管 0.25	1.0	直埋 0.5 穿管 0.25
通讯电缆	0.6	1.0	直埋 0.5 穿管 0.15	1.0	直埋 0.5 穿管 0.15	1.0	直埋 0.5 穿管 0.15
通讯及照明电杆		0.5		1.0		1.0	
乔木中心		1.0		1.5		1.5	

注：1. 净距指管外壁距离，管道交叉设套管时，指套管外壁距离，直埋式热力管指保温管壳外壁距离；括号内数据是指当管顶埋深深于建筑基础时的净距。
2. 当管道敷设无法满足上述要求时，应采取相应措施，经与有关部门协商解决。
3. 各种管道或管沟与电缆平行或交叉时的做法，可参见《电气安装工程施工图册》中 M4-6G 和 M4-7G。
4. 低压煤气管指管道煤气压力不超过 49kPa，中压煤气管指管道煤气压力 49～147kPa。

8.3.3 建筑小区住宅楼前后管道布置的几种形式

1. 管道在住宅楼的同侧布置，见图 8.3-1。

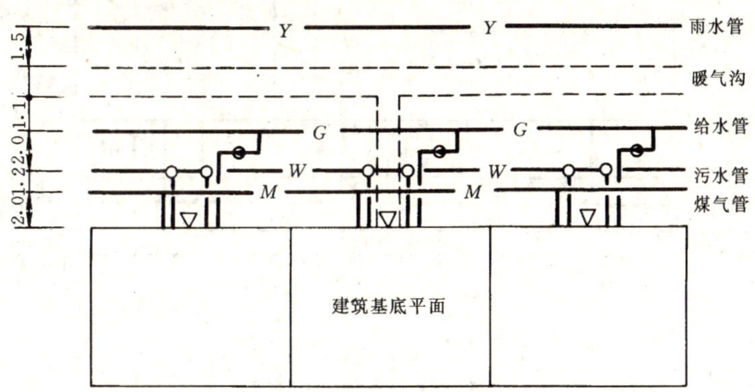

图 8.3-1 管道在住宅楼的同侧布置

2. 管道在住宅楼的两侧布置，见图 8.3 2～图 8.3-5。

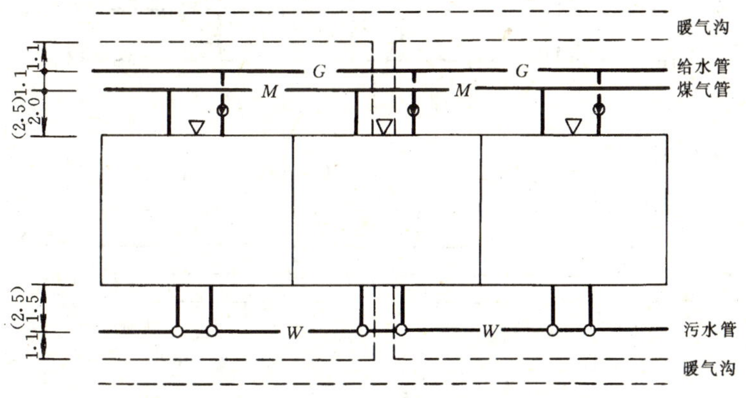

图 8.3-2 管道在住宅楼的两侧布置（一）

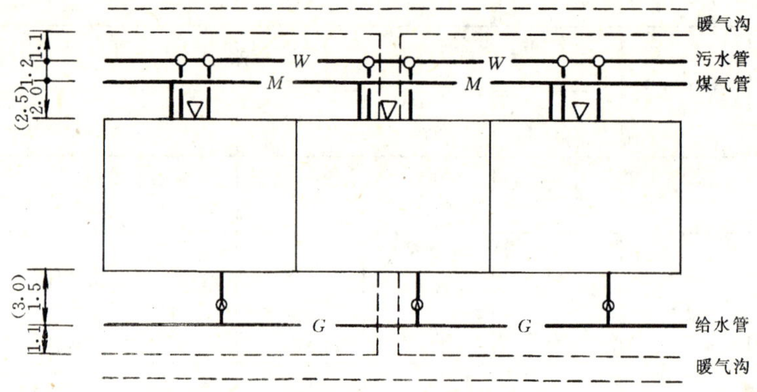

图 8.3-3　管道在住宅楼的两侧布置（二）

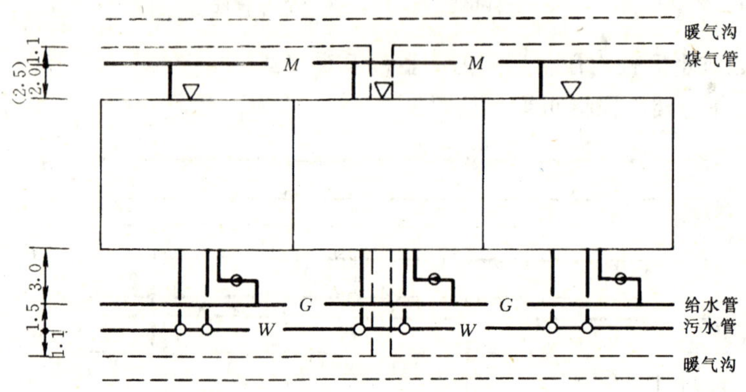

图 8.3-4　管道在住宅楼的两侧布置（三）

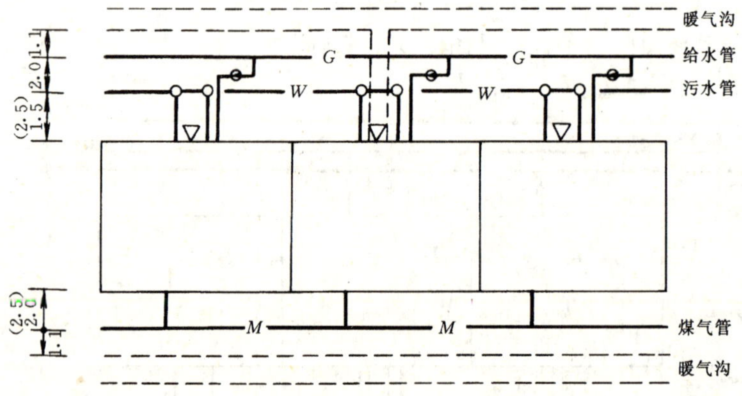

图 8.3-5　管道在住宅楼的两侧布置（四）

第9章　计算机辅助设计（CAD）

9.1　建筑给水排水计算机辅助设计概况

9.1.1　一场设计工作方式的变革

计算机辅助设计（CAD）面世以来，随着电子技术的迅速发展，计算机硬件变革十分快速，机型和性能不断更新，软件发展也很迅速，应用广泛，版本不断更新，在各行各业的广泛应用，推动了几乎一切领域的技术革命。在勘察设计领域，计算机普及率不断提高，有的单位已经人手一机，计算机成图率已经大大超过建设部规定“八五”达标的标准要求，繁重的设计计算和绘图工作完全用计算机完成，彻底甩掉图板的日期已经为期不远，随着技术的发展变革，设计人员的工作方式也将面临重大变革，工作效率和质量都将发生巨大变化，在这种变革中，无论是设计单位还是设计人员都将面临新的考验和抉择。

9.1.2　计算机在建筑给水排水专业的应用状况

中国土木工程学会给水排水学会与全国给水排水技术情报网于1994年12月1～4日在北京召开了全国给水排水专业第一次计算机技术应用研讨会，通过专题报告和代表交流认为给水排水专业与其它学科相比，应用计算机起步较晚，发展速度、深度和广度差距比较大，本行业内部发展也很不平衡，总体上看尚处在自发的初级阶段，但近两年来随着计算机硬件的不断更新，应用软件的开发和应用发展很快，出现一些软件开发单位，一批较好的软件和优秀人才，软件的专业化，自动化水平不断提高，软件用户迅速增长，建筑给水排水计算机应用普及率远远大于给排水的其它分支，由于建筑给水排水应用软件适用性增强，赢得国内众多用户，反之国内巨大的用户市场也必将推动着软件开发部门不断登上新的台阶，因此也有人说，建筑给水排水的计算机辅助设计发展到今天，水平是比较高的，从Auto CAD的使用来看，国内外几乎是同步的，差距并不大，今后还有更加广阔的发展前景。

9.1.3　计算机辅助设计显示的优越性

1. 大大提高了设计工作效率

设计中应用计算机可以大大提高工作效率，据美国BELCAN公司一分公司CAD应用情况看，公司有200名工程技术人员，年出图90000张，这是手工制图无法相比的，国内应用计算机较好的单位，生产率平均提高4～10倍，给水排水专业有人统计，用计算机给13个环的管网平差仅用38min，比熟练的工程师需15d时间提高工效180倍（仅计算时间，未计准备时间），计算一栋大楼的自动喷水系统或卤代烷灭火组合分配系统，以前需5～10d时间，应用计算机计算只需2～4h（包括数据整理和输入）打印结果可直接装入计算书，手工绘图平均每3天一张2号图，用计算机平均每天成图2～4张，提高工效6倍以上，当然无论是手工计算绘图还是用计算机辅助设计都存在一个熟练程度问题，很难用十分准确的统计数量来说明，仅就这些局部的统计就可足见计算机辅助设计的效率。

2. 保障了设计质量

计算机辅助设计不只是提高工效，更主要的应是提高了设计质量，计算机设计计算程序应该是按着国家有关规范、标准研制并经过鉴定和验收的，是即符合国家有关规范规定的要求，又具有技术的先进性和计算的准确性，比起以前那种一本计算书交给审核审定人把关的情况要简便可靠得多。绘图软件则是按国家规范制图标准和标准图编制，画出的图就更加符合要求。用计算机计算和绘图可以进行多次运算优化，修改直至设计者满意，根除了手工作业那种怕翻工不愿刮改而将就的弊端，使设计更加合理，通过打印出工整清晰的文字，漂亮的图形，即构成了高质量的完美设计。

3. 减轻了设计人员的沉重负担

计算机辅助设计把设计人员从繁杂，反复枯燥的工作中解放出来去掌握更多的知识和信息，取得更广泛的进步和收获。人们都知道传统设计工作有很多繁琐而又枯燥无味的工作，比如复杂的计算公式和数字，繁琐的查图查表查资料，枯燥的工作图描绘、大同小异的图形图纸的反复绘制，丁字尺、三角板的反复推拉和不断出错的刀片刮改……这些在计算机上都变得迎刃而解，可以十分轻松的完成。设计人员可以有更多的时间去进行学习、调查、研究、总结等更加广泛的学习研究活动。

9.1.4　大力普及计算机应用

要普及计算机应用首先必须端正思想，破除不正确认识。

1. 疑。怀疑总是伴随认识程度产生，前些年我们曾怀疑过用计算机来完成复杂的设计计算和绘图工作。由于计算机硬件不断变革，ACAD 版本不断更新，使其图形绘制和编辑功能十分强大，再加上在此基础上应用软件的开发和应用，使我们曾经怀疑过的东西已经变成现实了，那么计算机能否按着设计者的种种要求和给定自动生成设计图呢？我们说是可以做到的。这就是计算机的智能化和集成化的问题。智能化和集成化的发展，将更充分发挥计算机的贮存、记忆、检索、选择、判断、提取之功能，使建筑、结构、水、通、电各专业内容，互为条件互相补充、检校，极大地减少重复和繁琐的工作，实现计算机计算绘图一体化、自动化。总之，劳动者手中的工具总是随着生产力的发展的需求而不断变革，算盘、计算尺，计算器的手工计算发展到现在的计算机程序计算，丁字尺、三角板、墨水笔的手工绘图到现在的计算机绘制，无疑是生产力发展而引起生产工具生产方式的变革，设计人员在这新形势下，不应怀疑观望，要认识新事物，使用新工具，不断推动生产工具的变革和生产力的提高。

2. 难。畏难，通常是产生在想要迈进计算机之“门”和入“门”后的深造之时。在未入“门”时感到难，主要是因为以前没有学过计算机的基础知识，现在看到计算机感到无从下手，计算机及其软件是高技术产品，但使用它并不需要高技术，只要学一下计算机基本使用方法（DOS 的基本命令）就可以上机了，再学一下专业软件的使用方法就可进行工作了。专业技术人员懂专业，使用专业软件是一看就懂，一练就会，多练多学就会熟练，熟就能生巧，用不了多长时间就可以入门了，这时就会感到一句俗话说的对，“入门并不难……”。

入“门”后是不是就无难可“畏”了呢？其实也不是。尽管具备了计算机使用的基本知识和技能，使用专业软件也不感到怎么难，但只满足于此，对于专业技术和专业软件应用中深层问题，不愿去深入研究、解决，同样是一种畏难的表现。相反，有的年轻专业人员，在基本绘图软件ACAD的基础上 结合专业进行二次开发，对专业应用软件进行不断改进，不断扩大使用菜单及应用范围，不断改进使用界面，综合方便工具软件的使用，不断丰富资料库和图库及其方便调用，不断总结使用技巧，提高工作效率，进一步推动计算机的使用和发展，成为计算机推广应用中的小老师，这样的事实也表明了俗话中的后半句"……深造也办得到"的正确。

3. "神秘"感。对计算机有神秘感可能是对计算机表示怀疑的另一个认识极端。随着计算机的普及也愈来愈少，这种感觉的来源可能是对计算机及其软件功能的宣传以及一连串的西文显示使人眼花瞭乱而造成的。不管计算机的功能和潜力多么巨大，它终究是提供给人们一种新型工具，像拖拉机、缝纫机一样，是一种能为我们所用，帮助我们以更高的效率完成某些任务的机器，对于使用机器的人，只要熟悉其功能和操作就行了，何况现在一些软件都已汉化操作更趋于简单快捷，专业人员熟悉专业知识，术语、符号，只要按着提示操作，很快就可入门深入下去。实践已经表明，即使英语基础差或非英语专业的人员，经过一段时间演练，照样可以使用专业绘图软件进行绘图。

给水排水设计人员要解放思想，消除疑难认识和"神秘"感，克服困难，学会使用给水排水计算绘图软件，让计算机成为手中强有力的工具，勾画出美丽的蓝图，建设美好的明天。

9.2 软硬件配置

9.2.1 计算机的硬件配置

计算机硬件的基本要求和配置　　表 9.2-1

对硬件的基本要求	1. 图形显示速度快，清晰，工作时图形远近窗口变换不能使人有等待的感觉 2. 以 Auto-CAD 为支持的绘图软件需要有足够的显示内存，至少为 4MB 3. 工程设计图量大，需要有足够的硬盘容量。考虑到还要存有常用软件（文字软件，工具软件，计算软件等）硬盘容量要达 420MB 以上为宜 4. 必须有可靠的电源保障 5. 打印的图纸要清晰、快速、噪音低
硬件配置	1. 486 以上的微机或兼容机，主频要大于 66Hz 2. 显示器可选用 VGA、TVGA、SVGA，宜为 SVGA 显示精度点距小于 0.30mm 3. 8MB 的内存和 420MB 以上的硬盘容量 4. 配有协处理器和不间断电源 5. 输入设备可用鼠标器或数字化仪 6. 输出设备为分辨率 600dpi 的喷墨式绘图仪

9.2.2 建筑给水排水 CAD 软件的选用

1. 选择软件应注意的要点

1）明确软件的使用方向

选购软件首先要确定用它干什么？使用方向或使用主次关系定下来，就可以根据软件所具有的功能及特点进行选择，目前市场上推出的给水排水CAD软件虽多，但其开发思路不同，所具功能、适用范围不一样，有的侧重于计算，有的侧重绘图，有的工业、民用，室内外都可用，但对建筑给水排水深度广度不够，有的则侧重建筑给排水而其它又显薄弱。可以说各具特点，根据实际需要选购。

2）与支持软件的通透性

大家都知道美国的AUTO-Desk公司的AUTO-CAD软件发展至今已到了13版本，该软件的绘图和图形编辑功能十分强大，而且还在不断发展，不但给排水可以说整个工程设计的专业应用软件，都是以此为基础结合不同的专业而进行的二次开发，都必须以这个基本绘图软件为支持的，因此开发的专业软件与基本软件的通透性就非常重要，彼此的功能都能发挥，彼此之使用还要非常的方便简单。

3）专业特点突出，专业性强

如果这个软件是用于建筑给水排水的工程设计，它就不应该是教学课堂上一般性专业知识的演示，它必须适合设计人员的设计思路以及完成全部设计工作的具体要求，比如必须具备适应这些工作内容的丰富合乎标准的图线、图例、图块、标准图、专业符号、参数等，有完整的专业设计计算以及方便运用这些菜单资料完成工程设计图的全部功能。

4）软件的集成化、智能化、标准化、适用化程度高

软件发展前景是多专业多工种的集成化，建筑、结构、水、通、电、装修、概预算的多工种的衔接与合作是完成设计工作之必需，计算机则应最大限度满足这种需要实现互提条件、互相补充修正、检校的程序化集成，这也许不是单一专业软件能完成的，而要通过网络来实现。

设计软件必须向智能化发展，设计工作涉及大量规范、规定、标准、设计参数、数据、设备材料的选择和确定，设计软件应能够进行自动选择确定、实现设计绘图一体化。

标准化，标准化不只是软件本身的标准化发展，主要还表现在使用软件所完成的工作必须符合当前国家各项规范、规定和标准，适应不断进步的技术发展。

适用化，尽管计算机的功能强大齐全，使用起来必须简单方便，容错能力强，方便输入不需记住繁琐步骤，便于修改，适用也包含更深层的内容，有人认为："软件好坏关键看适用不适用，适用就是好的，包装优美，语言先进，理论深奥，但不切实际不适用，人家还是不愿用。"

5）售后服务

既要看软件的当前水平，又要看软件开发的背景、力量及其未来的发展，因为计算机软件发展很快，版本不断更新，软件的选购不应是一次性交易而应是长期性的服务过程，而软件的发展更新是一批人才队伍进行奋斗的事业，决不是个人的单打独斗能够持久的。对软件的信任，一定是建立在软件开发商发展信任之上的美国微软公司所占的世界市场份额就是有力的说明。

6）性价比

综合以上各项的考核即可看出性能和价格的关系如何，所谓性价比，至今还限于一种概念化状态，在无规范的市场和标准化的检测之前不可能成为一种量化考核参数，只能模糊地权衡。

最后应该指出的是对应用软件的考核，不能单从广告和编制人员的使用表演，必须亲自试用或使用实践的检验。

2. 已应用的建筑给排水软件简介

在建筑给水排水中应用的软件已不少，这些软件开发思路、深度不同，功能及适用范围及侧重点都有不同，可以说是各具特点。摘录几个软件的简介列表如下，见表 9.2-2 表内只是摘记软件开发单位和个人的自我简介原话，供参考。

建筑给水排水应用软件简介 **表 9.2-2**

软件 1	给水排水设计绘图软件包 SD-CAD V4.5
概况	北京市天极技术开发公司多年来致力于给水排水工程设计软件的研制开发。作为美国 Autodesk 授权的应用软件开发商之一，目前该软件在国内占有最大的专业用户群，拥有包括北京市建筑设计院、建设部设计院在内的数百家用户。本次推出的新版软件 V4.5 进一步完善了软件的功能，同时还向各个专业领域深化，根据专业特点，定向开发专业模块。开发出了室外热力管沟及煤气管道的纵断面设计模块，以及专门适用于自来水公司的市政给水管道设计模块
室内	△自带建筑外框设计模块，并提供与其它建筑软件的通用接口 △所有卫生器具均按 S3 的标准自动连接管道及配套的龙头、角阀、排水栓等 △根据国标及不同地区设计院的实际设计情况建立了齐全的给水排水设备和附件库 △平面图各类管道的灵活设计，包括各种给水（包括自动喷淋和消防系统）、排水、循环水、热水及动力管道等几十种类别的管道设计。在平面图中可实现立管的不同层复制 △系统图的全自动转化，在系统图中全自动实现管道之间的遮挡处理及三维管道的碰撞检查 △剖面图设计：从泵房平面图及其它管道平面图上可全自动生成任意位置方向的剖面图 △室内给水管道的水力计算及校核 △自动喷淋系统：系统提供了各种喷头的形式，在平面图上，可根据用户所指定窗口范围内的所有喷头自动连管，同时自动标注出每段管线的管径及喷头间的距离，并全自动转化成系统图 △设计信息的标注和修改及统计输出：系统根据最新设计信息全自动地进行统计制表输出 △自动生成土建预留洞条件图 △建立了泵、贮罐、水塔及水箱等大量的库资源及泵房常用附件组合图库。用户可查询泵的型号规格，并据此自动设计出平面及剖面的泵外形及泵基础，从泵房平面图可全自动生成剖面图
室外	△给水、雨水及污水管道的平面图设计纵断面图可由平面图全自动转化形成 △进一步强化了修改功能。当修改某一参数后，系统便会对相关的所有管道自动产生连锁更新。从而能非常方便地调整管道之间的关系及主管道与交叉管的空间关系
热力煤气	热力管沟及煤气管道的断面设计模块（可选模块），专门适用于煤气热力专业 △热力管沟：包括直埋管、通行沟及不通行沟的沟断面设计及修改，以及各类交叉管沟的设计。有关设计参数均可根据规范自动获取，并配有相应的基本图例库及组合图例库 △燃气管道：包括煤气、天然气、液化气管道的断面设计及修改，以及各类交叉管沟的设计
市政给水	市政给水工程设计模块（可选模块），专门适用于自来水公司的给水管道设计 △给水管道平面图、纵断面图、管道结构图以及水池结构图的设计及修改。配有管道配件库
环境	SD-CAD V4.5 版分为单机版及网络版两种软件环境为 Auto CAD R12/R13
开发单位	北京市天极技术开发公司

续表

软件2	最新版系列给排水软件—GPS V4.2
概况	依靠强有力的专业优势，集多年CAD开发经验GPS在不断进取大胆尝试中获得了丰硕的成果，您将要接触到的GPS V4.2版最新给水排水软件，无论在专业广度上和深度上都是一个质的飞跃。可以说GPS每一次新版的推出都是广大用户和我公司开发人员劳动智慧的结晶，并象征着我们在给水排水CAD事业上的进步与发展
室内给水排水	在室内，GPS改变了由我公司首创的点取卫生器具后各种龙头管件自动连接的方法，现在只需您简单地画画管线，至于与全部器具设备的连接均由程序自动一次处理完毕。更重要的是在V4.2版中做到了同楼层或不同楼层的管线器具可以用Auto CAD命令随意复制、移动、删除、延伸、剪断、修改。系统图可按系统编号或立管以三个方向自由灵活调整的方式自动生成。也可生成简化系统图或以立管为主的系统图，同时很好地解决了大平面与局部详图的内在衔接问题。根据需要可做管网系统整体或局部的水力计算，更适合于高层给排水设计
室外市政管网	在室外（市政）管网，可方便地绘制总图并与其它总图软件有相应的接口，布置管线方式灵活多样。同时我们总结国内有代表性的几家市政设计院的设计方式，适合道路、市政及自来水设计单位。独创了根据桩号和用户输入的长度沿道路中心线自动布置管线和各种检查井、跌水井的功能，并可随时准确提取管线上任一点和每座井的桩号进行标注管径、管道坡度及埋深，既可以用本程序自动计算也可以由用户自己设置，所有各种阀门井、检查井、跌水井等构筑物都按规范标准自动准确选定。自动生成的纵断图中标注及表头内容全面整理，并向您提供了十多种的表头及表达内容由您根据需要任意设置。对多种管道综合的外网具有快速直观的竖向碰撞检查功能。对局部管线的上升或下降调整单位合理，同时所交叉的管道直观地反映在纵断图上。对市政设计，程序还提供了平面管线直接投影到上方的纵断图绘制方法。管网还可以以三维系统图表示。自动绘制节点详图，统计该节点各种材料的具体型号、自动绘制总材料表
泵房	在泵房，收集建立了国内可能有的水泵数据库，有清水泵：IS、SH、DA、S、DA_1、TSWA、DL、D型及新D型系列泵；热水泵：IR；污水泵：PW、PWF、WG；耐腐蚀泵：F、BF、DB—G、FS 在众多水泵种类中程序会自动化选泵或与您交互式选泵，并允许您对泵数据库参数进行修正和补充。当泵确定好后，程序依据规范标准，建筑物的形状，多台（或单台）自动布置水泵的平面图（包括任意方向）。进出水管上的管件，阀门布置由您通过程序所提供的丰富阀门及组合阀门图形库任意选定，并与水泵自动连接。在自动形成的剖面图中包括泵进、出水管和管件，及相关的建筑物。在进行设计时，所有管线均由单线表示，在设计趋于完成时，可根据需要由程序自动化为双线管。弯头、三通、四通均按标准图集的数据准确绘出。自动绘制水泵基础条件图及材料设备表

续表

软件 2	最新版系列给排水软件—GPS V4.2
版本	为满足用户选择要求，从 GPS V4.2 版起，根据软件的功能分为三个独立部分以单机版和网络版推出，它们各自的功能是： △建筑给排水：建筑图、平面图、系统图、展开图、自动喷洒、厂区（小区管网）、泵房（IS、DA、DL、TSWA、D） △泵房：建筑图、其它同上介绍 △室外（市政）：同上介绍
开发单位	洛阳鸿业科技开发公司
软件 3	《建筑给水排水专业计算绘图软件包》ZHWAT 2.0
概况	《建筑给水排水专业计算绘图软件包》ZHWAT 2.0 于 1994 年 11 月通过了专家鉴定，受到了各位专家的好评。软件包括计算和绘图两部分
计算软件	计算软件包：建筑给水排水的计算，在工程设计中占有重要的地位，可是在很多同类软件包中，却没有这部分内容，本软件包开发了计算软件部分，使本软件包的适用面极大地增强。计算软件包在编程中解决了在西文环境下采用中文屏幕菜单问题，使得中西文状态自动切换，用户界面非常好。还可实现了全屏幕编辑、交互式输入的数据输入手段，集打印、计算、数据输入等功能于一体。可进行建筑消防自动喷水系统、消火栓系统、建筑热水、建筑冷水、小区雨水管网、冷热水管道阻力、节流管、节流孔板的计算。计算结果表格化，整齐易读。整个计算部分均有中文提示，思路清晰，方便学习，易于掌握，为设计人员提供了极大的方便
绘图软件	绘图软件包：给水排水专业作图是在建筑图的基础上进行的，本软件包实现了建筑图到给水排水条件图的转换，亦可自己绘制建筑平面图。卫生器具和管道附件均按国家标准图例建立图形库。菜单文件的设计上充分利用了各种先进设备的性能，将下拉式菜单、屏幕菜单、图标菜单、数字化仪菜单等功能进行了有机的结合，使其各项功能发挥出最佳性能，使有无数字化仪的用户使用起来都很方便。给排水专业作图的一个突出特点是管线的种类多，作图时要加以区别，本软件包为用户设置了可直接使用的管线达 15 种，如用字母区分管线种类可有无数种，这给用户带来了很大的方便。可自动生成材料表，用户只要编辑材料表数据文件，并可将常用设备的数据项保存在数据文件中，可长期使用，减少大量的重复工作。软件包能自动绘制给水排水立管图。实现了冷热水管网计算绘图一体化。编制了常用词组菜单文件，文件中可直接调用词组量达 900 余个。更重要的是，采用 LISP 编程，设置了多种巧妙的作图手段。利用这些作图手段，用户就如同有了一支现代化的绘图笔，可以随心所欲，充分发挥自己的聪明才智，绘出最新最美的给水排水工程图

续表

软件3	《建筑给水排水专业计算绘图软件包》ZHWAT 2.0
环境版本	该软件包是由给水排水专业人员开发，实用性强，可与所有的以AUTOCAD作环境的建筑软件接口。软件开发充分保留AOTOCAD的基本功能，设置了多种辅助做图手段，这些作图手段是AUTOCAD与水专业工程图的桥梁，给水排水专业的同志，只要会用AOTOCAD基本命令，不用培训就能很好的应用本软件。 软件包实现了透视图自动生成，管径标高的自动标注，并拥有同类软件的各项功能，是同类软件性价比最优的软件。目前本软件包有两个版本： ZHWAT 2.0是在AUTOCAD 10版上开发的，适用于10以上的版本。 ZHWAT 3.0是在AOTOCAD 12版上开发的，适用于12以上的版本
开发单位	总后勤部建筑设计研究院

软件4	建筑给水排水设计软件WAT-V2.0
概况	软件首先应具有较高的专业水平，同时还应符合设计者思维习惯的用户界面。本软件作者根据国家有关规范及设计手册，同时融入了许多同行及自己的经验性设计知识，在对给水排水各系统的图理、数据结构及设计思维认识的基础上，历时三年开发完成，现经多个用户的试用和改进后推出，成为建筑给水排水设计的专业软件，包括给水、排水、热水、消防、雨水等系统的计算及绘图。由于软件的独特知识库结构及充分符合设计者思维习惯的编程方法，适用性强、功能完善、自动化及智能化程度高，采用汉化环境，操作简便，对专业人员来说，无需培训即可使用。
平面设计	包括卫生器具、设备、各种管线的平面布置，用户可根据需要任意布置。平面完成后，以后的工作基本上可自动完成
系统图设计	用户点取平面图中的管线后，计算机自动捕捉此管线的各种数据，然后全自动生成其系统图，并标注相应的管径、标高、坡度等信息。由于采用了合理的数学模型和数据处理方法，可根据平面图生成任意复杂的系统图
工程材料表	工程材料表可自动生成。在设计过程中，对所用材料自动进行处理，设计结束时很方便地得到整个工程的材料表，设计中的修改将不影响材料表的准确性。为方便起见，还提供了交互式生成材料表的功能
辅助功能	△包括自动半自动标注标高和管径、管道标号的处理、管线交叉的自动判别及断开、管线信息的修改、管线标识、管线连接及延伸等等，基本上囊括了本专业设计中的各种技巧，使用起来极为方便 △建筑图设计：可进行建筑轴线、外墙、内墙、门、窗、楼梯等项的设计，满足设备专业作建筑图的需要 △图库：根据国家制图规范和设计习惯编制了丰富的图块，不仅满足自动生成的需要，用户也可方便地进行调用 △文字处理：包括字型、字高、字宽、字角的修改和插字改字等 △常用计算：在设计中所遇到的各系统的计算 △常用查询：可查询到设计中常用的资料，用户可任意添加

续表

软件 4	建筑给水排水设计软件 WAT-V2.0
环境版本	△硬件环境：386、486 微机，2MB 以上内存，VGA 显示卡、鼠标器 △软件环境：DOS 3.30 以上 Auto CAD 10.0 或 11.0。 △可根据用户需要提供开放性软件，供用户在此基础上进行修改和开发
开发单位	总参工程兵第四设计研究院
软件 5	三维给水排水软件 ABD-WV2.0
概况	三维建筑 CAD 系统 Auto Building（简程 ABD）由中国建筑科学研究院计算中心 ABD 系统开发部开发研制。该系统集建筑、给水排水、电气、空调、采暖和概预算软件为一体，现已拥有 2000 多家用户
特点内容	建筑平面简明易用　室内室外功能全面 消防喷淋一应俱全　平面系统转换自如 绘图计算同时拥有　图表生成随心所欲
室内	室内可完成平面图、系统图、展开图及各种统计图表，平面图可完成从初设到施工图的各种深度要求。卫生间管道设计，只需点取卫生设备、相应的龙头、阀门、水箱等设备元件均自动安装连接，同楼层和不同楼层管道设备可做随意复制、移动、删除等各种修改，系统图从平面图自动生成。快速、准确并可用 AutoCAD 命令任意编辑，也可生成简化系统图或以立管为主的系统图。自动喷淋部分的喷头、管线布置灵活、编辑方便，自动生成系统图
室外（市政）管网	可绘制总图，布置管线管井灵活多样，集计算绘图于一体，编辑方便，多种井类都按规范标准自动准确选定，自动生成纵断面图，其标注表头内容全面整齐，且表头内容可任意设置，具有管道竖向碰撞检查功能。对局部管线的上升下降修改可影响其相关管线，交叉的管道可直观反映在纵断图上，软件自动绘制节点详图，统计该节点各种材料的具体型号，自动绘制总材料表。适合道路，市政及自来水等设计单位 软件提供的建筑外框平面图设计简单易用，并可方便引入各流行建筑软件的平面图。软件还提供了丰富的表头修改功能，可按各单位习惯生成各种适用的统计表格
版本	三维建筑 ABD V3.5 给水排水 ABD-W V 2.0 空　调 ABD-AC V1.0 概预算 ABD-B 采　暖 ABD-H V 1.0 电　气 ABD-E V 1.0
开发单位	中国建筑科学研究院电子计算中心

续表

软件6	给水排水CAD设计软件WPM
概况	PK、PM建筑工程CAD系统率先推出集建筑设计、结构设计与建筑设备设计于一体的CAD系统。已用该系统完成50多万张施工图。PK、PM软件的先进技术，使计算速度加快。及时高效的售后服务和常年免费更新版本是我们对您的承诺，全国已有3100多家用户
特点内容	WPM软件实现了与建筑结构软件的数据共享，给水排水的条件图可从建筑方案中自动生成。可完成给水排水专业中各种管道的设计。自动化程度高，可自动生成轴侧图、自动统计并填写设备主要材料表、自动生成施工图目录、国家标准图目录、自动生成施工总说明、自动检测给水排水管道与其它设备管道及结构受力构件的碰撞问题。具有全自动的管径标注功能，简便快捷。具有室内给水排水和自动喷洒计算功能。具有室外给水环状管网平差计算和室外排水管网优化计算功能
版本	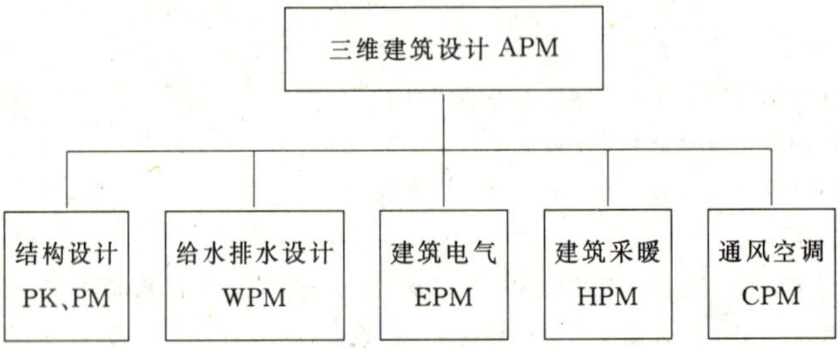 三维建筑设计APM 结构设计 PK、PM 给水排水设计 WPM 建筑电气 EPM 建筑采暖 HPM 通风空调 CPM
开发单位	中国建筑科学研究院CAD工程部
软件7	智能化给水排水设计绘图软件包WCAD 3.0B
概况	我公司CAD开发部根据用户要求及反馈意见，将给水排水设计软件包WCAD 3.0A的原有功能加强，同时新增加室内给水排水水力计算、喷淋系统的自动设计、项目管理、室内给水排水展开图及国家规范查询库等功能，并将版本升级为WCAD 3.0B（单机版、网络版）。全国CAD应用培训网络北京中心测试，机械工业部鉴定。其内容和功能如下
室内给水排水	设计和绘制各类给水排水管线，并进行室内给水排水水力计算。设有各种卫生器具、阀门、仪表及设备、管道附件、管道连接件等图形数据库，所有零件插入管线时自动判断管线的方向，自动断线；自动生成土建条件图（预留孔、洞等）并进行标注；自动设计消防喷淋系统；自动生成系统图，并可将设计人员选定的某部分平面图生成局部系统图，编辑平面图时，可随时查看生成的系统图，并可进行动态观察和快速观察，极大地方便了设计人员边绘图边检查；自动实现管道之间的遮挡处理；可实现各种绘图信息的自动提取并标注；同时根据不同行业设计院的要求迅速绘制高层建筑给排水及消防、中水系统展开图（也叫系统原理图）
室外管网	包括室外给水管网、污水管网及雨水管网的设计计算和制图，可自动进行管道水力计算、管网平差、水头损失计算、坡度、埋深计算，自动进行材料统计；设计计算时自动探测环，自动预分流量及管径；自动生成管网平面图、管网节点分解图（含井大样）、管线的纵断面图，同时在纵断面图中绘出交叉管线，并标出距离和标高，对相碰管线做适当调整，同时内嵌总图设计部分，方便用户完善管网平面图的设计

续表

软件 7	智能化给水排水设计绘图软件包 WCAD 3.0B
泵房	可绘制各种类型的泵及泵房（如：IS、DL、LG、S、SA、Sh、D、DA、DA_1、TSW 及 PW 型污水泵等，根据各行业的特殊要求用户还可自己扩充），直接绘制双线管线，自动添加弯头、三通、四通、异径管等管件，并可从 WCAD 泵房库中选泵、管件，进行平面布置，自动生成平面图、立面图、侧视图及泵基础的平面图及剖面图（含带底座安装的泵基础形式）
材料统计	可自动进行材料、设备统计，并输出到材料表设备表
开放的数据库	WCAD 的所有数据库及图形库均对用户开放，不同行业设计人员可根据需要进行扩充，WCAD 的二次开发极为方便，同时建有国家规范库方便用户查询
项目管理	对图形文件及数据文件按设计项目分类存档和管理，极大地方便了图纸查找、使用和编辑，减轻了设计人员的负担
建筑部分	设有与其它各类建筑软件的接口，能够直接调用其它各类建筑软件绘制的图。同时本软件也包含建筑部分，可绘制各种规则和不规则的建筑平面图
联机帮助系统	可适时地得到对应命令的详细解释及操作方法
环境	硬件环境：386 以上的各类微机 软件环境：DOS 3.30 以上　Auto CAD R12.0 以上
开发单位	北京市鸿通科贸公司 CAD 开发部
软件 8	给水排水工程设计软件包　HOUSE-W95
概况	HOUSE-W95 软件包是北京华远软件工程有限公司的工程设计系列软件之一，是原 W94 软件包的升版产品，是在总结用户反馈意见和国内同类软件产品的基础上，经过精心设计开发出来的第三代给水排水软件包 W95 软件可适应于现代化的民用、工业初步、施工图设计，包括绘图、计算、查询等三个主体功能，涵盖室内及室外，泵站等方面的设计内容。经过众多的新老用户实践证明，极大地提高了设计和出图效益，作为建筑设计系列软件之一，单套或配套使用都可以，若能配套使用，将在数据资源共享和专业互校及提基础条件图等方面获得收益
优点	W95 软件在以下九个方面领先于国内的同类软件产品： 一、专业配套；二、平面版本高（AutoCAD R12）；三、操作方便、灵活和易用；四、计算丰富、简便；五、智能程度高；六、界面友好；七、功能齐全；八、成图速度极快；九、软件的开放性好 一个优秀的 CAD 软件给用户提供的是良好的结构和可扩充性、兼容性、容错性。华远软件公司始终把目标集中在为用户提供超值的技术应用和良好的用户服务上，不断地跟踪国内，特别是国外的先进软件设计平台、设计技术和设计思想，W95 在继 W94 推出不足半年时间后面世，就是明证。该软件由于一直贯彻"图形数据一体化"的思想，才能迅速跟上平台版本的提高，并能借助诸如 ADS、ASE、DCL 等手段丰富专业软件的内核。例如：由于 W95 软件不用中间文件（减少对磁盘外设的读写开销）进行数据传递，同样规模的平面管线图转化为系统图时，在功能齐全的条件下（即所有管线连同其管径、标高、管道类别，以及其上的各种设备附件连同它们的型号规格都同时全自动地传递到系统图上），将节省用户时间 5～10 倍，用户在生成的系统图（本身即为数据结构）基础上，直接提取管长、水温、管径等数据进行设计或校核计算，另外，软件的操作与 AutoCAD 命令完全兼容，这意味如果用户稍有 AutoCAD 的操作基础，几乎不用培训就可掌握软件的使用。W95 软件的工具集设计思想，给用户带来的是"条条大路通罗马"的设计环境，使得软件能真正起到辅助设计的作用

续表

软件8	给水排水工程设计软件包　HOUSE-W95
W95比W94增强功能	（1）可进行给水、消防的初步设计，生成计算书 （2）可进行给水配管、热水系统、热水配管、热水循环管、消防喷洒的设计校核计算，生成计算书，在此基础上自动选泵，其特点是来源于图形，作用于图形。不存在繁冗的数据录入手续 （3）再也不用担心设计管线过程中发生交叉时存在碰撞的问题了，即使你忘了原有管线的管径、标高和类型时也没关系 （4）可以通过两步鼠标（或数字化仪）的“咔嗒”操作完成繁复的管线和管件设计 （5）可适应绝大多数的设计院的图标，图例及设计习惯，各取所需 （6）一步操作完成对图面的整理，包括生成上下翻符号管线遮挡打断和拖拽，管线（件）的擦除、替换、图面比例缩放等等 （7）系统图（包括展开图）生成的方法达5种之多，有的方法可予先观看效果。满意后再进行，避免盲目操作 （8）通过“窗口”进行所见即所得操作，包括字型的设定、图框设定、水泵、水箱、热交换器选型、绘图标准卫生间和卫生器具的立、剖面生成等 （9）材料、设备表的自动统计输出，并可任意分类或组合。 （10）标注词组、短句、甚至整篇文章已不再是麻烦事，用户可以在AutoCAD屏幕上方便的直接对文字进行编辑。 （11）在生成的双线管图基础上，可以选择上、下、左、右四个方向去生成剖面图 （12）尺寸标注、表格绘制等十分方便和灵活 （13）可动态地进行看图等操作 （14）增加一个集16个方便的工具于一体的工具箱，强大的编辑功能几乎能进行任何操作 （15）向电气、结构、室外管网设计提供条件图 （16）为用户提供一个开放的菜单结构，可以把自制的图块、幻灯、资料等增加进去，进行专业的二次开发，以适应自己的需要。 （17）可以接获A95传过来的建筑条件图，也可接获用户用其它软件（基于AutoCAD平台）生成的条件图，甚至用户完全用AutoCAD功能完成的图也可以拿过来就用 （18）如果上述条件都没有或没必要，也可方便地自己绘制，并任意放大、缩小、剪裁 （19）可进行各类详图生成，标注等工作 （20）对于上、下水管线上的任意信息，只要点取便知，对于交叉管的碰撞可自动予以提示和处理 除上述20点较明显变化外，所有280个功能均有所变动
开发单位	北京华远软件工程有限公司

9.3　建筑给水排水图纸CAD

通常说的计算机绘图、计算机设计是不准确的口语，智能化再高的软件也不能替人去设计、绘图，而是辅助设计。设计工作不是简单的照猫画虎而是一种创作，建筑专业是这样，设备专业也是这样。随着技术的不断发展更新，要不断地更新设计技术，不断应用新设备、新材料、新做法，从这方面看，要求设计软件应该跟踪技术发展而不断更新，要求设计人员不断更新技术发挥创造力，计算机是工具是帮手，利用它来完成创作。故以下仍称CAD（计算机辅助设计）。建筑给水排水CAD一般由两部分工作内容：设计计算和工程图纸及文件。设计计算、工程图纸及有关设计文件内容尽管关系密切，有的应用软件将计算贯川于绘图之中，但最终仍应形成设计计算书、工程图纸及相应文字文件的表达形式，下面以总后建筑设计研究院开发的《建筑给水排水专业计算绘图软件包》进行给水排水CAD工作为例简要说明其工作方式、内容和步骤。

9.3.1 工作方式

打开计算机，进入作图环境。一般均由一键操作的批命令完成，之后展现在面前的工作界面是带上部下拉菜单和右侧随着工作内容而变化的指令的屏幕，或置于桌面上的具有丰富指令和菜单的数字化仪、设计人员即可手执鼠标器或光标器，发挥创造力，随手点取所需完成工程设计图纸，图9.3-1（*a*）、图9.3-1（*b*）、图9.3-1（*c*）即为该软件展示的菜单，这些菜单中某些还有下一级下拉菜单供使用（此处略）。

[文件]	[绘图]	[编辑]	[显示]
[--]	[¯--]	[¯--]	[¯--]
[为当前目录]	[直线 Line]	[删除 Erase]	[窗口 Zoom W]
[求助 Help!]	[双线 Double Lines]	[移动 Move]	[前一窗口 Zoom P]
[《建筑给水排水设计规范》查询]	[复线 Polyline]	[复制 Copy]	[动态窗口 Zoom D]
[新建 New…]	[弧 Arc]	[修剪 Trim]	[全图 Zoom E]
[打开 Open…]	[圆 Circle]	[剪多线 Line Mtrim]	[¯--]
[存图 Save…]	[点 Point]	[延伸 Extend]	[平移窗口 Pan]
[结束 End…]	[--]	[平行 Offset]	[重生成 Regen]
[修复 Recover…]	[圆环 Donut]	[--]	[重画 Redraw]
[--]	[椭圆 Ellipse]	[旋转 Rotate]	[¯--]
[出图 Plot…]	[多边形 Polygon]	[缩放 Scale]	[列表 List]
[打图 Implot]	[四边形 Rectangle]	[拉伸 Stretch]	[测距 Dist]
[--]	[--]	[块炸开 Explodc]	[¯--]
[引用 Xref…]	[插入 Insert]	[复线编辑 PolyEdit]	[做幻灯 Mslide]
[配置 Config]	[填充 Hatch]	[修改 Change]	[看幻灯 Vslidc]
[编译 Compile…]	[填充 BHatch…]	[断开 Break]	[¯--]
[文件管理 Files…]	[--]	[--]	[设当前层 S-Layer]
[应用程序 Appload…]	[尺寸标注 Dimensions]	[阵列 Array]	
[计算器 Calculator]	[¯--]	[镜象 Mirror]	
[--]	[边界线 Bpoly…]	[切角 Chamfer]	
[退出 Quit Auto CAD]	[填实 Solid]	[圆角 Fillet]	
	[块基点 Base]	[做块 Block]	
		[写块 WBlock]	
		[实体修改 Modify…]	
		[选择过滤 Filters…]	

图9.3-1（*a*） 下拉菜单

[文字]
[¯--]
[动态文字 Dtext]
[输入文字 Text]
[替换文字 Rtext]
[修改文字 Ddedit]
[单改属性值 Ddatte]
[全改属性值 Attvalue]
[¯--]
[调用词组]
[¯--]
[炸开文字成单字]
[连接文字 Link-Text]
[¯--]
[文字改宽]
[文字改高]
[文字改型]
[¯--]
[输入文本]
[输出文本]
[¯--]

[工具]
[¯--]
[Dos-工具]
[¯--]
[Z=Z]
[线改宽线 Line-P]
[宽线改宽度 Pline-W]
[¯--]
[设置标高]
[设置管径]
[单画管线]
[修改标高管径]
[¯--]
[生成透视]
[标注标高]
[标注管径]
[标注管径标高]
[¯--]
[实体移层]
[层移层]
[删除指定层]
[¯--]
[参考点 REF]
[选择集 SSX]
[名词 MAME]
[¯--]

[画管线]
[¯--]
[线宽 线型 颜色号层]
[0.5 --·---1　A]
[0.5 --··----2　B]
[0.5 --···---3　C]
[0.0 ---·----5　N]
[0.0 --·-·5　P]
[¯--]
[1.0 -----4　D]
[0.8-----4　D]
[0.5----1　L]
[0.0 -----7　M]
[¯--]
[1.0 -- -- ---3　E]
[0.8-- -- ---3　E]
[0.5-- -- ---3　E]
[0.0-- -- ---7　I]
[¯--]
[1.0----4　F]
[0.8-----4　F]
[0.5-----4　F]
[0.0-----7　J]
[¯--]
[0.0-------7　Q]
[0.0……7　R]
[¯--]

[输入板]
[--]
[图框]
[--]
[第一区]
[--]
[第1行]
[--]
[第2行]
[--]
[第3行]
[--]
[第4行]
[--]
[第5行]
[--]
[第6行]
[--]
[第8行]
[--]
[注管径]

图 9.3-1 (*b*)　下拉菜单

[垂直打开 Ortho on]
[垂直关闭 Ortho off]
[光标旋转 45 度]
[光标沿线转动]
[光标正常]
[ˉ--]
[圆心 Center]
[端点 Endpoint]
[基点 Insert]
[交点 Intersection]
[中点 Midpoint]
[最近 Nearest]
[节点 Node]
[垂直 Perpendicular]
[四分圆点 Quadrant]
[切点 Tangent]
[ˉ--]
[参考点 REF]
[选择集 SSX]
[ˉ--]
[作废 U]
[Z 向增量 @-Z]
[中断 Cancel]
[ˉ--]

[设定]
[ˉ--]
[设置水环境]
[字体 Fonts]
[字型 Style]
[作图辅助 Drawing Aids…]
[层控制 Layer Control…]
[实体捕捉 Object Snap…]
[--]
[图元生成 Entity Modes…]
[点类型 Point Style…]
[--]
[单位控制 Units Control…]
[--]
[配置输入板菜单]
[--]
[选择集设定 Selection Settings…]
[夹持方式 Grips…]
[--]
[图形界限 Drawing Limits]
[--]
[关闭屏幕菜单跟随方式]
[打开……]

[其他]
[ˉ--]
[ACE]
[ˉ--]
[定义汉字字型…]
[定义西文字型…]
[写 Pline 文字…]
[设定当前字型…]
[调整中西文比例…]
[炸碎文字成 Pline]
[ˉ--]
[鹰眼 (Birdeye)]
[ˉ--]
[ACE 览图]
[ACE 求助…]
[关于 ACE…]
[ˉ--]
[建筑]
[ˉ--]
[建筑环境]
[建筑墙体]
[建筑门窗]
[柱变空]

图 9.3-1 (*c*) 下拉菜单

9.3.2 工作内容和步骤

建筑给水排水图纸 CAD 工作内容和步骤见表 9.3-1。

工作内容和步骤　　　　**表9.3-1**

内容	工作步骤	备注
工作图（供设备专业在上面做专业设计的建筑平面图）	1. 把建筑平面图的软盘拷入机内COPY时可同时更名为水专业编排的图名如：COPY U A：JZPM.DWG U 152SP1.DWG，即将JZPM图变成I号为152的水平面图SP1 2. 用文件栏内OPEN命令打开本图 3. 用［其它］栏内生成工作图命令，进行图纸处理 4. 用SZHJ命令转换作图环境 5. 整理图纸（删除无用内容，增图框名等）	联机（网）的可直接调出，改名 粗线变细、删除细部标注及无用内容等处理一键指令将原建筑环境转换水专业环境以上工作只需几分钟完成
平面图（设备、管道布置平面）	1. 分析图面找出相同，不同，对称部分 2. 布置设备，从设备菜单中点取，安放在设计位置 3. 安立管：点取立管菜单，安置各种立管(GL.RL.RH.PL.YL……等并注编号) 4. 连管线，点取管线菜单连接各类管道支管、支干管、干管，设备与支管连接可按指定标准图连接 5. 标注：利用尺寸标注功能完成纵横尺寸标注，利用汉字直接写入功能直接写入汉字标注或直接调入常用专业词组 6. 扩展：采用COPY、Mirror、Array等命令对相同或对称部分进行复制 7. 对所成图进行修正，以求尽善尽美	做图只做不同部分如建筑图已布置好，可一键命令改为专业标准 若需自动生成透视连管时则需输入特征信息 中、西文写入只需一键转换直接写入且有丰富专业词组供调用 或用块操作完成
剖面图	1. 画剖面，有的软件可按上、下、左、右的剖面指定，自动生成剖面图 2. 修整、标注，即使自动生成也需进行整理、修正，标注以求完善、完美	平面内设备，管线必须携带相关信息 利用相关功能
放大图	1. 选定放（缩）目标如卫生间、管井、局部管道，设备密集之处，需做放大图之部分做块、写盘，然后按所需比例调用 2. 对放大图进行增、删、修改、成图	用“做块”“写块”“插入”命令完成或命令集一步完成
透视图（系统图）	1. 利用工具栏［生成透视］命令，并点取平面管线后即自动生成透视图，利用［标注标高］［标注管径］命令可人工或自动标注管径和标高 2. 如需绘制可采用0°，45°光标转换以相对坐标模式，方便做成透视图 3. 对已成透视修整，处理遮挡（有的软件可自动处理遮挡断开），插入配件增加标注等，使更加完善	采用自动生成透视时，平面图中的管线必须具有标高、管径或负荷信息，在画平面图时必须赋予 无论自动生成，还是手工绘制都必须修整完善，仍采用绘图和编辑栏内命令

续表

内　　容	工　作　步　骤	备　　注
系统图（自动生成）	4. 系统图的自动生成，打破了传统的平面图和系统图分开做的程序而将两部分有机结合在一起，系统图完全根据平面图中所包含的各种信息自动生成，步骤各软件不一，以W94为例其步骤为：点取专业系统图—点取平面图左下角点—点取平面图右上角点—输入建筑层高—是否在标准层中反应管道系统（y/n）？—输入该标准层平面图的标高—点取平面图中任一根管线—点取系统图的起点—生成系统图	系统图生成后，照样应该进行编辑，经适当编辑，修改即成为合于要求的系统图
立管图（或立管透视图）	1. 点取［自动生成立管］命令，回答管类、层数、层高、根数等参数即可生成全部立管及相应附件 2. 补充、修改、标注、完成立管透视图	
图纸说明	1. 可从“说明库”内选择、成句、成条地调入，自动编号写入指定位置 2. 需特殊说明的可一键转入中文直接写入状态，写入指定位置	“说明库”内有近百条关于具体规定，做法，详图，标准，要求等条款供选择
工程总说明	1. 根据所做工程类型（公共建筑、住宅、多层、高层…）选用相应的统一说明和图例调入 2. 进行适当修改、补充成图	图库内有常用各类说明、图例、详图、重复利用图等供选调
设备材料表	1. 自动生成材料表 2. 补充、整理、分列或汇总	自动生成材料表的深度不同以及设备材料分列或汇总都需做第二步的工作
图纸目录	1. 插入目录表图块 2. 修改、补充、写入	
出图（绘图机绘图）	1. 审核：对所画图纸进行校对、审核，对检出错误进行修改、补充 2. 开动绘图机，装好图纸 3. 拷入（单机需画图未在机内时）调出（所画图在机内或联网时）所要画的图形文件 4. 用plot命令按屏幕对话框定好图纸规格、比例、绘制范围，角度等可变参数后，模拟显示认可后，生成PLt文件 5. 用lmpLot命令将PLt文件输入绘图机绘制	出校样图后审校耗费大，机内审校不太方便，一般为出成图，校后手改 由专人负责机器绘图时，只提供软盘即可，图形文件容量大时，可进行文件压缩拷出

9.3.3 建筑给水排水CAD实例

【例9.3-1】 某多层住宅楼CAD设计，一层给水排水组合平面见图9.3-2，卫生间放大见图9.3-3、卫生间给水排水支管透视见图9.3-4、给水排水立管图见图9.3-5、冷热水出户管透视见图9.3-6、主要设备材料表见表9.3-2、给水排水施工图图例见图9.3-7。

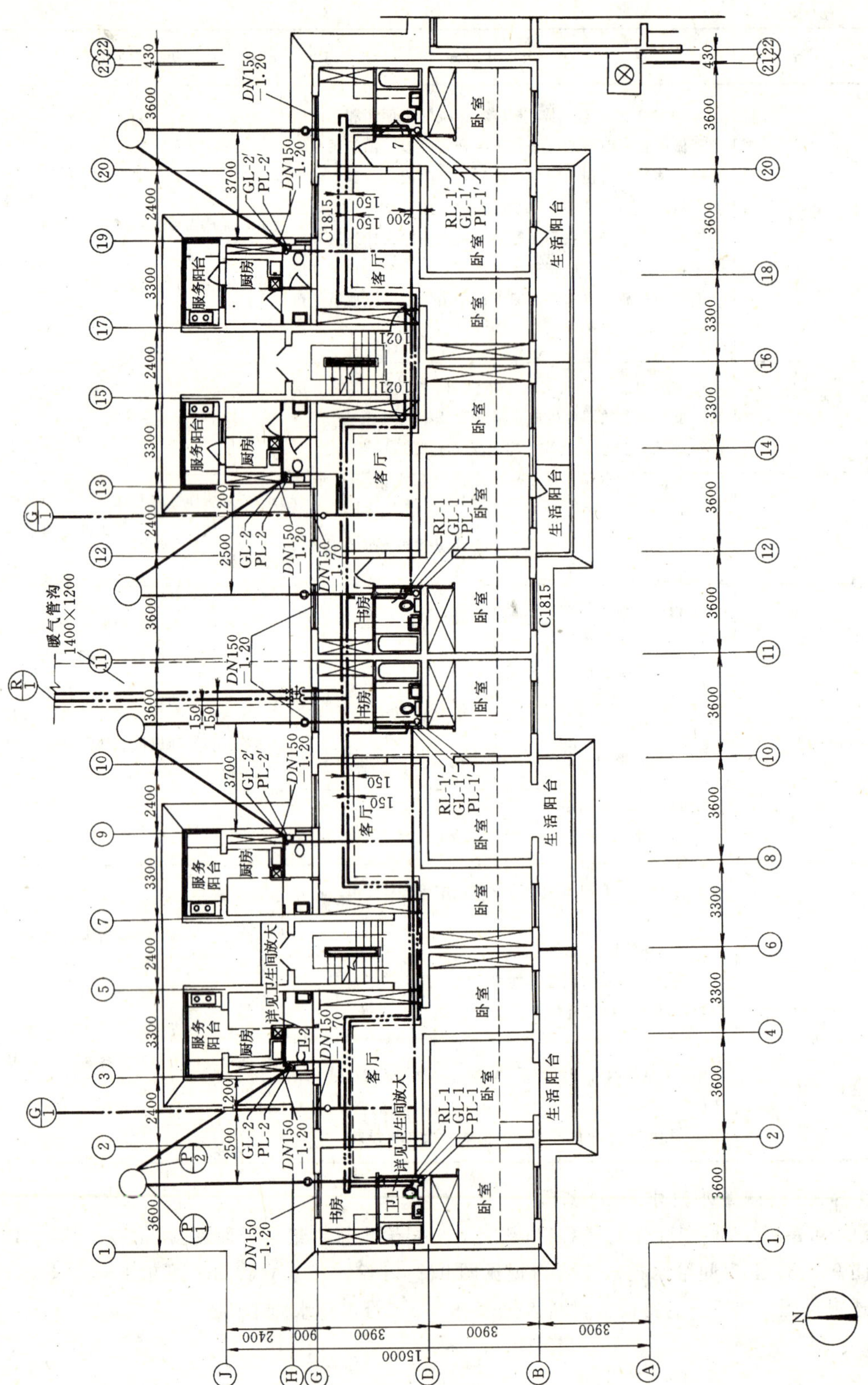

图 9.3-2　一层给水排水组合平面

卫生间
2.83m²
卫 1
RL-1
GL-1
PL-1
120
1600
240
120
120
140
120
380
720
660
540
60
80
60
2480
生活阳台
厨房
5.52m²
MR
3300
2000
140
120
GL-2
PL-2
厕所
1.5m²
卫 2
1.48m²
3060
3300

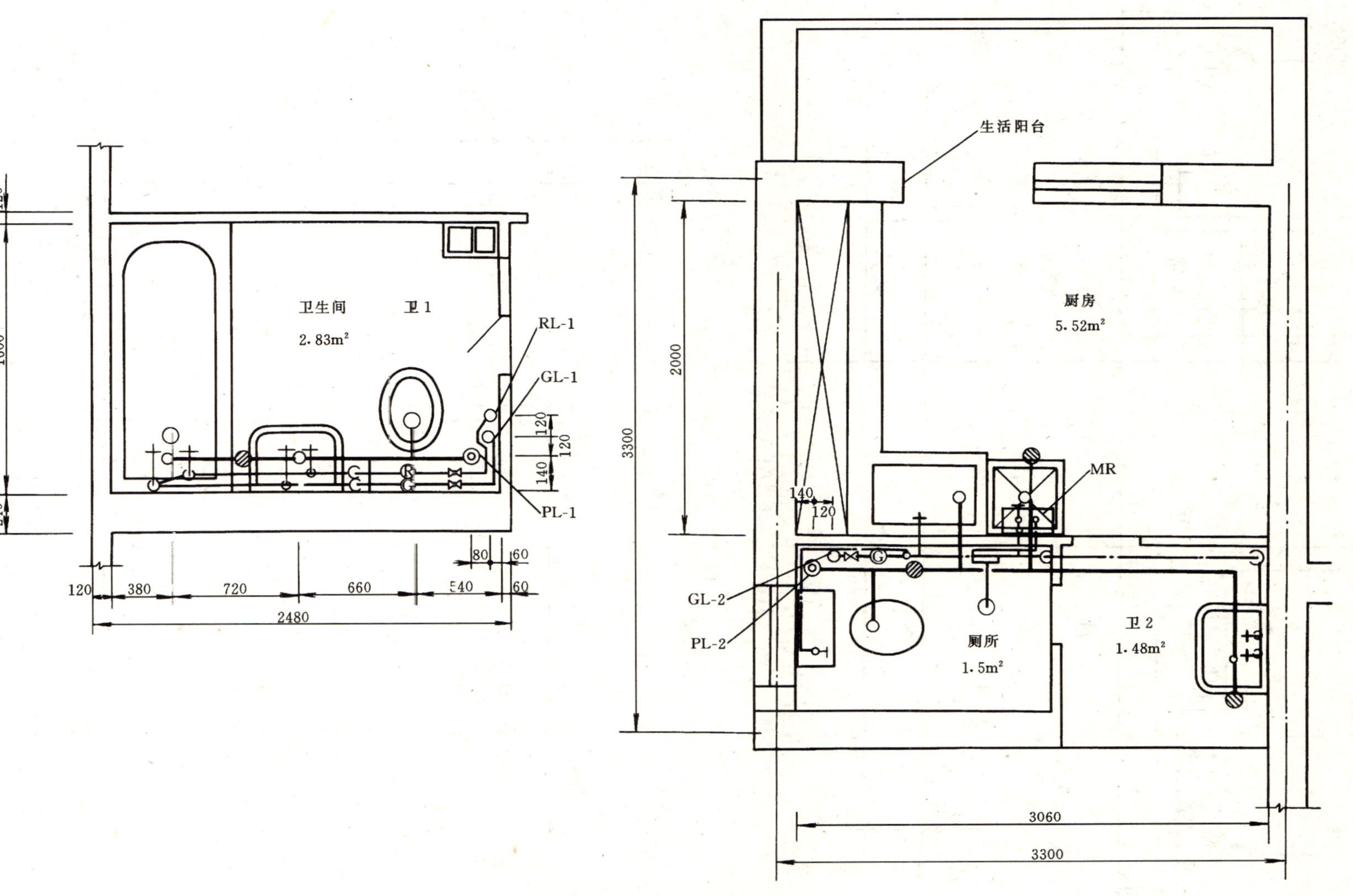

图 9.3-3 卫生间放大

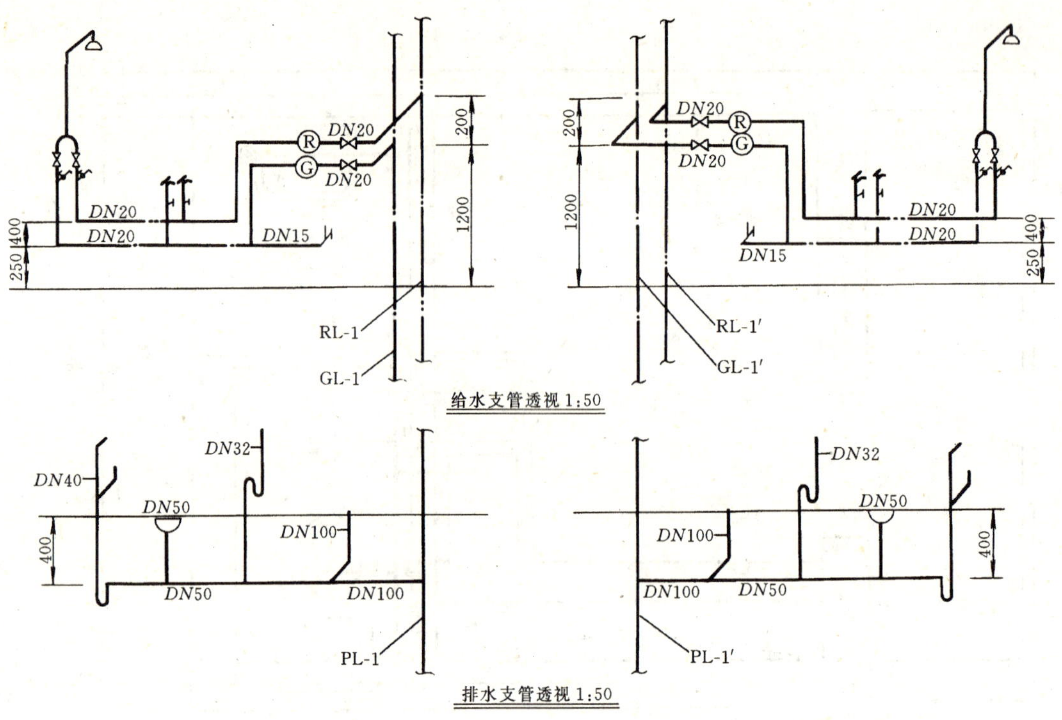

图 9.3-4　给水排水支管透视

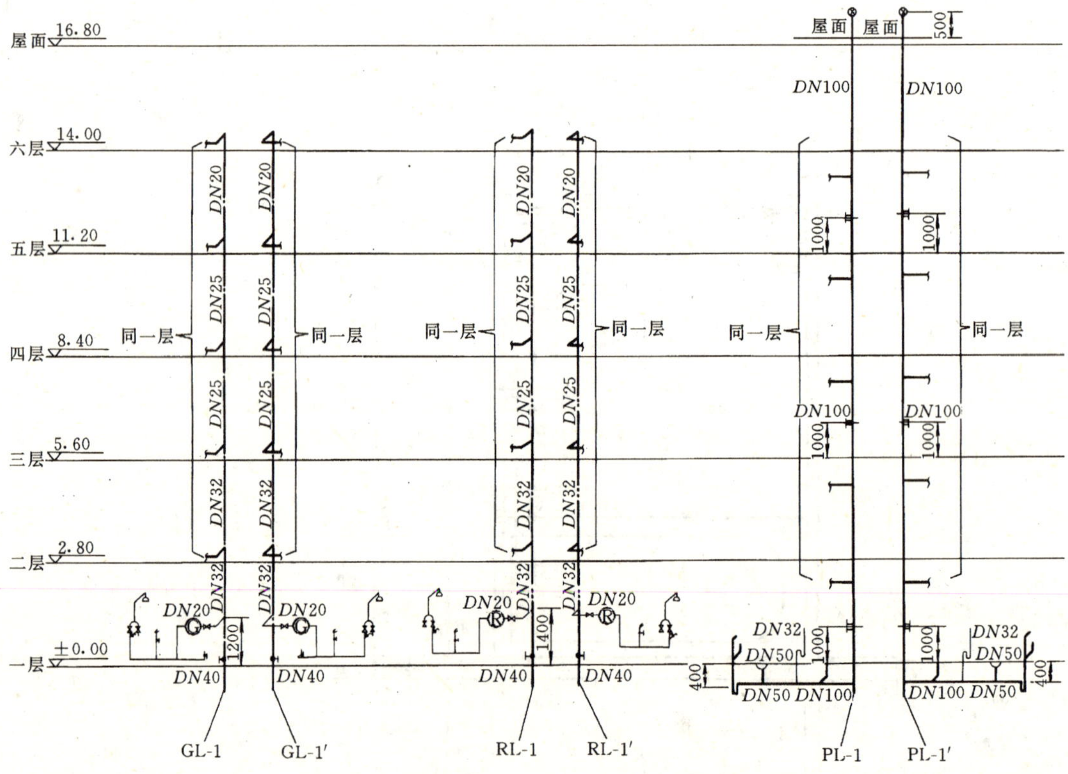

图 9.3-5　给水排水立管图

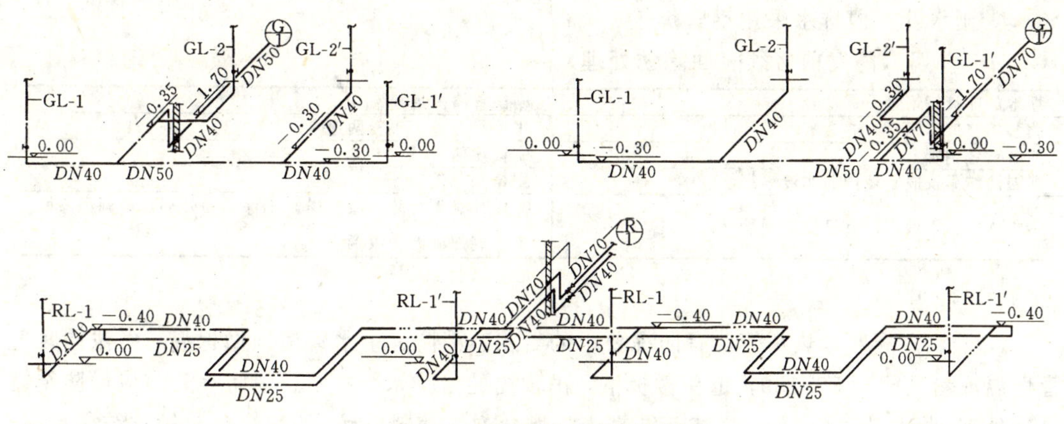

图 9.3-6 冷热水出户管透视

主 要 设 备 材 料 表 表 9.3-2

序号	名 称	型号 规格	单位	数量	备 注
1	铸铁搪瓷浴盆	1500×720×340	套	1	
2	坐便器	3 号 440×375×195	套	2	
3	洗脸盆	3 号二明眼 560×410×300	套	2	
4	淋浴器	*DN*15 双阀成品	套	2	
5	洗涤盆	610×410×200	套	1	
6	污水池	见建施	个	1	
7	冷水表	*DN*20 LXS-20	只	2	
8	热水表	*DN*20 LXR-20	只	1	
9	地漏	*DN*50	个	4	
10	煤气热水器	自选	套	1	

注：表内为每户数量。

给水排水施工总说明

一、总则：

1. 本说明适用于一般工业与民用建筑物的建筑给水排水，热水等卫生工程，说明外的有关规定应按国家有关标准及《采暖与卫生工程施工及验收规范》（以下简称规范）执行。

2. 施工图中的要求与本说明不符处以施工图为准，如本说明或施工图与实施情况不符时应及时通知设计单位共同研究解决。

3. 除施工图中注明外施工时应选用国家认可的节水节能优良产品，禁止使用淘汰产品。对住宅。旅馆等卫生设备较多的建筑应先做样板间，待用户满意后再全面施工。

4. 给水排水管道施工应本着先地下后地上，先隐蔽后露明的原则。施工时与土建、暖通电照、工艺紧密配合。

5. 隐蔽管道及附属配件必须经过技术检验合格后方能隐蔽。

二、管道材料及连接方式：

1. 给水、热水、中水管：明设 $DN\leqslant100$ 和埋地 $DN\leqslant70$ 宜采用镀锌钢管，螺纹连接；埋地给水管 $DN\geqslant75$ 宜用给水铸铁管，水泥或胶圈接口。

2. 蒸汽管、凝水管均采用非镀锌钢管，$DN\leqslant50$ 为螺纹连接，$DN\geqslant65$ 为焊接。

3. 排水管：$DN\leqslant40$ 采用镀锌钢管或塑料管，$DN\geqslant50$ 用排水铸铁管或塑料管，排放腐蚀性液体采用硬聚氯乙烯塑料管，铸铁管为水泥捻口，塑料管为螺纹连接或承插粘接。

4. 雨水管：内排水采用钢管焊接。

三、防腐（防腐前必须表面除锈处理）：

埋地的非镀锌钢管、铸铁管	刷沥青漆两道
明装的非镀锌钢管	刷樟丹一道，银粉两道
明装镀锌钢管	刷银粉两道
保温防结露及嵌于墙内的非镀锌钢管	刷樟丹一道
钢板水箱，水罐（内壁已做处理除外）	内外刷无毒防腐漆两道，不保温的外部再刷调和漆两道，底部刷沥青漆两道

四、保温：

1. 蒸汽、凝水、热水管，有防冻要求的给水、消防、中水管道须做保温，做法同暖气管保温或参见国标 87S159，走在楼板下，吊顶内的给排水、中水、消防等管道应做防结露隔热处理，做法见国标 87S159 或用 5 毫米阻燃软泡沫塑料包缠，外缠塑料布做防结露保温。

2. 热水箱，水罐及需保温的给水箱保温做法均见国标 87S159 设备保温结构图。

五、管道坡度（施工图注明外）

1. 给水、中水、热水管道一般应具有 0.003～0.005 的坡度坡向配水点或泄水口。

2. 排水管坡度不得小于规范规定的最小坡度，标准坡度见下表：

管径（mm）	50	75	100	125	150	200
坡度（‰）	35	25	20	15	10	8

六、安装：

1. 管道穿建筑物基础、墙、楼板应配合土建施工预留孔洞套管，施工图未注明者应按《规范》第 2.0.6 条规定的尺寸预留。

2. 管道穿地下室外墙应做防水套管，做法见国标 S312 或《建筑构造通用图集》88J6 做法。

3. 钢立管穿楼板处应做钢套管，套管直径比管径大 2 号，套管顶部高出地面 20mm，底部与楼板底面平，套管与管间填密封膏。

4. 给水排水，热水、中水、消防、蒸汽管道安装均按《规范》第三、四、六章规定执行，自动喷水灭火设施及管道支吊架安装分别见国标 89S175 及 S161。

5. 排水立管的通气部分，雨水管穿过屋面处，泛水要做好，不得漏水，做法见《建筑构造通用图集》88J5 分册，通气管出屋面高度不得小于 0.5m，且大于积雪厚度。

6. 卫生器具安装位置要准确，安装高度除施工图中注明外，应按《规范》第 5.2.3 条规定施工，卫生器具支托架必须平整，牢固，并与器具贴紧。

7. 地面应坡向地漏，地漏蓖子顶面低于安装部位地面 5～10mm。

8. 硬聚氯乙烯塑料排水管按《建筑排水硬聚氯乙烯管道施工及验收规程》施工。

七、试压：

1. 给水、中水和热水管道水压试验，按工作压力的 1.5 倍，但不小于 0.6MPa，10min 内压力降不大于 0.05MPa，且不渗不漏为合格。

2. 排水、雨水管道安装完毕后做闭水试验，试验方法，要求按《规范》第 12.0.4 条执行。

八、尺寸单位：

施工图中的间距，管径以毫米计，标高以米计，管道所注标高及尺寸均以管中为准。陶瓷管、混凝土管、钢筋混凝土管、缸瓦管等管径应以内径 d 表示（如 d200、d300）。

图例	名称
GL1-X	低区给水管及立管编号
GL2-X	高区给水管及立管编号
PL-X	排水管及立管编号
F FL-X	废水管及立管编号
W WL-X	污水管及立管编号
YL-X	雨水管及立管编号
X XL-X	消火栓给水管及立管编号
SX SX1-X	自动喷水给水管及立管编号
LG LGL-X	冷却水供水管及立管编号
LH LHL-X	冷却水回水管及立管编号
RL1-X	热水管及立管编号
RL2-X	高区热水管及立管编号
RH1-X	热水回水管及立管编号
RH2-X	高区热水回水管及立管编号
m ML-X	煤气管及立管编号
	套管、波形伸缩器
	管道固定、滑动支架
	防护、防水套管
G/X P/X	给水排水进出户管编号
R/X Z/X	热水蒸汽进出户管编号
H/X N/X	热回水、凝水进出户管编号
Y/X M/X	雨水煤气进出户管编号

图例	名称
	消火栓箱　消火栓
	消防喷头(开式)　消防喷头(闭式)
	水流指示器　消防报警阀
	消防接合器　减压阀
	清扫口
	地漏
	立管检查口　伸顶通气帽
	P 型存水弯　S 型存水弯
	阀门　截止阀
	水龙头
G　R	冷水表　热水表
	淋浴器
MR	煤气热水器
	温度计　压力表
	止回阀　自闭式冲洗阀
	可曲挠橡胶接头
	浴盆　洗脸盆
	坐便器　蹲便器
	挂式,立式小便器
	污水池　洗涤盆
RL2-2 — 管类拼音代号；管数编号；分区号	

图 9.3-7　给水排水施工图图例

9.4 建筑给水排水设计计算

9.4.1 建筑给水排水设计计算方式

建筑给水排水的设计计算有三种进行方式。一是独立完整配套的设计计算软件，对设计工程的各系统进行程序计算，可以打印数据文件和计算结果；二是将计算融于计算机绘图之中在绘图中随时输入有关数据，将计算结果直接写入图形之中；三是和系统图设计一起完成，并写入系统图中。这三种完成设计计算的方式各有利弊，从专业工作角度讲，不赞成那种把建筑给水排水的设计计算变成简单的估算，设计的合理性在于系统的合理，系统的合理包括完整的系统计算及优化，包括对设计参数的合理选择、准确计算及对计算结果的校验和修正，计算机的应用应把这些以往看成繁难之事做得更好更细，而不是更加粗糙。图 9.4-1 是总后建筑设计研究院编制的计算软件的使用界面，用光标点取计算菜单进行计算工作。

【退出】项：

【返回系统】

【全屏编辑数据】

- 【消防自动喷水数据文件】
- 【消防水幕系统数据文件】
- 【消火栓系统数据文件】
- 【热水管网数据文件】
- 【冷水管网数据文件】
- 【雨水管网数据文件】
- 【节流孔板数据文件】
- 【节流管径数据文件】

【交互编辑数据】

- 【消防自动喷水数据文件】
- 【消防水幕系统数据文件】
- 【消火栓系统数据文件】
- 【热水管网点数据文件】
- 【冷水管网数据文件】
- 【雨水管网数据文件】
- 【节流孔板数据文件】
- 【节流管径数据文件】

【看计算结果】

- 【消防自动喷水结果文件】
- 【消防水幕系统结果文件】
- 【消火栓系统结果文件】
- 【热水管网结果文件】
- 【冷水管网结果文件】
- 【雨水管网结果文件】
- 【节流孔板结果文件】
- 【节流管径结果文件】

【执行程序】

- 【消防自动喷水计算】
- 【消防水幕系统计算】
- 【消火栓系统计算】
- 【热水管网计算】
- 【冷水管网计算】
- 【雨水管网计算】
- 【节流孔板计算】
- 【节流管径计算】
- 【热水管道计算】
- 【冷水管道计算】

【打印文件】

- 【消防自动喷水计算结果】
- 【消防水幕系统计算结果】
- 【消火栓系统计算结果】
- 【热水管网计算结果】
- 【冷水管网计算结果】
- 【雨水管网计算结果】
- 【节流孔板计算结果】
- 【节流管径计算结果】

【选择颜色】

【黑白显示】

【彩色】

图 9.4-1 计算软件使用界面

9.4.2 建筑给水排水设计计算步骤

1. 建筑给水排水设计计算步骤见表 9.4-1。

建筑给水排水设计计算步骤 **表 9.4-1**

步骤		使用功能及内容	备注
进入程序		开机后在［绘图］［计算］［退出］的界面上用光标选择［计算］，进入设计计算环境	一步操作完成
选计算内容		用光标在前述的使用界面上选择计算内容，即进入数据输入界面，内容为 8 项	一步操作完成
输入	全屏编辑	全屏编辑栏内有对应 8 项内容供选用，用全屏编辑软件 PE2 按要求格式进行编辑，修改存入后形成数据文件，*.DAT	两种输入方式任意选择
	交互编辑	同样有 8 项内容供选用，按屏幕指示及提供信息完成对话式输入	此方式有屏幕指导适用于初用者
执行程序		编辑完成后回到使用界面，在执行程序栏内选择所计算的内容项回车即开始计算	计算只需几秒至数秒钟完成
看计算结果		在此栏内指定选项后回车即展示计算结果如参数选定或计算结果不理想可重新计算	计算出错，数据为空
打印计算结果		开动打印机、装纸在使用界面上点取打印文件项及指定的内容即可	打印结果可直接装入计算书，也可打印数据文件
退出		计算完毕，把光标移至退出栏，退出	

2. 计算示例

1）某多层住宅楼冷水系统图（计算图）见图 9.4-2，计算结果见表 9.4-2。

冷水管网计算结果 **表 9.4-2**

总入口压力 $HB=$ 21.70mH_2O（212.76kPa） 总入口流量 $QB=$ 2.25L/s

单位：L（m），N（当量），Q（L/s），v（m/s），（mmH_2O）

供水干管计算结果

1 管段

D=32 L= 4.2 N=10.80 Q=.777 v=0.819 HH= 251.8

2 管段

D=50 L= 7.4 N= 36.60 Q=1.514 v=0.713 HH= 203.4

3 管段

D=50 L= 4.2 N= 62.40 Q=2.050 v=0.965 HH= 202.0

4 管段

D=70 L= 5.5 N= 73.20 Q=2.248 v=0.638 HH= 88.7

1 立管

6 层

D=20 L= 2.8 N= 1.8 Q=0.304 v=0.944 HH= 440.7

5 层

D=25 L= 2.8 N= 3.6 Q=0.435 v=0.820 HH= 245.2

4 层

D=32 L= 2.8 N= 5.4 Q=0.538 v=0.568 HH= 85.7

3 层

D=32 L= 2.8 N= 7.2 Q=0.626 v=0.660 HH= 113.0

2 层

D=32 L= 2.8 N= 9.0 Q=0.705 v=0.743 HH= 140.3

续表

1层
D=32 L= 1.2 N= 10.8 Q=0.777 v=0.819 HH= 71.9
2立管
6层
D=25 L= 2.8 N= 4.3 Q=0.478 v=0.900 HH= 291.1
5层
D=32 L= 2.8 N= 8.6 Q=0.688 v=0.726 HH= 134.2
4层
D=32 L= 2.8 N= 12.9 Q=0.855 v=0.901 HH= 200.2
3层
D=40 L= 2.8 N= 17.2 Q=0.998 v=0.795 HH= 132.1
2层
D=40 L= 2.8 N= 21.5 Q=1.128 v=0.897 HH= 165.4
1层
D=40 L= 2.5 N= 25.8 Q=1.246 v=0.992 HH= 177.9
3立管
6层
D=25 L= 2.8 N= 4.3 Q=0.478 v=0.900 HH= 291.1
5层
D=32 L= 2.8 N= 8.6 Q=0.688 v=0.726 HH= 134.2
4层
D=32 L= 2.8 N= 12.9 Q=0.855 v=0.901 HH= 200.2
3层
D=40 L= 2.8 N= 17.2 Q=0.998 v=0.795 HH= 132.1
2层
D=40 L= 2.8 N= 21.5 Q=1.128 v=0.897 HH= 165.4
1层
D=40 L= 2.5 N= 25.8 Q=1.246 v=0.992 HH= 177.9
4立管
6层
D=20 L= 2.8 N= 1.8 Q=0.304 v=0.944 HH= 440.7
5层
D=25 L= 2.8 N= 3.6 Q=0.435 v=0.820 HH= 245.2
4层
D=32 L= 2.8 N= 5.4 Q=0.538 v=0.568 HH= 85.7
3层
D=32 L= 2.8 N= 7.2 Q=0.626 v=0.660 HH= 113.0
2层
D=32 L= 2.8 N= 9.0 Q=0.705 v=0.743 HH= 140.3
1层
D=32 L= 1.2 N= 10.8 Q=0.777 v=0.819 HH= 71.9

2）某高层热水管网计算图见图9.4-3，热水管网计算结果见表9.4-3。

屋顶
六层
五层
四层
三层
二层
一层
GL-1
GL-2
GL-3
GL-4
N=1.8
N=4.3
同一层
DN20
DN25
DN32
DN40
DN50
DN70
0.00
-0.30
-0.35
DN70 -1.70
G
1
坐便器 N=0.5
浴盆 N=1.0
洗涤盆 N=1.0
污水池 N=1.0
洗手盆 N=0.8
N=4.3

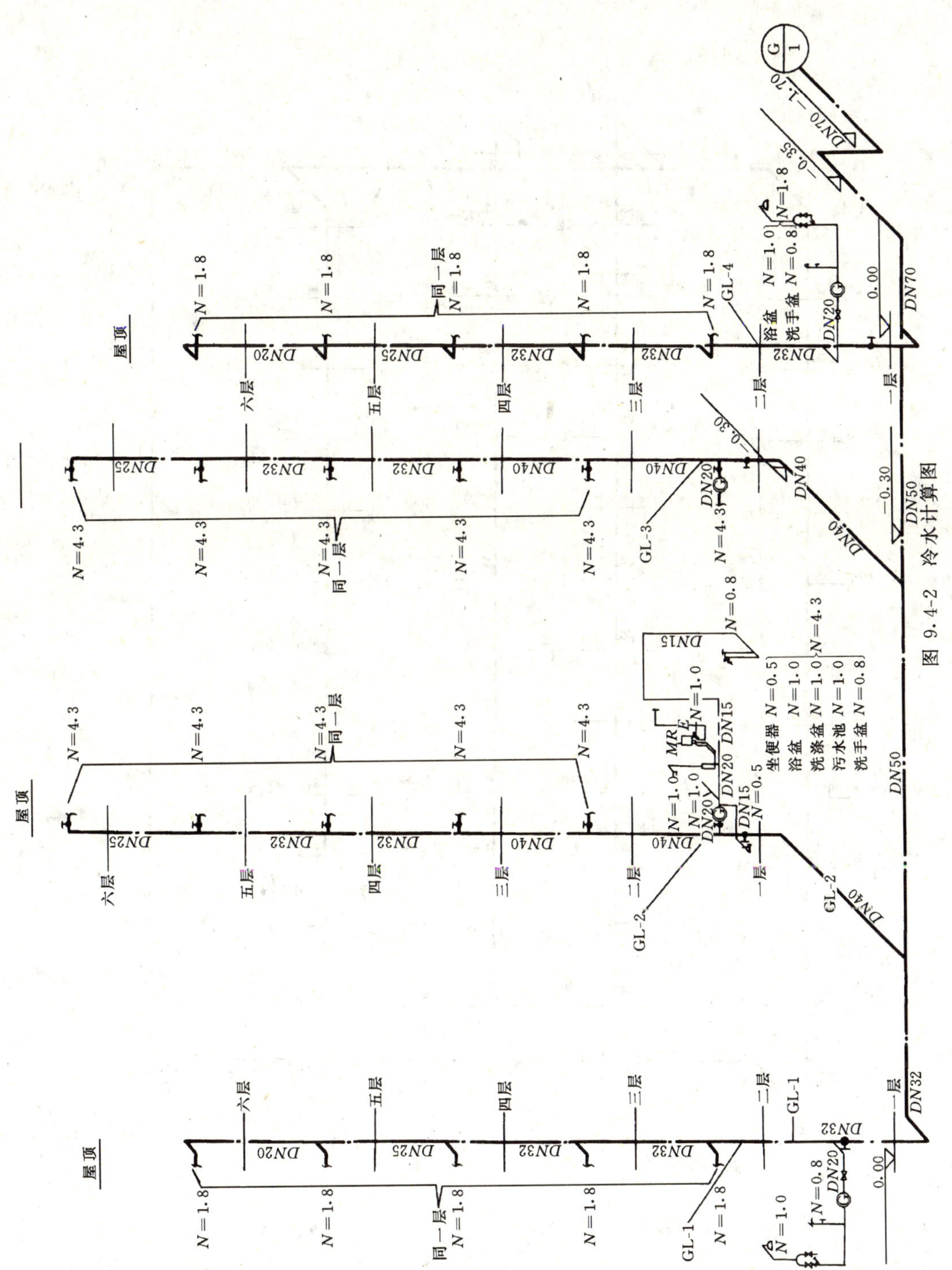

图 9.4-2 冷水计算图

1
2
3
RG
4
N=1.8
12层
11层
10层
9层
8层
7层
6层
5层
4层
3层
2层
1层
RL-1
RL-2
RL-3
RL-4
浴盆　N=1.0
洗脸盆 N=0.8
RG干
RH
RH干

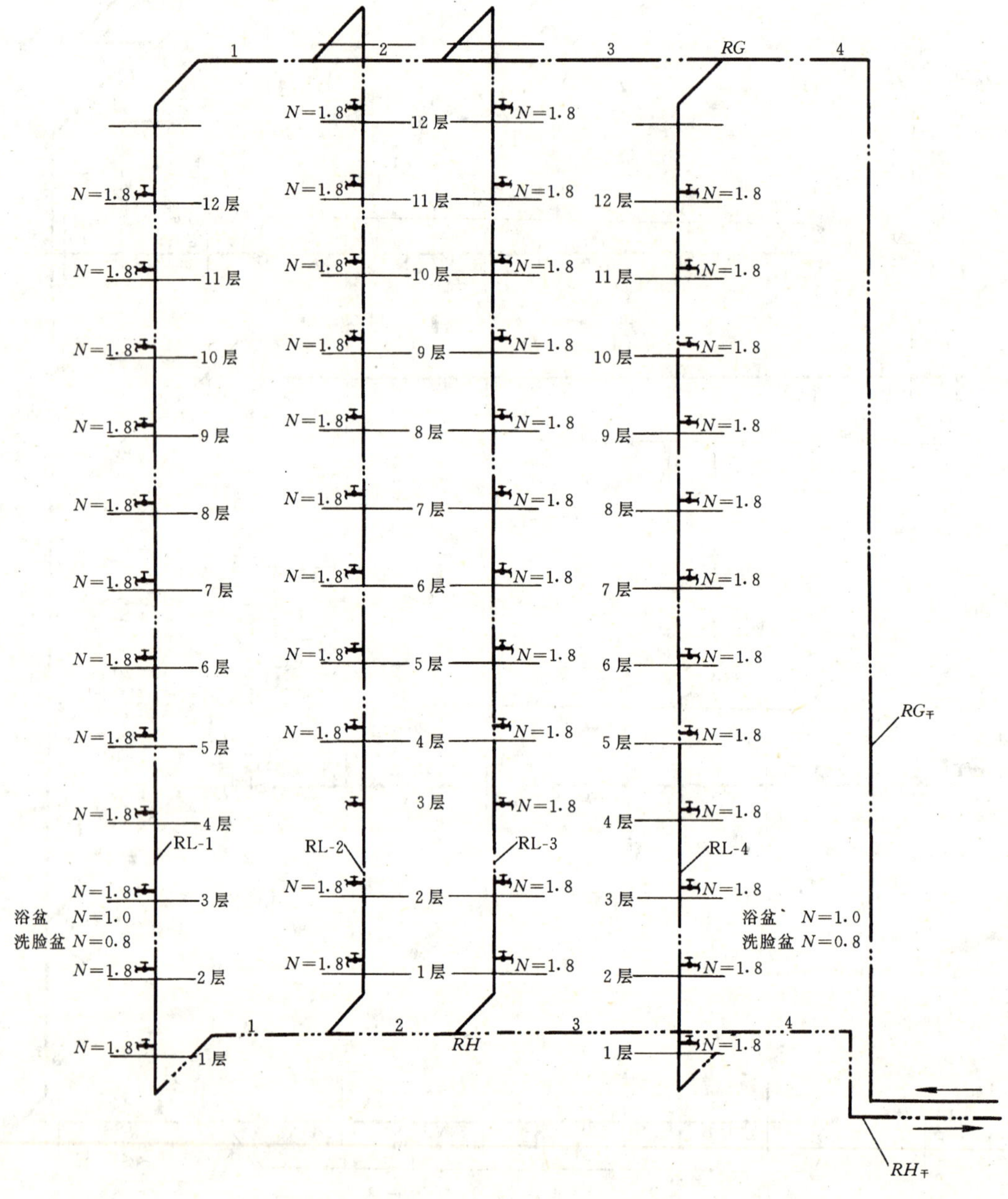

图 9.4-3　热水计算图

全日制上行下给热水管网计算结果 **表 9.4-3**

总入口压力 $HB=$ 40.04mH_2O（392.65kPa） 总入口秒流量 $QB=$ 2.48L/s

单位：L（m），N（eq），Q（L/s），v（m/s），HH（mmH_2O）

供水干管计算结果

1 管段

$D=$ 40 $L=$ 6.4 $N=$21.60 $Q=$1.130 $v=$0.971 $HH=$ 438.3

2 管段

$D=$ 50 $L=$ 2.5 $N=$43.20 $Q=$1.662 $v=$0.846 $HH=$ 92.6

3 管段

$D=$ 70 $L=$ 6.4 $N=$64.80 $Q=$ 2.095 $v=$0.631 $HH=$ 93.8

4 管段

$D=$ 70 $L=$ 38.0 $N=$ 86.40 $Q=$2.477 $v=$0.746 $HH=$ 778.3

1 立管	2 立管
12 层	12 层
$D=$ 40 $L=$ 4.2 $N=$21.6 $Q=$1.130	$D=$ 40 $L=$ 3.5 $N=$21.6 $Q=$ 1.130
11 层	11 层
$D=$40 $L=$ 2.8 $N=$19.8 $Q=$1.078	$D=$ 40 $L=$2.8 $N=$19.8 $Q=$1.078
10 层	10 层
$D=$40 $L=$ 2.8 $N=$18.0 $Q=$1.023	$D=$ 40 $L=$2.8 $N=$18.0 $Q=$1.023
9 层	9 层
$D=$40 $L=$ 2.8 $N=$16.2 $Q=$0.966	$D=$ 40 $L=$2.8 $N=$16.2 $Q=$0.966
8 层	8 层
$D=$40 $L=$ 2.8 $N=$14.4 $Q=$0.907	$D=$ 40 $L=$2.8 $N=$14.4 $Q=$0.907
7 层	7 层
$D=$32 $L=$ 2.8 $N=$12.6 $Q=$0.844	$D=$ 32 $L=$ 2.8 $N=$12.6 $Q=$0.844
6 层	6 层
$D=$32 $L=$ 2.8 $N=$10.8 $Q=$0.777	$D=$ 32 $L=$ 2.8 $N=$10.8 $Q=$0.777
5 层	5 层
$D=$32 $L=$ 2.8 $N=$9.0 $Q=$0.705	$D-$ 32 $L-$ 2.8 $N-$9.0 $Q-$0.705
4 层	4 层
$D=$32 $L=$ 2.8 $N=$7.2 $Q=$0.626	$D=$ 32 $L=$ 2.8 $N=$7.2 $Q=$0.626
3 层	3 层
$D=$32 $L=$ 2.8 $N=$5.4 $Q=$0.538	$D=$ 32 $L=$ 2.8 $N=$5.4 $Q=$0.538
2 层	2 层
$D=$25 $L=$ 2.8 $N=$3.6 $Q=$0.435	$D=$ 25 $L=$ 2.8 $N=$3.6 $Q=$0.435
1 层	1 层
$D=$25 $L=$ 2.8 $N=$1.8 $Q=$0.304	$D=$ 25 $L=$ 2.8 $N=$1.8 $Q=$0.304
4 立管	3 立管
12 层	12 层
$D=$40 $L=$4.2 $N=$21.6 $Q=$1.130	$D=$ 40 $L=$3.5 $N=$21.6 $Q=$1.130
11 层	11 层
$D=$40 $L=$ 2.8 $N=$19.8 $Q=$1.078	$D=$ 40 $L=$ 2.8 $N=$19.8 $Q=$1.078
10 层	10 层
$D=$40 $L=$ 2.8 $N=$18.0 $Q=$1.023	$D=$ 40 $L=$ 2.8 $N=$18.0 $Q=$1.023

续表

1立管	2立管
9层	9层
D=40　L=　2.8　N=16.2　Q=0.966	D=　40　L=　2.8　N=16.2　Q=0.966
8层	8层
D=40　L=　2.8　N=14.4　Q=0.907	D=　40　L=　2.8　N=14.4　Q=0.907
7层	7层
D=32　L=　2.8　N=12.6　Q=0.844	D=　32　L=　2.8　N=12.6　Q=0.844
6层	6层
D=32　L=　2.8　N=10.8　Q=0.777	D=　32　L=　2.8　N=10.8　Q=0.777
5层	5层
D=32　L=　2.8　N=9.0　Q=0.705	D=　32　L=　2.8　N=9.0　Q=0.705
4层	4层
D=32　L=　2.8　N=7.2　Q=0.626	D=　32　L=　2.8　N=7.2　Q=0.626
3层	3层
D=32　L=　2.8　N=5.4　Q=0.538	D=　32　L=　2.8　N=5.4　Q=0.538
2层	2层
D=25　L=　2.8　N=3.6　Q=0.435	D=　25　L=　2.8　N=3.6　Q=0.435
1层	1层
D=25　L=　2.8　N=1.8　Q=0.304	D=　25　L=　2.8　N=1.8　Q=0.304

循环管计算结果

1管段

D=25　L=6.4　XQ=0.108　XV=0.229　XH=　48.6

2管段

D=32　L=2.5　XQ=0.205　XV=0.236　XH=　13.5

3管段

D=50　L=6.4　XQ=0.300　XV=0.153　XH=　9.2

4管段

D=50　L=5.0　XQ=0.393　XV=0.200　XH=　11.8

3）某自动喷水作用区计算图见图9.4-4，自动喷水计算结果见表9.4-4。

自动喷水管网计算结果　　　　**表9.4-4**

设计喷水强度=6.0L/（min·m^2）　　设计作用面积=200.0m^2

所需入口总压力 ZH=212.328kPa（21.653mH_2O）入口总流量 ZQ=24.035L/s

管段号 J	管径 D	管长 L	管段高差 GH	特性系数 B	管段流量 Q	喷头流量 QP	流速 v	沿程局部损失 LH，JH		管段末端压力 HH
1	32	3.0	0.0	0.173	1.483	1.483	1.558	0.620	0.124	11.96
2	40	3.0	0.0	0.641	3.012	1.529	2.410	1.212	0.242	12.70
3	32	3.0	0.0	0.173	1.483	1.483	1.558	0.620	0.124	11.96
4	40	3.0	0.0	0.641	3.012	1.529	2.410	1.212	0.242	12.70
5	50	3.0	0.0	2.326	6.025	0.000	2.832	1.207	0.241	14.16
6	32	3.0	0.0	0.173	1.363	1.363	1.431	0.523	0.105	10.10

续表

管段号 J	管径 D	管长 L	管段高差 GH	特性系数 B	管段流量 Q	喷头流量 QP	流速 v	沿程局部损失 LH, JH		管段末端压力 HH
7	40	3.0	0.0	0.641	2.768	1.405	2.215	1.024	0.205	10.73
8	40	3.0	0.0	1.217	4.251	1.483	3.401	2.415	0.483	11.96
9	32	3.0	0.0	0.173	1.493	1.493	1.567	0.627	0.125	12.11
10	40	3.0	0.0	0.641	3.031	1.538	2.425	1.227	0.245	12.86
11	40	3.0	0.0	1.217	4.655	1.624	3.724	2.894	0.579	14.33
12	32	3.0	0.0	0.173	1.556	1.556	1.634	0.682	0.136	13.16
13	40	3.0	0.0	0.641	3.160	1.604	2.528	1.334	0.267	13.98
14	40	3.0	0.0	1.217	4.853	1.693	3.882	3.146	0.629	15.58
15	32	3.0	0.0	0.173	1.363	1.363	1.431	.523	0.105	10.10
16	40	3.0	0.0	0.641	2.768	1.405	2.215	1.024	0.205	10.73
17	40	3.0	0.0	1.217	4.251	1.483	3.401	2.415	0.483	11.96
18	70	3.0	0.0	4.632	8.503	0.000	2.406	0.627	0.125	14.85
19	70	3.0	0.0	11.854	14.528	0.000	4.111	1.832	0.366	15.61
20	80	3.0	0.0	19.014	19.182	0.000	3.913	1.289	0.258	17.80
21	100	3.0	0.0	29.017	24.035	0.000	2.764	0.463	0.093	19.35

$HF=1.745$

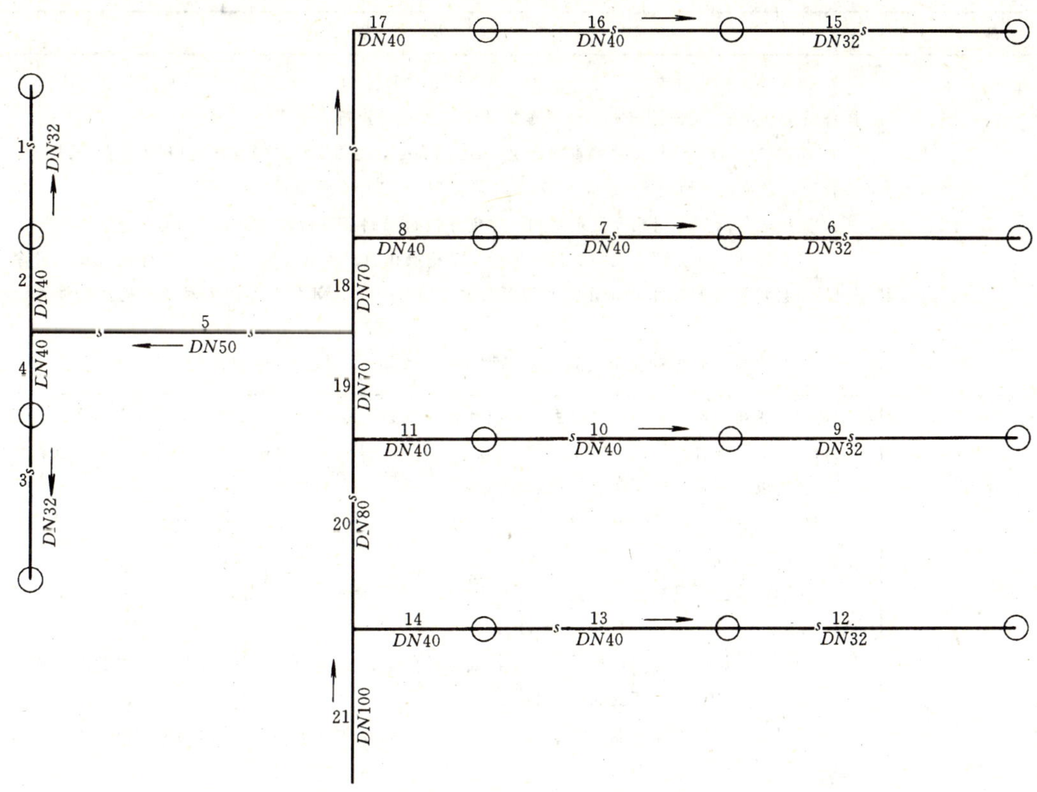

图 9.4-4 自动喷水计算图

9.5　建筑给水排水CAD使用要点及技巧

好的软件固然为设计人员完成设计提供好的工具，使用起来得心应手，感到满意。但软件的发展更新很快，过不了多久就又有新的好的功能推出，何况各家软件又各有所长，用户总不能都买下来，即使多买几个，设计人员还存在使用的惰性和惯性，原先使用习惯了的东西不愿更换改动。其实这些都影响着计算机的应用和发展，为此希望软件开发商和开发人员，要善于深入应用实践，不断总结改进，善于吸收各家所长提高自己，不要把自己紧锢起来，为保密而神秘，要把软件搞成开放式结构，同用户一起发展丰富，并把新的东西及时地提供给用户，以维持和发展软件的用户群，如果没有这个用户群也就没有软件的发展，这才是正确的发展之路。[美] 比尔·盖茨的发展道路和他写的《未来之路》也都证明这是正确的路。对于用户也要多看多用，多接触新内容，及时采用新的软件或新的版本，即使使用同一个软件，也要在使用中注意总结使用经验和技巧，注重技巧训练和有关的业务建设，结合工作内容，利用软件的开放结构，不断丰富其使用菜单和图库，使计算机更好的发挥作用。

建筑给水排水CAD使用要点及技巧见表9.5-1。

建筑给水排水CAD使用要点及技巧　　　　**表9.5-1**

内　容	要　点　及　技　巧
文件管理	1. 建筑给水排水的专业软件基本基于Auto CAD R11. R12 DOS版，操作人员必须熟悉DOS操作系统，掌握DOS的基本命令以维持计算机的正常运行 2. 通过ACAD、PGP文件可直接定义DOS的命令，在图形环境中直接使用DOS命令进行文件管理，当然也可使用Shell进入DOS环境使用DOS命令后再退出 3. 熟悉软件的内容组成及目录结构，才能掌握进出路径进行操作及文件管理 4. 熟悉辨认文件类别及无用文件（包括不正确操作而产生的垃圾）对无用文件进行及时清除 5. 学会常用工具软件Pctool的使用以及文件管理软件AM的使用以便对计算机及文件的管理 6. 学会使用kill或Scan对文件或驱动器进行消毒处理，以防病毒侵害
安全保护	1. 断电或死机容易使工作内容丢失，因此计算机必须有可靠的电源或装备不间断电源 2. Auto CAD软件不必担心误操作造成损失，当发现错画或无效操作可在Command状态下键入U恢复以前状态，也要注意不要返回过头以免丢失有效工作内容 3. 在DOS状态下删除文件应经过确认，慎用通代符，一旦误删不要进入绘图环境可用Pctool中的Undelete找回 4. 在图形状态误删文件不要关机，可用Pctool中Undelete找回，删文件最好使用Pctool经过确认的方式 5. 为防止所做图形工作意外丢失，要养成定时存盘的习惯，即做了一段很有效的工作后及时用Save命令存盘，形成Filename. DWG文件 6. 也可使用自动存储功能，存图文件Auto. SA $可定时存图，存图间隔时间由SAVE TIME设定 万一发生图形丢失可从Filename. BAK或Auto. SA $文件中找回，比较两者保存内容较多的，将其Copy后改为File name. DWG文件 7. 在操作中出现图形消失，出现命令提示，用F1键进行图形和数据切换

续表

内　　容	要 点 及 技 巧
图形绘制编辑	1. 熟悉专业绘图软件的功能及使用方法 2. 所有专业软件均在Auto CAD环境下开发的，也应该熟悉Auto CAD的绘图和编辑的基本命令的使用 3. 绘图和图形编辑往往是同时进行，通过图形编辑功能使图形扩大，完善、完美，绘图及编辑及其它功能配合运用即可达到熟练高效 4. 同楼的不同层平面可同图制作，以便复制，也可将其相同之处做块，重复使用，凡达某一要求目的，均有不同方法，手段，贵在灵活运用 5. 善用捕点方式可使绘制的图形更准确，把手指令grips常用的图形编辑随手可用，该功能R12以上版本才有由系统变量控制其开闭 6. 充分使用Auto CAD的对话框功能，对实体及文字的修改更加便捷 7. 如将图某层上的实体及文字全部进行统一或修改可使用选择集（SSM）一次完成
汉字文件	1. 汉字字库为大字库，必须用Style命令，使大字库与小库捆绑，实现汉字输入。在图中需定义多种字型时，可在菜单文件ACAD.MNU的下拉菜单中加入简化菜单，即简化了使用字型的定义 2. 学汉字处理软件（word. wps）的使用，可方便的处理汉字文本文件 3. 用Lisp编制小程序实现汉字文件的调入调出
适用技巧开发及专业业务建设	1. Auto CAD是一个具有强大图形功能的敞开软件，为二次开发提供了条件（如图形修改、菜单编制、图线定义、Auto Lisp编程、ADS、ASE DCL等）可开发出一些适用小程序如字高字宽、线型线宽的改变、标高、管径的显示、标注及修改等供自己方便使用 2. 可将一些有用的Auto CAD外部命令，编译成执行文件加入到ACAD.PGP中即可在Auto CAD环境中直接调用通过修改ACAD.PGP文件可简化Auto CAD命令的简化输入 3. 采用批命令形式（*.BAT）将常用繁琐的设置操作变成一键指令完成，可大大减化操作步骤 4. 把常用图例、通用图块、标准图及文字说明等做成块，再用WBLOCK命令写成图形文件，这类东西多了之后分类用MSLIDE命令做成幻灯片，并且ACAD.MNU文件中写入图标菜单，重新编译后即可在ACAD下拉菜单中使用 5. 建立图形库，将可以重复使用的图形、分类编目做成幻灯片供查阅调用，可大大提高成图效率

附　　录

附录一　焊接钢管

焊接钢管规格尺寸　　附表-1

公称直径		外　径	外表面积	普　通　钢　管			加　厚　钢　管		
(mm)	(in)	(mm)	(m^2/m)	壁厚 (mm)	实际内径 (mm)	理论重量 (kg/m)	壁　厚 (mm)	实际内径 (mm)	理论重量 (kg/m)
15	1/2	21.3	0.068	2.75	15.75	1.25	3.25	14.75	1.45
20	3/4	26.8	0.086	2.75	21.25	1.63	3.50	19.75	2.01
25	1	33.5	0.107	3.25	27	2.42	4.00	25.5	2.91
32	$1\frac{1}{4}$	42.3	0.134	3.25	35.75	3.13	4.00	34.25	3.78
40	$1\frac{1}{2}$	48.0	0.153	3.50	41	3.84	4.25	39.5	4.58
50	2	60.0	0.19	3.50	53	4.88	4.50	51	6.16
65	$2\frac{1}{2}$	75.5	0.239	3.75	68	6.64	4.50	66.5	7.88
80	3	88.5	0.28	4.00	80.5	8.34	4.75	79	9.81
100	4	114.0	0.359	4.00	106	10.85	5.00	104	13.44
125	5	140.0	0.468	4.50	131	15.04	5.50	129	18.24
150	6	165.0	0.519	4.50	156	17.81	5.50	154	21.63

注：焊接钢管长度，带螺纹的为 4～9m，不带螺纹的为 4～12m。

附录二　无缝钢管

无缝钢管的规格与重量　　附表-2

外径×壁厚 (mm)	内　径 (mm)	重量 (kg/m)	净断面积 (cm^2)	容　量 (L/m)	管外表面积 (m^2/m)
18×2	14	0.789	1.5	0.154	0.057
22×2	18	0.986	2.5	0.254	0.069
25×2	21	1.13	3.4	0.346	0.078
32×2.5	27	1.82	5.7	0.572	0.100
38×2.5	33	2.19	8.5	0.855	0.119
45×2.5	40	2.62	12.6	1.256	0.141
57×3.5	50	4.62	20.0	1.963	0.179
70×3.5	63	5.74	31.0	3.117	0.220
76×3.5	69	6.26	38.0	3.737	0.239
89×3.5	82	7.38	53.0	5.278	0.279
108×4	100	10.26	79.0	7.850	0.339
133×4	125	12.75	123.0	12.266	0.418
159×4.5	150	17.15	177.0	17.663	0.449
219×6	207	31.52	366.0	33.637	0.688
273×7	259	45.92	527.0	52.659	0.857

注：本表根据国际 YB231—70 编制。

附录三　常用管件

1. 常用管件规格

常用管件规格　　附表-3

管 件 名 称	公 称 直 径（mm）							
外接头（丝头）、管接头（管箍）、弯头、三通、四通、丝堵、活接头、锁紧螺母	15	20	25	32	40	50	70	80
异径管接头（大小头）、异径弯头（大小头弯头）		20×15	25×15 25×20	32×15 32×20 32×25	40×15 40×20 40×25 40×32	50×15 50×20 50×25 50×32 50×40	70×15 70×20 70×25 70×32 70×40 70×50	80×15 80×20 80×25 80×32 80×40 80×50 80×70
异径三通、异径四通、内外螺纹接头（补芯）		20×15	25×15 25×20	32×15 32×20 32×25	40×15 40×20 40×25 40×32	50×15 50×20 50×25 50×32 50×40	70×15 70×20 70×25 70×32 70×40 70×50	

2. 常用管件外形

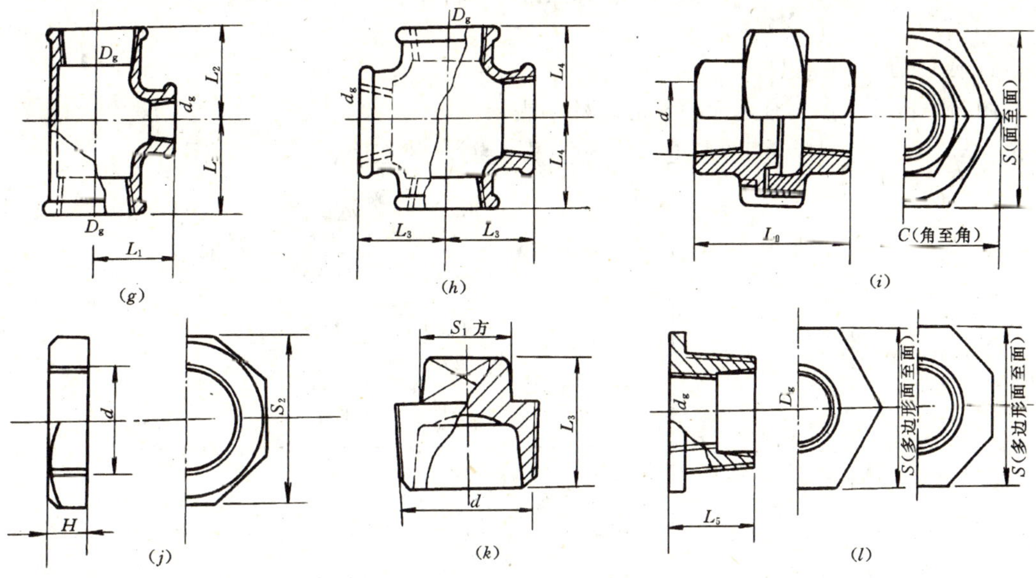

附图 1　常用管件外形（一）

(g) 三通（异径三通）；(h) 四通（异径四通）；(i) 活接头（油任）；(j) 锁紧螺母（八角形）；(k) 方形丝堵；(l) 补芯（内外螺纹管接头）

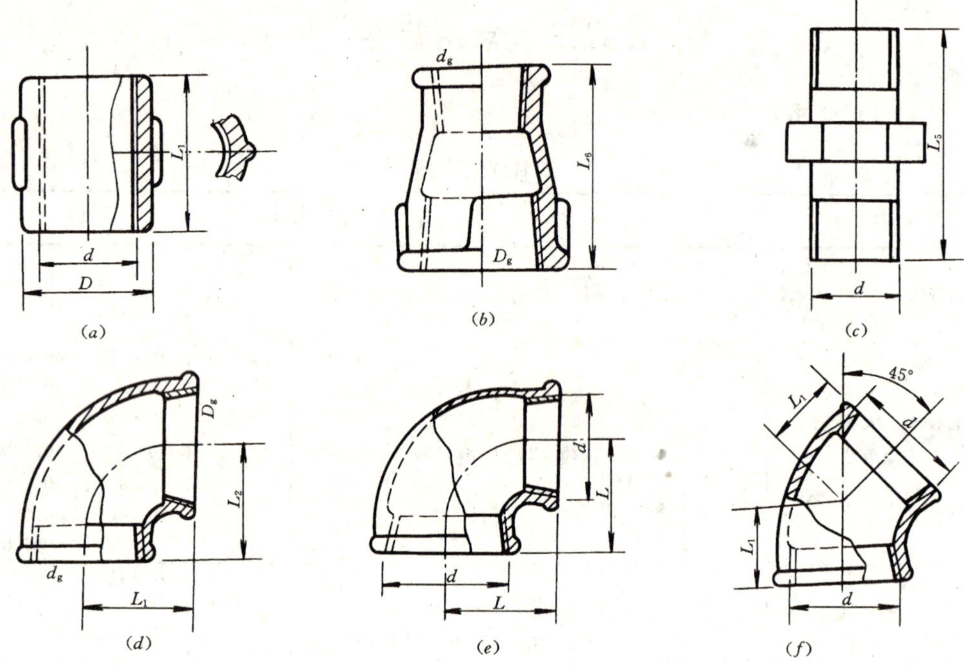

附图 2　常用管件外形（二）

(a) 管接头（管箍）；(b) 异径管接头；(c) 外接头（丝头）；(d) 弯头；(e) 异径弯头；(f) 45°弯头

附录四　阀门

1. 阀门的型号标记

阀门的型号常以六个单元的符号与数字表示：

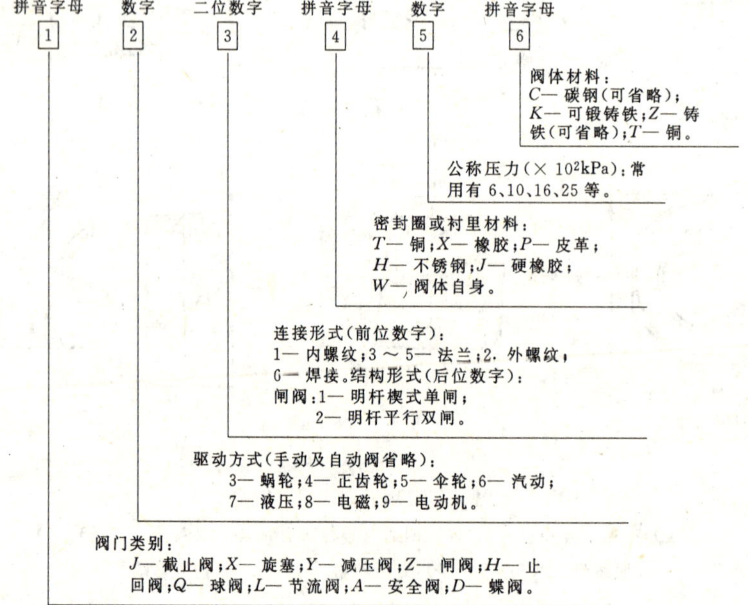

2. 常用阀门型号与规格

常 用 阀 门 型 号 与 规 格 附表-4

名 称	型 号	公称压力（×10²kPa)	允许介质温度(℃)	公 称 直 径 *DN* (mm)	适用介质
			截 止 阀		
内螺纹截止阀	J11X-10	10	60	15,20,25,32,40,50,70	水
内螺纹截止阀	J11P-10	10	50	15,20,25,32,40,50,70,80	水
法兰截止阀	J41X-10	10	60	25,32,40,50,70,80,100,125,150	水
内螺纹截止阀	J11W-10T	10	225	15,20,25,32,40,50,70	水、蒸汽
法兰截止阀	J41W-10T	10	225	15,20,25,32,40,50,70,80,100,125,150	水、蒸汽
内螺纹截止阀	J11T-16K	16	100	15,20,25,32,40,50,70	水、蒸汽
法兰截止阀	J41H-16	16	100	70,80,100,125,150	水、蒸汽
法兰截止阀	J41T-16K	16	225	25,32,40,50,70	水、蒸汽
法兰截止阀	J41W-16K	16	225	25,32,40	水、蒸汽
内螺纹截止阀	J11T-16	16	200	15,20,25,32,40,50,70,80,100,125,150	水、蒸汽、油
法兰截止阀	J41T-16	16	200	15,20,25,32,40,50,70,80,100,125,150	水、蒸汽、油
内螺纹截止阀	J11W-16	16	100	15,20,25,32,40,50,70	水、蒸汽、煤气、石油
			闸 阀		
内螺纹暗杆楔式闸阀	Z15T-10	10	120	15,20,25,32,40,50,70	水、蒸汽
内螺纹暗杆楔式闸阀	Z15T-10K	10	120	15,20,25,32,40,50,70	蒸汽、煤气
明杆平行双闸板闸阀	Z44T-10	10	200	50,70,80,100,125,150,200,250,300,350,400	水、蒸汽
暗杆楔式闸阀	Z45T-10	10	120	50,70,80,100,125,150,200,250,300,350,400	水、蒸汽
			节 流 阀		
内螺纹节流阀	L11H-10	10	200	20,25,32,40,50	水、蒸汽
法兰节流阀	L41H-10	10	200	70,80,100,125	水、蒸汽
			旋 塞		
内螺纹旋塞	X11W-2.5T	2.5	120	15,20,25	水、蒸汽
内螺纹填料旋塞	X13W-6T	6	120	32,40,50	水、蒸汽
内螺纹填料旋塞	X13W-10	10	100	15,20,25,32,40,50	蒸汽、石油
法兰填料旋塞	X43T-10	10	200	25,32,40,50,70,80,100,125,150	水、蒸汽、石油
法兰填料旋塞	X43W-10	10	200	25,32,40,50,70,80,100,125,150	水、蒸汽、石油
			止 回 阀		
旋启式止回阀	H44T-10	10	200	50,70,80,100,125,150,200	水、蒸汽
内螺纹升降式止回阀	H11T-16	16	225	15,20,25,32,40,50,70	水、蒸汽
内螺纹升降式止回阀	H11T-16K	16	225	15,20,25,32,40,50,70	水、蒸汽
法兰升降式止回阀	H41T-16	16	200	20,25,32,40,50,70,80,100,125,150,200	水、蒸汽
法兰升降式止回阀	H41T-16K	16	200	25,32,40,50,70	水、蒸汽
			安 全 阀		
弹簧式安全阀	A27W-10	10	225	15,20,25,32,40,50	蒸汽、水
带扳手全启式安全阀	A48H-16	16	355	50,80,100,150	蒸汽、水
单杆微启式安全阀		13	300	40,50,70,80,100	蒸汽、水
弹簧式安全阀		5	200	15,20,25,32,40,50	蒸汽、水

续表

名　称	型　号	公称压力（$\times10^2$kPa）	允许介质温度（℃）	公　称　直　径　DN（mm）	适用介质
			减　压　阀		
波纹管式减压阀	Y44T-10	10	200	20,25,32,40,50	空气、蒸汽
活塞式减压阀	Y43H-10	10	200	40,50	蒸汽、空气
活塞式减压阀	Y43H-16	16	300	25,32,40,50,70,80,100,125,150,200	蒸汽、空气
薄膜式减压阀		12	200	25,32,40,50,70,80,100	水、蒸汽
减压稳压阀	Y412-10Z	5～16	110	20,25,32,40,50,70,80,100,125,150	水

附录五　水箱

1. 方形水箱

(1)外形

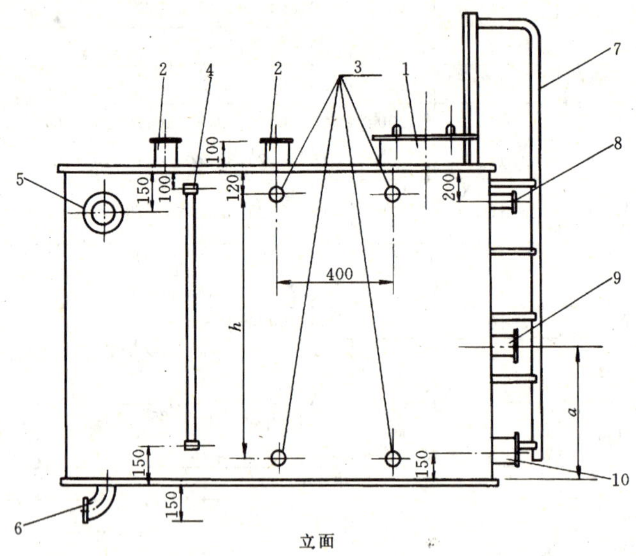

立面

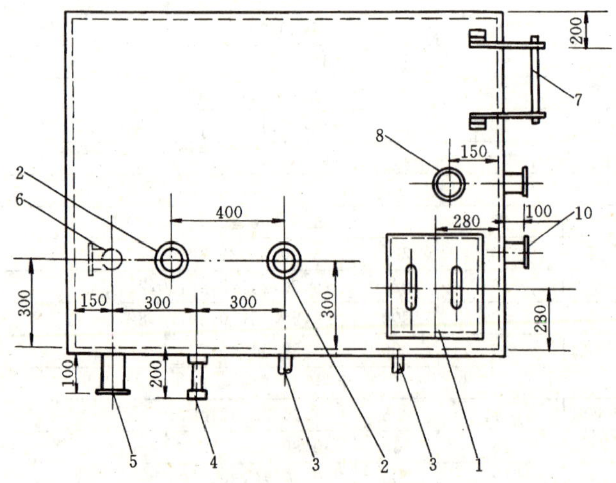

平面

附图-3　方形水箱

1—人孔；2—液位传感器；3—液位传感器；4—玻璃管水位计；5—溢流管；6—排水管；7—外人梯；8—进水管；9—生活水出水管；10—消防出水管

(2)方型水箱的选用

方形水箱选用表 **附表-5**

<table>
<tr><th rowspan="3">水箱型号</th><th rowspan="3">公称容积 m³</th><th rowspan="3">有效容积 m³</th><th colspan="3">主要尺寸</th><th colspan="5">接管管径 DN</th><th colspan="3">底部支座</th><th rowspan="3">重量 kg</th></tr>
<tr><th>长</th><th>宽</th><th>高</th><th rowspan="2">进水管</th><th rowspan="2">生活出水管</th><th rowspan="2">消防出水管</th><th rowspan="2">溢水管</th><th rowspan="2">排水管</th><th>支座间距</th><th>至箱边距离</th><th>支座数量</th></tr>
<tr><th>L</th><th>B</th><th>H</th><th>c</th><th>c_1</th><th>n_c</th></tr>
<tr><td>1</td><td>0.5</td><td>0.61</td><td>900</td><td>900</td><td>900</td><td rowspan="14">65</td><td rowspan="14">65</td><td rowspan="14">65</td><td rowspan="14">80</td><td rowspan="14">40</td><td>500</td><td>200</td><td>2</td><td>156.3</td></tr>
<tr><td>2</td><td>0.5</td><td>0.63</td><td>1200</td><td>700</td><td>900</td><td>700</td><td>250</td><td>2</td><td>164.3</td></tr>
<tr><td>3</td><td>1.0</td><td>1.15</td><td>1100</td><td>1100</td><td>1100</td><td>600</td><td>250</td><td>2</td><td>242.3</td></tr>
<tr><td>4</td><td>1.0</td><td>1.20</td><td>1400</td><td>900</td><td>1100</td><td>900</td><td>250</td><td>2</td><td>255.1</td></tr>
<tr><td>5</td><td>2.0</td><td>2.27</td><td>1800</td><td>1200</td><td>1200</td><td>1000</td><td>400</td><td>2</td><td>539.3</td></tr>
<tr><td>6</td><td>2.0</td><td>2.06</td><td>1400</td><td>1400</td><td>1200</td><td>800</td><td>300</td><td>2</td><td>490.0</td></tr>
<tr><td>7</td><td>3.0</td><td>3.50</td><td>2000</td><td>1400</td><td>1400</td><td>700</td><td>300</td><td>3</td><td>702.2</td></tr>
<tr><td>8</td><td>3.0</td><td>3.20</td><td>1600</td><td>1600</td><td>1400</td><td>600</td><td>200</td><td>3</td><td>661.6</td></tr>
<tr><td>9</td><td>4.0</td><td>4.32</td><td>2000</td><td>1600</td><td>1500</td><td>700</td><td>300</td><td>3</td><td>790.5</td></tr>
<tr><td>10</td><td>4.0</td><td>4.37</td><td>1800</td><td>1800</td><td>1500</td><td>600</td><td>300</td><td>3</td><td>794.8</td></tr>
<tr><td>11</td><td>5.0</td><td>5.18</td><td>2400</td><td>1600</td><td>1500</td><td>900</td><td>300</td><td>3</td><td>907.4</td></tr>
<tr><td>12</td><td>5.0</td><td>5.35</td><td>2200</td><td>1800</td><td>1500</td><td>900</td><td>500</td><td>3</td><td>918.2</td></tr>
<tr><td>13</td><td>8.0</td><td>8.32</td><td>2800</td><td>1800</td><td>1800</td><td>900</td><td>400</td><td>3</td><td>1462.4</td></tr>
<tr><td>14</td><td>8.0</td><td>8.58</td><td>2600</td><td>2000</td><td>1800</td><td>700</td><td>250</td><td>3</td><td>1480.4</td></tr>
<tr><td>15</td><td>10.0</td><td>11.10</td><td>3000</td><td>2000</td><td>2000</td><td rowspan="6">80</td><td rowspan="6">80</td><td rowspan="6">80</td><td rowspan="6">100</td><td rowspan="10">50</td><td>800</td><td>300</td><td>4</td><td>1798.2</td></tr>
<tr><td>16</td><td>10.0</td><td>11.40</td><td>2800</td><td>2200</td><td>2000</td><td>700</td><td>350</td><td>4</td><td>1814.1</td></tr>
<tr><td>17</td><td>15.0</td><td>15.98</td><td>3600</td><td>2400</td><td>2000</td><td>900</td><td>450</td><td>4</td><td>2426</td></tr>
<tr><td>18</td><td>15.0</td><td>15.84</td><td>3200</td><td>2200</td><td>2400</td><td>800</td><td>400</td><td>4</td><td>2615.1</td></tr>
<tr><td>19</td><td>20.0</td><td>20.72</td><td>4000</td><td>2800</td><td>2000</td><td>1000</td><td>500</td><td>4</td><td>2833.2</td></tr>
<tr><td>20</td><td>20.0</td><td>21.06</td><td>3600</td><td>2600</td><td>2400</td><td>900</td><td>450</td><td>4</td><td>3107.8</td></tr>
<tr><td>21</td><td>25.0</td><td>26.05</td><td>4400</td><td>3200</td><td>2000</td><td rowspan="4">100</td><td rowspan="4">100</td><td rowspan="4">100</td><td rowspan="4">150</td><td>900</td><td>400</td><td>5</td><td>3575.7</td></tr>
<tr><td>22</td><td>25.0</td><td>25.20</td><td>4000</td><td>2800</td><td>2400</td><td>800</td><td>400</td><td>5</td><td>3662.8</td></tr>
<tr><td>23</td><td>30.0</td><td>30.19</td><td>4800</td><td>3400</td><td>2000</td><td>1000</td><td>400</td><td>5</td><td>4031.4</td></tr>
<tr><td>24</td><td>30.0</td><td>31.68</td><td>4400</td><td>3200</td><td>2400</td><td>900</td><td>400</td><td>5</td><td>4332.5</td></tr>
</table>

注:选自国标S151。

2. 圆形水箱

(1)外形

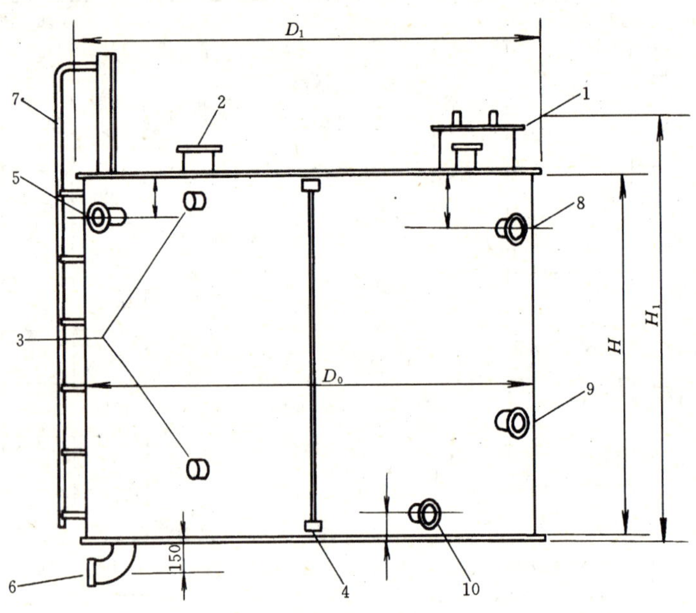

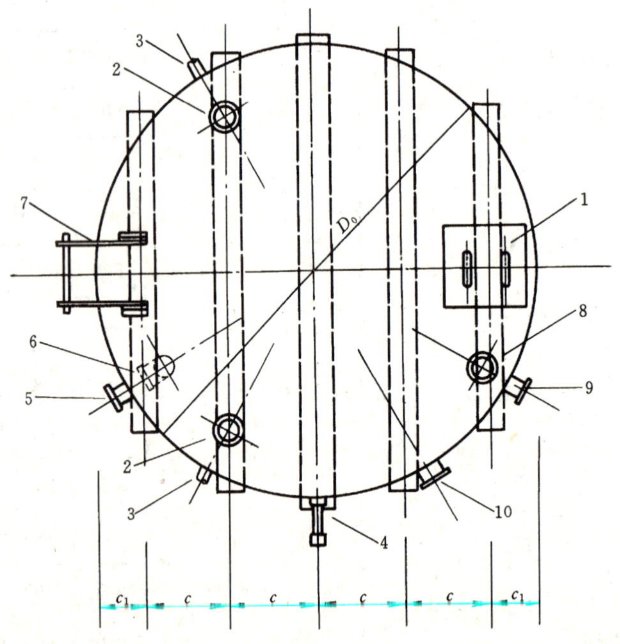

附图-4 圆形水箱

1—人孔；2—液位传感器；3—液位传感器；4—玻璃管水位计；5—溢流管；6—排水管；7—外人梯；8—进水管；9—生活出水管；10—消防出水管

(2)圆形水箱的选用

圆 形 水 箱 选 用 表 附表-6

水箱型号	公称容积(m^3)	有效容积(m^3)	主要尺寸				接管管径 DN					底部支座					重量(kg)
			内径	高度	顶底板直径	总高度	进水管	生活出水管	消防出水管	溢水管	排水管	支座间距	至箱底边距离	支座数量	支座长度		
			D_0	H	D_1	H_1						c	c_1	n_c	L	L_1	
1	0.5	0.54	900	1000	930	1171	65	65	65	80	40	500	200	2	730	1030	148.8
2	0.5	0.59	1000	900	1030	1071						500	250	2	830	1130	158.7
3	1.0	1.09	1100	1300	1130	1471						600	265	2	930	1230	233.5
4	1.0	1.19	1200	1200	1230	1371						600	315	2	1030	1330	248.4
5	2.0	2.08	1400	1500	1430	1671						600	415	2	1230	1530	361.6
6	2.0	2.03	1500	1300	1530	1471						700	415	2	1330	1630	346.0
7	3.0	3.32	1600	1800	1630	1971						700	465	2	1430	1730	459.7
8	3.0	3.44	1800	1500	1830	1671						700	565	2	1630	1930	481.8
9	4.0	4.20	1800	1800	1830	1971						700	565	2	1630	1930	541.5
10	4.0	4.56	2000	1600	2030	1771						600	415	3	1830	2130	582.6
11	5.0	5.22	1800	2200	1830	2371						600	315	3	1630	1930	614.5
12	5.0	5.18	2000	1800	2030	1970						650	365	3	1830	2130	624.3
13	8.0	8.55	2200	2400	2240	2571						650	470	3	2040	2340	1002
14	8.0	8.37	2400	2000	2440	2171						700	520	3	2240	2540	1002.9
15	10.0	10.18	2400	2400	2440	2571	80	80	80	100	50	700	520	3	2240	2540	1128.7
16	10.0	10.88	2600	2200	2640	2371						600	420	4	2440	2740	1189.3
17	15.0	15.09	2800	2600	2840	2771						600	520	4	2640	2940	1464.7
18	15.0	15.90	3000	2400	3040	2571						600	320	5	2840	3140	1531.8
19	20.0	20.15	3000	3000	3040	3172						600	320	5	2840	3140	2069.1
20	20.0	20.43	3400	2400	3440	2572						700	320	5	3240	3540	2136.2
21	25.0	25.88	3400	3000	3440	3172	100	100	100	150		700	320	5	3240	3540	2485.0
22	25.0	24.94	3600	2600	3640	2772						650	520	5	3440	3740	2471.3
23	30.0	32.06	3600	3200	3640	3372						600	320	6	3440	3740	2818.1
24	30.0	30.05	3800	2800	3840	2972						600	420	6	3640	3940	2806.3

注：选自国标S151。

3. 组装式水箱

(1)外形

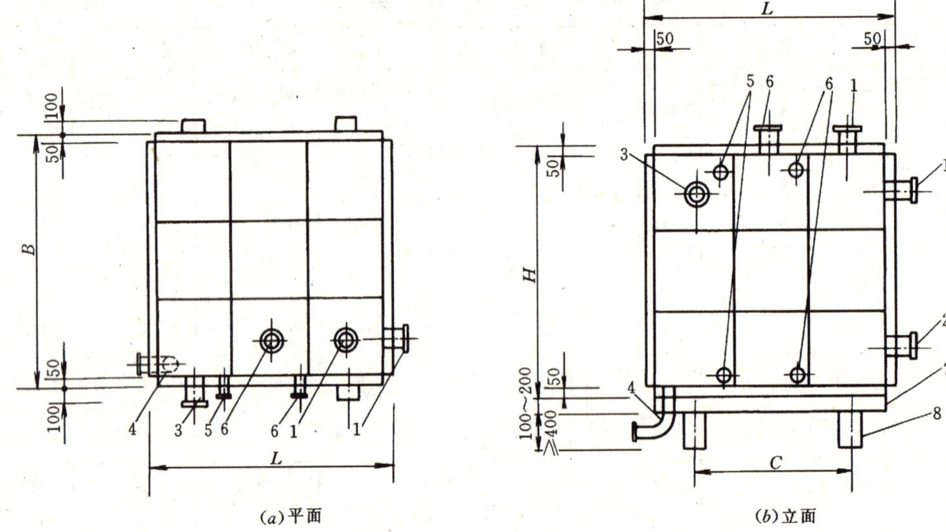

(a)平面 (b)立面

附图-5 组装式水箱

1—进水管;2—出水管;3—溢流管;4—泄空管;5—玻璃管水位计;6—液位传感器;7—槽钢支架;8—支座

(2)组装式水箱的选用

组装式水箱选用表 附表-7

水箱型号	公称容积(m³)	有效容积(m³)	主要尺寸			底部支座		进水管(DN)	出水管(DN)	溢流管(DN)	泄空管(DN)
			长(L)	宽(B)	高(H)	数量	间距(C)				
1	3.0	3.7	1610	1610	1610	2	1600	65	65	80	50
2	5.0	5.6	2410	1610	1610	3	1200	65	65	80	50
3	8.0	8.4	2410	2410	1610	3	1200	65	65	80	50
4	12.0	12.3	2410	2410	2410	3	1200	80	80	100	50
5	17.0	17.3	3210	2410	2410	3	1600	80	80	100	50
6	23.0	23.0	3210	3210	2410	3	1600	100	100	100	50
7	28.0	28.8	4010	3210	2410	4	1333	100	100	100	50
8	36.0	36.0	4010	4010	2410	4	1333	100	100	100	50

注:1. 组装式水箱按北京汽车玻璃钢制品总公司产品样本编制。

2. 箱壁、箱顶及箱底均由800×800mm定型模块拼装而成,箱底设槽钢托架箱内设圆钢拉条,板块间螺栓紧固,橡胶条密封,可任意拼装成不同容积之水箱。

3. 模板、拉条等部件均为镀锌制品,无毒耐腐蚀,且具有重量轻、强度高等优点,适用水温≤70℃。

4. 接管穿孔部位以板块中心为宜,偏离该部位者需与厂家商定。

5. 水箱保温及支座做法与钢板水箱相同。

附录六 水表

1. 冷水表

水表是给水计量的主要装置,适用温度 $t \leqslant 50$℃,适用压力 $P \leqslant 1$MPa。

水表的外形示意见附图-6，性能及尺寸见附表-8及附表-9。

本资料依据北京市自来水公司水表厂产品说明书编制。宁波水表厂、天津自动化仪表三厂等均生产同类水表。

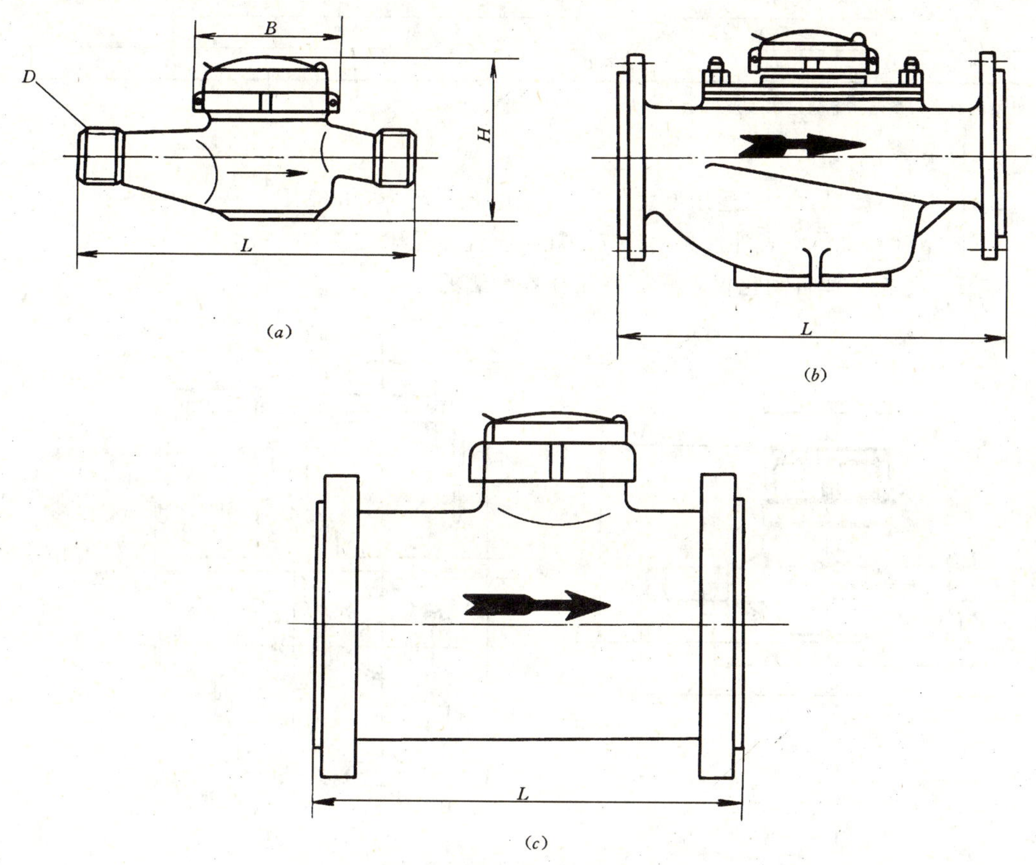

附图-6 湿式水表

(a)LXS小口径旋翼湿式水表(DN15～40)；(b)LXS大口径旋翼湿式水表(DN50～150)；(c)SL水平螺翼湿式水表(DN100～200)

LXS旋翼湿式水表性能及尺寸 附表-8

公称直径(mm)	连接方式	特性流量(m^3/h)	最大流量(m^3/h)	额定流量(m^3/h)	最小流量(m^3/h)	灵敏度(m^3/h)	外形尺寸(mm)		
							L	B	H
15	螺纹	3	1.5	1	0.045	0.017	165	97	110.5
20		5	2.5	1.6	0.075	0.025	195	97	110
25		7	3.5	2.2	0.09	0.03	225	102	117.5
40		20	10	6.3	0.22	0.07	245	126	154
50	法兰	30	15	10	0.4	0.09	280	—	—
80		70	30	22	1.1	0.30	370	—	—
100		100	50	32	1.4	0.40	370	—	—
150		200	100	63	2.4	0.55	500	—	—

注：1. 特性流量：水流通过水表产生10mH_2O的水头损失时的流量值；

2. 灵敏度：水表开始连续均匀指示时的允许最大流量值。

SL 水平螺翼湿式水表性能及尺寸 **附表-9**

公称直径 (mm)	流通能力 (m^3/h)	最大流量 (m^3/h)	额定流量 (m^3/h)	最小流量 (m^3/h)	外形全长 (mm)
100	⩾110	150	100	⩽4.5	250
150	⩾270	320	200	⩽7	300
200	⩾500	600	300	⩽12	350

注：流通能力系指水流通过水表产生 1m 水头损失时的流量值。

2. 热水表

LXR 型旋翼式热水表，适用温度 $t \leqslant 90$℃，适用压力 $P \leqslant 0.6$MPa。

LXR 型旋翼式热水表外形见附图 7。规格及性能见附表-10。

本资料是按天津自动化仪表三厂产品样本编制的。

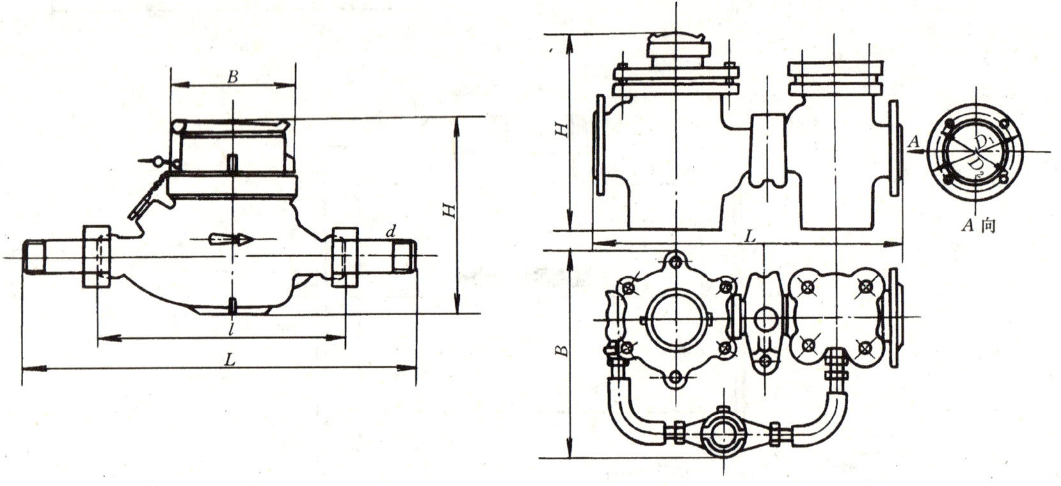

(a)DN15～40，螺纹连接　　(b)DN50～150，法兰连接

附图-7 LXR 型旋翼式热水表

LXR 型旋翼式热水表规格及性能 **附表-10**

口径 (mm)		特性流量	最大流量	额定流量	最小流量	灵敏度	外形尺寸 (mm)		
		(m^3/h)							
主表	副表		误差±2%		+7%		L	B	H
15	—	3	1.5	1.0	0.06	0.035	259	87	125
20	—	5	2.5	1.6	0.09	0.050	299	87	126
25	—	7	3.5	2.2	0.12	0.060	345	94	136
40	—	20	10	6.3	0.24	0.180	377	122	163
50	15		17	10	•0.6	0.12	560	400	340
80	20		20	13	•2	0.30	630	400	400
100	20		30	20	•3	0.45	750	420	428
150	25		50	33	•5	0.75	1000	600	540

注：• 误差±5%。

附录七 过滤器

过滤器是滤除管道系统中混在介质内的砂土、焊渣等杂物，用以保护设备、配件及仪表，

免受冲刷磨损，防止淤积堵塞的重要附件。

目前，使用较多的是Y型过滤器，Y型过滤器有螺纹连接及法兰连接两种类型，其外形如附图-8所示，尺寸见附表-11及附表-12。

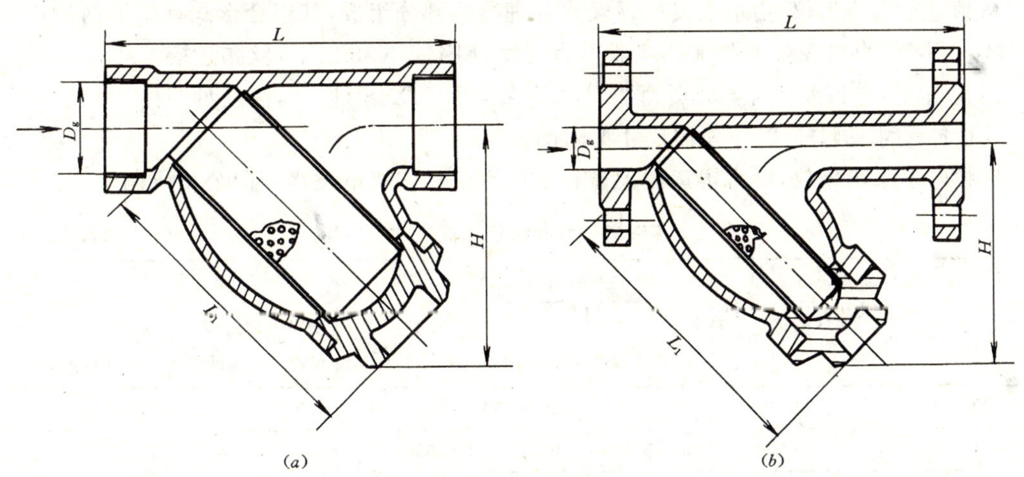

附图-8 Y形过滤器

(*a*)螺纹连接(D_g15～50)；(*b*)法兰连接(D_g15～450)

Y形过滤器螺纹连接式外形尺寸 **附表-11**

公称直径 *DN* (mm)	外形尺寸 (mm)			重量 (kg)
	L	*H*	L_1	
15	80	74	74	1.1
20	90	78	83	1.3
25	125	88	97	2.7
32	140	102	121	3.5
40	150	120	139	4.5
50	180	140	154	7.8

Y形过滤器法兰连接式外形尺寸 **附表-12**

公称直径 *DN* (mm)	外形尺寸(mm)		重量 (kg)	公称直径 *DN* (mm)	外形尺寸(mm)		重量 (kg)
	L	L_1,*H*			*L*	L_1,*H*	
15	180	118	4.2	100	420	274	38.5
20	200	125	5.5	125	480	300	54
25	220	138	7.1	150	530	348	78
32	240	155	10.8	200	650	428	155
40	270	170	12	250	750	508	240
50	300	188	17	300	850	575	325
70	350	220	20.8	350	950	690	390
80	380	242	27	400	1150	835	550

注：目前生产Y形过滤器的厂家较多，外形尺寸略有出入，附表19及附表20依据浙江温州市长征管道机械厂产品编制。

附录八 高频电子水除垢仪

高频电子水除垢仪，采用物理方法对工业和民用水进行高频电磁处理，可防止新垢去除积垢，是经济而有效的水处理设备。

经高频电子水除垢仪处理后的水，符合我国GB5749—85生活饮用水卫生标准。适用于茶炉、浴炉、热交换器、热水器、空调冷冻水及冷却水等水处理系统。

高频电子水除垢仪，由电磁发生器及水处理器两部分组成，其组合形式有以下两种：

1. 一体型：电磁发生器与水处理器连为一体，用于 DN65 以下，丝扣连接。

2. 分体型：电磁发生器与水处理器分体安装，用于 DN80 以上，法兰盘连接。

其性能尺寸见附表-21。外形尺寸见附图-15。

高频电子水除垢仪，由中国运载火箭技术研究院科宏机电技术有限公司研制生产。

高频电子水除垢仪性能尺寸 **附表-13**

类型	型号	进出水口公称直径		连接方式	主要结构尺寸					性能参数				
		英寸	mm		A (mm)	B (mm)	B_0 (mm)	C (mm)	D (mm)	电源	功率 (W)	输出频率 (MHz)	流量 (t/h)	工作压力 (kg/cm²)
一体型	CGY-0.6	3/4	20	螺纹	450	220	220	90	153	220V 50Hz	20	3	0.8	6
	CGY-1	1	25		680	420	100	100	153		30	3	2.5	6
	CGY-1.5	1.5	40		680	420	420	100	153		50	3.5	4	6
	CGY-2	2	50		700	440	440	110	153		70	4	7	6
	CGY-2.5	2.5	65		700	440	440	110	153		85	4	12	6
分体型	CGY-3	3	80	法兰	810	535	660	170	180	220V 50Hz	100	6	20	10
	CGY-4	4	100		810	535	660	170	180		120	8	45	10
	CGY-5	5	125		855	500	660	190	210		150	8	80	10
	CGY-6	6	150		855	500	660	190	210		180	8	120	16
	CGY-8	8	200		925	500	670	200	260		240	10	200	16
	CGY-10	10	250		925	500	670	230	310		280	10	350	16

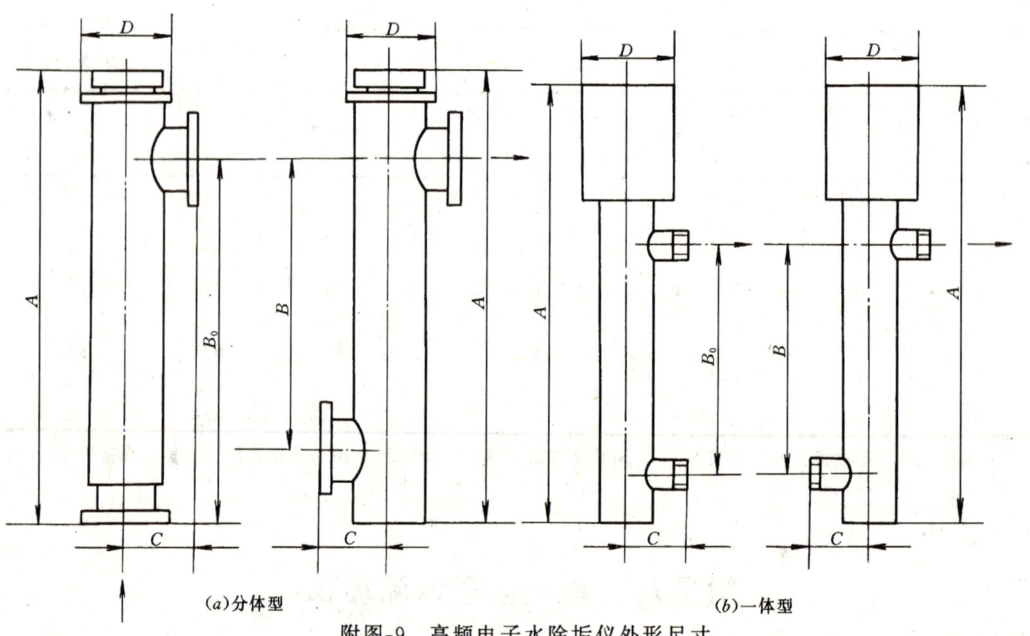

附图-9 高频电子水除垢仪外形尺寸

附录九 铜管、硬聚氯乙烯管水力计算

(一)铜管水力计算图

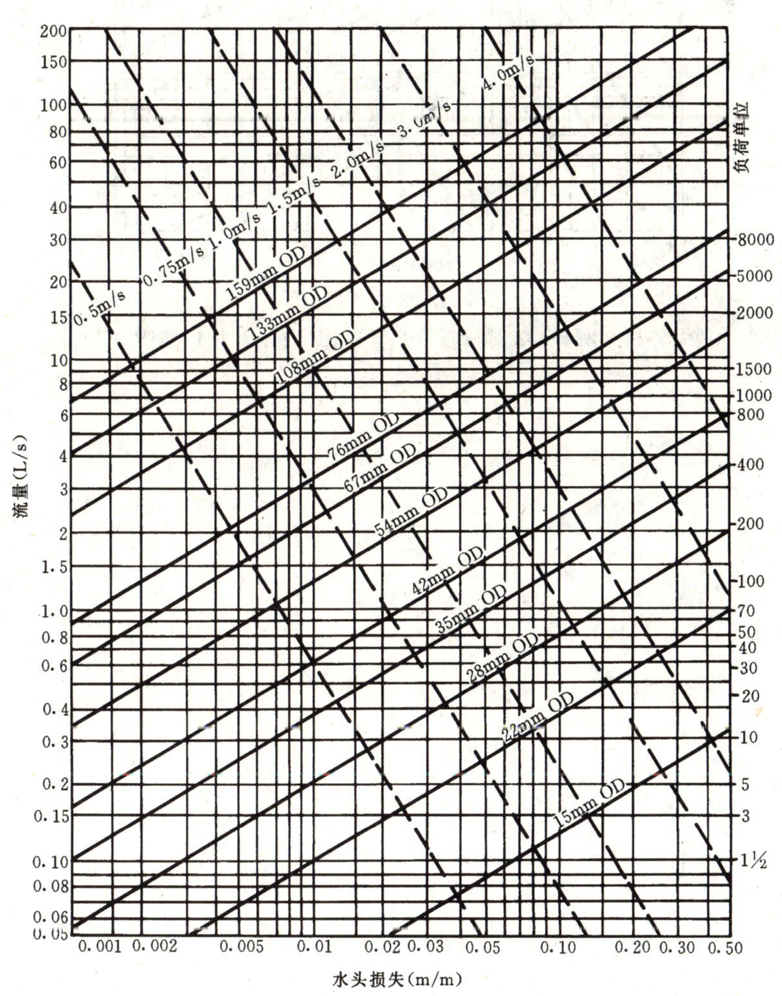

附图-10 铜管水力计算图

(二)硬聚氯乙烯管道水力计算图

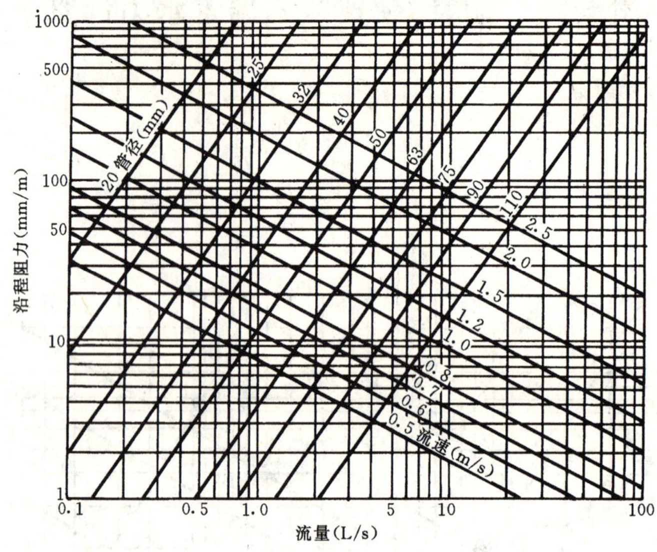

附图-11　硬聚氯乙烯管道水力计算图(公称压力 1.0MPa)

参 考 文 献

1. 陈耀宗，姜文源等主编．建筑给水排水设计手册．北京：中国建筑工业出版社，1992
2. 肖正辉、高明远主编．建筑卫生技术设备．北京：中国建筑工业出版社，1989
3. 钱维生编著．高层建筑给水排水工程，上海：同济大学出版社，1989
4. 建设部建筑设计院编．民用建筑给水排水设计技术措施．北京：1997
5. 北京市建筑设计研究院编，统一技术措施(给水排水部分)．北京：1997
6. 中南建筑设计院主编．建筑工程设计文件编制深度的规定．北京：1992
7. 中国建筑标准设计研究院主编，全国通用给水排水标准图集．北京：1990
8. 华北地区建筑设计标准化办公室主编．建筑设备施工安装通用图集．北京．1992
9. 蒋永琨主编，高层建筑消防设计手册．上海：同济大学出版社，1995
10. 朱吕通编著．消防给水．北京：中国建筑工业出版社，1980
11. 消防设备全书编委会．消防设备全书．陕西：科学技术出版社，1990
12. 姜文源等主编．建筑给水排水常用设计规范详解手册，北京：中国建筑工业出版社，1995
13. 严煦世主编．水与废水技术研究．北京：中国建筑工业出版社，1992
14. 王彩霞主编．城市废水处理新技术．北京：中国建筑工业出版社，1990
15. 李元标编著．计算机绘图软件包原理与使用指南．北京：学苑出版社，1994
16. 田忠武．给水排水设计计算机化的重要性和可能性．给水排水．1995.2
17. 汪昆平．给水排水 CAD 技术应用开发探讨．给水排水．1995.4
18. 徐伟．浅谈给水排水软件的应用．给水排水．1995.6
19. 王凤石．民用建筑用水量参数选择．给水排水．1994.9
20. 王继明．建筑热水系统的回顾与展望　给水排水　1995.8
21. 刘振印．张燕平　热水供应系统设计中值得注意的几个问题　给水排水　1996.3
22. 赵文田编著　民用建筑采暖设计与施工安装手册　北京：水利电力出版社　1991.12